SBI 구문분석에 의한

문맥성경

[모세오경]

Syntactic-Semantic Analysis Bible

개발 및 감수 : 김의원 · 김상훈 박사
편 찬 책 임 : 배동한 목사

그리심
도서출판

Syntactic-Semantic Analysis Bible

by Seoul Bible Institute(SBI)

New American Standard Bible

Projected by
Seoul Bible Institute

Published by
Grisim Publishing Company,
Seoul, Korea

2012

간 행 사

전혀 새로운 방식의 책이라 말해도 좋을 것입니다. 본 연구원 등을 통해서 구문연구방식의 성경연구를 접해 보지 않던 독자들은 이 책을 펼쳐 보며 다소 의아스럽다는 생각을 하셨을 것입니다. 이게 어떤 책인가 하고 말입니다. 이 문맥성경은 한글로 된 말씀(개역성경)을 보다 정확하고 깊게 묵상하고, 해석하고, 연구하도록 돕는 책입니다. 이 책은 다음과 같은 특징을 가지고 있습니다.

1. 새로운 귀납적 성경연구 방법론의 제안입니다.

기존 귀납적 연구방법들이 주로 문법적, 문학적 방식의 연구틀을 가지고 본문을 보게 하는 것입니다. 반면에, 문맥성경은 연구자로 하여금 본문의 핵심적인 의미와 이와 연계된 의미들을 좀더 정확하고 신속하게 파악하도록 이끄는, 새로운 언어학적 접근방법을 계발하여 채택하고 있습니다. 기존의 다른 방법으로 본문을 연구하는 분들도 문맥성경을 병행해서 활용하면 더 효과적인 성경연구를 하실 수 있을 것이라 생각합니다.

2. 현대 언어학의 새로운 연구결과가 반영되었습니다.

구문분석(또는 구조분석) 방식은 지난 80년대 월터 카이저, 더글라스 스튜어트, 고든 피 등에 의해 영어권에서 먼저 계발된 바 있습니다. 카이저의 [새로운 주경신학연구] (김의원 박사 역, 엠마오), 스튜어트와 피의 [성경해석 방법론] (김의원 박사 역, 기독교문서선교회)을 참고하기 바랍니다.

그 방식은 노암 촘스키 이후의 현대 언어학, 특히 구문론과 의미론의 발전적 성과를 성경해석학에 적용한 것이라 할 수 있습니다. 한글은 구문적인 특수성이 다른 언어(영어, 헬라어 등)와 다소 다릅니다. 그래서 한국어 특성에 맞게, 앞서 연구된 영어권의 업적을 참고한 후, 현대 언어학의 변형생성문법 이론(촘스키)에 다시 비춰, 재구성된 구문분석 방법론을 계발해야 했습니다. 영어권의 방법론에서 보다는, 한글의 주어와 서술어 부분을 더욱 강조하고, 그 외의 부분들은 수식 영역으로 세분화해서 배열한다든지, 수식 부분들을 설명할 때 육하원칙의 개념을 활용한다든지 하는 등의 방법들이 필요했습니다.

선행된 영어권의 것이나 후발된 본 연구원의 방법론은 모두 현대언어학의 구문론-의미론의 연구성과에 근거한, 새로운 형태의 귀납적 성경연구방법론이라 할 수 있습니다. 구문연구방식의 가장 큰 강점은 연구자로 하여금 본문과 저자의 언어 논리와 흐름에 철저히 집중하도록 하는 것입니다.

3. 해석학의 담론 분석학(Discourse Analysis)의 발전에 기여할 것입니다.

성경해석학 가운데, 담론 분석학은 현재 미국의 나이다, 남아공의 로우, 영국의 포터, 스칸디나비아의 요한슨 등을 중심으로 전세계적으로 네 개 지역에서 주로 연구되고 있는 해석학의 한 분야입니다. 이 분석학의 목적은 현대 언어학의 연구를 성경해석학의 영역에 적용하고 활용해서, 보다 진전된 본문 해석의 연구결과를 얻어내는 것입니다.

현대 언어학의 연구성과에 근거한 문맥성경의 연구방법론은, 담론 분석학 이론과 방법론적 적용의 집적물이라 할 수 있습니다. 본 문맥성경에서 보는 구문-의미 배열은 그 자체가 해석입니다. 배열에 해석적 노력이 배여 있습니다. 비록 현대 언어학의 한 부분의 연구(구문론-의미론)에 주로 힘입고 있긴 하지만, 방법론 그 자체로 본문 해석을 위한 분석틀로서 유용하게 사용될 수 있다고 생각합니다. 특히 미시적인 본문 분석 연구의 효과적인 도구로 활용될 것입니다.

4. 세계 교회를 위한 동역의 역할, 일부분을 감당하게 되길 소망합니다.

한국 교회는 신구약 성경을 하나님의 말씀으로 온전히 믿고 따르는 신실한 교회입니다. 예전 사경회를 통한 말씀연구에서 시작하여, 70, 80년대 이후 본격화된 성경연구의 열기에서 보듯, 말씀에 대한 사랑이 참으로 강한 교회라 생각합니다. 귀납적 성경연구를 하는 층도 많이 두터워졌습니다.

한국 교회의 성경연구방법론과 해석학적 이론들이 세계 교회를 위해 쓰임 받아야 할 때가 되었다고 생각합니다. 본 연구원의 문맥성경의 방법론도 다른 지역과 다른 언어에 적용되어 현지에서 활용될 것을 기대합니다. 전 세계에 흩어져 있는 하나님 나라의 부흥과 말씀을 통한 갱신을 위해, 다른 교회들과 함께 동역하고 있는, 한국 교회의 사역에 한 부분을 감당하는 일이 되길 원합니다. 중국어 성경연구를 위해 이미 일부에서 시험적으로 사용 중에 있고, 베트남어와 일본어 등에서의 연구도 진행될 예정입니다. 그 어떤 언어로도 활용할 수 있는 본문분석틀이라고 보고 있습니다.

그 외에도 많은 특징이 있습니다. 예컨대, 강해 설교자는 본문 자체에서 나오는, 메시지의 핵심 포인트를 쉽고 또 정확하게 파악해서 설교개요로 삼을 수 있을 것입니다. 또 교회나 단체에서 본문 중심의 귀납적 성경공부 교재를 만드는 일 등에도 용이하게 사용될 수 있습니다.

지난 80년대 말, 90년대 초, 성경연구방법론을 강의하면서, 연구원 강의 시간에 수강하시던 회원 분들에게 드렸던 말씀이 생각이 납니다. 그 때 이 구문분석의 방법론이 10년 안에 귀납적 본문연구에 있어 가장 중요한 도구로 쓰일 것이라 언급한 바 있습니다. 10년이 지났습니다. 이제 연구원 대표인 배동한 목사와 연구원 간사팀의 연구 노력에 의해 신약의 후반부인 로마서에서 요한계시록까지 출간될 수 있었습니다. 이어 신약 전권을 분석 배열한 문맥성경이 곧 출간될 예정입니다. 얼마 지나지 않아, 신구약 전권의 문맥성경이 나올 것입니다. 준비 중에 있습니다.

본문의 분석 배열 내용에 문제가 있거나 보완될 부분이 있으면 언제든지 조언해 주시면 감사하겠습니다. 더 나은 내용의 책으로 보완해 나갈 것입니다.

이 책이 한국 교회에 말씀연구에 대한 열정을 되살리는 계기로 사용되길 원합니다. 본 연구원이 '성경한국'이라는 모토를 가지고 이제까지 나아오도록 하신 우리 하나님을 영화롭게 하는 일이 되기 때문입니다.

신학박사 김 상 훈

문맥성경이 나오기까지

문맥성경은 **서울성경연구원**(Seoul Bible Institute / 이하 SBI)이 1989년부터 공식적으로 사용하기 시작하여 현재의 형태로 발전시킨 구문분석의 성경연구 방식을 채택하고 있습니다. SBI(원장 김의원 박사)는 1988년 8월에 김의원 박사, 김세윤 박사, 손석태 박사, 황창기 박사, 김상훈 박사가 설립한 목회자를 위한 전문 성경연구 기관입니다. SBI는 설립 당시부터 한국의 일선 목회자와 설교자들이 성경 본문을 귀납적인 방법으로 보다 쉽고 정확하게 연구할 수 있는 본문연구방법론을 계발하고 실용화 하는 일에 주력해 왔습니다. 그 결과 원전성경과 한글개역성경에 근거한, 언어학적 해석방식인 구문분석방법을 주요 연구방법론으로 하는 연구원의 귀납법적 성경연구(Inductive Bible Study)방법론과 문맥성경을 계발했습니다.

구문분석 방식의 귀납법적 성경연구는 본래 월터 카이저와 더글라스 스튜어트, 그리고 고든 피 등에 의해 80년대 영어권에서 사용되기 시작한 연구방법론입니다. 이 구문분석 방법론은 현대 언어학의 연구 결과를 반영하는 새로운 해석적 방법론으로 신학계에 제시되었습니다. 이 분들의 책은 김의원 교수에 의해 80년대 중후반에 번역되어 한국에 소개된 바 있습니다. 이 방법론과 현대 구문론 이론들을 참고한 후, 원전성경과 한글개역성경을 고려해서 한국적 상황에 맞춰 계발한 것이 SBI의 구문분석 방식의 성경연구 방법론이라 할 수 있습니다. 80년대 말 김상훈 박사(초대 총무)와 연구원 간사팀에 의해 계발되었고 본문성경연구와 강해설교 훈련을 위해 국내에 실용화 되기 시작했습니다. 이후, 배동한 목사(3대 총무)와 연구원 간사팀에 의해 좀더 다듬어지고 고정화된 형태의 연구방법론과 문맥성경이 자리 잡게 되었습니다. 제한된 본문 연구에 그쳤던 초기의 연구에서 현재 신구약 성경 전반에 걸친 문맥성경의 작업결과로 확대되었습니다.

문맥성경의 발전 과정

초기 문맥성경(구문분석 형식의 귀납법적 성경연구)은 하나의 형식이 아니었습니다. 크게 두 가지 형식으로 나타납니다. 하나는 문장의 흐름, 어구의 순서에 따른 배열방법입니다. 이 방법은 문장을 어구 단위별로 잘라서 배열하는 형식입니다. 다른 하나는 구문적 논리 배열에 따른 작성방법입니다. 이 방법은 문장의 주어와 동사를 중심으로 하고 수식어들과 종속절은 따로 구분하여 배열하는 형식을 말합니다. SBI는 초기 사역에서 이 두 가지를 병행하여 사용하였습니다.

▶ 문장의 흐름에 따른 문맥 성경 작성 형식

[요일 1:1-4]

1 태초부터 있는 생명의 말씀에 관하여는 우리가 들은 바요 눈으로 본 바요 주목
하고 우리 손으로 만진 바라
2 이 생명이 나타내신 바 된지라 이 영원한 생명을 우리가 보았고 증거하여 너희
에게 전하노니 이는 아버지와 함께 계시다가 우리에게 나타내신 바 된 자니라
3 우리가 보고 들은 바를 너희에게도 전함은 너희로 우리와 사귐이 있게 하려 함
이니 우리의 사귐은 아버지와 그 아들 예수 그리스도와 함께 함이라
4 우리가 이것을 씀은 우리의 기쁨이 충만케 하려 함이로라

1태초부터 있는 생명의 말씀에 관하여는

우리가 들은 바요,
눈으로 본 바요,
주목하고
우리 손으로 만진 바라.

2이 생명이 나타내신 바 된지라.

\이 영원한 생명을

우리가 보았고
증거하여
너희에게 전하노니
/이는 아버지와 함께 계시다가
우리에게 나타내신 바 된 자니라.

3우리가 보고 들은 바를
너희에게도 전함은
너희로 우리와 사귐이 있게 하려 함이니,
/우리의 사귐은 아버지와 그 아들 예수 그리스도와
함께 함이라.

4우리가 이것을 씀은
우리의 기쁨이 충만케 하려 함이로라.

▶ **문장의 논리적 배열에 따른 문맥 성경 작성 형식**

1 [그것이] **있는(=있다)**
/태초부터
우리가 **들은 바요**
/[그것을]
본 바요
/[그것을]
/눈으로
주목하고
/[그것을]
만진 바라
/[그것을]
/우리 손으로

/말씀에 관하여는
/생명의

2 이 생명이 **나타내신 바 된지라**

우리가 **보았고**
증거하여
전하노니
/너희에게

/이 생명을
/영원한
/이는 ─ 계시다가
/아버지와 함께
└ 나타내신 바 된 자니라
/우리에게

3 우리가 **전함은**
/[우리가] ─ 보고
└ 들은 바를
/너희에게도
//(목적: ἵνα, so that...may)
너희로 ─ 사귐이 있게 하려 함이니
/우리와

사귐은 **함이라**
/우리의 아버지와
예수 그리스도와 함께
/그 아들

4 우리가 **씀은**
/이것을

//(목적: ἵνα, so that...may)
기쁨이 ─ 충만케 하려 함이로라
/우리의

문맥성경의 표준형식

1995년 이후 SBI는 후자의 형식에 따른 문맥성경을 표준 형식으로 하고 있습니다. 즉 논리적 배열(주어, 동사, 수식부, 종속문장)에 따른 구문분석을 하고 있습니다. SBI는 이를 문맥성경이라 부릅니다. 문맥성경은 주문장을 중심으로 본문의 흐름을 파악하고 본문을 연구하는 데 유익하게 활용할 수 있습니다.

문맥성경 작성의 원리

'문맥성경' 은 원어성경에 사용된 각 의미 단위(단어, 구, 절)가 본문에서 가지는 논리적, 문법적 위치를 가시적으로 드러내어 일정한 약속을 따라 표현한 성경입니다. 문맥성경은 각 의미단위의 문장 내에서의 기능과 비중뿐만 아니라, 각 절과 절 사이의 논리적인 상관관계를 일정한 약속에 따라 표현합니다. 이를 통해 문맥성경은 저자가 성경을 기록하면서 의도했던 논리적인 전개와 문맥의 흐름을 좀 더 쉽게 관찰케 하는 것을 목표로 합니다.

문맥성경을 구성하는 각 의미단위는 세 가지 구성요소로 분류됩니다. 그 각각의 명칭을 서울성경연구원(SBI)은 '주문장', '수식부', '종속문장' 으로 부릅니다. 이 명칭은 국문학적 정의가 아니라 문맥성경의 사용자와 SBI와의 약속입니다.

〈문맥성경의 구성요소〉

1. 주문장

'주문장' 은 문맥(성경저자의 논리전개)의 뼈대(골조)를 이루는 중요한 문장입니다. '주문장' 은 주어와 동사로 구성되며 가장 기본적인 문장의 의미를 표현합니다. 그러므로 '주문장' 이 없이는 문장의 내용을 결코 이해할 수 없습니다.

> "예수를 죽은 자 가운데서 살리신 이의 영이 너희 안에 거하시면 그리스도 예수를 죽은 자 가운데서 **살리신 이**가 너희 안에 거하시는 그의 영으로 말미암아 너희 죽을 몸도 **살리시리라**"

위의 로마서 8장 11절 본문 중 굵게 표기된 것이 '주문장'입니다. 다른 단어들을 읽지 않고 주어와 동사만 읽어도 문장의 기본적인 뜻은 파악할 수 있습니다. 그러나 '주문장(주어와 동사)'을 뺀 다른 단어만으로는 그 의미를 파악할 수 없습니다.

"예수를 죽은 자 가운데서 살리신 이의 영이 너희 안에 거하시면 그리스도 예수를 죽은 자 가운데서 (　　　) 너희 안에 거하시는 그의 영으로 말미암아 너희 죽을 몸도 (　　　)."

이처럼 '주문장'은 문맥에서 기본적인 의미를 담고 있는 가장 중요한 문장입니다. '주문장'은 문맥 내에서 독립적인 비중을 가집니다. 그 스스로가 다른 의미단위(단어, 구, 절)에 구애됨 없이 '주문장'만으로 의미 전달이 가능하다는 뜻입니다. 그리고 '주문장'은 주어나 동사의 의미를 한정, 혹은 강화하는 '수식부'의 꾸밈을 받습니다. 또한 독립적이기에 '주문장'이 다른 문장을 수식하지 않습니다. '주문장'은 다른 문장을 수식하지 않는다는 면에서 다음에 설명할 '종속문장'과 구별됩니다.

문맥성경에서는 주문장을 다음과 같이 표현합니다.

살리신 이가 **살리시리라** [주문장의 동사임을 나타내는 필체]

[주어] [동사]

주문장의 주어는 왼편에 기록하고, 동사는 오른편에 기록합니다. 그리고 주문장의 동사는 견고딕으로 강조하여 주문장의 동사(이하 주동사)임을 표시합니다.

2. 수식부

'수식부'는 문장내에서 주문장(주어와 동사)를 제외한 나머지 부분 중에서 주문장의 주어 혹은 동사의 어느 한 쪽을 수식하여 그 의미를 한정, 혹은 강화하는 의미단위(단어, 구, 절)를 말합니다. 수식부는 자체적으로 하위 수식부를 가질 수 있으며, 그 전체가 주문장의 주어나 동사 어느 한 쪽을 수식합니다.

로마서 8장 11절의 경우 주문장을 제외한 모든 의미단위들은 주어인 '살리신 이'와 동사인 '살리시리라'를 각각 수식합니다.

주어측의 수식부는 다음과 같습니다.

그리스도 예수를 **살리신 이**
죽은 자 가운데서 **살리신 이**

다음은 동사측 '수식부' 입니다. 오른 쪽으로 더 밀린 것은 수식부를 꾸미는 '하위수식부' 를 말합니다. 하위 수식부는 수식하는 단어의 의미를 한정, 강화합니다.

영이 거하시면 **살리시리라**
　　살리신 이의 영
　　　　예수를 살리신 이
　　　　죽은 자 가운데서 살리신 이
　　너희 안에 거하시면
몸도 **살리시리라**
　　너희 몸
　　죽을 몸
영으로 말미암아 **살리시리라**
　　그의 영
　　거하시는 영
　　　　너희 안에 거하시는

문맥성경은 이러한 꾸밈 관계를 다음과 같이 표현합니다. 수식부는 꾸미는 말 아래에 오른쪽으로 3칸 정도 빈칸을 두고서 표시합니다. 수식부임을 나타내는 기호는 ' / ' 입니다.

살리신 이가
　/그리스도 예수를
　/죽은 자 가운데서

살리시리라
/몸도
　/너희
　/죽을
/영으로 말미암아
　/그의
　/거하시는
　　/너희 안에
/영이 —— 거하시면(조건절, if)
　/살리신 이의　/너희 안에
　　/예수를
　　/죽은 자 가운데서

수식부임을 나타내는 기호

위에서 예를 든 것처럼 '수식부'는 주문장의 주어, 혹은 동사의 의미를 강화하거나 한정합니다. 수식부는 대부분 6하원칙에 의해 꾸밈받는 말을 수식합니다.

수식부를 기록함에 있어 몇 가지 원칙과 예외가 있습니다. 원칙은 첫째, 주동사를 꾸미는 수식부는 가장 먼저 동사를 이해함에 필수적인 목적어나 그에 상응하는 의미단위를 먼저 기록합니다. 둘째, 목적어나 그에 상응하는 의미단위의 수식부를 제외하고는 원문의 기록순서를 따라 위치를 정합니다. 예외적으로 논리전개상 주문장보다 먼저 읽어야 하는 조건절, 상황절, 양보절은 수식부이지만, 주문장보다 먼저 기록합니다.

그러므로 로마서 8장 11절은 다음과 같이 구문을 기록합니다.

```
영이                          거하시면(조건절, if)      — 조건절: 주문장 보
  /살리신 이의                  /너희 안에                  다 먼저 기록한다.
     /예수를
     /죽은 자 가운데서

살리신 이가                   살리시리라                — 주문장
  /그리스도 예수를             /몸도
  /죽은 자 가운데서               /너희
                                  /죽을
                               /영으로 말미암아
                                  /그의
                                  /거하시는
                                     /너희 안에
```

3. 종속문장

'종속문장'은 하나 이상의 단어로 구성된 구나 주어와 동사로 구성된 절이 다른 주문장이나 주어 동사로 구성된 수식부와 논리적인 인과관계를 갖는 것을 말합니다. 여기서 논리적인 인과관계라 함은 한 문장이 다른 문장의 이유, 목적, 결과가 되는 것을 말합니다. 수식부가 주어, 혹은 동사의 단어 하나를 수식하는데 비해 종속문장은 주문장 전체, 혹은 주어와 동사로 구성된 수식부 전체를 수식하며 논리적인 관계를 갖습니다. 종속문장을 표시하는 기호는 ' // ' 입니다.

다음은 로마서 8장 1절과 2절입니다. 구문을 분석하여 논리 관계에 따라 배열하면 다

음과 같습니다.

"그러므로 이제 그리스도 예수 안에 있는 자에게는 결코 정죄함이 없나니 이는 그리스도 예수 안에 있는 생명의 성령의 법이 죄와 사망의 법에서 너를 해방하였음이라"

그러므로
정죄함이 **결코 없나니**
/이제
/그리스도 예수 안에 있는 자에게는

//이는(이유: for)
법이 ———— 해방하였음이라
/성령의 /너를
/생명의 /법에서
/그리스도 예수 안에 있는 /죄와 사망의

종속문장 : 앞선 문장과 논리적 인과관계를 갖는다.

간략한 구조로 볼 때, '정죄함이 결코 없는 이유는 법이 해방하였기 때문이다' 임을 알 수 있습니다. 이처럼 '종속문장' 은 앞선 문장과의 논리적 인과관계를 표현합니다. 종속문장은 주관적인 기준으로 분류하는 것이 아니라 헬라어 구문에서 keyword를 통해 구별을 합니다. 종속문장을 이끄는 헬라어 문법상의 keyword는 세 가지 종류가 있습니다.

1) 종속문장을 이끄는 '종속접속사' 입니다.

헬라어에서 종속문장을 이끄는 대표적인 접속사로는 이유와 원인의 종속문장을 이끄는 γάρ(가르)와 ὅτι(호티), 결과나 목적을 나타내는 ἵνα(히나)와 ὥστε(호스테) 등을 들 수 있습니다. 영역본에서 이런 접속사들은 'for, because', 혹은 'so that may, in order that' 등으로 번역됩니다.

2) 이유나 목적, 결과의 의미를 갖는 '전치사 구' 입니다.

헬라어에서 이유나 목적, 결과의 의미를 나타내는 '전치사 구' 가 있습니다. 대표적인 것으로 이유를 나타내는 숙어인 'διὰ + 목적격', 혹은 'διὰ + 부정사' 와 결과나 목적을 나타내는 'εἰς + 목적격' 등이 있습니다.

3) 분사가 원인의 의미로 사용되는 경우입니다.

영문법과 비슷하게 헬라어에서 분사가 이유나 원인을 말하는 경우입니다. 분사가 형용사로 사용되지 않고 부사적인 용법으로 사용되는 경우에 본동사의 원인이나 이유를 말할 수 있습니다.

'종속문장' 은 반드시 주문장과 관계를 갖는 것은 아닙니다. 경우에 따라 수식부 내의 주어와 동사로 구성된 문장이 종속문장을 가질 수 있습니다. 또한 종속문장도 그 자체의 주어 동사와 인과관계를 가지는 하위 종속문장을 가질 수 있습니다. 이럴 경우 두개의 종속문장간에 논리적인 관계가 병렬인지 종속되는 하위 종속문장인지는 일반적인 문법의 상식을 적용하여 규정합니다. 다음은 로마서 8장 28-30절은 병렬관계의 종속문장 및 하위 종속관계의 종속문장 예문입니다.

28 우리가 **알거니와**
/모든 것이 ── 합력하여 이루느니라
/선을
/사랑하는 자[에게는]
/하나님을
/곧(동격)
부르심을 입은 자들에게는
/그 뜻대로

29 //(이유: ὅτι, for)
하나님이(=그가) ── 또한 미리 정하셨으니
/미리 아신 자들로(=에게)
/본받게 하기 위하여(=본받도록)
/형상을
/그 아들의

종속문장

종속문장의 종속문장: 하나님이 미리 정하신 목적

//이는(목적: εἰς + 부정사, so that)
그로 ── 맏아들이 되게 하려 하심이니라
/많은 형제 중에서

30 //또(이유: 계속)
[그가] ── 또한 부르시고
/미리 정하신 그들을
또한 의롭다 하시고
/부르신 그들을
또한 영화롭게 하셨느니라
/의롭다 하신 그들을

위의 예문에서 29절 상반절과 30절은 각각 '우리가 모든 것이 합력하여 선을 이루는 것을 안다' 는 주문장의 두개의 이유를 말합니다. 첫째는 하나님이 미리 정하셨기 때문이고, 둘째는 하나님이 부르시고, 의롭다하시고, 영화롭게 하셨기 때문입니다. 이것이 병렬관계의 종속문장입니다. 반면에 29절 하반절은 주문장이 아닌 '하나님이 미리 정하신' 목적을 말합니다. 그 목적은 '그로 맏아들이 되게 하려고' 입니다. 이것이 종속관계의 하위 종속문장입니다.

창세기에서부터 요한계시록까지의 성경은 크게 두가지 형태의 기록으로 나눌 수 있습니다. 그 하나는 일인칭 화자에 의해 진술된 '강화체(discourse) 본문' 과 다수의 등장인물에 의해 스토리가 전개되는 '사건기록체(narrative) 본문' 입니다. 전자는 서신서, 선지서, 시가서 등을 들 수 있고, 후자는 역사서, 복음서 등을 포함합니다. 경우에 따라서는 두 가지 본문이 한 책에서 혼재되어 있는 경우도 있습니다. 그러나 어떤 본문이건 성경의 모든 본문은 '주문장, 수식부, 종속문장' 으로 나눌 수 있습니다.

이것은 SBI 구문분석(문맥성경)의 구성요소가 특정한 언어에 국한되지 않는 언어의 일반적인 특성을 감안하여 기능별로 분류한 것이기 때문입니다. 다음은 '주문장, 수식부, 종속문장' 의 구분에 해당되지 않는 예외의 부분들입니다.

1) 호격　　　2) 등위접속사, 결론을 나타내는 접속사
3) 감탄사　　4) 후렴구(아멘, 셀라 등)
5) 삽입절　　6) 관계대명사절 중 계속적 용법

이 중 호격, 접속사, 감탄사는 주문장과 독립하여 주문장(혹은 문장)보다 먼저 기술합니다. 후렴구는 해당 구절의 동사 옆에 병기(竝起)합니다. 삽입절 역시 적당한 위치에 배치합니다. 주목해야 하는 것은 '관계대명사절 중 계속적 용법' 입니다. 이 용법은 신약에 빈번하게 등장하는 예외입니다(여기서 예외라 함은 관계대명사절의 주어 동사와 선행사와의 관계를 말하는 것이지, 그 내부적인 구성요소는 역시 수식관계에 있습니다).

관계대명사절 중 계속적 용법의 기능은 일반적인 논문의 각주(脚註)에 해당되는 것으로 볼 수 있습니다. 문장의 흐름 가운데 어떤 단어를 좀더 확장해서 설명하고 싶을 때, 그러나 그 문장 내에 기술하게 되면 문맥의 흐름이 끊어질 염려가 있을 때 우리는 각주를 사용합니다. 관계대명사절 중 계속적 용법은 바로 이런 기능을 가집니다. 관계대명사가 가리키는 선행사에 대해 좀 더 확장하여 설명하는 기능입니다. 그러나 계속적 용법의 관계대명사절은 문맥의 흐름에 다소 독립적으로 구분되어 있는 것이 대부분입니다. 그러므로 SBI는 계속적 용법의 관계대명사절을 다음과 같이 표기합니다.

(예 : 롬 1:1-2)

주문자의 동사임을 나타내는 필체

1 바울은 **(편지하노니)**
/종 /[너희에게]
/예수 그리스도의 /모든(자에게)
/사도로(=사도인) /로마에 있어(=있는)
/부르심을 받아(=받은) /사랑하심을 입고
/택정함을 입었으니(=입은) /하나님의
/복음을 위하여 /부르심을 입은
/하나님의 /성도로

2 /이 **복음은**
하나님이(=그가) —— 미리 약속하신 것이라(=하셨다)
/선지자들로 말미암아
/성경에
/아들에 관하여
/그의

로마서 1장 1-2절의 본문에서 2절의 '이 복음은'은 실제로 원문에는 명사가 아니라 1절의 '복음'을 선행사로 하는 관계대명사입니다. 문맥성경에서 이 부분은 선행사와 한 줄 간격을 두고 수식부 기호(/)를 한 후 표기합니다. 그러나 실제로는 수식부가 아니라 '복음'을 확장해서 설명하는 각주의 기능을 합니다. 그러므로 관계대명사의 계속적 용법은 문맥의 흐름과는 별개로 이해되어야 합니다.

문맥성경에는 몇 가지 약속된 부호들이 있습니다. 다음은 각 부호에 대한 설명입니다.

견고딕 : 주문장의 동사임을 나타내는 필체
/ : 수식부
// : 종속문장
[ ] : 한글성경에는 없으나 원문에는 있는 단어
( ) : 1. 원문에 없으나 한글성경에 삽입된 단어
2. 원전의 단어를 밝힐 필요가 있을 때
3. 종속문장의 기능과 keyword, 영문번역 표기시
(=) : 원문에 근거하여 의미를 보강해야 하는 단어
< > : 원문에는 없지만, 문법상 생략된 단어

문맥성경의 장점

구문을 분석하여 표현한 문맥성경은 연구와 묵상시에 많은 부분에서 연구자에게 유용합니다. 많은 장점들이 있지만, 대표적으로 다음과 같은 점을 들 수 있습니다.

1. 본문의 내용을 쉽게 이해할 수 있습니다.
2. 전체적인 본문의 흐름과 각 부분의 상세한 내용을 구조적으로 한 눈에 볼 수 있습니다.
3. 짧은 시간만으로도 본문을 깊이 이해할 수 있습니다.
4. 한글 성경만으로는 오해하거나 잘 알 수 없는 원문의 정확한 의미와 논리의 구조를 확실하게 파악할 수 있습니다.
5. 그러므로 저자의 의도와 감정을 접하는 경험이 가능합니다.
6. 본문 연구시 관찰이 쉽고, 해석시에 세밀한 부분까지 본문을 놓치지 않을 수 있습니다.
7. 간단한 원칙과 원리만 이해하면, 연구자가 자신의 목적에 맞게 자유롭게 활용, 응용할 수 있습니다.
8. 설교를 위한 본문의 주해 개요(대지 및 소지)를 쉽게 작성할 수 있습니다.
9. 성경공부 교재를 만들 때, 본문의 내용을 함축적으로 포함하는 질문과 내용들을 만들 수 있습니다.

문맥성경 제작 연혁

1988년 8월	서울성경연구원 설립(계몽문화센터)
1988년 9월	목회자를 위한 말씀학교 개강
1988년 12월	구문 분석과 칠하원칙에 의한 귀납법적 성경연구 방법론 개발 구문분석은 문장의 흐름에 따른 배열과 논리적 배열 방식을 병행
1992년 9월	논리적 배열에 의한 구문분석을 주요방식으로 채택
1994년 7월	빌립보서 구문분석 및 연구서 발간
1996년 1월	방법론 재정비 및 개발 시작 이때부터 구문분석 성경을 「문맥성경」이라 칭함
1998년 9월	BNC와 공동으로 말씀연구용 CD프로그램 “바이블2000” 개발
1998년 12월	문맥성경 개발자 김상훈 목사 박사학위 취득
1999년 12월	문맥성경 제작 및 연구 방법론 개발 완료
2000년 6월	인터넷 홈페이지 개설(sbi.or.kr)
2000년 8월	문맥성경 신약 제작을 위한 연구 시작 교회 교육 전문 인터넷 방송국 (주)온바이블 (www.onbible.com) 설립
2001년 10월	문맥성경 신약 출판
2010년 11월	중국어 문맥성경 신약 출판
2012년 1월	문맥성경 구약(모세오경) 출판

SBI 구문분석에 의한

창세기

창세기

1

1 하나님이 **창조하시니라(בָּרָא)**
/천지를
/태초에

2 땅이 **혼돈하고**
공허하며
흑암이 **있고**
/깊음 위에
신은 **운행하시니라**
/하나님의 /수면에

3 하나님이 **가라사대**...하시매
/빛이 있으라

//(결과: 그래서)
빛이 ——— 있었고(qal, wci)
4 그 빛이 —— 좋았더라
/하나님의 보시기에

하나님이 **나누사**
/빛과 어두움을
5 **칭하시고**
/빛을
/낮이라
칭하시니라
/어두움을
/밤이라

"저녁이 되며 아침이 되니 이는 첫째 날이니라"

6 하나님이 **가라사대** ...하시고
/궁창이 —— 있어
/물 가운데
[그것이] —— 나뉘게 하리라
/물과 물로

7 하나님이 **만드사(עָשָׂה)**
/궁창을
나뉘게 하시매
/물과
/궁창 아래의
물로
/궁창 위의

//(결과)
그대로 되니라(qal, wci)

1:1 태초에 하나님이 천지를 창조하시니라 **2** 땅이 혼돈하고 공허하며 흑암이 깊음 위에 있고 하나님의 신은 수면에 운행하시니라 **3** 하나님이 가라사대 빛이 있으라 하시매 빛이 있었고 **4** 그 빛이 하나님의 보시기에 좋았더라 하나님이 빛과 어두움을 나누사 **5** 빛을 낮이라 칭하시고 어두움을 밤이라 칭하시니라 저녁이 되며 아침이 되니 이는 첫째 날이니라 **6** 하나님이 가라사대 물 가운데 궁창이 있어 물과 물로 나뉘게 하리라 하시고 **7** 하나님이 궁창을 만드사 궁창 아래의 물과 궁창 위의 물로 나뉘게 하시매 그대로 되니라

1:1 In the beginning God created the heavens and the earth. **2** And the earth was formless and void, and darkness was over the surface of the deep; and the Spirit of God was moving over the surface of the waters. **3** Then God said, "Let there be light"; and there was light. 4 And God saw that the light was good; and God separated the light from the darkness. **5** And God called the light day, and the darkness He called night. And there was evening and there was morning, one day.
6 ¶ Then God said, "Let there be an expanse in the midst of the waters, and let it separate the waters from the waters." **7** And God made the expanse, and separated

창

8 하나님이 **칭하시니라**
/궁창을 하늘이라

"저녁이 되며 아침이 되니 이는 둘째 날이니라"

9 하나님이 **가라사대** ...하시매
/물이 ——— 모이고
/천하의 /한 곳으로
뭍이 ——— 드러나라

//(결과)
그대로 되니라(qal, wci)

10 하나님이 **칭하시고**
/뭍을
/땅이라
칭하시니라
/모인 물을
/바다라

//(결과)
하나님의 보시기에 좋았더라

11 하나님이 **가라사대** ...하시매
/땅은 ——— 내라
/풀과
채소와
/씨 맺는
과목을
/씨 가진 열매 맺는
/각기 종류대로

//(결과)
그대로 되어(qal, wci)
12 땅이 ——— 내니
/풀과
채소와
/씨 맺는
/각기 종류대로
나무를
/씨 가진열매 맺는
/각기 종류대로

//(결과)
하나님의 보시기에 좋았더라

13 "저녁이 되며 아침이 되니 이는 세째 날이니라"

8 하나님이 궁창을 하늘이라 칭하시니라 저녁이 되며 아
침이 되니 이는 둘째 날이니라 9 하나님이 가라사대 천
하의 물이 한 곳으로 모이고 뭍이 드러나라 하시매 그대
로 되니라 10 하나님이 뭍을 땅이라 칭하시고 모인 물을
바다라 칭하시니라 하나님의 보시기에 좋았더라 11 하
나님이 가라사대 땅은 풀과 씨 맺는 채소와 각기 종류대
로 씨 가진 열매 맺는 과목을 내라 하시매 그대로 되어
12 땅이 풀과 각기 종류대로 씨 맺는 채소와 각기 종류
대로 씨 가진 열매 맺는 나무를 내니 하나님의 보시기에
좋았더라 13 저녁이 되며 아침이 되니 이는 세째 날이니라

the waters which were below the expanse from the waters
which were above the expanse; and it was so. 8 And
God called the expanse heaven. And there was evening
and there was morning, a second day. 9 ¶ Then God
said, "Let the waters below the heavens be gathered
into one place, and let the dry land appear"; and it was
so. 10 And God called the dry land earth, and the
gathering of the waters He called seas; and God saw
that it was good. 11 Then God said, "Let the earth
sprout vegetation, plants yielding seed, and fruit trees bearing
fruit after their kind, with seed in them, on the earth";
and it was so. 12 And the earth brought forth vegetation,
plants yielding seed after their kind, and trees bearing
fruit, with seed in them, after their kind; and God saw
that it was good. 13 And there was evening and there
was morning, a third day.

14 하나님이 **가라사대** ...하시고
/광명이 —— 있어
/하늘의 궁창에
//(목적: ל, to부정사)
주야를 나뉘게 하라
/또
그 광명(으로 하여)—— 이루라
/징조와 사시와
일자와 연한이
15 /또
그 광명이—있어
/하늘의 궁창에
비취라
/땅에

//(결과)
(그대로 되니라)[1)]

16 하나님이 **만드사**(עָשָׂה)
/광명을
/두
/큰
//(목적: ל, to)
큰 광명으로 주관하게 하시고
/낮을
작은 광명으로 주관하게 하시며
/밤을
또
[그가] **만드시고**(עָשָׂה)
/별들을
17 하나님이 **두어**
/그것들을
/하늘의 궁창에

//(목적: ל, to)
비취게 하시며
/땅에
18 주관하게 하시며
/주야를
나뉘게 하시니라
/빛과 어두움을

//(결과)
하나님의 보시기에 좋았더라"

19 "저녁이 되며 아침이 되니 이는 네째 날이니라 "

1) 원전에는 이 말이 없다. 그러나 한글개역 성경이 의미해석 하여 이 말을 첨가한 부분이다. 한글 개역성경은 의미상 생략된 것으로 보고 있음을 알 수 있다.

14 하나님이 가라사대 하늘의 궁창에 광명이 있어 주
야를 나뉘게 하라 또 그 광명으로 하여 징조와 사시와
일자와 연한이 이루라 **15** 또 그 광명이 하늘의 궁창에
있어 땅에 비취라 하시고(그대로 되니라) **16** 하나님이
두 큰 광명을 만드사 큰 광명으로 낮을 주관하게 하시고
작은 광명으로 밤을 주관하게 하시며 또 별들을 만드시
고 **17** 하나님이 그것들을 하늘의 궁창에 두어 땅에 비
취게 하시며 **18** 주야를 주관하게 하시며 빛과 어두움을
나뉘게 하시니라 하나님의 보시기에 좋았더라 **19** 저녁
이 되며 아침이 되니 이는 네째 날이니라

14 ¶ Then God said, "Let there be lights in the expanse
of the heavens to separate the day from the night, and
let them be for signs, and for seasons, and for days and years;
15 and let them be for lights in the expanse of the
heavens to give light on the earth"; and it was so. **16**
And God made the two great lights, the greater light to
govern the day, and the lesser light to govern the night;
He made the stars also. **17** And God placed them in
the expanse of the heavens to give light on the earth,
18 and to govern the day and the night, and to separate
the light from the darkness; and God saw that it was
good. **19** And there was evening and there was morning,
a fourth day.

창

20 하나님이 **가라사대** ...하시고
/물들은 ── 번성케 하라
/생물로
/새가 ── 날으라
/땅위
/하늘의 궁창에는

21 하나님이 **창조하시니**(בָּרָא)
/모든 생물을
/큰 물고기와
/움직이는
/물에서 번성하여
/그 종류대로,

/모든 새를
/날개 있는
/그 종류대로

//(결과)
하나님의 보시기에 좋았더라

22 하나님이 **복을 주어 가라사대**[2)]...하시니라
/그들에게
/생육하고
번성하여
충만하라
/여러 바다 물에
새들도 번성하라
/땅에

23 "저녁이 되며 아침이 되니 이는 다섯째 날이니라 "

24 하나님이 **가라사대**...하시고
/땅은 ── 내되
/생물을
/그 종류대로
── 내라
/육축과
기는 것과
땅의 짐승을
/종류대로

//(결과)
(그대로 되니라)

25 하나님이 **만드시니**(עָשָׂא)
/땅의 짐승을
/그 종류대로

2) 말함으로 복을 주었다

20 하나님이 가라사대 물들은 생물로 번성케 하라 땅
위 하늘의 궁창에는 새가 날으라 하시고 **21** 하나님이
큰 물고기와 물에서 번성하여 움직이는 모든 생물을 그
종류대로, 날개 있는 모든 새를 그 종류대로 창조하시니
하나님의 보시기에 좋았더라 **22** 하나님이 그들에게 복
을 주어 가라사대 생육하고 번성하여 여러 바다 물에 충
만하라 새들도 땅에 번성하라 하시니라 **23** 저녁이 되며
아침이 되니 이는 다섯째 날이니라 **24** 하나님이 가라사
대 땅은 생물을 그 종류대로 내되 육축과 기는 것과 땅
의 짐승을 종류대로 내라 하시고(그대로 되니라) **25** 하

20 ¶ Then God said, "Let the waters teem with swarms
of living creatures, and let birds fly above the earth in
the open expanse of the heavens." **21** And God created
the great sea monsters, and every living creature that
moves, with which the waters swarmed after their kind,
and every winged bird after its kind; and God saw that
it was good. **22** And God blessed them, saying, "Be fruitful
and multiply, and fill the waters in the seas, and let birds
multiply on the earth." **23** And there was evening and
there was morning, a fifth day. **24** ¶ Then God said,
"Let the earth bring forth living creatures after their
kind: cattle and creeping things and beasts of the earth
after their kind"; and it was so. **25** And God made the beasts
of the earth after their kind, and the cattle after their

창

/육축을
/그 종류대로

/땅에 기는 모든 것을
/그 종류대로

//(결과)
하나님의 보시기에 좋았더라

26 하나님이 **가라사대** ...하시고
/우리가 —— 만들고(עָשָׂה)
/사람을
/우리의 형상을 따라
/우리의 모양대로
그로 —— 다스리게 하자
/바다의 고기와
공중의 새와
육축과
모든 것을
/온 땅과
땅에 기는

27 하나님이 **창조하시되**(בָּרָא)
/사람을
/자기 형상 곧 하나님의 형상대로
창조하시고(בָּרָא)
/남자와 여자를

28 하나님이 **복을 주시며**[3]
/그들에게
이르시되 ...하시니라
/그들에게
/[너희는] —— 생육하고
[너희는] —— 번성하여
땅에 충만하라,
땅을 정복하라,
다스리라
/바다의 고기와
공중의 새와
모든 생물을
/땅에 움직이는

29 하나님이 **가라사대** ...하시니
/내가 —— 주노니

3) 22절과 다름
22 하나님이 **복을 주어 가라사대**...하시니라
/그들에게
/생육하고
번성하여
충만하라
/여러 바다 물에
새들도 번성하라
/땅에

나님이 땅의 짐승을 그 종류대로 육축을 그 종류대로 땅
에 기는 모든 것을 그 종류대로 만드시니 하나님의 보시
기에 좋았더라 26 하나님이 가라사대 우리의 형상을 따
라 우리의 모양대로 우리가 사람을 만들고 그로 바다의
고기와 공중의 새와 육축과 온 땅과 땅에 기는 모든 것을
다스리게 하자 하시고 27 하나님이 자기 형상 곧 하나님
의 형상대로 사람을 창조하시되 남자와 여자를 창조하시
고 28 하나님이 그들에게 복을 주시며 그들에게 이르시
되 생육하고 번성하여 땅에 충만하라, 땅을 정복하라, 바
다의 고기와 공중의 새와 땅에 움직이는 모든 생물을 다
스리라 하시니라 29 하나님이 가라사대 내가 온 지면의
씨 맺는 모든 채소와 씨 가진 열매 맺는 모든 나무를 너

kind, and everything that creeps on the ground after its
kind; and God saw that it was good. 26 Then God said,
"Let Us make man in Our image, according to Our
likeness; and let them rule over the fish of the sea and
over the birds of the sky and over the cattle and over
all the earth, and over every creeping thing that creeps
on the earth." 27 And God created man in His own
image, in the image of God He created him; male and female
He created them. 28 And God blessed them; and God
said to them, "Be fruitful and multiply, and fill the
earth, and subdue it; and rule over the fish of the sea
and over the birds of the sky, and over every living

창

/내가 —— **주노니**
/모든 채소와
/온 지면의
/씨 맺는
모든 나무를
/씨 가진
/열매 맺는
/너희에게
//(결과)
너희 식물이 되리라

30 /또
내가 —— **주노라**
/모든 푸른 풀을
/식물로
/땅의 모든 짐승과
공중의 모든 새와
모든 것에게는
/생명이 있어
/땅에 기는
//(결과)
그대로 되니라

31 하나님이 **보시니**
/모든 것을
/그 지으신(עָשָׂה)
//(결과)
보시기에 심히 좋았더라

"저녁이 되며 아침이 되니 이는 여섯째 날이니라"

2

1 천지와
만물이 —— **이루니라**
/다

2 일이 **마치니**
/하나님의 지으시던 (עָשָׂה)
/일곱째 날이 이를 때에
//(결과)
[그가] —— 안식하시니라
/일곱째 날에
/그 지으시던(עָשָׂה) 일이 다하므로
(그 지으시던 모든 일로부터)

희에게 주노니 너희 식물이 되리라 **30** 또 땅의 모든 짐승과 공중의 모든 새와 생명이 있어 땅에 기는 모든 것에게는 내가 모든 푸른 풀을 식물로 주노라 하시니 그대로 되니라 **31** 하나님이 그 지으신 모든 것을 보시니 보시기에 심히 좋았더라 저녁이 되며 아침이 되니 이는 여섯째 날이니라

2:**1** 천지와 만물이 다 이루니라 **2** 하나님의 지으시던 일이 일곱째 날이 이를 때에 마치니 그 지으시던 일이 다하므로 일곱째 날에 안식(安息)하시니라 **3** 하나님이 일곱째 날을 복 주사 거룩하게 하셨으니 이는 하나

thing that moves on the earth." **29** Then God said, "Behold, I have given you every plant yielding seed that is on the surface of all the earth, and every tree which has fruit yielding seed; it shall be food for you; **30** and to every beast of the earth and to every bird of the sky and to every thing that moves on the earth which has life, I have given every green plant for food"; and it was so. **31** And God saw all that He had made, and behold, it was very good. And there was evening and there was morning, the sixth day.

2:**1** ¶ Thus the heavens and the earth were completed, and all their hosts. **2** And by the seventh day God completed His work which He had done; and He rested

창

3 하나님이 **복 주사**
/일곱째 날을
거룩하게 하셨으니

//이는(이유: כִּי, for)
하나님이 ─── 마치시고
/일을
/그[의]
/모든
/창조하시며(בָּרָא) 만드시던(עָשָׂא)
└── 안식하셨음이더라
/이 날에

4 대략이 **이러하니라**
/천지의 창조된 (בָּרָא)
/여호와 하나님이 천지를 창조하신(עָשָׂא) 때에

5 초목이 **아직 없었고**
/들에는
채소가 **나지 아니 하였으며**
/밭에는

//(이유: כִּי for)
여호와 하나님이 땅에 비를 내리지 아니하셨고
[그 땅을] 경작할 사람도 없었으므로

6 안개만 **올라와**
/땅에서
적셨더라
/온 지면을

7 하나님이 **지으시고**(יָצַר. form)
/여호와
/사람을
/흙으로
불어 넣으시니
/생기를
/그 코에

//(결과)
사람이 생령이 된지라

8 하나님이 **창설하시고**
/여호와
/동산을
/동방의 에덴에

4) 직역: 하나님께서 비를 내리시
기 전이었다.

님이 그 창조하시며 만드시던 모든 일을 마치시고 이 날
에 안식하셨음이더라 4 여호와 하나님이 천지를 창조하
신 때에 천지의 창조된 대략이 이러하니라 5 여호와 하
나님이 땅에 비를 내리지 아니하셨고 경작할 사람도 없
었으므로 들에는 초목이 아직 없었고 밭에는 채소가 나
지 아니 하였으며 6 안개만 땅에서 올라와 온 지면을
적셨더라7 여호와 하나님이 흙으로 사람을 지으시고 생
기를 그 코에 불어 넣으시니 사람이 생령이 된지라 8 여
호와 하나님이 동방의 에덴에 동산을 창설하시고 그 지
으신 사람을 거기 두시고 9 여호와 하나님이 그 땅에서

on the seventh day from all His work which He had
done. 3 Then God blessed the seventh day and sanctified
it, because in it He rested from all His work which God
had created and made. 4 ¶ This is the account of the
heavens and the earth when they were created, in the
day that the LORD God made earth and heaven. 5 Now
no shrub of the field was yet in the earth, and no plant
of the field had yet sprouted, for the LORD God had
not sent rain upon the earth; and there was no man to cultivate
the ground. 6 But a mist used to rise from the earth
and water the whole surface of the ground. 7 Then the LORD
God formed man of dust from the ground, and breathed
into his nostrils the breath of life; and man became a
living being. 8 And the LORD God planted a garden

창

두시고
/[그] 사람을
/그[가] 지으신
/거기

9 하나님이 **나게 하시니**
/여호와 /[모든] 나무가
/아름답고
/보기에
좋은
/먹기에
/그 땅에서

생명 나무와 ── **있더라**
나무도 ── /동산 가운데에[는]
/선악을 알게하는

10 강이 **발원하여**
/에덴에서
적시고
/동산을
갈라져
/거기서부터
//(결과)
네 근원이 되었으니(וְהָיָה)

11 이름은 **비손이라**
/첫째의
[그가] **둘렸으며**(הַסֹּבֵב)
/하월라 온 땅에
/금이 있는

12 금은 **정금이요**
/그 땅의
베델리엄과 ──
호마노도 ── **있으며**
/그곳에(는)

13 이름은 **기혼이라**
/둘째 강의
[그가] **둘렸고**(הַסֹּבֵב)
/구스 온 땅에

14 이름은 **힛데겔이라**
/세째 강의
[그가] **흐르며**
/앗수르 동편으로
네째 강은 **유브라데더라**

보기에 아름답고 먹기에 좋은 나무가 나게 하시니 동산
가운데에는 생명나무와 선악을 알게하는 나무도 있더라
10 강이 에덴에서 발원하여 동산을 적시고 거기서부터
갈라져 네 근원이 되었으니 11 첫째의 이름은 비손이라
금이 있는 하윌라 온 땅에 둘렸으며 12 그 땅의 금은
정금이요 그곳에는 베델리엄과 호마노도 있으며 13 둘
째 강의 이름은 기혼이라 구스 온 땅에 둘렸고 14 세째
강의 이름은 힛데겔이라 앗수르 동편으로 흐르며 네째
강은 유브라데더라

toward the east, in Eden; and there He placed the man
whom He had formed. 9 And out of the ground the
LORD God caused to grow every tree that is pleasing
to the sight and good for food; the tree of life also in
the midst of the garden, and the tree of the knowledge
of good and evil. 10 ¶ Now a river flowed out of Eden
to water the garden; and from there it divided and became
four rivers. 11 The name of the first is Pishon; it flows
around the whole land of Havilah, where there is gold.
12 And the gold of that land is good; the bdellium and
the onyx stone are there. 13 And the name of the second
river is Gihon; it flows around the whole land of Cush.

15 하나님이 **이끌어**
/여호와 /그 사람을
두사
/에덴 동산에
다스리며
/그것을
지키게 하시고

16 하나님이 **명하여 가라사대** ...하시니라
/여호와 /그 사람에게
/네가 —— 먹되
/실과는
/동산 각종 나무의
/임의로
17/(네가)—— 먹지 말라
/나무의 실과는
/선악을 알게하는
//(이유; כִּי, for)
네가 먹는 날에는 정녕 죽으리라

18 하나님이 **가라사대** ...하시니라
/여호와 /사람의 독처하는 것이 좋지 못하니
//(그래서; 결과)
내가 ——지으리라
/돕는 배필을
/그를 위하여

19 하나님이 **지으시고**
/여호와 /각종 들짐승과
공중의 각종 새를
/흙으로
이끌어 이르시니
/그것들을
/그에게로

//(목적: לְ, to)
보시려고
/아담이 어떻게 이름을 짓나

바가 **곧 그 이름이라**
/아담이 각 생물을 일컫는

20 아담이 **주니라**
/이름을
/모든 육축과
공중의 새와
들의 모든 짐승에게

15 여호와 하나님이 그 사람을 이끌어 에덴 동산에 두
사 그것을 다스리며 지키게 하시고 **16** 여호와 하나님이
그 사람에게 명하여 가라사대 동산 각종 나무의 실과는
네가 임의로 먹되 **17** 선악을 알게하는 나무의 실과는
먹지 말라 네가 먹는 날에는 정녕 죽으리라 하시니라 **18**
여호와 하나님이 가라사대 사람의 독처하는 것이 좋지
못하니 내가 그를 위하여 돕는 배필을 지으리라 하시니
라 **19** 여호와 하나님이 흙으로 각종 들짐승과 공중의
각종 새를 지으시고 아담이 어떻게 이름을 짓나 보시려
고 그것들을 그에게로 이끌어 이르시니 아담이 각 생물
을 일컫는 바가 곧 그 이름이라 **20** 아담이 모든 육축과
공중의 새와 들의 모든 짐승에게 이름을 주니라 아담이

14 And the name of the third river is Tigris; it flows
east of Assyria. And the fourth river is the Euphrates.
15 Then the LORD God took the man and put him into
the garden of Eden to cultivate it and keep it. **16** And
the LORD God commanded the man, saying, "From
any tree of the garden you may eat freely; **17** but from
the tree of the knowledge of good and evil you shall not
eat, for in the day that you eat from it you shall surely
die." **18** ¶ Then the LORD God said, "It is not good
for the man to be alone; I will make him a helper suitable
for him." **19** And out of the ground the LORD God
formed every beast of the field and every bird of the
sky, and brought them to the man to see what he would
call them; and whatever the man called a living creature,

창

[그러나]
아담이 **없으므로**[5)]
/돕는 배필이

21 하나님이 **깊이 잠들게 하시니**
/여호와 /아담을

[그가]
그가 **잠들매**
취하고
/그[의] 갈빗대 하나를
채우시고
/살로
/대신

22 하나님이 **만드시고**
/여호와 /여자를
/그[의] 갈빗대로
/아담에게서 취하신
이끌어 오시니
/그를
/아담에게로

23 아담이 **가로되…**하니라
/이는 — **뼈요**
/내 뼈 중의
— **살이라**
/살 중의
이것을 여자라 칭하리라[6)]
//(이유: כִּי because)
남자에게서 취하였은즉

24 이러므로(עַל־כֵּן for this cause)
남자가 **떠나**
/부모를
연합하여
/그 아내와
둘이 **한 몸을 이룰지로다**

25 두 사람이 **벌거벗었으나**
/아담과 그 아내
부끄러워 아니하니라

5) 원문: וּלְאָדָם לֹא־מָצָא; but for Adam there was not found...

6) 원문 직역: 그녀가 여자라 칭함을 받으리라

돕는 배필이 없으므로 21 여호와 하나님이 아담을 깊이
잠들게 하시니 잠들매 그가 그 갈빗대 하나를 취하고 살
로 대신 채우시고 22 여호와 하나님이 아담에게서 취하
신 그 갈빗대로 여자를 만드시고 그를 아담에게로 이끌
어 오시니 23 아담이 가로되 이는 내 뼈 중의 뼈요 살
중의 살이라 이것을 남자에게서 취하였은즉 여자라 칭하
리라 하니라 24 이러므로 남자가 부모를 떠나 그 아내
와 연합하여 둘이 한 몸을 이룰지로다 25 아담과 그 아
내 두 사람이 벌거벗었으나 부끄러워 아니하니라

that was its name. 20 And the man gave names to all
the cattle, and to the birds of the sky, and to every beast
of the field, but for Adam there was not found a helper suitable
for him. 21 So the LORD God caused a deep sleep to
fall upon the man, and he slept; then He took one of his
ribs, and closed up the flesh at that place. 22 And the
LORD God fashioned into a woman the rib which He
had taken from the man, and brought her to the man.
23 And the man said, "This is now bone of my bones,
And flesh of my flesh; She shall be called Woman,
Because she was taken out of Man." 24 For this cause
a man shall leave his father and his mother, and shall
cleave to his wife; and they shall become one flesh. 25
And the man and his wife were both naked and were
not ashamed.

3

1 뱀이 **간교하더라**
/가장
/들짐승 중에
/여호와 하나님의 지으신
뱀이 **물어 가로되**
/여자에게
/하나님이 — 하시더냐?
/참으로
/너희더러(가) 먹지말라
/동산 모든 나무의 실과를

2 여자가 **말하되**
/뱀에게
/우리가 —— 먹을 수 있으나
/동산 나무의 실과를
3 /하나님의(께서) — 말씀에. . 하셨느니라
/너희는 ┬ 먹지도 말고
└ 만지지도 말라
/[그] 실과는(=를)
/[그] 나무의
/동산 중앙에 있는
/너희가 죽을까 하노라

4 뱀이 **이르되**
/여자에게
/너희가 —— 죽지 아니하리라
/결코

5//(이유; כִּי, for)
하나님이 — 아심이니라
/너희 눈이 — 밝아
/[그] 날에는
/너희가 그것을 먹는
[너희가] ┬ 하나님과 같이 되어
└ 선악을 알 줄을

6 여자가 본즉(상황절, when)
/그 나무를(가) ┬ 먹음직도 하고
├ 보암직도 하고
└ 탐스럽기도 한 나무인지라
/지혜롭게 할 만큼
여자가 **따먹고**
/그 실과를

3:1 여호와 하나님의 지으신 들짐승 중에 뱀이 가장
간교하더라 뱀이 여자에게 물어 가로되 하나님이 참
으로 너희더러 동산 모든 나무의 실과를 먹지 말라 하시
더냐 2 여자가 뱀에게 말하되 동산 나무의 실과를 우리
가 먹을 수 있으나 3 동산 중앙에 있는 나무의 실과는
하나님의 말씀에 너희는 먹지도 말고 만지지도 말라 너
희가 죽을까 하노라 하셨느니라 4 뱀이 여자에게 이르되
너희가 결코 죽지 아니하리라 5 너희가 그것을 먹는 날
에는 너희 눈이 밝아 하나님과 같이 되어 선악을 알 줄
을 하나님이 아심이니라 6 여자가 그 나무를 본즉 먹음

3:1 ¶ Now the serpent was more crafty than any beast
of the field which the LORD God had made. And
he said to the woman, "Indeed, has God said, 'You
shall not eat from any tree of the garden'?" 2 And the woman
said to the serpent, "From the fruit of the trees of the
garden we may eat; 3 but from the fruit of the tree which
is in the middle of the garden, God has said, 'You shall
not eat from it or touch it, lest you die.'" 4 And the
serpent said to the woman, "You surely shall not die!
5 "For God knows that in the day you eat from it your
eyes will be opened, and you will be like God, knowing
good and evil." 6 When the woman saw that the tree

창

주매
/남편에게도
/자기와 함께한
//(결과)
그도 먹은지라

7 //이에(결과)
눈이 — 밝아
/그들의
[그들이] — 알고
/자기들의 몸이 벗은 줄을
엮어
/무화과 나무 잎을
하였더라
/치마를

8 그들이 **듣고**
/음성을
/여호와 하나님의
/동산에 거니시는
/날이 서늘할 때에

아담과
그 아내가 — **피하여**
/여호와 하나님의 낯을
숨은지라
/동산 나무 사이에

9 하나님이 **부르시며**
/여호와 /아담을
이르시되
/그에게
/네가 어디 있느냐?

10 [그가] **가로되**
/내가 — 듣고
/하나님의 소리를
/동산에서
두려워하여
//(이유: כִּי, for)
내가 벗었으므로
//(결과)
[내가] 숨었나이다

직도 하고 보암직도 하고 지혜롭게 할 만큼 탐스럽기도
한 나무인지라 여자가 그 실과를 따먹고 자기와 함께 한
남편에게도 주매 그도 먹은지라 7 이에 그들의 눈이 밝
아 자기들의 몸이 벗은 줄을 알고 무화과나무 잎을 엮어
치마를 하였더라 8 그들이 날이 서늘할 때에 동산에 거
니시는 여호와 하나님의 음성을 듣고 아담과 그 아내가
여호와 하나님의 낯을 피하여 동산 나무 사이에 숨은지
라 9 여호와 하나님이 아담을 부르시며 그에게 이르시되
네가 어디 있느냐 10 가로되 내가 동산에서 하나님의 소
리를 듣고 내가 벗었으므로 두려워하여 숨었나이다 11

was good for food, and that it was a delight to the eyes,
and that the tree was desirable to make one wise, she
took from its fruit and ate; and she gave also to her
husband with her, and he ate. 7 Then the eyes of both
of them were opened, and they knew that they were
naked; and they sewed fig leaves together and made
themselves loin coverings. 8 ¶ And they heard the sound
of the LORD God walking in the garden in the cool of
the day, and the man and his wife hid themselves from
the presence of the LORD God among the trees of the garden.
9 Then the LORD God called to the man, and said to
him, "Where are you?" 10 And he said, "I heard the
sound of Thee in the garden, and I was afraid because I
was naked; so I hid myself." 11 And He said, "Who

11 [하나님이] **가라사대**
/누가 —— **고였느냐?**
/너의 벗었음을
/네게
네가 —— **먹었느냐?**
/그 나무 실과를
/내가 명한
/먹지말라
/너더러

12 아담이 **가로되**
/여자 그가 —— **주므로**
/하나님이 주셔서 나와 함께하게 하신
/그 나무 실과를
/내게
//(결과)
내가 먹었나이다

13 하나님이 /여호와 **이르시되**
/여자에게
/네가 어찌하여 이렇게 하였느냐?
여자가 **가로되**
/뱀이 나를 꾀므로
내가 먹었나이다

14 하나님이 /여호와 **이르시되**
/뱀에게
/네가 —— **저주를 받아**
/모든 육축과
들의 모든 짐승보다
/더욱
—— **다니고**
/배로
—— **먹을지니라**
/흙을
/종신토록
//(이유: כִּי, because)
네가 이렇게 하였으니

15 /내가 —— **원수가 되게 하고 ...하시고**
/너로
/여자와
—— **원수가 되게 하리니**
/너의 후손도
/여자의 후손과
//(결과)
여자의 후손은 —— **상하게 할것이요**
/네 머리를
너는 —— **상하게 할 것이니라**
/그의 발꿈치를

가라사대 누가 너의 벗었음을 네게 고하였느냐 내가 너
더러 먹지말라 명한 그 나무 실과를 네가 먹었느냐 **12**
아담이 가로되 하나님이 주셔서 나와 함께하게 하신 여
자 그가 그 나무 실과를 내게 주므로 내가 먹었나이다
13 여호와 하나님이 여자에게 이르시되 네가 어찌하여
이렇게 하였느냐 여자가 가로되 뱀이 나를 꾀므로 내가
먹었나이다 **14** 여호와 하나님이 뱀에게 이르시되 네가
이렇게 하였으니 네가 모든 육축과 들의 모든 짐승보다
더욱 저주를 받아 배로 다니고 종신토록 흙을 먹을지니
라 **15** 내가 너로 여자와 원수가 되게 하고 너의 후손도

told you that you were naked? Have you eaten from the
tree of which I commanded you not to eat?" **12** And
the man said, "The woman whom Thou gavest to be
with me, she gave me from the tree, and I ate." **13** Then
the LORD God said to the woman, "What is this you
have done?" And the woman said, "The serpent deceived
me, and I ate." **14** And the LORD God said to the
serpent, "Because you have done this, Cursed are you
more than all cattle, And more than every beast of the
field; On your belly shall you go, And dust shall you
eat All the days of your life; **15** And I will put enmity
Between you and the woman, And between your seed

창

16 **또 이르시되**...하시고
/여자에게
/내가 —— 더하리니
/잉태하는 고통을
/네게
/크게
//(결과)
네가 —— 낳을 것이며
/자식을
/수고하고
너는 —— 사모하고
/남편을
남편은—— 다스릴 것이니라
/너를

17 **이르시되**
/아담에게
/땅은 —— 저주를 받고
/너로 인하여
너는 —— 먹으리라
/그 소산을
/수고하여야
/종신토록
//(이유: כִּי because)
네가 —— 듣고
/네 아내의 말을
먹었은즉
/나무 실과를
/내가 너더러 먹지말라 한

18 /땅이 —— 낼 것이라
/가시덤불과 엉겅퀴를
/네게
너의 —— 먹을 것은
/밭의 채소인즉(=를)

19 /네가 —— 먹고
/식물을
/얼굴에 땀이 흘러야
돌아 가리니
/흙으로
/필경은
//(이유: כִּי, because)
네가 취함을 입었음이라
/그 속에서

여자의 후손과 원수가 되게 하리니 여자의 후손은 네 머리를 상하게 할 것이요 너는 그의 발꿈치를 상하게 할 것이니라 하시고 **16** 또 여자에게 이르시되 내가 네게 잉태하는 고통을 크게 더하리니 네가 수고하고 자식을 낳을 것이며 너는 남편을 사모하고 남편은 너를 다스릴 것이니라 하시고 **17** 아담에게 이르시되 네가 네 아내의 말을 듣고 내가 너더러 먹지 말라 한 나무 실과를 먹었은즉 땅은 너로 인하여 저주를 받고 너는 종신토록 수고하여야 그 소산을 먹으리라 **18** 땅이 네게 가시덤불과 엉겅퀴를 낼 것이라 너의 먹을 것은 밭의 채소인즉 **19** 네가 얼굴에 땀이 흘러야 식물을 먹고 필경은 흙으로 돌아 가리니 그 속에서 네가 취함을 입었음이라 너는 흙이

and her seed; He shall bruise you on the head, And you shall bruise him on the heel." **16** To the woman He said, "I will greatly multiply Your pain in childbirth, In pain you shall bring forth children; Yet your desire shall be for your husband, And he shall rule over you." **17** Then to Adam He said, "Because you have listened to the voice of your wife, and have eaten from the tree about which I commanded you, saying, 'You shall not eat from it'; Cursed is the ground because of you; In toil you shall eat of it All the days of your life. **18** "Both thorns and thistles it shall grow for you; And you shall eat the plants of the field; **19** By the sweat of your face You shall eat bread, Till you return to the ground, Because from it you were taken; For you are dust, And to dust

너는 —— 돌아갈 것이니라 ...하시니라
/흙으로
//(이유: כִּי, because)
[너는] 흙이니

20 아담이 **이름하였으니**
/그 아내를
/하와라
//(이유; כִּי)
그는 모든 산 자의 어미가 됨이더라

21 하나님이 **지어 입히시니라**
/여호와
/가죽옷을
/아담과 그 아내를 위하여

22 하나님이 **가라사대** ...하시고
/여호와
/보라!
이 사람이—되었으니
/우리 중 하나같이
/선악을 아는 일에
그가 —— 들어
/그 손을
따먹고
/생명나무 실과도
영생할까 하노라

23 하나님이 **내어 보내어**
/여호와
/그 사람을
/에덴 동산에서
갈게 하시니라
/토지를
/그의 근본된

24 하나님이 **쫓아 내시고**
/그 사람을
/(이같이)
두어
/그룹들과
화염검을
/두루 도는
/에덴 동산 동편에
지키게 하시니라
/생명나무의 길을

니 흙으로 돌아갈 것이니라 하시니라 **20** 아담이 그 아
내를 하와라 이름하였으니 그는 모든 산 자의 어미가 됨
이더라 **21** 여호와 하나님이 아담과 그 아내를 위하여
가죽옷을 지어 입히시니라 **22** 여호와 하나님이 가라사
대 보라 이 사람이 선악을 아는 일에 우리 중 하나같이
되었으니 그가 그 손을 들어 생명나무 실과도 먹고 영생
할까 하노라 하시고 **23** 여호와 하나님이 에덴 동산에서
그 사람을 내어 보내어 그의 근본된 토지를 갈게 하시니
라 **24** 이같이 하나님이 그 사람을 쫓아 내시고 에덴 동
산 동편에 그룹들과 두루 도는 화염검을 두어 생명나무
의 길을 지키게 하시니라

you shall return." **20** Now the man called his wife's
name Eve, because she was the mother of all the living.
21 And the LORD God made garments of skin for Adam
and his wife, and clothed them. **22** ¶ Then the LORD
God said, "Behold, the man has become like one of Us,
knowing good and evil; and now, lest he stretch out his
hand, and take also from the tree of life, and eat, and
live forever" — **23** therefore the LORD God sent him
out from the garden of Eden, to cultivate the ground
from which he was taken. **24** So He drove the man out;
and at the east of the garden of Eden He stationed the
cherubim, and the flaming sword which turned every direction,
to guard the way to the tree of life.

창

4

1 아담이 **동침하매(יָדַע)**
/그 아내 하와와
하와가 **잉태하여**
낳고
/가인을
이르되
/내가 여호와로 말미암아 득남하였다 하니라

2 그가(그녀가) **또 낳았는데**
/아벨을
/가인의 아우
아벨은 **자이었고**
/양 치는
가인은 **자이었더라**
/농사하는

3 세월이 지난 후에
가인은 **드렸고**
/여호와께
/땅의 소산으로 제물을 삼아

4 아벨은 **자기도 드렸더니**
/양의 첫 새끼와 그 기름으로
여호와께서 **열납하셨으나**
/아벨과 그 제물은
5 **열납하지 아니하신지라**
/가인과 그 제물은
//(결과)
가인이 심히 분하여
안색이 변하니

6 여호와께서 **이르시되**
/가인에게
/네가 분하여 함은 어찜이며?[7]
안색이 변함은 어찜이뇨?

7 /[만일] 네가 선을 행하면(조건절, if)
어찌 낯을 들지 못하겠느냐?[8]

[만일] [네가] 선을 행치 아니하면(조건절, if)
죄가 문에 엎드리느니라

7) 원문직역: 왜 네가 분해하느냐? 왜 너의 안색이 변하느냐?

8) 직역: 네가 받아들여지지 않았겠느냐?

4:1 아담이 그 아내 하와와 동침하매 하와가 잉태하
여 가인을 낳고 이르되 내가 여호와로 말미암아 득
남하였다 하니라 **2** 그가 또 가인의 아우 아벨을 낳았는
데 아벨은 양 치는 자이었고 가인은 농사하는 자이었더
라 **3** 세월이 지난 후에 가인은 땅의 소산으로 제물을 삼
아 여호와께 드렸고 **4** 아벨은 자기도 양의 첫 새끼와 그
기름으로 드렸더니 여호와께서 아벨과 그 제물은 열납하
셨으나 **5** 가인과 그 제물은 열납하지 아니하신지라 가인
이 심히 분하여 안색이 변하니 **6** 여호와께서 가인에게
이르시되 네가 분하여 함은 어찜이며 안색이 변함은 어
찜이뇨 **7** 네가 선을 행하면 어찌 낯을 들지 못하겠느냐
선을 행치 아니하면 죄가 문에 엎드리느니라 죄의 소원
은 네게 있으나 너는 죄를 다스릴지니라

4:1 ¶ Now the man had relations with his wife Eve,
and she conceived and gave birth to Cain, and she
said, "I have gotten a manchild with the help of the
LORD." **2** And again, she gave birth to his brother Abel.
And Abel was a keeper of flocks, but Cain was a tiller
of the ground. **3** So it came about in the course of time
that Cain brought an offering to the LORD of the fruit
of the ground. **4** And Abel, on his part also brought of
the firstlings of his flock and of their fat portions. And
the LORD had regard for Abel and for his offering; **5**
but for Cain and for his offering He had no regard. So
Cain became very angry and his countenance fell. **6** Then
the LORD said to Cain, "Why are you angry? And why
has your countenance fallen? **7** "If you do well, will not
your countenance be lifted up? And if you do not do well,
sin is crouching at the door; and its desire is for you, but

죄의 소원은 네게 있으나
너는 —— 다스릴지니라
/죄를

8 가인이 **고하니라**(וַיֹּאמֶר)
/그 아우 아벨에게
그후
그들이 들에 있을 때에(상황절, when)
가인이 **쳐죽이니라**
/그 아우 아벨을

9 여호와께서 **이르시되**
/가인에게
/네 아우 아벨이 어디 있느냐?
그가 **가로되**
/내가 알지 못하나이다
내가 내 아우를 지키는 자이니까?

10 (여호와께서) **가라사대**
/네가 무엇을 하였느냐?
핏소리가 —— 호소하느니라
/네 아우의 /땅에서부터
/내게

11/네가 —— 저주를 받으리니
/땅에서
땅이 —— 벌려
/그 입을
받았은즉
/네 아우의 피를
/네 손에서부터

12 //(결과)
네가 —— 밭 갈아도(상황절, When)
땅이 —— 주지 아니할 것이요
/그 효력을
/네게
/다시는
너는 —— 피하며
/땅에서
유리하는 자가 되리라

13 가인이 **고하되**
/여호와께
/내 죄벌이 너무 중하여
//(결과)
[내가] 견딜 수 없나이다

8 가인이 그 아우 아벨에게 고하니라 그 후 그들이 들에
있을 때에 가인이 그 아우 아벨을 쳐 죽이니라 9 여호와
께서 가인에게 이르시되 네 아우 아벨이 어디 있느냐 그
가 가로되 내가 알지 못하나이다 내가 내 아우를 지키는
자이니까 10 가라사대 네가 무엇을 하였느냐 네 아우의
핏소리가 땅에서부터 내게 호소하느니라 11 땅이 그 입
을 벌려 네 손에서부터 네 아우의 피를 받았은즉 네가 땅
에서 저주를 받으리니 12 네가 밭 갈아도 땅이 다시는
그 효력을 네게 주지 아니할 것이요 너는 땅에서 피하며
유리하는 자가 되리라 13 가인이 여호와께 고하되 내 죄

you must master it." 8 And Cain told Abel his brother.
And it came about when they were in the field, that Cain
rose up against Abel his brother and killed him. 9 ¶
Then the LORD said to Cain, "Where is Abel your
brother?" And he said, "I do not know. Am I my brother's
keeper?" 10 And He said, "What have you done? The
voice of your brother's blood is crying to Me from the ground.
11 "And now you are cursed from the ground, which
has opened its mouth to receive your brother's blood
from your hand. 12 "When you cultivate the ground, it
shall no longer yield its strength to you; you shall be a vagrant
and a wanderer on the earth." 13 And Cain said to the LORD,

14 /주께서 —— **쫓아 내시온즉**
/나를
/오늘
/이 지면에서
//(결과)
내가 주의 낯을 뵈옵지 못하리니
내가 ┬ 땅에서 피하며
└ 유리하는 자가 될지라
무릇 나를 만나는 자가 나를 죽이겠나이다

15 여호와께서 **이르시되**
/그에게
/그렇지 않다
가인을 죽이는 자는 벌을 칠배나 받으리라 하시고
주사
/표를
/가인에게
//(결과)
만나는 누구에게든지 죽임을 면케 하시니라

16 가인이 **떠나 나가**
/여호와의 앞을
거하였더니
/놋 땅에
/에덴 동편

17 **동침하니**
/아내와
그가 **잉태하여**
낳은지라
/에녹을
가인이 **성을 쌓고**
하였더라
/성을 이름하여 에녹이라
/그 아들의 이름으로

18 에녹이 **낳았고**
/이랏을
이랏은 **낳았고**
/므후야엘을
므후야엘은 **낳았고**
/므드사엘을
므드사엘은 **낳았더라**
/라멕을

벌(罪罰)이 너무 중하여 견딜 수 없나이다 14 주께서 오
늘 이 지면에서 나를 쫓아 내시온즉 내가 주의 낯을 뵈
옵지 못하리니 내가 땅에서 피하며 유리하는 자가 될지
라 무릇 나를 만나는 자가 나를 죽이겠나이다 15 여호와
께서 그에게 이르시되 그렇지 않다 가인을 죽이는 자는
벌을 칠배나 받으리라 하시고 가인에게 표를 주사 만나
는 누구에게든지 죽임을 면케 하시니라 16 가인이 여호
와의 앞을 떠나 나가 에덴 동편 놋 땅에 거하였더니 17
아내와 동침하니 그가 잉태하여 에녹을 낳은지라 가인이
성을 쌓고 그 아들의 이름으로 성을 이름하여 에녹이라
하였더라 18 에녹이 이랏을 낳았고 이랏은 므후야엘을
낳았고 므후야엘은 므드사엘을 낳았고 므드사엘은 라멕

"My punishment is too great to bear! 14 "Behold, Thou
hast driven me this day from the face of the ground; and
from Thy face I shall be hidden, and I shall be a vagrant
and a wanderer on the earth, and it will come about that
whoever finds me will kill me." 15 So the LORD said
to him, "Therefore whoever kills Cain, vengeance will
be taken on him sevenfold." And the LORD appointed a
sign for Cain, lest anyone finding him should slay him.
16 ¶ Then Cain went out from the presence of the LORD,
and settled in the land of Nod, east of Eden. 17 And
Cain had relations with his wife and she conceived, and
gave birth to Enoch; and he built a city, and called the
name of the city Enoch, after the name of his son. 18
Now to Enoch was born Irad; and Irad became the father
of Mehujael; and Mehujael became the father of Methushael;
and Methushael became the father of Lamech. 19 And

19 라멕이 **취하였으니**
/두 아내를
/(동급 설명)
하나의 이름은 아다요
하나의 이름은 씰라며

20 아다는 **낳았으니**
/야발을
그는 **거하여**
/장막에
조상이 되었고
/육축 치는 자의

21 그 아우의 이름은 **유발이니**
그는 **조상이 되었으며**
/모든 자의
/수금과 퉁소를 잡는

22 씰라는 **낳았으니**
/두발가인을
그는 **만드는 자요**
/각양 날카로운 기계를
/동철로
누이는 **나아마이었더라**
/두발가인의

23 라멕이 **이르되**
/아내들에게
/아다와 씰라여!
[너희는] —— 들으라
/내 소리를

라멕의 아내들이여!
[너희는] —— 들으라
/내 말을

내가 —— 죽였고
/사람을
/나의 창상을 인하여
—— 죽였도다
/소년을
/나의 상함을 인하여

24 /[만일]
벌이 —— 칠배일진대(조건절, if)
/가인을 위하여는
벌이 —— 칠십 칠배이리로다 하였더라
/라멕을 위하여는

을 낳았더라 19 라멕이 두 아내를 취하였으니 하나의
이름은 아다요 하나의 이름은 씰라며 20 아다는 야발을
낳았으니 그는 장막에 거하여 육축 치는 자의 조상이 되
었고 21 그 아우의 이름은 유발이니 그는 수금과 퉁소
를 잡는 모든 자의 조상이 되었으며 22 씰라는 두발가
인을 낳았으니 그는 동철로 각양 날카로운 기계를 만드
는 자요 두발가인의 누이는 나아마이었더라 23 라멕이
아내들에게 이르되 아다와 씰라여 내 소리를 들으라 라
멕의 아내들이여 내 말을 들으라 나의 창상을 인하여 내
가 사람을 죽였고 나의 상함을 인하여 소년을 죽였도다
24 가인을 위하여는 벌이 칠배일진대 라멕을 위하여는
벌이 칠십 칠배이리로다 하였더라 25 아담이 다시 아내

Lamech took to himself two wives: the name of the one
was Adah, and the name of the other, Zillah. 20 And
Adah gave birth to Jabal; he was the father of those who
dwell in tents and have livestock. 21 And his brother's
name was Jubal; he was the father of all those who play
the lyre and pipe. 22 As for Zillah, she also gave birth
to Tubal-cain, the forger of all implements of bronze and
iron; and the sister of Tubal-cain was Naamah. 23 And
Lamech said to his wives, "Adah and Zillah, Listen to
my voice, You wives of Lamech, Give heed to my speech,
For I have killed a man for wounding me; And a boy
for striking me; 24 If Cain is avenged sevenfold, Then

창

25 아담이 **다시 동침하매**
/아내와
그가 **낳아**
/아들을
하였으니
/그 이름을 셋 이라

//이는(이유; כִּי, for)
(함이며)[9]
/하나님이──주셨다
/다른 씨를
/내게
/아벨 대신에
/가인의 죽인

26 셋도 **낳고**
/아들을
하였으며
/그 이름을 에노스라
사람들이 **비로소 불렀더라**[10]
/여호와의 이름을
/그 때에

5

1 계보가 **이러하니라**
/아담 자손의

하나님이 사람을 창조하실 때에(상황절, When)
[하나님이] **지으시되**
/하나님의 형상대로

2 **창조하셨고**
/남자와 여자를
하나님이 **복을 주시고**
/그들에게
일컬으셨더라
/그들의 이름을
/사람이라

3 아담이 **낳아**
/아들을
/자기 모양 곧 자기 형상과 같은
/일백 삼십세에
하였고
/이름을
/셋이라

9) 하와가 말한 것 때문에 그렇게 부르게 되었다는 뜻인데, 원문에는 말하다는 말이 없다. 대신 번역본들이 이런 부분을 첨가했다.

10) 부르기 시작했다

와 동침하매 그가 아들을 낳아 그 이름을 셋이라 하였으니
이는 하나님이 내게 가인의 죽인 아벨 대신에 다른 씨를 주셨다
함이며 **26** 셋도 아들을 낳고 그 이름을 에노스라 하였으며 그
때에 사람들이 비로소 여호와의 이름을 불렀더라

5:1 아담 자손의 계보가 이러하니라 하나님이 사람을
창조하실 때에 하나님의 형상대로 지으시되 **2** 남자
와 여자를 창조하셨고 그들이 창조되던 날에 하나님이 그
들에게 복을 주시고 그들의 이름을 사람이라 일컬으셨더
라 **3** 아담이 일백 삼십세에 자기 모양 곧 자기 형상과

Lamech seventy-sevenfold." **25** ¶ And Adam had relations
with his wife again; and she gave birth to a son, and
named him Seth, for, she said, "God has appointed me another
offspring in place of Abel; for Cain killed him." **26** And
to Seth, to him also a son was born; and he called his
name Enosh. Then men began to call upon the name of
the LORD.

5:1 ¶ This is the book of the generations of Adam.
In the day when God created man, He made him in
the likeness of God. **2** He created them male and female,
and He blessed them and named them Man in the day
when they were created. **3** When Adam had lived one hundred
and thirty years, he became the father of a son in his
own likeness, according to his image, and named him

4 아담이 **지내며**
/팔백년을
/셋을 낳은 후
낳았으며
/자녀를

5 그가 **향수하고**
/구백 삼십세를
죽었더라

6 셋은 **낳았고**
/에노스를
/일백 오세에

7 **지내며**
/팔백칠년을
/에노스를 낳은 후
낳았으며
/자녀를

8 그가 **향수하고**
/구백 십이세를
죽었더라

9 에노스는 **낳았고**
/게난을
/구십세에

10 **지내며**
/팔백 십오년을
/게난을 낳은 후
낳았으며
/자녀를

11 그가 **향수하고**
/구백 오세를
죽었더라

12 게난은 **낳았고**
/마할랄렐을
/칠십세에

13 **지내며**
/팔백 사십년을
/마할랄렐을 낳은 후
낳았으며
/자녀를

같은 아들을 낳아 이름을 셋이라 하였고 **4** 아담이 셋을
낳은 후 팔백년을 지내며 자녀를 낳았으며 **5** 그가 구백
삼십세를 향수하고 죽었더라 **6** 셋은 일백 오세에 에노스
를 낳았고 **7** 에노스를 낳은 후 팔백칠년을 지내며 자녀
를 낳았으며 **8** 그가 구백십이세를 향수하고 죽었더라 **9**
에노스는 구십세에 게난을 낳았고 **10** 게난을 낳은 후
팔백십오년을 지내며 자녀를 낳았으며 **11** 그가 구백오
세를 향수하고 죽었더라 **12** 게난은 칠십세에 마할랄렐
을 낳았고 **13** 마할랄렐을 낳은 후 팔백사십년을 지내며
자녀를 낳았으며

Seth. **4** Then the days of Adam after he became the
father of Seth were eight hundred years, and he had other
sons and daughters. **5** So all the days that Adam lived
were nine hundred and thirty years, and he died. **6** ¶
And Seth lived one hundred and five years, and became
the father of Enosh. **7** Then Seth lived eight hundred
and seven years after he became the father of Enosh, and
he had other sons and daughters. **8** So all the days of
Seth were nine hundred and twelve years, and he died.
9 And Enosh lived ninety years, and became the father
of Kenan. **10** Then Enosh lived eight hundred and fifteen
years after he became the father of Kenan, and he had
other sons and daughters. **11** So all the days of Enosh
were nine hundred and five years, and he died. **12** And
Kenan lived seventy years, and became the father of Mahalalel.
13 Then Kenan lived eight hundred and forty years after
he became the father of Mahalalel, and he had other sons
and daughters. **14** So all the days of Kenan were nine hundred

창

14 그가 **향수하고**
/구백 십세를
죽었더라

15 마할랄렐은 **낳았고**
/야렛을
/육십오세에

16 **지내며**
/팔백 삼십년을
/야렛을 낳은 후
낳았으며
/자녀를

17 그가 **향수하고**
/팔백 구십오세를
죽었더라

18 야렛은 **낳았고**
/에녹을
/일백 육십이세에

19 **지내며**
/팔백년을
/에녹을 낳은 후
낳았으며
/자녀를

20 그가 **향수하고**
/구백 육십이세를
죽었더라

21 에녹은 **낳았고**
/므두셀라를
/육십오세에

22 **동행하며**
/하나님과
/삼백년을
/므드셀라를 낳은 후
낳았으며
/자녀를

23 그가 **향수하였더라**
/삼백 육십오세를

14 그가 구백십세를 향수하고 죽었더라 **15** 마할랄렐은
육십오세에 야렛을 낳았고 **16** 야렛을 낳은 후 팔백삼십
년을 지내며 자녀를 낳았으며 **17** 그가 팔백구십오세를
향수하고 죽었더라 **18** 야렛은 일백육십이세에 에녹을
낳았고 **19** 에녹을 낳은 후 팔백년을 지내며 자녀를 낳
았으며**20** 그가 구백육십이세를 향수하고 죽었더라 **21**
에녹은 육십오세에 므두셀라를 낳았고 **22** 므드셀라를
낳은 후 삼백년을 하나님과 동행하며 자녀를 낳았으며
23 그가 삼백육십오세를 향수하였더라

and ten years, and he died. **15** ¶ And Mahalalel lived
sixty-five years, and became the father of Jared. **16** Then
Mahalalel lived eight hundred and thirty years after he became
the father of Jared, and he had other sons and daughters.
17 So all the days of Mahalalel were eight hundred and
ninety-five years, and he died. **18** ¶ And Jared lived one
hundred and sixty-two years, and became the father of Enoch.
19 Then Jared lived eight hundred years after he became
the father of Enoch, and he had other sons and daughters.
20 So all the days of Jared were nine hundred and sixty-
two years, and he died. **21** ¶ And Enoch lived sixty-
five years, and became the father of Methuselah. **22**
Then Enoch walked with God three hundred years after
he became the father of Methuselah, and he had other
sons and daughters. **23** So all the days of Enoch were
three hundred and sixty-five years. **24** And Enoch walked

24 에녹이 **동행하더니**
/하나님과
(그가) **있지 아니하였더라**
/세상에
//(이유: כִּי)
하나님이 그를 데려 가시므로

25 므두셀라는 **낳았고**
/라멕을
/일백 팔십칠세에

26 **지내며**
/칠백 팔십이년을
/라멕을 낳은 후
낳았으며
/자녀를

27 그는 **향수하고**
/구백 육십구세를
죽었더라

28 라멕은 **낳고**
/아들을
/일백 팔십이세에
29 **하여**
/이름을
/노아라
가로되 ...하였더라
/이 아들이 — 안위하리라
/우리를
/수고로이 일하는
/여호와께서 땅을 저주하시므로

30 라멕이 **지내며**
/오백 구십오년을
/노아를 낳은 후
낳았으며
/자녀를

31 그는 **향수하고**
/칠백 칠십칠세를
죽었더라

32 노아가 **낳았더라**
/셈과 함과 야벳을
/오백세 된 후에

24 에녹이 하나님과 동행하더니 하나님이 그를 데려가
시므로 세상에 있지 아니하였더라 **25** 므두셀라는 일백
팔십칠세에 라멕을 낳았고 **26** 라멕을 낳은 후 칠백팔십
이년을 지내며 자녀를 낳았으며 **27** 그는 구백육십구세
를 향수하고 죽었더라 **28** 라멕은 일백팔십이세에 아들
을 낳고 **29** 이름을 노아라 하여 가로되 여호와께서 땅을
저주하시므로 수고로이 일하는 우리를 이 아들이 안위하
리라 하였더라 **30** 라멕이 노아를 낳은 후 오백구십오년
을 지내며 자녀를 낳았으며 **31** 그는 칠백칠십칠세를 향
수하고 죽었더라 **32** 노아가 오백세 된 후에 셈과 함과
야벳을 낳았더라

with God; and he was not, for God took him. **25** ¶ And
Methuselah lived one hundred and eighty-seven years,
and became the father of Lamech. **26** Then Methuselah lived
seven hundred and eighty-two years after he became the
father of Lamech, and he had other sons and daughters.
27 So all the days of Methuselah were nine hundred
and sixty-nine years, and he died. **28** ¶ And Lamech
lived one hundred and eighty-two years, and became the
father of a son. **29** Now he called his name Noah, saying,
"This one shall give us rest from our work and from the
toil of our hands arising from the ground which the
LORD has cursed." **30** Then Lamech lived five hundred
and ninety-five years after he became the father of Noah,
and he had other sons and daughters. **31** So all the days
of Lamech were seven hundred and seventy-seven years,
and he died. **32** ¶ And Noah was five hundred years
old, and Noah became the father of Shem, Ham, and
Japheth.

창

6

1 사람이 번성하기 시작할 때에(상황절, when)
/땅 위에
딸들이 **나니**
/그들에게서

2 아들들이 **보고**
/하나님의
/사람의 딸들의[11]
/아름다움을
삼는지라
/아내를
/모든 자로
/자기들의 좋아하는

3 여호와께서 **가라사대** ...하시니라
/나의 신이 —— 하지 아니하리니
/사람과 함께
/영원히
//이는(이유: for)[12]
그들이 육체가 됨이라
/그러나
그들의 날은 —— 되리라
/일백 이십년이

4 네피림이 **있었고**
/땅에
/당시에
아들들이 **취하여**
/하나님의
/사람의 딸들을
낳았으니
/자식을
그들이 **용사라**
사람이었더라
/유명한
/고대에

5 여호와께서 **보시고**
/죄악이 —— 관영함과
/사람의
/세상에
모든 계획이 —— 항상 악할 뿐임을
/그 마음의 생각의

6 **한탄하사**
/땅위에 사람 지으셨음을
근심하시고
/마음에

11) "아름다운 사람의 딸들을" 혹은 "사람의 딸들이 아름다움을"

12) בְּשַׁגַּם 전.계.형부(for that-also)

6:1 사람이 땅 위에 번성하기 시작할 때에 그들에게
서 딸들이 나니 2 하나님의 아들들이 사람의 딸들
의 아름다움을 보고 자기들의 좋아하는 모든 자로 아내
를 삼는지라 3 여호와께서 가라사대 나의 신이 영원히
사람과 함께하지 아니하리니 이는 그들이 육체가 됨이라
그러나 그들의 날은 일백 이십년이 되리라 하시니라 4
당시에 땅에 네피림이 있었고 그 후에도 하나님의 아들
들이 사람의 딸들을 취하여 자식을 낳았으니 그들이 용
사라 고대에 유명한 사람이었더라 5 여호와께서 사람의
죄악이 세상에 관영함과 그 마음의 생각의 모든 계획이

6:1 ¶ Now it came about, when men began to multiply
on the face of the land, and daughters were born to
them, 2 that the sons of God saw that the daughters of
men were beautiful; and they took wives for themselves,
whomever they chose. 3 Then the LORD said, "My
Spirit shall not strive with man forever, because he also
is flesh; nevertheless his days shall be one hundred and twenty
years." 4 The Nephilim were on the earth in those days,
and also afterward, when the sons of God came in to
the daughters of men, and they bore children to them.
Those were the mighty men who were of old, men of renown.
5 ¶ Then the LORD saw that the wickedness of man
was great on the earth, and that every intent of the
thoughts of his heart was only evil continually. 6 And
the LORD was sorry that He had made man on the earth,
and He was grieved in His heart.

창

7 **가라사대** ...하시니라
/내가 ── **쓸어 버리되**
/사람을
/나의 창조한
/지면에서
── **그리하리니**
/사람으로부터
육축과
기는 것과
공중의 새까지

//이는(이유: כִּי)
내가 ── 한탄함이니라
/그것을 지었음을

8 그러나
노아는 **은혜를 입었더라**
/여호와께

9 사적은 **이러하니라**
/노아의
노아는 **의인이요**
완전한 자라
/당세에
그가 **동행하였으며**
/하나님과

10 그가 **낳았으니**
/세 아들을
/(동급/동격)
셈과 함과 야벳이라

11 때에
온 땅이 **패괴하여**
/하나님 앞에
강포가 **충만한지라**
/땅에

12 하나님이 **보신즉**

[보라!]
땅이 **패괴하였으니**

//이는(이유: כִּי)
행위가 ── 패괴함이었더라
/모든 혈육 있는자의 /땅에서

항상 악할 뿐임을 보시고 **6** 땅위에 사람 지으셨음을 한
탄하사 마음에 근심하시고 **7** 가라사대 나의 창조한 사람
을 내가 지면에서 쓸어 버리되 사람으로부터 육축과 기
는 것과 공중의 새까지 그리하리니 이는 내가 그것을
지었음을 한탄함이니라 하시니라 **8** 그러나 노아는 여호
와께 은혜를 입었더라 **9** 노아의 사적은 이러하니라 노아
는 의인이요 당세에 완전한 자라 그가 하나님과 동행하
였으며 **10** 그가 세 아들을 낳았으니 셈과 함과 야벳이
라 **11** 때에 온 땅이 하나님 앞에 패괴하여 강포가 땅에
충만한지라 **12** 하나님이 보신즉 땅이 패괴하였으니 이

7 And the LORD said, "I will blot out man whom I
have created from the face of the land, from man to
animals to creeping things and to birds of the sky; for I
am sorry that I have made them." **8** But Noah found
favor in the eyes of the LORD. **9** ¶ These are the records
of the generations of Noah. Noah was a righteous man,
blameless in his time; Noah walked with God. **10** And
Noah became the father of three sons: Shem, Ham, and
Japheth. 11 Now the earth was corrupt in the sight of
God, and the earth was filled with violence. **12** And
God looked on the earth, and behold, it was corrupt; for
all flesh had corrupted their way upon the earth.

13 하나님이 **이르시되**
/노아에게
/그 끝날이 — 이르렀으니
/내 앞에
내가 — 멸하리라
/그들을
/땅과 함께
//(이유: כִּי)
강포가 — 가득하므로
/모든 혈육 있는 자의 /땅에

14 /너는 — 방주를 짓되
/잣나무로
/너를 위하여
— 간들을 막고
/그 안에
— 칠하라
/역청으로
/그 안팎에

15 /제도는 — 이러하니
/그 방주의
장이 — 삼백 규빗,
광이 — 오십 규빗,
고가 — 삼십 규빗이며

16 /[너는] — 내되
/창을
/거기
— 내고
/위에서부터 한 규빗
— 내고
/그 문은
/옆으로
— 할지니라
/상 중 하 삼층으로

17 /내가 — 일으켜
/홍수를
/땅에
— 멸절하리니
/육체를
/무릇
/생명의 기식 있는
/천하에서
//(결과)
땅에 있는 자가 다 죽으리라

는 땅에서 모든 혈육 있는자의 행위가 패괴함이었더라
13 하나님이 노아에게 이르시되 모든 혈육 있는 자의 강
포가 땅에 가득하므로 그 끝날이 내 앞에 이르렀으니 내
가 그들을 땅과 함께 멸하리라 **14** 너는 잣나무로 너를
위하여 방주를 짓되 그 안에 간들을 막고 역청으로 그 안
팎에 칠하라 **15** 그 방주의 제도는 이러하니 장이 삼백
규빗,광이 오십 규빗, 고가 삼십 규빗이며 **16** 거기 창을
내되 위에서부터 한 규빗에 내고 그 문은 옆으로 내고 상
중 하 삼층으로 할지니라 **17** 내가 홍수를 땅에 일으켜
무릇 생명의 기식 있는 육체를 천하에서 멸절하리니 땅에

13 ¶ Then God said to Noah, "The end of all flesh has
come before Me; for the earth is filled with violence
because of them; and behold, I am about to destroy them
with the earth. **14** "Make for yourself an ark of gopher
wood; you shall make the ark with rooms, and shall cover
it inside and out with pitch. **15** "And this is how you
shall make it: the length of the ark three hundred cubits,
its breadth fifty cubits, and its height thirty cubits. **16**
"You shall make a window for the ark, and finish it to
a cubit from the top; and set the door of the ark in the
side of it; you shall make it with lower, second, and third
decks. **17** "And behold, I, even I am bringing the flood
of water upon the earth, to destroy all flesh in which is
the breath of life, from under heaven; everything that is

18 /그러나
내가 ——— 세우리니
/내 언약을
/너와는
너는 ——— 들어가고
/그 방주로
/네 아들들과
네 아내와
네 자부들과 함께

19 /너는 ——— 이끌어 들여
/모든 생물을
/혈육 있는
/각기 암 수 한쌍씩
/방주로
생명을 보존케 하되
/너와 함께

20 /각기 둘씩 ——— 나아오리니
/새가 그 종류대로, /네게로
육축이 그 종류대로,
모든 것이 그 종류대로,
/땅에 기는

//(목적: 부정사)
그 생명을 보존케하라
(보존하려고)

21 /너는 ——— 가져다가
/먹을 모든 식물을
/네게로
저축하라

//(결과; 그러면)
이것이 너와 그들의 식물이 되리라

22 노아가 **하되**
/그와 같이
준행하였더라
/다
/하나님이 자기에게 명하신 대로

있는 자가 다 죽으리라 18 그러나 너와는 내가 내 언약
을 세우리니 너는 네 아들들과 네 아내와 네 자부들과
함께 그 방주로 들어가고 19 혈육 있는 모든 생물을 너
는 각기 암 수 한 쌍씩 방주로 이끌어 들여 너와 함께
생명을 보존케 하되 20 새가 그 종류대로,육축이 그 종
류대로,땅에 기는 모든 것이 그 종류대로,각기 둘씩 네게
로 나아오리니 그 생명을 보존케하라21 너는 먹을 모든
식물을 네게로 가져다가 저축하라 이것이 너와 그들의
식물이 되리라 22 노아가 그와 같이 하되 하나님이 자
기에게 명하신 대로 다 준행하였더라

on the earth shall perish. 18 "But I will establish My covenant
with you; and you shall enter the ark — you and your
sons and your wife, and your sons' wives with you. 19 "And
of every living thing of all flesh, you shall bring two of
every kind into the ark, to keep them alive with you;
they shall be male and female. 20 "Of the birds after
their kind, and of the animals after their kind, of every creeping
thing of the ground after its kind, two of every kind shall
come to you to keep them alive. 21 "And as for you,
take for yourself some of all food which is edible, and
gather it to yourself; and it shall be for food for you and
for them." 22 Thus Noah did; according to all that God
had commanded him, so he did.

창

7

1 여호와께서 **이르시되**
/노아에게
/너와
네 온 집은 ── 방주로 들어가라

//(이유: כִּי)
내가 ── 보았음이니라
/네가 의로움을
/이 세대에
/내 앞에서

2 /너는 ── **취하며**
/모든 정결한 짐승은
/암수 일곱씩

/부정한 것은
/암수 둘씩을

/네게로

3 ── **취하여**
/공중의 새도
/암수 일곱씩을

//(목적)
그 씨를 온 지면에 유전케 하라

4 /지금부터 칠일이면
내가 ── **비를 내려**
/사십 주야를 땅에
── **쓸어 버리리라**
/모든 생물을
/나의 지은
/지면에서

5 노아가 **준행하였더라**
/다
/여호와께서 자기에게 명하신대로

6 노아가 **육백세라**
/홍수가 땅에 있을 때에

7 노아가 **들어갔고**
/방주에
/아들들과 아내와 자부들과 함께
/홍수를 피하여

7:1 여호와께서 노아에게 이르시되 너와 네 온 집은
방주로 들어가라 네가 이 세대에 내 앞에서 의로움
을 내가 보았음이니라 **2** 너는 모든 정결한 짐승은 암수
일곱씩 부정한 것은 암수 둘씩을 네게로 취하며 **3** 공중
의 새도 암수 일곱씩을 취하여 그 씨를 온 지면에 유전케
하라 **4** 지금부터 칠일이면 내가 사십 주야를 땅에 비를
내려 나의 지은 모든 생물을 지면에서 쓸어 버리리라 **5**
노아가 여호와께서 자기에게 명하신 대로 다 준행하였더
라 **6** 홍수가 땅에 있을 때에 노아가 육백세라 **7** 노아가
아들들과 아내와 자부들과 함께 홍수를 피하여 방주에 들

7:1 ¶ Then the LORD said to Noah, "Enter the ark,
you and all your household; for you alone I have
seen to be righteous before Me in this time. **2** "You shall
take with you of every clean animal by sevens, a male
and his female; and of the animals that are not clean
two, a male and his female; **3** also of the birds of the
sky, by sevens, male and female, to keep offspring alive
on the face of all the earth. **4** "For after seven more
days, I will send rain on the earth forty days and forty
nights; and I will blot out from the face of the land every
living thing that I have made." **5** And Noah did according
to all that the LORD had commanded him. **6** ¶ Now
Noah was six hundred years old when the flood of water
came upon the earth. **7** Then Noah and his sons and his
wife and his sons' wives with him entered the ark because
of the water of the flood. **8** Of clean animals and animals

8 정결한 짐승과
부정한 짐승과
새와
모든 것이
/땅에 기는
9 **나아와**
/노아에게
/암수 둘씩
/하나님이 노아에게 명하신 대로
(**들어갔더니**)
/방주로

10 홍수가 **덮이니**
/땅에
/칠일 후에

11 노아 육백세 되던 해 이월
곧 그 달 십칠일이라

샘들이 **터지며**
/큰 깊음의 /그날에
창들이 **열려**
/하늘의

12 비가 **쏟아졌더라**
/사십 주야를 /땅에

13 노아와
그의 아들 셈,함,야벳과
노아의 처와
세 자부가 **들어갔고**
/다
/방주로
/곧 그 날에

14 그들과
모든 들짐승이 그 종류대로,
모든 육축이 그 종류대로,
모든 것이 그 종류대로,
/땅에 기는
모든 새
곧 각양의 새가 그 종류대로

15 육체가 **나아와**
/무릇 /노아에게
/기식이 있는

어갔고 8 정결한 짐승과 부정한 짐승과 새와 땅에 기는
모든 것이 9 하나님이 노아에게 명하신 대로 암수 둘씩
노아에게 나아와 방주로 들어갔더니 10 칠일 후에 홍수
가 땅에 덮이니 11 노아 육백세 되던 해 이월 곧 그 달
십칠일이라 그 날에 큰 깊음의 샘들이 터지며 하늘의 창
들이 열려 12 사십 주야를 비가 땅에 쏟아졌더라 13
곧 그 날에 노아와 그의 아들 셈,함,야벳과 노아의 처와
세 자부가 다 방주로 들어갔고 14 그들과 모든 들짐승이
그 종류대로,모든 육축이 그 종류대로, 땅에 기는 모든 것
이 그 종류대로, 모든 새 곧 각양의 새가 그 종류대로

that are not clean and birds and everything that creeps
on the ground, 9 there went into the ark to Noah by
twos, male and female, as God had commanded Noah.
10 And it came about after the seven days, that the
water of the flood came upon the earth. 11 In the six hundredth
year of Noah's life, in the second month, on the seventeenth
day of the month, on the same day all the fountains of
the great deep burst open, and the floodgates of the sky
were opened. 12 And the rain fell upon the earth for
forty days and forty nights. 13 ¶ On the very same day
Noah and Shem and Ham and Japheth, the sons of Noah,
and Noah's wife and the three wives of his sons with
them, entered the ark, 14 they and every beast after its
kind, and all the cattle after their kind, and every creeping
thing that creeps on the earth after its kind, and every
bird after its kind, all sorts of birds. 15 So they went

창

들어갔으니
/방주로
/둘씩

16 것들은 암수라
/들어간 /모든 것의
[그것들이] 들어가매
/하나님이 그에게 명하신 대로
여호와께서 닫아 넣으시니라
/그를

17 홍수가 있었는지라
/사십일을
/땅에

//(결과)
물이 ——— 많아져
방주가 ——— 떠 올랐고
/땅에서
18 물이 더 많아져
창일하매
/땅에

//(결과)
방주가 물 위에 떠 다녔으며

19 물이 더욱 창일하매
/땅에

//(결과)
높은 산이 — 다 덮였더니
/천하에

20 물이 불어서
오르매
/십 오 규빗이

//(결과)
산들이 덮인지라

21 생물이 죽었으니
/다
/땅위에 움직이는
/곧(설명/동격)
새와 육축과
들짐승과
땅에 기는 모든 것과
모든 사람이라

15 무릇 기식이 있는 육체가 둘씩 노아에게 나아와 방주
로 들어갔으니 16 들어간 것들은 모든 것의 암수라 하
나님이 그에게 명하신대로 들어가매 여호와께서 그를 닫
아 넣으시니라 17 홍수가 땅에 사십일을 있었는지라 물
이 많아져 방주가 땅에서 올랐고 18 물이 더 많아져
땅에 창일하매 방주가 물 위에 떠 다녔으며 19 물이 땅
에 더욱 창일하매 천하에 높은 산이 다 덮였더니 20 물
이 불어서 십오 규빗이 오르매 산들이 덮인지라 21 땅
위에 움직이는 생물이 다 죽었으니 곧 새와 육축과 들짐
승과 땅에 기는 모든 것과 모든 사람이라 22 육지에 있

into the ark to Noah, by twos of all flesh in which was
the breath of life. 16 And those that entered, male and female
of all flesh, entered as God had commanded him; and
the LORD closed it behind him. 17 Then the flood came
upon the earth for forty days; and the water increased
and lifted up the ark, so that it rose above the earth. 18
And the water prevailed and increased greatly upon the earth;
and the ark floated on the surface of the water. 19 And
the water prevailed more and more upon the earth, so
that all the high mountains everywhere under the heavens
were covered. 20 The water prevailed fifteen cubits
higher, and the mountains were covered. 21 And all
flesh that moved on the earth perished, birds and cattle
and beasts and every swarming thing that swarms upon

창

22 다 **죽었더라**
/육지에 있어
/코로 생물의 기식을 호흡하는 것은

23 [하나님이] **쓸어버리시니**
/지면의 모든 생물을
/곧(설명/동격)
사람과 짐승과 기는 것과 공중의 새까지라

이들은 **쓸어버림을 당하였으되**
/땅에서
홀로 노아와 **남았더라**
방주에 있던 자만
/그와 함께

24 물이 **창일하였더라**
/일백오십일을
/땅에

8

1 하나님이 **권념하사**[13)]
/노아와
모든 들짐승과 육축을
/그와 함께 방주에 있는
불게 하시매
/바람으로
/땅 위에
//(결과)
물이 감하였고

2 샘과
/깊음의
창이 **막히고**
/하늘의

비가 **그치매**
/하늘에서

3 물이 **물러가고**
/땅에서
물러가서
/점점
감하고
/일백오십일 후에

13) וַיִּזְכֹּר remembered; wci

어 코로 생물의 기식을 호흡하는 것은 다 죽었더라 23
지면의 모든 생물을 쓸어버리시니 곧 사람과 짐승과 기
는 것과 공중의 새까지라 이들은 땅에서 쓸어버림을 당
하였으되 홀로 노아 와 그와 함께 방주에 있던 자만 남
았더라 24 물이 일백오십일을 땅에 창일하였더라

8 :1 하나님이 노아와 그와 함께 방주에 있는 모든 들
짐승과 육축을 권념하사 바람으로 땅 위에 불게 하
시매 물이 감하였고 2 깊음의 샘과 하늘의 창이 막히고
하늘에서 비가 그치매 3 물이 땅에서 물러가고 점점 물
러가서 일백오십일 후에 감하고 4 칠월 곧 그 달 십칠일

the earth, and all mankind; 22 of all that was on the dry
land, all in whose nostrils was the breath of the spirit of
life, died. 23 Thus He blotted out every living thing that
was upon the face of the land, from man to animals to creeping
things and to birds of the sky, and they were blotted out
from the earth; and only Noah was left, together with
those that were with him in the ark. 24 And the water
prevailed upon the earth one hundred and fifty days.

8 :1 ¶ But God remembered Noah and all the beasts
and all the cattle that were with him in the ark; and
God caused a wind to pass over the earth, and the water
subsided. 2 Also the fountains of the deep and the
floodgates of the sky were closed, and the rain from the
sky was restrained; 3 and the water receded steadily
from the earth, and at the end of one hundred and fifty
days the water decreased.

창

4 방주가 **머물렀으며**
/아라랏 산에
/칠월 곧 그 달 십칠일에

5 물이 **감하여**
/점점
봉우리가 **보였더라**
/산들의 /시월 곧 그달 일일에

6 사십일을 지나서
노아가 **열고**
/그 방주에 지은 창을

7 **내어 놓으매**
/까마귀를
//(결과)
까마귀가 —— 날아 왕래하였더라
/물이 땅에서 마르기까지

8 그가 또 **내어 놓아**
/비둘기를
//(목적; לְ, to)
지면에 물이 감한 여부를 알고자 (하매)

9 비둘기가 **찾지 못하고**
/접족할 곳을
//(이유: כִּי, for)
온 지면에 물이 있으므로
//(결과)
[비둘기가] —— 돌아와
/방주로
└ 오는지라
/그에게로
그가 **내밀어**
/손을
받아 들이고
/방주 속 자기에게로

10 또[그가] **기다려**
/칠일을
내어 놓으매
/다시
/비둘기를
/방주에서

에 방주가 아라랏 산에 머물렀으며 5 물이 점점 감하여
시월 곧 그달 일일에 산들의 봉우리가 보였더라 6 사십
일을 지나서 노아가 그 방주에 지은 창을 열고 7 까마귀
를 내어 놓으매 까마귀가 물이 땅에서 마르기까지 날아
왕래하였더라 8 그가 또 비둘기를 내어 놓아 지면에 물
이 감한 여부를 알고자 하매 9 온 지면에 물이 있으므로
비둘기가 접족할 곳을 찾지 못하고 방주로 돌아와 그에
게로 오는지라 그가 손을 내밀어 방주 속 자기에게로 받
아 들이고 10 또 칠일을 기다려 다시 비둘기를 방주에
서 내어 놓으매 11 저녁때에 비둘기가 그에게로 돌아

4 And in the seventh month, on the seventeenth day of
the month, the ark rested upon the mountains of Ararat.
5 And the water decreased steadily until the tenth month;
in the tenth month, on the first day of the month, the
tops of the mountains became visible. 6 ¶ Then it came
about at the end of forty days, that Noah opened the
window of the ark which he had made; 7 and he sent
out a raven, and it flew here and there until the water
was dried up from the earth. 8 Then he sent out a dove
from him, to see if the water was abated from the face
of the land; 9 but the dove found no resting place for
the sole of her foot, so she returned to him into the ark;
for the water was on the surface of all the earth. Then
he put out his hand and took her, and brought her into
the ark to himself. 10 So he waited yet another seven
days; and again he sent out the dove from the ark. 11

11 비둘기가 **돌아왔는데**
/그에게로
/저녁때에

잎사귀가 **있는지라**
/감람 새 /그 입에

//이에(결과)
노아가 땅에 물이 감한 줄 알았으며

12 또[그가] **기다려**
/칠일을
내어 놓으매
/비둘기를

//(결과)
다시는 그에게로 돌아오지 아니하였더라

13 물이 **걷힌지라**
/육백일년 정월
곧 그 달 일일에
/지면에
노아가 **제치고**
/방주 뚜껑을
본즉
물이 **걷혔더니**
/지면에

14 땅이 **말랐더라**
/이월 이십칠일에

15 하나님이 **말씀하여 가라사대**
/노아에게
16 /너는 — 나오고
/방주에서
/네 아내와
네 아들들과
네 자부들로 더불어

17 /이끌어 내라
/다
/모든 혈육 있는 생물
/너와 함께 한
곧 새와
육축과
땅에 기는 모든 것을

//(*그러면; 결과*)

왔는데 그 입에 감람 새 잎사귀가 있는지라 이에 노아가
땅에 물이 감한 줄 알았으며 **12** 또 칠일을 기다려 비둘
기를 내어 놓으매 다시는 그에게로 돌아오지 아니하였더
라 **13** 육백일년 정월 곧 그 달 일일에 지면에 물이 걷
힌지라 노아가 방주 뚜껑을 제치고 본즉 지면에 물이 걷
혔더니 **14** 이월 이십칠일에 땅이 말랐더라 **15** 하나님
이 노아에게 말씀하여 가라사대 **16** 너는 네 아내와 네
아들들과 네 자부들로 더불어 방주에서 나오고 **17** 너와
함께 한 모든 혈육 있는 생물 곧 새와 육축과 땅에 기는
모든 것을 다 이끌어 내라 이것들이 땅에서 생육하고 땅

And the dove came to him toward evening; and behold,
in her beak was a freshly picked olive leaf. So Noah
knew that the water was abated from the earth. **12** Then
he waited yet another seven days, and sent out the dove;
but she did not return to him again. **13** ¶ Now it came
about in the six hundred and first year, in the first month,
on the first of the month, the water was dried up from
the earth. Then Noah removed the covering of the ark,
and looked, and behold, the surface of the ground was
dried up. **14** And in the second month, on the twenty-seventh
day of the month, the earth was dry. **15** Then God spoke
to Noah, saying, **16** "Go out of the ark, you and your
wife and your sons and your sons' wives with you. **17** "Bring
out with you every living thing of all flesh that is with
you, birds and animals and every creeping thing that
creeps on the earth, that they may breed abundantly on

창

//(그러면; 결과)
이것들이 ── 생육하고
/땅에서
└ 번성 하리라 하시매
/땅에서

18 //(그래서; 결과)
노아가 ── 나왔고(qal-wci)
/그 아들들과
그 아내와
그 자부들과 함께

19 땅위의 동물
곧 모든 짐승과
모든 기는 것과
모든 새도 ── 나왔더라
/방주에서
/그 종류대로

20 노아가 **쌓고**(wci)
/단을
/여호와를 위하여
취하여
/모든 정결한 짐승 중에서와
모든 정결한 새 중에서
드렸더니
/번제로
/단에

21 여호와께서 **흠향하시고**
/그 향기를
이르시되
/그 중심에
/내가 ── 저주하지 아니하리니
/땅을
/사람으로 인하여
/다시는

//이는(이유; בַּעֲבוּר, because of)
계획하는 바가 어려서부터 악함이라
/마음의
/사람의

//(그래서; 결과)
내가 ── 멸하지 아니하리니
/모든 생물을
/전에 행한 것 같이

에서 번성 하리라 하시매 **18** 노아가 그 아들들과 그 아
내와 그 자부들과 함께 나왔고 **19** 땅위의 동물 곧 모든
짐승과 모든 기는 것과 모든 새도 그 종류대로 방주에서
나왔더라 **20** 노아가 여호와를 위하여 단을 쌓고 모든
정결한 짐승 중에서와 모든 정결한 새 중에서 취하여 번
제로 단에 드렸더니 **21** 여호와께서 그 향기를 흠향하시
고 그 중심에 이르시되 내가 다시는 사람으로 인하여 땅
을 저주하지 아니하리니 이는 사람의 마음의 계획하는
바가 어려서부터 악함이라 내가 전에 행한 것 같이 모든
생물을 멸하지 아니하리니 **22** 땅이 있을 동안에는 심

the earth, and be fruitful and multiply on the earth." **18**
So Noah went out, and his sons and his wife and his
sons' wives with him. **19** Every beast, every creeping
thing, and every bird, everything that moves on the earth,
went out by their families from the ark.
20 ¶ Then Noah built an altar to the LORD, and took
of every clean animal and of every clean bird and offered
burnt offerings on the altar. **21** And the LORD smelled
the soothing aroma; and the LORD said to Himself, "I
will never again curse the ground on account of man,
for the intent of man's heart is evil from his youth; and
I will never again destroy every living thing, as I have

22 심음과
거둠과
추위와
더위와 — **쉬지 아니하리라**
여름과 /땅이 있을 동안에는
겨울과
낮과
밤이

9

1 하나님이 **복을 주시며**(piel; wci)
/노아와 그 아들들에게
이르시되
/그들에게
/[너희는] — 생육하고
— 번성하여
— 충만하라
/땅에

2 /모든 짐승과 — 두려워하며
/땅의 /너희를
모든 새와
/공중의
모든 것과
/땅에 기는
모든 고기가
/바다의
— 무서워하리니
/너희를
//(이유: 의미상)
이들은 너희 손에 붙이웠음이라

3 /동물은 — 식물이 될지라
/무릇 /너희의
/산
내가 — 주노라
/이것을
/다
/너희에게
/채소같이

4 /그러나
[너희는] — 먹지 말것이니라
/고기를
/피채
/그 생명 되는
*5 //(결과: 그렇지 않으면)

음과 거둠과 추위와 더위와 여름과 겨울과 낮과 밤이 쉬
지 아니하리라
9:1 하나님이 노아와 그 아들들에게 복을 주시며 그
들에게 이르시되 생육하고 번성하여 땅에 충만하라
2 땅의 모든 짐승과 공중의 모든 새와 땅에 기는 모든
것과 바다의 모든 고기가 너희를 두려워하며 너희를 무
서워하리니 이들은 너희 손에 붙이웠음이라 3 무릇 산
동물은 너희의 식물이 될지라 채소같이 내가 이것을 다
너희에게 주노라 4 그러나 고기를 그 생명 되는 피채 먹
지 말 것이니라 5 내가 반드시 너희 피 곧 너희 생명의

done. 22 "While the earth remains, Seedtime and harvest,
And cold and heat, And summer and winter, And day
and night Shall not cease."
9:1 ¶ And God blessed Noah and his sons and said
to them, "Be fruitful and multiply, and fill the earth.
2 "And the fear of you and the terror of you shall be
on every beast of the earth and on every bird of the sky;
with everything that creeps on the ground, and all the
fish of the sea, into your hand they are given. 3 "Every
moving thing that is alive shall be food for you; I give
all to you, as I gave the green plant. 4 "Only you shall
not eat flesh with its life, that is, its blood.

*5 //(결과: 그렇지 않으면)
내가 —— 찾으리니
/너희 피
곧 너희 생명의 피를
/반드시
[내가] —— 찾으리라
/그의 생명을
/짐승이면 그 짐승에게서
/사람이나 사람의 형제면 그에게서,

6 /무릇 사람의 피를 흘리면
사람이 그 피를 흘릴 것이니
//이는(이유; כִּי)
하나님이 자기 형상대로 사람을 지었음이니라

7 /너희는 —— 생육하고
번성하며
편만하여
/땅에
번성하라 하셨더라
/그 중에서

8 하나님이 **일러 가라사대**
/노아와
아들들에게
/그와 함께 한
9-10 /내가 —— 세우리니
/내 언약을
/너희와
너희 후손과
모든 생물
/너희와 함께한
/곧(동격/설명)
너희와 함께한 새와
육축과 땅의 모든 생물에게
방주에서 나온 모든 것
곧 땅의 모든 짐승에게니라

11 /내가 —— 세우리니
/언약을
/너희와
//(결과: 그러면)
생물을(이) —— 멸하지 아니할 것이라
/모든 /홍수로
/다시는
홍수가 —— 다시 있지 아니하리라
/땅을 침몰할

피를 찾으리니 짐승이면 그 짐승에게서, 사람이나 사람의
형제면 그에게서 그의 생명을 찾으리라 6 무릇 사람의
피를 흘리면 사람이 그 피를 흘릴 것이니 이는 하나님이
자기 형상대로 사람을 지었음이니라 7 너희는 생육하고
번성하며 땅에 편만(遍滿)하여 그 중에서 번성하라 하셨
더라 8 하나님이 노아와 그와 함께 한 아들들에게 일러
가라사대 9 내가 내 언약을 너희와 너희 후손과 10 너희
와 함께 한 모든 생물 곧 너희와 함께 한 새와 육축과 땅의
모든 생물에게 세우리니 방주에서 나온 모든 것 곧 땅의
모든 짐승에게니라 11 내가 너희와 언약을 세우리니 다
시는 모든 생물을 홍수로 멸하지 아니할 것이라 땅을 침몰
할 홍수가 다시 있지 아니하리라 12 하나님이 가라사대

5 "And surely I will require your lifeblood; from every
beast I will require it. And from every man, from every man's
brother I will require the life of man. 6 "Whoever sheds
man's blood, By man his blood shall be shed, For in the
image of God He made man. 7 "And as for you, be
fruitful and multiply; Populate the earth abundantly and
multiply in it." 8 Then God spoke to Noah and to his
sons with him, saying, 9 "Now behold, I Myself do
establish My covenant with you, and with your descendants
after you; 10 and with every living creature that is with
you, the birds, the cattle, and every beast of the earth
with you; of all that comes out of the ark, even every
beast of the earth. 11 "And I establish My covenant
with you; and all flesh shall never again be cut off by

창

12 하나님이 **가라사대**
/증거는 —— 이것이라[14]
/언약의
/내가 세우는
/나와
너희와 및
모든 생물 사이에
/너희와 함께 하는
/영세까지

13 내가 **두었나니**
/내 무지개를
/구름 속에

//(결과: 그러면)
이것이 —— 증거니라
/언약의
/나의 세상과의[15]

14 내가 구름으로 땅을 덮을 때에(상황절, when)
무지개가 **나타나면**
/구름 속에

15 내가 **기억하리니**
/내 언약을
/나와 너희와
및 모든 생물사이의
/혈기 있는

//(결과: 그러면)
물이 —— 홍수가 되지 아니할지라
/멸하는[16]
/모든 혈기 있는 자를
/다시는

16 무지개가 **있으리니**
/구름 사이에

//(결과: 그러면)
내가 —— 보고
—— 기억하리라
/영원한 언약을
/나 하나님과
모든 생물 사이에 된
/땅의 무릇 혈기 있는

14) "이것이 언약의 증거이다"로 할 수 있다.
15) 나와 세상 사이의 언약
16) '멸하기 위한'

내가 나와 너희와 및 너희와 함께 하는 모든 생물 사이에
영세(永世)까지 세우는 언약의 증거는 이것이라 13 내
가 내 무지개를 구름 속에 두었나니 이것이 나의 세상과
의 언약의 증거니라 14 내가 구름으로 땅을 덮을 때에
무지개가 구름 속에 나타나면 15 내가 나와 너희와 및
혈기 있는 모든 생물사이의 내 언약을 기억하리니 다시는
물이 모든 혈기 있는 자를 멸하는 홍수가 되지 아니 할지
라 16 무지개가 구름 사이에 있으리니 내가 보고 나 하
나님과 땅의 무릇 혈기 있는 모든 생물 사이에 된 영원한
언약을 기억하리라 17 하나님이 노아에게 또 이르시되

the water of the flood, neither shall there again be a flood
to destroy the earth." 12 And God said, "This is the
sign of the covenant which I am making between Me
and you and every living creature that is with you, for
all successive generations; 13 I set My bow in the cloud,
and it shall be for a sign of a covenant between Me and
the earth. 14 "And it shall come about, when I bring a
cloud over the earth, that the bow shall be seen in the
cloud, 15 and I will remember My covenant, which is between
Me and you and every living creature of all flesh; and
never again shall the water become a flood to destroy
all flesh. 16 "When the bow is in the cloud, then I will
look upon it, to remember the everlasting covenant between
God and every living creature of all flesh that is on the

창

17 하나님이 또 **이르시되** ...하셨더라
/노아에게
/증거가 ——— 이것이라[17)]
/언약의
/내가 세운
/나와
모든 생물 사이에
/땅에 있는

18 아들들은 **셈과 함과 야벳이며**
/노아의
/방주에서 나온

함은 **아비라**
/가나안의

19 백성이 **퍼지니라**
/온 땅에
/노아의 이 세 아들로 좇아

20 노아가 **시작하여**
/농업을
심었더니
/포도 나무를

21 **마시고**
/포도주를
취하여
벌거벗은지라
/그 장막 안에서

22 함이 **보고**
/가나안의 아비
/그 아비의 하체를
나가서
/밖으로
고하매
/두 형제에게

23 셈과
야벳이 **취하여**
/옷을
메고
/자기들의 어깨에
들어가서
/뒷걸음쳐
덮었으며
/아비의 하체에

17) '이것이 언약의 증거이다' 로 도 할 수 있다.

내가 나와 땅에 있는 모든 생물 사이에 세운 언약의 증
거가 이것이라 하셨더라
18 방주에서 나온 노아의 아들
들은 셈과 함과 야벳이며 함은 가나안의 아비라
19 노
아의 이 세 아들로 좇아 백성이 온 땅에 퍼지니라
20
노아가 농업을 시작하여 포도 나무를 심었더니
21 포도
주를 마시고 취하여 그 장막 안에서 벌거벗은지라
22
가나안의 아비 함이 그 아비의 하체를 보고 밖으로 나가
서 두 형제에게 고하매
23 셈과 야벳이 옷을 취하여
자기들의 어깨에 메고 뒷걸음쳐 들어가서 아비의 하체에
덮었으며 그들이 얼굴을 돌이키고 그 아비의 하체를 보

earth."
17 And God said to Noah, "This is the sign
of the covenant which I have established between Me
and all flesh that is on the earth."
18 ¶ Now the sons
of Noah who came out of the ark were Shem and Ham
and Japheth; and Ham was the father of Canaan.
19
These three were the sons of Noah; and from these the whole
earth was populated.
20 Then Noah began farming and
planted a vineyard.
21 And he drank of the wine and became
drunk, and uncovered himself inside his tent.
22 And
Ham, the father of Canaan, saw the nakedness of his
father, and told his two brothers outside.
23 But Shem
and Japheth took a garment and laid it upon both their
shoulders and walked backward and covered the nakedness
of their father; and their faces were turned away, so that

창

그들이 **돌이키고**
/얼굴을
보지 아니하였더라
/그 아비의 하체를

24 노아가 **술이 깨어**
알고
/그 작은 아들이 자기에게 행한 일을

25 //이에(결과: 의미상)
[그가] ——가로되(qal, wci)
/가나안은 ┬ 저주를 받아
└ 종이 되기를 원하노라
/종들의
/그 형제의

26 //또(연속되는 결과)
[그가] ——가로되...하였더라
/셈의 하나님 여호와를 찬송하리로다!
가나안은 — 종이 되고
/셈의

27 /하나님이 ┬ 창대케하사
/야벳을
├ 거하게 하시고
/셈의 장막에
└ 종이 되게 하시기를 원하노라
/가나안은(을)
/그의

28 노아가 **지내었고**
/삼백오십년을
/홍수 후에

29 **죽었더라**
/향년이 구백오십세에

10

1 후예는 **이러하니라**
/셈과 함과 야벳의
/노아의 아들
그들이 **낳았으니**
/아들을
/홍수 후에

지 아니하였더라 **24** 노아가 술이 깨어 그 작은 아들이
자기에게 행한 일을 알고 **25** 이에 가로되 가나안은 저
주를 받아 그 형제의 종들의 종이 되기를 원하노라 **26**
또 가로되 셈의 하나님 여호와를 찬송하리로다 가나안은
셈의 종이 되고 **27** 하나님이 야벳을 창대케하사 셈의
장막에 거하게 하시고 가나안은 그의 종이 되게 하시기
를 원하노라 하였더라 **28** 홍수 후에 노아가 삼백오십년
을 지내었고 **29** 향년이 구백오십세에 죽었더라

10:1 노아의 아들 셈과 함과 야벳의 후예는 이러하
니라 홍수 후에 그들이 아들들을 낳았으니
2 야벳의 아들은 고멜과 마곡과 마대와 야완과 두발과
메섹과 디라스요 **3** 고멜의 아들은 아스그나스와 리밧과

they did not see their father's nakedness. **24** When
Noah awoke from his wine, he knew what his youngest
son had done to him. **25** So he said, "Cursed be Canaan;
A servant of servants He shall be to his brothers." **26**
He also said, "Blessed be the LORD, The God of Shem;
And let Canaan be his servant. 27 "May God enlarge Japheth,
And let him dwell in the tents of Shem; And let Canaan
be his servant." 28 And Noah lived three hundred and
fifty years after the flood. 29 So all the days of Noah
were nine hundred and fifty years, and he died.

10:1 Now these are the generations of the sons of
Noah, Shem, Ham, and Japheth: and unto them
were sons born after the flood.
2 The sons of Japheth; Gomer, and Magog, and Madai,

창

2 아들은 /야벳의 — **고멜과** **마곡과** **마대와** **야완과** **두발과** **메섹과** **디라스요**

3 아들은 /고멜의 — **아스그나스와** **리밧과** **도갈마요**

4 아들은 /야완의 — **엘리사와** **달시스와** **깃딤과** **도다님이라**

5 [그들이] — **나뉘어서** /이들로부터 /여러 나라 백성으로 **머물렀더라** /각기 방언과 종족과 나라대로 /바닷가의 땅에

6 아들은 /함의 — **구스와** **미스라임과** **붓과** **가나안이요**

7 아들은 /구스의 — **스바와** **하윌라와** **삽다와** **라아마와** **삽드가요**
아들은 /라아마의 — **스바와** **드단이며**

8 구스가 — 또 **낳았으니** /니므릇을
그는 — **영걸이라** /세상에 /처음

9 그가 — **되었으므로** /특이한 사냥군 /여호와 앞에서

//(*결과*)

도갈마요 4 야완의 아들은 엘리사와 달시스와 깃딤과 도
다님이라 5 이들로부터 여러 나라 백성으로 나뉘어서 각
기 방언과 종족과 나라대로 바닷가의 땅에 머물렀더라 6
함의 아들은 구스와 미스라임과 붓과 가나안이요 7 구스
의 아들은 스바와 하윌라와 삽다와 라아마와 삽드가요 라
아마의 아들은 스바와 드단이며 8 구스가 또 니므룻을
낳았으니 그는 세상에 처음 영걸이라 9 그가 여호와 앞
에서 특이한 사냥군이 되었으므로 속담에 이르기를 아무
는 여호와 앞에 니므룻 같은 특이한 사냥군이로다 하더라
10 그의 나라는 시날땅의 바벨과 에렉과 악갓과 갈레에

and Javan, and Tubal, and Meshech, and Tiras. 3 And
the sons of Gomer; Ashkenaz, and Riphath, and Togarmah.
4 And the sons of Javan; Elishah, and Tarshish, Kittim,
and Dodanim. 5 By these were the isles of the Gentiles
divided in their lands; every one after his tongue, after
their families, in their nations. 6 And the sons of Ham;
Cush, and Mizraim, and Phut, and Canaan. 7 And the
sons of Cush; Seba, and Havilah, and Sabtah, and Raamah,
and Sabtecha: and the sons of Raamah; Sheba, and Dedan.
8 And Cush begat Nimrod: he began to be a mighty one
in the earth. 9 He was a mighty hunter before the LORD:
wherefore it is said, Even as Nimrod the mighty hunter before

창

//(결과)
속담에 이르기를 ...하더라
/아무는 —— 특이한 사냥군이로다
/니므롯 같은
/여호와 앞에

10 나라는 **시작되었으며**
/그의 /시날 땅의 바벨과
에렉과 악갓과 갈레에서

11 그가 **나아가**
/그 땅에서
/앗수르로
건축하였으며(12절)
/니느웨와 르호보딜과 갈라아(11절)
12 및 레센(이는 큰 성이라)을
/니느웨와 갈라 사이의

13-14절
미스라임은 **낳았더라**
/루딤과 아나밈과 르하빔과
납두힘과 바드루심과
가슬루힘과 갑도림을
(블레셋이 가슬루힘에게서 나왔더라)

15 가나안은 **낳고**
/장자 시돈과 헷을

16-18절
또 **낳았더니**
/조상을
/여부스 족속과 아모리 족속과
기르가스 족속과 히위 족속과
알가 족속과 신 족속과
아르왓 족속과 스말족속과
하맛 족속의

족속이 **처하였더라**
/가나안 자손의 /흩어져
/이 후로

19 지경은 **였더라**
/가나안의 /시돈에서부터
지나
/그랄을
가사까지와
지나
/소돔과 고모라와
아드마와 스보임을
라사까지

서 시작되었으며 11 그가 그 땅에서 앗수르로 나아가
니느웨와 르호보딜과 갈라아 12 및 니느웨와 갈라 사이
의 레센(이는 큰 성이라)을 건축하였으며 13 미스라임
은 루딤과 아나밈과 르하빔과 납두힘과 14 바드루심과
가슬루힘과 갑도림을 낳았더라 (블레셋이 가슬루힘에게
서 나왔더라) 15 가나안은 장자 시돈과 헷을 낳고 16
또 여부스 족속과 아모리 족속과 기르가스 족속과 17
히위 족속과 알가 족속과 신 족속과 18 이르왓 족속과
스말 족속과 하맛 족속의 조상을 낳았더니 이후로 가나
안 자손의 족속이 흩어져 처하였더라 19 가나안의 지경
은 시돈에서부터 그랄을 지나 가사까지와 소돔과 고모라
와 아드마와 스보임을 지나 라사까지였더라 20 이들은

the LORD. 10 And the beginning of his kingdom was Babel,
and Erech, and Accad, and Calneh, in the land of Shinar.
11 Out of that land went forth Asshur, and builded
Nineveh, and the city Rehoboth, and Calah, 12 And
Resen between Nineveh and Calah: the same is a great
city. 13 And Mizraim begat Ludim, and Anamim, and
Lehabim, and Naphtuhim, 14 And Pathrusim, and Casluhim,
(out of whom came Philistim,) and Caphtorim. 15 And
Canaan begat Sidon his firstborn, and Heth, 16 And the
Jebusite, and the Amorite, and the Girgasite, 17 And
the Hivite, and the Arkite, and the Sinite, 18 And the Arvadite,
and the Zemarite, and the Hamathite: and afterward were
the families of the Canaanites spread abroad. 19 And
the border of the Canaanites was from Sidon, as thou

창

20 이들은 **자손이라**
/함의
이었더라[18)]
/각기 족속과
방언과 지방과
나라 대로

21 셈은 **조상이요**
/에벨 온 자손의
형이라
/야벳의
출생하였으니
/자녀가(를)
/그에게도

22 아들은 /셈의 **엘람과**
앗수르와
아르박삿과
룻과
아람이요

23 아들은 /아람의 **우스와**
훌과
게델과
마스며

24 아르박삿은 **낳고**
/셀라를
셀라는 **낳았으며**
/에벨을

25 에벨은 **낳고**
/두 아들을
하였으니
/하나의 이름을
/벨렉이라

//(이유: כִּי, for)
그 때에 세상이 나뉘었음이요

이름은 /벨렉의 아우의 **욕단이며**

26-29
욕단은 **낳았으니**
/알모닷과 셀렙과
하살마웹과 예라와

18) by their clans and languages, in their territories and nations

함의 자손이라 각기 족속과 방언과 지방과 나라대로이었
더라 21 셈은 에벨 온 자손의 조상이요 야벳의 형이라
그에게도 자녀가 출생하였으니 22 셈의 아들은 엘람과
앗수르와 아르박삿과 룻과 아람이요 23 아람의 아들은
우스와 훌과 게델과 마스며 24 아르박삿은 셀라를 낳고
셀라는 에벨을 낳았으며 25 에벨은 두 아들을 낳고 하
나의 이름을 벨렉이라 하였으니 그 때에 세상이 나뉘었음
이요 벨렉의 아우의 이름은 욕단이며 26 욕단은 알모닷
과 셀렙과 하살마웹과 예라와 27 하도람과 우살과 디글
라와 28 오발과 아비마엘과 스바와 29 오빌과 하윌라

comest to Gerar, unto Gaza; as thou goest, unto Sodom,
and Gomorrah, and Admah, and Zeboim, even unto Lasha.
20 These are the sons of Ham, after their families, after
their tongues, in their countries, and in their nations. 21 Unto
Shem also, the father of all the children of Eber, the
brother of Japheth the elder, even to him were children
born. 22 The children of Shem; Elam, and Asshur, and
Arphaxad, and Lud, and Aram. 23 And the children of Aram;
Uz, and Hul, and Gether, and Mash. 24 And Arphaxad begat
Salah; and Salah begat Eber. 25 And unto Eber were
born two sons: the name of one was Peleg; for in his
days was the earth divided; and his brother's name was Joktan.
26 And Joktan begat Almodad, and Sheleph, and Hazar-
maveth, and Jerah, 27 And Hadoram, and Uzal, and

창

하도람과 우살과
디글라와 오발과
아비마엘과 스바와
오빌과 하윌라와
요밥을

이들은 **아들이며**
/욕단의
/다

30 곳은 **산이었더라**
/그들의 거하는 /동편
/가는 길의
/메사에서부터 스발로

31 이들은 **자손이라**
/셈의
였더라[19)]
/그 족속과 방언과
지방과 나라대로

32 이들은 **족속들이요**
/노아 자손의
/그 세계와 나라대로라[20)]

열국백성이 **나뉘었더라**
/땅의 /이들에게서
/홍수 후에

11

1 구음이 **하나이요**
/온 땅의
언어가 **하나이었더라**

2 //이에(결과; qal, wci)
그들이(그녀가) ─ 옮기다가
/동방으로
─ 만나
/시날 평지를
─ 거하고
/거기

19) 20절과 같은 의미

20) 20절과 같은 의미

와 요밥을 낳았으니 이들은 다 욕단의 아들이며 30 그
들의 거하는 곳은 메사에서부터 스발로 가는 길의 동편
산이었더라 31 이들은 셈의 자손이라 그 족속과 방언과
지방과 나라대로였더라 32 이들은 노아 자손의 족속들
이요 그 세계와 나라대로라 홍수 후에 이들에게서 땅의
열국 백성이 나뉘었더라
11:1 온 땅의 구음이 하나이요 언어가 하나이었어
라 2 이에 그들이 동방으로 옮기다가 시날 평지
를 만나 거기 거하고

Diklah, 28 And Obal, and Abimael, and Sheba, 29 And
Ophir, and Havilah, and Jobab: all these were the sons
of Joktan. 30 And their dwelling was from Mesha, as
thou goest unto Sephar a mount of the east. 31 These
are the sons of Shem, after their families, after their
tongues, in their lands, after their nations. 32 These are
the families of the sons of Noah, after their generations,
in their nations: and by these were the nations divided in
the earth after the flood.
11:1 And the whole earth was of one language, and
of one speech. 2 And it came to pass, as they
journeyed from the east, that they found a plain in the
land of Shinar; and they dwelt there.

3 [그들이] **서로 말하되**...하고
/자(=오라)!
[우리가] 벽돌을 만들어
[우리가] 견고히 굽자

//이에(결과; qal, wci)
[그들이] 벽돌로 돌을 대신하며
[그들이] 역청으로 진흙을 대신하고

4 또
[그들이] **말하되**...하였더니
/자(=오라)!
[우리가] 성과 대를 쌓아
대 꼭대기를(가) 하늘에 닿게하여
[우리가] 우리 이름을 내고
[우리가] 온 지면에 흩어짐을 면하자

5 여호와께서 **강림하셨더라**

//(목적: ל, to)
보시려고
/인생들의 쌓는 성과 대를

6 여호와께서 **가라사대**
/이 무리가 —— 한 족속이요
언어도 —— 하나이므로

//(결과: 그래서)
[그들이] 이같이 —— 시작하였으니
이후로는
[그가] —— 금지할 수 없으리로다
/그 경영하는 일을

7/자!
우리가 —— 내려가서
[우리가] —— 혼잡케 하여
/그들의 언어를
/거기서

//(결과)
그들로 서로 알아듣지 못하게 하자 하시고

8 여호와께서 **흩으신 고로**
/그들을
/거기서
/온 지면에

//(결과; qal, wci)

3 서로 말하되 자, 벽돌을 만들어 견고히 굽자 하고 이
에 벽돌로 돌을 대신하며 역청으로 진흙을 대신하고 **4**
또 말하되 자, 성과 대를 쌓아 대 꼭대기를 하늘에 닿게
하여 우리 이름을 내고 온 지면에 흩어짐을 면하자 하였
더니 **5** 여호와께서 인생들의 쌓는 성과 대를 보시려고
강림하셨더라 **6** 여호와께서 가라사대 이 무리가 한 족속
이요 언어도 하나이므로 이같이 시작하였으니 이후로는
그 경영하는 일을 금지할 수 없으리로다 **7** 자, 우리가
내려가서 거기서 그들의 언어를 혼잡케 하여 그들로 서
로 알아듣지 못하게 하자 하시고 **8** 여호와께서 거기서

3 And they said to one another, "Come, let us make
bricks and burn them thoroughly." And they used brick
for stone, and they used tar for mortar. **4** And they said,
"Come, let us build for ourselves a city, and a tower
whose top will reach into heaven, and let us make for
ourselves a name; lest we be scattered abroad over the
face of the whole earth." **5** And the LORD came down
to see the city and the tower which the sons of men had
built. **6** And the LORD said, "Behold, they are one
people, and they all have the same language. And this
is what they began to do, and now nothing which they purpose
to do will be impossible for them. **7** "Come, let Us go
down and there confuse their language, that they may
not understand one another's speech." **8** So the LORD
scattered them abroad from there over the face of the
whole earth; and they stopped building the city.

//(결과; qal, wci)
그들이 성 쌓기를 그쳤더라

9 그러므로(עַל־כֵּן ; for this)
[그가] **하니**
/그 이름을
/바벨이라

//이는(이유: כִּי, because)
여호와께서 —— 혼잡케 하셨음이라
/언어를
/온 땅의
/거기서
여호와께서 —— 흩으셨더라
/그들을
/거기서
/온 지면에

10 후예는 **이러하니라**
/셈의
셈은 **낳았고**
/아르박삿을
/일백세 곧 홍수 후 이년에

11 **지내며**
/오백년을
/아르박삿을 낳은 후에
낳았으며
/자녀를

12 아르박삿은 **낳았고**
/셀라를
/삼십오세에

13 **지내며**
/사백삼년을
/셀라를 낳은 후에
낳았으며
/자녀를

14 셀라는 **낳았고**
/에벨을
/삼십세에

15 **지내며**
/사백삼년을
/에벨을 낳은 후에

그들을 온 지면에 흩으신 고로 그들이 성 쌓기를 그쳤더
라 **9** 그러므로 그 이름을 바벨이라 하니 이는 여호와께
서 거기서 온 땅의 언어를 혼잡케 하셨음이라 여호와께
서 거기서 그들을 온 지면에 흩으셨더라 **10** 셈의 후예
는 이러하니라 셈은 일백세 곧 홍수 후 이년에 아르바삿
을 낳았고 **11** 아르박삿을 낳은 후에 오백년을 지내며
자녀를 낳았으며 **12** 아르박삿은 삼십오세에 셀라를 낳
았고 **13** 셀라를 낳은 후에 사백삼년을 지내며 자녀를
낳았으며 **14** 셀라는 삼십세에 에벨을 낳았고 **15** 에벨
을 낳은 후에 사백삼년을 지내며 자녀를 낳았으며

9 Therefore its name was called Babel, because there
the LORD confused the language of the whole earth;
and from there the LORD scattered them abroad over
the face of the whole earth. **10** ¶ These are the records
of the generations of Shem. Shem was one hundred years
old, and became the father of Arpachshad two years
after the flood; **11** and Shem lived five hundred years
after he became the father of Arpachshad, and he had
other sons and daughters. **12** ¶ And Arpachshad lived thirty-
five years, and became the father of Shelah; **13** and
Arpachshad lived four hundred and three years after he
became the father of Shelah, and he had other sons and
daughters. **14** And Shelah lived thirty years, and became
the father of Eber; **15** and Shelah lived four hundred

창

낳았으며
/자녀를

16 에벨은 **낳았고**
/벨렉을
/삼십사세에

17 **지내며**
/사백삼십년을
/벨렉을 낳은 후에
낳았으며
/자녀를

18 벨렉은 **낳았고**
/르우를
/삼십세에

19 **지내며**
/이백구년을
/르우를 낳은 후에
낳았으며
/자녀를

20 르우는 **낳았고**
/스룩을
/삼십이세에

21 **지내며**
/이백칠년을
/스룩을 낳은 후에
낳았으며
/자녀를

22 스룩은 **낳았고**
/나홀을
/삼십세에

23 **지내며**
/이백년을
/나홀을 낳은 후에
낳았으며
/자녀를

24 나홀은 **낳았고**
/데라를
/이십구세에

16 에벨은 삼십사세에 벨렉을 낳았고 17 벨렉을 낳은
후에 사백삼십년을 지내며 자녀를 낳았으며 18 벨렉은
삼십세에 르우를 낳았고 19 르우를 낳은 후에 이백구년
을 지내며 자녀를 낳았으며 20 르우는 삼십이세에 스룩
을 낳았고 21 스룩을 낳은 후에 이백칠년을 지내며 자
녀를 낳았으며 22 스룩은 삼십세에 나홀을 낳았고 23
나홀을 낳은 후에 이백년을 지내며 자녀를 낳았으며 24
나홀은 이십구세에 데라를 낳았고 25 데라를 낳은 후에

and three years after he became the father of Eber, and
he had other sons and daughters. 16 And Eber lived
thirty-four years, and became the father of Peleg; 17
and Eber lived four hundred and thirty years after he
became the father of Peleg, and he had other sons and
daughters. 18 And Peleg lived thirty years, and became
the father of Reu; 19 and Peleg lived two hundred and
nine years after he became the father of Reu, and he
had other sons and daughters. 20 And Reu lived thirty-
two years, and became the father of Serug; 21 and Reu
lived two hundred and seven years after he became the father
of Serug, and he had other sons and daughters. 22 And
Serug lived thirty years, and became the father of Nahor;
23 and Serug lived two hundred years after he became
the father of Nahor, and he had other sons and daughters.
24 And Nahor lived twenty-nine years, and became the

25 **지내며**
/일백십구년을
/데라를 낳은 후에
낳았으며
/자녀를

26 데라는 **낳았더라**
/아브람과 나홀과 하란을
/칠십세에

27 후예는 **이러하니라**
/데라의
데라는 **낳았고**
/아브람과 나홀과 하란을
하란은 **낳았으며**
/롯을

28 하란은 **죽었더라**
/그 아비 데라보다 먼저
/본토 갈대아 우르에서

29 아브람과
나홀이 **장가 들었으니**

아내 이름은 **사래며**
/아브람의

아내 이름은 **밀가니**
/나홀의
//(동격)
하란의 딸이요

하란은 **아비며**
/밀가의
또 **아비더라**
/이스가의

30 사래는 **자식이 없었더라**
잉태하지 못하므로

31 데라가 **데리고**
/아브람과
/그 아들
롯과
/하란의 아들
그 손자

일백십구년을 지내며 자녀를 낳았으며 **26** 데라는 칠십
세에 아브람과 나홀과 하란을 낳았더라 **27** 데라의 후예
는 이러하니라 데라는 아브람과 나홀과 하란을 낳았고
하란은 롯을 낳았으며 **28** 하란은 그 아비 데라보다 먼
저 본토 갈대아 우르에서 죽었더라 **29** 아브람과 나홀이
장가 들었으니 아브람의 아내 이름은 사래며 나홀의 아
내 이름은 밀가니 하란의 딸이요 하란은 밀가의 아비며
또 이스가의 아비더라 **30** 사래는 잉태하지 못하므로 자
식이 없었더라 **31** 데라가 그 아들 아브람과 하란의 아
들 그 손자 롯과 그 자부 아브람의 아내 사래를 데리고
갈대아 우르에서 떠나 가나안 땅으로 가고자 하더니 하
란에 이르러 거기 거하였으며 **32** 데라는 이백 오세를

father of Terah; **25** and Nahor lived one hundred and
nineteen years after he became the father of Terah, and
he had other sons and daughters. **26** ¶ And Terah lived
seventy years, and became the father of Abram, Nahor
and Haran. **27** ¶ Now these are the records of the generations
of Terah. Terah became the father of Abram, Nahor and
Haran; and Haran became the father of Lot. **28** And
Haran died in the presence of his father Terah in the
land of his birth, in Ur of the Chaldeans. **29** And Abram
and Nahor took wives for themselves. The name of
Abram's wife was Sarai; and the name of Nahor's wife
was Milcah, the daughter of Haran, the father of Milcah
and Iscah. **30** And Sarai was barren; she had no child.
31 And Terah took Abram his son, and Lot the son of
Haran, his grandson, and Sarai his daughter-in-law, his
son Abram's wife; and they went out together from Ur

창

사래를
/그(의) 자부
아브람의 아내
[그들이] **떠나**
/갈대아 우르에서

//(목적: לְ, to 부정사)
가고자 하더니
/가나안 땅으로

[그들이] **이르러**
/하란에
거하였으며
/거기

32 데라는 **향수하고**
/이백 오세를
죽었더라
/하란에서

12

1 여호와께서 **이르시되**
/아브람에게
/너는 —— 가라(qal, impv)
/내가 네게 지시할 땅으로
/떠나(from)[21)]
/너의 본토
친척
아비 집을

2 //(그러면: 결과)
내가 —— 이루고(qal, cohm)
/너로 큰 민족을
복을 주어(piel, cohm)
창대케 하리니(piel, coh)
/네 이름을

/너는 —— 될지라(וֶהְיֵה; qal, impv)
/복의 근원이

3 //(그러면: 결과)
내가 —— 내리고
/복을
/너를 축복하는 자에게는
내가 —— 저주하리니

21) **가라**
/본토로부터,
친척으로부터,
아비의 집으로부터

향수하고 하란에서 죽었더라
12:1 여호와께서 아브람에게 이르시되 너는 너의
본토 친척 아비 집을 떠나 내가 네게 지시할 땅
으로 가라 2 내가 너로 큰 민족을 이루고 네게 복을 주
어 네 이름을 창대케 하리니 너는 복의 근원이 될지라 3
너를 축복하는 자에게는 내가 복을 내리고 너를 저주하
는 자에게는 내가 저주하리니 땅의 모든 족속이 너를 인
하여 복을 얻을 것이니라 하신지라 4 이에 아브람이 여

of the Chaldeans in order to enter the land of Canaan;
and they went as far as Haran, and settled there. 32
And the days of Terah were two hundred and five years;
and Terah died in Haran. 12:1 ¶ Now the LORD said
to Abram, "Go forth from your country, And from your
relatives And from your father's house, To the land
which I will show you; 2 And I will make you a great nation,
And I will bless you, And make your name great; And
so you shall be a blessing; 3 And I will bless those
who bless you, And the one who curses you I will curse.
And in you all the families of the earth shall be blessed."
4 So Abram went forth as the LORD had spoken to

내가 —— 저주하리니
/너를 저주하는 자에게는

//(그래서; 결과: niph, wcp)
모든 족속이 —— 복을 얻을 것이니라 하신지라
/땅의 /너를 인하여

4 //이에(결과)
아브람이 —— 갔고(qal, wci)
/여호와의 말씀을 좇아
롯도 —— 갔으며
/그와 함께

아브람이 하란을 떠날 때에
그 나이 칠십 오세였더라

5 아브람이 **이끌고**
/사래와
/그 아내
롯과
/조카
모든 소유와
/하란에서 모은
얻은 사람들을

[그들이] **떠나서**

//(목적: לְ, to 부정사)
가나안 땅으로 가려고

들어 갔더라
/마침내
/가나안 땅에

6 아브람이 **통과하여**
/그 땅을
이르니
/세겜 땅
모레 상수리 나무에

사람이 **거하였더라**
/가나안 /그 때에
/그 땅에

7 여호와께서 **나타나 가라사대**...하신지라
/아브람에게
/내가 이 땅을 네 자손에게 주리라

호와의 말씀을 좇아 갔고 롯도 그와 함께 갔으며 아브람
이 하란을 떠날 때에 그 나이 칠십 오세였더라 **5** 아브람
이 그 아내 사래와 조카 롯과 하란에서 모은 모든 소유와
얻은 사람들을 이끌고 가나안 땅으로 가려고 떠나서 마
침내 가나안 땅에 들어 갔더라 **6** 아브람이 그 땅을 통과
하여 세겜 땅 모레 상수리 나무에 이르니 그 때에 가나안
사람이 그 땅에 거하였더라 **7** 여호와께서 아브람에게 나
타나 가라사대 내가 이 땅을 네 자손에게 주리라 하신지

him; and Lot went with him. Now Abram was seventy-
five years old when he departed from Haran. **5** And
Abram took Sarai his wife and Lot his nephew, and all
their possessions which they had accumulated, and the
persons which they had acquired in Haran, and they set
out for the land of Canaan; thus they came to the land
of Canaan. **6** And Abram passed through the land as
far as the site of Shechem, to the oak of Moreh. Now
the Canaanite was then in the land. **7** And the LORD
appeared to Abram and said, "To your descendants I
will give this land." So he built an altar there to the
LORD who had appeared to him. **8** Then he proceeded from

창

그가 **쌓고**
/단을
/그 곳에
/여호와를 위하여
/자기에게 나타나신

8 **옮겨**
/거기서
/벧엘 동편 산으로
치니
/장막을

서는 벧엘이요 동은 아이라

그가 **쌓고**
/단을
/그곳에서
/여호와를 위하여
부르더니
/여호와의 이름을

9 **옮겨 갔더라**
/점점 남방으로

10 기근이 **있으므로**
/그 땅에

아브람이 **내려갔으니**
/그리로

//(목적: לְ to 부정사)
애굽에 우거하려 하여
//이는(이유; כִּי because)
그 땅에 기근이 심하였음이라

11 그가 애굽에 가까이 이를 때에(상황절, when)
[그가] **말하되**
/사래더러
/그 아내
/나(는) —— 알기에(=안다)
/그대는 아리따운 여인이라

12//(그래서)
애굽 사람이 ┬ 그대를 볼 때에(상황절, When)
├ 이르기를
/이는 그의 아내라 하고
├ 죽이고
/나는
└ 살리리니
/그대는

라 그가 자기에게 나타나신 여호와를 위하여 그 곳에 단
을 쌓고 8 거기서 벧엘 동편 산으로 옮겨 장막을 치니
서는 벧엘이요 동은 아이라 그가 그곳에서 여호와를 위
하여 단을 쌓고 여호와의 이름을 부르더니 9 점점 남방
으로 옮겨 갔더라 10 그 땅에 기근이 있으므로 아브람
이 애굽에 우거하려 하여 그리로 내려갔으니 이는 그 땅
에 기근이 심하였음이라 11 그가 애굽에 가까이 이를
때에 그 아내 사래더러 말하되 나 알기에 그대는 아리따
운 여인이라 12 애굽 사람이 그대를 볼 때에 이르기를
이는 그의 아내라 하고 나는 죽이고 그대는 살리리니

there to the mountain on the east of Bethel, and pitched
his tent, with Bethel on the west and Ai on the east;
and there he built an altar to the LORD and called upon
the name of the LORD. 9 And Abram journeyed on,
continuing toward the Negev. 10 ¶ Now there was a
famine in the land; so Abram went down to Egypt to
sojourn there, for the famine was severe in the land. 11
And it came about when he came near to Egypt, that
he said to Sarai his wife, "See now, I know that you
are a beautiful woman; 12 and it will come about when
the Egyptians see you, that they will say, 'This is his
wife'; and they will kill me, but they will let you live.

13 /원컨대(נָא)
그대는── 하라 ...하니라
/나의 누이라
//그리하면(결과)
내가 ──── 안전하고
/그대로 인하여
내 목숨이 ─ 보존하겠노라
/그대로 인하여

14 아브람이 애굽에 이르렀을 때에(상황절, when)
애굽 사람들이 **보았고**
/그 여인의 심히 아리따움을

15 대신들도 **보고**
/바로의 /그를
칭찬하므로
/바로 앞에
그 여인을(이) **취하여 들인지라**
/바로의 궁으로

16//이에(결과)
바로가 ──── 후대하므로
/아브람을
/그를 인하여
//(결과)
아브람이 ── 얻었더라
/양과 소와
노비와 암수 나귀와
약대를

17 여호와께서 **내리신지라**
/큰 재앙을
/바로와 그 집에
/아브람의 아내 사래의 연고로

18 바로가 **불러서**
/아브람을
이르되...하고
/네가 어찌하여 나를 이렇게 대접하였느냐?
네가 어찌하여 내게 고하지 아니하였느냐?
/그를 네 아내라고

19 /네가 어찌 ── 하여(=말하다)[22]
/그를 누이라

//(결과)

22) 왜 너는 말했느냐?
/그녀는 내 누이 이다.
//(그래서)
내가 취하게 하였느냐?
//(목적)
아내 삼기 위해

13 원컨대 그대는 나의 누이라 하라 그리하면 내가 그
대로 인하여 안전하고 내 목숨이 그대로 인하여 보존하겠
노라 하니라 **14** 아브람이 애굽에 이르렀을 때에 애굽
사람들이 그 여인의 심히 아리따움을 보았고 **15** 바로의
대신들도 그를 보고 바로 앞에 칭찬하므로 그 여인을 바
로의 궁으로 취하여 들인지라 **16** 이에 바로가 그를 인
하여 아브람을 후대하므로 아브람이 양과 소와 노비와 암
수 나귀와 약대를 얻었더라 **17** 여호와께서 아브람의 아
내 사래의 연고로 바로와 그 집에 큰 재앙을 내리신지라
18 바로가 아브람을 불러서 이르되 네가 어찌하여 나를
이렇게 대접하였느냐 네가 어찌하여 그를 네 아내라고 내
게 고하지 아니하였느냐 **19** 네가 어찌 그를 누이라 하

13 "Please say that you are my sister so that it may
go well with me because of you, and that I may live on
account of you." **14** And it came about when Abram
came into Egypt, the Egyptians saw that the woman was
very beautiful. **15** And Pharaoh's officials saw her and
praised her to Pharaoh; and the woman was taken into
Pharaoh's house. **16** Therefore he treated Abram well
for her sake; and gave him sheep and oxen and donkeys
and male and female servants and female donkeys and
camels. **17** But the LORD struck Pharaoh and his house
with great plagues because of Sarai, Abram's wife. **18** Then
Pharaoh called Abram and said, "What is this you have
done to me? Why did you not tell me that she was your
wife? **19** "Why did you say, 'She is my sister,' so

창

//(결과)
나로 그를 취하여
//(목적)
아내를 삼게 (하였느냐)?
네 아내가 여기 있으니
이제 데려가라

20 바로가 **명하매**
/그의 일을
/사람들에게
//(그래서; 결과)
그들이 —— 보내었더라
/그 아내와
그 모든 소유를

13

1 아브람이 **올라가니**
/애굽에서 (나올새)
/남방으로
/그와
그 아내와
모든 소유며
롯도 함께하여

2 "아브람에게 육축과 은금이 풍부하였더라"

3 그가 **발행하여**
/남방에서부터
/벧엘에 (이르며)[23)]
/전에 장막 쳤던 곳에 (이르니)
/벧엘과 아이 사이
4 /그가 처음으로 단을 쌓은 곳이라

그가 **불렀더라**(qal, wci)
/여호와의 이름을
/거기서

5 롯도 **있으므로**
/아브람의 일행 /양과 소와 장막이

6 그 땅이 **용납지 못하였으니**
/그들의 동거함을

//곧(이유; כִּי)

23) '이르러' 는 동사가 아니라 '~까지' (עַל, to/unto)라는 전치사를 한글 개역성경이 의역한 것이다.

여 나로 그를 취하여 아내를 삼게 하였느냐 네 아내가
여기 있으니 이제 데려 가라 하고 **20** 바로가 사람들에
게 그의 일을 명하매 그들이 그 아내와 그 모든 소유를
보내었더라
13:1 아브람이 애굽에서 나올새 그와 그 아내와 모
든 소유며 롯도 함께 하여 남방으로 올라가니 **2**
아브람에게 육축과 은금이 풍부하였더라 **3** 그가 남방에
서부터 발행하여 벧엘에 이르며 벧엘과 아이 사이 전에
장막 쳤던 곳에 이르니 **4** 그가 처음으로 단을 쌓은 곳이
라 그가 거기서 여호와의 이름을 불렀더라 **5** 아브람의
일행 롯도 양과 소와 장막이 있으므로 **6** 그 땅이 그들의
동거함을 용납지 못하였으니 곧 그들의 소유가 많아서

that I took her for my wife? Now then, here is your
wife, take her and go." **20** And Pharaoh commanded
his men concerning him; and they escorted him away,
with his wife and all that belonged to him.
13:1 ¶ So Abram went up from Egypt to the Negev,
he and his wife and all that belonged to him; and
Lot with him. **2** Now Abram was very rich in livestock,
in silver and in gold. **3** And he went on his journeys
from the Negev as far as Bethel, to the place where his
tent had been at the beginning, between Bethel and Ai,
4 to the place of the altar, which he had made there formerly;
and there Abram called on the name of the LORD. **5**
Now Lot, who went with Abram, also had flocks and
herds and tents. **6** And the land could not sustain them while

창

//곧(이유; כִּי, for)
그들의 소유가 많아서
동거할 수 없었음이라

7 //그러므로(결과)
목자와
/아브람의 가축의
목자가 — 서로 다투고(qal, wci)
/롯의 가축의

또
사람과
/가나안 — **거하였는지라**
사람도 /그 땅에
/브리스

8 아브람이 **이르되**
/롯에게
/우리는 한 골육이라
나나 너나 내 목자나 네 목자나
서로 다투게 말자

9 /네 앞에 온 땅이 있지 아니하냐?
[너는] 나를 떠나라
네가 좌하면, 나는 우하고
네가 우하면, 나는 좌하리라

10 이에
롯이 **들어**
/눈을
바라본즉
/요단들을
/소알까지 온 땅에 물이 넉넉하니
/여호와의 동산 같고
/애굽땅과 같았더라

/여호와께서 소돔과 고모라를
멸하시기 전이었는고로

11 그러므로
롯이 **택하고**
/요단 온 들을
옮기니
/동으로
그들이 **떠난지라**
/서로

동거할 수 없었음이라 7 그러므로 아브람의 가축의 목자
와 롯의 가축의 목자가 서로 다투고 또 가나안 사람과 브
리스 사람도 그 땅에 거하였는지라 8 아브람이 롯에게
이르되 우리는 한 골육이라 나나 너나 내 목자나 네 목자
나 서로 다투게 말자 9 네 앞에 온 땅이 있지 아니하냐
나를 떠나라 네가 좌하면 나는 우하고 네가 우하면 나는
좌하리라 10 이에 롯이 눈을 들어 요단들을 바라본즉
소알까지 온 땅에 물이 물이 넉넉하니 여호와께서 소돔
과 고모라를 멸하시기 전이었는고로 여호와의 동산 같고
애굽 땅과 같았더라 11 그러므로 롯이 요단 온 들을 택

dwelling together; for their possessions were so great
that they were not able to remain together. 7 And there
was strife between the herdsmen of Abram's livestock
and the herdsmen of Lot's livestock. Now the Canaanite
and the Perizzite were dwelling then in the land. 8 Then
Abram said to Lot, "Please let there be no strife between
you and me, nor between my herdsmen and your herdsmen,
for we are brothers. 9 "Is not the whole land before
you? Please separate from me: if to the left, then I will
go to the right; or if to the right, then I will go to the
left." 10 And Lot lifted up his eyes and saw all the
valley of the Jordan, that it was well watered everywhere
— this was before the LORD destroyed Sodom and
Gomorrah — like the garden of the LORD, like the land

창

12 아브람은 **거하였고**
/가나안 땅에
롯은 **머무르며**
/평지 성읍들에
옮겨
/그 장막을
/소돔까지 (이르렀더라)

13 소돔사람은 **악하여**

//(결과)
여호와 앞에 큰 죄인이었더라

14 롯이 아브람을 떠난 후에(상황, after)
여호와께서 **이르시되**
/아브람에게
/너는 ── 들어
/눈을
── 바라보라
/동서남북을
/너 있는 곳에서

15 /내가 ── 주리니
/땅을
/보이는
/너와 네 자손에게
/영원히 [이르리라]

16 /내가 ── 하리니
/네 자손으로 땅의 티끌 같게
//(그래서: 결과)
[만일]
사람이 ── 능히 셀 수 있을진대(조건절, if)
/땅의 티끌을
[그가] ── 세리라
/네 자손도

17 /(그러므로)
너는 ── 일어나
── 행하여 보라
/그 땅을
/종과 횡으로
//(그러면)
내가 그것을 네게주리라

18//이에(그래서, 결과)

하고 동으로 옮기니 그들이 서로 떠난지라 12 아브람은
가나안 땅에 거하였고 롯은 평지 성읍들에 머무르며 그
장막을 옮겨 소돔까지 이르렀더라 13 소돔 사람은 악하
여 여호와 앞에 큰 죄인이었더라 14 롯이 아브람을 떠
난 후에 여호와께서 아브람에게 이르시되 너는 눈을 들
어 너 있는 곳에서 동서남북을 바라보라 15 보이는 땅
을 내가 너와 네 자손에게 주리니 영원히 이르리라 16
내가 네 자손으로 땅의 티끌 같게 하리니 사람이 땅의
티끌을 능히 셀수 있을진대 네 자손도 세리라17 너는
일어나 그 땅을 종과 횡으로 행하여 보라 내가 그것을

of Egypt as you go to Zoar. 11 So Lot chose for himself
all the valley of the Jordan; and Lot journeyed eastward.
Thus they separated from each other. 12 Abram settled
in the land of Canaan, while Lot settled in the cities of
the valley, and moved his tents as far as Sodom. 13
Now the men of Sodom were wicked exceedingly and sinners
against the LORD. 14 ¶ And the LORD said to Abram,
after Lot had separated from him, "Now lift up your
eyes and look from the place where you are, northward
and southward and eastward and westward; 15 for all
the land which you see, I will give it to you and to your
descendants forever. 16 "And I will make your descendants
as the dust of the earth; so that if anyone can number
the dust of the earth, then your descendants can also be
numbered. 17 "Arise, walk about the land through its length
and breadth; for I will give it to you." 18 Then Abram

18//이에(그래서, 결과)
아브람이 — 옮겨(qal, wci)
/장막을
— 이르러
/마므레 상수리 수풀에
/헤브론에 있는
— 거하며
— 쌓았더라
/단을
/여호와를 위하여
/거기서

14

1 당시에
아므라벨과 — 2 **싸우니라**
/시날 왕
아리옥과
/엘라살 왕
그돌라오멜왕
/엘람 왕
디달이
/고임왕
/베라와
/소돔 왕
비르사와
/고모라 왕
시납과
/아드마 왕
세메벨과
/스보임 왕
벨라
/곧 소알 왕과

3 이들이 **모였더라**
/다
/싯딤 골짜기
곧 지금 염해에

4 이들이 **섬기다가**
/그돌라 오멜을
/십이년 동안
배반한지라
/제 십삼년에

5 제 십사년에
그돌라오멜과 — **나와서**
왕들이
/그와 동맹한

치고
/르바 족속을,
/아스드롯 가르나임에서

/수스 족속을,
/함에서

네게 주리라 **18** 이에 아브람이 장막을 옮겨 헤브론에
있는 마르레 상수리 수풀에 이르러 거하며 거기서 여호
와를 위하여 단을 쌓았더라
14:1 당시에 시날 왕 아므라벨과 엘라살 왕 아리옥
과 엘람 왕 그돌라 오멜과 고임왕 디달이 **2** 소돔
왕 배라와 고모라 왕 비르사와 아드마 왕 시납과 수보임
왕세메벨과 벨라 곧 소알 왕과 싸우니라 **3** 이들이 다 싯
딤 골짜기 곧 지금 염해에 모였더라 **4** 이들이 십이년 동
안 그돌라오멜을 섬기다가 제 십삼년에 배반한지라 **5** 제
십사년에 그돌라오멜과 그와 동맹한 왕들이 나와서 아스

moved his tent and came and dwelt by the oaks of
Mamre, which are in Hebron, and there he built an altar
to the LORD.
14:1 ¶ And it came about in the days of Amraphel
king of Shinar, Arioch king of Ellasar, Chedorlaomer
king of Elam, and Tidal king of Goiim, **2** that they
made war with Bera king of Sodom, and with Birsha
king of Gomorrah, Shinab king of Admah, and Shemeber
king of Zeboiim, and the king of Bela (that is, Zoar). **3**
All these came as allies to the valley of Siddim (that is,
the Salt Sea). **4** Twelve years they had served Chedorlaomer,
but the thirteenth year they rebelled. **5** And in the

창

/엠 족속을
/사웨기랴다임에서

6 **쳐서**
/호리 족속을
/그 산 세일에서

이르렀으며
/광야 근방 엘바란까지

7 그들이 **돌이켜**
이르러
/엔미스밧 곧 가데스에
친지라
/아말렉 족속의 온땅과
아모리 족속을
/하사손다말에 사는

8 소돔 왕과 ─ **나와서**
고모라 왕과
아드마 왕과
스보임 왕과
벨라
/곧 소알 왕
접전하였으니
/싯딤 골짜기에서
/그들과

9 //곧(동격)
그 다섯 왕이 ── 교전하였더라
/네 왕과
/엘람 왕 그돌라오멜과
고임 왕 디달과
시날 왕 아므라벨과
엘라살왕 아리옥

10 구덩이가 **많은지라**
/역청
/싯딤 골짜기에는

소돔 왕과 ─ 달아날 때에
고모라 왕이
군사가 **빠지고**
/거기
그 나머지는 **도망하매**
/산으로

드롯 가르나임에서 르바 족속을, 함에서 수스 족속을, 사
웨기랴다임에서 엠 족속을 치고 6 호리 족속을 그 산 세
일에서 쳐서 광야 근방 엘바란까지 이르렀으며 7 그들이
돌이켜 엔미스밧 곧 가데스에 이르러 아말렉 족속의 온
땅과 하사손다말에 사는 아모리 족속을 친지라 8 소돔
왕과 고모라 왕과 아드마 왕과 스보임 왕과 벨라 곧 소알
왕이 나와서 싯딤 골짜기에서 그들과 접전하였으니 9 곧
그 다섯 왕이 엘람 왕 그돌라오멜과 고임 왕 디달과 시날
왕 아므라벨과 엘라살 왕 아리옥네 왕과 교전하였더라
10 싯딤 골짜기에는 역청 구덩이가 많은지라 소돔 왕과

fourteenth year Chedorlaomer and the kings that were
with him, came and defeated the Rephaim in Ashteroth-
karnaim and the Zuzim in Ham and the Emim in Shaveh-
kiriathaim, 6 and the Horites in their Mount Seir, as far
as El-paran, which is by the wilderness. 7 Then they
turned back and came to En-mishpat (that is, Kadesh),
and conquered all the country of the Amalekites, and
also the Amorites, who lived in Hazazon-tamar. 8 And
the king of Sodom and the king of Gomorrah and the
king of Admah and the king of Zeboiim and the king
of Bela (that is, Zoar) came out; and they arrayed for
battle against them in the valley of Siddim, 9 against
Chedorlaomer king of Elam and Tidal king of Goiim
and Amraphel king of Shinar and Arioch king of Ellasar
— four kings against five. 10 Now the valley of Siddim
was full of tar pits; and the kings of Sodom and Gomorrah

11 네 왕이 **빼앗아**
/모든 재물과 양식을
/소돔과 고모라의
가고

12 **사로잡고**
/아브람의 조카 롯도
/소돔에 거하는
노략하여 갔더라
/그 재물까지

13 자가 **와서**
/도망한

고하니
/아브람에게
/히브리 사람
/(아브람이) 거하였더라[24)]
/때에
/상수리 수풀 근처에
/마므레의
/아모리 족속

마므레는 **형제요**
/에스골의

또

형제라
/아넬의

이들은 **자더라**
/아브람과 동맹한

14 아브람이 **듣고**
/그 조카의 사로 잡혔음을
거느리고
/삼백십팔인을
/집에서 길리고 연습한 자
쫓아가서
/단까지

15 **나누어**
/그 가신을
파하고
/그들을 쳐서[25)]
/밤을 타서
쫓아가서
/다메섹 좌편 호바까지

24) 아브라함을 수식하는 분사이다.

25) '쳐서'는 동사가 아니라 전치사 'עַל'(against)을 번역한 것이다.

고모라 왕이 달아날 때에 군사가 거기 빠지고 그 나머지
는 산으로 도망하매 11 네 왕이 소돔과 고모라의 모든
재물과 양식을 빼앗아 가고 12 소돔에 거하는 아브람의
조카 롯도 사로잡고 그 재물까지 노략하여 갔더라 13
도망한 자가 와서 히브리 사람 아브람에게 고하니 때에
아브람이 아모리 족속 마므레의 상수리 수풀 근처에 거
하였더라 마므레는 에스골의 형제요 또 아넬의 형제라
이들은 아브람과 동맹한 자더라14 아브람이 그 조카의
사로 잡혔음을 듣고 집에서 길리고 연습한 자 삼백십팔
인을 거느리고 단까지 쫓아가서 15 그 가신을 나누어

fled, and they fell into them. But those who survived
fled to the hill country. 11 Then they took all the goods
of Sodom and Gomorrah and all their food supply, and
departed. 12 And they also took Lot, Abram's nephew,
and his possessions and departed, for he was living in Sodom.
13 ¶ Then a fugitive came and told Abram the Hebrew.
Now he was living by the oaks of Mamre the Amorite,
brother of Eshcol and brother of Aner, and these were
allies with Abram. 14 And when Abram heard that his
relative had been taken captive, he led out his trained
men, born in his house, three hundred and eighteen, and
went in pursuit as far as Dan. 15 And he divided himself

창

16 **찾아 왔더라**
/모든 빼앗겼던 재물과
자기 조카 롯과
그 재물과
또 부녀와 인민을
/다

17 아브람이 — 파하고
/그돌라오멜과
그와 함께 한 왕들을
돌아올 때에(상황절, when)

소돔 왕이 **나와**
/사웨 골짜기 곧 왕곡에
영접하였고
/그를

18 멜기세덱이 **가지고 나왔으니**
/살렘 왕 /떡과 포도주를

그는 **제사장이었더라**
/지극히 높으신 하나님의

19 그가 **축복하여**
/아브람에게
가로되
/하나님이여!
/천지의 주재시요
지극히 높으신
복을 주옵소서
/아브람에게

20/찬송할지로다 하매
/하나님을
/지극히 높으신
/너희 대적을 네 손에 붙이신

//(그래서: 결과)
아브람이 — 주었더라(qal, wci)
/십분 일을
/그 얻은 것에서
/멜기세덱에게

21 소돔 왕이 **이르되**
/아브람에게
/사람은 내게 보내고
물품은 네가 취하라

밤을 타서 그들을 쳐서 파하고 다메섹 좌편 호바까지 쫓
아가서 16 모든 빼앗겼던 재물과 자기 조카 롯과 그 재
물과 또 부녀와 인민을 다 찾아 왔더라 17 아브람이 그
돌라오멜과 그와 함께 한 왕들을 파하고 돌아올 때에 소
돔 왕이 사웨 골짜기 곧 왕곡에 나와 그를 영접하였고
18 살렘 왕 멜기세덱이 떡과 포도주를 가지고 나왔으니
그는 지극히 높으신 하나님의 제사장이었더라 19 그가
아브람에게 축복하여 가로되 천지의 주재시요 지극히 높
으신 하나님이여 아브람에게 복을 주옵소서 20 너희 대
적을 네 손에 붙이신 지극히 높으신 하나님을 찬송할지
로다 하매 아브람이 그 얻은 것에서 십분 일을 멜기세덱
에게 주었더라 21 소돔 왕이 아브람에게 이르되 사람은

against them, he and his servants, by night, and smote
them, and pursued them unto Hobah, which is on the
left hand of Damascus. 16 And he brought back all the
goods, and also brought again his brother Lot, and his goods,
and the women also, and the people. 17 And the king
of Sodom went out to meet him after his return from
the slaughter of Chedorlaomer, and of the kings that
were with him, at the valley of Shaveh, which is the
king's dale. 18 And Melchizedek king of Salem brought
forth bread and wine: and he was the priest of the most
high God. 19 And he blessed him, and said, Blessed
be Abram of the most high God, possessor of heaven
and earth: 20 And blessed be the most high God, which
hath delivered thine enemies into thy hand. And he gave
him tithes of all. 21 And the king of Sodom said unto
Abram, Give me the persons, and take the goods to

22 아브람이 **이르되**
/소돔 왕에게
/내가 ——— 맹세하노니
/하나님 여호와께
/천지의 주재시요
지극히 높으신
/손을 들어

23 /내가 ——— 취하지 아니하리라
/무론 한 실이나 신들메 라도
/네게 속한 (것은)
//(목적: לֹא, lest)
네 말이 ——— 할까 하여
/내가 아브람으로 치부케 하였다

24 /제할지니[26)]
/오직 소년들의 먹은 것과
나와 동행한 아넬과
에스골과 마므레의 분깃을
그들이 —— 취할 것이니라
/그 분깃을

15

1 이 후에
말씀이 **임하여 가라사대**[27)]
/여호와의
/아브람에게
/이상 중에
/아브람아!
[너는] ——— 두려워 말라
나는 ——— 방패요
/너의
——— 상급이니라
/너의
/지극히 큰

2 아브람이 **가로되**
/주 여호와여!
[당신은] 무엇을 내게 주시려나이까?
나는 무자하오니
나의 상속자는 이 다메섹 엘리에셀이니이다

3 아브람이 또 **가로되**
/[보십시오!]
주께서 ——— 아니주셨으니
/씨를
/내게

26) 나는 단지 취할 것이다.

27) הָיָה···לֵאמֹר(came...saying): 말씀하으로 임했다.

내게 보내고 물품은 네가 취하라 **22** 아브람이 소돔 왕
에게 이르되 천지의 주재시요 지극히 높으신 하나님 여
호와께 내가 손을 들어 맹세하노니 **23** 네 말이 내가 아
브람으로 치부케 하였다 할까 하여 네게 속한 것은 무론
한 실이나 신들메라도 내가 취하지 아니하리라 **24** 오직
소년들의 먹은 것과 나와 동행한 아넬과 에스골과 마므
레의 분깃을 제할지니 그들이 그 분깃을 취할 것이니라

15:1 이 후에 여호와의 말씀이 이상 중에 아브람에
게 임하여 가라사대 아브람아 두려워 말라 나는
너의 방패요 너의 지극히 큰 상급이니라 **2** 아브람이 가
로되 주 여호와여 무엇을 내게 주시려나이까 나는 무자
하오니 나의 상속자는 이 다메섹 엘리에셀이니이다 **3**

thyself. **22** And Abram said to the king of Sodom, I
have lift up mine hand unto the LORD, the most high
God, the possessor of heaven and earth, **23** That I will
not take from a thread even to a shoelatchet, and that I
will not take any thing that is thine, lest thou shouldest
say, I have made Abram rich: **24** Save only that which
the young men have eaten, and the portion of the men
which went with me, Aner, Eshcol, and Mamre; let them
take their portion.

15:1 After these things the word of the LORD came
unto Abram in a vision, saying, Fear not, Abram:
I am thy shield, and thy exceeding great reward. **2** And
Abram said, Lord GOD, what wilt thou give me, seeing
I go childless, and the steward of my house is this Eliezer

창

길리운 자가 —— 후사가 될 것이니이다
/내 집에서 /나의

4 말씀이 **임하여 가라사대** ...하시고
/여호와의 /그에게
/그 사람은 —— 후사가 아니라
/너의
날 자가 —— 후사가 되리라
/네 몸에서 /네

5 [그가] **이끌고**
/그를
나가
/밖으로
가라사대
/보라
하늘을 우러러 뭇별을 셀 수 있나
또 **이르시되**
/그에게
/네 자손이 이와 같으리라

6 아브람이 **믿으니**(hiph, pft)
/여호와를
여호와께서 **여기시고**
/이를
/그의 의로

7 또
[여호와께서] **이르시되**
/그에게
/나는 —— 여호와로라
/너를 이끌어 낸
/갈대아 우르에서
//(목적)
이땅을 네게 주어
업을 삼게 하려고

8 그가 **가로되**
/주 여호와여!
내가 무엇으로 알리이까?
/이 땅으로 업을 삼을 줄을

9 여호와께서 **이르시되**
/그에게

아브람이 또 가로되 주께서 내게 씨를 아니 주셨으니 내
집에서 길리운 자가 나의 후사가 될 것이니이다 **4** 여호
와의 말씀이 그에게 임하여 가라사대 그 사람은 너의 후
사가 아니라 네 몸에서 날 자가 네 후사가 되리라 하시고
5 그를 이끌고 밖으로 나가 가라사대 하늘을 우러러 뭇
별을 셀 수 있나 보라 또 그에게 이르시되 네 자손이 이
와 같으리라 **6** 아브람이 여호와를 믿으니 여호와께서 이
를 그의 의로 여기시고 **7** 또 그에게 이르시되 나는 이
땅을 네게 주어 업을 삼게 하려고 너를 갈대아 우르에서
이끌어 낸 여호와로라 **8** 그가 가로되 주 여호와여 내가
이 땅으로 업을 삼을 줄을 무엇로 알리이까 **9** 여호와께
서 그에게 이르시되 나를 위하여 삼년 된 암소와 삼년 된

of Damascus? **3** And Abram said, Behold, to me thou
hast given no seed: and, lo, one born in my house is
mine heir. **4** And, behold, the word of the LORD came
unto him, saying, This shall not be thine heir; but he
that shall come forth out of thine own bowels shall be
thine heir. **5** And he brought him forth abroad, and said,
Look now toward heaven, and tell the stars, if thou be
able to number them: and he said unto him, So shall
thy seed be. **6** And he believed in the LORD; and he counted
it to him for righteousness. **7** And he said unto him, I
am the LORD that brought thee out of Ur of the Chaldees,
to give thee this land to inherit it. **8** And he said, Lord
GOD, whereby shall I know that I shall inherit it? **9**
And he said unto him, Take me an heifer of three years
old, and a she goat of three years old, and a ram of
three years old, and a turtledove, and a young pigeon.

/[너는] —— 취할지니라
/삼년 된 암염소와
삼년된 수양과
산비둘기와
집비둘기 새끼를
/나를 위하여

10 아브람이 **취하여**
/그 모든 것을
쪼개고
/그 중간을
놓고
/그 쪼갠 것을
/마주 대하여
쪼개지 아니하였으며
/그 새는

11 솔개가 그 사체 위에 내릴 때에는
아브람이 **쫓았더라**

12 해질 때에
깊이 잠든 중에
캄캄함이 **임하므로**
아브람이 **<두려워하더니>**[28)]
/심히

13 여호와께서 **이르시되**
/아브람에게
/너는 정녕히 — 알라
네 자손이 — 객이 되어
/이방에서
섬기겠고
/그들을
그들은 —— 괴롭게 하리니
/네 자손을
/사백 년 동안

14 /내가 —— 징치할지며
/그 섬기는 나라를
그 후에
네 자손이 —— 나오리라
/큰 재물을 이끌고

15 /너는 —— 돌아가
/장수하다가
/조상에게로
/평안히
장사될 것이요

28) 한글 개역 성경의 뉘앙스를 중심으로 문맥을 만듦. 원전은 좀 다르다. 영역본을 보자.

12 Now when the sun was going down, a deep sleep **fell upon** Abram; and behold, terror [and] great darkness **fell upon** him.(NASB)

12 As the sun was going down, a deep sleep **fell on** Abram; and lo, a dread and great darkness **fell upon** him.(RSV)

12 As the sun was setting, Abram **fell into** a deep sleep, and a thick and dreadful darkness **came over** him.(NIV)

암염소와 삼년 된 수양과 산비둘기와 집비둘기 새끼를 취할지니라 **10** 아브람이 그 모든 것을 취하여 그 중간을 쪼개고 그 쪼갠 것을 마주 대하여 놓고 그 새는 쪼개지 아니하였으며 **11** 솔개가 그 사체 위에 내릴 때에는 아브람이 쫓았더라 **12** 해질 때에 아브람이 깊이 잠든 중에 캄캄함이 임하므로 심히 두려워하더니 **13** 여호와께서 아브람에게 이르시되 너는 정녕히 알라 네 자손이 이방에서 객이 되어 그들을 섬기겠고 그들은 사백 년 동안 네 자손을 괴롭게 하리니 **14** 그 섬기는 나라를 내가 징치할지며 그 후에 네 자손이 큰 재물을 이끌고 나오리라 **15** 너는 장수하다가 평안히 조상에게로 돌아가 장사될 것이요

10 And he took unto him all these, and divided them
in the midst, and laid each piece one against another:
but the birds divided he not. **11** And when the fowls
came down upon the carcases, Abram drove them away. **12**
And when the sun was going down, a deep sleep fell
upon Abram; and, lo, an horror of great darkness fell
upon him. **13** And he said unto Abram, Know of a surety that thy seed shall be a stranger in a land that is not theirs, and shall serve them; and they shall afflict them four hundred years; **14** And also that nation, whom they shall serve, will I judge: and afterward shall they come out with great substance. **15** And thou shalt go

창

16 /네 자손은 ─ 돌아 오리니 ...하시더니
/이 땅으로
/사 대만에

//이는(이유; כִּי, for)
죄악이 아직 관영치 아니함이니라
/아모리 족속의

17 해가 져서 어둘 때에(상황절, when)
풀무가 **보이며**
/연기 나는
횃불이 **지나더라**
/타는 /쪼갠고기 사이로

18 여호와께서 **세워**
/언약을
/아브람으로 더불어
/그 날에
가라사대
/내가 ── 주노니
/이땅을
/애굽 강에서부터
그 큰 강 유브라데까지
/네 자손에게

19 /곧
겐 족속과 그니스 족속과 갓몬 족속과
20 헷 족속과 브리스 족속과 르바 족속과
21 아모리 족속과 가나안 족속과 기르가스 족속과
여부스 족속의 땅이니라 하셨더라

16

1 사래는 **생산치 못하였고**
/아브람의 아내
있으니
/그에게
/한 여종이
/애굽 사람이요
이름은 하갈이라

2 사래가 **이르되** ...하매
/아브람에게
/[보라!]

16 네 자손은 사 대 만에 이 땅으로 돌아 오리니 이는
아모리 족속의 죄악이 아직 관영치 아니함이니라 하시더
니17 해가 져서 어둘 때에 연기 나는 풀무가 보이며 타
는 횃불이 쪼갠 고기 사이로 지나더라 18 그 날에 여호
와께서 아브람으로 더불어 언약을 세워 가라사대 내가
이 땅을 애굽강에서부터 그 큰 강 유브라데까지 네 자손
에게 주노니 19 곧 겐 족속과 그니스 족속과 갓몬 족
속과 20 헷 족속과 브리스 족속과 르바 족속과 21 아
모리 족속과 가나안 족속과 기르가스 족속과 여부스 족
속의 땅이니라 하셨더라

16:1 아브람의 아내 사래는 생산치 못하였고 그에
게 한 여종이 있으니 애굽 사람이요 이름은 하갈

to thy fathers in peace; thou shalt be buried in a good
old age. 16 But in the fourth generation they shall come
hither again: for the iniquity of the Amorites is not yet
full. 17 And it came to pass, that, when the sun went
down, and it was dark, behold a smoking furnace, and
a burning lamp that passed between those pieces. 18
In the same day the LORD made a covenant with Abram,
saying, Unto thy seed have I given this land, from the
river of Egypt unto the great river, the river Euphrates:
19 The Kenites, and the Kenizzites, and the Kadmonites,
20 And the Hittites, and the Perizzites, and the Rephaims,
21 And the Amorites, and the Canaanites, and the
Girgashites, and the Jebusites.

16:1 Now Sarai Abram's wife bare him no children:
and she had an handmaid, an Egyptian, whose
name was Hagar. 2 And Sarai said unto Abram, Behold

/[보라!]
여호와께서 —— 허락지 아니 하셨으니
/나의 생산을
원컨대
[당신은] ——— 동침하라
/나의 여종과
내가 ——— 혹 얻을까 하노라
/자녀를
/그로 말미암아

//(결과)
아브람이 —— 들으니라
/사래의 말을

3 십년 후[이었더라]
/아브람이 가나안 땅에 거한지
사래가 **가져**
/아브람의 아내 /하갈을
/그 여종
애굽 사람
준 때는(주었다)
/첩으로
/그 남편 아브람에게

4 아브람이 **동침하였더니**
/하갈과

//(결과)
하갈이 잉태하매(qal, wci)
그가 자기의 잉태함을 깨닫고
//(결과)
그 여주인을 멸시한지라

5 사래가 **이르되**(qal, wci)
/아브람에게
/나의 받는 욕은 당신이 받아야 옳도다
내가 ——— 두었거늘
/나의 여종을
/당신의 품에
그가 ——— 깨닫고
/자기의 잉태함을
——— 멸시하니
/나를
여호와께서 — 판단하시기를 원하노라
/당신과 나 사이에

이라 **2** 사래가 아브람에게 이르되 여호와께서 나의 생산
을 허락지 아니하셨으니 원컨대 나의 여종과 동침하라
내가 혹 그로 말미암아 자녀를 얻을까 하노라 하매 아브
람이 사래의 말을 들으니라 **3** 아브람의 아내 사래가 그
여종 애굽 사람 하갈을 가져 그 남편 아브람에게 첩으
로 준 때는 아브람이 가나안 땅에 거한지 십 년 후이었
더라 **4** 아브람이 하갈과 동침하였더니 하갈이 잉태하매
그가 자기의 잉태함을 깨닫고 그 여주인을 멸시한지라 **5**
사래가 아브람에게 이르되 나의 받는 욕은 당신이 받아
야 옳도다 내가 나의 여종을 당신의 품에 두었거늘 그가
자기의 잉태함을 깨닫고 나를 멸시하니 당신과 나 사이
에 여호와께서 판단하시기를 원하노라 **6** 아브람이 사래

now, the LORD hath restrained me from bearing: I pray
thee, go in unto my maid; it may be that I may obtain children
by her. And Abram hearkened to the voice of Sarai. **3**
And Sarai Abram's wife took Hagar her maid the Egyptian,
after Abram had dwelt ten years in the land of Canaan,
and gave her to her husband Abram to be his wife. **4**
And he went in unto Hagar, and she conceived: and
when she saw that she had conceived, her mistress was
despised in her eyes. **5** And Sarai said unto Abram, My
wrong be upon thee: I have given my maid into thy
bosom; and when she saw that she had conceived, I was
despised in her eyes: the LORD judge between me and

창

6 아브람이 **이르되** ... 하매
/사래에게
/그대의 여종은 —그대의 수중에 있으니
[당신은] —— 행하라
/그대의 눈에 좋은대로
/그에게

사래가 **학대하였더니**
/하갈을
//(결과)
하갈이 —— 도망하였더라
/사래의 앞에서

7 사자가 **만나**
/여호와의
/그를
/광야의 샘곁
곧 술 길 샘물 곁에서

8 **가로되**
/하갈아!
/사래의 여종
네가 — 어디서 왔으며?
— 어디로 가느냐?

그가 **가로되**
/나는 —— 도망하나이다
/나의 여주인 사래를 피하여

9 사자가 **이르되**
/여호와의
/그에게
/네 여주인에게로 돌아가서
그 수하에 복종하라

10 사자가 **또 이르되**
/여호와의
/그에게
/내가 — 번성하여
/네 자손으로
/크게
— 셀 수 없게 하리라
/그 수가 많아

11 사자가 **또 이르되**
/여호와의
/그에게
/네가 — 잉태하였은즉
— 낳으리니
/아들을

에게 이르되 그대의 여종은 그대의 수중에 있으니 그대
의 눈에 좋은대로 그에게 행하라 하매 사래가 하갈을 학
대하였더니 하갈이 사래의 앞에서 도망하였더라 7 여호
와의 사자가 광야의 샘 곁 곧 술 길 샘물 곁에서 그를 만
나 8 가로되 사래의 여종 하갈아 네가 어디서 왔으며 어
디로 가느냐 그가 가로되 나는 나의 여주인 사래를 피하
여 도망하나이다 9 여호와의 사자가 그에게 이르되 네
여주인에게로 돌아가서 그 수하에 복종하라 10 여호와
의 사자가 또 그에게 이르되 내가 네 자손으로 크게 번
성하여 그 수가 많아 셀 수 없게 하리라 11 여호와의

thee. 6 But Abram said unto Sarai, Behold, thy maid is
in thy hand; do to her as it pleaseth thee. And when
Sarai dealt hardly with her, she fled from her face. 7
And the angel of the LORD found her by a fountain of
water in the wilderness, by the fountain in the way to
Shur. 8 And he said, Hagar, Sarai's maid, whence camest
thou? and whither wilt thou go? And she said, I flee
from the face of my mistress Sarai. 9 And the angel of
the LORD said unto her, Return to thy mistress, and
submit thyself under her hands. 10 And the angel of
the LORD said unto her, I will multiply thy seed exceedingly,
that it shall not be numbered for multitude. 11 And the
angel of the LORD said unto her, Behold, thou art with child,
and shalt bear a son, and shalt call his name Ishmael; because

창

하라
/그 이름을
/이스마엘이라

//이는(이유: כִּי for)
여호와께서 — 들으셨음이니라
/네 고통을

12 /그가 — 되리니
/들나귀 같이
/사람 중에
그 손이 — 치겠고
/모든 사람을
손이 — 칠지며
/모든 사람의 /그를
그가 — 살리라 하니라
/모든 형제의 동방에서

13 하갈이 **하였으니**
/여호와의 이름을
/자기에게 이르신
/감찰하시는 하나님이라

//이는(이유: כִּי for)
[그녀가] — 함이라
/내가 어떻게 뵈었는고
/하나님을
/나를 감찰하시는
/여기서

14 //이러므로(결과)
그 샘을(이) — 불렀으며
/브엘라해로이라
그것이 — 있더라
/가데스와 베렛 사이에

15 하갈이 **낳으매**
/아들을
/아브람의
아브람이 **하였더라**
/이름하여(=을)
/그 아들을(의)
/하갈의 낳은
/이스마엘이라

16 하갈이 낳을 때에
/이스마엘을
/아브람에게

아브람이 **팔십 륙세이었더라**

사자가 또 그에게 이르되 네가 잉태하였은즉 아들을 낳
으리니 그 이름을 이스마엘이라 하라 이는 여호와께서
네 고통을 들으셨음이니라 12 그가 사람 중에 들나귀
같이 되리니 그 손이 모든 사람을 치겠고 모든 사람의
손이 그를 칠지며 그가 모든 형제의 동방에서 살리라 하
니라 13 하갈이 자기에게 이르신 여호와의 이름을 감찰
하시는 하나님이라 하였으니 이는 내가 어떻게 여기서
나를 감찰하시는 하나님을 뵈었는고 함이라 14 이러므
로 그 샘을 브엘라해로이라 불렀으며 그것이 가데스와
베렛 사이에 있더라15 하갈이 아브람의 아들을 낳으매
아브람이 하갈의 낳은 그 아들을 이름하여 이스마엘이라
하였더라 16 하갈이 아브람에게 이스마엘을 낳을 때에

the LORD hath heard thy affliction. 12 And he will be
a wild man; his hand will be against every man, and
every man's hand against him; and he shall dwell in the
presence of all his brethren. 13 And she called the
name of the LORD that spake unto her, Thou God seest
me: for she said, Have I also here looked after him that
seeth me? 14 Wherefore the well was called Beer-lahai-
roi; behold, it is between Kadesh and Bered. 15 And
Hagar bare Abram a son: and Abram called his son's
name, which Hagar bare, Ishmael. 16 And Abram was
fourscore and six years old, when Hagar bare Ishmael
to Abram.

창

17

1 아브람의 구십구세 때에(상황절, when)
여호와께서 **나타나서**
/아브람에게
이르시되
/그에게
/나는 ─── 하나님이라
/전능한
너는 ─┬─ 행하여
/내 앞에서
└─ 완전하라

2 내가 ─┬─ 세워
/내 언약을
/나와 너 사이에
└─ 번성케 하리라 하시니
/너로
/심히

3 아브람이 **엎드린대**
하나님이 **또 일러 가라사대**
/그에게
4 /내가 ─── 내 언약을 (세우니)[29]
/너와
너는 ─── 될지라
/열국의 아비가

5 /이제 후로는
[그가] ─┬─ 하지 아니하고
/네 이름을
/아브람이라
└─ 하리니
/아브라함이라

//이는(이유: כִּי for)
내가 ─── 되게 함이니라
/너로
/열국의 아비가

6 /내가 ─┬─ 번성케 하리니
/너로
/심히
└─ 좇아 일어나며
/나라들이(=을)
/네게로
//(결과)
열왕이 네게로 좇아 나리라

29) 직역: 보라 내 언약이 네게 있다.

아브람이 팔십 륙 세이었더라
17:1 아브람의 구십구세 때에 여호와께서 아브람
에게 나타나서 그에게 이르시되 나는 전능한 하
나님이라 너는 내 앞에서 행하여 완전하라 2 내가 내 언
약을 나와 너 사이에 세워 너로 심히 번성케 하리라 하
시니 3 아브람이 엎드린대 하나님이 또 그에게 일러 가
라사대 4 내가 너와 내 언약을 세우니 너는 열국의 아비
가 될지라 5 이제 후로는 네 이름을 아브람이라 하지 아
니하고 아브라함이라 하리니 이는 내가 너로 열국의 아
비가 되게 함이니라 6 내가 너로 심히 번성케 하리니 나

17:1 And when Abram was ninety years old and
nine, the LORD appeared to Abram, and said unto
him, I am the Almighty God; walk before me, and be
thou perfect. 2 And I will make my covenant between
me and thee, and will multiply thee exceedingly. 3 And
Abram fell on his face: and God talked with him, saying,
4 As for me, behold, my covenant is with thee, and
thou shalt be a father of many nations. 5 Neither shall
thy name any more be called Abram, but thy name shall
be Abraham; for a father of many nations have I made
thee. 6 And I will make thee exceeding fruitful, and I
will make nations of thee, and kings shall come out of

7 /내가 —— 세워서
/내 언약을
/나와 너와
네 대대 후손의 사이에
/영원한 언약을 삼고(=위해: for)

//(목적: ㄱ, to부정사)
너와 네 후손의 하나님이 되리라(=되기 위하여)

8 /내가 —— 주어
/이 땅[을]
/너의 우거하는
곧 가나안 일경으로[을]
/너와 네 후손에게
/영원한 기업이 (되게 하고=기업으로)

나는 —— 하나님이 되리라
/그들의

9 하나님이 **또 이르시되**
/아브라함에게
/그런즉
너는 —— 지키고
/내 언약을
네 후손도 —— 지키라
/대대로

10 /남자는 —— 할례를 받으라
/너희 중 /다
이것이 —— 내 언약이니라
/지킬
/나와 너희와
너희 후손사이에

11 /너희는 —— 베어라
/양피를
이것이 —— 언약의 표징이니라
/나와 너희 사이의

12 /남자는 —— 할례를 받을 것이라
/집에서 난 자나
돈으로 산 자를 무론하고
/이방 사람에게서
/혹 너희 자손이 아니요
/난지 팔 일 만에
/대대로

라들이 네게로 좇아 일어나며 열왕이 네게로 좇아 나리
라 7 내가 내 언약을 나와 너와 네 대대 후손의 사이에
세워서 영원한 언약을 삼고 너와 네 후손의 하나님이 되
리라 8 내가 너와 네 후손에게 너의 우거하는 이 땅 곧
가나안 일경으로 주어 영원한 기업이 되게 하고 나는 그
들의 하나님이 되리라 9 하나님이 또 아브라함에게 이르
시되 그런즉 너는 내 언약을 지키고 네 후손도 대대로
지키라 10 너희 중 남자는 다 할례를 받으라 이것이 나
와 너희와 너희 후손 사이에 지킬 내 언약이니라 11 너
희는 양피를 베어라 이것이 나와 너희 사이의 언약의 표
징이니라 12 대대로 남자는 집에서 난 자나 혹 너희 자
손이 아니요 이방 사람에게서 돈으로 산 자를 무론하고

thee. 7 And I will establish my covenant between me and thee and thy seed after thee in their generations for an everlasting covenant, to be a God unto thee, and to thy seed after thee. 8 And I will give unto thee, and to thy seed after thee, the land wherein thou art a stranger, all the land of Canaan, for an everlasting possession; and I will be their God. 9 And God said unto Abraham, Thou shalt keep my covenant therefore, thou, and thy seed after thee in their generations. 10 This is my covenant, which ye shall keep, between me and you and thy seed after thee; Every man child among you shall be circumcised. 11 And ye shall circumcise the flesh of your foreskin; and it shall be a token of the covenant betwixt me and you. 12 And he that is eight days old

창

13 /[그는] ——— 할례를 받아야 하리니
/너희 집에서 난 자든지
너희 돈으로 산 자든지

//이에(결과)
내 언약이 — 있어
/너희 살에
영원한 언약이 되려니와

14 /남자 —— 백성 중에서 끊어지리니
/할례를 받지 아니한
곧 그 양피를 베지 아니한 자는
/그가 —— 배반하였음이니라
/내 언약을

15 하나님이 **또 이르시되**
/아브라함에게
/[너는] — 하지 말고
/이름을
/네 아내 사래는(=에게)
/사래라
하라
/그 이름을
/사라라

16 /내가 — 복을 주어
/그에게
낳아 주게 하며
/아들을
/그로
/네게
내가 ——— 복을 주어
/그에게
//(결과)
그로 ——— 어미가 되게 하리니
/열국의
열왕이 —— 나리라
/민족의 /그에게서

17 아브라함이 **엎드리어**
웃으며
이르되... 하고
/심중에
/백세된 사람이 어찌 자식을 낳을까?
사라는 구십세니
어찌 생산하리요?

18 //이에(결과, 반응)

난지 팔 일 만에 할례를 받을 것이라 13 너희 집에서
난 자든지 너희 돈으로 산 자든지 할례를 받아야 하리니
이에 내 언약이 너희 살에 있어 영원한 언약이 되려니와
14 할례를 받지 아니한 남자 곧 그 양피를 베지 아니한
자는 백성 중에서 끊어지리니 그가 내 언약을 배반하였
음이니라 15 하나님이 또 아브라함에게 이르시되 네 아
내 사래는 이름을 사래라 하지 말고 그 이름을 사라라
하라 16 내가 그에게 복을 주어 그로 네게 아들을 낳아
주게 하며 내가 그에게 복을 주어 그로 열국의 어미가
되게 하리니 민족의 열왕이 그에게서 나리라 17 아브라
함이 엎드리어 웃으며 심중에 이르되 백세된 사람이 어
찌 자식을 낳을까 사라는 구십세니 어찌 생산하리요 하

shall be circumcised among you, every man child in
your generations, he that is born in the house, or bought
with money of any stranger, which is not of thy seed.
13 He that is born in thy house, and he that is bought
with thy money, must needs be circumcised: and my covenant
shall be in your flesh for an everlasting covenant. 14
And the uncircumcised man child whose flesh of his foreskin
is not circumcised, that soul shall be cut off from his
people; he hath broken my covenant. 15 And God said unto
Abraham, As for Sarai thy wife, thou shalt not call her
name Sarai, but Sarah shall her name be. 16 And I will
bless her, and give thee a son also of her: yea, I will
bless her, and she shall be a mother of nations; kings of
people shall be of her. 17 Then Abraham fell upon his

18 //이에(결과, 반응)
아브라함이 —— 고하되
/하나님께
/이스마엘이나 하나님 앞에 살기를 원하나이다

19 하나님이 **가라사대**
/아니라
사라가 —— 정녕 낳으리니
/네 아내 /아들을
/네게
너는 —— 하라
/그 이름을
/이삭이라
내가 —— 세우리니
/내 언약을
/그와
/영원한 언약이 (되리라...위해)
/그의 후손에게

20 /이스마엘에게 이르러는
/내가 —— 들었나니
/네 말을
[보라!]
내가 —— 복을 주어
/그에게
—— 생육이 중다하여
—— 번성케 할지라
/그로
/크게
//(결과)
그가 —— 낳으리니
/열 두 방백을

내가 —— 되게 하려니와
/그로
큰 나라가

21 /내가 —— 세우리라
/내 언약은(을)
/명년 이 기한에
/이삭과
/사라가 네게 낳을

22 하나님이 **마치시고**
/아브라함과 말씀을
올라가셨더라
/그를 떠나(from)

고 18 아브라함이 이에 하나님께 고하되 이스마엘이나
하나님 앞에 살기를 원하나이다 19 하나님이 가라사대
아니라 네 아내 사라가 정녕 네게 아들을 낳으리니 너는
그 이름을 이삭이라 하라 내가 그와 내 언약을 세우리니
그의 후손에게 영원한 언약이 되리라 20 이스마엘에게
이르러는 내가 네 말을 들었나니 내가 그에게 복을 주어
생육이 중다하여 그로 크게 번성케 할지라 그가 열두 방
백을 낳으리니 내가 그로 큰 나라가 되게 하려니와 21
내 언약은 내가 명년 이 기한에 사라가 네게 낳을 이삭
과 세우리라 22 하나님이 아브라함과 말씀을 마치시고

face, and laughed, and said in his heart, Shall a child
be born unto him that is an hundred years old? and shall
Sarah, that is ninety years old, bear? 18 And Abraham
said unto God, O that Ishmael might live before thee!
19 And God said, Sarah thy wife shall bear thee a son
indeed; and thou shalt call his name Isaac: and I will establish
my covenant with him for an everlasting covenant, and
with his seed after him. 20 And as for Ishmael, I have
heard thee: Behold, I have blessed him, and will make
him fruitful, and will multiply him exceedingly; twelve
princes shall he beget, and I will make him a great
nation. 21 But my covenant will I establish with Isaac,
which Sarah shall bear unto thee at this set time in the
next year. 22 And he left off talking with him, and

창

23 이에
아브라함이 **데려다가**
/그 아들 이스마엘과
집에서 생장한 모든 자와
돈으로 산 모든 자
곧 아브라함의 집 사람 중 모든 남자를
/하나님이 자기에게 말씀하신 대로
/이 날에
베었으니
/그 양피를

24 아브라함이 **구십구세이었고**
/그 양피를 벤때는

25 이스마엘이 **십삼세이었더라**
/그 아들 /그 양피를 벤 때는

26 아브라함과 ─┐
이스마엘이 ──┴ **할례를 받았고**
/그 아들 /당일에

27 모든 남자 **할례를 받았더라**
/그 집의 /다
/곧 집에서생장한 자와 /그와 함께
사온 자가
/돈으로 이방 사람에게서

18

1 여호와께서 **나타나시니라**
/아브라함에게
/마므레 상수리 수풀 근처에서

그가 **앉았다가**
/장막 문에
/오정 즈음에

2 **들어**
/눈을
본즉
/사람 셋이 ─ 섰는지라
/맞은편에

그를 떠나 올라가셨더라 **23** 이에 아브라함이 하나님이
자기에게 말씀하신 대로 이 날에 그 아들 이스마엘과 집
에서 생장한 모든 자와 돈으로 산 모든 자 곧아브라함의
집 사람 중 모든 남자를 데려다가 그 양피를 베었으니
24 아브라함이 그 양피를 벤 때는 구십구세이었고 **25**
그 아들 이스마엘이 그 양피를 벤 때는 십삼 세이었더라
26 당일에 아브라함과 그 아들 이스마엘이 할례를 받았
고 **27** 그 집의 모든 남자 곧 집에서 생장한 자와 돈으
로 이방 사람에게서 사온 자가 다 그와 함께 할례를 받
았더라

18:1 여호와께서 마므레 상수리 수풀 근처에서 아
브라함에게 나타나시니라 오정 즈음에 그가 장막
문에 앉았다가 **2** 눈을 들어 본즉 사람 셋이 맞은편에
섰는지라 그가 그들을 보자 곧 장막 문에서 달려나가 영

God went up from Abraham. **23** And Abraham took Ishmael
his son, and all that were born in his house, and all that
were bought with his money, every male among the men
of Abraham's house; and circumcised the flesh of their
foreskin in the selfsame day, as God had said unto him.
24 And Abraham was ninety years old and nine, when
he was circumcised in the flesh of his foreskin. **25** And
Ishmael his son was thirteen years old, when he was
circumcised in the flesh of his foreskin. **26** In the
selfsame day was Abraham circumcised, and Ishmael
his son. **27** And all the men of his house, born in the
house, and bought with money of the stranger, were
circumcised with him.

18:1 And the LORD appeared unto him in the plains
of Mamre: and he sat in the tent door in the heat
of the day; **2** And he lift up his eyes and looked, and,

그가 **보자**
/그들을
곧 달려나가
/장막 문에서
영접하며
몸을 굽혀
/땅에
3 **가로되**
/내 주여!
[만일] 내가 주께 은혜를 입었사오면(조건절, if)
원컨대
지나가지 마옵시고
/종을 떠나

4 물을 조금 가져오게 하사
당신들의 발을 씻으시고
나무 아래서 쉬소서

5 내가 떡을 조금 가져오리니
당신들의 마음을 쾌활케 하신 후에
지나가소서
당신들이 종에게 오셨음이니이다

//(결과, 반응)
그들이 ——— 가로되
/네 말대로 그리하라

6 아브라함이 **들어가**
/장막에
/급히
이르러
/사라에게
이르되 ... 하고
/[너는] ─ 가져다가
/속히
/고운 가루 세 스아를
─ 반죽하여
─ 만들라
/떡을

7 또
아브라함이 **달려가서**
/짐승 떼에
취하여
/송아지를
/기름지고 좋은
주니
/하인에게
//(결과)

접하며 몸을 땅에 굽혀 **3** 가로되 내 주여 내가 주께 은혜를 입었사오면 원컨대 종을 떠나 지나가지 마옵시고 **4** 물을 조금 가져오게 하사 당신들의 발을 씻으시고 나무 아래서 쉬소서 **5** 내가 떡을 조금 가져오리니 당신들의 마음을 쾌활케 하신 후에 지나가소서 당신들이 종에게 오셨음이니이다 그들이 가로되 네 말대로 그리하라 **6** 아브라함이 급히 장막에 들어가 사라에게 이르러 이르되 속히 고운 가루 세 스아를 가져다가 반죽하여 떡을 만들라 하고 **7** 아브라함이 또 짐승 떼에 달려가서 기름지고 좋은 송아지를 취하여 하인에게 주니 그가 급히 요리한

lo, three men stood by him: and when he saw them, he ran to meet them from the tent door, and bowed himself toward the ground,
3 And said, My Lord, if now I have found favour in thy sight, pass not away, I pray thee, from thy servant:
4 Let a little water, I pray you, be fetched, and wash your feet, and rest yourselves under the tree:
5 And I will fetch a morsel of bread, and comfort ye your hearts; after that ye shall pass on: for therefore are ye come to your servant. And they said, So do, as thou hast said.
6 And Abraham hastened into the tent unto Sarah, and said, Make ready quickly three measures of fine meal, knead it, and make cakes upon the hearth.
7 And Abraham ran unto the herd, and fetcht a calf tender and good, and gave it unto a young man;

창

//(결과)
그가 급히 요리한지라

8 아브라함이 **가져다가**
/뻐터와 우유와
하인이 요리한 송아지를
진설하고
/그 들의 앞에
모셔 서매
/나무아래

//(결과)
그들이 먹으니라

9 그들이 **이르되**
/아브라함에게
/네 아내 사라가 어디 있느냐?
[아브라함이] **대답하되**
/장막에 있나이다

10 그가 **가라사대**...하시니
/기한이 이를 때에
내가 —— 돌아오리니
/정녕
/네게로
아들이 —— (있으리라)
/네 아내 사라에게
사라가 **들었더라**
/그 뒤 장막 문에서

11 아브라함과
사라가 **늙었고**
/나이 많아
경수는 **끊어졌는지라**
/사라의

12 사라가 **웃고**
/속으로
이르되
/내가 노쇠하였고
내 주인도 늙었으니
내게 어찌 낙이 있으리요

13 여호와께서 **이르시되**
/아브라함에게
/사라가 —— 왜 웃으며?
이르기를...하느냐
/내가 늙었거늘
어떻게 아들을 낳으리요

지라 8 아브라함이 뻐터와 우유와 하인이 요리한 송아지
를 가져다가 그 들의 앞에 진설하고 나무 아래 모셔 서매
그들이 먹으니라 9 그들이 아브라함에게 이르되 네 아내
사라가 어디 있느냐 대답하되 장막에 있나이다 10 그가
가라사대 기한이 이를 때에 내가 정녕 네게로 돌아오리
니 네 아내 사라에게 아들이 있으리라 하시니 사라가 그
뒤 장막 문에서 들었더라 11 아브라함과 사라가 나이
많아 늙었고 사라의 경수는 끊어졌는지라 12 사라가 속
으로 웃고 이르되 내가 노쇠하였고 내 주인도 늙었으니
내게 어찌 낙이 있으리요 13 여호와께서 아브라함에게

and he hasted to dress it. 8 And he took butter, and
milk, and the calf which he had dressed, and set it before
them; and he stood by them under the tree, and they did
eat. 9 And they said unto him, Where is Sarah thy wife?
And he said, Behold, in the tent. 10 And he said, I
will certainly return unto thee according to the time of
life; and, lo, Sarah thy wife shall have a son. And Sarah
heard it in the tent door, which was behind him. 11
Now Abraham and Sarah were old and well stricken in
age; and it ceased to be with Sarah after the manner of
women. 12 Therefore Sarah laughed within herself,
saying, After I am waxed old shall I have pleasure, my
lord being old also? 13 And the LORD said unto
Abraham, Wherefore did Sarah laugh, saying, Shall I of

14 /일이 ——— 있겠느냐?
/능치 못한 /여호와께
기한이 이를 때에
내가 ——— 돌아오리니
/네게로
아들이 —— 있으리라
/사라에게

15 사라가 **승인치 아니하여**
/두려워서
가로되
/내가 웃지 아니하였나이다
[여호와께서] **가라사대**
/아니라
네가 웃었느니라

16 그 사람들이 **일어나서**
/거기서
향하고
/소돔으로
아브라함은 **나가니라**
/함께
/그들을 전송하러

17 여호와께서 **가라사대**
/[내가] ——— 숨기겠느냐?
/나의 하려는 것을
/아브라함에게

18 /아브라함은 —— 되고
/강대한 나라가
만민은 ——— 복을 받게 될 것이 아니냐?
/천하 /그를 인하여

19 //(이유: כִּי for)
내가 ——— 택하였나니
/그를
//(목적)
그로 ——— 명하여
/그 자식과
권속에게
[그들이] ——— 지켜
/여호와의 도를
행하게 하려고
/의와 공도를

//이는(목적)

이르시되 사라가 왜 웃으며 이르기를 내가 늙었거늘 어
떻게 아들을 낳으리요 하느냐 14 여호와께 능치 못한
일이 있겠느냐 기한이 이를 때에 내가 네게로 돌아오리
니 사라에게 아들이 있으리라 15 사라가 두려워서 승인
치 아니하여 가로되 내가 웃지 아니하였나이다 가라사대
아니라 네가 웃었느니라 16 그 사람들이 거기서 일어나
서 소돔으로 향하고 아브라함은 그들을 전송하러 함께
나가니라 17 여호와께서 가라사대 나의 하려는 것을 아
브라함에게 숨기겠느냐 18 아브라함은 강대한 나라가
되고 천하 만민은 그를 인하여 복을 받게 될 것이 아니
냐 19 내가 그로 그 자식과 권속에게 명하여 여호와의
도를 지켜 의와 공도를 행하게 하려고 그를 택하였나니

a surety bear a child, which am old? 14 Is any thing
too hard for the LORD? At the time appointed I will
return unto thee, according to the time of life, and Sarah
shall have a son. 15 Then Sarah denied, saying, I
laughed not; for she was afraid. And he said, Nay; but
thou didst laugh. 16 And the men rose up from thence,
and looked toward Sodom: and Abraham went with them
to bring them on the way. 17 And the LORD said,
Shall I hide from Abraham that thing which I do; 18
Seeing that Abraham shall surely become a great and mighty
nation, and all the nations of the earth shall be blessed
in him? 19 For I know him, that he will command his
children and his household after him, and they shall keep
the way of the LORD, to do justice and judgment; that

//이는(목적)
[그들이] —— 이루려 함이니라
/내 여호와가 말한 일을
/아브라함에게 대하여

20 여호와께서 **또 가라사대**
/부르짖음이 — **크고**
/소돔과 고모라에 대한
그 죄악이 —— **심히 중하니**

21 //(결과)
내가 — 이제 내려가서
내가 ┬ 보고
└ 알려하노라
/행한 것이 ┬ 과연 같은지
/그 모든 └ 그렇지 않은지
/내게 들린 부르짖음과

22 그 사람들이 **떠나**
/거기서
가고
/소돔으로 향하여
아브라함은 **섰더니**
/여호와 앞에
/그대로

23 [아브라함이] **나아가**
/가까이
가로되
/주께서 —— **멸하시려나이까?**
/의인을
/악인과 함께
24 /그 성중에 의인 오십이 있을지라도
주께서 ┬ **멸하시고**
/그 곳을
└ **용서치 아니하시리이까**
/그 오십 의인을 위하여

25 /**불가하오며**
/주께서 이같이 하사
의인을 악인과 함께 죽이심은
불가하니이다
/의인과 악인을 균등히 하심도
세상을 심판하시는 이가 공의를 행하실 것이 아니니이까?

이는 나 여호와가 아브라함에게 대하여 말한 일을 이루
려 함이니라 **20** 여호와께서 또 가라사대 소돔과 고모라
에 대한 부르짖음이 크고 그 죄악이 심히 중하니 **21** 내
가 이제 내려가서 그 모든 행한 것이 과연 내게 들린 부
르짖음과 같은지 그렇지 않은지 내가 보고 알려하노라
22 그 사람들이 거기서 떠나 소돔으로 향하여 가고 아
브라함은 여호와 앞에 그대로 섰더니 **23** 가까이 나아가
가로되 주께서 의인을 악인과 함께 멸하시려나이까 **24**
그 성중에 의인 오십이 있을지라도 주께서 그 곳을 멸하
시고 그 오십 의인을 위하여 용서치 아니하시리이까 **25**
주께서 이같이 하사 의인을 악인과 함께 죽이심은 불가
하오며 의인과 악인을 균등히 하심도 불가하니이다 세상
을 심판하시는 이가 공의를 행하실 것이 아니니이까 **26**
여호와께서 가라사대 내가 만일 소돔 성 중에서 의인 오

the LORD may bring upon Abraham that which he hath
spoken of him. **20** And the LORD said, Because the
cry of Sodom and Gomorrah is great, and because their
sin is very grievous; **21** I will go down now, and see whether
they have done altogether according to the cry of it,
which is come unto me; and if not, I will know. **22**
And the men turned their faces from thence, and went toward
Sodom: but Abraham stood yet before the LORD. **23**
And Abraham drew near, and said, Wilt thou also destroy
the righteous with the wicked? **24** Peradventure there
be fifty righteous within the city: wilt thou also destroy
and not spare the place for the fifty righteous that are therein?
25 That be far from thee to do after this manner, to
slay the righteous with the wicked: and that the righteous

창

26 여호와께서 **가라사대**
/만일
내가 ── 찾으면(조건절, if)
/의인 오십을
/소돔 성중에서
용서하리라
/온 지경을
/그들을 위하여

27 아브라함이 **말씀하여 가로되**
/나라도 ── 감히 고하나이다
/티끌과 같은 /주께

28 /[만일]
오인이 ── 부족할 것이면(조건절, if)
/오십 의인 중에
[당신은] ── 멸하시리이까?
/온 성을
/그 오인 부족함을 인하여

[여호와께서] **가라사대**
/내가 ── 찾으면(조건절, if)
/사십 오인을
/거기서
멸하지 아니하리라

29 아브라함이 **또 고하여 가로되**
/거기서 사십인을 찾으시면
어찌 하시려나이까?
[여호와께서] **가라사대**
/사십인을 인하여
멸하지 아니하리라

30 아브라함이 **가로되**
/내 주여!
노하지 마옵시고
말씀하게 하옵소서
거기서 삼십인을 찾으시면
어찌 하시려나이까?

[여호와께서] **가라사대**
/내가 거기서 삼십인을 찾으면(조건절, if)
멸하지 아니하리라

31 아브라함이 **또 가로되**
/내가 ── 감히 고하나이다
/내 주께
[만일]

십을 찾으면 그들을 위하여 온 지경을 용서하리라 27
아브라함이 말씀하여 가로되 티끌과 같은 나라도 감히
주께 고하나이다 28 오십 의인 중에 오 인이 부족할 것
이면 그 오 인 부족함을 인하여 온 성을 멸하시리이까
가라사대 내가 거기서 사십 오인을 찾으면 멸하지 아니
하리라 29 아브라함이 또 고하여 가로되 거기서 사십
인을 찾으시면 어찌 하시려나이까 가라사대 사십 인을
인하여 멸하지 아니하리라 30 아브라함이 가로되 내 주
여 노하지 마옵시고 말씀하게 하옵소서 거기서 삼십 인
을 찾으시면 어찌 하시려나이까 가라사대 내가 거기서
삼십 인을 찾으면 멸하지 아니하리라 31 아브라함이 또
가로되 내가 감히 내 주께 고하나이다 거기서 이십 인을

should be as the wicked, that be far from thee: Shall
not the Judge of all the earth do right? 26 And the
LORD said, If I find in Sodom fifty righteous within
the city, then I will spare all the place for their sakes.
27 And Abraham answered and said, Behold now, I
have taken upon me to speak unto the Lord, which am
but dust and ashes: 28 Peradventure there shall lack
five of the fifty righteous: wilt thou destroy all the city
for lack of five? And he said, If I find there forty and
five, I will not destroy it. 29 And he spake unto him
yet again, and said, Peradventure there shall be forty
found there. And he said, I will not do it for forty's
sake. 30 And he said unto him, Oh let not the Lord
be angry, and I will speak: Peradventure there shall thirty

창

[만일]
거기서 이십인을 찾으시면
어찌 하시려나이까?

[여호와께서] **가라사대**
/내가 —— 멸하지 아니하리라
/이십인을 인하여

32 아브라함이 **또 가로되**
/주는 노하지 마옵소서
내가 이번만 더 말씀하리이다
거기서 십인을 찾으시면
어찌 하시려나이까?

[여호와께서] **가라사대**
/내가 —— 멸하지 아니하리라
/십인을 인하여도

33 여호와께서 **마치시고**
/아브라함과 말씀을
가시니
/즉시
아브라함도 **돌아갔더라**
/자기 곳으로

19

1 날이 저물 때에
그 두 천사가 **이르니**
/소돔에
롯이 **앉았다가**
/마침
/소돔 성문에
보고
/그들을
일어나
영접하고
절하여
/땅에 엎드리어

2 [그가] **가로되**
/내 주여!
돌이켜
/종의 집으로 (들어와)

찾으시면 어찌 하시려나이까 가라사대 내가 이십 인을
인하여 멸하지 아니하리라 **32** 아브라함이 또 가로되 주
는 노하지 마옵소서 내가 이번만 더 말씀하리이다 거기
서 십인을 찾으시면 어찌 하시려나이까 가라사대 내가
십 인을 인하여도 멸하지 아니하리라 **33** 여호와께서 아
브라함과 말씀을 마치시고 즉시 가시니 아브라함도 자기
곳으로 돌아갔더라
19:1 날이 저물 때에 그 두 천사가 소돔에 이르니
마침 롯이 소돔 성 문에 앉았다가 그들을 보고
일어나 영접하고 땅에 엎드리어 절하여 **2** 가로되 내 주
여 돌이켜 종의 집으로 들어와 발을 씻고 주무시고 일찌
기 일어나 갈 길을 가소서 그들이 가로되 아니라 우리가

be found there. And he said, I will not do it, if I find
thirty there. **31** And he said, Behold now, I have taken upon
me to speak unto the Lord: Peradventure there shall be twenty
found there. And he said, I will not destroy it for twenty's
sake. **32** And he said, Oh let not the Lord be angry,
and I will speak yet but this once: Peradventure ten shall
be found there. And he said, I will not destroy it for
ten's sake. **33** And the LORD went his way, as soon
as he had left communing with Abraham: and Abraham
returned unto his place.
19:1 And there came two angels to Sodom at even;
and Lot sat in the gate of Sodom: and Lot seeing
them rose up to meet them; and he bowed himself with
his face toward the ground; **2** And he said, Behold now,

씻고
/발을
주무시고
일어나
/일찌기
가소서
/갈 길을

그들이 **가로되**
/아니라
우리가 거리에서 경야하리라

3 롯이 **간청하매**
//(결과, 반응)
[그들이] 그제야 돌이켜서
들어 오는지라
/그 집으로

롯이 **베풀고**
/식탁을
/그들을 위하여
구우니
/무교병을

그들이 **먹으니라**

4 그 성 사람 **다 모여**
/곧 소돔 백성들이 /무론 노소하고
/사방에서
/그들의 눕기 전에
에워싸고
/그 집을

5 롯을 **부르고**
그에게 **이르되**
/사람이 어디 있느냐?
/이 저녁에 네게 온
이끌어 내라
우리가 그들을 상관하리라

6 롯이 **나가서**
/문 밖의 무리에게로
문을 닫고
/뒤로

7 **이르되**
/청하노니
내 형제들아!
이런 악을 행치 말라

거리에서 경야하리라 **3** 롯이 간청하매 그제야 돌이켜서
그 집으로 들어 오는지라 롯이 그들을 위하여 식탁을 베
풀고 무교병을 구우니 그들이 먹으니라 **4** 그들의 눕기
전에 그 성 사람 곧 소돔 백성들이 무론 노소하고 사방에
서 다 모여 그 집을 에워싸고 **5** 롯을 부르고 그에게 이
르되 이 저녁에 네게 온 사람이 어디 있느냐 이끌어 내라
우리가 그들을 상관하리라 **6** 롯이 문 밖의 무리에게로
나가서 뒤로 문을 닫고 **7** 이르되 청하노니 내 형제들아
이런 악을 행치 말라 **8** 내게 남자를 가까이 아니한 두
딸이 있노라 청컨대 내가 그들을 너희에게로 이끌어내리

my lords, turn in, I pray you, into your servant's house,
and tarry all night, and wash your feet, and ye shall rise
up early, and go on your ways. And they said, Nay; but
we will abide in the street all night. **3** And he pressed
upon them greatly; and they turned in unto him, and
entered into his house; and he made them a feast, and
did bake unleavened bread, and they did eat. **4** But
before they lay down, the men of the city, even the men
of Sodom, compassed the house round, both old and
young, all the people from every quarter: **5** and they
called to Lot and said to him, "Where are the men who
came to you tonight? Bring them out to us that we may
have relations with them." **6** But Lot went out to them
at the doorway, and shut the door behind him, **7** and

8 /내게(가) ── 있노라
/두 딸이
/남자를 가까이 아니한
청컨대
내가 ── 이끌어내리니
/그들을
/너희에게로
[너희는] ── 행하고
/그들에게
/너희 눈에 좋은대로
아무 짓도 하지말라
/이 사람들에게는

//(이유: כִּי for)
이 사람들은 내 집에 들어왔은즉

9 그들이 **가로되**
/너는 물러나라
또 **가로되**...하고
/이놈이 ── 들어와서
우거하면서
되려 하는도다
/우리의 법관이
이제
우리가 ── 더 해하리라
/너를
/그들보다
밀치며
/롯을
나아와서
/가까이
깨치려 하는지라
/그 문을

10 그 사람들이 **내밀어**
/손을
끌어들이고
/롯을
/집으로
닫으며
/문을

11 **어둡게 하니**
/그 눈을
/문밖의 무리로 무론 대소하고

//(결과)
그들이 문을 찾느라고 곤비하였더라

니 너희 눈에 좋은대로 그들에게 행하고 이 사람들은 내
집에 들어왔은즉 이 사람들에게는 아무 짓도 하지 말라
9 그들이 가로되 너는 물러나라 또 가로되 이놈이 들어
와서 우거하면서 우리의 법관이 되려 하는도다 이제 우
리가 그들보다 너를 더 해하리라 하고 롯을 밀치며 가까
이 나아와서 그 문을 깨치려 하는지라 10 그 사람들이
손을 내밀어 롯을 집으로 끌어들이고 문을 닫으며 11
문밖의 무리로 무론 대소하고 그 눈을 어둡게 하니 그들
이 문을 찾느라고 곤비하였더라 12 그 사람들이 롯에게
이르되 이 외에 네게 속한 자가 또 있느냐 네 사위나 자

said, "Please, my brothers, do not act wickedly. 8 "Now
behold, I have two daughters who have not had relations
with man; please let me bring them out to you, and do
to them whatever you like; only do nothing to these
men, inasmuch as they have come under the shelter of
my roof." 9 But they said, "Stand aside." Furthermore,
they said, "This one came in as an alien, and already
he is acting like a judge; now we will treat you worse
than them." So they pressed hard against Lot and came
near to break the door. 10 But the men reached out
their hands and brought Lot into the house with them,
and shut the door. 11 And they struck the men who
were at the doorway of the house with blindness, both
small and great, so that they wearied themselves trying

12 그 사람들이 **이르되**
/롯에게
/이 외에 네게 속한 자가 또 있느냐?
[너는] ——— 이끌어내라
/네 사위나 자녀나
네게 속한 자들을
/성중에
/다
/성 밖으로

13 //(이유: כִּי for)
우리가 ——— 멸하리라
/이 곳을
//(이유: כִּי for)
부르짖음이 ——— 크므로
/그들에 대하여 /여호와 앞에

여호와께서 —— 보내셨나니
/우리로
//(목적: to 부정사)
이곳을 멸하러

14 롯이 **나가서**
고하여 이르되 ...하되
/사위들에게
/그 딸과 정혼한
/너희는 ┬ 일어나
└ 떠나라
/이 곳에서
//(이유: כִּי for)
여호와께서 이 성을 멸하실터이니

그 사위들이 **여겼더라**
/농담으로

15 천사가 **재촉하여 가로되**
/롯을
/동틀 때에
/[너는] ┬ 일어나
└ 이끌라
/네 아내와
/여기 있는
/두 딸을
//(목적: פֶּן lest)
[그들이] 멸망할까 하노라
/이 성의 죄악중에 함께

16 그러나
롯이 **지체하매**

녀나 성 중에 네게 속한 자들을 다 성 밖으로 이끌어내
라 **13** 그들에 대하여 부르짖음이 여호와 앞에 크므로
여호와께서 우리로 이 곳을 멸하러 보내셨나니 우리가
멸하리라 **14** 롯이 나가서 그 딸과 정혼한 사위들에게
고하여 이르되 여호와께서 이 성을 멸하실터이니 너희는
일어나 이 곳에서 떠나라 하되 그 사위들이 농담으로 여
겼더라 **15** 동틀 때에 천사가 롯을 재촉하여 가로되 일
어나 여기 있는 네 아내와 두 딸을 이끌라 이 성의 죄악
중에 함께 멸망할까 하노라 **16** 그러나 롯이 지체하매
그 사람들이 롯의 손과 그아내의 손과 두 딸의 손을 잡

to find the doorway. **12** ¶ Then the men said to Lot, "Whom
else have you here? A son-in-law, and your sons, and
your daughters, and whomever you have in the city,
bring them out of the place; **13** for we are about to
destroy this place, because their outcry has become so
great before the LORD that the LORD has sent us to
destroy it." **14** And Lot went out and spoke to his sons-
in-law, who were to marry his daughters, and said, "Up,
get out of this place, for the LORD will destroy the
city." But he appeared to his sons-in-law to be jesting.
15 And when morning dawned, the angels urged Lot, saying,
"Up, take your wife and your two daughters, who are
here, lest you be swept away in the punishment of the
city." **16** But he hesitated. So the men seized his hand

창

그 사람들이 **잡아 인도하여**
/롯의 손과
그 아내의 손과
두 딸의 손을
두니
/성밖에

//(이유; 의미상)
여호와께서 —— 더하심이었더라
/인자를
/그에게

17 그 사람들이 이끌어 낸 후에(상황절, when)
/그들을
/밖으로
[그들이] **이르되**
/[너는] —— 도망하여
//(목적: עַל for)
생명을 보존하라

[너는] —— 돌아보거나 [말고]
머무르거나 하지 말고
/들에
도망하여
/산으로
//(목적: פֶּן lest)
멸망함을 면하라

18 롯이 **이르되**
/그들에게
/내 주여!
그리 마옵소서

19 /종이 —— 얻었고
/은혜를
/주께
주께서 —— 베푸사
/큰 인자를
/내게
구원하시오나
/내 생명을
내가 —— 도망하여 갈 수 없나이다
/산까지
//(목적: פֶּן lest)
두렵건대
재앙을 만나 죽을까 하나이다

20 /보소서

아 인도하여 성밖에 두니 여호와께서 그에게 인자를 더
하심이었더라 17 그 사람들이 그들을 밖으로 이끌어 낸
후에 이르되 도망하여 생을 보존하라 돌아보거나 들에
머무르거나 하지 말고 산으로 도망하여 멸망함을 면하라 18
롯이 그들에게 이르되 내 주여 그리 마옵소서 19 종이
주께 은혜를 얻었고 주께서 큰 인자를 내게 베푸사 내
생명을 구원하시오나 내가 도망하여 산까지 갈 수 없나
이다 두렵건대 재앙을 만나 죽을까 하나이다 20 보소서
저 성은 도망하기 가깝고 작기도 하오니 나로 그곳에 도
망하게 하소서 이는 작은 성이 아니니이까 내 생명이 보

and the hand of his wife and the hands of his two
daughters, for the compassion of the LORD was upon
him; and they brought him out, and put him outside the
city. 17 And it came about when they had brought them
outside, that one said, "Escape for your life! Do not
look behind you, and do not stay anywhere in the valley;
escape to the mountains, lest you be swept away." 18
But Lot said to them, "Oh no, my lords! 19 "Now
behold, your servant has found favor in your sight, and
you have magnified your lovingkindness, which you have
shown me by saving my life; but I cannot escape to the
mountains, lest the disaster overtake me and I die; 20
now behold, this town is near enough to flee to, and it
is small. Please, let me escape there (is it not small?)

20 /보소서
저 성은 ── 가깝고
/도망하기
작기도 하오니
나로 ── 도망하게 하소서
/그곳에
이는 작은 성이 아니니이까?
내 생명이 보존되리이다

21 그가 **이르되**
/그에게
/내가 ── 들었은즉
/네 소원을
/이 일에도
멸하지 아니하리니
/너의 말하는 성을

22 /[너는] ── 속히 도망하라
/그리로
//(이유: כִּי for)
내가 ── 행할 수 없노라 하였더라
/아무 일도
/네가 거기 이르기까지는

그러므로
그 성 이름을 소알이라 불렀더라

23 롯이 소알에 들어갈 때에(상황절, when)
해가 **돋았더라**

24 여호와께서 **내리사**
/유황과 불을
/비 같이
/하늘 곧 여호와에게로서
/소돔과 고모라에

25 **다 엎어 멸하셨더라**
/그 성들과
온 들과
모든 백성과
/성에 거하는
난것을
/땅에

26 롯의 아내는 **돌아본고로**
//(결과)
소금 기둥이 되었더라

존되리이다 **21** 그가 그에게 이르되 내가 이 일에도 네
소원을 들었은즉 너의 말하는 성을 멸하지 아니하리니
21 그리로 속히 도망하라 네가 거기 이르기까지는 내가
아무 일도 행할 수 없노라 하였더라 그러므로 그 성 이
름을 소알이라 불렀더라 **23** 롯이 소알에 들어갈 때에
해가 돋았더라 **24** 여호와께서 하늘 곧 여호와에게로서
유황과 불을 비 같이 소돔과 고모라에 내리사 **25** 그 성
들과 온 들과 성에 거하는 모든 백성과 땅에 난 것을 다
엎어 멸하셨더라 **26** 롯의 아내는 뒤를 돌아본 고로 소
금 기둥이 되었더라 **27** 아브라함이 그 아침에 일찌기

that my life may be saved." **21** And he said to him, "Behold,
I grant you this request also, not to overthrow the town
of which you have spoken. **22** "Hurry, escape there,
for I cannot do anything until you arrive there." Therefore
the name of the town was called Zoar. **23** The sun had
risen over the earth when Lot came to Zoar. **24** Then
the LORD rained on Sodom and Gomorrah brimstone
and fire from the LORD out of heaven, **25** and He overthrew
those cities, and all the valley, and all the inhabitants of
the cities, and what grew on the ground. **26** But his
wife, from behind him, looked back; and she became a
pillar of salt. **27** ¶ Now Abraham arose early in the morning

창

27 아브라함이 **일어나**
/그 아침에
/일찌기
이르러
/여호와의 앞에 섰던 곳에

28 **눈을 들어**
/소돔과 고모라와 그 온 들을 향하여
보았더라
/연기가 옹기점 연기같이 치밀음을

29 하나님이 **생각하사**
/아브라함을
/들의 성들을 멸하실 때
곧 롯의 거하는 성을 엎으실 때에
내어 보내셨더라
/롯을
/그 엎으시는 중에서

30 롯이 **나와**
/소알에서
거하되
/두 딸과 함께
/산에 올라

//(이유: כִּי for)
두려워하여
/소알에 거하기를

[그가] **거하였더니**
/굴에
/그 두 딸과 함께

31 큰 딸이 **이르되**
/작은 딸에게
/우리 아버지는 — **늙으셨고**
사람이 — **없으니**
/우리의 배필 될 /이 땅에는
/세상의 도리를 좇아

32 /우리가 — **술을 마시우고**
/우리 아버지에게
— **동침하여**
[우리가] — **전하자 하고**
/인종을
/우리 아버지로 말미암아

일어나 여호와의 앞에 섰던 곳에 이르러 **28** 소돔과 고
모라와 그 온 들을 향하여 눈을 들어 연기가 옹기점 연기
같이 치밀음을 보았더라 **29** 하나님이 들의 성들을 멸하
실 때 곧 롯의 거하는 성을 엎으실 때에 아브라함을 생각
하사 롯을 그 엎으시는 중에서 내어 보내셨더라 **30** 롯
이 소알에 거하기를 두려워하여 두 딸과 함께 소알에서
나와 산에 올라 거하되 그 두 딸과 함께 굴에 거하였더니
31 큰 딸이 작은 딸에게 이르되 우리 아버지는 늙으셨
고 이 땅에는 세상의 도리를 좇아 우리의 배필 될 사람이
없으니 **32** 우리가 우리 아버지에게 술을 마시우고 동침
하여 우리 아버지로 말미암아 인종을 전하자 하고 **33**
그 밤에 그들이 아비에게 술을 마시우고 큰 딸이 들어가

and went to the place where he had stood before the
LORD; **28** and he looked down toward Sodom and
Gomorrah, and toward all the land of the valley, and he
saw, and behold, the smoke of the land ascended like
the smoke of a furnace. **29** Thus it came about, when
God destroyed the cities of the valley, that God remembered
Abraham, and sent Lot out of the midst of the overthrow,
when He overthrew the cities in which Lot lived. **30** ¶
And Lot went up from Zoar, and stayed in the mountains,
and his two daughters with him; for he was afraid to
stay in Zoar; and he stayed in a cave, he and his two daughters.
31 Then the first-born said to the younger, "Our father
is old, and there is not a man on earth to come in to us
after the manner of the earth. **32** "Come, let us make
our father drink wine, and let us lie with him, that we
may preserve our family through our father." **33** So

33 그 밤에
그들이 **마시우고**
/술을
/아비에게
큰 딸이 **들어가서**
동침하니라
/그 아비와
그러자
그 아비는 **깨닫지 못하였더라**
/그 딸의 눕고 일어나는 것을

34 이튿날에
큰 딸이 **이르되**
/작은 딸에게
/어제 밤에는
내가 —— 동침하였으니
/우리 아버지와
오늘 밤에도
우리가 —— 술을 마시우고
/아버지에게
네가 —— 들어가
—— 동침하고
우리가 —— 전하자 하고
/인종을
/아버지로 말미암아

35 이 밤에도
그들이 **마시우고**
/술을
/아비에게
작은 딸이 **일어나**
동침하니라
/아비와
그러나
아비는 **깨닫지 못하였더라**
/그 딸의 눕고 일어나는 것을

36 두 딸이 **잉태하고**
/롯의 /아비로 말미암아

37 //(결과: wc)
큰 딸은 —— 낳아
/아들을
—— 하였으니
/이름을
/모압이라
/오늘날 모압 족속의 조상이요

38 //(*결과; 연속*)

서 그 아비와 동침하니라 그러자 그 아비는 그 딸의 눕
고 일어나는 것을 깨닫지 못하였더라 **34** 이튿날에 큰
딸이 작은 딸에게 이르되 어제 밤에는 내가 우리 아버지
와 동침하였으니 오늘 밤에도 우리가 아버지에게 술을
마시우고 네가 들어가 동침하고 우리가 아버지로 말미암
아 인종을 전하자 하고 **35** 이 밤에도 그들이 아비에게
술을 마시우고 작은 딸이 일어나 아비와 동침하니라 그
러나 아비는 그 딸의 눕고 일어나는 것을 깨닫지 못하였
더라 **36** 롯의 두 딸이 아비로 말미암아 잉태하고 **37**
큰 딸은 아들을 낳아 이름을 모압이라 하였으니 오늘날
모압 족속의 조상이요 **38** 작은 딸도 아들을 낳아 이름
을 낳아 이름을 벤암미라 하였으니 오늘날 암몬 족속의

they made their father drink wine that night, and the first-born went in and lay with her father; and he did not know when she lay down or when she arose.
34 And it came about on the morrow, that the first-born said to the younger, "Behold, I lay last night with my father; let us make him drink wine tonight also; then you go in and lie with him, that we may preserve our family through our father."
35 So they made their father drink wine that night also, and the younger arose and lay with him; and he did not know when she lay down or when she arose.
36 Thus both the daughters of Lot were with child by their father.
37 And the first-born bore a son, and called his name Moab; he is the father of the Moabites to this day.
38 And as for the younger, she also bore

창

38 //(결과; 연속)
작은 딸도 ── 낳아
/아들을
하였으니
/이름을
/벤암미라
/오늘날 암몬 족속의 조상이었더라

20

1 아브라함이 **이사하여**
/거기서
/남방으로
우거하며
/그랄에
/가데스와 술 사이

2 **하였으므로**
/그 아내 사라를 자기 누이라

아비멜렉이 **보내어**
/그랄 왕

취하였더니
/사라를

3 그 밤에
하나님이 **현몽하시고**
/아비멜렉에게
이르시되
/그에게
/네가 ── 죽으리니
/이 여인을 인하여
/네가 취한
그가 ── 남의 아내임이니라

4 아비멜렉이 **가까이 아니한 고로**
/그 여인을
그가 **대답하되**
/주여!
주께서 의로운 백성도 멸하시나이까?
5 /그가 ── 하지 아니하였나이까?
/이는 내 누이라고
/나더러
그 여인도 ─ 하였사오니
/그는 내 오라비라
나는 ── 하였나이다
/온전한 마음과
깨끗한 손으로
/이렇게

조상이었더라
20:1 아브라함이 거기서 남방으로 이사하여 가데스
와 술 사이 그랄에 우거하며 2 그 아내 사라를
자기 누이라 하였으므로 그랄 왕 아비멜렉이 보내어 사
라를 취하였더니 3 그 밤에 하나님이 아비멜렉에게 현몽
하시고 그에게 이르시되 네가 취한 이 여인을 인하여 네
가 죽으리니 그가 남의 아내임이니라 4 아비멜렉이 그
여인을 가까이 아니한 고로 그가 대답하되 주여 주께서
의로운 백성도 멸하시나이까 5 그가 나더러 이는 내 누
이라고 하지 아니하였나이까 그 여인도 그는 내 오라비

a son, and called his name Ben-ammi; he is the father of the sons of Ammon to this day.
20:1 ¶ Now Abraham journeyed from there toward
the land of the Negev, and settled between Kadesh and Shur; then he sojourned in Gerar.
2 And Abraham said of Sarah his wife, "She is my sister." So Abimelech king of Gerar sent and took Sarah.
3 But God came to Abimelech in a dream of the night, and said to him, "Behold, you are a dead man because of the woman whom you have taken, for she is married."
4 Now Abimelech had not come near her; and he said, "Lord, wilt Thou slay a nation, even though blameless?
5 "Did he not himself say to me, 'She is my sister'? And she herself said, 'He is my brother.' In the integrity of my heart and the

6 하나님이 **또 이르시되**
/꿈에
/그에게
/나도 — **알았으므로**
/네가 — 한 줄을
/온전한 마음으로
/이렇게
막아
/너를
범죄하지 않게 하였나니
/내게
//(결과)
여인에게 가까이 못하게 함이 이 까닭이니라

7 /이제
[너는] — 돌려 보내라
/그 사람의 아내를
//(이유: כִּי for)
그는 — 선지자라

그가 — 기도하리니
/너를 위하여
네가 — 살려니와

[만일]
네가 — 돌려 보내지 않으면(조건절, if)
[너는] — 알지니라
/너와 네게 속한자가
다 정녕 죽을 줄

8 아비멜렉이 **일어나**
/그 아침에 일찌기
불러
/모든 신복을
다 말하여 들리매
/그 일을
//(결과)
그 사람들이 심히 두려워하였더라

9 아비멜렉이 **불러서**
/아브라함을
이르되...하고
/그에게
/네가 어찌하여 우리에게 이리 하느냐?
내가 무슨 죄를 네게 범하였관대
네가 나와 내 나라로 큰 죄에 빠질 뻔하게 하였느냐?
네가 합당치 않은 일을 내게 행하였도다

라 하였사오니 나는 온전한 마음과 깨끗한 손으로 이렇
게 하였나이다 **6** 하나님이 꿈에 또 그에게 이르시되 네
가 온전한 마음으로 이렇게 한 줄을 나도 알았으므로 너
를 막아 내게 범죄하지 않게 하였나니 여인에게 가까이
못하게 함이 이 까닭이니라 **7** 이제 그 사람의 아내를 돌
려 보내라 그는 선지자라 그가 너를 위하여 기도하리니
네가 살려니와 네가 돌려 보내지 않으면 너와 네게 속한
자가 다 정녕 죽을 줄 알지니라 **8** 아비멜렉이 그 아침에
일찌기 일어나 모든 신복을 불러 그 일을 다 말하여 들리
매 그 사람들이 심히 두려워하였더라 **9** 아비멜렉이 아브
라함을 불러서 그에게 이르되 네가 어찌하여 우리에게
이리하느냐 내가 무슨 죄를 네게 범하였관대 네가 나와

innocence of my hands I have done this." **6** Then God
said to him in the dream, "Yes, I know that in the
integrity of your heart you have done this, and I also
kept you from sinning against Me; therefore I did not
let you touch her. **7** "Now therefore, restore the man's
wife, for he is a prophet, and he will pray for you, and
you will live. But if you do not restore her, know that
you shall surely die, you and all who are yours." **8** ¶
So Abimelech arose early in the morning and called all
his servants and told all these things in their hearing;
and the men were greatly frightened. **9** Then Abimelech
called Abraham and said to him, "What have you done
to us? And how have I sinned against you, that you have
brought on me and on my kingdom a great sin? You

창

10 또
아비멜렉이 **이르되**
/네가 무슨 의견으로 이렇게 하였느냐?
/아브라함에게

11 아브라함이 **가로되**
/[내가] —— 생각하였음이요[30)]
/두려워함이 —— 없으니
/하나님을 /이곳에서는
//(결과: 그래서)
사람이 나를 죽일까
/내 아내를 인하여

12 /또
그는 —— 나의 이복 누이로서
/실로
내 처가 되었음이니라

13 /하나님이 —— 두루 다니게 하실 때에
/나로
/내 아비 집을 떠나
내가 —— 말하기를 . . . 하였었노라
/아내에게
/이것이 —— 은혜라
/그대가 내게 베풀
/이후로
그대는 —— 하라
/나를
/그대의 오라비라
/가는 곳마다

14 아비멜렉이 **취하여**
/양과 소와 노비를
주고
/아브라함에게
돌려보내고
/그 아내 사라도
/그에게

15 **이르되**...하고
/아브라함에게
/내 땅이 —— 있으니
/네 앞에
[너는] —— 거하라
/너 보기에 좋은 대로

30) 내가 생각하였기 때문이다. 종속절 자체가 이유를 나타내는 말일 경우 이다. 이 문장은 종속절이면서 כִּי를 가지고 있다. 아브라함이 대답한 내용이다.

내 나라로 큰 죄에 빠질 뻔하게 하였느냐 네가 합당치
않은 일을 내게 행하였도다 하고 **10** 아비멜렉이 또 아
브라함에게 이르되 네가 무슨 의견으로 이렇게 하였느냐
11 아브라함이 가로되 이곳에서는 하나님을 두려워함이
없으니 내 아내를 인하여 사람이 나를 죽일까 생각하였
음이요 **12** 또 그는 실로 나의 이복 누이로서 내 처가
되었음이니라 **13** 하나님이 나로 내 아비 집을 떠나 두
루 다니게 하실 때에 내가 아내에게 말하기를 이후로 우
리의 가는 곳마다 그대는 나를 그대의 오라비라 하라 이
것이 그대가 내게 베풀 은혜라 하였었노라 **14** 아비멜렉
이 양과 소와 노비를 취하여 아브라함에게 주고 그 아내
사라도 그에게 돌려보내고 **15** 아브라함에게 이르되 내
땅이 네 앞에 있으니 너 보기에 좋은 대로 거하라 하고
16 사라에게 이르되 내가 은 천개를 네 오라비에게 주

have done to me things that ought not to be done." **10**
And Abimelech said to Abraham, "What have you
encountered, that you have done this thing?" **11** And
Abraham said, "Because I thought, surely there is no
fear of God in this place; and they will kill me because
of my wife. **12** "Besides, she actually is my sister, the
daughter of my father, but not the daughter of my mother,
and she became my wife; **13** and it came about, when
God caused me to wander from my father's house, that
I said to her, 'This is the kindness which you will show
to me: everywhere we go, say of me, "He is my brother."'
14 Abimelech then took sheep and oxen and male and
female servants, and gave them to Abraham, and restored
his wife Sarah to him. **15** And Abimelech said, "Behold,

16 **이르되**
/사라에게
/내가 ── 주어서
/은 천개를
/네 오라비에게
풀게 하였노니
/네 수치를
/그것으로
/여러사람 앞에서
/너와 함께 한
//(결과)
네 일이 ── 해결되었느니라
/다
/선히

17 아브라함이 **기도하매**
/하나님께

//(결과)
하나님이 ── 치료하사
/아비멜렉과
그 아내와
여종을
//(결과)
[그들이] ── 생산케 하셨으니

18 //(이유: כִּי for)
여호와께서 ── 이왕에 닫히셨음이더라
/모든 태를
/아비멜렉의 집
//(이유: עַל־דְּבַר because of)
아브라함의 아내 사라의 연고로

21

1 여호와께서 **권고하셨고**
/사라를
/그 말씀대로
여호와께서 **행하셨으므로**
/그 말씀대로
/사라에게

2 //(결과)
▼

어서 그것으로 너와 함께 한 여러 사람 앞에서 네 수치
를 풀게 하였노니 네 일이 다 선히 해결되었느니라 **17**
아브라함이 하나님께 기도하매 하나님이 아비멜렉과 그
아내와 여종을 치료하사 생산케 하셨으니 **18** 여호와께
서 이왕에 아브라함의 아내 사라의 연고로 아비멜렉의
집 모든 태를 닫히셨음이더라

21:1 여호와께서 그 말씀대로 사라를 권고하셨고 여
호와께서 그 말씀대로 사라에게 행하셨으므로

my land is before you; settle wherever you please." **16**
And to Sarah he said, "Behold, I have given your brother
a thousand pieces of silver; behold, it is your vindication
before all who are with you, and before all men you are
cleared." **17** And Abraham prayed to God; and God
healed Abimelech and his wife and his maids, so that
they bore children.
18 For the LORD had closed fast all the wombs of the
household of Abimelech because of Sarah, Abraham's
wife.

21:1 ¶ Then the LORD took note of Sarah as He
had said, and the LORD did for Sarah as He had
promised.

창

2 //(결과)
사라가 ── 잉태하고
└ 낳으니
/아들을
/아브라함에게
/늙은
/기한에 미쳐
/하나님의 말씀하신

3 아브라함이 **하였고**
/이름하여(=이름을)
/그가 낳은 아들(의)
곧 아들을(의)
/사라가 자기에게 낳은
/이삭이라

4 그가 **할례를 행하였더라**
/하나님의 명대로
/팔일만에
/그 아들 이삭이 난지

5 아브라함이 **백세라**
/그 아들 이삭을 낳을 때에

6 사라가 **가로되**
/하나님이 ── 웃게 하시니
/나로
듣는 자가 ── **웃으리로다**
/다
/나와 함께

7 또 **가로되** ..하니라
/누가 ── 말하였으리요 마는
/아브라함에게
/사라가 자식을 젖 먹이겠다고
내가 ── **낳았도다**
/아들을
/아브라함 노경에

8 아이가 **자라매**
젖을 떼고
아브라함이 **배설하였더라**
/대연을
/이삭의 젖을 떼는 날에

2 사라가 잉태하고 하나님의 말씀하신 기한에 미쳐 늙은
아브라함에게 아들을 낳으니 **3** 아브라함이 그 낳은 아들
곧 사라가 자기에게 낳은 아들을 이름하여 이삭이라 하
였고 **4** 그 아들 이삭이 난 지 팔 일 만에 그가 하나님
의 명대로 할례를 행하였더라 **5** 아브라함이 그 아들 이
삭을 낳을 때에 백세라 **6** 사라가 가로되 하나님이 나로
웃게 하시니 듣는 자가 다 나와 함께 웃으리로다 **7** 또
가로되 사라가 자식들을 젖 먹이겠다고 누가 아브라함에
게 말하였으리요마는 아브라함 노경에 내가 아들을 낳았
도다 하니라 **8** 아이가 자라매 젖을 떼고 이삭의 젖을 떼
는 날에 아브라함이 대연을 배설하였더라

2 So Sarah conceived and bore a son to Abraham in
his old age, at the appointed time of which God had
spoken to him. **3** And Abraham called the name of his
son who was born to him, whom Sarah bore to him,
Isaac. **4** Then Abraham circumcised his son Isaac when
he was eight days old, as God had commanded him. **5**
Now Abraham was one hundred years old when his son
Isaac was born to him. **6** And Sarah said, "God has
made laughter for me; everyone who hears will laugh
with me." **7** And she said, "Who would have said to
Abraham that Sarah would nurse children? Yet I have
borne him a son in his old age." **8** ¶ And the child grew
and was weaned, and Abraham made a great feast on
the day that Isaac was weaned.

창

9 사라가 **본즉**
/소생이 —— **희롱하는지라**
/하갈의 /이삭을
/애굽 여인
/아브라함의 아들[31)]

10 그가 **이르되**...하매
/아브라함에게
/[당신은] —— 내어 쫓으라
/이 여종과 그 아들을
//(이유: כִּי for)
아들은 —— 기업을 얻지 못하리라
/이 종의 /내 아들 이삭과 함께

11 //(결과)
그 일이 —— 근심이 되었더니
/깊이
/아브라함이(에게)
/그 아들을 위하여

12 하나님이 **이르시되**
/아브라함에게
/[너는] —— 근심치 말고
/네 아이나 네 여종을 위하여
—— 들으라
/사라가 네게 이른 말을
/다
//(이유: כִּי for)
네 씨라 —— 칭할 것임이니라
/이삭에게서 나는 자라야

13 /그러나
내가 —— 이루게 하리라 하신지라
/그로
/한 민족을
//(이유: כִּי for)
여종의 아들도 네 씨니

14 아브라함이 **일어나**
/아침에
/일찌기
취하여
/떡과 물 한 가죽부대를
메워 주고
/하갈의 어깨에
이끌고 가게 하매
/그 자식을

31) [그녀가] 아브라함에게 낳은
아들
/하갈의
/애굽 여인
/[그녀가] 아브라함에게 (아들을) 낳은

9 사라가 본즉 아브라함의 아들 애굽 여인 하갈의 소생
이 이삭을 희롱하는지라 **10** 그가 아브라함에게 이르되
이 여종과 그 아들을 내어 쫓으라 이종의 아들은 내 아
들 이삭과 함께 기업을 얻지 못하리라 하매 **11** 아브라
함이 그 아들을 위하여 그 일이 깊이 근심이 되었더니
12 하나님이 아브라함에게 이르시되 네 아이나 네 여종
을 위하여 근심치 말고 사라가 네게 이른 말을 다 들으
라 이삭에게서 나는 자라야 네 씨라 칭할 것임이니라
13 그러나 여종의 아들도 네 씨니 내가 그로 한 민족을
이루게 하리라 하신지라 **14** 아브라함이 아침에 일찌기
일어나 떡과 물 한 가죽부대를 취하여 하갈의 어깨에 메
워 주고 그 자식을 이끌고 가게 하매 하갈이 나가서 브

9 Now Sarah saw the son of Hagar the Egyptian, whom
she had borne to Abraham, mocking. **10** Therefore she
said to Abraham, "Drive out this maid and her son, for
the son of this maid shall not be an heir with my son
Isaac." **11** And the matter distressed Abraham greatly
because of his son. **12** But God said to Abraham, "Do
not be distressed because of the lad and your maid;
whatever Sarah tells you, listen to her, for through Isaac
your descendants shall be named. **13** "And of the son
of the maid I will make a nation also, because he is
your descendant." **14** So Abraham rose early in the morning,
and took bread and a skin of water, and gave them to
Hagar, putting them on her shoulder, and gave her the
boy, and sent her away. And she departed, and wandered

창

하갈이 **나가서**
방황하더니
/브엘세바 들에서

15 물이 **다한지라**
[그녀가] **두며**
/그 자식을
/떨기나무 아래

16 **가서**
/살 한 바탕쯤
바라보며
/마주 앉아

//(이유: כִּי for)
[그녀가] — 가로되 하고
/[내가] —— 참아 보지 못하겠다
/자식의 죽는 것을

//(결과)
[그녀가] 방성대곡하니

17 하나님이 **들으시므로**
/소리를
/그 아이의
사자가 **불러 가라사대**
/하나님의 /하갈을
/하늘에서부터
/하갈아!
무슨 일이냐?
[너는] 두려워 말라
//(이유: כִּי for)
하나님이— 들으셨나니
/아이의 소리를
/거기 있는

18 /[너는] —— 일어나
— 아이를 일으켜
— 네 손으로 붙들라
//(이유: כִּי for)
[내가] —— 이루게 하리라 하시니라
/그로
/큰 민족을

19 하나님이 **밝히시매**
/하갈의 눈을

//(결과)

엘세바 들에서 방황하더니 **15** 가죽부대의 물이 다한지
라 그 자식을 떨기나무 아래 두며 **16** 가로되 자식의 죽
는 것을 차마 보지 못하겠다 하고 살 한 바탕쯤 가서 마
주 앉아 바라보며 방성대곡하니 **17** 하나님이 그 아이의
소리를 들으시므로 하나님의 사자가 하늘에서부터 하갈
을 불러 가라사대 하갈아 무슨 일이냐 두려워 말라 하나
님이 거기 있는 아이의 소리를 들으셨나니 **18** 일어나
아이를 일으켜 네 손으로 붙들라 그로 큰 민족을 이루게
하리라 하시니라 **19** 하나님이 하갈의 눈을 밝히시매 샘
물을 보고 가서 가죽 부대에 물을 채워다가 그 아이에게

about in the wilderness of Beersheba. **15** And the water
in the skin was used up, and she left the boy under one
of the bushes. **16** Then she went and sat down opposite
him, about a bowshot away, for she said, "Do not let
me see the boy die." And she sat opposite him, and
lifted up her voice and wept. **17** And God heard the
lad crying; and the angel of God called to Hagar from heaven,
and said to her, "What is the matter with you, Hagar?
Do not fear, for God has heard the voice of the lad
where he is. **18** "Arise, lift up the lad, and hold him
by the hand; for I will make a great nation of him." **19**
Then God opened her eyes and she saw a well of water;
and she went and filled the skin with water, and gave
the lad a drink. **20** And God was with the lad, and he

//(결과)
[그녀가] ─보고
/샘물을
─가서
─채워다가
/물을
/가죽부대에
─마시웠더라
/그 아이에게

20 하나님이 **계시매**
/그 아이와 함께

//(결과)
그가 ─장성하여
─거하며
/광야에
─활 쏘는 자가 되었더니

21 그가 바란 광야에 거할 때에(상황절, when)
그 어미가 **취하여**
/애굽땅 여인을
/그를 위하여
삼게 하였더라
/아내를

22 때에
아비멜렉과 ─
비골이 ─ **말하여 가로되**
/그 군대 장관
/아브라함에게
/하나님이 ─계시도다
/너와 함께
/네가 무슨 일을 하든지[32]

23 그런즉
너는 **맹세하라**
/[너는] ─ 거짓되이 행치 않기를
/나와
내 아들과
내 손자에게
/이제 여기서
/하나님을 가리켜
/내게

너도 **행할 것이니라**
/내가 네게 후대한대로
/이 땅에
/나와 너의 머무는

32) 네가 하는 모든 일에

마시웠더라 20 하나님이 그 아이와 함께 계시매 그가
장성하여 광야에 거하며 활쏘는 자가 되었더니 21 그가
바란 광야에 거할 때에 그 어미가 그를 위하여 애굽 땅
여인을 취하여 아내를 삼게 하였더라 22 때에 아비멜렉
과 그 군대 장관 비골이 아브라함에게 말하여 가로되 네
가 무슨 일을 하든지 하나님이 너와 함께 계시도다 23
그런즉 너는 나와 내 아들과 내 손자에게 거짓되이 행치
않기를 이제 여기서 하나님을 가리켜 내게 맹세하라 내
가 네게 후대한 대로 너도 나와 너의 머무는 이 땅에 행
할 것이니라 24 아브라함이 가로되 내가 맹세하리라 하

grew; and he lived in the wilderness, and became an
archer. 21 And he lived in the wilderness of Paran;
and his mother took a wife for him from the land of
Egypt. 22 ¶ Now it came about at that time, that
Abimelech and Phicol, the commander of his army, spoke
to Abraham, saying, "God is with you in all that you
do; 23 now therefore, swear to me here by God that
you will not deal falsely with me, or with my offspring,
or with my posterity; but according to the kindness that
I have shown to you, you shall show to me, and to the
land in which you have sojourned." 24 And Abraham
said, "I swear it." 25 But Abraham complained to

창

24 아브라함이 **가로되**..하고
/내가 맹세하리라

25 아브라함이 **책망하매**
/아비멜렉을
/일에 대하여
/아비멜렉의 종들이
아브라함의 우물을 늑탈한

26 아비멜렉이 **가로되**
/내가 ——— 알지 못하노라
/누가 그리하였는지
너도 ——— 고하지 아니하였고
/내게
나도 ——— 듣지 못하였더니
들었노라
/오늘이야

27 아브라함이 **취하여**
/양과 소를
주고
/아비멜렉에게
두 사람이 **세우니라**
/언약을
/서로

28 아브라함이 **놓으니**
/일곱 암양 새끼를
/따로

29 아비멜렉이 **이르되**
/아브라함에게
/이 일곱 암양 새끼를 따로 놓음은 어찜이뇨?

30 아브라함이 **가로되**..하고
/너는 ——— 받아
/이 암양 새끼 일곱을
/내 손에서
삼으라
/증거를
/내가 이 우물 판

31 두 사람이 **맹세하였으므로**
/거기서
/서로

//(결과)

고 25 아비멜렉의 종들이 아비라함의 우물을 늑탈한 일
에 대하여 아브라함이 아비멜렉을 책망하매 26 아비멜
렉이 가로되 누가 그리하였는지 내가 알지 못하노라 너
도 내게 고하지 아니하였고 나도 듣지 못하였더니 오늘
이야 들었노라 27 아브라함이 양과 소를 취하여 아비멜
렉에게 주고 두 사람이 서로 언약을 세우니라 28 아비
라함이 일곱 암양 새끼를 따로 놓으니 29 아비멜렉이
아브라함에게 이르되 이 일곱 암양 새끼를 따로 놓음은
어찜이뇨 30 아브라함이 가로되 너는 내 손에서 이 암
양 새끼 일곱을 받아 내가 이 우물 판 증거를 삼으라 하
고 31 두 사람이 거기서 서로 맹세하였으므로 그곳을
브엘세바라 이름하였더라 32 그들이 브엘세바에서 언약

Abimelech because of the well of water which the servants
of Abimelech had seized. 26 And Abimelech said, "I
do not know who has done this thing; neither did you
tell me, nor did I hear of it until today." 27 And
Abraham took sheep and oxen, and gave them to Abimelech;
and the two of them made a covenant. 28 Then Abraham
set seven ewe lambs of the flock by themselves. 29
And Abimelech said to Abraham, "What do these seven
ewe lambs mean, which you have set by themselves?"
30 And he said, "You shall take these seven ewe lambs
from my hand in order that it may be a witness to me,
that I dug this well." 31 Therefore he called that place
Beersheba; because there the two of them took an oath.
32 So they made a covenant at Beersheba; and Abimelech

//(결과)
그곳을 브엘세바라 이름 하였더라

32 그들이 **세우매**
/언약을
/브엘세바에서

//(결과)
아비멜렉과 떠나
비골은
/그 군대 장관
돌아갔고
/블레셋 족속의 땅으로

33 아브라함은 심고
/에셀나무를
/브엘세바에
불렀으며
/여호와의 이름을
/영생하시는 하나님
/거기서

34 그가 지내었더라
/여러날을
/블레셋 족속의 땅에서

22

1 그 일 후에
하나님이 **시험하시려고**[33)]
/아브라함을
부르시되..하시니
/그를
/아브라함아!

그가 **가로되**
/내가 여기 있나이다

2 여호와께서 **가라사대**
/[너는] 데리고
/네 아들
네 독자
/사랑하는
이삭을

33) 원문의 순서는 문맥과 같다. '하나님께서 아브라함을 시험하셨다.'

을 세우매 아비멜렉과 그 군대 장관 비골은 떠나 블레셋 족속의 땅으로 돌아갔고 **33** 아브라함은 브엘세바에 에셀나무를 심고 거기서 영생하시는 하나님 여호와의 이름을 불렀으며 **34** 그가 블레셋 족속의 땅에서 여러 날을 지내었더라

22:1 그 일 후에 하나님이 아브라함을 시험하시려고 그를 부르시되 아브라함아 하시니 그가 가로되 내가 여기 있나이다 **2** 여호와께서 가라사대 네 아들 네 사랑하는 독자 이삭을 데리고 모리아 땅으로 가서 내가 네게 지시하는 한 산 거기서 그를 번제로 드리라

and Phicol, the commander of his army, arose and returned to the land of the Philistines. **33** And Abraham planted a tamarisk tree at Beersheba, and there he called on the name of the LORD, the Everlasting God. **34** And Abraham sojourned in the land of the Philistines for many days.

22:1 ¶ Now it came about after these things, that God tested Abraham, and said to him, "Abraham!" And he said, "Here I am." **2** And He said, "Take now your son, your only son, whom you love, Isaac, and go to the land of Moriah; and offer him there as a burnt offering on one of the mountains of which I will tell

창

```
                         ┬ 가서
                         │   /모리아 땅으로
                         └ 드리라
                             /그를
                             /번제로
                             /한 산
                                /내가 네게 지시하는
                             /거기서

3 아브라함이        일어나
                      /일찌기
                      /아침에
                    안장을 지우고
                      /나귀에
                    데리고
                      /두 사환과
                       그 아들 이삭을
                    쪼개어 가지고
                      /나무를
                        /번제에 쓸
                    떠나
                    가더니
                      /하나님의(이) 지시하시는 곳으로
                        /자기에게

4 제 삼일에
  아브라함이        들어
                      /눈을
                    바라본지라
                      /그곳을
                      /멀리
5 이에
  아브라함이        이르되
                      /사환에게
                      /너희는 ── 기다리라
                                   /여기서
                                   /나귀와 함께
                        내가 ──┬ 가서
                               │   /저기
                               │   /아이와 함께
                               ├ 경배하고
                               └ 돌아오리라
                                   /너희에게로

6 이에
  아브라함이        취하여
                      /번제 나무를
                    지우고
                      /그 아들 이삭에게
```

3 아브라함이 아침에 일찌기 일어나 나귀에 안장을 지우고 두 사환과 그 아들 이삭을 데리고 번제에 쓸 나무를 쪼개어 가지고 떠나 하나님의 자기에게 지시하시는 곳으로 가더니 **4** 제 삼일에 아브라함이 눈을 들어 그곳을 멀리 바라본지라 **5** 이에 아브라함이 사환에게 이르되 너희는 나귀와 함께 여기서 기다리라 내가 아이와 함께 저기 가서 경배하고 너희에게로 돌아오리라 하고 **6** 아브라함이 이에 번제 나무를 취하여 그 아들 이삭에게 지우고 자기는 불과 칼을 손에 들고 두 사람이 동행하더니 **7** 이삭이 그 아비 아브라함에게 말하여 가로되 내 아

you." **3** So Abraham rose early in the morning and saddled his donkey, and took two of his young men with him and Isaac his son; and he split wood for the burnt offering, and arose and went to the place of which God had told him. **4** On the third day Abraham raised his eyes and saw the place from a distance. **5** And Abraham said to his young men, "Stay here with the donkey, and I and the lad will go yonder; and we will worship and return to you." **6** And Abraham took the wood of the burnt offering and laid it on Isaac his son, and he took in his hand the fire and the knife. So the two of them walked on together. **7** And Isaac spoke to Abraham his father and said, "My

자기는 **들고**
/불과 칼을
/손에
두 사람이 **동행하더니**

7 이삭이 **말하여 가로되**
/아브라함에게
/그 아비
/내 아버지여 하니
그가 **가로되**
/내 아들아!
내가 여기 있노라
이삭이 **가로되**
/불과 나무는 있거니와
번제할 어린 양은 어디 있나이까

8 아브라함이 **가로되**...하고
/아들아!
하나님이 — 친히 준비하시리라
/번제할 어린 양은
/자기를 위하여
두 사람이 **함께 나아가서**

9 [그들이] **이른지라**
/하나님이 그에게 지시하신 곳에

아브라함이 **쌓고**
/단을
/그곳에
벌여놓고
/나무를
결박하여
/이삭을
/그 아들
놓고
/단 나무위에

10 **내밀어**
/손을
잡고
/칼을

//(목적: לְ to부정사)
그 아들을 잡으려 하더니

11 사자가 **불러**
/여호와의 /그를
/하늘에서부터

버지여 하니 그가 가로되 내 아들아 내가 여기 있노라
이삭이 가로되 불과 나무는 있거니와 번제할 어린 양은
어디 있나이까 **8** 아브라함이 가로되 아들아 번제할 어린
양은 하나님이 자기를 위하여 친히 준비하시리라 하고
두 사람이 함께 나아가서 **9** 하나님이 그에게 지시하신
곳에 이른지라 이에 아브라함이 그 곳에 단을 쌓고 나무
를 벌여 놓고 그 아들 이삭을 결박하여 단 나무 위에 놓
고 **10** 손을 내밀어 칼을 잡고 그 아들을 잡으려 하더니
11 여호와의 사자가 하늘에서부터 그를 불러 가라사대
아브라함아 아브라함아 하시는지라 아브라함이 가로되

father!" And he said, "Here I am, my son." And he
said, "Behold, the fire and the wood, but where is the
lamb for the burnt offering?" **8** And Abraham said,
"God will provide for Himself the lamb for the burnt offering,
my son." So the two of them walked on together. **9** ¶
Then they came to the place of which God had told him;
and Abraham built the altar there, and arranged the wood,
and bound his son Isaac, and laid him on the altar on
top of the wood. **10** And Abraham stretched out his
hand, and took the knife to slay his son. **11** But the
angel of the LORD called to him from heaven, and said,
"Abraham, Abraham!" And he said, "Here I am." **12**

창

가라사대...하시는지라
/아브라함아! 아브라함아!
아브라함이 **가로되** ...하매
/내가 여기 있나이다

12 사자가 가라사대
/[너는] ─ 대지 말라
/네 손을
/그 아이에게
─ 하지 말라
/아무 일도
/그에게
//(이유: כִּי for)
내가 ─ 아노라
/이제야
/네가 하나님을 경외하는 줄을
네가 ─ 아끼지 아니하였으니
/네 아들, 네 독자라도
/내게

13 아브라함이 **들어**
/눈을
살펴본즉

//(결과)
한 수양이 ─ 있는데
/뒤에
뿔이 ─ 걸렸는지라
/수풀에
아브라함이 **가서**
가져다가
/그 수양을
드렸더라
/번제로
/아들을 대신하여
14 아브라함이 **하였으므로**
/그 땅 이름을
/여호와이레라

//(결과)
사람들이 ─ 이르기를...하더라
/여호와의 산에서 준비되리라
/오늘까지

15 사자가 **불러**
/여호와의 /아브라함을
/하늘에서부터
/두번째

내가 여기 있나이다 하매 12 사자가 가라사대 그 아이
에게 네 손을 대지 말라 아무 일도 그에게 하지 말라 네
가 네 아들 네 독자라도 내게 아끼지 아니하였으니 내가
이제야 네가 하나님을 경외하는 줄을 아노라 13 아브라
함이 눈을 들어 살펴본즉 한 숫양이 뒤에 있는데 뿔이
수풀에 걸렸는지라 아브라함이 가서 그 숫양을 가져다가
아들을 대신하여 번제로 드렸더라 14 아브라함이 그 땅
이름을 여호와이레라 하였으므로 오늘까지 사람들이 이
르기를 여호와의 산에서 준비되리라 하더라15 여호와의
사자가 하늘에서부터 두번째 아브라함을 불러 16 가라사

And he said, "Do not stretch out your hand against the
lad, and do nothing to him; for now I know that you
fear God, since you have not withheld your son, your
only son, from Me." 13 Then Abraham raised his eyes
and looked, and behold, behind him a ram caught in the
thicket by his horns; and Abraham went and took the
ram, and offered him up for a burnt offering in the place
of his son. 14 And Abraham called the name of that
place The LORD Will Provide, as it is said to this day,
"In the mount of the LORD it will be provided." 15
Then the angel of the LORD called to Abraham a second
time from heaven, 16 and said, "By Myself I have

16 **가라사대**
/여호와께서 — 이르시기를
/내가 —맹세하노니
/나를 가리켜
//(이유: כִּי יַעַן, becuse)
네가 —이같이 행하여
—아끼지 아니하였은즉
/네 아들 네 독자를
17 /내가—복을 주고[34)]
/네게
성하여 ...하리니
/네 씨로
/크게
/하늘의 별과 같고
/바닷가의 모래와 같게
//(결과)
네 씨가 —얻으리라
/그 대적의 문을
18 //또(결과, 연속)
천하 만민이—복을 얻으리니
/네 씨로 말미암아
//이는(이유: עֵקֶב, because)
네가 나의 말을 준행하였음이니라
하셨다 하니라

19 아브라함이 **돌아와서**
/그 사환에게로
함께 떠나
이르러
/브엘세바에
거하였더라
/거기

20 이일 후에
혹이 **고하여**
/아브라함에게
이르기를 ...하였더라
/밀가가 **낳았다**
/자녀를
/나홀에게
/그대의 동생

21 그 맏아들은 **우스요**
우스의 동생은 **부스와**
그므엘과
/아람의 아비

34) 종속절이다. 내가 맹세하는 내용이다.

대 여호와께서 이르시기를 내가 나를 가리켜 맹세하노니
네가 이같이 행하여 네 아들 네 독자를 아끼지 아니하였
은즉 17 내가 네게 큰 복을 주고 네 씨로 크게 성하여
하늘의 별과 같고 바닷가의 모래와 같게 하리니 네 씨가
그 대적의 문을 얻으리라 18 또 네 씨로 말미암아 천하
만민이 복을 얻으리니 이는 네가 나의 말을 준행하였음
이니라 하셨다 하니라 19 이에 아브라함이 그 사환에게
로 돌아와서 함께 떠나 브엘세바에 이르러 거기 거하였
더라 20 이 일 후에 혹이 아브라함에게 고하여 이르기
를 밀가가 그대의 동생 나홀에게 자녀를 낳았다 하였더
라 21 그 맏아들은 우스요 우스의 동생은 부스와 아람
의 아비 그므엘과 22 게셋과 하소와 빌다스와 이들랍과

sworn, declares the LORD, because you have done this thing,
and have not withheld your son, your only son, 17
indeed I will greatly bless you, and I will greatly multiply
your seed as the stars of the heavens, and as the sand
which is on the seashore; and your seed shall possess
the gate of their enemies. 18 "And in your seed all
the nations of the earth shall be blessed, because you
have obeyed My voice." 19 So Abraham returned to
his young men, and they arose and went together to
Beersheba; and Abraham lived at Beersheba. 20 ¶ Now
it came about after these things, that it was told Abraham,
saying, "Behold, Milcah also has borne children to your
brother Nahor: 21 Uz his first-born and Buz his brother
and Kemuel the father of Aram. 22 and Chesed and

창

22 **게셋과**
하소와
빌다스와
이들랍과
브두엘이라
23 이 여덟 사람은 **소생이며**
/밀가의
/아브라함의 동생
/나홀의 처

브두엘은 **낳았고**
/리브가를

24 자도 **낳았더라**
/르우마라 하는 /데바와 가함과 다하스와 마아가를
/나홀의 첩

23

1 사라가 **살았으니**
/일백 이십칠세를

이것이 곧 사라의 향년이라

2 사라가 **죽으매**
/가나안 땅 헤브론
곧 기럇아르바에서
아브라함이 **들어가서**

//(목적: ל to부정사)
슬퍼하며
애통하다가
/사라를 위하여

3 **일어나**
/그 시체 앞에서
나가서
말하여 가로되
/헷족속에게
4 /나는 — 나그네요
/당신들 중에
— 우거한 자니
[너희는] — 청컨대 주어

브두엘이라 **23** 이 여덟 사람은 아브라함의 동생 나홀의
처 밀가의 소생이며 브두엘은 리브가를 낳았고 **24** 나홀
의 첩 르우마라 하는 자도 데바와 가함과 다하스와 마아
가를 낳았더라
23:**1** 사라가 일백 이십 칠 세를 살았으니 이것이
곧 사라의 향년이라 **2** 사라가 가나안 땅 헤브론
곧 기럇아르바에서 죽으매 아브라함이 들어가서 사라를
위하여 슬퍼하며 애통하다가 **3** 그 시체 앞에서 일어나
나가서 헷 족속에게 말하여 가로되 **4** 나는 당신들 중에
나그네요 우거한 자니 청컨대 당신들 중에서 내게 매장
지를 주어 소유를 삼아 나로 내 죽은 자를 내어 장사하
게 하시오

Hazo and Pildash and Jidlaph and Bethuel." **23** And Bethuel
became the father of Rebekah: these eight Milcah bore
to Nahor, Abraham's brother. **24** And his concubine, whose
name was Reumah, also bore Tebah and Gaham and
Tahash and Maacah.
23:**1** ¶ Now Sarah lived one hundred and twenty-
seven years; these were the years of the life of
Sarah. **2** And Sarah died in Kiriath-arba (that is, Hebron)
in the land of Canaan; and Abraham went in to mourn
for Sarah and to weep for her. **3** Then Abraham rose
from before his dead, and spoke to the sons of Heth,
saying, **4** "I am a stranger and a sojourner among you;
give me a burial site among you, that I may bury my
dead out of my sight." **5** And the sons of Heth answered

[너희는] —— 청컨대 주어
/매장지를
/내게
/당신들 중에서
/소유를 삼아
//(결과)
나로 —— 장사하게 하시오
/내 죽은 자를 내어

5 헷족속이 **대답하여 가로되**
/아브라함에게
6 /내 주여!
들으소서
당신은 —— 하나님의 방백이시니
/우리 중
[당신은] —— 장사하소서
/당신의 죽은 자를
/좋은 것을 택하여
/우리 묘실 중에서
금할 자가 —— 없으리이다
/장사함을 /우리 중에서
/당신의 죽은 자
/자기 묘실에

7 아브라함이 **일어나**
몸을 굽히고
/헷 족속을 향하여
/그 땅 거민

8 **말하여 가로되**
/그들에게
/[만일]
나로 나의 죽은 자를 내어
장사하게 하는 일이
—— 뜻일진대(조건절, if)
/당신들의
[당신은] —— 내 말을 듣고
구하여
/나를 위하여
/소할의 아들 에브론에게
9 //(결과)
그로 —— 주게 하되
/막벨라 굴을
/그 밭머리에 있는
/내게
받고
/준가를

5 헷족속이 아브라함에게 대답하여 가로되 6 내 주여
들으소서 당신은 우리 중 하나님의 방백이시니 우리 묘
실 중에서 좋은 것을 택하여 당신의 죽은 자를 장사하소
서 우리 중에서 자기 묘실에 당신의 죽은 자 장사함을
금할 자가 없으리이다 7 아브라함이 일어나 그 땅 거민
헷 족속을 향하여 몸을 굽히고 8 그들에게 말하여 가로
되 나로 나의 죽은 자를 내어 장사하게 하는 일이 당신
들의 뜻일진대 내 말을 듣고 나를 위하여 소할의 아들
에브론에게 구하여 9 그로 그 밭머리에 있는 막벨라 굴
을 내게 주게 하되 준가를 받고 그 굴을 내게 주어서 당

Abraham, saying to him,
6 "Hear us, my lord, you are a mighty prince among us; bury your dead in the choicest of our graves; none of us will refuse you his grave for burying your dead."
7 So Abraham rose and bowed to the people of the land, the sons of Heth.
8 And he spoke with them, saying, "If it is your wish for me to bury my dead out of my sight, hear me, and approach Ephron the son of Zohar for me,
9 that he may give me the cave of Machpelah which he owns, which is at the end of his field; for the full price let him give it to me in your presence for a burial site."
10 Now Ephron was sitting among the sons of Heth; and Ephron the Hittite

창

주어서
/그 굴을
/내게
/당신들 중에 내 소유 매장지가
되게하기를 원하노라[35)]

10 때에
에브론이 **앉았더니**
/헷족속 중에
그가 **대답하여 가로되**
/아브라함에게
/모든 자의 듣는데
/헷족속
곧 성문에 들어온

11 /내 주여!
그리 마시고
[당신은] ── 들으소서
/내 말을
내가 ── 드리고
/그 밭을
/당신께
내가 ── 드리되
/그속의 굴도
/당신께
내가 ── 드리오니
/내 동족 앞에서
/당신께
[당신은] ── 장사 하소서
/당신의 죽은자를

12 이에
아브라함이 **몸을 굽히고**
/그 땅 백성을 대하여
13 **말하여 가로되**
/에브론에게
/그 땅 백성의 듣는데
/[만일]
당신이 합당히 여기면
청컨대
[당신은] ── 들으시오
/내 말을
내가 ── 주리니
/그 밭값을
/당신에게
당신은 ── 받으시오
/내게서
//(결과)

35) 내게 매장지의 소유자로 주게 하라

신들 중에 내 소유 매장지가 되게 하기를 원하노라 **10** 때에 에브론이 헷 족속 중에 앉았더니 그가 헷 족속 곧 성문에 들어온 모든 자의 듣는데 아브라함에게 대답하여 가로되 **11** 내 주여 그리 마시고 내 말을 들으소서 내가 그 밭을 당신께 드리되 내가 내 동족 앞에서 당신께 드리고 그 속의 굴도 내가 당신께 드리되 내가 내 동족 앞에서 당신께 드리오니 당신의 죽은 자를 장사하소서 **12** 아브라함이 이에 그 땅 백성을 대하여 몸을 굽히고 **13** 그 땅 백성의 듣는데 에브론에게 말하여 가로되 당신이 합당히 여기면 청컨대 내 말을 들으시오 내가 그 밭 값을 당신에게 주리니 당신은 내게서 받으시오 내가 나의 죽은 자를 거기 장사하겠노라 **14** 에브론이 아브라함에

answered Abraham in the hearing of the sons of Heth; even of all who went in at the gate of his city, saying,
11 "No, my lord, hear me; I give you the field, and I give you the cave that is in it. In the presence of the sons of my people I give it to you; bury your dead."
12 And Abraham bowed before the people of the land.
13 And he spoke to Ephron in the hearing of the people of the land, saying, "If you will only please listen to me; I will give the price of the field, accept it from me, that I may bury my dead there." **14** Then Ephron

//(결과)
내가 — 장사하겠노라
/나의 죽은 자를
/거기

14 에브론이 **대답하여 가로되**
/아브라함에게
15 /내 주여!
내게 들으소서
땅값은 —— 은 사백 세겔이나
[내가] —— 어찌 교계하리이까?
/나와 당신 사이에
[당신은] —— 장사하소서
/당신의 죽은 자를

16 아브라함이 **달아**
/은 사백 세겔을
/상고의 통용하는
/에브론의 말을 좇아
/에브론이 말한 대로
/헷 족속의 듣는데서
주었더니
/에브론에게

17 **바꾸어**[36)]
/에브론의 밭을
/막벨라에 있는
/마므레 앞
/그 속의 굴과
그 사방에 둘린 수목을
/다
18 /아브라함의 소유로 (정한지라)
/헷 족속 앞에서
/성문에 들어온

19 그 후에
아브라함이 **장사하였더라**
/그 아내 사라를
/막벨라 밭 굴에
/마므레 앞
/가나안 땅
(마므레는 곧 헤브론이라)

20 헷족속이 **정하였더라**
/그 밭과
그 속의 굴을

36) 17-18절은 한 문장임. 18절의 '정하니라' 는 한글 개역 성경이 의미번역 하여 추가한 내용이다.

게 대답하여 가로되 15 내 주여 내게 들으소서 땅값은
은 사백 세겔이나 나와 당신 사이에 어찌 교계하리이까
당신의 죽은 자를 장사하소서 16 아브라함이 에브론의
말을 좇아 에브론이 헷 족속의 듣는데서 말한 대로 상고
의 통용하는 은 사백 세겔을 달아 에브론에게 주었더니
17 마므레 앞 막벨라에 있는 에브론의 밭을 바꾸어 그
속의 굴과 그 사방에 둘린 수목을 다 18 성문에 들어온
헷 족속 앞에서 아브라함의 소유로 정한지라 19 그 후
에 아브라함이 그 아내 사라를 가나안 땅 마므레 앞 막벨
라 밭 굴에 장사하였더라(마므레는 곧 헤브론이라) 20
이와 같이 그 밭과 그 속의 굴을 헷 족속이 아브라함 소
유 매장지로 정하였더라

answered Abraham, saying to him, 15 "My lord, listen
to me; a piece of land worth four hundred shekels of
silver, what is that between me and you? So bury your dead."
16 And Abraham listened to Ephron; and Abraham weighed
out for Ephron the silver which he had named in the
hearing of the sons of Heth, four hundred shekels of
silver, commercial standard. 17 ¶ So Ephron's field,
which was in Machpelah, which faced Mamre, the field
and cave which was in it, and all the trees which were
in the field, that were within all the confines of its border,
were deeded over 18 to Abraham for a possession in
the presence of the sons of Heth, before all who went
in at the gate of his city. 19 And after this, Abraham
buried Sarah his wife in the cave of the field at Machpelah
facing Mamre (that is, Hebron) in the land of Canaan.
20 So the field, and the cave that is in it, were deeded

창

/매장지로
/아브라함 소유
/이와 같이

24

1 아브라함이 **늙었고**
/나이 많아
여호와께서 **주셨더라**
/복을
/그의 범사에

2 아브라함이 **이르되**
/늙은 종에게
/자기 집 모든 소유를 맡은
/청컨대
[너는] —— **넣으라**
/네 손을
/내 환도뼈 밑에
3 /내가 —— **맹세하게 하노니**
/너로
/여호와를 가리켜
/하늘의 하나님,
땅의 하나님이신
/너는 —— **택하지 말고**
/아내를
/가나안 족속의 딸 중에서
/이 지방
/나의 거하는
/내 아들을 위하여
4 가서
/내 고향
내 족속에게로
택하라
/아내를
/이삭을 위하여
/내 아들

5 종이 **가로되**
/여자가 —— **좇아 오고자 아니하거든**
/나를
/이 땅으로
내가 —— **돌아가리이까**
/인도하여
/주인의 아들을
/주인의 나오신 땅으로

24:1 아브라함이 나이 많아 늙었고 여호와께서 그
의 범사에 복을 주셨더라 2 아브라함이 자기 집
모든 소유를 맡은 늙은 종에게 이르되 청컨대 네 손을
내 환도뼈 밑에 넣으라 3 내가 너로 하늘의 하나님, 땅
의 하나님이신 여호와를 가리켜 맹세하게 하노니 너는
나의 거하는 이 지방 가나안 족속의 딸 중에서 내 아들
을 위하여 아내를 택하지 말고 4 내 고향 내 족속에게로
가서 내 아들 이삭을 위하여 아내를 택하라 5 종이 가로
되 여자가 나를 좇아 이 땅으로 오고자 아니하거든 내가
주인의 아들을 주인의 나오신 땅으로 인도하여 돌아가리

over to Abraham for a burial site by the sons of Heth.
24:1 ¶ Now Abraham was old, advanced in age;
and the LORD had blessed Abraham in every
way. 2 And Abraham said to his servant, the oldest of
his household, who had charge of all that he owned,
"Please place your hand under my thigh, 3 and I will
make you swear by the LORD, the God of heaven and
the God of earth, that you shall not take a wife for my
son from the daughters of the Canaanites, among whom
I live, 4 but you shall go to my country and to my
relatives, and take a wife for my son Isaac." 5 And the
servant said to him, "Suppose the woman will not be willing
to follow me to this land; should I take your son back
to the land from where you came?" 6 Then Abraham

창

6 아브라함이 **이르되**
/그에게
/[너는] ─삼가
└데리고 돌아가지 말라
/내 아들을
/그리로

7 여호와께서 ─┬─ 말씀하시며
/하늘의 하나님 /내게
/떠나게 하시고
/나를
/내 아버지 집과
내 본토서
└─ 맹세하여 이르시기를...하셨으니
/내게
/[내가] ─주리라
/이 땅을
/네 씨에게

그가 ─── 보내실지라
/그 사자를
/네 앞서
네가 ─── 택할지니라
/거기서
/아내를
/내 아들을 위하여

8 /만일
여자가 ─── 좇아 오고자 아니하면(조건절, if)
/너를
너와(는) ── 상관이 없나니
/나의 이 맹세가(와)
[너는] ─── 데리고 가지 말지니라
/오직 내 아들을
/그리로

9 이에
종이 **넣고**
/손을
/주인 아브라함의 환도뼈 아래
맹세하였더라
/그에게
/이 일에 대하여

10 이에
종이 **취하고**
/그 주인의 약대 중 열 필을

이까 **6** 아브라함이 그에게 이르되 삼가 내 아들을 그리
로 데리고 돌아가지 말라 **7** 하늘의 하나님 여호와께서
나를 내 아버지의 집과 내 본토에서 떠나게 하시고 내게
말씀하시며 내게 맹세하여 이르시기를 이 땅을 네 씨에
게 주리라 하셨으니 그가 그 사자를 네 앞서 보내실지라
네가 거기서 내 아들을 위하여 아내를 택할지니라 **8** 만
일 여자가 너를 좇아 오고자 아니하면 나의 이 맹세가 너
와 상관이 없나니 오직 내 아들을 데리고 그리로 가지 말
지니라 **9** 종이 이에 주인 아브라함의 환도뼈 아래 손을
넣고 이 일에 대하여 그에게 맹세하였더라 **10** 이에 종
이 그 주인의 약대 중 열 필을 취하고 떠났는데 곧 그 주
인의 모든 좋은 것을 가지고 떠나 메소보다미아로 가서

said to him, "Beware lest you take my son back there!
7 "The LORD, the God of heaven, who took me from
my father's house and from the land of my birth, and
who spoke to me, and who swore to me, saying, 'To
your descendants I will give this land,' He will send
His angel before you, and you will take a wife for my
son from there. **8** "But if the woman is not willing to
follow you, then you will be free from this my oath;
only do not take my son back there." **9** So the servant placed
his hand under the thigh of Abraham his master, and
swore to him concerning this matter. **10** ¶ Then the
servant took ten camels from the camels of his master,

창

떠났는데
가지고[37)]
/모든 좋은 것을
/곧 그 주인의
떠나
가서
/메소보다미아로
이르러
/나홀의 성에

11 [그가] **꿇렸으니**
/그 약대를
/성 밖 우물 곁에
저녁때라
때이었더라
/여인들이 물을 길러 나올

12 그가 **가로되**
/하나님 여호와여!
/아브라함의
/우리 주인
원컨대
[당신은] — **은혜를 베푸시옵소서**
/아브라함에게
/나의 주인
/오늘날 나로 순적히 만나게 하사

13 /딸들이 —— **나오겠사오니**
/성 중 사람의
//(목적)
물 길러
내가 —— **섰다가**
/우물 곁에

14 [내가] —— **이르기를**
/한 소녀에게
/청컨대
너는 물 항아리를 기울여
나로 마시게 하라 하리니
그의(가)— **대답이 ... 하면**
/마시라
/내가 당신의 약대에게도 마시우리라
그는 —— **주께서 정하신 자라**
/이삭을 위하여
/주의 종

37) '떠났다'는 동사의 종속절로 볼 수 있다. 즉 그의 주인의 모든 좋은 것을 가지고 떠났다.

나홀의 성에 이르러 **11** 그 약대를 성 밖 우물 곁에 꿇렸으니 저녁 때라 여인들이 물을 길러 나올 때이었더라 **12** 그가 가로되 우리 주인 아브라함의 하나님 여호와여 원컨대 오늘날 나로 순적히 만나게 하사 나의 주인 아브라함에게 은혜를 베푸시옵소서 **13** 성 중 사람의 딸들이 물 길러 나오겠사오니 내가 우물 곁에 섰다가 **14** 한 소녀에게 이르기를 청컨대 너는 물 항아리를 기울여 나로 마시게 하라 하리니 그의 대답이 마시라 내가 당신의 약대에게도 마시우리라 하면 그는 주께서 주의 종 이삭을 위하여 정하신 자라 이로 인하여 주께서 나의 주인에

and set out with a variety of good things of his master's in his hand; and he arose, and went to Mesopotamia, to the city of Nahor. **11** And he made the camels kneel down outside the city by the well of water at evening time, the time when women go out to draw water. **12** And he said, "O LORD, the God of my master Abraham, please grant me success today, and show lovingkindness to my master Abraham. **13** "Behold, I am standing by the spring, and the daughters of the men of the city are coming out to draw water; **14** now may it be that the girl to whom I say, 'Please let down your jar so that I may drink,' and who answers, Drink, and I will water your camels also; — may she be the one whom Thou hast appointed for Thy servant Isaac; and by this I shall

내가 —— 알겠나이다
/주께서 — 은혜 베푸심을
/나의 주인에게
/이로 인하여

15 말을 마치지 못하여서(상황절, before)
리브가가 **나오니**
/물 항아리를 어깨에 메고
그는 **소생이라**
/브두엘의
/밀가의 아들
/나홀의 아내
/아브라함의 동생
16 그 소녀는 심히 **아리땁고**
/보기에
처녀더라
/지금까지 남자가 가까이 하지아니한
그가 **내려가서**
/우물에
채워 가지고
/물을
/그 물 항아리에
올라오는지라

17 종이 **마주 달려가서**

가로되
/청컨대
[너는] —— 조금 마시우라
/네 물 항아리의 물을
/내게

18 그가 **가로되**
/주여! 마시소서 하며
급히 내려
/그 물 항아리를
/손에
마시게 하고

19 **다하고**
/마시우기를
가로되
/[내가] —— 물을 길어
/당신의 약대도 위하여
배불리 마시게 하리이다 하고
/그것들로

게 은혜 베푸심을 내가 알겠나이다 15 말을 마치지 못
하여서 리브가가 물 항아리를 어깨에 메고 나오니 그는
아브라함의 동생 나홀의 아내 밀가의 아들 브두엘의 소
생이라 16 그 소녀는 보기에 심히 아리땁고 지금까지
남자가 가까이하지 아니한 처녀더라 그가 우물에 내려가
서 물을 그 물 항아리에 채워 가지고 올라오는지라 17
종이 마주 달려가서 가로되 청컨대 네 물 항아리의 물을
내게 조금 마시우라 18 그가 가로되 주여 마시소서 하
며 급히 그 물 항아리를 손에 내려 마시게 하고 19 마
시우기를 다하고 가로되 당신의 약대도 위하여 물을 길

know that Thou hast shown lovingkindness to my master."
15 And it came about before he had finished speaking,
that behold, Rebekah who was born to Bethuel the son
of Milcah, the wife of Abraham's brother Nahor, came
out with her jar on her shoulder. 16 And the girl was
very beautiful, a virgin, and no man had had relations
with her; and she went down to the spring and filled
her jar, and came up. 17 Then the servant ran to meet
her, and said, "Please let me drink a little water from
your jar." 18 And she said, "Drink, my lord"; and she
quickly lowered her jar to her hand, and gave him a
drink. 19 Now when she had finished giving him a

창

20 /[그녀가] ── 급히 붓고
/물 항아리의 물을
/구유에
달려가서
/우물로
//(목적: ל, to)
다시 길으려고

[그녀가] ── 긷는지라
/모든 약대를 위하여

21 그 사람이 **주목하며**
/그를
/묵묵히
//(목적: ל, to)
알고자 하더니
/여호와께서 과연 평탄한 길을 주신 여부를

22 약대가 마시기를 **다하매**
그가 **주며**
/금고리 한개와
/반 세겔중
금 손목고리 한 쌍을
/열 세겔 중
/그에게

23 **가로되**
/네가 뉘 딸이냐?
청컨대
내게 고하라
네 부친의 집에 우리 유숙할 곳이 있느냐?

24 그 여자가 **이르되**
/그에게
/나는 ── 브두엘의 딸이니이다
/밀가가 나홀에게 낳은 아들

25 또 **가로되**
/우리에게 짚과 보리가 족하며
유숙할 곳도 있나이다

26 이에
그 사람이 **머리를 숙여**
경배하고
/여호와께

어 그것들로 배불리 마시게 하리이다 하고 20 급히 물
항아리의 물을 구유에 붓고 다시 길으려고 우물로 달려
가서 모든 약대를 위하여 긷는지라 21 그 사람이 그를
묵묵히 주목하며 여호와께서 과연 평탄한 길을 주신 여
부를 알고자 하더니 22 약대가 마시기를 다하매 그가
반 세겔중 금고리 한개와 열 세겔중 금 손목고리 한 쌍을
그에게 주며 23 가로되 네가 뉘 딸이냐 청컨대 내게 고
하라 네 부친의 집에 우리 유숙할 곳이 있느냐 24 그
여자가 그에게 이르되 나는 밀가가 나홀에게 낳은 아들
브두엘의 딸이니이다 25 또 가로되 우리에게 짚과 보리
가 족하며 유숙할 곳도 있나이다 26 이에 그 사람이 머
리를 숙여 여호와께 경배하고 27 가로되 나의 주인 아

drink, she said, "I will draw also for your camels until
they have finished drinking." 20 So she quickly emptied
her jar into the trough, and ran back to the well to draw,
and she drew for all his camels. 21 Meanwhile, the
man was gazing at her in silence, to know whether the LORD
had made his journey successful or not. 22 Then it
came about, when the camels had finished drinking, that
the man took a gold ring weighing a half-shekel and
two bracelets for her wrists weighing ten shekels in gold,
23 and said, "Whose daughter are you? Please tell me,
is there room for us to lodge in your father's house?"
24 And she said to him, "I am the daughter of Bethuel,
the son of Milcah, whom she bore to Nahor." 25 Again
she said to him, "We have plenty of both straw and
feed, and room to lodge in." 26 Then the man bowed
low and worshiped the LORD. 27 And he said, "Blessed

27 **가로되**.. 하니라
/찬송하나이다
/하나님 여호와를
/나의 주인 아브라함의
/끊이지 아니하셨사오며
/주의 인자와 성실을
/나의 주인에게
/여호와께서 인도하사
/나를
/길에서
이르게 하셨나이다
/내 주인의 동생집에

28 소녀가 **달려가서**
고하였더니
/이 일을
/어미 집에

29 리브가에게 **오라비가 있어**
이름은 **라반이라**
그가 우물로 **달려가**
그 사람에게 **이르니**

30 그가 **보고**
/그 누이의 고리와
그 손의 손목고리를
또
듣고
/리브가가 — 함을
/그 누이 /그 사람이— 말하더라
/자기에게
/이같이
나아감이라
/그 사람에게로
때에
그가 **섰더라**
/우물가
/약대 곁에

31 라반이 **가로되**
/여호와께 복을 받은 자여!
들어오소서
어찌 밖에 섰나이까?
내가 —— 예비하였나이다
/방과 약대의 처소를

브라함의 하나님 여호와를 찬송하나이다 나의 주인에게
주의 인자와 성실을 끊이지 아니하셨사오며 여호와께서
길에서 나를 인도하사 내 주인의 동생집에 이르게 하셨
나이다 하니라 **28** 소녀가 달려가서 이 일을 어미 집에
고하였더니 **29** 리브가에게 오라비가 있어 이름은 라반
이라 그가 우물로 달려가 그 사람에게 이르니 **30** 그가
그 누이의 고리와 그 손의 손목고리를 보고 또 그 누이
리브가가 그 사람이 자기에게 이같이 말하더라 함을 듣
고 그 사람 에게로 나아감이라 때에 그가 우물가 약대
곁에 섰더라 **31** 라반이 가로되 여호와께 복을 받은 자
여 들어오소서 어찌 밖에 섰나이까 내가 방과 약대의 처
소를 예비하였나이다

be the LORD, the God of my master Abraham, who has
not forsaken His lovingkindness and His truth toward
my master; as for me, the LORD has guided me in the
way to the house of my master's brothers." **28** ¶ Then
the girl ran and told her mother's household about these
things. **29** Now Rebekah had a brother whose name
was Laban; and Laban ran outside to the man at the
spring. **30** And it came about that when he saw the
ring, and the bracelets on his sister's wrists, and when
he heard the words of Rebekah his sister, saying, "This
is what the man said to me," he went to the man; and
behold, he was standing by the camels at the spring.
31 And he said, "Come in, blessed of the LORD! Why
do you stand outside since I have prepared the house,

창

32 그 사람이 **들어가매**
/집으로
라반이 **부리고**
/약대의 짐을
주고
/짚과 보리를
/약대에게
주고
/씻을 물을
/그 사람의 발과
그 종자의 발

33 **베푸니**
/식물을
/그 앞에
그 사람이 **가로되**
/내가 —— 먹지 아니하겠나이다
/내 일을 진술하기전에는
라반이 **가로되**
/말하소서

34 그가 **가로되**
/나는 —— 종이니이다
/아브라함의
35 /여호와께서 ┬ 복을 주어
/나의 주인에게
/크게
├ 창성케 하시되
└ 주셨고
/우양과 은금과
노비와 약대와 나귀를
/그에게
36 /사라가 —— 아들을 낳으매
/나의 주인의 부인 /노년에
/나의 주인에게
주인이 —— 주었나이다
/그 모든 소유를
/그 아들에게

37 /나의 주인이 — 맹세하게 하여 가로되
/나로
/너는 ┬ 택하지 말고
/아내를
/내 아들을 위하여
/나사는 땅
가나안 족속의 딸 중에서

32 그 사람이 집으로 들어가매 라반이 약대의 짐을 부
리고 짚과 보리를 약대에게 주고 그 사람의 발과 그 종자
의 발 씻을 물을 주고 **33** 그 앞에 식물을 베푸니 그 사
람이 가로되 내가 내 일을 진술하기 전에는 먹지 아니하
겠나이다 라반이 가로되 말하소서 **34** 그가 가로되 나는
아브라함의 종이니이다 **35** 여호와께서 나의 주인에게
크게 복을 주어 창성케 하시되 우양과 은금과 노비와 약
대와 나귀를 그에게 주셨고 **36** 나의 주인의 부인 사라
가 노년에 나의 주인에게 아들을 낳으매 주인이 그 모든
소유를 그 아들에게 주었나이다 **37** 나의 주인이 나로
맹세하게 하여 가로되 너는 내 아들을 위하여 나 사는 땅
가나안 족속의 딸 중에서 아내를 택하지 말고

and a place for the camels?" **32** So the man entered
the house. Then Laban unloaded the camels, and he gave
straw and feed to the camels, and water to wash his feet
and the feet of the men who were with him. **33** But
when food was set before him to eat, he said, "I will
not eat until I have told my business." And he said,
"Speak on." **34** So he said, "I am Abraham's servant.
35 "And the LORD has greatly blessed my master, so
that he has become rich; and He has given him flocks
and herds, and silver and gold, and servants and maids,
and camels and donkeys. **36** "Now Sarah my master's wife
bore a son to my master in her old age; and he has
given him all that he has. **37** "And my master made
me swear, saying, 'You shall not take a wife for my

38 가서
/내 아비 집
내 족속에게로
택하라 하시기로
/아내를
/내 아들을 위하여

39 /내가 —— 말씀하되...한즉
/내 주인에게
/혹 여자가 나를 좇지 아니하면
어찌 하리이까?

40 주인이 —— 이르되
/내게
/여호와께서 — 보내어
/나의 섬기는
/그 사자를
/너와 함께
주시리니
/평탄한 길을
/네게
/너는 —— 택할 것이니라
/아내를
/내 아비 집에서
/내 족속 중
/내 아들을 위하여

41 /네가 내 족속에게 이를 때에는
네가 —— 상관이 없으리라
/내 맹세와
설혹
그들이 네게 주지 아니할찌지도
네가 —— 상관이 없으리라 하시기로
/내 맹세와

42 내가 —— 이르러
/오늘
/우물에
말씀하기를
/하나님 여호와여!
/나의 주인 아브라함의
만일
[당신이] —— 형통함을 주실진대
/나의 행하는 길에

43 내가 —— 섰다가
/이 우물 곁에

38 내 아비 집 내 족속에게로 가서 내 아들을 위하여
아내를 택하라 하시기로 **39** 내가 내 주인에게 말씀하되
혹 여자가 나를 좇지 아니하면 어찌 하리이까 한즉 **40**
주인이 내게 이르되 나의 섬기는 여호와께서 그 사자를
너와 함께 보내어 네게 평탄한 길을 주시리니 너는 내
족속 중 내 아비 집에서 내 아들을 위하여 아내를 택할
것이니라**41** 네가 내 족속에게 이를 때에는 네가 내 맹
세와 상관이 없으리라 설혹 그들이 네게 주지 아니할찌
지도 네가 내 맹세와 상관이 없으리라 하시기로 **42** 내
가 오늘 우물에 이르러 말씀하기를 나의 주인 아브라함
의 하나님 여호와여 만일 나의 행하는 길에 형통함을 주
실진대 **43** 내가 이 우물 곁에 섰다가 청년 여자가 물을

son from the daughters of the Canaanites, in whose land
I live; **38** but you shall go to my father's house, and
to my relatives, and take a wife for my son.' **39** "And
I said to my master, 'Suppose the woman does not
follow me.' **40** "And he said to me, 'The LORD,
before whom I have walked, will send His angel with
you to make your journey successful, and you will take
a wife for my son from my relatives, and from my
father's house; **41** then you will be free from my oath, when
you come to my relatives; and if they do not give her
to you, you will be free from my oath.' **42** "So I came
today to the spring, and said, 'O LORD, the God of
my master Abraham, if now Thou wilt make my journey
on which I go successful; **43** behold, I am standing by

창

청년 여자가 물을 길러 오거든
내가 —— 그에게 청하기를
/너는—조금 마시우라 하여
/물 항아리의 물을
/내게

44 그의 대답이
/당신은 마시라
내가 또 길으리라 하면
/당신의 약대를 위하여도
그 여자는—— 정하여 주신 자가 되리이다 하며
/여호와께서
/나의 주인의 아들을 위하여

45 내가 묵도하기를 마치지 못하여(상황절, before)
리브가가—— 나와서
/물 항아리를 어깨에 메고
내려와
/우물로
긷기로
내가 —— 이르기를 한즉
/청컨대
내게 마시우라

46 그가 —— 급히 내리며 가로되 ...하기로
/물 항아리를
/어깨에서
/마시라
내가 — 마시우리라
/당신의 약대에게도
내가 — 마시매
그가 — 또 마시운지라
/약대에게도

47 내가 —— 묻기를 한즉
/그에게
/네가 뉘 딸이뇨?
[그녀가] —— 가로되 하기로
/브두엘의 딸이라
/밀가가 나홀에게 낳은
내가 —— 꿰고
/고리를
/그 코에
끼우고
/손목고리를
/그 손에

길러 오거든 내가 그에게 청하기를 너는 물 항아리의 물을 내게 조금 마시우라 하여 44 그의 대답이 당신은 마시라 내가 또 당신의 약대를 위하여도 길으리라 하면 그 여자는 여호와께서 나의 주인의 아들을 위하여 정하여 주신 자가 되리이다 하며 45 내가 묵도하기를 마치지 못하여 리브가가 물 항아리를 어깨에 메고 나와서 우물로 내려와 긷기로 내가 그에게 이르기를 청컨대 내게 마시우라 한즉 46 그가 급히 물 항아리를 어깨에서 내리며 가로되 마시라 내가 당신의 약대에게도 마시우리라 하기로 내가 마시매 그가 또 약대에게도 마시운지라 47 내가 그에게 묻기를 네가 뉘 딸이뇨 한즉 가로되 밀가가 나홀에게 낳은 브두엘의 딸이라 하기로 내가 고리를 그

the spring, and may it be that the maiden who comes out to draw, and to whom I say, "Please let me drink a little water from your jar"; 44 and she will say to me, "You drink, and I will draw for your camels also"; let her be the woman whom the LORD has appointed for my master's son.' 45 "Before I had finished speaking in my heart, behold, Rebekah came out with her jar on her shoulder, and went down to the spring and drew; and I said to her, 'Please let me drink.' 46 "And she quickly lowered her jar from her shoulder, and said, 'Drink, and I will water your camels also'; so I drank, and she watered the camels also. 47 "Then I asked

48 여호와께서 ── 인도하사
/하나님 /나를
/아브라함의 /바른 길로
/나의 주인
└ 택하게 하셨으므로
/나의 주인의 동생의 딸을
/그 아들을 위하여
//(결과)
내가 머리를 숙여
그에게 경배하고
찬송하였나이다

49 /이제
당신들이 ┬ 대접하려거든(조건절, if)
/나의 주인을
/인자와 진실로
└ 고하시고
/내게
그렇지 않을지라도(조건절, if)
[당신은] ┬ 내게 고하여
└ 행하게 하소서
/나로
/좌우간

50 라반과
브두엘이 **대답하여 가로되**
/이 일이 ── 말미암았으니
/여호와께로
우리는 ── 말할 수 없노라
/가부를
51 /리브가가 ── 그대 앞에 있으니
[당신은] ┬ 데리고 가서
└ 아내가 되게 하라
/그로
/주인의 아들의
/그대의
/여호와의 명대로

52 종이 **듣고**
/아브라함의 /그들의 말을
땅에 **엎드리어**
절하고
/여호와께
53 **꺼내어**
/은금 패물과 의복을

코에 꿰고 손목고리를 그 손에 끼우고 48 나의 주인 아
브라함의 하나님 여호와께서 나를 바른 길로 인도하사
나의 주인의 동생의 딸을 그 아들을 위하여 택하게 하셨
으므로 내가 머리를 숙여 그에게 경배하고 찬송하였나이
다 49 이제 당신들이 인자와 진실로 나의 주인을 대접
하려거든 내게 고하시고 그렇지 않을지라도 내게 고하여
나로 좌우간 행하게 하소서 50 라반과 브두엘이 대답하
여 가로되 이 일이 여호와께로 말미암았으니 우리는 가
부를 말할 수 없노라 51 리브가가 그대 앞에 있으니 데
리고 가서 여호와의 명대로 그로 그대의 주인의 아들의
아내가 되게 하라 52 아브라함의 종이 그들의 말을 듣
고 땅에 엎드리어 여호와께 절하고 53 은금 패물과 의

her, and said, 'Whose daughter are you?' And she said,
'The daughter of Bethuel, Nahor's son, whom Milcah
bore to him'; and I put the ring on her nose, and the
bracelets on her wrists. 48 "And I bowed low and worshiped
the LORD, and blessed the LORD, the God of my master
Abraham, who had guided me in the right way to take
the daughter of my master's kinsman for his son. 49
"So now if you are going to deal kindly and truly with
my master, tell me; and if not, let me know, that I may
turn to the right hand or the left." 50 ¶ Then Laban
and Bethuel answered and said, "The matter comes from
the LORD; so we cannot speak to you bad or good. 51
"Behold, Rebekah is before you, take her and go, and
let her be the wife of your master's son, as the LORD

창

주고
/리브가에게
주니라
/보물을
/그 오라비와 어미에게도

54 이에
그들 **먹고**
곧 종과 **마시고**
종자들이 **유숙하고**
일어나서
/아침에
그가 **가로되**
/나를 보내어
돌아가게 하소서
/내 주인에게로

55 오라비와
/리브가의 **가로되**
그 어미가 /소녀로(가)—있게 하라
/우리와 함께
/며칠을
/적어도 열흘을
그 후에
그가 갈 것이니라

56 그 사람이 **이르되**
/그들에게
/나를 만류치 마소서
여호와께서— 주셨으니
/형통한 길을
/내게
나를 보내어
내 주인에게로 돌아가게 하소서

57 그들이 **가로되** 하고
/우리가 소녀를 불러
그에게 물으리라

58 리브가를 **불러**
그에게 **이르되**
/네가 이 사람과 함께 가려느냐?
그가 **대답하되**
/가겠나이다

59 그들이 **보내며**
/그 누이 리브가와
그의 유모와
아브라함의 종과 종자들을

복을 꺼내어 리브가에게 주고 그 오라비와 어미에게도
보물을 주니라 **54** 이에 그들 곧 종과 종자들이 먹고 마
시고 유숙하고 아침에 일어나서 그가 가로되 나를 보내
어 내 주인에게로 돌아가게 하소서 **55** 리브가의 오라비
와 그 어미가 가로되 소녀로 며칠을 적어도 열흘을 우리
와 함께 있게 하라 그 후에 그가 갈 것이니라 **56** 그 사
람이 그들에게 이르되 나를 만류치 마소서 여호와께서
내게 형통한 길을 주셨으니 나를 보내어 내 주인에게로
돌아가게 하소서 **57** 그들이 가로되 우리가 소녀를 불러
그에게 물으리라 하고 **58** 리브가를 불러 그에게 이르되

has spoken." **52** And it came about when Abraham's servant
heard their words, that he bowed himself to the ground before
the LORD. **53** And the servant brought out articles of
silver and articles of gold, and garments, and gave them
to Rebekah; he also gave precious things to her brother
and to her mother. **54** Then he and the men who were
with him ate and drank and spent the night. When they
arose in the morning, he said, "Send me away to my master."
55 But her brother and her mother said, "Let the girl
stay with us a few days, say ten; afterward she may go."
56 And he said to them, "Do not delay me, since the LORD
has prospered my way. Send me away that I may go to
my master." **57** And they said, "We will call the girl
and consult her wishes." **58** Then they called Rebekah

60 **축복하여 가로되**
/리브가에게
/우리 누이여!
너는 ——— 어미가 될지어다
/천만인의
네 씨로——— 얻게 할지어다
/그 원수의 성문을

61 리브가가 **일어나**
타고
/약대를
/비자와 함께
따라가니
/그 사람을
//(결과)
종이 리브가를 데리고 가니라

62 때에
이삭이 **왔으니**
/브엘 라해로이에서
//(이유: for)[38]
그가 남방에 거하였었음이라

63 이삭이 **나가**
/저물 때에
/들에
//(목적: לְ, to)
묵상하다가(묵상하기 위하여)

눈을 **들어**
보매
//(결과)
약대들이 오더라

64 리브가가 눈을 **들어**
이삭을 **바라보고**
약대에서 **내려**

65 종에게 **말하되**
/들에서 배회하다가
우리에게로 마주 오는 자가 누구뇨?
종이 **가로되**
/이는 내 주인이니이다
리브가가 면박을 **취하여**
스스로 **가리우더라**

38) 의미상의 이유이다. 많은 번역본들이 의미상 이유로 보았다.

네가 이 사람과 함께 가려느냐 그가 대답하되 가겠나이
다 59 그들이 그 누이 리브가와 그의 유모와 아브라함
의 종과 종자들을 보내며 60 리브가에게 축복하여 가로
되 우리 누이여 너는 천만인의 어미가 될지어다 네 씨로
그 원수의 성문을 얻게 할지어다 61 리브가가 일어나
비자와 함께 약대를 타고 그 사람을 따라가니 종이 리브
가를 데리고 가니라 62 때에 이삭이 브엘 라해로이에서
왔으니 그가 남방에 거하였었음이라63 이삭이 저물 때
에 들에 나가 묵상하다가 눈을 들어 보매 약대들이 오더
라 64 리브가가 눈을 들어 이삭을 바라보고 약대에서
내려 65 종에게 말하되 들에서 배회하다가 우리에게로
마주 오는 자가 누구뇨 종이 가로되 이는 내 주인이니이

and said to her, "Will you go with this man?" And she
said, "I will go." 59 Thus they sent away their sister
Rebekah and her nurse with Abraham's servant and his men.
60 And they blessed Rebekah and said to her, "May
you, our sister, Become thousands of ten thousands, And
may your descendants possess The gate of those who
hate them." 61 ¶ Then Rebekah arose with her maids,
and they mounted the camels and followed the man. So
the servant took Rebekah and departed. 62 Now Isaac
had come from going to Beer-lahai-roi; for he was living
in the Negev. 63 And Isaac went out to meditate in
the field toward evening; and he lifted up his eyes and looked,
and behold, camels were coming. 64 And Rebekah
lifted up her eyes, and when she saw Isaac she dismounted

창

66 종이 **고하매**
/그 행한 일을
/다
/이삭에게
67 이삭이 **인도하여**
/리브가를
들이고
/모친 사라의 장막으로
취하여
/그를
삼고
/(그의) 아내를
사랑하였으니
//(결과)
이삭이 위로를 얻었더라
/모친 상사 후에

25

1 아브라함이 **취하였으니**
/후처를
그 이름은 **그두라라**

2 그가 **낳았고**
/시므란과 욕산과
므단과 미디안과
이스박과 수아를

3 **낳았으며**
/욕산과 스바와 드단을
자손은 **앗수르 족속과**
/드단의 **르두시 족속과**
르움미 족속이며

4 아들은 **에바와**
/미디안의 **에벨과**
하녹과
아비다와
엘다아니

다 **자손이었더라**
/그두라의

다 리브가가 면박을 취하여 스스로 가리우더라 66 종이
그 행한 일을 다 이삭에게 고하매 67 이삭이 리브가를
인도하여 모친 사라의 장막으로 들이고 그를 취하여 아
내를 삼고 사랑하였으니 이삭이 모친 상사 후에 위로를
얻었더라

25:1 아브라함이 후처를 취하였으니 그 이름은 그
두라라 2 그가 시므란과 욕산과 므단과 미디안
과 이스박과 수아를 낳았고 3 욕산과 스바와 드단을 낳
았으며 드단의 자손은 앗수르 족속과 르두시 족속과 르
움미 족속이며 4 미디안의 아들은 에바와 에벨과 하녹
과 아비다와 엘다아니 다 그두라의 자손이었더라 5 아

from the camel. 65 And she said to the servant, "Who
is that man walking in the field to meet us?" And the
servant said, "He is my master." Then she took her veil
and covered herself. 66 And the servant told Isaac all
the things that he had done. 67 Then Isaac brought her
into his mother Sarah's tent, and he took Rebekah, and
she became his wife; and he loved her; thus Isaac was
comforted after his mother's death.

25:1 ¶ Now Abraham took another wife, whose
name was Keturah. 2 And she bore to him Zimran
and Jokshan and Medan and Midian and Ishbak and
Shuah. 3 And Jokshan became the father of Sheba and
Dedan. And the sons of Dedan were Asshurim and Letushim
and Leummim. 4 And the sons of Midian were Ephah
and Epher and Hanoch and Abida and Eldaah. All these
were the sons of Keturah. 5 Now Abraham gave all that

5 아브라함이 **주었고**
/자기 모든 소유를
/이삭에게

6 **주어**
/자기 서자들에게도
/재물을
가게 하였더라
/그들로
/자기 아들 이삭을 떠나(from)
/동방 곧 동국으로
/자기 생전에

7 향년이 **일백 칠십 오세라**
/아브라함의

8 그가 **수가 높고**
나이 많아
기운이 진하여
죽어
돌아가매
/자기 열조에게로

9 이삭과 **장사하였으니**
/그 아들 /그를
이스마엘이 /막벨라 굴에
/에브론의 밭에 있는
/헷족속
/소할의 아들
/마므레 앞

10 이것은 **밭이라**
/아브라함이 산
/헷 족속에게서
아브라함과 **장사되니라**
사라가 /거기
/그 아내

11 아브라함이 죽은 후에(상황절, after)
하나님이 **복을 주셨고**
/그 아들 이삭에게
이삭은 **거하였더라**
/브엘라해로이 근처에

12 후예는 **이러하고**
/이스마엘의
/하갈이 아브라함에게 낳은 아들
/사라의 여종 애굽인

브라함이 이삭에게 자기 모든 소유를 주었고 6 자기 서
자들에게도 재물을 주어 자기 생전에 그들로 자기 아들
이삭을 떠나 동방 곧 동국으로 가게 하였더라 7 아브라
함의 향년이 일백 칠십 오세라 8 그가 수가 높고 나이
많아 기운이 진하여 죽어 자기 열조에게로 돌아가매 9
그 아들 이삭과 이스마엘이 그를 마므레 앞 헷 족속 소할
의 아들 에브론의 밭에 있는 막벨라 굴에 장사 하였으니
10 이것은 아브라함이 헷 족속에게서 산 밭이라 아브라
함과 그 아내 사라가 거기 장사되니라 11 아브라함이
죽은 후에 하나님이 그 아들 이삭에게 복을 주셨고 이삭

he had to Isaac; 6 but to the sons of his concubines, Abraham
gave gifts while he was still living, and sent them away
from his son Isaac eastward, to the land of the east. 7
And these are all the years of Abraham's life that he
lived, one hundred and seventy-five years. 8 And Abraham
breathed his last and died in a ripe old age, an old man
and satisfied with life; and he was gathered to his people.
9 Then his sons Isaac and Ishmael buried him in the
cave of Machpelah, in the field of Ephron the son of
Zohar the Hittite, facing Mamre, 10 the field which Abraham
purchased from the sons of Heth; there Abraham was
buried with Sarah his wife. 11 And it came about after
the death of Abraham, that God blessed his son Isaac;
and Isaac lived by Beer-lahai-roi. 12 ¶ Now these are

창

13 이름은 **이와 같으니라**
/아들들의 /그 이름과 그 세대 대로
/이스마엘의

장자는 **느바욧이요**
/이스마엘의

그다음은 **게달과**
앗브엘과
밉삼과

14 **미스마와**
두마와
맛사와

15 **하닷과**
데마와
여둘과
나비스와
게드마니

16 이들은 **아들들이요**
/이스마엘의
이름이며
/그 촌과 부락대로 된
십 이 방백이었더라
/그 족속대로는

17 이스마엘은 **기운이 진하여**
죽어
/향년이 일백 삼십 칠세에
돌아갔고
/자기 열조에게로

18 그 자손들은 **이르러**
/하윌라에서부터
술까지
/앗수르로 통하는
/애굽 앞
거하였더라
/그 모든 형제의 맞은편에

19 후예는 **이러하니라**
/이삭의
/아브라함의 아들

을 브엘 라해로이 근처에 거하였더라 **12** 사라의 여종
애굽인 하갈이 아브라함에게 낳은 아들 이스마엘의 후예
는 이러하고 **13** 이스마엘의 아들들의 이름은 그 이름과
그 세대 대로 이와 같으니라 이스마엘의 장자는 느바욧
이요 그다음은 게달과 앗브엘과 밉삼과 **14** 미스마와
두마와 맛사와 **15** 하닷과 데마와 여둘과 나비스와 게드
마니 **16** 이들은 이스마엘의 아들들이요 그 촌과 부락대
로 된 이름이며 그 족속대로는 십 이 방백이었더라 **17**
이스마엘은 향년이 일백 삼십 칠 세에 기운이 진하여 죽
어 자기 열조에게로 돌아갔고 **18** 그 자손들은 하윌라에
서부터 앗수르로 통하는 애굽 앞 술까지 이르러 그 모든
형제의 맞은편에 거하였더라 **19** 아브라함의 아들 이삭

the records of the generations of Ishmael, Abraham's son, whom Hagar the Egyptian, Sarah's maid, bore to Abraham; **13** and these are the names of the sons of Ishmael, by their names, in the order of their birth: Nebaioth, the first-born of Ishmael, and Kedar and Adbeel and Mibsam
14 and Mishma and Dumah and Massa, **15** Hadad and Tema, Jetur, Naphish and Kedemah. **16** These are the sons of Ishmael and these are their names, by their villages, and by their camps; twelve princes according to their tribes. **17** And these are the years of the life of Ishmael, one hundred and thirty-seven years; and he breathed his last and died, and was gathered to his people.
18 And they settled from Havilah to Shur which is east of Egypt as one goes toward Assyria; he settled in

아브라함이 **낳았고**
/이삭을

20 이삭은 **사십세에(였다)**
/리브가를 취하여
아내를 삼았으니(삼았을 때)
리브가는 **딸이요**
/브두엘의
/아람 족속 중
/밧단 아람의
누이였더라
/라반의
/아람 족속중

21 이삭이 **간구하매**
/여호와께
/그를 위하여

//(이유 כִּי, because)
그 아내가 잉태하지 못하므로

여호와께서 **들으셨으므로**
/그 간구를

//(결과)
그 아내 리브가가 잉태하였더니

22 아이들이 **서로 싸우는지라**
/그의 태 속에서

그가 **가로되** ...하고
/이같으면
내가 어찌할꼬?
가서
묻자온대
/여호와께

23 여호와께서 **이르시되**...하셨더라
/그에게
/두 국민이 — 있구나
/네 태중에
두 민족이 — 나누이리라
/네 복중에서부터
이 족속이 — 강하겠고
/저 족속보다
큰 자는 — 섬기리라
/어린 자를

의 후예는 이러하니라 아브라함이 이삭을 낳았고 20 이
삭은 사십세에 리브가를 취하여 아내를 삼았으니 리브가
는 밧단 아람의 아람 족속 중 브두엘의 딸이요 아람 족
속중 라반의 누이였더라 21 이삭이 그 아내가 잉태하지
못하므로 그를 위하여 여호와께 간구하매 여호와께서 그
간구를 들으셨으므로 그 아내 리브가가 잉태하였더니
22 아이들이 그의 태 속에서 서로 싸우는지라 그가 가
로되 이같으면 내가 어찌할꼬 하고 가서 여호와께 묻자
온대 23 여호와께서 그에게 이르시되 두 국민이 네 태
중에 있구나 두 민족이 네 복중에서부터 나누이리라 이

defiance of all his relatives. 19 ¶ Now these are the
records of the generations of Isaac, Abraham's son: Abraham
became the father of Isaac; 20 and Isaac was forty
years old when he took Rebekah, the daughter of Bethuel
the Aramean of Paddan-aram, the sister of Laban the
Aramean, to be his wife. 21 And Isaac prayed to the
LORD on behalf of his wife, because she was barren;
and the LORD answered him and Rebekah his wife
conceived. 22 But the children struggled together within
her; and she said, "If it is so, why then am I this way?"
So she went to inquire of the LORD. 23 And the LORD
said to her, "Two nations are in your womb; And two peoples

창

24 그 해산 기한이 찬즉(상황절, when)
쌍동이가 **있었는데**
/태에

25 나온 자는 **하였고**
/먼저 /이름을 에서라

//(이유: 의미상)
붉고 전신이 갖옷 같아서

26 나온 아우는 **하였으며**
/후에 /그 이름을 야곱이라

//(이유: 의미상)
손으로 에서의 발꿈치를 잡았으므로
이삭이 **육십 세이었더라**
/리브가가 그들을 낳을 때에

27 그 아이들이 **장성하매**
에서는 **들사람이 되고**

//(이유: 의미상)
익숙한 사냥군인고로

야곱은 **장막에 거하니**
//(이유: 의미상)
종용한 사람인고로

28 이삭은 **사랑하고**
/그를
//(이유: כִּי, for)
에서의 사냥한 고기를 좋아하므로

리브가는 **사랑하였더라**
/야곱을

29 야곱이 **쑤었더니**
/죽을
에서가 **돌아와서**
/들에서부터
곤비하여
/심히

30 **이르되**..한지라
/야곱에게
/나로 — 먹게 하라
/그 붉은 것을[39)]
//(*이유:* כִּי)

39) 원문에는 '붉은 것'이라는 말이 두 번(הָאָדֹם הָאָדֹם) 나온다. 한글 개역성경은 이것을 '그 붉은 것'이라고 번역했다.

족속이 저 족속보다 강하겠고 큰 자는 어린 자를 섬기리라 하셨더라 **24** 그 해산 기한이 찬즉 태에 쌍동이가 있었는데**25** 먼저 나온 자는 붉고 전신이 갖옷 같아서 이름을 에서라 하였고 **26** 후에 나온 아우는 손으로 에서의 발꿈치를 잡았으므로 그 이름을 야곱이라 하였으며 리브가가 그들을 낳을 때에 이삭이 육십세이었더라 **27** 그 아이들이 장성하매 에서는 익숙한 사냥군인고로 들사람이 되고 야곱은 종용한 사람인고로 장막에 거하니 **28** 이삭은 에서의 사냥한 고기를 좋아하므로 그를 사랑하고 리브가는 야곱을 사랑하였더라 **29** 야곱이 죽을 쑤었더니 에서가 들에서부터 돌아와서 심히 곤비하여 **30** 야곱에게 이르되 내가 곤비하니 그 붉은 것을 나로 먹게

shall be separated from your body; And one people shall be stronger than the other; And the older shall serve the younger." **24** When her days to be delivered were fulfilled, behold, there were twins in her womb. **25** Now the first came forth red, all over like a hairy garment; and they named him Esau. **26** And afterward his brother came forth with his hand holding on to Esau's heel, so his name was called Jacob; and Isaac was sixty years old when she gave birth to them. **27** ¶ When the boys grew up, Esau became a skillful hunter, a man of the field; but Jacob was a peaceful man, living in tents. **28** Now Isaac loved Esau, because he had a taste for game; but Rebekah loved Jacob. **29** And when Jacob had cooked stew, Esau came in from the field and he was

//(이유: כִּי, for)
내가 곤비하니

//그러므로(결과)
별명은 **에돔(אֱדוֹם)더라**
/에서의

31 야곱이 **가로되**
/오늘날 내게 팔라
/형의 장자의 명분을

32 에서가 **가로되**
/[보라!]
내가 —— 죽게 되었으니
이 장자의 명분이
내게 무엇이 유익하리요?

33 야곱이 **가로되**
/오늘 내게 맹세하라
에서가 **맹세하고**
판지라
/장자의 명분을
/야곱에게

34 야곱이 **주매**
/떡과 팥죽을
/에서에게
에서가 **먹으며**
마시고
일어나서
갔으니

에서가 **경홀히 여김이었더라**
/장자의 명분을

26

1 첫 흉년이 **들었더니**
/아브라함 때에
또 흉년이 **들매**
/그 땅에
//(결과)
이삭이 ┬ 그랄로 가서
└ 이르렀더니
/아비멜렉에게
/블레셋 왕

하라 한지라 그러므로 에서의 별명은 에돔이더라 31 야
곱이 가로되 형의 장자의 명분을 오늘날 내게 팔라32
에서가 가로되 내가 죽게 되었으니 이 장자의 명분이 내
게 무엇이 유익하리요 33 야곱이 가로되 오늘 내게 맹
세하라 에서가 맹세하고 장자의 명분을 야곱에게 판지라
34 야곱이 떡과 팥죽을 에서에게 주매 에서가 먹으며
마시고 일어나서 갔으니 에서가 장자의 명분을 경홀히
여김이었더라

26:1 아브라함 때에 첫 흉년이 들었더니 그 땅에
또 흉년이 들매 이삭이 그랄로 가서 블레셋 왕

famished; 30 and Esau said to Jacob, "Please let me
have a swallow of that red stuff there, for I am famished."
Therefore his name was called Edom. 31 But Jacob
said, "First sell me your birthright." 32 And Esau said,
"Behold, I am about to die; so of what use then is the birthright
to me?" 33 And Jacob said, "First swear to me"; so
he swore to him, and sold his birthright to Jacob. 34
Then Jacob gave Esau bread and lentil stew; and he ate
and drank, and rose and went on his way. Thus Esau despised
his birthright.

26:1 ¶ Now there was a famine in the land, besides
the previous famine that had occurred in the days

창

2 여호와께서 **나타나**
/이삭에게
가라사대
/[너는] ── 내려가지 말고
/애굽으로
└ 거하라
/내가 네게 지시하는 땅에
3 /이 땅에 유하면
내가 ── 있어
/너와 함께
└ 복을 주고
/네게
내가 ── 주리라
/이 모든 땅을
/너와 네 자손에게
내가 ── 이루어
/맹세한 것을
/네 아비 아브라함에게
├ 4 /번성케 하며
/네 자손을
/하늘의 별과 같이
└ 주리니
/이 모든 땅을
/네 자손에게
//(결과)
천하 만민이 ─ 복을 받으리라
/네 자손을 인하여(in)

5//이는(이유: עֵקֶב, because)
아브라함이 ── 순종하고
/내 말을
└ 지켰음이니라 하시니라
/내 명령과
내 계명과
내 율례와
내 법도를

6 이삭이 **거하였더니**
/그랄에

7 사람들이 그 아내를 **물으매**
/그곳

그가 **말하기를**...하였으니
/그는 나의 누이라

//(이유: כִּי)

아비멜렉에게 이르렀더니 **2** 여호와께서 이삭에게 나타
나 가라사대 애굽으로 내려가지 말고 내가 네게 지시하
는 땅에 거하라 **3** 이 땅에 유하면 내가 너와 함께 있어
네게 주고 내가 이 모든 땅을 너와 네 자손에게 주리라
내가 네 아비 아브라함에게 맹세한 것을 이루어 **4** 네 자
손을 하늘의 별과 같이 번성케 하며 이 모든 땅을 네 자
손에게 주리니 네 자손을 인하여 천하 만민이 복을 받으
리라 **5** 이는 아브라함이 내 말을 순종하고 내 명령과 내
계명과 내 율례와 내 법도를 지켰음이니라 하시니라 **6**
이삭이 그랄에 거하였더니 **7** 그곳 사람들이 그 아내를
물으매 그가 말하기를 그는 나의 누이라 하였으니 리브
가는 보기에 아리따우므로 그곳 백성이 리브가로 인하여

of Abraham. So Isaac went to Gerar, to Abimelech king
of the Philistines. **2** And the LORD appeared to him
and said, "Do not go down to Egypt; stay in the land
of which I shall tell you. **3** "Sojourn in this land and I
will be with you and bless you, for to you and to your
descendants I will give all these lands, and I will establish
the oath which I swore to your father Abraham. **4** "And
I will multiply your descendants as the stars of heaven,
and will give your descendants all these lands; and by
your descendants all the nations of the earth shall be
blessed; **5** because Abraham obeyed Me and kept My charge,
My commandments, My statutes and My laws." **6** So
Isaac lived in Gerar. **7** When the men of the place asked
about his wife, he said, "She is my sister," for he was

//(이유: כִּי)
[그가] — 두려워함이었더라
/하기를
/그는 나의 아내라
/그곳 백성이 자기를 죽일까 하여
/리브가로 인하여
//(이유: כִּי)
리브가는 — 아리따우므로
/보기에

8 이삭이 **거하였더니**
/거기
/오래
아비멜렉이 **내다본지라**
/블레셋 왕 /이삭이 — 껴안은 것을
/리브가를
/그 아내
/창으로

9 이에
아비멜렉이 이삭을 **불러**
이르되
/그가 정녕 네 아내여늘
어찌 네 누이라 하였느냐?

이삭이 그에게 **대답하되**
/내(가) — 생각에[40)]
//(목적: פֶּן lest)
두려워하였음이로라[41)]
/그를 인하여 내가 죽게 될까

10 아비멜렉이 **가로되**
/네가 어찌 우리에게 이렇게 행하였느냐?
하나가 — 동침하기 쉬웠을뻔 하였은즉
/백성 중 /네 아내와
네가 — 입혔으리라
/죄를
/우리에게

11 이에
아비멜렉이 **명하여 가로되** ...하였더라
/모든 백성에게
/범하는 자는 죽이리라
/이 사람이나
그 아내에게

12 이삭이 **농사하여**
/그 땅에서

40) 내가 생각했기 때문이다.--כִּי가 있다.

41) 직역: 그를 인하여 죽지 않으려고 내가 생각했기 때문이다.

자기를 죽일까 하여 그는 나의 아내라 하기를 두려워 함
이었더라 8 이삭이 거기 오래 거하였더니 이삭이 그 아
내 리브가를 껴안은 것을 블레셋 왕 아비멜렉이 창으로
내다본지라 9 이에 아비멜렉이 이삭을 불러 이르되 그가
정녕 네 아내여늘 어찌 네 누이라 하였느냐 이삭이 그에
게 대답하되 내 생각에 그를 인하여 내가 죽게 될까 두
려워하였음이로라 10 아비멜렉이 가로되 네가 어찌 우
리에게 이렇게 행하였느냐 백성 중 하나가 네 아내와 동
침하기 쉬웠을 뻔하였은즉 내가 죄를 우리에게 입혔으리
라 11 아비멜렉이 이에 모든 백성에게 명하여 가로되
이 사람이나 그 아내에게 범하는 자는 죽이리라 하였더
라 12 이삭이 그 땅에서 농사하여 그 해에 백배나 얻었

afraid to say, "my wife," thinking, "the men of the place might kill me on account of Rebekah, for she is beautiful."
8 And it came about, when he had been there a long time, that Abimelech king of the Philistines looked out through a window, and saw, and behold, Isaac was caressing his wife Rebekah.
9 Then Abimelech called Isaac and said, "Behold, certainly she is your wife! How then did you say, 'She is my sister'?" And Isaac said to him, "Because I said, Lest I die on account of her.'"
10 And Abimelech said, "What is this you have done to us? One of the people might easily have lain with your wife, and you would have brought guilt upon us."
11 So Abimelech charged all the people, saying, "He who touches this man or his wife shall surely be put to

창

얻었고
/백배나
/그 해에
여호와께서 **복을 주시므로**

13 //(결과: 의미상)
그 사람이 ── 창대하고
── 왕성하여
── 거부가 되어
/마침내

14 //(결과 반복)
양과 소가 ─ 떼를 이루고
노복이 ── 심히 많으므로
//(결과)
블레셋 사람이 그를 시기하여

15 [그들이] **막고**
/모든 우물을
/그 아비의 종들이 판
/그 아비 아브라함 때에
메웠더라
/흙으로

16 아비멜렉이 **이르되**
/이삭에게
/[너는] ── 떠나가라
/우리를
//(이유: כִּי)
네가 우리보다 크게 강성한즉

17 이삭이 그곳을 **떠나**
장막을 **치고**
/그랄 골짜기에
거기 **우거하며**

18 다시 **팠으니**
/우물들을
/그 아비 아브라함 때에 팠던

//이는(이유: wci / for)
아브라함 죽은 후에
블레셋 사람이 그 우물들을 메웠음이라

이삭이 **불렀더라**
/이름을
/그 우물들의
/그 아비의 부르던 이름으로

고 여호와께서 복을 주시므로 **13** 그 사람이 창대하고
왕성하여 마침내 거부가 되어 **14** 양과 소가 떼를 이루
고 노복이 심히 많으므로 블레셋 사람이 그를 시기하여
15 그 아비 아브라함 때에 그 아비의 종들이 판 모든
우물을 막고 흙으로 메웠더라 **16** 아비멜렉이 이삭에게
이르되 네가 우리보다 크게 강성한즉 우리를 떠나가라
17 이삭이 그곳을 떠나 그랄 골짜기에 장막을 치고 거
기 우거하며 **18** 그 아비 아브라함 때에 팠던 우물들을
다시 팠으니 이는 아브라함 죽은 후에 블레셋 사람이 그
우물들을 메웠음이라 이삭이 그 우물들의 이름을 그 아

death." **12** ¶ Now Isaac sowed in that land, and reaped
in the same year a hundredfold. And the LORD blessed
him, **13** and the man became rich, and continued to
grow richer until he became very wealthy; **14** for he
had possessions of flocks and herds and a great household,
so that the Philistines envied him. **15** Now all the
wells which his father's servants had dug in the days of
Abraham his father, the Philistines stopped up by filling
them with earth. **16** Then Abimelech said to Isaac,
"Go away from us, for you are too powerful for us."
17 And Isaac departed from there and camped in the
valley of Gerar, and settled there. **18** ¶ Then Isaac
dug again the wells of water which had been dug in the
days of his father Abraham, for the Philistines had stopped

창

19 종들이 **파서**
/이삭의 /골짜기에
얻었더니
/샘 근원을

20 목자들이 **다투어**
/그랄 /이삭의 목자와
가로되...하매
/이 물은 우리의 것이라
이삭이 **하였으며(불렀다)**
/그 우물 이름을
/에섹이라

//(이유: כִּי, for)
그 다툼을 인하여

21 [그가] **팠더니**
/또 다른 우물을
그들이 **또 다투는고로**
/[그것 때문에]

//(결과; 그래서)
[그가] 하였으며(불렀다)
/그 이름을
/싯나라

22 이삭이 **옮겨**
/거기서
팠더니
/다른 우물을
그들이 **다투지 아니하였으므로**
/[그것 때문에]

//(결과; 그래서)
[그가] —— 하여(불렀다)
/그 이름을
/르호봇이라
[그가] **가로되**...하였더라
/이제는
우리가 —— 번성하리로다
/이 땅에서
//(이유: כִּי, for)
여호와께서 —— 넓게 하셨으니
/우리의 장소를

23 이삭이 **올라갔더니**
/거기서부터
/브엘세바로

비의 부르던 이름으로 불렀더라 19 이삭의 종들이 골짜
기에 파서 샘 근원을 얻었더니 20 그랄 목자들이 이삭
의 목자와 다투어 가로되 이 물은 우리의 것이라 하매
이삭이 그 다툼을 인하여 그 우물 이름을 에섹이라 하였
으며 21 또 다른 우물을 팠더니 그들이 또 다투는고로
그 이름을 싯나라 하였으며 22 이삭이 거기서 옮겨 다
른 우물을 팠더니 그들이 다투지 아니하였으므로 그 이
름을 르호봇이라 하여 가로되 이제는 여호와께서 우리의
장소를 넓게 하셨으니 이 땅에서 우리가 번성하리로다
하였더라 23 이삭이 거기서부터 브엘세바로 올라갔더니

them up after the death of Abraham; and he gave them
the same names which his father had given them. 19
But when Isaac's servants dug in the valley and found
there a well of flowing water, 20 the herdsmen of Gerar
quarreled with the herdsmen of Isaac, saying, "The
water is ours!" So he named the well Esek, because they
contended with him. 21 Then they dug another well,
and they quarreled over it too, so he named it Sitnah.
22 And he moved away from there and dug another
well, and they did not quarrel over it; so he named it
Rehoboth, for he said, "At last the LORD has made
room for us, and we shall be fruitful in the land." 23

창

24 그 밤에
여호와께서 **나타나**
/그에게
가라사대...하신지라
/나는 ── 하나님이니
/아브라함의
/네 아비
[너는] ── 두려워 말라
내가 ── 너와 함께 있어
/내 종 아브라함을 위하여
── 네게 복을 주어
── 번성케 하리라
/네 자손으로

25 이삭이 **쌓아**
/단을
/그곳에
부르고
/여호와의 이름을
쳤더니
/장막을
/거기
그 종들이 **팠더라**
/우물을
/거기서도 우물을

26 아비멜렉이 **온지라**
/이삭에게로
/그랄에서 부터
/그 친구 아훗삿과
군대장관 비골로 더불어

27 이삭이 이르되
/그들에게
/너희가 ── 미워하여
/나를
── 떠나가게 하였거늘
/나로
/너희를
── 어찌하여 왔느냐?
/내게

28 그들이 **가로되**
/우리가 ── 보았으므로
/여호와께서 너와 함께 계심을
/분명히

//(결과)

24 그 밤에 여호와께서 그에게 나타나 가라사대 나는
네 아비 아브라함의 하나님이니 두려워 말라 내 종 아브
라함을 위하여 내가 너와 함께 있어 네게 복을 주어 네
자손으로 번성케 하리라 하신지라 25 이삭이 그곳에 단
을 쌓아 여호와의 이름을 부르고 거기 장막을 쳤더니 그
종들이 거기서도 우물을 팠더라 26 아비멜렉이 그 친구
아훗삿과 군대장관 비골로 더불어 그랄에서 부터 이삭에
게로 온지라 27 이삭이 그들에게 이르되 너희가 나를
미워하여 나로 너희를 떠나가게 하였거늘 어찌하여 내게
왔느냐 28 그들이 가로되 여호와께서 너와 함께 계심을

Then he went up from there to Beersheba.
24 And the LORD appeared to him the same night and
said, "I am the God of your father Abraham; Do not
fear, for I am with you. I will bless you, and multiply
your descendants, For the sake of My servant Abraham."
25 So he built an altar there, and called upon the name
of the LORD, and pitched his tent there; and there Isaac's
servants dug a well. 26 ¶ Then Abimelech came to him
from Gerar with his adviser Ahuzzath, and Phicol the
commander of his army. 27 And Isaac said to them,
"Why have you come to me, since you hate me, and
have sent me away from you?" 28 And they said,
"We see plainly that the LORD has been with you; so
we said, Let there now be an oath between us, even

//(결과)
[우리가] **말하였노라**
/맹세를 세워
/우리의 사이
곧 우리와 너의 사이에
/계약을 맺으리라
/너와

29 /너는 —— **해하지 말라**
/우리를
//이는(이유: since)
우리가 —— 범하지 아니하고
/너를
행하며
/선한 일만
/네게
평안히 가게 하였음이니라
/너로
/이제
너는 —— 복을 받은 자니라
/여호와께

30 이삭이 잔치를 **베풀매**
/그들을 위하여
그들이 **먹고**
마시고
31 일찌기 **일어나**
/아침에
서로 맹세한 후에
이삭이 **보내매**
//(결과)
그들이 평안히 갔더라

32 그 날에
종들이 이삭에게 **와서**
고하여 가로되
/이삭의 자기들의 판 우물에 대하여
/우리가 물을 얻었나이다 하매

33 그가 **한지라**
/그 이름을 세바라
그러므로
그 성읍 이름이 오늘까지 브엘세바더라

34 에서가 **취하였더니**
/유딧과
/헷 족속 브에리의 딸

우리가 분명히 보았으므로 우리의 사이 곧 우리와 너의
사이에 맹세를 세워 너와 계약을 맺으리라 말하였노라
29 너는 우리를 해하지 말라 이는 우리가 너를 범하지
아니하고 선한 일만 네게 행하며 너로 평안히 가게 하였
음이니라 이제 너는 여호와께 복을 받은 자니라 **30** 이
삭이 그들을 위하여 잔치를 베풀매 그들이 먹고 마시고
31 아침에 일찌기 일어나 서로 맹세한 후에 이삭이 그
들을 보내매 그들이 평안히 갔더라 **32** 그 날에 이삭의
종들이 자기들의 판 우물에 대하여 이삭에게 와서 고하
여 가로되 우리가 물을 얻었나이다 하매 **33** 그가 그 이
름을 세바라 한지라 그러므로 그 성읍 이름이 오늘까지
브엘세바더라 **34** 에서가 사십세에 헷 족속 브에리의 딸

between you and us, and let us make a covenant with
you, **29** that you will do us no harm, just as we have
not touched you and have done to you nothing but good,
and have sent you away in peace. You are now the
blessed of the LORD." **30** Then he made them a feast,
and they ate and drank. **31** And in the morning they
arose early and exchanged oaths; then Isaac sent them
away and they departed from him in peace. **32** Now
it came about on the same day, that Isaac's servants
came in and told him about the well which they had
dug, and said to him, "We have found water." **33** So
he called it Shibah; therefore the name of the city is Beersheba
to this day. **34** ¶ And when Esau was forty years old
he married Judith the daughter of Beeri the Hittite, and

창

바스맛을
/헷 족속 엘론의 딸
/아내로
/사십세에

35 //(결과)
그들이 —— 근심이 되었더라
/이삭과 리브가의 마음의

27

1 이삭이 —— 나이 많아(나이많아졌을 때)(상황절, when)
눈이 —— **어두워**

//(결과)
잘 보지 못하더니

[그가] **불러**
/맏아들 에서를
가로되 ...하매
/내 아들아!
그가 **가로되** ...하니
/내가 여기 있나이다

2 이삭이 **가로되**
/이제[42)]
내가 —— 늙어
—— 알지 못하노니
/어느날 죽을는지
3 그런즉
[너는] —— 가지고
/네 기구 곧 전통과 활을
—— 들에 가서
—— 사냥하여
/나를 위하여
4 만들어
/별미를
/나의 즐기는
—— 내게로 가져다가
—— 먹게 하여
//(결과: 그래서)
나로 죽기 전에
[내가] 내 마음껏 네게 축복하게 하라

42) הִנֵּה־נָא 이제 보라!

5 이삭이 그 아들 에서에게 말할때에(상황절, while)
리브가가 **들었더니**

유딧과 헷 족속 엘론의 딸바스맛을 아내로 취하였더니
35 그들이 이삭과 리브가의 마음의 근심이 되었더라
27:1 이삭이 나이 많아 눈이 어두워 잘 보지 못하
더니 맏아들 에서를 불러 가로되 내 아들아 하
매 그가 가로되 내가 여기 있나이다 하니 2 이삭이 가로
되 내가 이제 늙어 어느 날 죽을는지 알지 못하노니 3
그런즉 네 기구 곧 전통과 활을 가지고 들에 가서 나를
위하여 사냥하여 4 나의 즐기는 별미를 만들어 내게로
가져다가 먹게 하여 나로 죽기 전에 내 마음껏 네게 축
복하게 하라 5 이삭이 그 아들 에서에게 말할 때에 리브

Basemath the daughter of Elon the Hittite; 35 and they
brought grief to Isaac and Rebekah.
27:1 ¶ Now it came about, when Isaac was old,
and his eyes were too dim to see, that he called
his older son Esau and said to him, "My son." And he
said to him, "Here I am." 2 And Isaac said, "Behold
now, I am old and I do not know the day of my death.
3 "Now then, please take your gear, your quiver and
your bow, and go out to the field and hunt game for
me; 4 and prepare a savory dish for me such as I
love, and bring it to me that I may eat, so that my soul
may bless you before I die." 5 ¶ And Rebekah was listening

에서가 **나가매**
/들로
//(목적: לְ, to)
사냥하여 오려고[43]

6 리브가가 **일러 가로되**
/야곱에게
/그 아들
/[보라(הִנֵּה)]
내가 ── 들으니...이르시기를
/네 부친이 ── 말씀하시는 것을
/네 형 에서에게

7/[너는] ── 가져다가
/사냥하여(=사냥물을)
/나를 위하여
만들어
/별미를
//(결과)
나로 먹게 하여
네게 축복하게 하라 하셨으니
/죽기 전에
/여호와 앞에서

8 /그런즉
내 아들아!
[너는] ── 좇아
/내 말을
/내가 네게 명하는대로
9 [너는] ── 가서
/염소떼에
가져오면
/염소의 좋은 새끼를
/거기서
/내게로
//(결과:그러면)
내가 ── 만들리니
/별미를
/그 즐기시는
/그것으로
/네 부친을 위하여
10 /네가 ── 가져 드려서
/그것을
/네 부친께
잡수시게 하라
//(결과: 그래서)
그로 축복하기 위하여
/죽으시기 전에
/네게

43) 원전: 사냥물을 사냥하여 그것을 가져오기 위해

가가 들었더니 에서가 사냥하여 오려고 들로 나가매 6
리브가가 그 아들 야곱에게 일러 가로되 네 부친이 네
형 에서에게 말씀하시는 것을 내가 들으니 이르시기를 7
나를 위하여 사냥하여 가져다가 별미를 만들어 나로 먹
게 하여 죽기 전에 여호와 앞에서 네게 축복하게 하라
하셨으니 8 그런즉 내 아들아 내 말을 좇아 내가 네게
명하는 대로 9 염소 떼에 가서 거기서 염소의 좋은 새끼
를 내게로 가져오면 내가 그것으로 네 부친을 위하여 그
즐기시는 별미를 만들리니 10 네가 그것을 가져 네 부
친께 드려서 그로 죽으시기 전에 네게 축복하기 위하여

while Isaac spoke to his son Esau. So when Esau went
to the field to hunt for game to bring home, 6 Rebekah
said to her son Jacob, "Behold, I heard your father
speak to your brother Esau, saying, 7 'Bring me some
game and prepare a savory dish for me, that I may eat,
and bless you in the presence of the LORD before my death.'
8 "Now therefore, my son, listen to me as I command
you. 9 "Go now to the flock and bring me two choice
kids from there, that I may prepare them as a savory
dish for your father, such as he loves. 10 "Then you

창

11 야곱이 **이르되**
/내 형 에서는—털사람이요
나는 ——— 매끈매끈한 사람인즉
12 아버지께서 —만지실진대
/나를
//(결과)
내가 — 뵈일지라
/속이는 자로
/아버지께
//(결과: 그러면)
[내가]—받을까 하나이다
/복은 고사하고
/저주를

13 어미가 **이르되**
/그에게
/내 아들아!
너의 저주는 내게로 돌리리니
[너는] —— 좇고
/내 말만
— 가서
— 가져오라

14 그가 **가서**
취하여
가져왔더니
/어미에게로
그 어미가 **만들었더라**
/그 아비의 즐기는 별미를

15 리브가가 **취하여**
/좋은 의복을
/에서의
/맏아들
/집 안 자기 처소에 있는
입히고
/야곱에게
/작은 아들

16 또 **꾸미고**
/염소 새끼의 가죽으로
/그 손과 목의 매끈매끈한 곳에

17 **주매**
/그 만든 별미와 떡을
/야곱의 손에
/자기 아들

잡수시게 하라 11 야곱이 그 모친 리브가에게 이르되
내 형 에서는 털사람이요 나는 매끈매끈한 사람인즉 12
아버지께서 나를 만지실진대 내가 아버지께 속이는 자로
뵈일지라 복은 고사하고 저주를 받을까 하나이다 13 어
미가 그에게 이르되 내 아들아 너의 저주는 내게로 돌리
리니 내 말만 좇고 가서 가져오라 14 그가 가서 취하여
어미에게로 가져왔더니 그 어미가 그 아비의 즐기는 별
미를 만들었더라 15 리브가가 집 안 자기 처소에 있는
맏아들 에서의 좋은 의복을 취하여 작은 아들 야곱에게
입히고 16 또 염소 새끼의 가죽으로 그 손과 목의 매끈

shall bring it to your father, that he may eat, so that he
may bless you before his death." 11 And Jacob answered
his mother Rebekah, "Behold, Esau my brother is a
hairy man and I am a smooth man. 12 "Perhaps my
father will feel me, then I shall be as a deceiver in his
sight; and I shall bring upon myself a curse and not a
blessing." 13 But his mother said to him, "Your
curse be on me, my son; only obey my voice, and go,
get them for me." 14 So he went and got them, and
brought them to his mother; and his mother made savory
food such as his father loved. 15 Then Rebekah took
the best garments of Esau her elder son, which were
with her in the house, and put them on Jacob her younger
son. 16 And she put the skins of the kids on his hands

창

18 야곱이 **나아가서**
/아버지에게
부른대
/내 아버지여 하고
[이삭이] **가로되**
/내가 여기 있노라
내 아들아!
네가 누구냐?

19 야곱이 **대답하되**
/아비에게
/나는 ── 에서로소이다
/아버지의 맏아들
내가 ── 하였사오니
/아버지께서 내게 명하신대로
청컨대
[당신은] ┬ 일어나
├ 앉아서
└ 잡수시고
/내 사냥한 고기를
//(결과)
축복하소서
/아버지의 마음껏
/내게

20 이삭이 **이르되**
/그 아들에게
/내 아들아!
네가 어떻게 이같이 속히 잡았느냐?
그가 **가로되**
/여호와께서 나로 순적히 만나게 하셨음이니이다[44)]
/아버지의 하나님

21 이삭이 **이르되**
/야곱에게
/내 아들아!
[너는] ── 가까이 오라
//(목적/결과)
내가 너를 만지려 하노라
/네가 과연 내 아들 에서인지 아닌지

22 야곱이 **가까이 가니**
/그 아비 이삭에게
이삭이 **만지며**
가로되...하며
/음성은 야곱의 음성이나
손은 에서의 손이로다

44) 접속사 'כִּי'가 있지만 자체가 이유를 나타내는 종속절이다.

매끈한 곳에 꾸미고 17 그 만든 별미와 떡을 자기 아들
야곱의 손에 주매 18 야곱이 아버지에게 나아가서 내
아버지여 하고 부른대 가로되 내가 여기 있노라 내 아들
아 네가 누구냐 19 야곱이 아비에게 대답하되 나는 아
버지의 맏아들 에서로소이다 아버지께서 내게 명하신대
로 내가 하였사오니 청컨대 일어나 앉아서 내 사냥한 고
기를 잡수시고 아버지의 마음껏 내게 축복하소서 20 이
삭이 그 아들에게 이르되 내 아들아 네가 어떻게 이같이
속히 잡았느냐 그가 가로되 아버지의 하나님 여호와께서
나로 순적히 만나게 하셨음이니이다 21 이삭이 야곱에
게 이르되 내 아들아 가까이 오라 네가 과연 내 아들 에
서인지 아닌지 내가 너를 만지려 하노라 22 야곱이 그

and on the smooth part of his neck. 17 She also gave
the savory food and the bread, which she had made, to
her son Jacob. 18 ¶ Then he came to his father and
said, "My father." And he said, "Here I am. Who are
you, my son?" 19 And Jacob said to his father, "I am
Esau your first-born; I have done as you told me. Get
up, please, sit and eat of my game, that you may bless
me." 20 And Isaac said to his son, "How is it that you
have it so quickly, my son?" And he said, "Because
the LORD your God caused it to happen to me." 21
Then Isaac said to Jacob, "Please come close, that I
may feel you, my son, whether you are really my son

창

23 [그가] **능히 분별치 못하고**
//(이유; כִּי, because)
그 손이 ── 털이 있으므로
/형 에서의 손과 같이

[그가] **축복하였더라**

24 이삭이 **가로되**
/네가 참 내 아들 에서냐?
그가 **대답하되**
/그러하니이다

25 이삭이 **가로되**
/[너는] ──가져오라
/내게로
[내가] ── 먹고
/내 아들의 사냥한 고기를
//(목적: לְמַעַן)
[내가] ─ 축복하리라
/네게
/내 마음껏

야곱이 **가져가매**
/그에게로
//(결과; 의미상)
그가 먹고
또
[야곱이] **가져가매**
/포도주를
//(결과; 의미상)
그가 마시고

26 이삭이 **이르되**
/그 아비
/그에게
/내 아들아!
[너는] ┬ 가까이 와서
└ 입맞추라
/내게

27 그가 **가까이 가서**
입맞추니
/그에게

아비가 **맡고**
/그 옷의 향취를
축복하여
/그에게

아비 이삭에게 가까이 가니 이삭이 만지며 가로되 음성
은 야곱의 음성이나 손은 에서의 손이로다 하며 **23** 그
손이 형 에서의 손과 같이 털이 있으므로 능히 분별치
못하고 축복하였더라 **24** 이삭이 가로되 네가 참 내 아
들 에서냐 그가 대답하되 그러하니이다 **25** 이삭이 가로
되 내게로 가져오라 내 아들의 사냥한 고기를 먹고 내
마음껏 네게 축복하리라 야곱이 그에게로 가져가매 그가
먹고 또 포도주를 가져가매 그가 마시고 **26** 그 아비 이
삭이 그에게 이르되 내 아들아 가까이 와서 내게 입맞추
라 **27** 그가 가까이 가서 그에게 입맞추니 아비가 그 옷

Esau or not." **22** So Jacob came close to Isaac his
father, and he felt him and said, "The voice is the voice
of Jacob, but the hands are the hands of Esau." **23** And
he did not recognize him, because his hands were hairy
like his brother Esau's hands; so he blessed him. **24**
And he said, "Are you really my son Esau?" And he
said, "I am." **25** So he said, "Bring it to me, and I
will eat of my son's game, that I may bless you." And
he brought it to him, and he ate; he also brought him
wine and he drank. **26** Then his father Isaac said to
him, "Please come close and kiss me, my son." **27**
So he came close and kissed him; and when he smelled

가로되
/향취는 —— 향취로다
/내 아들의 /여호와의 복 주신 밭의
28 /하나님은 — 주시기를 원하노라
/하늘의 이슬과
땅의 기름짐이며
풍성한 곡식과
포도주로
/네게

29 /만민이 —— 섬기고
/너를
열국이 —— 굴복하리니
/네게

네가 —— 주가 되고
/형제들의
//(결과: 의미상)
아들들이 —— 네게 굴복하며
/네 어미의

저주하는 자는 저주를 받고(=받기를 원하고)
/네게
축복하는 자는 복을 받기를(=받기를 원하노라)
/네게

30 이삭이 야곱에게 축복하기를 마치매(상황절, as soon as)
야곱이 나가자
/그 아비 이삭 앞에서
에서가 돌아온지라
/그 형 /곧
/사냥하여

31 그가 만들어
/별미를
가지고 가서
/아비에게로
가로되
/아버지여!
일어나서
잡수시고
/아들의 사냥한 고기를
축복하소서
/내게
/마음껏

32 이삭이 이르되
/그 아비 /그에게
/너는 누구냐?

의 향취를 맡고 그에게 축복하여 가로되 내 아들의 향취
는 여호와의 복 주신 밭의 향취로다 28 하나님은 하늘
의 이슬과 땅의 기름짐이며 풍성한 곡식과 포도주로 네
게 주시기를 원하노라 29 만민이 너를 섬기고 열국이
네게 굴복하리니 네가 형제들의 주가 되고 네 어미의 아
들들이 네게 굴복하며 네게 저주하는 자는 저주를 받고
네게 축복하는 자는 복을 받기를 원하노라 30 이삭이
야곱에게 축복하기를 마치매 야곱이 그 아비 이삭 앞에
서 나가자 곧 그 형 에서가 사냥하여 돌아온지라 31 그
가 별미를 만들어 아비에게로 가지고 가서 가로되 아버

the smell of his garments, he blessed him and said, "See,
the smell of my son Is like the smell of a field which
the LORD has blessed; 28 Now may God give you
of the dew of heaven, And of the fatness of the earth,
And an abundance of grain and new wine; 29 May
peoples serve you, And nations bow down to you; Be
master of your brothers, And may your mother's sons
bow down to you. Cursed be those who curse you, And
blessed be those who bless you." 30 ¶ Now it came
about, as soon as Isaac had finished blessing Jacob, and
Jacob had hardly gone out from the presence of Isaac
his father, that Esau his brother came in from his hunting.
31 Then he also made savory food, and brought it to
his father; and he said to his father, "Let my father

그가 **대답하되**
/나는 — 에서로소이다
/아버지의 아들
곧 아버지의 맏아들

33 이삭이 **떨며**
/심히 크게
가로되
/가져온 자가 누구냐?
/사냥한 고기를
/내게
/그런즉[45)]
/내가 — 먹고
/다
/너 오기 전에
축복하였은즉
/그를 위하여
그가 — 복을 받을 것이니라
/정녕

34 에서가 **듣고**
/그 아비의 말을
방성 대곡하며
이르되
/아비에게
/내 아버지여!
내게 축복하소서
내게도 그리 하소서

35 이삭이 **가로되**
/네 아우가 — 와서
/간교하게
빼앗았도다
/네 복을

36 에서가 **가로되**
/야곱이라 함이 합당치 아니하니이까?
/그의 이름을
//(이유: כִּי, for)
그가 나를 속임이
이것이 두 번째니이다
/전에는
[그가] — 빼앗고
/나의 장자의 명분을
이제는
[그가] — 빼앗았나이다
/내 복을

45) '지금' 이라는 뜻

지여 일어나서 아들의 사냥한 고기를 잡수시고 마음껏
내게 축복하소서 32 그 아비 이삭이 그에게 이르되 너
는 누구냐 그가 대답하되 나는 아버지의 아들 곧 아버지
의 맏아들 에서로소이다 33 이삭이 심히 크게 떨며 가
로되 그런즉 사냥한 고기를 내게 가져온 자가 누구냐 너
오기 전에 내가 다 먹고 그를 위하여 축복하였은즉 그가
정녕 복을 받을 것이니라 34 에서가 그 아비의 말을 듣
고 방성대곡하며 아비에게 이르되 내 아버지여 내게 축
복하소서 내게도 그리하소서 35 이삭이 가로되 네 아우
가 간교하게 와서 네 복을 빼앗았도다 36 에서가 가로

arise, and eat of his son's game, that you may bless
me." 32 And Isaac his father said to him, "Who are
you?" And he said, "I am your son, your first-born,
Esau." 33 Then Isaac trembled violently, and said,
"Who was he then that hunted game and brought it to
me, so that I ate of all of it before you came, and blessed
him? Yes, and he shall be blessed." 34 When Esau
heard the words of his father, he cried out with an exceedingly
great and bitter cry, and said to his father, "Bless me,
even me also, O my father!" 35 And he said, "Your brother
came deceitfully, and has taken away your blessing."
36 Then he said, "Is he not rightly named Jacob, for

또 **가로되**
/아버지께서 ─남기지 아니하셨나이까?
/빌 복을
/나를 위하여

37 이삭이 **대답하여 가로되**
/에서에게
/내가 ─── 세우고
/그를
/너의 주로
내가 ─── 주었으며
/그 모든 형제를
/그에게
/종으로
공급하였으니
/곡식과 포도주를
/그에게
내 아들아!
내가 네게 무엇을 할 수 있으랴?

38 에서가 **이르되** ...하고
/아비에게
/내 아버지여!
빌 복이 이 하나 뿐이리이까?
/아버지의
내 아버지여!
내게 축복하소서
내게도 그리 하소서
높여
/소리를
우니

39 이삭이 **대답하여**
/그 아비 /그에게
가로되
/너의 주소는 ─ 뜨고
/땅의 기름 짐에서
뜰 것이며
/내리는 하늘 이슬에서
40 /너는 ─── 생활하겠고
/칼을 믿고
섬길 것이며
/네 아우를
네가 매임을 벗을 때에는
[너는] ─── 떨쳐버리리라 하였더라
/그(의) 멍에를
/네 목에서

되 그의 이름을 야곱이라 함이 합당치 아니하니이까 그가
나를 속임이 이것이 두번째니이다 전에는 나의 장자의 명
분을 빼앗고 이제는 내 복을 빼앗았나이다 또 가로되 아
버지께서나를 위하여 빌 복을 남기지 아니하셨나이까
37 이삭이 에서에게 대답하여 가로되 내가 그를 너의
주로 세우고 그 모든 형제를 내가 그에게 종으로 주었으
며 곡식과 포도주를 그에게 공급하였으니 내 아들아 내
가 네게 무엇을 할 수 있으랴 38 에서가 아비에게 이르
되 내 아버지여 아버지의 빌 복이 이 하나뿐이리이까 내
아버지여 내게 축복하소서 내게도 그리하소서 하고 소리
를 높여 우니 39 그 아비 이삭이 그에게 대답하여 가로
되 너의 주소는 땅의 기름짐에서 뜨고 내리는 하늘 이슬

he has supplanted me these two times? He took away my birthright, and behold, now he has taken away my blessing." And he said, "Have you not reserved a blessing for me?"
37 But Isaac answered and said to Esau, "Behold, I have made him your master, and all his relatives I have given to him as servants; and with grain and new wine I have sustained him. Now as for you then, what can I do, my son?"
38 And Esau said to his father, "Do you have only one blessing, my father? Bless me, even me also, O my father." So Esau lifted his voice and wept.
39 Then Isaac his father answered and said to him, "Behold, away from the fertility of the earth shall be your dwelling, And away from the dew of heaven from above.
40 "And by your sword you shall live,

창

41 에서가 **미워하여**
/야곱을
이르기를(이르기를...라 하였더니)
/심중에
/아버지를 곡할 때가 가까왔은즉
내가 —— 죽이리라
/내 아우 야곱을
//(이유: עַל, because of)
그 축복을 인하여
/그 아비가 야곱에게 축복한

42 이 말이 **들리매**
/맏아들 에서의 /리브가에게

이에(반응)
[그녀가] **보내어**
불러
/작은 아들 야곱을
이르되
/그에게
/에서가 —— 풀려하나니
/네 형 /그 한을
/너를 죽여
43 /내 아들아!
[너는] —— 내 말을 좇아
일어나
가서 피하여
/하란으로
/내 오라버니 라반에게
44 /[너는] —— 거하라
/네 형의 노가 풀리기 까지
/몇날 동안
/그와 함께
45 /네 형의 분노가 풀려
네가 자기에게 행한 것을 잊어버리거든
내가 —— 곧 보내어
불러오리라
/너를
/거기서
어찌 [내가] 하루에 너희 둘을 잃으랴?

46 리브가가 **이르되**
/이삭에게
/내가 —— 싫어하거늘
/나의 생명을
//(이유: מִפְּנֵי, because of)

에서 뜰 것이며 40 너는 칼을 믿고 생활하겠고 네 아우
를 섬길 것이며 네가 매임을 벗을 때에는 그 멍에를 네
목에서 떨쳐 버리리라 하였더라 41 그 아비가 야곱에게
축복한 그 축복을 인하여 에서가 야곱을 미워하여 심중
에 이르기를 아버지를 곡할 때가 가까왔은즉 내가 내 아
우 야곱을 죽이리라 하였더니 42 맏아들 에서의 이 말
이 리브가에게 들리매 이에 보내어 작은 아들 야곱을 불
러 그에게 이르되 네 형 에서가 너를 죽여 그 한을 풀려
하나니 43 내 아들아 내 말을 좇아 일어나 하란으로 가
서 내 오라버니 라반에게 피하여 44 네 형의 노가 풀리
기까지 몇 날 동안 그와 함께 거하라 45 네 형의 분노
가 풀려 네가 자기에게 행한 것을 잊어버리거든 내가 곧
보내어 너를 거기서 불러오리라 어찌 하루에 너희 둘을
잃으랴 46 리브가가 이삭에게 이르되 내가 헷 사람의

And your brother you shall serve; But it shall come
about when you become restless, That you shall break
his yoke from your neck." 41 So Esau bore a grudge against
Jacob because of the blessing with which his father had
blessed him; and Esau said to himself, "The days of mourning
for my father are near; then I will kill my brother Jacob."
42 Now when the words of her elder son Esau were reported
to Rebekah, she sent and called her younger son Jacob,
and said to him, "Behold your brother Esau is consoling
himself concerning you, by planning to kill you. 43
"Now therefore, my son, obey my voice, and arise, flee
to Haran, to my brother Laban! 44 "And stay with
him a few days, until your brother's fury subsides, 45
until your brother's anger against you subsides, and he forgets
what you did to him. Then I shall send and get you
from there. Why should I be bereaved of you both in

창

//(이유: מִפְּנֵי because of)
헷 사람의 딸들을 인하여
만일
야곱이 —— 취하면(조건절, if)
/아내를
/이 땅의 딸들
곧 헷사람의 딸들 중에서
/그들과 같은
나의 생명이 내게 무슨 재미가 있으리이까?

28

1 이삭이 **불러**
/야곱을
축복하고
/그에게
또 **부탁하여**
가로되
/너는 —— 취하지 말고
/아내를
/가나안 사람의 딸들 중에서
2 일어나
가서
/밧단아람으로
이르러
/너의 외조부 브두엘 집에
취하라
/아내를
/거기서
/너의 외삼촌 라반의 딸 중에서
3 /하나님이 —— 복을 주어
/전능하신 /네게
생육하고
/너로
번성케하사
이루게 하시고
/여러 족속을
/너로
4 주시되
/아브라함에게 허락하신 복을
/네게
주사
/너와 네 자손에게
/너와 함께
//(결과)

딸들을 인하여 나의 생명을 싫어하거늘 야곱이 만일 이
땅의 딸들 곧 그들과 같은 헷 사람의 딸들 중에서 아내를
취하면 나의 생명이 내게 무슨 재미가 있으리이까
28:1 이삭이 야곱을 불러 그에게 축복하고 또 부탁
하여 가로되 너는 가나안 사람의 딸들 중에서 아
내를 취하지 말고 **2** 일어나 밧단아람으로 가서 너의 외
조부 브두엘 집에 이르러 거기서 너의 외삼촌 라반의 딸
중에서 아내를 취하라 **3** 전능하신 하나님이 네게 복을
주어 너로 생육하고 번성케하사 너로 여러 족속을 이루게
하시고 **4** 아브라함에게 허락하신 복을 네게 주시되 너

one day?" **46** ¶ And Rebekah said to Isaac, "I am
tired of living because of the daughters of Heth; if Jacob
takes a wife from the daughters of Heth, like these, from
the daughters of the land, what good will my life be to
me?"

28:1 ¶ So Isaac called Jacob and blessed him and charged
him, and said to him, "You shall not take a wife
from the daughters of Canaan. **2** "Arise, go to Paddan-
aram, to the house of Bethuel your mother's father; and from
there take to yourself a wife from the daughters of Laban
your mother's brother. **3** "And may God Almighty bless

창

//(결과)
너로(가) — 유업으로 받게 하시기를 원하노라
/하나님이 아브라함에게 주신 땅
곧 너의 우거하는 땅을

5 이에
이삭이 **보내었더니**
/야곱을
[야곱이] **가서**
/밧단아람으로
이르렀으니
/라반에게
/(설명/동격)
라반은 — 아들이요
/브두엘의
/아람 사람
— 오라비더라
/리브가의
/야곱과 에서의 어미

6 에서가 본즉(상황절)
이삭이 **축복하고**
/야곱에게
보내어
/그를
/밧단아람으로
취하게 하였고
/아내를
/거기서
또 **축복하고**
/그에게
명하기를...하였고
/너는 — 취하지 말라
/아내를
/가나안 사람의 딸들 중에서
7 또
야곱이 **갔으며**
/밧단아람으로
/부모의 명을 좇아

8 에서가 또 본즉(상황절)
딸들이 **기쁘게 못하는지라**
/가나안 사람의 /그 아비 이삭을

9 이에
에서가 **가서**
/이스마엘에게

와 너와 함께 네 자손에게 주사 너로 하나님이 아브라함
에게 주신 땅 곧 너의 우거하는 땅을 유업으로 받게 하
시기를 원하노라
5 이에 이삭이 야곱을 보내었더니 밧
단아람으로 가서 라반에게 이르렀으니 라반은 아람 사람
브두엘의 아들이요 야곱과 에서의 어미 리브가의 오라비
더라
6 에서가 본즉 이삭이 야곱에게 축복하고 그를 밧
단아람으로 보내어 거기서 아내를 취하게 하였고 또 그
에게 축복하고 명하기를 너는 가나안 사람의 딸들 중에
서 아내를 취하지 말라 하였고
7 또 야곱이 부모의 명
을 좇아 밧단아람으로 갔으며
8 에서가 또 본즉 가나안
사람의 딸들이 그 아비 이삭을 기쁘게 못하는지라
9 이
에 에서가 이스마엘에게 가서 그 본처들 외에 아브라함

you and make you fruitful and multiply you, that you
may become a company of peoples.
4 "May He also
give you the blessing of Abraham, to you and to your
descendants with you; that you may possess the land of
your sojournings, which God gave to Abraham."
5 Then
Isaac sent Jacob away, and he went to Paddan-aram to Laban,
son of Bethuel the Aramean, the brother of Rebekah,
the mother of Jacob and Esau.
6 Now Esau saw that
Isaac had blessed Jacob and sent him away to Paddan-
aram, to take to himself a wife from there, and that
when he blessed him he charged him, saying, "You shall
not take a wife from the daughters of Canaan,"
7 and
that Jacob had obeyed his father and his mother and had
gone to Paddan-aram.
8 So Esau saw that the daughters

취하였더라
/마할랏을
/이스마엘의 딸이요
/아브라함의 아들
/느바욧의 누이인
/아내로
/그 본처들 외에

10 야곱이 **떠나**
/브엘세바에서
가더니
/하란으로 향하여

11 **이르러는**
/한곳에
유숙하려고
/거기서

//(이유: כִּי, because)
해가 진지라

[그가] **취하여**
/한 돌을
/그곳의
베개하고
누워
/거기
자더니

12 **꿈에**
본즉
//(동격: 꿈을 꾸어 본 내용을 강화시킴)
사닥다리가 땅 위에 섰는데
그 꼭대기가 하늘에 닿았고

또 **본즉**
//(동격)
사자가 ——— 오르락 내리락하고
/하나님의 /그 위에서

13 또 **본즉**
//(동격)
여호와께서 —— 서서
/그 위에
가라사대
/나는 —— 여호와니
하나님이요
/아브라함의
/너의 조부

의 아들 이스마엘의 딸이요 느바욧의 누이인 마할랏을
아내로 취하였더라 10 야곱이 브엘세바에서 떠나 하란
으로 향하여 가더니 11 한곳에 이르러는 해가 진지라
거기서 유숙하려고 그 곳의 한 돌을 취하여 베개하고 거
기 누워 자더니 12 꿈에 본즉 사닥다리가 땅 위에 섰
는데 그 꼭대기가 하늘에 닿았고 또 본즉 하나님의 사자
가 그 위에서 오르락 내리락하고 13 또 본즉 여호와께
서 그 위에 서서 가라사대 나는 여호와니 너의 조부 아브
라함의 하나님이요 이삭의 하나님이라 너 누운 땅을 내
가 너와 네 자손에게 주리니 14 네 자손이 땅의 티끌

of Canaan displeased his father Isaac; 9 and Esau went
to Ishmael, and married, besides the wives that he had,
Mahalath the daughter of Ishmael, Abraham's son, the
sister of Nebaioth. 10 Then Jacob departed from Beersheba
and went toward Haran. 11 And he came to a certain
place and spent the night there, because the sun had set;
and he took one of the stones of the place and put it
under his head, and lay down in that place. 12 And he
had a dream, and behold, a ladder was set on the earth
with its top reaching to heaven; and behold, the angels
of God were ascending and descending on it. 13 And behold,
the LORD stood above it and said, "I am the LORD,

창

하나님이라
/이삭의
/내가 ─ 주리니
/너 누운 땅을
/너와 네 자손에게

14 //(결과)
네 자손이 ─ 되어서
/땅의 티끌같이
편만할지며
/동서남북에
모든 족속이 ─ 복을 얻으리라
/땅의 /너와 네 자손을 인하여[46)]

15 /내가 ─ 너와 함께 있어
지키며
/너를
/네가 어디로 가든지
이끌어 돌아오게 할지라
/너를
/이 땅으로
/내가 ─ 떠나지 아니하리라 하신지라
/너를
/네게 허락한 것을 다이루기까지

16 야곱이 **잠이 깨어**
가로되
/여호와께서 ─ 계시거늘
/과연
/여기
내가 ─ 알지 못하였도다
/[그것을]

17 이에(반응)
[그가] **두려워하여**
가로되 ...하고
/두렵도다 이 곳이여!
다른 것이 아니라
이는 하나님의 전이요
이는 하늘의 문이로다

18 야곱이 **일어나**
/아침에
/일찌기
가져
/베개하였던 돌을
세우고
/기둥으로

46) 네 자손 안에서

같이 되어서 동서남북에 편만할찐대 땅의 모든 족속이
너와 네 자손을 인하여 복을 얻으리라 15 내가 너와
함께 있어 네가 어디로 가든지 너를 지키며 너를 이끌어
이 땅으로 돌아오게 할지라 내가 네게 허락한 것을 다
이루기까지 너를 떠나지 아니하리라 하신지라 16 야곱
이 잠이 깨어 가로되 여호와께서 과연 여기 계시거늘 내
가 알지 못하였도다 17 이에 두려워하여 가로되 두렵
도다 이 곳이여 다른 것이 아니라 이는 하나님의 전이요
이는 하늘의 문이로다 하고 18 야곱이 아침에 일찌기
일어나 베개하였던 돌을 가져 기둥으로 세우고 그 위에

the God of your father Abraham and the God of Isaac; the land on which you lie, I will give it to you and to your descendants.
14 "Your descendants shall also be like the dust of the earth, and you shall spread out to the west and to the east and to the north and to the south; and in you and in your descendants shall all the families of the earth be blessed.
15 "And behold, I am with you, and will keep you wherever you go, and will bring you back to this land; for I will not leave you until I have done what I have promised you."
16 Then Jacob awoke from his sleep and said, "Surely the LORD is in this place, and I did not know it."
17 And he was afraid and said, "How awesome is this place! This is none other than the house of God, and this is the gate of

붓고
/그 위에 기름을

19 **하였더라**
/그곳 이름을 벧엘이라
이 성의 본 이름은 루스더라

20 야곱이 **서원하여** (말함으로 서원하였다)
/[만일]
하나님이—계시사
/나와 함께
지키시고
/나를
/이 길에서
/내가 가는
주사
/먹을 양식과
입을 옷을
21 돌아가게 하시오면(조건절, if)
/나로
/평안히
/아비 집으로
여호와께서 나의 하나님이 되실 것이요

22 /이 돌이 —— 하나님의 전이 될 것이요
/내가 기둥으로 세운
내가 —— 드리겠나이다 하였더라
/십분 일을
/모든 것에서
/하나님께서 내게 주신
/하나님께
/반드시

29

1 야곱이 **발행하여**
이르러
/동방 사람의 땅에

2 본즉
우물이 **있고**
/들에
양 세 떼가 **누웠으니**
/그 곁에

//이는(이유: כִּי)

기름을 붓고 19 그곳 이름을 벧엘이라 하였더라 이 성
의 본 이름은 루스더라 20 야곱이 서원하여 가로되 하
나님이 나와 함께 계시사 내가 가는 이 길에서 나를 지
키시고 먹을 양식과 입을 옷을 주사 21 나로 평안히
아비 집으로 돌아가게 하시오면 여호와께서 나의 하나님
이 되실 것이요 22 내가 기둥으로 세운 이 돌이 하나
님의 전이 될 것이요 하나님께서 내게 주신 모든 것에서
십분 일을 내가 반드시 하나님께 드리겠나이다 하였더라
29:1 야곱이 발행하여 동방 사람의 땅에 이르러 2
본즉 들에 우물이 있고 그 곁에 양 세 떼가 누웠
으니 이는 목자들이 그 우물에서 물을 양떼에게 먹임이
라 큰 돌로 우물 아구를 덮었다가 3 모든 떼가 모이면

heaven." 18 ¶ So Jacob rose early in the morning, and
took the stone that he had put under his head and set it
up as a pillar, and poured oil on its top. 19 And he
called the name of that place Bethel; however, previously
the name of the city had been Luz. 20 Then Jacob
made a vow, saying, "If God will be with me and will
keep me on this journey that I take, and will give me
food to eat and garments to wear, 21 and I return to
my father's house in safety, then the LORD will be my
God. 22 "And this stone, which I have set up as a
pillar, will be God's house; and of all that Thou dost
give me I will surely give a tenth to Thee."
29:1 ¶ Then Jacob went on his journey, and came
to the land of the sons of the east. 2 And he

창

//이는(이유: כִּי, for)
목자들이 — 물을 먹임이라
/그 우물에서
/양떼에게
덮었다가
/큰 돌로
/우물 아구를

3 모든 떼가 모이면(상황절, when)
그들이 **옮기고**
/돌을
/우물 아구에서
물을 먹이고는
/양에게
덮더라
/돌을
/여전히 우물 아구 그 자리에

4 야곱이 **이르되**
/그들에게
/나의 형제여!
어디로서뇨?
그들이 **가로되**
/하란에서로라

5 야곱이 **이르되**
/그들에게
/너희가 — 아느냐?
/나홀의 손자 라반을
그들이 **가로되**
/아노라

6 야곱이 **이르되**
/그들에게
/그가 평안하냐?
가로되
/평안하니라
라헬이 — 지금 오느니라
/그 딸 /양을 몰고

7 야곱이 **가로되**
/해가 아직 높은즉
짐승 모일 때가 아니니
[너희는] — 물을 먹이고
/양에게
가서
뜯기라

그들이 우물 아구에서 돌을 옮기고 양에게 물을 먹이고
는 여전히 우물 아구 그 자리에 돌을 덮더라 4 야곱이
그들에게 이르되 나의 형제여 어디로서뇨 그들이 가로되
하란에서로라 5 야곱이 그들에게 이르되 너희가 나홀의
손자 라반을 아느냐 그들이 가로되 아노라 6 야곱이 그
들에게 이르되 그가 평안하냐 가로되 평안하니라 딸 라
헬이 지금 양을 몰고 오느니라 7 야곱이 가로되 해가 아
직 높은즉 짐승 모일 때가 아니니 양에게 물을 먹이고
가서 뜯기라 8 그들이 가로되 우리가 그리하지 못하겠
노라 떼가 다 모이고 목자들이 우물 아구에서 돌을 옮겨

looked, and saw a well in the field, and behold, three
flocks of sheep were lying there beside it, for from that
well they watered the flocks. Now the stone on the mouth
of the well was large. 3 When all the flocks were
gathered there, they would then roll the stone from the mouth
of the well, and water the sheep, and put the stone back
in its place on the mouth of the well. 4 And Jacob said
to them, "My brothers, where are you from?" And they
said, "We are from Haran." 5 And he said to them,
"Do you know Laban the son of Nahor?" And they said,
"We know him." 6 And he said to them, "Is it well
with him?" And they said, "It is well, and behold,
Rachel his daughter is coming with the sheep." 7 And
he said, "Behold, it is still high day; it is not time for

8 그들이 **가로되**
/우리가 —— 그리하지 못하겠노라
떼가 —— 다 모이고
목자들이 —— 옮겨야
/돌을
/우물 아구에서
우리가 —— 물을 먹이느리라
/양에게

9 야곱이 그들과 말하는 중에(상황절, when)
라헬이 **오니**
/그 아비의 양과 함께

//(이유; כִּי for)
그가 그의 양들을 침이었더라

10 야곱이 **보고**
/그 외삼촌 라반의 딸 라헬과
그 외삼촌의 양을
나아가서
옮기고
/돌을
/우물 아구에서
먹이고
/물을
/외삼촌 라반의 양떼에게

11 그가 라헬에게 **입맞추고**
소리내어 **울며**

12 **고하였더니**
/자기가 ┬ 생질이요
/그의 아비의
└ 아들됨을
/리브가의
/그에게
라헬이 **달려가서**
고하매
/그 아비에게

13 라반이 그 생질 야곱의 소식을 듣고(듣게 되었을 때)(상황절, when)
[그가] **달려와서**
/그를 영접하여(영접하기 위하여)
안고
입맞추고
인도하여 들이니
/자기 집으로

야 우리가 양에게 물을 먹이느리라 9 야곱이 그들과 말
하는 중에 라헬이 그 아비의 양과 함께 오니 그가 그의
양들을 침이었더라 10 야곱이 그 외삼촌 라반의 딸 라
헬과 그 외삼촌의 양을 보고 나아가서 우물 아구에서 돌
을 옮기고 외삼촌 라반의 양떼에게 물을 먹이고 11 그
가 라헬에게 입맞추고 소리내어 울며 12 그에게 자기가
그의 아비의 생질이요 리브가의 아들됨을 고하였더니 라
헬이 달려가서 그 아비에게 고하매 13 라반이 그 생질
야곱의 소식을 듣고 달려와서 그를 영접하여 안고 입맞추
고 자기 집으로 인도하여 들이니 야곱이 자기의 모든 일

the livestock to be gathered. Water the sheep, and go, pasture
them." 8 But they said, "We cannot, until all the flocks
are gathered, and they roll the stone from the mouth of
the well; then we water the sheep." 9 While he was
still speaking with them, Rachel came with her father's sheep,
for she was a shepherdess. 10 And it came about, when
Jacob saw Rachel the daughter of Laban his mother's brother,
and the sheep of Laban his mother's brother, that Jacob
went up, and rolled the stone from the mouth of the
well, and watered the flock of Laban his mother's brother.
11 Then Jacob kissed Rachel, and lifted his voice and wept.
12 And Jacob told Rachel that he was a relative of her
father and that he was Rebekah's son, and she ran and
told her father. 13 ¶ So it came about, when Laban

창

야곱이 **고하매**
/자기의 모든 일을
/라반에게

14 라반이 **가로되**..하였더라
/너는 참으로 나의 골육이로다
야곱이 **거하더니**
/한달을
/그와 함께

15 라반이 **이르되**
/야곱에게
/네가 비록 나의 생질이나
어찌 공으로 내 일만 하겠느냐?
무엇이 네 보수겠느냐?
[너는] 내게 고하라

16 라반이 두 딸이 **있으니**
//(동격: 설명)
형의 이름은 레아요
아우의 이름은 라헬이라

17 레아는 안력이 **부족하고**
라헬은 **곱고**
아리따우니

18 야곱이 **연애하므로**
/라헬을
[그가] **대답하되**
/내가 —— 봉사하리이다
/칠년을
/외삼촌에게
/라헬을 위하여
/외삼춘의 작은 딸

19 라반이 **가로되**
/그를 네게 주는 것이
타인에게 주는 것보다 나으니
[너는] —— 있으라
/나와 함께

20 야곱이 **봉사하였으나**
/라반을
/라헬을 위하여
/칠년 동안

을 라반에게 고하매 **14** 라반이 가로되 너는 참으로 나
의 골육이로다 하였더라 야곱이 한 달을 그와 함께 거하
더니 **15** 라반이 야곱에게 이르되 네가 비록 나의 생질
이나 어찌 공으로 내 일만 하겠느냐 무엇이 네 보수겠느
냐 내게 고하라 **16** 라반이 두 딸이 있으니 형의 이름은
레아요 아우의 이름은 라헬이라 **17** 레아는 안력이 부족
하고 라헬은 곱고 아리따우니 **18** 야곱이 라헬을 연애하
므로 대답하되 내가 외삼촌의 작은 딸 라헬을 위하여 외
삼촌에게 칠 년을 봉사하리이다 **19** 라반이 가로되 그를
네게 주는 것이 타인에게 주는 것보다 나으니 나와 함께
있으라 **20** 야곱이 라헬을 위하여 칠 년 동안 라반을 봉
사하였으나 그를 연애하는 까닭에 칠 년을 수일 같이 여

heard the news of Jacob his sister's son, that he ran to
meet him, and embraced him and kissed him, and brought
him to his house. Then he related to Laban all these
things. **14** And Laban said to him, "Surely you are
my bone and my flesh." And he stayed with him a month.
15 Then Laban said to Jacob, "Because you are my relative,
should you therefore serve me for nothing? Tell me,
what shall your wages be?" **16** Now Laban had two
daughters; the name of the older was Leah, and the name
of the younger was Rachel. **17** And Leah's eyes were
weak, but Rachel was beautiful of form and face. **18**
Now Jacob loved Rachel, so he said, "I will serve you
seven years for your younger daughter Rachel." **19** And
Laban said, "It is better that I give her to you than that
I should give her to another man; stay with me." **20**
So Jacob served seven years for Rachel and they seemed

여겼더라
/칠년을 수일 같이
//(이유: 대격 because of)
그를 연애하는 까닭에

21 야곱이 라반에게 **이르되**
/[당신은] —— 주소서
/내 아내를
/내게
//(이유: כִּי for)
내 기한이 찼으니

//(결과: 그러면)
내가 그에게 들어가겠나이다

22 라반이 **모아**
/그곳 사람을
/다
잔치하고
23 **데려가매**
/그 딸 레아를
/야곱에게로
/저녁에
야곱이 **들어가니라**
/그에게로

24 라반이 또 **주었더라**
/그 여종 실바를
/그 딸 레아에게
/시녀로

25 야곱이 아침에 **보니**
//(결과)
레아라

[그가] 라반에게 **이르되**
/외삼촌이 어찌하여 내게 이같이 행하셨나이까?
내가 —— 봉사하지 아니하였나이까?
/라헬을 위하여
/외삼촌께
외삼촌이 나를 속이심은 어찜이니이까?

26 라반이 **가로되**
/형보다 아우를 먼저 주는 것은
우리 지방에서 하지 아니하는 바이라
27 /[너는] —— 채우라
/칠일을
/이를 위하여
//(결과: 그러면)

겼더라 21 야곱이 라반에게 이르되 내 기한이 찼으니
내 아내를 내게 주소서 내가 그에게 들어가겠나이다 22
라반이 그 곳 사람을 다 모아 잔치하고 23 저녁에 그
딸 레아를 야곱에게로 데려가매 야곱이 그에게로 들어가
니라 24 라반이 또 그 여종 실바를 그 딸 레아에게 시
녀로 주었더라 25 야곱이 아침에 보니 레아라 라반에게
이르되 외삼촌이 어찌하여 내게 이같이 행하셨나이까 내
가 라헬을 위하여 외삼촌께 봉사하지 아니하였나이까 외
삼촌이 나를 속이심은 어찜이니이까 26 라반이 가로되
형보다 아우를 먼저 주는 것은 우리 지방에서 하지 아니
하는 바이라 27 이를 위하여 칠 일을 채우라 우리가 그
도 네게 주리니 네가 그를 위하여 또 칠 년을 내게 봉사

to him but a few days because of his love for her. 21
¶ Then Jacob said to Laban, "Give me my wife, for
my time is completed, that I may go in to her." 22
And Laban gathered all the men of the place, and made
a feast. 23 Now it came about in the evening that he
took his daughter Leah, and brought her to him; and
Jacob went in to her. 24 Laban also gave his maid
Zilpah to his daughter Leah as a maid. 25 So it came
about in the morning that, behold, it was Leah! And he
said to Laban, "What is this you have done to me?
Was it not for Rachel that I served with you? Why then
have you deceived me?" 26 But Laban said, "It is not
the practice in our place, to marry off the younger before
the first-born. 27 "Complete the week of this one, and

창

//(결과: 그러면)
우리가 ─ 주리니
/그도
/네게

/네가 ─ 봉사할지니라
/또 칠년을
/그를 위하여
/내게

28 야곱이 **그대로 하여**
채우매
/그 칠일을

//(결과)
라반이 ─ 주고
/딸 라헬도
/그에게
/아내로

29 라반이 ─ 또 주어
/그 여종 빌하를
/그 딸 라헬에게
시녀가 되게하매

30//(결과)
야곱이 ─ 또한 들어갔고
/라헬에게로
그가 ─ 더 사랑하고
/레아보다 라헬을
봉사하였더라
/다시 칠년을
/라반에게

31 여호와께서 **보시고**
/레아에게 총이 없음을
여셨으나
/그의 태를
라헬은 **무자하였더라**

32 레아가 **잉태하여**
낳고
/아들을
하여
/그 이름을
/르우벤이라

//(*이유:* כִּי for)

할지니라 **28** 야곱이 그대로 하여 그 칠 일을 채우매 라
반이 딸 라헬도 그에게 아내로 주고 **29** 라반이 또 그
여종 빌하를 그 딸 라헬에게 주어 시녀가 되게 하매 **30**
야곱이 또한 라헬에게로 들어갔고 그가 레아보다 라헬을
더 사랑하고 다시 칠 년을 라반에게 봉사하였더라 **31**
여호와께서 레아에게 총이 없음을 보시고 그의 태를 여
셨으나 라헬은 무자하였더라 **32** 레아가 잉태하여 아들
을 낳고 그 이름을 르우벤이라 하여 가로되 여호와께서
나의 괴로움을 권고하셨으니 이제는 내 남편이 나를 사
랑하리로다 하였더라 **33** 그가 다시 잉태하여 아들을 낳

we will give you the other also for the service which
you shall serve with me for another seven years." **28**
And Jacob did so and completed her week, and he gave
him his daughter Rachel as his wife. **29** Laban also
gave his maid Bilhah to his daughter Rachel as her maid.
30 So Jacob went in to Rachel also, and indeed he
loved Rachel more than Leah, and he served with Laban
for another seven years. **31** ¶ Now the LORD saw that Leah
was unloved, and He opened her womb, but Rachel was
barren. **32** And Leah conceived and bore a son and
named him Reuben, for she said, "Because the LORD
has seen my affliction; surely now my husband will love

//(이유: כִּי for)
[그녀가] — 가로되...하였더라
/이제는
내 남편이 — 사랑하리로다
/나를
//(이유: כִּי for)
여호와께서 — 권고하셨으니
/나의 괴로움을

33 그가 **잉태하여**
/다시
낳고
/아들을
[그녀가] **가로되**...하고
/여호와께서 — 주셨도다
/이도
/내게
//(이유: כִּי for)
여호와께서 — 들으셨으므로
/나의 총이 없음을
[그녀가] **하였으며**
/그 이름을
/시므온이라

34 그가 또 **잉태하여**
낳고
/아들을
[그녀가] **가로되**...하고
/지금부터
내 남편이 — 연합하리로다
/나와
//(이유: כִּי for)
내가 — 낳았으니
/세 아들을
/그에게
그러므로
[그녀가] **하였으며**
/그 이름을
/레위라

35 그가 또 **잉태하여**
낳고
/아들을
가로되... 하고
/이제는
내가 — 찬송하리로다
/여호와를
이로 인하여(그러므로)[47]
그가 **하였고**
/그 이름을
/유다라
//(결과)
그의 생산이 멈추었더라

47) 원전에는 עַל־כֵּן이 있다.

고 가로되 여호와께서 나의 총이 없음을 들으셨으므로
내게 이도 주셨도다 하고 그 이름을 시므온이라 하였으
며 **34** 그가 또 잉태하여 아들을 낳고 가로되 내가 그에
게 세 아들을 낳았으니 내 남편이 지금부터 나와 연합하
리로다 하고 그 이름을 레위라 하였으며 **35** 그가 또 잉
태하여 아들을 낳고 가로되 내가 이제는 여호와를 찬송
하리로다 하고 이로 인하여 그가 그 이름을 유다라 하였
고 그의 생산이 멈추었더라

me." **33** Then she conceived again and bore a son and
said, "Because the LORD has heard that I am unloved,
He has therefore given me this son also." So she named
him Simeon. **34** And she conceived again and bore a
son and said, "Now this time my husband will become
attached to me, because I have borne him three sons."
Therefore he was named Levi. **35** And she conceived
again and bore a son and said, "This time I will praise

창

30

1 라헬이 **보고**
/자기가 야곱에게 아들을 낳지 못함을
투기하여
/그 형을
야곱에게 **이르되**
/나로 자식을 낳게 하라
그렇지 아니하면
내가 죽겠노라

2 야곱이 **발하여**
/노를
/라헬에게
가로되
/그대로 성태치 못하게 하시는 이는 하나님이시니
내가 하나님을 대신하겠느냐?

3 라헬이 **가로되**
/[당신은] — 들어가라
/빌하에게로
/나의 여종
그가 — 낳아
/아들을
두리니
/내 무릎에
//그러면(결과)
나도 그를 인하여 자식을 얻겠노라 하고

4 **주매**
/그 시녀 빌하를
/남편에게
/첩으로

야곱이 **들어갔더니**
/그에게로

5 빌하가 **잉태하여**
낳은지라
/아들을
/야곱에게
6 라헬이 **가로되**...하고
/하나님이 — 푸시려고
/내 억울함을
들으사
/내 소리를
주셨다
/아들을
/내게

30:1 라헬이 자기가 야곱에게 아들을 낳지 못함을
보고 그 형을 투기하여 야곱에게 이르되 나로 자
식을 낳게 하라 그렇지 아니하면 내가 죽겠노라 **2** 야곱
이 라헬에게 노를 발하여 가로되 그대로 성태치 못하게
하시는 이는 하나님이시니 내가 하나님을 대신하겠느냐
3 라헬이 가로되 나의 여종 빌하에게로 들어가라 그가
아들을 낳아내 무릎에 두리니 그러면 나도 그를 인하여
자식을 얻겠노라 하고 **4** 그 시녀 빌하를 남편에게 첩으
로 주매 야곱이 그에게로 들어갔더니 **5** 빌하가 잉태하
여 야곱에게 아들을 낳은지라 **6** 라헬이 가로되 하나님

the LORD." Therefore she named him Judah. Then she
stopped bearing.
30:1 ¶ Now when Rachel saw that she bore Jacob
no children, she became jealous of her sister; and
she said to Jacob, "Give me children, or else I die."
Gen. **2** Then Jacob's anger burned against Rachel, and
he said, "Am I in the place of God, who has withheld
from you the fruit of the womb?" **3** And she said, "Here
is my maid Bilhah, go in to her, that she may bear on
my knees, that through her I too may have children." **4**
So she gave him her maid Bilhah as a wife, and Jacob
went in to her. **5** And Bilhah conceived and bore Jacob

이로 인하여[48)]
[그녀가] **하였으며**(קָרְאָה, say)
/그 이름을
/단이라

7 빌하가 다시 **잉태하여**
/라헬의 시녀 **낳으매**
/둘째 아들을
/야곱에게

8 라헬이 **가로되**...하고
/내가 형과 크게 경쟁하여 이기었다

[그래서]
[그녀는] **하였더라**
/그 이름을
/납달리라

9 레아가 **보고**
/자기의 생산이 멈춤을
취하여
/그 시녀 실바를
주어
/야곱에게
/첩을 삼게 (하였더니)

10 실바가 **낳으매**
/레아의 시녀 /아들을
/야곱에게

11 레아가 **가로되**...하고
/복되도다

[그래서]
[그녀가] **하였으며**
/그 이름을
/갓이라

12 실바가 **낳으매**
/레아의 시녀 /둘째 아들을
/야곱에게

13 레아가 **가로되**... 하고
/[나는] 기쁘도다
//(이유: כִּי, for)
모든 딸들이 나를 기쁜 자라 하리로다

[그래서]
[그녀가] **하였더라**
/그 이름을
/아셀이라

48) 그러므로(therefor) עַל־כֵּן

이 내 억울함을 푸시려고 내 소리를 들으사 내게 아들을
주셨다 하고 이로 인하여 그 이름을 단이라 하였으며 7
라헬의 시녀 빌하가 다시 잉태하여 둘째 아들을 야곱에
게 낳으매 8 라헬이 가로되 내가 형과 크게 경쟁하여 이
기었다 하고 그 이름을 납달리라 하였더라 9 레아가 자
기의 생산이 멈춤을 보고 그 시녀 실바를 취하여 야곱에
게 주어 첩을 삼게 하였더니 10 레아의 시녀 실바가 야
곱에게 아들을 낳으매 11 레아가 가로되 복되도다 하고
그 이름을 갓이라 하였으며 12 레아의 시녀 실바가 둘
째 아들을 야곱에게 낳으매 13 레아가 가로되 기쁘도다

a son. 6 Then Rachel said, "God has vindicated me,
and has indeed heard my voice and has given me a son."
Therefore she named him Dan. 7 And Rachel's maid Bilhah
conceived again and bore Jacob a second son. 8 So
Rachel said, "With mighty wrestlings I have wrestled
with my sister, and I have indeed prevailed." And she named
him Naphtali. 9 ¶ When Leah saw that she had stopped
bearing, she took her maid Zilpah and gave her to Jacob
as a wife. 10 And Leah's maid Zilpah bore Jacob a
son. 11 Then Leah said, "How fortunate!" So she

창

14 르우벤이 **나가서**
/맥추 때에
얻어
/합환채를
/들에서
드렸더니
/어미 레아에게
라헬이 **이르되**
/레아에게
/형의 아들의 합환채를 청구하노라

15 레아가 **이르되**
/그에게
/네가 내 남편을 빼앗은 것이 작은 일이냐?
그런데
네가 —— **빼앗고자 하느냐?**
/내 아들의 합환채도
라헬이 **가로되**...하니라
/그러면 형의 아들의 합환채 대신에
오늘 밤에 내 남편이 형과 동침하리라

16 야곱이 **돌아오매**
/들에서
/저물 때에
레아가 **나와서**
영접하며
/그를
이르되
/내게로 들어오라
내가 내 아들의 합환채로 당신을 샀노라
야곱이 그와 **동침하였더라**
/그 밤에

17 하나님이 **들으셨으므로**
/레아를
//(결과)
그가 잉태하여
다섯째 아들을 야곱에게 낳은지라

18 레아가 **가로되**...하고
/하나님이 —주셨다
/그 값을
/내게
//(이유: אֲשֶׁר because)
내가 내 시녀를 남편에게 주었으므로

모든 딸들이 나를 기쁜 자라 하리로다 하고 그 이름을
아셀이라 하였더라 **14** 맥추 때에 르우벤이 나가서 들에
서 합환채를 얻어 어미 레아에게 드렸더니 라헬이 레아
에게 이르되 형의 아들의 합환채를 청구하노라 **15** 레아
가 그에게 이르되 네가 내 남편을 빼앗은 것이 작은 일
이냐 네가 내 아들의 합환채도 빼앗고자 하느냐 라헬이
가로되 그러면 형의 아들의 합환채 대신에 오늘 밤에 내
남편이 형과 동침하리라 하니라 **16** 저물 때에 야곱이
들에서 돌아오매 레아가 나와서 그를 영접하며 이르되
내게로 들어오라 내가 내 아들의 합환채로 당신을 샀노
라 그 밤에 야곱이 그와 동침하였더라 **17** 하나님이 레
아를 들으셨으므로 그가 잉태하여 다섯째 아들을 야곱에

named him Gad. **12** And Leah's maid Zilpah bore Jacob
a second son. **13** Then Leah said, "Happy am I! For women
will call me happy." So she named him Asher. **14** ¶
Now in the days of wheat harvest Reuben went and
found mandrakes in the field, and brought them to his mother
Leah. Then Rachel said to Leah, "Please give me some
of your son's mandrakes." **15** But she said to her, "Is
it a small matter for you to take my husband? And would
you take my son's mandrakes also?" So Rachel said,
"Therefore he may lie with you tonight in return for
your son's mandrakes." **16** When Jacob came in from
the field in the evening, then Leah went out to meet
him and said, "You must come in to me, for I have
surely hired you with my son's mandrakes." So he lay

창

[그래서]
[그녀는] **하였으며**
/그 이름을
/잇사갈이라

19 레아가 다시 **잉태하여**
낳은지라
/여섯째 아들을
/야곱에게

20 레아가 **가로되**...하고
/하나님이 ── 주시도다
/후한 선물을
/내게
이제는
그가 ──── 거하리라
/나와 함께
//(이유: כִּי for)
내가 ── 낳았으니
/여섯 아들을
/남편에게

[그래서]
[그녀가] **하였으며**
/그 이름을
/스불론이라

21 그 후에
그가 **낳고**
/딸을
하였더라
/그 이름을
/디나라

22 하나님이 **생각하신지라**
/라헬을
하나님이 **들으시고**
/그를
여신 고로
/그 태를

23//(결과)
그가 ── 잉태하여
── 아들을 낳고
── 가로되...하고
/하나님이 나의 부끄러움을 씻으셨다

24 [그래서]

게 낳은지라 18 레아가 가로되 내가 내 시녀를 남편에
게 주었으므로 하나님이 내게 그 값을 주셨다 하고 그 이
름을 잇사갈이라 하였으며 19 레아가 다시 잉태하여 여
섯째 아들을 야곱에게 낳은지라 20 레아가 가로되 하나
님이 네게 후한 선물을 주시도다 내가 남편에게 여섯 아
들을 낳았으니 이제는 그가 나와 함께 거하리라 하고 그
이름을 스불론이라 하였으며 21 그 후에 그가 딸을 낳
고 그 이름을 디나라 하였더라 22 하나님이 라헬을 생
각하신지라 하나님이 그를 들으시고 그 태를 여신 고로
23 그가 잉태하여 아들을 낳고 가로되 하나님이 나의

with her that night. 17 And God gave heed to Leah,
and she conceived and bore Jacob a fifth son. 18 Then Leah
said, "God has given me my wages, because I gave my
maid to my husband." So she named him Issachar. 19
And Leah conceived again and bore a sixth son to Jacob.
20 Then Leah said, "God has endowed me with a
good gift; now my husband will dwell with me, because
I have borne him six sons." So she named him Zebulun.
21 And afterward she bore a daughter and named her Dinah.
22 Then God remembered Rachel, and God gave heed
to her and opened her womb. 23 So she conceived and
bore a son and said, "God has taken away my reproach."

창

24 [그래서]
[그녀가] **하니**
/그 이름을
/요셉이라
/함이었더라(=말하면서)
/여호와는 ── 더하시기를 원하노라
/다시
/다른 아들을
/내게

25 라헬이 요셉을 낳은 때에(상황절, when)
야곱이 **이르되**
/라반에게
/[당신은] ── 보내어
/나를
── 가게 하시되
/내 고향 내 본토로
26 주어
/처자를
/내가 ── 일하고
── 얻은
/외삼촌에게서
/내게
── 가게 하소서
/나로
//(이유: כִּי for)
외삼촌이 ── 아시나이다
/내가 외삼촌께 한 일은

27 라반이 **이르되**
/그에게
/내가 ── 깨달았노니
/여호와께서 너로 인하여
내게 복 주신줄을
[만일]
네가 나를 사랑스럽게 여기거든(조건절, if)
[너는] ── 유하라

28 또 **가로되**
/네 품삯을 정하라
내가 그것을 주리라

29 야곱이 **이르되**
/그에게
/외삼촌이 ── 아시나이다
/내가 ─ 어떻게 외삼촌을 섬겼는지
─ 어떻게 외삼촌의 짐승을 쳤는지
30//(이유: כִּי for)

부끄러움을 씻으셨다 하고 **24** 그 이름을 요셉이라 하니
여호와는 다시 다른 아들을 내게 더하시기를 원하노라
함이었더라 **25** 라헬이 요셉을 낳은 때에 야곱이 라반에
게 이르되 나를 보내어 내 고향 내 본토로 가게 하시되
26 내가 외삼촌에게서 일하고 얻은 처자를 내게 주어
나로 가게 하소서 내가 외삼촌께 한 일은 외삼촌이 아시
나이다 **27** 라반이 그에게 이르되 여호와께서 너로 인하
여 내게 복 주신 줄을 내가 깨달았노니 네가 나를 사랑
스럽게 여기거든 유하라 **28** 또 가로되 네 품삯을 정하
라 내가 그것을 주리라 **29** 야곱이 그에게 이르되 내가

24 And she named him Joseph, saying, "May the
LORD give me another son." **25** ¶ Now it came about
when Rachel had borne Joseph, that Jacob said to Laban,
"Send me away, that I may go to my own place and to
my own country. **26** "Give me my wives and my
children for whom I have served you, and let me depart;
for you yourself know my service which I have rendered
you." **27** But Laban said to him, "If now it pleases
you, stay with me; I have divined that the LORD has
blessed me on your account." **28** And he continued, "Name
me your wages, and I will give it." **29** But he said to
him, "You yourself know how I have served you and

30//(이유: כִּי for)
내가 오기 전에는
외삼촌의 소유가 적더니

(그런데 지금은)
번성하여
떼를 이루었나이다

/여호와께서—복을 주셨나이다
/외삼촌에게
/나의 공력을 따라

그러나
나는 어느 때에나 내 집을 세우리이까?

31 라반이 **가로되**
/내가 무엇으로 네게 주랴?

야곱이 **가로되**
/외삼촌께서—주실 것이 아니라
/아무 것도
/내게

[만일]
[당신이] —— 행하시면(조건절, if)
/이 일을
/나를 위하여

내가 —— 먹이고
/외삼촌의 양떼를
/다시
지키리이다

32 /오늘
내가 —— 다니며
/외삼촌의 양떼로
/두루
가리어 내며
/그 양 중에
/아롱진 자와
점있는 자와
검은 자를
가리어 내리니
/염소중에
/점 있는 자와
아롱진 자를

[만일]
이같은 것이 나면
나의 삯이 되리이다

33 /후일에

어떻게 외삼촌을 섬겼는지 어떻게 외삼촌의 짐승을 쳤는
지 외삼촌이 아시나이다 **30** 내가 오기 전에는 외삼촌의
소유가 적더니 번성하여 떼를 이루었나이다 나의 공력을
따라 여호와께서 외삼촌에게 복을 주셨나이다 그러나 나
는 어느 때에나 내 집을 세우리이까 **31** 라반이 가로되
내가 무엇으로 네게 주랴 야곱이 가로되 외삼촌께서 아무
것도 내게 주실 것이 아니라 나를 위하여 이 일을 행하시
면 내가 다시 외삼촌의 양떼를 먹이고 지키리이다 **32**
오늘 내가 외삼촌의 양 떼에 두루 다니며 그 양 중에 아
롱진 것과 점 있는 것과 검은 것을 가려내며 또 염소 중
에 점 있는 것과 아롱진 것을 가려내리니 이같은 것이 내
품삯이 되리이다 **33** 후일에 외삼촌께서 오셔서 내 품삯

how your cattle have fared with me. **30** "For you had
little before I came, and it has increased to a multitude;
and the LORD has blessed you wherever I turned. But
now, when shall I provide for my own household also?"
31 So he said, "What shall I give you?" And Jacob
said, "You shall not give me anything. If you will do
this one thing for me, I will again pasture and keep your
flock: **32** let me pass through your entire flock today,
removing from there every speckled and spotted sheep,
and every black one among the lambs, and the spotted
and speckled among the goats; and such shall be my
wages. **33** "So my honesty will answer for me later,

창

33 /후일에
외삼촌께서 ─ 오셔서
└ 조사하실 때에(상황절, when)
/내 품삯을
나의 의가 ── 나의 표징이 되리이다
[만일]
내게 혹시 염소 중
아롱지지 아니한 자나 점이 없는 자나
양 중 검지 아니한 자가 있거든(조건절, if)
[당신은] ── 인정하소서
/다
/도적질한 것으로

34 라반이 **가로되**...하고
/내가 네 말대로 하리라

35 그 날에
그가 **가리고**
/얼룩무늬 있는 자와
점 있는 자를
/수염소 중
가리고
/흰 바탕에 아롱진 자와
점 있는 자를
/암염소중
가려
/양 중의 검은 자들을
붙이고
/자기 아들들의 손에

36 **뜨게 하였고**
/자기와 야곱의 사이를
/사흘 길이

야곱은 **치니라**
/라반의 남은 양떼를

37 야곱이 **취하여**
/버드나무와 살구나무와
신풍나무의 푸른 가지를
벗겨
/그것들의 껍질을
내고
/흰 무늬를

38 **세워**
/가지를
/그 껍질 벗긴

을 조사하실 때에 나의 공의가 내 대답이 되리이다 내게
혹시 염소 중 아롱지지 아니한 것이나 점이 없는 것이나
양 중에 검지 아니한 것이 있거든 다 도둑질한 것으로 인
정하소서 **34** 라반이 이르되 내가 네 말대로 하리라 하
고 **35** 그 날에 그가 숫염소 중 얼룩무늬 있는 것과 점
있는 것을 가리고 암염소 중 흰 바탕에 아롱진 것과 점
있는 것을 가리고 양 중의 검은 것들을 가려 자기 아들들
의 손에 맡기고 **36** 자기와 야곱의 사이를 사흘 길이
뜨게 하였고 야곱은 라반의 남은 양 떼를 치니라 **37**
야곱이 버드나무와 살구나무와 신풍나무의 푸른 가지를
가져다가 그것들의 껍질을 벗겨 흰 무늬를 내고 **38** 그
껍질 벗긴 가지를 양 떼가 와서 먹는 개천의 물 구유에

when you come concerning my wages. Every one that is not speckled and spotted among the goats and black among the lambs, if found with me, will be considered stolen."
34 And Laban said, "Good, let it be according to your word." **35** So he removed on that day the striped and spotted male goats and all the speckled and spotted female goats, every one with white in it, and all the black ones among the sheep, and gave them into the care of his sons. **36**
And he put a distance of three days' journey between himself and Jacob, and Jacob fed the rest of Laban's flocks. **37**
¶ Then Jacob took fresh rods of poplar and almond and plane trees, and peeled white stripes in them, exposing the white which was in the rods. **38** And he set the rods which he had peeled in front of the flocks in the gutters,

/개천의 물구유에
/양떼가 와서 먹는
/양떼에 향하게 (하매)
새끼를 배니(베게하다)
/그 떼가 물을 먹으러 올 때에

39 [양때가] **새끼를 배므로**
/가지 앞에서
낳은지라
/얼룩얼룩한 것과
점이 있고 아롱진 것을

40 야곱이 **구분하고**
/새끼 양을
대하게하며
/서로
/그 얼룩무늬와
검은 빛 있는 것으로
/라반의 양과
두어
/자기 양을
/따로
섞이지 않게 하며
/라반의 양과

41 실한 양이 새끼 밸 때에는(상황절, whenever)
야곱이 **두어**
/그 가지를
/개천에다가
/양떼의 눈앞에
새끼를 배게하고
/양으로
/그 가지 곁에서

42 약한 양이면
[그가] **두지 아니하니**
/그 가지를

//이러므로(결과)
약한 자는 라반의 것이 되고
실한 자는 야곱의 것이 된지라

43//이에(단락의 결과)
그 사람이 ─ 심히 풍부하여
└ 양떼와 노비와 약대와 나귀가 많았더라

세워 양 떼를 향하게 하매 그 떼가 물을 먹으러 올 때에
새끼를 배니 **39** 가지 앞에서 새끼를 배므로 얼룩얼룩
한 것과 점이 있고 아롱진 것을 낳은지라 **40** 야곱이
새끼 양을 구분하고 그 얼룩무늬와 검은 빛 있는 것을 라
반의 양과 서로 마주보게 하며 자기 양을 따로 두어 라반
의 양과 섞이지 않게 하며 **41** 튼튼한 양이 새끼 밸 때
에는 야곱이 개천에다가 양 떼의 눈 앞에 그 가지를 두어
양이 그 가지 곁에서 새끼를 배게 하고 **42** 약한 양이
면 그 가지를 두지 아니하니 그렇게 함으로 약한 것은 라
반의 것이 되고 튼튼한 것은 야곱의 것이 된지라 **43**
이에 그 사람이 매우 번창하여 양 떼와 노비와 낙타와 나
귀가 많았더라

even in the watering troughs, where the flocks came to drink;
and they mated when they came to drink. **39** So the
flocks mated by the rods, and the flocks brought forth striped,
speckled, and spotted. **40** And Jacob separated the
lambs, and made the flocks face toward the striped and
all the black in the flock of Laban; and he put his own
herds apart, and did not put them with Laban's flock.
41 Moreover, it came about whenever the stronger of
the flock were mating, that Jacob would place the rods
in the sight of the flock in the gutters, so that they might
mate by the rods; **42** but when the flock was feeble,
he did not put them in; so the feebler were Laban's and
the stronger Jacobs. **43** So the man became exceedingly
prosperous, and had large flocks and female and male servants
and camels and donkeys.

창

31

1 야곱이 **들은즉**
/말이 ...하는지라[49]
/라반의 아들들의
/야곱이 — 빼앗고
/우리 아버지의 소유를
/다
거부가 되었다
/우리 아버지의 소유로 인하여
/이같이

2 야곱이 **본즉**
/라반의 안색을
[보라]
[그가] **전과 같지 아니하더라**
/자기에게 대하여

3 여호와께서 **이르시되**..하신지라
/야곱에게
/[너는] — 돌아가라
/네 조상의 땅,
네 족속에게로
//(결과: 그러면)
내가 너와 함께 있으리라

4 야곱이 **보내어**
불러다가
/라헬과 레아를
/자기 양떼 있는 들로

5 **이르되**
/그들에게
/내가 — 본즉
/안색을
/그대들의 아버지의
/전과 같지 아니하도다
/내게 대하여
그러할지라도
하나님은 — 나와 함께 계셨느니라
/내 아버지의

6 /그대들도 — 알거니와
/내가 - 섬겼거늘
/그대들의 아버지를
/힘을 다하여

49) 라반의 아들들의 ...라고 하는 말을

31:1 야곱이 들은즉 라반의 아들들의 말이 야곱이
우리 아버지의 소유를 다 빼앗고 우리 아버지의
소유로 인하여 이같이 거부가 되었다 하는지라 2 야곱이
라반의 안색을 본즉 자기에게 대하여 전과 같지 아니하
더라 3 여호와께서 야곱에게 이르시되 네 조상의 땅, 네
족속에게로 돌아가라 내가 너와 함께 있으리라 하신지라
4 야곱이 보내어 라헬과 레아를 자기 양 떼 있는 들로
불러다가 5 그들에게 이르되 내가 그대들의 아버지의 안
색을 본즉 내게 대하여 전과 같지 아니하도다 그러할지
라도 내 아버지의 하나님은 나와 함께 계셨느니라 6 그

31:1 ¶ Now Jacob heard the words of Laban's sons,
saying, "Jacob has taken away all that was our fathers,
and from what belonged to our father he has made all
this wealth." 2 And Jacob saw the attitude of Laban,
and behold, it was not friendly toward him as formerly.
3 Then the LORD said to Jacob, "Return to the land
of your fathers and to your relatives, and I will be with
you." 4 So Jacob sent and called Rachel and Leah to
his flock in the field, 5 and said to them, "I see your father's
attitude, that it is not friendly toward me as formerly,
but the God of my father has been with me. 6 "And
you know that I have served your father with all my strength.

7 /아버지가 ── 나를 속여
/그대들의
변역하였느니라
/품삯을
/열번이나

/그러나
하나님이 ── 하셨으며
/그를 금하사 나를 해치 못하게[50)]

8 /그가 ── 이르기를
/점 있는 것이 네 삯이 되리라 하면
낳은 것이 ── 점 있는 것이요
/온 양떼의
또 [그가] ── 하면
/얼룩무늬 있는 것이 네 삯이 되리라
낳은 것이 ── 얼룩무늬 있는 것이니
/온 양떼의

9 /하나님이 ── (이같이) 빼앗아
/그대들의 아버지의 짐승을
주셨으니라
/내게

10 /그 양떼가 ── 새끼 밸 때에(상황절, when)
내가 ── 꿈에 눈을 들어
보니
수양은 ── 다 얼룩무늬 있는것
/양떼를 탄
점 있는 것,
아롱진 것이었더라

11 /꿈에
사자가 ── 내게 말씀하시기를...하기로
/하나님의 /야곱아!
내가 ── 대답하기를..하매
/여기 있나이다

12 /[그가] ── 가라사대
/[너는] ── 네 눈을 들어
보라
수양은 ── 다 얼룩무늬 있는것
/양떼를 탄
점 있는것
아롱진 것이니라
//(이유: כִּי)

50) 하나님이 그로 하여금 나를 해치 못하게 하셨다.

대들도 알거니와 내가 힘을 다하여 그대들의 아버지를
섬겼거늘 7 그대들의 아버지가 나를 속여 품삯을 열번
이나 변역하였느니라 그러나 하나님이 그를 금하사 나를
해치 못하게 하셨으며 8 그가 이르기를 점 있는 것이
네 삯이 되리라 하면 온 양떼의 낳은 것이 점 있는 것이
요 또 얼룩 무늬 있는 것이 네 삯이 되리라 하면 온 양
떼의 낳은 것이 얼룩 무늬 있는 것이니 9 하나님이 이
같이 그대들의 아버지의 짐승을 빼앗아 내게 주셨느니라
10 그 양 떼가 새끼 밸 때에 내가 꿈에 눈을 들어 보니
양 떼를 탄 숫양은 다 얼룩 무늬 있는것, 점 있는 것, 아
롱진 것이었더라 11 꿈에 하나님의 사자가 내게 말씀하
시기를 야곱아 하기로 내가 대답하기를 여기 있나이다
하매 12 가라사대 네 눈을 들어 보라 양 떼를 탄 수양
은 다 얼룩 무늬 있는것 점 있는것 아롱진 것이니라 라

7 "Yet your father has cheated me and changed my wages ten times; however, God did not allow him to
hurt me. 8 "If he spoke thus, 'The speckled shall be your wages,' then all the flock brought forth speckled; and if he spoke thus, 'The striped shall be your wages,'
then all the flock brought forth striped. 9 "Thus God has taken away your father's livestock and given them
to me. 10 "And it came about at the time when the flock were mating that I lifted up my eyes and saw in a dream, and behold, the male goats which were mating were striped, speckled, and mottled. 11 "Then the
angel of God said to me in the dream, 'Jacob,' and I said, 'Here I am.' 12 "And he said, 'Lift up, now, your eyes and see that all the male goats which are

창

//(이유: כִּי)
내가 보았노라
/모든 것을
/라반이 네게 행한

13 /나는 — 벧엘 하나님이라
네가 — 기름을 붓고
/거기서
/기둥에
— 서원하였으니
/거기서
/내게
[너는] — 일어나
/지금
— 떠나서
/이곳을
— 돌아가라 하셨느니라
/네 출생지로

14 라헬과
레아가 — **대답하여 가로되**
/그에게
/우리가 우리 아버지 집에서 무슨 분깃이나 유업이나 있으리요

15 /아버지가 — 여기는 것이 아닌가?
/우리를
/외인으로
//(이유: כִּי, for)
아버지가 — 팔고
/우리를
— 먹었으니
/우리의 돈을
/다

16 /재물은 — 우리와 우리 자식의 것이니
/하나님이 취하신
/우리 아버지에게서
이제
[당신은] — 준행하라
/일을
/하나님이 당신에게 이르신
/다

17 야곱이 **일어나**
태우고
/자식들과 아내들을
/약대들에게

반이 네게 행한 모든 것을 내가 보았노라 **13** 나는 벧엘
하나님이라 네가 거기서 기둥에 기름을 붓고 거기서 내
게 서원하였으니 지금 일어나 이곳을 떠나서 네 출생지
로 돌아가라 하셨느니라 **14** 라헬과 레아가 그에게 대답
하여 가로되 우리가 우리 아버지 집에서 무슨 분깃이나
유업이나 있으리요 **15** 아버지가 우리를 팔고 우리의 돈
을 다 먹었으니 아버지가 우리를 외인으로 여기는 것이
아닌가 **16** 하나님이 우리 아버지에게서 취하신 재물은
우리와 우리 자식의 것이니 이제 하나님이 당신에게 이
르신 일을 다 준행하라 **17** 야곱이 일어나 자식들과 아

mating are striped, speckled, and mottled; for I have
seen all that Laban has been doing to you. **13** 'I am
the God of Bethel, where you anointed a pillar, where
you made a vow to Me; now arise, leave this land, and
return to the land of your birth.'" **14** And Rachel and
Leah answered and said to him, "Do we still have any
portion or inheritance in our father's house? **15** "Are
we not reckoned by him as foreigners? For he has sold
us, and has also entirely consumed our purchase price.
16 "Surely all the wealth which God has taken away
from our father belongs to us and our children; now
then, do whatever God has said to you." **17** Then Jacob

창

18 **이끌고**
/모든 짐승과 모든 소유물
/그 얻은 바
곧 그가 밧단아람에서 얻은 짐승을
가려할새
/그 아비 이삭에게로
/가나안 땅에 있는

19 때에
라반이 **갔으므로**
//(목적: לְ, to)
양 털을 깎으러
라헬은 **도적질하고**
/드라빔을
/그 아비의

20 야곱은 **떠났더라**
/가만히
/그 거취를 아람 사람 라반에게 고하지 않고

21 그가 **이끌고**
/그 모든 소유를
강을 **건너**
도망한지
/길르앗산을 향하여

22 것이 **들린지라**
/야곱의 도망한
/삼일만에
/라반에게

23 라반이 **거느리고**
/그 형제를
쫓아가
/칠일 길을
미쳤더니
/그에게
/길르앗산에서

24 하나님이 **가라사대**...하셨더라
/아람 사람 라반에게
/밤에
/현몽하여
/너는 ─┬ 삼가
└ 말하지 말라
/야곱에게
/선악간

내들을 약대들에게 태우고 **18** 그 얻은 바 모든 짐승과
모든 소유물 곧 그가 밧단아람에서 얻은 짐승을 이끌고
가나안 땅에 있는 그 아비 이삭에게로 가려할새 **19** 때
에 라반이 양털을 깎으러 갔으므로 라헬은 그 아비의 드
라빔을 도적질하고 **20** 야곱은 그 거취를 아람 사람 라
반에게 고하지 않고 가만히 떠났더라 **21** 그가 그 모든
소유를 이끌고 강을 건너 길르앗산을 향하여 도망한 지
22 삼 일 만에 야곱의 도망한 것이 라반에게 들린지라
23 라반이 그 형제를 거느리고 칠 일 길을 쫓아가 길르
앗산에서 그에게 미쳤더니 **24** 밤에 하나님이 아람 사람
라반에게 현몽하여 가라사대 너는 삼가 야곱에게 선악간
말하지 말라 하셨더라 **25** 라반이 야곱을 쫓아 미치니

arose and put his children and his wives upon camels;
18 and he drove away all his livestock and all his
property which he had gathered, his acquired livestock which
he had gathered in Paddan-aram, to go to the land of
Canaan to his father Isaac. **19** When Laban had gone
to shear his flock, then Rachel stole the household idols
that were her fathers. **20** And Jacob deceived Laban
the Aramean, by not telling him that he was fleeing.
21 So he fled with all that he had; and he arose and
crossed the Euphrates River, and set his face toward the
hill country of Gilead. **22** When it was told Laban on
the third day that Jacob had fled, **23** then he took his kinsmen
with him, and pursued him a distance of seven days' journey;
and he overtook him in the hill country of Gilead. **24**
And God came to Laban the Aramean in a dream of the
night, and said to him, "Be careful that you do not

창

25 라반이 **쫓아 미치니**
/야곱을
야곱이 **장막을 쳤는지라**
/산에
라반이 **장막을 치고**
/길르앗산에
/그 형제로 더불어

26 라반이 **이르되**
/야곱에게
/어찌 이같이 하였느냐?
/네가 ── 알리지 아니하고
/내게
└ 끌고 갔으니
/내 딸들을
/가만히
/칼로 잡은자 같이

27 내가 ── 보내겠거늘
/너를
/즐거움과 노래와 북과 수금으로

어찌하여 네가 ── 나를 속이고
가만히 도망하고
내게 고하지 아니하였으며
28 └ 입맞추지 못하게 하였느냐?
/나로
/내 손자들과 딸들에게
/네 소위가 실로 어리석도다

29 /능력이 ── 내 손에 있으나
/너를 해할만한
하나님이 ── 말씀하시기를 ...하셨느니라
/너희 아버지의 /어제밤에
/내게
/너는 ── 삼가
└ 말하지 말라
/야곱에게
/선악간

30 /이제
돌아가려는 것은 가하거니와
//(이유: כִּי, because)[51]
네가 네 아비 집을 사모하여
어찌 내 신을 도적질하였느냐?

51) 돌아가려는 이유

야곱이 산에 장막을 쳤는지라 라반이 그 형제로 더불어 길르앗산에 장막을 치고 **26** 라반이 야곱에게 이르되 네가 내게 알리지 아니하고 가만히 내 딸들을 칼로 잡은 자 같이 끌고 갔으니 어찌 이같이 하였느냐 **27** 내가 즐거움과 노래와 북과 수금으로 너를 보내겠거늘 어찌하여 네가 나를 속이고 가만히 도망하고 내게 고하지 아니하였으며 **28** 나로 내 손자들과 딸들에게 입맞추지 못하게 하였느냐 네 소위가 실로 어리석도다 **29** 너를 해할 만한 능력이 내 손에 있으나 너희 아버지의 하나님이 어젯밤에 내게 말씀하시기를 너는 삼가 야곱에게 선악간 말하지 말라 하셨느니라 **30** 이제 네가 네 아비 집을 사모하여 돌아가려는 것은 가하거니와 어찌 내 신을 도적질하였느냐

speak to Jacob either good or bad." **25** And Laban caught up with Jacob. Now Jacob had pitched his tent in the hill country, and Laban with his kinsmen camped in the hill country of Gilead. **26** Then Laban said to Jacob, "What have you done by deceiving me and carrying away my daughters like captives of the sword? **27** "Why did you flee secretly and deceive me, and did not tell me, so that I might have sent you away with joy and with songs, with timbrel and with lyre; **28** and did not allow me to kiss my sons and my daughters? Now you have done foolishly. **29** "It is in my power to do you harm, but the God of your father spoke to me last night, saying, 'Be careful not to speak either good or bad to Jacob.' **30** "And now you have indeed

창

31 야곱이 **대답하여 가로되**
/라반에게
/두려워 하였음이니이다[52]
//(이유: כִּי, because)
내가 ── 말하기를 ...하여
/외삼촌이 ─ 빼앗으리라
/외삼촌의 딸들을
/내게서
/억지로

32 /외삼촌의 신은 뉘게서 찾든지
그는 ──── 살지 못할 것이요
무엇이든지
외삼촌의 것이 ─발견되거든
/우리 형제 들 앞에서
외삼촌에게로 취하소서 하니
야곱이 ──── 대답하며 가로되
//(이유: for)
야곱은 ── 알지 못함이었더라
/라헬이 그것을 도적질한 줄을

33 라반이 **들어가고**
/야곱의 장막에
들어가고
/레아의 장막에
들어갔으나
/두 여종의 장막에
찾지 못하고
나와
/레아의 장막에서
들어가매
/라헬의 장막에

34 라헬이 **가져**
/그 드라빔을
넣고
/약대 안장 아래
앉은지라
/그 위에
라반이 **찾다가**
/그 장막에서
얻지 못하매

35 라헬이 **이르되**...하니라
/그 아비에게
/내 주는 ─ 노하지 마소서
/[내가] ─┬ 일어나서
└ 영접할수 없사오니
//(이유: כִּי)

52) 두려워하였기 때문입니다.
이유를 말한다. כִּי가 있다.

31 야곱이 라반에게 대답하여 가로되 내가 말하기를
외삼촌이 외삼촌의 딸들을 내게서 억지로 빼앗으리라 하
여 두려워하였음이니이다 32 외삼촌의 신은 뉘게서 찾
든지 그는 살지 못할 것이요 우리 형제들 앞에서 무엇이
든지 외삼촌의 것이 발견되거든 외삼촌에게로 하소서
하니 야곱은 라헬이 그것을 도적질한 줄을 알지 못함이
었더라 33 라반이 야곱의 장막에 들어가고 레아의 장
막에 들어가고 두 여종의 장막에 들어갔으나 찾지 못하
고 레아의 장막에서 나와 라헬의장막에 들어가매 34
라헬이 그 드라빔을 가져 약대 안장 아래 넣고 그 위에
앉은지라 라반이 그 장막에서 찾다가 얻지 못하매 35
라헬이 그 아비에게 이르되 마침 경수가 나므로 일어나

gone away because you longed greatly for your father's
house; but why did you steal my gods?" 31 Then Jacob
answered and said to Laban, "Because I was afraid, for
I said, 'Lest you would take your daughters from me
by force.' 32 "The one with whom you find your gods
shall not live; in the presence of our kinsmen point out
what is yours among my belongings and take it for
yourself." For Jacob did not know that Rachel had stolen
them. 33 ¶ So Laban went into Jacob's tent, and into Leah's
tent, and into the tent of the two maids, but he did not
find them. Then he went out of Leah's tent and entered
Rachel's tent. 34 Now Rachel had taken the household
idols and put them in the camel's saddle, and she sat
on them. And Laban felt through all the tent, but did

창

//(이유: כִּי)
마침 경수가 나므로

라반이 두루 찾다가
/그 드라빔을
얻지 못한지라

36 야곱이 노하여
책망할새
/라반을
야곱이 대척하여
가로되
/나의 허물이 무엇이니이까?
무슨 죄가 있기에
외삼촌께서 나를 불같이 급히 쫓나이까?

37 /외삼촌께서 내 물건을 다 뒤져 보셨으니
[당신은] —무엇을 찾았나이까?
/외삼촌의 가장집물 중에
[당신은] —두고
/그것을
/여기
/나의 형제와 외삼촌의 형제 앞에
//(결과: 그래서)
우리 두 사이에 판단하게 하소서

38 /내가 —— 하였거니와
/외삼촌과 함께
/이 이십년에
암양들이나 — 낙태하지 아니하였고
암염소들이
/외삼촌의
또
내가 —— 먹지 아니하였으며
/외삼촌의 양떼의 수양을

39 /내가 —— 가져가지 아니하고
/물려 찢긴 것은
/외삼촌에게로
스스로 보충하였으며
/그것을

낮에 도적을 맞았든지
밤에 도적을 맞았든지(whether)
내가 —— 물어 내었으며
/외삼촌에게

서 영접할 수 없사오니 내 주는 노하지 마소서 하니라
라반이 그 드라빔을 두루 찾다가 얻지 못한지라 36 야
곱이 노하여 라반을 책망할새 야곱이 라반에게 대척하여
가로되 나의 허물이 무엇이니이까 무슨 죄가 있기에 외
삼촌께서 나를 불같이 급히 쫓나이까 37 외삼촌께서 내
물건을 다 뒤져 보셨으니 외삼촌의 가장집물 중에 무엇
을 찾았나이까 여기 나의 형제와 외삼촌의 형제 앞에 그
것을 두고 우리 두 사이에 판단하게 하소서 38 내가 이
이십년에 외삼촌과 함께 하였거니와 외삼촌의 암 양들이
나 암 염소들이 낙태하지 아니하였고 또 외삼촌의 양 떼
의 숫양을 내가 먹지 아니하였으며 39 물려 찢긴 것은
내가 외삼촌에게로 가져가지 아니하고 스스로 그것을 보

not find them. 35 And she said to her father, "Let not
my lord be angry that I cannot rise before you, for the manner
of women is upon me." So he searched, but did not find
the household idols. 36 ¶ Then Jacob became angry
and contended with Laban; and Jacob answered and said
to Laban, "What is my transgression? What is my sin,
that you have hotly pursued me? 37 "Though you have
felt through all my goods, what have you found of all
your household goods? Set it here before my kinsmen
and your kinsmen, that they may decide between us two.
38 "These twenty years I have been with you; your
ewes and your female goats have not miscarried, nor
have I eaten the rams of your flocks. 39 "That which
was torn of beasts I did not bring to you; I bore the

40 /내가 ─── 지내었나이다
/이와같이
/(동급/동격)
낮에는 더위를 무릅쓰고
밤에는 추위를 당하며
눈붙일 겨를도 없이

41 /이 이십년에
/외삼촌의 집에 거한
내가 ─── 봉사하였거니와
/외삼촌을

/십 사년,
/외삼촌의 두 딸을 위하여
/육년을
/외삼촌의 양떼를 위하여

외삼촌께서 ─ 변역하셨으니
/내 품값을
/열번이나

42 /[만일]
하나님, ─┐ 계시지 아니하셨더면(조건절, if)
/우리 아버지의 │ /나와 함께
하나님, ─┘
/아브라함의
곧 이삭의 경외하는 이가

외삼촌께서 - 돌려 보내셨으리이다마는
/이제
/나를
/공수로
/하나님이 ┬ 감찰하시고
/나의 고난과
내 손의 수고를
└ 책망하셨나이다
/외삼촌을
/어제밤에

43 라반이 **대답하여 가로되**
/야곱에게
/딸들은 ─── 내 딸이요
자식들은 ─ 내 자식이요
양떼는 ─── 나의 양떼요
네가 보는 것은 다 내 것이라
내가 ─── 어찌할수 있으랴

충하였으며 낮에 도적을 맞았든지 밤에 도적을 맞았든지
내가 외삼촌에게 물어 내었으며 **40** 내가 이와 같이 낮
에는 더위를 무릅쓰고 밤에는 추위를 당하며 눈붙일 겨
를도 없이 지내었나이다 **41** 내가 외삼촌의 집에 거한
이 이십 년에 외삼촌의 두 딸을 위하여 십 사년, 외삼촌
의 양떼를 위하여 육 년을 외삼촌을 봉사하였거와 외삼
촌께서 내 품값을 열 번이나 변역하셨으니 **42** 우리 아
버지의 하나님, 아브라함의 하나님, 곧 이삭의 경외하는
이가 나와 함께 계시지 아니하셨더면 외삼촌께서 이제
나를 공수로 돌려 보내셨으리이다마는 하나님이 나의 고
난과 내 손의 수고를 감찰하시고 어제밤에 외삼촌을 책
망하셨나이다 **43** 라반이 야곱에게 대답하여 가로되 딸

loss of it myself. You required it of my hand whether
stolen by day or stolen by night. **40** "Thus I was: by
day the heat consumed me, and the frost by night, and
my sleep fled from my eyes. **41** "These twenty years
I have been in your house; I served you fourteen years
for your two daughters, and six years for your flock,
and you changed my wages ten times. **42** "If the God
of my father, the God of Abraham, and the fear of Isaac,
had not been for me, surely now you would have sent
me away empty-handed. God has seen my affliction and
the toil of my hands, so He rendered judgment last night."
43 ¶ Then Laban answered and said to Jacob, "The
daughters are my daughters, and the children are
my children, and the flocks are my flocks, and all that

창

내가 — 어찌할수 있으랴
/오늘날
/내 딸들과 그 낳은 자식들에게

44 /이제
[너는] — 오라
너와 내가 — 세워
/언약을
삼을 것이니라
/증거를
/너와 나 사이에
/그것으로

45 이에
야곱이 **가져**
/돌을
세우고
/기둥으로
46 또
[야곱이] **하니**
/그 형제들에게
/돌을 모으라
그들이 **취하여**
/돌을
이루매
/무더기를
무리가 **먹고**
/거기 무더기 곁에서
47 라반은 **창하였고**
/그것을
/여갈사하두다라
야곱은 **창하였으니**
/그것을
/갈르엣이라
48 라반의(이) **말에(말했다)**...하였으므로
/오늘날
이 무더기가 너와 나 사이에 증거가 된다
[그러므로][53]
[그가] **창하였으며**
/그 이름을
/갈르엣이라
49 또
[그가] **하였으니**
/미스바라
//이는(이유: אֲשֶׁר because)

53) עַל־כֵּן

들은 내 딸이요 자식들은 내 자식이요 양떼는 나의 양떼
요 네가 보는 것은 다 내 것이라 내가 오늘날 내 딸들과
그 낳은 자식들에게 어찌할수 있으랴 **44** 이제 오라 너
와 내가 언약을 세워 그것으로 너와 나 사이에 증거를
삼을 것이니라 **45** 이에 야곱이 돌을 가져 기둥으로 세
우고 **46** 또 그 형제들에게 돌을 모으라 하니 그들이 돌
을 취하여 무더기를 이루매 무리가 거기 무더기 곁에서
먹고 **47** 라반은 그것을 여갈사하두다라 칭하였고 야곱
은 그것을 갈르엣이라 칭하였으니 **48** 라반의 말에 오늘
날 이 무더기가 너와 나 사이에 증거가 된다 하였으므로

you see is mine. But what can I do this day to these
my daughters or to their children whom they have borne?
44 "So now come, let us make a covenant, you and
I, and let it be a witness between you and me." **45**
Then Jacob took a stone and set it up as a pillar. **46**
And Jacob said to his kinsmen, "Gather stones." So
they took stones and made a heap, and they ate there
by the heap. **47** Now Laban called it Jegar-sahadutha,
but Jacob called it Galeed. **48** And Laban said, "This
heap is a witness between you and me this day." Therefore
it was named Galeed; **49** and Mizpah, for he said,
"May the LORD watch between you and me when we
are absent one from the other. **50** "If you mistreat my

//이는(이유: אֲשֶׁר because)
그의 ── 말에...함이라
/우리 ── 피차 떠나 있을 때에(상황절, when)
여호와께서 ─ 감찰하옵소서
/너와 나 사이에

50 /[만일](48절의 말할 내용으로 이어짐)
네가 ── 박대하거나
/내 딸을
── 취하면(조건절, if)
/내 딸들 외에 다른 아내들을
사람은 ── 우리와 함께 할 자가 없어도(양보절, although)
보라
하나님이 ── 증거하시느니라 하였더라
/너와 나 사이에

51 라반이 또 **이르되**
/야곱에게
/너는 ── 보라
/이 무더기를
/내가 너와 나 사이에 둔
── 또 보라
/이 기둥을

52 /이 무더기가 ─ 증거가 되고
이 기둥이 ── 증거가 되나니
/내가 ── 이 무더기를 넘어[54)]
─ 네게로 가서
─ 해하지 않을 것이요
네가 ── 이 무더기,이 기둥을 넘어
─ 내게로 와서
─ 해하지 않을 것이라

53 /하나님, ── **판단하옵소서 하매**
/아브라함의 /우리 사이에
하나님,
/나홀의
하나님은
/그들의 조상의

야곱이 **맹세하고**
/그 아비 이삭의 경외하는 이를 가리켜

54 또
야곱이 **드리고**
/제사를
/산에서

54) 의미구조: 형태구조로는 의미가 전달되지 않음

그 이름을 갈르엣이라 칭하였으며 49 또 미스바라 하였
으니 이는 그의 말에 우리 피차 떠나 있을 때에 여호와
께서 너와 나 사이에 감찰하옵소서 함이라 50 네가 내
딸을 박대하거나 내 딸들 외에 다른 아내들을 취하면 사
람은 우리와 함께 할 자가 없어도 보라 하나님이 너와 나
사이에 증거하시느니라 하였더라 51 라반이 또 야곱에
게 이르되 내가 너와 나 사이에 둔 이 무더기를 보라 또
이 기둥을 보라 52 이 무더기가 증거가 되고 이 기둥이
증거가 되나니 내가 이 무더기를 넘어 네게로 가서 해하
지 않을 것이요 네가 이 무더기, 이 기둥을 넘어 내게로
와서 해하지 않을 것이라 53 아브라함의 하나님, 나홀의
하나님, 그들의 조상의 하나님은 우리 사이에 판단하옵소
서 하매 야곱이 그 아비 이삭의 경외하는 이를 가리켜 맹
세하고 54 야곱이 또 산에서 제사를 드리고 형제들을

daughters, or if you take wives besides my daughters, although no man is with us, see, God is witness between you and me."
51 And Laban said to Jacob, "Behold this heap and behold the pillar which I have set between you and me.
52 "This heap is a witness, and the pillar is a witness, that I will not pass by this heap to you for harm, and you will not pass by this heap and this pillar to me, for harm.
53 "The God of Abraham and the God of Nahor, the God of their father, judge between us." So Jacob swore by the fear of his father Isaac.
54 Then Jacob offered a sacrifice on the mountain, and called his kinsmen to the meal; and they ate the meal and spent

창

	불러
	/형제들을
	먹이니
	/떡을
그 들이	떡을 **먹고**
	경야하고
	/산에서
55 라반이	아침에 일찌기 **일어나**
	손자들과 딸들에게 **입맞추며**
	그들에게 **축복하고**
	떠나
	고향으로 **돌아갔더라**

32[55)]

1 야곱이	**진행하더니**
	/그 길을
사자들이	**만난지라**
/하나님의	/그를

2 야곱이 그들을 볼 때에(상황절, when)
[그가] **이르기를...** 하고
/이는 하나님의 군대라
//(결과)
[그는] ——하였더라
/그 땅 이름을
/마하나임이라

3 야곱이 **보내며**
/사자들을
/자기보다 앞서
/형 에서에게로
/세일 땅 에돔 들에 있는

4 **부탁하여 가로되**
/그들에게
/너희는—고하라
/에서에게
/내 주
/이같이
/야곱이——말하기를
/주의 종 /내가—붙여서
/라반에게
있었사오며
/지금까지

55) BHS와 절 구분이 다름. 개역성경/번역성경이 한 절 빠름. 32:1(개역/영역)-32:2(BHS)

불러 떡을 먹이니 그들이 떡을 먹고 산에서 경야하고
55 라반이 아침에 일찌기 일어나 손자들과 딸들에게 입
맞추며 그들에게 축복하고 떠나 고향으로 돌아갔더라
32:1 야곱이 그 길을 진행하더니 하나님의 사자들
이 그를 만난지라 2 야곱이 그들을 볼 때에 이
르기를 이는 하나님의 군대라 하고 그 땅 이름을 마하나
임이라 하였더라 3 야곱이 세일 땅 에돔 들에 있는 형
에서에게로 사자들을 자기보다 앞서 보내며 4 그들에게
부탁하여 가로되 너희는 이같이 내 주 에서에게 고하라
주의 종 야곱이 말하기를 내가 라반에게 붙여서 지금까

the night on the mountain. 55 And early in the morning
Laban arose, and kissed his sons and his daughters and
blessed them. Then Laban departed and returned to his place.
32:1 ¶ Now as Jacob went on his way, the angels
of God met him. 2 And Jacob said when he saw
them, "This is God's camp." So he named that place
Mahanaim. 3 ¶ Then Jacob sent messengers before him
to his brother Esau in the land of Seir, the country of
Edom. 4 He also commanded them saying, "Thus you
shall say to my lord Esau: 'Thus says your servant
Jacob, "I have sojourned with Laban, and stayed until
now; 5 and I have oxen and donkeys and flocks and

5 /내게 ─ 있사오므로
/소와 나귀와
양떼와 노비가
─ 보내어
/사람을
─ 고하고
/내 주께

//(목적, to)
내 주께 은혜 받기를 원하나이다
하더라 하라 하였더니

6 사자들이 **돌아와 가로되**
/야곱에게
/우리가 ─ 이른즉
/주인의 형 에서에게
그가 ─ 거느리고
/사백인을
─ 오더이다

//(목적: לְ, to)
주인을 만나려고

7 야곱이 **두렵고**
/심히
답답하여

//(결과)
[그가] ─ 나누고
/종자와
/자기와 함께 한
양과
소와
약대를
/두 떼로

8 [그가] **가로되**...하고
/에서가 와서 한 떼를 치면(조건절, if)
남은 한 떼는 피하리라

9 야곱이 또 **가로되**
/여호와여!
/아브라함의 하나님,
/나의 조부
이삭의 하나님,
/나의 아버지
주께서---명하시기를

지 있었사오며 **5** 내게 소와 나귀와 양떼와 노비가 있사
오므로 사람을 보내어 내 주께 고하고 내 주께 은혜 받기
를 원하나이다 하더라 하라 하였더니 **6** 사자들이 야곱에
게 돌아와 가로되 우리가 주인의 형 에서에게 이른즉 그
가 사백 인을 거느리고 주인을 만나려고 오더이다 **7** 야
곱이 심히 두렵고 답답하여 자기와 함께 한 종자와 양과
소와 약대를 두 떼로 나누고 **8** 가로되 에서가 와서 한
떼를 치면 남은 한 떼는 피하리라 하고 **9** 야곱이 또 가
로되 나의 조부 아브라함의 하나님, 나의 아버지 이삭의
하나님, 여호와여 주께서 전에 내게 명하시기를 네 고향

male and female servants; and I have sent to tell my
lord, that I may find favor in your sight.''" **6** And the
messengers returned to Jacob, saying, "We came to
your brother Esau, and furthermore he is coming to meet
you, and four hundred men are with him." **7** Then Jacob
was greatly afraid and distressed; and he divided the
people who were with him, and the flocks and the herds
and the camels, into two companies; **8** for he said, "If
Esau comes to the one company and attacks it, then the
company which is left will escape." **9** And Jacob said,
"O God of my father Abraham and God of my father
Isaac, O LORD, who didst say to me, 'Return to your country

창

주께서---명하시기를
/전에
/내게
/[너는]—돌아가라
/네 고향
네 족속에게로

//(결과)
내가 네게 은혜를 베풀리라 하셨나이다

10 /나는---감당할 수 없사오나
/모든 은총과
모든 진리를
/주께서 주의 종에게 베푸신
/조금이라도

//(이유: כִּי, for)
내가 — 건넜더니
/이 요단을
/내 지팡이만 가지고
지금은
[내가] — 이루었나이다
/두 떼나

11 /내가 — 간구하오니
/주께
/나를 건져 내시옵소서
/내 형의 손에서
/에서의 손에서
/내가 그를 두려워하옴은

//(이유: כִּי)
[내가] — 겁냄이니이다
/그가 와서 나와
내 처자들을 칠까

12 /주께서 - 말씀하시기를...하셨나이다
/내가—은혜를 베풀어
/정녕
/네게
많게 하리라
/네 씨로
/모래와 같이
/바다의
/셀 수 없는

13 야곱이 **경야하고**
/거기서
택하니
/예물을
/형 에서를 위하여
/그 소유 중에서

네 족속에게로 돌아가라 내가 네게 은혜를 베풀리라 하
셨나이다 **10** 나는 주께서 주의 종에게 베푸신 모든 은
총과 모든 진리를 조금이라도 감당할 수 없사오나 내가
내 지팡이만 가지고 이 요단을 건넜더니 지금은 두 떼나
이루었나이다 **11** 내가 주께 간구하오니 내 형의 손에서
에서의 손에서 나를 건져내시옵소서 내가 그를 두려워하
옴은 그가 와서 나와 내 처자들을 칠까 겁냄이니이다
12 주께서 말씀하시기를 내가 정녕 네게 은혜를 베풀어
네 씨로 바다의 셀 수 없는 모래와 같이 많게 하리라 하
셨나이다 **13** 야곱이 거기서 경야하고 그 소유 중에서

and to your relatives, and I will prosper you,' **10** I am
unworthy of all the lovingkindness and of all the faithfulness
which Thou hast shown to Thy servant; for with my
staff only I crossed this Jordan, and now I have become
two companies. **11** "Deliver me, I pray, from the hand
of my brother, from the hand of Esau; for I fear him,
lest he come and attack me, the mothers with the children.
12 "For Thou didst say, 'I will surely prosper you,
and make your descendants as the sand of the sea, which
cannot be numbered for multitude.'"

14 암염소가 **이백이요**[56]
수염소가 **이십이요**
암양이 **이백이요**
수양이 **이십이요**

56) *동격/설명이므로 주문장으로 처리한다

15 젖나는 약대 **삼십과 그 새끼요**
암소가 **사십이요**
황소가 **열이요**
암나귀가 **이십이요**
그 새끼나귀가 **열이라**

16 **나눠**
/그것을
/각각 떼로
맡기고
/종들의 손에
이르되...하고
/그 종들에게
/[너희는] ─ 건너가서
/나보다 앞서
─ 뜨게 하라
/각 떼로
/상거가

17 그가 또 **부탁하여 가로되**
/앞선 자에게
/에서가 ─ 만나
/내 형 /너를
─ 묻기를 ...하거든
/네가 뉘 사람이며?
어디로 가느냐?
네 앞엣 것은 뉘 것이냐?

18 /[너는] ─ 대답하기를 ...하라 하고
/주의 종 야곱의 것이요
예물이오며
/보내는
/에서에게로
/자기 주
/야곱도 우리 뒤에 있나이다

19 [그가] **부탁하여 가로되**
/따라가는 자에게
/그 둘째와 세째와 각 떼를
/너희도 ─ 만나거든 (상황, when)
/에서를

형 에서를 위하여 예물을 택하니 **14** 암염소가 이백이요
수염소가 이십이요 암양이 이백이요 수양이 이십이요
15 젖나는 약대 삼십과 그 새끼요 암소가 사십이요 황
소가 열이요 암나귀가 이십이요 그 새끼나귀가 열이라
16 그것을 각각 떼로 나눠 종들의 손에 맡기고 그 종들
에게 이르되 나보다 앞서 건너가서 각 떼로 상거가 뜨게
하라 하고 **17** 그가 또 앞선 자에게 부탁하여 가로되 내
형 에서가 너를 만나 묻기를 네가 뉘 사람이며 어디로 가
느냐 네 앞엣 것은 뉘 것이냐하거든 **18** 대답하기를 주
의 종 야곱의 것이요 자기 주 에서에게로 보내는 예물이
오며 야곱도 우리 뒤에 있나이다 하라 하고 **19** 그 둘째
와 세째와 각 떼를 따라가는 자에게 부탁하여 가로되 너

13 ¶ So he spent the night there. Then he selected from
what he had with him a present for his brother Esau:
14 two hundred female goats and twenty male goats,
two hundred ewes and twenty rams, **15** thirty milking camels
and their colts, forty cows and ten bulls, twenty female
donkeys and ten male donkeys. **16** And he delivered
them into the hand of his servants, every drove by itself,
and said to his servants, "Pass on before me, and put a
space between droves." **17** And he commanded the one
in front, saying, "When my brother Esau meets you
and asks you, saying, 'To whom do you belong, and
where are you going, and to whom do these animals in
front of you belong?' **18** then you shall say, 'These
belong to your servant Jacob; it is a present sent to my
lord Esau. And behold, he also is behind us.'" **19** Then
he commanded also the second and the third, and all

고하고
/곧 이같이
/그에게

20/또
너희는──**말하기를** ...하라 하니
/주의 종 야곱이 우리 뒤에 있다

//이는(이유: כִּי for)
야곱의(이) ── **생각에** ...함이었더라
/내가 ── 픈후에
/형의 감정을
/예물로
/내 앞에 보내는
대면하면
형이 ── 혹시 받으리라
/나를

21 그 예물은 **행하고**
/그의 앞서
그는 **경야하다가**
/무리 가운데서

22 밤에 **일어나**
인도하여
/두 아내와
두 여종과
열 한 아들을
건널새
/얍복 나루를

23 그들을 **인도하여**
시내를 **건네며**
그 소유도 **건네고**

24 야곱은 **남았더니**
/홀로
사람이 **씨름하다가**
/어떤 /야곱과
/날이 새도록

25 그 사람이 **보고**
/자기가 야곱을 이기지 못함을
치매
/야곱의 환도뼈를
//(결과)
그 사람과 씨름할 때에(상황절, while)
야곱의 환도뼈가 위골되었더라

희도 에서를 만나거든 곧 이같이 그에게 고하고 **20** 또
너희는 말하기를 주의 종 야곱이 우리 뒤에 있다 하라 하
니 이는 야곱의 생각에 내가 내 앞에 보내는 예물로 형의
감정을 푼 후에 대면하면 형이 혹시 나를 받으리라 함이
었더라 **21** 그 예물은 그의 앞서 행하고 그는 무리 가운
데서 경야하다가 **22** 밤에 일어나 두 아내와 두 여종과
열 한 아들을 인도하여 얍복 나루를 건널새 **23** 그들을
인도하여 시내를 건네며 그 소유도 건네고 **24** 야곱은
홀로 남았더니 어떤 사람이 날이 새도록 야곱과 씨름하
다가 **25** 그 사람이 자기가 야곱을 이기지 못함을 보고

those who followed the droves, saying, "After this
manner you shall speak to Esau when you find him; **20**
and you shall say, 'Behold, your servant Jacob also is behind
us.'" For he said, "I will appease him with the present
that goes before me. Then afterward I will see his face;
perhaps he will accept me." **21** So the present passed
on before him, while he himself spent that night in the
camp. **22** ¶ Now he arose that same night and took his
two wives and his two maids and his eleven children,
and crossed the ford of the Jabbok. **23** And he took
them and sent them across the stream. And he sent across
whatever he had. **24** Then Jacob was left alone, and a
man wrestled with him until daybreak. **25** And when
he saw that he had not prevailed against him, he touched

26 그 사람이 **가로되**
/나로 가게 하라
//(이유: כִּי, for)
날이 새려 하니
야곱이 **가로되**
/당신이 내게 축복하지 아니하면(조건절, unless)
[내가] 가게 하지 아니하겠나이다

27 그 사람이 **이르되**
/그에게
/네 이름이 무엇이냐?
그가 **가로되**
/야곱이니이다

28 그 사람이 **가로되**
/[그가] ─ 부를 것이 아니요
/네 이름을
/다시는 야곱이라
└ 부를 것이니
/이스라엘이라
//이는(이유; כִּי, for)
네가 ─ 겨루어
/하나님과 사람으로 더불어
└ 이기었음이니라

29 야곱이 **청하여 가로되**
/당신의 이름을 고하소서
그 사람이 **가로되** ...하고
/어찌 내 이름을 묻느냐?
축복한지라
/거기서
/야곱에게

30 그러므로
야곱이 **하였으니**
/그곳 이름을
/브니엘이라

//(이유: כִּי, for)
그가 ── 이르기를...함이더라
/내가 ── 보았으나
/하나님과
/대면하여
내 생명이 ── 보전되었다

31 그가 브니엘을 지날 때에
해가 **돋았고**

야곱의 환도뼈를 치매 야곱의 환도뼈가 그 사람과 씨름
할 때에 위골되었더라 **26** 그 사람이 가로되 날이 새려
하니 나로 가게 하라 야곱이 가로되 당신이 내게 축복하
지 아니하면 가게 하지 아니하겠나이다 **27** 그 사람이
그에게 이르되 네 이름이 무엇이냐 그가 가로되 야곱이
니이다 **28** 그 사람이 가로되 네 이름을 다시는 야곱이
라 부를 것이 아니요 이스라엘이라 부를 것이니 이는 네
가 하나님과 사람으로 더불어 겨루어 이기었음이니라
29 야곱이 청하여 가로되 당신의 이름을 고하소서 그
사람이 가로되 어찌 내 이름을 묻느냐 하고 거기서 야곱
에게 축복한지라 **30** 그러므로 야곱이 그곳 이름을 브
니엘이라 하였으니 그가 이르기를 내가 하나님과 대면하

the socket of his thigh; so the socket of Jacob's thigh
was dislocated while he wrestled with him. **26** Then
he said, "Let me go, for the dawn is breaking." But he
said, "I will not let you go unless you bless me." **27**
So he said to him, "What is your name?" And he said,
"Jacob." **28** And he said, "Your name shall no longer
be Jacob, but Israel; for you have striven with God and
with men and have prevailed." **29** Then Jacob asked
him and said, "Please tell me your name." But he said,
"Why is it that you ask my name?" And he blessed him
there. **30** So Jacob named the place Peniel, for he said,
"I have seen God face to face, yet my life has been preserved."

창

[그가] **절었더라**
//(이유: כִּי because of)
그 환도뼈로 인하여

57) BHS에서는 33절이다.
58) 다시 개역과 BHS의 절 구분이 맞음

32 [그래서; עַל־כֵּן therefore][57)]
사람들이 **먹지 아니하더라**
/이스라엘 /환도뼈 큰 힘줄을
/지금까지
//(이유: כִּי because)
그 사람이—친고로
/야곱의 환도뼈 큰 힘줄을

33[58)]

1 야곱이 눈을 **들어**
보니
에서가 **오는지라**
/사백인을 거느리고

[그가] **나누어**
/그 자식들을
맡기고
/레아와 라헬과
두 여종에게

2 [그가] **두고**
/여종과
그 자식들은
/앞에
두고
/레아와
그 자식들은
/다음에
두고
/라헬과
요셉은
/뒤에

3 자기는 **나아가되**
/그들 앞에서
몸을 굽히며
/일 곱 번
/땅에
가까이 하니
/그 형 에서에게

여 보았으나 내 생명이 보전되었다 함이더라 **31** 그가
브니엘을 지날 때에 해가 돋았고 그 환도뼈로 인하여 절
었더라 **32** 그 사람이 야곱의 환도뼈 큰 힘줄을 친고로
이스라엘 사람들이 지금까지 환도뼈 큰 힘줄을 먹지 아
니하더라

33:1 야곱이 눈을 들어 보니 에서가 사백인을 거
느리고 오는지라 그 자식들을 나누어 레아와 라
헬과 두 여종에게 맡기고 **2** 여종과 그 자식들은 앞에 두
고 레아와 그 자식들은 다음에 두고 라헬과 요셉은 뒤에
두고 **3** 자기는 그들 앞에서 나아가되 몸을 일곱 번 땅에
굽히며 그 형 에서에게 가까이 하니

31 Now the sun rose upon him just as he crossed over
Penuel, and he was limping on his thigh. **32** Therefore,
to this day the sons of Israel do not eat the sinew of
the hip which is on the socket of the thigh, because he touched
the socket of Jacob's thigh in the sinew of the hip.

33:1 ¶ Then Jacob lifted his eyes and looked, and behold,
Esau was coming, and four hundred men with
him. So he divided the children among Leah and Rachel
and the two maids. **2** And he put the maids and their children
in front, and Leah and her children next, and Rachel
and Joseph last. **3** But he himself passed on ahead of

창

4 에서가 **달려와서**
그를 **맞아서**
안고
목을 **어긋맞기고**
그와 **입맞추고**
피차 **우니라**

5 에서가 눈을 **들어**
보고
/여인과 자식들을
묻되
/너와 함께한 이들은 누구냐?
야곱이 **가로되**
/자식이니이다
/하나님이 주신
/주의 종에게
/은혜로

6 때에
여종들이 **나아와**
/그 자식으로 더불어
절하고

7 레아도 **나아와**
/그 자식으로 더불어
절하고
그 후에
요셉이 **나아와**
/라헬로 더불어
절하니

8 에서가 또 **가로되**
/나의 만난 바
이 모든 떼는 무슨 까닭이냐?
야곱이 **가로되**
/내 주께 은혜를 입으려 함이니이다

9 에서가 **가로되**
/내 동생아!
내게 있는 것이 족하니
네 소유는 네게 두라

10 야곱이 **가로되**
/그렇지 아니하니이다
[만일]

4 에서가 달려와서 그를 맞아서 안고 목을 어긋맞기고
그와 입맞추고 피차 우니라 5 에서가 눈을 들어 여인과
자식들을 보고 묻되 너와 함께한 이들 은 누구냐 야곱이
가로되 하나님이 주의 종에게 은혜로 주신 자식이니이다
6 때에 여종들이 그 자식으로 더불어 나아와 절하고 7
레아도 그 자식으로 더불어 나아와 절하고 그 후에 요셉
이 라헬로 더불어 나아와 절하니 8 에서가 또 가로되 나
의 만난바 이 모든 떼는 무슨 까닭이냐 야곱이 가로되 내
주께 은혜를 입으려 함이니이다 에서가 가로되 내 동생
아 내게 있는 것이 족하니 네 소유는 네게두라 10 야곱
이 가로되 그렇지 아니하니이다 형님께 은혜를 얻었사오
면 청컨대 내 손에서 이 예물을 받으소서 내가 형님의 얼

them and bowed down to the ground seven times, until
he came near to his brother. 4 Then Esau ran to meet
him and embraced him, and fell on his neck and kissed
him, and they wept. 5 And he lifted his eyes and saw
the women and the children, and said, "Who are these
with you?" So he said, "The children whom God has
graciously given your servant." 6 Then the maids came
near with their children, and they bowed down. 7 And
Leah likewise came near with her children, and they
bowed down; and afterward Joseph came near with
Rachel, and they bowed down. 8 And he said, "What
do you mean by all this company which I have met?"
And he said, "To find favor in the sight of my lord."
9 But Esau said, "I have plenty, my brother; let what
you have be your own." 10 And Jacob said, "No,
please, if now I have found favor in your sight, then

창

[만일]
[내가] —— 얻었사오면(조건절, if)
/은혜를
/형님께
청컨대
[당신은] ——받으소서
/이 예물을
/내 손에서
//(이유: כִּי, for)
내가 —— 뵈온 즉
/형님의 얼굴을
/하나님의 얼굴을 본 것 같사오며[59]
형님도——기뻐하심이니이다
/나를

11 /청컨대
[당신은] ——받으소서 하고
/예물을
/내가 형님께 드리는
//(이유: כִּי, for)
하나님이 내게 은혜를 베푸셨고
나의 소유도 족하오니

[야곱이] **강권하매**
/그에게
//(결과)
[그가] 받으니라

12 에서가 **가로되**
/우리가 떠나가자
내가 너의 앞잡이가 되리라

13 야곱이 **이르되**
/그에게
/내 주도 —— 아시거니와
/자식들은 ——유약하고
양떼와 소가 새끼를 데렸은즉
/내게 있는
[만일] 하루만 과히 몰면(조건절, if)
모든 떼가 —죽으리니

14 /청컨대
내 주는——가소서
/종보다 앞서
나는 —— 인도하여 세일로 가서
/천천히
/앞에 가는 짐승과
자식의 행보대로
나아가리이다
/내 주께

59) 하나님의 얼굴을 본 것처럼

굴을 뵈온즉 하나님의 얼굴을 본 것 같사오며 형님도 나
를 기뻐하심이니이다 **11** 하나님이 내게 은혜를 베푸셨
고 나의 소유도 족하오니 청컨대 내가 형님께 드리는 예
물을 받으소서 하고 그에게 강권하매 받으니라 **12** 에서
가 가로되 우리가 떠나가자 내가 너의 앞잡이가 되리라
13 야곱이 그에게 이르되 내 주도 아시거니와 자식들은
유약하고 내게 있는 양떼와 소가 새끼를 데렸은즉 하루
만 과히 몰면 모든 떼가 죽으리니 **14** 청컨대 내 주는
종보다 앞서 가소서 나는 앞에 가는 짐승과 자식의 행보
대로 천천히 인도하여 세일로 가서 내 주께 나아가리이

take my present from my hand, for I see your face as one sees the face of God, and you have received me favorably.
11 "Please take my gift which has been brought to you, because God has dealt graciously with me, and because I have plenty." Thus he urged him and he took it. **12** Then Esau said, "Let us take our journey and go, and I will go before you." **13** But he said to him,
"My lord knows that the children are frail and that the flocks and herds which are nursing are a care to me. And if they are driven hard one day, all the flocks will die. **14** "Please let my lord pass on before his servant; and I will proceed at my leisure, according to the pace of the cattle that are before me and according to the pace of the children, until I come to my lord at Seir."

창

15 에서가 **가로되**
/내가 — 머물리라
/내 종자 수인을
/네게

야곱이 **가로되**... 하매
/어찌하여 그리하리이까?
나로 —— 얻게 하소서
/은혜를
/내 주께

16 이 날에
에서는 **회정하고**
/세일로

17 야곱은 **이르러**
/숙곳에
집을 짓고
/자기를 위하여
지은 고로
/우릿간을
/짐승을 위하여

[그래서; עַל־כֵּן therefore]
[그가] **부르더라**
/그 땅 이름을
/숙곳이라

18 야곱이 **이르러**
/세겜 성에
/가나안 땅
/밧단아람에서부터
/평안히
치고
/그 장막을
/성 앞에

19 **사고**
/그 장막 친 밭을
/하몰의 아들들의 손에서
/세겜의 아비
/은 일백개로

20 **쌓고**
/단을
/거기
하였더라
/그 이름을
/엘엘로헤이스라엘이라

다 15 에서가 가로되 내가 내 종자 수인을 네게 머물리
라 야곱이 가로되 어찌하여 그리 하리이까 나로 내 주께
은혜를 얻게 하소서 하매 16 이 날에 에서는 세일로 회
정하고 17 야곱은 숙곳에 이르러 자기를 위하여 집을
짓고 짐승을 위하여 우릿간을 지은고로 그 땅 이름을 숙
곳이라 부르더라 18 야곱이 밧단아람에서부터 평안히
가나안 땅 세겜 성에 이르러 성 앞에 그 장막을 치고 19
그 장막 친 밭을 세겜의 아비 하몰의 아들들의 손에서 은
일백 개로 사고 20 거기 단을 쌓고 그 이름을 엘엘로헤
이스라엘이라 하였더라

15 And Esau said, "Please let me leave with you some
of the people who are with me." But he said, "What
need is there? Let me find favor in the sight of my lord."
16 So Esau returned that day on his way to Seir. 17
And Jacob journeyed to Succoth; and built for himself a
house, and made booths for his livestock, therefore the
place is named Succoth. 18 ¶ Now Jacob came safely
to the city of Shechem, which is in the land of Canaan,
when he came from Paddan-aram, and camped before
the city. 19 And he bought the piece of land where he
had pitched his tent from the hand of the sons of Hamor,
Shechem's father, for one hundred pieces of money. 20
Then he erected there an altar, and called it El-Elohe-
Israel.

창

34

1 디나가 **나갔더니**
/레아가 낳은 딸
/야곱에게

//(목적: לְ, to)
그 땅 여자를 보러

2 세겜이 **보고**
/그 땅 추장 /그를
/히위 족속 중
하몰의 아들

끌어들여
강간하여
욕되게 하고

3 그 마음이 **연련하며**
/깊이
/야곱의 딸 디나에게
사랑하여
/그 소녀를
위로하고
/그의 마음을
/말로

4 [그가] **청하여 가로되**...하였더라
/그 아비 하몰에게
/이 소녀를 내 아내로 얻게 하여주소서

5 야곱이 **들었으나**
/그 딸 디나를 그가 더럽혔다 함을
자기 아들들이 **목축하므로**
/들에서

//(결과: 의미상)
[그가] —— 잠잠하였고
/그들의 돌아오기까지

6 하몰은 **왔으며**
/세겜의 아비

//(목적: לְ, to)
야곱에게 말하러

7 아들들은 **듣고**
/야곱의 /이를
/들에서

34:1 레아가 야곱에게 낳은 딸 디나가 그 땅 여자
를 보러 나갔더니 2 히위 족속 중 하몰의 아들
그 땅 추장 세겜이 그를 보고 끌어들여 강간하여 욕되게
하고 3 그 마음이 깊이 야곱의 딸 디나에게 연련하며 그
소녀를 사랑하여 그의 마음을 말로 위로하고 4 그 아비
하몰에게 청하여 가로되 이 소녀를 내 아내로 얻게 하여
주소서 하였더라 5 야곱이 그 딸 디나를 그가 더럽혔다
함을 들었으나 자기 아들들이 들에서 목축하므로 그들의
돌아오기까지 잠잠하였고 6 세겜의 아비 하몰은 야곱에
게 말하러 왔으며 7 야곱의 아들들은 들에서 이를 듣고

34:1 ¶ Now Dinah the daughter of Leah, whom
she had borne to Jacob, went out to visit the daughters
of the land. 2 And when Shechem the son of Hamor
the Hivite, the prince of the land, saw her, he took her
and lay with her by force. 3 And he was deeply attracted
to Dinah the daughter of Jacob, and he loved the girl
and spoke tenderly to her. 4 So Shechem spoke to his
father Hamor, saying, "Get me this young girl for a
wife." 5 Now Jacob heard that he had defiled Dinah
his daughter; but his sons were with his livestock in the field,
so Jacob kept silent until they came in. 6 Then Hamor
the father of Shechem went out to Jacob to speak with

사람 사람이 **돌아와서**
근심하고
심히 **노하였으니**

//이는(이유: כִּי, because)
세겜이 ── 행하였음이더라
/부끄러운 일
곧 행치 못할 일을
/이스라엘에게
/야곱의 딸을 강간하여

8 하몰이 **이르되**
/그들에게
/세겜이 ── 연련하여 하니
/내 아들 /너희 딸을
/마음으로
원컨대
[너는] ── 주어
/그를
/세겜에게
//(목적: לְ, to)
아내를 삼게 (하라)

9 /너희가 ── 통혼하여
/우리와
── 주며
/너희 딸을
/우리에게
너희가 ── 취하고
/우리 딸을

10 /너희가 ── 거하되 ... 하고
/우리와 함께
땅이 ── 있으니
/너희 앞에
[너희는] ── 여기 머물러
── 매매하며
── 여기서 기업을 얻으라

11 세겜도 **이르되**
/디나의 아비와 남형들에게
/나로 ── 입게 하라
/은혜를
/너희에게
내가 ── 수응하리니
/너희가 내게 청구하는 것은

돌아와서 사람 사람이 근심하고 심히 노하였으니 이는
세겜이 야곱의 딸을 강간하여 이스라엘에게 부끄러운 일
곧 행치 못할 일을 행하였음이더라 8 하몰이 그들에게
이르되 내 아들 세겜이 마음으로 너희 딸을 연련하여 하
니 원컨대 그를 세겜에게 주어 아내를 삼게 하라 9 너희
가 우리와 통혼하여 너희 딸을 우리에게 주며 우리 딸을
너희가 취하고 10 너희가 우리와 함께 거하되 땅이 너
희 앞에 있으니 여기 머물러 매매하며 여기서 기업을 얻
으라 하고 11 세겜도 디나의 아비와 남형들에게 이르되
나로 너희에게 은혜를 입게 하라 너희가 내게 청구하는

him. 7 Now the sons of Jacob came in from the field
when they heard it; and the men were grieved, and they
were very angry because he had done a disgraceful thing
in Israel by lying with Jacob's daughter, for such a thing
ought not to be done. 8 But Hamor spoke with them, saying,
"The soul of my son Shechem longs for your daughter; please
give her to him in marriage. 9 "And intermarry with
us; give your daughters to us, and take our daughters
for yourselves. 10 "Thus you shall live with us, and
the land shall be open before you; live and trade in it,
and acquire property in it." 11 Shechem also said to
her father and to her brothers, "If I find favor in your

창

12 /이 소녀만 —— 주어
/내게
//(목적: לְ, to)
아내가 되게 (하라)

//(결과)
[너희가] —— 청구할지라도
/아무리 큰 빙물과 예물을
[내가] —— 수응하리라
/너희가 내게 말한대로

13 아들들이 **대답하였으니**
/야곱의 /세겜과 그 아비 하몰에게
/속여

//이는(이유: אֲשֶׁר, because)
세겜이 그 누이 디나를 더럽혔음이라

14 아들들이 **말하되**
/야곱의 /그들에게
/우리는 ┬ 그리하지 못하겠노라
└ 줄 수 없노니
/우리 누이를
/할례 받지 아니한 사람에게
//(이유: כִּי, for)
우리의 수욕이 됨이니라

15 /그런즉
이같이 하면
[우리가] —— 허락하리라
/너희에게
만일
남자가 ┬ 다 할례를 받고
/너희 중 └ 우리 같이 되면(조건절, if)

16 /[우리가] —— 주며
/우리 딸을
/너희에게
우리가 —— 취하며
/너희 딸을
너희가 ┬ 함께 거하여
└ 한 민족이 되려니와

17 /[만일]
너희가 ┬ 듣지 아니하고
/우리를
└ 할례를 받지 아니하면(조건절, if)

것은 내가 수응하리니 **12** 이 소녀만 내게 주어 아내가
되게 하라 아무리 큰 빙물과 예물을 청구할지라도 너희
가 내게 말한대로 수응하리라 **13** 야곱의 아들들이 세겜
과 그 아비 하몰에게 속여 대답하였으니 이는 세겜이 그
누이 디나를 더럽혔음이라 **14** 야곱의 아들들이 그들에
게 말하되 우리는 그리하지 못하겠노라 할례 받지 아니
한 사람에게 우리 누이를 줄 수 없노니 이는 우리의 수욕
이 됨이니라 **15** 그런즉 이같이 하면 너희에게 허락하리
라 만일 너희 중 남자가 다 할례를 받고 우리 같이 되면
16 우리 딸을 너희에게 주며 너희 딸을 우리가 취하며

sight, then I will give whatever you say to me. **12**
"Ask me ever so much bridal payment and gift, and I
will give according as you say to me; but give me the
girl in marriage." **13** But Jacob's sons answered Shechem
and his father Hamor, with deceit, and spoke to them, because
he had defiled Dinah their sister. **14** And they said to
them, "We cannot do this thing, to give our sister to
one who is uncircumcised, for that would be a disgrace
to us. **15** "Only on this condition will we consent to
you: if you will become like us, in that every male of
you be circumcised, **16** then we will give our daughters
to you, and we will take your daughters for ourselves,
and we will live with you and become one people. **17**
"But if you will not listen to us to be circumcised, then

창

우리는 — 곧 데리고
/우리 딸을
가리라

18 하몰과 — **여기므로**
세겜이 /그들의 말을
/그 아들 /좋게

19 이 소년이 **지체치 아니하였으니**
/그 일 행하기를
//(이유: כִּי because)
그가 — 사랑함이며
/야곱의 딸을
그는 — 존귀함일러라
/가장
/그 아비 집에

20 하몰과 — **이르러**
세겜이 /성문에
/그 아들 **말하여 가로되**
/그 고을 사람에게
21 /이 사람들은 — 친목하고
/우리와
이 땅은 — 넓어
용납할만하니
/그들을
그들로 — 거주하며
/여기서
매매하게 하고
우리가 — 취하고
/그들의 딸들을
/아내로
주자
/우리 딸들도
/그들에게

22 그러나
모든 남자가 — 할례를 받아야
/우리중에 /그들의 할례를 받음같이
그 사람들이 — 허락할 것이라
/우리와 함께 거하여
한 민족 되기를

23 그리하면
생축과 — 우리의 소유가 되지 않겠느냐?
/그들의
재산과
짐승이
/그 모든

너희가 함께 거하여 한 민족이 되려니와 **17** 너희가 만
일 우리를 듣지 아니하고 할례를 받지 아니하면 우리는
곧 우리 딸을 데리고 가리라 **18** 그들의 말을 하몰과 그
아들 세겜이 좋게 여기므로 **19** 이 소년이 그 일 행하기
를 지체치 아니하였으니 그가 야곱의 딸을 사랑함이며
그는 그 아비 집에 가장 존귀함일러라 **20** 하몰과 그 아
들 세겜이 성문에 이르러 그 고을 사람에게 말하여 가로
되 **21** 이 사람들은 우리와 친목하고 이 땅은 넓어 그들
을 용납할 만하니 그들로 여기서 거주하며 매매하게 하
고 우리가 그들의 딸들을 아내로 취하고 우리 딸들도 그
들에게 주자 **22** 그러나 우리중에 모든 남자가 그들의
할례를 받음같이 할례를 받아야 그 사람들이 우리와 함

we will take our daughter and go." **18** Now their words
seemed reasonable to Hamor and Shechem, Hamor's son.
19 And the young man did not delay to do the thing, because
he was delighted with Jacob's daughter. Now he was
more respected than all the household of his father. **20**
So Hamor and his son Shechem came to the gate of
their city, and spoke to the men of their city, saying,
21 "These men are friendly with us; therefore let them
live in the land and trade in it, for behold, the land is
large enough for them. Let us take their daughters in marriage,
and give our daughters to them. **22** "Only on this
condition will the men consent to us to live with us, to
become one people: that every male among us be circumcised
as they are circumcised. **23** "Will not their livestock

창

[우리는] —— 다만 그 말대로 하자
//그리하면(결과)
그들이 우리와 함께 거하리라

24 모든 자가 **듣고**
/성문으로 출입하는 /하몰과
그 아들 세겜의 말을
그 모든 남자가 **할례를 받으니라**
/성문으로 출입하는

25 제 삼일에 미쳐
그들이 고통할 때에(상황절, when)
시므온과
레위가 —— **가서**
/야곱의 두 아들 /각기 칼을 가지고
디나의 오라비

성을 **엄습하여**
/부지중에
죽이고
/그 모든 남자를

26 **죽이고**
/하몰과 그 아들 세겜을
/칼로
데려 오고
/디나를
/세겜의 집에서

27 여러 아들이 **가서**
/야곱의 /그 시체있는 성으로
노략하였으니
//이는(이유: אֲשֶׁר, because)
그들이 그 누이를 더럽힌 연고라

28 그들이 29 **빼앗으며**
/양과 소와 나귀와
그 성에 있는 것과
들에 있는 것과
그 모든 재물을
사로잡고
/그 자녀와 아내들을
노략한지라
/집 속의 물건을
/다

께 거하여 한 민족 되기를 허락할 것이라 23 그리하면
그들의 생축과 재산과 그 모든 짐승이 우리의 소유가 되
지 않겠느냐 다만 그 말대로 하자 그리하면 그들이 우리
와 함께 거하리라 24 성문으로 출입하는 모든 자가 하
몰과 그 아들 세겜의 말을 듣고 성문으로 출입하는 그
모든 남자가 할례를 받으니라 25 제 삼일에 미쳐 그들
이 고통할 때에 야곱의 두 아들 디나의 오라비 시므온과
레위가 각기 칼을 가지고 가서 부지중에 성을 엄습하여
그 모든 남자를 죽이고 26 칼로 하몰과 그 아들 세겜을
죽이고 디나를 세겜의 집에서 데려오고 27 야곱의 여러
아들이 그 시체있는 성으로 가서 노략하였으니 이는 그
들이 그 누이를 더럽힌 연고라 28 그들이 양과 소와 나

and their property and all their animals be ours? Only
let us consent to them, and they will live with us." 24
And all who went out of the gate of his city listened to
Hamor and to his son Shechem, and every male was
circumcised, all who went out of the gate of his city.
25 Now it came about on the third day, when they
were in pain, that two of Jacob's sons, Simeon and Levi,
Dinah's brothers, each took his sword and came upon
the city unawares, and killed every male. 26 And they killed
Hamor and his son Shechem with the edge of the sword,
and took Dinah from Shechem's house, and went forth.
27 Jacob's sons came upon the slain and looted the
city, because they had defiled their sister. 28 They took
their flocks and their herds and their donkeys, and that which

30 야곱이 **이르되**
/시므온과 레위에게
/너희가 ── 화를 끼쳐
/내게
/나로 냄새를 내게 (하였도다)
/이 땅 사람
곧 가나안 족속과
브리스 족속에게
나는 ── 수가 적은즉
그들이 ── 모여
나를 치고
나를 죽이리니
그리하면
나와 내 집이 멸망하리라

31 그들이 **가로되**
/그가 우리 누이를 창녀같이 대우함이 가하니이까?

35

1 하나님이 **이르시되**...하신지라
/야곱에게
/[너는] ── 일어나
올라가서
/벧엘로
거하며
/거기
쌓으라
/단을
/거기서
/하나님께
/네게 나타났던
/네가 도망하던 때에
/네 형 에서의 낯을 피하여

2 이에
야곱이 **이르되**
/자기 집 사람과
자기와 함께 한 모든 자에게
/[너희는] ── 버리고
/이방 신상을
/너희 중의
정결케 하고
/자신을
바꾸라
/의복을

귀와 그 성에 있는 것과 들에 있는 것과 **29** 그 모든 재
물을 빼앗으며 그 자녀와 아내들을 사로잡고 집 속의 물
건을 다 노략한지라 **30** 야곱이 시므온과 레위에게 이르
되 너희가 내게 화를 끼쳐 나로 이 땅 사람 곧 가나안 족
속과 브리스 족속에게 냄새를 내게 하였도다 나는 수가
적은즉 그들이 모여 나를 치고 나를 죽이리니 그리하면
나와 내 집이 멸망하리라 **31** 그들이 가로되 그가 우리
누이를 창녀같이 대우함이 가하니이까
35:1 하나님이 야곱에게 이르시되 일어나 벧엘로
나가서 거기 거하며 네가 네 형 에서의 낯을 피

was in the city and that which was in the field; **29** and
they captured and looted all their wealth and all their
little ones and their wives, even all that was in the
houses. **30** Then Jacob said to Simeon and Levi, "You
have brought trouble on me, by making me odious among
the inhabitants of the land, among the Canaanites and
the Perizzites; and my men being few in number, they
will gather together against me and attack me and I shall
be destroyed, I and my household." **31** But they said,
"Should he treat our sister as a harlot?"
35:1 ¶ Then God said to Jacob, "Arise, go up to
Bethel, and live there; and make an altar there to
God, who appeared to you when you fled from your
brother Esau." **2** So Jacob said to his household and to

3 /우리가 ─┬ 일어나
└ 올라가자
/벧엘로
내가 ── 쌓으려 하노라 하매
/단을
/거기서
/하나님께
/내게 응답하시며
/나의 환난날에
/나와 함께 하신
/나의 가는 길에서

4 그들이 **주는지라**
/모든 이방 신상과
/자기 손에 있는
/고리를
/자기 귀에 있는
/야곱에게
야곱이 **묻고**
/그것들을
/세겜 근처 상수리나무 아래

5 그들이 **발행하였으나**
하나님이 **하신고로**
/크게 두려워하게
/그 사면 고을들로
//(결과)
추격하는 자가 없었더라
/야곱의 아들들을

6 야곱과 ─┐
모든 사람이 ─┴ **이르고**
/그와 함께한 /가나안 땅 루스
곧 벧엘에

7 그가 **쌓고**
/단을
/거기서
불렀으니
/그곳을
/엘벧엘이라

//이는(이유: כִּי because)
그 형의 낯을 피할 때에(상황절, when)
하나님이 그에게 거기서 나타나셨음이더라

하여 도망하던 때에 네게 나타났던 하나님께 거기서 단
을 쌓으라 하신지라 **2** 야곱이 이에 자기 집 사람과 자기
와 함께 한 모든 자에게 이르되 너희 중의 이방 신상을
버리고 자신을 정결케 하고 의복을 바꾸라 **3** 우리가 일
어나 벧엘로 올라가자 나의 환난날에 내게 응답하시며
나의 가는 길에서 나와 함께 하신 하나님께 내가 거기서
단을 쌓으려 하노라 하매 **4** 그들이 자기 손에 있는 모든
이방 신상과 자기 귀에 있는 고리를 야곱에게 주는지라
야곱이 그것들을 세겜 근처 상수리나무 아래 묻고 **5** 그
들이 발행하였으나 하나님이 그 사면 고을들로 크게 두
려워하게 하신 고로 야곱의 아들들을 추격하는 자가 없
었더라 **6** 야곱과 그와 함께한 모든 사람이 가나안 땅 루

all who were with him, "Put away the foreign gods
which are among you, and purify yourselves, and change
your garments; **3** and let us arise and go up to Bethel;
and I will make an altar there to God, who answered
me in the day of my distress, and has been with me
wherever I have gone." **4** So they gave to Jacob all the
foreign gods which they had, and the rings which were
in their ears; and Jacob hid them under the oak which
was near Shechem. **5** ¶ As they journeyed, there was a
great terror upon the cities which were around them,
and they did not pursue the sons of Jacob. **6** So Jacob
came to Luz (that is, Bethel), which is in the land of
Canaan, he and all the people who were with him. **7**
And he built an altar there, and called the place El-

창

8 드보라가 **죽으매**
/리브가의 유모
[그가] **장사하고**
/그를
/상수리나무 밑에
/벧엘 아래
불렀더라
/그 나무 이름을
/알론바굿이라

9 야곱이 **돌아오매**
/밧단아람에서
하나님이 **나타나사**
/다시
/야곱에게
주시고
/복을
/그에게

10 **이르시되...**하시고
/그에게
/네 이름이 — 야곱이다마는
[아무도] —— 부르지 않겠고
/네 이름을
/야곱이라
/다시는
이스라엘이 — 네 이름이 되리라

그가 **부르시고**
/그의 이름을
/이스라엘이라

11 **이르시되**
/그에게
/나는 —— 하나님이니라
/전능한
[너는] —— 생육하며
번성하라
국민과 —— 나고
국민이 /네게서
/많은
왕들이 —— 나오리라
/네 허리에서

12 /내가 —— 주고
/준 땅을
/아브라함과 이삭에게
/네게
내가 —— 주리라 하시고
/그 땅을
/네 후손에게도

스 곧 벧엘에 이르고 7 그가 거기서 단을 쌓고 그곳을
엘벧엘이라 불렀으니 이는 그 형의 낯을 피할 때에 하나
님이 그에게 거거서 나타나셨음이더라 8 리브가의 유모
드보라가 죽으매 그를 벧엘 아래 상수리나무 밑에 장사
하고 그 나무 이름을 알론바굿이라 불렀더라 9 야곱이
밧단아람에서 돌아오매 하나님이 다시 야곱에게 나타나
서 그에게 복을 주시고 10 그에게 이르시되 네 이름이
야곱이다마는 네 이름을 다시는 야곱이라 부르지 않겠고
이스라엘이 네 이름이 되리라 하시고 그가 그의 이름을
이스라엘이라 부르시고 11 그에게 이르시되 나는 전능

bethel, because there God had revealed Himself to him, when
he fled from his brother. 8 Now Deborah, Rebekah's
nurse, died, and she was buried below Bethel under the
oak; it was named Allon-bacuth. 9 ¶ Then God appeared
to Jacob again when he came from Paddan-aram, and
He blessed him. 10 And God said to him, "Your name
is Jacob; You shall no longer be called Jacob, But Israel
shall be your name." Thus He called him Israel. 11
God also said to him, "I am God Almighty; Be fruitful
and multiply; A nation and a company of nations shall
come from you, And kings shall come forth from you.
12 "And the land which I gave to Abraham and Isaac,

13 하나님이 **올라 가시는지라**
/그와 말씀하시던 곳에서
/그를 떠나(from)

14 야곱이 **세우고**
/기둥 곧 돌 기둥을
/하나님의 자기와 말씀하시던 곳에
붓고
/전제물을
/그 위에
또 **붓고**
/기름을
/그 위에

15 **불렀더라**
/이름을
/하나님이 자기와 말씀하시던 곳의
/베엘이라

16 그들이 **발행하여**
/벧엘에서
[그런데]
에브랏에 이르기까지 얼마 길을 격한 곳에서(상황절, when)
라헬이 **임산하여**
심히 **신고하더니**

17 그가 난산할 즈음에(상황절, when)
산파가 **이르되**...하매
/그에게
/[너는] ——— 두려워말라
//(이유: כִּי, for)
지금 그대가 또 득남하느니라

18 그가 죽기에 임하여
그 혼이 떠나려할 때에(상황절, when)
[그가] **불렀으나**
/아들의 이름은(을) 베노니라
그 아비가 **불렀더라**
/그를
/베냐민이라

19 라헬이 **죽으매**
장사되었고
/에브랏 곧 베들레헴 길에

20 야곱이 **세웠더니**
/라헬의 묘에 비를
///(결과)

한 하나님이니라 생육하며 번성하라 국민과 많은 국민이
네게서 나고 왕들이 네 허리에서 나오리라 12 내가 아
브라함과 이삭에게 준 땅을 네게 주고 내가 네 후손에게
도 그 땅을 주리라 하시고 13 하나님이 그와 말씀하시
던 곳에서 그를 떠나 올라 가시는지라 14 야곱이 하나
님의 자기와 말씀하시던 곳에 기둥 곧 돌 기둥을 세우고
그 위에 전제물을 붓고 또 그 위에 기름을 붓고 15 하
나님이 자기와 말씀하시던 곳의 이름을 벧엘이라 불렀더
라 16 그들이 벧엘에서 발행하여 에브랏에 이르기까지
얼마 길을 격한 곳에서 라헬이 임산하여 심히 신고하더
니 17 그가 난산할 즈음에 산파가 그에게 이르되 두려
워말라 지금 그대가 또 득남하느니라 하매 18 그가 죽

I will give it to you, And I will give the land to your
descendants after you." 13 Then God went up from
him in the place where He had spoken with him. 14
And Jacob set up a pillar in the place where He had
spoken with him, a pillar of stone, and he poured out
a libation on it; he also poured oil on it. 15 So Jacob named
the place where God had spoken with him, Bethel. 16
¶ Then they journeyed from Bethel; and when there
was still some distance to go to Ephrath, Rachel began
to give birth and she suffered severe labor. 17 And it
came about when she was in severe labor that the
midwife said to her, "Do not fear, for now you have another
son." 18 And it came about as her soul was departing
(for she died), that she named him Ben-oni; but his

//(결과)
지금까지 라헬의 묘비라 일컫더라

21 이스라엘이 다시 **발행하여**
지나
/에델 망대를
장막을 **쳤더라**

22 이스라엘이 그 땅에 유할 때에(상황절, while)
르우벤이 **가서**
통간하매
/그 서모 빌하와
이스라엘이 **들었더라**
/이를
아들은 **열둘이라**
/야곱의

23 소생은 **르우벤과**
/레아의 /야곱의 장자
그 다음 **시므온과**
레위와
유다와
잇사갈과
스불론이요

24 소생은 **요셉과 베냐민이며**
/라헬의

25 소생은 **단과 납달리요**
/빌하의
/라헬의 여종

26 소생은 **갓과 아셀이니**
/실바의
/레아의 여종
이들은 **아들들이요**
/야곱의
/밧단아람에서 낳은 (자더라)
/그에게

27 야곱이 **가서**
/마므레로
/기럇아르바의
이르렀으니
/이삭에게
/그 아비
기럇아르바는 **헤브론이더라**
/곧 아브라함과 이삭의 우거하던

기에 임하여 그 혼이 떠나려 할 때에 아들의 이름은 베노
니라 불렀으나 그 아비가 그를 베냐민이라 불렀더라 19
라헬이 죽으매 에브랏 곧 베들레헴 길에 장사되었고 20
야곱이 라헬의 묘에 비를 세웠더니 지금까지 라헬의 묘
비라 일컫더라 21 이스라엘이 다시 발행하여 에델 망대
를 지나 장막을 쳤더라 22 이스라엘이 그 땅에 유할 때
에 르우벤이 가서 그 서모 빌하와 통간하매 이스라엘이
이를 들었더라 야곱의 아들은 열둘이라 23 레아의 소생
은 야곱의 장자 르우벤과 그 다음 시므온과 레위와 유다
와 잇사갈과 스불론이요 24 라헬의 소생은 요셉과 베냐

father called him Benjamin. 19 So Rachel died and was
buried on the way to Ephrath (that is, Bethlehem). 20
And Jacob set up a pillar over her grave; that is the
pillar of Rachel's grave to this day. 21 Then Israel journeyed
on and pitched his tent beyond the tower of Eder. 22
And it came about while Israel was dwelling in that
land, that Reuben went and lay with Bilhah his father's
concubine; and Israel heard of it. Now there were twelve
sons of Jacob — 23 the sons of Leah: Reuben, Jacob's
first-born, then Simeon and Levi and Judah and Issachar
and Zebulun; 24 the sons of Rachel: Joseph and Benjamin;
25 and the sons of Bilhah, Rachel's maid: Dan and Naphtali;
26 and the sons of Zilpah, Leah's maid: Gad and Asher.
These are the sons of Jacob who were born to him in Paddan-

창

28 이삭의 나이 **일백 팔십세라**
29 이삭이 **나이 많고**
늙어

//(결과)
[그가] 기운이 진하매
[그가] 죽어
[그가] 자기 열조에게로 돌아가니

에서와 ── **장사하였더라**
야곱이 ── /그를
/그 아들

36

1 대략이 **이러하니라**
/에서 곧 에돔의

2 에서가 **취하고**
/아다와
/엘론의 딸
/헷 족속 중
/오홀리바마를
/아나의 소생(딸)
/시브온의 딸
/히위 족속 중
/자기 아내로
/가나안 여인 중

3 또
[그가] **취하였더니**
/바스맛을
/느바욧의 누이
/이스마엘의 딸

4 아다는 **낳았고**
/엘리바스를
/에서에게
바스맛은 **낳았고**
/르우엘을

5 오홀리바마는 **낳았으니**
/여우스와 얄람과 고라를
이들은 **아들이요**
/에서의
자더라
/가나안 땅에서 그에게 낳은

민이며 25 라헬의 여종 빌하의 소생은 단과 납달리요
26 레아의 여종 실바의 소생은 갓과 아셀이니 이들은
야곱의 아들들이요 밧단아람에서 그에게 낳은 자더라
27 야곱이 기럇아르바의 마므레로 가서 그 아비 이삭에
게 이르렀으니 기럇아르바는 곧 아브라함과 이삭의 우거
하던 헤브론이더라 28 이삭의 나이 일백 팔십 세라 29
이삭이 나이 많고 늙어 기운이 진하매 죽어 자기 열조에
게로 돌아가니 그 아들 에서와 야곱이 그를 장사하였더
라

36:1 에서 곧 에돔의 대략이 이러하니라 2 에서가
가나안 여인 중 헷 족속 중 엘론의 딸 아다와 히
위 족속중 시브온의 딸 아나의 소생 오홀리바마를 자기

aram. 27 And Jacob came to his father Isaac at Mamre
of Kiriath-arba (that is, Hebron), where Abraham and
Isaac had sojourned. 28 Now the days of Isaac were
one hundred and eighty years. 29 And Isaac breathed
his last and died, and was gathered to his people, an old
man of ripe age; and his sons Esau and Jacob buried
him.

36:1 ¶ Now these are the records of the generations
of Esau (that is, Edom).
2 ¶ Esau took his wives from the daughters of Canaan: Adah
the daughter of Elon the Hittite, and Oholibamah the daughter
of Anah and the granddaughter of Zibeon the Hivite; 3
also Basemath, Ishmael's daughter, the sister of Nebaioth.
4 And Adah bore Eliphaz to Esau, and Basemath bore Reuel,

6 에서가 **이끌고**
/자기 아내들과
자기 자녀들과
자기 집의
모든 사람과
자기의 가축과
자기 모든 짐승과
모든 재물을
/자기가 가나안 땅에서 얻은
떠나
/그 동생 야곱을
갔으니
/타처로

7 //(이유: כִּי for)
소유가 ── 풍부하여
/두 사람의
└ 함께 거할 수 없음이러라
땅이 ── 용납할 수 없었더라
/그들의 우거한 /그들을
//(이유/원인: פָּנִים)
그들의 가축으로 인하여

8 이에
에서
곧 에돔이 **거하니라**
/세일산에

9 대략이 **이러하고**
/에서의
/세일산에 거한 에돔 족속의 조상

10 이름은 **이러하니라**
/그 자손의
아들은 **엘리바스요**
/아다의
/에서의 아내
아들은 **르우엘이며**
/바스맛의
/에서의 아내

11 아들들은 **데만과**
/엘리바스의 **오말과**
스보와
가담과
그나스요

아내로 취하고 3 또 이스마엘의 딸 느바욧의 누이 바스
맛을 취하였더니 4 아다는 엘리바스를 에서에게 낳았고
바스맛은 르우엘을 낳았고 5 오홀리바마는 여우스와 얄
람과 고라를 낳았으니 이들은 에서의 아들이요 가나안
땅에서 그에게 낳은 자더라 6 에서가 자기 아내들과 자
기 자녀들과 자기 집의 모든 사람과 자기의 가축과 자기
모든 짐승과 자기가 가나안 땅에서 얻은 모든 재물을 이
끌고 그 동생 야곱을 떠나 타처로 갔으니 7 두 사람의
소유가 풍부하여 함께 거할 수 없음이러라 그들의 우거
한 땅이 그들의 가축으로 인하여 그들을 용납할 수 없었
더라 8 이에 에서 곧 에돔이 세일산에 거하니라 9 세일
산에 거한 에돔 족속의 조상 에서의 대략이 이러하고

5 and Oholibamah bore Jeush and Jalam and Korah.
These are the sons of Esau who were born to him in
the land of Canaan. 6 Then Esau took his wives and
his sons and his daughters and all his household, and
his livestock and all his cattle and all his goods which
he had acquired in the land of Canaan, and went to
another land away from his brother Jacob. 7 For their
property had become too great for them to live together,
and the land where they sojourned could not sustain
them because of their livestock. 8 So Esau lived in the
hill country of Seir; Esau is Edom. 9 These then are
the records of the generations of Esau the father of the
Edomites in the hill country of Seir. 10 ¶ These are
the names of Esau's sons: Eliphaz the son of Esau's

12 딤나는 **낳았으니**
/엘리바스의 첩 /아말렉을
/에서의 아들 /엘리바스에게
이들은 **자손이며**
/아다의
/에서의 아내

13 아들들은 **나핫과**
/르우엘의 **세라와**
삼마와
미사니

이들은 **자손이며**
/바스맛의
/에서의 아내

14 아들들은 **이러하니**
/오홀리바마의
/에서의 아내
/시브온의 손녀 아나의 딸
그가 **낳았더라**
/여우스와 얄람과 고라를
/에서에게

15 족장은 **이러하니라**
/에서 자손 중

자손에는 **데만 족장,**
/엘리바스의 **오말 족장,**
/에서의 장자 **스보 족장,**
그나스 족장과

16 **고라 족장,**
가담 족장,
아말렉 족장이니
이들은 **족장들이요**
/엘리바스로 말미암아 나온
/에돔 땅에 있는
이들은 **자손이며**
/아다의

17 자손에는 **나핫 족장,**
/르우엘의 **세라 족장,**
/에서의 아들 **삼마 족장,**
미사 족장이니

10 그 자손의 이름은 이러하니라 에서의 아내 아다의
아들은 엘리바스요 에서의 아내 바스맛의 아들은 르우엘
이며 11 엘리바스의 아들들은 데만과 오말과 스보와 가
담과 그나스요 12 에서의 아들 엘리바스의 첩 딤나는
아말렉을 엘리바스에게 낳았으니 이들은 에서의 아내 아
다의 자손이며 13 르우엘의 아들들은 나핫과 세라와 삼
마와 미사니 이들은 에서의 아내 바스맛의 자손이며 14
시브온의 손녀 아나의 딸 에서의 아내 오홀리바마의 아
들들은 이러하니 그가 여우스와 얄람과 고라를 에서에게
낳았더라 15 에서 자손 중 족장은 이러하니라 에서의
장자 엘리바스의 자손에는 데만 족장, 오말 족장, 스보
족장, 그나스 족장과 16 고라 족장, 가담 족장, 아말렉
족장이니 이들은 에돔 땅에 있는 엘리바스로 말미암아
나온 족장들이요 이들은 아다의 자손이며 17 에서의 아

wife Adah, Reuel the son of Esau's wife Basemath. 11
And the sons of Eliphaz were Teman, Omar, Zepho and
Gatam and Kenaz. 12 And Timna was a concubine of Esau's
son Eliphaz and she bore Amalek to Eliphaz. These are
the sons of Esau's wife Adah. 13 And these are the
sons of Reuel: Nahath and Zerah, Shammah and Mizzah.
These were the sons of Esau's wife Basemath. 14 And
these were the sons of Esau's wife Oholibamah, the daughter
of Anah and the granddaughter of Zibeon: she bore to
Esau, Jeush and Jalam and Korah. 15 ¶ These are the
chiefs of the sons of Esau. The sons of Eliphaz, the first-
born of Esau, are chief Teman, chief Omar, chief Zepho,
chief Kenaz, 16 chief Korah, chief Gatam, chief Amalek.
These are the chiefs descended from Eliphaz in the land

이들은 **족장들이요**
/르우엘로 말미암아 나온
/에돔 땅에 있는
이들은 **자손이며**
/바스맛의
/에서의 아내

18 아들들은 **여우스 족장**
/오홀리바마의 **얄람 족장**
/에서의 아내 **고라족장이니**

이들은 **딸이요**
/아나의
족장들이라
/오홀리바마로 말미암아 나온
/에서의 아내인

19 자들이 **이러하였더라**
/족장 된
/에서 곧 에돔의 자손으로서

20 자손은 **로단과 소발과 시브온과 아나와**
/세일의
/그 땅의 원거인 호리 족속

21 **디손과 에셀과 디산이니**
이들은 **족장들이요**
/호리 족속으로 말미암아 나온
/에돔 땅에 있는 세일의 자손중

22 자녀는 **호리와 헤맘과 로단의 누이 딤나요**
/로단의

23 자녀는 **알완과 마나핫과 에발과 스보와 오남이요**
/소발의

24 자녀는 **아야와 아나며**
/시브온의
이 아나는 **발견하였고**
/온천을
/광야에서
/그 아비 시브온의 나귀를 칠 때에

들 르우엘의 자손에는 나핫 족장, 세라 족장, 삼마 족장,
미사 족장이니 이들은 에돔 땅에 있는 르우엘로 말미암
아 나온 족장들이요 이들은 에서의 아내 바스맛의 자손
이며 18 에서의 아내 오홀리바마의 아들들은 여우스 족
장, 얄람 족장, 고라 족장이니 이들은 아나의 딸이요 에
서의 아내인 오홀리바마로 말미암아 나온 족장들이라
19 에서 곧 에돔의 자손으로서 족장 된 자들이 이러하
였더라 20 그 땅의 원거인(原巨人) 호리 족속 세일의
자손은 로단과 소발과 시브온과 아나와 21 디손과 에셀
과 디산이니 이들은 에돔 땅에 있는 세일의 자손중 호리
족속으로 말미암아 나온 족장들이요 22 로단의 자녀는
호리와 헤맘과 로단의 누이 딤나요 23 소발의 자녀는
알완과 마나핫과 에발과 스보와 오남이요 24 시브온의
자녀는 아야와 아나며 이 아나는 그 아비 시브온의 나귀

of Edom; these are the sons of Adah. 17 And these
are the sons of Reuel, Esau's son: chief Nahath, chief
Zerah, chief Shammah, chief Mizzah. These are the chiefs
descended from Reuel in the land of Edom; these are
the sons of Esau's wife Basemath. 18 And these are
the sons of Esau's wife Oholibamah: chief Jeush, chief Jalam,
chief Korah. These are the chiefs descended from Esau's
wife Oholibamah, the daughter of Anah. 19 These are
the sons of Esau (that is, Edom), and these are their
chiefs. 20 ¶ These are the sons of Seir the Horite, the
inhabitants of the land: Lotan and Shobal and Zibeon
and Anah, 21 and Dishon and Ezer and Dishan. These
are the chiefs descended from the Horites, the sons of
Seir in the land of Edom. 22 And the sons of Lotan
were Hori and Hemam; and Lotan's sister was Timna.
23 And these are the sons of Shobal: Alvan and Manahath
and Ebal, Shepho and Onam. 24 And these are the sons
of Zibeon: Aiah and Anah — he is the Anah who found

25 자녀는 **디손과 오홀리바마니**
/아나의
오홀리바마는 **딸이며**
/아나의

26 자녀는 **헴단과 에스반과 이드란과 그란이요**
/디손의

27 자녀는 **빌한과 사아완과 아간이요**
/에셀의

28 자녀는 **우스와 아란이니**
/디산의

29 족장들은 **곧 로단 족장, 소발족장, 시브온 족장, 아나 족장**
/호리 족속의

30 **디손 족장, 에셀 족장, 디산 족장이라**
이들은 **장들이족었더라**
/호리 족속으로 말미암아 나온
/그 구역을 따라 세일땅에 있는

31 이스라엘 자손을 다스리는 왕이 있기 전에(상황절, before)
왕이 **이러하니라**
/에돔 땅을 다스리는

32 벨라가 **왕이 되었으니**
/브올의 아들 /에돔의

이름은 **딘 하바며**
/그 도성의

33 벨라가 **죽고**
요밥이 **왕이 되고**
/세라의 아들 /그를 대신하여
/보스라 사람

34 요밥이 **죽고**
후삼이 **왕이 되고**
/데만 족속의 땅의 /그를 대신하여

35 후삼이 **죽고**
하닷이 **왕이 되니**
/브닷의 아들 /그를 대신하여
/곧 모압 들에서 미디안 족속을 친

를 칠 때에 광야에서 온천을 발견하였고 **25** 아나의 자
녀는 디손과 오홀리바마니 오홀리바마는 아나의 딸이며
26 디손의 자녀는 헴단과 에스반과 이드란과 그란이요
27 에셀의 자녀는 빌한과 사아완과 아간이요 **28** 디산
의 자녀는 우스와 아란이니 **29** 호리 족속의 족장들은
곧 로단 족장, 소발 족장, 시브온 족장, 아나 족장 **30** 디
손 족장, 에셀 족장, 디산 족장이라 이들은 그 구역을 따
라 세일 땅에 있는 호리 족속으로 말미암아 나온 족장들
이었더라 **31** 이스라엘 자손을 다스리는 왕이 있기 전
에 에돔 땅을 다스리는 왕이 이러하니라 **32** 브올의 아
들 벨라가 에돔의 왕이 되었으니 그 도성의 이름은 딘하
바며 **33** 벨라가 죽고 보스라 사람 세라의 아들 요밥이
그를 대신하여 왕이 되고 **34** 요밥이 죽고 데만 족속의
땅의 후삼이 그를 대신하여 왕이 되고 **35** 후삼이 죽고

the hot springs in the wilderness when he was pasturing
the donkeys of his father Zibeon. **25** And these are the
children of Anah: Dishon, and Oholibamah, the daughter
of Anah. **26** And these are the sons of Dishon: Hemdan
and Eshban and Ithran and Cheran. **27** These are the
sons of Ezer: Bilhan and Zaavan and Akan. **28** These
are the sons of Dishan: Uz and Aran. **29** These are the
chiefs descended from the Horites: chief Lotan, chief Shobal,
chief Zibeon, chief Anah, **30** chief Dishon, chief Ezer, chief
Dishan. These are the chiefs descended from the Horites,
according to their various chiefs in the land of Seir. **31**
¶ Now these are the kings who reigned in the land of
Edom before any king reigned over the sons of Israel.
32 Bela the son of Beor reigned in Edom, and the name
of his city was Dinhabah. **33** Then Bela died, and Jobab
the son of Zerah of Bozrah became king in his place.
34 Then Jobab died, and Husham of the land of the
Temanites became king in his place. **35** Then Husham died,

이름은 **아윗이며**
/그 도성

36 하닷이 **죽고**
삼라가 **왕이 되고**
/마스레가의 /그를 대신하여

37 삼라가 **죽고**
사울이 **왕이 되고**
/르호봇의 /그를 대신하여
/유브라데 하숫가

38 사울이 **죽고**
바알하난이 **왕이 되고**
/악볼의 아들 /그를 대신하여

39 바알하난이 **죽고**
/악볼의 아들
하달이 **왕이 되니**
/그를 대신하여
이름은 **바우며**
/그 도성
이름은 **므헤다벨이니**
/그 처의 /마드렛의 딸이요
메사합의 손녀더라

40 이름은 **이러하니**
/족장들의 /그 종족과 거처와 이름대로
/에서에게서 나온

딤나 족장, 알와 족장, 여뎃 족장
41 **오홀리바마 족장, 엘라 족장, 비논 족장**
42 **그나스 족장, 데만 족장, 밉살 족장**
43 **막디엘 족장, 이람 족장이라**
이들은 **에돔 족장들이며**
/그 구역과 거처를 따른
조상은 **에서더라**
/에돔 족속의

브닷의 아들 곧 모압 들에서 미디안 족속을 친 하닷이 그
를 대신하여 왕이 되니 그 도성 이름은 아윗이며 36 하
닷이 죽고 마스레가의 삼라가 그를 대신하여 왕이 되고
37 삼라가 죽고 유브라데 하숫가 르호봇의 사울이 그를
대신하여 왕이 되고 38 사울이 죽고 악볼의 아들 바알
하난이 그를 대신하여 왕이 되고 39 악볼의 아들 바알
하난이 죽고 하달이 그를 대신하여 왕이 되니 그 도성 이
름은 바우며 그 처의 이름은 므헤다벨이니 마드렛의 딸
이요 메사합의 손녀더라 40 에서에게서 나온 족장들의
이름은 그 종족과 거처와 이름대로 이러하니 딤나 족장,
알와 족장, 여뎃 족장 41 오홀리바마 족장, 엘라 족장,
비논 족장 42 그나스 족장, 데만 족장, 밉살 족장 43
막디엘 족장, 이람 족장이라 이들은 그 구역과 거처를 따
른 에돔 족장들이며 에돔 족속의 조상은 에서더라

and Hadad the son of Bedad, who defeated Midian in
the field of Moab, became king in his place; and the
name of his city was Avith. 36 Then Hadad died, and
Samlah of Masrekah became king in his place. 37 Then
Samlah died, and Shaul of Rehoboth on the Euphrates
River became king in his place. 38 Then Shaul died,
and Baal-hanan the son of Achbor became king in his
place. 39 Then Baal-hanan the son of Achbor died, and
Hadar became king in his place; and the name of his
city was Pau; and his wife's name was Mehetabel, the
daughter of Matred, daughter of Mezahab. 40 ¶ Now
these are the names of the chiefs descended from Esau,
according to their families and their localities, by their names:
chief Timna, chief Alvah, chief Jetheth, 41 chief
Oholibamah, chief Elah, chief Pinon, 42 chief Kenaz,
chief Teman, chief Mibzar, 43 chief Magdiel, chief
Iram. These are the chiefs of Edom (that is, Esau, the
father of the Edomites), according to their habitations in
the land of their possession.

창

37

1 야곱이 **거하였으니**
/가나안 땅 곧 그 아비의 우거하던 땅에

2 약전이 **이러하니라**
/야곱의

요셉이 십 칠세의 소년으로서
그 형제와 함께 양을 칠 때에(상황절, when)

[그가] **함께 하였더니**
/빌하와 실바의 아들들로 더불어
그가 **고하더라**
/그들의 과실을
/아비에게

3 이스라엘이 **사랑하여**
/그를
/여러 아들보다 깊이
//(이유: כִּי because)
요셉은 노년에 얻은 아들이므로
//(결과)
위하여 채색옷을 지었더니

4 그 형들이 **보고**
/아비가 형제들보다 그를 사랑함을
미워하여
/그를
불평하였더라
/그에게 언사가(speak unto him)

5 요셉이 **꾸고**
/꿈을
고하매
/자기 형들에게
//(결과)
그들이 그를 더욱 미워 하였더라

6 요셉이 **이르되**
/그들에게
/청컨대
나의 꾼 꿈을 들으시오

7 /우리가 —— 묶더니
/곡식을
/밭에서

37:1 야곱이 가나안 땅 곧 그 아비의 우거하던 땅
에 거하였으니 **2** 야곱의 약전이 이러하니라 요
셉이 십 칠세의 소년으로서 그 형제와 함께 양을 칠 때
에 그 아비의 첩 빌하와 실바의 아들들로 더불어 함께
하였더니 그가 그들의 과실을 아비에게 고하더라 **3** 요셉
은 노년에 얻은 아들이므로 이스라엘이 여러 아들보다
그를 깊이 사랑하여 위하여 채색옷을 지었더니 **4** 그 형
들이 아비가 형제들보다 그를 사랑함을 보고 그를 미워
하여 그에게 언사가 불평하였더라 **5** 요셉이 꿈을 꾸고
자기 형들에게 고하매 그들이 그를 더욱 미워하였더라 **6**

37:1 ¶ Now Jacob lived in the land where his father
had sojourned, in the land of Canaan. **2** ¶ These
are the records of the generations of Jacob. Joseph, when
seventeen years of age, was pasturing the flock with his
brothers while he was still a youth, along with the sons
of Bilhah and the sons of Zilpah, his father's wives.
And Joseph brought back a bad report about them to
their father. **3** Now Israel loved Joseph more than all
his sons, because he was the son of his old age; and he
made him a varicolored tunic. **4** And his brothers saw
that their father loved him more than all his brothers;
and so they hated him and could not speak to him on friendly
terms. **5** ¶ Then Joseph had a dream, and when he told
it to his brothers, they hated him even more. **6** And he
said to them, "Please listen to this dream which I have
had; **7** for behold, we were binding sheaves in the field,

내 단은 —— 일어서고
단은 —— 둘러서서
/당신들의 /내 단을
절하더이다

8 그 형들이 **이르되**... 하고
/그에게
/네가 참으로 우리의 왕이 되겠느냐?
참으로 우리를 다스리게 되겠느냐?
[그들이] 더욱 **미워하더니**
/그를
//(이유: עַל because of)
그 꿈과 그 말을 인하여

9 요셉이 다시 **꾸고**
/꿈을
고하여 가로되...하니라
/그 형들에게
/내가 —— 또 꿈을 꾼즉
/해와 달과 열한 별이 내게 절하더이다

10 그가 **고하매**
/그 꿈으로
/부형에게
아비가 **꾸짖고**
/그를
이르되
/그에게
/너의 꾼 꿈이 무엇이냐?
나와 네 모와 네 형제들이 참으로 가서
땅에 엎드려 네게 절하겠느냐?

11 그 형들은 **시기하되**
그 아비는 **두었더라**
/그 말을
/마음에

12 그[의] 형들이 **가서**
/세겜에
//(목적: לְ, to)
아비의 양떼를 칠 때에(=치기 위해)

13 이스라엘이 **이르되**
/요셉에게
/네 형들이 세겜에서 양을 치지 아니하느냐?
[내가] 너를 그들에게로 보내리라

요셉이 그들에게 이르되 청컨대 나의 꾼 꿈을 들으시오
7 우리가 밭에서 곡식을 묶더니 내 단은 일어서고 당신
들의 단은 내 단을 둘러서서 절하더이다 8 그 형들이 그
에게 이르되 네가 참으로 우리의 왕이 되겠느냐 참으로
우리를 다스리게 되겠느냐 하고 그 꿈과 그 말을 인하여
그를 더욱 미워하더니 9 요셉이 다시 꿈을 꾸고 그 형들
에게 고하여 가로되 내가 또 꿈을 꾼즉 해와 달과 열한
별이 내게 절하더이다 하니라 10 그가 그 꿈으로 부형
에게 고하매 아비가 그를 꾸짖고 그에게 이르되 너의 꾼
꿈이 무엇이냐 나와 네 모와 네 형제들이 참으로 가서
땅에 엎드려 네게 절하겠느냐 11 그 형들은 시기하되
그 아비는 그 말을 마음에 두었더라 12 그 형들이 세겜

and lo, my sheaf rose up and also stood erect; and behold,
your sheaves gathered around and bowed down to my sheaf."
8 Then his brothers said to him, "Are you actually
going to reign over us? Or are you really going to rule
over us?" So they hated him even more for his dreams
and for his words. 9 Now he had still another dream,
and related it to his brothers, and said, "Lo, I have had
still another dream; and behold, the sun and the moon
and eleven stars were bowing down to me." 10 And
he related it to his father and to his brothers; and his
father rebuked him and said to him, "What is this dream
that you have had? Shall I and your mother and your brothers
actually come to bow ourselves down before you to the
ground?" 11 And his brothers were jealous of him, but
his father kept the saying in mind. 12 Then his brothers
went to pasture their father's flock in Shechem. 13 And

창

요셉이 **대답하되**
/아비에게
/내가 그리하겠나이다

14 이스라엘이 **이르되**...하고
/그에게
/[너는] ─ 가서
보고
/네 형들과 양떼가 다 잘 있는 여부를
돌아와
고하라
/내게
보내매
/그를
/헤브론 골짜기에서
이에
[그가] **가니라**
/세겜으로

15 어떤 사람이 **만난즉**
/그를
그가 **방황하는지라**
/들에서
그 사람이 **물어 가로되**
/그에게
/네가 무엇을 찾느냐?

16 그가 **가로되**
/내가 ── 찾으오니
/나의 형들을
청컨대
[당신은] ── 가르치소서
/그들의 양치는 곳을
/내게

17 그 사람이 **가로되**
/그들이 ── 떠났느니라
/여기서
내가 ── 들으니 ... 하더라
/그들의 말을
/도단으로 가자
요셉이 **가서**
/그 형들의 뒤를 따라
만나니라
/그들을
/도단에서

에 가서 아비의 양떼를 칠 때에 13 이스라엘이 요셉에
게 이르되 네 형들이 세겜에서 양을 치지 아니하느냐 너
를 그들에게로 보내리라 요셉이 아비에게 대답하되 내가
그리하겠나이다 14 이스라엘이 그에게 이르되 가서 네
형들과 양떼가 다 잘 있는 여부를 보고 돌아와 내게 고
하라 하고 그를 헤브론 골짜기에서 보내매 이에 세겜으
로 가니라 15 어떤 사람이 그를 만난즉 그가 들에서 방
황하는지라 그 사람이 그에게 물어 가로되 네가 무엇을
찾느냐 16 그가 가로되 내가 나의 형들을 찾으오니 청
컨대 그들의 양치는 곳을 내게 가르치소서 17 그 사람
이 가로되 그들이 여기서 떠났느니라 내가 그들의 말을
들으니 도단으로 가자 하더라 요셉이 그 형들의 뒤를 따

Israel said to Joseph, "Are not your brothers pasturing
the flock in Shechem? Come, and I will send you to
them." And he said to him, "I will go." 14 Then he
said to him, "Go now and see about the welfare of your
brothers and the welfare of the flock; and bring word
back to me." So he sent him from the valley of Hebron,
and he came to Shechem. 15 And a man found him,
and behold, he was wandering in the field; and the man
asked him, "What are you looking for?" 16 And he
said, "I am looking for my brothers; please tell me
where they are pasturing the flock." 17 Then the man
said, "They have moved from here; for I heard them
say, 'Let us go to Dothan.'" So Joseph went after his brothers
and found them at Dothan. 18 ¶ When they saw him

18 그들이 **보고**
/요셉을
/멀리서
꾀하여
/죽이기를
/요셉이 그들에게 가까이 오기 전에

19 **서로 이르되**
/꿈 꾸는 자가 오는도다

20 /자,
[우리가] ─ 그를 죽여
└ 던지고
/한 구덩이에
우리가 ── 말하기를 ...하자
/악한 짐승이 그를 잡아먹었다
우리가 ── 볼 것이니라 하는지라
/그 꿈이 어떻게 되는 것을

21 르우벤이 **듣고**
구원하려하여 가로되
/요셉을
/그들의 손에서
/우리가 그 생명은 상하지 말자

22 르우벤이 또 **이르되**
/그들에게
/[너희는] ─ 흘리지 말라
/피를
├ 던지고
/그를
/광야 그 구덩이에
└ 대지 말라 하니
/손을
/그에게

//이는(목적: לְמַעַן that...may, to)
그가 ─ 구원하여
/요셉을
/그들의 손에서
└ 돌리려 함이었더라
/그 아비에게로

23 요셉이 **이르매**
/형들에게
그 형들이 **벗기고**
/요셉의 옷
곧 그 입은 채색 옷을

라 가서 도단에서 그들을 만나니라 18 요셉이 그들에게
가까이 오기 전에 그들이 요셉을 멀리서 보고 죽이기를
꾀하여 19 서로 이르되 꿈 꾸는 자가 오는도다 20 자,
그를 죽여 한 구덩이에 던지고 우리가 말하기를 악한 짐
승이 그를 잡아먹었다 하자 그 꿈이 어떻게 되는 것을 우
리가 볼 것이니라 하는지라 21 르우벤이 듣고 요셉을
그들의 손에서 구원하려하여 가로되 우리가 그 생명은
상하지 말자 22 르우벤이 또 그들에게 이르되 피를 흘
리지 말라 그를 광야 그 구덩이에 던지고 손을 그에게 대
지 말라 하니 이는 그가 요셉을 그들의 손에서 구원하여
그 아비에게로 돌리려 함이었더라 23 요셉이 형들에게
이르매 그 형들이 요셉의 옷 곧 그 입은 채색 옷을 벗기

from a distance and before he came close to them, they
plotted against him to put him to death. 19 And they
said to one another, "Here comes this dreamer! 20
"Now then, come and let us kill him and throw him into
one of the pits; and we will say, 'A wild beast devoured
him.' Then let us see what will become of his dreams!"
21 But Reuben heard this and rescued him out of their
hands and said, "Let us not take his life." 22 Reuben further
said to them, "Shed no blood. Throw him into this pit
that is in the wilderness, but do not lay hands on him"
— that he might rescue him out of their hands, to restore
him to his father. 23 So it came about, when Joseph reached

창

24 **잡아**
/그를
던지니
/구덩이에
그 구덩이는 **빈 것이라**
물이 없었더라
/그 속에

25 그들이 **앉아**
음식을 **먹다가**
눈을 **들어**
본즉

이스마엘 족속이 **오는데**
/한떼 /길르앗에서
싣고
/향품과 유향과 몰약을
/그 약대들에
내려가는지라
/애굽으로

26 유다가 **이르되**
/자기 형제에게
/[만일]
우리가 ─┬─ 죽이고
/우리 동생을
└─ 은익한들(조건절, if)
/그의 피를
무엇이 유익할까?

27 /자,
[우리가] ─┬─ 팔고
/그를
/이스마엘 사람에게
└─ 대지 말자
/우리 손을
/그에게

//(이유: כִּי for)
그는 ─┬─ 우리의 동생이요
└─ 우리의 골육이니라 하매

//(결과)
형제들이 청종하였더라

28 때에(상황절)
상고들이 **지나는지라**
/미디안 사람

고 24 그를 잡아 구덩이에 던지니 그 구덩이는 빈 것이
라 그 속에 물이 없었더라 25 그들이 앉아 음식을 먹다
가 눈을 들어 본즉 한 떼 이스마엘 족속이 길르앗에서 오
는데 그 약대들에 향품과 유향과 몰약을 싣고 애굽으로
내려가는지라 26 유다가 자기 형제에게 이르되 우리가
우리 동생을 죽이고 그의 피를 은익한들 무엇이 유익할
까 27 자, 그를 이스마엘 사람에게 팔고 우리 손을 그에
게 대지 말자 그는 우리의 동생이요 우리의 골육이니라
하매 형제들이 청종하였더라 28 때에 미디안 사람 상고
들이 지나는지라 그들이 요셉을 구덩이에서 끌어 올리고

his brothers, that they stripped Joseph of his tunic, the
varicolored tunic that was on him;
24 and they took
him and threw him into the pit. Now the pit was empty,
without any water in it.
25 ¶ Then they sat down to
eat a meal. And as they raised their eyes and looked,
behold, a caravan of Ishmaelites was coming from Gilead,
with their camels bearing aromatic gum and balm and myrrh,
on their way to bring them down to Egypt.
26 And
Judah said to his brothers, "What profit is it for us to
kill our brother and cover up his blood?
27 "Come
and let us sell him to the Ishmaelites and not lay our
hands on him; for he is our brother, our own flesh."
And his brothers listened to him.
28 Then some Midianite
traders passed by, so they pulled him up and lifted Joseph

그들이 **끌어**
올리고
/요셉을
/구덩이에서
팔매
/그를
/이스마엘 사람들에게
/은 이십개에
그 상고들이 **갔더라**
/요셉을 데리고
/애굽으로

29 르우벤이 **돌아와서**
/구덩이에 이르러
본즉
요셉이 **없는지라**
/거기

옷을 찢고
30 **와서**
가로되
/아우들에게로
/아이가 없도다
나는 나는 어디로 갈까?

31 그들이 **취하고**
/요셉의 옷을
죽여
/수염소를
적시고
/그 옷을
/피에

32 **보내어**
/그 채색 옷을
가져다가
/그 아비에게로
이르기를... 하매
/우리가 —— 얻었으니
/이것을
보소서
/아버지의 아들의 옷인가 아닌가

33 아비가 **알아보고**..하고
/그것을
가로되
/내 아들의 옷이라
악한 짐승이 그를 먹었도다
요셉이 정녕 찢겼도다

은 이십 개에 그를 이스마엘 사람들에게 팔매 그 상고들
이 요셉을 데리고 애굽으로 갔더라 **29** 르우벤이 돌아와
서 구덩이에 이르러 본즉 거기 요셉이 없는지라 옷을 찢
고 **30** 아우들에게로 와서 가로되 아이가 없도다 나는
나는 어디로 갈까 **31** 그들이 요셉의 옷을 취하고 수염
소를 죽여 그 옷을 피에 적시고 **32** 그 채색 옷을 보내
어 그 아비에게로 가져다가 이르기를 우리가 이것을 얻
었으니 아버지의 아들의 옷인가 아닌가 보소서 하매 **33**
아비가 그것을 알아보고 가로되 내 아들의 옷이라 악한
짐승이 그를 먹었도다 요셉이 정녕 찢겼도다 하고 **34**

out of the pit, and sold him to the Ishmaelites for twenty
shekels of silver. Thus they brought Joseph into Egypt.
29 ¶ Now Reuben returned to the pit, and behold,
Joseph was not in the pit; so he tore his garments. **30**
And he returned to his brothers and said, "The boy is
not there; as for me, where am I to go?" **31** So they
took Joseph's tunic, and slaughtered a male goat, and
dipped the tunic in the blood; **32** and they sent the
varicolored tunic and brought it to their father and said, "We
found this; please examine it to see whether it is your
son's tunic or not." **33** Then he examined it and said,
"It is my son's tunic. A wild beast has devoured him;

창

34 **찢고**
/자기 옷을
묶고
/허리를
/굵은 베로
애통하니
/오래도록
/그 아들을 위하여

35 자녀가 **위로하되**
/그 모든
그가 **받지 아니하여**
/그 위로를
가로되..하고
/내가 —— 내려 가리라
/아들에게로
/슬퍼하며
/음부에
그 아비가 **울었더라**
/그를 위하여

36 사람이 **팔았더라**
/미디안
/요셉을
/애굽에서
/보디발에게
/바로의 신하 시위대장

38

1 그 후에
유다가 **내려가서**
/자기 형제에게서
나아가니라
/히라에게로
/아둘람 사람

2 유다가 **보고**
/딸을
/수아라 하는 자의
/가나안 사람
/거기서
취하여
/그를
동침하니

3 그가 **잉태하여**

자기 옷을 찢고 굵은 베로 허리를 묶고 오래도록 그 아들
을 위하여 애통하니 **35** 그 모든 자녀가 위로하되 그가
그 위로를 받지 아니하여 가로되 내가 슬퍼하며 음부에
내려 아들에게로 가리라 하고 그 아비가 그를 위하여 울
었더라 **36** 미디안 사람이 애굽에서 바로의 신하 시위대
장 보디발에게 요셉을 팔았더라
38:1 그 후에 유다가 자기 형제에게서 내려가서 아
둘람 사람 히라에게로 나아가니라 **2** 유다가 거
기서 가나안 사람 수아라 하는 자의 딸을 보고 그를 취하
여 동침하니 **3** 그가 잉태하여 아들을 낳으매 유다가 그

Joseph has surely been torn to pieces!" **34** So Jacob
tore his clothes, and put sackcloth on his loins, and
mourned for his son many days. **35** Then all his sons
and all his daughters arose to comfort him, but he refused
to be comforted. And he said, "Surely I will go down
to Sheol in mourning for my son." So his father wept
for him. **36** Meanwhile, the Midianites sold him in
Egypt to Potiphar, Pharaoh's officer, the captain of the
bodyguard.
38:1 ¶ And it came about at that time, that Judah
departed from his brothers, and visited a certain
Adullamite, whose name was Hirah. **2** And Judah saw there
a daughter of a certain Canaanite whose name was Shua;
and he took her and went in to her. **3** So she conceived

낳으매
/아들을
유다가 **하니라**
/그 이름을
/엘이라

4 그가 **잉태하여**
/다시
낳고
/아들을
9 [그가] **하고**
/그 이름을
/오난이라

5 그가 **낳고**
/또 다시
/아들을
[그가] **하니라**
/그 이름을
/셀라라

그가 셀라를 낳을 때에(상황절, when)
유다는 **있었더라**
/거십에

6 유다가 **취하니**
/아내를
/장자 엘을 위하여
그 이름은 **이더라**
/다말

7 엘이 **악하므로**
/유다의 장자 /여호와 목전에
//(결과)
여호와께서 그를 죽이신지라

8 유다가 **이르되**
/오난에게
/[너는] ── 들어가서
/네 형수에게로
── 행하여
/남편의 아우의 본분을
── 씨가 있게 하라
/네 형을 위하여

9 오난이 **알므로**
/그 씨가 자기 것이 되지 않을 줄

이름을 엘이라 하니라 4 그가 다시 잉태하여 아들을 낳
고 그 이름을 오난이라 하고 5 그가 또 다시 아들을 낳
고 그 이름을 셀라라 하니라 그가 셀라를 낳을 때에 유다
는 거십에 있었더라 6 유다가 장자 엘을 위하여 아내를
취하니 그 이름은 다말이더라 7 유다의 장자 엘이 여호
와 목전에 악하므로 여호와께서 그를 죽이신지라 8 유다
가 오난에게 이르되 네 형수에게로 들어가서 남편의 아
우의 본분을 행하여 네 형을 위하여 씨가 있게 하라 9
오난이 그 씨가 자기 것이 되지 않을 줄 알므로 형수에게
들어갔을 때에 형에게 아들을 얻게 아니하려고 땅에 설

and bore a son and he named him Er. 4 Then she
conceived again and bore a son and named him Onan.
5 And she bore still another son and named him Shelah;
and it was at Chezib that she bore him. 6 ¶ Now Judah
took a wife for Er his first-born, and her name was
Tamar. 7 But Er, Judah's first-born, was evil in the
sight of the LORD, so the LORD took his life. 8 Then Judah
said to Onan, "Go in to your brother's wife, and perform
your duty as a brother-in-law to her, and raise up offspring
for your brother." 9 And Onan knew that the offspring would
not be his; so it came about that when he went in to
his brother's wife, he wasted his seed on the ground, in

창

형수에게 들어갔을 때에(상황절, when)
[그가] **설정하매**
/땅에

//(목적; לְ, so that)
형에게 아들을 얻게 아니하려고

10 그 일이 **악하므로**
/여호와 목전에
//(결과)
여호와께서 그도 죽이시니

11 유다가 **이르되**..하니
/그 며느리 다말에게
/[너는] ─ 수절하고
─ 있어서
/네 아비 집에
─ 기다리라
/내 아들 셀라가 장성하기를
//(이유: כִּי for)
[그가] ─── 염려함이라
/셀라도 그 형들 같이 죽을까
다말이 **가서**
있으니라
/그 아비 집에

12 얼마 후에
수아의 딸이 **죽은지라**
/유다의 아내

유다가 위로를 받은 후에(상황절, when)
[그가] **올라가서**
/딤나로
/그 친구 아둘람 사람 히라와 함께
이르렀더니
/자기 양털 깍는 자에게

13 혹이 **고하되**...한지라
/다말에게
/네 시부가 ─ 올라왔다
/딤나에
//(목적)
자기 양털을 깎으려고

14 그가 **벗고**
/그 과부의 의복을
가리고
/얼굴을
/면박으로

정하매 **10** 그 일이 여호와 목전에 악하므로 여호와께서
그도 죽이시니 **11** 유다가 그 며느리 다말에게 이르되
수절하고 네 아비 집에 있어서 내 아들 셀라가 장성하기
를 기다리라 하니 셀라도 그 형들 같이 죽을까 염려함이
라 다말이 가서 그 아비 집에 있으니라 **12** 얼마 후에
유다의 아내 수아의 딸이 죽은지라 유다가 위로를 받은
후에 그 친구 아둘람 사람 히라와 함께 딤나로 올라가서
자기 양털 깎는 자에게 이르렀더니 **13** 혹이 다말에게
고하되 네 시부가 자기 양털을 깎으려고 딤나에 올라왔
다 한지라 **14** 그가 그 과부의 의복을 벗고 면박으로 얼

order not to give offspring to his brother. **10** But what
he did was displeasing in the sight of the LORD; so He
took his life also. **11** Then Judah said to his daughter-
in-law Tamar, "Remain a widow in your father's house
until my son Shelah grows up"; for he thought, "I am
afraid that he too may die like his brothers." So Tamar
went and lived in her father's house. **12** ¶ Now after a
considerable time Shua's daughter, the wife of Judah,
died; and when the time of mourning was ended, Judah
went up to his sheepshearers at Timnah, he and his friend
Hirah the Adullamite. **13** And it was told to Tamar, "Behold,
your father-in-law is going up to Timnah to shear his sheep."
14 So she removed her widow's garments and covered
herself with a veil, and wrapped herself, and sat in the gateway

휩싸고
/몸을
앉으니
/에나임 문에
/딤나 길 곁

//이는(이유: כִּי for)
[그녀가] —— 보았어도
/셀라가 장성함을
주지 않음을 인함이라
/자기를
/그의 아내로

15 유다가 그를 보고(보았을 때; **상황절**, when)
[그가] **여겨**
/창녀로

//(이유: כִּי for, because)
그가 얼굴을 가리웠으므로

16 [그녀가] **나아가**
/그에게
/길곁으로
가로되...하니
/청컨대
나로 네게 들어가게 하라
//(이유: כִּי for)
[그가] —— 알지 못하였음이라
/그 자부인줄

그가(그녀가) **가로되**
/당신이 무엇을 주고 내게 들어 오려느냐?

17 유다가 **가로되**
/내가 내 떼에서 염소 새끼를 주리라
그가(그녀가) **가로되**
/당신이 그것을 줄 때까지 약조물을 주겠느냐?

18 유다가 **가로되**
/무슨 약조물을 네게 주랴?
그가(그녀가) **가로되**
/당신의 도장과 그 끈과 당신의 손에 있는 지팡이로 하라

//(결과)
유다가 —— 주고
/그것들을
/그에게
그에게로 들어갔더니
//(결과)
그가(그녀가) – 잉태하였더라
/유다로 말미암아

굴을 가리고 몸을 휩싸고 딤나 길 곁 에나임 문에 앉으니
이는 셀라가 장성함을 보았어도 자기를 그의 아내로 주
지 않음을 인함이라 15 그가 얼굴을 가리웠으므로 유다
가 그를 보고 창녀로 여겨 16 길곁으로 그에게 나아가
가로되 청컨대 나로 네게 들어가게 하라 하니 그 자부인
줄 알지 못하였음이라 그가 가로되 당신이 무엇을 주고
내게 들어 오려느냐 17 유다가 가로되 내가 내 떼에서
염소 새끼를 주리라 그가 가로되 당신이 그것을 줄 때까
지 약조물을 주겠느냐 18 유다가 가로되 무슨 약조물을
네게 주랴 그가 가로되 당신의 도장과 그 끈과 당신의 손

of Enaim, which is on the road to Timnah; for she saw
that Shelah had grown up, and she had not been given
to him as a wife. 15 When Judah saw her, he thought
she was a harlot, for she had covered her face. 16 So
he turned aside to her by the road, and said, "Here now,
let me come in to you"; for he did not know that she
was his daughter-in-law. And she said, "What will you
give me, that you may come in to me?" 17 He said, therefore,
"I will send you a kid from the flock." She said, moreover,
"Will you give a pledge until you send it?" 18 And he
said, "What pledge shall I give you?" And she said,
"Your seal and your cord, and your staff that is in your

19 그가 **일어나**
떠나가서
벗고
/그 면박을
도로 입으니라
/과부의 의복을

20 유다가 **보내고**
/염소 새끼를
/그 친구 아둘람 사람의 손에 (부탁하여)
//(목적: לְ, to)
그 여인의 손에서 약조물을 찾으려 (하였으나)

그가 **찾지 못한지라**
/그 여인을

21 그가 **물어 가로되**
/그곳 사람에게
/창녀가 어디 있느냐?
/길 곁 에나임에 있던
그들이 **가로되**
/여기는 창녀가 없느니라

22 그가 **돌아와**
/유다에게로
가로되
/내가 — 찾지 못하고
/그를
그곳 사람도 — 이르기를 ...하더라
/여기는 창녀가 없다

23 유다가 **가로되**
/그로 — 가지게 두라
/그것을
//(목적: פֶּן lest)
우리가 부끄러움을 당할까 하노라
/[보라]
내가 — 보내었으나
/이 염소 새끼를
그대가 — 찾지 못하였느니라
/그를

24 석달쯤 후에
혹이 **고하여 가로되**
/유다에게
/다말이 — 행음하였고
/네 며느리
— 잉태하였느니라
/그 행음함을 인하여

에 있는 지팡이로 하라 유다가 그것들을 그에게 주고 그
에게로 들어갔더니 그가 유다로 말미암아 잉태하였더라
19 그가 일어나 떠나가서 그 면박을 벗고 과부의 의복
을 도로 입으니라 20 유다가 그 친구 아둘람 사람의 손
에 부탁하여 염소 새끼를 보내고 그 여인의 손에서 약조
물을 찾으려 하였으나 그가 그 여인을 찾지 못한지라
21 그가 그곳 사람에게 물어 가로되 길 곁 에나임에 있
던 창녀가 어디 있느냐 그들이 가로되 여기는 창녀가 없
느니라 22 그가 유다에게로 돌아와 가로되 내가 그를
찾지 못하고 그 곳 사람도 이르기를 여기는 창녀가 없다
하더라 23 유다가 가로되 그로 그것을 가지게 두라 우
리가 부끄러움을 당할까 하노라 내가 이 염소 새끼를 보

hand." So he gave them to her, and went in to her, and
she conceived by him. 19 Then she arose and departed,
and removed her veil and put on her widow's garments.
20 ¶ When Judah sent the kid by his friend the Adullamite,
to receive the pledge from the woman's hand, he did
not find her. 21 And he asked the men of her place,
saying, "Where is the temple prostitute who was by the
road at Enaim?" But they said, "There has been no
temple prostitute here." 22 So he returned to Judah,
and said, "I did not find her; and furthermore, the men
of the place said, 'There has been no temple prostitute here.'"
23 Then Judah said, "Let her keep them, lest we become
a laughingstock. After all, I sent this kid, but you did
not find her." 24 ¶ Now it was about three months

유다가 **가로되**
/[너희는] ─ 그를 끌어 내어
└ 불사르라

25 여인이 끌려 나갈 때에(상황절, while)
[그녀가] **보내어**
이르되 ...한지라
/시부에게
/[내가] ── 잉태하였나이다
/이 물건 임자로 말미암아
/청컨대
보소서
이 도장과 그 끈과 지팡이가 뉘 것이니이까?

26 유다가 **알아보고**
/그것들을
가로되 ... 하고
/그는 ── 옳도다
/나보다
//(이유: כִּי־עַל כֵּן, for)
내가 ── 주지 아니하였음이로다
/그를
/내 아들 셀라에게
//(결과)
[그가] 다시는 그를 가까이 하지 아니하였더라

27 [그녀가] 임산하여(임산하였을 때)(상황절, when)
보니
쌍태라

28 해산할 때에(상황절, while)
손이 **나오는지라**
//(결과)
산파가 ── 가로되...하고
/이는 먼저 나온 자라
[산파가] **가져**
/홍사를
매었더니
/그 손에

29 [그가] **도로 들이며**
그 형제가 **나오는지라**
//(결과)
산파가 ── 가로되...한고로
/네가 어찌하여 터치고 나오느냐?
//(결과)
[그가] ── 불렀고
/그 이름을
/베레스라

내었으나 그대가 그를 찾지 못하였느니라 24 석 달쯤
후에 혹이 유다에게 고하여 가로되 네 며느리 다말이 행
음하였고 그 행음함을 인하여 잉태하였느니라 유다가 가
로되 그를 끌어 내어 불사르라 25 여인이 끌려 나갈 때
에 보내어 시부에게 이르되 이 물건 임자로 말미암아 잉
태하였나이다 청컨대 보소서 이 도장과 그 끈과 지팡이
가 뉘 것이니이까 한지라 26 유다가 그것들을 알아보고
가로되 그는 나보다 옳도다 내가 그를 내 아들 셀라에게
주지 아니하였음이로다 하고 다시는 그를 가까이 하지
아니하였더라 27 임산하여 보니 쌍태라 28 해산할 때

later that Judah was informed, "Your daughter-in-law Tamar
has played the harlot, and behold, she is also with child
by harlotry." Then Judah said, "Bring her out and let
her be burned!" 25 It was while she was being brought
out that she sent to her father-in-law, saying, "I am with
child by the man to whom these things belong." And
she said, "Please examine and see, whose signet ring
and cords and staff are these?" 26 And Judah recognized
them, and said, "She is more righteous than I, inasmuch
as I did not give her to my son Shelah." And he did
not have relations with her again. 27 ¶ And it came
about at the time she was giving birth, that behold, there

창

30 자가 **뒤에 나오니**
/그 형제
곧 손에 홍사 있는
//(결과)
[그가] —— 불렀더라
/그 이름을
/세라라

39

1 요셉이 **이끌려 내려가매**
보디발이 **사니라**
/애굽사람 /그를
/바로의 신하 /이스마엘 사람의 손에서
시위대장 /그리로 데려간

2 여호와께서 **하시므로**
/요셉과 함께
//(결과)
그가 —— 형통한 자가 되어
—— 있으니
/애굽 사람의 집에
/그 주인

3 그 주인이 **보며**
/여호와께서 —— 함께하심을
/그와

또

보았더라
/여호와께서 —— 형통케 하심을
/그의 범사에

4 요셉이 **입어**
/은혜를
/그 주인에게
섬기매
/[그를]
//(결과)
그가 —— 삼고
/요셉으로
/가정 총무를
—— 위임하니
/자기 소유를
/다 그 손에

에 손이 나오는지라 산파가 가로되 이는 먼저 나온자라
하고 홍사를 가져 그 손에 매었더니 29 그 손을 도로
들이며 그 형제가 나오는지라 산파가 가로되 네가 어찌
하여 터치고 나오느냐 한고로 그 이름을 베레스라 불렀
고 30 그 형제 곧 손에 홍사 있는 자가 뒤에 나오니 그
이름을 세라라 불렀더라

39:1 요셉이 이끌려 애굽에 내려가매 바로의 신하
시위대장 애굽 사람 보디발이 그를 그리로 데려
간 이스마엘 사람의 손에서 그를 사니라 2 여호와께서
요셉과 함께 하시므로 그가 형통한 자가 되어 그 주인
애굽 사람의 집에 있으니 3 그 주인이 여호와께서 그와
함께하심을 보며 또 여호와께서 그의 범사에 형통케 하

were twins in her womb. 28 Moreover, it took place
while she was giving birth, one put out a hand, and the
midwife took and tied a scarlet thread on his hand,
saying, "This one came out first." 29 But it came about
as he drew back his hand, that behold, his brother came
out. Then she said, "What a breach you have made for
yourself!" So he was named Perez. 30 And afterward
his brother came out who had the scarlet thread on his
hand; and he was named Zerah.

39:1 ¶ Now Joseph had been taken down to Egypt;
and Potiphar, an Egyptian officer of Pharaoh, the
captain of the bodyguard, bought him from the Ishmaelites,
who had taken him down there. 2 And the LORD was
with Joseph, so he became a successful man. And he
was in the house of his master, the Egyptian. 3 Now
his master saw that the LORD was with him and how

5 여호와께서 **내리시므로**
/복을
/그 애굽 사람의 집에
/요셉을 위하여
/그가 —— 주관하게 한 때부터
/자기 집과
그 모든 소유물을
/요셉에게

//(결과)
복이 —— 미친지라
/여호와의 /그의 집과
모든 소유에
/밭에 있는

6 주인이 **위임하고**
/그 소유를
/다
/요셉의 손에
간섭하지 아니하였더라
/자기 식료 외에는
요셉은 **용모가 준수하고**
아담하였더라

7 그 후에
처가 **눈짓하다가**
/그 주인의 /요셉에게
청하니
/동침하기를

8 요셉이 **거절하며**
이르되
/자기 주인의 처에게
/나의 주인이 —— 간섭지 아니하고
/가중 제반 소유를
위임하였으니
/다 내 손에
9 /큰 이가 —— 없으며
/나보다 /이 집에는
주인이 —— 금하지 아니하였어도
/아무 것도
/내게
금한 것은
/당신뿐(이니)

//(이유: אֲשֶׁר because)
당신은 자기 아내임이라
/그런즉

심을 보았더라 4 요셉이 그 주인에게 은혜를 입어 섬기
매 그가 요셉으로 가정 총무를 삼고 자기 소유를 다 그
손에 위임하니 5 그가 요셉에게 자기 집과 그 모든 소유
물을 주관하게 한 때부터 여호와께서 요셉을 위하여 그
애굽 사람의 집에 복을 내리시므로 여호와의 복이 그의
집과 밭에 있는 모든 소유에 미친지라 6 주인이 그 소유
를 다 요셉의 손에 위임하고 자기 식료 외에는 간섭하지
아니하였더라 요셉은 용모가 준수하고 아담하였더라 7
그 후에 그 주인의 처가 요셉에게 눈짓하다가 동침하기
를 청하니 8 요셉이 거절하며 자기 주인의 처에게 이르
되 나의 주인이 가중 제반 소유를 간섭지 아니하고 다 내
손에 위임하였으니 9 이 집에는 나보다 큰 이가 없으며

the LORD caused all that he did to prosper in his hand.
4 So Joseph found favor in his sight, and became his personal
servant; and he made him overseer over his house, and
all that he owned he put in his charge. 5 And it came
about that from the time he made him overseer in his
house, and over all that he owned, the LORD blessed
the Egyptian's house on account of Joseph; thus the LORD's
blessing was upon all that he owned, in the house and
in the field. 6 So he left everything he owned in Joseph's
charge; and with him there he did not concern himself
with anything except the food which he ate. Now Joseph
was handsome in form and appearance. 7 ¶ And it came
about after these events that his master's wife looked
with desire at Joseph, and she said, "Lie with me." 8
But he refused and said to his master's wife, "Behold,
with me here, my master does not concern himself with

/그런즉
내가 ── 어찌 행하여
/이 큰 악을
득죄하리이까?
/하나님께

10 여인이 **청하였으나**
/요셉에게
/날마다
요셉이 **듣지 아니하여**
동침하지 아니할 뿐더러
있지도 아니하니라
/함께

11 그러할 때에
요셉이 **들어갔더니**
/그 집에
//(목적: לְ, to)
시무하러
사람은 **하나도 없었더라**
/그 집 /거기

12 그 여인이 **잡고**
/그 옷을
가로되
/나와 동침하자
요셉이 **버리고**
/자기 옷을
/그 손에
도망하여
나가매

13 그가 **보고**
/요셉이 ── 버려두고
/그 옷을
/자기 손에
도망하여 나감을

14 **불러서**
/집 사람들을
이르되
/그들에게
/보라
주인이 ── 데려다가
/히브리 사람을
/우리에게
//(목적: לְ, to)

주인이 아무 것도 내게 금하지 아니하였어도 금한 것은
당신뿐이니 당신은 자기 아내임이라 그런즉 내가 어찌
이 큰 악을 행하여 하나님께 득죄하리이까 10 여인이
날마다 요셉에게 청하였으나 요셉이 듣지 아니하여 동침
하지 아니할 뿐더러 함께 있지도 아니하니라 11 그러할
때에 요셉이 시무하러 그 집에 들어갔더니 그 집 사람은
하나도 거기 없었더라 12 그 여인이 그 옷을 잡고 가로
되 나와 동침하자 요셉이 자기 옷을 그 손에 버리고 도
망하여 나가매 13 그가 요셉이 그 옷을 자기 손에 버려
두고 도망하여 나감을 보고 14 집 사람들을 불러서 그
들에게 이르되 보라 주인이 히브리 사람을 우리에게 데
려다가 우리를 희롱하게 하도다 그가 나를 겁간코자 내

anything in the house, and he has put all that he owns
in my charge. 9 "There is no one greater in this house
than I, and he has withheld nothing from me except you,
because you are his wife. How then could I do this great
evil, and sin against God?" 10 And it came about as
she spoke to Joseph day after day, that he did not listen
to her to lie beside her, or be with her. 11 Now it
happened one day that he went into the house to do his work,
and none of the men of the household was there inside.
12 And she caught him by his garment, saying, "Lie
with me!" And he left his garment in her hand and fled,
and went outside. 13 When she saw that he had left
his garment in her hand, and had fled outside, 14 she
called to the men of her household, and said to them,

//(목적: לְ)
희롱하게 하도다
/우리를

그가 — 들어오기로
/내게로
//(목적: לְ)
나를 겁간코자

내가 — 소리 질렀더니
/크게

15 /그가 — 듣고(상황절, when)
/나의 소리질러 부름을
버려두고
/그 옷을
/내게
도망하여 나갔느니라 하고

16 [그 여자가] **곁에 두고**
/그 옷을
기다려
/자기 주인이 집으로 돌아 오기를

17 **고하여 가로되**
/이 말로
/그에게
/히브리 종이 — 들어 왔기로
/당신이 우리에게 데려온 /내게로
//(목적: לְ, to)
나를 희롱코자

18 /내가 — 소리질러
불렀더니
그가 — 버려두고
/그 옷을
/내게
도망하여 나갔나이다

19 주인이 **듣고**
/그 아내가 고하기를…하는 말을
/당신의 종이 내게 이같이 행하였다
/자기에게

//(결과)
심히 노한지라

20 이에
주인이 **잡아**
/요셉의 /그를
넣으니
/옥에

그 옥은 **가두는 곳이었더라**
/왕의 죄수를

게로 들어오기로 내가 크게 소리 질렀더니 15 그가 나
의 소리질러 부름을 듣고 그 옷을 내게 버려두고 도망하
여 나갔느니라 하고 16 그 옷을 곁에 두고 자기 주인이
집으로 돌아 오기를 기다려 17 이 말로 그에게 고하여
가로되 당신이 우리에게 데려온 히브리 종이 나를 희롱
코자 내게로 들어 왔기로 18 내가 소리질러 불렀더니
그가 그 옷을 내게 버려두고 도망하여 나갔나이다 19
주인이 그 아내가 자기에게 고하기를 당신의 종이 내게
이같이 행하였다 하는 말을 듣고 심히 노한지라 20 이
에 요셉의 주인이 그를 잡아 옥에 넣으니 그 옥은 왕의

"See, he has brought in a Hebrew to us to make sport
of us; he came in to me to lie with me, and I screamed.
15 "And it came about when he heard that I raised
my voice and screamed, that he left his garment beside
me and fled, and went outside." 16 So she left his
garment beside her until his master came home. 17
Then she spoke to him with these words, "The Hebrew
slave, whom you brought to us, came in to me to make
sport of me; 18 and it happened as I raised my voice
and screamed, that he left his garment beside me and
fled outside." 19 ¶ Now it came about when his master
heard the words of his wife, which she spoke to him,

창

요셉이 **갇혔으나**
/옥에

21 여호와께서 **하시고**
/요셉과 함께
더하사
/인자를
/그에게
받게 하시매
/은혜를
/전옥에게

22//(결과)
전옥이 —— 맡기므로
/옥중 죄수를
/다
/요셉의 손에
//(결과)
요셉이 —— 처리하고
/그 제반 사무를

23 //(결과 연속)
전옥은 —— 돌아보지 아니하였으니
/그의 손에 맡긴 것을
/무엇이든지

//이는(이유: בַּאֲשֶׁר because)
여호와께서 — 요셉과 함께 하심이라
여호와께서 — 그의 범사에 형통케 하셨더라

40

1 그 후에
술 맡은 자와 ┐ **범죄한지라**
떡굽는 자가 ┘ /그 주 애굽왕에게
/애굽 왕의

2 바로가 **노하여**
/그 두 관원장
곧 술 맡은 관원장과
떡 굽는 관원장에게

3 **가두니**
/그들을
/옥에
/시위대장의 집 안에 있는
곧 요셉의 갇힌 곳이라

죄수를 가두는 곳이었더라 요셉이 옥에 갇혔으나 **21** 여
호와께서 요셉과 함께 하시고 그에게 인자를 더하사 전
옥에게 은혜를 받게 하시매 **22** 전옥이 옥중 죄수를 다
요셉의 손에 맡기므로 그 제반 사무를 요셉이 처리하고
23 전옥은 그의 손에 맡긴 것을 무엇이든지 돌아보지
아니하였으니 이는 여호와께서 요셉과 함께 하심이라 여
호와께서 그의 범사에 형통케 하셨더라

40:**1** 그 후에 애굽 왕의 술 맡은 자와 떡 굽는 자
가 그 주 애굽 왕에게 범죄한지라 **2** 바로가 그
두 관원장 곧 술 맡은 관원장과 떡 굽는 관원장에게 노하

saying, "This is what your slave did to me," that his
anger burned. **20** So Joseph's master took him and put
him into the jail, the place where the king's prisoners
were confined; and he was there in the jail. **21** But the
LORD was with Joseph and extended kindness to him,
and gave him favor in the sight of the chief jailer. **22**
And the chief jailer committed to Joseph's charge all
the prisoners who were in the jail; so that whatever was done
there, he was responsible for it. **23** The chief jailer did
not supervise anything under Joseph's charge because
the LORD was with him; and whatever he did, the LORD
made to prosper.

40:**1** ¶ Then it came about after these things the
cupbearer and the baker for the king of Egypt offended
their lord, the king of Egypt. **2** And Pharaoh was furious
with his two officials, the chief cupbearer and the chief baker.

4 시위대장이 **수종하게 하매**
/요셉으로
/그들에게
//(결과: 그래서)
요셉이 그들을 섬 겼더라

그들이 갇힌 지 **수일이라**

5 두 사람이 꿈을 **꾸니**
/술 맡은 자와 /하룻밤에
떡 굽는 자
/옥에 갇힌
/애굽 왕의
각기 **다르더라**
/몽조가

6 아침에
요셉이 **들어가**
보니
근심 빛이 **있는지라**
/그들에게

7 요셉이 **묻되**
/바로의 관원장에게
/그 주인의 집에 자기와 함께 갇힌
/당신들이 오늘 어찌하여 근심 빛이 있나이까?

8 그들이 **이르되**
/그에게
/우리가 꿈을 꾸었으나
이를 해석할 자가 없도다

요셉이 **이르되**
/그들에게
/해석은 —— 있지 아니하니이까?
/하나님께
청컨대
내게 ——— 고하소서

9 관원장이 **말하여 가로되**
/술 맡은 /그 꿈을
/요셉에게
/내가 —— 꿈에 보니
/포도나무가 ─ 있는데
/내 앞에
10 세 가지가 —— 있고
/그 나무에

여 3 그들을 시위대장의 집 안에 있는 옥에 가두니 곧
요셉의 갇힌 곳이라 4 시위대장이 요셉으로 그들에게 수
종하게 하매 요셉이 그들을 섬겼더라 그들이 갇힌 지 수
일이라 5 옥에 갇힌 애굽 왕의 술 맡은 자와 떡 굽는 자
두 사람이 하룻밤에 꿈을 꾸니 각기 몽조가 다르더라 6
아침에 요셉이 들어가 보니 그들에게 근심 빛이 있는지
라 7 요셉이 그 주인의 집에 자기와 함께 갇힌 바로의
관원장에게 묻되 당신들이 오늘 어찌하여 근심 빛이 있
나이까 8 그들이 그에게 이르되 우리가 꿈을 꾸었으나
이를 해석할 자가 없도다 요셉이 그들에게 이르되 해석
은 하나님께 있지 아니하나이까 청컨대 내게 고하소서 9
술 맡은 관원장이 그 꿈을 요셉에게 말하여 가로되 내가

3 So he put them in confinement in the house of the
captain of the bodyguard, in the jail, the same place
where Joseph was imprisoned. 4 And the captain of the
bodyguard put Joseph in charge of them, and he took
care of them; and they were in confinement for some
time. 5 Then the cupbearer and the baker for the king
of Egypt, who were confined in jail, both had a dream
the same night, each man with his own dream and each
dream with its own interpretation. 6 When Joseph came
to them in the morning and observed them, behold, they
were dejected. 7 And he asked Pharaoh's officials who were
with him in confinement in his master's house, "Why
are your faces so sad today?" 8 Then they said to him,
"We have had a dream and there is no one to interpret

창

싹이 — 나서
꽃이 — 피고
포도송이가 — 익었고
11 바로의 잔이 — 있기로
/내 손에
내가 — 따서
/포도를
— 짜서
/그 즙을
/바로의 잔에
— 드렸노라
/그 잔을
/바로의 손에

12 요셉이 **이르되**
/그에게
/그 해석이 — 이러하니
세 가지는 — 사흘이라
13 지금부터 사흘 안에
바로가 — 들고
/당신의 머리를
— 회복하리니
/당신의 전직을
당신이 — 받들게 되리이다
/바로의 잔을
/그 손에
/이왕에
술 맡은 자가 되었을 때에 하던것 같이

14 당신이 득의하거든(상황절, when)
[당신은] — 생각하고
/나를
— 베풀어서
/은혜를
/내게
— 고하여
/내 사정을
/바로에게
— 건져내소서
/나를
/이 집에서

15 /나는 — 끌려온 자요
/히브리 땅에서

꿈에 보니 내 앞에 포도나무가 있는데 10 그 나무에 세
가지가 있고 싹이 나서 꽃이 피고 포도송이가 익었고
11 내 손에 바로의 잔이 있기로 내가 포도를 따서 그
즙을 바로의 잔에 짜서 그 잔을 바로의 손에 드렸노라
12 요셉이 그에게 이르되 그 해석이 이러하니 세 가지
는 사흘이라 13 지금부터 사흘 안에 바로가 당신의 머
리를 들고 당신의 전직을 회복하리니 당신이 이왕에 술
맡은 자가 되었을 때에 하던 것같이 바로의 잔을 그 손
에 받들게 되리이다 14 당신이 득의하거든 나를 생각하
고 내게 은혜를 베풀어서 내 사정을 바로에게 고하여 이
집에서 나를 건져내소서 15 나는 히브리 땅에서 끌려온
자요 여기서도 옥에 갇힐 일은 행치 아니하였나이다 16

it." Then Joseph said to them, "Do not interpretations belong
to God? Tell it to me, please."
9 ¶ So the chief cupbearer told his dream to Joseph,
and said to him, "In my dream, behold, there was a
vine in front of me; 10 and on the vine were three
branches. And as it was budding, its blossoms came out,
and its clusters produced ripe grapes. 11 "Now Pharaoh's
cup was in my hand; so I took the grapes and squeezed
them into Pharaoh's cup, and I put the cup into Pharaoh's
hand." 12 Then Joseph said to him, "This is the
interpretation of it: the three branches are three days;
13 within three more days Pharaoh will lift up your
head and restore you to your office; and you will put
Pharaoh's cup into his hand according to your former custom
when you were his cupbearer. 14 "Only keep me in
mind when it goes well with you, and please do me a kindness
by mentioning me to Pharaoh, and get me out of this
house. 15 "For I was in fact kidnapped from the land
of the Hebrews, and even here I have done nothing that
they should have put me into the dungeon."

창

행치 아니하였나이다
/옥에 갇힐 일은
/여기서도

16 관원장이 **보고**
/떡 굽는 /그 해석이 길함을
이르되
/요셉에게
/나도 ——— 꿈에 보니

세 광주리가 - 있고
/흰 떡 /내 머리에
17 식물이 ——— 있는데
/각종 구운 /그 윗광주리에
/바로를 위하여 만든
새 들이 ——— 먹더라
/그것을
/광주리에서
/내 머리의

18 요셉이 **대답하여 가로되**
/그 해석은 ——— 이러하니
세 광주리는 — 사흘이라
19 지금부터 사흘 안에
바로가 ——— 끊고
/당신의 머리를
나무에 달리니
/당신을
새들이 ——— 뜯어 먹으리이다 하더니
/당신의 고기를

20 제 삼일은 **탄일이라**
/바로의

바로가 **잔치할 때에(=잔치를 준비했다)**
/모든 신하를 위하여
들게 하니라
/머리를
/술 맡은 관원장과
떡 굽는 관원장으로
/그 신하 중에

21 관원장은 **회복하매**
/바로의 술 맡은 /전직을
//(결과)
그가 —— 받들어 드렸고
/잔을
/바로의 손에

떡 굽는 관원장이 그 해석이 길함을 보고 요셉에게 이르되 나도 꿈에 보니 흰 떡 세 광주리가 내 머리에 있고 **17** 그 윗광주리에 바로를 위하여 만든 각종 구운 식물이 있는데 새들이 내 머리의 광주리에서 그것을 먹더라 **18** 요셉이 대답하여 가로되 그 해석은 이러하니 세 광주리는 사흘이라 **19** 지금부터 사흘 안에 바로가 당신의 머리를 끊고 당신을 나무에 달리니 새들이 당신의 고기를 뜯어 먹으리이다 하더니 **20** 제 삼일은 바로의 탄일이라 바로가 모든 신하를 위하여 잔치할 때에 술 맡은 관원장과 떡 굽는 관원장으로 머리를 그 신하 중에 들게 하니라 **21** 바로의 술 맡은 관원장은 전직을 회복하매 그가 잔을 바로의 손에 받들어 드렸고

16 ¶ When the chief baker saw that he had interpreted favorably, he said to Joseph, "I also saw in my dream, and behold, there were three baskets of white bread on my head; **17** and in the top basket there were some of all sorts of baked food for Pharaoh, and the birds were eating them out of the basket on my head." **18** Then Joseph answered and said, "This is its interpretation: the three baskets are three days; **19** within three more days Pharaoh will lift up your head from you and will hang you on a tree; and the birds will eat your flesh off you." **20** ¶ Thus it came about on the third day, which was Pharaoh's birthday, that he made a feast for all his servants; and he lifted up the head of the chief cupbearer and the head of the chief baker among his servants. **21** And he restored the chief cupbearer to his office, and he put the cup into

창

22 관원장은 **매여 달리니**
/떡 굽는
//(결과)
요셉이 그들에게 해석함과 같이 되었으나

23 관원장이 **기억지 않고**
/술 맡은 /요셉을
잊었더라

41

1 만 이년 후에
바로가 **꾼즉**
/꿈을
/자기가 하숫가에 섰는데
2 보니
일곱 암소가 — 올라와
/아름답고 살진 /하수에서
뜯어먹고
/갈밭에서
3 그 뒤에 또
일곱 암소가 — 올라와
/흉악하고 파리한 /하수에서
/다른
섰더니
/그 소와 함께
/하숫가에
4 소가 — 먹은지라
/그 흉악하고 파리한 /그 아름답고 살진 일곱 소를

바로가 **깨었다가**
/곧

5 **잠이 들어**
/다시
꾸니
/꿈을
/일곱 이삭이 — 나오고
/무성하고 충실한 /한 줄기에
6 그 후에 또
일곱 이삭이 — 나오더니
/세약하고
동풍에 마른

22 떡 굽는 관원장은 매여 달리니 요셉이 그들에게 해
석함과 같이 되었으나 23 술 맡은 관원장이 요셉을 기
억지 않고 잊었더라
41:1 만 이년 후에 바로가 꿈을 꾼즉 자기가 하숫가
에 섰는데 2 보니 아름답고 살진 일곱 암소가 하
수에서 올라와 갈밭에서 뜯어먹고 3 그 뒤에 또 흉악하
고 파리한 다른 일곱 암소가 하수에서 올라와 그 소와 함
께 하숫가에 섰더니 4 그 흉악하고 파리한 소가 그 아름
답고 살진 일곱 소를 먹은지라 바로가 곧 깨었다가 5 다
시 잠이 들어 꿈을 꾸니 한 줄기에 무성하고 충실한 일곱
이삭이 나오고 6 그 후에 또 세약하고 동풍에 마른 일곱
이삭이 나오더니 7 그 세약한 일곱 이삭이 무성하고 충

Pharaoh's hand; 22 but he hanged the chief baker, just
as Joseph had interpreted to them. 23 Yet the chief cupbearer
did not remember Joseph, but forgot him.
41:1 ¶ Now it happened at the end of two full years
that Pharaoh had a dream, and behold, he was standing
by the Nile. 2 And lo, from the Nile there came up
seven cows, sleek and fat; and they grazed in the marsh
grass. 3 Then behold, seven other cows came up after
them from the Nile, ugly and gaunt, and they stood by
the other cows on the bank of the Nile. 4 And the ugly
and gaunt cows ate up the seven sleek and fat cows.
Then Pharaoh awoke. 5 And he fell asleep and dreamed
a second time; and behold, seven ears of grain came up
on a single stalk, plump and good. 6 Then behold, seven

7 일곱 이삭이 ——— 삼킨지라
/그 세약한 /일곱 이삭을
/무성하고 충실한

바로가 **깬즉**
꿈이라

8 아침에
그 마음이 **번민하여**
[그가] **보내어**
불러
/애굽의 술객과 박사를 모두
고하였으나
/그 꿈을
/그들에게

//(결과: 의미상)
해석하는 자가 없었더라
/그것을
/바로에게

9 관원장이 **고하여 가로되**
/술 맡은 /바로에게
/내가 ——— 추억하나이다
/나의 허물을
/오늘날

10 /바로께서 ——— 노하사
/종들에게
가두셨을 때에(=가두셨나이다)
/나와
떡 굽는 관원장을
/시위대장의 집에

11 나와 그가 ——— 꾼즉
/하룻밤에
/꿈을
/각기 징조가 있는 꿈이라

12 그곳에
소년이 ——— 있기로
/히브리 /우리와 함께
/시위대장의 종된

우리가 ——— 고하매
/그에게
그가 ——— 풀되
/우리의 꿈을
해석하더니
/그 꿈대로
/각인에게

실한 일곱 이삭을 삼킨지라 바로가 깬즉 꿈이라 **8** 아침
에 그 마음이 번민하여 보내어 애굽의 술객과 박사를 모
두 불러 그들에게 그 꿈을 고하였으나 그것을 바로에게
해석하는 자가 없었더라 **9** 술 맡은 관원장이 바로에게
고하여 가로되 내가 오늘날 나의 허물을 추억하나이다
10 바로께서 종들에게 노하사 나와 떡 굽는 관원장을
시위대장의 집에 가두셨을 때에 **11** 나와 그가 하룻밤에
꿈을 꾼즉 각기 징조가 있는 꿈이라 **12** 그곳에 시위대
장의 종된 히브리 소년이 우리와 함께 있기로 우리가 그
에게 고하매 그가 우리의 꿈을 풀되 그 꿈대로 각인에게

ears, thin and scorched by the east wind, sprouted up
after them. **7** And the thin ears swallowed up the seven plump
and full ears. Then Pharaoh awoke, and behold, it was
a dream. **8** Now it came about in the morning that his
spirit was troubled, so he sent and called for all the magicians
of Egypt, and all its wise men. And Pharaoh told them
his dreams, but there was no one who could interpret
them to Pharaoh. **9**¶ Then the chief cupbearer spoke to
Pharaoh, saying, "I would make mention today of my
own offenses. **10** "Pharaoh was furious with his servants,
and he put me in confinement in the house of the captain
of the bodyguard, both me and the chief baker. **11** "And
we had a dream on the same night, he and I; each of
us dreamed according to the interpretation of his own dream.
12 "Now a Hebrew youth was with us there, a servant
of the captain of the bodyguard, and we related them to

창

13 그 해석 한대로 되어
나는 —— 복직하고
그는 —— 매여 달렸나이다

14 이에
바로가 **보내어**
부르매
/요셉을
그들이 **낸 지라**
/급히
/그를
/옥에서
요셉이 곧 **깎고**
/수염을
갈아 입고
/그 옷을
들어오니
/바로에게
15 바로가 **이르되**
/요셉에게
/내가 —— 꾸었으나
/한 꿈을
해석하는자가 — 없더니
/그것을
[내가] —— 들은즉
/너는 꿈을 들으면 능히 푼다더라

16 요셉이 **대답하여 가로되**
/바로에게
/이는 —— 내게 있는 것이 아니라
하나님이 —— 하시리이다
/평안한 대답을
/바로에게

17 바로가 **이르되**
/요셉에게
/내가 꿈에 하숫가에 서서
18 보니
일곱 암소가 — 올라와
/살지고 /하숫가에
아름다운
뜯어 먹고
/갈밭에서
19 그 뒤에 또
일곱 암소가 — 올라오니
/약하고
심히 흉악하고
파리한

해석하더니 **13** 그 해석 한대로 되어 나는 복직하고 그
는 매여 달렸나이다 **14** 이에 바로가 보내어 요셉을 부
르매 그들이 급히 그를 옥에서 낸지라 요셉이 곧 수염을
깎고 그 옷을 갈아 입고 바로에게 들어오니 **15** 바로가
요셉에게 이르되 내가 한 꿈을 꾸었으나 그것을 해석하
는 자가 없더니 들은즉 너는 꿈을 들으면 능히 푼다더라

16 요셉이 바로에게 대답하여 가로되 이는 내게 있는
것이 아니라 하나님이 바로에게 평안한 대답을 하시리이
다 **17** 바로가 요셉에게 이르되 내가 꿈에 하숫가에 서
서 **18** 보니 살지고 아름다운 일곱 암소가 하숫가에 올
라와 갈밭에서 뜯어 먹고 **19** 그 뒤에 또 약하고 심히
흉악하고 파리한 일곱 암소가 올라오니 그같이 흉악한

him, and he interpreted our dreams for us. To each one
he interpreted according to his own dream. **13** "And it came
about that just as he interpreted for us, so it happened;
he restored me in my office, but he hanged him."
14¶ Then Pharaoh sent and called for Joseph, and they
hurriedly brought him out of the dungeon; and when he
had shaved himself and changed his clothes, he came to

Pharaoh. **15** And Pharaoh said to Joseph, "I have had
a dream, but no one can interpret it; and I have heard it
said about you, that when you hear a dream you can interpret
it." **16** Joseph then answered Pharaoh, saying, "It is
not in me; God will give Pharaoh a favorable answer."
17 So Pharaoh spoke to Joseph, "In my dream, behold,
I was standing on the bank of the Nile; **18** and behold,

내가 ——— 아직 보지 못한 것이라
/그같이 흉악한 것들은
/애굽 땅에서

20 소가 ——— 먹었으며
/그 파리하고 흉악한 /처음의 일곱 살진 소를

21 [그들이] ——— 먹었으나
——— 먹은듯하지 아니하여
——— 흉악하더라
/여전히

내가 ——— 곧 깨었다가
——— 22 다시 보니
/꿈에

일곱 이삭이 — 나오고
/무성하고 충실한 /한 줄기에

23 그 후에 또
일곱 이삭이 — 나더니
/세약하고 동풍에 마른

24 이삭이 ——— 삼키더라
/그 세약한 /좋은 일곱 이삭을

내가 ——— 말하였으나
/그 꿈을
/술객에게

보이는 자가 — 없느니라
/그것을
/내게

25 요셉이 **고하되**
/바로에게
/바로의 꿈은 — 하나이라
하나님이 ——— 보이심이니이다
/그 하실 일을
/바로에게

26 암소는 ——— 일곱해요
/일곱 좋은
이삭도 ——— 일곱해니
/일곱 좋은
그 꿈은 ——— 하나이라

27 일곱 소는 ——— 칠년이요
/파리하고 흉악한
/그 후에 올라온

것들은 애굽 땅에서 내가 아직 보지 못한 것이라 **20** 그
파리하고 흉악한 소가 처음의 일곱 살진 소를 먹었으며
21 먹었으나 먹은듯하지 아니하여 여전히 흉악하더라
내가 곧 깨었다가 **22** 다시 꿈에 보니 한 줄기에 무성하
고 충실한 일곱 이삭이 나오고 **23** 그 후에 또 세약하고
동풍에 마른 일곱 이삭이 나더니 **24** 그 세약한 이삭이
좋은 일곱 이삭을 삼키더라 내가 그 꿈을 술객에게 말하
였으나 그것을 내게 보이는 자가 없느니라 **25** 요셉이
바로에게 고하되 바로의 꿈은 하나이라 하나님이 그 하실
일을 바로에게 보이심이니이다 **26** 일곱 좋은 암소는 일
곱해요 일곱 좋은 이삭도 일곱해니 그 꿈은 하나이라
27 그 후에 올라온 파리하고 흉악한 일곱 소는 칠년이

seven cows, fat and sleek came up out of the Nile; and
they grazed in the marsh grass. **19** "And lo, seven other
cows came up after them, poor and very ugly and gaunt,
such as I had never seen for ugliness in all the land of
Egypt; **20** and the lean and ugly cows ate up the first
seven fat cows. **21** "Yet when they had devoured them,
it could not be detected that they had devoured them;
for they were just as ugly as before. Then I awoke. **22**
"I saw also in my dream, and behold, seven ears, full
and good, came up on a single stalk; **23** and lo, seven
ears, withered, thin, and scorched by the east wind,
sprouted up after them; **24** and the thin ears swallowed
the seven good ears. Then I told it to the magicians, but
there was no one who could explain it to me." **25** ¶
Now Joseph said to Pharaoh, "Pharaoh's dreams are
one and the same; God has told to Pharaoh what He is
about to do. **26** "The seven good cows are seven years;
and the seven good ears are seven years; the dreams are

일곱 이삭도 — 일곱해 흉년이니
/동풍에 말라 속이 빈

28 함이 — 이것이라
/내가 고하기를
/바로에게
/하나님이 그 하실 일로 바로에게 보이신다

29 큰 풍년이 — 있겠고
/일곱해 /온 애굽 땅에

30 후에
흉년이 — 들므로
/일곱해
//(결과)
풍년을(이) — 다 잊어버리게 되고
/애굽 땅에 있던
이 땅이 — 멸망되리니
/기근으로

31 그 흉년이 — 너무 심하므로
/후에 든
//(결과)
이전 풍년을(이) — 기억하지 못하게 되리이다
/이 땅에서

32 바로께서 — 겹쳐 꾸신 것은
/꿈을
/두번
//(이유: כִּי, for)
하나님이 ┬ 정하셨음이라
/이 일을
└ 행하시리니
/속히

33 이제
바로께서는 ┬ 택하여
/명철하고 지혜있는 사람을
└ 치리하게 하시고
/애굽 땅을

34 /바로께서는 ┬ 또 행하사
/이같이
├ 두어
/여러 관리를
/국중에

요 동풍에 말라 속이 빈 일곱 이삭도 일곱 해 흉년이니
28 내가 바로에게 고하기를 하나님이 그 하실 일로 바
로에게 보이신다 함이 이것이라 29 온 애굽 땅에 일곱
해 큰 풍년이 있겠고 30 후에 일곱 해 흉년이 들므로
애굽 땅에 있던 풍년을 다 잊어버리게 되고 이 땅이 기근
으로 멸망되리니 31 후에 든 그 흉년이 너무 심하므로
이전 풍년을 이 땅에서 기억하지 못하게 되리이다 32
바로께서 꿈을 두번 겹쳐 꾸신 것은 하나님이 이 일을 정
하셨음이라 속히 행하시리니 33 이제 바로께서는 명철
하고 지혜있는 사람을 택하여 애굽 땅을 치리하게 하시고
34 바로께서는 또 이같이 행하사 국중에 여러 관리를
두어 그 일곱 해 풍년에 애굽 땅의 오분의 일을 거두되

one and the same. 27 "And the seven lean and ugly
cows that came up after them are seven years, and the
seven thin ears scorched by the east wind shall be seven
years of famine. 28 "It is as I have spoken to Pharaoh:
God has shown to Pharaoh what He is about to do. 29
"Behold, seven years of great abundance are coming in
all the land of Egypt; 30and after them seven years of
famine will come, and all the abundance will be forgotten
in the land of Egypt; and the famine will ravage the
land. 31 "So the abundance will be unknown in the
land because of that subsequent famine; for it will be
very severe. 32 "Now as for the repeating of the dream
to Pharaoh twice, it means that the matter is determined
by God, and God will quickly bring it about. 33 "And
now let Pharaoh look for a man discerning and wise,
and set him over the land of Egypt. 34 "Let Pharaoh

거두되
/애굽 땅의 오분의 일을
/그 일곱해 풍년에
35 거두고
/그 관리로
/모든 곡물을
/장차 올 풍년의
돌려
/그 곡물을
/바로의 손에
/양식을 위하여
적치하게 하소서
/각 성에

36 /이와 같이
그 곡물을 이 땅에 저장하여
예비하시면
/일곱해 흉년을
/애굽 땅에 임할
땅이 —— 멸망치 아니하리이다
/이 흉년을 인하여

37 바로와
신하가 **여긴지라**
/그 모든 /좋게
/이 일을

38 바로가 **이르되**...하고
/그 신하들에게
/우리가 —— 어찌 얻을 수 있으리요
/이와 같이 하나님의 신에 감동한 사람을

39 **이르되**
/요셉에게
/하나님이 —— 보이셨으니
/이 모든 것을
/네게
명철하고
지혜있는 자가 —— 없도다
/너와 같이
40 /너는 —— 치리하라
/내 집을
내 백성이 —— 복종하리니
/다
/네 명을
나는 —— 높음이[60)]
/너보다
/보좌 뿐(이니라)

60) 나는 보좌에서만 너보다 높다

35 그 관리로 장차 올 풍년의 모든 곡물을 거두고 그
곡물을 바로의 손에 돌려 양식을 위하여 각 성에 적치하
게 하소서 36 이와 같이 그 곡물을 이 땅에 저장하여
애굽 땅에 임할 일곱 해 흉년을 예비하시면 땅이 이 흉년
을 인하여 멸망치 아니하리이다 37 바로와 그 모든 신
하가 이 일을 좋게 여긴지라 38 바로가 그 신하들에게
이르되 이와 같이 하나님의 신이 감동한 사람을 우리가
어찌 얻을 수 있으리요 하고 39 요셉에게 이르되 하나
님이 이 모든 것을 네게 보이셨으니 너와 같이 명철하고
지혜있는 자가 없도다 40 너는 내 집을 치리하라 내 백
성이 다 네 명을 복종하리니 나는 너보다 높음이 보좌 뿐
이니라 41 바로가 또 요셉에게 이르되 내가 너로 애굽

take action to appoint overseers in charge of the land,
and let him exact a fifth of the produce of the land of
Egypt in the seven years of abundance. 35 "Then let
them gather all the food of these good years that are
coming, and store up the grain for food in the cities
under Pharaoh's authority, and let them guard it. 36
"And let the food become as a reserve for the land for
the seven years of famine which will occur in the land
of Egypt, so that the land may not perish during the
famine." 37 Now the proposal seemed good to Pharaoh
and to all his servants. 38 Then Pharaoh said to his
servants, "Can we find a man like this, in whom is a
divine spirit?" 39 So Pharaoh said to Joseph, "Since
God has informed you of all this, there is no one so discerning
and wise as you are. 40 "You shall be over my house,
and according to your command all my people shall do

창

41 바로가 또 **이르되**...하고
/요셉에게
/내가 —— 총리하게 하노라
/너로
/애굽 온 땅을

42 **빼어**
/자기의 인장 반지를
끼우고
/요셉의 손에
입히고
/그에게 세마포 옷을
걸고
/금사슬을
/목에

43 **태우매**
/그를
/자기에게 있는 버금 수레에
//(결과)
무리가 —— 소리 지르기를 ...하더라
/엎드리라
/그 앞에서

바로가 **하였더라**
/그로 애굽 전국을 총리하게

44 바로가 **이르되**...하고
/요셉에게
/나는 —— 바로라
수족을 놀릴 자가 없으리라
/애굽 온 땅에서
/네 허락 없이는

45 그가 **하고**
/요셉의 이름을
/사브낫바네아 라

또
주어
/아스낫을
/보디베라의 딸
/온 제사장
/그에게

//(목적)
아내를 삼게 하니라(아내를 삼게 하려)
//(결과)
요셉이 ┬ 나가
└ 순찰하니라
/애굽 온 땅을

온 땅을 총리하게 하노라 하고 **42** 자기의 인장 반지를
빼어 요셉의 손에 끼우고 그에게 세마포 옷을 입히고 금
사슬을 목에 걸고 **43** 자기에게 있는 버금 수레에 그를
태우매 무리가 그 앞에서 소리 지르기를 엎드리라 하더라
바로가 그로 애굽 전국을 총리하게 하였더라 **44** 바로가
요셉에게 이르되 나는 바로라 애굽 온 땅에서 네 허락 없
이는 수족을 놀릴 자가 없으리라 하고 **45** 그가 요셉의
이름을 사브낫바네아라 하고 또 온 제사장 보디베라의 딸
아스낫을 그에게 주어 아내를 삼게 하니라 요셉이 나가
애굽 온 땅을 순찰하니라 **46** 요셉이 애굽 왕 바로 앞에

homage; only in the throne I will be greater than you."
41 And Pharaoh said to Joseph, "See I have set you
over all the land of Egypt." **42** Then Pharaoh took off
his signet ring from his hand, and put it on Joseph's
hand, and clothed him in garments of fine linen, and
put the gold necklace around his neck. **43** And he had
him ride in his second chariot; and they proclaimed
before him, "Bow the knee!" And he set him over all
the land of Egypt. **44** Moreover, Pharaoh said to Joseph,
"Though I am Pharaoh, yet without your permission no
one shall raise his hand or foot in all the land of Egypt."
45 Then Pharaoh named Joseph Zaphenath-paneah; and
he gave him Asenath, the daughter of Potiphera priest
of On, as his wife. And Joseph went forth over the land

46 요셉이 **삼십세라**
/애굽왕 바로 앞에 설 때에
그가 **떠나**
/바로 앞을
순찰하니
/애굽 온 땅을

47 토지 소출이 **많은지라**
/심히
/일곱해 풍년에

48 요셉이 **거두어**
/애굽 땅에 있는 그 칠년 곡물을
저축하되
/각성에
저장하매
/각성 주위의 밭의 곡물을
/그 성중에

49 곡식이 **많아**
/저장한 바다 /심히
/바다 모래같이
그쳤으니
/세기를
//(이유: כִּי for)
그 수가 한이 없음이었더라

50 흉년이 들기 전에(상황절, before)
[그가] **낳되**
/두 아들을
/요셉에게

곧
아스낫이 그에게 **낳은지라**
/온 제사장 보디베라의 딸

51 요셉이 **하였으니**
/그 장자의 이름을
/므낫세라
//(이유: כִּי for)
([그가] — 함이요)
/하나님이 — 잊어버리게 하셨다
/나로
/나의 모든 고난과
나의 아비의 온 집 일을

52 **하였으니**
/차자의 이름을
/에브라임이라
//(이유: כִּי for)

설 때에 삼십세라 그가 바로 앞을 떠나 애굽 온 땅을 순찰하니 **47** 일곱해 풍년에 토지 소출이 심히 많은지라 **48** 요셉이 애굽 땅에 있는 그 칠년 곡물을 거두어 각성에 저축하되 각성 주위의 밭의 곡물을 그 성중에 저장하매 **49** 저장한 곡식이 바다 모래같이 심히 많아 세기를 그쳤으니 그 수가 한이 없음이었더라 **50** 흉년이 들기 전에 요셉에게 두 아들을 낳되 곧 온 제사장 보디베라의 딸 아스낫이 그에게 낳은지라 **51** 요셉이 그 장자의 이름을 므낫세라 하였으니 하나님이 나로 나의 모든 고난과 나의 아비의 온 집 일을 잊어버리게 하셨다 함이요 **52**

of Egypt. **46**¶ Now Joseph was thirty years old when he stood before Pharaoh, king of Egypt. And Joseph went out from the presence of Pharaoh, and went through all the land of Egypt. **47**And during the seven years of plenty the land brought forth abundantly. **48**So he gathered all the food of these seven years which occurred in the land of Egypt, and placed the food in the cities; he placed in every city the food from its own surrounding fields. **49**Thus Joseph stored up grain in great abundance like the sand of the sea, until he stopped measuring it, for it was beyond measure. **50**¶ Now before the year of famine came, two sons were born to Joseph, whom Asenath, the daughter of Potiphera priest of On, bore to him. **51**And Joseph named the first-born Manasseh,

창

//(이유: כִּי for)
([그가] — 함이었더라)
/하나님이 —창성하게 하셨다
/나로
/나의 수고 한 땅에서

53 풍년이 **그치고**
/일곱해 /애굽 땅에

54 흉년이 들기 **시작하매**
일곱해 /요셉의 말과 같이
기근이 **있으나**
/각국에는
식물이 **있더니**
/애굽 온 땅에는

55 애굽 온 땅이 **주리매**
백성이 **부르짖어**
/바로에게
구하는지라
/양식을
바로가 **이르되**
/애굽 모든 백성에게
/[너희는] — 가서
/요셉에게
하라 하니라
/그가 너희에게 이르는 대로

56 기근이 **있으매**
/온 지면에
요셉이 **열고**
/모든 창고를
팔새
/애굽 백성에게
기근이 **심하며**
/애굽 땅에

57 각국 백성도 **들어와**
/애굽으로
이르렀으니
/요셉에게
//(목적: לְ)
양식을 사려고

//(이유: כִּי because)
기근이 온 세상에 심함이었더라

차자의 이름을 에브라임이라 하였으니 하나님이 나로 나의 수고한 땅에서 창성하게 하셨다 함이었더라 **53** 애굽 땅에 일곱해 풍년이 그치고 **54** 요셉의 말과 같이 일곱해 흉년이 들기 시작하매 각국에는 기근이 있으나 애굽 온 땅에는 식물이 있더니 **55** 애굽 온 땅이 주리매 백성이 바로에게 부르짖어 양식을 구하는지라 바로가 애굽 모든 백성에게 이르되 요셉에게 가서 그가 너희에게 이르는 대로 하라 하니라 **56** 온 지면에 기근이 있으매 요셉이 모든 창고를 열고 애굽 백성에게 팔새 애굽 땅에 기근이 심하며 **57** 각 국 백성도 양식을 사려고 애굽으로 들어와 요셉에게 이르렀으니 기근이 온 세상에 심함이었더라

"For," he said, "God has made me forget all my trouble and all my father's household." **52** And he named the second Ephraim, "For," he said, "God has made me fruitful in the land of my affliction."
53¶ When the seven years of plenty which had been in the land of Egypt came to an end, **54** and the seven years of famine began to come, just as Joseph had said, then there was famine in all the lands; but in all the land of Egypt there was bread. **55** So when all the land of Egypt was famished, the people cried out to Pharaoh for bread; and Pharaoh said to all the Egyptians, "Go to Joseph; whatever he says to you, you shall do."
56 When the famine was spread over all the face of the earth, then Joseph opened all the storehouses, and sold to the Egyptians; and the famine was severe in the land of Egypt. **57** And the people of all the earth came to Egypt to buy grain from Joseph, because the famine was severe in all the earth.

창

42

1 때에
야곱이 보고(상황절, when)
/애굽에 곡식이 있음을
[그가] **이르되**
/아들들에게
/너희는 어찌하여 서로 관망만하느냐?

2 야곱이 또 **이르되**...하매
/내가 ── 들은즉 ...하니
/저 애굽에 곡식이 있다
너희는 ── 가서
/그리로
── 사오라
/거기서
/우리를 위하여
//그리하면(결과)
우리가 ── 살고
── 죽지 아니하리라

3 십인이 **내려 갔으나**
/요셉의 형
//(목적)
애굽에서 곡식을 사려고

4 야곱이 **보내지 아니하였으니**
/요셉의 아우 베냐민을
/그 형들과 함께
//이는(이유: כִּי for)
그의(가) ─ 말이 ...함이었더라
/재난이 그에게 미칠까 두렵다

5 아들들이 **있으니**
/이스라엘의 /양식 사러간 자 중에
//(이유: כִּי for)
가나안 땅에 기근이 있음이라

6 때에
요셉이 **총리로서(총리였고)**
/나라의
팔더니
/그 땅 모든 백성에게
형들이 **와서**
/요셉의

42:1 때에 야곱이 애굽에 곡식이 있음을 보고 아
들들에게 이르되 너희는 어찌하여 서로 관망 만
하느냐 2 야곱이 또 이르되 내가 들은즉 저 애굽에 곡식
이 있다 하니 너희는 그리로 가서 거기서 우리를 위하여
사오라 그리하면 우리가 살고 죽지 아니하리라 하매 3
요셉의 형 십 인이 애굽에서 곡식을 사려고 내려 갔으나
4 야곱이 요셉의 아우 베냐민을 그 형들과 함께 보내지
아니하였으니 이는 그의 말이 재난이 그에게 미칠까 두렵
다 함이었더라 5 이스라엘의 아들들이 양식 사러간 자
중에 있으니 가나안 땅에 기근이 있음이라 6 때에 요셉
이 나라의 총리로서 그 땅 모든 백성에게 팔더니 요셉의
형들이 와서 그 앞에서 땅에 엎드려 절하매 7 요셉이 보

42:1¶ Now Jacob saw that there was grain in Egypt,
and Jacob said to his sons, "Why are you staring
at one another?" 2 And he said, "Behold, I have heard
that there is grain in Egypt; go down there and buy some
for us from that place, so that we may live and not die."
3 Then ten brothers of Joseph went down to buy grain
from Egypt. 4 But Jacob did not send Joseph's brother
Benjamin with his brothers, for he said, "I am afraid
that harm may befall him." 5 So the sons of Israel came
to buy grain among those who were coming, for the
famine was in the land of Canaan also. 6 Now Joseph
was the ruler over the land; he was the one who sold

창

절하매
/그 앞에서
/땅에 엎드려

7 요셉이 **보고**
아나
/형들인줄
모르는체 하고
말하여
/엄한 소리로
/그들에게
가로되
/너희가 어디서 왔느냐?
그들이 **가로되**
/곡물을 사려고 가나안에서 왔나이다

8 요셉은 **아나**
/그 형들을
그들은 **알지 못하더라**
/요셉을

9 요셉이 **생각하고**
/그들에게 대하여 꾼 꿈을
이르되
/그들에게
/너희는 정탐들이라
이 나라의 틈을 엿보려고 왔느니라

10 그들이 **이르되**
/그에게
/내 주여 아니니이다
종들은 — 왔나이다
//(목적: ל)
곡물을 사러
11 우리는 — 아들로서
/한 사람의
/다
— 독실한 자니
종들은 — 정탐이 아니니이다

12 요셉이 **이르되**
/그들에게
/아니라
너희가 이 나라의 틈을 엿보러 왔느니라

고 형들인 줄 아나 모르는 체 하고 엄한 소리로 그들에
말하여 가로되 너희가 어디서 왔느냐 그들이 가로되 곡물
을 사려고 가나안에서 왔나이다 **8** 요셉은 그 형들을 아
나 그들은 요셉을 알지 못하더라 **9** 요셉이 그들에게 대
하여 꾼 꿈을 생각하고 그들에게 이르되 너희는 정탐들이
라 이 나라의 틈을 엿보려고 왔느니라 **10** 그들이 그에
게 이르되 내 주여 아니니이다 종들은 곡물을 사러 왔나
이다 **11** 우리는 다 한 사람의 아들로서 독실한 자니 종
들은 정탐이 아니니이다 **12** 요셉이 그들에게 이르되 아
니라 너희가 이 나라의 틈을 엿보러 왔느니라 **13** 그들

to all the people of the land. And Joseph's brothers came
and bowed down to him with their faces to the ground.
7 When Joseph saw his brothers he recognized them,
but he disguised himself to them and spoke to them
harshly. And he said to them, "Where have you come from?"
And they said, "From the land of Canaan, to buy food."
8¶ But Joseph had recognized his brothers, although
they did not recognize him. **9** And Joseph remembered
the dreams which he had about them, and said to them, "You
are spies; you have come to look at the undefended parts
of our land." **10** Then they said to him, "No, my lord,
but your servants have come to buy food. **11** "We are
all sons of one man; we are honest men, your servants
are not spies." **12** Yet he said to them, "No, but you
have come to look at the undefended parts of our land!"
13 But they said, "Your servants are twelve brothers

13 그들이 **가로되**
/우리들은 — 십 이 형제로서
/주의 종
— 아들들이라
/한 사람의
/가나안 땅
말째 아들은 — 아버지와 함께 있고
/오늘
또 하나는 — 없어졌나이다

14 요셉이 **이르되**
/그들에게
/한 말이 — 이것이니라
/내가 이르기를
/너희는 정탐들이라
/너희에게
15 /너희는 — 증명할 것이라
/너희 진실함을
/이같이 하여
[내가] — 맹세하노니
/바로의 생명으로
[만일][61)]
아우가 — 여기 오지 아니하면(조건절, unless)
/너희
/말째
너희가 — 나가지 못하리라
/여기서

16 /[너희는] — 보내어
/너희 중 하나를
— 데려오게 하고
/너희 아우를
너희는 — 갇히어 있으라
내가 — 시험하여 보리라
/너희의 말을
/너희 중에 진실이 있는지
— 맹세하노니
/바로의 생명으로
그리하지 아니하면(조건절, if)
너희는 과연 정탐이니라 (하고)

17 [요셉이] **가두었더라**
/그들을
/다 함께
/삼일을

61) כִּי אִם־בְּבוֹא

이 가로되 주의 종 우리들은 십 이 형제로서 가나안 땅
한 사람의 아들들이라 말째 아들은 오늘 아버지와 함께
있고 또 하나는 없어졌나이다 **14** 요셉이 그들에게 이르
되 내가 너희에게 이르기를 너희는 정탐들이라 한 말이
이것이니라 **15** 너희는 이같이 하여 너희 진실함을 증명
할 것이라 바로의 생명으로 맹세하노니 너희 말째 아우가
여기 오지 아니하면 너희가 여기서 나가지 못하리라 **16**
너희 중 하나를 보내어 너희 아우를 데려오게 하고 너희
는 갇히어 있으라 내가 너희의 말을 시험하여 너희 중에
진실이 있는지 보리라 바로의 생명으로 맹세하노니 그리
하지 아니하면 너희는 과연 정탐이니라 하고 **17** 그들을
다 함께 삼 일을 가두었더라

in all, the sons of one man in the land of Canaan; and behold,
the youngest is with our father today, and one is no
more." **14** And Joseph said to them, "It is as I said
to you, you are spies; **15** by this you will be tested:
by the life of Pharaoh, you shall not go from this place unless
your youngest brother comes here! **16** "Send one of
you that he may get your brother, while you remain confined,
that your words may be tested, whether there is truth in
you. But if not, by the life of Pharaoh, surely you are
spies." **17** So he put them all together in prison for
three days. **18**¶ Now Joseph said to them on the third
day, "Do this and live, for I fear God: **19** if you are

창

18 요셉이 **이르되**
/그들에게
/삼일만에
/나는 —— 경외하노니
/하나님을
너희는 —— 보전하라
/생명을
/이같이 하여

19 /[만일]
너희가 독실한 자이면(조건절, if)
한 사람만 —— 갇히게 하고
/너희 형제 중 /그 옥에
너희는 —— 가지고 가서
/곡식을
구하고
/너희 집들의 주림을

20 /[너희는] —— 데리고 오라
/너희 말째 아우를
/내게로
그리하면
너희 말이 —— 진실함이 되고
너희가 —— 죽지 아니하리라

//(결과)
그들이 그대로 하니라

21 그들이 **서로 말하되**
/우리가 —— 범죄하였도다
/아우의 일로 인하여
그가 —— 애걸할 때에(상황절, when)
/우리에게
[우리가] —— 보고도
/그 마음의 괴로움을
듣지 아니하였으므로
[그러므로]
이 괴로움이 우리에게 임하도다

22 르우벤이 **대답하여 가로되**
/그들에게
/내가 —— 하지 아니하였느냐?
/너희더러
/그 아이에게 득죄하지 말라고
그래도
너희가 —— 듣지 아니하였느니라
그러므로
그의 피 값을 내게 되었도다 하니

18 삼 일 만에 요셉이 그들에게 이르되 나는 하나님을
경외하노니 너희는 이같이 하여 생명을 보전하라 **19** 너
희가 독실한 자이면 너희 형제 중 한 사람만 그 옥에 갇
히게 하고 너희는 곡식을 가지고 가서 너희 집들의 주림
을 구하고 **20** 너희 말째 아우를 내게로 데리고 오라 그
리하면 너희 말이 진실함이 되고 너희가 죽지 아니하리라
그들이 그대로 하니라 **21** 그들이 서로 말하되 우리가
아우의 일로 인하여 범죄하였도다 그가 우리에게 애걸할
때에 그 마음의 괴로움을 보고도 듣지 아니하였으므로 이
괴로움이 우리에게 임하도다 **22** 르우벤이 그들에게 대
답하여 가로되 내가 너희더러 그 아이에게 득죄하지 말라
고 하지 아니하였느냐 그래도 너희가 듣지 아니하였느니

honest men, let one of your brothers be confined in your prison; but as for the rest of you, go, carry grain for the famine of your households,
20 and bring your youngest brother to me, so your words may be verified, and you will not die. "And they did so.
21 Then they said to one another, "Truly we are guilty concerning our brother, because we saw the distress of his soul when he pleaded with us, yet we would not listen; therefore this distress has come upon us."
22 And Reuben answered them, saying, "Did I not tell you, 'Do not sin against the boy'; and you would not listen? Now comes the reckoning for his blood."
23 They did not know, however, that Joseph

23 그들은 **알지 못하였더라**
/요셉이 그 말을 알아 들은줄을
//(이유: כִּי for)
피차간에 통변을 세웠으므로

24 요셉이 **떠나 가서**
/그들을
울고
다시 돌아와서
말하다가
/그들과
취하여
/시므온을
/그들 중에서
결박하고
/그들의 목전에서

25 **명하여**
채우게 하고
/곡물을 그 그릇에
도로 넣게 하고
/각인의 돈은
/그 자루에
또 **주게 하니**
/길 양식을
/그들에게
//(결과)
그대로 행하였더라

26 그들이 **싣고**
/곡식을
/나귀에
떠났더니
/그 곳을

27 한 사람이 **풀고**
/자루를
/객점에서
//(목적)
나귀에게 먹이를 주려고
본즉
//(결과)
그 돈이 자루 아구에 있는지라

28 그가 **고하되**
/그 형제에게
/내 돈을 도로 넣었도다
보라
자루 속에 있도다
//이에(결과 및 반응)

라 그러므로 그의 피 값을 내게 되었도다 하니 **23** 피차
간에 통변을 세웠으므로 그들은 요셉이 그 말을 알아 들
은 줄을 알지 못하였더라 **24** 요셉이 그들을 떠나 가서
울고 다시 돌아와서 그들과 말하다가 그들 중에서 시므온
을 취하여 그들의 목전에서 결박하고 **25** 명하여 곡물을
그 그릇에 채우게 하고 각인의 돈은 그 자루에 도로 넣게
하고 또 길 양식을 그들에게 주게 하니 그대로 행하였더
라 **26** 그들이 곡식을 나귀에 싣고 그 곳을 떠났더니
27 한 사람이 객점에서 나귀에게 먹이를 주려고 자루를
풀고 본즉 그 돈이 자루 아구에 있는지라 **28** 그가 그

understood, for there was an interpreter between them.
24 And he turned away from them and wept. But when
he returned to them and spoke to them, he took Simeon
from them and bound him before their eyes. **25**¶ Then
Joseph gave orders to fill their bags with grain and to
restore every man's money in his sack, and to give them
provisions for the journey. And thus it was done for
them. **26** So they loaded their donkeys with their grain,
and departed from there. **27** And as one of them opened
his sack to give his donkey fodder at the lodging place,
he saw his money; and behold, it was in the mouth of
his sack. **28** Then he said to his brothers, "My money
has been returned, and behold, it is even in my sack."
And their hearts sank, and they turned trembling to one

창

//이에(결과 및 반응)
그들이 ── 혼이 나서(그들의 혼이 나서)
── 떨며
── 말하되
/서로 돌아보며
/하나님이 어찌하여 우리에게 이 일을 행하셨는고 하고

29 그들이 **돌아와**
/가나안 땅에
이르러
/그 아비 야곱에게
고하여 가로되
/그 만난 일을
/자세히
30 /그 사람이 ── 엄히 **말씀하고**
/그 땅의 주 /우리에게
── 여기기로
/우리를
/그 나라 정탐자로
31 /우리가 ── 이르되
/그에게
/우리는 ── 독실한 자요
정탐이 ── 아니니이다
32 /우리는 ── 십 이 형제로서
/한 아비의 아들
하나는 ── 없어지고
말째는 ── 있나이다 하였더니
/오늘
/우리 아버지와 함께
/가나안 땅에
33 /그 사람이 ── 이르되
/그 땅의 주 /우리에게
/내가 ── 알리니
/이같이 하여
/너희가 독실한 자임을
/[너희는] ── 두고
/너희 형제 중 하나를
/내게
── 가지고 가서
/양식을
── 구하고
/너희 집들의 주림을
34 ── 데려오라
/너희 말째 아우를
/내게로
그리하면

형제에게 고하되 내 돈을 도로 넣었도다 보라 자루 속에
있도다 이에 그들이 혼이 나서 떨며 서로 돌아보며 말하
되 하나님이 어찌하여 우리에게 이 일을 행하셨는고 하고
29 그들이 가나안 땅에 돌아와 그 아비 야곱에게 이르
러 그 만난 일을 자세히 고하여 가로되 **30** 그 땅의 주
그 사람이 엄히 우리에게 말씀하고 우리를 그 나라 정탐
자로 여기기로 **31** 우리가 그에게 이르되 우리는 독실한
자요 정탐이 아니니이다 **32** 우리는 한 아비의 아들 십
이 형제로서 하나는 없어지고 말째는 오늘 우리 아버지와
함께 가나안 땅에 있나이다 하였더니 **33** 그 땅의 주 그
사람이 우리에게 이르되 내가 이같이 하여 너희가 독실한
자임을 알리니 너희 형제 중 하나를 내게 두고 양식을 가
지고 가서 너희 집들의 주림을 구하고 **34** 너희 말째 아
우를 내게로 데려오라 그리하면 너희가 정탐이 아니요 독

another, saying, "What is this that God has done to
us?" **29**¶ When they came to their father Jacob in the
land of Canaan, they told him all that had happened to
them, saying, **30** "The man, the lord of the land, spoke
harshly with us, and took us for spies of the country.
31 "But we said to him, We are honest men; we are
not spies. **32** 'We are twelve brothers, sons of our
father; one is no more, and the youngest is with our
father today in the land of Canaan.' **33** "And the man,
the lord of the land, said to us, 'By this I shall know
that you are honest men: leave one of your brothers with
me and take grain for the famine of your households,

그리하면
내가 ── 알고
/너희가 정탐이 아니요
독실한 자임을
└ 돌리리니
/너희 형제를
/너희에게
너희가 ─ 무역하리라 하더이다 하고
/이 나라에서

35 [그들이] **쏟고**
/각기 자루를
본즉
//(결과)
각인의 돈뭉치가 그 자루 속에 있는지라
//(결과)
그들과 ─┐
그 아비가 ─┴ 돈 뭉치를 보고
다 두려워하더니

36 야곱이 **이르되**
/그 아비 /그들에게
/너희가 ── **잃게 하도다**
/나로
/나의 자식들을
요셉도 ── **없어졌고**
시므온도 ── **없어졌거늘**
베냐민을 또 빼앗아 가고자 하니
이는 다 나를 해롭게 함이로다

37 르우벤이 **고하여 가로되**
/아비에게
/[만일]
내가 ──── 데리고 오지 아니하거든(조건절, if)
/그를
/아버지께로
[당신은] ─┬ **죽이소서**
/나의 두 아들을
└ **맡기소서**
/그를 내손에
내가 ──── **데리고 돌아오리이다**
/그를 아버지께로

38 야곱이 **가로되**
/내 아들은 ── **내려가지 못하리니**
/너희와 함께
//(*이유:* כִּי)

실한 자임을 내가 알고 너희 형제를 너희에게 돌리리니
너희가 이 나라에서 무역하리라 하더이다 하고 **35** 각기
자루를 쏟고 본즉 각 인의 돈뭉치가 그 자루 속에 있는지
라 그들과 그 아비가 돈 뭉치를 보고 다 두려워하더니
36 그 아비 야곱이 그들에게 이르되 너희가 나로 나의
자식들을 잃게 하도다 요셉도 없어졌고 시므온도 없어졌
거늘 베냐민을 또 빼앗아 가고자 하니 이는 다 나를 해롭
게 함이로다 **37** 르우벤이 아비에게 고하여 가로되 내가
그를 아버지께로 데리고 오지 아니하거든 나의 두 아들을
죽이소서 그를 내손에 맡기소서 내가 그를 아버지께로 데
리고 돌아오리이다 **38** 야곱이 가로되 내 아들은 너희와
함께 내려가지 못하리니 그의 형은 죽고 그만 남았음이라

and go. **34** 'But bring your youngest brother to me that
I may know that you are not spies, but honest men. I
will give your brother to you, and you may trade in the
land.'" **35**¶ Now it came about as they were emptying
their sacks, that behold, every man's bundle of money
was in his sack; and when they and their father saw
their bundles of money, they were dismayed. **36** And
their father Jacob said to them, "You have bereaved
me of my children: Joseph is no more, and Simeon is
no more, and you would take Benjamin; all these things
are against me." **37** Then Reuben spoke to his father, saying,
"You may put my two sons to death if I do not bring
him back to you; put him in my care, and I will return
him to you." **38** But Jacob said, "My son shall not

창

//(이유: כִּי)
그의 형은 죽고
그만 남았음이라
만일
재난이 ── 그 몸에 미치면(조건절, if)
/너희 행하는 길에서
너희가 ── 내려가게 함이 되리라
/나의 흰 머리로
/슬피
/음부로

43

1 기근이 **심하고**
/그 땅에

2 그들이 다 **먹으매**
/애굽에서 가져온 곡식을

그 아비가 **이르되**
/그들에게
/다시 가서
우리를 위하여 양식을 조금 사라

3 유다가 **말하여 가로되**... 하였으니
/아비에게
/그 사람이 ── 경계하여 가로되
/엄히
/우리에게
[만일]
너희 아우가 너희와 함께 하지 아니하면(조건절, unless)
너희가 ── 보지 못하리라
/내 얼굴을

4 /[만일]
아버지께서 ──보내시면(조건절, if)
/우리 아우를
/우리와 함께
우리가 ──┬ 내려가서
└ 사려니와
/양식을
/아버지를 위하여

5 /아버지께서 만일 그를 보내지 않으시면(조건절, if)
우리는 ── 내려가지 아니하리니

//(이유: כִּי)

만일 너희 행하는 길에서 재난이 그 몸에 미치면 너희가
나의 흰 머리로 슬피 음부로 내려가게 함이 되리라
43:1 그 땅에 기근이 심하고 **2** 그들이 애굽에서
가져온 곡식을 다 먹으매 그 아비가 그들에게 이
르되 다시 가서 우리를 위하여 양식을 조금 사라 **3** 유다
가 아비에게 말하여 가로되 그 사람이 엄히 우리에게 경
계하여 가로되 너희 아우가 너희와 함께 하지 아니하면
너희가 내 얼굴을 보지 못하리라 하였으니 **4** 아버지께서
우리 아우를 우리와 함께 보내시면 우리가 내려가서 아버
지를 위하여 양식을 사려니와 **5** 아버지께서 만일 그를
보내지 않으시면 우리는 내려가지 아니하리니 그 사람이
우리에게 말하기를 너희 아우가 너희와 함께하지 아니하

go down with you; for his brother is dead, and he alone
is left. If harm should befall him on the journey you are
taking, then you will bring my gray hair down to Sheol
in sorrow."
43:1¶ Now the famine was severe in the land. **2**So
it came about when they had finished eating the
grain which they had brought from Egypt, that their
father said to them, "Go back, buy us a little food." **3**
Judah spoke to him, however, saying, "The man solemnly
warned us, 'You shall not see my face unless your brother
is with you.' **4** "If you send our brother with us, we
will go down and buy you food. **5** "But if you do not

//(이유: כִּי, for)
그 사람이 말하기를 ...하였음이니이다
/우리에게
/[만일]
너희 아우가 너희와 함께하지아니하면(조건절, unless)
너희가 내 얼굴을 보지 못하리라

6 이스라엘이 **가로되**
/너희가 —— 어찌하여 해롭게 하였느냐?
/나를
/고하여
/너희에게 오히려 아우가 있다고
/그 사람에게

7 그들이 **가로되**
/그 사람이 — 힐문하여 이르기를... 하기로
/우리와 우리의 친족에 대하여
/자세히
/너희 아버지가 그저 살았느냐?
너희에게 아우가 있느냐?
[우리가] —— 대답한 것이라
/그 말을
/조조이
/그에게
우리가 —— 어찌 알았으리이까?
/그가 할 줄을
/너희 아우를 데리고 내려오라

8 유다가 **이르되**
/아비 이스라엘에게
/[당신은] —— 보내시면
/저 아이를
/나와 함께
우리가 —— 곧 가리니

//그러면(결과)
우리와
아버지와
우리 어린것들이
—— 살고
/다
죽지 아니하리이다

9 /내가 —— 담보하오리니
/그의 몸을
아버지께서 — 물으소서
/그를
/내 손에

면 너희가 내 얼굴을 보지 못하리라 하였음이니이다 **6**
이스라엘이 가로되 너희가 어찌하여 너희에게 오히려 아
우가 있다고 그 사람에게 고하여 나를 해롭게 하였느냐
7 그들이 가로되 그 사람이 우리와 우리의 친족에 대하
여 자세히 힐문하여 이르기를 너희 아버지가 그저 살았느
냐 너희에게 아우가 있느냐 하기로 그 말을 조조이 그에
게 대답한 것이라 그가 너희 아우를 데리고 내려오라 할
줄을 우리가 어찌 알았으리이까 **8** 유다가 아비 이스라엘
에게 이르되 저 아이를 나와 함께 보내시면 우리가 곧 가
리니 그러면 우리와 아버지와 우리 어린 것들이 다 살고
죽지 아니하리이다 **9** 내가 그의 몸을 담보하오리니 아버
지께서 내 손에 그를 물으소서 내가 만일 그를 아버지께

send him, we will not go down; for the man said to us,
'You shall not see my face unless your brother is with
you.'" **6** Then Israel said, "Why did you treat me so
badly by telling the man whether you still had another
brother?" **7** But they said, "The man questioned particularly
about us and our relatives, saying, 'Is your father still
alive? Have you another brother?' So we answered his
questions. Could we possibly know that he would say, 'Bring
your brother down'?" **8** And Judah said to his father
Israel, "Send the lad with me, and we will arise and go,
that we may live and not die, we as well as you and
our little ones. **9** "I myself will be surety for him; you
may hold me responsible for him. If I do not bring him
back to you and set him before you, then let me bear

창

/[만일]
내가 ── 데려다가
/그를
/아버지께
두지 아니하면
/아버지앞에
내가 ── 죄를 지리이다
/영원히

10 /[만일]
우리가 지체하지 아니하였더면(조건절, if)
[우리가] ─ 벌써 두번 갔다 왔으리이다.

11 이스라엘이 **이르되**
/그들의 아비
/그들에게
/그러할진대[62)]
이렇게 하라
너희는 ── 담아
/이 땅의 아름다운 소산을
/그릇에
가지고 내려가서
/그 사람에게
/예물을 삼을지니
/곧 유향 조금과
꿀 조금과
향품과 몰약과
비자와 파단행이니라

12 /[너희는] ── 가지고
/돈은
/배나
/너희 손에
다시 가지고 가라
/그 돈을
/너희 자루 아구에 도로 넣여 온

혹 차착이 있었을까 두렵도다

13 /[너희는] ── 데리고
/네 아우도
떠나
다시 가라
/그 사람에게로

14 /하나님께서 ── 베푸사
/전능하신
/은혜를
/그 사람 앞에서
/너희에게

62) 만일 그래야 한다면

데려다가 아버지 앞에 두지 아니하면 내가 영원히 죄를
지리이다 10 우리가 지체하지 아니하였더면 벌써 두번
갔다왔으리이다 11 그들의 아비 이스라엘이 그들에게
이르되 그러할진대 이렇게 하라 너희는 이 땅의 아름다운
소산을 그릇에 담아가지고 내려가서 그 사람에게 예물을
삼을지니 곧 유향 조금과 꿀 조금과 향품과 몰약과 비자
와 파단행이니라 12 너희 손에 돈을 배나 가지고 너희
자루 아구에 도로 넣여 온 그 돈을 다시 가지고 가라 혹
차착이 있었을까 두렵도다 13 네 아우도 데리고 떠나
다시 그 사람에게로 가라 14 전능하신 하나님께서 그

the blame before you forever. 10 "For if we had not delayed,
surely by now we could have returned twice." 11¶ Then
their father Israel said to them, "If it must be so, then
do this: take some of the best products of the land in
your bags, and carry down to the man as a present, a
little balm and a little honey, aromatic gum and myrrh,
pistachio nuts and almonds. 12 "And take double the money
in your hand, and take back in your hand the money
that was returned in the mouth of your sacks; perhaps it
was a mistake. 13 "Take your brother also, and arise,
return to the man; 14 and may God Almighty grant you
compassion in the sight of the man, that he may release

돌려보내게 하시기를 원하노라
/그 사람으로
/너희 다른 형제와 베냐민을

/[만일]
내가 ─ 자식을 잃게 되면(조건절, if)
└ 잃으리로다

15 그 사람들이 **취하고**
/그 예물을
가지고
/갑절 돈을
/자기들의 손에
데리고
/베냐민을
내려가서
/애굽에
서니라
/요셉의 앞에

16 요셉이 **보고**
/베냐민이 그들과 함께 있음을
이르되
/청지기에게
/[너희는] ─ 인도해 들이고
/이사람들을
/집으로
├ 짐승을 잡고
└ 준비하라
//(이유: כִּי, for)
이 사람들이 오정에 나와 함께 먹을 것이니라

17 그 사람이 **하여**(עָשָׂה)
/요셉의 명대로
인도하니
/그 사람들을
/요셉의 집으로

18 그 사람들이 **두려워하여**

//(이유: כִּי because)
요셉의 집으로 인도되매

이르되
/우리가 ─ 끌려드도다

//(원인/이유: עַל, because of)

사람 앞에서 너희에게 은혜를 베푸사 그사람으로 너희
다른 형제와 베냐민을 돌려보내게 하시기를 원하노라 내
가 자식을 잃게 되면 잃으리로다 **15** 그 사람들이 그 예
물을 취하고 갑절 돈을 자기들의 손에 가지고 베냐민을
데리고 애굽에 내려가서 요셉의 앞에 서니라 **16** 요셉이
베냐민이 그들과 함께 있음을 보고 청지기에게 이르되
이 사람들을 집으로 인도해 들이고 짐승을 잡고 준비하
라 이 사람들이 오정에 나와 함께 먹을 것이니라 **17** 그
사람이 요셉의 명대로 하여 그 사람들을 요셉의 집으로
인도하니 **18** 그 사람들이 요셉의 집으로 인도되매 두려
워하여 이르되 전일 우리 자루에 넣여 있던 돈의 일로 우
리가 끌려드도다 이는 우리를 잡아 노예를 삼고 우리의

to you your other brother and Benjamin. And as for me,
if I am bereaved of my children, I am bereaved." **15** So
the men took this present, and they took double the
money in their hand, and Benjamin; then they arose and
went down to Egypt and stood before Joseph. **16**¶ When
Joseph saw Benjamin with them, he said to his house steward,
"Bring the men into the house, and slay an animal and
make ready; for the men are to dine with me at noon." **17** So
the man did as Joseph said, and brought the men to
Joseph's house. **18** Now the men were afraid, because
they were brought to Joseph's house; and they said, "It
is because of the money that was returned in our sacks

창

//(원인/이유: עַל because of)
전일 우리 자루에 넣여 있던 돈의 일로
//이는(목적)
우리를 억류하고
달려들어
우리를 잡아 노예를 삼고
우리의 나귀를 빼앗으려 함이로다 하고

19 그들이 **나아가**
/가까이
/요셉의 청지기에게
고하여
/그에게
/그 집 문앞에서

20 **가로되**
/내 주여
우리가 —— 전일에 내려와서
//(목적: לְ)
양식을 사가지고
21 객점에 —— 이르러
자루를 —— 풀어본즉
각인의 돈이 —— 있기로
/본수대로
/자루 아구에
우리가 —— 도로 가져 왔고
22 /우리가 —— 가지고 내려왔나이다
/다른 돈도(=돈을)
/양식 살
/가지고(=우리의 손에)
우리가 —— 알지 못하나이다
/우리의 돈을 우리 자루에 넣은 자는 누구인지

23 그가 **이르되**
/너희는 —— 안심하라
—— 두려워 말라
하나님 —— 넣어
/너희 /재물을
하나님이 —— /너희 자루에
/너희 아버지의 —— 주신 것이니라
/너희에게
내가 —— 이미 받았느니라 하고
/너희 돈은

이끌어 내고
/시므온을
/그들에게로

나귀를 빼앗으려 함이로다 하고 **19** 그들이 요셉의 청지
기에게 가까이 나아가 그 집 문앞에서 그에게 고하여 **20**
가로되 내 주여 우리가 전일에 내려와서 양식을 사가지고
21 객점에 이르러 자루를 풀어본즉 각 인의 돈이 본수
대로 자루 아구에 있기로 우리가 도로 가져 왔고 **22** 양
식 살 다른 돈도 우리가 가지고 내려왔나이다 우리의 돈
을 우리 자루에 넣은 자는 누구인지 우리가 알지 못하나
이다 **23** 그가 이르되 너희는 안심하라 두려워 말라 너
희 하나님 너희 아버지의 하나님이 재물을 너희 자루에
넣어 너희에게 주신 것이니라 너희 돈은 내가 이미 받았

the first time that we are being brought in, that he may
seek occasion against us and fall upon us, and take us
for slaves with our donkeys." **19** So they came near to
Joseph's house steward, and spoke to him at the entrance
of the house, **20** and said, "Oh, my lord, we indeed
came down the first time to buy food, **21** and it came
about when we came to the lodging place, that we opened
our sacks, and behold, each man's money was in the
mouth of his sack, our money in full. So we have brought
it back in our hand. **22** "We have also brought down
other money in our hand to buy food; we do not know
who put our money in our sacks." **23** And he said, "Be

24 **인도하고**
/그들을
/요셉의 집으로
주어
/물을
씻게 하며
/발을
주더라
/먹이를
/그 나귀에게

25 그들이 **정돈하고**
/예물을
//(이유: כִּי for)
[그들이] — 들으므로
/[그가] 여기서 먹겠다 함을

기다리더니
/요셉이 오정에 오기를

26 요셉이 **오매**
/집으로
그들이 **들어가서**
/그 집으로
드리고
/그 예물을
/그에게
엎드리어 절하니
/땅에

27 요셉이 **물으며**
/그들의 안부를
가로되
/너희 아버지 ┐
그 노인이 ──┬ **안녕하시냐?**
/너희가 말하던 └ **생존하셨느냐?**
/지금까지

28 그들이 **대답하되**...하고
/주의 종
우리 아비가 ┬ **평안하고**
└ **생존하였나이다**
/지금까지
머리 숙여
절하더라

느니라 하고 시므온을 그들에게로 이끌어 내고 24 그
들을 요셉의 집으로 인도하고 물을 주어 발을 씻게 하며
그 나귀에게 먹이를 주더라 25 그들이 여기서 먹겠다
함을 들으므로 예물을 정돈하고 요셉이 오정에 오기를 기
다리더니 26 요셉이 집으로 오매 그들이 그 집으로 들
어가서 그 예물을 그에게 드리고 땅에 엎드리어 절하니
27 요셉이 그들의 안부를 물으며 가로되 너희 아버지
너희가 말하던 그 노인이 안녕하시냐 지금까지 생존하셨
느냐 28 그들이 대답하되 주의 종 우리 아비가 평안하
고 지금까지 생존하였나이다 하고 머리 숙여 절하더라

at ease, do not be afraid. Your God and the God of your
father has given you treasure in your sacks; I had your
money." Then he brought Simeon out to them. 24 Then
the man brought the men into Joseph's house and gave
them water, and they washed their feet; and he gave
their donkeys fodder. 25 So they prepared the present
for Joseph's coming at noon; for they had heard that
they were to eat a meal there.
26¶ When Joseph came home, they brought into the
house to him the present which was in their hand and
bowed to the ground before him. 27 Then he asked
them about their welfare, and said, "Is your old father
well, of whom you spoke? Is he still alive?" 28 And
they said, "Your servant our father is well; he is still

창

29 요셉이 **들어**
/눈을
보고
/베냐민을
/자기 어머니의 아들
/자기 동생
가로되
/너희 작은 동생이 이냐?
/너희가 내게 말하던
그가 또 **가로되**
/소자여!
하나님이 네게 은혜 베푸시기를 원하노라

30 요셉이 **급히(서두르다)**
//(이유: כִּי for)
아우를 인하여 마음이 타는듯 하므로

찾아
/울곳을
들어가서
/안방으로
울고
/(거기서)

31 **씻고**
/얼굴을
나와서
억제하고
/그 정을
하매(말하다)
/음식을 차리라

32 그들이 **따로 하고**
/요셉에게
따로 하고
/그 형제들에게
따로 하니
/배식하는 애굽 사람에게도

//(이유: כִּי because)[63]
애굽 사람은 히브리 사람과 같이 먹으면
부정을 입음이었더라

63) 원문: (כִּי)애굽 사람은 히브리 사람과 같이 먹을 수 없었기 때문이다.

(כִּי)같이 먹으면 그 부정을 입기 때문이다.

33 그들이 **앉되**
/요셉의 앞에
/그 장유의 차서대로 (앉히운바 되니)
그들이 **이상히 여겼더라**
/서로

29 요셉이 눈을 들어 자기 어머니의 아들 자기 동생 베
냐민을 보고 가로되 너희가 내게 말하던 너희 작은 동생
이 이냐 그가 또 가로되 소자여 하나님이 네게 은혜 베푸
시기를 원하노라 30 요셉이 아우를 인하여 마음이 타는
듯 하므로 급히 울 곳을 찾아 안방으로 들어가서 울고
31 얼굴을 씻고 나와서 그 정을 억제하고 음식을 차리
라 하매 32 그들이 요셉에게 따로 하고 그 형제들에게
따로 하고 배식하는 애굽 사람에게도 따로 하니 애굽 사
람은 히브리 사람과 같이 먹으면 부정을 입음이었더라
33 그들이 요셉의 앞에 앉되 그 장유의 차서대로 앉히

alive." And they bowed down in homage. 29 As he
lifted his eyes and saw his brother Benjamin, his mother's son, he said, "Is this your youngest brother, of whom you spoke to me?" And he said, "May God be gracious to you, my son."
30 And Joseph hurried out for he was deeply stirred over his brother, and he sought a place to weep; and he entered his chamber and wept there.
31 Then he washed his face, and came out; and he controlled himself and said, "Serve the meal."
32 So they served him by himself, and them by themselves, and the Egyptians, who ate with him, by themselves; because the Egyptians could not eat bread with the Hebrews, for that is loathsome to the Egyptians.
33 Now they were seated before him, the first-born according to his birthright and the youngest

34 요셉이 **주되**
/자기 식물로
/그들에게
주매
/다른 사람보다 오배나
/베냐민에게(는)
그들이 **마시며**
즐거워하였더라
/요셉과 함께

44

1 요셉이 **명하여 가로되**
/그 청지기에
/[너희는] ┬ 채우고
/양식을
/각인의 자루에
/실을 수 있을 만큼
─ 넣고
/각인의 돈을
/그 자루에

2 또 넣고
/잔 내 곧 은잔을
/그 소년의 자루 아구에
/그 양식값 돈도 함께 (넣으라) 하매

//(결과)
그가 요셉의 명령대로 하고

3 개동시에
[그 사람이] **보내니라**
/사람들과 그 나귀를

4 그들이 성에서 나가 멀리 가기 전에(상황절, when)
요셉이 **이르되**
/청지기에게
/[너는] ┬ 일어나
└ 이르기를
/그들에게
/그 사람들의 뒤를 따라 미칠 때에
/너희가 어찌하여 악으로 선을 갚느냐?
5 이것은 내 주인이 가지고 마시며
늘점치는데 쓰는것이 아니냐?
너희가 이같이 하니
악하도다 하라

운 바 되니 그들이 서로 이상히 여겼더라 **34** 요셉이 자
기 식물로 그들에게 주되 베냐민에게는 다른 사람보다 오
배나 주매 그들이 마시며 요셉과 함께 즐거워하였더라
44:1 요셉이 그 청지기에 명하여 가로되 양식을 각
인의 자루에 실을 수 있을 만큼 채우고 각인의
돈을 그 자루에 넣고 **2** 또 잔 내 곧 은잔을 그 소년의
자루 아구에 넣고 그 양식값 돈도 함께 넣으라 하매 그가
요셉의 명령대로 하고 **3** 개동시에 사람들과 그 나귀를
보내니라 **4** 그들이 성에서 나가 멀리 가기 전에 요셉이
청지기에게 이르되 일어나 그 사람들의 뒤를 따라 미칠
때에 그들에게 이르기를 너희가 어찌하여 악으로 선을 갚
느냐 **5** 이것은 내 주인이 가지고 마시며 늘 점치는데 쓰

according to his youth, and the men looked at one another
in astonishment. **34** And he took portions to them from
his own table; but Benjamin's portion was five times as
much as any of theirs. So they feasted and drank freely
with him.
44:1¶ Then he commanded his house steward, saying,
"Fill the men's sacks with food, as much as they
can carry, and put each man's money in the mouth of
his sack. **2** "And put my cup, the silver cup, in the
mouth of the sack of the youngest, and his money for
the grain." And he did as Joseph had told him. **3** As
soon as it was light, the men were sent away, they with
their donkeys. **4** They had just gone out of the city, and
were not far off, when Joseph said to his house steward,
"Up, follow the men; and when you overtake them, say

6 청지기가 **따라 미쳐**
/그들에게
말하니
/그들에게
/그대로

7 그들이 **대답하되**
/그에게
/우리 주여!
어찌 이렇게 말씀하시나이까?
종들이 ── 결단코 아니하나이다
/이런 일은
8 /우리가 ── 가져왔거늘
/우리 자루에 있던 돈도
/가나안 땅에서부터
/당신에게로
우리가 ── 어찌 도적질 하리이까?
/은금을
/당신 주인의 집에서
9 /종들 중 뉘게서 발견되든지
그는 ── 죽을 것이요
우리는 ── 종이 되리이다
/우리 주의

10 그가 **가로되**
/그러면 너희 말과 같이 하리라
그것이 뉘게서든지 발견되면
그는 ── 종이 될 것이요
/우리
너희에게는 ─ 책망이 없으리라

11 그들이 **급히**
내려놓고
/자루를
/땅에
/각각
각기 **푸니**

12 그가 **수탐하매**
/나이 많은 자에게서부터 시작하여
나이 적은 자에게까지

//(결과)
잔이 베냐민의 자루에서 발견된지라

13 //(*결과 및 반응*)
↓

는 것이 아니냐 너희가 이같이 하니 악하도다 하라 6 청
지기가 그들에게 따라 미쳐 그대로 말하니 7 그들이 그
에게 대답하되 우리 주여 어찌 이렇게 말씀하시나이까 이
런 일은 종들이 결단코 아니하나이다 8 우리 자루에 있
던 돈도 우리가 가나안 땅에서부터 당신에게로 가져왔거
늘 우리가 어찌 당신 주인의 집에서 은금을 도적질하리이
까 9 종들 중 뉘게서 발견되든지 그는 죽을 것이요 우리
는 우리 주의 종이 되리이다 10 그가 가로되 그러면 너
희 말과 같이 하리라 그것이 뉘게서든지 발견되면 그는
우리 종이 될 것이요 너희에게는 책망이 없으리라 11
그들이 각각 급히 자루를 땅에 내려 놓고 각기 푸니 12
그가 나이 많은 자에게서부터 시작하여 나이 적은 자에게

to them, 'Why have you repaid evil for good? 5 'Is not
this the one from which my lord drinks, and which he
indeed uses for divination? You have done wrong in
doing this.'" 6 So he overtook them and spoke these
words to them. 7 And they said to him, "Why does my
lord speak such words as these? Far be it from your
servants to do such a thing. 8 "Behold, the money which
we found in the mouth of our sacks we have brought
back to you from the land of Canaan. How then could
we steal silver or gold from your lord's house? 9 "With
whomever of your servants it is found, let him die, and
we also will be my lord's slaves." 10 So he said, "Now
let it also be according to your words; he with whom it
is found shall be my slave, and the rest of you shall be
innocent." 11 Then they hurried, each man lowered his
sack to the ground, and each man opened his sack. 12
And he searched, beginning with the oldest and ending
with the youngest, and the cup was found in Benjamin's

13 //(결과 및 반응)
그들이 ─┬─ 옷을 찢고
　　　　├─ 각기 짐을 나귀에 싣고
　　　　└─ 성으로 돌아오니라

14 유다와
그 형제들이 **이르니**
　/요셉의 집에
요셉이 **있는지라**
　/오히려 그곳에
[그들이] **엎드리니**
　/그 앞 땅에

15 요셉이 **이르되**
　/그들에게
　/너희가 ── 어찌하여 행하였느냐?
　　　/이런 일을
　너희가 ── 알지 못하느냐?
　　　/나 같은 사람이 점 잘 칠 줄을

16 유다가 **가로되**
　/우리가 ─┬─ 무슨 말을 하오리이까?
　　　　　│　/내 주께
　　　　　├─ 무슨 설명을 하오리이까?
　　　　　└─ 어떻게 나타내리이까?
　　　/우리의 정직을
　하나님이 ── 적발하셨으니
　　　/종들의 죄악을
　우리와
　발견된 자가 ── 내 주의 종이 되겠나이다
　　/이 잔이 　/다

17 요셉이 **가로되**
　/내가 ── 결코 그리하지 아니하리라
　발견된 자만 ── 나의 종이 되고
　　/잔이 그 손에서
　너희는 ── 도로 올라갈 것이니라
　　　/평안히
　　　/너희 아버지께로

18 유다가 **가까이가서**
　/그에게

까지 수탐하매 잔이 베냐민의 자루에서 발견된지라 13
그들이 옷을 찢고 각기 짐을 나귀에 싣고 성으로 돌아오
니라 14 유다와 그 형제들이 요셉의 집에 이르니 요셉
이 오히려 그 곳에 있는지라 그 앞 땅에 엎드리니 15
요셉이 그들에게 이르되 너희가 어찌하여 이런 일을 행하
였느냐 나 같은 사람이 점 잘 칠 줄을 너희가 알지 못하
느냐 16 유다가 가로되 우리가 내 주께 무슨 말을 하오
리이까 무슨 설명을 하오리이까 어떻게 우리의 정직을 나
타내리이까 하나님이 종들의 죄악을 적발하셨으니 우리
와 이 잔이 발견된 자가 다 내 주의 종이 되겠나이다 17
요셉이 가로되 내가 결코 그리하지 아니하리라 잔이 그
손에서 발견된 자만 나의 종이 되고 너희는 평안히 너희
아버지께로 도로 올라갈 것이니라 18 유다가 그에게 가
까이 가서 가로되 내 주여 청컨대 종으로 내 주의 귀에
한 말씀을 고하게 하소서 주의 종에게 노하지 마옵소서
주는 바로와 같으심이니이다 19 이전에 내 주께서 종들

sack. 13 Then they tore their clothes, and when each
man loaded his donkey, they returned to the city.
14 ¶ When Judah and his brothers came to Joseph's
house, he was still there, and they fell to the ground
before him. 15 And Joseph said to them, "What is this
deed that you have done? Do you not know that such a
man as I can indeed practice divination?" 16 So Judah
said, "What can we say to my lord? What can we speak?
And how can we justify ourselves? God has found out
the iniquity of your servants; behold, we are my lord's slaves,
both we and the one in whose possession the cup has
been found." 17 But he said, "Far be it from me to do
this. The man in whose possession the cup has been
found, he shall be my slave; but as for you, go up in
peace to your father." 18 ¶ Then Judah approached
him, and said, "Oh my lord, may your servant please

창

가로되
/내 주여!
청컨대
종으로 —— **고하게 하소서**
/한 말씀을
/내 주의 귀에
[당신은] —— **노하지 마옵소서**
/주의 종에게
//(이유: כִּי, for)
주는 바로와 같으심이니이다

19 /이전에
내 주께서 — **물으시되** ... 하시기에
/종들에게
/너희는 ┬ 아비가 있느냐?
└ 아우가 있느냐?

20 /우리가 —— **고하되**...하였더니
/내 주께
/우리에게 아비가 있으니
노인이요
또
그 노년에 얻은 아들 소년이 있으니
그의 형은 죽고
그 어미의 끼친것은 그 뿐이므로
그 아비가 그를 사랑하나이다

21 /주께서 —— 또 **이르시되** ...하시기로
/종들에게
/[너희는] —— 데리고 내려와서
/그를
/내게로
//(목적)
나로 그를 목도하게 하라

22 /우리가 —— **말씀하기를**
/내 주께
/그 아이는 아비를 떠나지 못할지니
떠나면
아비가 죽겠나이다

23 /주께서 —— 또 **말씀하시되** ...하시기로
/주의 종들에게
/너희 말째 아우가 너희와 함께 내려오지 아니하면(조건절)
너희가 다시 내 얼굴을 보지 못하리라

에게 물으시되 너희는 아비가 있느냐 아우가 있느냐 하시
기에 **20** 우리가 내 주께 고하되 우리에게 아비가 있으
니 노인이요 또 그 노년에 얻은 아들 소년이 있으니 그의
형은 죽고 그 어미의 끼친 것은 그뿐이므로 그 아비가 그
를 사랑하나이다 하였더니 **21** 주께서 또 종들에게 이르
시되 그를 내게로 데리고 내려와서 나로 그를 목도하게
하라 하시기로 **22** 우리가 내 주께 말씀하기를 그 아이
는 아비를 떠나지 못할지니 떠나면 아비가 죽겠나이다
23 주께서 또 주의 종들에게 말씀하시되 너희 말째 아
우가 너희와 함께 내려오지 아니하면 너희가 다시 내 얼
굴을 보지 못하리라 하시기로 **24** 우리가 주의 종 우리
아비에게로 도로 올라가서 내 주의 말씀을 그에게 고하였

speak a word in my lord's ears, and do not be angry
with your servant; for you are equal to Pharaoh. **19**
"My lord asked his servants, saying, 'Have you a father
or a brother?' **20** "And we said to my lord, 'We have
an old father and a little child of his old age. Now his
brother is dead, so he alone is left of his mother, and
his father loves him.' **21** "Then you said to your servants,
'Bring him down to me, that I may set my eyes on him.'
22 "But we said to my lord, 'The lad cannot leave his father,
for if he should leave his father, his father would die.'
23 "You said to your servants, however, 'Unless your
youngest brother comes down with you, you shall not
see my face again.' **24** "Thus it came about when we
went up to your servant my father, we told him the
words of my lord. **25** "And our father said, 'Go back,
buy us a little food.' **26** "But we said, 'We cannot go

24 /우리가 ── 도로 올라가서
/주의 종 우리 아비에게로
고하였나이다
/내 주의 말씀을
/그에게

25 /그 후에
우리 아비가 ─ 하시기로
/다시 가서 곡물을 조금 사오라

26 /우리가 ── 이르되
/우리가 ── 내려갈 수 없나이다
우리 말째 아우가 함께 하면(조건절, if)
[우리가] ─ 내려 가려니와

말째 아우가 우리와 함께함이 아니면(조건절, unless)
[우리가] ── 볼 수 없음이니이다
/사람의 얼굴을

27 /우리 아비가 ─ 이르되
/주의 종 /우리에게
/너희도 ─ 알거니와
/내 아내가 ─ 낳았으나
/두 아들을
/내게

28 /하나는 ── 나간 고로
/내게서
내가 ── 말하기를
/정녕 찢겨 죽었다하고
내가 ── 보지 못하거늘
/그를
/지금까지

29 /너희가 ── 취하여 가려한즉
/이도
/내게서
만일
재해가 그 몸에 미치면(조건절, if)
나의 흰머리로 ─ 내려가게 하리라 하니
/슬피
/음부로

30 /아비의 생명과
아이의 생명이 ── 서로 결탁되었거늘
이제
내가 ── 돌아갈 때에(상황절, when)
/주의종 우리 아비에게
아이가 우리와 함께 하지 아니하면(조건절, if - NIV)

나이다 25 그 후에 우리 아비가 다시 가서 곡물을 조금
사오라 하시기로 26 우리가 이르되 우리가 내려갈 수
없나이다 우리 말째 아우가 함께 하면 내려 가려니와 말
째 아우가 우리와 함께함이 아니면 그 사람의 얼굴을 볼
수 없음이니이다 27 주의 종 우리 아비가 우리에게 이
르되 너희도 알거니와 내 아내가 내게 두 아들을 낳았으
나 28 하나는 내게서 나간 고로 내가 말하기를 정녕 찢
겨 죽었다하고 내가 지금까지 그를 보지 못하거늘 29
너희가 이도 내게서 취하여 가려한즉 만일 재해가 그 몸
에 미치면 나의 흰머리로 슬피 음부로 내려가게 하리라

down. If our youngest brother is with us, then we will
go down; for we cannot see the man's face unless our
youngest brother is with us.' 27 "And your servant my
father said to us, 'You know that my wife bore me two
sons; 28 and the one went out from me, and I said,
"Surely he is torn in pieces," and I have not seen him
since. 29 'And if you take this one also from me, and
harm befalls him, you will bring my gray hair down to
Sheol in sorrow.' 30 "Now, therefore, when I come to
your servant my father, and the lad is not with us, since
his life is bound up in the lad's life, 31 it will come
about when he sees that the lad is not with us, that he

창

31 /아비가 ─ 보고
/아이의 없음을
죽으리니
이같이 되면
종들이 ─ 내려가게 함이니이다
/우리 아비의 흰 머리로
/주의 종
/슬피
/음부로

32 /주의 종이 ─ 담보하기를
/아이를
/내 아비에게
/내가 ─ 데리고 돌아오지 아니하면
/이를
/아버지께로
죄를 지리이다 하였사오니
/영영히
/아버지께

33 /청컨대
주의 종으로 ─ 있어서
/아이를 대신하여
주의 종이 되게 하시고
아이는 ─ 도로 올려 보내소서
/형제와 함께

34 //(이유: כִּי for)
내가 ─ 어찌 올라 갈 수 있으리이까?
/내 아비에게
/아이와 함께 하지 아니하고
두렵건대
[내가] ─ 보리이다
/재해가 내 아비에게 미침을

45

1 요셉이 **억제하지 못하여**
/그 정을
/시종하는 자들 앞에서
소리질러
/모든 사람을 자기에게서 물러가라 하고

하니 **30** 아비의 생명과 아이의 생명이 서로 결탁되었거
늘 이제 내가 주의 종 우리 아비에게 돌아갈 때에 아이가
우리와 함께 하지 아니하면 **31** 아비가 아이의 없음을
보고 죽으리니 이같이 되면 종들이 주의 종 우리 아비의
흰 머리로 슬피 음부로 내려가게 함이니이다 **32** 주의
종이 내 아비에게 아이를 담보하기를 내가 이를 아버지께
로 데리고 돌아오지 아니하면 영영히 아버지께 죄를 지리
이다 하였사오니 **33** 청컨대 주의 종으로 아이를 대신하
여 있어서 주의 종이 되게 하시고 아이는 형제와 함께 도
로 올려 보내소서 **34** 내가 어찌 아이와 함께 하지 아니
하고 내 아비에게로 올라 갈 수 있으리이까 두렵건대 재
해가 내 아비에게 미침을 보리이다
45:1 요셉이 시종하는 자들 앞에서 그 정을 억제
하지 못하여 소리질러 모든 사람을 자기에게서

will die. Thus your servants will bring the gray hair of
your servant our father down to Sheol in sorrow. **32**
"For your servant became surety for the lad to my father,
saying, 'If I do not bring him back to you, then let me
bear the blame before my father forever.' **33** "Now,
therefore, please let your servant remain instead of the
lad a slave to my lord, and let the lad go up with his
brothers. **34** "For how shall I go up to my father if the
lad is not with me, lest I see the evil that would overtake
my father?"
45:1 ¶ Then Joseph could not control himself before
all those who stood by him, and he cried, "Have
everyone go out from me." So there was no man with
him when Joseph made himself known to his brothers.

[그가] ——— 알리니…때에((상황절, when)
/자기를
/그 형제에게

자가 **없었더라**
/그와 함께 한

2 요셉이 **방성대곡하니**
//(결과)
애굽 사람에게 들리며
바로의 궁중에 들리더라

3 요셉이 **이르되**
/그 형들에게
/나는 요셉이라
내 아버지께서 아직 살아 계시니이까?
형들이 **놀라서**
/그 앞에서
대답하지 못하는지라
/능히

4 요셉이 **이르되**
/형들에게
/[당신들은] 내게로 가까이 오소서

그들이 **가니**
/가까이
[그가] **가로되**
/나는 ——— 요셉이니
/당신들의 아우
/당신들이 애굽에 판 (자라)

5 /[당신들이] ┬ 근심하지 마소서
└ 한탄하지 마소서
/나를 이곳에 팔았으므로
/[스스로][64)]

//(이유: כִּי, for)
하나님이 —— 보내셨나이다
/나를
/당신들 앞서
//(목적: לְ, to)
생명을 구원하시려고

6 //(이유: כִּי, for)[65)]
이년 동안
/이 땅에 흉년이 들었으나
(그리고) 아직 오년(은)
/기경도 못하고
추수도 못할지라

64) 직역: '당신들의 눈으로 붉게하지 마소서' 이다. 이 말은 스스로에게 분노하는 모습에 대한 관용적인 표현이다.

65) 이년 때문에, 오 년 때문에

물러가라 하고 그 형제에게 자기를 알리니 때에 그와 함
께한 자가 없었더라 **2** 요셉이 방성대곡하니 애굽 사람에
게 들리며 바로의 궁중에 들리더라 **3** 요셉이 그 형들에
게 이르되 나는 요셉이라 내 아버지께서 아직 살아 계시
니이까 형들이 그 앞에서 놀라서 능히 대답하지 못하는지
라 **4** 요셉이 형들에게 이르되 내게로 가까이 오소서 그
들이 가까이 가니 가로되 나는 당신들의 아우 요셉이니
당신들이 애굽에 판 자라 **5** 당신들이 나를 이곳에 팔았
으므로 근심하지 마소서 한탄하지 마소서 하나님이 생명
을 구원하시려고 나를 당신들 앞서 보내셨나이다 **6** 이

2 And he wept so loudly that the Egyptians heard it,
and the household of Pharaoh heard of it. **3** Then Joseph
said to his brothers, "I am Joseph! Is my father still
alive?" But his brothers could not answer him, for they
were dismayed at his presence. **4** Then Joseph said to
his brothers, "Please come closer to me." And they came
closer. And he said, "I am your brother Joseph, whom
you sold into Egypt. **5** "And now do not be grieved or
angry with yourselves, because you sold me here; for
God sent me before you to preserve life. **6** "For the
famine has been in the land these two years, and there
are still five years in which there will be neither plowing

7 /하나님이 —— 보내셨나니
/나를
/당신들 앞서
//(목적: לְ, to)
보존하고
/당신들의 생명을
/큰 구원으로
//(목적: לְ, to)
두시려고
/당신들의 후손을
/세상에

8 /그런즉
당신들이 —— 보낸 자는 아니요
/나를
/이리로
하나님 —— 이시라〈보내셨다〉

/하나님이 —— 삼으시며
/나로
/바로의 아비를(=아비로)
(삼으시고)
/그 온 집의 주를(=주로)
(삼으시고)
/애굽 온 땅의 치리자를

9 /당신들은 —— 올라가서
/속히
/아버지께로
고하기를
/요셉의(이) —— 말에(=말하였다)
/아버지의 아들 /하나님이 —— 세우셨으니
/나를
/애굽 전국의 주로
/[당신은] —— 내려오사
/내게로
/지체말고

10 /아들들과 —— 있어서
/아버지의 /고센 땅에
손자들과
/아버지의
양과 소와
모든 소유가
/아버지의
나와 가깝게 하소서

땅에 이 년 동안 흉년이 들었으나 아직 오 년은 기경도
못하고 추수도 못할지라 7 하나님이 큰 구원으로 당신들
의 생명을 보존하고 당신들의 후손을 세상에 두시려고 나
를 당신들 앞서 보내셨나니 8 그런즉 나를 이리로 보낸
자는 당신들이 아니요 하나님이시라 하나님이 나로 바로
의 아비를 삼으시며 그 온 집의 주를 삼으시며 애굽 온
땅의 치리자를 삼으셨나이다 9 당신들은 속히 아버지께
로 올라가서 고하기를 아버지의 아들 요셉의 말에 하나님
이 나를 애굽 전국의 주로 세우셨으니 내게로 지체말고
내려오사 10 아버지의 아들들과 아버지의 손자들과 아
버지의 양과 소와 모든 소유가 고센 땅에 있어서 나와 가
깝게 하소서 11 흉년이 아직 다섯해가 있으니 내가 거

nor harvesting. 7 "And God sent me before you to
preserve for you a remnant in the earth, and to keep you
alive by a great deliverance. 8 "Now, therefore, it was
not you who sent me here, but God; and He has made
me a father to Pharaoh and lord of all his household
and ruler over all the land of Egypt. 9 "Hurry and go
up to my father, and say to him, 'Thus says your son
Joseph, "God has made me lord of all Egypt; come down
to me, do not delay. 10 "And you shall live in the land
of Goshen, and you shall be near me, you and your
children and your children's children and your flocks
and your herds and all that you have. 11 "There I will

11 /흉년이— 다섯해가 있으니
/아직
내가 —— 봉양하리이다
/아버지를
/거기서
아버지와
아버지의 가속과
아버지의 모든 소속이
결핍할까 하나이다
하더라 하소서

12 /하는 것은 —— 내 입이라
/이 말을
/당신들에게
/당신들의 눈과
내 아우 베냐민의 눈이 보는바

13 /당선들은 — 고하고
/나의 애굽에서의 영화와
당신들의 본 모든 것을
/다
/내 아버지께
— 모시고
/속히
— 내려오소서 하며

14 [그가] **안고**
/자기 아우 베냐민의 목을
우니
베냐민도 **안고**
/요셉의 목을
우니라

15 요셉이 또 **입맞추며**
/형들과
안고
우니

//(결과)
형들이 그제야 요셉과 말 하니라

16 소문이 **들리매**
/요셉의 /바로의 궁에
형들이 왔다는
//(반응 및 결과)
바로와 그 신복이 기뻐하고

기서 아버지를 봉양하리이다 아버지와 아버지의 가속과
아버지의 모든 소속이 결핍할까 하나이다 하더라 하소서
12 당신들의 눈과 내 아우 베냐민의 눈이 보는 바 당신
들에게 이 말을 하는 것은 내 입이라 13 당신들은 나의
애굽에서의 영화와 당신들의 본 모든 것을 다 내 아버지
께 고하고 속히 모시고 내려오소서 하며 14 자기 아우
베냐민의 목을 안고 우니 베냐민도 요셉의 목을 안고 우
니라 15 요셉이 또 형들과 입맞추며 안고 우니 형들이
그제야 요셉과 말하니라 16 요셉의 형들이 왔다는 소문
이 바로의 궁에 들리매 바로와 그 신복이 기뻐하고 17
바로는 요셉에게 이르되 네 형들에게 명하기를 너희는 이
렇게 하여 너희 양식을 싣고 가서 가나안 땅에 이르거든

also provide for you, for there are still five years of
famine to come, lest you and your household and all
that you have be impoverished."' 12 "And behold, your
eyes see, and the eyes of my brother Benjamin see, that
it is my mouth which is speaking to you. 13 "Now you
must tell my father of all my splendor in Egypt, and all
that you have seen; and you must hurry and bring my
father down here." 14 Then he fell on his brother Benjamin's
neck and wept; and Benjamin wept on his neck. 15
And he kissed all his brothers and wept on them, and
afterward his brothers talked with him.
16 ¶ Now when the news was heard in Pharaoh's house
that Joseph's brothers had come, it pleased Pharaoh and
his servants. 17 Then Pharaoh said to Joseph, "Say to

창

17 바로는 **이르되**
/요셉에게
/[너는]- 명하기를
/네 형들에게
/너희는 ─이렇게 하여
─싣고
/너희 양식을
─가서
─이르거든
/가나안 땅에
18 이끌고
/너희 아비와
너희 가속을
─오라
/내게로

//(결과)
내가 ──주리니
/애굽땅 아름다운 것을
/너희에게
너희가 ─ 먹으리라
/나라의 기름진 것을

19 /이제
[너는] ─명을 받았으니
─이렇게 하라
너희는 ─가져다가
/수레를
/애굽 땅에서
─태우고
/너희 자녀와 아내를
─데려오라
/너희 아비를

20 /또
[너희는] ─ 아끼지 말라
/너희의 기구를
//(이유: כִּי, for)
좋은 것이 너희 것임이니라 하라
/온 애굽 땅의

21 아들들이 **할새**
/이스라엘의 /그대로
요셉이 **주고**
/수레를
/바로의 명대로
/그들에게로
주며
/길 양식을

18 너희 아비와 너희 가속을 이끌고 내게로 오라 내가 너희에게 애굽 땅 아름다운 것을 주리니 너희가 나라의 기름진 것을 먹으리라 **19** 이제 명을 받았으니 이렇게 하라 너희는 애굽 땅에서 수레를 가져다가 너희 자녀와 아내를 태우고 너희 아비를 데려오라 **20** 또 너희의 기구를 아끼지 말라 온 애굽 땅의 좋은 것이 너희 것임이니라 하라 **21** 이스라엘의 아들들이 그대로 할새 요셉이 바로의 명대로 그들에게로 수레를 주고 길 양식을 주며

your brothers, 'Do this: load your beasts and go to the land of Canaan, **18** and take your father and your households and come to me, and I will give you the best of the land of Egypt and you shall eat the fat of the land.' **19** "Now you are ordered, 'Do this: take wagons from the land of Egypt for your little ones and for your wives, and bring your father and come. **20** 'And do not concern yourselves with your goods, for the best of all the land of Egypt is yours.'"
21 ¶ Then the sons of Israel did so; and Joseph gave them wagons according to the command of Pharaoh, and gave them provisions for the journey. **22** To each of

창

22 또 **주되**
/그들에게
/다 각기 옷 한벌씩
주고
/은 삼백과 옷다섯벌을
/베냐민에게는

23 그가 또 **보내되**
/그 아비에게
/이와 같이
실리고
/애굽의 아름다운 물품을
/수나귀 열 필에
실리고
/아비에게 길에서 공궤 할 곡식과 떡과 양식을
/암나귀 열필에는

24 (이에)
형들을 **돌려 보내며**
이르되
/그들에게
/당신들은 노중에서 다투지 말라 하였더라

25 그들이 **올라와**
/애굽에서
들어가서
/가나안 땅으로
이르러
/아비 야곱에게

26 **고하여 가로되**
/요셉이 ┬ 살아 있어
/지금까지
└ 되었더이다
/애굽 땅 총리가

야곱이 **기색하더니**
//(이유: כִּי for)
그들을 믿지 아니하므로

27 그들이 또 **고하매**
/요셉이 자기들에게 부탁한 모든 말로
/그 아비에게
야곱이 **보고야**
/그 아비 /요셉의 자기를 태우려고 보낸 수레를
//(결과)
기운이 소생한지라

22 또 그들에게 다 각기 옷 한 벌씩 주되 베냐민에게는 은 삼백과 옷 다섯 벌을 주고 **23** 그가 또 이와 같이 그 아비에게 보내되 수나귀 열 필에 애굽의 아름다운 물품을 실리고 암나귀 열 필에는 아비에게 길에서 공궤할 곡식과 떡과 양식을 실리고 **24** 이에 형들을 돌려 보내며 그들에게 이르되 당신들은 노중에서 다투지 말라 하였더라 **25** 그들이 애굽에서 올라와 가나안 땅으로 들어가서 아비 야곱에게 이르러 **26** 고하여 가로되 요셉이 지금까지 살아 있어 애굽 땅 총리가 되었더이다 야곱이 그들을 믿지 아니하므로 기색하더니 **27** 그들이 또 요셉이 자기들에게 부탁한 모든 말로 그 아비에게 고하매 그 아비 야곱이 요셉의 자기를 태우려고 보낸 수레를 보고야 기운이

them he gave changes of garments, but to Benjamin he gave three hundred pieces of silver and five changes of garments. **23** And to his father he sent as follows: ten donkeys loaded with the best things of Egypt, and ten female donkeys loaded with grain and bread and sustenance for his father on the journey. **24** So he sent his brothers away, and as they departed, he said to them, "Do not quarrel on the journey." **25** Then they went up from Egypt, and came to the land of Canaan to their father Jacob. **26** And they told him, saying, "Joseph is still alive, and indeed he is ruler over all the land of Egypt." But he was stunned, for he did not believe them. **27** When they told him all the words of Joseph that he had spoken to them, and when he saw the wagons that Joseph had sent to carry him, the spirit of their father Jacob revived.

창

28 이스라엘이 **가로되**
/족하도다
요셉이 ——— 살았으니
/내 아들 /지금까지
내가 ——— 가서
/죽기 전에
보리라
/그를

46

1 이스라엘이 **이끌고**
/모든 소유를
발행하여 이르러
/브엘세바에
드리니
/희생을
/그 아비 이삭의 하나님께

2 하나님이 **나타나시고**
/밤에
/이상중에
/이스라엘에게

불러 가라사대...하시는지라
/야곱아! 야곱아!

야곱이 **가로되**...하매
/내가 여기 있나이다

3 하나님이 **가라사대**
/나는 ── 하나님이라
하나님이니
/네 아비의
[너는] ── 두려워 말라
/애굽으로 내려가기를
//(이유: כִּי, for)
내가 ── 이루게 하리라
/너로
/큰 민족을
/거기서

4 /내가 ── 내려가겠고
/애굽으로
/너와 함께
다시 올라올 것이며
/정녕
/너를 인도하여

소생한지라 28 이스라엘이 가로되 족하도다 내 아들 요
셉이 지금까지 살았으니 내가 죽기 전에 가서 그를 보리
라
46:1 이스라엘이 모든 소유를 이끌고 발행하여 브
엘세바에 이르러 그 아비 이삭의 하나님께 희생
을 드리니 2 밤에 하나님이 이상중에 이스라엘에게 나타
나시고 불러 가라사대 야곱아 야곱아 하시는지라 야곱이
가로되 내가 여기 있나이다 하매 3 하나님이 가라사대
나는 하나님이라 네 아비의 하나님이니 애굽으로 내려가
기를 두려워 말라 내가 거기서 너로 큰 민족을 이루게 하
리라 4 내가 너와 함께 애굽으로 내려가겠고 정녕 너를
인도하여 다시 올라올 것이며 요셉이 그 손으로 네 눈을

28 Then Israel said, "It is enough; my son Joseph is
still alive. I will go and see him before I die."
46:1 ¶ So Israel set out with all that he had, and
came to Beersheba, and offered sacrifices to the
God of his father Isaac. 2 And God spoke to Israel in visions
of the night and said, "Jacob, Jacob." And he said,
"Here I am." 3 And He said, "I am God, the God of
your father; do not be afraid to go down to Egypt, for
I will make you a great nation there. 4 "I will go down

/요셉이 —— 감기리라 하셨더라
/네 눈을
/그 손으로

5 야곱이 **발행할새**
/브엘세바에서

아들들이 **태웠고**
/이스라엘의
/자기들의 아비 야곱과
자기들의 처자들을
/수레에
/바로의 태우려고 보낸

6 **이끌었으며**
/그 생축과 가나안 땅에서 얻은 재물을

//(결과)
야곱과
그 자손들이 — 다 함께 애굽으로 갔더라

7 (이와같이)
야곱이 **데리고 갔더라**
/그 아들들과 손자들과
딸들과 손녀들
곧 그 모든 자손을
/애굽으로

8 이름이 **이러하니**
/애굽으로 내려간
이스라엘 가족의

야곱과 그 아들들
/곧 야곱의 맏아들 르우벤과

9 **르우벤의 아들**
/하녹과 발루와 헤스론과 갈미요

10 **시므온의 아들**
/곧 여무엘과 야민과 오핫과 야긴과 스할과
가나안 여인의 소생 사울이요

11 **레위의 아들**
/곧 게르손과 그핫과 므라리요

12 **유다의 아들**
/곧 엘과 오난과 셀라와 베레스와 세라니
엘과 오난은 가나안 땅에서 죽었고

감기리라 하셨더라 5 야곱이 브엘세바에서 발행할새 이
스라엘의 아들들이 바로의 태우려고 보낸 수레에 자기들
의 아비 야곱과 자기들의 처자들을 태웠고 6 그 생축과
가나안 땅에서 얻은 재물을 이끌었으며 야곱과 그 자손들
이 다 함께 애굽으로 갔더라 7 이와 같이 야곱이 그 아
들들과 손자들과 딸들과 손녀들 곧 그 모든 자손을 데리
고 애굽으로 갔더라 8 애굽으로 내려간 이스라엘 가족의
이름이 이러하니 야곱과 그 아들들 곧 야곱의 맏아들 르
우벤과 9 르우벤의 아들 하녹과 발루와 헤스론과 갈미요
10 시므온의 아들 곧 여무엘과 야민과 오핫과 야긴과
스할과 가나안 여인의 소생 사울이요 11 레위의 아들
곧 게르손과 그핫과 므라리요 12 유다의 아들 곧 엘과

with you to Egypt, and I will also surely bring you up
again; and Joseph will close your eyes." 5 Then Jacob
arose from Beersheba; and the sons of Israel carried their
father Jacob and their little ones and their wives, in the
wagons which Pharaoh had sent to carry him. 6 And
they took their livestock and their property, which they
had acquired in the land of Canaan, and came to Egypt,
Jacob and all his descendants with him: 7 his sons and
his grandsons with him, his daughters and his granddaughters,
and all his descendants he brought with him to Egypt.
8 ¶ Now these are the names of the sons of Israel, Jacob
and his sons, who went to Egypt: Reuben, Jacob's first-
born. 9 And the sons of Reuben: Hanoch and Pallu and
Hezron and Carmi. 10 And the sons of Simeon: Jemuel
and Jamin and Ohad and Jachin and Zohar and Shaul
the son of a Canaanite woman. 11 And the sons of Levi:

창

또 **베레스의 아들**
/곧 헤스론과 하물이요

13 **잇사갈의 아들**
곧 돌라와 부와와 욥과 시므론이요

14 **스불론의 아들**
곧 세렛과 엘론과 얄르엘이니

15 이들은 **자손들이라**
/레아가 밧단아람에서 야곱에게 낳은

그 딸 디나를 합하여
남자와 여자가 **삼십삼명이며**

16 **갓의 아들**
/곧 시뵨과 학기와 수니와
에스본과 에리와 아로디와 아렐리요

17 **아셀의 아들**
/곧 임나와 이스와와 이스위와
브리아와 그들의 누이 세라며

또 **브리아의 아들**
/곧 헤벨과 말기엘이니

18 이들은 **자손들이라**
/실바가 야곱에게 낳은
/라반이 그 딸 레아에게 준

합[이] **십륙명이요**

19 **야곱의 아내 라헬의 아들**
/곧 요셉과 베냐민이요

20 **므낫세와 에브라임이요**
/아스낫이 요셉에게 낳은
/애굽 땅에서 온 제사장 보디베라의 딸

21 **베냐민의 아들**
/곧 벨라와 베겔과 아스벨과 게라와 나아만과
에히와 로스와 뭅빔과 훕빔과 아릇이니

오난과 셀라와 베레스와 세라니 엘과 오난은 가나안 땅에
서 죽었고 또 베레스의 아들 곧 헤스론과 하물이요 13
잇사갈의 아들 곧 돌라와 부와와 욥과 시므론이요 14
스불론의 아들 곧 세렛과 엘론과 얄르엘이니 15 이들은
레아가 밧단아람에서 야곱에게 낳은 자손들이라 그 딸 디
나를 합하여 남자와 여자가 삼십삼 명이며 16 갓의 아
들 곧 시뵨과 학기와 수니와 에스본과 에리와 아로디와
아렐리요 17 아셀의 아들 곧 임나와 이스와와 이스위와
브리아와 그들의 누이 세라며 또 브리아의 아들 곧 헤벨
과 말기엘이니 18 이들은 라반이 그 딸 레아에게 준 실
바가 야곱에게 낳은 자손들이라 합 십륙 명이요 19 야
곱의 아내 라헬의 아들 곧 요셉과 베냐민이요 20 애굽
땅에서 온 제사장 보디베라의 딸 아스낫이 요셉에게 낳은
므낫세와 에브라임이요 21 베냐민의 아들 곧 벨라와 베

Gershon, Kohath, and Merari.
12 And the sons of Judah: Er and Onan and Shelah and Perez and Zerah (but Er and Onan died in the land of Canaan). And the sons of Perez were Hezron and Hamul.
13 And the sons of Issachar: Tola and Puvvah and Iob and Shimron.
14 And the sons of Zebulun: Sered and Elon and Jahleel.
15 These are the sons of Leah, whom she bore to Jacob in Paddan-aram, with his daughter Dinah; all his sons and his daughters numbered thirty-three.
16 And the sons of Gad: Ziphion and Haggi, Shuni and Ezbon, Eri and Arodi and Areli.
17 And the sons of Asher: Imnah and Ishvah and Ishvi and Beriah and their sister Serah. And the sons of Beriah: Heber and Malchiel.
18 These are the sons of Zilpah, whom Laban gave to his daughter Leah; and she bore to Jacob these sixteen persons.
19 The sons of Jacob's wife Rachel: Joseph and Benjamin.
20 Now to Joseph in the land of Egypt were born Manasseh and Ephraim, whom Asenath, the daughter of Potiphera,

22 이들은 **자손이라**
/라헬이 야곱에게 낳은
합[이] **십사명이요**

23 **단의 아들 후심이요**

24 **납달리의 아들**
/곧 야스엘과 구니와 예셀과 실렘이라

25 이들은 **자손이니**
/라반이 그 딸 라헬에게 준 빌하가 야곱에게 낳은
합이 **칠명이라**

26 자는 **육십 륙명이니**
/야곱과 함께 애굽에 이른
/야곱의 자부 외에
이는 **나온 자며**
/다 야곱의 몸에서

27 아들이 **두명이니**
/애굽에서 요셉에게 낳은

도합이 **칠십명이었더라**
/야곱의 집 사람으로 애굽에 이른 자의

28 야곱이 **보내어**
/유다를
/요셉에게
/미리
인도하게 하고
/자기를 고센으로
//(결과)
다(그들이) — 이르니
/고센 땅에

29 요셉이 **갖추고**
/수레를
올라가서
/고센으로
/아비 이스라엘을 맞으며(맞기 위하여)
보이고
/그에게

겔과 아스벨과 게라와 나아만과 에히와 로스와 뭅빔과 훕
빔과 아릇이니 22 이들은 라헬이 야곱에게 낳은 자손이
라 합 십사 명이요 23 단의 아들 후심이요 24 납달리
의 아들 곧 야스엘과 구니와 예셀과 실렘이라 25 이들
은 라반이 그 딸 라헬에게 준 빌하가 야곱에게 낳은 자손
이니 합이 칠 명이라 26 야곱과 함께 애굽에 이른 자는
야곱의 자부 외에 육십륙 명이니 이는 다 야곱의 몸에서
나온 자며 27 애굽에서 요셉에게 낳은 아들이 두명이니
야곱의 집 사람으로 애굽에 이른 자의 도합이 칠십 명이
었더라 28 야곱이 유다를 요셉에게 미리 보내어 자기를
고센으로 인도하게 하고 다 고센 땅에 이르니 29 요셉
이 수레를 갖추고 고센으로 올라가서 아비 이스라엘을 맞

priest of On, bore to him. 21 And the sons of Benjamin:
Bela and Becher and Ashbel, Gera and Naaman, Ehi
and Rosh, Muppim and Huppim and Ard. 22 These are
the sons of Rachel, who were born to Jacob; there were
fourteen persons in all. 23 And the sons of Dan: Hushim. 24
And the sons of Naphtali: Jahzeel and Guni and Jezer
and Shillem. 25 These are the sons of Bilhah, whom
Laban gave to his daughter Rachel, and she bore these
to Jacob; there were seven persons in all. 26 All the
persons belonging to Jacob, who came to Egypt, his
direct descendants, not including the wives of Jacob's
sons, were sixty-six persons in all, 27 and the sons of Joseph,
who were born to him in Egypt were two; all the persons
of the house of Jacob, who came to Egypt, were seventy. 28
¶ Now he sent Judah before him to Joseph, to point out
the way before him to Goshen; and they came into the

창

어긋맞겨 안고
/그 목을
울매
/얼마동안

30 이스라엘이 **이르되**
/요셉에게
/지금 죽어도 가하도다
//(이유: אַחַר since)
네가 —— 살아 있고
/지금까지
내가 —— 보았으니
/네 얼굴을

31 요셉이 **이르되**
/그 형들과
아비의 권속에게
/내가 —— 올라가서
—— 고하여 이르기를
/바로에게
/내 형들과 —— 왔는데
내 아비의 권속이 —— /내게로
/가나안 땅에 있던
32 /그들은 —— 목자라
업을 삼으므로
/목축으로
이끌고
/그 양과 소와 모든 소유를
왔나이다 하리니

33/바로가 —— 불러서
/당신들을
묻거든(상황절, when)
/너희의 업이 무엇이냐?

34 당신들은 —— 고하기를 ... 하소서
/주의 종들은 —목축하는 자이온데
/어렸을 때부터 지금까지
우리와
우리 선조가— 다 그러하니이다
//(이유: כִּי for)
애굽 사람은 다 목축을 가증히 여기나니
당신들이 고센땅에 거하게 되리이다

으며 그에게 보이고 그 목을 어긋맞겨 안고 얼마 동안 울
매 30 이스라엘이 요셉에게 이르되 네가 지금까지 살아
있고 내가 네 얼굴을 보았으니 지금 죽어도 가하도다 31
요셉이 그 형들과 아비의 권속에게 이르되 내가 올라가서
바로에게 고하여 이르기를 가나안 땅에 있던 내 형들과
내 아비의 권속이 내게로 왔는데 32 그들은 목자라 목
축으로 업을 삼으므로 그 양과 소와 모든 소유를 이끌고
왔나이다 하리니 33 바로가 당신들을 불러서 너희의 업
이 무엇이냐 묻거든 34 당신들은 고하기를 주의 종들은
어렸을 때부터 지금까지 목축하는 자이온데 우리와 우리
선조가 다 그러하니이다 하소서 애굽 사람은 다 목축을
가증히 여기나니 당신들이 고센땅에 거하게 되리이다

land of Goshen.29 And Joseph prepared his chariot and
went up to Goshen to meet his father Israel; as soon as
he appeared before him, he fell on his neck and wept
on his neck a long time.30 Then Israel said to Joseph, "Now
let me die, since I have seen your face, that you are still
alive."31 And Joseph said to his brothers and to his
father's household, "I will go up and tell Pharaoh, and
will say to him, 'My brothers and my father's household,
who were in the land of Canaan, have come to me;32
and the men are shepherds, for they have been keepers
of livestock; and they have brought their flocks and their
herds and all that they have.'33 "And it shall come
about when Pharaoh calls you and says, 'What is your
occupation?'34 that you shall say, 'Your servants have been
keepers of livestock from our youth even until now, both
we and our fathers,' that you may live in the land of
Goshen; for every shepherd is loathsome to the Egyptians."

47

1 요셉이 **가서**
/바로에게
고하여 가로되
/나의 아비와
형들과
그들의 양과
소와
모든 소유가
와서
/가나안 땅에서
있나이다 하고
/고센 땅에

2 **택하여**
/형들 중 오인을
보이니
/바로에게

3 바로가 **묻되**
/요셉의 형들에게
/너희 생업이 무엇이냐?

그들이 **대답하되**
/바로에게
/종들은 —— 목자이온데
우리와
선조가 —— 다 그러하니이다 하고

4 그들이 또 **고하되**
/바로에게
/종들이 —— 왔사오니
/이곳에
//(목적: לְ, to)
우거하러
//(이유: כִּי, for)
칠 곳이 —— 없기로
/종들의 떼를
기근이 —— 심하여
/가나안 땅에
청컨대
[당신은] —— 거하게 하소서
/종들로
/고센 땅에

47:1 요셉이 바로에게 가서 고하여 가로되 나의 아
비와 형들과 그들의 양과 소와 모든 소유가 가나
안 땅에서 와서 고센 땅에 있나이다 하고 2 형들 중 오
인을 택하여 바로에게 보이니 3 바로가 요셉의 형들에게
묻되 너희 생업이 무엇이냐 그들이 바로에게 대답하되 종
들은 목자이온데 우리와 선조가 다 그러하니이다 하고 4
그들이 또 바로에게 고하되 가나안 땅에 기근이 심하여
종들의 떼를 칠 곳이 없기로 종들이 이곳에 우거하러 왔
사오니 청컨대 종들로 고센 땅에 거하게 하소서 5 바로
가 요셉에게 일러 가로되 네 아비와 형들이 네게 왔은즉

47:1 ¶ Then Joseph went in and told Pharaoh, and
said, "My father and my brothers and their flocks
and their herds and all that they have, have come out
of the land of Canaan; and behold, they are in the land
of Goshen." 2 And he took five men from among his
brothers, and presented them to Pharaoh. 3 Then Pharaoh
said to his brothers, "What is your occupation?" So they
said to Pharaoh, "Your servants are shepherds, both we
and our fathers." 4 And they said to Pharaoh, "We have
come to sojourn in the land, for there is no pasture for
your servants' flocks, for the famine is severe in the
land of Canaan. Now, therefore, please let your servants

5 바로가 **일러 가로되**
/요셉에게
/네 아비와
형들이 — 왔은즉
/네게

6 애굽 땅이 — 있으니
/네 앞에
네 아비와
형들로 — 거하게 하되
/땅의 좋은 곳에
그들로 — 거하게 하고
/고센 땅에

[만일]
[너희가] — 알거든(조건절, if)
/그들 중에 능한 자가 있는줄
그들로 — 주관하게 하라
/나의 짐승을

7 요셉이 **인도하여**
/자기 아비 야곱을
서게 하니
/바로 앞에

야곱이 **축복하매**
/바로에게

8 바로가 **묻되**
/야곱에게
/네 연세가 얼마뇨?

9 야곱이 **고하되**...하고
/바로에게
/세월이 — 일백 삼십년이니이다
/내 나그네 길의
(나의 연세가) — 얼마 못되니
[그들이] — 보내었나이다
/험악한 세월을
[그들은] — 미치지 못하나
/우리 조상의 나그네 길의 세월에

10 야곱이 **축복하고**
/바로에게
나오니라
/그 앞에서

6 애굽 땅이 네 앞에 있으니 땅의 좋은 곳에 네 아비와
형들로 거하게 하되 고센 땅에 그들로 거하게 하고 그들
중에 능한 자가 있는줄 알거든 그들로 나의 짐승을 주관
하게 하라 7 요셉이 자기 아비 야곱을 인도하여 바로 앞
에 서게 하니 야곱이 바로에게 축복하매 8 바로가 야곱
에게 묻되 네 연세가 얼마뇨 9 야곱이 바로에게 고하되
내 나그네 길의 세월이 일백 삼십 년이니이다 나의 연세
가 얼마 못되니 우리 조상의 나그네 길의 세월에 미치지
못하나 험악한 세월을 보내었나이다 하고 10 야곱이 바
로에게 축복하고 그 앞에서 나오니라 11 요셉이 바로의

live in the land of Goshen." 5 Then Pharaoh said to
Joseph, "Your father and your brothers have come to
you. 6 "The land of Egypt is at your disposal; settle
your father and your brothers in the best of the land, let
them live in the land of Goshen; and if you know any capable
men among them, then put them in charge of my livestock."
7 Then Joseph brought his father Jacob and presented
him to Pharaoh; and Jacob blessed Pharaoh. 8 And
Pharaoh said to Jacob, "How many years have you lived?"
9 So Jacob said to Pharaoh, "The years of my sojourning
are one hundred and thirty; few and unpleasant have
been the years of my life, nor have they attained the
years that my fathers lived during the days of their
sojourning." 10 And Jacob blessed Pharaoh, and went

11 요셉이 **주되**
/거할 곳을
/그 아비와 형들에게
/바로의 명대로

주어
/애굽의 좋은 땅 라암세스를
/그들에게
삼게 하고
/기업을

12 또
주어
/식물을
/그 아비와 형들과 아비의 온 집에
/그 식구를 따라
공궤하였더라

13 식물이 **없고**
/사방에
//(이유: כִּי for)
기근이 더욱 심하여

애굽 땅과
가나안 땅이 **쇠약하니**
/기근으로

14 요셉이 **거두고**
/애굽 땅과 가나안 땅에 있는 돈을
/곡식을 팔아
/몰수이
가져오니
/그 돈을
/바로의 궁으로

15 돈이 **진한지라**
/애굽 땅과 가나안 땅에
애굽 백성이 **와서**
/다
/요셉에게
가로되
/우리에게 식물을 주소서
어찌 주 앞에서 죽으리이까?
//(이유: כִּי for)
돈이 진하였사오니

16 요셉이 **가로되**
/너희의 짐승을 내라
돈이 진하였은즉
내가 너희의 짐승과 바꾸어 주리라

명대로 그 아비와 형들에게 거할 곳을 주되 애굽의 좋은
땅 라암세스를 그들에게 주어 기업을 삼게 하고 **12** 또
그 아비와 형들과 아비의 온 집에 그 식구를 따라 식물을
주어 공궤하였더라 **13** 기근이 더욱 심하여 사방에 식물
이 없고 애굽 땅과 가나안 땅이 기근으로 쇠약하니 **14**
요셉이 곡식을 팔아 애굽 땅과 가나안 땅에 있는 돈을 몰
수히 거두고 그 돈을 바로의 궁으로 가져오니 **15** 애굽
땅과 가나안 땅에 돈이 진한지라 애굽 백성이 다 요셉에
게 와서 가로되 돈이 진하였사오니 우리에게 식물을 주소
서 어찌 주 앞에서 죽으리이까 **16** 요셉이 가로되 너희

out from his presence. **11** So Joseph settled his father
and his brothers, and gave them a possession in the land
of Egypt, in the best of the land, in the land of Rameses,
as Pharaoh had ordered. **12** And Joseph provided his
father and his brothers and all his father's household
with food, according to their little ones. **13** ¶ Now there
was no food in all the land, because the famine was
very severe, so that the land of Egypt and the land of
Canaan languished because of the famine. **14** And
Joseph gathered all the money that was found in the
land of Egypt and in the land of Canaan for the grain
which they bought, and Joseph brought the money into

창

17 그들이 **끌어 오는지라**
/그 짐승을
/요셉에게
요셉이 **받고**
/그 말과 양떼와 소떼와 나귀를
주되
/식물을
/그들에게
기르니라
/그들을
/그 해 동안에
/식물로
/곧 그 모든 짐승과 바꾸어서

18 그 해가 다하고
새 해가 되매(상황절, when)
무리가 **와서**
/요셉에게
고하되
/그에게
/우리가 ── 숨기지 아니하나이다
/주께
/우리의 돈이 다하였고[66]
짐승떼가 ── 돌아갔사오니
/우리의 /주께로
낼 것이 ── 아무 것도 남지 아니하고
/주께 /우리의 몸과
전지뿐이라

19 /우리가 ── 어찌 죽으리이까?
/우리의 전지와 함께
/주의 목전에
[당신은] ── 사소서
/우리 몸과
우리 토지를
/식물로
//(결과: 그러면)
우리가 ─ 바로의 종이 되리니
/토지와 함께
[당신이] ── 주시면
/종자를
/우리에게
//(결과)
우리가 ┬ 살고
└ 죽지 아니하고
전지도 ── 황폐치 아니하리이다

66) 돈이 다하였음을 숨기지 아니하다.

의 짐승을 내라 돈이 진하였은즉 내가 너희의 짐승과 바
꾸어 주리라 **17** 그들이 그 짐승을 요셉에게 끌어 오는
지라 요셉이 그 말과 양떼와 소떼와 나귀를 받고 그들에
게 식물을 주되 곧 그 모든 짐승과 바꾸어서 그 해 동안
에 식물로 그들을 기르니라 **18** 그 해가 다하고 새 해가
되매 무리가 요셉에게 와서 그에게 고하되 우리가 주께
숨기지 아니하나이다 우리의 돈이 다하였고 우리의 짐승
떼가 주께로 돌아갔사오니 주께 낼 것이 아무 것도 남지
아니하고 우리의 몸과 전지뿐이라 **19** 우리가 어찌 우리
의 전지와 함께 주의 목전에 죽으리이까 우리 몸과 우리
토지를 식물로 사소서 우리가 토지와 함께 바로의 종이
되리니 우리에게 종자를 주시면 우리가 살고 죽지 아니하

Pharaoh's house. **15** And when the money was all spent
in the land of Egypt and in the land of Canaan, all the
Egyptians came to Joseph and said, "Give us food, for
why should we die in your presence? For our money is
gone." **16** Then Joseph said, "Give up your livestock,
and I will give you food for your livestock, since your money
is gone." **17** So they brought their livestock to Joseph,
and Joseph gave them food in exchange for the horses
and the flocks and the herds and the donkeys; and he
fed them with food in exchange for all their livestock
that year. **18** And when that year was ended, they came
to him the next year and said to him, "We will not
hide from my lord that our money is all spent, and the
cattle are my lords. There is nothing left for my lord
except our bodies and our lands. **19** "Why should we
die before your eyes, both we and our land? Buy us and

20 그러므로(결과)
요셉이 **다사서**
/애굽 전지를
드리니
/바로에게

//(이유: כִּי for)
애굽 사람이 ─ 기근에 몰려서
└ 각기 전지를 팖이라

//(결과: 의미상)
땅이 바로의 소유가 되니라

21 요셉이 **옮겼으나**
/백성을
/애굽 이 끝에서 저 끝까지의
/성읍들에

22 전지는 **사지 아니하였으니**
/제사장의

//(이유: כִּי for)
제사장은 ─ (받음이라)
/녹을
/바로에게서
└ 먹으므로
/녹을
/바로의 주는

[그러므로][67]
[그들이] **팔지 않음이었더라**
/그 전지를

23 요셉이 **이르되**
/백성에게
/오늘날
내가 ─ 샀노라
/너희 몸과
너희 전지를
/바로를 위하여
여기 종자가 ─ 있으니
너희는 ─ 뿌리라
/그 땅에

24 /[너희는] ─ 상납하고
/오분 일을
/추수의
/바로에게

67) עַל־כֵּן therefore

고 전지도 황폐치 아니하리이다 20 그러므로 요셉이
애굽 전지를 다사서 바로에게 드리니 애굽 사람이 기근에
몰려서 각기 전지를 팖이라 땅이 바로의 소유가 되니라
21 요셉이 애굽 이 끝에서 저 끝까지의 백성을 성읍들
에 옮겼으나 22 제사장의 전지는 사지 아니하였으니 제
사장은 바로에게서 녹을 받음이라 바로의 주는 녹을 먹으
므로 그 전지를 팔지 않음이었더라 23 요셉이 백성에게
이르되 오늘날 내가 바로를 위하여 너희 몸과 너희 전지
를 샀노라 여기 종자가 있으니 너희는 그 땅에 뿌리라
24 추수의 오분 일을 바로에게 상납하고 사분은 너희가

our land for food, and we and our land will be slaves
to Pharaoh. So give us seed, that we may live and not
die, and that the land may not be desolate."
20 ¶ So Joseph bought all the land of Egypt for Pharaoh,
for every Egyptian sold his field, because the famine
was severe upon them. Thus the land became Pharaohs.
21 And as for the people, he removed them to the cities
from one end of Egypt's border to the other. 22 Only
the land of the priests he did not buy, for the priests
had an allotment from Pharaoh, and they lived off the
allotment which Pharaoh gave them. Therefore, they did
not sell their land. 23 Then Joseph said to the people,
"Behold, I have today bought you and your land for Pharaoh;
now, here is seed for you, and you may sow the land.

창

68) 전지의 종자를 위해, 너희의 양식을 위해, 너희의 집에 있는 사람들을 위해, 어린 아이들의 양식을 위해

너희가 —— 취하여
/사분은
/전지의 종자도 (삼고)[68]
너희의 양식도 (삼고)
너희 집 사람과
어린아이의 양식도 (삼으라)

25 그들이 **가로되**
/주께서 —— 살리셨사오니
/우리를
//(결과)
우리가 —— 입고
/은혜를
/주께
종이 되겠나이다
/바로의

26 요셉이 **세우매**
/애굽 토지법을
그 오분 일이 **상납되나**
/바로에게
토지는 **되지 아니하여**
/제사장의 /바로의 소유가
//(결과)
오늘까지 이르니라

27 족속이 **거하며**
/이스라엘 /애굽 고센 당에
얻고
/산업을
/거기서
생육하며
번성하였더라

28 야곱이 **거하였으니**
/십 칠년을
/애굽 땅에
그의 수가 **일백사십 칠세라**

29 기한이 가까우매(상황절, when)
/이스라엘의 죽을
그가 **불러**
/그 아들 요셉을
이르되
/그에게
/*이제(만일)*

취하여 전지의 종자도 삼고 너희의 양식도 삼고 너희 집 사람과 어린아이의 양식도 삼으라 **25** 그들이 가로되 주께서 우리를 살리셨사오니 우리가 주께 은혜를 입고 바로의 종이 되겠나이다 **26** 요셉이 애굽 토지법을 세우매 그 오분 일이 바로에게 상납되나 제사장의 토지는 바로의 소유가 되지 아니하여 오늘까지 이르니라 **27** 이스라엘 족속이 애굽 고센 땅에 거하며 거기서 산업을 얻고 생육하며 번성하였더라 **28** 야곱이 애굽 땅에 십칠 년을 거하였으니 그의 수가 일백사십칠세라 **29** 이스라엘의 죽을 기한이 가까우매 그가 그 아들 요셉을 불러 그 에게

24 "And at the harvest you shall give a fifth to Pharaoh, and four-fifths shall be your own for seed of the field and for your food and for those of your households and as food for your little ones." **25** So they said, "You have saved our lives! Let us find favor in the sight of my lord, and we will be Pharaoh's slaves." **26** And Joseph made it a statute concerning the land of Egypt valid to this day, that Pharaoh should have the fifth; only the land of the priests did not become Pharaohs. **27** ¶ Now Israel lived in the land of Egypt, in Goshen, and they acquired property in it and were fruitful and became very numerous. **28** And Jacob lived in the land of Egypt seventeen years; so the length of Jacob's life was one hundred and forty-seven years. **29** When the time for Israel to

/이제(만일)
내가 네게 은혜를 입었거든(조건절, if)
청하노니
[너는] —— 넣어서
/네 손을
/내 환도뼈 아래
대접하여
/나를
/인애와 성심으로
맹세하고
/애굽에 장사하지 않기를

30 /내가 —— 눕거든(상황절, when)
/조상들과 함께
너는 —— 메어다가
/나를 애굽에서
장사하라
/선영에

요셉이 **가로되**
/내가 —— 행하리이다
/아버지의 말씀대로

31 야곱이 또 **가로되**
/내게 맹세하라

//(결과 및 반응)
[그가] 맹세하니

이스라엘이 **경배하니라**
/침상 머리에서

48

1 이 일 후에
혹이 **고하기를**...하므로
/요셉에게
/네 부친이 병들었다
//(결과)
그가 —— 곧 이르니
/므낫세와 에브라임과 함께
/두아들

2 혹이 **고하되**
/야곱에게
하매
/네 아들 요셉이 네게 왔다

이르되 이제 내가 네게 은혜를 입었거든 청하노니 네 손
을 내 환도뼈 아래 넣어서 나를 인애와 성심으로 대접하
여 애굽에 장사하지 않기를 맹세하고 **30** 내가 조상들과
함께 눕거든 너는 나를 애굽에서 메어다가 선영에 장사하
라 요셉이 가로되 내가 아버지의 말씀대로 행하리이다
31 야곱이 또 가로되 내게 맹세하라 맹세하니 이스라엘
이 침상 머리에서 경배하니라
48:1 이 일 후에 혹이 요셉에게 고하기를 네 부친
이 병들었다 하므로 그가 곧 두아들 므낫세와 에
브라임과 함께 이르니 **2** 혹이 야곱에게 고하되 네 아들

die drew near, he called his son Joseph and said to him, "Please, if I have found favor in your sight, place now your hand under my thigh and deal with me in kindness and faithfulness. Please do not bury me in Egypt, **30**
but when I lie down with my fathers, you shall carry me out of Egypt and bury me in their burial place. "And he said," I will do as you have said." **31** And he said,
"Swear to me." So he swore to him. Then Israel bowed in worship at the head of the bed.
48:1 ¶ Now it came about after these things that Joseph was told, "Behold, your father is sick." So he took his two sons Manasseh and Ephraim with him. **2** When

창

이스라엘이 **힘을 내어**
앉아
/침상에

3 **이르되**
/요셉에게
/하나님이 ── 나타나
/전능한 /가나안 땅 루스에서
/이전에
/내게
── 복을 허락하여
/[내게]
4 ─ 이르시되 ...하셨느니라
/내게
/내가 ── 생육하게 하며
/너로
── 번성하게 하여
── 나게 하고
/많은 백성이
/네게서
내가 ── 주어
/이 땅을
/네 후손에게
/영원한 기업이 되게 (하리라)[69]

5 /에브라임과
므낫세는 ── 내 것이라
/두 아들
/애굽에서 네게 낳은
/내가 애굽으로 와서
네게 이르기 전에
── 내것이 될 것이요
/르우벤과 시므온처럼

6 /네 소생이 ── 네 것이 될 것이며
/이들 후의
그 산업은 ── 함께 하리라
/그 형의 명의 하에서

7 /내게 관하여는
내가 이전에
내가 밧단에서 올 때에(상황절, when)
라헬이 ── 죽었는데
/나를 따르는 노중
/가나안 땅에서

69) 영원한 기업으로

요셉이 네게 왔다 하매 이스라엘이 힘을 내어 침상에 앉
아 3 요셉에게 이르되 이전에 가나안 땅 루스에서 전능
한 하나님이 내게 나타나 복을 허락하여 4 내게 이르시
되 내가 너로 생육하게 하며 전성하게 하여 네게서 많은
백성이 나게 하고 내가 이 땅을 네 후손에게 주어 영원한
기업이 되게 하리라 하셨느니라 5 내가 애굽으로 와서
네게 이르기 전에 애굽에서 네게 낳은 두 아들 에브라임
과 므낫세는 내 것이라 르우벤과 시므온처럼 내것이 될
것이요 6 이들 후의 네 소생이 네 것이 될 것이며 그 산
업은 그 형의 명의하에서 함께 하리라 7 내게 관하여는
내가 이전에 내가 밧단에서 올 때에 라헬이 나를 따르는
노중(路中) 가나안 땅에서 죽었는데 그곳은 에브랏까지

it was told to Jacob, "Behold, your son Joseph has come
to you," Israel collected his strength and sat up in the
bed. 3 Then Jacob said to Joseph, "God Almighty
appeared to me at Luz in the land of Canaan and blessed
me, 4 and He said to me, 'Behold, I will make you
fruitful and numerous, and I will make you a company
of peoples, and will give this land to your descendants
after you for an everlasting possession.' 5 "And now
your two sons, who were born to you in the land of
Egypt before I came to you in Egypt, are mine; Ephraim
and Manasseh shall be mine, as Reuben and Simeon are.
6 "But your offspring that have been born after them
shall be yours; they shall be called by the names of their
brothers in their inheritance. 7 "Now as for me, when

그곳은 —— 오히려 격한 곳이라
/에브랏까지 길이
내가 —— 장사 하였느니라
/그를
/거기서
/에브랏 길에
(에브랏은 곧 베들레헴이라)

8 이스라엘이 **보고**
/요셉의 아들들을
가로되
/이들은 누구냐?

9 요셉이 **고하되**
/그 아비에게
/이는 —— 아들들이니이다
/하나님이 여기서 내게 주신
아비가 **가로되**
/[너는] —— 이끌어
/그들을
/내 앞으로 (나아오라)
//(결과: 그러면)
내가 그들에게 축복하리라

10 눈이 **어두워서**
/이스라엘의 /나이로 인하여
//(결과)
보지 못하더라

요셉이 **이끌어**
/두 아들을
나아가니
/아비 앞으로
이스라엘이 **입맞추고**
/그들에게
안고
/그들을

11 **이르되**
/요셉에게
/내가 —— 뜻하지 못하였더니
/네 얼굴을 보리라고는
[보라!]
하나님이 —— 보이셨도다
/내게
/네 소생까지

12 요셉이 **물리고**
/두 아들을
/아비 무릎 사이에서

길이 오히려 격한 곳이라 내가 거기서 그를 에브랏 길에
장사 하였느니라(에브랏은 곧 베들레헴이라) 8 이스라엘
이 요셉의 아들들을 보고 가로되 이들은 누구냐 9 요셉
이 그 아비에게 고하되 이는 하나님이 여기서 내게 주신
아들들이니이다 아비가 가로되 그들을 이끌어 내 앞으로
나아오라 내가 그들에게 축복하리라 10 이스라엘의 눈
이 나이로 인하여 어두워서 보지 못하더라 요셉이 두 아
들을 이끌어 아비 앞으로 나아가니 이스라엘이 그들에게

I came from Paddan, Rachel died, to my sorrow, in the
land of Canaan on the journey, when there was still
some distance to go to Ephrath; and I buried her there
on the way to Ephrath (that is, Bethlehem)." 8 When
Israel saw Joseph's sons, he said, "Who are these?" 9
And Joseph said to his father, "They are my sons, whom
God has given me here." So he said, "Bring them to
me, please, that I may bless them." 10 Now the eyes
of Israel were so dim from age that he could not see.
Then Joseph brought them close to him, and he kissed

창

절하고
/땅에 엎드려

13 **이끌어**
/우수로는 에브라임을 이스라엘의 좌수를 향하게 (하고)
좌수로는 므낫세를 이스라엘의 우수를 향하게 (하고)
가까이 나아가매
/그에게

14 이스라엘이 **펴서**
/우수를
얹고
/차자 에브라임의 머리에
〈펴서〉
/좌수를
얹으니
/므낫세의 머리에
/팔을 어긋맞겨 얹었더라
//(이유: כִּי for)
므낫세는 장자라도

15 그가 **축복하여**
/요셉을 위하여
가로되
/하나님,
/섬기던
/내 조부 아브라함과
아버지 이삭의
하나님,
/나를 기르신
/나의 남으로부터
지금까지

16 /사자께서
/나를 건지신
/모든 환난에서

복을 주시오며[70)]
/이 아이에게
칭하게 하시오며
/이들로
/내 이름과
내 조부 아브라함과
아버지 이삭의 이름으로
번식되게 하시기를 원하나이다
/이들로
/세상에서

70) 주어는 15절과 16절 전반부의 하나님, 사자이다.

입맞추고 그들을 안고 **11** 요셉에게 이르되 내가 네 얼
굴을 보리라고는 뜻하지 못하였더니 하나님이 내게 네 소
생까지 보이셨도다 **12** 요셉이 아비 무릎 사이에서 두
아들을 물리고 땅에 엎드려 절하고 **13** 우수로는 에브라
임을 이스라엘의 좌수를 향하게 하고 좌수로는 므낫세를
이스라엘의 우수를 향하게 하고 이끌어 그에게 가까이 나
아가매 **14** 이스라엘이 우수를 차자 에브라임의 머리에
얹고 좌수를 펴서 므낫세의 머리에 얹으니 므낫세는 장자
라도 팔을 어긋맞겨 얹었더라 **15** 그가 요셉을 위하여
축복하여 가로되 내 조부 아브라함과 아버지 이삭의 섬기
던 하나님, 나의 남으로부터 지금까지 나를 기르신 하나
님, **16** 나를 모든 환난에서 건지신 사자께서 이 아이에

them and embraced them. **11** And Israel said to Joseph,
"I never expected to see your face, and behold, God has
let me see your children as well." **12** Then Joseph took
them from his knees, and bowed with his face to the
ground. **13** And Joseph took them both, Ephraim with
his right hand toward Israel's left, and Manasseh with
his left hand toward Israel's right, and brought them
close to him. **14** But Israel stretched out his right hand
and laid it on the head of Ephraim, who was the younger,
and his left hand on Manasseh's head, crossing his hands,
although Manasseh was the first-born. **15** And he blessed
Joseph, and said, "The God before whom my fathers
Abraham and Isaac walked, The God who has been my
shepherd all my life to this day, **16** The angel who has

창

17 요셉이 **보고**
/그 아비가 — 얹은 것을
/우수를
/에브라임의 머리에
기뻐 아니하여
들어
/아비의 손을
//(목적: לְ)
에브라임의 머리에서 므낫세의 머리로 옮기고자 하여

18 **이르되**
/그 아비에게
/아버지여!
그리 마옵소서
이는 장자니
우수를 그 머리에 얹으소서

19 아비가 **허락지 아니하여**
가로되
/나도 안다
내 아들아!
나도 안다
그도 —— 한 족속이 되며
그도 —— 크게 되려니와
그 아우가 — 큰 자가 되고
/그보다
그 자손이 — 이루리라 하고
/여러 민족을

20 **축복하여 가로되**...하여
/그들에게
/그 날에
/이스라엘 족속이 – 축복하기를 ...하리라
/너로
/하나님이 – 하시리라
/너로
/에브라임 같고
므낫세같게
//(결과: 그래서)
[그가] —— 앞세웠더라
/에브라임을
/므낫세보다

21 이스라엘이 또 **이르되**
/요셉에게
/나는 —— 죽으나

게 복을 주시오며 이들로 내 이름과 내 조부 아브라함과
아버지 이삭의 이름으로 칭하게 하시오며 이들로 세상에
서 번식되게 하시기를 원하나이다 17 요셉이 그 아비가
우수를 에브라임의 머리에 얹은 것을 보고 기뻐 아니하여
아비의 손을 들어 에브라임의 머리에서 므낫세의 머리로
옮기고자 하여 18 그 아비에게 이르되 아버지여 그리
마옵소서 이는 장자니 우수를 그 머리에 얹으소서 19
아비가 허락지 아니하여 가로되 나도 안다 내 아들아 나
도 안다 그도 한 족속이 되며 그도 크게 되려니와 그 아
우가 그보다 큰 자가 되고 그 자손이 여러 민족을 이루리
라 하고 20 그 날에 그들에게 축복하여 가로되 이스라
엘 족속이 너로 축복하기를 하나님이 너로 에브라임 같고

redeemed me from all evil, Bless the lads; And may my name live on in them, And the names of my fathers Abraham and Isaac; And may they grow into a multitude in the midst of the earth."
17 When Joseph saw that his father laid his right hand on Ephraim's head, it displeased him; and he grasped his father's hand to remove it from Ephraim's head to Manasseh's head.
18 And Joseph said to his father, "Not so, my father, for this one is the first-born. Place your right hand on his head."
19 But his father refused and said, "I know, my son, I know; he also shall become a people and he also shall be great. However, his younger brother shall be greater than he, and his descendants shall become a multitude of nations."
20 And he blessed them that day, saying, "By you Israel shall pronounce

창

하나님이 ― 너희와 함께 계시사
인도하여 돌아가게 하시려니와
/너희를
/너희 조상의 땅으로

22 /내가 ― 주었나니
/일부분을
/네게
/네 형제보다 더
이는 ― 빼앗은 것이니라
/내가 내 칼과 활로
/아모리 족속의 손에서

49

1 야곱이 **불러**
/그 아들들을
이르되
/너희는 ― 모이라
//(결과: 그러면)
내가 ― 이르리라
/너희의 후일에 당할 일을
/너희에게

2 /너희는 ― 모여
들으라

야곱의 아들들아!
[너희는] ― 들을지어다
/너희 아비 이스라엘에게

3 르우벤아!
너는 내 **장자요**
능력이요
/나의
시작이라
/나의 기력의
위광이 **초등하고**
권능이 **탁월하도다마는**

4 너는 **탁월치 못하리니**
/물의 끓음 같았은즉[71)]

//(이유: כִּי because)
네가 ― 올라
/아비의 침상에
더럽혔음이로다
그가 ― 올랐었도다
/내 침상에

71) 물의 끓음처럼

므낫세같게 하시리라 하리라 하여 에브라임을 므낫세보
다 앞세웠더라 21 이스라엘이 요셉에게 또 이르되 나는
죽으나 하나님이 너희와 함께 계시사 너희를 인도하여 너
희 조상의 땅으로 돌아가게 하시려니와 22 내가 네게
네 형제보다 일부분을 더 주었나니 이는 내가 내 칼과 활
로 아모리 족속의 손에서 빼앗은 것이니라
49:1 야곱이 그 아들들을 불러 이르되 너희는 모이
라 너희의 후일에 당할 일을 내가 너희에게 이르
리라 2 너희는 모여 들으라 야곱의 아들들아 너희 아비
이스라엘에게 들을지어다 3 르우벤아 너는 내 장자요 나

blessing, saying, 'May God make you like Ephraim and
Manasseh!'" Thus he put Ephraim before Manasseh. 21
Then Israel said to Joseph, "Behold, I am about to die,
but God will be with you, and bring you back to the
land of your fathers. 22 "And I give you one portion
more than your brothers, which I took from the hand of
the Amorite with my sword and my bow."
49:1 ¶ Then Jacob summoned his sons and said,
"Assemble yourselves that I may tell you what
shall befall you in the days to come. 2 "Gather together
and hear, O sons of Jacob; And listen to Israel your
father. 3 ¶ "Reuben, you are my first-born; My might

5 시므온과
레위는 **형제요**

칼은 **기계로다**
/그들의 /잔해하는

6 내 혼아!
[너는] **상관하지 말지어다**
/그들의 모의에

내 영광아!
[너는] **참여하지 말지어다**
/그들의 집회에

//(이유: כִּי for)
그들이 죽이고
/사람을
/그 분노대로
끊었음이로다
/소의 발목 힘줄을
/그 혈기대로

7 그 노염이 **혹독하니**

//(결과)
저주를 받을 것이요

분기가 **맹렬하니**

//(결과)
저주를 받을 것이라

내가 **나누며**
/그들을
/야곱 중에서
흩으리로다
/이스라엘 중에서

8 유다야
너는 **될지라**
/네 형제의 찬송이
네 손이 **잡을 것이요**
/네 원수의 목을
아들들이 **절하리로다**
/네 아비의 /네 앞에

9 유다는 **사자 새끼로다**
내 아들아

의 능력이요 나의 기력의 시작이라 위광이 초등하고 권능
이 탁월하도다마는 4 물의 끓음 같았은즉 너는 탁월치
못하리니 네가 아비의 침상에 올라 더럽혔음이로다 그가
내 침상에 올랐었도다 5 시므온과 레위는 형제요 그들의
칼은 잔해하는 기계로다 6 내 혼아 그들의 모의에 상관
하지 말지어다 내 영광아 그들의 집회에 참여하지 말지어
다 그들이 그 분노대로 사람을 죽이고 그 혈기대로 소의
발목 힘줄을 끊었음이로다 7 그 노염이 혹독하니 저주를
받을 것이요 분기가 맹렬하니 저주를 받을 것이라 내가
그들을 야곱 중에서 나누며 이스라엘 중에서 흩으리로다

and the beginning of my strength, Preeminent in dignity
and preeminent in power. 4 "Uncontrolled as water, you
shall not have preeminence, Because you went up to
your father's bed; Then you defiled it — he went up to
my couch. 5 ¶ "Simeon and Levi are brothers; Their
swords are implements of violence. 6 "Let my soul not enter
into their council; Let not my glory be united with their
assembly; Because in their anger they slew men, And in
their self-will they lamed oxen. 7 "Cursed be their anger,
for it is fierce; And their wrath, for it is cruel. I will
disperse them in Jacob, And scatter them in Israel.
8 ¶ "Judah, your brothers shall praise you; Your hand

너는	**찢고**
	/움킨 것을
	올라 갔도다
엎드리고	
웅크림이	**수사자 같고**
/그의	**암사자 같으니**
누가 그를	**범할 수 있으랴?**
10 홀이	**떠나지 아니하며**
	/유다를
지팡이가	**떠나지 아니하시기를**
/치리자의	/그 발 사이에서
	미치리니
	/실로가 오시기까지
모든 백성이	**복종하리로다**
	/그에게
11 [그가]	**매며**
	/그의 나귀를
	/포도나무에
	맬 것이며
	/그 암나귀 새끼를
	/아름다운 포도나무에
또	
	빨며
	/그 옷을
	/포도주에
	빨리로다
	/그 복장을
	/포도즙에
12 그 눈은	**붉겠고**
	/포도주로 인하여
그 이는	**희리로다**
	/우유로 인하여
13 스불론은	**거하리니**
	/해변에
그곳은	**해변이라**
	/배 매는
그 지경이	**시돈까지리로다**
14 잇사갈은	건장한 **나귀로다**
	/양의 우리 사이에 꿇어 앉은
15 그는	**보고**
	/쉴 곳을

8 유다야 너는 네 형제의 찬송이 될지라 네 손이 네 원
수의 목을 잡을 것이요 네 아비의 아들들이 네 앞에 절하
리로다 9 유다는 사자 새끼로다 내 아들아 너는 움킨 것
을 찢고 올라 갔도다 그의 엎드리고 웅크림이 수사자 같
고 암사자 같으니 누가 그를 범할 수 있으랴 10 홀이
유다를 떠나지 아니하며 치리자의 지팡이가 그 발 사이에
서 떠나지 아니하시기를 실로가 오시기까지 미치리니 그
에게 모든 백성이 복종하리로다 11 그의 나귀를 포도
나무에 매며 그 암나귀 새끼를 아름다운 포도나무에 맬
것이며 또 그 옷을 포도주에 빨며 그 복장을 포도즙에

shall be on the neck of your enemies; Your father's sons
shall bow down to you. 9 "Judah is a lion's whelp;
From the prey, my son, you have gone up. He couches,
he lies down as a lion, And as a lion, who dares rouse
him up? 10 "The scepter shall not depart from Judah,
Nor the ruler's staff from between his feet, Until Shiloh
comes, And to him shall be the obedience of the peoples.
11 "He ties his foal to the vine, And his donkey's colt
to the choice vine; He washes his garments in wine,
And his robes in the blood of grapes. 12 "His eyes are
dull from wine, And his teeth white from milk. 13 ¶
"Zebulun shall dwell at the seashore; And he shall be a haven

창

좋게 여기며
보고
/토지를
아름답게 여기고
어깨를 **내려**
짐을 **메고**
섬기리로다
/압제 아래서

16 단은 **심판하리로다**
/그 백성을
/이스라엘의 한 지파같이

17 단은 길의 **뱀이요**
첩경의 **독사리로다**
말굽을 **물어서**
뒤로 **떨어지게 하리로다**
/그 탄 자로

18 여호와여!
나는 **기다리나이다**
/주의 구원을

19 갓은 **받으나**
/군대의 박격을
추격하리로다
/도리어 그 뒤를

20 식물은 **기름진 것이라**
/아셀에게서 나는
그가 **공궤하리로다**
/왕의 진수를

21 납달리는 놓인 **암사슴이라**
발하는도다
/아름다운 소리를

22 요셉은 **무성한 가지라**
/무성한 가지 곧 샘 곁의
그 가지가 **넘었도다**
/담을

23 자가 **학대하며**
/활쏘는
/그를
쏘며
/그를

빨리로다 12 그 눈은 포도주로 인하여 붉겠고 그 이는
우유로 인하여 희리로다 13 스불론은 해변에 거하리니
그 곳은 배 매는 해변이라 그 지경이 시돈까지리로다
14 잇사갈은 양의 우리 사이에 꿇어 앉은 건장한 나귀
로다 15 그는 쉴 곳을 보고 좋게 여기며 토지를 보고
아름답게 여기고 어깨를 내려 짐을 메고 압제 아래서 섬
기리로다 16 단은 이스라엘의 한 지파같이 그 백성을
심판하리로다 17 단은 길의 뱀이요 첩경의 독사리로다
말굽을 물어서 그 탄 자로 뒤로 떨어지게 하리로다 18
여호와여 나는 주의 구원을 기다리나이다 19 갓은 군대
의 박격을 받으나 도리어 그 뒤를 추격하리로다 20 아
셀에게서 나는 식물은 기름진 것이라 그가 왕의 진수를
공궤하리로다 21 납달리는 놓인 암사슴이라 아름다운
소리를 발하는도다 22 요셉은 무성한 가지 곧 샘 곁의

for ships, And his flank shall be toward Sidon. 14 "Issachar
is a strong donkey, Lying down between the sheepfolds.
15 "When he saw that a resting place was good And
that the land was pleasant, He bowed his shoulder to
bear burdens, And became a slave at forced labor. 16 "Dan
shall judge his people, As one of the tribes of Israel.
17 "Dan shall be a serpent in the way, A horned snake
in the path, That bites the horse's heels, So that his
rider falls backward. 18 "For Thy salvation I wait, O
LORD. 19 ¶ "As for Gad, raiders shall raid him, But
he shall raid at their heels. 20 ¶ "As for Asher, his
food shall be rich, And he shall yield royal dainties.
21 "Naphtali is a doe let loose, He gives beautiful
words. 22 ¶ "Joseph is a fruitful bough, A fruitful

창

군박하였으나
/그를

24 활이 도리어 **견강하며**
/요셉의
그의 팔이 **힘이 있으니**

//(이유: 의미상)
야곱의 전능자의 손을 힘입음이라

목자가 **나도다**
/이스라엘의 반석인 /그로부터

25 그가 **도우실 것이요**
/너를
/네 아비의 하나님께로 말미암나니
그가 **주실 것이라**
/복을
/네게
/전능자로 말미암나니

//(동격)
위로 하늘의 복과
아래로 원천의 복과
젖먹이는 복과
태의 복이리로다

26 축복이 **나아서**
/네 아비의 /내 부여조의 축복보다
이 축복이 **돌아오며**
/요셉의 머리로
/영원한 산이 한 없음같이
돌아오리로다
/그 형제중 뛰어난자의 정수리로

27 베냐민은 **이리라**
/물어 뜯는
먹고
/빼앗은 것을
/아침에는
나누리로다
/움킨 것을
/저녁에는

28 이들은 **십 이 지파라**
/이스라엘의

24 요셉의 활은 도리어 굳세며 그의팔은 힘이 있으니 이는야곱의 전능자 이스라엘의 반석인 목자의 손을 힘입음이라 (개역개정)

무성한 가지라 그 가지가 담을 넘었도다 **23** 활쏘는 자
가 그를 학대하며 그를 쏘며 그를 군박하였으나 **24** 요
셉의 활이 도리어 견강하며 그의 팔이 힘이 있으니 야곱
의 전능자의 손을 힘입음이라 그로부터 이스라엘의 반석
인 목자가 나도다 **25** 네 아비의 하나님께로 말미암나니
그가 너를 도우실 것이요 전능자로 말미암나니 그가 네게
복을 주실 것이라 위로 하늘의 복과 아래로 원천의 복과
젖먹이는 복과 태의 복이리로다 **26** 네 아비의 축복이
내 부여조의 축복보다 나아서 영원한 산이 한 없음같이
이 축복이 요셉의 머리로 돌아오며 그 형제중 뛰어난 자

bough by a spring; Its branches run over a wall. **23**
"The archers bitterly attacked him, And shot at him and
harassed him; **24** But his bow remained firm, And his
arms were agile, From the hands of the Mighty One of
Jacob (From there is the Shepherd, the Stone of Israel),
25 From the God of your father who helps you, And
by the Almighty who blesses you With blessings of
heaven above, Blessings of the deep that lies beneath,
Blessings of the breasts and of the womb. **26** "The blessings
of your father Have surpassed the blessings of my
ancestors Up to the utmost bound of the everlasting hills;
May they be on the head of Joseph, And on the crown
of the head of the one distinguished among his brothers.

이와 같이
그 아비가 **말하고**
/그들에게
축복하였으되
/그들에게
//곧(동격/동급)
그들 각인의 분량대로 축복하였더라

29 그가 **명하여**
/그들에게
가로되
/내가-------돌아가리니
/내 열조에게로

//(결과: 그러면)
[너희는]---장사하라
/나를
/우리 부여조와 함께
/밭에 있는 굴에
/헷사람 에브론의

30 /이 굴은
/막벨라 밭에 있는 것이라
/가나안 땅 마므레 앞
/아브라함이----사서
/헷 사람 에브론에게서
/밭과 함께

//(목적: ל)
그 소유 매장지를 삼았으므로

31 /아브라함과
사라가 ---- 거기 장사되었고
/그 아내

이삭과
리브가도 ---- 거기 장사되었으며
/그 아내

나도 ---- 장사하였노라
/레아를
/그곳에

32 /이 밭과
거기 있는 굴은 산 것이니라
/헷 사람에게서

33 야곱이 **마치고**
/아들에게 명하기를

의 정수리로 돌아오리로다 **27** 베냐민은 물어 뜯는 이리
라 아침에는 빼앗은 것을 먹고 저녁에는 움킨 것을 나누
리로다 **28** 이들은 이스라엘의 십이 지파라 이와 같이
그 아비가 그들에게 말하고 그들에게 축복하였으되 곧 그
들 각인의 분량대로 축복하였더라 **29** 그가 그들에게 명
하여 가로되 내가 내 열조에게로 돌아가리니 나를 헷사람
에브론 밭에 있는 굴에 우리 부여조와 함께 장사하라
30 이 굴은 가나안 땅 마므레 앞 막벨라 밭에 있는 것
이라 아브라함이 헷 사람 에브론에게서 밭과 함께 사서
그 소유 매장지를 삼았으므로 **31** 아브라함과 그 아내

27 ¶ "Benjamin is a ravenous wolf; In the morning he devours the prey, And in the evening he divides the spoil."
28 ¶ All these are the twelve tribes of Israel, and this is what their father said to them when he blessed them. He blessed them, every one with the blessing appropriate to him. **29** Then he charged them and said to them, "I am about to be gathered to my people; bury me with my fathers in the cave that is in the field of Ephron the Hittite, **30** in the cave that is in the field of Machpelah, which is before Mamre, in the land of Canaan, which Abraham bought along with the field from Ephron the Hittite

창

거두고
/그 발을 침상에
기운이 진하여
돌아갔더라
/그 열조에게로

50

1 요셉이 **구푸려**
/아비 얼굴에
울며
입맞추고

2 **명하여**
/그 수종 의사에게
/향 재료로 아비의 몸에 넣게 하매
//(결과)
의사가 ―그대로 하되
/이스라엘에게

3 [그들이] **사십일이 걸렸으니**
//(이유: כִּי for)
이 날수가 걸림이며
/향 재료를 넣는 (데는)

사람들은 **곡하였더라**
/애굽 /칠십일 동안
/그를 위하여

4 기한이 **지나매**
/곡하는
요셉이 **말하여 가로되**
/바로의 궁에
/내가 너희에게 은혜를 입었으면
청컨대
[너희가] ―고하기를
/바로의 귀에
5 /우리 아버지가 맹세하게 하여 이르되
/나로
/내가 죽거든
장사하라 하였나니
/나를
/내가 파서 둔 묘실에
/가나안 땅에
/나로 올라가서
아버지를 장사하게 하소서
내가 다시 오리이다 하라 하였더니

사라가 거기 장사되었고 이삭과 그 아내 리브가도 거기
장사되었으며 나도 레아를 그곳에 장사하였노라 **32** 이
밭과 거기 있는 굴은 헷 사람에게서 산 것이니라 **33** 야
곱이 아들에게 명하기를 마치고 그 발을 침상에 거두고
기운이 진하여 그 열조에게로 돌아갔더라

50:1 요셉이 아비 얼굴에 구푸려 울며 입맞추고 **2**
그 수종 의사에게 명하여 향 재료로 아비의 몸에
넣게 하매 의사가 이스라엘에게 그대로 하되 **3** 사십 일
이 걸렸으니 향 재료를 넣는 데는 이 날수가 걸림이며 애
굽 사람들은 칠십 일동안 그를 위하여 곡하였더라 **4** 곡
하는 기한이 지나매 요셉이 바로의 궁에 말하여 가로되

for a burial site. **31** "There they buried Abraham and
his wife Sarah, there they buried Isaac and his wife Rebekah,
and there I buried Leah — **32** the field and the cave
that is in it, purchased from the sons of Heth." **33** When
Jacob finished charging his sons, he drew his feet into
the bed and breathed his last, and was gathered to his
people.

50:1 ¶ Then Joseph fell on his father's face, and
wept over him and kissed him. **2** And Joseph
commanded his servants the physicians to embalm his father.
So the physicians embalmed Israel. **3** Now forty days
were required for it, for such is the period required for

창

6 바로가 **가로되**
/[너는] ─ 올라가서
└ 장사하라
/네 아비를
/그가 네게 시킨 맹세대로

7 요셉이 **올라가니**

//(목적)
자기 아비를 장사하러

모든 신하와 ─ **올라가고**
/바로의 /그와함께
장로들과
/바로궁의
모든 장로와
/애굽 땅의
8 온 집과
/요셉의
그 형제들과
그 아비의 집이

[그들이] **남겼으며**
/그들의 어린 아이들과
양떼와 소떼만
/고센 땅에

9 병거와
기병이 **올라가니**
/요셉을 따라
그 떼가 심히 **컸더라**

10 그들이 **이르러**
/아닷 타작마당에
/요단강 건너편
호곡하고
/거기서
/크게
/애통하며
요셉이 **애곡하였더니**
/아비를 위하여
/칠일 동안

11 백성들이 **보고**
/그 땅 거민 /아닷 마당의 애통을
/가나안 **가로되**...하였으므로
/이는 애굽 사람의 큰 애통이라

//(결과)

내가 너희에게 은혜를 입었으면 청컨대 바로의 귀에 고하
기를 5 우리 아버지가 나로 맹세하게 하여 이르되 내가
죽거든 가나안 땅에 내가 파서 둔 묘실에 나를 장사하라
하였나니 나로 올라가서 내가 다시 오리이다 하라 하였더
니 6 바로가 가로되 그가 네게 시킨 맹세대로 올라가서
네 아비를 장사하라 7 요셉이 자기 아비를 장사하러 올
라가니 바로의 모든 신하와 바로 궁의 장로들과 애굽 땅
의 모든 장로와 8 요셉의 온 집과 그 형제들과 그 아비
의 집이 그와 함께 올라가고 그들의 어린 아이들과 양떼
와 소떼만 고센 땅에 남겼으며 9 병거와 기병이 요셉을
따라 올라가니 그 떼가 심히 컸더라 10 그들이 요단강
건너편 아닷 타작마당에 이르러 거기서 크게 호곡하고 애

embalming. And the Egyptians wept for him seventy
days. 4 ¶ And when the days of mourning for him were
past, Joseph spoke to the household of Pharaoh, saying,
"If now I have found favor in your sight, please speak
to Pharaoh, saying, 5 'My father made me swear, saying,
"Behold, I am about to die; in my grave which I dug
for myself in the land of Canaan, there you shall bury
me." Now therefore, please let me go up and bury my
father; then I will return.'" 6 And Pharaoh said, "Go
up and bury your father, as he made you swear." 7 So Joseph
went up to bury his father, and with him went up all
the servants of Pharaoh, the elders of his household and
all the elders of the land of Egypt, 8 and all the household
of Joseph and his brothers and his father's household;

창

//(결과)
[그가] ----- 하였으니
/그 땅 이름을
/아벨미스라임이라
곧 요단강 건너편이더라

12 아들들이 **행하여**
/야곱의 /부명을 좇아

13 **메어다가**
/그를
/가나안 땅으로
장사하였으니
/마므레 앞 막벨라 밭 굴에
/이는 —곳이더라
/아브라함이 — 사서
/헷 족속 에브론에게
/밭과 함께
삼은
/소유 매장지를

14 요셉이 **돌아왔더라**
/애굽으로
/아비를 장사한 후에
/자기 형제와 호상군과 함께

15 형제들이 **보고**
/요셉의 /그 아비가 죽었음을
말하되
/혹시
요셉이 — 미워하여
/우리를
갚지나 아니할까 하고
/우리가 그에게 행한 모든 악을
/다

16 **전하여 가로되**
/말을
/요셉에게
/아버지가 — 명하여 이르시기를
/당신의 /돌아가시기 전에

17 /너희는 — 이르라
/이같이
/요셉에게

/네 형들이 네게 악을 행하였을지라도

통하며 요셉이 아비를 위하여 칠 일 동안 애곡하였더니
11 그 땅 거민 가나안 백성들이 아닷 마당의 애통을 보
고 가로되 이는 애굽 사람의 큰 애통이라 하였으므로 그
땅 이름을 아벨미스라임이라 하였으니 곧 요단강 건너편
이더라 12 야곱의 아들들이 부명을 좇아 행하여 13 그
를 가나안 땅으로 메어다가 마므레 앞 막벨라 밭 굴에 장
사하였으니 이는 아브라함이 헷 족속 에브론에게 밭과 함
께 사서 소유 매장지를 삼은 곳이더라 14 요셉이 아비
를 장사한 후에 자기 형제와 호상군과 함께 애굽으로 돌
아왔더라 15 요셉의 형제들이 그 아비가 죽었음을 보고
말하되 요셉이 혹시 우리를 미워하여 우리가 그에게 행한
모든 악을 다 갚지나 아니 할까 하고 16 요셉에게 말을

they left only their little ones and their flocks and their
herds in the land of Goshen. 9 There also went up with
him both chariots and horsemen; and it was a very great
company. 10 When they came to the threshing floor of
Atad, which is beyond the Jordan, they lamented there
with a very great and sorrowful lamentation; and he observed
seven days mourning for his father. 11 Now when the
inhabitants of the land, the Canaanites, saw the mourning
at the threshing floor of Atad, they said, "This is a
grievous mourning for the Egyptians." Therefore it was
named Abel-mizraim, which is beyond the Jordan. 12
And thus his sons did for him as he had charged them;
13 for his sons carried him to the land of Canaan, and
buried him in the cave of the field of Machpelah before

이제 바라건대
[너는] —— 용서하라 하셨다 하라 하셨나니
/그 허물과 죄를
이제
[당신은] —용서하소서 하매
/종들의 죄를
/당신의 아버지의 하나님의

//(결과 및 반응)
요셉의(이) —— 울었더라
/그 말을 들을 때에

18 그 형들이 또 **친히 와서**
엎드려
/요셉의 앞에
가로되
/우리는 당신의 종이니이다

19 요셉이 **이르되**
/그들에게
/[당신들은] —— 두려워 마소서
내가 ———— 하나님을 대신하리이까?
20 /당신들은 —— 해하려 하였으나
/나를
하나님은 —— 바꾸사
/그것을
/선으로

//(목적: לְ, to)
구원하게 하시려 하셨나니
/만민의 생명을
/오늘과 같이

21 /당신들은 — 두려워 마소서
내가 ——— 기르리이다 하고
/당신들과
당신들의 자녀를
[그가] —— 위로하였더라
/그들을
/간곡한 말로

22 요셉이 **거하여**
/그 아비의 가족과 함께
/애굽에
살며
/일백 십세를

전하여 가로되 당신의 아버지가 돌아가시기 전에 명하여
이르시기를 **17** 너희는 이같이 요셉에게 이르라 네 형들
이 네게 악을 행하였을지라도 이제 바라건대 그 허물과
죄를 용서하라 하셨다 하라 하셨나니 당신의 아버지의 하
나님의 종들의 죄를 이제 용서하소서 하매 요셉의 그 말
을 들을 때에 울었더라 **18** 그 형들이 또 친히 와서 요
셉의 앞에 엎드려 가로되 우리는 당신의 종이니이다 **19**
요셉이 그들에게 이르되 두려워 마소서 내가 하나님을 대
신하리이까 **20** 당신들은 나를 해하려 하였으나 하나님
은 그것을 선으로 바꾸사 오늘과 같이 만민의 생명을 구
원하게 하시려 하셨나니 **21** 당신들은 두려워 마소서 내
가 당신들과 당신들의 자녀를 기르리이다 하고 그들을 간

Mamre, which Abraham had bought along with the field
for a burial site from Ephron the Hittite. **14** And after
he had buried his father, Joseph returned to Egypt, he
and his brothers, and all who had gone up with him to
bury his father. **15** ¶ When Joseph's brothers saw that
their father was dead, they said, "What if Joseph should
bear a grudge against us and pay us back in full for all
the wrong which we did to him!" **16** So they sent a message
to Joseph, saying, "Your father charged before he died,
saying, **17** 'Thus you shall say to Joseph, "Please forgive,
I beg you, the transgression of your brothers and their
sin, for they did you wrong."' And now, please forgive
the transgression of the servants of the God of your
father." And Joseph wept when they spoke to him. **18**
Then his brothers also came and fell down before him
and said, "Behold, we are your servants." **19** But Joseph

23 **보았으며**
/에브라임의 자손 삼대를
아들들도 **양육되었더라**
/마길의 /요셉의 슬하에서
/므낫세의 아들

24 요셉이 **이르되**
/그 형제에게
/나는 ——— 죽으나
하나님이 ┬ 권고하시고
/너희를
└ 인도하여 내사
/너희를
/이 땅에서
/맹세하신 땅에(이르게 하시리라) 하고
/아브라함과
이삭과
야곱에게

25 요셉이 또 **맹세시켜 이르기를**...하라 하였더라
/이스라엘 자손에게
/하나님이 —— 권고하시리니
/너희를
/정녕
/너희는 ——— 메고 올라가겠다
/내 해골을
/여기서

26 요셉이 **죽으매**
/일백십세에
그들이 **넣고**
/향 재료를
/그의 몸에
입관하였더라
/애굽에서

곡한 말로 위로하였더라 **22** 요셉이 그 아비의 가족과
함께 애굽에 거하여 일백십 세를 살며 **23** 에브라임의
자손 삼 대를 보았으며 므낫세의 아들 마길의 아들들도
요셉의 슬하에서 양육되었더라 **24** 요셉이 그 형제에게
이르되 나는 죽으나 하나님이 너희를 권고하시고 너희를
이 땅에서 인도하여 내사 아브라함과 이삭과 야곱에게 맹
세하신 땅에 이르게 하시리라 하고 **25** 요셉이 또 이스
라엘 자손에게 맹세시켜 이르기를 하나님이 정녕 너희를
권고하시리니 너희는 여기서 내 해골을 메고 올라가겠다
하라 하였더라 **26** 요셉이 일백십 세에 죽으매 그들이
그의 몸에 향 재료를 넣고 애굽에서 입관하였더라

said to them, "Do not be afraid, for am I in God's place?
20 "And as for you, you meant evil against me, but
God meant it for good in order to bring about this present
result, to preserve many people alive. **21** "So therefore,
do not be afraid; I will provide for you and your little
ones." So he comforted them and spoke kindly to them.
22 ¶ Now Joseph stayed in Egypt, he and his father's
household, and Joseph lived one hundred and ten years.
23 And Joseph saw the third generation of Ephraim's
sons; also the sons of Machir, the son of Manasseh, were
born on Joseph's knees. **24** And Joseph said to his
brothers, "I am about to die, but God will surely take
care of you, and bring you up from this land to the land
which He promised on oath to Abraham, to Isaac and
to Jacob." **25** Then Joseph made the sons of Israel
swear, saying, "God will surely take care of you, and
you shall carry my bones up from here." **26** So Joseph
died at the age of one hundred and ten years; and he
was embalmed and placed in a coffin in Egypt.

SBI 구문분석에 의한

출애굽기

출

1

1 이름은 **이러하니**
/이스라엘 아들들의
/야곱과 함께 각기 권속을 데리고 애굽에 이른

2 **르우벤과 시므온과**
레위와 유다와
3 **잇사갈과 스불론과 베냐민과**
4 **단과 납달리와**
갓과 아셀이요

5 혈속이 **칠십 인이었더라**
/야곱의 /모두
/이미 애굽에 있는 요셉까지

6 요셉과
형제와
/그의 모든
그 시대 사람은 **죽었고**
/다

7 자손은 **중다하고**
/이스라엘 /생육이
번식하고
창성하고
강대하여
/심히
가득하게 되었더라
/온 땅에

8 새 왕이 **일어나서**
/요셉을 알지 못하는
다스리더니
/애굽을

9 그가 **이르되**
/그 신민에게
/이 백성 이스라엘 자손이 우리보다 많고 강하도다

10 /자,
우리가 그들에게 대하여 지혜롭게 하자
두렵건대 그들이 더 많게 되면
전쟁이 일어날 때에
우리 대적과 합하여 우리와 싸우고
이 땅에서 갈까 하노라 하고

1:1 야곱과 함께 각기 권속을 데리고 애굽에 이른 이
스라엘 아들들의 이름은 이러하니 **2** 르우벤과 시므
온과 레위와 유다와 **3** 잇사갈과 스불론과 베냐민과 **4**
단과 납달리와 갓과 아셀이요 **5** 이미 애굽에 있는 요셉
까지 야곱의 혈속이 모두 칠십 인이었더라 **6** 요셉과 그
의 모든 형제와 그 시대 사람은 다 죽었고 **7** 이스라엘
자손은 생육이 중다하고 번식하고 창성하고 심히 강대하
여 온 땅에 가득하게 되었더라 **8** 요셉을 알지 못하는
새 왕이 일어나서 애굽을 다스리더니 **9** 그가 그 신민에
게 이르되 이 백성 이스라엘 자손이 우리보다 많고 강하

1:1 ¶ Now these are the names of the sons of Israel
who came to Egypt with Jacob; they came each one
with his household: **2** Reuben, Simeon, Levi and Judah;
3 Issachar, Zebulun and Benjamin; **4** Dan and Naphtali,
Gad and Asher. **5** And all the persons who came from
the loins of Jacob were seventy in number, but Joseph
was already in Egypt. **6** And Joseph died, and all his brothers
and all that generation. **7** But the sons of Israel were
fruitful and increased greatly, and multiplied, and became
exceedingly mighty, so that the land was filled with
them. **8** Now a new king arose over Egypt, who did
not know Joseph. **9** And he said to his people, "Behold,
the people of the sons of Israel are more and mightier
than we. **10** "Come, let us deal wisely with them, lest
they multiply and in the event of war, they also join
themselves to those who hate us, and fight against us,

11 **세우고**
/감독들을
/그들 위에

짐을 지워
/그들에게
/무거운
괴롭게 하여
건축하게 하니라
/그들로
/국고성 비돔과 라암셋을
/바로를 위하여

12 그러나
(그들이) **학대를 받을수록**
번식하고
/더욱
창성하니

//(결과)
애굽 사람이 ─ 근심하여
/이스라엘 자손을 인하여

13 ─ 엄하게 하여
/이스라엘 자손의 역사를

14 ─ 괴롭게 하니
/그들의 생활을
/고역으로

//곧(동격)
여러 가지 일이라
/흙 이기기와 벽돌 굽기와 농사의

역사가 **엄하였더라**
/그 시키는 /다

15 애굽 왕이 **일러**
/히브리 산파 십브라라 하는 자와
부아라 하는 자에게

16 **가로되**
/너희는 ─ 히브리 여인을 위하여 조산할 때에(상황절, when)
─ 살펴서
─ 남자여든 죽이고
─ 여자여든 그는 살게 두라

도다 10 자 우리가 그들에게 대하여 지혜롭게 하자 두
렵건대 그들이 더 많게 되면 전쟁이 일어날 때에 우리
대적과 합하여 우리와 싸우고 이 땅에서 갈까 하노라 하
고 11 감독들을 그들 위에 세우고 그들에게 무거운 짐
을 지워 괴롭게 하여 그들로 바로를 위하여 국고성 비돔
과 라암셋을 건축하게 하니라 12 그러나 학대를 받을수
록 더욱 번식하고 창성하니 애굽 사람이 이스라엘 자손
을 인하여 근심하여 13 이스라엘 자손의 역사를 엄하게
하여 14 고역으로 그들의 생활을 괴롭게 하니 곧 흙 이
기기와 벽돌 굽기와 농사의 여러가지 일이라 그 시키는
역사가 다 엄하였더라 15 애굽왕이 히브리 산파 십브라
라 하는 자와 부아라 하는 자에게 일러 16 가로되 너희

and depart from the land." 11 So they appointed taskmasters
over them to afflict them with hard labor. And they built
for Pharaoh storage cities, Pithom and Raamses. 12 But
the more they afflicted them, the more they multiplied
and the more they spread out, so that they were in dread
of the sons of Israel. 13 And the Egyptians compelled
the sons of Israel to labor rigorously; 14 and they made
their lives bitter with hard labor in mortar and bricks
and at all kinds of labor in the field, all their labors
which they rigorously imposed on them. 15 ¶ Then the
king of Egypt spoke to the Hebrew midwives, one of
whom was named Shiphrah, and the other was named
Puah; 16 and he said, "When you are helping the
Hebrew women to give birth and see them upon the birthstool,

출

17 그러나
산파들이 **어기고**
/애굽 왕의 명을
살린지라
/남자를

//(이유)
하나님을 두려워하여

18 애굽 왕이 **불러서**
/산파를
이르되
/그들에게
/너희가 어찌 이같이 하여 남자를 살렸느냐

19 산파가 **대답하되**
/바로에게
/히브리 여인은 ─ 애굽 여인과 같지 아니하고
├ 건장하여
└ 그들에게 이르기 전에 해산하였더이다 하매
/산파가

20 하나님이 **베푸시니라**
/은혜를
/그 산파들에게
백성은 **번성하고**
/생육이
강대하며
/심히

21 하나님이 **왕성케 하신지라**
/그들의 집을

//(이유)
산파는 하나님을 경외하였으므로

22 그러므로
바로가 **명하여 가로되**
/그 모든 신민에게
/남자가 나거든
너희는 그를 하수에 던지고
여자여든 살리라 하였더라

는 히브리 여인을 위하여 조산할 때에 살펴서 남자여든
죽이고 여자여든 그는 살게 두라 **17** 그러나 산파들이
하나님을 두려워하여 애굽 왕의 명을 어기고 남자를 살
린지라 **18** 애굽 왕이 산파를 불러서 그들에게 이르되
너희가 어찌 이같이 하여 남자를 살렸느냐 **19** 산파가
바로에게 대답하되 히브리 여인은 애굽 여인과 같지 아
니하고 건장하여 산파가 그들에게 이르기 전에 해산하였
더이다 하매 **20** 하나님이 그 산파들에게 은혜를 베푸시
니라 백성은 생육이 번성하고 심히 강대하며 **21** 산파는
하나님을 경외하였으므로 하나님이 그들의 집을 왕성케
하신지라 **22** 그러므로 바로가 그 모든 신민에게 명하여
가로되 남자가 나거든 너희는 그를 하수에 던지고 여자
여든 살리라 하였더라

if it is a son, then you shall put him to death; but if it
is a daughter, then she shall live." **17** But the midwives
feared God, and did not do as the king of Egypt had
commanded them, but let the boys live. **18** So the king
of Egypt called for the midwives, and said to them,
"Why have you done this thing, and let the boys live?"
19 And the midwives said to Pharaoh, "Because the Hebrew
women are not as the Egyptian women; for they are vigorous,
and they give birth before the midwife can get to them."
20 So God was good to the midwives, and the people
multiplied, and became very mighty. **21** And it came
about because the midwives feared God, that He established
households for them. **22** Then Pharaoh commanded all
his people, saying, "Every son who is born you are to
cast into the Nile, and every daughter you are to keep
alive."

2

1 한 사람이 **가서**
/레위 족속 중
장가들었더니
/레위 여자에게

2 그 여자가 **잉태하여**
낳아
/아들을
보고
/그 준수함을
숨겼더니
/그를
/석 달을

3 (그 여자가) 더 숨길 수 없이 되매(되었을 때, 상황절, when)
(그 여자가) **가져다가**
/갈 상자를
/그를 위하여
칠하고
/역청과 나무 진을
담아
/아이를
/거기
두고
/하숫가 갈대 사이에

4 그 누이가 **섰더니**
/멀리

//(목적: לְ, to 목적어)
어떻게 되는 것을 알려고

5 딸이 **내려오고**
/바로의 /하수로

//(목적)
목욕하러

시녀들은 하숫가에 거닐 때에(상황절, when)
그가 **보고**
/갈대 사이의 상자를
보내어
/시녀를
가져다가

6 (그녀가) 열고(열었을 때, 상황절, when)
보니
/그 아이를

2:1 레위 족속중 한 사람이 가서 레위 여자에게 장가
들었더니 2 그 여자가 잉태하여 아들을 낳아 그 준
수함을 보고 그를 석달을 숨겼더니 3 더 숨길 수 없이
되매 그를 위하여 갈 상자를 가져다가 역청과 나무 진을
칠하고 아이를 거기 담아 하숫가 갈대 사이에 두고 4 그
누이가 어떻게 되는 것을 알려고 멀리 섰더니 5 바로의
딸이 목욕하러 하수로 내려오고 시녀들은 하숫가에 거닐
때에 그가 갈대 사이에 상자를 보고 시녀를 보내어 가져

2:1 ¶ Now a man from the house of Levi went and married
a daughter of Levi. 2 And the woman conceived and
bore a son; and when she saw that he was beautiful, she
hid him for three months. 3 But when she could hide
him no longer, she got him a wicker basket and covered
it over with tar and pitch. Then she put the child into
it, and set it among the reeds by the bank of the Nile.
4 And his sister stood at a distance to find out what
would happen to him. 5 Then the daughter of Pharaoh
came down to bathe at the Nile, with her maidens walking
alongside the Nile; and she saw the basket among the
reeds and sent her maid, and she brought it to her. 6 ¶

출

아이가 **우는지라**
그가 **불쌍히 여겨**
가로되
/이는 히브리 사람의 아이로다

7 그 누이가 **이르되**
/바로의 딸에게
/내가 ─ 가서
─ 히브리 여인 중에서 유모를 불러다가
─ 당신을 위하여 이 아이를 젖 먹이게 하리이까

8 딸이 **이르되**
/바로의 /그에게
/가라

//(결과: So)
그 소녀가 ─ 가서
─ 아이의 어미를 불러오니

9 딸이 **이르되**
/바로의 /그에게
/이 아이를 데려다가
나를 위하여 젖을 먹이라
내가 그 삯을 주리라

//(결과: So)
여인이 ─ 아이를 데려다가
─ 젖을 먹이더니

10 그 아이가 자라매(상황절, when)
[그녀가] **데려가니**
/바로의 딸에게로
[그가] **그의 아들이 되니라**
그가 **하여**
/그 이름을 모세라
가로되... 하였더라

//이는(이유: כִּי, because)
내가 그를 물에서 건져내었음이라

11 모세가 장성한 후에(상황절, when)
한번은
[그가] **나가서**
/자기 형제들에게
보더니
/그 고역함을
본지라
/어떤 애굽 사람이 어떤 히브리 사람
곧 자기 형제를 치는 것을

다가 6 열고 그 아이를 보니 아이가 우는지라 그가 불쌍
히 여겨 가로되 이는 히브리 사람의 아이로다 7 그 누이
가 바로의 딸에게 이르되 내가 가서 히브리 여인 중에서
유모를 불러다가 당신을 위하여 이 아이를 젖 먹이게 하
리이까 8 바로의 딸이 그에게 이르되 가라 그 소녀가 가
서 아이의 어미를 불러오니 9 바로의 딸이 그에게 이르
되 이 아이를 데려다가 나를 위하여 젖을 먹이라 내가
그 삯을 주리라 여인이 아이를 데려다가 젖을 먹이더니
10 그 아이가 자라매 바로의 딸에게로 데려가니 그의
아들이 되니라 그가 그 이름을 모세라 하여 가로되 이는
내가 그를 물에서 건져 내었음이라 하였더라 11 모세가
장성한 후에 한번은 자기 형제들에게 나가서 그 고역함

When she opened it, she saw the child, and behold, the
boy was crying. And she had pity on him and said, "This
is one of the Hebrews' children." 7 Then his sister said
to Pharaoh's daughter, "Shall I go and call a nurse for
you from the Hebrew women, that she may nurse the
child for you?" 8 And Pharaoh's daughter said to her,
"Go ahead." So the girl went and called the child's
mother. 9 Then Pharaoh's daughter said to her, "Take
this child away and nurse him for me and I shall give
you your wages." So the woman took the child and
nursed him. 10 And the child grew, and she brought
him to Pharaoh's daughter, and he became her son. And
she named him Moses, and said, "Because I drew him
out of the water."

12 **살펴**
/좌우로
보고
/사람이 없음을
쳐죽여
/그 애굽 사람을
감추니라
/모래에

13 이튿날
다시 나가니(나갔을 때, 상황절, when)
사람이 **싸우는지라**
/두 히브리 /서로
[그가] **이르되**
/그 그른 자에게
/네가 어찌하여 동포를 치느냐 하매

14 그가 **가로되**
/누가 너로 우리의 주재와 법관을 삼았느냐
네가 애굽 사람을 죽임같이 나도 죽이려느냐
모세가 **두려워하여**
가로되
/일이 탄로되었도다

15 바로가 **듣고**
/이 일을
찾은지라
/모세를

//(이유; 목적: לְ, to부정사)
죽이고자 하여

모세가 **피하여**
/바로의 낯을
머물며
/미디안 땅에
앉았더라
/우물 곁에
/하루는

16 제사장에게 **일곱 딸이 있더니**
/미디안
그들이 **와서**
길어
/물을
채우고
/구유에

을 보더니 어떤 애굽 사람이 어떤 히브리 사람 곧 자기
형제를 치는 것을 본지라 **12** 좌우로 살펴 사람이 없음
을 보고 그 애굽 사람을 쳐죽여 모래에 감추니라 **13** 이
튿날 다시 나가니 두 히브리 사람이 서로 싸우는지라 그
그른 자에게 이르되 네가 어찌하여 동포를 치느냐 하매
14 그가 가로되 누가 너로 우리의 주재와 법관을 삼았
느냐 네가 애굽 사람을 죽임같이 나도 죽이려느냐 모세
가 두려워하여 가로되 일이 탄로되었도다 **15** 바로가 이
일을 듣고 모세를 죽이고자 하여 찾은지라 모세가 바로
의 낯을 피하여 미디안 땅에 머물며 하루는 우물 곁에 앉

11 ¶ Now it came about in those days, when Moses
had grown up, that he went out to his brethren and
looked on their hard labors; and he saw an Egyptian
beating a Hebrew, one of his brethren. **12** So he looked
this way and that, and when he saw there was no one around,
he struck down the Egyptian and hid him in the sand.
13 And he went out the next day, and behold, two
Hebrews were fighting with each other; and he said to
the offender, "Why are you striking your companion?"
14 But he said, "Who made you a prince or a judge
over us? Are you intending to kill me, as you killed the
Egyptian?" Then Moses was afraid, and said, "Surely
the matter has become known." **15** When Pharaoh heard
of this matter, he tried to kill Moses. But Moses fled
from the presence of Pharaoh and settled in the land of
Midian; and he sat down by a well. **16** ¶ Now the priest

출

먹이려 하는데
/그 아비의 양 무리에게

17 목자들이 **와서**
쫓는지라
/그들을
모세가 **일어나**
도와
/그들을
먹이니라
/그 양 무리에게

18 그들이 그 아비 르우엘에게 이를 때에(상황절, when)
아비가 **가로되**
/너희가 오늘은 어찌하여 이같이 속히 돌아오느냐

19 그들이 **가로되**
/한 애굽 사람이 ─ 우리를 목자들의 손에서 건져내고
─ 우리를 위하여 물을 길어
─ 양 무리에게 먹였나이다

20 아비가 **이르되**
/딸들에게
/그 사람이 어디 있느냐
너희가 어찌하여 그 사람을 버리고 왔느냐
그를 청하여 음식으로 대접하라 하였더라

21 모세가 **기뻐하매**
/그와 동거하기를
그가 **주었더니**
/그 딸 십보라를
/모세에게

22 그가 **낳으매**
/아들을
모세가 **하여**
/그 이름을 게르솜이라

//(이유; כִּי, because)
가로되 내가 타국에서 객이 되었음이라 하였더라

23 여러 해 후에
왕은 **죽었고**
/애굽
자손은 **탄식하며**
/이스라엘

았더라 **16** 미디안 제사장에게 일곱 딸이 있더니 그들이
와서 물을 길어 구유에 채우고 그 아비의 양무리에게 먹
이려 하는데 **17** 목자들이 와서 그들을 쫓는지라 모세가
일어나 그들을 도와 그 양무리에게 먹이니라 **18** 그들이
그 아비 르우엘에게 이를 때에 아비가 가로되 너희가 오
늘은 어찌하여 이같이 속히 돌아오느냐 **19** 그들이 가로
되 한 애굽 사람이 우리를 목자들의 손에서 건져내고 우
리를 위하여 물을 길어 양무리에게 먹였나이다 **20** 아비
가 딸들에게 이르되 그 사람이 어디 있느냐 너희가 어찌
하여 그 사람을 버리고 왔느냐 그를 청하여 음식으로 대
접하라 하였더라 **21** 모세가 그와 동거하기를 기뻐하매
그가 그 딸 십보라를 모세에게 주었더니 **22** 그가 아들

of Midian had seven daughters; and they came to draw water,
and filled the troughs to water their father's flock. **17**
Then the shepherds came and drove them away, but
Moses stood up and helped them, and watered their flock.
18 When they came to Reuel their father, he said, "Why
have you come back so soon today?" **19** So they said,
"An Egyptian delivered us from the hand of the shepherds;
and what is more, he even drew the water for us and
watered the flock." **20** And he said to his daughters, "Where
is he then? Why is it that you have left the man behind?
Invite him to have something to eat." **21** And Moses
was willing to dwell with the man, and he gave his
daughter Zipporah to Moses. **22** Then she gave birth
to a son, and he named him Gershom, for he said, "I

부르짖으니

//(이유: מִן, by reason of)
고역으로 인하여

소리가 **상달한지라**
/부르짖는 /하나님께
/그 고역으로 인하여

24 하나님이 **들으시고**
/그 고통 소리를
기억하사
/그 언약을
/아브라함과 이삭과 야곱에게 세운

25 **권념하셨더라**
/이스라엘 자손을

3

1 모세가 **치더니**
/양 무리를
/그 장인 미디안 제사장 이드로의
인도하여
/그 무리를
/광야 서편으로
이르매
/하나님의 산 호렙에

2 사자가 **나타나시니라**
/여호와의 /떨기나무 불꽃 가운데서
/그에게
그가 **보니**
불이 **붙었으나**
/떨기나무에
떨기나무가 **사라지지 아니하는지라**

3//이에(결과)
(그가) 가로되 ...하는 동시에
/내가 돌이켜 가서
이 큰 광경을 보리라
떨기나무가 어찌하여 타지 아니하는고

4//(*연속적인 문장*)

을 낳으매 모세가 그 이름을 게르솜이라 하여 가로되 내
가 타국에서 객이 되었음이라 하였더라 23 여러 해 후
에 애굽왕은 죽었고 이스라엘 자손은 고역으로 인하여 탄
식하며 부르짖으니 그 고역으로 인하여 부르짖는 소리가
하나님께 상달한지라 24 하나님이 그 고통 소리를 들으
시고 아브라함과 이삭과 야곱에게 세운 그 언약을 기억하
사 25 이스라엘 자손을 권념하셨더라
3:1 모세가 그 장인 미디안 제사장 이드로의 양무리를
치더니 그 무리를 광야 서편으로 인도하여 하나님의
산 호렙에 이르매 2 여호와의 사자가 떨기나무 불꽃 가
운데서 그에게 나타나시니라 그가 보니 떨기나무에 불이
붙었으나 사라지지 아니하는지라 3 이에 가로되 내가 돌

have been a sojourner in a foreign land." 23 ¶ Now it
came about in the course of those many days that the
king of Egypt died. And the sons of Israel sighed because
of the bondage, and they cried out; and their cry for
help because of their bondage rose up to God. 24 So
God heard their groaning; and God remembered His covenant
with Abraham, Isaac, and Jacob. 25 And God saw the
sons of Israel, and God took notice of them.
3:1 ¶ Now Moses was pasturing the flock of Jethro
his father-in-law, the priest of Midian; and he led
the flock to the west side of the wilderness, and came
to Horeb, the mountain of God. 2 And the angel of the
LORD appeared to him in a blazing fire from the midst
of a bush; and he looked, and behold, the bush was

4//(연속적인 문장)
여호와께서 보신지라(상황절, 보았을 때)
/그가 보려고 돌이켜 오는 것을
하나님이 ─ 불러
/그를
/떨기나무 가운데서
└ 가라사대
/모세야 모세야 하시매
그가 ─ 가로되
/내가 여기 있나이다

5 하나님이 **가라사대**
/이리로 가까이 하지 말라
너의 선 곳은 거룩한 땅이니
네 발에서 신을 벗으라

6 **또 이르시되**
/나는 네 조상의 하나님이니
아브라함의 하나님, 이삭의 하나님,
야곱의 하나님이니라

모세가 **두려워하여**
/하나님 뵈옵기를
가리우매
/얼굴을

7 여호와께서 **가라사대**
/내가 ─ 정녕히 보고
/내 백성의 고통을
/애굽에 있는
─ 듣고
/그들이 그 간역자로 인하여 부르짖음을
└ 알고
/그 우고를

8 /내가 ─ 내려와서
─ 건져내고
/그들을
/애굽인의 손에서
─ 인도하여
/그들을
/그 땅에서
└ 이르려 하노라
/아름답고 광대한 땅,
젖과 꿀이 흐르는 땅

이켜 가서 이 큰 광경을 보리라 떨기나무가 어찌하여 타
지 아니하는고 하는 동시에 4 여호와께서 그가 보려고
돌이켜 오는 것을 보신지라 하나님이 떨기나무 가운데서
그를 불러 가라사대 모세야 모세야 하시매 그가 가로되
내가 여기 있나이다 5 하나님이 가라사대 이리로 가까이
하지 말라 너의 선 곳은 거룩한 땅이니 네 발에서 신을
벗으라 6 또 이르시되 나는 네 조상의 하나님이니 아브
라함의 하나님 이삭의 하나님 야곱의 하나님이니라 모세
가 하나님 뵈옵기를 두려워 하여 얼굴을 가리우매 7 여
호와께서 가라사대 내가 애굽에 있는 내 백성의 고통을
정녕히 보고 그들이 그 간역자로 인하여 부르짖음을 듣
고 그 우고를 알고 8 내가 내려와서 그들을 애굽인의 손

burning with fire, yet the bush was not consumed. 3 So
Moses said, "I must turn aside now, and see this marvelous
sight, why the bush is not burned up." 4 When the
LORD saw that he turned aside to look, God called to
him from the midst of the bush, and said, "Moses,
Moses!" And he said, "Here I am." 5 Then He said,
"Do not come near here; remove your sandals from your
feet, for the place on which you are standing is holy ground."
6 He said also, "I am the God of your father, the God
of Abraham, the God of Isaac, and the God of Jacob."
Then Moses hid his face, for he was afraid to look at
God. 7 And the LORD said, "I have surely seen the affliction
of My people who are in Egypt, and have given heed
to their cry because of their taskmasters, for I am aware
of their sufferings. 8 "So I have come down to deliver
them from the power of the Egyptians, and to bring them

곧 가나안 족속, 헷 족속,
아모리 족속, 브리스 족속,
히위 족속, 여부스 족속의 지방에

9 /내가 — 보았으니
/이제 이스라엘 자손의 부르짖음이 내게 달하고
애굽 사람이 그들을 괴롭게 하는 학대도

10 /이제 내가 너를 바로에게 보내어
너로 내 백성 이스라엘 자손을 애굽에서 인도하여 내게 하리라

11 모세가 **고하되**
/하나님께
/내가 누구관대 바로에게 가며
이스라엘 자손을 애굽에서 인도하여 내리이까

12 하나님이 **가라사대**
/내가 정녕 너와 함께 있으리라
네가 백성을 애굽에서 인도하여 낸 후에(상황절, when)
너희가 이 산에서 하나님을 섬기리니
이것이 내가 너를 보낸 증거니라

13 모세가 **고하되**
/하나님께
/내가 이스라엘 자손에게 가서 이르기를
/너희 조상의 하나님이 나를 너희에게 보내셨다 하면
그들이 내게 묻기를
/그의 이름이 무엇이냐 하리니
내가 무엇이라고 그들에게 말하리이까

14 하나님이 **이르시되**
/모세에게
/나는 스스로 있는 자니라
또 이르시되
/너는 이스라엘 자손에게 이같이 이르기를
/스스로 있는 자가 나를 너희에게 보내셨다 (하라)

에서 건져내고 그들을 그 땅에서 인도하여 아름답고 광대
한 땅 젖과 꿀이 흐르는 땅 곧 가나안 족속, 헷 족속, 아
모리 족속, 브리스 족속, 히위 족속, 여부스 족속의 지방
에 이르려 하노라 **9** 이제 이스라엘 자손의 부르짖음이
내게 달하고 애굽 사람이 그들을 괴롭게 하는 학대도 내
가 보았으니 **10** 이제 내가 너를 바로에게 보내어 너로
내 백성 이스라엘 자손을 애굽에서 인도하여 내게 하리라
11 모세가 하나님께 고하되 내가 누구관대 바로에게 가
며 이스라엘 자손을 애굽에서 인도하여 내리이까 **12** 하
나님이 가라사대 내가 정녕 너와 함께 있으리라 네가 백
성을 애굽에서 인도하여 낸 후에 너희가 이 산에서 하나
님을 섬기리니 이것이 내가 너를 보낸 증거니라 **13** 모
세가 하나님께 고하되 내가 이스라엘 자손에게 가서 이르
기를 너희 조상의 하나님이 나를 너희에게 보내셨다 하면
그들이 내게 묻기를 그의 이름이 무엇이냐 하리니 내가
무엇이라고 그들에게 말하리이까 **14** 하나님이 모세에게
이르시되 나는 스스로 있는 자니라 또 이르시되 너는 이
스라엘 자손에게 이같이 이르기를 스스로 있는 자가 나를

up from that land to a good and spacious land, to a land
flowing with milk and honey, to the place of the Canaanite
and the Hittite and the Amorite and the Perizzite and
the Hivite and the Jebusite. **9** "And now, behold, the
cry of the sons of Israel has come to Me; furthermore, I
have seen the oppression with which the Egyptians are
oppressing them. **10** "Therefore, come now, and I will
send you to Pharaoh, so that you may bring My people,
the sons of Israel, out of Egypt." **11** But Moses said
to God, "Who am I, that I should go to Pharaoh, and
that I should bring the sons of Israel out of Egypt?" **12**
And He said, "Certainly I will be with you, and this
shall be the sign to you that it is I who have sent you:
when you have brought the people out of Egypt, you
shall worship God at this mountain." **13** ¶ Then Moses
said to God, "Behold, I am going to the sons of Israel,
and I shall say to them, 'The God of your fathers has
sent me to you.' Now they may say to me, 'What is
His name?' What shall I say to them?" **14** And God
said to Moses, "I AM WHO I AM"; and He said, "Thus

15 하나님이 **또 이르시되**
/모세에게
/너는 이스라엘 자손에게 이같이 이르기를
/나를 너희에게 보내신 이는
너희 조상의 하나님 곧 아브라함의 하나님,
이삭의 하나님, 야곱의 하나님 여호와라 하라
//이는(동격)
나의 영원한 이름이요
대대로 기억할 나의 표호니라

16 /너는 가서
이스라엘 장로들을 모으고
그들에게 이르기를
/여호와 너희 조상의 하나님
곧 아브라함과 이삭과 야곱의 하나님이
내게 나타나 이르시되…하셨다 (하면)
/내가 실로 너희를 권고하여
너희가 애굽에서 당한 일을 보았노라

17 /내가 말하였거니와
/내가 너희를 애굽의 고난 중에서 인도하여 내어(=내리라)
/젖과 꿀이 흐르는 땅
곧 가나안 족속, 헷 족속, 아모리 족속,
브리스 족속, 히위 족속, 여부스 족속의 땅으로(=을 향해)
(올라가게 하리라)

18/그들이 네 말을 들으리니
너는 그들의 장로들과 함께 애굽 왕에게 이르기를
/히브리 사람의 하나님 여호와께서 우리에게 임하셨은즉
우리가 우리 하나님 여호와께 희생을 드리려 하오니
사흘 길쯤 광야로 가기를 허락하소서 하라

19/내가 아노니
/강한 손으로 치기 전에는
/애굽 왕이 너희의 가기를 허락지 아니하다가

20/내가 내 손을 들어
애굽 중에 여러 가지 이적으로 그 나라를 친(=치겠다)
그가 너희를 보내리라
/후에야

너희에게 보내셨다 하라 15 하나님이 또 모세에게 이르
시되 너는 이스라엘 자손에게 이같이 이르기를 나를 너
희에게 보내신 이는 너희 조상의 하나님 곧 아브라함의
하나님, 이삭의 하나님, 야곱의 하나님 여호와라 하라 이
는 나의 영원한 이름이요 대대로 기억할 나의 표호니라
16 너는 가서 이스라엘 장로들을 모으고 그들에게 이르
기를 여호와 너희 조상의 하나님 곧 아브라함과 이삭과
야곱의 하나님이 내게 나타나 이르시되 내가 실로 너희
를 권고하여 너희가 애굽에서 당한 일을 보았노라 17
내가 말하였거니와 내가 너희를 애굽의 고난 중에서 인
도하여 내어 젖과 꿀이 흐르는 땅 곧 가나안 족속, 헷 족
속, 아모리 족속, 브리스 족속, 히위 족속, 여부스 족속의
땅으로 올라가게 하리라 하셨다 하면 18 그들이 네 말
을 들으리니 너는 그들의 장로들과 함께 애굽 왕에게 이
르기를 히브리 사람의 하나님 여호와께서 우리에게 임하
셨은즉 우리가 우리 하나님 여호와께 희생을 드리려 하

you shall say to the sons of Israel, 'I AM has sent me
to you.'" 15 And God, furthermore, said to Moses,
"Thus you shall say to the sons of Israel, 'The LORD,
the God of your fathers, the God of Abraham, the God
of Isaac, and the God of Jacob, has sent me to you.'
This is My name forever, and this is My memorial-name
to all generations. 16 "Go and gather the elders of Israel
together, and say to them, The LORD, the God of your
fathers, the God of Abraham, Isaac and Jacob, has
appeared to me, saying," I am indeed concerned about
you and what has been done to you in Egypt. 17 "So
I said, 'I will bring you up out of the affliction of Egypt
to the land of the Canaanite and the Hittite and the
Amorite and the Perizzite and the Hivite and the Jebusite,
to a land flowing with milk and honey."' 18 "And they
will pay heed to what you say; and you with the elders
of Israel will come to the king of Egypt, and you will
say to him, 'The LORD, the God of the Hebrews, has
met with us. So now, please, let us go a three days'
journey into the wilderness, that we may sacrifice to the
LORD our God.' 19 "But I know that the king of Egypt
will not permit you to go, except under compulsion. 20

21/내가 애굽 사람으로
이 백성에게 은혜를 입히게 할지라
너희가 갈 때에 빈 손으로 가지 아니하리니

22/여인마다
그 이웃 사람과 및 자기 집에 우거하는 자에게
은 패물과 금 패물과 의복을 구하여
너희 자녀를 꾸미라
너희가 애굽 사람의 물품을 취하리라

4

1 모세가 **대답하여**
가로되
/그러나
그들이 ─ 나를 믿지 아니하며
└ 내 말을 듣지 아니하고
/이르기를...하리이다
/여호와께서 네게 나타나지 아니하셨다

2 여호와께서 **이르시되**
/그에게
/네 손에 있는 것이 무엇이냐?
그가 **가로되**
/지팡이니이다

3 여호와께서 **가라사대**
/그것을 땅에 던지라
(그가) **던지니**
/곧
/땅에
//(결과)
그것이 ── 뱀이 된지라
모세가 ── 피하매
/뱀 앞에서

4 여호와께서 **이르시되**
/모세에게
/네 손을 내밀어 그 꼬리를 잡으라
그가 **내밀어**
/손을
잡으니

//(결과)

오니 사흘 길쯤 광야로 가기를 허락하소서 하라 19 내
가 아노니 강한 손으로 치기 전에는 애굽왕이 너희의 가
기를 허락지 아니하다가 20 내가 내 손을 들어 애굽 중
에 여러가지 이적으로 그 나라를 친 후에야 그가 너희를
보내리라 21 내가 애굽 사람으로 이 백성에게 은혜를
입히게 할지라 너희가 갈 때에 빈 손으로 가지 아니하리
니 22 여인마다 그 이웃 사람과 및 자기 집에 우거하는
자에게 은 패물과 금 패물과 의복을 구하여 너희 자녀를
꾸미라 너희가 애굽 사람의 물품을 취하리라
4:1 모세가 대답하여 가로되 그러나 그들이 나를 믿
지 아니하며 내 말을 듣지 아니하고 이르기를 여호
와께서 네게 나타나지 아니하셨다 하리이다 2 여호와께
서 그에게 이르시되 네 손에 있는 것이 무엇이냐 그가 가
로되 지팡이니이다 3 여호와께서 가라사대 그것을 땅에

"So I will stretch out My hand, and strike Egypt with
all My miracles which I shall do in the midst of it; and
after that he will let you go. 21 "And I will grant this people
favor in the sight of the Egyptians; and it shall be that
when you go, you will not go empty-handed. 22 "But every
woman shall ask of her neighbor and the woman who
lives in her house, articles of silver and articles of gold,
and clothing; and you will put them on your sons and
daughters. Thus you will plunder the Egyptians."
4:1 ¶ Then Moses answered and said, "What if they
will not believe me, or listen to what I say? For they
may say, 'The LORD has not appeared to you.'" 2 And

출

//(결과)
그 손에서 지팡이가 된지라

5 [여호와께서] **또 가라사대** ...하시고

//이는(목적, לְ, that... may)
그들로(이) —— 믿게 함이니라
/그 조상의 하나님
곧 아브라함의 하나님,
이삭의 하나님,
야곱의 하나님 여호와가 네게 나타난 줄을

6 여호와께서 **또 가라사대**
/네 손을 품에 넣으라 하시매
[그가] **넣었다가**
/손을 품에

//(결과)
그 손에 문둥병이 발하여 눈같이 흰지라
/(그가) 내어보니(내었을 때, 상황; 모든 역본이 지지)

7 [여호와께서] **가라사대**
/네 손을 다시 품에 넣으라 하시매
그가 다시 **넣었다가**
/손을 품에

//(결과)
손이 여상하더라
/(그가) 내어보니(상황)

8 여호와께서 **가라사대**
/[만일]
그들이 —— 너를 믿지 아니하며
그 처음 이적의 표징을 받지 아니하여도(조건절, if)
[그들이] —— 둘째 이적의 표징은 믿으리라

9 /[만일]
그들이 —— 이 두 이적을 믿지 아니하며
네 말을 듣지 아니하거든(조건절, if)
너는 —— 하수를 조금 취하여다가
육지에 부으라

//(결과)
네가 취한 하수가 육지에서 피가 되리라

10 모세가 **고하되**

던지라 곧 땅에 던지니 그것이 뱀이 된지라 모세가 뱀 앞에서 피하매 **4** 여호와께서 모세에게 이르시되 네 손을 내밀어 그 꼬리를 잡으라 그가 손을 내밀어 잡으니 그 손에서 지팡이가 된지라 **5** 또 가라사대 이는 그들로 그 조상의 하나님 곧 아브라함의 하나님,이삭의 하나님,야곱의 하나님 여호와가 네게 나타난 줄을 믿게 함이니라 하시고 **6** 여호와께서 또 가라사대 네 손을 품에 넣으라 하시매 손을 품에 넣었다가 내어보니 그 손에 문둥병이 발하여 눈 같이 흰지라 **7** 가라사대 네 손을 다시 품에 넣으라 하시매 그가 다시 손을 품에 넣었다가 내어보니 손이 여상하더라 **8** 여호와께서 가라사대 그들이 너를 믿지 아니하며 그 처음 이적의 표징을 받지 아니하여도 둘째

the LORD said to him, "What is that in your hand?" And he said, "A staff." **3** Then He said, "Throw it on the ground." So he threw it on the ground, and it became a serpent; and Moses fled from it. **4** But the LORD said to Moses, "Stretch out your hand and grasp it by its tail" — so he stretched out his hand and caught it, and it became a staff in his hand — **5** "that they may believe that the LORD, the God of their fathers, the God of Abraham, the God of Isaac, and the God of Jacob, has appeared to you." **6** And the LORD furthermore said to him, "Now put your hand into your bosom." So he put his hand into his bosom, and when he took it out, behold, his hand was leprous like snow. **7** Then He said, "Put your hand into your bosom again." So he put his hand into his bosom again; and when he took it out of his bosom, behold, it was restored like the rest of his flesh.

/여호와께
/주여!
나는 —— 본래 말에 능치 못한 자라
/주께서 주의 종에게 명하신 후에도
[나는] —— 그러하니

//(이유: כִּי, for)
나는 ┬ 입이 뻣뻣하고
└ 혀가 둔한 자니이다

11 여호와께서 **이르시되**
/그에게
/누가 사람의 입을 지었느뇨?
누가 벙어리나 귀머거리나 눈 밝은 자나
소경이 되게 하였느뇨?
나 여호와가 아니뇨?

12/[너는] —— 이제 가라

//(결과)
내가 ┬ 네 입과 함께 있어서
└ 할 말을 가르치리라

13 모세가 **가로되**
/주여 보낼 만한 자를 보내소서

14 여호와께서 **발하시고**
/노를
/모세를 향하여

가라사대
/레위 사람 네 형 아론이 있지 아니하뇨?

//(이유: כִּי, for)
그의 말 잘함을 내가 아노라

그가 —— 너를 만나러 나오나니
그가 너를 볼 때에(상황절, when)
[그가] —— 마음에 기뻐할 것이라

15/너는 ┬ 그에게 말하고
└ 그 입에 말을 주라

내가 ┬ 네 입과 그의 입에 함께 있어서
└ 너의 행할 일을 가르치리라

이적의 표징은 믿으리라 9 그들이 이 두 이적을 믿지 아
니하며 네 말을 듣지 아니하거든 너는 하수를 조금 취하
여다가 육지에 부으라 네가 취한 하수가 육지에서 피가
되리라 10 모세가 여호와께 고하되 주여 나는 본래 말
에 능치 못한 자라 주께서 주의 종에게 명하신 후에도 그
러하니 나는 입이 뻣뻣하고 혀가 둔한 자니이다 11 여
호와께서 그에게 이르시되 누가 사람의 입을 지었느뇨 누
가 벙어리나 귀머거리나 눈 밝은 자나 소경이 되게 하였
느뇨 나 여호와가 아니뇨 12 이제 가라 내가 네 입과
함께 있어서 할 말을 가르치리라 13 모세가 가로되 주
여 보낼만한 자를 보내소서 14 여호와께서 모세를 향하
여 노를 발하시고 가라사대 레위 사람 네 형 아론이 있지
아니하뇨 그의 말 잘함을 내가 아노라 그가 너를 만나러
나오나니 그가 너를 볼 때에 마음에 기뻐할 것이라 15

8 "And it shall come about that if they will not believe
you or heed the witness of the first sign, they may believe
the witness of the last sign. 9 "But it shall be that if
they will not believe even these two signs or heed what
you say, then you shall take some water from the Nile
and pour it on the dry ground; and the water which you
take from the Nile will become blood on the dry ground."
10 ¶ Then Moses said to the LORD, "Please, Lord, I
have never been eloquent, neither recently nor in time
past, nor since Thou hast spoken to Thy servant; for I
am slow of speech and slow of tongue." 11 And the
LORD said to him, "Who has made man's mouth? Or
who makes him dumb or deaf, or seeing or blind? Is it
not I, the LORD? 12 "Now then go, and I, even I, will
be with your mouth, and teach you what you are to say."
13 But he said, "Please, Lord, now send the message

출

16/그가 — 너를 대신하여 백성에게 말할 것이니
그는 — 네 입을 대신할 것이요
너는 — 그에게 하나님같이 되리라

17/너는 ┬ 이 지팡이를 손에 잡고
└ 이것으로 이적을 행할지니라

18 모세가 **돌아가서**
/장인 이드로에게로
이르되
/그에게
/내가 애굽에 있는 내 형제들에게로 돌아가서
그들이 생존하였는지 보려 하오니
나로 가게 하소서
이드로가 **하니라**
/평안히 가라
/그에게

19 여호와께서 **이르시되**
/모세에게
/미디안에서
/[너는] — 애굽으로 돌아가라

//(이유: כִּי, for)
네 생명을 찾던 자가 다 죽었느니라

20 모세가 **태우고**
/그 아내와 아들들을
/나귀에
돌아가는데
/애굽으로
잡았더라
/하나님의 지팡이를
/손에

21 여호와께서 **이르시되...**하시니라
/모세에게
/네가 애굽으로 돌아가거든(상황절, when)
내가 — 네 손에 준 이적을 바로 앞에서 다 행하라
그러나
내가 — 그의 마음을 강퍅케 한즉

//(결과)
▼

너는 그에게 말하고 그 입에 말을 주라 내가 네 입과 그
의 입에 함께 있어서 너의 행할 일을 가르치리라 **16** 그
가 너를 대신하여 백성에게 말할 것이니 그는 네 입을
대신할 것이요 너는 그에게 하나님 같이 되리라 **17** 너
는 이 지팡이를 손에 잡고 이것으로 이적을 행할지니라
18 모세가 장인 이드로에게로 돌아가서 그에게 이르되
내가 애굽에 있는 내 형제들에게로 돌아가서 그들이 생
존하였는지 보려하오니 나로 가게 하소서 이드로가 그에
게 평안히 가라 하니라 **19** 여호와께서 미디안에서 모세
에게 이르시되 애굽으로 돌아가라 네 생명을 찾던 자가
다 죽었느니라 **20** 모세가 그 아내와 아들들을 나귀에
태우고 애굽으로 돌아가는데 하나님의 지팡이를 손에 잡
았더라 **21** 여호와께서 모세에게 이르시되 네가 애굽으
로 돌아가거든 내가 네 손에 준 이적을 바로 앞에서 다

by whomever Thou wilt." **14** Then the anger of the
LORD burned against Moses, and He said, "Is there not your
brother Aaron the Levite? I know that he speaks fluently.
And moreover, behold, he is coming out to meet you;
when he sees you, he will be glad in his heart. **15** "And
you are to speak to him and put the words in his mouth;
and I, even I, will be with your mouth and his mouth,
and I will teach you what you are to do. **16** "Moreover,
he shall speak for you to the people; and it shall come
about that he shall be as a mouth for you, and you shall
be as God to him. **17** "And you shall take in your hand
this staff, with which you shall perform the signs." **18**
¶ Then Moses departed and returned to Jethro his father-
in-law, and said to him, "Please, let me go, that I may
return to my brethren who are in Egypt, and see if they
are still alive." And Jethro said to Moses, "Go in peace."
19 Now the LORD said to Moses in Midian, "Go back
to Egypt, for all the men who were seeking your life
are dead." **20** So Moses took his wife and his sons and
mounted them on a donkey, and he returned to the land

//(결과)
그가 백성을 놓지 아니하리니

22/너는 — 바로에게 이르기를...하셨다 하라
/여호와의 말씀에
/이스라엘은 내 아들 내 장자라
23/내가 — 네게 이르기를 ...하여도
/[너는] — 내 아들을 놓아서
//(목적: ו, that...may)
나를 섬기게 (하라)

/네가 — 놓기를 거절하니
/내가 — 네 아들 네 장자를 죽이리라

24 여호와께서 **만나사**
/모세를
/길의 숙소에서
하시는지라
/그를 죽이려

25 십보라가 **취하여**
/차돌을
베어
/그 아들의 양피를
던지며
/모세의 발 앞에
가로되
/당신은 참으로 내게 피 남편이로다 하니

26 여호와께서 **놓으시니라**
/모세를
그 때에
십보라가 피 남편이라 함은
할례를 인함이었더라(설명구, 해설구)

27 여호와께서 **이르시되**
/아론에게
/광야에 가서 모세를 맞으라 하시매
그가 **가서**
만나
/모세를
/하나님의 산에서
입맞추니
/그에게

28 모세가 **고하니라**
/아론에게
/여호와께서 자기에게 부탁하여 보내신 모든 말씀과
여호와께서 자기에게 명하신 모든 이적을

행하라 그러나 내가 그의 마음을 강퍅케 한즉 그가 백성
을 놓지 아니하리니 22 너는 바로에게 이르기를 여호와
의 말씀에 이스라엘은 내 아들 내 장자라 23 내가 네게
이르기를 내 아들을 놓아서 나를 섬기게 하라 하여도 네
가 놓기를 거절하니 내가 네 아들 네 장자를 죽이리라 하
셨다 하라 하시니라 24 여호와께서 길의 숙소에서 모세
를 만나사 그를 죽이려 하시는지라 25 십보라가 차돌을
취하여 그 아들의 양피를 베어 모세의 발 앞에 던지며 가
로되 당신은 참으로 내게 피 남편이로다 하니 26 여호
와께서 모세를 놓으시니라 그 때에 십보라가 피 남편이라
함은 할례를 인함이었더라 27 여호와께서 아론에게 이
르시되 광야에 가서 모세를 맞으라 하시매 그가 가서 하

of Egypt. Moses also took the staff of God in his hand.
21 And the LORD said to Moses, "When you go back
to Egypt see that you perform before Pharaoh all the wonders
which I have put in your power; but I will harden his
heart so that he will not let the people go. 22 "Then
you shall say to Pharaoh, 'Thus says the LORD, "Israel
is My son, My first-born. 23 "So I said to you, 'Let
My son go, that he may serve Me'; but you have refused
to let him go. Behold, I will kill your son, your first-
born." 24 ¶ Now it came about at the lodging place
on the way that the LORD met him and sought to put
him to death. 25 Then Zipporah took a flint and cut
off her son's foreskin and threw it at Moses' feet, and
she said, "You are indeed a bridegroom of blood to me."
26 So He let him alone. At that time she said, "You
are a bridegroom of blood" — because of the circumcision.
27 ¶ Now the LORD said to Aaron, "Go to meet Moses
in the wilderness." So he went and met him at the

29 모세와
아론이 가서
모으고
/이스라엘 자손의 모든 장로를

30 아론이 전하고
/모든 말씀을
/여호와께서 모세에게 명하신
행하니
/이적을
/백성 앞에서

31//(결과)
백성이 믿으며
듣고
/여호와께서 이스라엘 자손을 돌아보시고
그 고난을 감찰하셨다 함을
머리 숙여
경배하였더라

5

1 모세와
아론이 가서
/그 후에
이르되
/바로에게
/이스라엘 하나님 여호와의 말씀에...하셨나이다
/[너는] — 내 백성을 보내라
//(결과)
그들이 광야에서 내 앞에 절기를 지킬 것이니라

2 바로가 가로되
/여호와가 누구관대
내가 그 말을 듣고
이스라엘을 보내겠느냐?
/나는 여호와를 알지 못하니
이스라엘도 보내지 아니하리라

3 그들이 가로되
/히브리인의 하나님이 우리에게 나타나셨은즉
우리가 사흘 길쯤 광야에 가서
우리 하나님 여호와께 희생을 드리려 하오니
가기를 허락하소서
/여호와께서 온역이나 칼로 우리를 치실까 두려워하나이다

나님의 산에서 모세를 만나 그에게 입맞추니 28 모세가
여호와께서 자기에게 부탁하여 보내신 모든 말씀과 여호
와께서 자기에게 명하신 모든 이적을 아론에게 고하니라
29 모세와 아론이 가서 이스라엘 자손의 모든 장로를
모으고30 아론이 여호와께서 모세에게 명하신 모든 말
씀을 전하고 백성 앞에서 이적을 행하니31 백성이 믿으
며 여호와께서 이스라엘 자손을 돌아보시고 그 고난을
감찰하셨다 함을 듣고 머리 숙여 경배하였더라
5:1 그 후에 모세와 아론이 가서 바로에게 이르되 이
스라엘 하나님 여호와의 말씀에 내 백성을 보내라 그
들이 광야에서 내 앞에 절기를 지킬 것이니라 하셨나이
다 2 바로가 가로되 여호와가 누구관대 내가 그 말을 듣

mountain of God, and he kissed him. 28 And Moses
told Aaron all the words of the LORD with which He
had sent him, and all the signs that He had commanded
him to do. 29 Then Moses and Aaron went and assembled
all the elders of the sons of Israel; 30 and Aaron spoke
all the words which the LORD had spoken to Moses.
He then performed the signs in the sight of the people.
31 So the people believed; and when they heard that
the LORD was concerned about the sons of Israel and
that He had seen their affliction, then they bowed low
and worshiped.
5:1 ¶ And afterward Moses and Aaron came and said
to Pharaoh, "Thus says the LORD, the God of Israel,
'Let My people go that they may celebrate a feast to
Me in the wilderness.'" 2 But Pharaoh said, "Who is
the LORD that I should obey His voice to let Israel go?

4 애굽 왕이 **이르되...**하니라
/그들에게
/모세와 아론아!
너희가 어찌하여 백성으로 역사를 쉬게 하느냐?
[너희는] 가서 너희의 역사나 하라

5 **또 가로되**
/이제 나라에 이 백성이 많거늘
너희가 그들로 역사를 쉬게 하는도다 하고

6 바로가 **명하여 가로되(말함으로 명했다)**
/백성의 간역자들과 패장들에게
/당일에
7 /너희는 백성에게 다시는 벽돌 소용의 짚을
전과 같이 주지 말고
그들로 가서 스스로 줍게 하라

8 /또 그들의 전에 만든 벽돌 수효대로
그들로 만들게 하고 감하지 말라
그들이 게으르므로 소리질러 이르기를
/우리가 가서 우리 하나님께 희생을 드리자 하나니

9 /그 사람들의 고역을 무겁게 함으로
수고롭게 하여 그들로 거짓말을 듣지 않게 하라

10 간역자들과 패장들이 **나아가**
일러 가로되(말함으로 일렀다)
/백성에게
/바로의 말씀에
/내가 너희에게 짚을 주지 아니하리니

11/너희는 짚을 얻을 곳으로 가서 주우라
너희 일은 조금도 감하지 아니하리라
하셨느니라

12 백성이 **흩어져**
/애굽 온 땅에

//(목적: לְ, to 부정사)

고 이스라엘을 보내겠느냐 나는 여호와를 알지 못하니 이
스라엘도 보내지 아니하리라 **3** 그들이 가로되 히브리인
의 하나님이 우리에게 나타나셨은즉 우리가 사흘 길쯤 광
야에 가서 우리 하나님 여호와께 희생을 드리려 하오니
가기를 허락하소서 여호와께서 온역이나 칼로 우리를 치
실까 두려워하나이다 **4** 애굽왕이 그들에게 이르되 모세
와 아론아 너희가 어찌하여 백성으로 역사를 쉬게 하느냐
가서 너희의 역사나 하라 **5** 또 가로되 이제 나라에 이
백성이 많거늘 너희가 그들로 역사를 쉬게 하는도다 하고
6 바로가 당일에 백성의 간역자들과 패장들에게 명하여
가로되 **7** 너희는 백성에게 다시는 벽돌 소용의 짚을 전
과 같이 주지 말고 그들로 가서 스스로 줍게 하라 **8** 또
그들의 전에 만든 벽돌 수효대로 그들로 만들게 하고 감
하지 말라 그들이 게으르므로 소리질러 이르기를 우리가
가서 우리 하나님께 희생을 드리자 하나니 **9** 그 사람들
의 고역을 무겁게 함으로 수고롭게 하여 그들로 거짓말을
듣지 않게 하라 **10** 간역자들과 패장들이 나아가 백성에
게 일러 가로되 바로의 말씀에 내가 너희에게 짚을 주지
아니하리니 **11** 너희는 짚을 얻을 곳으로 가서 주우라
너희 일은 조금도 감하지 아니하리라 하셨느니라 **12** 백

I do not know the LORD, and besides, I will not let
Israel go." **3** Then they said, "The God of the Hebrews
has met with us. Please, let us go a three days' journey
into the wilderness that we may sacrifice to the LORD
our God, lest He fall upon us with pestilence or with
the sword." **4** But the king of Egypt said to them, "Moses
and Aaron, why do you draw the people away from their
work? Get back to your labors!" **5** Again Pharaoh said,
"Look, the people of the land are now many, and you
would have them cease from their labors!" **6** So the
same day Pharaoh commanded the taskmasters over the
people and their foremen, saying, **7** "You are no longer
to give the people straw to make brick as previously;
let them go and gather straw for themselves. **8** "But the
quota of bricks which they were making previously, you
shall impose on them; you are not to reduce any of it. Because
they are lazy, therefore they cry out, 'Let us go and
sacrifice to our God.' **9** "Let the labor be heavier on
the men, and let them work at it that they may pay no attention
to false words." **10** ¶ So the taskmasters of the people
and their foremen went out and spoke to the people,
saying, "Thus says Pharaoh, 'I am not going to give you
any straw. **11** 'You go and get straw for yourselves wherever
you can find it; but none of your labor will be reduced.'"

//(목적: לְ, to 부정사)
곡초 그루터기를 거두어다가
짚을 대신하니(대신하기 위해서)

13 간역자들이 **독촉하여 가로되**...하며
/그들을
/너희는 짚이 있을 때와 같이
당일 일을 당일에 마치라

14 간역자들이 **때리며**
/바로의
/이스라엘 자손의 패장들을
/자기들의 세운 바
가로되
/너희가 어찌하여
어제와 오늘에 만드는 벽돌의 수효를
전과 같이 채우지 아니하였느냐

15 패장들이 **가서**
/이스라엘 자손의
호소하여 가로되(말함으로 호소하다)
/바로에게
/왕은 어찌하여 종들에게 이같이 하시나이까

16 /종들에게 짚을 주지 아니하고
그들이 우리더러 벽돌을 만들라 하나이다
/종들이 매를 맞으오니
이는 왕의 백성의 허물이니이다

17 바로가 **가로되**
/너희가 게으르다 게으르다
/그러므로
너희가 이르기를... 하는도다
/우리가 가서 여호와께 희생을 드리자

18 /이제 가서 일하라
짚은 너희에게 주지 않을지라도
너희가 벽돌은 여수히 바칠지니라

19 패장들이 **듣고**
/이스라엘 자손의
/너희의 매일 만드는 벽돌을
조금도 감하지 못하리라 함을
알고
/화가 몸에 미친 줄

성이 애굽 온 땅에 흩어져 곡초 그루터기를 거두어다가
짚을 대신하니 **13** 간역자들이 그들을 독촉하여 가로되
너희는 짚이 있을 때와 같이 당일 일을 당일에 마치라
하며 **14** 바로의 간역자들이 자기들의 세운바 이스라엘
자손의 패장들을 때리며 가로되 너희가 어찌하여 어제와
오늘에 만드는 벽돌의 수효를 전과 같이 채우지 아니하
였느냐 하니라 **15** 이스라엘 자손의 패장들이 가서 바로
에게 호소하여 가로되 왕은 어찌하여 종들에게 이같이
하시나이까 **16** 종들에게 짚을 주지 아니하고 그들이 우
리더러 벽돌을 만들라 하나이다 종들이 매를 맞으오니
이는 왕의 백성의 허물이니이다 **17** 바로가 가로되 너희
가 게으르다 게으르다 그러므로 너희가 이르기를 우리가
가서 여호와께 희생을 드리자 하는도다 **18** 이제 가서
일하라 짚은 너희에게 주지 않을지라도 너희가 벽돌을

12 So the people scattered through all the land of Egypt
to gather stubble for straw. **13** And the taskmasters
pressed them, saying, "Complete your work quota, your daily
amount, just as when you had straw." **14** Moreover,
the foremen of the sons of Israel, whom Pharaoh's
taskmasters had set over them, were beaten and were
asked, "Why have you not completed your required
amount either yesterday or today in making brick as
previously?" **15** ¶ Then the foremen of the sons of
Israel came and cried out to Pharaoh, saying, "Why do
you deal this way with your servants? **16** "There is no straw
given to your servants, yet they keep saying to us, 'Make
bricks!' And behold, your servants are being beaten; but
it is the fault of your own people." **17** But he said,
"You are lazy, very lazy; therefore you say, 'Let us go
and sacrifice to the LORD.' **18** "So go now and work;
for you shall be given no straw, yet you must deliver
the quota of bricks." **19** And the foremen of the sons

20 그들이 바로를 떠나 나올 때에(상황절, when)
[그들이] **만나**
/모세와 아론이 길에 선 것을

21 **이르되**
/그들에게
/너희가 우리로 바로의 눈과 그 신하의 눈에
미운 물건이 되게 하고
그들의 손에 칼을 주어
우리를 죽이게 하는도다
/여호와는 너희를 감찰하시고 판단하시기를 원하노라

22 모세가 **돌아와서**
/여호와께
고하되
/주여 어찌하여
이 백성으로 학대를 당케 하셨나이까
어찌하여 나를 보내셨나이까

23/내가 바로에게 와서
주의 이름으로 말함으로부터
그가 이 백성을 더 학대하며
주께서도 주의 백성을 구원치 아니하시나이다

6

1 여호와께서 **이르시되**
/모세에게
/네가 —— 보리라
/이제
/내가 바로에게 하는 일을
/바로가 —그들을 보내리라

//(이유: כִּי, for)
강한 손을 더하므로
/바로가 — 그들을 쫓아내리라
/그 땅에서
/강한 손을 더하므로(under...)

2 하나님이 **말씀하여**
/모세에게
가라사대
/나는 여호와로라

여수히 바칠지니라 **19** 이스라엘 자손의 패장들이 너희
의 매일 만드는 벽돌을 조금도 감하지 못하리라 함을 듣
고 화가 몸에 미친 줄 알고 **20** 그들이 바로를 떠나 나
올 때에 모세와 아론이 길에 선 것을 만나 **21** 그들에게
이르되 너희가 우리로 바로의 눈과 그 신하의 눈에 미운
물건이 되게 하고 그들의 손에 칼을 주어 우리를 죽이게
하는도다 여호와는 너희를 감찰하시고 판단하시기를 원
하노라 **22** 모세가 여호와께 돌아와서 고하되 주여 어찌
하여 이 백성으로 학대를 당케 하셨나이까 어찌하여 나를
보내셨나이까 **23** 내가 바로에게 와서 주의 이름으로 말
함으로부터 그가 이 백성을 더 학대하며 주께서도 주의
백성을 구원치 아니하시나이다
6:1 여호와께서 모세에게 이르시되 이제 내가 바로에
게 하는 일을 네가 보리라 강한 손을 더하므로 바로

of Israel saw that they were in trouble because they were
told, "You must not reduce your daily amount of bricks."
20 When they left Pharaoh's presence, they met Moses
and Aaron as they were waiting for them. **21** And they
said to them, "May the LORD look upon you and judge
you, for you have made us odious in Pharaoh's sight
and in the sight of his servants, to put a sword in their
hand to kill us." **22** ¶ Then Moses returned to the
LORD and said, "O Lord, why hast Thou brought harm
to this people? Why didst Thou ever send me? **23** "Ever
since I came to Pharaoh to speak in Thy name, he has
done harm to this people; and Thou hast not delivered
Thy people at all."
6:1 ¶ Then the LORD said to Moses, "Now you shall
see what I will do to Pharaoh; for under compulsion
he shall let them go, and under compulsion he shall

출

3 /내가 ── 나타났으나
/아브라함과 이삭과 야곱에게
/전능의 하나님으로
── 알리지 아니하였고
/나의 이름을 여호와로는
/그들에게

4 /[내가] ── 그들과 언약하였더니
/주기로
/가나안 땅
곧 그들의 우거하는 땅을

5 /이제
[내가] ── 듣고
/이스라엘 자손의 신음을
/애굽 사람이 종을 삼은
── 기억하노라
/나의 언약을

6 /그러므로
[너는] ── 이스라엘 자손에게 말하기를
/나는 ── 여호와라
내가 ── 너희를 빼어내며
/애굽 사람의 무거운 짐 밑에서
── 너희를 건지며
/그 고역에서
── 너희를 구속하여
/편 팔과 큰 재앙으로
7 / ── 너희로 내 백성을 삼고
나는 ── 너희 하나님이 되리니
너희가 - 알지라
/나는 ── 너희 하나님 여호와인 줄
/애굽 사람의 무거운 짐 밑에서
너희를 빼어낸

8 /내가 ── 너희를 인도하고
/주기로 맹세한 땅으로
/아브라함과 이삭과 야곱에게
── 그 땅을 너희에게 주어
/기업을 삼게 하리라
/나는 ── 여호와로라 하셨다 하라

가 그들을 보내리라 강한 손을 더하므로 바로가 그들을
그 땅에서 쫓아내리라 2 하나님이 모세에게 말씀하여 가
라사대 나는 여호와로라 3 내가 아브라함과 이삭과 야곱
에게 전능의 하나님으로 나타났으나 나의 이름을 여호와
로는 그들에게 알리지 아니하였고 4 가나안 땅 곧 그들
의 우거하는 땅을 주기로 그들과 언약하였더니 5 이제
애굽 사람이 종을 삼은 이스라엘 자손의 신음을 듣고 나
의 언약을 기억하노라 6 그러므로 이스라엘 자손에게 말
하기를 나는 여호와라 내가 애굽 사람의 무거운 짐 밑에
서 너희를 빼어내며 그 고역에서 너희를 건지며 편 팔과
큰 재앙으로 너희를 구속하여 7 너희로 내 백성을 삼고
나는 너희 하나님이 되리니 나는 애굽 사람의 무거운 짐
밑에서 너희를 빼어 낸 너희 하나님 여호와인 줄 너희가
알지라 8 내가 아브라함과 이삭과 야곱에게 주기로 맹세

drive them out of his land." 2 God spoke further to
Moses and said to him, "I am the LORD; 3 and I
appeared to Abraham, Isaac, and Jacob, as God Almighty,
but by My name, LORD, I did not make Myself known
to them. 4 "And I also established My covenant with
them, to give them the land of Canaan, the land in which
they sojourned. 5 "And furthermore I have heard the groaning
of the sons of Israel, because the Egyptians are holding
them in bondage; and I have remembered My covenant.
6 "Say, therefore, to the sons of Israel, 'I am the LORD,
and I will bring you out from under the burdens of the
Egyptians, and I will deliver you from their bondage. I
will also redeem you with an outstretched arm and with great
judgments. 7 'Then I will take you for My people, and
I will be your God; and you shall know that I am the
LORD your God, who brought you out from under the
burdens of the Egyptians. 8 'And I will bring you to
the land which I swore to give to Abraham, Isaac, and

9 모세가 **전하나**
/이스라엘 자손에게
/이와 같이
그들이 **듣지 아니하였더라**
/모세를

//(이유: כִּי, because of)
마음의 상함과 역사의 혹독함을 인하여

10 여호와께서 **일러 가라사대**
/모세에게
11/[너는] ─ 들어가서
─ 애굽 왕 바로에게 **말하여**
/이스라엘 자손을 그 땅에서 내어 보내게 하라

12 모세가 **고하여 가로되**
/여호와 앞에
/이스라엘 자손도 나를 듣지 아니하였거든
바로가 어찌 들으리이까?
나는 입이 둔한 자니이다

13 여호와께서 **말씀하사**
/모세와 아론에게
명을 전하고(명을 전하게 하다)
/그들로
/이스라엘 자손과 애굽 왕 바로에게

//(목적: לְ, to부정사)
이스라엘 자손을 애굽 땅에서 인도하여 내게 [하시니라]

14 집의 어른은 **이러하니라**
/그 조상을 따라

//(동격; 즉)
이스라엘의 장자 르우벤의 아들
하녹과 발루와 헤스론과 갈미니 이들은
르우벤의 족장이요

15 시므온의 아들
여무엘과 야민과 오핫과 야긴과 소할과
가나안 여인의 소생 사울이니
이들은 시므온의 족장이요

16 레위의 아들들의 이름은
그 연치대로 이러하니
게르손과 고핫과 므라리요
레위의 수는 일백삼십칠 세이었으며

한 땅으로 너희를 인도하고 그 땅을 너희에게 주어 기업
을 삼게 하리라 나는 여호와로라 하셨다 하라 9 모세가
이와 같이 이스라엘 자손에게 전하나 그들이 마음의 상함
과 역사의 혹독함을 인하여 모세를 듣지 아니하였더라
10 여호와께서 모세에게 일러 가라사대 11 들어가서
애굽 왕 바로에게 말하여 이스라엘 자손을 그 땅에서 내
어 보내게 하라 12 모세가 여호와 앞에 고하여 가로되
이스라엘 자손도 나를 듣지 아니하였거든 바로가 어찌 들
으리이까 나는 입이 둔한 자니이다 13 여호와께서 모세
와 아론에게 말씀하사 그들로 이스라엘 자손과 애굽왕 바
로에게 명을 전하고 이스라엘 자손을 애굽 땅에서 인도하
여 내게 하시니라 14 그 조상을 따라 집의 어른은 이러
하니라 이스라엘의 장자 르우벤의 아들 하녹과 발루와 헤
스론과 갈미니 이들은 르우벤의 족장이요 15 시므온의
아들 여무엘과 야민과 오핫과 야긴과 소할과 가나안 여인
의 소생 사울이니 이들은 시므온의 족장이요 16 레위의

Jacob, and I will give it to you for a possession; I am
the LORD.'" 9 So Moses spoke thus to the sons of
Israel, but they did not listen to Moses on account of
their despondency and cruel bondage. 10 Now the
LORD spoke to Moses, saying, 11 "Go, tell Pharaoh
king of Egypt to let the sons of Israel go out of his
land." 12 But Moses spoke before the LORD, saying,
"Behold, the sons of Israel have not listened to me; how
then will Pharaoh listen to me, for I am unskilled in speech?"
13 Then the LORD spoke to Moses and to Aaron, and
gave them a charge to the sons of Israel and to Pharaoh
king of Egypt, to bring the sons of Israel out of the land
of Egypt. 14 ¶ These are the heads of their fathers'
households. The sons of Reuben, Israel's first-born:
Hanoch and Pallu, Hezron and Carmi; these are the
families of Reuben. 15 And the sons of Simeon: Jemuel

출

17 게르손의 아들들은
그 가족대로 립니와 시므이요

18 고핫의 아들들은
아므람과 이스할과 헤브론과 웃시엘이요
고핫의 수는 일백삼십삼 세이었으며

19 므라리의 아들은
마흘리와 무시니
이들은 그 연치대로 레위의 족장이요

20 아므람이 그 아비의 누이 요게벳을 아내로 취하였고
그가 아론과 모세를 낳았으며
아므람의 수는 일백삼십칠 세이었으며

21 이스할의 아들은
고라와 네벡과 시그리요

22 웃시엘의 아들은
미사엘과 엘사반과 시드리요

23 아론이 ─ 취하였고
/암미나답의 딸 나손의 누이 엘리세바를
/아내로
그가 ── 낳았으며
/나답과 아비후와 엘르아살과 이다말을

24 고라의 아들은
앗실과 엘가나와 아비아삽이니
이들은 고라 사람의 족장이요

25 아론의 아들
엘르아살이 부디엘의 딸 중에서 아내를 취하였고
그가 비느하스를 낳았으니
이들은 레위 사람의 조상을 따라 가족의 어른들이라

26 이스라엘 자손을 그 군대대로 애굽 땅에서 인도하라
하신 여호와의 명을 받은 자는
이 아론과 모세요

아들들의 이름은 그 연치대로 이러하니 게르손과 고핫과
므라리요 레위의 수는 일백 삼십 칠세이었으며 17 게르
손의 아들들은 그 가족대로 립니와 시므이요 18 고핫의
아들들은 아므람과 이스할과 헤브론과 웃시엘이요 고핫
의 수는 일백삼십삼 세이었으며 19 므라리의 아들은 마
흘리와 무시니 이들은 그 연치대로 레위의 족장이요 20
아므람이 그 아비의 누이 요게벳을 아내로 취하였고 그
가 아론과 모세를 낳았으며 아므람의 수는 일백삼십칠
세이었으며 21 이스할의 아들은 고라와 네벡과 시그리
요 22 웃시엘의 아들은 미사엘과 엘사반과 시드리요
23 아론이 암미나답의 딸 나손의 누이 엘리세바를 아내
로 취하였고 그가 나답과 아비후와 엘르아살과 이다말을
낳았으며 24 고라의 아들은 앗실과 엘가나와 아비아삽
이니 이들은 고라 사람의 족장이요 25 아론의 아들 엘
르아살이 부디엘의 딸 중에서 아내를 취하였고 그가 비
느하스를 낳았으니 이들은 레위 사람의 조상을 따라 가
족의 어른들이라 26 이스라엘 자손을 그 군대대로 애굽
땅에서 인도하라 하신 여호와의 명을 받은 자는 이 아론

and Jamin and Ohad and Jachin and Zohar and Shaul
the son of a Canaanite woman; these are the families of
Simeon. 16 And these are the names of the sons of
Levi according to their generations: Gershon and Kohath
and Merari; and the length of Levi's life was one hundred
and thirty-seven years. 17 The sons of Gershon: Libni
and Shimei, according to their families. 18 And the
sons of Kohath: Amram and Izhar and Hebron and Uzziel;
and the length of Kohath's life was one hundred and
thirty-three years. 19 And the sons of Merari: Mahli
and Mushi. These are the families of the Levites according
to their generations. 20 And Amram married his father's
sister Jochebed, and she bore him Aaron and Moses;
and the length of Amram's life was one hundred and
thirty-seven years. 21 And the sons of Izhar: Korah
and Nepheg and Zichri. 22 And the sons of Uzziel: Mishael
and Elzaphan and Sithri. 23 And Aaron married Elisheba,
the daughter of Amminadab, the sister of Nahshon, and
she bore him Nadab and Abihu, Eleazar and Ithamar.
24 And the sons of Korah: Assir and Elkanah and Abiasaph;
these are the families of the Korahites. 25 And Aaron's
son Eleazar married one of the daughters of Putiel, and

27 애굽 왕 바로에게 이스라엘 자손을 애굽에서 내어 보내라
말한 자도 이 모세와 아론이었더라

28-29
여호와께서 애굽 땅에서 모세에게 말씀하시던 날에(29절의 상황)
여호와께서 **일러 가라사대**
/모세에게
/나는 여호와라
내가 네게 이르는 바를
너는 애굽 왕 바로에게 다 고하라
30 모세가 **고하되**
/여호와 앞에서
/나는 입이 둔한 자이오니
바로가 어찌 나를 들으리이까

7

1 여호와께서 **이르시되**
/모세에게
/볼지어다
내가 ── 신이 되게 하였은즉
/너로
/바로에게
아론은 ── 네 대언자가 되리니
/네 형

2 /너는 ── 말하고
/내가 네게 명한 바를
/네 형 아론에게
그는 ── 바로에게 말하여

//(결과)
그로 ── 보내게 할지니라
/이스라엘 자손을
/그 땅에서

3 /내가 ── 강퍅케 하고
/바로의 마음을
── 많이 행하리라마는
/나의 표징과 나의 이적을
/애굽 땅에

과 모세요 **27** 애굽 왕 바로에게 이스라엘 자손을 애굽
에서 내어 보내라 말한 자도 이 모세와 아론이었더라
28 여호와께서 애굽 땅에서 모세에게 말씀하시던 날에
29 여호와께서 모세에게 일러 가라사대 나는 여호와라
내가 네게 이르는 바를 너는 애굽 왕 바로에게 다 고하라
30 모세가 여호와 앞에서 고하되 나는 입이 둔한 자이
오니 바로가 어찌 나를 들으리이까
7:1 여호와께서 모세에게 이르시되 볼지어다 내가 너
로 바로에게 신이 되게 하였은즉 네 형 아론은 네
대언자가 되리니 **2** 내가 네게 명한 바를 너는 네 형 아
론에게 말하고 그는 바로에게 말하여 그로 이스라엘 자
손을 그 땅에서 보내게 할지니라 **3** 내가 바로의 마음을

she bore him Phinehas. These are the heads of the fathers'
households of the Levites according to their families.
26 It was the same Aaron and Moses to whom the
LORD said, "Bring out the sons of Israel from the land
of Egypt according to their hosts." **27** They were the
ones who spoke to Pharaoh king of Egypt about bringing
out the sons of Israel from Egypt; it was the same Moses
and Aaron. **28** ¶ Now it came about on the day when
the LORD spoke to Moses in the land of Egypt, **29**
that the LORD spoke to Moses, saying, "I am the LORD;
speak to Pharaoh king of Egypt all that I speak to you."
30 But Moses said before the LORD, "Behold, I am
unskilled in speech; how then will Pharaoh listen to
me?"
7:1 ¶ Then the LORD said to Moses, "See, I make
you as God to Pharaoh, and your brother Aaron shall
be your prophet. **2** "You shall speak all that I command
you, and your brother Aaron shall speak to Pharaoh that

출

4 /바로가 — 너희를 듣지 아니할 터인즉(상황절, when)
내가 — 내 손을 애굽에 더하여
여러 큰 재앙을 내리고
인도하여 낼지라
/내 군대,
내 백성 이스라엘 자손을
/그 땅에서

5 /내가 — 내 손을 애굽 위에 펴서
인도하여 낼 때에야(상황절, when)
/이스라엘 자손을
/그 땅에서
애굽 사람이 — 나를 여호와인 줄 알리라 (하시매)

6 모세와
아론이 — **행하였더라**
/그대로
/곧
/여호와께서 자기들에게 명하신 대로

7 그들이 바로에게 말할 때에(상황절, when)
모세는 **팔십 세이었고**
아론은 **팔십삼 세이었더라**

8 여호와께서 **일러 가라사대**
/모세와 아론에게

9 /바로가 너희에게 이르기를(상황절, When)
/너희는 이적을 보이라 하거든
너는 아론에게 **명하기를**
/너의 지팡이를 가져 바로 앞에 던지라 하라
그것이 뱀이 되리라

10 모세와
아론이 — **가서**
/바로에게
행하여
/여호와의 명하신 대로
던지매
/지팡이를
/바로와 그 신하 앞에

//(결과)
뱀이 된지라

강퍅케 하고 나의 표징과 나의 이적을 애굽 땅에 많이
행하리라마는 4 바로가 너희를 듣지 아니할 터인즉 내가
내 손을 애굽에 더하여 여러 큰 재앙을 내리고 내 군대
내 백성 이스라엘 자손을 그 땅에서 인도하여 낼지라 5
내가 내 손을 애굽 위에 펴서 이스라엘 자손을 그 땅에
서 인도하여 낼 때에야 애굽 사람이 나를 여호와인 줄
알리라 하시매 6 모세와 아론이 여호와께서 자기들에게
명하신대로 곧 그대로 행하였더라 7 그들이 바로에게 말
할 때에 모세는 팔십 세이었고 아론은 팔십삼 세이었더
라 8 여호와께서 모세와 아론에게 일러 가라사대 9 바
로가 너희에게 이르기를 너희는 이적을 보이라 하거든
너는 아론에게 명하기를 너의 지팡이를 가져 바로 앞에
던지라 하라 그것이 뱀이 되리라 10 모세와 아론이 바
로에게 가서 여호와의 명하신대로 행하여 아론이 바로와

he let the sons of Israel go out of his land. 3 "But I
will harden Pharaoh's heart that I may multiply My signs
and My wonders in the land of Egypt. 4 "When Pharaoh
will not listen to you, then I will lay My hand on Egypt,
and bring out My hosts, My people the sons of Israel,
from the land of Egypt by great judgments. 5 "And the
Egyptians shall know that I am the LORD, when I stretch
out My hand on Egypt and bring out the sons of Israel
from their midst." 6 So Moses and Aaron did it; as the
LORD commanded them, thus they did. 7 And Moses
was eighty years old and Aaron eighty-three, when they
spoke to Pharaoh. 8 Now the LORD spoke to Moses
and Aaron, saying, 9 "When Pharaoh speaks to you,
saying, 'Work a miracle,' then you shall say to Aaron,

11 바로도 **부르매**
/박사와 박수를
술객들도 **행하되**
/그 애굽 /그와 같이
/애굽 그 술법으로

12 각 사람이 **던지매**
/지팡이를

//(결과)
(그것이) —— 뱀이 되었으나
지팡이가 —— 삼키니라
/아론의 /그들의 지팡이를

13 그러나
마음이 —— **강퍅하여**
/바로의
듣지 아니하니
/그들을
/여호와의 말씀과 같더라(...말씀과 같이)

14 여호와께서 **이르시되**
/모세에게
/바로의 마음이 — 완강하여
[그가] —— 거절하는도다
/백성 보내기를

15 /아침에
너는 —— 바로에게로 가라
그가 —— 물로 나오리니
너는 —— 하숫가에 서서
그를 맞으며
지팡이를 손에 잡고
/그 뱀 되었던
16 / 그에게 이르기를... 하였으나
/여호와께서 — 나를 왕에게 보내어
/하나님
/히브리 사람의

//(목적: לְ, to)
이르시되
/내 백성을 보내라
//(결과)
그들이 – 나를 섬길 것이니라
/광야에서

/이제까지

그 신하 앞에 지팡이를 던졌더니 뱀이 된지라 **11** 바로
도 박사와 박수를 부르매 그 애굽 술객들도 그 술법으로
그와 같이 행하되 **12** 각 사람이 지팡이를 던지매 뱀이
되었으나 아론의 지팡이가 그들의 지팡이를 삼키니라
13 그러나 바로의 마음이 강퍅하여 그들을 듣지 아니하
니 여호와의 말씀과 같더라 **14** 여호와께서 모세에게 이
르시되 바로의 마음이 완강하여 백성 보내기를 거절하는
도다 **15** 아침에 너는 바로에게로 가라 그가 물로 나오
리니 너는 하숫가에 서서 그를 맞으며 그 뱀 되었던 지팡
이를 손에 잡고 **16** 그에게 이르기를 히브리 사람의 하
나님 여호와께서 나를 왕에게 보내어 이르시되 내 백성을
보내라 그들이 광야에서 나를 섬길 것이니라 하였으나 이

'Take your staff and throw it down before Pharaoh, that
it may become a serpent.'" **10** So Moses and Aaron
came to Pharaoh, and thus they did just as the LORD
had commanded; and Aaron threw his staff down before
Pharaoh and his servants, and it became a serpent. **11**
Then Pharaoh also called for the wise men and the
sorcerers, and they also, the magicians of Egypt, did the
same with their secret arts. **12** For each one threw down
his staff and they turned into serpents. But Aaron's staff
swallowed up their staffs. **13** Yet Pharaoh's heart was
hardened, and he did not listen to them, as the LORD
had said. **14** ¶ Then the LORD said to Moses, "Pharaoh's
heart is stubborn; he refuses to let the people go. **15**
"Go to Pharaoh in the morning as he is going out to

/이제까지
네가 듣지 아니하도다

17 /여호와가 ─ 이같이 이르노니...하셨느니라
/네가 ─ 나를 여호와인 줄 알리라
/이로 인하여

/볼지어다
내가 ── 내 손의 지팡이로 하수를 치면
그것이 ── 피로 변하고

18 /하수의 고기가 ─ 죽고
악취가 ── 나리니
/그 물에서는
애굽 사람들이 ─ 싫어하리라 하라
/그 물 마시기를

19 여호와께서 **또 이르시되**
/[너는] ─ 아론에게 **명하기를**
/[너는] ┬ 네 지팡이를 잡고
└ 네 팔을 펴라 하라
/애굽의 물들과
하수들과
운하와
못과
모든 호수 위에

//(결과)
그것들이 ─ 피가 되리니
피가 ── 있으리라
/애굽 온 땅에와
/나무 그릇에와
돌 그릇에
/모두(=모든)

20 모세와 ┐
아론이 ┴── **행하여**
/여호와의 명하신 대로
들어
/지팡이를
/바로와 그 신하의 목전에서
치니
/하수를

//*(결과)*

제까지 네가 듣지 아니하도다 **17** 여호와가 이같이 이르노니 네가 이로 인하여 나를 여호와인 줄 알리라 하셨느니라 볼지어다 내가 내 손의 지팡이로 하수를 치면 그것이 피로 변하고 **18** 하수의 고기가 죽고 그 물에서는 악취가 나리니 애굽 사람들이 그 물 마시기를 싫어하리라 하라 **19** 여호와께서 또 모세에게 이르시되 아론에게 명하기를 네 지팡이를 잡고 네 팔을 애굽의 물들과 하수들과 운하와 못과 모든 호수위에 펴라 하라 그것들이 피가 되리니 애굽 온 땅에와 나무 그릇에와 돌 그릇에 모두 피가 있으리라 **20** 모세와 아론이 여호와의 명하신대로

the water, and station yourself to meet him on the bank of the Nile; and you shall take in your hand the staff that was turned into a serpent.
16 "And you will say to him, 'The LORD, the God of the Hebrews, sent me to you, saying, "Let My people go, that they may serve Me in the wilderness. But behold, you have not listened until now."
17 'Thus says the LORD, "By this you shall know that I am the LORD: behold, I will strike the water that is in the Nile with the staff that is in my hand, and it shall be turned to blood.
18 "And the fish that are in the Nile will die, and the Nile will become foul; and the Egyptians will find difficulty in drinking water from the Nile."'"
19 Then the LORD said to Moses, "Say to Aaron, 'Take your staff and stretch out your hand over the waters of Egypt, over their rivers, over their streams, and over their pools, and over all their reservoirs of water, that they may become blood; and there shall be blood throughout all the land of Egypt, both in vessels of wood and in vessels of stone.'"
20 ¶ So Moses and Aaron did even as the LORD had commanded. And he lifted

//(결과)
그 물이 다 피로 변하고
21 하수의 고기가 죽고
그 물에서는 악취가 나니
애굽 사람들이 하숫물을 마시지 못하며
애굽 온 땅에는 피가 있으나

22 술객들도 —— **행하므로**(이유가 아님)
/애굽의 /그와같이
/애굽의 자기 술법으로

//(결과)
마음이 —— 강퍅하여
/바로의
듣지 아니하니
/그들을
/여호와의 말씀과 같더라(...말씀과 같이)

23 바로가 **돌이켜**
들어가고
/궁으로
관념하지 아니하였고
/그 일에도

24 사람들은 **파서 구하였더라**
/(모든)애굽 /하숫가를 두루
/마실 물을

//(이유: כִּי, for)
하숫물을 마실 수 없으므로

25 여호와께서 하수를 치신 후(상황절, after)
칠 일이 **지나니라**

8

1 여호와께서 **이르시되**
/모세에게
/너는 ┬ 바로에게 가서
└ 그에게 이르기를
/여호와의(께서) — 말씀에
/[너는]—— 내 백성을 보내라

//(목적)
그들이 - 나를 섬길 것이니라

행하여 바로와 그 신하의 목전에서 지팡이를 들어 하수를
치니 그 물이 다 피로 변하고 21 하수의 고기가 죽고
그 물에서는 악취가 나니 애굽 사람들이 하수물을 마시지
못하며 애굽 온 땅에는 피가 있으나 22 애굽 술객들도
자기 술법으로 그와 같이 행하므로 바로의 마음이 강퍅하
여 그들을 듣지 아니하니 여호와의 말씀과 같더라 23
바로가 돌이켜 궁으로 들어가고 그 일에도 관념하지 아니
하였고 24 애굽 사람들은 하수 물을 마실 수 없으므로
하숫가를 두루 파서 마실 물을 구하였더라 25 여호와께
서 하수를 치신 후 칠 일이 지나니라
8:1 여호와께서 모세에게 이르시되 너는 바로에게 가
서 그에게 이르기를 여호와의 말씀에 내 백성을 보내

up the staff and struck the water that was in the Nile,
in the sight of Pharaoh and in the sight of his servants,
and all the water that was in the Nile was turned to
blood. 21 And the fish that were in the Nile died, and
the Nile became foul, so that the Egyptians could not
drink water from the Nile. And the blood was through
all the land of Egypt. 22 But the magicians of Egypt
did the same with their secret arts; and Pharaoh's heart
was hardened, and he did not listen to them, as the
LORD had said. 23 Then Pharaoh turned and went into
his house with no concern even for this. 24 So all the
Egyptians dug around the Nile for water to drink, for
they could not drink of the water of the Nile. 25 And
seven days passed after the LORD had struck the Nile.
8:1 ¶ Then the LORD said to Moses, "Go to Pharaoh
and say to him, 'Thus says the LORD, "Let My
people go, that they may serve Me. 2 "But if you refuse
to let them go, behold, I will smite your whole territory

출

2 /만일
네가 – 보내기를 거절하면(조건절)
내가 – 너의 온 지경을 **칠지라**
/개구리로

3 //(결과)
개구리가 ┬ 무수히 생기고
/하수에서
├ 올라와서
└ 들어갈지며
/네 궁에와
네 침실에와
네 침상 위에와
네 신하의 집에와
네 백성에게와
네 화덕에와
네 떡반죽 그릇에

4 //(계속되는 결과)
개구리가 - 오르리라 하셨다하라
/네게와
네 백성에게와
네 모든 신하에게

5 여호와께서 **이르시되**
/모세에게
/아론에게 명하기를
/[너는] ┬ 네 지팡이를 잡고
├ 네 팔을 강들과 운하들과 못 위에 펴서
└ 개구리로 애굽 땅에 올라오게 하라 할지니라

6 아론이 **펴매**
/팔을
/애굽 물들 위에

//(결과)
개구리가 ┬ 올라와서
└ 애굽 땅에 덮이니

7 술객들도 ┬ **하여**
/이와같이
/자기 술법대로
└ 개구리로 **올라오게 하였더라**[1)]
/애굽 땅에

8 바로가 ┬ **불러**
/모세와 아론을

1) 애굽의 술사들의 이적은 필연적인 결과가 아니라 그들이 만들어낸 과정으로 볼 수 있다. 그래서 결과를 나타내는 종속문장으로 하지 않았다. 아론의 이적은 필연적인 결과이다. 꼭 그렇게 될 수밖에 없는... 본문은 이 점을 대조시키고 있다.

라 그들이 나를 섬길 것이니라 2 네가 만일 보내기를 거
절하면 내가 개구리로 너의 온 지경을 칠지라 3 개구리
가 하수에서 무수히 생기고 올라와서 네 궁에와 네 침실
에와 네 침상 위에와 네 신하의 집에와 네 백성에게와
네 화덕에와 네 떡반죽 그릇에 들어갈지며 4 개구리가
네게와 네 백성에게와 네 모든 신하에게 오르리라 하셨
다 하라 5 여호와께서 모세에게 이르시되 아론에게 명하
기를 네 지팡이를 잡고 네 팔을 강들과 운하들과 못 위
에 펴서 개구리로 애굽 땅에 올라오게 하라 할지니라 6
아론이 팔을 애굽 물들 위에 펴매 개구리가 올라와서 애
굽 땅에 덮이니 7 술객들도 자기 술법대로 이와 같이 하
여 개구리로 애굽 땅에 올라오게 하였더라 8 바로가 모

with frogs. 3 "And the Nile will swarm with frogs,
which will come up and go into your house and into
your bedroom and on your bed, and into the houses of
your servants and on your people, and into your ovens
and into your kneading bowls. 4 "So the frogs will come
up on you and your people and all your servants." 5
Then the LORD said to Moses, "Say to Aaron, 'Stretch
out your hand with your staff over the rivers, over the streams
and over the pools, and make frogs come up on the land
of Egypt.'" 6 So Aaron stretched out his hand over the
waters of Egypt, and the frogs came up and covered the
land of Egypt. 7 And the magicians did the same with
their secret arts, making frogs come up on the land of
Egypt. 8 ¶ Then Pharaoh called for Moses and Aaron

이르되
/[너는] — 여호와께 구하여

//(목적)
개구리를 나와 내 백성에게서 떠나게 하라

//(결과)
내가 —— 이 백성을 보내리니
그들이— 여호와께 희생을 드릴 것이니라

9 모세가 **이르되**
/바로에게
/[당신은] ——내게 보이소서
/내가 왕과 왕의 신하와 왕의 백성을 위하여
어느 때에 구하여
이 개구리를 왕과 왕궁에서 끊어서
하수에만 있게 하오리이까?

10 그가 **가로되**
/내일이니라

모세가 **가로되**
/왕의 말씀대로 하여
왕으로 우리 하나님 여호와와 같은 이가
없는 줄을 알게 하리니

11 /개구리가 왕과 왕궁과 왕의 신하와
왕의 백성을 떠나서 하수에만 있으리이다 하고

12 모세와 ——
아론이 —— **떠나**
/바로를
나가서
모세가 **간구하매**
/여호와께
/바로에게 내리신 개구리에 대하여

13 여호와께서 **하시니**
/모세의 말대로

//(결과)
개구리가 —— 나와서
/집에서, 마당에서, 밭에서
죽은지라

세와 아론을 불러 이르되 여호와께 구하여 개구리를 나와
내 백성에게서 떠나게 하라 내가 이 백성을 보내리니 그
들이 여호와께 희생을 드릴 것이니라 9 모세가 바로에게
이르되 내가 왕과 왕의 신하와 왕의 백성을 위하여 어느
때에 구하여 이 개구리를 왕과 왕궁에서 끊어서 하수에만
있게 하오리이까 내게 보이소서 10 그가 가로되 내일이
니라 모세가 가로되 왕의 말씀대로 하여 왕으로 우리 하
나님 여호와와 같은 이가 없는 줄을 알게 하리니 11 개
구리가 왕과 왕궁과 왕의 신하와 왕의 백성을 떠나서 하
수에만 있으리이다 하고 12 모세와 아론이 바로를 떠나
나가서 바로에게 내리신 개구리에 대하여 모세가 여호와
께 간구하매 13 여호와께서 모세의 말대로 하시니 개구
리가 집에서, 마당에서, 밭에서 나와서 죽은지라 14 사
람들이 모아 무더기로 쌓으니 땅에서 악취가 나더라 15

and said, "Entreat the LORD that He remove the frogs
from me and from my people; and I will let the people
go, that they may sacrifice to the LORD." 9 And Moses
said to Pharaoh, "The honor is yours to tell me: when
shall I entreat for you and your servants and your people,
that the frogs be destroyed from you and your houses,
that they may be left only in the Nile?" 10 ¶ Then he
said, "Tomorrow." So he said, "May it be according to
your word, that you may know that there is no one like
the LORD our God. 11 "And the frogs will depart from
you and your houses and your servants and your people;
they will be left only in the Nile." 12 Then Moses and
Aaron went out from Pharaoh, and Moses cried to the LORD
concerning the frogs which He had inflicted upon Pharaoh.
13 And the LORD did according to the word of Moses,
and the frogs died out of the houses, the courts, and the

출

14 사람들이 **모아**
쌓으니
/무더기로
악취가 **나더라**
/땅에서

15 그러나
바로가 — 숨을 통할 수 있음을 볼 때에(상황절, when)
완강케 하여
/그 마음을
듣지 아니하였으니
/그들을
/여호와의 말씀과 같더라

16 여호와께서 **이르시되**
/모세에게
/아론에게 명하기를
/네 지팡이를 들어 땅의 티끌을 치라 하라
그것이 애굽 온 땅에서 이가 되리라

17 그들이 **행할새**
/그대로
아론이 **잡고**
/지팡이를
들어
/손을
치매
/땅의 티끌을

//(결과)
애굽 온 땅의 티끌이 다 이가 되어
사람과 생축에게 오르니

18 술객들이 **내려 하였으나**
/이를
/자기 술법으로
/이같이 행하여
못하였고
이는 **있은지라**
/사람과 생축에게

19 술객이 **고하되**… 하나
/바로에게
/이는 하나님의 권능이니이다

마음이 **강퍅케 되어**
/바로의

그러나 바로가 숨을 통할 수 있음을 볼 때에 그 마음을
완강케 하여 그들을 듣지 아니하였으니 여호와의 말씀과
같더라 16 여호와께서 모세에게 이르시되 아론에게 명
하기를 네 지팡이를 들어 땅의 티끌을 치라 하라 그것이
애굽 온 땅에서 이가 되리라 17 그들이 그대로 행할새
아론이 지팡이를 잡고 손을 들어 땅의 티끌을 치매 애굽
온 땅의 티끌이 다 이가 되어 사람과 생축에게 오르니
18 술객들이 자기 술법으로 이같이 행하여 이를 내려
하였으나 못 하였고 이는 사람과 생축에게 있은지라 19
술객이 바로에게 고하되 이는 하나님의 권능이니이다 하

fields. 14 So they piled them in heaps, and the land
became foul. 15 But when Pharaoh saw that there was
relief, he hardened his heart and did not listen to them,
as the LORD had said. 16 ¶ Then the LORD said to
Moses, "Say to Aaron, 'Stretch out your staff and strike
the dust of the earth, that it may become gnats through
all the land of Egypt.'" 17 And they did so; and Aaron
stretched out his hand with his staff, and struck the dust
of the earth, and there were gnats on man and beast.
All the dust of the earth became gnats through all the
land of Egypt. 18 And the magicians tried with their
secret arts to bring forth gnats, but they could not; so
there were gnats on man and beast. 19 Then the magicians
said to Pharaoh, "This is the finger of God." But Pharaoh's
heart was hardened, and he did not listen to them, as
the LORD had said. 20 ¶ Now the LORD said to Moses,

[바로가] **듣지 아니하였으니**
/그들을
/여호와의 말씀과 같더라

20 여호와께서 **이르시되**
/모세에게
/[너는] ┬ 아침에 일찌기 일어나
└ 바로 앞에 서라
그가 ― 물로 나오리니
[너는] ― 그에게 이르기를
/여호와의 말씀에 내 백성을 보내라
그들이 나를 섬길 것이니라

21 /네가 만일 내 백성을 보내지 아니하면(조건절, if)
내가 ―파리 떼를 보내리니
/너와 네 신하와
네 백성과 네 집들에
//(결과)
애굽 사람의 집집에 파리 떼가 가득할 것이며
그들의 거하는 땅에도 그러하리라

22 /그 날에
내가 ┬ 구별하여
/내 백성의 거하는 고센 땅을
└ 그 곳에는 파리 떼가 없게 하리니

//이로 말미암아 (결과)
네가 ―알게 될 것이라
/나는 세상 중의 여호와인 줄을

23 /내가 ― 구별을 두리니
/내 백성과 네 백성 사이에
내일 이 표징이 있으리라 하셨다 하라 하시고

24 여호와께서 **하시니**
/그와 같이

//(결과)
무수한 파리 떼가 ― 이르니
/바로의 궁에와
그 신하의 집에와
애굽 전국에
땅이 ――― 해를 받더라
/파리 떼로 인하여

출

나 바로의 마음이 강퍅게 되어 그들을 듣지 아니하였으니 여호와의 말씀과 같더라 **20** 여호와께서 모세에게 이르시되 아침에 일찌기 일어나 바로 앞에 서라 그가 물로 나오리니 그에게 이르기를 여호와의 말씀에 내 백성을 보내라 그들이 나를 섬길 것이니라 **21** 네가 만일 내 백성을 보내지 아니하면 내가 너와 네 신하와 네 백성과 네 집들에 파리떼를 보내리니 애굽 사람의 집집에 파리 떼가 가득할 것이며 그들의 거하는 땅에도 그러하리라 **22** 그 날에 내가 내 백성의 거하는 고센 땅을 구별하여 그곳에는 파리 떼가 없게 하리니 이로 말미암아 나는 세상 중의 여호와인 줄 을 네가 알게 될 것이라 **23** 내가 내 백성과 네 백성 사이에 구별을 두리니 내일 이 표징이 있으리라 하셨다 하라 하시고 **24** 여호와께서 그와 같이 하시니 무수한 파리 떼가 바로의 궁에와 그 신하의 집에와 애

"Rise early in the morning and present yourself before Pharaoh, as he comes out to the water, and say to him, 'Thus says the LORD, "Let My people go, that they may serve Me. **21** "For if you will not let My people go, behold, I will send swarms of insects on you and on your servants and on your people and into your houses; and the houses of the Egyptians shall be full of swarms of insects, and also the ground on which they dwell. **22** "But on that day I will set apart the land of Goshen, where My people are living, so that no swarms of insects will be there, in order that you may know that I, the LORD, am in the midst of the land. **23** "And I will put a division between My people and your people. Tomorrow this sign shall occur."'" **24** Then the LORD did so. And there came great swarms of insects into the house of Pharaoh and the houses of his servants and the

출

25 바로가 **불러**
/모세와 아론을
이르되
/너희는 ┬ 가서
└ 이 땅에서 희생을 드리라
/너희 하나님께

26 모세가 **가로되**
/그리함은 불가하니이다

//(이유: כִּי, for)
우리가 — 희생을 드리는 것은(=희생시키기 때문에)
/우리 하나님 여호와께
/애굽 사람의 미워하는 바이온즉(=바를)

(반복)우리가 만일 애굽 사람의 목전에서
희생을 드리면(조건절, if)
그들이 그것을 미워하여
우리를 돌로 치지 아니하리이까

27/우리가 ┬ 들어가서
/광야로
/사흘 길쯤
├ 희생을 드리되
/우리 하나님 여호와께
└ 하려 하나이다
/우리에게 명하시는 대로

28 바로가 **가로되**
/내가 — 너희를 보내리니
너희가 ┬ 광야에서 희생을 드릴 것이나
/너희 하나님 여호와께
└ 너무 멀리는 가지 말라
그런즉
너희는-나를 위하여 기도하라

29 모세가 **가로되**
/내가 ┬ 왕을 떠나가서
└ 여호와께 기도하리니

/내일이면
파리 떼가 — 떠나려니와
/바로와
바로의 신하와
바로의 백성을
바로는 — 다시 거짓을 행치 마소서 하고
/여호와께 희생을 드리는 일에
/이 백성을 보내어

굽 전국에 이르니 파리 떼로 인하여 땅이 해를 받더라
25 바로가 모세와 아론을 불러 이르되 너희는 가서 이
땅에서 너희 하나님께 희생을 드리라 26 모세가 가로되
그리함은 불가하니이다 우리가 우리 하나님 여호와께 희
생을 드리는 것은 애굽 사람의 미워하는 바이온즉 우리
가 만일 애굽 사람의 목전에서 희생을 드리면 그들이 그
것을 미워하여 우리를 돌로 치지 아니하리이까 27 우리
가 사흘길쯤 광야로 들어가서 우리 하나님 여호와께 희
생을 드리되 우리에게 명하시는대로 하려 하나이다 28
바로가 가로되 내가 너희를 보내리니 너희가 너희 하나
님 여호와께 광야에서 희생을 드릴 것이나 너무 멀리는
가지 말라 그런즉 너희는 나를 위하여 기도하라 29 모

land was laid waste because of the swarms of insects in
all the land of Egypt. 25 ¶ And Pharaoh called for
Moses and Aaron and said, "Go, sacrifice to your God within
the land." 26 But Moses said, "It is not right to do so,
for we shall sacrifice to the LORD our God what is an
abomination to the Egyptians. If we sacrifice what is an
abomination to the Egyptians before their eyes, will they
not then stone us? 27 "We must go a three days' journey
into the wilderness and sacrifice to the LORD our God
as He commands us." 28 And Pharaoh said, "I will let
you go, that you may sacrifice to the LORD your God
in the wilderness; only you shall not go very far away.
Make supplication for me." 29 Then Moses said, "Behold,
I am going out from you, and I shall make supplication

30 모세가 **나와서**
/바로를 떠나(=바로로부터)
기도하니
/여호와께

31 여호와께서 **하사**
/모세의 말대로

//(결과)
[여호와께서] — 떠나게 하시니라
/파리를
/바로와
그 신하와
그 백성에게
/몰수히

32 그러나
바로가 **완강케 하여**
/마음을
/이 때에도
보내지 아니하였더라
/백성을

9

1 여호와께서 **이르시되**
/모세에게
/[너는] ─ 바로에게 들어가서
└ 그에게 이르라
/여호와께서 ─ 말씀하시기를
/하나님 /[너는] ─내 백성을 보내라
/히브리 사람의
//(결과)
그들이 나를 섬길 것이니라
2 /만일
네가 ─ 그들 보내기를 거절하고
└ 억지로 잡아 두면(조건절)
3 /여호와의 손이 — 더하리니[2)]
(있을 것이며)
/심한 악질이(로)
/들에 있는 네 생축
/곧 말과 나귀와
약대와 우양에게

2) 직역: 여호와의 손이 ...~에게 심한 악질로 있을 것이다.

세가 가로되 내가 왕을 떠나 가서 여호와께 기도하리니
내일이면 파리 떼가 바로와 바로의 신하와 바로의 백성을
떠나려니와 바로는 이 백성을 보내어 여호와께 희생을 드
리는 일에 다시 거짓을 행치 마소서 하고 30 모세가 바
로를 떠나 나와서 여호와께 기도하니 31 여호와께서 모
세의 말대로 하사 파리를 바로와 그 신하와 그 백성에게
서 몰수히 떠나게 하시니라 32 그러나 바로가 이 때에
도 마음을 완강케 하여 백성을 보내지 아니하였더라
9:1 여호와께서 모세에게 이르시되 바로에게 들어가
서 그에게 이르라 히브리 사람의 하나님 여호와께서
말씀하시기를 내 백성을 보내라 그들이 나를 섬길 것이니
라 2 네가 만일 그들 보내기를 거절하고 억지로 잡아 두

to the LORD that the swarms of insects may depart from
Pharaoh, from his servants, and from his people tomorrow;
only do not let Pharaoh deal deceitfully again in not
letting the people go to sacrifice to the LORD." 30 So
Moses went out from Pharaoh and made supplication to
the LORD. 31 And the LORD did as Moses asked,
and removed the swarms of insects from Pharaoh, from
his servants and from his people; not one remained. 32
But Pharaoh hardened his heart this time also, and he
did not let the people go.
9:1 ¶ Then the LORD said to Moses, "Go to Pharaoh
and speak to him, 'Thus says the LORD, the God
of the Hebrews, "Let My people go, that they may serve
Me. 2 "For if you refuse to let them go, and continue

출

4 /여호와가 ─구별하리니
/이스라엘의 생축과
애굽의 생축을
//(결과)
이스라엘 자손에 속한 것은
하나도 죽지 아니하리라
하셨다 하라 하시고

5 여호와께서 **정하여 가라사대 (말씀함으로 기한을 정하다)**
/기한을
/여호와가 내일 이 땅에서 이 일을 행하리라 하시더니

6 이튿날에
여호와께서 **행하시니**
/이 일을
//(결과)
애굽의 모든 생축은 죽었으나
이스라엘 자손의 생축은 하나도 죽지 아니한지라

7 바로가 **보내어**
본즉
//(결과)
이스라엘의 생축은 하나도 죽지 아니하였더라

그러나
마음이 **완강하여**
/바로의

[그가] **보내지 아니하니라**
/백성을

8 여호와께서 **이르시되**
/모세와 아론에게
/너희는 - 풀무의 재 두 움큼을 가지고
모세가 - 바로의 목전에서 하늘을 향하여 날리라

9//(미래적 결과)
그 재가 ─ 티끌이 되어
/애굽 온 땅의
└ 붙어서
/애굽 온 땅의 사람과 짐승에게

//(결과)
독종이 발하리라

면 **3** 여호와의 손이 들에 있는 네 생축 곧 말과 나귀와
약대와 우양에게 더하리니 심한 악질이 있을 것이며 **4**
여호와가 이스라엘의 생축과 애굽의 생축을 구별하리니
이스라엘 자손에 속한 것은 하나도 죽지 아니하리라 하
셨다 하라 하시고 **5** 여호와께서 기한을 정하여 가라사대
여호와가 내일 이 땅에서 이 일을 행하리라 하시더니 **6**
이튿날에 여호와께서 이 일을 행하시니 애굽의 모든 생
축은 죽었으나 이스라엘 자손의 생축은 하나도 죽지 아
니한지라 **7** 바로가 보내어 본즉 이스라엘의 생축은 하나
도 죽지 아니하였더라 그러나 바로의 마음이 완강하여
백성을 보내지 아니하니라 **8** 여호와께서 모세와 아론에
게 이르시되 너희는 풀무의 재 두 움큼을 가지고 모세가

to hold them, **3** behold, the hand of the LORD will
come with a very severe pestilence on your livestock
which are in the field, on the horses, on the donkeys,
on the camels, on the herds, and on the flocks. **4** "But
the LORD will make a distinction between the livestock
of Israel and the livestock of Egypt, so that nothing will
die of all that belongs to the sons of Israel."'" **5** And
the LORD set a definite time, saying, "Tomorrow the LORD
will do this thing in the land." **6** So the LORD did this
thing on the morrow, and all the livestock of Egypt died;
but of the livestock of the sons of Israel, not one died.
7 And Pharaoh sent, and behold, there was not even
one of the livestock of Israel dead. But the heart of
Pharaoh was hardened, and he did not let the people go.

10 그들이 ─┬─ **가지고**
/풀무의 재를
└─ **서서**
/바로 앞에

모세가 **날리니**
/하늘을 향하여

//(결과)
[그것이] ── 독종이 발하고
/사람과 짐승에게 붙어

11 술객도 모세 앞에 **서지 못하니**
/독종으로 인하여

//(이유)
독종이 ── 발하였음이라
/술객들로부터
애굽 모든 사람에게

12 그러나
여호와께서 **강퍅케 하셨으므로**
/바로의 마음을

그가 **듣지 아니하였으니**
/그들을
/여호와께서 모세에게 말씀하심과 같더라(...과 같이)

13 여호와께서 **이르시되**
/모세에게
/[너는] ┬ 아침에 일찌기 일어나
├ 바로 앞에 서서
└ 그에게 이르기를
/여호와의 ── **말씀에**
/하나님 /[너는] ─ 내 백성을 보내라
/히브리 사람의

//(결과)
그들이 - 나를 섬길 것이니라

14 //(이유: כִּי, for)
내가 ─이번에는 내려
/모든 재앙을
/네 마음과
네 신하와
네 백성에게
//(결과)

바로의 목전에서 하늘을 향하여 날리라 **9** 그 재가 애굽
온 땅의 티끌이 되어 애굽 온 땅의 사람과 짐승에게 붙어
서 독종이 발하리라 **10** 그들이 풀무의 재를 가지고 바
로 앞에 서서 모세가 하늘을 향하여 날리니 사람과 짐승
에게 붙어 독종이 발하고 **11** 술객도 독종으로 인하여
모세 앞에 서지 못하니 독종이 술객들로 부터 애굽 모든
사람에게 발하였음이라 **12** 그러나 여호와께서 바로의
마음을 강퍅케 하셨으므로 그들을 듣지 아니하였으니 여
호와께서 모세에게 말씀하심과 같더라 **13** 여호와께서
모세에게 이르시되 아침에 일찌기 일어나 바로 앞에 서서
그에게 이르기를 히브리 사람의 하나님 여호와의 말씀에
내 백성을 보내라 그들이 나를 섬길 것이니라 **14** 내가

8 ¶ Then the LORD said to Moses and Aaron, "Take
for yourselves handfuls of soot from a kiln, and let
Moses throw it toward the sky in the sight of Pharaoh.
9 "And it will become fine dust over all the land of
Egypt, and will become boils breaking out with sores
on man and beast through all the land of Egypt." **10**
So they took soot from a kiln, and stood before Pharaoh;
and Moses threw it toward the sky, and it became boils
breaking out with sores on man and beast. **11** And the
magicians could not stand before Moses because of the boils,
for the boils were on the magicians as well as on all
the Egyptians. **12** And the LORD hardened Pharaoh's heart,
and he did not listen to them, just as the LORD had
spoken to Moses.

출

//(결과)
너로 - 알게 하리라
/온 천하에
/나와 같은 자가 없음을

15 /[만일]
내가 ┬ 손을 펴서
└ 온역으로 너와 네 백성을 쳤더면(조건절)
네가 ─ 세상에서 끊어졌을 것이나

16 /내가 ─ 너를 세웠음은

//(목적)
나의 능력을 네게 보이고
내 이름이 온 천하에 전파되게 하려
하였음이니라

17 /네가 ┬ 여전히 내 백성 앞에 자고하고
└ 그들을 보내지 아니하느냐

18 /내일 이맘때면
내가 ─ 중한 우박을 내리리니
그같은 것이 ─ 있지 않던 것이리라
/애굽 개국 이래로

19 /이제
[너는] ┬ 보내어
└ 다 모으라
/네 생축과 네 들에 있는 것을

우박이 ─ 그 위에 내리리니
/사람이나 짐승이나
무릇 들에 있어서
집에 돌아오지 않은 자에게는

//(결과)
그것들이 죽으리라 하셨다 하라
하시니라

20 두려워하는 자들은 **피하여 들였으나**
/여호와의 말씀을 /그 종들과 생축을
/바로의 신하 중에 /집으로

이번에는 모든 재앙을 네 마음과 네 신하와 네 백성에게 내려 너로 온 천하에 나와 같은 자가 없음을 알게 하리라 **15** 내가 손을 펴서 온역으로 너와 네 백성을 쳤더면 네가 세상에서 끊어졌을 것이나 **16** 내가 너를 세웠음은 나의 능력을 네게 보이고 내 이름이 온 천하에 전파되게 하려 하였음이니라 **17** 네가 여전히 내 백성 앞에 자고하고 그들을 보내지 아니하느냐 **18** 내일 이맘때면 내가 중한 우박을 내리리니 애굽 개국 이래로 그 같은 것이 있지 않던 것이리라 **19** 이제 보내어 네 생축과 네 들에 있는 것을 다 모으라 사람이나 짐승이나 무릇 들에 있어서 집에 돌아오지 않은 자에게는 우박이 그 위에 내리리니 그것들이 죽으리라 하셨다 하라 하시니라 **20** 바로의

13 ¶ Then the LORD said to Moses, "Rise up early in the morning and stand before Pharaoh and say to him, 'Thus says the LORD, the God of the Hebrews, "Let My people go, that they may serve Me. **14** "For this time I will send all My plagues on you and your servants and your people, so that you may know that there is no one like Me in all the earth. **15** "For if by now I had put forth My hand and struck you and your people with pestilence, you would then have been cut off from the earth. **16** "But, indeed, for this cause I have allowed you to remain, in order to show you My power, and in order to proclaim My name through all the earth. **17** "Still you exalt yourself against My people by not letting them go. **18** "Behold, about this time tomorrow, I will send a very heavy hail, such as has not been seen in Egypt from the day it was founded until now. **19** "Now therefore send, bring your livestock and whatever you have in the field to safety. Every man and beast that is found in the field and is not brought home, when the hail comes down on them, will die."'" **20** The one

21 두지 아니하는 자는
/여호와의 말씀을 마음에
그대로 두었더라
/그 종들과 생축을
/들에

22 여호와께서 **이르시되**
/모세에게
/너는-하늘을 향하여 손을 들어

//(결과)
우박이 — 내리게 하라
/애굽 전국에
/애굽 땅의 사람과 짐승과
밭의 모든 채소에

23 모세가 **들매**
/지팡이를
/하늘을 향하여

//(결과)
여호와께서 — 보내시고
/뇌성과 우박을
— 내려
/불을
— 달리게 하시니라
/땅에

여호와께서 **내리시매**
/우박을
/애굽 땅에

24//(결과)
우박의 내림과 불덩이가 우박에 섞여 내림이 심히 맹렬하니
(우박과 그 사이에 불덩이가 섞여서 심히 맹렬하게 내렸다)

애굽 전국에 그 개국 이래로
그같은 것이 없던 것이라-해설

25 우박이 **쳤으며**
/사람과 짐승을 무론하고 무릇 밭에 있는 것을
/애굽 땅에서

또
우박이 **치고**
/밭의 모든 채소를
우박이 **꺾었으되**
/들의 모든 나무를

신하 중에 여호와의 말씀을 두려워하는 자들은 그 종들과
생축을 집으로 피하여 들였으나 21 여호와의 말씀을 마
음에 두지 아니하는 자는 그 종들과 생축을 들에 그대로
두었더라 22 여호와께서 모세에게 이르시되 너는 하늘
을 향하여 손을 들어 애굽 전국에 우박이 애굽땅의 사람
과 짐승과 밭의 모든 채소에 내리게 하라 23 모세가 하
늘을 향하여 지팡이를 들매 여호와께서 뇌성과 우박을 보
내시고 불을 내려 땅에 달리게 하시니라 여호와께서 우박
을 애굽 땅에 내리시매 24 우박의 내림과 불덩이가 우
박에 섞여 내림이 심히 맹렬하니 애굽 전국에 그 개국 이

among the servants of Pharaoh who feared the word of
the LORD made his servants and his livestock flee into
the houses; 21 but he who paid no regard to the word
of the LORD left his servants and his livestock in the
field. 22 ¶ Now the LORD said to Moses, "Stretch out
your hand toward the sky, that hail may fall on all the
land of Egypt, on man and on beast and on every plant
of the field, throughout the land of Egypt." 23 And
Moses stretched out his staff toward the sky, and the
LORD sent thunder and hail, and fire ran down to the
earth. And the LORD rained hail on the land of Egypt.
24 So there was hail, and fire flashing continually in
the midst of the hail, very severe, such as had not been
in all the land of Egypt since it became a nation. 25
And the hail struck all that was in the field through all
the land of Egypt, both man and beast; the hail also

출

26 우박이 **없었더라**
/고센 땅에는
/이스라엘 자손의 거한
27 바로가 — **보내어**
/사람을
불러
/모세와 아론을
이르되
/그들에게
/이번은 내가 범죄하였노라
여호와는 — 의로우시고
나와 나의 백성은 – 악하도다
28 /[너는] — 여호와께 구하여
이 뇌성과 우박을 그만 그치게 하라

//(결과)
내가 — 너희를 보내리니
너희가 — 다시는 머물지 아니하리라

29 모세가 **이르되**
/그에게
/내가 — 성에서 나가자
곧 내 손을 여호와를 향하여 펴리니

//그리하면(결과)
뇌성이 그치고
우박이 다시 있지 않을지라

//(결과)
세상이 여호와께 속한 줄을 왕이 알리이다
30 /그러나
내가 — 아나이다
/왕과 왕의 신하들이
여호와 하나님을 아직도 두려워 아니할 줄을
31 때에
삼과
보리가 — **상하였으나**
//(이유: כִּי, for)
보리는 이삭이 나왔고
삼은 꽃이 피었으므로
32 그러나
밀과 나맥은 **상하지 아니하였더라**
//(이유: כִּי, for)
자라지 아니한 고로

래로 그같은 것이 없던 것이라 **25** 우박이 애굽 온 땅에 서 사람과 짐승을 무론하고 무릇 밭에 있는 것을 쳤으며 우박이 또 밭의 모든 채소를 치고 들의 모든 나무를꺽었으되 **26** 이스라엘 자손의 거한 고센 땅에는 우박이 없었더라 **27** 바로가 사람을 보내어 모세와 아론을 불러 그들에게 이르되 이번은 내가 범죄하였노라 여호와는 의로우시고 나와 나의 백성은 악하도다 **28** 여호와께 구하여 이 뇌성과 우박을 그만 그치게 하라 내가 너희를 보내리니 너희가 다시는 머물지 아니하리라 **29** 모세가 그에게 이르되 내가 성에서 나가자 곧 내 손을 여호와를 향하여 펴리니 그리하면 뇌성이 그치고 우박이 다시 있지 않을지라 세상이 여호와께 속한 줄을 왕이 알리이다 **30** 그러나 왕과 왕의 신하들이 여호와 하나님을 아직도 두려워 아니할 줄을 내가 아나이다 **31** 때에 보리는 이

struck every plant of the field and shattered every tree of the field. **26** Only in the land of Goshen, where the sons of Israel were, there was no hail. **27** ¶ Then Pharaoh sent for Moses and Aaron, and said to them, "I have sinned this time; the LORD is the righteous one, and I and my people are the wicked ones. **28** "Make supplication to the LORD, for there has been enough of God's thunder and hail; and I will let you go, and you shall stay no longer." **29** And Moses said to him, "As soon as I go out of the city, I will spread out my hands to the LORD; the thunder will cease, and there will be hail no longer, that you may know that the earth is the LORDS. **30** "But as for you and your servants, I know that you do not yet fear the LORD God." **31** (Now the

33 모세가 **떠나**
/바로를
나가서
/성에서
펴매
/손을
/여호와를 향하여

//(결과)
뇌성과 우박이 그치고
비가 땅에 내리지 아니하니라

34 [그가] —— 볼 때에(상황절, when)
/비와 우박과 뇌성의 그친 것을
바로가 —— **다시하여**
/범죄를
완강케 하니
/마음을

그와
그 신하가 —— **일반이라**

35 마음이 **강퍅하여**
/바로의
[그가] **보내지 아니하였으니**
/이스라엘 자손을
/여호와께서 모세에게 말씀하심과 같더라

10

1 여호와께서 **이르시되**
/모세에게
/[너는] —— 바로에게로 들어가라

//(이유: כִּי, for)
내가 —— 완강케 함은
/그의 마음과
그 신하들의 마음을

//(목적: לְ, that...may)
[내가] —— 보이기 위함이며
/나의 표징을
/그들 중에

2 //(목적: לְ, that...may)

삭이 나왔고 삼은 꽃이 피었으므로 삼과 보리가 상하였으
나 32 그러나 밀과 나맥은 자라지 아니한고로 상하지
아니하였더라 33 모세가 바로를 떠나 성에서 나가서 여
호와를 향하여 손을 펴매 뇌성과 우박이 그치고 비가 땅
에 내리지 아니하니라 34 바로가 비와 우박과 뇌성의
그친 것을 볼 때에 다시 범죄하여 마음을 완강케 하니 그
와 그 신하가 일반이라 35 바로의 마음이 강퍅하여 이
스라엘 자손을 보내지 아니하였으니 여호와께서 모세에
게 말씀하심과 같더라

10:1 여호와께서 모세에게 이르시되 바로에게로 들
어가라 내가 그의 마음과 그 신하들의 마음을 완
강케 함은 나의 표징을 그들 중에 보이기 위함이며 2 너

flax and the barley were ruined, for the barley was in
the ear and the flax was in bud. 32 But the wheat and
the spelt were not ruined, for they ripen late.) 33 So
Moses went out of the city from Pharaoh, and spread
out his hands to the LORD; and the thunder and the
hail ceased, and rain no longer poured on the earth. 34
But when Pharaoh saw that the rain and the hail and
the thunder had ceased, he sinned again and hardened
his heart, he and his servants. 35 And Pharaoh's heart
was hardened, and he did not let the sons of Israel go,
just as the LORD had spoken through Moses.

10:1 ¶ Then the LORD said to Moses, "Go to
Pharaoh, for I have hardened his heart and the
heart of his servants, that I may perform these signs of

2 //(목적: ל, that...may)
너로(가) — 전하게 하려 함이라
/내가 애굽에서 행한 일들
곧 내가 그 가운데서 행한 표징을
/네 아들과 네 자손의 귀에

//(계속되는 목적)
너희가 — 나를 여호와인 줄 알리라

3 모세와
아론이 **들어가서**
/바로에게
이르되
/그에게
/여호와께서 — **말씀하시기를**
/히브리 사람의 하나님
/네가 ---겸비치 아니하겠느냐?[3)]
/어느 때까지
/내 앞에
/[너는]--내 백성을 보내라

//(결과)
그들이 나를 섬길 것이라

4 /네가 만일 내 백성 보내기를 거절하면(조건절)
내가 --- 메뚜기로 네 경내에 들어가게 하리니
/내일

5 //(결과)
메뚜기가 -- 지면을 덮어서
사람이 ---- 땅을 볼 수 없을 것이라

메뚜기가 ┬ 먹으며
/네게 남은 그것
곧 우박을 면하고 남은 것을
└ 먹을 것이며
/모든 나무를
/들에 너희를 위하여 자라는

6 //또(계속되는 결과)
[메뚜기가] - 가득하리니
/네 집들과
네 모든 신하의 집들과
모든 애굽 사람의 집들에

/이는 — *것이리라 (하셨다 하고)*

3) 6절까지, 여호와께서 말씀하신 내용이다.

로 내가 애굽에서 행한 일들 곧 내가 그 가운데서 행한
표징을 네 아들과 네 자손의 귀에 전하게 하려 함이라
너희가 나를 여호와인 줄 알리라 **3** 모세와 아론이 바로
에게 들어가서 그에게 이르되 히브리 사람의 하나님 여
호와께서 말씀하시기를 네가 어느 때까지 내 앞에 겸비
치 아니하겠느냐 내 백성을 보내라 그들이 나를 섬길 것
이라 **4** 네가 만일 내 백성 보내기를 거절하면 내일 내가
메뚜기로 네 경내에 들어가게 하리니 **5** 메뚜기가 지면을
덮어서 사람이 땅을 볼 수 없을 것이라 메뚜기가 네게
남은 그것 곧 우박을 면하고 남은 것을 먹으며 들에 너

Mine among them, **2** and that you may tell in the hearing
of your son, and of your grandson, how I made a mockery
of the Egyptians, and how I performed My signs among
them; that you may know that I am the LORD." **3** And
Moses and Aaron went to Pharaoh and said to him,
"Thus says the LORD, the God of the Hebrews, 'How
long will you refuse to humble yourself before Me? Let
My people go, that they may serve Me. **4** 'For if you
refuse to let My people go, behold, tomorrow I will
bring locusts into your territory. **5** 'And they shall cover
the surface of the land, so that no one shall be able to
see the land. They shall also eat the rest of what has
escaped — what is left to you from the hail — and they
shall eat every tree which sprouts for you out of the
field. **6** 'Then your houses shall be filled, and the houses
of all your servants and the houses of all the Egyptians,

/이는 — 것이리라 (하셨다 하고)
/네 아비와
네 조상이 — 보지 못하였던
/오늘까지
/세상에 있어 옴으로

[그들이] — **돌이켜**
바로에게서 **나오니**

7 신하들이 **고하되**
/바로의
/그에게
/이 사람이 — 우리의 함정이 되리이까?
/어느 때까지
/[당신은] — 그 사람들을 보내어

//(결과: that...may)
그 하나님 여호와를 섬기게 하소서

/왕은 — 알지 못하시나이까 하고
/애굽이 — 망한 줄을
/아직도

8 다시 **데려오니**[4)]
/모세와 아론을
/바로에게로

바로가 **이르되**
/그들에게
/[너희는] — 가서
너희 하나님 여호와를 섬기라
/갈 자는 누구 누구뇨?

9 모세가 **가로되**
/우리가 — 가겠나이다
/남녀 노소와 우양을 데리고

//(이유: כִּי, for)
우리가 여호와 앞에 절기를 지킬 것인즉[5)]

10 바로가 **이르되**
/그들에게
/[만일]
내가 — 너희와 너희 어린것들을 보내면(조건절, if)
[그것은] — 일반이니라
/여호와를 너희와 함께 하게 함과
[너희는] — 삼갈지어다

//(이유: כִּי, for)

4) 수동형문장인데 능동형으로 정리했다.
5) 직역: 우리가 절기를 지켜야 하기 때문에 가겠나이다

를 위하여 자라는 모든 나무를 먹을 것이며 **6** 또 네 집
들과 네 모든 신하의 집들과 모든 애굽 사람의 집들에 가
득하리니 이는 네 아비와 네 조상이 세상에 있어 옴으로
오늘 까지 보지 못하였던 것이리라 하셨다 하고 돌이켜
바로에게서 나오니 **7** 바로의 신하들이 그에게 고하되 어
느 때까지 이 사람이 우리의 함정이 되리이까 그 사람들
을 보내어 그 하나님 여호와를 섬기게 하소서 왕은 아직
도 애굽이 망한 줄을 알지 못하시나이까 하고 **8** 모세와
아론을 바로에게로 다시 데려오니 바로가 그들에게 이르
되 가서 너희 하나님 여호와를 섬기라 갈 자는 누구 누구

something which neither your fathers nor your grandfathers have seen, from the day that they came upon the earth until this day.'" And he turned and went out from Pharaoh.
7 And Pharaoh's servants said to him, "How long will this man be a snare to us? Let the men go, that they may serve the LORD their God. Do you not realize that
Egypt is destroyed?" **8** So Moses and Aaron were brought back to Pharaoh, and he said to them, "Go, serve the LORD your God! Who are the ones that are going?" **9**
And Moses said, "We shall go with our young and our old; with our sons and our daughters, with our flocks and our herds we will go, for we must hold a feast to

출

//(이유: כִּי, for)
너희 경영이 악하니라

11 /그는 불가하니[6)]
/너희 남정만 ── 가서
└ 여호와를 섬기라

//(이유: כִּי, because)
이것이 너희의 구하는 바니라

//이에(결과)
그들이 - 바로 앞에서 쫓겨나니라

12 여호와께서 **이르시되**
/[너는] ── 네 손을 들어[라]
/애굽 땅 위에

//(결과, that...may)
메뚜기로 ┬ 애굽 땅에 올라와서
└ 먹게 하라
/밭의 모든 채소를
/우박에 상하지 아니한

13 모세가 **들매**
/그 지팡이를
/애굽 땅 위에

여호와께서 **일으켜**
/동풍을
불게 하시니
/온 낮과 온 밤에

//(결과)
아침에 미쳐(아침이 왔을 때)(상황절, when)
동풍이 메뚜기를 불어 들인지라

14 메뚜기가 **이르러**
/애굽 온 땅에
내리매
/그 사방에

//(결과)
그 해가 ── 심하니

이런 메뚜기는 **전에도 없었고**
후에도 없을러라

6) not so.

뇨 9 모세가 가로되 우리가 여호와 앞에 절기를 지킬 것
인즉 우리가 남녀 노소와 우양을 데리고 가겠나이다 10
바로가 그들에게 이르되 내가 너희와 너희 어린 것들을
보내면 여호와를 너희와 함께하게 함과 일반이니라 삼갈
지어다 너희 경영이 악하니라 11 그는 불가하니 너희
남정만 가서 여호와를 섬기라 이것이 너희의 구하는 바니
라 이에 그들이 바로 앞에서 쫓겨나니라 12 여호와께서
모세에게 이르시되 네 손을 애굽 땅 위에 들어 메뚜기로
애굽 땅에 올라와서 우박에 상하지 아니한 밭의 모든 채
소를 먹게 하라 13 모세가 애굽 땅 위에 그 지팡이를
들매 여호와께서 동풍을 일으켜 온 낮과 온 밤에 불게 하
시니 아침에 미쳐 동풍이 메뚜기를 불어 들인지라 14

the LORD." 10 Then he said to them, "Thus may the LORD
be with you, if ever I let you and your little ones go!
Take heed, for evil is in your mind. 11 "Not so! Go
now, the men among you, and serve the LORD, for that
is what you desire." So they were driven out from
Pharaoh's presence. 12 ¶ Then the LORD said to Moses,
"Stretch out your hand over the land of Egypt for the locusts,
that they may come up on the land of Egypt, and eat
every plant of the land, even all that the hail has left."
13 So Moses stretched out his staff over the land of
Egypt, and the LORD directed an east wind on the land
all that day and all that night; and when it was morning,
the east wind brought the locusts. 14 And the locusts
came up over all the land of Egypt and settled in all

15 메뚜기가 **덮여 날으매**
/온 지면에

//(결과)
땅이 어둡게 되었고

메뚜기가 **먹었으므로**
/밭의 채소와 나무 열매를
/우박에 상하지 아니한
/다

//(결과)
나무나
밭의 채소나
푸른 것은 — 남지 아니하였더라
/애굽 전경에

16 바로가 **불러서**
/급히
/모세와 아론을
이르되
/내가 — 득죄하였으니
/너희 하나님 여호와와
너희에게
17 /청컨대
[너는] — 나의 죄를 용서하고
/이번만
— 구하여
/너희 하나님 여호와께
— 이 죽음만을 떠나게 하라
/내게서

18 그가 **나가서**
/바로에게서
구하매
/여호와께

19 여호와께서 **돌이켜 불게하사**
/강렬한 서풍이(을)
몰아
/메뚜기를
넣으시니
/홍해에

//(결과)
메뚜기가 -- 하나도 남지 아니하니라
/애굽 온 지경에

메뚜기가 애굽 온 땅에 이르러 그 사방에 내리매 그 해가
심하니 이런 메뚜기는 전에도 없었고 후에도 없을러라
15 메뚜기가 온 지면에 덮여 날으매 땅이 어둡게 되었
고 메뚜기가 우박에 상하지 아니한 밭의 채소와 나무 열
매를 다 먹었으므로 애굽 전경에 나무나 밭의 채소나 푸
른 것은 남지 아니하였더라 16 바로가 모세와 아론을
급히 불러서 이르되 내가 너희 하나님 여호와와 너희에게
득죄하였으니 17 청컨대 나의 죄를 이번만 용서하고 너
희 하나님 여호와께 구하여 이 죽음만을 내게서 떠나게
하라 18 그가 바로에게서 나가서 여호와께 구하매 19
여호와께서 돌이켜 강렬한 서풍이 불게 하사 메뚜기를 홍
해에 몰아 넣으시니 애굽 온 지경에 메뚜기가 하나도 남

the territory of Egypt; they were very numerous. There
had never been so many locusts, nor would there be so
many again. 15 For they covered the surface of the
whole land, so that the land was darkened; and they ate every
plant of the land and all the fruit of the trees that the
hail had left. Thus nothing green was left on tree or
plant of the field through all the land of Egypt. 16
Then Pharaoh hurriedly called for Moses and Aaron, and
he said, "I have sinned against the LORD your God and
against you. 17 "Now therefore, please forgive my sin
only this once, and make supplication to the LORD your
God, that He would only remove this death from me."
18 And he went out from Pharaoh and made supplication
to the LORD. 19 So the LORD shifted the wind to a

출

20 그러나
여호와께서 **강퍅케 하셨으므로**
/바로의 마음을

(그가) **보내지 아니하였더라**
/이스라엘 자손을

21 여호와께서 **이르시되**
/모세에게
/[너는] ── 네 손을 들어서
/하늘을 향하여
── 흑암이 있게 하라
/애굽 땅 위에

//(결과)
곧 더듬을 만한 흑암이리라

22 모세가 **들매**
/손을
/하늘을 향하여

//(결과)
캄캄한 흑암이 ─ 있어서
/애굽 온 땅에
/삼 일 동안

23//(결과)[7]
그 동안은
사람 사람이 ── 서로 볼 수 없으며
일어나는 자가 ── 없으되
/자기 처소에서
광명이 ── 있었더라
/이스라엘 자손의 거하는 곳에는

24 바로가 **불러서**
/모세를
이르되
/너희는 ── 가서
── 여호와를 섬기되
── 너희 양과 소는 머물러 두고
── 너희 어린것은 너희와 함께 갈지니라

25 모세가 **가로되**
/왕이라도─우리에게 주어야 하겠고
/희생과 번제물을
/우리 하나님 여호와께 드릴

7) 종속문장의 결과의 결과 상황을 묘사하고 있다.

지 아니하니라 **20** 그러나 여호와께서 바로의 마음을 강퍅케 하셨으므로 이스라엘 자손을 보내지 아니하였더라 **21** 여호와께서 모세에게 이르시되 하늘을 향하여 네 손을 들어서 애굽 땅위에 흑암이 있게 하라 곧 더듬을 만한 흑암이리라 **22** 모세가 하늘을 향하여 손을 들매 캄캄한 흑암이 삼 일 동안 애굽 온 땅에 있어서 **23** 그 동안은 사람 사람이 서로 볼 수 없으며 자기 처소에서 일어나는 자가 없으되 이스라엘 자손의 거하는 곳에는 광명이 있었더라 **24** 바로가 모세를 불러서 이르되 너희는 가서 여호와를 섬기되 너희 양과 소는 머물러두고 너희 어린 것은 너희와 함께 갈지니라 **25** 모세가 가로되 왕이라도 우리 하나님 여호와께 드릴 희생과 번제물을 우

very strong west wind which took up the locusts and drove them into the Red Sea; not one locust was left in all the territory of Egypt. **20** But the LORD hardened Pharaoh's heart, and he did not let the sons of Israel go. **21** ¶ Then the LORD said to Moses, "Stretch out your hand toward the sky, that there may be darkness over the land of Egypt, even a darkness which may be felt." **22** So Moses stretched out his hand toward the sky, and there was thick darkness in all the land of Egypt for three days. **23** They did not see one another, nor did anyone rise from his place for three days, but all the sons of Israel had light in their dwellings. **24** Then Pharaoh called to Moses, and said, "Go, serve the LORD; only let your flocks and your herds be detained. Even your little ones may go with you." **25** But Moses said, "You must also let us have sacrifices and burnt offerings, that we may sacrifice them to the LORD our God. **26** "Therefore, our livestock, too, will go with us; not a hoof will be

26 /우리의 생축도 ― 우리와 함께 가고
한 마리도 ―― 남길 수 없으니

//이는(이유: כִּי, for)
우리가 ― 그 중에서 취하여

//(목적: לְ, to)
우리 하나님 여호와를 섬길 것임이며
또
우리가 ―― 알지 못함이니이다 (하나)
/어떤 것으로 여호와를 섬길는지
/거기 이르기까지는

27 여호와께서 **강퍅케 하셨으므로**
/바로의 마음을
[그가] **즐겨 아니하고**
/그들을 보내기를

28 모세에게 **이르되**
/너는 ― 나를 떠나가고
― 스스로 삼가
― 다시 내 얼굴을 보지 말라

//(이유: כִּי, for)
[네가] 내 얼굴을 보는 날에는 죽으리라

29 모세가 **가로되**
/왕의 말씀이 옳으니이다
내가 다시는 왕의 얼굴을 보지 아니하리이다

11

1 여호와께서 **이르시기를**
/모세에게
/내가 ―― 내린 후에야(상황절, after)
/이제
/한 가지 재앙을
/바로와 애굽에
그가 ―― 너희를 여기서 보낼지라

/그가 ―― 너희를 보낼 때에는(상황절, when)
[그가] ―정녕 다 쫓아내리니
/여기서

2 /[너는] ―― 백성에게 말하여

리에게 주어야 하겠고 **26** 우리의 생축도 우리와 함께
가고 한 마리도 남길 수 없으니 이는 우리가 그 중에서
취하여 우리 하나님 여호와를 섬길 것임이며 또 우리가
거기 이르기까지는 어떤 것으로 여호와를 섬기는지 알지
못함이니이다 하나 **27** 여호와께서 바로의 마음을 강퍅
케 하셨으므로 그들을 보내기를 즐겨 아니하고 **28** 모세
에게 이르되 너는 나를 떠나가고 스스로 삼가 다시 내 얼
굴을 보지 말라 내 얼굴을 보는 날에는 죽으리라 **29** 모
세가 가로되 왕의 말씀이 옳으니이다 내가 다시는 왕의
얼굴을 보지 아니하리이다

11:1 여호와께서 모세에게 이르시기를 내가 이제 한
가지 재앙을 바로와 애굽에 내린 후에야 그가 너
희를 여기서 보낼지라 그가 너희를 보낼 때에는 여기서
정녕 다 쫓아내리니

left behind, for we shall take some of them to serve the LORD our God. And until we arrive there, we ourselves do not know with what we shall serve the LORD."
27 But the LORD hardened Pharaoh's heart, and he was not willing to let them go.
28 Then Pharaoh said to him, "Get away from me! Beware, do not see my face again, for in the day you see my face you shall die!"
29 And Moses said, "You are right; I shall never see your face again!"

11:1 ¶ Now the LORD said to Moses, "One more plague I will bring on Pharaoh and on Egypt; after that he will let you go from here. When he lets you go, he will surely drive you out from here completely.

2 /[너는] — 백성에게 말하여
/[너희는] — 구하게 하라...하시더니
/은금 패물을
/남녀로
/각기 이웃들에게

출

3 여호와께서 **받게 하셨고**
/애굽 사람의 은혜를
/그 백성으로

또
모세는 **크게 되었더라**
/그 사람
/애굽국에서
/바로의 신하와 백성에게
/심히

4 모세가 **이르되**
/바로에게
/여호와께서 — 이같이 말씀하시기를
/내가 — 애굽 가운데로 들어가리니
/밤중에

5 //(결과1)
처음 난 것은
/애굽 가운데
처음 난 것이 — **죽을지라**
/모든 생축의
/바로의 장자로부터
/위에 앉은
여종의 장자까지와
/맷돌 뒤에 있는

6 //(결과)
큰 곡성이 — 있으리라
/전무후무한
/애굽 전국에

7 //그러나(결과)
자손에게는 — 움직이지 않으리니
/이스라엘
/그 혀를
/사람에게나
짐승에게나
개도

//(결과)
너희가 — 알리라 하셨나니
/여호와가 - 구별하는 줄을
/애굽 사람과
이스라엘 사이에

2 백성에게 말하여 남녀로 각기 이웃들에게 은금 패물을
구하게 하라 하시더니 3 여호와께서 그 백성으로 애굽
사람의 은혜를 받게 하셨고 또 그 사람 모세는 애굽 국
에서 바로의 신하와 백성에게 심히 크게 되었더라 4 모
세가 바로에게 이르되 여호와께서 이같이 말씀하시기를
밤중에 내가 애굽 가운데로 들어가리니 5 애굽 가운데
처음 난 것은 위에 앉은 바로의 장자로부터 맷돌 뒤에
있는 여종의 장자까지와 모든 생축의 처음 난 것이 죽을
지라 6 애굽 전국에 전무후무한 큰 곡성이 있으리라 7
그러나 이스라엘 자손에게는 사람에게나 짐승에게나 개
도 그 혀를 움직이지 않으리니 여호와가 애굽 사람과 이
스라엘 사이에 구별하는 줄을 너희가 알리라 하셨나니 8

2 "Speak now in the hearing of the people that each
man ask from his neighbor and each woman from her
neighbor for articles of silver and articles of gold." 3
And the LORD gave the people favor in the sight of
the Egyptians. Furthermore, the man Moses himself was
greatly esteemed in the land of Egypt, both in the sight
of Pharaoh's servants and in the sight of the people. 4
And Moses said, "Thus says the LORD, 'About midnight
I am going out into the midst of Egypt, 5 and all the
first-born in the land of Egypt shall die, from the first-
born of the Pharaoh who sits on his throne, even to the
first-born of the slave girl who is behind the millstones;
all the first-born of the cattle as well. 6 'Moreover,
there shall be a great cry in all the land of Egypt, such
as there has not been before and such as shall never be again.
7 'But against any of the sons of Israel a dog shall not

8 /왕의 이 모든 신하가 ─ 내게 내려와서
└ 내게 절하며 이르기를...한 후에야
/너와
온 백성은 ─ 나가라
/너를 좇는
내가 ─ 나가리라 하고

나오니라
/바로에게서
/심히 노하여

9 여호와께서 **이르시기를**
/모세에게
/바로가 ─ 너희를 듣지 아니할지라
그러므로
내가 ─ 나의 기사를 더하리라...하셨고
/애굽 땅에서

10 모세와
아론이 **행하였으나**
/이 모든 기사를
/바로 앞에서

그가 **보내지 아니하였더라**

//(이유)
여호와께서 - 강퍅케 하셨으므로
/바로의 마음을

12

1 여호와께서 **일러 가라사대**
/모세와 아론에게
/애굽 땅에서

2 /이 달로 ─ 되게 하고
/달의 시작
곧 해의 첫 달이
/너희에게

3 /너희는 ─ 이스라엘 회중에게 고하여 이르라
/너희 매인이 ┌ 어린 양을 취할지니
/이 달 열흘에
/각 가족대로
/그 식구를 위하여
└ 어린 양을 취하되

왕이 이 모든 신하가 내게 내려와서 내게 절하며 이르기
를 너와 너를 좇는 온 백성은 나가라 한 후에야 내가 나
가리라 하고 심히 노하여 바로에게서 나오니라 9 여호와
께서 모세에게 이르시기를 바로가 너희를 듣지 아니할지
라 그러므로 내가 애굽 땅에서 나의 기사를 더하리라 하
셨고 10 모세와 아론이 이 모든 기사를 바로 앞에서 행
하였으나 여호와께서 바로의 마음을 강퍅케 하셨으므로
그가 이스라엘 자손을 그 나라에서 보내지 아니하였더라
12:1 여호와께서 애굽 땅에서 모세와 아론에게 일
러 가라사대 2 이 달로 너희에게 달의 시작 곧
해의 첫 달이 되게 하고 3 너희는 이스라엘 회중에게 고
하여 이르라 이 달 열흘에 너희 매인이 어린 양을 취할

even bark, whether against man or beast, that you may
understand how the LORD makes a distinction between
Egypt and Israel.' 8 "And all these your servants will
come down to me and bow themselves before me, saying,
'Go out, you and all the people who follow you,' and
after that I will go out." And he went out from Pharaoh
in hot anger. 9 ¶ Then the LORD said to Moses, "Pharaoh
will not listen to you, so that My wonders will be
multiplied in the land of Egypt." 10 And Moses and
Aaron performed all these wonders before Pharaoh; yet
the LORD hardened Pharaoh's heart, and he did not let
the sons of Israel go out of his land.
12:1 Now the LORD said to Moses and Aaron in
the land of Egypt, 2 "This month shall be the
beginning of months for you; it is to be the first month
of the year to you. 3 "Speak to all the congregation of

출

4 /[만일]
식구가 — 너무 적으면(조건절, if)
/그 어린 양에 대하여
[너희는] — 하나를 취하며
/그 집의 이웃과 함께
/[너희는] — 너희 어린 양을 계산할 것이며
/인수를 따라서
/각 사람의 식량을 따라서

5 /너희 어린 양은 — 수컷으로 하되
/흠 없고 일 년 된
취하고
/양이나 염소 중에서

6 /[너희가] — 간직하였다가
/이 달 십사일까지

/해질 때에
이스라엘 회중이 — 그 양을 잡고

7 /[너희는] — 바르고
/그 피로
/좌우 설주와 인방에
/양을 먹을 집문

8 /그 밤에
[너희는] — 그 고기를 불에 구워
먹되
/무교병과 쓴 나물과 아울러

9 /[너희는] — 먹지 말고
/날로나 물에 삶아서나
불에 구워 먹고
/그 머리와 정강이와 내장을
/다

10 /[너희는] — 아침까지 남겨 두지 말며
아침까지 남은 것은 곧 소화하라
11 /너희는 — 그것을 이렇게 먹을지니
[너희는] — 먹으라
/허리에 띠를 띠고
/발에 신을 신고
/손에 지팡이를 잡고
/급히

이것이 — 여호와의 유월절이니라

지니 각 가족대로 그 식구를 위하여 어린 양을 취하되 4
그 어린 양에 대하여 식구가 너무 적으면 그 집의 이웃과
함께 수를 따라서 하나를 취하며 각 사람의 식량을 따라
서 너희 어린 양을 계산할 것이며 5 너희 어린 양은 흠
없고 일년 된 수컷으로 하되 양이나 염소 중에서 취하고
6 이 달 십사 일까지 간직하였다가 해질 때에 이스라엘
회중이 그 양을 잡고 7 양을 먹을 집 문 좌우 설주와 인
방에 바르고 8 그 밤에 그 고기를 불에 구워 무교병과
쓴 나물과 아울러 먹되 9 날로나 물에 삶아서나 먹지 말
고 그 머리와 정강이와 내장을 다 불에 구워 먹고 10
아침까지 남겨 두지 말며 아침까지 남은 것은 곧 소화하
라 11 너희는 그것을 이렇게 먹을지니 허리에 띠를 띠

Israel, saying, On the tenth of this month they are each one to take a lamb for themselves, according to their fathers' households, a lamb for each household. 4 'Now
if the household is too small for a lamb, then he and his neighbor nearest to his house are to take one according to the number of persons in them; according to what each man should eat, you are to divide the lamb. 5
'Your lamb shall be an unblemished male a year old; you may take it from the sheep or from the goats. 6
'And you shall keep it until the fourteenth day of the same month, then the whole assembly of the congregation of Israel is to kill it at twilight. 7 'Moreover, they shall take some of the blood and put it on the two doorposts and on the lintel of the houses in which they eat it. 8
'And they shall eat the flesh that same night, roasted with fire, and they shall eat it with unleavened bread and bitter herbs. 9 'Do not eat any of it raw or boiled at all with water, but rather roasted with fire, both its head and its legs along with its entrails. 10 'And you shall not leave any of it over until morning, but whatever

12:1 여호와께서 **일러 가라사대**

12 /(다시 수식부로 복귀)
내가 ── 두루 다니며
/애굽 땅에
/그 밤에
치고
/처음 난 것을
/애굽 나라 가운데
/다
/사람과 짐승을 무론하고
내리리라
/벌을
/애굽의 모든 신에게

나는 여호와로라

13 /내가 애굽 땅을 칠 때에(때를 나타내는 상황절)
그 피가 ── 표적이 될지라
/너희를 위하여
/너희의 거하는 집에 있어서

/내가 ── 넘어가리니
/너희를
/피를 볼 때에

//(결과)
재앙이 ── 너희에게 내려
[너희가] ── 멸하지 아니하리라

14 /너희는 ── 기념하여
/이 날을
삼아
/여호와의 절기를
지킬지니라
/영원한 규례로
/대대에

15 /너희는 ── 먹을지니
/무교병을
/칠 일 동안
제하라
/누룩을
/너희 집에서
/그 첫날에

//(이유: כִּי, for)

고 발에 신을 신고 손에 지팡이를 잡고 급히 먹으라 이
것이 여호와의 유월절이니라 **12** 내가 그 밤에 애굽 땅
에 두루 다니며 사람과 짐승을 무론하고 애굽 나라 가운
데 처음 난 것을 다 치고 애굽의 모든 신에게 벌을 내리
리라 나는 여호와로라 **13** 내가 애굽 땅을 칠 때에 그
피가 너희의 거하는 집에 있어서 너희를 위하여 표적이
될지라 내가 피를 볼때에 너희를 넘어가리니 재앙이 너
희에게 내려 멸하지 아니하리라 **14** 너희는 이 날을 기
념하여 여호와의 절기를 삼아 영원한 규례로 대대에 지
킬지니라 **15** 너희는 칠 일 동안 무교병을 먹을지니 그

is left of it until morning, you shall burn with fire. **11**
'Now you shall eat it in this manner: with your loins
girded, your sandals on your feet, and your staff in your
hand; and you shall eat it in haste — it is the LORD's
Passover. **12** 'For I will go through the land of Egypt
on that night, and will strike down all the first-born in
the land of Egypt, both man and beast; and against all
the gods of Egypt I will execute judgments — I am the
LORD. **13** 'And the blood shall be a sign for you on
the houses where you live; and when I see the blood I
will pass over you, and no plague will befall you to
destroy you when I strike the land of Egypt. **14** 'Now
this day will be a memorial to you, and you shall celebrate
it as a feast to the LORD; throughout your generations
you are to celebrate it as a permanent ordinance. **15** ¶ 'Seven
days you shall eat unleavened bread, but on the first day
you shall remove leaven from your houses; for whoever
eats anything leavened from the first day until the seventh

출

//(이유: כִּי, for)
자는 —— 끊쳐지리라
/무릇 먹는 /이스라엘에서
/유교병을
/첫날부터 칠일까지

16 /첫날에도 —— 성회요
/너희에게
제 칠 일에도—성회가 되리니

[너희는] —— 하지 말고
/아무 일도
/이 두 날에는
너희가 —— 갖출 것이니라
/각인의 식물만

17 /너희는 —— 지키라
/무교절을

//(이유: כִּי, for)
내가 —— 인도하여 내었음이니라
/너희 군대를
/이 날에
/애굽 땅에서

/그러므로(결론적인 어구)
너희가 —— 지킬지니라
/이 날을
/영원한 규례를 삼아
/대대로

18 /정월에
너희는 —— 무교병을 먹을 것이요
/그 달 십사일 저녁부터
이십일일 저녁까지

19 /칠 일 동안은
[너희는] —— 누룩을 있지 않게 하라
/너희 집에

//무릇(이유: כִּי, for)
먹는 자는 —— 이스라엘 회중에서 끊쳐지리니
/유교물을 /무론하고
/타국인이든지
본국에서 난 자든지

20 /너희는 ┬ 아무 유교물이든지 먹지 말고
└ 무교병을 먹을지니라
/너희 모든 유하는 곳에서

첫 날에 누룩을 너희 집에서 제하라 무릇 첫 날부터 칠
일까지 유교병을 먹는 자는 이스라엘에서 끊쳐지리라
16 너희에게 첫 날에도 성회요 제칠일에도 성회가 되리
니 이 두 날에는 아무 일도 하지 말고 각인의 식물만 너
희가 갖출 것이니라 17 너희는 무교절을 지키라 이 날
에 내가 너희 군대를 애굽 땅에서 인도하여 내었음이니
라 그러므로 너희가 영원한 규례를 삼아 이 날을 대대로
지킬지라 18 정월에 그 달 십사 일 저녁부터 이십일 일
저녁까지 너희는 무교병을 먹을 것이요 19 칠 일 동안
은 누룩을 너희 집에 있지 않게 하라 무릇 유교물을 먹

day, that person shall be cut off from Israel. 16 'And
on the first day you shall have a holy assembly, and
another holy assembly on the seventh day; no work at
all shall be done on them, except what must be eaten
by every person, that alone may be prepared by you.
17 'You shall also observe the Feast of Unleavened
Bread, for on this very day I brought your hosts out of
the land of Egypt; therefore you shall observe this day
throughout your generations as a permanent ordinance.
18 'In the first month, on the fourteenth day of the
month at evening, you shall eat unleavened bread, until
the twenty-first day of the month at evening. 19 'Seven
days there shall be no leaven found in your houses; for
whoever eats what is leavened, that person shall be cut

21 모세가 **불러서**
/이스라엘 모든 장로를
이르되
/그들에게
/너희는 ─ 나가서
─ 어린 양을 택하여
/너희 가족대로
─ 유월절 양으로 잡고

22 /너희는 ─ 우슬초 묶음을 취하여
─ 피에 적시어서
/그릇에 담은
─ 그 피를 뿌리고
/문 인방과 좌우 설주에
─ 자기 집 문 밖에 나가지 말라
/아침까지
/한 사람도

23 /여호와께서 ─ 두루 다니실 때에
//(목적)
애굽 사람을 치러
─ 피를 보시면(상황절, when)
/문 인방과 좌우 설주의
[여호와께서] ─ 그 문을 넘으시고
─ 하실 것임이니라
/멸하는 자로 ─ 너희 집에 들어가서
─ 너희를 치지 못하게

24 /너희는 ─ 이 일을 규례로 삼아
너희와
너희 자손이 ─ 영원히 지킬 것이니

25 /너희는 ─ 너희에게 주시는 땅에 이를 때에(상황절, when)
/여호와께서 허락하신 대로
─ 이 예식을 지킬 것이라

26 /이 후에
너희 자녀가 ─ 묻기를(=물을 때에)(상황절, when)
/이 예식이 무슨 뜻이냐 (하거든)

는 자는 타국인이든지 본국에서 난 자든지 무론하고 이
스라엘 회중에서 끊쳐지리니 **20** 너희는 아무 유교물이
든지 먹지 말고 너희 모든 유하는 곳에서 무교병을 먹을
지니라 **21** 모세가 이스라엘 모든 장로를 불러서 그들에
게 이르되 너희는 나가서 너희 가족대로 어린 양을 택하
여 유월절 양으로 잡고 **22** 너희는 우슬초 묶음을 취하
여 그릇에 담은 피에 적시어서 그 피를 문 인방과 좌우
설주에 뿌리고 아침까지 한 사람도 자기 집 문밖에 나
가지 말라 **23** 여호와께서 애굽 사람을 치러 두루 다니
실 때에 문 인방과 좌우 설주의 피를 보시면 그 문을 넘
으시고 멸하는 자로 너희 집에 들어가서 너희를 치지 못
하게 하실 것임이니라 **24** 너희는 이 일을 규례로 삼아
너희와 너희 자손이 영원히 지킬 것이니 **25** 너희는 여
호와께서 허락하신 대로 너희에게 주시는 땅에 이를 때
에 이 예식을 지킬 것이라 **26** 이 후에 너희 자녀가 묻
기를 이 예식이 무슨 뜻이냐 하거든 **27** 너희는 이르기

off from the congregation of Israel, whether he is an
alien or a native of the land. **20** 'You shall not eat
anything leavened; in all your dwellings you shall eat
unleavened bread.'" **21** ¶ Then Moses called for all the
elders of Israel, and said to them, "Go and take for yourselves
lambs according to your families, and slay the Passover lamb.
22 "And you shall take a bunch of hyssop and dip it
in the blood which is in the basin, and apply some of
the blood that is in the basin to the lintel and the two
doorposts; and none of you shall go outside the door of
his house until morning. **23** "For the LORD will pass
through to smite the Egyptians; and when He sees the
blood on the lintel and on the two doorposts, the LORD
will pass over the door and will not allow the destroyer
to come in to your houses to smite you. **24** "And you
shall observe this event as an ordinance for you and
your children forever. **25** "And it will come about when
you enter the land which the LORD will give you, as
He has promised, that you shall observe this rite. **26**
"And it will come about when your children will say to

27 /너희는 — 이르기를
/이는 여호와의 유월절 제사라
/여호와께서 ┬ 애굽 사람을 치실 때에(상황절, when)
├ **넘으사**
│ /이스라엘 자손의 집을
│ /애굽에 있는
└ 우리의 집을 **구원하셨느니라**
(하라 하매)

출

//(결과 및 반응)
백성이 머리 숙여 경배하니라

28 자손이 **물러가서**
/이스라엘
행하되
/그대로
행하니라
/여호와께서 모세와 아론에게 명하신 대로

29 밤중에
여호와께서 **치시매**
/다
/애굽 땅에서 모든 처음 난 것
/곧(동격)
처음 난 것을
/바로의 장자로부터
/위에 앉은
옥에 갇힌 사람의 장자까지와
생축의

30 바로와 ┐ **일어나고**
신하와 ┤ /그 밤에
/그 모든
사람이 ┘
/모든 애굽

큰 호곡이 **있었으니**
/애굽에

//이는(이유: כִּי, for)
집이 — 하나도 없었음이었더라
/사망치 아니한 /그 나라에

31 바로가 **불러서**
/모세와 아론을
/밤에

를 이는 여호와의 유월절 제사라 여호와께서 애굽 사람
을 치실 때에 애굽에 있는 이스라엘 자손의 집을 넘으사
우리의 집을 구원하셨느니라 하라 하매 백성이 머리 숙
여 경배하니라 **28** 이스라엘 자손이 물러가서 그대로 행
하되 여호와께서 모세와 아론에게 명하신 대로 행하니라 **29**
밤중에 여호와께서 애굽 땅에서 모든 처음 난 것 곧 위
에 앉은 바로의 장자로부터 옥에 갇힌 사람의 장자까지
와 생축의 처음 난것을 다 치시매 **30** 그 밤에 바로와
그 모든 신하와 모든 애굽 사람이 일어나고 애굽에 큰
호곡이 있었으니 이는 그 나라에 사망치 아니한 집이 하
나도 없었음이었더라 **31** 밤에 바로가 모세와 아론을 불
러서 이르되 너희와 이스라엘 자손은 일어나 내 백성 가

you, 'What does this rite mean to you?' **27** that you
shall say, 'It is a Passover sacrifice to the LORD who
passed over the houses of the sons of Israel in Egypt
when He smote the Egyptians, but spared our homes.'"
And the people bowed low and worshiped. **28** Then
the sons of Israel went and did so; just as the LORD
had commanded Moses and Aaron, so they did. **29** ¶
Now it came about at midnight that the LORD struck
all the first-born in the land of Egypt, from the first-
born of Pharaoh who sat on his throne to the first-born
of the captive who was in the dungeon, and all the first-
born of cattle. **30** And Pharaoh arose in the night, he
and all his servants and all the Egyptians; and there was
a great cry in Egypt, for there was no home where there
was not someone dead. **31** Then he called for Moses
and Aaron at night and said, "Rise up, get out from

이르되
/너희와
이스라엘 자손은
일어나
떠나서
/내 백성 가운데서
가서
/너희의 말대로
섬기며
/여호와를

32 /[너희는]
몰아가고
/너희의 말대로
/너희의 양도 소도
축복하라 하며
/나를 위하여

33 사람들은 **재촉하여**
/애굽 /백성을

//(목적: לְ, in order that)
그 지경에서 속히 보내려(하므로)

//(이유: כִּי, for)
말하기를...하고[8)]
/우리가 다 죽은 자가 되도다

34 백성이 **메니라**
/어깨에
/발교되지 못한 반죽 담은 그릇을
/옷에 싸서

35 자손이 **하여**
/이스라엘 /모세의 말대로
구하매
/은금 패물과 의복을
/애굽 사람에게

36 여호와께서 **입히게 하사**
/은혜를
/애굽 사람으로 백성에게
그들의 구하는 대로 주게 하시므로[9)]

//(결과)
그들이 애굽 사람의 물품을 취하였더라

37 자손이 **발행하여 이르니**
/이스라엘 /라암셋에서 숙곳에

8) 우리가 다 죽은자가 되었다고 말하였기 때문이다.
9) 원문에는 한 단어임

운데서 떠나서 너희의 말대로 가서 여호와를 섬기며 **32**
너희의 말대로 너희의 양도 소도 몰아가고 나를 위하여
축복하라 하며 **33** 애굽 사람들은 말하기를 우리가 다
죽은 자가 되도다 하고 백성을 재촉하여 그 지경에서 속
히 보내려 하므로 **34** 백성이 발교되지 못한 반죽 담은
그릇을 옷에 싸서 어깨에 메니라 **35** 이스라엘 자손이
모세의 말대로 하여 애굽 사람에게 은금 패물과 의복을
구하매 **36** 여호와께서 애굽 사람으로 백성에게 은혜를
입히게 하사 그들의 구하는대로 주게 하시므로 그들이
애굽 사람의 물품을 취하였더라 **37** 이스라엘 자손이 라
암셋에서 발행하여 숙곳에 이르니 유아 외에 보행하는
장정이 육십만 가량이요 **38** 중다한 잡족과 양과 소와

among my people, both you and the sons of Israel; and
go, worship the LORD, as you have said. **32** "Take
both your flocks and your herds, as you have said, and
go, and bless me also." **33** And the Egyptians urged
the people, to send them out of the land in haste, for
they said, "We shall all be dead." **34** So the people
took their dough before it was leavened, with their
kneading bowls bound up in the clothes on their shoulders.
35 Now the sons of Israel had done according to the
word of Moses, for they had requested from the Egyptians
articles of silver and articles of gold, and clothing; **36**
and the LORD had given the people favor in the sight
of the Egyptians, so that they let them have their request.
Thus they plundered the Egyptians. **37** ¶ Now the sons

장정이 **육십만 가량이요**
/보행하는 /유아 외에

38 잡족과 ── **함께 하였으며**
/중다한 /그들과
양과
소와
생축이
/심히 많은

39 그들이 **구웠으니**
/무교병을
/가지고 나온 발교되지 못한 반죽으로

//이는(이유: כִּי, for)[10]
발교되지 못한(못했기 때문이다)

//(이유 כִּי, because)[11]
그들이 ── 애굽에서 쫓겨남으로
── 지체할 수 없었음이며
── 아무 양식도 준비하지 못하였음이었더라

40 지(=기간은) **사백삼십 년이라**
/이스라엘 자손이 애굽에 거주한

41 사백삼십 년이 마치는 그 날에
군대가 **나왔은즉**
/여호와의 /다
/애굽 땅에서

42 이 밤은 **지킬 것이니**
/여호와 앞에

//(이유: לְ, for)
[여호와께서] ── 인도하여 내심을 인하여
/그들을
/애굽 땅에서

이는 **밤이라**
/여호와의
자손이 **지킬 것이니라**
/이스라엘 /다
/대대로

10) 무교병을 구운 이유
11) 발교되지 못한 반죽으로 무교병을 구운이유; 종속문장까지 포함한 주문장의 종속문장이다. 즉 쫓겨났고, 지체할 수 없었고, 양식을 미쳐 준비하지 못했기 때문이다.

심히 많은 생축이 그들과 함께하였으며 **39** 그들이 가지
고 나온 발교되지 못한 반죽으로 무교병을 구웠으니 이
는 그들이 애굽에서 쫓겨남으로 지체할 수 없었음이며
아무 양식도 준비하지 못하였음이었더라 **40** 이스라엘
자손이 애굽에 거주한지 사백 삼십 년이라 **41** 사백 삼
십년이 마치는 그 날에 여호와의 군대가 다 애굽 땅에서
나왔은즉 **42** 이 밤은 그들을 애굽 땅에서 인도하여 내
심을 인하여 여호와 앞에 지킬 것이니 이는 여호와의 밤
이라 이스라엘 자손이 다 대대로 지킬 것이니라 **43** 여
호와께서 모세와 아론에게 이르시되 유월절 규례가 이러

of Israel journeyed from Rameses to Succoth, about six
hundred thousand men on foot, aside from children. **38**
And a mixed multitude also went up with them, along
with flocks and herds, a very large number of livestock.
39 And they baked the dough which they had brought
out of Egypt into cakes of unleavened bread. For it had
not become leavened, since they were driven out of
Egypt and could not delay, nor had they prepared any
provisions for themselves. **40** ¶ Now the time that the
sons of Israel lived in Egypt was four hundred and thirty
years. **41** And it came about at the end of four hundred
and thirty years, to the very day, that all the hosts of
the LORD went out from the land of Egypt. **42** It is a
night to be observed for the LORD for having brought
them out from the land of Egypt; this night is for the
LORD, to be observed by all the sons of Israel throughout
their generations. **43** ¶ And the LORD said to Moses
and Aaron, "This is the ordinance of the Passover: no

43 여호와께서 **이르시되**
/모세와 아론에게
/유월절 규례가 이러하니라

/(동격; 즉)
이방 사람은—먹지 못할 것이나

44 /종은 —할례를 받은 후에(상황절, after)
/각 사람이 —돈으로 산
— 먹을 것이며

45 /거류인과
타국 품군은—먹지 못하리라

46 /[그들은] — 한 집에서 먹되
— 조금도 집 밖으로 내지 말고
/그 고기를
— 뼈도 꺾지 말지며

47 /이스라엘 회중이 다 이것을 지킬지니라

48 /타국인이 -여호와의 유월절을 지키고자 하거든(조건절, if)
/너희와 함께 거하는
남자는 —할례를 받은(=받고)
/그 모든
—지키기 위해 가까이 하여(=할지니)
/후에야

/곧 그는 본토인과 같이 될 것이나
할례받지 못한 자는 먹지 못할 것이니라

49 /이 법이 —— 동일하니라 하셨으므로
/본토인에게나
/너희 중에 우거한 이방인에게나

50 //(결과 및 반응)
온 이스라엘 자손이 이와 같이 행하되
여호와께서 모세와 아론에게 명하신 대로 행하였으며

51 그 같은 날에
여호와께서 **인도하여 내셨더라**
/이스라엘 자손을
/애굽 땅에서
/그 군대대로

하니라 이방 사람은 먹지 못할 것이나 **44** 각 사람이 돈
으로 산 종은 할례를 받은 후에 먹을 것이며 **45** 거류인
과 타국 품군은 먹지 못하리라 **46** 한 집에서 먹되 그
고기를 조금도 집 밖으로 내지 말고 뼈도 꺾지 말지며
47 이스라엘 회중이 다 이것을 지킬지니라 **48** 너희와
함께 거하는 타국인이 여호와의 유월절을 지키고자 하거
든 그 모든 남자는 할례를 받은 후에야 가까이하여 지킬
지니 곧 그는 본토인과 같이 될 것이나 할례 받지 못한
자는 먹지 못할 것이니라 **49** 본토인에게나 너희 중에
우거한 이방인에게나 이 법이 동일하니라 하셨으므로
50 온 이스라엘 자손이 이와 같이 행하되 여호와께서
모세와 아론에게 명하신대로 행하였으며 **51** 그 같은 날
에 여호와께서 이스라엘 자손을 그 군대대로 애굽 땅에
서 인도하여 내셨더라

foreigner is to eat of it; **44** but every man's slave
purchased with money, after you have circumcised him, then
he may eat of it. **45** "A sojourner or a hired servant
shall not eat of it. **46** "It is to be eaten in a single
house; you are not to bring forth any of the flesh outside
of the house, nor are you to break any bone of it. **47**
"All the congregation of Israel are to celebrate this. **48** "But
if a stranger sojourns with you, and celebrates the Passover
to the LORD, let all his males be circumcised, and then
let him come near to celebrate it; and he shall be like a native
of the land. But no uncircumcised person may eat of it.
49 "The same law shall apply to the native as to the stranger
who sojourns among you." **50** Then all the sons of
Israel did so; they did just as the LORD had commanded
Moses and Aaron. **51** And it came about on that same
day that the LORD brought the sons of Israel out of the
land of Egypt by their hosts.

출

13

1 여호와께서 **일러 가라사대**
/모세에게
2 /이스라엘 자손 중에[12)]
사람이나 짐승이나 무론하고
초태생은 다 거룩히 구별하여 내게 돌리라
이는 내 것이니라 하시니라

3 모세가 **이르되**
/백성에게
/너희는 ── 먹지 말라
/유교병을
/그 날을 기념하여
/애굽에서
곧 종 되었던 집에서 나온
//(이유: כִּי, for)
여호와께서 ── 인도하여 내셨음이니라
/너희를
/그 손의 권능으로
/그 곳에서

4 /아빕월 이 날에 너희가 나왔으니

5 /여호와께서 ── 인도하여
/너를
이르게 하시거든(상황절, when)
/젖과 꿀이 흐르는 땅에
/곧 네게 주시려고
네 조상들에게 맹세하신 바
/가나안 사람과 헷 사람과 아모리 사람과
히위 사람과 여부스 사람의 땅

/너는 ── 지켜
/이 예식을
/이 달에
6 먹고
/무교병을
/칠 일 동안
지키라
/절기를
/여호와께
/제 칠 일에는

12) 수식부의 상세구문
2 /초태생은 ── 구별하여 돌리라
/내게
/다
/거룩히
/사람이나 짐승이나 무론하고
/이스라엘 자손 중에
이는 ── 내 것이니라 하시니라

13:1 여호와께서 모세에게 일러 가라사대 **2** 이스
라엘 자손 중에 사람이나 짐승이나 무론하고 초
태생은 다 거룩히 구별하여 내게 돌리라 이는 내 것이니
라 하시니라 **3** 모세가 백성에게 이르되 너희는 애굽에서
곧 종 되었던 집에서 나온 그 날을 기념하여 유교병을
먹지 말라 여호와께서 그 손의 권능으로 너희를 그곳에
서 인도하여 내셨음이니라 **4** 아빕월 이 날에 너희가 나
왔으니 **5** 여호와께서 너를 인도하여 가나안 사람과 헷
사람과 아모리 사람과 히위 사람과 여부스 사람의 땅 곧
네게 주시려고 네 조상들에게 맹세하신바 젖과 꿀이 흐
르는 땅에 이르게 하시거든 너는 이 달에 이 예식을 지
켜 **6** 칠 일 동안 무교병을 먹고 제칠일에는 여호와께 절

13:1 ¶ Then the LORD spoke to Moses, saying, **2**
"Sanctify to Me every first-born, the first offspring
of every womb among the sons of Israel, both of man
and beast; it belongs to Me." **3** ¶ And Moses said to
the people, "Remember this day in which you went out
from Egypt, from the house of slavery; for by a powerful
hand the LORD brought you out from this place. And nothing
leavened shall be eaten. **4** "On this day in the month
of Abib, you are about to go forth. **5** "And it shall be
when the LORD brings you to the land of the Canaanite,
the Hittite, the Amorite, the Hivite and the Jebusite,
which He swore to your fathers to give you, a land
flowing with milk and honey, that you shall observe this
rite in this month. **6** "For seven days you shall eat unleavened
bread, and on the seventh day there shall be a feast to
the LORD. **7** "Unleavened bread shall be eaten throughout

7 먹고
/무교병을
/칠 일 동안에는
있게 하지 말며
/유교병을
/너희 곳에
보이지도 말게 하며
/누룩을
/네게
/네 지경 안에서

8 /너는 — 뵈어 이르기를
/그 날에
/네 아들에게
/이 예식은 — 행하신 일을 인함이라 하고
/내가 애굽에서 나올 때에
/여호와께서 나를 위하여

9 /(너는) — 이것으로 삼고
/네 손의 기호와 네 미간의 표를
있게 하라
/여호와의 율법으로
/네 입에

//이는(이유: כִּי, for)
여호와께서 — 너를 애굽에서 인도하여 내셨음이니
/능하신 손으로

10 /(너는) — 지킬지니라
/이 규례를
/연년이 기한에 이르러
11 /여호와께서 — 인도하시고
/너를
/가나안 사람의 땅에
주시거든(상황절, when)
/그 땅을
/네게
/너와 네 조상에게 맹세하신 대로
12 /너는 — 구별하여(구별하라)
/무릇(모든) 초태생과
네게 있는 생축의 초태생을
/여호와께 (돌리라)
/다

기를 지키라 7 칠 일 동안에는 무교병을 먹고 유교병을 너희 곳에 있게 하지 말며 네 지경 안에서 누룩을 네게 보이지도 말게 하며 8 너는 그 날에 네 아들에게 뵈어 이르기를 이 예식은 내가 애굽에서 나올 때에 여호와께서 나를 위하여 행하신 일을 인함이라 하고 9 이것으로 네 손의 기호와 네 미간의 표를 삼고 여호와의 율법으로 네 입에 있게 하라 이는 여호와께서 능하신 손으로 너를 애굽에서 인도하여 내셨음이니 10 연년이 기한에 이르러 이 규례를 지킬지니라 11 여호와께서 너와 네 조상에게 맹세하신대로 너를 가나안 사람의 땅에 인도하시고 그 땅을 네게 주시거든 12 너는 무릇 초태생과 네게 있는 생축의 초태생을 다 구별하여 여호와께 돌리라 수컷

the seven days; and nothing leavened shall be seen among you, nor shall any leaven be seen among you in all your borders. 8 "And you shall tell your son on that day, saying, 'It is because of what the LORD did for me when I came out of Egypt.' 9 "And it shall serve as a sign to you on your hand, and as a reminder on your forehead, that the law of the LORD may be in your mouth; for with a powerful hand the LORD brought you out of Egypt. 10 "Therefore, you shall keep this ordinance at its appointed time from year to year. 11 ¶ "Now it shall come about when the LORD brings you to the land of the Canaanite, as He swore to you and to your fathers, and gives it to you, 12 that you shall devote to the LORD the first offspring of every womb, and the first offspring of every beast that you own; the males belong to the LORD. 13 "But every first offspring of a donkey

수컷은 ── 여호와의 것이니라

13 /나귀의 첫 새끼는 다 어린 양으로 대속할 것이요
그렇게 아니하려면(조건절, if)
그 목을 꺾을 것이며
너의 아들 중 모든 장자 된 자는 다 대속할지니라

14 /장래에 네 아들이 네게 묻기를
이것이 어찜이냐 하거든(상황절, when)
너는 ── 그에게 이르기를
/여호와께서 ── 우리를 인도하여 내실새
/그 손의 권능으로
/애굽에서 곧 종이 되었던 집에서

15 /그 때에
바로가 강퍅하여 우리를 보내지 아니하매
여호와께서 ── 다 죽이신 고로
/애굽 나라 가운데 처음 낳은 것을
/사람의 장자로부터
생축의 처음 낳은 것까지
/수컷은 ── 드리고
/초태생의 /여호와께
/다
/희생으로
/장자는 ── 다 대속하나니
/우리

16 /(너는) ── 이것으로 삼으라 할지니라
/네 손의 기호와
네 미간의 표를

//(이유: כִּי, for)
여호와께서 ── 우리를 인도하여 내셨음이니라
/그 손의 권능으로
/애굽에서

17 바로가 백성을 보낸 후에(상황절, when)
블레셋 사람의 땅의 길은 가까울지라도(양보절, even though)
하나님이 **인도하지 아니하셨으니**
/그들을
/그 길로

//이는(*이유: כִּי, for*)

은 여호와의 것이니라 **13** 나귀의 첫새끼는 다 어린 양으로 대속할 것이요 그렇게 아니하려면 그 목을 꺾을 것이며 너의 아들중 모든 장자된 자는 다 대속할지니라
14 장래에 네 아들이 네게 묻기를 이것이 어찜이냐 하거든 너는 그에게 이르기를 여호와께서 그 손의 권능으로 우리를 애굽에서 곧종이 되었던 집에서 인도하여 내실새 **15** 그 때에 바로가 강퍅하여 우리를 보내지 아니하매 여호와께서 애굽 나라 가운데 처음 낳은 것까지 다 죽이신고로 초태생의 수컷은 다 여호와께 희생으로 드리고 우리 장자는 다 대속하나니 **16** 이것으로 네 손의 기호와 네 미간의 표를 삼으라 여호와께서 그 손의 권능으로 우리를 애굽에서 인도하여 내셨음이니라 할지니라
17 바로가 백성을 보낸 후에 블레셋 사람의 땅의 길은 가까울지라도 하나님이 그들을 그 길로 인도하지 아니하셨으니 이는 하나님이 말씀하시기를 이 백성이 전쟁을 보면 뉘우쳐 애굽으로 돌아갈까 하셨음이라 **18** 그러므

you shall redeem with a lamb, but if you do not redeem it, then you shall break its neck; and every first-born of man among your sons you shall redeem.
14 "And it shall be when your son asks you in time to come, saying, 'What is this?' then you shall say to him, 'With a powerful hand the LORD brought us out of Egypt, from the house of slavery.
15 'And it came about, when Pharaoh was stubborn about letting us go, that the LORD killed every first-born in the land of Egypt, both the first-born of man and the first-born of beast. Therefore, I sacrifice to the LORD the males, the first offspring of every womb, but every first-born of my sons I redeem.'
16 "So it shall serve as a sign on your hand, and as phylacteries on your forehead, for with a powerful hand the LORD brought us out of Egypt."
17 ¶ Now it came about when Pharaoh had let the people go, that God did not lead them by the way of the land of the Philistines, even though it was near; for God said, "Lest the people

//이는(이유: כִּי, for)
하나님이 —— 말씀하시기를...하셨음이라
/이 백성이 ┬ 전쟁을 보면 뉘우쳐(=뉘우치고)
└ 애굽으로 돌아갈까

18 그러므로
하나님이 **돌려 인도하시매**[13)]
/백성을
/홍해의 광야 길로

자손이 **나올 때에(나왔다)**
/이스라엘 /애굽 땅에서
/항오를 지어

19 모세가 **취하였으니**
/요셉의 해골을

//이는(이유: כִּי, for)
요셉이 —— 맹세케 하여 이르기를
/이스라엘 자손으로
/단단히
/하나님이 필연 너희를 권고하시리니
너희는 나의 해골을 여기서 가지고 나가라
하였음이었더라

20 그들이 **발행하여**
/숙곳에서
장막을 치니
/광야 끝 에담에

21 여호와께서 **행하사**
/그들 앞에
/인도하시고(방법: 인도하심으로)
/그들의 길을
/낮에는
/구름기둥으로
/비취사(방법: 비췸으로)
/그들에게
/밤에는
/불기둥으로
/진행하게 하시니(방법: 진행하심으로)
/주야로

22 구름기둥 ─┐
/낮에는 ├─ **떠나지 아니하니라**
불기둥이 ─┘ /백성 앞에서
/밤에는

13) 한글 성경은 이부분을 의미해석 해서 상황절로 처리했다. 그래서 "... 돌려 인도하시매...때에"라는 말이 나온다. 그런데 원문은 이 부분이 상황절이 아닌 독립적인 주문장으로 기록되어 있다. 18절과 19절이 의미상 단절되고 있다.

로 하나님이 홍해의 광야 길로 돌려 백성을 인도하시매
이스라엘 자손이 애굽 땅에서 항오를 지어 나올 때에
19 모세가 요셉의 해골을 취하였으니 이는 요셉이 이스
라엘 자손으로 단단히 맹세케 하여 이르기를 하나님이
필연 너희를 권고하시리니 너희는 나의 해골을 여기서
가지고 나가라 하였음이었더라 20 그들이 숙곳에서 발
행하여 광야 끝 에담에 장막을 치니 21 여호와께서 그
들 앞에 행하사 낮에는 구름 기둥으로 그들의 길을 인도
하시고 밤에는 불 기둥으로 그들에게 비취사 주야로 진
행하게 하시니 22 낮에는 구름 기둥, 밤에는 불기둥이
백성 앞에서 떠나지 아니하니라

change their minds when they see war, and they return
to Egypt." 18 Hence God led the people around by the
way of the wilderness to the Red Sea; and the sons of
Israel went up in martial array from the land of Egypt.
19 And Moses took the bones of Joseph with him, for
he had made the sons of Israel solemnly swear, saying, "God
shall surely take care of you; and you shall carry my
bones from here with you." 20 Then they set out from
Succoth and camped in Etham on the edge of the wilderness.
21 And the LORD was going before them in a pillar
of cloud by day to lead them on the way, and in a pillar
of fire by night to give them light, that they might travel
by day and by night. 22 He did not take away the pillar
of cloud by day, nor the pillar of fire by night, from
before the people.

출

14

1 여호와께서 **일러 가라사대**
/모세에게
2 /이스라엘 자손을 명하여
/[그들이] — 돌[아라](=돌게하라)
/[그들이] — [진을]쳐서(=진을치게하라)
/바다와 믹돌 사이의 비하히롯 앞
곧 바알스본 맞은편[에]

//(목적)
[너희가] — 장막을 치게 하라
/바닷가에

3 /바로가 — 이스라엘 자손에 대하여 말하기를
/그들이 — 그 땅에서 아득하여
광야에 갇힌 바 되었다 (할지라)

4 /내가 — 바로의 마음을 강퍅케 한즉
바로가 — 그들의 뒤를 따르리니
내가 — 영광을 얻어
/그와 그 온 군대를 인하여
알게 하리라(하시매)
/애굽 사람으로 나를 여호와인 줄

//(결과 및 반응)
무리가 그대로 행하니라

5 혹이 **고하매**
/백성의 도망한 것을
/애굽 왕에게

바로와[14)]
그 신하들이 **변하여**
/마음이
/백성에 대하여
가로되
/우리가 어찌 이같이 하여
이스라엘을 우리를 섬김에서 놓아 보내었는고 (하고)

6 바로가 **갖추고**
/그 병거를
/곧
데리고 갈새
/그 백성을

14) 이부분을 주문장으로 보는 이유: 앞문장으로 인해 자동적으로 진행된 결과가 아니라 주체자의 자의적인 과정을 통해 동작이 나오기 때문에 이 경우에는 주문장으로 처리하는 것이 자연스럽다. 다시 한번 기억해야 할 것은 종속문장으로 만족할만한 조건은 자동적인 결과라는 점이다.

14:1 여호와께서 모세에게 일러 가라사대 **2** 이
스라엘 자손을 명하여 돌쳐서 바다와 믹돌 사이
의 비하히롯 앞곧 바알스본 맞은편 바닷가에 장막을 치
게 하라 **3** 바로가 이스라엘 자손에 대하여 말하기를 그
들이 그 땅에서 아득하여 광야에 갇힌바 되었다 할지라
4 내가 바로의 마음을 강퍅케 한즉 바로가 그들의 뒤를
따르리니 내가 그와 그 온 군대를 인하여 영광을 얻어
애굽 사람으로 나를 여호와인 줄 알게 하리라 하시매 무
리가 그대로 행하니라 **5** 혹이 백성의 도망한 것을 애굽
왕에게 고하매 바로와 그 신하들이 백성에 대하여 마음
이 변하여 가로되 우리가 어찌 이같이 하여 이스라엘을
우리를 섬김에서 놓아 보내었는고 하고 **6** 바로가 곧 그

14:1 ¶ Now the LORD spoke to Moses, saying, **2**
"Tell the sons of Israel to turn back and camp
before Pi-hahiroth, between Migdol and the sea; you
shall camp in front of Baal-zephon, opposite it, by the
sea. **3** "For Pharaoh will say of the sons of Israel, 'They
are wandering aimlessly in the land; the wilderness has
shut them in.' **4** "Thus I will harden Pharaoh's heart,
and he will chase after them; and I will be honored
through Pharaoh and all his army, and the Egyptians
will know that I am the LORD." And they did so. **5** ¶
When the king of Egypt was told that the people had
fled, Pharaoh and his servants had a change of heart
toward the people, and they said, "What is this we have
done, that we have let Israel go from serving us?" **6**
So he made his chariot ready and took his people with
him; **7** and he took six hundred select chariots, and all

7 **발하니**
/특별 병거 육백 승과
애굽의 모든 병거를
/장관들이 다 거느렸더라(거느리게 하여)

8 여호와께서 **강퍅케 하셨으므로**
/애굽 왕 바로의 마음을
그가 **따르니**
/이스라엘 자손의 뒤를
자손이 **나갔음이라**
/이스라엘 /담대히

9 애굽 사람들과
바로의 말들,
병거들과
그 마병과
그 군대가
따라[15)]
/그들의 뒤를
미치니라
/바알스본 맞은편 비하히롯 곁
해변 그 장막 친 데

10 바로가 가까와 올 때에(상황절, when)
자손이 **들어**
/이스라엘 /눈을
본즉[16)]
//(결과)
애굽 사람들이 자기 뒤에 미친지라

//(결과 및 반응)
자손이 두려워하여
/이스라엘 /심히
부르짖고
/여호와께

11 //또
그들이 이르되
/모세에게
/애굽에 매장지가 없으므로
당신이 우리를 이끌어 내어
이 광야에서 죽게 하느뇨?
/어찌하여
당신이 우리를 애굽에서 이끌어 내어
이같이 우리에게 하느뇨?

12 /우리가 애굽에서 당신에게 고한 말이

15) 주동사가 다수의 주어를 취하면서 주어의 길이가 길어서 주동사와 거의 가까운 거리에 자리하게 될 경우 주어군을 다 기록한 후, 행을 바꿔서 21열에 주동사를 기록한다. 짧을 경우는 첫 행이나 중간 행에 주어를 자리하게 한다.

16) 원래 "보라"는 감탄사로 되어있다. 감탄형식의 "보라"로 볼 수 있다. 그런데 이 부분을 번역본들이 동사 형태로 취하고 있다. 왜냐하면 원형이 הִנֵּה이기 때문이다. 이 단어가 감탄의 의미를 가지려면 הֵן이 되어야 한다.

병거를 갖추고 그 백성을 데리고 갈새 **7** 특별 병거 육백
승과 애굽의 모든 병거를 발하니 장관들이 다 거느렸더
라 **8** 여호와께서 애굽 왕 바로의 마음을 강퍅케 하셨으
므로 그가 이스라엘 자손의 뒤를 따르니 이스라엘 자손
이 담대히 나갔음이라 **9** 애굽 사람들과 바로의 말들 병
거들과 그 마병과 그 군대가 그들의 뒤를 따라 바알스본
맞은편 비하히롯 곁 해변 그 장막친 데 미치니라 **10** 바
로가 가까와 올 때에 이스라엘 자손이 눈을 들어 본즉
애굽 사람들이 자기 뒤에 미친지라 이스라엘 자손이 심
히 두려워하여 여호와께 부르짖고 **11** 그들이 또 모세에

the other chariots of Egypt with officers over all of them.
8 And the LORD hardened the heart of Pharaoh, king
of Egypt, and he chased after the sons of Israel as the
sons of Israel were going out boldly. **9** Then the Egyptians
chased after them with all the horses and chariots of Pharaoh,
his horsemen and his army, and they overtook them camping
by the sea, beside Pi-hahiroth, in front of Baal-zephon.
10 ¶ And as Pharaoh drew near, the sons of Israel
looked, and behold, the Egyptians were marching after them,
and they became very frightened; so the sons of Israel
cried out to the LORD. **11** Then they said to Moses,
"Is it because there were no graves in Egypt that you
have taken us away to die in the wilderness? Why have
you dealt with us in this way, bringing us out of Egypt?

출

12 /우리가 애굽에서 당신에게 고한 말이
이것이 아니뇨?
이르기를
/(종속절의 종속절)
우리를 버려 두라
우리가 애굽 사람을 섬길 것이라 하지 아니하더뇨
애굽 사람을 섬기는 것이
광야에서 죽는 것보다 낫겠노라

13 모세가 **이르되**
/백성에게
/너희는 ─ 두려워 말고
─ 가만히 서서
─ 구원을 보라
/여호와께서 오늘날 너희를 위하여 행하시는
/너희가 ─ 보지 못하리라
/오늘 본 애굽 사람을
/또 다시는
/영원히

14 /여호와께서 ─ 너희를 위하여 싸우시리니
너희는 ─ 가만히 있을지니라

15 여호와께서 **이르시되**
/모세에게
/너는 ─ 어찌하여 내게 부르짖느뇨?
─ 이스라엘 자손을 명하여
/앞으로 나가게 하고

16 /[너는] ─ 지팡이를 들고
─ 손을 바다 위로 내밀어
─ 그것으로 갈라지게 하라

/이스라엘 자손이 바다 가운데 육지로 행하리라

17 /내가 ─ 애굽 사람들의 마음을 강퍅케 할 것인즉
그들이 ─ 그 뒤를 따라 들어갈 것이라
내가 ─ 영광을 얻으리니
/바로와 그 모든 군대와
그 병거와 마병을 인하여
18 /*내가* *영광을 얻을 때에야*

게 이르되 애굽에 매장지가 없으므로 당신이 우리를 이
끌어 내어 이 광야에서 죽게 하느뇨 어찌하여 당신이 우
리를 애굽에서 이끌어 내어 이같이 우리에게 하느뇨 **12**
우리가 애굽에서 당신에게 고한 말이 이것이 아니뇨 이
르기를 우리를 버려 두라 우리가 애굽 사람을 섬길 것이
라 하지 아니하더뇨 애굽 사람을 섬기는 것이 광야에서
죽는 것보다 낫겠노라 **13** 모세가 백성에게 이르되 너희
는 두려워 말고 가만히 서서 여호와께서 오늘날 너희를
위하여 행하시는 구원을 보라 너희가 오늘 본 애굽 사람
을 또 다시는 영원히 보지 못하리라 **14** 여호와께서 너
희를 위하여 싸우시리니 너희는 가만히 있을지니라 **15**
여호와께서 모세에게 이르시되 너는 어찌하여 내게 부르
짖느뇨 이스라엘 자손을 명하여 앞으로 나가게 하고 **16**
지팡이를 들고 손을 바다 위로 내밀어 그것으로 갈라지
게 하라 이스라엘 자손이 바다 가운데 육지로 행하리라
17 내가 애굽 사람들의 마음을 강퍅케 할 것인즉 그들

12 "Is this not the word that we spoke to you in Egypt,
saying, Leave us alone that we may serve the Egyptians?
For it would have been better for us to serve the Egyptians
than to die in the wilderness." **13** But Moses said to
the people, "Do not fear! Stand by and see the salvation
of the LORD which He will accomplish for you today;
for the Egyptians whom you have seen today, you will
never see them again forever. **14** "The LORD will fight
for you while you keep silent." **15** ¶ Then the LORD
said to Moses, "Why are you crying out to Me? Tell
the sons of Israel to go forward. **16** "And as for you,
lift up your staff and stretch out your hand over the sea
and divide it, and the sons of Israel shall go through the
midst of the sea on dry land. **17** "And as for Me,
behold, I will harden the hearts of the Egyptians so that
they will go in after them; and I will be honored through

18 /내가 —— 영광을 얻을 때에야(상황절, when)
/바로와 그 병거와 마병으로 인하여
애굽 사람들이 나를 여호와인 줄 알리라
하시더니

19 사자가 **옮겨**
/하나님의
/이스라엘 진 앞에 행하던
행하매
/그 뒤로

//(결과)
기둥도 —— 옮겨
/구름 /앞에서 그 뒤로
20 이르러 서니
/애굽 진과 이스라엘 진 사이에

저편은 **있고**
/구름과 흑암이
이편은 **광명하므로**
/밤이

//(결과)
저편이 —— 가까이 못하였더라
/이편에
/밤이 새도록

21 모세가 **내어민대**
/손을
/바다 위로
여호와께서 **물러가게 하시니**
/바닷물을
/큰 광풍으로
/밤새도록

//(결과)
물이 —— 갈라져
바다가 —— 마른 땅이 된지라

22 자손이 **행하고**
/이스라엘 /바다 가운데 육지로
물은 **벽이 되니**
/그들의 좌우에

이 그 뒤를 따라 들어갈 것이라 내가 바로와 그 모든 군대와 그 병거와 마병을 인하여 영광을 얻으리니
18 내가 바로와 그 병거와 마병으로 인하여 영광을 얻을 때에야 애굽 사람들이 나를 여호와인 줄 알리라 하시더니
19 이스라엘 진 앞에 행하던 하나님의 사자가 옮겨 그 뒤로 행하매 구름 기둥도 앞에서 그 뒤로 옮겨
20 애굽 진과 이스라엘 진 사이에 이르러 서니 저 편은 구름과 흑암이 있고 이 편은 밤이 광명하므로 밤새도록 저 편이 이 편에 가까이 못하였더라
21 모세가 바다 위로 손을 내어민대 여호와께서 큰 동풍으로 밤새도록 바닷물을 물러가게 하시니 물이 갈라져 바다가 마른 땅이 된 지라
22 이스라엘 자손이 바다 가운데 육지로 행하고 물은

Pharaoh and all his army, through his chariots and his horsemen.
18 "Then the Egyptians will know that I am the LORD, when I am honored through Pharaoh, through his chariots and his horsemen."
19 And the angel of God, who had been going before the camp of Israel, moved and went behind them; and the pillar of cloud moved from before them and stood behind them.
20 So it came between the camp of Egypt and the camp of Israel; and there was the cloud along with the darkness, yet it gave light at night. Thus the one did not come near the other all night.
21 ¶ Then Moses stretched out his hand over the sea; and the LORD swept the sea back by a strong east wind all night, and turned the sea into dry land, so the waters were divided.
22 And the sons of Israel went through the midst of the sea on the dry land, and the waters were like a wall to them on their

출

23 애굽 사람들과
바로의 말들,
병거들과
그 마병들이
쫓아
/그 뒤를
/다
들어오는지라
/바다 가운데로

24 새벽에
여호와께서 **보시고**
/애굽 군대를
/불 구름 기둥 가운데서
어지럽게 하시며
/그 군대를

25 **벗겨서**
/그 병거 바퀴를
달리기에 극난하게 하시니

//(결과 및 반응)
애굽 사람들이 — 가로되
/우리가 — 도망하자
/이스라엘 앞에서

//(이유: כִּי, for)
여호와가 — 그들을 위하여 싸워
— 애굽 사람들을 치는도다

26 여호와께서 **이르시되**
/모세에게
/[너는] — 네 손을 바다 위로 내어밀어

//(결과)
물이 — 다시 흐르게 하라 하시니
/애굽 사람들과
그 병거들과 마병들 위에

27 모세가 **내어밀매**
/손을
/바다 위로
/곧

//(결과)
새벽에 미쳐
바다의 그 세력이 회복된지라

그들의 좌우에 벽이 되니 **23** 애굽 사람들과 바로의 말
들, 병거들과 그 마병들이 다 그 뒤를 쫓아 바다 가운데
로 들어 오는지라 **24** 새벽에 여호와께서 불 구름 기둥
가운데서 애굽 군대를 보시고 그 군대를 어지럽게 하시
며 **25** 그 병거 바퀴를 벗겨서 달리기에 극난하게 하시
니 애굽 사람들이 가로되 이스라엘 앞에서 우리가 도망
하자 여호와가 그들을 위하여 싸워 애굽 사람들을 치는
도다 **26** 여호와께서 모세에게 이르시되 네 손을 바다
위로 내어밀어 물이 애굽 사람들과 그 병거들과 마병들
위에 다시 흐르게 하라 하시니 **27** 모세가 곧 손을 바다

right hand and on their left. **23** Then the Egyptians
took up the pursuit, and all Pharaoh's horses, his chariots
and his horsemen went in after them into the midst of
the sea. **24** And it came about at the morning watch,
that the LORD looked down on the army of the Egyptians
through the pillar of fire and cloud and brought the army
of the Egyptians into confusion. **25** And He caused
their chariot wheels to swerve, and He made them drive with
difficulty; so the Egyptians said, "Let us flee from Israel,
for the LORD is fighting for them against the Egyptians."
26 ¶ Then the LORD said to Moses, "Stretch out your
hand over the sea so that the waters may come back
over the Egyptians, over their chariots and their horsemen."
27 So Moses stretched out his hand over the sea, and

사람들이 **도망하나**
/애굽 /물을 거스려

여호와께서 **엎으시니**
/애굽 사람들을
/바다 가운데

28 //(결과)[17]
물이 ── 다시 흘러
── 병거들과 기병들을 덮되
── 바로의 군대를 다 (덮고)
/그들의 뒤를 좇아 바다에 들어간

//(결과)
하나도 남기지 아니하였더라

29 그러나
자손은 **행하였고**
/이스라엘 /바다 가운데 육지로
물이 **되었었더라**
/좌우에 벽이

30 그 날에
여호와께서 **구원하시매**
/이스라엘을
/애굽 사람의 손에서
/이같이
이스라엘이 **보았더라**
/바닷가의 애굽 사람의 시체를

31 이스라엘이 **보았으므로**
/큰 일을
/여호와께서 애굽 사람들에게 베푸신

//(결과)
백성이 ── 경외하며
/여호와를
── 믿었더라
/여호와와
그 종 모세를

17) 종속문장의 상세구문
28 //(결과)
물이 ─ 다시 흘러
─ 덮되
/병거들과 기병들과
바로의 모든(다) 군대를
/그들의 뒤를 좇아
바다에 들어간
//(결과)
하나도 남기지 아니하였더라

위로 내어밀매 새벽에 미쳐 바다의 그 세력이 회복된지
라 애굽 사람들이 물을 거스려 도망하나 여호와께서 애
굽 사람들을 바다 가운데 엎으시니 **28** 물이 다시 흘러
병거들과 기병들을 덮되 그들의 뒤를 좇아 바다에 들어
간 바로의 군대를 다 덮고 하나도 남기지 아니하였더라
29 그러나 이스라엘 자손은 바다 가운데 육지로 행하였
고 물이 좌우에 벽이 되었었더라 **30** 그 날에 여호와께
서 이같이 이스라엘을 애굽 사람의 손에서 구원하시매
이스라엘이 바닷가의 애굽 사람의 시체를 보았더라 **31**
이스라엘이 여호와께서 애굽 사람들에게 베푸신 큰 일을
보았으므로 백성이 여호와를 경외하며 여호와와 그 종
모세를 믿었더라

the sea returned to its normal state at daybreak, while
the Egyptians were fleeing right into it; then the LORD
overthrew the Egyptians in the midst of the sea. **28**
And the waters returned and covered the chariots and
the horsemen, even Pharaoh's entire army that had gone
into the sea after them; not even one of them remained.
29 But the sons of Israel walked on dry land through
the midst of the sea, and the waters were like a wall to
them on their right hand and on their left. **30** Thus the
LORD saved Israel that day from the hand of the
Egyptians, and Israel saw the Egyptians dead on the seashore.
31 And when Israel saw the great power which the
LORD had used against the Egyptians, the people feared
the LORD, and they believed in the LORD and in His servant
Moses.

출

15

1 이 때에
모세와 ── 노래하니
자손이 /이 노래로
/이스라엘 /여호와께
일렀으되
/내가 -- 여호와를 찬송하리니

//(이유: כִּי, for)
그는 ── 높고 영화로우심이요

//(계속되는 이유)
[그가] ──바다에 던지셨음이로다
/말과 그 탄 자를

2 /여호와는 ── 힘이요
/나의
노래시며
구원이시로다
/나의

/그는 ── 하나님이시니
/나의

//(결과)
내가 ──찬송할 것이요
/그를

[그는] ── 하나님이시니
/내 아비의

//(결과)
내가 ─높이리로다
/그를

3 /여호와는 ── 용사시니
여호와는 ── 이름이시로다
/그의

4 /그가 ──던지시니
/바로의 병거와 그 군대를
/바다에

//(결과)
그 택한 장관이 홍해에 잠겼고

5 //(결과, 계속)
큰 물이 ── 그들을 덮으니
그들이 ── 돌처럼 깊음에 내렸도다

15:1 이 때에 모세와 이스라엘 자손이 이 노래로
여호와께 노래하니 일렀으되 내가 여호와를 찬송
하리니 그는 높고 영화로우심이요 말과 그 탄 자를 바
다에 던지셨음이로다 **2** 여호와는 나의 힘이요 노래시며
나의 구원이시로다 그는 나의 하나님이시니 내가 그를
찬송할 것이요 내 아비의 하나님이시니 내가 그를 높이
리로다 **3** 여호와는 용사시니 여호와는 그의 이름이시로
다 **4** 그가 바로의 병거와 그 군대를 바다에 던지시니 그
택한 장관이 홍해에 잠겼고 **5** 큰 물이 그들을 덮으니 그
들이 돌처럼 깊음에 내렸도다 **6** 여호와여 주의 오른손

15:1 ¶ Then Moses and the sons of Israel sang this
song to the LORD, and said, "I will sing to the LORD,
for He is highly exalted; The horse and its rider He has
hurled into the sea. **2** "The LORD is my strength and
song, And He has become my salvation; This is my
God, and I will praise Him; My father's God, and I will
extol Him. **3** "The LORD is a warrior; The LORD is
His name. **4** "Pharaoh's chariots and his army He has
cast into the sea; And the choicest of his officers are drowned

6 /여호와여!
주의 오른손이 영광을 나타내시니이다
/권능으로
여호와여!
주의 오른손이 원수를 부수시니이다

7 /주께서 —— 엎으시니이다
/거스리는 자를
/주의 큰 위엄으로
주께서 —— 발하시니
/진노를

//(결과)
그 진노가 그들을 초개같이 사르니이다

8 /물이 —— 쌓이되
/주의 콧김에
파도가 —— 언덕같이 일어서고
큰 물이—— 바다 가운데 엉기니이다

9 /대적의(이) — 말이(말하다)
/내가 쫓아 미쳐 탈취물을 나누리라,
내가 그들로 인하여 내 마음을 채우리라,
내가 내 칼을 빼리니
내 손이 그들을 멸하리라 하였으나

10 /주께서 ——일으키시매
/주의 바람을

//(결과)
바다가 그들을 덮으니
그들이 흉용한 물에 납같이 잠겼나이다

11 /여호와여
신 중에 주와 같은 자 누구니이까?

주와 같이 거룩함에 영광스러우며
찬송할 만한 위엄이 있으며
기이한 일을 행하는 자 누구니이까?

12 /주께서 ——오른손을 드신즉
땅이 —— 그들을 삼켰나이다

이 권능으로 영광을 나타내시니이다 여호와여 주의 오른
손이 원수를 부수시니이다 7 주께서 주의 큰 위엄으로
주를 거스리는 자를 엎으시나이다 주께서 진노를 발하시
니 그 진노가 그들을 초개같이 사르니이다 8 주의 콧김
에 물이 쌓이되 파도가 언덕 같이 일어서고 큰 물이 바
다 가운데 엉기니이다 9 대적의 말이 내가 쫓아 미쳐 탈
취물을 나누리라 내가 그들로 인하여 내 마음을 채우리
라 내가 내 칼을 빼리니 내 손이 그들을 멸하리라 하였
으나 10 주께서 주의 바람을 일으키시매 바다가 그들을
덮으니 그들이 흉용한 물에 납같이 잠겼나이다 11 여호
와여 신 중에 주와 같은 자 누구니이까 주와 같이 거룩
함에 영광스러우며 찬송할만한 위엄이 있으며 기이한 일
을 행하는 자 누구니이까 12 주께서 오른손을 드신즉
땅이 그들을 삼켰나이다 13 주께서 그 구속하신 백성을

in the Red Sea. 5 "The deeps cover them; They went
down into the depths like a stone. 6 "Thy right hand,
O LORD, is majestic in power, Thy right hand, O LORD,
shatters the enemy. 7 "And in the greatness of Thine
excellence Thou dost overthrow those who rise up against
Thee; Thou dost send forth Thy burning anger, and it
consumes them as chaff. 8 "And at the blast of Thy
nostrils the waters were piled up, The flowing waters
stood up like a heap; The deeps were congealed in the
heart of the sea. 9 "The enemy said, 'I will pursue, I
will overtake, I will divide the spoil; My desire shall be
gratified against them; I will draw out my sword, my
hand shall destroy them.' 10 "Thou didst blow with
Thy wind, the sea covered them; They sank like lead in
the mighty waters. 11 "Who is like Thee among the
gods, O LORD? Who is like Thee, majestic in holiness,
Awesome in praises, working wonders? 12 "Thou didst
stretch out Thy right hand, The earth swallowed them.

출

13 /주께서 ─┬─ 인도하시되
 /그 구속하신 백성을
 /은혜로
 └─ 들어가게 하시나이다
 /그들을
 /주의 성결한 처소에
 /주의 힘으로

14 /열방이 ─┬─ 듣고
 └─ 떨며
블레셋 거민이 ── 두려움에 잡히며

15 /에돔 방백이 ── 놀라고
모압 영웅이 ── 떨림에 잡히며
가나안 거민이 ─ 다 낙담하나이다

16 /놀람과 두려움이 ── 그들에게 미치매
그들이 ── 돌같이 고요하였사오되
 /주의 팔이 큼을 인하여
/여호와여!
주의 백성이 통과하기까지
곧 주의 사신 백성이 통과하기까지였나이다

17 /주께서 ─┬─ 백성을 인도하사
 └─ 그들을 주의 기업의 산에 심으시리이다

/여호와여!
이는 ── 예비하신 것이라

//(목적)
주의 처소를 삼으시려고
/주여!
이것이 주의 손으로 세우신 성소로소이다

18 /여호와의 다스리심이 영원 무궁하시도다 하였더라
(=여호와께서 영원 무궁히 다스리시리라)

19 //(이유: כִּי, for)
말과 ─┬─ 함께 바다에 들어가매
병거와 ─┤
마병이 ─┘
/바로의

은혜로 인도하시되 주의 힘으로 그들을 주의 성결한 처
소에 들어가게 하시나이다 **14** 열방이 듣고 떨며 블레셋
거민이 두려움에 잡히며 **15** 에돔 방백이 놀라고 모압
영웅이 떨림에 잡히며 가나안 거민이 다 낙담하나이다
16 놀람과 두려움이 그들에게 미치매 주의 팔이 큼을
인하여 그들이 돌같이 고요하였사오되 여호와여 주의 백
성이 통과하기까지 곧 주의 사신 백성이 통과하기까지였
나이다 **17** 주께서 백성을 인도하사 그들을 주의 기업의
산에 심으시리이다 여호와여 이는 주의 처소를 삼으시려
고 예비하신 것이라 주여 이것이 주의 손으로 세우신 성
소로소이다 **18** 여호와의 다스리심이 영원무궁하시도다
하였더라 **19** 바로의 말과 병거와 마병이 함께 바다에
들어가매 여호와께서 바닷물로 그들 위에 돌이켜 흐르게
하셨으나 이스라엘 자손은 바다 가운데서 육지로 행한지

13 "In Thy lovingkindness Thou hast led the people
whom Thou hast redeemed; In Thy strength Thou hast guided
them to Thy holy habitation. **14** "The peoples have
heard, they tremble; Anguish has gripped the inhabitants
of Philistia. **15** "Then the chiefs of Edom were dismayed;
The leaders of Moab, trembling grips them; All the inhabitants
of Canaan have melted away. **16** "Terror and dread fall
upon them; By the greatness of Thine arm they are motionless
as stone; Until Thy people pass over, O LORD, Until
the people pass over whom Thou hast purchased. **17**
"Thou wilt bring them and plant them in the mountain
of Thine inheritance, The place, O LORD, which Thou
hast made for Thy dwelling, The sanctuary, O Lord,
which Thy hands have established. **18** "The LORD
shall reign forever and ever." **19** ¶ For the horses of Pharaoh
with his chariots and his horsemen went into the sea,
and the LORD brought back the waters of the sea on
them; but the sons of Israel walked on dry land through

여호와께서 **돌이켜 흐르게 하셨으나**
/바닷물로
/그들 위에

자손은 **행한지라**
/이스라엘 /육지로
/바다 가운데서

20 미리암이 **잡으매**
/선지자 /손에 소고를
/아론의 누이

모든 여인도 **나오며**
/그를 따라
/소고를 잡고(잡은채로)
/춤추니(춤추며)

21 미리암이 **화답하여 가로되**
/그들에게
/너희는 ─ 여호와를 찬송하라

//(이유: כִּי, for)
그는 ┬ 높고 영화로우심이요
└ 바다에 던지셨음이로다
/말과 그 탄 자를
(하였더라)

22 모세가 **인도하매**
/이스라엘을
/홍해에서

그들이 **나와서**
들어가서
/수르 광야로
행하였으나
/사흘 길을
/거기서
얻지 못하고
/물을

23 **이르렀더니**
/마라에
마시지 못하겠으므로(마시지 못하였다)

//(이유: כִּי, for)
그 곳 물이 써서

//(결과)
그 이름을 마라라 하였더라

라 20 아론의 누이 선지자 미리암이 손에 소고를 잡으
매 모든 여인도 그를 따라 나오며 소고를 잡고 춤추니
21 미리암이 그들에게 화답하여 가로되 너희는 여호와
를 찬송하라 그는 높고 영화로우심이요 말과 그 탄 자를
바다에 던지셨음이로다 하였더라 22 모세가 홍해에서
이스라엘을 인도하매 그들이 나와서 수르 광야로 들어가
서 거기서 사흘길을 행하였으나 물을 얻지 못하고 23
마라에 이르렀더니 그 곳 물이 써서 마시지 못하겠으므
로 그 이름을 마라라 하였더라 24 백성이 모세를 대하
여 원망하여 가로되 우리가 무엇을 마실까 하매 25 모

the midst of the sea. 20 And Miriam the prophetess, Aaron's
sister, took the timbrel in her hand, and all the women
went out after her with timbrels and with dancing. 21
And Miriam answered them, "Sing to the LORD, for
He is highly exalted; The horse and his rider He has
hurled into the sea." 22 ¶ Then Moses led Israel from
the Red Sea, and they went out into the wilderness of
Shur; and they went three days in the wilderness and
found no water. 23 And when they came to Marah,
they could not drink the waters of Marah, for they were
bitter; therefore it was named Marah. 24 So the people
grumbled at Moses, saying, "What shall we drink?" 25

출

24 백성이 **원망하여 가로되**
/모세를 대하여
/우리가 무엇을 마실까 하매

25 모세가 **부르짖었더니**
/여호와께

여호와께서 **지시하시니**
/한 나무를
/그에게

그가 **던지매**
/물에

//(결과)
물이 달아졌더라

여호와께서 **정하시고**
/법도와 율례를
/그들을 위하여
/거기서
시험하실새
/그들을

26 **가라사대**
/너희가 ── 청종하고
/너희 하나님 나 여호와의 말을
── 행하며
/의를
/나의 보기에
── 귀를 기울이며
/내 계명에
── 지키면(조건절, if)
/내 모든 규례를
내가 ── 내리지 아니하리니
/모든 질병의 하나도
/애굽 사람에게 내린
/너희에게

//(이유: כִּי, for)
나는 너희를 치료하는 여호와임이니라

27 그들이 **이르니**
/엘림에

물샘 열둘과 ┐
종려 칠십 주가 ── **있는지라**
/거기

세가 여호와께 부르짖었더니 여호와께서 그에게 한 나무
를 지시하시니 그가 물에 던지매 물이 달아졌더라 거기
서 여호와께서 그들을 위하여 법도와 율례를 정하시고
그들을 시험하실새 **26** 가라사대 너희가 너희 하나님 나
여호와의 말을 청종하고 나의 보기에 의를 행하며 내 계
명에 귀를 기울이며 내 모든 규례를 지키면 내가 애굽
사람에게 내린 모든 질병의 하나도 너희에게 내리지 아
니하리니 나는 너희를 치료하는 여호와임이니라 **27** 그
들이 엘림에 이르니 거기 물샘 열둘과 종려 칠십 주가
있는지라 거기서 그들이 그 물 곁에 장막을 치니라

Then he cried out to the LORD, and the LORD showed
him a tree; and he threw it into the waters, and the
waters became sweet. There He made for them a statute
and regulation, and there He tested them. **26** And He
said, "If you will give earnest heed to the voice of the
LORD your God, and do what is right in His sight, and
give ear to His commandments, and keep all His statutes,
I will put none of the diseases on you which I have put
on the Egyptians; for I, the LORD, am your healer."
27 ¶ Then they came to Elim where there were twelve
springs of water and seventy date palms, and they camped
there beside the waters.

그들이 **장막을 치니라**
/거기서
/그 물 곁에

16

1 온 회중이 **떠나**
/이스라엘 자손의 /엘림에서
이르니
/신 광야에
/엘림과 시내 산 사이
애굽에서 나온 후 제 이 월 십오일이라

2 온 회중이 **원망하여**
/이스라엘 /모세와 아론을
/그 광야에서
3 **이르되**
/그들에게
/[만일]
우리가 ┌ 여호와의 손에 죽었더면(조건절, if)
/애굽 땅에서
/고기 가마 곁에 앉았던 때와
떡을 배불리 먹던 때에
└ 좋았을 것을

//(이유: כִּי, for)
너희가 -- 우리를 인도하여 내어
/이 광야로

//(목적)
이 온 회중으로 주려 죽게 하는도다

4 때에
여호와께서 **이르시되**
/모세에게
/보라
내가 ── 양식을 비같이 내리리니
/너희를 위하여
/하늘에서
백성이 ┌ 나가서
└ 일용할 것을 거둘 것이라
/날마다
//이같이 하여(결과)
내가 --- 시험하리라
/그들이 나의 율법을 준행하나 아니하나

5 /*제 육 일에는*

16:1 이스라엘 자손의 온 회중이 엘림에서 떠나 엘림과 시내산 사이 신 광야에 이르니 애굽에서 나온 후 제 이월 십오일이라 2 이스라엘 온 회중이 그 광야에서 모세와 아론을 원망하여 3 그들에게 이르되 우리가 애굽 땅에서 고기 가마 곁에 앉았던 때와 떡을 배불리 먹던 때에 여호와의 손에 죽었더면 좋았을 것을 너희가 이 광야로 우리를 인도하여 내어 이 온 회중으로 주려 죽게 하는도다 4 때에 여호와께서 모세에게 이르시되 보라 내가 너희를 위하여 하늘에서 양식을 비같이 내리리니 백성이 나가서 일용할 것을 날 마다 거둘 것이라

16:1 ¶ Then they set out from Elim, and all the congregation of the sons of Israel came to the wilderness of Sin, which is between Elim and Sinai, on the fifteenth day of the second month after their departure from the land of Egypt. 2 And the whole congregation of the sons of Israel grumbled against Moses and Aaron in the wilderness. 3 And the sons of Israel said to them, "Would that we had died by the LORD's hand in the land of Egypt, when we sat by the pots of meat, when we ate bread to the full; for you have brought us out into this wilderness to kill this whole assembly with hunger."
4 ¶ Then the LORD said to Moses, "Behold, I will rain bread from heaven for you; and the people shall go out and gather a day's portion every day, that I may test

5 /제 육 일에는
그들이— 예비할지니
/그 거둔 것을

//(결과)
날마다 거두던 것의 갑절이 되리라

출

6 모세와 아론이 **이르되**
/온 이스라엘 자손에게
/저녁이 되면
너희가 --- 알 것이요
/여호와께서 너희를
애굽 땅에서 인도하여 내셨음을
7/아침에는
너희가 여호와의 영광을 보리니
//이는(이유: כִּי, for)
여호와께서 --- 들으셨음이라
/너희가 자기를 향하여 원망함을
/우리가 누구관대
너희가 우리를 대하여 원망하느냐

8 모세가 **또 가로되**
/여호와께서 —— 먹이시고[18]
/저녁에는
/고기를 주어
/너희에게
—— 배불리시리니
/아침에는
/떡으로

//이는(이유: כִּי, for)
여호와께서 —— 그 말을 들으셨음이니라
/너희의 원망하는
/자기를 향하여

/우리가 누구냐?
너희의 원망은 —— 우리를 향하여 함이 아니요
—— 여호와를 향하여 함이로다

9 모세가 **또 이르되**
/아론에게
/[너는] - 명하기를
/이스라엘 자손의 온 회중에게
/[너희는] -- 여호와께 가까이 나아오라

//(이유)

18) 8절의 원문구조
/여호와께서 – 주어(=주시리라)
/너희에게
/저녁에는
/먹이시고(먹던) 고기를
/아침에는
/배불리시리니(=배불릴) 떡을

이같이 하여 그들이 나의 율법을 준행하나 아니하나 내
가 시험하리라 5 제육일에는 그들이 그 거둔 것을 예비
할지니 날마다 거두던 것의 갑절이 되리라 6 모세와 아
론이 온 이스라엘 자손에게 이르되 저녁이 되면 너희가
여호와께서 너희를 애굽 땅에서 인도하여 내셨음을 알
것이요 7 아침에는 너희가 여호와의 영광을 보리니 이는
여호와께서 너희가 자기를 향하여 원망함을 들으셨음이
라 우리가 누구관대 너희가 우리를 대하여 원망하느냐 8
모세가 또 가로되 여호와께서 저녁에는 너희에게 고기를
주어 먹이시고 아침에는 떡으로 배불리시리니 이는 여호
와께서 자기를 향하여 너희의 원망하는 그 말을 들으셨
음이니라 우리가 누구냐 너희의 원망은 우리를 향하여

them, whether or not they will walk in My instruction.
5 "And it will come about on the sixth day, when they
prepare what they bring in, it will be twice as much as
they gather daily." 6 So Moses and Aaron said to all
the sons of Israel, "At evening you will know that the
LORD has brought you out of the land of Egypt; 7 and
in the morning you will see the glory of the LORD, for
He hears your grumblings against the LORD; and what
are we, that you grumble against us?" 8 And Moses
said, "This will happen when the LORD gives you meat
to eat in the evening, and bread to the full in the morning;
for the LORD hears your grumblings which you grumble
against Him. And what are we? Your grumblings are
not against us but against the LORD." 9 Then Moses

//(이유)
여호와께서--들으셨느니라 하라
/너희의 원망함을

10 아론이 **말하매**
/이스라엘 자손의 온 회중에게
그들이 **바라보니**
/광야를
영광이 **나타나더라**
/여호와의 /구름 속에

11 여호와께서 **일러 가라사대**
/모세에게
12 /내가 — 들었노라
/이스라엘 자손의 원망함을
[너는] — 그들에게 고하여 이르기를...하라 하시니라
/너희가 — 고기를 먹고
/해 질 때에는
— 떡으로 배부르리니
/아침에는

//(결과)
[너희가] — 알리라
/나는 여호와 너희의 하나님인 줄

13 저녁에는(저녁이 되서)
메추라기가 **와서**
덮이고
/진에
아침에는
이슬이 **있더니**
/진 사면에

14 그 이슬이 마른 후에(상황절, when)
것이 **있는지라**
/작고 둥글며 /광야 지면에
서리같이 세미한

15 자손이 **보고**
/이스라엘
이르되
/서로
/이것이 무엇이냐 하니

//(이유: כִּי, for)
그것이 무엇인지 알지 못하여

함이 아니요 여호와를 향하여 함이로다 9 모세가 또 아
론에게 이르되 이스라엘 자손의 온 회중에게 명하기를
여호와께 가까이 나아오라 여호와께서 너희의 원망함을
들으셨느니라 하라 10 아론이 이스라엘 자손의 온 회중
에게 말하매 그들이 광야를 바라보니 여호와의 영광이
구름 속에 나타나더라 11 여호와께서 모세에게 일러 가
라사대 12 내가 이스라엘 자손의 원망함을 들었노라 그
들에게 고하여 이르기를 너희가 해 질 때에는 고기를 먹
고 아침에는 떡으로 배부르리니 나는 여호와 너희의 하
나님인 줄 알리라 하라 하시니라 13 저녁에는 메추라기
가 와서 진에 덮이고 아침에는 이슬이 진 사면에 있더니
14 그 이슬이 마른 후에 광야 지면에 작고 둥글며 서리

said to Aaron, "Say to all the congregation of the sons
of Israel, 'Come near before the LORD, for He has heard
your grumblings.'" 10 And it came about as Aaron
spoke to the whole congregation of the sons of Israel,
that they looked toward the wilderness, and behold, the glory
of the LORD appeared in the cloud. 11 And the LORD
spoke to Moses, saying, 12 "I have heard the grumblings
of the sons of Israel; speak to them, saying, 'At twilight
you shall eat meat, and in the morning you shall be
filled with bread; and you shall know that I am the
LORD your God.'" 13 ¶ So it came about at evening
that the quails came up and covered the camp, and in
the morning there was a layer of dew around the camp.
14 When the layer of dew evaporated, behold, on the surface
of the wilderness there was a fine flake-like thing, fine
as the frost on the ground. 15 When the sons of Israel

출

모세가 **이르되**
/그들에게
/이는 — 양식이라
/여호와께서 — 너희에게 주어

//(목적)
먹게 하신

16 /여호와께서 — 이같이 **명하시기를**
/너희 각 사람의 식량대로 이것을 거둘지니

//곧(동격)
너희 인수대로 매명에 한 오멜씩 취하되
각 사람이 그 장막에 있는 자들을 위하여
취할지니라 하셨느니라

17 자손이 **하였더니**
/이스라엘 /그같이
그 거둔 것이(거두었다)
/많기도 하고(많게)
적기도 하나(혹은 적게)

18 되어 본즉(상황절, when)
/오멜로
자도 **남음이 없고**
/많이 거둔
자도 **부족함이 없이**
/적게 거둔
각기 **거두었더라**
/식량대로

19 모세가 **이르기를...**하였으나
/그들에게
/아무든지 아침까지 그것을 남겨 두지 말라

20 그들이 **청종치 아니하고**
/모세의 말을
더러는 **두었더니**
/아침까지

//(결과)
벌레가 생기고
냄새가 난지라

같이 세미한 것이 있는지라 **15** 이스라엘 자손이 보고
그것이 무엇인지 알지 못하여 서로 이르되 이것이 무엇
이냐 하니 모세가 그들에게 이르되 이는 여호와께서 너
희에게 주어 먹게 하신 양식이라 **16** 여호와께서 이같이
명하시기를 너희 각 사람의 식량대로 이것을 거둘지니
곧 너희 인수대로 매명에 한 오멜씩 취하되 각 사람이
그 장막에 있는 자들을 위하여 취할지니라 하셨느니라
17 이스라엘 자손이 그같이 하였더니 그 거둔 것이 많
기도 하고 적기도 하나 **18** 오멜로 되어 본즉 많이 거둔
자도 남음이 없고 적게 거둔 자도 부족함이 없이 각기
식량대로 거두었더라 **19** 모세가 그들에게 이르기를 아
무든지 아침까지 그것을 남겨 두지말라 하였으나 **20** 그
들이 모세의 말을 청종치 아니하고 더러는 아침까지 두
었더니 벌레가 생기고 냄새가 난지라 모세가 그들에게

saw it, they said to one another, "What is it?" For they
did not know what it was. And Moses said to them, "It
is the bread which the LORD has given you to eat. **16** "This
is what the LORD has commanded, 'Gather of it every
man as much as he should eat; you shall take an omer
apiece according to the number of persons each of you
has in his tent.'" **17** And the sons of Israel did so, and
some gathered much and some little. **18** When they
measured it with an omer, he who had gathered much
had no excess, and he who had gathered little had no
lack; every man gathered as much as he should eat. **19**
And Moses said to them, "Let no man leave any of it
until morning." **20** But they did not listen to Moses,
and some left part of it until morning, and it bred worms
and became foul; and Moses was angry with them. **21**
And they gathered it morning by morning, every man

모세가 **노하니라**
/그들에게
21 무리가 **거두었고**
/각기 식량대로
/아침마다

해가 뜨겁게 쪼이면(상황절, when)
그것이 **스러졌더라**

22 제 육 일에는
각 사람이 **거둔지라**
/갑절의 식물
//곧(동격)
하나에 두 오멜씩
모든 두목이 **와서**
/회중의
고하매
/모세에게

23 모세가 **이르되**
/그들에게
/여호와께서 — 이같이 말씀하셨느니라
/내일은 ┌휴식이니
└여호와께 거룩한 안식일이라
/너희가 ┌구울 것은 굽고
├삶을 것은 삶고
└아침까지 간수하라
/그 나머지는
/다
/너희를 위하여

24 그들이 **간수하였으나**
/모세의 명대로
/아침까지

//(결과)
냄새도 나지 아니하고
벌레도 생기지 아니한지라

25 모세가 **가로되**
/오늘은 그것을 먹으라
오늘은 너희가 그것을 들에서 얻지 못하리라

//(이유: כִּי, for)
오늘은 여호와께 안식일인즉

26 /육 일 동안은 너희가 그것을 거두되

노하니라 21 무리가 아침마다 각기 식량대로 거두었고
해가 뜨겁게 쪼이면 그것이 스러졌더라 22 제육일에는
각 사람이 갑절의 식물 곧 하나에 두 오멜씩 거둔지라
회중의 모든 두목이 와서 모세에게 고하매 23 모세가
그들에게 이르되 여호와께서 이같이 말씀하셨느니라 내
일은 휴식이니 여호와께 거룩한 안식일이라 너희가 구울
것은 굽고 삶을 것은 삶고 그 나머지는 다 너희를 위하
여 아침까지 간수하라 24 그들이 모세의 명대로 아침까
지 간수하였으나 냄새도 나지 아니하고 벌레도 생기지
아니한지라 25 모세가 가로되 오늘은 그것을 먹으라 오

as much as he should eat; but when the sun grew hot,
it would melt. 22 ¶ Now it came about on the sixth
day they gathered twice as much bread, two omers for
each one. When all the leaders of the congregation came
and told Moses, 23 then he said to them, "This is what
the LORD meant: Tomorrow is a sabbath observance, a holy
sabbath to the LORD. Bake what you will bake and boil
what you will boil, and all that is left over put aside to
be kept until morning." 24 So they put it aside until morning,
as Moses had ordered, and it did not become foul, nor
was there any worm in it. 25 And Moses said, "Eat it
today, for today is a sabbath to the LORD; today you

출

26 /육 일 동안은 너희가 그것을 거두되
제 칠 일은 안식일인즉(때문에)
그 날에는 없으리라 하였으나

27 제 칠 일에 **나갔다가**
더러가 /거두러
/백성 중
얻지 못하니라

28 여호와께서 **이르시되**
/모세에게
/어느 때까지
너희가 내 계명과 내 율법을 지키지 아니하려느냐?

29 /볼지어다
여호와가── 이틀 양식을 너희에게 주는 것이니
/너희에게 안식일을 줌으로
/제 육 일에는
너희는 ──각기 처소에 있고
/제 칠 일에는
아무도 ──그 처소에서 나오지 말지니라

30 그러므로(결론)
백성이 **안식하니라**
/제 칠 일에

31 족속이 **하였으며**
/이스라엘 /그 이름을 만나라
(그것은) **깟씨 같고도**
희고
맛은 **같았더라**
/꿀 섞은 과자

32 모세가 **가로되**
/여호와께서— 이같이 명하시기를. . . 하셨다 하고
/[너는]┬이것을 오멜에 채워서
└간수하라
/너의 대대 후손을 위하여
//이는(목적)
내가 ──보이기 위함이니라
/그들에게
/광야에서 너희에게 먹인 양식을
/너희를 애굽 땅에서 인도하여 낼 때에

늘은 여호와께 안식일인즉 오늘은 너희가 그것을 들에서 얻지 못하리라 **26** 육일 동안은 너희가 그것을 거두되 제칠일은 안식일인즉 그날에는 없으리라 하였으나 **27** 제칠일에 백성 중 더러가 거두러 나갔다가 얻지 못하니라 **28** 여호와께서 모세에게 이르시되 어느 때까지 너희가 내 계명과 내 율법을 지키지 아니하려느냐 **29** 볼지어다 여호와가 너희에게 안식일을 줌으로 제육일에는 이틀 양식을 너희에게 주는 것이니 너희는 각기 처소에 있고 제칠일 에는 아무도 그 처소에서 나오지 말지니라 **30** 그러므로 백성이 제칠일에 안식하니라 **31** 이스라엘 족속이 그 이름을 만나라 하였으며 깟씨 같고도 희고 맛은 꿀 섞은 과자 같았더라 **32** 모세가 가로되 여호와께서 이같이 명하시기를 이것을 오멜에 채워서 너의 대대 후손을 위하여 간수하라 이는 내가 너희를 애굽 땅에

will not find it in the field. **26** "Six days you shall gather it, but on the seventh day, the sabbath, there will be none." **27** And it came about on the seventh day that some of the people went out to gather, but they found none. **28** Then the LORD said to Moses, "How long do you refuse to keep My commandments and My instructions? **29** "See, the LORD has given you the sabbath; therefore He gives you bread for two days on the sixth day. Remain every man in his place; let no man go out of his place on the seventh day." **30** So the people rested on the seventh day. **31** ¶ And the house of Israel named it manna, and it was like coriander seed, white; and its taste was like wafers with honey. **32** Then Moses said, "This is what the LORD has commanded, 'Let an omerful of it be kept throughout your generations, that they may see the bread that I fed you in the wilderness, when

33 **또 이르되**
/아론에게
/[나는] ─ 항아리를 가져다가
─ 그 속에 만나 한 오멜을 담아
─ 여호와 앞에 두어
└ 너희 대대로 간수하라

출

17

1 온 회중이 **떠나**
/이스라엘 자손의 /신 광야에서
/여호와의 명령대로
장막을 쳤으나
/르비딤에
/그 노정대로 행하여

물이 **없는지라**
/백성이 마실

2 백성이 **다투어**
/모세와
가로되
/우리에게 물을 주어 마시게 하라
모세가 **이르되**
/그들에게
/너희가 어찌하여 나와 다투느냐?
너희가 어찌하여 여호와를 시험하느냐?

3 백성이 **갈하매**
/물이
/거기서
그들이 **원망하여**
/모세를 대하여
가로되
/당신이 어찌하여
우리를 애굽에서 인도하여 내어서
우리와 우리 자녀와 우리 생축으로 목말라 죽게 하느냐?

서 인도하여 낼 때에 광야에서 너희에게 먹인 양식을 그
들에게 보이기 위함이니라 하셨다 하고 **33** 또 아론에게
이르되 항아리를 가져다가 그 속에 만나 한 오멜을 담아
여호와 앞에 두어 너희 대대로 간수하라 **34** 아론이 여
호와께서 모세에게 명하신대로 그것을 증거판 앞에 두어
간수하게 하였고 **35** 이스라엘 자손이 사람 사는 땅에
이르기까지 사십 년 동안 만나를 먹되 곧 가나안 지경에
이르기까지 그들이 만나를 먹었더라 **36** 오멜은 에바 십
분의 일이더라

17:1 이스라엘 자손의 온 회중이 여호와의 명령대
로 신 광야에서 떠나 그 노정대로 행하여 르비딤
에 장막을 쳤으나 백성이 마실 물이 없는지라 **2** 백성이
모세와 다투어 가로되 우리에게 물을 주어 마시게 하라
모세가 그들에게 이르되 너희가 어찌하여 나와 다투느냐
너희가 어찌하여 여호와를 시험하느냐 **3** 거기서 백성이
물에 갈하매 그들이 모세를 대하여 원망하여 가로되 당

I brought you out of the land of Egypt.'" **33** And Moses
said to Aaron, "Take a jar and put an omerful of manna
in it, and place it before the LORD, to be kept throughout
your generations." **34** As the LORD commanded Moses,
so Aaron placed it before the Testimony, to be kept.
35 And the sons of Israel ate the manna forty years,
until they came to an inhabited land; they ate the manna
until they came to the border of the land of Canaan. **36**
(Now an omer is a tenth of an ephah.)

17:1 ¶ Then all the congregation of the sons of
Israel journeyed by stages from the wilderness of
Sin, according to the command of the LORD, and camped
at Rephidim, and there was no water for the people to
drink. **2** Therefore the people quarreled with Moses and
said, "Give us water that we may drink." And Moses
said to them, "Why do you quarrel with me? Why do
you test the LORD?" **3** But the people thirsted there
for water; and they grumbled against Moses and said, "Why,
now, have you brought us up from Egypt, to kill us and

출

4 모세가 **부르짖어 가로되**
/여호와께
/내가 이 백성에게 어떻게 하리이까?
그들이 얼마 아니면 내게 돌질 하겠나이다

5 여호와께서 **이르시되**
/모세에게
/[너는] ── 백성 앞을 지나가서
── 이스라엘 장로들을 데리고
── 손에 잡고 가라
/하수를 치던 네 지팡이를

6 /내가 거기서 호렙 산 반석 위에
너를 대하여 서리니
너는 반석을 치라
그것에서 물이 나리니
백성이 마시리라

모세가 **행하니라**
/그대로
/이스라엘 장로들의 목전에서

7 그가 **불렀으니**
/그 곳 이름을 맛사라
또는 므리바라

//이는(이유: עַל, because of)
이스라엘 자손이 다투었음이요
또는
그들이 여호와를 시험하여 이르기를
/여호와께서 우리 중에 계신가 아닌가 하였음이더라

8 (때에)
아말렉이 **이르러**
싸우니라
/이스라엘과
/르비딤에서

9 모세가 **이르되**
/여호수아에게
/우리를 위하여 사람들을 택하여
나가서 아말렉과 싸우라
내일 내가 하나님의 지팡이를 손에 잡고
산꼭대기에 서리라

신이 어찌하여 우리를 애굽에서 인도하여 내어서 우리와
우리 자녀와 우리 생축으로 목말라 죽게 하느냐 4 모세
가 여호와께 부르짖어 가로되 내가 이 백성에게 어떻게
하리이까 그들이 얼마 아니면 내게 돌질하겠나이다 5 여
호와께서 모세에게 이르시되 백성 앞을 지나가서 이스라
엘 장로들을 데리고 하수를 치던 네 지팡이를 손에 잡고
가라 6 내가 거기서 호렙산 반석 위에 너를 대하여 서리
니 너는 반석을 치라 그것에서 물이 나리니 백성이 마시
리라 모세가 이스라엘 장로들의 목전에서 그대로 행하니
라 7 그가 그곳 이름을 맛사라 또는 므리바라 불렀으니
이는 이스라엘 자손이 다투었음이요 또는 그들이 여호와
를 시험하여 이르기를 여호와께서 우리 중에 계신가 아
닌가 하였음이더라 8 때에 아말렉이 이르러 이스라엘과
르비딤에서 싸우니라 9 모세가 여호수아에게 이르되 우

our children and our livestock with thirst?" 4 So Moses
cried out to the LORD, saying, "What shall I do to this
people? A little more and they will stone me." 5 Then
the LORD said to Moses, "Pass before the people and
take with you some of the elders of Israel; and take in
your hand your staff with which you struck the Nile,
and go. 6 "Behold, I will stand before you there on the
rock at Horeb; and you shall strike the rock, and water
will come out of it, that the people may drink." And
Moses did so in the sight of the elders of Israel. 7 And
he named the place Massah and Meribah because of the
quarrel of the sons of Israel, and because they tested the
LORD, saying, "Is the LORD among us, or not?" 8
Then Amalek came and fought against Israel at Rephidim.
9 So Moses said to Joshua, "Choose men for us, and
go out, fight against Amalek. Tomorrow I will station myself

10 여호수아가 **행하여**
/모세의 말대로
/아말렉과 싸우고(아말렉과 싸움으로)

모세와
아론과 **올라가서**
훌은
/산꼭대기에

11 모세가 손을 들면(상황절, when)
이스라엘이 **이기고**
손을 내리면(상황절, when)
아말렉이 **이기더니**

12 모세의 팔이 피곤하매(상황절, when)
그들이 **가져다가**
/돌을
놓아
/모세의 아래에
그가 **앉게 하고(앉았다)**
/그 위에

아론과
훌이 **붙들어 올렸더니**
/모세의 손을
/하나는 이편에서,
하나는 저편에서

//(결과)
그 손이 내려오지 아니한지라
/해가 지도록

13 여호수아가 **쳐서 파하니라**
/아말렉과 그 백성을
/칼날로

14 여호와께서 **이르시되**
/모세에게
/이것을 책에 기록하여 기념하게 하고
여호수아의 귀에 외워 들리라
내가 아말렉을 도말하여
천하에서 기억함이 없게 하리라

15 모세가 **쌓고**
/단을
하고
/그 이름을 여호와 닛시라

리를 위하여 사람들을 택하여 나가서 아말렉과 싸우라
내일 내가 하나님의 지팡이를 손에 잡고 산꼭대기에 서
리라 **10** 여호수아가 모세의 말대로 행하여 아말렉과 싸
우고 모세와 아론과 훌은 산꼭대기에 올라가서 **11** 모세
가 손을 들면 이스라엘이 이기고 손을 내리면 아말렉이
이기더니 **12** 모세의 팔이 피곤하매 그들이 돌을 가져다
가 모세의 아래에 놓아 그로 그 위에 앉게 하고 아론과
훌이 하나는 이편에서 하나는 저편에서 모세의 손을 붙
들어 올렸더니 그 손이 해가 지도록 내려 오지 아니한지
라 **13** 여호수아가 칼날로 아말렉과 그 백성을 쳐서 파
하니라 **14** 여호와께서 모세에게 이르시되 이것을 책에
기록하여 기념하게 하고 여호수아의 귀에 외워 들리라
내가 아말렉을 도말하여 천하에서 기억함이 없게 하리라 **15**
모세가 단을 쌓고 그 이름을 여호와 닛시라 하고 **16** 가

on the top of the hill with the staff of God in my hand."
10 And Joshua did as Moses told him, and fought
against Amalek; and Moses, Aaron, and Hur went up to
the top of the hill. **11** So it came about when Moses
held his hand up, that Israel prevailed, and when he let
his hand down, Amalek prevailed. **12** But Moses' hands
were heavy. Then they took a stone and put it under
him, and he sat on it; and Aaron and Hur supported his
hands, one on one side and one on the other. Thus his
hands were steady until the sun set. **13** So Joshua
overwhelmed Amalek and his people with the edge of
the sword. **14** ¶ Then the LORD said to Moses, "Write
this in a book as a memorial, and recite it to Joshua,
that I will utterly blot out the memory of Amalek from

16 **가로되**...하였더라
/여호와께서 ― 맹세하시기를...하셨다
/여호와가 ― 대대로 싸우리라
/아말렉으로 더불어

출

18

1 이드로가 **들으니라**
/모세의 장인 /모든 일을
/미디안 제사장 /하나님이 ― 하신 일
/모세에게와
/자기 백성 이스라엘에게
/곧(동격)
여호와께서 ― 인도하여 내신
/이스라엘을
/애굽에서

2-3
이드로가 **데렸으니**
/모세의 장인 /십보라와
/그의 아내
/모세가 돌려 보내었던
/그 두 아들을

이름은 **게르솜이라**
/그 하나의

//이는(이유: כִּי, for)
모세가 ― 이르기를...함이요
/내가 이방에서 객이 되었다

4 이름은 **엘리에셀이라**
/하나의

//이는(이유: כִּי, for)
[그가] ― 함이더라
/하나님이 ― 나를 도우사
/내 아버지의
― 구원하셨다
/바로의 칼에서

5 이드로가 **이르니**
/모세의 장인 /모세에게
/모세의 아들들과 그 아내로 더불어
/광야에 들어와[18]
/곧(동격; 보강)
모세가 하나님의 산에 진 친 곳이라

18) 독립적인 동사가 아니라 주 동사를 수식하는 구로 묘사되어 있다.

로되 여호와께서 맹세하시기를 여호와가 아말렉으로 더
불어 대대로 싸우리라 하셨다 하였더라
18:1 모세의 장인 미디안 제사장 이드로가 하나님
이 모세에게와 자기 백성 이스라엘에게 하신 일
곧 여호와께서 이스라엘을 애굽에서 인도하여 내신 모든
일을 들으니라 **2** 모세의 장인 이드로가 모세가 돌려 보
내었던 그의 아내 십보라와 **3** 그 두 아들을 데렸으니 그
하나의 이름은 게르솜이라 이는 모세가 이르기를 내가 이
방에서 객이 되었다 함이요 **4** 하나의 이름은 엘리에셀이
라 이는 내 아버지의 하나님이 나를 도우사 바로의 칼에
서 구원하셨다 함이더라 **5** 모세의 장인 이드로가 모세의
아들들과 그 아내로 더불어 광야에 들어와 모세에게 이르

under heaven." **15** And Moses built an altar, and named
it The LORD is My Banner; **16** and he said, "The
LORD has sworn; the LORD will have war against
Amalek from generation to generation."
18:1 ¶ Now Jethro, the priest of Midian, Moses'
father-in-law, heard of all that God had done for
Moses and for Israel His people, how the LORD had brought
Israel out of Egypt. **2** And Jethro, Moses' father-in-law,
took Moses' wife Zipporah, after he had sent her away,
3 and her two sons, of whom one was named Gershom,
for he said, "I have been a sojourner in a foreign land."
4 And the other was named Eliezer, for he said, "The
God of my father was my help, and delivered me from
the sword of Pharaoh." **5** Then Jethro, Moses' father-

6 그가 **전언하되**
/모세에게
/그대의 장인 나 이드로가 —그대에게 왔노라
/그대의 아내와
/그와 함께한 그 두 아들로 더불어

7 모세가 **나가서**
맞아
/그 장인을
절하고
입맞추고
/그에게
그들이 **문안하고**
/서로
함께 들어가서
/장막에

8 모세가 **고하매**
/여호와께서 이스라엘을 위하여
바로와 애굽 사람에게 행하신 모든 일과
길에서 그들의 당한 모든 고난과
여호와께서 그들을 구원하신 일을
/그 장인에게
/다

9 이드로가 **기뻐하여**
/여호와께서 이스라엘에게 모든 은혜를 베푸사
애굽 사람의 손에서 구원하심을

10 **가로되...**하고
/여호와를 찬송하리로다
너희를 애굽 사람의 손에서와
바로의 손에서 건져내시고
백성을 애굽 사람의 손 밑에서 건지셨도다

11 /이제 내가 — **알았도다**
/여호와는 모든 신보다 크시므로(=크심을)
//(이유)
이스라엘에게 교만히 행하는 그들을 이기셨도다

12 이드로가 **가져오매**
/모세의 장인 /번제물과 희생을
/하나님께

니 곧 모세가 하나님의 산에 진친 곳이라 6 그가 모세에
게 전언하되 그대의 장인 나 이드로가 그대의 아내와 그
와 함께한 그 두 아들로 더불어 그대에게 왔노라 7 모세
가 나가서 그 장인을 맞아 절하고 그에게 입맞추고 그들
이 서로 문안하고 함께 장막에 들어가서 8 모세가 여호
와께서 이스라엘을 위하여 바로와 애굽 사람에게 행하신
모든 일과 길에서 그들의 당한 모든 고난과 여호와께서
그 들을 구원하신 일을 다 그 장인에게 고하매 9 이드로
가 여호와께서 이스라엘에게 모든 은혜를 베푸사 애굽
사람의 손에서 구원하심을 기뻐하여 10 가로되 여호와
를 찬송하리로다 너희를 애굽 사람의 손에서와 바로의
손에서 건져내시고 백성을 애굽 사람의 손 밑에서 건지
셨도다 11 이제 내가 알았도다 여호와는 모든 신보다
크시므로 이스라엘에게 교만히 행하는 그들을 이기셨도

in-law, came with his sons and his wife to Moses in the wilderness where he was camped, at the mount of God.
6 And he sent word to Moses, "I, your father-in-law Jethro, am coming to you with your wife and her two sons with her."
7 Then Moses went out to meet his father-in-law, and he bowed down and kissed him; and they asked each other of their welfare, and went into the tent.
8 And Moses told his father-in-law all that the LORD had done to Pharaoh and to the Egyptians for Israel's sake, all the hardship that had befallen them on the journey, and how the LORD had delivered them.
9 And Jethro rejoiced over all the goodness which the LORD had done to Israel, in delivering them from the hand of the Egyptians.
10 So Jethro said, "Blessed be the LORD who delivered you from the hand of the Egyptians and from the hand of Pharaoh, and who delivered the people from under the hand of the Egyptians.
11 "Now I know that the LORD is greater than all the gods;

출

아론과
모든 장로가 — 와서
/이스라엘 /모세의 장인과 함께

//(목적: לְ, to)
하나님 앞에서 떡을 먹으니라(먹기 위하여)

13 이튿날에
모세가 앉았고

//(목적: לְ, to)
백성을 재판하느라고

백성은 섰는지라
/모세의 곁에
/아침부터 저녁까지

14 장인이 보고
/모세의 /모세가 백성에게 행하는 모든 일을
가로되
/그대가 이 백성에게 행하는 이 일이 어찜이뇨?
어찌하여 그대는 홀로 앉았고?
백성은 아침부터 저녁까지 그대의 곁에 섰느뇨?

15 모세가 대답하되
/그 장인에게
/백성이 하나님께 물으려고 내게로 옴이라

16 /그들이 일이 있으면(상황절, when)
내게로 오나니
내가 그 양편을 판단하여
하나님의 율례와 법도를 알게 하나이다

17 장인이 이르되
/모세의 /그에게
/그대의 하는 것이 선하지 못하도다

18 /그대와 그대와 함께한 이 백성이
필연 기력이 쇠하리니
//(이유: כִּי, for)
이 일이 그대에게 너무 중함이라
그대가 혼자 할 수 없으리라

다 하고 12 모세의 장인 이드로가 번제물과 희생을 하나님께 가져오매 아론과 이스라엘 모든 장로가 와서 모세의 장인과 함께 하나님 앞에서 떡을 먹으니라 13 이튿날에 모세가 백성을 재판하느라고 앉았고 백성은 아침부터 저녁까지 모세의 곁에 섰는지라 14 모세의 장인이 모세가 백성에게 행하는 모든 일을 보고 가로되 그대가 이 백성에게 행하는 이 일이 어찜이뇨 어찌하여 그대는 홀로 앉았고 백성은 아침부터 저녁까지 그대의 곁에 섰느뇨 15 모세가 그 장인에게 대답하되 백성이 하나님께 물으려고 내게로 옴이라 16 그들이 일이 있으면 내게로 오나니 내가 그 양편을 판단하여 하나님의 율례와 법도를 알게 하나이다 17 모세의 장인이 그에게 이르되 그대의 하는 것이 선하지 못하도다 18 그대와 그대와 함께한 이 백성이 필연 기력이 쇠하리니 이 일이 그대에게

indeed, it was proven when they dealt proudly against the people." 12 Then Jethro, Moses' father-in-law, took a burnt offering and sacrifices for God, and Aaron came with all the elders of Israel to eat a meal with Moses' father-in-law before God. 13 ¶ And it came about the next day that Moses sat to judge the people, and the people stood about Moses from the morning until the evening. 14 Now when Moses' father-in-law saw all that he was doing for the people, he said, "What is this thing that you are doing for the people? Why do you alone sit as judge and all the people stand about you from morning until evening?" 15 And Moses said to his father-in-law, "Because the people come to me to inquire of God. 16 "When they have a dispute, it comes to me, and I judge between a man and his neighbor, and make known the statutes of God and His laws." 17 And Moses' father-in-law said to him, "The thing that you are doing is not good. 18 "You will surely wear out, both yourself

19 /이제 내 말을 들으라
내가 그대에게 방침을 가르치리니
하나님이 그대와 함께 계실지로다
그대는 백성을 위하여 하나님 앞에 있어서
소송을 하나님께 베풀며
20 /그들에게 율례와 법도를 가르쳐서
마땅히 갈 길과 할 일을 그들에게 보이고

21 /또
그대는 ── 빼서
/온 백성 가운데서
재덕이 겸전한 자
/곧(동격)
하나님을 두려워하며
진실무망하며
불의한 이를 미워하는 자를
── 백성 위에 세워
── 천부장과 백부장과 오십부장과 십부장을 삼아

22 /그들로 ── 백성을 재판하게 하라
/때를 따라

/무릇 큰 일이면
그대에게 베풀 것이고

무릇 작은 일이면
그들이 스스로 재판할 것이니
그리하면
그들이 그대와 함께 담당할 것인즉
일이 그대에게 쉬우리라

23 /그대가 만일 이 일을 하고
하나님께서도 그대에게 인가하시면(조건절, if)
그대가 이 일을 감당하고
이 모든 백성도 자기 곳으로 평안히 가리라

24 이에(결론)
모세가 **듣고**
/자기 장인의 말을
하여
/그 모든 말대로

25 **빼서**
/재덕이 겸전한 자를
/이스라엘 무리 중에서

너무 중함이라 그대가 혼자 할 수 없으리라 19 이제 내
말을 들으라 내가 그대에게 방침을 가르치리니 하나님이
그대와 함께 계실지로다 그대는 백성을 위하여 하나님
앞에 있어서 소송을 하나님께 베풀며 20 그들에게 율례
와 법도를 가르쳐서 마땅히 갈 길과 할 일을 그들에게
보이고 21 그대는 또 온 백성 가운데서 재덕이 겸전한
자 곧 하나님을 두려워하며 진실무망하며 불의한 이를
미워하는 자를 빼서 백성 위에 세워 천부장과 백부장과
오십부장과 십부장을 삼아 22 그들로 때를 따라 백성을
재판하게 하라 무릇 큰 일이면 그대에게 베풀 것이고 무
릇 작은 일이면 그들이 스스로 재판할 것이니 그리하면
그들이 그대와 함께 담당할 것인즉 일이 그대에게 쉬우
리라 23 그대가 만일 이 일을 하고 하나님께서도 그대
에게 인가하시면 그대가 이 일을 감당하고 이 모든 백성

and these people who are with you, for the task is too
heavy for you; you cannot do it alone. 19 "Now listen
to me: I shall give you counsel, and God be with you.
You be the people's representative before God, and you
bring the disputes to God, 20 then teach them the
statutes and the laws, and make known to them the way
in which they are to walk, and the work they are to do.
21 "Furthermore, you shall select out of all the people
able men who fear God, men of truth, those who hate
dishonest gain; and you shall place these over them, as leaders
of thousands, of hundreds, of fifties and of tens. 22
"And let them judge the people at all times; and let it
be that every major dispute they will bring to you, but
every minor dispute they themselves will judge. So it
will be easier for you, and they will bear the burden
with you. 23 "If you do this thing and God so commands

삼으매
/그들로 백성의 두목
/곧(동격)
천부장과 백부장과 오십부장과 십부장을

26 그들이 **재판하되**
/백성을
/때를 따라
어려운 일은 **베풀고**
/모세에게
쉬운 일은 **지단하더라**

27 모세가 **보내니**
/그 장인을
그가 **돌아가니라**
/자기 고향으로

19

1 그들이 **이르니라**
/시내 광야에
/제 삼 월 곧 그 때에
/이스라엘 자손이 -- 애굽 땅에서 나올 때부터

2 그들이 **떠나**
/르비딤을
이르러
/시내 광야에
장막을 치되
/그 광야에

그들이 **장막을 치니라**
/산 앞에

3 모세가 **올라가니**
/하나님 앞에
여호와께서 **불러 가라사대**
/그를
/산에서
/너는 ── 이같이 이르고
/야곱 족속에게
── 이스라엘 자손에게 고하라

4[20])*/너희가 ── 보았느니라*

도 자기 곳으로 평안히 가리라 **24** 이에 모세가 자기 장인의 말을 듣고 그 모든 말대로 하여 **25** 이스라엘 무리 중에서 재덕이 겸전한 자를 빼서 그들로 백성의 두목 곧 천부장과 백부장과 오십부장과 십부장을 삼으매 **26** 그들이 때를 따라 백성을 재판하되 어려운 일은 모세에게 베풀고 쉬운 일은 자단하더라 **27** 모세가 그 장인을 보내니 그가 자기 고향으로 돌아가니라

19:1 이스라엘 자손이 애굽 땅에서 나올 때부터 제 삼월 곧 그 때에 그들이 시내 광야에 이르니라 **2** 그들이 르비딤을 떠나 시내 광야에 이르러 그 광야에 장

you, then you will be able to endure, and all these people also will go to their place in peace." **24** ¶ So Moses listened to his father-in-law, and did all that he had said. **25** And Moses chose able men out of all Israel, and made them heads over the people, leaders of thousands, of hundreds, of fifties and of tens. **26** And they judged the people at all times; the difficult dispute they would bring to Moses, but every minor dispute they themselves would judge. **27** Then Moses bade his father-in-law farewell, and he went his way into his own land.

19:1 ¶ In the third month after the sons of Israel had gone out of the land of Egypt, on that very day they came into the wilderness of Sinai. **2** When they set out from Rephidim, they came to the wilderness of Sinai, and camped in the wilderness; and there Israel camped in front of the mountain. **3** And Moses went

4[20] /너희가 ― 보았느니라
/나의 애굽 사람에게 어떻게 행하였음과
내가 ― 어떻게 내게로 인도하였음을
/독수리 날개로 너희를 업어

5 /세계가 다 내게 속하였나니
/[만일]
너희가 내 말을 잘 듣고
내 언약을 지키면(조건절, if)
너희는 열국 중에서 내 소유가 되겠고

6 /너희가 ― 제사장 나라가 되며
/내게 대하여
거룩한 백성이 되리라

/너는 이 말을 이스라엘 자손에게 고할지니라

7 모세가 **와서**
불러
/백성의 장로들을
진술하니
/그 모든 말씀을
/여호와께서 자기에게 명하신
/그 앞에

8 백성이 **응답하여**
/일제히
가로되
/우리가 ― 다 행하리이다
/여호와의 명하신 대로

모세가 **회보하매**
/여호와께
/백성의 말로

9 여호와께서 **이르시되**
/모세에게
/내가 ― 네게 임함은
/빽빽한 구름 가운데서

//(목적)
백성으로(이) ― 듣게 하며
/내가 너와 말하는 것을
또한
― 너를 영영히 믿게 하려 함이니라

20) 4-6절은 종속절의 종속절이다.

막을 치되 산 앞에 장막을 치니라 3 모세가 하나님 앞에
올라가니 여호와께서 산에서 그를 불러 가라사대 너는
이같이 야곱 족속에게 이르고 이스라엘 자손에게 고하라
4 나의 애굽 사람에게 어떻게 행하였음과 내가 어떻게
독수리 날개로 너희를 업어 내게로 인도하였음을 너희가
보았느니라 5 세계가 다 내게 속하였나니 너희가 내 말
을 잘 듣고 내 언약을 지키면 너희는 열국 중에서 내 소
유가 되겠고 6 너희가 내게 대하여 제사장 나라가 되며
거룩한 백성이 되리라 너는 이 말을 이스라엘 자손에게
고할지니라 7 모세가 와서 백성의 장로들을 불러 여호와
께서 자기에게 명하신 그 모든 말씀을 그 앞에 진술하니
8 백성이 일제히 응답하여 가로되 여호와의 명하신대로
우리가 다 행하리이다 모세가 백성의 말로 여호와께 회
보하매 9 여호와께서 모세에게 이르시되 내가 빽빽한 구

up to God, and the LORD called to him from the
mountain, saying, "Thus you shall say to the house of
Jacob and tell the sons of Israel: 4 'You yourselves
have seen what I did to the Egyptians, and how I bore
you on eagles' wings, and brought you to Myself. 5
'Now then, if you will indeed obey My voice and keep
My covenant, then you shall be My own possession
among all the peoples, for all the earth is Mine; 6 and
you shall be to Me a kingdom of priests and a holy
nation. These are the words that you shall speak to the
sons of Israel." 7 ¶ So Moses came and called the elders
of the people, and set before them all these words which
the LORD had commanded him. 8 And all the people
answered together and said, "All that the LORD has

모세가 **고하였으므로**
/여호와께
/백성의 말로

10 여호와께서 **이르시되**
/모세에게
/너는── 백성에게로 가서
오늘과 내일 그들을 성결케 하며
그들로 옷을 빨고
11 예비하여
/제 삼 일을 기다리게 (하라)

//이는(이유: כִּי, for)
나 여호와가── 시내 산에 강림할 것임이니
/온 백성의 목전에
/삼 일에

12 /너는──사면으로 지경을 정하고
/백성을 위하여
/이르기를[21)]
/너희는 삼가 산에 오르거나
그 지경을 범하지 말지니
산을 범하는 자는 정녕 죽임을 당할 것이라

13 손을 그에게 댐이 없이
그런 자는 돌에 맞아 죽임을 당하거나
살에 쐬어 죽임을 당하리니
짐승이나 사람을 무론하고 살지 못하리라
나팔을 길게 불거든 산 앞에 이를 것이니라 하라

21) 종속절의 종속절 상세구문
/너희는── 삼가
오르거나
/산에
범하지 말지니
/그 지경을
자는 ── 죽임을 당할 것이라
/산을 범하는 /정녕

13 /손을 그에게 댐이 없이
그런 자는── 죽임을 당하거나
/돌에 맞아
죽임을 당하리니
/살에 쐬어
//(결과: 의미상)
짐승이나 사람을 무론하고
살지 못하리라
/나팔을 길게 불거든(조건절)
[너희는] - 산 앞에 이를 것이니라 하라

14 모세가 **내려**
/산에서
이르러
/백성에게
성결케 하니
/백성으로
그들이 **빨더라**
/자기 옷을

15 모세가 **이르되**
/백성에게
/[너희는] ── 예비하여
제 삼 일을 기다리고
여인을 가까이 말라 하니라

름 가운데서 네게 임함은 내가 너와 말하는 것을 백성으
로 듣게 하며 또한 너를 영원히 믿게 하려함이니라 모세
가 백성의 말로 여호와께 고하였으므로 **10** 여호와께서
모세에게 이르시되 너는 백성에게로 가서 오늘과 내일
그들을 성결케 하며 그들로 옷을 빨고 **11** 예비하여 제
삼일을 기다리게 하라 이는 제삼일에 나 여호와가 온 백
성의 목전에 시내 산에 강림할 것임이니 **12** 너는 백성
을 위하여 사면으로 지경을 정하고 이르기를 너희는 삼
가 산에 오르거나 그 지경을 범하지 말지니 산을 범하는
자는 정녕 죽임을 당할 것이라 **13** 손을 그에게 댐이 없
이 그런 자는 돌에 맞아 죽임을 당하거나 살에 쐬어 죽
임을 당하리니 짐승이나 사람을 무론하고 살지 못하리라
나팔을 길게 불거든 산 앞에 이를 것이니라 하라 **14** 모
세가 산에서 내려 백성에게 이르러 백성으로 성결케 하

spoken we will do!" And Moses brought back the words
of the people to the LORD. **9** And the LORD said to
Moses, "Behold, I shall come to you in a thick cloud,
in order that the people may hear when I speak with
you, and may also believe in you forever." Then Moses
told the words of the people to the LORD. **10** The
LORD also said to Moses, "Go to the people and
consecrate them today and tomorrow, and let them wash
their garments; **11** and let them be ready for the third
day, for on the third day the LORD will come down on
Mount Sinai in the sight of all the people. **12** "And
you shall set bounds for the people all around, saying,
'Beware that you do not go up on the mountain or touch
the border of it; whoever touches the mountain shall
surely be put to death. **13** 'No hand shall touch him,
but he shall surely be stoned or shot through; whether
beast or man, he shall not live.' When the ram's horn
sounds a long blast, they shall come up to the mountain."

16 제 삼 일 아침에
우뢰와 **있고**
번개와 /산 위에
빽빽한 구름이

나팔 소리가 **크니**
/심히

//(결과)
진중 모든 백성이 다 떨더라

17 모세가 **거느리고**
/백성을
나오매
/진에서

//(목적: ל, to)
하나님을 맞으려고

그들이 **섰더니**
/산 기슭에

18 시내 산에 **연기가 자욱하니**

//(이유: מ, because)
여호와께서 불 가운데서 거기 강림하심이라

그 연기가 **떠오르고**
/옹기점 연기같이
온 산이 **진동하며**
/크게

19 나팔 소리가 점점 커질 때에(상황절, when)
모세가 **말한즉**
하나님이 **대답하시더라**
/음성으로

20 여호와께서 **강림하시고**
/시내 산 곧 그 산꼭대기에
부르시니
/모세를
/그리로

//(결과 및 반응)
모세가 올라가매

니 그들이 자기 옷을 빨더라
15 모세가 백성에게 이르되 예비하여 제삼일을 기다리고 여인을 가까이 말라 하니라
16 제삼일 아침에 우뢰와 번개와 빽빽한 구름이 산 위에 있고 나팔 소리가 심히 크니 진중 모든 백성이 다 떨더라
17 모세가 하나님을 맞으려고 백성을 거느리고 진에서 나오매 그들이 산 기슭에 섰더니
18 시내 산에 연기가 자욱하니 여호와께서 불 가운데서 거기 강림하심이라 그 연기가 옹기점 연기같이 떠오르고 온 산이 크게 진동하며
19 나팔 소리가 점점 커질 때에 모세가 말한즉 하나님이 음성으로 대답하시더라
20 여호와께서 시내 산 곧 그 산꼭대기에 강림하시고 그리로 모세를 부르시니 모세가 올라 가매
21 여호와께서 모세에게 이르

14 So Moses went down from the mountain to the people and consecrated the people, and they washed their garments.
15 And he said to the people, "Be ready for the third day; do not go near a woman."
16 ¶ So it came about on the third day, when it was morning, that there were thunder and lightning flashes and a thick cloud upon the mountain and a very loud trumpet sound, so that all the people who were in the camp trembled.
17 And Moses brought the people out of the camp to meet God, and they stood at the foot of the mountain.
18 Now Mount Sinai was all in smoke because the LORD descended upon it in fire; and its smoke ascended like the smoke of a furnace, and the whole mountain quaked violently.
19 When the sound of the trumpet grew louder and louder, Moses spoke and God answered him with thunder.
20 And the LORD came down on Mount

출

21 여호와께서 **이르시되**
/모세에게
/[너는] ─ 내려가서
└ 백성을 신칙하라

//(목적: פֶּן, lest...not)
백성이 -- 돌파하고(=돌파하지 못하게...)

//(목적)
나 여호와께로 와서 보려고 하다가

[백성이] - 많이 죽을까 (하노라)(=죽지 못하게..)

22 /또
[너는] -- 그 몸을 성결히 하게 하라
/여호와께 가까이 하는 제사장들로

//(목적: פֶּן, lest...not)
나 여호와가 그들을 돌격할까 하노라

23 모세가 **고하되**
/여호와께
/백성이 시내 산에 오르지 못하리이다

//(이유: כִּי, for)
주께서 우리에게 명하여 이르시기를
산 사면에 지경을 세워 산을 거룩하게 하라
하셨사온즉

24 여호와께서 **이르시되**
/그에게
/[너는] ─ 가라
너는 ─ 내려가서
├ 아론과 함께 올라오고
└ 돌파하고...올라오지 못하게 하라
/제사장들과 백성에게는
/나 여호와에게로
//(목적: פֶּן, lest...not)
내가 그들을 돌격할까 하노라

25 모세가 **내려가서**
/백성에게
고하니라
/그들에게

시되 내려가서 백성을 신칙하라 백성이 돌파하고 나 여
호와께로 와서 보려고 하다가 많이 죽을까 하노라 **22**
또 여호와께 가까이하는 제사장들로 그 몸을 성결히 하
게 하라 나 여호와가 그들을 돌격할까 하노라 **23** 모세
가 여호와께 고하되 주께서 우리에게 명하여 이르시기를
산 사면에 지경을 세워 산을 거룩하게 하라 하셨사온즉
백성이 시내 산에 오르지 못하리이다 **24** 여호와께서 그
에게 이르시되 가라 너는 내려가서 아론과 함께 올라오
고 제사장들과 백성에게는 돌파하고 나 여호와에게로 올
라오지 못하게 하라 내가 그들을 돌격할까 하노라 **25**
모세가 백성에게 내려가서 그들에게 고하니라

Sinai, to the top of the mountain; and the LORD called
Moses to the top of the mountain, and Moses went up.
21 Then the LORD spoke to Moses, "Go down, warn
the people, lest they break through to the LORD to gaze,
and many of them perish. **22** "And also let the priests
who come near to the LORD consecrate themselves, lest
the LORD break out against them." **23** And Moses said
to the LORD, "The people cannot come up to Mount
Sinai, for Thou didst warn us, saying, 'Set bounds about
the mountain and consecrate it.'" **24** Then the LORD
said to him, "Go down and come up again, you and
Aaron with you; but do not let the priests and the people
break through to come up to the LORD, lest He break
forth upon them." **25** So Moses went down to the people
and told them.

20

1 하나님이 일러 가라사대
/이 모든 말씀으로
2 /나는 — 여호와로라
/너의 하나님
/너를 애굽 땅,
종 되었던 집에서 인도하여 낸

3 /너는 — 있게 말지니라
/네게
/나 외에는 다른 신들을

4 /[너는] — 만들지 말고
/너를 위하여
/새긴 우상을
/또 아무 형상이든지(=형상을)
/위로 하늘에 있는 것이나
아래로 땅에 있는 것이나
땅 아래 물 속에 있는 것의

5 /[너는] — 절하지 말며
/그것들에게
섬기지 말라
/그것들을

//(이유: כִּי, for)
여호와 — 질투하는 하나님인즉
/하나님은 /죄를 갚되(=갚는)
/너의 /나를 미워하는 자의
/삼 사대까지 이르게 하거니와
/아비로부터 아들에게로
6 /은혜를 베푸느니라(=베푸는)
/천대까지
/나를 사랑하고(=사랑하는 자에게)
내 계명을 지키는 자에게는

7 /너는 — 일컫지 말라
/너의 하나님 여호와의 이름을
/망령되이

//(이유: כִּי, for)
나 여호와는 나의 이름을
망령되이 일컫는 자를 죄 없다 하지 아니하리라

20:1 하나님이 이 모든 말씀으로 일러 가라사대 2
나는 너를 애굽 땅 종 되었던 집에서 인도하여
낸 너의 하나님 여호와로라 3 너는 나 외에는 다른 신들
을 네게 있게 말지니라 4 너를 위하여 새긴 우상을 만들
지 말고 또 위로 하늘에 있는 것이나 아래로 땅에 있는
것이나 땅 아래 물 속에 있는 것의 아무 형상이든지 만
들지 말며 5 그것들에게 절하지 말며 그것들을 섬기지
말라 나 여호와 너의 하나님은 질투하는 하나님인즉 나
를 미워하는 자의 죄를 갚되 아비로부터 아들에게로 삼
사대까지 이르게 하거니와 6 나를 사랑하고 내 계명을
지키는 자에게는 천대까지 은혜를 베푸느니라 7 너는 너
의 하나님 여호와의 이름을 망령되이 일컫지 말라 나 여

20:1 ¶ Then God spoke all these words, saying, 2
¶ "I am the LORD your God, who brought you
out of the land of Egypt, out of the house of slavery. 3
"You shall have no other gods before Me. 4 ¶ "You
shall not make for yourself an idol, or any likeness of
what is in heaven above or on the earth beneath or in
the water under the earth. 5 "You shall not worship
them or serve them; for I, the LORD your God, am a
jealous God, visiting the iniquity of the fathers on the children,
on the third and the fourth generations of those who
hate Me, 6 but showing lovingkindness to thousands, to
those who love Me and keep My commandments. 7 ¶
"You shall not take the name of the LORD your God
in vain, for the LORD will not leave him unpunished

출

8 /[너는] --- 안식일을 기억하여(기억하라)

//(목적: ל , to)
거룩히 지키라(거룩히 지키기 위하여)

9 /(반복; 보강)
[너는] ── 힘써
/엿새 동안은
행할 것이나
/네 모든 일을

10 /제 칠 일은 - 안식일인즉
/너의 하나님 여호와의

[너는] -- 아무 일도(을) 하지 말라
/너나
네 아들이나 네 딸이나
네 남종이나 네 여종이나
네 육축이나
네 문 안에 유하는 객이라도

11 //이는(이유: כִּי, for)
나 여호와가 ── 만들고
/엿새 동안에
/하늘과 땅과 바다와
그 가운데 모든 것을
쉬었음이라
/제 칠 일에

//그러므로(결과)
나 여호와가 ── 안식일을 복되게 하여
그 날을 거룩하게 하였느니라

12 /[너는] --- 네 부모를 공경하라

//그리하면(결과)
네 생명이 -- 길리라
/땅에서
/너의 하나님 나 여호와가 네게 준

13 /[너는]---살인하지 말지니라

14 /[너는]---간음하지 말지니라

15 /[너는]---도적질하지 말지니라

호와의 이름을 망령되이 일컫는 자를 죄 없다 하지 아니
하리라 8 안식일을 기억하여 거룩히 지키라 9 엿새 동
안은 힘써 네 모든 일을 행할 것이나 10 제칠일은 너의
하나님 여호와의 안식일인즉 너나 네 아들이나 네 육축
이나 네 문안에 유하는 객이라도 아무 일도 하지 말라

11 이는 엿새 동안에 나 여호와가 하늘과 땅과 바다와
그 가운데 모든 것을 만들고 제칠일에 쉬었음이라 그러
므로 나 여호와가 안식일을 복되게 하여 그 날을 거룩
하게 하였느니라 12 네 부모를 공경하라 그리하면 너의
하나님 나 여호와가 네게 준 땅에서 네 생명이 길리라

who takes His name in vain. 8 "Remember the sabbath
day, to keep it holy. 9 "Six days you shall labor and
do all your work, 10 but the seventh day is a sabbath
of the LORD your God; in it you shall not do any work,
you or your son or your daughter, your male or your
female servant or your cattle or your sojourner who stays
with you. 11 "For in six days the LORD made the
heavens and the earth, the sea and all that is in them,
and rested on the seventh day; therefore the LORD
blessed the sabbath day and made it holy. 12 ¶ "Honor
your father and your mother, that your days may be prolonged
in the land which the LORD your God gives you. 13
"You shall not murder. 14 "You shall not commit
adultery. 15 "You shall not steal. 16 "You shall not

16 /[너는] --- 거짓 증거하지 말지니라
/네 이웃에 대하여

17 /[너는] --- 탐내지 말지니라
/네 이웃의 집을

/(동격, 보강)
[너는] --- 탐내지 말지니라
/네 이웃의 아내나
그의 남종이나 그의 여종이나
그의 소나 그의 나귀나
무릇 네 이웃의 소유를

18 뭇 백성이 **본지라**
/우뢰와 번개와
나팔 소리와 산의 연기를
그들이 볼 때에(상황절, when)
떨며
서서
/멀리

19 모세에게 **이르되**
/당신이 —— 우리에게 말씀하소서
우리가 —— 들으리이다
[당신은] —— 하나님이 우리에게 말씀하시지말게 하소서

//(목적: ~위하여)
우리가 죽을까 하나이다

20 모세가 **이르되**
/백성에게
/[너희는] —— 두려워 말라
하나님이 —— 강림하심은

//(목적: לְ, to)
너희를 시험하고
너희로 경외하여 범죄치 않게 하려 하심이니라

21 백성은 **섰고**
/멀리
모세는 **가까이 가니라**
/하나님의 계신 암흑으로

13 살인하지 말지니라 **14** 간음하지 말지니라 **15** 도
적질하지 말지니라 **16** 네 이웃에 대하여 거짓 증거하지
말지니라 **17** 네 이웃의 집을 탐내지 말지니라 네 이웃
의 아내나 그의 남종이나 그의 여종이나 그의 소나 그의
나귀나 무릇 네 이웃의 소유를 탐내지 말지니라 **18** 뭇
백성이 우뢰와 번개와 나팔 소리와 산의 연기를 본지라
그들이 볼 때에 떨며 멀리 서서 **19** 모세에게 이르되 당
신이 우리에게 말씀하소서 우리가 들으리이다 하나님이
우리에게 말씀하시지 말게 하소서 우리가 죽을까 하나이
다 **20** 모세가 백성에게 이르되 두려워 말라 하나님이
강림하심은 너희를 시험하고 너희로 경외하여 범죄치 않
게 하려 하심이니라 **21** 백성은 멀리 섰고 모세는 하나

bear false witness against your neighbor. **17** ¶ "You
shall not covet your neighbor's house; you shall not
covet your neighbor's wife or his male servant or his
female servant or his ox or his donkey or anything that
belongs to your neighbor." **18** ¶ And all the people perceived
the thunder and the lightning flashes and the sound of
the trumpet and the mountain smoking; and when the
people saw it, they trembled and stood at a distance.
19 Then they said to Moses, "Speak to us yourself and
we will listen; but let not God speak to us, lest we die."
20 And Moses said to the people, "Do not be afraid;
for God has come in order to test you, and in order that
the fear of Him may remain with you, so that you may
not sin." **21** So the people stood at a distance, while

출

22 여호와께서 **이르시되**
/모세에게
/너는 ── 이스라엘 자손에게 이같이 이르라
/너희가 ─ 친히 보았으니
/내가 ─ 너희에게 말하는 것을
/하늘에서부터

23 /너희는 ─ 만들지 말고
/나를 비겨서
/신상을
/은으로 신상이나 금으로
/너희를 위하여

24 /[너는] ┌ 내게 토단을 쌓고
└ 드리라
/너의 번제와 화목제를
/그 위에
/너의 양과 소로

내가 ┌ 네게 강림하여
/무릇 내 이름을 기념하게 하는 곳에서
└ 복을 주리라

25 /[만일]
네가 ── 내게 돌로 단을 쌓거든(조건절, if)
[너는] ── 다듬은 돌로 **쌓지 말라**

//(이유: כִּי, for)
[만일]
네가 ─ 정으로 그것을 쪼면(조건절, if)
[너는] ─ 부정하게 함이니라

26 /너는 ── 층계로 오르지 말라
/내 단에

//(목적: that...may)
네 하체가 그 위에서 드러날까 함이니라[22)]

22) 네 하체가 드러나지 않게 하기 위하여

님의 계신 암흑으로 가까이 가니라 **22** 여호와께서 모세
에게 이르시되 너는 이스라엘 자손에게 이같이 이르라
내가 하늘에서부터 너희에게 말하는 것을 너희가 친히
보았으니 **23** 너희는 나를 비겨서 은으로 신상이나 금으
로 신상을 너희를 위하여 만들지 말고 **24** 내게 토단을
쌓고 그 위에 너의 양과 소로 너의 번제와 화목제를 드
리라 내가 무릇 내 이름을 기념하게 하는 곳에서 네게
강림하여 복을 주리라 **25** 네가 내게 돌로 단을 쌓거든
다듬은 돌로 쌓지 말라 네가 정으로 그것을 쪼면 부정하
게 함이니라 **26** 너는 층계로 내 단에 오르지 말라 네
하체가 그 위에서 드러날까 함이니라

Moses approached the thick cloud where God was. **22**
¶ Then the LORD said to Moses, "Thus you shall say
to the sons of Israel, You yourselves have seen that I
have spoken to you from heaven. **23** You shall not
make other gods besides Me; gods of silver or gods of
gold, you shall not make for yourselves. **24** You shall
make an altar of earth for Me, and you shall sacrifice
on it your burnt offerings and your peace offerings, your
sheep and your oxen; in every place where I cause My
name to be remembered, I will come to you and bless
you. **25** And if you make an altar of stone for Me, you
shall not build it of cut stones, for if you wield your
tool on it, you will profane it. **26** And you shall not
go up by steps to My altar, that your nakedness may
not be exposed on it.

출

21

1 율례는 **이러하니라**[23)]
/네가 백성 앞에 세울

2 [만일]
네가 — 히브리 종을 사면(조건절, if)[24)]
그가 **섬길 것이요**
/육 년 동안

제 칠 년에는
[그가] **나가**
/값없이
/자유할 것이며(=자유롭게)

3 [만일]
그가 — 단신으로 왔으면(조건절, if)
[그는] **나갈 것이요**
/단신으로

[만일]
[그가] — 장가들었으면(조건절, if)
그 아내도 **나가려니와**
/그와 함께

4 [만일]
그 아내가 — 남녀간 낳았으면(조건절, if)
/상전이 그에게 아내를 줌으로

그 아내와
그 자식들은 — **속할 것이요**
/상전에게
그는 — **나갈 것이로되**
/단신으로

5 [만일]
종이 — 말하기를...하면(조건절, if)
/진정으로
/내가 ┬ 상전과 내 처자를 사랑하니
└ 나가서 자유하지 않겠노라

6 상전이 **데리고 갈 것이요**
/그를
/재판장에게로 (God)

또
[그는] **데리고 가서**
/그를
/문이나 문설주 앞으로

23) 직역하면 "These are the ordinances which you are to set before them(NASB)" 이다.

24) 조건절은 주문장과 대등하게 배열한다. 그러나 주문장은 아니다.

21:1 네가 백성 앞에 세울 율례는 이러하니라 2 네
가 히브리 종을 사면 그가 육 년 동안 섬길 것이
요 제칠년에는 값없이 나가 자유할 것이요 3 그가 단신
으로 왔으면 단신으로 나갈 것이요 장가 들었으면 그 아
내도 그와 함께 나가려니와 4 상전이 그에게 아내를 줌
으로 그 아내가 자녀간 낳았으면 그 아내와 그 자식들은
상전에게 속할 것이요 그는 단신으로 나갈 것이로되 5
종이 진정으로 말하기를 내가 상전과 내 처자를 사랑하
니 나가서 자유하지 않겠노라 하면 6 상전이 그를 데리
고 재판장에게로 갈 것이요 또 그를 문이나 문설주 앞으
로 데리고 가서 그것에다가 송곳으로 그 귀를 뚫을 것이
라 그가 영영히 그 상전을 섬기리라 7 사람이 그 딸을

Ex. 21:1 ¶ "Now these are the ordinances which you
are to set before them. 2 "If you buy a Hebrew slave,
he shall serve for six years; but on the seventh he shall
go out as a free man without payment. 3 "If he comes
alone, he shall go out alone; if he is the husband of a
wife, then his wife shall go out with him. 4 "If his
master gives him a wife, and she bears him sons or daughters,
the wife and her children shall belong to her master,
and he shall go out alone. 5 "But if the slave plainly
says, 'I love my master, my wife and my children; I
will not go out as a free man,' 6 then his master shall
bring him to God, then he shall bring him to the door
or the doorpost. And his master shall pierce his ear with

뚫을 것이라
/귀를
/그것에다가
/송곳으로

//(결과: 그러면)
그가 —— 그 상전을 섬기리라
/영영히

7 [만일]
사람이 ——— 그 딸을 팔았으면(조건절, if)
/여종으로
그는 **나오지 못할지며**
/남종같이

8 만일
상전이 ——— 상관치 아니하면(조건절, if)
/그를 기뻐 아니하여
[그는] **속신케 할 것이나**
/그를
팔지 못할 것이요
/타인에게

//(이유: כִּי, because of)
그 여자를 속임이 되었으니

9 만일
[그가] ——— 그를 주기로 하였으면(조건절, if)
/자기 아들에게
[그는] **대접할 것이요**
/그를
/딸같이

10 만일
상전이 ——— 달리 장가들지라도
[그는] **끊지 못할 것이요**
/그의 의복과 음식과 동침하는 것은

11 [만일]
[그가] ——— 시행하지 아니하면(조건절, if)
/이 세 가지를
그[녀]는 **거저 나가게 할 것이니라**
/속전을 내지 않고

12 자는 **죽일 것이나**
/사람을 쳐죽인 /반드시

13 만일
사람이 ——— 계획함이 아니라

여종으로 팔았으면 그는 남종 같이 나오지 못할지며 **8**
만일 상전이 그를 기뻐 아니하여 상관치 아니하면 그를
속신케 할것이나 그 여자를 속임이 되었으니 타국인에게
팔지 못할 것이요 **9** 만일 그를 자기 아들에게 주기로 하
였으면 그를 딸같이 대접할 것이요 **10** 만일 상전이 달
리 장가를 들지라도 그의 의복과 음식과 동침하는 것은
끊지 못할 것이요 **11** 이 세가지를 시행하지 아니하면
그는 속전을 내지 않고 거저 나가게 할 것이니라 **12** 사
람을 쳐 죽인 자는 반드시 죽일 것이나 **13** 만일 사람이
계획한 일이 아니라 나 하나님이 사람을 그 손에 붙임이

an awl; and he shall serve him permanently. **7** "And if
a man sells his daughter as a female slave, she is not to
go free as the male slaves do. **8** "If she is displeasing
in the eyes of her master who designated her for himself,
then he shall let her be redeemed. He does not have authority
to sell her to a foreign people because of his unfairness
to her. **9** "And if he designates her for his son, he shall
deal with her according to the custom of daughters. **10**
"If he takes to himself another woman, he may not
reduce her food, her clothing, or her conjugal rights.
11 "And if he will not do these three things for her,
then she shall go out for nothing, without payment of money.

나 하나님이 —— 사람을 그 손에 붙임이면
내가 **정하리니**
/한 곳을
/위하여

//(결과)
그 사람이 그리로 도망할 것이며

14 [만일]
사람이 —— 짐짓 모살하였으면(조건절, if)
/그 이웃을
너는 **죽일지니라**
/그를
/내 단에서라도 잡아내려

15 자는 **죽일지니라**
/자기 아비나 어미를 치는
/반드시

16 자가(는) **죽일지니라**
/사람을 후린
/그를
/그 사람을 팔았든지 자기 수하에 두었든지
/반드시

17 자는 **죽일지니라**
/그 아비나 어미를 저주하는
/반드시

18 [만일]
사람이 —— 서로 싸우다가(상황절, when)
하나가 —— 그 적수를 쳤으나(상황절, when)
/돌이나 주먹으로
그가 —— 죽지 않고
—— 자리에 누웠다가
—— 19 지팡이를 짚고 기동하면(조건절, if)
자가 **면하되**
/그를 친
/형벌을
배상하고
/기간 손해를
할지니라
/그로 전치되게

20 [만일]
사람이 —— 매로 쳐서(상황절, when)
/그 남종이나 여종을

면 내가 위하여 한 곳을 정하리니 그 사람이 그리로 도망
할 것이며 **14** 사람이 그 이웃을 짐짓 모살하였으면 너
는 그를 내 단에서라도 잡아내려 죽일지니라 **15** 자기
아비나 어미를 치는 자는 반드시 죽일지니라 **16** 사람을
후린 자가 그 사람을 팔았든지 자기 수하에 두었든지 그
를 반드시 죽일지니라 **17** 그 아비나 어미를 저주하는
자는 반드시 죽일지니라 **18** 사람이 서로 싸우다가 하나
가 돌이나 주먹으로 그 적수를 쳤으나 그가 죽지 않고 자
리에 누었다가 **19** 지팡이를 짚고 기동하면 그를 친 자
가 형벌은 면하되 기간 손해를 배상하고 그로 전치되게

12 "He who strikes a man so that he dies shall surely
be put to death. **13** "But if he did not lie in wait for
him, but God let him fall into his hand, then I will
appoint you a place to which he may flee. **14** "If,
however, a man acts presumptuously toward his neighbor,
so as to kill him craftily, you are to take him even from
My altar, that he may die. **15** ¶ "And he who strikes
his father or his mother shall surely be put to death. **16**
¶ "And he who kidnaps a man, whether he sells him or
he is found in his possession, shall surely be put to
death. **17** "And he who curses his father or his mother
shall surely be put to death. **18** ¶ "And if men have a quarrel
and one strikes the other with a stone or with his fist,
and he does not die but remains in bed; **19** if he gets
up and walks around outside on his staff, then he who
struck him shall go unpunished; he shall only pay for
his loss of time, and shall take care of him until he is
completely healed. **20** ¶ "And if a man strikes his male

출

[그가] ——— 당장에 죽으면(조건절, if)
[그는] **형벌을 받으려니와**
/반드시

21 [만일]
그가 ——— 일 일이나 이 일을 연명하면
[그는] **형벌을 면하리니**

//(이유: for)
그는 상전의 금전임이니라

22 [만일]
사람이 ——— 서로 싸우다가
아이 밴 여인을 다쳐(상황절, when)

//(so that)
낙태케 하였으나

다른 해가 ——— 없으면(조건절, if)
[그는] ——— 벌금을 내되
/그 남편의 청구대로
/반드시
낼 것이니라
/재판장의 판결을 좇아

23 그러나
[만일]
다른 해가 ——— 있으면(조건절, if)
[그는] **갚되**
/생명은 생명으로,
24 /눈은 눈으로,
이는 이로,
손은 손으로,
발은 발로,

25 /데운 것은 데움으로,
상하게 한 것은 상함으로,
때린 것은 때림으로 (갚을지니라)

26 [만일]
사람이 쳐서 상하게 하면(조건절, if)
/그 남종의 한 눈이나
여종의 한 눈을
[그는] **놓을 것이며**
/그를
/그 눈 대신에

할지니라 20 사람이 매로 그 남종이나 여종을 쳐서 당
장에 죽으면 반드시 형벌을 받으려니와 21 그가 일 일
이나 이 일을 연명하면 형벌을 면하리니 그는 상전의 금
전임이니라 22 사람이 서로 싸우다가 아이 밴 여인을
다쳐 낙태케 하였으나 다른 해가 없으면 그 남편의 청구
대로 반드시 벌금을 내되 재판장의 판결을 좇아 낼 것이
니라 23 그러나 다른 해가 있으면 갚되 생명은 생명으
로 24 눈은 눈으로, 이는 이로, 손은 손으로, 발은 발로
25 데운 것은 데움으로, 상하게 한 것은 상함으로, 때린
것은 때림으로 갚을지니라 26 사람이 그 남종의 한 눈
이나 여종의 한 눈을 쳐서 상하게 하면 그 눈 대신에 그
를 놓을 것이며 27 그 남종의 한 이나 여종의 한 이를

or female slave with a rod and he dies at his hand, he
shall be punished. 21 "If, however, he survives a day
or two, no vengeance shall be taken; for he is his property.
22 ¶ "And if men struggle with each other and strike
a woman with child so that she has a miscarriage, yet
there is no further injury, he shall surely be fined as the
woman's husband may demand of him; and he shall pay
as the judges decide. 23 "But if there is any further
injury, then you shall appoint as a penalty life for life,
24 eye for eye, tooth for tooth, hand for hand, foot for
foot, 25 burn for burn, wound for wound, bruise for
bruise. 26 ¶ "And if a man strikes the eye of his male
or female slave, and destroys it, he shall let him go free
on account of his eye. 27 "And if he knocks out a

27 [만일]
[그가] — 빠뜨리면 쳐서(조건절, if)
/그 남종의 한 이나
/여종의 한 이를

[그는] **놓을지니라**
/그를
/그 이 대신에

28 [만일]
소가 — 받아서 죽이면(조건절, if)
/남자나 여자를
그 소는 **죽을 것이요**
/반드시
/돌에 맞아
그 고기는 **먹지 말 것이며**
임자는 **면하려니와**
/형벌을

29 [만일]
소는 본래 받는 버릇이 있고
그 임자는 경고를 받았으되
/그로 인하여
단속하지 아니하므로
[그 소가] 남녀간에 받아 죽이면(조건절, if)
그 소는 **쳐죽일 것이고**
/돌로
임자도 **죽일 것이며**

30 만일
[그가] 그에게 속죄금을 명하면
[그는] **낼 것이요**
/무릇 그 명한 것을
/생명의 속으로

31 [만일]
[그가] 아들을 받든지 딸을 받든지(양보절, whether)
행할 것이며
/이 율례대로
/그 임자에게

32 [만일]
소가 만일 남종이나 여종을 받으면
소 임자가 **줄 것이요**
/은 삼십 세겔을
/그 상전에게
소는 **죽을지니라**
/돌에 맞아

쳐서 빠뜨리면 그 이 대신에 그를 놓을지니라 **28** 소가
남자나 여자를 받아서 죽이면 그 소는 반드시 돌에 맞아
죽을 것이요 그 고기는 먹지 말 것이며 임자는 형벌을 면
하려니와 **29** 소는 본래 받는 버릇이 있고 그 임자는 그
로 인하여 경고를 받았으되 단속하지 아니하므로 남녀간
에 받아 죽이면 그 소는 돌로 쳐 죽일 것이고 임자도 죽
일 것이며 **30** 만일 그에게 속죄금을 명하면 무릇 그 명
한 것을 생명의 속으로 낼 것이요 **31** 아들을 받든지 딸
을 받든지 이 율례대로 그 임자에게 행할 것이며 **32** 소
가 만일 남종이나 여종을 받으면 소 임자가 은 삼십 세겔

tooth of his male or female slave, he shall let him go
free on account of his tooth. **28** ¶ "And if an ox gores
a man or a woman to death, the ox shall surely be stoned
and its flesh shall not be eaten; but the owner of the ox
shall go unpunished. **29** "If, however, an ox was
previously in the habit of goring, and its owner has been
warned, yet he does not confine it, and it kills a man or
a woman, the ox shall be stoned and its owner also shall
be put to death. **30** "If a ransom is demanded of him,
then he shall give for the redemption of his life whatever
is demanded of him. **31** "Whether it gores a son or a
daughter, it shall be done to him according to the same

출

33 [만일]
소나 나귀가 —— 거기 빠지면(조건절, if)
/사람이—— 구덩이를 열어 두거나
—— 구덩이를 파고 덮지 아니함으로

34 주인이 **잘 조처하여**
/그 구덩이
줄 것이요
/돈을
/짐승의 임자에게
죽은 것은 **그의 차지가 될지니라**

35 [만일]
소가 받아 죽이면(조건절, if)
/이 사람의 /저 사람의 소를
[그들은] **팔아**
/산 소를
반분하고
/그 값을
반분하려니와
/죽은 것도

36 [만일]
그 임자가 단속하지 아니하였으면(조건절, if)
/그 소가 본래 받는 버릇이 있는 줄을 알고도
그는 **갚을 것이요**
/소로 소를
죽은 것은 **그의 차지가 될지니라**

22

1 [만일]
사람이 —— 도적질하여
/소나 양을
잡거나
팔면(조건절, if)
그는 **갚고**
/소 하나에 소 다섯으로
갚을지니라
/양 하나에 양 넷으로

을 그 상전에게 줄 것이요 소는 돌에 맞아 죽을지니라
33 사람이 구덩이를 열어 두거나 구덩이를 파고 덮지
아니함으로 소나 나귀가 거기에 빠지면 34 그 구덩이
주인이 잘 조처하여 짐승의 임자에게 돈을 줄 것이요 죽
은 것은 그의 차지가 될지니라 35 이 사람의 소가 저
사람의 소를 받아 죽이면 산 소를 팔아 그 값을 반분하고
죽은 것도 반분하려니와 36 그 소가 본래 받는 버릇이
있는 줄을 알고도 그 임자가 단속하지 아니하였으면 그는
소로 소를 갚을 것이요 죽은 것은 그의 차지가 될지니라
22:1 사람이 소나 양을 도적질하여 잡거나 팔면
그는 소 하나에 소 다섯으로 갚고 양 하나에 양
넷으로 갚을지니라 2 도적이 뚫고 들어옴을 보고 그를

rule. 32 "If the ox gores a male or female slave, the
owner shall give his or her master thirty shekels of silver,
and the ox shall be stoned. 33 ¶ "And if a man opens
a pit, or digs a pit and does not cover it over, and an
ox or a donkey falls into it, 34 the owner of the pit
shall make restitution; he shall give money to its owner,
and the dead animal shall become his. 35 ¶ "And if
one man's ox hurts another's so that it dies, then they
shall sell the live ox and divide its price equally; and
also they shall divide the dead ox. 36 "Or if it is known
that the ox was previously in the habit of goring, yet its
owner has not confined it, he shall surely pay ox for
ox, and the dead animal shall become his.
22:1 ¶ "If a man steals an ox or a sheep, and
slaughters it or sells it, he shall pay five oxen
for the ox and four sheep for the sheep. 2 "If the thief

출

2 [만일]
도적이 — 뚫고 들어옴을 보고
그를 쳐죽이면(조건절, if)
죄가 **없으나**
/피 흘린

3 [만일]
해돋은 — 후이면(조건절, if)
죄가 **있으리라**
/피 흘린
도적은 **배상할 것이나**
/반드시

[만일]
배상할 것이 없으면(조건절, if)
[그는] **배상할 것이요**
/그 도적질한 것을
/그 몸을 팔아

4 [만일]
도적질한 것이 살아 그 손에 있으면(조건절, if)
[그는] **배상할지니라**
/갑절을
/소나 나귀나 양을 무론하고

5 [만일]
사람이 — 밭에서나 포도원에서 먹이다가
그 짐승을 놓아서
남의 밭에서 먹게 하면(조건절, if)
[그는] **배상할지니라**
/자기 밭의 제일 좋은 것과
자기 포도원의 제일 좋은 것으로

6 [만일]
불이 — 나서
가시나무에 미쳐
태우면(조건절, if)
/낟가리나
거두지 못한 곡식이나
전원을
자가 **배상할지니라**
/불 놓은 /반드시

7 [만일]
사람이 — 돈이나 물품을 맡겨
/이웃에게

//(목적)
지키게 하였다가

쳐 죽이면 피 흘린 죄가 없으나 3 해 돋은 후이면 피 흘
린 죄가 있으리라 도적은 반드시 배상할 것이나 배상할
것이 없으면 그 몸을 팔아 그 도적질한 것을 배상할것이
요 4 도적질한 것이 살아 그 손에 있으면 소나 나귀나
양을 무론하고 갑절을 배상할지니라 5 사람이 밭에서나
포도원에서 먹이다가 그 짐승을 놓아서 남의 밭에서 먹
게 하면 자기 밭의 제일 좋은 것과 자기 포도원의 제일
좋은 것으로 배상할지니라 6 불이 나서 가시나무에 미쳐
낟가리나 거두지 못한 곡식이나 전원을 태우면 불 놓은
자가 반드시 배상할지니라 7 사람이 돈이나 물품을 이웃
에게 맡겨 지키게 하였다가 그 이웃의 집에서 봉적하였
는데 그 도적이 잡히면 갑절을 배상할 것이요 8 도적이

is caught while breaking in, and is struck so that he
dies, there will be no bloodguiltiness on his account. 3
"But if the sun has risen on him, there will be bloodguiltiness
on his account. He shall surely make restitution; if he
owns nothing, then he shall be sold for his theft. 4 "If
what he stole is actually found alive in his possession, whether
an ox or a donkey or a sheep, he shall pay double. 5
"If a man lets a field or vineyard be grazed bare and
lets his animal loose so that it grazes in another man's
field, he shall make restitution from the best of his own
field and the best of his own vineyard. 6 ¶ "If a fire
breaks out and spreads to thorn bushes, so that stacked

[그것이] ——— 그 이웃의 집에서 봉적하였는데

그 도적이 ——— 잡히면(조건절, if)
[그는] **배상할 것이요**
/갑절을

8 [만일]
도적이 잡히지 아니하면(조건절, if)
그 집 주인이 **가서**
/재판장 앞에
받을 것이며
/자기가 그 이웃의 물품에 손 댄 여부의 조사를

9 [만일]
혹이 이르기를...하면(조건절, if)
/이것이 그것이라
/어떠한 과실에든지
소에든지 나귀에든지 양에든지 의복에든지
또는 아무 잃은 물건에든지
/그것에 대하여
두 편이 **나아갈 것이요**
/재판장 앞에

자가 **배상할지니라**
/재판장이 /갑절을
죄 있다고 하는 /그 상대편에게

10 [만일]
사람이 이웃에게 맡겨
/나귀나 소나 양이나 다른 짐승을

//(목적)
지키게 하였다가

[그것이] 죽거나 상하거나 몰려 가도
본 사람이 없으면(조건절, if)

11 맡은 자가 **맹세할 것이요**[25)]
/두 사람 사이에
/이웃의 것에 손을 대지 아니하였다고
/여호와로(앞에서)

그 임자는 **믿을 것이며**
/그대로
그 사람은 **배상하지 아니하려니와**

25) 직역 "an oath before the Lord shall be made by the two of them..."

잡히지 아니하면 그 집 주인이 재판장 앞에 가서 자기가 그 이웃의 물품에 손 댄 여부의 조사를 받을 것이며 **9** 어떠한 과실에든지 소에든지 나귀에든지 양에든지 의복에든지 또는 아무 잃은 물건에든지 그것에 대하여 혹이 이르기를 이것이 그것이라 하면 두 편이 재판장 앞에 나아갈 것이요 재판장이 죄 있다고 하는 자가 그 상대편에게 갑절을 배상할지니라 **10** 사람이 나귀나 소나 양이나 다른 짐승을 이웃에게 맡겨 지키게 하였다가 죽거나 상하거나 몰려가도 본 사람이 없으면 **11** 두 사람 사이에 맡은 자가 이웃의 것에 손을 대지 아니하였다고 여호와로 맹세할 것이요 그 임자는 그대로 믿을 것이며 그 사람은 배상하지 아니하려니와 **12** 만일 자기에게서 봉적하였으

grain or the standing grain or the field itself is consumed, he who started the fire shall surely make restitution. **7** ¶ "If a man gives his neighbor money or goods to keep for him, and it is stolen from the man's house, if the thief is caught, he shall pay double. **8** "If the thief is not caught, then the owner of the house shall appear before the judges, to determine whether he laid his hands on his neighbor's property. **9** "For every breach of trust, whether it is for ox, for donkey, for sheep, for clothing, or for any lost thing about which one says, 'This is it,' the case of both parties shall come before the judges; he whom the judges condemn shall pay double to his neighbor. **10** ¶ "If a man gives his neighbor a donkey, an ox, a sheep, or any animal to keep for him, and it dies or is hurt or is driven away while no one is looking, **11** an oath before the LORD shall be made by the two

12 만일
[그것이] ——— 자기에게서 봉적하였으면(조건절, if)
[그는] **배상할 것이며**
/그 임자에게

13 만일
[그것이] ——— 찢겼으면(조건절, if)
[그는] ——— **가져다가**
/그것을
증거할 것이요
배상하지 않을지니라
/그 찢긴 것에 대하여

14 만일
그 임자가 함께 있지 아니할 때에(상황절, when)
빌어온 것이 상하거나 죽으면(조건절, if)
/이웃에게
[그는] **배상하려니와**
/반드시

15 [만일]
그 임자가 그것과 함께 하였으면(조건절, if)
[그는] **배상하지 않을지며**

[만일]
세 낸 것도 세를 위하여 왔은즉(왔다면)(조건절, if)
[그는] **배상하지 않을지니라**

16 [만일]
사람이 처녀를 꾀어
/정혼하지 아니한
동침하였으면(조건절, if)
[그는] **드려**
/빙폐를
삼을 것이요
/아내로

17 만일
그 아비가 그로 그에게 주기를 거절하면(조건절, if)
그는 **낼지니라**
/돈을
/처녀에게
/빙폐하는 일례로

18 너는 **살려 두지 말지니라**
/무당을

면 그 임자에게 배상할 것이며 **13** 만일 찢겼으면 그것을 가져다가 증거할 것이요 그 찢긴 것에 대하여 배상하지 않을지니라 **14** 만일 이웃에게 빌어온 것이 그 임자가 함께 있지 아니할 때에 상하거나 죽으면 반드시 배상하려니와 **15** 그 임자가 그것과 함께 하였으면 배상하지 않을지며 세 낸 것도 세를 위하여 왔은즉 배상하지 않을지니라 **16** 사람이 정혼하지 아니한 처녀를 꾀어 동침하였으면 빙폐를 드려 아내로 삼을 것이요 **17** 만일 그 아비가 그로 그에게 주기를 거절하면 그는 처녀에게 빙폐하는 일례로 돈을 낼지니라 **18** 너는 무당을 살려 두지 말

of them, that he has not laid hands on his neighbor's property; and its owner shall accept it, and he shall not make restitution.
12 "But if it is actually stolen from him, he shall make restitution to its owner. 13 "If it is all torn to pieces, let him bring it as evidence; he shall not make restitution for what has been torn to pieces. 14 ¶ "And if a man borrows anything from his neighbor, and it is injured or dies while its owner is not with it, he shall make full restitution.
15 "If its owner is with it, he shall not make restitution; if it is hired, it came for its hire. 16 ¶ "And if a man seduces a virgin who is not engaged, and lies with her, he must pay a dowry for her to be his wife. 17 "If her father absolutely refuses to give her to him, he shall pay money equal to the dowry for virgins. 18 "You shall not allow a sorceress to live. 19 "Whoever lies with an animal shall surely be put to death. 20 ¶ "He who

출

19 자는 **죽일지니라**
/짐승과 행음하는 /반드시

20 자는 **멸할지니라**
/희생을 드리는
/여호와 외에 다른 신에게

21 너는 **압제하지 말며**
/이방 나그네를
학대하지 말라
/그들을

//(이유: כִּי, for)
너희도---나그네이었었음이니라
/애굽 땅에서

22 너는 **해롭게 하지 말라**
/과부나 고아를

23 만일
네가 그들을 해롭게 하므로
그들이 내게 부르짖으면(조건절, if)

내가 **들을지라**
/그 부르짖음을
/반드시

24 나의 노가 **맹렬하므로**
내가 **죽이리니**
/너희를
/칼로

//(결과)
너희 아내는 과부가 되고
너희 자녀는 고아가 되리라

25 만일
네가 가난한 자에게 돈을 꾸이거든(조건절, if)
/너와 함께한 나의 백성 중
너는 **하지 말며**
/그에게 채주같이
받지 말 것이며
/변리를

26 만일
네가 전당 잡거든(조건절, if)
/이웃의 옷을
[너는] **돌려 보내라**
/그에게
/해가 지기 전에

지니라 **19** 짐승과 행음하는 자는 반드시 죽일지니라
20 여호와 외에 다른 신에게 희생을 드리는 자는 멸할
지니라 **21** 너는 이방 나그네를 압제하지 말며 그들을
학대하지 말라 너희도 애굽 땅에서 나그네이었었음이니
라 **22** 너는 과부나 고아를 해롭게 하지 말라 **23** 네가
만일 그들을 해롭게 하므로 그들이 내게 부르짖으면 내가
반드시 그 부르짖음을 들을지라 **24** 나의 노가 맹렬하므
로 내가 칼로 너희를 죽이리니 너희 아내는 과부가 되고
너희 자녀는 고아가 되리라 **25** 네가 만일 너와 함께한
나의 백성 중 가난한 자에게 돈을 꾸이거든 너는 그에게
채주같이 하지 말며 변리를 받지 말 것이며 **26** 네가 만
일 이웃의 옷을 전당잡거든 해가 지기 전에 그에게 돌려

sacrifices to any god, other than to the LORD alone,
shall be utterly destroyed. **21** "And you shall not wrong
a stranger or oppress him, for you were strangers in the
land of Egypt. **22** "You shall not afflict any widow or
orphan. **23** "If you afflict him at all, and if he does
cry out to Me, I will surely hear his cry; **24** and My
anger will be kindled, and I will kill you with the sword;
and your wives shall become widows and your children
fatherless. **25** ¶ "If you lend money to My people, to
the poor among you, you are not to act as a creditor to
him; you shall not charge him interest. **26** "If you ever
take your neighbor's cloak as a pledge, you are to return

27//(이유; כִּי, for)
그 몸을 가릴 것이 이뿐이라
이는 그 살의 옷인즉
그가 무엇을 입고 자겠느냐?
그가 —— 내게 부르짖으면(상황절, when)
내가 —— 들으리니

//(이유: כִּי, for)
나는 자비한 자임이니라

28 너는 **욕하지 말며**
/재판장을
저주하지 말지니라
/백성의 유사를

29 너는 **더디게 말지며**
/드리기에
/너의 추수한 것과 너의 짜낸 즙을
줄지며
/너의 처음 난 아들들을
/내게

30 [너는] **하되**
/그 일례로
/너의 소와 양도
있게 하다가
/어미와 함께
/칠 일 동안
줄지니라
/팔 일 만에
/내게

31 너희는 **될지니**
/거룩한 사람이
/내게
[너희는] **먹지 말고**
/들에서 짐승에게 찢긴 것의 고기를
던질지니라
/개에게

23

1 너는 **전파하지 말며**
/허망한 풍설을

보내라 **27** 그 몸을 가릴 것이 이뿐이라 이는 그 살의 옷인즉 그가 무엇을 입고 자겠느냐 그가 내게 부르짖으면 내가 들으리니 나는 자비한 자임이니라 **28** 너는 재판장을 욕하지 말며 백성의 유사를 저주하지 말지니라 **29** 너는 너의 추수한 것과 너의 짜낸 즙을 드리기에 더디게 말지며 너의 처음 난 아들들을 내게 줄지며 **30** 너의 소와 양도 그 일례로 하되 칠 일 동안 어미와 함께 있게 하다가 팔 일 만에 내게 줄지니라 **31** 너희는 내게 거룩한 사람이 될지니 들에서 짐승에게 찢긴 것의 고기를 먹지 말고 개에게 던질지니라

23:**1** 너는 허망한 풍설을 전파하지 말며 악인과 연합하여 무함하는 증인이 되지 말며 **2** 다수를

it to him before the sun sets, **27** for that is his only covering; it is his cloak for his body. What else shall he sleep in? And it shall come about that when he cries out to Me, I will hear him, for I am gracious. **28** "You shall not curse God, nor curse a ruler of your people. **29** "You shall not delay the offering from your harvest and your vintage. The first-born of your sons you shall give to Me. **30** "You shall do the same with your oxen and with your sheep. It shall be with its mother seven days; on the eighth day you shall give it to Me. **31** "And you shall be holy men to Me, therefore you shall not eat any flesh torn to pieces in the field; you shall throw it to the dogs.

23:**1** ¶ "You shall not bear a false report; do not join your hand with a wicked man to be a malicious witness. **2** "You shall not follow a multitude in doing

연합하여 말며(연합하지 말라)
/악인과

//(목적)
무함하는 증인이 되지(되기 위해)

출

2 [너는] **행하지 말며**
/악을
/다수를 따라
하지 말며
/부정당한 증거를
/송사에
/다수를 따라

3 [너는] **두호하지 말지니라**
/편벽되이
/가난한 자의 송사라고

4 만일
네가 만나거든(조건절, if)
/길 잃은 소나 나귀를
/네 원수의
돌릴지며
/반드시
/그 사람에게로

5 만일
네가 보거든(조건절, if)
/나귀가 --- 짐을 싣고 엎드러짐을
/너를 미워하는 자의
삼가 버려 두지 말고
도와
/그를
부리울지니라
/그 짐을

6 너는 **공평하지 않게 하지 말며**
/가난한 자의 송사라고

7 **멀리하며**
/거짓 일을
죽이지 말라
/무죄한 자와 의로운 자를

//(이유: for)
나는 악인을 의롭다 하지 아니하겠노라

8 너는 **받지 말라**
/뇌물을

//(이유: כִּי, for)

따라 악을 행하지 말며 송사에 다수를 따라 부정당한 증
거를 하지 말며 **3** 가난한 자의 송사라고 편벽되이 두호
하지 말지니라 **4** 네가 만일 네 원수의 길 잃은 소나 나
귀를 만나거든 반드시 그 사람에게로 돌릴지며 **5** 네가
만일 너를 미워하는 자의 나귀가 짐을 싣고 엎드러짐을
보거든 삼가 버려두지 말고 그를 도와 그 짐을 부리울지
니라 **6** 너는 가난한 자의 송사라고 공평치 않게 하지 말
며 **7** 거짓 일을 멀리하며 무죄한 자와 의로운 자를 죽이

evil, nor shall you testify in a dispute so as to turn aside
after a multitude in order to pervert justice; **3** nor shall
you be partial to a poor man in his dispute. **4** ¶ "If you
meet your enemy's ox or his donkey wandering away,
you shall surely return it to him. **5** "If you see the
donkey of one who hates you lying helpless under its
load, you shall refrain from leaving it to him, you shall surely
release it with him. **6** "You shall not pervert the justice
due to your needy brother in his dispute. **7** "Keep far
from a false charge, and do not kill the innocent or the
righteous, for I will not acquit the guilty. **8** "And you
shall not take a bribe, for a bribe blinds the clear-sighted

//(이유: כִּי, for)
뇌물은 ┬ 밝은 자의 눈을 어둡게 하고
└ 의로운 자의 말을 굽게 하느니라

9 너는 **압제하지 말라**
/이방 나그네를

//(이유: כִּי, for)
너희가 ┬ 애굽 땅에서 나그네 되었었은즉
└ 나그네의 정경을 아느니라

10 너는 **파종하여**
/너의 땅에
/육 년 동안은
거두고
/그 소산을

11 제 칠 년에는
[너는] **갈지 말고**
묵여 두어서

//(목적: so that)
네 백성의 가난한 자로 먹게 하라(하기 위해)

//(결과)
들짐승이 ——— 먹으리라
/그 남은 것은(을)

[너는] **그리할지니라**
/너의 포도원과 감람원도

12 너는 네 일을 **하고**
/육 일 동안에

[너는] **쉬라**
/제 칠 일에는

//(결과)
네 소와 나귀가 -- 쉴 것이며
네 계집종의 자식과 나그네가 숨을 돌리리라

13 내가 **삼가 지키고**
/네게 이른 모든 일을
부르지도 말며
/다른 신들의 이름은
들리게도 말지니라

지 말라 나는 악인을 의롭다 하지 아니하겠노라 8 너는
뇌물을 받지 말라 뇌물은 밝은 자의 눈을 어둡게 하고 의
로운 자의 말을 굽게 하느니라 9 너는 이방 나그네를 압
제하지 말라 너희가 애굽 땅에서 나그네 되었었은즉 나그
네의 정경을 아느니라 10 너는 육 년 동안은 너의 땅에
파종하여 그 소산을 거두고 11 제칠년에는 갈지말고 묵
여 두어서 네 백성의 가난한 자로 먹게하라 그 남은 것은
들짐승이 먹으리라 너의 포도원과 감람원도 그리할지니
라 12 너는 육 일 동안에 네 일을 하고 제칠일에는 쉬
라 네 소와 나귀가 쉴 것이며 네 계집 종의 자식과 나그
네가 숨을 돌리리라 13 내가 네게 이른 모든 일을 삼가
지키고 다른 신들의 이름은 부르지도 말며 네 입에서 들

and subverts the cause of the just. 9 "And you shall
not oppress a stranger, since you yourselves know the feelings
of a stranger, for you also were strangers in the land of Egypt.
10 "And you shall sow your land for six years and
gather in its yield, 11 but on the seventh year you shall
let it rest and lie fallow, so that the needy of your people
may eat; and whatever they leave the beast of the field
may eat. You are to do the same with your vineyard
and your olive grove. 12 "Six days you are to do your work,
but on the seventh day you shall cease from labor in
order that your ox and your donkey may rest, and the
son of your female slave, as well as your stranger, may
refresh themselves. 13 "Now concerning everything
which I have said to you, be on your guard; and do not

/네 입에서
14 너는 절기를 **지킬지니라**
/내게
/매년 삼 차

15 너는 무교병의 절기를 **지키라**

출

[너는] 무교병을 **먹을지니**
/내가 네게 명한 대로
/아빕월의 정한 때에
/칠 일 동안

//이는(이유)
그 달에 네가 애굽에서 나왔음이라

[너는] 내게 **보이지 말지니라**
/빈 손으로

16 [너는] 맥추절을 **지키라**

//이는(이유: 의미상)
네가 수고하여 밭에 뿌린 것의 첫 열매를 거둠이니라

(너는) 수장절을 **지키라**

//이는(이유: 의미상)
네가 —— 수고하여 이룬 것을 거두어 저장함이니라
/연종에 밭에서부터

17 남자는 **보일지니라**
/너의 모든 /주 여호와께
/매년 세 번씩

18 너는 **드리지 말며**
/내 희생의 피를
/유교병과 함께
남겨 두지 말지니라
/내 절기 희생의 기름을
/아침까지

19 [너는] **가져다가 드릴지니라**
/너의 토지에서 처음 익은 열매의 첫 것을
/너의 하나님 여호와의 전에
너는 **삶지 말지니라**
/염소 새끼를

리게도 말지니라 14 너는 매년 삼차 내게 절기를 지킬
지니라 15 너는 무교병의 절기를 지키라 내가 네게 명
한대로 아빕 월의 정한 때에 칠 일동안 무교병을 먹을지
니 이는 그 달에 네가 애굽에서 나왔음이라 빈 손으로 내
게 보이지 말지니라 16 맥추절을 지키라 이는 네가 수
고하여 밭에 뿌린 것의 첫 열매를 거둠이니라 수장절을
지키라 이는 네가 수고하여 이룬 것을 연종에 밭에서부터
거두어 저장함이니라 17 너의 모든 남자는 매년 세 번
씩 주 여호와께 보일지니라 18 너는 내 희생의 피를 유
교병과 함께 드리지 말며 내 절기 희생의 기름을 아침까
지 남겨 두지 말지니라 19 너의 토지에서 처음 익은 열
매의 첫 것을 가져다가 너의 하나님 여호와의 전에 드릴

mention the name of other gods, nor let them be heard
from your mouth. 14 "Three times a year you shall celebrate
a feast to Me. 15 "You shall observe the Feast of Unleavened
Bread; for seven days you are to eat unleavened bread,
as I commanded you, at the appointed time in the month
Abib, for in it you came out of Egypt. And none shall
appear before Me empty-handed. 16 "Also you shall observe
the Feast of the Harvest of the first fruits of your labors
from what you sow in the field; also the Feast of the
Ingathering at the end of the year when you gather in
the fruit of your labors from the field. 17 "Three times
a year all your males shall appear before the Lord GOD.
18 ¶ "You shall not offer the blood of My sacrifice
with leavened bread; nor is the fat of My feast to remain
overnight until morning. 19 "You shall bring the choice
first fruits of your soil into the house of the LORD your

/그 어미의 젖으로

20 내가 **보내어**
/사자를
/네 앞서
보호하여
/너를
/길에서
이르게 하리니
/너로 내가 예비한 곳에

21 너희는 **삼가 청종하고**
/그 목소리를
노엽게 하지 말라
/그를

//(이유: for)
그가 너희 허물을 사하지 아니할 것은
내 이름이 그에게 있음이니라

22 [만일]
네가 잘 청종하고
/그 목소리를
행하면(조건절, if)
/나의 모든 말대로
내가 **원수가 되고**
/네 원수에게
대적이 될지라
/네 대적에게

23 나의 사자가 **가서**
/네 앞서
인도하고
/너를
/아모리 사람과 헷 사람과 브리스 사람과
가나안 사람과 히위 사람과
여부스 사람에게로

나는 **끊으리니**
/그들을

24 너는 그들의 신을 **숭배하지 말며**
섬기지 말며
그들의 소위를 **본받지 말고**
훼파하며
/다
그 주상을 **타파하고**

출

지니라 너는 염소 새끼를 그 어미의 젖으로 삶지 말지니
라 20 내가 사자를 네 앞서 보내어 길에서 너를 보호하
여 너로 내가 예비한 곳에 이르게 하리니 21 너희는 삼
가 그 목소리를 청종하고 그를 노엽게 하지 말라 그가 너
희 허물을 사하지 아니할 것은 내 이름이 그에게 있음이
니라 22 네가 그 목소리를 잘 청종하고 나의 모든 말대
로 행하면 내가 네 원수에게 원수가 되고 네 대적에게 대
적이 될지라 23 나의 사자가 네 앞서 가서 너를 아모리
사람과 헷 사람과 브리스 사람과 가나안 사람과 히위 사
람과 여부스 사람에게로 인도하고 나는 그들을 끊으리니
24 너는 그들의 신을 숭배하지 말며 섬기지 말며 그들
의 소위를 본받지 말며 그것들을 다 훼파하며 그 주상을

God. You are not to boil a kid in the milk of its mother.
20 ¶ "Behold, I am going to send an angel before you
to guard you along the way, and to bring you into the
place which I have prepared. 21 "Be on your guard
before him and obey his voice; do not be rebellious
toward him, for he will not pardon your transgression,
since My name is in him. 22 "But if you will truly
obey his voice and do all that I say, then I will be an
enemy to your enemies and an adversary to your adversaries.
23 "For My angel will go before you and bring you in
to the land of the Amorites, the Hittites, the Perizzites,
the Canaanites, the Hivites and the Jebusites; and I will
completely destroy them. 24 "You shall not worship
their gods, nor serve them, nor do according to their

25 [너는] **섬기라**
/너의 하나님 여호와를

//그리하면(결과)
여호와가 ── **복을 내리고**
/너희의 양식과 물에
└ 병을 제하리니
/너희 중에

26 //(결과)
네 나라에 낙태하는 자가 없고
잉태치 못하는 자가 없을 것이라
내가 너의 날 수를 채우리라

27 내가 내 위엄을 **보내어**
/네 앞서
모든 백성을 **파하고**
/너의 이를 곳의
너를 **등지게 할 것이며**
/너의 모든 원수로

28 내가 **보내리니**
/왕벌을
/네 앞에

//(결과)
그 벌이 ― 네 앞에서 쫓아내리라
/히위 족속과
가나안 족속과
헷 족속을

29 그러나
(내가) **쫓아내지 아니하고**
/그들을
/일 년 안에는
/네 앞에서

//(목적)
그 땅이 ── 황무하게 되어
들짐승이 ┬ 번성하여
└ 너희를 해할까 하여

30 내가 **쫓아내리라**
/그들을
/네 앞에서
/조금씩
/네가 번성하여 그 땅을 기업으로 얻을 때까지

타파하고 25 너의 하나님 여호와를 섬기라 그리하면 여
호와가 너희의 양식과 물에 복을 내리고 너희 중에 병을
제하리니 26 네 나라에 낙태하는 자가 없고 잉태치 못
하는 자가 없을 것이라 내가 너의 날 수를 채우리라 27
내가 내 위엄을 네 앞서 보내어 너의 이를 곳의 모든 백
성을 파하고 너의 모든 원수로 너를 등지게 할 것이며
28 내가 왕벌을 네 앞에 보내리니 그 벌이 히위 족속과
가나안 족속과 헷 족속을 네 앞에서 쫓아내리라 29 그
러나 그 땅이 황무하게 되어 들짐승이 번성하여 너희를
해할까 하여 일 년 안에는 그들을 네 앞에서 쫓아내지 아
니하고 30 네가 번성하여 그 땅을 기업으로 얻을 때까
지 내가 그들을 네 앞에서 조금씩 쫓아내리라 31 너의

deeds; but you shall utterly overthrow them, and break
their sacred pillars in pieces. 25 "But you shall serve
the LORD your God, and He will bless your bread and
your water; and I will remove sickness from your midst.
26 "There shall be no one miscarrying or barren in
your land; I will fulfill the number of your days. 27 "I
will send My terror ahead of you, and throw into confusion
all the people among whom you come, and I will make
all your enemies turn their backs to you. 28 "And I
will send hornets ahead of you, that they may drive out
the Hivites, the Canaanites, and the Hittites before you.
29 "I will not drive them out before you in a single

31 내가 너의 지경을 **정하고**
/홍해에서부터 블레셋 바다까지,
광야에서부터 하수까지
붙이리니
/그 땅의 거민을

네가 그들을 **쫓아낼지라**
/네 앞에서

32 너는 **언약하지 말라**
/그들과 그들의 신과

33 그들이 **머무르지 못할 것은**
/네 땅에

//(이유)
그들이 너로 내게 범죄케 할까 두려움이라

만일
네가 그 신을 섬기면(조건절, if)
그것이 너의 **올무가 되리라**

24

1 또
[여호와께서] 모세에게 **이르시되**
/너는 ─ 여호와에게로 올라와
/아론과 나답과 아비후와
이스라엘 장로 칠십인과 함께
─ 멀리서 경배하고

2 /너 모세만 ─ 여호와에게 가까이 나아오고
그들은 ─ 가까이 나아오지 말며
백성은 ─ 너와 함께 올라오지 말지니라

3 모세가 **와서**
백성에게 **고하매**
/여호와의 모든 말씀과
그 모든 율례를

그들이 한 소리로 **응답하여 가로되**
/우리가 ─ 준행하리이다
/여호와의 명하신 모든 말씀을

지경을 홍해에서부터 블레셋 바다까지 광야에서부터 하
수까지 정하고 그 땅의 거민을 네 앞에서 쫓아낼지라
32 너는 그들과 그들의 신과 언약하지 말라 **33** 그들이
네 땅에 머무르지 못할 것은 그들이 너로 내게 범죄케 할
까 두려움이라 네가 그 신을 섬기면 그것이 너의 올무가
되리라

24:1 또 모세에게 이르시되 너는 아론과 나답과 아
비후와 이스라엘 장로 칠십 인과 함께 여호와에
게로 올라와 멀리서 경배하고 **2** 너 모세만 여호와에게
가까이 나아오고 그들은 가까이 나아오지 말며 백성은
너와 함께 올라오지 말지니라 **3** 모세가 와서 여호와의
모든 말씀과 그 모든 율례를 백성에게 고하매 그들이 한

year, that the land may not become desolate, and the
beasts of the field become too numerous for you. **30**
"I will drive them out before you little by little, until
you become fruitful and take possession of the land. **31**
"And I will fix your boundary from the Red Sea to the
sea of the Philistines, and from the wilderness to the
River Euphrates; for I will deliver the inhabitants of the
land into your hand, and you will drive them out before
you. **32** "You shall make no covenant with them or
with their gods. **33** "They shall not live in your land,
lest they make you sin against Me; for if you serve their
gods, it will surely be a snare to you."

24:1 ¶ Then He said to Moses, "Come up to the
LORD, you and Aaron, Nadab and Abihu and seventy
of the elders of Israel, and you shall worship at a distance.
2 "Moses alone, however, shall come near to the LORD,
but they shall not come near, nor shall the people come
up with him." **3** Then Moses came and recounted to

4 모세가 여호와의 모든 말씀을 **기록하고**
이른 아침에 **일어나**
산 아래 단을 **쌓고**
열 두 기둥을 **세우**고
/이스라엘 십 이 지파대로
5 이스라엘 자손의 청년들을 **보내어**
번제와 소로 화목제를 여호와께 **드리게 하고**

6 모세가 피를 **취하여**
반은 여러 양푼에 **담고**
반은 단에 **뿌리고**
7 언약서를 **가져**
백성에게 낭독하여 들리매

그들이 **가로되**
/우리가 — 준행하리이다
/여호와의 모든 말씀을

8 모세가 그 피를 **취하여**
백성에게 **뿌려**
가로되
/이는 — 언약의 피니라
/여호와께서 — 너희와 세우신
/이 모든 말씀에 대하여

9 모세와
아론과
나답과
아비후와
칠십인이 — **올라가서**
/이스라엘 장로

10 [그들이] 이스라엘 하나님을 **보니**

그 발 아래에는 청옥을 **편듯하고**
하늘 같이 **청명하더라**

11 하나님이 손을 **대지 아니하셨고**
/이스라엘의 존귀한 자들에게
그들은 하나님을 **보고**
먹고
마셨더라

소리로 응답하여 가로되 여호와의 명하신 모든 말씀을
우리가 준행하리이다 4 모세가 여호와의 모든 말씀을 기
록하고 이른 아침에 일어나 산 아래 단을 쌓고 이스라엘
십이 지파대로 열두 기둥을 세우고 5 이스라엘 자손의
청년들을 보내어 번제와 소로 화목제를 여호와께 드리게
하고 6 모세가 피를 취하여 반은 양푼에 담고 반은 단에
뿌리고 7 언약서를 가져 백성에게 낭독하여 들리매 그들
이 가로되 여호와의 모든 말씀을 우리가 준행하리이다 8
모세가 그 피를 취하여 백성에게 뿌려 가로되 이는 여호
와께서 이 모든 말씀에 대하여 너희와 세우신 언약의 피
니라 9 모세와 아론과 나답과 아비후와 이스라엘 장로
칠십인이 올라가서 10 이스라엘 하나님을 보니 그 발
아래에는 청옥을 편듯하고 하늘같이 청명하더라 11 하
나님이 이스라엘의 존귀한 자들에게 손을 대지 아니하셨

the people all the words of the LORD and all the
ordinances; and all the people answered with one voice,
and said, "All the words which the LORD has spoken
we will do!" 4 And Moses wrote down all the words
of the LORD. Then he arose early in the morning, and
built an altar at the foot of the mountain with twelve
pillars for the twelve tribes of Israel. 5 And he sent
young men of the sons of Israel, and they offered burnt
offerings and sacrificed young bulls as peace offerings
to the LORD. 6 And Moses took half of the blood and
put it in basins, and the other half of the blood he
sprinkled on the altar. 7 Then he took the book of the
covenant and read it in the hearing of the people; and
they said, "All that the LORD has spoken we will do,
and we will be obedient!" 8 So Moses took the blood
and sprinkled it on the people, and said, "Behold the
blood of the covenant, which the LORD has made with
you in accordance with all these words." 9 ¶ Then Moses
went up with Aaron, Nadab and Abihu, and seventy of
the elders of Israel, 10 and they saw the God of Israel;

12 여호와께서 모세에게 **이르시되**
/너는 ── 산에 올라
── 내게로 와서
── 거기 있으라
/[내가] ── 돌판을 네게 주리라
/내가 ── 율법과 계명을 친히 기록한

//(목적)
너로 그들을 가르치려고

13 모세가 그 종자 여호수아와 함께 **일어나**
하나님의 산으로 **올라가며**
14 장로들에게 **이르되**
/너희는 ─ 여기서 기다리라
/우리가 너희에게로 돌아오기까지
/아론과 훌이 ── 너희와 함께 하리니
일이 있는 자는 ─그들에게로 나아갈지니라 하고
/무릇

15 모세가 산에 오르매(상황절,when)
구름이 산을 **가리며**

16 영광이 시내산 위에 **머무르고**
/여호와의
구름이 산을 **가리더니**
/육일 동안

여호와께서 모세를 **부르시니라**
/칠일에
/구름 가운데서

17 영광이 맹렬한 불 같이 **보였고**
/여호와의 /이스라엘 자손의 눈에
/산 위의

18 모세는 구름 속으로 **들어가서**
산 위에 **올랐으며**
산에 **있으니라**
/사십일 사십야를

출

고 그들은 하나님을 보고 먹고 마셨더라 12 여호와께서
모세에게 이르시되 너는 산에 올라 내게로 와서 거기 있
으라 너로 그들을 가르치려고 내가 율법과 계명을 친히
기록한 돌판을 네게 주리라 13 모세가 그 종자 여호수
아와 함께 일어나 하나님의 산으로 올라가며 14 장로들
에게 이르되 너희는 여기서 우리가 너희에게로 돌아오기
까지 기다리라 아론과 훌이 너희와 함께 하리니 무릇 일
이 있는 자는 그들에게로 나아갈지니라 하고 15 모세가
산에 오르매 구름이 산을 가리며 16 여호와의 영광이
시내 산 위에 머무르고 구름이 육일 동안 산을 가리더니
제칠일에 여호와께서 구름 가운데 모세를 부르시니라
17 산 위의 여호와의 영광이 이스라엘 자손의 눈에 맹
렬한 불같이 보였고 18 모세는 구름 속으로 들어가서
산 위에 올랐으며 사십 일 사십 야를 산에 있으니라

and under His feet there appeared to be a pavement of
sapphire, as clear as the sky itself. 11 Yet He did not
stretch out His hand against the nobles of the sons of
Israel; and they beheld God, and they ate and drank.
12 ¶ Now the LORD said to Moses, "Come up to Me
on the mountain and remain there, and I will give you
the stone tablets with the law and the commandment
which I have written for their instruction." 13 So Moses
arose with Joshua his servant, and Moses went up to
the mountain of God. 14 But to the elders he said,
"Wait here for us until we return to you. And behold,
Aaron and Hur are with you; whoever has a legal matter,
let him approach them." 15 Then Moses went up to
the mountain, and the cloud covered the mountain. 16
And the glory of the LORD rested on Mount Sinai, and
the cloud covered it for six days; and on the seventh
day He called to Moses from the midst of the cloud.
17 And to the eyes of the sons of Israel the appearance
of the glory of the LORD was like a consuming fire on
the mountain top. 18 And Moses entered the midst of
the cloud as he went up to the mountain; and Moses
was on the mountain forty days and forty nights.

출

25

1 여호와께서 일러 가라사대
2 /[너는] — 이스라엘 자손에게 명하여(=명하라)
/내게 예물을 가져오라 하고
/너희는 — 받을지니라
/무릇 즐거운 마음으로 내는 자에게서
/내게 드리는 것을
3 /예물은 — 이러하니
/너희가 그들에게서 받을

//(동격)
금과 은과 놋과
4 청색 자색 홍색실과
가는 베실과 염소털과
5 붉은 물들인 숫양의 가죽과
해달의 가죽과 조각목과
6 등유와 관유에 드는 향품과
분향할 향을 만들 향품과
7 호마노며
에봇과
흉패에 물릴 보석이니라

8 /그들[이](을 시켜) — 짓되
/내가 그들 중에 거할 성소를
/나를 위하여

9 /[그들이] — 지을지니라
/무릇 내가 네게 보이는 대로
/장막의 식양과 그 기구의 식양을 따라

10 /그들은 — 궤를 짓되
/조각목으로
/장이 이 규빗 반,
광이 일 규빗 반,
고가 일 규빗 반이 (되게 하고)

11 /너는 — 그것을 싸되
/정금으로
— 그 안팎을 싸고
— 금테를 두르고
/윗가로 돌아가며

25:1 여호와께서 모세에게 일러 가라사대 2 이
스라엘 자손에게 명하여 내게 예물을 가져오라
하고 무릇 즐거운 마음으로 내는 자에게서 내게 드리는
것을 너희는 받을지니라 3 너희가 그들에게서 받을 예
물은 이러하니 금과 은과 놋과 4 청색 자색 홍색실과 가
는 베실과 염소털과 5 붉은 물 들인 숫양의 가죽과 해달
의 가죽과 조각목과 6 등유와 관유에 드는 향품과 분향
할 향을 만들 향품과 7 호마노며 에봇과 흉패에 물릴 보
석이니라 8 내가 그들 중에 거할 성소를 그들을 시켜 나
를 위하여 짓되 9 무릇 내가 네게 보이는대로 장막의 식
양과 그 기구의 식양을 따라 지을지니라 10 그들은 조
각목으로 궤를 짓되 장이 이 규빗 반, 광이 일 규빗 반,
고가 일 규빗 반이 되게 하고 11 너는 정금으로 그것을
싸되 그 안팎을 싸고 윗가로 돌아가며 금테를 두르고

25:1 Then the LORD spoke to Moses, saying, 2
"Tell the sons of Israel to raise a contribution for
Me; from every man whose heart moves him you shall
raise My contribution. 3 "And this is the contribution
which you are to raise from them: gold, silver and bronze,
4 blue, purple and scarlet material, fine linen, goat hair,
5 rams' skins dyed red, porpoise skins, acacia wood, 6
oil for lighting, spices for the anointing oil and for the fragrant
incense, 7 onyx stones and setting stones, for the ephod
and for the breastpiece. 8 "And let them construct a sanctuary
for Me, that I may dwell among them. 9 "According to
all that I am going to show you, as the pattern of the tabernacle
and the pattern of all its furniture, just so you shall
construct it. 10¶ "And they shall construct an ark of
acacia wood two and a half cubits long, and one and a
half cubits wide, and one and a half cubits high. 11
"And you shall overlay it with pure gold, inside and out
you shall overlay it, and you shall make a gold molding

12 /[너는] ─┬─ 금고리 넷을 부어 만들어
└─ 그 네 발에 달되
두 고리요(는) ─ 이편에(=이편이요)
두 고리며(는) ─ 저편에(=저편이요)

13 /[너는] ─┬─ 조각목으로 채를 만들고
└─ 금으로 싸고

14 /[너는] ── 그 채를 궤 양편 고리에 꿰어서

//(목적: to)
궤를 메게 하며

15 /[너는] ─┬─ 채를 궤의 고리에 꿴대로 두고
└─ 빼어내지 말지며

16 /[너는] ── 궤 속에 둘지며
/내가 네게 줄 증거판을

17 /[너는] ── 정금으로 속죄소를 만들되
/장이 이 규빗 반,
/광이 일 규빗 반이 되게 (하고)

18 /[너는] ── 그룹 둘을 만들되
/금으로
/속죄소 두 끝에 쳐서
19 /한 그룹은 이 끝에,
/한 그룹은 저 끝에
/곧 속죄소 두 끝에
속죄소와 한 덩이로 연하게 (할지며)

20 /[너는] ─┬─ 속죄소를 덮으며
/그 날개로
/그룹들은 그 날개를 높이 펴서
└─ 속죄소를 향하게 하고
/그 얼굴을 서로 대하여

21 /[너는] ─┬─ 속죄소를 궤 위에 얹고
└─ 궤 속에 넣으라
/내가 네게 줄 증거판을

22 /내가 ─┬─ 너와 만나고
/거기서

12 금고리 넷을 부어 만들어 그 네 발에 달되 이편에
두 고리요 저편에 두 고리며 13 조각목으로 채를 만들
고 금으로 싸고 14 그 채를 궤 양편 고리에 꿰어서 궤
를 메게 하며 15 채를 궤의 고리에 꿴대로 두고 빼어내
지 말지며 16 내가 네게 줄 증거판을 궤 속에 둘지며
17 정금으로 속죄소를 만들되 장이 이 규빗 반, 광이
일 규빗 반이 되게 하고 18 금으로 그룹 둘을 속죄소
두 끝에 쳐서 만들되 19 한 그룹은 이 끝에, 한 그룹은
저 끝에 곧 속죄소 두 끝에 속죄소와 한 덩이로 연하게
할지며 20 그룹들은 그 날개를 높이 펴서 그 날개로 속
죄소를 덮으며 그 얼굴을 서로 대하여 속죄소를 향하게
하고 21 속죄소를 궤 위에 얹고 내가 네게 줄 증거판을
궤 속에 넣으라 22 거기서 내가 너와 만나고 속죄소 위
곧 증거궤 위에 있는 두 그룹 사이에서 내가 이스라엘

around it. 12 "And you shall cast four gold rings for
it, and fasten them on its four feet, and two rings shall
be on one side of it and two rings on the other side of
it. 13 "And you shall make poles of acacia wood and overlay
them with gold. 14 "And you shall put the poles into
the rings on the sides of the ark, to carry the ark with
them. 15 "The poles shall remain in the rings of the
ark; they shall not be removed from it. 16 "And you
shall put into the ark the testimony which I shall give
you. 17 "And you shall make a mercy seat of pure
gold, two and a half cubits long and one and a half
cubits wide. 18 "And you shall make two cherubim of gold,
make them of hammered work at the two ends of the
mercy seat. 19 "And make one cherub at one end and
one cherub at the other end; you shall make the cherubim
of one piece with the mercy seat at its two ends. 20
"And the cherubim shall have their wings spread upward,
covering the mercy seat with their wings and facing one
another; the faces of the cherubim are to be turned toward
the mercy seat. 21 "And you shall put the mercy seat

출

네게 이르리라
/속죄소 위(에서)
/곧 두 그룹 사이에서
/증거궤 위에 있는
/네게 명할 모든 일을
/내가 이스라엘 자손을 위하여

23 /너는 ── 조각목으로 상을 만들되
/장이 이 규빗,
광이 일 규빗,
고가 일 규빗 반이 되게(하고)

24 /[너는] ── 정금으로 싸고
금테를 두르고
/주위에

25 /[너는] ── 손바닥 넓이만한 턱을 만들고
/그 사면에
금으로 테를 만들고
/그 턱 주위에

26 /[너는] ── 금고리 넷을 만들어
/그것을 위하여
네 모퉁이에 달되
/네 발 위

27 /[너는] ── 턱 곁에 달라

//이는(이유: כִּי, for)
상 멜 채를 꿸 곳이며

28 /또
[너는] ── 그 채를 만들고
/조각목으로
금으로 싸라
상을 이것으로 멜 것이니라

29 /너는 ── 대접과 숟가락과 병과 붓는 잔을 만들되
정금으로 만들지며

30 /[너는] ── 상 위에 진설병을 두어
/항상 내 앞에 (있게 할지니라)

자손을 위하여 네게 명할 모든 일을 네게 이르리라 23
너는 조각목으로 상을 만들되 장이 이 규빗, 광이 일 규
빗, 고가 일 규빗 반이 되게 하고 24 정금으로 싸고 주
위에 금테를 두르고 25 그 사면에 손바닥 넓이만한 턱
을 만들고 그 턱 주위에 금으로 테를 만들고 26 그것을
위하여 금고리 넷을 만들어 네 발 위 네 모퉁이에 달되
27 턱 곁에 달라 이는 상 멜 채를 꿸 곳이며 28 또 조
각목으로 그 채를 만들고 금으로 싸라 상을 이것으로 멜
것이니라 29 너는 대접과 숟가락과 병과 붓는 잔을 만
들되 정금으로 만들지며 30 상 위에 진설병을 두어 항
상 내 앞에 있게 할지니라 31 너는 정금으로 등대를 쳐
서 만들되 그 밑판과 줄기와 잔과 꽃받침과 꽃을 한 덩이

on top of the ark, and in the ark you shall put the
testimony which I shall give to you. 22 "And there I
will meet with you; and from above the mercy seat,
from between the two cherubim which are upon the ark
of the testimony, I will speak to you about all that I
will give you in commandment for the sons of Israel.
23¶ "And you shall make a table of acacia wood, two cubits
long and one cubit wide and one and a half cubits high.
24 "And you shall overlay it with pure gold and make
a gold border around it. 25 "And you shall make for it
a rim of a handbreadth around it; and you shall make a
gold border for the rim around it. 26 "And you shall
make four gold rings for it and put rings on the four
corners which are on its four feet. 27 "The rings shall
be close to the rim as holders for the poles to carry the
table. 28 "And you shall make the poles of acacia wood
and overlay them with gold, so that with them the table
may be carried. 29 "And you shall make its dishes and
its pans and its jars and its bowls, with which to pour libations;
you shall make them of pure gold. 30 "And you shall

31 /너는 —— 정금으로 등대를 쳐서 만들되
/그 밑판과 줄기와 잔과 꽃받침과 꽃을
한 덩이로 연하게 (하고)

32 /[너는] —— 가지 여섯을 등대 곁에서 나오게 하되
/그 세 가지는 이편으로 (나오고)
/그 세 가지는 저편으로 (나오게 하며)

33 /[너는] —— 살구꽃 형상의 잔 셋과 꽃받침과 꽃이 있게 하고
/이편 가지에
—— 살구꽃 형상의 잔 셋과 꽃받침과 꽃이 있게 하여
/저편 가지에도
—— 등대에서 나온 여섯 가지를 같게 할지며

34 /[너는] —— 살구꽃 형상의 잔 넷과 꽃받침과 꽃이 있게 하고
/등대 줄기에는

35 /[너는] —— 꽃받침이 있게 하되
/등대에서 나온 여섯 가지를 위하여
/한 꽃받침이 있어
/두 가지 아래
/줄기와 연하게 (하며)
/또 한 꽃받침이 있어
/두 가지 아래
/줄기와 연하게 (하며)
/또 한 꽃받침이 있어
/두 가지 아래
/줄기와 연하게 (하고)

36 /[너는] —— 전부를 정금으로 쳐 만들고
/그 꽃받침과 가지를 줄기와 연하게 (하여)

37 /너는] —— 등잔 일곱을 만들어

//(목적; so that)
그 위에 두어 앞을 비추게 하며

38 /[너는] —— 그 불집게와 불똥 그릇도 만들지니
/정금으로

로 연하게 하고 32 가지 여섯을 등대 곁에서 나오게 하
되 그 세 가지는 이편으로 나오고 그 세 가지는 저편으로
나오게 하며 33 이편 가지에 살구꽃 형상의 잔 셋과 꽃
받침과 꽃이 있게 하고 저편 가지에도 살구꽃 형상의 잔
셋과 꽃받침과 꽃이 있게 하여 등대에서 나온 여섯 가지
를 같게 할지며 34 등대 줄기에는 살구꽃 형상의 잔 넷
과 꽃받침과 꽃이 있게 하고 35 등대에서 나온 여섯 가
지를 위하여 꽃받침이 있게 하되 두 가지 아래 한 꽃받침
이 있어 줄기와 연하게 하며 또 두 가지 아래 한 꽃받침
이 있어 줄기와 연하게 하고 36 그 꽃받침과 가지를 줄
기와 연하게 하여 전부를 정금으로 쳐 만들고 37 등잔
일곱을 만들어 그 위에 두어 앞을 비추게 하며 38 그
불집게와 불똥 그릇도 정금으로 만들지니 39 등대와 이
모든 기구를 정금 한 달란트로 만들되 40 너는 삼가 이

set the bread of the Presence on the table before Me at
all times. 31¶ "Then you shall make a lampstand of
pure gold. The lampstand and its base and its shaft are
to be made of hammered work; its cups, its bulbs and
its flowers shall be of one piece with it. 32 "And six branches
shall go out from its sides; three branches of the lampstand
from its one side, and three branches of the lampstand
from its other side. 33 "Three cups shall be shaped like
almond blossoms in the one branch, a bulb and a flower,
and three cups shaped like almond blossoms in the other
branch, a bulb and a flower — so for six branches going
out from the lampstand; 34 and in the lampstand four
cups shaped like almond blossoms, its bulbs and its
flowers. 35 "And a bulb shall be under the first pair
of branches coming out of it, and a bulb under the second
pair of branches coming out of it, and a bulb under the
third pair of branches coming out of it, for the six
branches coming out of the lampstand. 36 "Their bulbs
and their branches shall be of one piece with it; all of
it shall be one piece of hammered work of pure gold.
37 "Then you shall make its lamps seven in number;
and they shall mount its lamps so as to shed light on
the space in front of it. 38 "And its snuffers and their
trays shall be of pure gold. 39 "It shall be made from

39 /[너는] ― 등대와 이 모든 기구를 만들되
/정금 한 달란트로

40 /너는 ┬ 삼가
└ 할지니라
/이 산에서 네게 보인 식양대로

26

1 /너는 ┬ 성막을 만들되
└ 그룹을 만들지니
/공교히 수 놓아
/앙장 열 폭을 가늘게 꼰 베실과
청색 자색 홍색실로
2 /매 폭의 장은 이십 팔 규빗,
광은 사 규빗으로
각 폭의 장단을 같게 하고
3 그 앙장 다섯 폭을 서로 연하며
다른 다섯 폭도 서로 연하고

4 /[너는] ┬ 청색 고를 만들며
/그 앙장의 연락할 말폭 가에
└ 그와 같이 하고
/다른 연락할 말폭가에도

5 /[너는] ┬ 앙장 말폭 가에 고 오십을 달며
├ 다른 앙장 말폭 가에도 고 오십을 달고
└ 그 고들을 서로 대하게 하고

6 /[너는] ┬ 금 갈고리 오십을 만들고
├ 한 성막을 이룰지며
/그 갈고리로 앙장을 연합하여
7 ├ 그 성막을 덮는 막 곧 앙장을 염소털로 만들되
├ 열 한폭을 만들지며
8 └ 열 한폭의 장단을 같게 <하고>
/각 폭의 장은 삼십 규빗,
광은 사 규빗으로

9 /[너는] ┬ 그 앙장 다섯 폭을 서로 연하며

산에서 네게 보인 식양대로 할지니라
26:1 너는 성막을 만들되 앙장 열 폭을 가늘게 꼰
베실과 청색 자색 홍색실로 그룹을 공교히 수 놓
아 만들지니 2 매 폭의 장은 이십 팔 규빗, 광은 사 규빗
으로 각 폭의 장단을 같게하고 3 그 앙장 다섯 폭을 서
로 연하며 다른 다섯 폭도 서로 연하고 4 그 앙장의 연
락할 말폭 가에 청색 고를 만들며 다른 연락할 말폭가에
도 그와 같이 하고 5 앙장 말폭 가에 고 오십을 달며 다
른 앙장 말폭 가에도 고 오십을 달고 그 고들을 서로 대
하게 하고 6 금 갈고리 오십을 만들고 그 갈고리로 앙장
을 연합하여 한 성막을 이룰지며 7 그 성막을 덮는 막
곧 앙장을 염소털로 만들되 열한 폭을 만들지며 8 각 폭
의 장은 삼십 규빗, 광은 사 규빗으로 열한 폭의 장단을
같게 하고 9 그 앙장 다섯 폭을 서로 연하며 또 여섯 폭

a talent of pure gold, with all these utensils. 40 "And
see that you make them after the pattern for them, which
was shown to you on the mountain.
26:1¶ "Moreover you shall make the tabernacle
with ten curtains of fine twisted linen and blue
and purple and scarlet material; you shall make them
with cherubim, the work of a skillful workman. 2 "The
length of each curtain shall be twenty-eight cubits, and
the width of each curtain four cubits; all the curtains
shall have the same measurements. 3 "Five curtains
shall be joined to one another; and the other five curtains
shall be joined to one another. 4 "And you shall make
loops of blue on the edge of the outermost curtain in
the first set, and likewise you shall make them on the
edge of the curtain that is outermost in the second set.
5 "You shall make fifty loops in the one curtain, and
you shall make fifty loops on the edge of the curtain
that is in the second set; the loops shall be opposite each
other. 6 "And you shall make fifty clasps of gold, and
join the curtains to one another with the clasps, that the
tabernacle may be a unit. 7¶ "Then you shall make
curtains of goats' hair for a tent over the tabernacle; you
shall make eleven curtains in all. 8 "The length of each
curtain shall be thirty cubits, and the width of each

출

또 여섯 폭을 서로 연하고
[너는] 그 여섯째 폭 절반은 성막 전면에 접어 드리우고
10 앙장을 연락할 말폭 가에 고 오십을 달며
다른 연락할 말폭 가에도 고 오십을 달고

11 /[너는] 놋 갈고리 오십을 만들고
그 갈고리로 그 고를 꿰어
연합하여
한막이 되게 하고
12 /[너는] 성막 뒤에 드리우고
/그 막 곧 앙장의 나머지 그 반 폭은
13 막 곧 앙장의 길이의 남은 것은 덮어 드리우고
/이편에 한 규빗, 저편에 한 규빗씩
/성막 좌우 양편에

14 /[너는] 붉은 물 들인 수양의 가죽으로 막의 덮개를 만들고
해달의 가죽으로 그 웃덮개를 만들지니라

15 /너는 조각목으로 성막을 위하여 널판을 만들어 세우되
16 각 판의 장은 십 규빗, 광은 일 규빗 반으로 하고
17 각 판에 두 촉씩 내어
서로 연하게 하되
/너는 성막 널판을 다 그와 같이 하라

18 /너는 성막을 위하여 널판을 만들되
남편을 위하여 널판 스물을 만들고
19 은받침 마흔을 만들지니
/스무 널판 아래
이 널판 아래에도 그 두 촉을 위하여 두 받침을 만들고
두 받침을 만들지며
/저 널판 아래에도
/그 두 촉을 위하여
20 널판 스물로 하고
/성막 다른 편 곧 그 북편을 위하여도
21 이 널판 아래에도 두 받침<으로 하고>,
/은받침 마흔을
저 널판 아래에도 두 받침으로 하며

을 서로 연하고 그 여섯째 폭 절반은 성막 전면에 접어
드리우고 **10** 앙장을 연락할 말폭 가에 고 오십을 달며
다른 연락할 말폭 가에도 고 오십을 달고 **11** 놋 갈고리
오십을 만들고 그 갈고리로 그 고를 꿰어 연합하여 한막
이 되게 하고 **12** 그 막 곧 앙장의 나머지 그 반폭은 성
막 뒤에 드리우고 **13** 막 곧 앙장의 길이의 남은 것은
이편에 한 규빗, 저편에 한 규빗씩 성막 좌우 양편에 덮
어 드리우고 **14** 붉은 물 들인 숫양의 가죽으로 막의 덮
개를 만들고 해달의 가죽으로 그 웃덮개를 만들지니라
15 너는 조각목으로 성막을 위하여 널판을 만들어 세우
되 **16** 각 판의 장은 십 규빗, 광은 일 규빗 반으로 하고
17 각 판에 두 촉씩 내어 서로 연하게 하되 너는 성막
널판을 다 그와 같이 하라 **18** 너는 성막을 위하여 널판
을 만들되 남편을 위하여 널판 스물을 만들고 **19** 스무
널판 아래 은받침 마흔을 만들지니 이 널판 아래에도 그
두 촉을 위하여 두 받침을 만들고 저 널판 아래에도 그
두 촉을 위 하여 두 받침을 만들지라 **20** 성막 다른 편
곧 그 북편을 위하여도 널판 스물로 하고 **21** 은받침 마

curtain four cubits; the eleven curtains shall have the
same measurements. **9** "And you shall join five curtains
by themselves, and the other six curtains by themselves,
and you shall double over the sixth curtain at the front
of the tent. **10** "And you shall make fifty loops on the
edge of the curtain that is outermost in the first set, and
fifty loops on the edge of the curtain that is outermost
in the second set. **11** "And you shall make fifty clasps
of bronze, and you shall put the clasps into the loops
and join the tent together, that it may be a unit. **12**
"And the overlapping part that is left over in the curtains
of the tent, the half curtain that is left over, shall lap
over the back of the tabernacle. **13** "And the cubit on
one side and the cubit on the other, of what is left over
in the length of the curtains of the tent, shall lap over
the sides of the tabernacle on one side and on the other,
to cover it. **14** "And you shall make a covering for the
tent of rams' skins dyed red, and a covering of porpoise
skins above. **15**¶ "Then you shall make the boards for
the tabernacle of acacia wood, standing upright. **16**
"Ten cubits shall be the length of each board, and one
and a half cubits the width of each board. **17** "There
shall be two tenons for each board, fitted to one another;
thus you shall do for all the boards of the tabernacle.
18 "And you shall make the boards for the tabernacle:
twenty boards for the south side. **19** "And you shall
make forty sockets of silver under the twenty boards,
two sockets under one board for its two tenons and two

출

22 /[너는]─널판 여섯을 만들고
/성막 뒤 곧 그 서편을 위하여는
23─널판 둘을 만들되
/성막 뒤 두 모퉁이 편을 위하여는
24─각기 두겹 두께로 하여
/아래에서부터 위까지
─윗고리에 이르게 하고
─두 모퉁이 편을 다 그리하며
25─그 여덟 널판에는 은받침이 열 여섯이니
/이 판 아래에도 두 받침이요
/저 판 아래에도 두 받침이니라

26 /너는 ─ 조각목으로 띠를 만들지니
/성막 이편 널판을 위하여 다섯이요
27 /성막 저편 널판을 위하여 다섯이요
/성막 뒤 곧 서편 널판을 위하여 다섯이며
28 /이 끝에서 저 끝에 미치게 하고
/널판 가운데 있는 중간 띠는
29 /[너는]─그 널판들을 금으로 싸고
─그 널판들의 띠를 꿸 금고리를 만들고
─그 띠를 금으로 싸라
30 /너는 ─ 성막을 세울지니라
/산에서 보인 식양대로
31 /너는 ─ 장을 만들고
/청색 자색 홍색실과 가늘게 꼰 베실로 짜서
─그룹들을 공교히 수 놓아서
/그 위에
32─금 갈고리로 드리우되
/네 기둥 위에
─그 네 기둥을 만들고
/조각목으로
─금으로 싸서
─네 은받침 위에 둘지며
33─그 장을 갈고리 아래 드리운 후에(after)
─증거궤를 들여 놓으라
/그 장안에

흔을 이 널판 아래에도 두 받침, 저 널판 아래에도 두 받
침으로 하며 22 성막 뒤 곧 그 서편을 위하여는 널판
여섯을 만들고 23 성막 뒤 두 모퉁이 편을 위하여는 널
판 둘을 만들되 24 아래에서부터 위까지 각기 두 겹 두
께로 하여 윗고리에 이르게 하고 두 모퉁이 편을 다 그리
하며 25 그 여덟 널판에는 은받침이 열여섯이니 이 판
아래에도 두 받침이요 저 판 아래에도 두 받침이니라 26
너는 조각목으로 띠를 만들지니 성막 이편 널판을 위하여
다섯이요 27 성막 저편 널판을 위하여 다섯이요 성막
뒤 곧 서편 널판을 위하여 다섯이요 28 널판 가운데 있
는 중간 띠는 이 끝에서 저 끝에 미치게 하고 29 그 널
판들을 금으로 싸고 그 널판들의 띠를 꿸 금고리를 만들
고 그 띠를 금으로 싸라 30 너는 산에서 보인 식양대로
성막을 세울지니라 31 너는 청색 자색 홍색실과 가늘게
꼰 베실로 짜서 장을 만들고 그 위에 그룹들을 공교히 수
놓아서 32 금 갈고리로 네 기둥 위에 드리우되 그 네
기둥을 조각목으로 만들고 금으로 싸서 네 은받침 위에
둘지며 33 그 장을 갈고리 아래 드리운 후에 증거궤를

sockets under another board for its two tenons; 20 and
for the second side of the tabernacle, on the north side, twenty
boards, 21 and their forty sockets of silver; two sockets
under one board and two sockets under another board.
22 "And for the rear of the tabernacle, to the west, you
shall make six boards. 23 "And you shall make two
boards for the corners of the tabernacle at the rear. 24
"And they shall be double beneath, and together they
shall be complete to its top to the first ring; thus it shall
be with both of them: they shall form the two corners.
25 "And there shall be eight boards with their sockets
of silver, sixteen sockets; two sockets under one board
and two sockets under another board. 26¶ "Then you
shall make bars of acacia wood, five for the boards of
one side of the tabernacle, 27 and five bars for the
boards of the other side of the tabernacle, and five bars
for the boards of the side of the tabernacle for the rear
side to the west. 28 "And the middle bar in the center
of the boards shall pass through from end to end. 29
"And you shall overlay the boards with gold and make
their rings of gold as holders for the bars; and you shall
overlay the bars with gold. 30 "Then you shall erect
the tabernacle according to its plan which you have been
shown in the mountain. 31¶ "And you shall make a
veil of blue and purple and scarlet material and fine
twisted linen; it shall be made with cherubim, the work
of a skillful workman. 32 "And you shall hang it on
four pillars of acacia overlaid with gold, their hooks also
being of gold, on four sockets of silver. 33 "And you
shall hang up the veil under the clasps, and shall bring

/그 장이 ─ 성소와 지성소를 구별하리라
/너희를 위하여

34 /너는 ── 속죄소를 두고
/지성소에 있는 증거궤 위에
35 ─ 상을 놓고
/그 장 바깥 북편에
─ 남편에 등대를 놓아
─ 상과 대하게 할지며
36 ─ 수 놓아 짜서
/청색 자색 홍색실과 가늘게 꼰 베실로
─ 장을 만들고
/성막 문을 위하여
37 ─ 기둥 다섯을 만들어
/그 문장을 위하여
/조각목으로
─ 금으로 싸고
─ 그 갈고리도 금으로 만들지며
─ 또 받침 다섯을 놋으로 부어 만들지니라
/그 기둥을 위하여

27

1 /너는 ── 단을 만들되
/조각목으로 장이 오 규빗, 광이 오 규빗의
─ 네모 반듯하게 하며
─ 삼 규빗으로 하고
/고는
2 /[너는] ─ 뿔을 만들되
/그 네 모퉁이 위에
─ 그 뿔이 그것에 연하게 하고
─ 그 단을 놋으로 쌀지며
3 /[너는] ─ 만들되
/재를 담는 통과
/부삽과
/대야와
/고기 갈고리와
/불 옮기는 그릇을
─ 단의 그릇을 만들지며
/다 놋으로
4 ─ 놋으로 그물을 만들고
/단을 위하여

그 장안에 들여 놓으라 그 장이 너희를 위하여 성소와 지
성소를 구별하리라 34 너는 지성소에 있는 증거궤 위에
속죄소를 두고 35 그 장 바깥 북편에 상을 놓고 남편에
등대를 놓아 상과 대하게 할지며 36 청색 자색 홍색실
과 가늘게 꼰 베실로 수 놓아 짜서 성막 문을 위하여 장
을 만들고 37 그 문장을 위하여 기둥 다섯을 조각목으
로 만들어 금으로 싸고 그 갈고리도 금으로 만들찌며 또
그 기둥을 위하여 받침 다섯을 놋으로 부어 만들지니라
27:1 너는 조각목으로 장이 오 규빗 광이 오 규빗
의 단을 만들되 네모 반듯하게 하며 고는 삼 규
빗으로 하고 2 그 네 모퉁이 위에 뿔을 만들되 그 뿔이
그것에 연하게 하고 그 단을 놋으로 쌀지며 3 재를 담는
통과 부삽과 대야와 고기 갈고리와 불 옮기는 그릇을 만
들되 단의 그릇을 다 놋으로 만들지며 4 단을 위하여 놋

in the ark of the testimony there within the veil; and
the veil shall serve for you as a partition between the
holy place and the holy of holies. 34 "And you shall
put the mercy seat on the ark of the testimony in the
holy of holies. 35 "And you shall set the table outside
the veil, and the lampstand opposite the table on the
side of the tabernacle toward the south; and you shall
put the table on the north side. 36¶ "And you shall
make a screen for the doorway of the tent of blue and
purple and scarlet material and fine twisted linen, the
work of a weaver. 37 "And you shall make five pillars
of acacia for the screen, and overlay them with gold,
their hooks also being of gold; and you shall cast five sockets
of bronze for them.
27:1 ¶ "And you shall make the altar of acacia
wood, five cubits long and five cubits wide; the
altar shall be square, and its height shall be three cubits.
2 "And you shall make its horns on its four corners; its
horns shall be of one piece with it, and you shall overlay
it with bronze. 3 "And you shall make its pails for

놋고리 넷을 만들고
/그 위 네 모퉁이에
5 그물은 오르게 할지며
/단 사면 가장자리 아래 곧 단 절반에
6 /또
[너는] 채를 만들되
/그 단을 위하여
조각목으로 만들고
놋으로 쌀지며
7 단을 메게 할지며
/단 양편 고리에 그 채를 꿰어
8 단은 널판으로 비게 만들되
/그들이 산에서 네게 보인 대로 만들지니라

9 /너는 성막의 뜰을 만들지니
광이 백 규빗의 세마포장을 쳐서
/남을 향하여 뜰 남편에
그 한 편을 당하게 할지니
10 /그 기둥이 스물이며
[너는] 놋으로 하고
/그 받침 스물은
은으로 할지며
/그 기둥의 갈고리와 가름대는
11 /[너는] 광이 백 규빗의 포장을 치되
/그 북편에도
그 기둥이 스물이며
[너는] 놋으로 하고
/기둥의 받침 스물은
은으로 할지며
/그 기둥의 갈고리와 가름대는
12 /[너는] 광 오십 규빗의 포장을 치되
/뜰의 옆 곧 서편에
그 기둥이 열이요
받침이 열이며
13 /광도 오십 규빗이 될지며
/뜰 동편의 /동을 향하여
14 /포장이 십 오 규빗이며
/문 이편을 위하여
/그 기둥이 셋이요
받침이 셋이요

으로 그물을 만들고 그 위 네 모퉁이에 놋고리 넷을 만들
고 5 그물은 단 사면 가장자리 아래 곧 단 절반에 오르
게 할지며 6 또 그 단을 위하여 채를 만들되 조각목으로
만들고 놋으로 쌀지며 7 단 양편 고리에 그 채를 꿰어
단을 메게 할지며 8 단은 널판으로 비게 만들되 산에서
네게 보인대로 그들이 만들지니라 9 너는 성막의 뜰을
만들찌니 남을 향하여 뜰 남편에 광이 백 규빗의 세마포
장을 쳐서 그 한 편을 당하게 할지니 10 그 기둥이 스
물이며 그 받침 스물은 놋으로 하고 그 기둥의 갈고리와
가름대는 은으로 할찌며 11 그 북편에도 광이 백 규빗
의 포장을 치되 그 기둥이 스물이며 그 기둥의 받침 스물
은 놋으로 하고 그 기둥의 갈고리와 가름대는 은으로 할
지며 12 뜰의 옆 곧 서편에 광 오십 규빗의 포장을 치
되 그 기둥이 열이요 받침이 열이며 13 동을 향하여 뜰
동편의 광도 오십 규빗이 될지며 14 문 이편을 위하여
포장이 십오 규빗이며 그 기둥이 셋이요 받침이 셋이요

removing its ashes, and its shovels and its basins and
its forks and its firepans; you shall make all its utensils
of bronze. 4 "And you shall make for it a grating of
network of bronze, and on the net you shall make four bronze
rings at its four corners. 5 "And you shall put it beneath,
under the ledge of the altar, that the net may reach
halfway up the altar. 6 "And you shall make poles for
the altar, poles of acacia wood, and overlay them with bronze.
7 "And its poles shall be inserted into the rings, so that
the poles shall be on the two sides of the altar when it
is carried. 8 "You shall make it hollow with planks; as
it was shown to you in the mountain, so they shall make
it. 9 ¶ "And you shall make the court of the tabernacle.
On the south side there shall be hangings for the court
of fine twisted linen one hundred cubits long for one
side; 10 and its pillars shall be twenty, with their twenty
sockets of bronze; the hooks of the pillars and their
bands shall be of silver. 11 "And likewise for the north
side in length there shall be hangings one hundred cubits
long, and its twenty pillars with their twenty sockets of
bronze; the hooks of the pillars and their bands shall be
of silver. 12 "And for the width of the court on the
west side shall be hangings of fifty cubits with their ten
pillars and their ten sockets. 13 "And the width of the

15 /포장이 —— 십 오 규빗이며
/문 저편을 위하여도
/그 기둥이 —— 셋이요
받침이 —— 셋이며
16 /이십 규빗의 장이 — 뜰 문을 위하여는 있게 할지니
/청색 자색 홍색실과
가늘게 꼰 베실로 수 놓아 짠
그 기둥이 — 넷이요
받침이 —— 넷이며
17 /뜰 사면 모든 기둥의 가름대와 갈고리는 —은이요
그 받침은 — 놋이며
18 /뜰의 장은 — 백 규빗이요
광은 ——— 오십 규빗이요
세마포장의 고는 — 오 규빗이요
그 받침은 ——— 놋이며
19 /[너는] —— 다 놋으로 할지니라
/성막에서 쓰는 모든 기구와
그 말뚝과 뜰의 포장 말뚝을
20 /또
너는 —— 이스라엘 자손에게 명하여
/등불을 위하여 네게로 가져오게 하고
/감람으로 찧어낸 순결한 기름을
/끊이지 말고 등불을 켜되

21 /[너는] —— 여호와 앞에 그 등불을 간검하게 하라
/아론과 그 아들들로
/회막 안 증거궤 앞 휘장 밖에서
/저녁부터 아침까지 항상

/이는 —— 이스라엘 자손의 대대로 영원한 규례니라

28

1 /너는 —— 네게로 나아오게 하여
/네 형 아론과 그 아들들
/곧 나답과 아비후와 엘르아살과 이다말을
/이스라엘 자손 중
/그와 함께

15 문 저편을 위하여도 포장이 십오 규빗이며 그 기둥
이 셋이요 받침이 셋이며 **16** 뜰 문을 위하여는 청색 자
색 홍색실과 가늘게 꼰 베실로 수 놓아 짠 이십 규빗의
장이 있게 할찌니 그 기둥이 넷이요 받침이 넷 이며 **17**
뜰 사면 모든 기둥의 가름대와 갈고리는 은이요 그 받침
은 놋이며 **18** 뜰의 장은 백 규빗이요 광은 오십 규빗이
요 세마포장의 고는 오규빗이요 그 받침은 놋이며 **19**
성막에서 쓰는 모든 기구와 그 말뚝과 뜰의 포장 말뚝을
다 놋으로 할지니라 **20** 너는 또 이스라엘 자손에게 명
하여 감람으로 찧어낸 순결한 기름을 등불을 위하여 네게
로 가져오게 하고 끊이지 말고 등불을 켜되 **21** 아론과
그 아들들로 회막한 증거궤 앞 위장 밖에서 저녁부터 아
침까지 항상 여호와 앞에 그 등불을 간검하게 하라 이는
이스라엘 자손의 대대로 영원한 규례니라
28:1 너는 이스라엘 자손 중 네 형 아론과 그 아들
들 곧 나답과 아비후와 엘르아살과 이다말을 그

court on the east side shall be fifty cubits. **14** "The hangings
for the one side of the gate shall be fifteen cubits with
their three pillars and their three sockets. **15** "And for
the other side shall be hangings of fifteen cubits with
their three pillars and their three sockets. **16** "And for
the gate of the court there shall be a screen of twenty
cubits, of blue and purple and scarlet material and fine twisted
linen, the work of a weaver, with their four pillars and
their four sockets. **17** "All the pillars around the court
shall be furnished with silver bands with their hooks of silver
and their sockets of bronze. **18** "The length of the court
shall be one hundred cubits, and the width fifty throughout,
and the height five cubits of fine twisted linen, and their
sockets of bronze. **19** "All the utensils of the tabernacle
used in all its service, and all its pegs, and all the pegs
of the court, shall be of bronze. **20** ¶ "And you shall
charge the sons of Israel, that they bring you clear oil
of beaten olives for the light, to make a lamp burn continually.
21 "In the tent of meeting, outside the veil which is
before the testimony, Aaron and his sons shall keep it
in order from evening to morning before the LORD; it
shall be a perpetual statute throughout their generations
for the sons of Israel.
28:1 ¶ "Then bring near to yourself Aaron your brother,
and his sons with him, from among the sons of
Israel, to minister as priest to Me — Aaron, Nadab and

출

//(목적: to)
제사장 직분을 행하게 하되
/나를 섬기는

2 /[너는] —— 거룩한 옷을 지어서
/네 형 아론을 위하여

//(목적)
영화롭고(~게 하기 위하여)
아름답게 할지니(=~하기 위하여)

3 /너는 —— 말하여
/무릇 마음에 지혜 있는 자(~들에게)
/곧(동격/동급)
내가 지혜로운 영으로 채운 자들에게
/[그들이] —— 아론의 옷을 지어

//(목적: to)
그를 거룩하게 하여

//(결과: that...may)
[그들이] —— 내게 제사장 직분을 행하게 하라

4 /그들의 지을 옷은 — 이러하니
/곧
흉패와 에봇과 겉옷과
반포 속옷과 관과 띠라

/그들이 —— 거룩한 옷을 지어
/네 형 아론과 그 아들들을 위하여

//(목적: to)
아론으로 내게 제사장 직분을 행하게 할지며

5 /그들의(이) — 쓸 것은(=사용할 것이다)
/금실과 청색 자색 홍색실과 가늘게 꼰 베실
(이니라)

6 /그들이 —— 에봇을 짓되
/공교히 짜서
/금실과 청색 자색 홍색실과 가늘게 꼰 베실로

7 /[그것이] —— 그 두 끝을 연하게 하고
/그것에 견대 둘을 달아

와 함께 네게로 나아오게 하여 나를 섬기는 제사장 직분
을 행하게 하되 **2** 네 형 아론을 위하여 거룩한 옷을 지
어서 영화롭고 아름답게 할지니 **3** 너는 무릇 마음에 지
혜 있는자 곧 내가 지혜로운 영으로 채운 자들에게 말하
여 아론의 옷을 지어 그를 거룩하게하여 내게 제사장 직
분을 행하게 하라 **4** 그들의 지을 옷은 이러하니 곧 흉
패와 에봇과 겉옷과 반포 속옷과 관과 띠라 그들이 네 형
아론과 그 아들들을 위하여 거룩한 옷을 지어 아론으로
내게 제사장 직분을 행하게 할지며 **5** 그들의 쓸 것은
금실과 청색 자색 홍색실과 가늘게 꼰 베실이니라 **6** 그
들이 금실과 청색 자색 홍색실과 가늘게 꼰 베실로 공교
히 짜서 에봇을 짓되 **7** 그것에 견대 둘을 달아 그 두

Abihu, Eleazar and Ithamar, Aaron's sons. **2** "And you shall
make holy garments for Aaron your brother, for glory
and for beauty. **3** "And you shall speak to all the skillful
persons whom I have endowed with the spirit of wisdom,
that they make Aaron's garments to consecrate him, that
he may minister as priest to Me. **4** "And these are the
garments which they shall make: a breastpiece and an
ephod and a robe and a tunic of checkered work, a turban
and a sash, and they shall make holy garments for Aaron
your brother and his sons, that he may minister as priest
to Me. **5** "And they shall take the gold and the blue
and the purple and the scarlet material and the fine linen.
6 ¶ "They shall also make the ephod of gold, of blue
and purple and scarlet material and fine twisted linen,
the work of the skillful workman. **7** "It shall have two
shoulder pieces joined to its two ends, that it may be
joined. **8** "And the skillfully woven band, which is on
it, shall be like its workmanship, of the same material:

8 /띠는 —— 공교히 붙여 짤지며
/에봇 위에 매는 /에봇 짜는 법으로
/금실과 청색 자색 홍색실과 가늘게 꼰 베실로
/에봇에

9 /[너는] ┬ 호마노 두개를 취하여
└ 그 위에 새기되
/이스라엘 아들들의 이름을
10 /그들의 연치대로
/여섯 이름을 한 보석에,
/나머지 여섯 이름은 다른 보석에

11 /너는 —— 이스라엘 아들들의 이름을 새겨
/그 두 보석에
/보석을 새기는 자가 인에 새김 같이
/금테에 물리고

12 /[너는] —— 그 두 보석을 붙여
/에봇 두 견대에
/이스라엘 아들들의 기념 보석(을 삼되=으로)
/아론이 —— 그들의 이름을 메어서
/그 두 어깨에
/여호와 앞에서
/기념이 되게 할지며(=기념을 위하여)

13 /너는 ┬ 금으로 테를 만들고
14 ├ 정금으로 두 사슬을 땋고
/노끈처럼
└ 그 땋은 사슬을 달지니라
/그 테에

15 /너는 —— 판결 흉패를 만들되
/에봇 짜는 법으로
/공교히 짜서
/금실과 청색 자색 홍색실과 가늘게 꼰 베실로
16 /장광이 —— 네모 반듯하게 하고
/한뼘씩 두 겹으로

17 /[너는] —— 그것에 보석을 물리되
/네 줄로

끝을 연하게 하고 8 에봇 위에 매는 띠는 에봇 짜는 법
으로 금실과 청색 자색 홍색실과 가늘게 꼰 베실로 에봇
에 공교히 붙여 짤지며 9 호마노 두개를 취하여 그 위
에 이스라엘 아들들의 이름을 새기되 10 그들의 연치
대로 여섯 이름을 한 보석에 나머지 여섯 이름은 다른 보
석에 11 보석을 새기는 자가 인에 새김 같이 너는 이
스라엘 아들들의 이름을 그 두 보석에 새겨 금테에 물리
고 12 그 두 보석을 에봇 두 견대에 붙여 이스라엘 아
들들의 기념 보석을 삼되 아론이 여호와 앞에서 그들의
이름을 그 두 어깨에 메어서 기념이 되게 할지며 13
너는 금으로 테를 만들고 14 정금으로 노끈처럼 두 사
슬을 땋고 그 땋은 사슬을 그 테에 달지니라 15 너는
판결 흉패를 에봇 짜는 법으로 금실과 청색 자색 홍색실
과 가늘게 꼰 베실로 공교히 짜서 만들되 16 장광이
한 뼘씩 두 겹으로 네모 반듯하게 하고 17 그것에 네
줄로 보석을 물리되 첫 줄은 홍보석 황옥 녹주옥이요

of gold, of blue and purple and scarlet material and fine
twisted linen. 9 "And you shall take two onyx stones
and engrave on them the names of the sons of Israel,
10 six of their names on the one stone, and the names
of the remaining six on the other stone, according to
their birth. 11 "As a jeweler engraves a signet, you
shall engrave the two stones according to the names of
the sons of Israel; you shall set them in filigree settings
of gold. 12 "And you shall put the two stones on the shoulder
pieces of the ephod, as stones of memorial for the sons
of Israel, and Aaron shall bear their names before the
LORD on his two shoulders for a memorial. 13 "And
you shall make filigree settings of gold, 14 and two
chains of pure gold; you shall make them of twisted
cordage work, and you shall put the corded chains on
the filigree settings. 15 ¶ "And you shall make a breastpiece
of judgment, the work of a skillful workman; like the
work of the ephod you shall make it: of gold, of blue
and purple and scarlet material and fine twisted linen
you shall make it. 16 "It shall be square and folded
double, a span in length and a span in width. 17 "And
you shall mount on it four rows of stones; the first row

출

/첫 줄은 —— 홍보석 황옥 녹주옥이요
18 /둘째 줄은 — 석류석 남보석 홍마노요
19 /세째 줄은 — 호박 백마노 자수정이요
20 /네째 줄은 — 녹보석 호마노 벽옥으로
/[그들이] —— 다 금테에 물릴지니

21 /이 보석들은 —열 둘이라
/이스라엘 아들들의 이름대로

/[너는] —— 인을 새기는 법으로 새기고
/매 보석에
/열 두 지파의 한 이름씩

22 /[너는] —— 노끈처럼 땋은 사슬을 붙이고
/정금으로
/흉패 위에

23 /또
[너는] — 금고리 둘을 만들어
— 그 두 고리를 달고
/패 위 곧 흉패 두 끝에

24 /[너는] — 땋은 두 금사슬로 꿰어 매고
/흉패 두 끝 두 고리에

25 — 두 땋은 사슬의 다른 두 끝을 매고
/에봇 앞 두 견대의 금테에

26 /또
[너는] — 금고리 둘을 만들어
— 흉패 아래 양편 가 안쪽 곧 에봇에 닿은 곳에 달고

27 /또
[너는] — 금고리 둘을 만들어
— 에봇 앞 두 견대 아래 매는 자리 가까운 편[에] 달고
/곧 공교히 짠 띠 윗편에

28 — 청색 끈으로 흉패 고리와 에봇 고리에 꿰어

//(목적: that...may)
흉패로 공교히 짠 에봇 띠 위에 붙여(=붙이기 위하여)

18 둘째 줄은 석류석 남보석 홍마노요 **19** 셋째 줄은
호박 백마노 자수정이요 **20** 넷째 줄은 녹보석 호마노
벽옥으로 다 금테에 물릴지니 **21** 이 보석들은 이스라
엘 아들들의 이름대로 열둘이라 매 보석에 열두 지파의
한 이름씩 인을 새기는 법으로 새기고 **22** 정금으로 노
끈처럼 땋은 사슬을 흉패 위에 붙이고 **23** 또 금고리
둘을 만들어 흉패 위 곧 흉패 두 끝에 그두 고리를 달고
24 땋은 두 금사슬로 흉패 두 끝 두 고리에 꿰어 매고
25 두 땋은 사슬의 다른 두 끝을 에봇 앞 두 견대의 금
테에 매고 **26** 또 금고리 둘을 만들어 흉패 아래 양편
가 안쪽 곧 에봇에 닿은 곳에 달고 **27** 또 금고리 둘을
만들어 에봇 앞 두 견대 아래 매는 자리 가까운 편 곧 공
교히 짠 띠 윗편에 달고 **28** 청색 끈으로 흉패 고리와
에봇 고리에 꿰어 흉패로 공교히 짠 에봇 띠 위에 붙여

shall be a row of ruby, topaz and emerald; **18** and the second
row a turquoise, a sapphire and a diamond; **19** and the
third row a jacinth, an agate and an amethyst; **20** and
the fourth row a beryl and an onyx and a jasper; they
shall be set in gold filigree. **21** "And the stones shall
be according to the names of the sons of Israel: twelve,
according to their names; they shall be like the engravings
of a seal, each according to his name for the twelve
tribes. **22** "And you shall make on the breastpiece chains
of twisted cordage work in pure gold. **23** "And you
shall make on the breastpiece two rings of gold, and
shall put the two rings on the two ends of the breastpiece.
24 "And you shall put the two cords of gold on the
two rings at the ends of the breastpiece. **25** "And you
shall put the other two ends of the two cords on the two
filigree settings, and put them on the shoulder pieces of
the ephod, at the front of it. **26** "And you shall make
two rings of gold and shall place them on the two ends
of the breastpiece, on the edge of it, which is toward
the inner side of the ephod. **27** "And you shall make
two rings of gold and put them on the bottom of the
two shoulder pieces of the ephod, on the front of it close

//(목적: that...may)
떠나지 않게 하라(=떠나지 않게 하기 위하여)

29 /아론이 성소에 들어갈 때에는(상황절, when)
[그는] —— 이 판결 흉패를 가슴에 붙여
/이스라엘 아들들의 이름을 기록한
/여호와 앞에 영원한 기념을(=기념을 위하여)
(삼을 것이니라)

30 /너는 —— 우림과 둠밈을 넣어
/판결 흉패 안에

/아론으로 여호와 앞에 들어 갈 때에(상황절, when)
[그것들이] —그 가슴 위에 있게 하라

/아론이 —— 이스라엘 자손의 판결을 둘지니라
/여호와 앞에서
/항상
/그 가슴 위에

31 /너는 —— 에봇 받침 겉옷을 하되
/전부 청색으로

32 /구멍을(이) — 내고(=있게하고)
/머리 들어갈 /두 어깨 사이에

/[그것이] —— 찢어지지 않게 하고
/그 주위에 갑옷 깃 같이 깃을 짜서

33 /[너는] —— 석류를 수 놓고
/청색 자색 홍색실로
/그 옷 가장자리로 돌아가며
—— 금방울을 달되
/간격하여
34 /그 옷 가장자리로 돌아가며
/한 금방울, 한 석류, 한 금방울, 한 석류가 있게(하라)

35 /아론이 —— 입고
/여호와를(께, to)

떠나지 않게 하라 29 아론이 성소에 들어갈 때에는 이
스라엘 아들들의 이름을 기록한 이 판결 흉패를 가슴에
붙여 여호와 앞에 영원한 기념을 삼을 것이니라 30 너
는 우림과 둠밈을 판결 흉패 안에 넣어 아론으로 여호와
앞에 들어 갈 때에 그 가슴 위에 있게 하라 아론이 여호
와 앞에서 이스라엘 자손의 판결을 항상 그 가슴 위에 둘
지니라 31 너는 에봇 받침 겉옷을 전부 청색으로 하되

32 두 어깨 사이에 머리 들어갈 구멍을 내고 그 주위에
갑옷 깃같이 깃을 짜서 찢어지지 않게하고 33 그 옷
가장자리로 돌아가며 청색 자색 홍색실로 석류를 수놓고
금방울을 간격하여 달되 34 그 옷 가장자리로 돌아가
며 한 금방울, 한 석류, 한 금방울, 한 석류가 있게 하라
35 아론이 입고 여호와를 섬기러 성소에 들어갈 때와
성소에서 나갈 때에 그 소리가 들릴 것이라 그리하면 그

to the place where it is joined, above the skillfully woven band of the ephod.
28 "And they shall bind the breastpiece by its rings to the rings of the ephod with a blue cord, that it may be on the skillfully woven band of the ephod, and that the breastpiece may not come loose from the ephod.
29 "And Aaron shall carry the names of the sons of Israel in the breastpiece of judgment over his heart when he enters the holy place, for a memorial before the LORD continually.
30 "And you shall put in the breastpiece of judgment the Urim and the Thummim, and they shall be over Aaron's heart when he goes in before the LORD; and Aaron shall carry the judgment of the sons of Israel over his heart before the LORD continually.
31 "And you shall make the robe of the ephod all of blue.
32 "And there shall be an opening at its top in the middle of it; around its opening there shall be a binding of woven work, as it were the opening of a coat of mail, that it may not be torn.
33 "And you shall make on its hem pomegranates of blue and purple and scarlet material, all around on its hem, and bells of gold between them all around:
34 a golden bell and a pomegranate, a golden bell and a pomegranate, all around on the hem of the robe.
35 "And it shall be on Aaron when he ministers; and its tinkling may be heard when

/[그가] — 성소에 들어갈 때와
성소에서 나갈 때에
그 소리가 — 들릴 것이라

//그리하면(결과)
그가 죽지 아니하리라

36 /너는 또 — 패를 만들어
/정금으로
그 위에 새기되
/인을 새기는 법으로
/[여호와께 성결]이라 (하고)

37 /[너는] — 그 패를 관 위에 매되
/청색 끈으로
/곧 관 전면에 있게 (하라)

38 /이 패가 — 아론의 이마에 있어서
그로 — 담당하게 하라
/성물의 죄건을
/이스라엘 자손의 거룩하게 드리는
/그 패가 — 아론의 이마에 늘 있으므로

//(결과)
여호와께서 — 받으시게 되리라
/그 성물을

39 /너는 — 가는 베실로 반포 속옷을 짜고
가는 베실로 관을 만들고
만들지니라
/띠를 수 놓아

40 /너는 — 속옷을 만들며
/아론의 아들들을 위하여
띠를 만들며
/그들을 위하여
관을 만들어서
/그들을 위하여
//(목적, to)
영화롭고
아름답게 하되

41 /너는 — 그것들로 그 아들들에게 입히고
/네 형 아론과 그와 함께한

가 죽지 아니하리라 36 너는 또 정금으로 패를 만들어 인을 새기는 법으로 그 위에 새기되 여호와께 성결이라 하고 37 그 패를 청색 끈으로 관 위에 매되 곧 전면에 있게 하라 38 이 패가 아론의 이마에 있어서 그로 이스라엘 자손의 거룩하게 드리는 성물의 죄건을 담당하게 하라 그 패가 아론의 이마에 늘 있으므로 그 성물을 여호와께서 받으시게 되리라 39 너는 가는 베실로 반포 속옷을 짜고 가는 베실로 관을 만드고 띠를 수 놓아 만들지니라 40 너는 아론의 아들들을 위하여 속옷을 만들며 그들을 위하여 띠를 만들며 그들을 위하여 관을 만들어서 영화롭고 아름답게 하되 41 너는 그것들로 네 형 아론과 그와 함께한 그 아들들에게 입히고 그들에게 기

he enters and leaves the holy place before the LORD, that he may not die. 36 ¶ "You shall also make a plate of pure gold and shall engrave on it, like the engravings of a seal, 'Holy to the LORD.' 37 "And you shall fasten it on a blue cord, and it shall be on the turban; it shall be at the front of the turban. 38 "And it shall be on Aaron's forehead, and Aaron shall take away the iniquity of the holy things which the sons of Israel consecrate, with regard to all their holy gifts; and it shall always be on his forehead, that they may be accepted before the LORD. 39 "And you shall weave the tunic of checkered work of fine linen, and shall make a turban of fine linen, and you shall make a sash, the work of a weaver. 40 ¶ "And for Aaron's sons you shall make tunics; you shall also make sashes for them, and you shall make caps for them, for glory and for beauty. 41 "And you shall put them on Aaron your brother and on his sons with him; and you shall anoint them and ordain them and consecrate

그들로 제사장 직분을 내게 행하게 할지며
/그들에게 위임하고
/기름을 부어
/거룩하게 하여

42 /또

베로 고의를 만들어
/그들을 위하여
/허리에서부터 넓적다리까지 이르게 하여

//(목적)
하체를 가리게 하라

43 /아론과
그 아들들이 회막에 들어갈 때에나
거룩한 곳에서 섬길 때에(상황절, when)
/제단에 가까이 하여
그것들을 입어야(한다)

//(결과)
[그들이] 죄를 짓지 아니하고
죽지 아니하리니

/[이것은] —— 그와 후손의 영원히 지킬 규례니라

29

1 /일이 —— 이러하니
/[네가] — 거룩하게 할
/그들로(에게)

//(목적)[26]
너는 -- 위임하여
/나를 섬길 제사장 직분을
/그들에게

/곧(동격)
[너는] —— 취하고
/젊은 수소 하나와
흠 없는 숫양 둘을

2 /[너는] —— 만들고
/무교병과
/기름 섞인 무교과자와
/기름 바른 무교전병을
/모두 고운 밀가루로

3 /[너는] —— 그것들을 담고
/한 광주리에

26) 거룩하게 할 목적을 나타내는 종속문장이다.

름을 부어 위임하고 거룩하게 하여 그들로 제사장 직분을
내게 행하게 할지며 42 또 그들을 위하여 베로 고의를
만들어 허리에서부터 넓적다리까지 이르게 하여 하체를
가리게 하라 43 아론과 그 아들들이 회막에 들어갈 때
에나 제단에 가까이 하여 거룩한 곳에서 섬길 때에 그것
들을 입어야 죄를 지어서 죽지 아니하리니 그와 후손의
영원히 지킬 규례니라

29:1 너는 그들에게 나를 섬길 제사장 직분을 위
임하여 그들로 거룩하게 할 일이 이러하니 곧 젊
은 수소 하나와 흠 없는 숫양 둘을 취하고 2 무교병과

them, that they may serve Me as priests. 42 "And you
shall make for them linen breeches to cover their bare
flesh; they shall reach from the loins even to the thighs.
43 "And they shall be on Aaron and on his sons when
they enter the tent of meeting, or when they approach
the altar to minister in the holy place, so that they do
not incur guilt and die. It shall be a statute forever to
him and to his descendants after him.

29:1 ¶ "Now this is what you shall do to them to
consecrate them to minister as priests to Me: take
one young bull and two rams without blemish, 2 and
unleavened bread and unleavened cakes mixed with oil,

[너는] 그것을 가져오고
/광주리에 담은 채
/그 송아지와 두 양과 함께

4 /너는 — 아론과 그 아들들을 데려다가
/회막문으로
물로 씻기고

5 /[너는] — 의복을 가져다가
아론에게 입히고
/속옷과
/에봇 받침 겉옷과
/에봇을
흉패를 〈달고〉
에봇에 공교히 짠 띠를 띠우고

6 /[너는] — 관을 씌우고
/그 머리에
성패를 더하고
/그 위에

7 /[너는] — 관유를 가져다가
그 머리에 부어
바르고

8 [너는] — 그 아들들을 데려다가
속옷을 입히고
/그들에게

9 /[너는] — 띠를 띠우며
/아론과 그 아들들에게
관을 씌워서
제사장의 직분을 맡겨...하라
/그들에게
/영원한 규례가 되게(..를 위하여)

/이같이(so)
너는 — 거룩하게 할지니라
/아론과 그 아들들에게 위임하여

10 /너는 — 수송아지를 끌어오고
/회막 앞으로

아론과
그 아들들은 — 그 송아지 머리에 안수할지며

기름 섞인 무교 과자와 기름 바른 무교 전병을 모두 고운
밀가루로 만들고 3 그것들을 한 광주리에 담고 그것을
광주리에 담은 채 그 송아지와 두 양과 함께 가져 오고
4 너는 아론과 그 아들들을 회막 문으로 데려다가 물로
씻기고 5 의복을 가져다가 아론에게 속옷과 에봇 받침
겉옷과 에봇을 입히고 흉패를 달고 에봇에 공교히 짠 띠
를 띠우고 6 그 머리에 관을 씌우고 그 위에 성패를 더
하고 7 관유를 가져다가 그 머리에 부어 바르고 8 그
아들들을 데려다가 그들에게 속옷을 입히고 9 아론과 그
아들들에게 띠를 띠우며 관을 씌워서 제사장의 직분을 그
들에게 맡겨 영원한 규례가 되게 하라 너는 이같이 아론
과 그 아들들에게 위임하여 거룩하게 할지니라 10 너는

and unleavened wafers spread with oil; you shall make
them of fine wheat flour. 3 "And you shall put them in
one basket, and present them in the basket along with
the bull and the two rams. 4 "Then you shall bring
Aaron and his sons to the doorway of the tent of meeting,
and wash them with water. 5 "And you shall take the
garments, and put on Aaron the tunic and the robe of
the ephod and the ephod and the breastpiece, and gird
him with the skillfully woven band of the ephod; 6 and
you shall set the turban on his head, and put the holy
crown on the turban. 7 "Then you shall take the anointing
oil, and pour it on his head and anoint him. 8 "And
you shall bring his sons and put tunics on them. 9 "And
you shall gird them with sashes, Aaron and his sons,
and bind caps on them, and they shall have the priesthood
by a perpetual statute. So you shall ordain Aaron and
his sons. 10 ¶ "Then you shall bring the bull before
the tent of meeting, and Aaron and his sons shall lay

11 /너는 —— 그 송아지를 잡고
/회막문 여호와 앞에서

12 /[너는] — 그 피를 바르고
/네 손가락으로
/단 뿔들에
그 피 전부를 쏟을지며
/단 밑에

13 /[너는] — 취하여
/내장에 덮인 모든 기름과
/간 위에 있는 꺼풀과
/두 콩팥과
/그 위의 기름을
단 위에 불사르고

14 /[너는] — 진 밖에서 불사르라
/그 수소의 고기와 가죽과 똥은

/이는 속죄제니라

15 /또
너는 —— 숫양 하나를 취하고
아론과
그 아들들은 —— 그 숫양의 머리 위에 안수할지며

16 /너는 — 그 숫양을 잡고
그 피를 취하여
단 위의 주위에 뿌리고

17 /[너는] — 그 숫양의 각을 뜨고
그 장부와 다리는 씻어
각 뜬 고기와 그 머리와 함께 두고

18 /[너는] — 그 숫양의 전부를 불사르라
/단 위에

/이는 —— 여호와께 드리는 번제요
/이는 —— 향기로운 냄새니
여호와께 드리는 화제니라

19 /너는 —— 다른 숫양을 취하고
아론과
그 아들들은 —— 그 숫양의 머리 위에 안수할지며

수송아지를 회막 앞으로 끌어 오고 아론과 그 아들들은
그 송아지 머리에 안수할지며 11 너는 회막문 여호와
앞에서 그 송아지를 잡고 12 그 피를 네 손가락으로 단
뿔들에 바르고 그 피 전부를 단 밑에 쏟을지며 13 내장
에 덮인 모든 기름과 간 위에 있는 꺼풀과 두 콩팥과 그
위의 기름을 취하여 단 위에 불사르고 14 그 수소의 고
기와 가죽과 똥은 진 밖에서 불사르라 이는 속죄제니라
15 너는 또 숫양 하나를 취하고 아론과 그 아들들은 그
숫양의 머리 위에 안수할지며 16 너는 그 숫양을 잡고
그 피를 취하여 단 위의 주위에 뿌리고 17 그 숫양의
각을 뜨고 그 장부와 다리는 씻어 각 뜬 고기와 그 머리
와 함께 두고 18 그 숫양의 전부를 단 위에 불사르라

their hands on the head of the bull. 11 "And you shall
slaughter the bull before the LORD at the doorway of
the tent of meeting. 12 "And you shall take some of
the blood of the bull and put it on the horns of the altar
with your finger; and you shall pour out all the blood
at the base of the altar. 13 "And you shall take all the
fat that covers the entrails and the lobe of the liver, and
the two kidneys and the fat that is on them, and offer
them up in smoke on the altar. 14 "But the flesh of
the bull and its hide and its refuse, you shall burn with
fire outside the camp; it is a sin offering. 15 ¶ "You
shall also take the one ram, and Aaron and his sons shall
lay their hands on the head of the ram; 16 and you
shall slaughter the ram and shall take its blood and
sprinkle it around on the altar. 17 "Then you shall cut
the ram into its pieces, and wash its entrails and its legs,
and put them with its pieces and its head. 18 "And you
shall offer up in smoke the whole ram on the altar; it is

출

20 /너는 — 그 숫양을 잡고
— 그 피를 취하여
— 바르고
/아론의 오른 귓부리와
/그 아들들의 오른 귓부리에
— 바르고
/그 오른손 엄지와
/오른발 엄지에
— 그 피를 뿌리고
/단 주위에

21 /[너는] — 단 위의 피와 관유를 취하여
— 뿌리라
/아론과 그 옷과
/그 아들들과 그 아들들의 옷에

//(결과)
그와 그 옷과
그 아들들과 그 아들들의 옷이 — 거룩하리라

22 /또
너는 — 취하라
/그 숫양의 기름과
/기름진 꼬리와
/그 내장에 덮인 기름과
/간 위의 꺼풀과
/두 콩팥과
/그것들 위의 기름과
/우편 넓적다리를

//(이유: כִּי, for)
이는 — 위임식의 숫양이며

23 /또
[너는] — 취하고
/떡 한 덩이와
/기름 바른 과자 하나와
/전병 하나를
/무교병 광주리에서
/여호와 앞에 있는

24 /[너는] — 그 전부를 주고
/아론의 손과
/그 아들들의 손에
[너는] — 그것을 흔들어
/여호와 앞에 요제를 삼을지며(위하여)

이는 여호와께 드리는 번제요 이는 향기로운 냄새니 여호와께 드리는 화제니라 19 너는 다른 숫양을 취하고 아론과 그 아들들은 그 숫양의 머리 위에 안수할지며 20 너는 그 숫양을 잡고 그 피를 취하여 아론의 오른 귓부리와 그 아들들의 오른 귓부리에 바르고 그 오른손 엄지와 오른발 엄지에 바르고 그 피를 단 주위에 뿌리고 21 단 위의 피와 관유를 취하여 아론과 그 옷과 그 아들들과 그 아들들의 옷에 뿌리라 그와 그 옷과 그 아들들과 그 아들들의 옷이 거룩하리라 22 또 너는 그 숫양의 기름과 기름진 꼬리와 그 내장에 덮인 기름과 간 위의 꺼풀과 두 콩팥과 그것들 위의 기름과 우편 넓적다리를 취하라 이는 위임식의 숫양이며 23 또 여호와 앞에 있는 무교병 광

a burnt offering to the LORD: it is a soothing aroma, an offering by fire to the LORD. 19 ¶ "Then you shall take the other ram, and Aaron and his sons shall lay their hands on the head of the ram. 20 "And you shall slaughter the ram, and take some of its blood and put it on the lobe of Aaron's right ear and on the lobes of his sons' right ears and on the thumbs of their right hands and on the big toes of their right feet, and sprinkle the rest of the blood around on the altar. 21 "Then you shall take some of the blood that is on the altar and some of the anointing oil, and sprinkle it on Aaron and on his garments, and on his sons and on his sons' garments with him; so he and his garments shall be consecrated, as well as his sons and his sons' garments with him. 22 "You shall also take the fat from the ram and the fat tail, and the fat that covers the entrails and the lobe of the liver, and the two kidneys and the fat that is on them and the right thigh (for it is a ram of ordination), 23 and one cake of bread and one cake of bread mixed with oil and one wafer from the basket of unleavened

25 /너는 — 그것을 취하여
/그들의 손에서
불사르라
/단 위에서
/번제물을 더하여(=번제물로)
/이는 여호와 앞에 향기로운 냄새니
/곧 여호와께 드리는 화제니라

26 /너는 — 위임식 숫양의 가슴을 취하여
여호와 앞에 흔들어
/요제를 삼으라(=요제로)
/이는 — 너의 분깃이니라

27 /너는 — 거룩하게 하라
/그 흔든 요제물
/곧 위임식 숫양의 가슴과 넓적다리를
/아론과 그 아들들의

28 //(이유: כִּי, for)
이는 — 영원한 분깃이요 거제물이니
/이스라엘 자손이 아론과
그 자손에게 돌릴
/곧(동격)
여호와께 드리는 거제물이니라
/거제물로서
/이스라엘 자손이 취한
/화목제의 희생 중에서

29 /아론의 성의는 — 그 아들들에게 돌릴지니
/아론의 후에

//(결과)
그들이 — 그것을 입고
위임을 받을 것이며
/기름 부음으로

30 /아들이 — 회막에 들어가서 성소에서 섬길 때에는(상황절, when)
/그를 이어 제사장이 되는
[그는] — 그것을 입을지니라
/칠 일 동안

31 /너는 — 위임식 숫양을 취하여
그 고기를 삶고
/거룩한 곳에서

주리에서 떡 한 덩이와 기름 바른 과자 하나와 전병 하나
를 취하고 **24** 그 전부를 아론의 손과 그 아들들의 손에
주고 그것을 흔들어 여호와 앞에 요제를 삼을지며 **25**
너는 그것을 그들의 손에서 취하여 단 위에서 번제물을
더하여 불사르라 이는 여호와 앞에 향기로운 냄새니 곧
여호와께 드리는 화제니라 **26** 너는 위임식 숫양의 가슴
을 취하여 여호와 앞에 흔들어 요제를 삼으라 이는 너의
분깃이니라 **27** 너는 그 흔든 요제물 곧 아론과 그 아들
들의 위임식 숫양의 가슴과 넓적다리를 거룩하게 하라
28 이는 이스라엘 자손이 아론과 그 자손에게 돌릴 영
원한 분깃이요 거제물이니 곧 이스라엘 자손이 화목제의
희생 중에서 취한 거제물로서 여호와께 드리는 거제물이
니라 **29** 아론의 성의는 아론의 후에 그 아들들에게 돌
릴지니 그들이 그것을 입고 기름 부음으로 위임을 받을

bread which is set before the LORD; **24** and you shall
put all these in the hands of Aaron and in the hands of
his sons, and shall wave them as a wave offering before
the LORD. **25** "And you shall take them from their
hands, and offer them up in smoke on the altar on the
burnt offering for a soothing aroma before the LORD; it
is an offering by fire to the LORD. **26** ¶ "Then you
shall take the breast of Aaron's ram of ordination, and
wave it as a wave offering before the LORD; and it
shall be your portion. **27** "And you shall consecrate
the breast of the wave offering and the thigh of the
heave offering which was waved and which was offered
from the ram of ordination, from the one which was for
Aaron and from the one which was for his sons. **28**
"And it shall be for Aaron and his sons as their portion
forever from the sons of Israel, for it is a heave offering;
and it shall be a heave offering from the sons of Israel
from the sacrifices of their peace offerings, even their

출

32 /아론과
그 아들들이 — 먹을지라
/그 숫양의 고기와
/광주리에 있는 떡을
/회막문에서

33 /그들은 — 먹되
/속죄물
/곧 그들을 위임하며
그들을 거룩하게 하는데 쓰는 것은(을)
타인은 — 먹지 못할지니

//(이유: כִּי, because)
이는 — 성물이 됨이며

34 /[만일]
위임식 고기나 떡이 아침까지 남았으면(조건절, if)
[너는] — 그것을 불에 사를지니
— 먹지 못할지니라

//(이유: כִּי, because)
이는 — 거룩한즉

35 /너는 — 그같이 하여
/내가 무릇 네게 명한 대로
/아론과 그 아들들에게
— 위임식을 행하되
/칠 일 동안

36 /[너는] — 속죄제를 드리며
/매일
/수송아지 하나로
/속죄하기 위하여
/또
[너는] — 단을 위하여 속죄하여
— 깨끗케 하고
— 그것에 기름을 부어

//(목적: to)
거룩하게 하라

37 /네가 — 단을 위하여 속죄하여
/칠 일 동안
— 거룩하게 하라

//그리하면(결과)

것이며 30 그를 이어 제사장이 되는 아들이 회막에 들
어가서 성소에서 섬길 때에는 칠 일 동안 그것을 입을지
니라 31 너는 위임식 숫양을 취하여 거룩한 곳에서 그
고기를 삶고 32 아론과 그 아들들이 회막문에서 그 숫
양의 고기와 광주리에 있는 떡을 먹을지라 33 속죄물
곧 그들을 위임하며 그들은 거룩하게 하는데 쓰는 것은
그들은 먹되 타인은 먹지 못할지니 이는 성물이 됨이며
34 위임식 고기나 떡이 아침까지 남았으면 그것을 불에
사를지니 이는 거룩한즉 먹지 못할지니라 35 너는 내가
무릇 네게 명한 대로 아론과 그 아들들에게 그같이 하여
칠 일동안 위임식을 행하되 36 매일 수송아지 하나로
속죄하기 위하여 속죄제를 드리며 또 단을 위하여 깨끗케

heave offering to the LORD. 29 ¶ "And the holy
garments of Aaron shall be for his sons after him, that
in them they may be anointed and ordained. 30 "For
seven days the one of his sons who is priest in his stead
shall put them on when he enters the tent of meeting to
minister in the holy place. 31 ¶ "And you shall take
the ram of ordination and boil its flesh in a holy place.
32 "And Aaron and his sons shall eat the flesh of the
ram, and the bread that is in the basket, at the doorway
of the tent of meeting. 33 "Thus they shall eat those
things by which atonement was made at their ordination
and consecration; but a layman shall not eat them, because
they are holy. 34 "And if any of the flesh of ordination
or any of the bread remains until morning, then you
shall burn the remainder with fire; it shall not be eaten,
because it is holy. 35 ¶ "And thus you shall do to
Aaron and to his sons, according to all that I have commanded
you; you shall ordain them through seven days. 36

//그리하면(결과)
[그것이] ── 지극히 거룩한 단이 되리니
접촉하는 것이 ── 거룩하리라
/단에
/무릇

38 /네가 단 위에 드릴 것은 ─ 이러하니라

//(동격)
<그것은> ── 매일 두 마리니
/일 년 된 어린 양

39 //[너는] ── 아침에 드리고
/한 어린 양은(을)
── 저녁 때에 드릴지며
/한 어린 양은(을)

40 //[너는] ── 한 어린 양에 더하고
/고운 밀가루 에바 십분 일과
/찧은 기름 힌의 사분 일을
또
[너는] ── 전제로 더할지며
/포도주 힌의 사분 일을

41 //[너는] ── 저녁 때에 드리되
/한 어린 양은(을)
── 소제와 전제를 드려
/아침과 일반으로
/그것과 함께
/향기로운 냄새가 되게 하여
/여호와께 화제를 (삼을지니)

42 /이는 ── 번제라
/너희가 ─ 드릴
/대대로
/여호와 앞 회막문에서
/늘
/내가 ── 거기서 만나고
/너희와
── 네게 말하리라

43 /내가 ── 거기서 만나리니
/이스라엘 자손을

//(결과)
회막이 ── 거룩하게 될지라
/내 영광을 인하여

하고 그것에 기름을 부어 거룩하게 하라 37 네가 칠 일
동안 단을 위하여 속죄하여 거룩하게 하라 그리하면 지극
히 거룩한 단이 되리니 무릇 단에 접촉하는 것이 거룩하
리라 38 네가 단 위에 드릴 것은 이러하니라 매일 일년
된 어린 양 두 마리니 39 한 어린 양은 아침에 드리고
한 어린 양은 저녁 때에 드릴지며 40 한 어린 양에 고
운 밀가루 에바 십분 일과 찧은 기름 힌의 사분 일을 더
하고 또 전제로 포도주 힌의 사분 일을 더할지며 41 한
어린 양은 저녁 때에 드리되 아침과 일반으로 소제와 전
제를 그것과 함께 드려 향기로운 냄새가 되게 하여 여호

"And each day you shall offer a bull as a sin offering
for atonement, and you shall purify the altar when you
make atonement for it; and you shall anoint it to consecrate
it. 37 "For seven days you shall make atonement for
the altar and consecrate it; then the altar shall be most
holy, and whatever touches the altar shall be holy. 38
¶ "Now this is what you shall offer on the altar: two
one year old lambs each day, continuously. 39 "The
one lamb you shall offer in the morning, and the other
lamb you shall offer at twilight; 40 and there shall be
one-tenth of an ephah of fine flour mixed with one-
fourth of a hin of beaten oil, and one-fourth of a hin of
wine for a libation with one lamb. 41 "And the other
lamb you shall offer at twilight, and shall offer with it
the same grain offering as the morning and the same libation,
for a soothing aroma, an offering by fire to the LORD.

44 /내가 ── 거룩하게 하며
/그 회막과 단을
거룩하게 하여
/아론과 그 아들들도
제사장 직분을 행하게 하며
/내게

45 /내가 ── 이스라엘 자손 중에 거하여
그들의 하나님이 되리니

46 //(결과)
그들은 ─ 알리라
/내가 ─ 그들을 인도하여 낸 줄을
/애굽 땅에서

//(목적: לְ, to)
[내가] ── 그들 중에 거하려고
/그들의 하나님 여호와로서

/나는 ── 그들의 하나님 여호와니라

30

1 /너는 ── 분향할 단을 만들지니

/곧(동격)[27]
[너는] ── 조각목으로 만들되

2 /장이 ── 일 규빗(으로 하고),
/광이 ── 일 규빗으로(하고)
[그것이] ─ 네모 반듯하게 하고

/고는 ── 이 규빗으로 하며
/그 뿔을(은) ─ 그것과 연하게 하고

3 /[너는] ── 정금으로 싸고
/단 상면과
전후 좌우면과
뿔을
[너는] ── 금테를 두를지며
/주위에

4 /[너는] ── 금고리 둘을 만들되
/금테 아래 양편에

27) 동격을 주문장으로 처리했다.

와께 화제를 삼을지니 **42** 이는 너희가 대대로 여호와
앞 회막문에서 늘 드릴 번제라 내가 거기서 너희와 만나
고 네게 말하리라 **43** 내가 거기서 이스라엘 자손을 만
나리니 내 영광을 인하여 회막이 거룩하게 될지라 **44**
내가 그 회막과 단을 거룩하게 하며 아론과 그 아들들도
거룩하게 하여 내게 제사장 직분을 행하게 하며 **45** 내
가 이스라엘 자손 중에 거하여 그들의 하나님이 되리니
46 그들은 내가 그들의 하나님 여호와로서 그들 중에
거하려고 그들을 애굽 땅에서 인도하여 낸 줄을 알리라
나는 그들의 하나님 여호와니라
30:1 너는 분향할 단을 만들지니 곧 조각목으로
만들되 **2** 장이 일 규빗, 광이 일 규빗으로 네모

42 "It shall be a continual burnt offering throughout
your generations at the doorway of the tent of meeting before
the LORD, where I will meet with you, to speak to you
there. **43** "And I will meet there with the sons of Israel,
and it shall be consecrated by My glory. **44** "And I
will consecrate the tent of meeting and the altar; I will
also consecrate Aaron and his sons to minister as priests
to Me. **45** "And I will dwell among the sons of Israel
and will be their God. **46** "And they shall know that I
am the LORD their God who brought them out of the
land of Egypt, that I might dwell among them; I am the
LORD their God.
30:1 ¶ "Moreover, you shall make an altar as a
place for burning incense; you shall make it of acacia
wood. **2** "Its length shall be a cubit, and its width a
cubit, it shall be square, and its height shall be two

/곧
[너는] —— 그 양편에 만들지니
이는 —— 단을 메는 채를 꿸 곳이며

5 /[너는] —— 그 채를 만들고
/조각목으로
금으로 싸고

6 /[너는] —— 그 단을 두라
/증거궤 위 속죄소 맞은편(에)
곧 증거궤 앞에 있는 장 밖에
/그 속죄소는 —— 내가 너와 만날 곳이며

7 /아론이 —— 향기로운 향을 사르되
/아침마다
/그 위에
/등불을 정리할 때에(상황절, when)
[그는] —— 사를지며

8 /또 저녁때 등불을 켤 때에(상황절, when)
[그는] —— 사를지니
/이 향은(을)
/너희가 대대로
/여호와 앞에
/끊지 못할지며(=계속해서)

9 /너희는 —— 다른 향을 사르지 말며
/그 위에
번제나 소제를 드리지 말며
전제의 술을 붓지 말며

10 /아론이 —— 일 년 일 차씩 속죄하되
/이 향단 뿔을 위하여
일 년 일 차씩 속죄할지니라
/속죄제의 피로
/대대로
/이 단은 —— 여호와께 지극히 거룩하니라

11 여호와께서 **일러 가라사대**
/모세에게

12 /네가 이스라엘 자손의 수효를 따라 조사할 때에(상황절, when)
각 사람은 —— 그 생명의 속전을 드릴지니
/조사받은 /여호와께

반듯하게 하고 고는 이 규빗으로 하며 그 뿔을 그것과 연하게 하고 **3** 단 상면과 전후 좌우면과 뿔을 정금으로 싸고 주위에 금테를 두를지며 **4** 금테 아래 양편에 금고리 둘을 만들되 곧 그 양편에 만들지니 이는 단을 메는 채를 꿸 곳이며 **5** 그 채를 조각목으로 만들고 금으로 싸고 **6** 그 단을 증거궤 위 속죄소 맞은편 곧 증거궤 앞에 있는 장 밖에 두라 그 속죄소는 내가 너와 만날 곳이며 **7** 아론이 아침마다 그 위에 향기로운 향을 사르되 등불을 정리할 때에 사를지며 **8** 또 저녁때 등불을 켤때에 사를지니 이 향은 너희가 대대로 여호와앞에 끊지 못할지며 **9** 너희는 그 위에 다른 향을 사르지 말며 번제나 소제를 드리지 말며 전제의 술을 붓지 말며 **10** 아론이 일년 일차

cubits; its horns shall be of one piece with it. **3** "And you shall overlay it with pure gold, its top and its sides all around, and its horns; and you shall make a gold molding all around for it. **4** "And you shall make two gold rings for it under its molding; you shall make them on its two side walls — on opposite sides — and they shall be holders for poles with which to carry it. **5** "And you shall make the poles of acacia wood and overlay them with gold. **6** "And you shall put this altar in front of the veil that is near the ark of the testimony, in front of the mercy seat that is over the ark of the testimony, where I will meet with you. **7** "And Aaron shall burn fragrant incense on it; he shall burn it every morning when he trims the lamps. **8** "And when Aaron trims the lamps at twilight, he shall burn incense. There shall be perpetual incense before the LORD throughout your generations. **9** "You shall not offer any strange incense on this altar, or burnt offering or meal offering; and you shall not

//이는(목적: 의미상)
그 계수할 때에
온역이 —— 없게 하려 함이라
/그들 중에

13 /계수 중에 드는 자마다 —세겔대로 반 세겔을 낼지니
/무릇 /성소에
/한 세겔은 —— 이십 게라라
<그는> —— 그 반 세겔을 <드릴지며>
/여호와께

14 /계수 중에 드는 자 — 여호와께 드리되
/무릇
/곧 이십 세 이상 된 자가

15 /[너희가] 여호와께 드릴 때에(상황절,when)

//(목적)
너희의 생명을 속하기 위하여

부자(라고/는) —— 더 내지 말고
/반 세겔에서
가난한 자(라고/는) — 덜 내지 말지며

16 /너는 —— 속전을 취하여
/이스라엘 자손에게서
회막의 봉사에 쓰라

//(결과: 의미상)
이것이 — 이스라엘 자손의 기념이 되어서
/여호와 앞에서
너희의 생명을 속하리라

17 여호와께서 **일러 가라사대**
/모세에게
18 /너는 —— 물두멍을 만들고
/놋으로
그 받침도 만들어
/놋으로

//(목적: ל, to)
씻게 하되

씩 이 향단 뿔을 위하여 속죄하되 속죄제의 피로 일년 일
차씩 대대로 속죄할지니라 이 단은 여호와께 지극히 거
룩하니라 **11** 여호와께서 모세에게 일러 가라사대 **12**
네가 이스라엘 자손의 수효를 따라 조사할 때에 조사받은
각 사람은 그 생명의 속전을 여호와께 드릴지니 이는 그
계수할 때에 그들 중에 온역이 없게 하려 함이라 **13** 무
릇 계수 중에 드는 자마다 성소에 세겔대로 반 세겔을 낼
지니 한 세겔은 이십 게라라 그 반 세겔을 여호와께 드릴
지며 **14** 무릇 계수 중에 드는 자 곧 이십 세 이상 된 자
가 여호와께 드리되 **15** 너희의 생명을 속하기 위하여
여호와께 드릴 때에 부자라고 반 세겔에서 더 내지 말고
가난한 자라고 덜 내지 말지며 **16** 너는 이스라엘 자손
에게서 속전을 취하여 회막의 봉사에 쓰라 이것이 여호와
앞에서 이스라엘 자손의 기념이 되어서 너희의 생명을 속

pour out a libation on it. **10** "And Aaron shall make
atonement on its horns once a year; he shall make
atonement on it with the blood of the sin offering of atonement
once a year throughout your generations. It is most holy
to the LORD." **11** The LORD also spoke to Moses,
saying, **12** "When you take a census of the sons of
Israel to number them, then each one of them shall give
a ransom for himself to the LORD, when you number
them, that there may be no plague among them when
you number them. **13** "This is what everyone who is
numbered shall give: half a shekel according to the shekel
of the sanctuary (the shekel is twenty gerahs), half a
shekel as a contribution to the LORD. **14** "Everyone
who is numbered, from twenty years old and over, shall
give the contribution to the LORD. **15** "The rich shall
not pay more, and the poor shall not pay less than the
half shekel, when you give the contribution to the LORD
to make atonement for yourselves. **16** "And you shall
take the atonement money from the sons of Israel, and
shall give it for the service of the tent of meeting, that
it may be a memorial for the sons of Israel before the LORD,
to make atonement for yourselves." **17** And the LORD

/[너는] ── 그것을 두고
/회막과 단 사이에
── 물을 담으라
/그 속에

19 /아론과 ── 수족을 씻되
그 아들들이 ── /그 두멍에서

20 /그들이 회막에 들어갈 때에(상황절, when)
[그들이] 물로 씻어
죽기를 면할 것이요

/[그들이] 단에 가까이 가서... 때에도(상황절, when)

//(목적: לְ, to)
그 직분을 행하여(=행하기 위하여)
/화제를 여호와 앞에 사를

<그리할지니라>

21 /이와 같이
그들이 ── 그 수족을 씻어

//(결과)
[그들이] ── 죽기를 면할지니

/이는 ── 규례니라
/그와 그 자손이 대대로 영원히 지킬

22 여호와께서 또 **일러 가라사대**
/모세에게
23 /너는 ── 상등 향품을 취하되
<너는 ── 취하고>
/액체 몰약 오백 세겔과
/그 반수의 향기로운 육계 이백오십 세겔과
/향기로운 창포 이백오십 세겔과
24 /계피 오백 세겔을 성소의 세겔대로 (하고)

/[너는] ── 감람 기름 한 힌을 취하여
25 ── 그것으로 거룩한 관유를 만들되
── 향을 제조하는 법대로 향기름을 만들지니

//(결과: 의미상)
그것이 거룩한 관유가 될지라

하리라 17 여호와께서 모세에게 일러 가라사대 18 너
는 물두멍을 놋으로 만들어 씻게 하되 그것을 회막과 단
사이에 두고 그 속에 물을 담으라 19 아론과 그 아들들
이 그 두멍에서 수족을 씻되 20 그들이 회막에 들어갈
때에 물로 씻어 죽기를 면할 것이요 단에 가까이 가서 그
직분을 행하여 화제를 여호와 앞에 사를 때에도 그리 할
지니라 21 이와 같이 그들이 그 수족을 씻어 죽기를 면
할지니 이는 그와 그 자손이 대대로 영원히 지킬 규례니
라 22 여호와께서 모세에게 또 일러 가라사대 23 너는
상등 향품을 취하되 액체 몰약 오백 세겔과 그 반수의 향
기로운 육계 이백 오십 세겔과 향기로운 창포 이백 오십
세겔과 24 계피 오백 세겔을 성소의 세겔대로 하고 감

spoke to Moses, saying, 18 "You shall also make a
laver of bronze, with its base of bronze, for washing;
and you shall put it between the tent of meeting and the
altar, and you shall put water in it. 19 "And Aaron and
his sons shall wash their hands and their feet from it;
20 when they enter the tent of meeting, they shall wash
with water, that they may not die; or when they approach
the altar to minister, by offering up in smoke a fire
sacrifice to the LORD. 21 "So they shall wash their
hands and their feet, that they may not die; and it shall
be a perpetual statute for them, for Aaron and his descendants
throughout their generations." 22 Moreover, the LORD
spoke to Moses, saying, 23 "Take also for yourself the
finest of spices: of flowing myrrh five hundred shekels,
and of fragrant cinnamon half as much, two hundred
and fifty, and of fragrant cane two hundred and fifty,
24 and of cassia five hundred, according to the shekel
of the sanctuary, and of olive oil a hin. 25 "And you

출

26 /너는 —— 그것으로 바르고
/회막과 증거궤에
<너는 —— 바르라>
27 /상과 그 모든 기구며
/등대와 그 기구며
/분향단과 28 및 번제단과 그 모든 기구와
/물두멍과 그 받침에 (발라)

29 /[너는] —— 그것들을 구별하라
/지성물로

/접촉하는 것이 — 거룩하리라
/이것에
/무릇

30 /너는 —— 기름을 발라
/아론과 그 아들들에게
그들을 거룩하게 하고

//(목적: לְ, that...may)
그들로 내게 제사장 직분을 행하게 하고

31 /[너는] —— 이스라엘 자손에게 고하여 이르기를
/이것은 — 내게 거룩한 관유니
/너희 대대로
32 /[그것이] — 사람의 몸에 붓지 말며
(=부어지지 않게하라)
/[너희는] — 이와 같은 것을 만들지 말라
/이 방법대로
/이는 —— 거룩하니
너희는 —— 거룩히 여기라

33 /만드는 자나 —— 그 백성 중에서 끊쳐지리라 하라
/이와 같은 것을
/무릇
붓는자는
/이것을
/타인에게
/무릇

34 여호와께서 모세에게 **이르시되**
/너는 — 취하고
/소합향과 나감향과 풍자향의 향품을

//(목적: לְ, to)

람 기름 한 힌을 취하여 **25** 그것으로 거룩한 관유를 만
들되 향을 제조하는 법대로 향기름을 만들지니 그것이
거룩한 관유가 될지라 **26** 너는 그것으로 회막과 증거궤
에 바르고 **27** 상과 그 모든 기구며 등대와 그 기구며
분향단과 **28** 및 번제단과 그 모든 기구와 물두멍과 그
받침에 발라 **29** 그것들을 지성물로 구별하라 무릇 이것
에 접촉하는 것이 거룩하리라 **30** 너는 아론과 그 아들
들에게 기름을 발라 그들을 거룩하게 하고 그들로 내게
제사장 직분을 행하게 하고 **31** 이스라엘 자손에게 고하
여 이르기를 이것은 너희 대대로 내게 거룩한 관유니
32 사람의 몸에 붓지 말며 이 방법대로 이와 같은 것을
만들지 말라 이는 거룩하니 너희는 거룩히 여기라 **33**

shall make of these a holy anointing oil, a perfume
mixture, the work of a perfumer; it shall be a holy
anointing oil. **26** "And with it you shall anoint the tent
of meeting and the ark of the testimony, **27** and the
table and all its utensils, and the lampstand and its
utensils, and the altar of incense, **28** and the altar of
burnt offering and all its utensils, and the laver and its
stand. **29** "You shall also consecrate them, that they
may be most holy; whatever touches them shall be holy.
30 "And you shall anoint Aaron and his sons, and consecrate
them, that they may minister as priests to Me. **31** "And
you shall speak to the sons of Israel, saying, 'This shall
be a holy anointing oil to Me throughout your generations.
32 'It shall not be poured on anyone's body, nor shall
you make any like it, in the same proportions; it is holy,
and it shall be holy to you. **33** 'Whoever shall mix any
like it, or whoever puts any of it on a layman, shall be
cut off from his people.'" **34** ¶ Then the LORD said

//(목적 : ㄹ, to)
그 향품을 유향에 섞되(=섞기 위하여)

/각기 —— 동일한 중수로 하고

35 /[너는] —— 그것으로 향을 만들되
/향 만드는 법대로 (만들고)
/그것에 소금을 쳐서
/성결하게 하고

36 /[너는] —— 그 향 얼마를 곱게 찧어
증거궤 앞에 두라
/내가 너와 만날 회막 안
/이 향은 —— 너희에게 지극히 거룩하니라

37 /네가 만들 향은 —— 여호와를 위하여 거룩한 것이니
/[너는] —— 그 방법대로 너희를 위하여 만들지 말라

38 /무릇 맡으려고 이같은 것을 만드는 자는 —— 그 백성 중에서 끊쳐지리라

31

1 여호와께서 모세에게 **일러 가라사대**
2 /[보라]
내가 —— 부르고
/유다 지파 훌의 손자요 우리의 아들인 브살렐을
/지명하여
3 /[내가] —— 하나님의 신을 충만하게 하여
/그에게
/지혜와 총명과 지식과 여러 가지 재주로

4 //(목적: to부정사)
공교한 일을 연구하여(=행하기 위하여)
금과 은과 놋으로 만들게 하며(=행하기 위하여)

5 /보석을 깎아[28]
/물리며
/나무를 새겨서
/여러가지 일을 하게 하고

28) 계속해서 충만케 하다를 수식하는 수식부

무릇 이와 같은 것을 만드는 자나 무릇 이것을 타인에게
붓는 자는 그 백성중에서 끊쳐지리라 하라 **34** 여호와께
서 모세에게 이르시되 너는 소합향과 나감향과 풍자향의
향품을 취하고 그 향품을 유향에 섞되 각기 동일한 중수
로 하고 **35** 그것으로 향을 만들되 향 만드는 법대로 만
들고 그것에 소금을 쳐서 성결하게 하고 **36** 그 향 얼마
를 곱게 찧어 내가 너와 만날 회막 안 증거궤 앞에 두라
이 향은 너희에게 지극히 거룩하니라 **37** 네가 만들 향
은 여호와를 위하여 거룩한 것이니 그 방법대로 너희를
위하여 만들지 말라 **38** 무릇 맡으려고 이같은 것을 만
드는 자는 그 백성 중에서 끊쳐지리라

31:1 여호와께서 모세에게 일러 가라사대 **2** 내가
유다 지파 훌의 손자요 우리의 아들인 브살렐을
지명하여 부르고 **3** 하나님의 신을 그에게 충만하게 하여
지혜와 총명과 지식과 여러가지 재주로 **4** 공교한 일을
연구하여 금과 은과 놋으로 만들게 하며 **5** 보석을 깎아
물리며 나무를 새겨서 여러가지 일을 하게 하고

to Moses, "Take for yourself spices, stacte and onycha
and galbanum, spices with pure frankincense; there shall
be an equal part of each. **35** "And with it you shall
make incense, a perfume, the work of a perfumer, salted,
pure, and holy. **36** "And you shall beat some of it very
fine, and put part of it before the testimony in the tent
of meeting, where I shall meet with you; it shall be most
holy to you. **37** "And the incense which you shall make,
you shall not make in the same proportions for yourselves;
it shall be holy to you for the LORD. **38** "Whoever
shall make any like it, to use as perfume, shall be cut
off from his people."

31:1 ¶ Now the LORD spoke to Moses, saying, **2**
"See, I have called by name Bezalel, the son of
Uri, the son of Hur, of the tribe of Judah. **3** "And I
have filled him with the Spirit of God in wisdom, in
understanding, in knowledge, and in all kinds of
craftsmanship, **4** to make artistic designs for work in
gold, in silver, and in bronze, **5** and in the cutting of
stones for settings, and in the carving of wood, that he
may work in all kinds of craftsmanship.

출

6 /또
내가 ——— 오홀리압을 세워
/단 지파 아히사막의 아들
/그와 함께 (하게 하며)
내가 ——— 지혜를 주어
/무릇 지혜로운 마음이 있는 자에게

//(목적: 의미상)
그들로 —— 다 만들게 할지니
/내가 네게 명한 것을
7 /곧(동격)
회막과 증거궤와
그 위의 속죄소와 회막의 모든 기구와
8 상과 그 기구와 정금 등대와
그 모든 기구와 분향단과
9 번제단과 그 모든 기구와
물두멍과 그 받침과
10 제사직을 행할 때에 입는 공교히 짠 의복
/곧 제사장 아론의 성의와 그 아들들의 옷과
11 관유와 성소의 향기로운 향이라

//그들이 —— 만들지니라
/무릇 내가 네게 명한 대로

12 여호와께서 모세에게 **일러 가라사대**
13 /너는 — 이스라엘 자손에게 고하여 이르기를
/너희는 —— 나의 안식일을 지키라

//이는(이유: for)
<이것은> – 너희 대대의 표징이니
/나와 너희 사이에

//(목적: to)
너희로 — 여호와인줄 알게 함이라
/나는 너희를 거룩하게 하는

14 /너희는 —— 안식일을 지킬지니

//이는(이유: for)
<이것이> ——너희에게 성일이 됨이라

/무릇 그 날을 더럽히는 자는 —— 죽일지며
/그 생명이 ——그 백성 중에서 끊쳐지리라
/무릇 그 날에 일하는 자는(의)

6 내가 또 단 지파 아히사막의 아들 오홀리압을 세워 그
와 함께 하게 하며 무릇 지혜로운 마음이 있는 자에게
내가 지혜를 주어 그들로 내가 네게 명한 것을 다 만들
게 할지니 **7** 곧 회막과 증거궤와 그 위의 속죄소와 회막
의 모든 기구와 **8** 상과 그 기구와 정금 등대와 그 모든
기구와 분향단과 **9** 번제단과 그 모든 기구와 물두멍과
그 받침과 **10** 제사직을 행할 때에 입는 공교히 짠 의복
곧 제사장 아론의 성의와 그 아들들의 옷과 **11** 관유와
성소의 향기로운 향이라 무릇 내가 네게 명한 대로 그들
이 만들지니라 **12** 여호와께서 모세에게 일러 가라사대
13 너는 이스라엘 자손에게 고하여 이르기를 너희는 나
의 안식일을 지키라 이는 나와 너희 사이에 너희 대대의
표징이니 나는 너희 를 거룩하게 하는 여호와인 줄 너희
로 알게 함이라 **14** 너희는 안식일을 지킬지니 이는 너

6 "And behold, I Myself have appointed with him
Oholiab, the son of Ahisamach, of the tribe of Dan;
and in the hearts of all who are skillful I have put skill,
that they may make all that I have commanded you: **7**
the tent of meeting, and the ark of testimony, and the
mercy seat upon it, and all the furniture of the tent, **8**
the table also and its utensils, and the pure gold lampstand
with all its utensils, and the altar of incense, **9** the altar
of burnt offering also with all its utensils, and the laver
and its stand, **10** the woven garments as well, and the
holy garments for Aaron the priest, and the garments of
his sons, with which to carry on their priesthood; **11**
the anointing oil also, and the fragrant incense for the
holy place, they are to make them according to all that
I have commanded you." **12** And the LORD spoke to Moses,
saying, **13** "But as for you, speak to the sons of Israel,
saying, 'You shall surely observe My sabbaths; for this
is a sign between Me and you throughout your generations,
that you may know that I am the LORD who sanctifies
you. **14** 'Therefore you are to observe the sabbath, for

15 /[그는] 엿새 동안(은) 일할 것이나
제 칠일은 ── 큰 안식일이니
└ 여호와께 거룩한 것이라
무릇 안식일에 일하는 자를(는) ── 반드시 죽일지니라

16 /이같이
이스라엘 자손이 ─ 안식일을 **지켜서**

//(목적: to)
그것으로 대대로 영원한 언약을 삼을 것이니

17 /이는 ── 영원한 **표징이며**
/나와 이스라엘 자손 사이에

//(이유: for)
나 여호와가 ── 엿새 동안에 천지를 창조하고
├ 제 칠일에 쉬어
└ 평안하였음이니라 하라

18 여호와께서 모세에게 이르시기를 마치신 때에(상황절, when)
/시내산 위에서
모세에게 **주시니**
/증거판 둘을
/이는 ── 돌판이요
/하나님이 친히 쓰신 (것이더라)

32

1 백성이 보고(상황절, when)
/모세가 산에서 내려옴이 더딤을
모여
/아론에게 이르러(=주변에)
가로되
/[너는] ── 일어나라
└ 우리를 인도할 신을 만들라
/우리를 위하여

//(이유: for)
[우리가] ─ 알지 못함이니라
/이 모세[가] ─ 어찌 되었는지
/곧 우리를 애굽 땅에서 인도하여 낸 사람은

희에게 성일이 됨이라 무릇 그날에 일하는 자는 그 백성
중에서 그 생명이 끊쳐지리라 **15** 엿새 동안은 일할 것
이나 제칠일은 큰 안식일이니 여호와께 거룩한 것이라
무릇 안식일에 일하는 자를 반드시 죽일지니라 **16** 이같
이 이스라엘 자손이 안식일을 지켜서 그것으로 대대로
영원한 언약을 삼을 것이니 **17** 이는 나와 이스라엘 자
손 사이에 영원한 표징이며 나 여호와가 엿새 동안에 천
지를 창조하고 제칠일에 쉬어 평안하였음이니라 하라
18 여호와께서 시내 산 위에서 모세에게 이르시기를 마
치신 때에 증거판 둘을 모세에게 주시니 이는 돌판이요
하나님이 친히 쓰신 것이더라
32:1 백성이 모세가 산에서 내려옴이 더딤을 보고
모여 아론에게 이르러 가로되 일어나라 우리를
인도할 신을 우리를 위하여 만들라 이 모세 곧 우리를

it is holy to you. Everyone who profanes it shall surely
be put to death; for whoever does any work on it, that
person shall be cut off from among his people.**15** 'For
six days work may be done, but on the seventh day there
is a sabbath of complete rest, holy to the LORD; whoever
does any work on the sabbath day shall surely be put to
death.**16** 'So the sons of Israel shall observe the sabbath,
to celebrate the sabbath throughout their generations as
a perpetual covenant.'**17** "It is a sign between Me and
the sons of Israel forever; for in six days the LORD
made heaven and earth, but on the seventh day He ceased
from labor, and was refreshed."**18** ¶ And when He had
finished speaking with him upon Mount Sinai, He gave
Moses the two tablets of the testimony, tablets of stone,
written by the finger of God.Ex.
32:1 ¶ Now when the people saw that Moses delayed
to come down from the mountain, the people
assembled about Aaron, and said to him, "Come, make

출

2 아론이 그들에게 **이르되**
/[너희는] ― 금고리를 빼어
/너희 아내와 자녀의 귀의
내게로 가져 오라

3 모든 백성이 금고리를 **빼어**
/그 귀에서
아론에게로 **가져 오매**

4 아론이 그 고리를 **받아**
/그들의 손에서
부어서
송아지 형상을 **만드니**
/각도로 새겨

그들이 **말하되**.. 하는지라
/이스라엘아!
이는 ― 너희 신이로다
/너희를 애굽 땅에서 인도하여 낸

5 아론이 **보고**
그 앞에 단을 **쌓고**
이에
공포하여
가로되 ...하니
/내일은 여호와의 절일이니라

6 이튿날에
그들이 일찌기 **일어나**
번제를 **드리며**
화목제를 **드리고**
앉아서

//(목적: to)
먹고(=먹기 위해)
마시며(=마시기 위해)

[그들이] **일어나서**

//(목적: to)
뛰놀더라(=뛰놀기 위해)

7 여호와께서 모세에게 **이르시되**
/너는 ― 내려가라

//(이유: for)

애굽 땅에서 인도하여 낸 사람은 어찌 되었는지 알지 못
함이라 **2** 아론이 그들에게 이르되 너희 아내와 자녀의
귀의 금고리를 빼어 내게로 가져 오라 **3** 모든 백성이 그
귀에서 금고리를 빼어 아론에게로 가져 오매 **4** 아론이
그들의 손에서 그 고리를 받아 부어서 각도로 새겨 송아
지 형상을 만드니 그들이 말하되 이스라엘아 이는 너희
를 애굽 땅에서 인도하여 낸 너희 신이로다 하는지라 **5**
아론이 보고 그 앞에 단을 쌓고 이에 공포하여 가로되 내
일은 여호와의 절일이니라 하니 **6** 이튿날에 그들이 일찌
기 일어나 번제를 드리며 화목제를 드리고 앉아서 먹고
마시며 일어나서 뛰놀더라 **7** 여호와께서 모세에게 이르
시되 너는 내려가라 네가 애굽 땅에서 인도하여 낸 네 백

us a god who will go before us; as for this Moses, the
man who brought us up from the land of Egypt, we do
not know what has become of him." **2** And Aaron said
to them, "Tear off the gold rings which are in the ears
of your wives, your sons, and your daughters, and bring
them to me." **3** Then all the people tore off the gold
rings which were in their ears, and brought them to
Aaron. **4** And he took this from their hand, and fashioned
it with a graving tool, and made it into a molten calf;
and they said, "This is your god, O Israel, who brought
you up from the land of Egypt." **5** Now when Aaron
saw this, he built an altar before it; and Aaron made a
proclamation and said, "Tomorrow shall be a feast to
the LORD." **6** So the next day they rose early and
offered burnt offerings, and brought peace offerings; and
the people sat down to eat and to drink, and rose up to

//(이유: for)
네 백성이── 부패하였도다
/네가 애굽 땅에서 인도하여 낸

8 그들이 길을 **떠나**
/내가 그들에게 명한
/속히
송아지를 **만들고**
/자기를 위하여
/부어
그것을 **숭배하며**
그것에게 희생을 **드리며**
말하기를 ...하였도다
/이스라엘아!
이는 ── 너희 신이라
/너희를 애굽 땅에서 인도하여 낸

9 또
여호와께서 모세에게 이**르시되**
/내가 ── 이 백성을 보니
/목이 곧은 백성(이로다)

10 /그런즉
[너는] ── 나대로 하게 하라

//(결과)
내가 ┬ 그들에게 진노하여
├ 그들을 진멸하고
└ 너로 큰 나라가 되게 하리라

11 모세가 그 하나님 여호와께 **구하여**
가로되
/여호와여!
어찌하여 ── 주의 백성에게 **진노하시나이까?**
/애굽 땅에서 인도하여 내신
/그 큰 권능과 강한 손으로

12 /어찌하여
애굽 사람으로(이) ─ **이르기를**...**하게 하려 하시나이까?**
/여호와가 ─ 인도하여 내었다
/화를 내려 (=화로)

//(목적: to)
그 백성을 산에서 죽이고
지면에서 진멸하려고

성이 부패하였도다 **8** 그들이 내가 그들에게 명한 길을
속히 떠나 자기를 위하여 송아지를 부어 만들고 그것을
숭배하며 그것에게 희생을 드리며 말하기를 애굽 땅에서
인도하여 낸 너희 신이라 하였도다 **9** 여호와께서 또 모
세에게 이르시되 내가 이 백성을 보니 목이 곧은 백성이
로다 **10** 그런즉 나대로 하게 하라 내가 그들에게 진노
하여 그들을 진멸하고 너로 큰 나라가 되게 하리라 **11**
모세가 그 하나님 여호와께 구하여 가로되 여호와여 어
찌하여 애굽 땅에서 인도하여 내신 주의 백성에게 진노
하시나이까 **12** 어찌하여 애굽 사람으로 이르기를 여호
와가 화를 내려 그 백성을 산에서 죽이고 지면에서 진멸
하려고 인도하여 내었다 하게 하려 하시나이까 주의 맹

play. **7** Then the LORD spoke to Moses, "Go down at once,
for your people, whom you brought up from the land of
Egypt, have corrupted themselves. **8** "They have quickly
turned aside from the way which I commanded them.
They have made for themselves a molten calf, and have
worshiped it, and have sacrificed to it, and said, 'This
is your god, O Israel, who brought you up from the land
of Egypt!'" **9** And the LORD said to Moses, "I have
seen this people, and behold, they are an obstinate people.
10 "Now then let Me alone, that My anger may burn
against them, and that I may destroy them; and I will
make of you a great nation." **11** Then Moses entreated
the LORD his God, and said, "O LORD, why doth
Thine anger burn against Thy people whom Thou hast
brought out from the land of Egypt with great power
and with a mighty hand? **12** "Why should the Egyptians

출

/[당신은] ─┬ 주의 맹렬한 노를 그치시고
├ 뜻을 돌이키사
└ 이 화를 내리지 마옵소서
/주의 백성에게

13 /[당신은] ── 기억하소서
/주의 종 아브라함과 이삭과 이스라엘을

/주께서 ─┬ 그들에게 맹세하여
/주를 가리켜
└ 이르시기를 ...하셨나이다
/내가 ┬ 너희 자손을 많게 하고
/하늘의 별처럼
└ 이 온 땅을 너희의 자손에게 주어
/나의 허락한
//(목적)
영영한 기업이 되게 하리라

14 여호와께서 **뜻을 돌이키사 내리지 아니하시니라**
/말씀하신 화를
/그 백성에게

15 모세가 **돌이켜**
내려오는데
/산에서
두 판이 **그 손에 있고**
/증거의
그 판의[에] **[글자가 있고]**
/양면[에]
이편 저편에 **글자가 있으니**

16 그 판은 **만드신 것이요**
/하나님이
글자는 **새기신 것이더라**
/하나님이 쓰셔서
/판에

17 여호수아가 백성의 떠듦을 듣고(상황절,when)
[그가] **말하되**
/모세에게
/진중에서 싸우는 소리가 나나이다

18 모세가 **가로되**
/이는 ┬ 승전가도 아니요
├ 패하여 부르짖는 소리도 아니라
└ 나의 듣기에는 노래하는 소리로다 하고

렬한 노를 그치시고 뜻을 돌이키사 주의 백성에게 이 화
를 내리지 마옵소서 **13** 주의 종 아브라함과 이삭과 이
스라엘을 기억하소서 주께서 주를 가리켜 그들에게 맹세
하여 이르시기를 내가 너희 자손을 하늘의 별처럼 많게
하고 나의 허락한 이 온 땅을 너희의 자손에게 주어 영
영한 기업이 되게 하리라 하셨나이다 **14** 여호와께서 뜻
을 돌이키사 말씀하신 화를 그 백성에게 내리지 아니하
시니라 **15** 모세가 돌이켜 산에서 내려 오는데 증거의
두 판이 그 손에 있고 그 판의 양면 이편 저편에 글자가
있으니 **16** 그 판은 하나님이 만드신 것이요 글자는 하
나님이 쓰셔서 판에 새기신 것이더라 **17** 여호수아가 백
성의 떠듦을 듣고 모세에게 말하되 진중에서 싸우는 소
리가 나나이다 **18** 모세가 가로되 이는 승전가도 아니요
패하여 부르짖는 소리도 아니라 나의 듣기에는 노래하는

speak, saying, With evil intent He brought them out to kill them in the mountains and to destroy them from the face of the earth? Turn from Thy burning anger and change Thy mind about doing harm to Thy people.
13 "Remember Abraham, Isaac, and Israel, Thy servants to whom Thou didst swear by Thyself, and didst say to them, 'I will multiply your descendants as the stars of the heavens, and all this land of which I have spoken I will give to your descendants, and they shall inherit it forever.'"
14 So the LORD changed His mind about the harm which He said He would do to His people.
15 ¶ Then Moses turned and went down from the mountain with the two tablets of the testimony in his hand, tablets which were written on both sides; they were written on one side and the other.
16 And the tablets were God's work, and the writing was God's

19 [모세가] **가까이 이르러**
/진에
/[곧]
보고
/송아지와 그 춤추는 것을
대노하여
던져
/그 판들을
/손에서 산 아래로

깨뜨리니라

20 모세가 **가져**
/그들의 만든 송아지를
불살라
부수어
/가루를 만들어[가루가 되도록]
뿌려
/물에
마시우니라
/이스라엘 자손에게

21 모세가 **이르되**
/아론에게
/이 백성이 네게 어떻게 하였기에
네가 그들로 중죄에 빠지게 하였느뇨

22 아론이 **가로되**
/내 주여 노하지 마소서
이 백성의 악함을 당신이 아나이다

23 /그들이 내게 말하기를
/우리를 위하여 우리를 인도할 신을 만들라
//(이유, כִּי, for)
이 모세 곧 우리를 애굽 땅에서
인도하여 낸 사람은
어찌 되었는지 알 수 없노라 (하기에)

24 /내가 그들에게 이르기를
/금이 있는 자는 빼어 내라 (한즉)
/그들이 그것을 내게로 가져왔기로
내가 불에 던졌더니 이 송아지가 나왔나이다

소리로다 하고 **19** 진에 가까이 이르러 송아지와 그 춤
추는 것을 보고 대노하여 손에서 그 판들을 산 아래로
던져 깨뜨리니라 **20** 모세가 그들의 만든 송아지를 가져
불살라 부수어 가루를 만들어 물에 뿌려 이스라엘 자손
에게 마시우니라 **21** 모세가 아론에게 이르되 이 백성이
네게 어떻게 하였기에 네가 그들로 중죄에 빠지게 하였
느뇨 **22** 아론이 가로되 내 주여 노하지 마소서 이 백성
의 악함을 당신이 아나이다 **23** 그들이 내게 말하기를
우리를 위하여 우리를 인도할 신을 만들라 이 모세 곧
우리를 애굽 땅에서 인도하여 낸 사람은 어찌 되었는지
알 수 없노라 하기에 **24** 내가 그들에게 이르기를 금이
있는 자는 빼어내라 한즉 그들이 그것을 내게로 가져왔
기로 내가 불에 던졌더니 이 송아지가 나왔나이다 **25**
모세가 본즉 백성이 방자하니 이는 아론이 그들로 방자

writing engraved on the tablets. **17** Now when Joshua heard
the sound of the people as they shouted, he said to
Moses, "There is a sound of war in the camp." **18**
But he said, "It is not the sound of the cry of triumph,
Nor is it the sound of the cry of defeat; But the sound
of singing I hear." **19** And it came about, as soon as
Moses came near the camp, that he saw the calf and the
dancing; and Moses' anger burned, and he threw the
tablets from his hands and shattered them at the foot of
the mountain. **20** And he took the calf which they had made
and burned it with fire, and ground it to powder, and scattered
it over the surface of the water, and made the sons of
Israel drink it. **21** ¶ Then Moses said to Aaron, "What
did this people do to you, that you have brought such
great sin upon them?" **22** And Aaron said, "Do not
let the anger of my lord burn; you know the people
yourself, that they are prone to evil. **23** "For they said
to me, 'Make a god for us who will go before us; for
this Moses, the man who brought us up from the land
of Egypt, we do not know what has become of him.'
24 "And I said to them, 'Whoever has any gold, let
them tear it off.' So they gave it to me, and I threw it

출

25 모세가 **본즉**
/백성이 방자하니

//이는(이유, כִּי, for)
아론이 그들로 방자하게 하여
원수에게 조롱거리가 되게 하였음이라

26 이에
모세가 **서서**
/진문에
가로되
/누구든지 여호와의 편에 있는 자는
내게로 나아오라 (하매)

//(결과 및 반응)
레위 자손이 다 모여 그에게로 오는지라

27 모세가 **이르되**
/그들에게
/이스라엘의 하나님 여호와께서 이같이 말씀하시기를
/너희는 각각 허리에 칼을 차고
진 이 문에서 저 문까지 왕래하며
각 사람이 그 형제를, 각 사람이 그 친구를,
각 사람이 그 이웃을 도륙하라 (하셨느니라)

28 레위 자손이 **행하매**
/모세의 말대로
죽인 바 된지라[죽였다]
/백성 중에 삼천 명 가량이

/이 날에

29 모세가 **이르되**
/오늘날 여호와께 헌신하게 되었느니라[헌신하라] -명령문

//(이유, כִּי, for, NASB)
각 사람이 그 아들과 그 형제를 쳤으니

//(순종에 대한 결과 및 목적, in order that, NASB)
그가 — 너희에게 복을 내리시리라
/오늘날

30 이튿날
모세가 **이르되**
/백성에게

하게 하여 원수에게 조롱거리가 되게 하였음이라 **26** 이
에 모세가 진문에 서서 가로되 누구든지 여호와의 편에
있는 자는 내게로 나아오라 하매 레위 자손이 다 모여
그에게로 오는지라 **27** 모세가 그들에게 이르되 이스라
엘의 하나님 여호와께서 이같이 말씀하시기를 너희는 각
각 허리에 칼을 차고 진 이 문에서 저 문까지 왕래하며
각 사람이 그 형제를, 각 사람이 그 친구를, 각 사 람이
그 이웃을 도륙하라 하셨느니라 **28** 레위 자손이 모세의
말대로 행하매 이 날에 백성 중에 삼천 명 가량이 죽인
바 된지라 **29** 모세가 이르되 각 사람이 그 아들과 그
형제를 쳤으니 오늘날 여호와께 헌신하게 되었느니라 그
가 오늘날 너희에게 복을 내리시리라 **30** 이튿날 모세가
백성에게 이르되 너희가 큰 죄를 범하였도다 내가 이제
여호와께로 올라가노니 혹 너희의 죄를 속할까 하노라

into the fire, and out came this calf." **25** ¶ Now when Moses
saw that the people were out of control — for Aaron
had let them get out of control to be a derision among
their enemies — **26** then Moses stood in the gate of
the camp, and said, "Whoever is for the LORD, come
to me!" And all the sons of Levi gathered together to
him. **27** And he said to them, "Thus says the LORD,
the God of Israel, 'Every man of you put his sword
upon his thigh, and go back and forth from gate to gate
in the camp, and kill every man his brother, and every
man his friend, and every man his neighbor.'" **28** So
the sons of Levi did as Moses instructed, and about three
thousand men of the people fell that day. **29** Then
Moses said, "Dedicate yourselves today to the LORD
— for every man has been against his son and against
his brother — in order that He may bestow a blessing
upon you today." **30** ¶ And it came about on the next
day that Moses said to the people, "You yourselves

/너희가 큰 죄를 범하였도다
내가 이제 여호와께로 올라가노니
혹 너희의 죄를 속할까 하노라 (하고)

31 **다시 나아가**
/여호와께로
여짜오되
/슬프도소이다
이 백성이 자기들을 위하여 금신을 만들었사오니
큰 죄를 범하였나이다

32 /그러나 합의하시면
이제 그들의 죄를 사하시옵소서
그렇지 않사오면 원컨대
주의 기록하신 책에서 내 이름을 지워 버려 주옵소서

33 여호와께서 **이르시되**
/모세에게
/누구든지 내게 범죄하면
그는 내가 내 책에서 지워 버리리라

34 /이제 가서 내가 네게 말한 곳으로 백성을 인도하라
내 사자가 네 앞서 가리라
그러나 내가 보응할 날에는 그들의 죄를 보응하리라

35 여호와께서 **치시니**
/백성을

//이는(이유, כִּי, because)
그들이 — 그 송아지를 만들었음이더라
/아론의 만든 바

33

1 여호와께서 모세에게 **이르시되**
/너는 — 여기서 **떠나서**
/네가 애굽 땅에서 인도하여 낸 백성과 함께
그 땅으로 **올라가라**
/내가 — **맹세하기를**
/아브라함과 이삭과 야곱에게
/네 자손에게 주마 한(=말함으로)

2 //(결과)

하고 **31** 여호와께로 다시 나아가 여짜오되 슬프도소이
다 이 백성이 자기들을 위하여 금 신을 만들었사오니 큰
죄를 범하였나이다 **32** 그러나 합의하시면 이제 그들의
죄를 사하시옵소서 그렇지 않사오면 원컨대 주의 기록하
신 책에서 내 이름을 지워버려 주옵소서 **33** 여호와께서
모세에게 이르시되 누구든지 내게 범죄하면 그는 내가
내 책에서 지워버리리라 **34** 이제 가서 내가 네게 말한
곳으로 백성을 인도하라 내 사자가 네 앞서 가리라 그러
나 내가 보응할 날에는 그들의 죄를 보응하리라 **35** 여
호와께서 백성을 치시니 이는 그들이 아론의 만든바 그
송아지를 만들었음이더라

33:1 여호와께서 모세에게 이르시되 너는 네가 애
굽 땅에서 인도하여 낸 백성과 함께 여기서 떠나
서 내가 아브라함과 이삭과 야곱에게 맹세하기를 네 자
손에게 주마 한 그 땅으로 올라가라 **2** 내가 사자를 네
앞서 보내어 가나안 사람과 아모리 사람과 헷 사람과 브

have committed a great sin; and now I am going up to
the LORD, perhaps I can make atonement for your sin."
31 Then Moses returned to the LORD, and said, "Alas,
this people has committed a great sin, and they have
made a god of gold for themselves. **32** "But now, if
Thou wilt, forgive their sin — and if not, please blot
me out from Thy book which Thou hast written!" **33**
And the LORD said to Moses, "Whoever has sinned
against Me, I will blot him out of My book. **34** "But
go now, lead the people where I told you. Behold, My
angel shall go before you; nevertheless in the day when
I punish, I will punish them for their sin." **35** Then the
LORD smote the people, because of what they did with
the calf which Aaron had made.

33:1 ¶ Then the LORD spoke to Moses, "Depart,
go up from here, you and the people whom you

2 //(결과)
내가 ── 사자를 보내어
/네 앞서
쫓아내고
/가나안 사람과 아모리 사람과
헷 사람과 브리스 사람과
히위 사람과 여부스 사람을

3 /너희로 ── <이르게 하려니와>(=가라)
/젖과 꿀이 흐르는 땅에

/[그러나]
나는 ── 너희와 함께 올라가지 아니하리니

//(목적; lest)
내가 ─ 너희를 진멸할까 **염려함이니라**[29] 하시니
/중로에서

//(이유: for)
너희는 ── 목이 곧은 백성인즉

4 백성이 이 황송한 말씀을 듣고(상황절, when)
슬퍼하여

한 사람도 그 몸을 **단장하지 아니하니**

5 여호와께서 모세에게 **이르시기를**
/[너는] ── 이스라엘 자손에게 이르라
/너희는-목이 곧은 백성인즉
/<만일>
내가 ── 너희 중에 행하면
/순식간이라도
너희를 진멸하리니
/너희는─단장품을 제하라

//그리하면(결과)
내가 ── 알겠노라 하셨음이라
/너희에게 어떻게 할 일을

6 자손이 그 단장품을 **제하니라**
/이스라엘 /호렙산에서부터

7 모세가 장막을 **취하여**
/항상

29) 직역: 진멸하지 않기 위해서

리스 사람과 히위 사람과 여부스 사람을 쫓아내고 3 너
희로 젖과 꿀이 흐르는 땅에 이르게 하려니와 나는 너희
와 함께 올라가지 아니하리니 너희는 목이 곧은 백성인
즉 내가 중로에서 너희를 진멸할까 염려함이니라 하시니
4 백성이 이 황송한 말씀을 듣고 슬퍼하여 한 사람도 그
몸을 단장하지 아니하니 5 여호와께서 모세에게 이르시
기를 이스라엘 자손에게 이르라 너희는 목이 곧은 백성
인즉 내가 순식간이라도 너희 중에 행하면 너희를 진멸
하리니 너희 단장품을 제하라 그리하면 내가 너희에게
어떻게 할 일을 알겠노라 하셨음이라 6 이스라엘 자손
이 호렙산에서부터 그 단장품을 제하니라 7 모세가 항
상 장막을 취하여 진 밖에 쳐서 진과 멀리 떠나게 하고
회막이라 이름하니 여호와를 앙모하는 자는 다 진 바깥
회막으로나아가며 8 모세가 회막으로 나아갈 때에는 백

have brought up from the land of Egypt, to the land of
which I swore to Abraham, Isaac, and Jacob, saying,
'To your descendants I will give it.' 2 "And I will
send an angel before you and I will drive out the Canaanite,
the Amorite, the Hittite, the Perizzite, the Hivite and the
Jebusite. 3 "Go up to a land flowing with milk and
honey; for I will not go up in your midst, because you
are an obstinate people, lest I destroy you on the way."
4 When the people heard this sad word, they went into
mourning, and none of them put on his ornaments. 5
For the LORD had said to Moses, "Say to the sons of
Israel, 'You are an obstinate people; should I go up in
your midst for one moment, I would destroy you. Now
therefore, put off your ornaments from you, that I may
know what I will do with you.'" 6 So the sons of Israel
stripped themselves of their ornaments from Mount Horeb
onward. 7 ¶ Now Moses used to take the tent and pitch
it outside the camp, a good distance from the camp, and

	진 밖에 **쳐서** /진과 멀리 떠나게 (하고) 회막이라 **이름하니**
앙모하는 자는 /여호와를 /다(=모든)	진 바깥 회막으로 **나아가며**
8 모세가 백성이 /다	회막으로 나아갈 때에는(상황절, when) **일어나**
	자기 장막문에 **서서** **바라보며** /모세가 회막에 들어가기까지
9 모세가 구름 기둥이	회막에 들어갈 때에(상황절, when) **내려** 회막문에 **서며**
여호와께서	모세와 **말씀하시니**
10 모든 백성이 다(모든 백성이)	회막문에 구름 기둥이 섰음을 보고(상황절, when) **일어나** **경배하며** /각기 장막문에 서서
11 여호와께서는	모세와 대면하여 **말씀하시며** /사람이 그 친구와 이야기함 같이
모세는 여호수아는 /그 수종자 /눈의 아들 /청년	진으로 돌아오나(상황절, when) 회막을 **떠나지 아니하니라**
12 모세가	여호와께 **고하되** /보시옵소서 /주께서 ─ 나더러 [말씀]하시면서(상황절, when) /이 백성을 인도하여 올라가라 ─ 나와 함께 보낼 자를 내게 **지시하지 아니하시나이다** /주께서 ─ 전에 **말씀하시기를** /나는 ─ 이름으로도 너를 알고 ─ 너도 ─ 내 앞에 은총을 입었다 (하셨사온즉)

성이 다 일어나 자기 장막문에 서서 모세가 회막에 들어
가기까지 바라보며 9 모세가 회막에 들어갈 때에 구름
기둥이 내려 회막문에 서며 여호와께서 모세와 말씀하시
니 10 모든 백성이 회막문에 구름 기둥이 섰음을 보고
다 일어나 각기 장막문에 서서 경배하며 11 사람이 그
친구와 이야기함 같이 여호와께서는 모세와 대면하여 말
씀하시며 모세는 진으로 돌아오나 그 수종자 눈의 아들
청년 여호수아는 회막을 떠나지 아니하니라 12 모세
가 여호와께 고하되 보시옵소서 주께서 나더러 이 백성
을 인도하여 올라가라 하시면서 나와 함께 보낼 자를 내
게 지시하지 아니하시나이다 주께서 전에 말씀하시기를
나는 이름으로도 너를알고 너도 내 앞에 은총을 입었다

he called it the tent of meeting. And it came about, that
everyone who sought the LORD would go out to the
tent of meeting which was outside the camp. 8 And it
came about, whenever Moses went out to the tent, that
all the people would arise and stand, each at the entrance
of his tent, and gaze after Moses until he entered the
tent. 9 And it came about, whenever Moses entered the
tent, the pillar of cloud would descend and stand at the
entrance of the tent; and the LORD would speak with Moses.
10 When all the people saw the pillar of cloud standing
at the entrance of the tent, all the people would arise
and worship, each at the entrance of his tent. 11 Thus
the LORD used to speak to Moses face to face, just as
a man speaks to his friend. When Moses returned to the
camp, his servant Joshua, the son of Nun, a young man,
would not depart from the tent. 12 ¶ Then Moses said
to the LORD, "See, Thou dost say to me, 'Bring up
this people!' But Thou Thyself hast not let me know

출

13 /참으로(=원컨대)
[만일]
내가 ─ 은총을 입었사오면 (조건절, if)
/주의 목전에
원컨대
[당신은] ┬ 주의 길을 내게 보이사
├ 내게 주를 알리시고
├ 은총을 입게 하시며
│ /나로
│ /주의 목전에
└ 이 족속을 주의 백성으로 여기소서

14 여호와께서 **가라사대**
/내가 ─ 친히 가리라
/내가 ─ 너로 편케 하리라

15 모세가 여호와께 **고하되**
/[만일]
주께서 ── 친히 가지 아니하시려거든(조건문, if)
[당신은] ─ 우리를 이곳에서 올려 보내지 마옵소서

16 /[내가] ── 무엇으로 알리이까?
/나와 주의 백성이 주의 목전에 은총 입은 줄을

/주께서 ── 나와 주의 백성을 구별하심이 아니니이까?
/천하 만민중에
/우리와 함께 행하심으로

17 여호와께서 모세에게 **이르시되**
/내가 ─ 하리니
/너의 말하는 이 일도

//(이유: for)
너는 ─ 은총을 입었고
/내 목전에
내가 ─ 너를 앎이니라
/이름으로도

18 모세가 **가로되**
/원컨대
[당신은] ── 주의 영광을 보이소서
/내게

19 여호와께서 **가라사대**
/내가 ─ 나의 모든 선한 형상을 지나게 하고
/네 앞으로

하셨사온즉 **13** 내가 참으로 주의 목전에 은총을 입게
하시며 이 족속을 주의 백성으로 여기소서 **14** 여호와
께서 가라사대 내가 친히 가리라 내가 너로 편케 하리라
15 모세가 여호와께 고하되 주께서 친히 가지 아니하시
려거든 우리를 이곳에서 올려 보내지 마옵소서 **16** 나
와 주의 백성이 주의 목전에 은총 입은 줄을 무엇으로
알리이까 주께서 우리와 함께 행하심으로 나와 주의 백
성을 천하 만민 중에 구별하심이 아니니이까 **17** 여호
와께서 모세에게 이르시되 너의 말하는 이 일도 내가 하
리니 너는 내 목전에 은총을 입었고 내가 이름으로도 너
를 앎이니라 **18** 모세가 가로되 원컨대 주의 영광을 내
게 보이소서 **19** 여호와께서 가라사대 내가 나의 모든

whom Thou wilt send with me. Moreover, Thou hast
said, 'I have known you by name, and you have also
found favor in My sight.' **13** "Now therefore, I pray
Thee, if I have found favor in Thy sight, let me know
Thy ways, that I may know Thee, so that I may find
favor in Thy sight. Consider too, that this nation is Thy
people." **14** And He said, "My presence shall go with
you, and I will give you rest." **15** Then he said to Him,
"If Thy presence does not go with us, do not lead us
up from here. **16** "For how then can it be known that
I have found favor in Thy sight, I and Thy people? Is
it not by Thy going with us, so that we, I and Thy
people, may be distinguished from all the other people
who are upon the face of the earth?" **17** ¶ And the
LORD said to Moses, "I will also do this thing of which
you have spoken; for you have found favor in My sight,
and I have known you by name." **18** Then Moses said,
"I pray Thee, show me Thy glory!" **19** And He said,

여호와의 이름을 반포하리라
/네 앞에
/나는 — 은혜를 주고
/은혜 줄 자에게
궁휼을 베푸느니라
/긍휼히 여길 자에게

20 또
가라사대
/네가 — 내 얼굴을 보지 못하리니

//(이유: for)
나를 보고 살 자가 없음이니라

21 여호와께서 **가라사대**
/보라
한 곳이 — 내 곁에 있으니
너는 — 그 반석 위에 섰으라

22 /내 영광이 지날 때에(상황절,when)
내가 — 너를 반석 틈에 두고
내가 — 내 손으로 너를 덮었다가
/지나도록(=지날때까지)
23 /[내가] — 손을 거두리니

//(결과)
네가 — 내 등을 볼 것이요
얼굴은 보지 못하리라

34

1 여호와께서 모세에게 **이르시되**
/너는 — 돌판 둘을 깎아 만들라
/처음 것과 같이

//(결과)
내가 — 그 판에 쓰리니
/처음 판에 있던 말을
/네가 깨뜨린바

2 /[너는] — 아침 전에 예비하고
아침에 시내산에 올라와
산꼭대기에서 내게 보이되

선한 형상을 네 앞으로 지나게 하고 여호와의 이름을 네
앞에 반포하리리라 나는 은혜 줄 자에게 은혜를 주고 긍
휼히 여길자에게 긍휼을 베푸느니라 **20** 또 가라사대
네가 내 얼굴을 보지 못하리니 나를 보고 살 자가 없음
이니라 **21** 여호와께서 가라사대 보라 내 곁에 한 곳이
있으니 너는 그 반석 위에 섰으라 **22** 내 영광이 지날
때에 내가 너를 반석 틈에 두고 내가 지나도록 내 손으
로 너를 덮었다가 **23** 손을 거두리니 네가 내 등을 볼
것이요 얼굴은 보지 못하리라
34:1 여호와께서 모세에게 이르시되 너는 돌판 둘
을 처음 것과 같이 깎아 만들라 네가 깨뜨린바
처음 것과 같이 깎아 만들라 네가 깨뜨린바 처음 판에
있던 말을 내가 그 판에 쓰리니 **2** 아침 전에 예비하고
아침에 시내 산에 올라와 산꼭대기에서 내게 보이되 **3**

"I Myself will make all My goodness pass before you,
and will proclaim the name of the LORD before you;
and I will be gracious to whom I will be gracious, and
will show compassion on whom I will show compassion."
20 But He said, "You cannot see My face, for no man
can see Me and live!" **21** Then the LORD said, "Behold,
there is a place by Me, and you shall stand there on the
rock; **22** and it will come about, while My glory is
passing by, that I will put you in the cleft of the rock
and cover you with My hand until I have passed by.
23 "Then I will take My hand away and you shall see
My back, but My face shall not be seen."
34:1 ¶ Now the LORD said to Moses, "Cut out
for yourself two stone tablets like the former ones,
and I will write on the tablets the words that were on
the former tablets which you shattered. **2** "So be ready
by morning, and come up in the morning to Mount Sinai,
and present yourself there to Me on the top of the mountain. **3**

출

3 /아무도 — 너와 함께 오르지 말며
[너는] — 인적을 금하고
/온 산에
— 양과 소도 먹지 못하게 하라
/산 앞에서

4 모세가 돌판 둘을 **깎아 만들고**
/처음 것과 같이
아침에 **일찌기 일어나**
그 두 돌판을 손에 **들고**
시내산에 **올라가니**
/여호와의 명대로

5 여호와께서 구름 가운데 **강림하사**
그와 함께 거기 **서서**
여호와의 이름을 **반포하실새**

6 여호와께서 그의 앞으로 **지나시며**
반포하시되
/여호와로라 여호와로라
/하나님이로라
/자비롭고
/은혜롭고
/노하기를 더디하고
/인자와 진실이 많은
7 /인자를 천대까지 베풀며(=베푸시는)[30]
/악과 과실과 죄를 용서하나(=용서하시는)[31]
/아비의 악을 자여손 삼 사대까지 보응하리라(=보응하시는)
/형벌 받을 자는 결단코 면죄하지 않고

30) 분사
31) 분사

8 모세가 **급히(=서둘렀다)**
/땅에 엎드리어(=엎드리기를)
경배하며
9 **가로되**
/주여!
[만일]
내가 주께 은총을 입었거든(조건문, if)
원컨대!
주는 — 우리 중에서 행하옵소서
/이는(비록, even though)
목이 곧은 백성이니이다(=백성이라 할지라도)(양보절)
[당신은] — 우리의 악과 죄를 사하시고
— 우리로 주의 기업을 삼으소서

아무도 너와 함께 오르지 말며 온 산에 인적을 금하고 양
과 소도 산 앞에서 먹지 못하게 하라 **4** 모세가 돌판 둘
을 처음 것과 같이 깎아 만들고 아침에 일찌기 일어나 그
두 돌판을 손에 들고 여호와의 명대로 시내 산에 올라가
니 **5** 여호와께서 구름 가운데 강림하사 그와 함께 거기
서서 여호와의 이름을 반포하실새 **6** 여호와께서 그의 앞
으로 지나시며 반포하시되 여호와로라 여호와로라 자비
롭고 은혜롭고 노하기를 더디하고 인자와 진실이 많은
하나님이로라 **7** 인자를 천대까지 베풀며 악과 과실과 죄
를 용서하나 형벌 받을 자는 결단코 면죄하지 않고 아비
의 악을 자여손 삼사 대까지 보응하리라 **8** 모세가 급히
땅에 엎드리어 경배하며 **9** 가로되 주여 내가 주께 은총
을 입었거든 원컨대 주는 우리 중에서 행하옵소서 이는
목이 곧은 백성이니이다 우리의 악과 죄를 사하시고 우

"And no man is to come up with you, nor let any man
be seen anywhere on the mountain; even the flocks and
the herds may not graze in front of that mountain." **4**
So he cut out two stone tablets like the former ones,
and Moses rose up early in the morning and went up to
Mount Sinai, as the LORD had commanded him, and
he took two stone tablets in his hand. **5** And the LORD
descended in the cloud and stood there with him as he
called upon the name of the LORD. **6** Then the LORD
passed by in front of him and proclaimed, "The LORD,
the LORD God, compassionate and gracious, slow to
anger, and abounding in lovingkindness and truth; **7**
who keeps lovingkindness for thousands, who forgives
iniquity, transgression and sin; yet He will by no means
leave the guilty unpunished, visiting the iniquity of fathers
on the children and on the grandchildren to the third
and fourth generations." **8** And Moses made haste to
bow low toward the earth and worship. **9** And he said,
"If now I have found favor in Thy sight, O Lord, I pray,
let the Lord go along in our midst, even though the

10 여호와께서 **가라사대**
/보라!
내가 — 언약을 세우나니
곧
내가 — 이적을 행할 것이라
/아직 온 땅 아무 국민에게도 행치 아니한
/너희 전체 백성 앞에
/나라 백성이 다 — 여호와의 소위를 보리니
/너의 머무는

//(이유: for)
내가 너를 위하여 행할 일이 두려운 것임이니라

11 /너는 — 삼가 지키라
/내가 오늘 네게 명하는 것을
/보라
내가 — 네 앞에서 쫓아내리니
/아모리 사람과 가나안 사람과
헷 사람과 브리스 사람과
히위 사람과 여부스 사람을

12 /너는 — 스스로 삼가
언약을 세우지 말라
/네가 들어가는 땅의 거민과

//(목적: lest)
그들이 너희 중에 올무가 될까 하노라

13 /너희는 — 그들의 단들을 도리어 헐고[32)]
그들의 주상을 깨뜨리고
그들의 아세라 상을 찍을지어다

14 /너는 — 다른 신에게 절하지 말라[33)]

//(이유: for)
여호와는 — 질투의 하나님임이니라
/질투라 이름하는

15 /너는 — 언약을 삼가 세우지 말지니
/그 땅의 거민과

//이는(이유: for)[34)]

32) 원전에 있는 접속사는 ki: 는 강조적으로 사용되었다.
33) 원전에 있는 접속사는 ki: 는 강조적으로 사용되었다.
34) NRSV

리로 주의 기업을 삼으소서 **10** 여호와께서 가라사대 보라 내가 언약을 세우나니 곧 내가 아직 온 땅 아무 국민에게도 행치 아니한 이적을 너희 전체 백성 앞에 행할 것이라 너의 머무는 나라 백성이 다 여호와의 소위를 보리니 내가 너를 위하여 행할 일이 두려운 것임이니라 **11** 너는 내가 오늘 네게 명하는 것을 삼가 지키라 보라 내가 네 앞에서 아모리 사람과 가나안 사람과 헷 사람과 브리스 사람과 히위 사람과 여부스 사람을 쫓아내리니 **12** 너는 스스로 삼가 네가 들어가는 땅의 거민과 언약을 세우지 말라 그들이 너희 중에 올무가 될까 하노라 **13** 너희는 도리어 그들의 단들을 헐고 그들의 주상을 깨뜨리고 그들의 아세라 상을 찍을지어다 **14** 너는 다른 신에게 절하지 말라 여호와는 질투라 이름하는 질투의 하나님임이니라 **15** 너는 삼가 그 땅의 거민과 언약을

people are so obstinate; and do Thou pardon our iniquity and our sin, and take us as Thine own possession." **10** ¶ Then God said, "Behold, I am going to make a covenant. Before all your people I will perform miracles which have not been produced in all the earth, nor among any of the nations; and all the people among whom you live will see the working of the LORD, for it is a fearful thing that I am going to perform with you. **11** "Be sure to observe what I am commanding you this day: behold, I am going to drive out the Amorite before you, and the Canaanite, the Hittite, the Perizzite, the Hivite and the Jebusite. **12** "Watch yourself that you make no covenant with the inhabitants of the land into which you are going, lest it become a snare in your midst. **13** "But rather, you are to tear down their altars and smash their sacred pillars and cut down their Asherim **14**— for you shall not worship any other god, for the LORD, whose name is Jealous, is a jealous God—**15** lest you make a covenant with the inhabitants of the land and they play the harlot with their gods, and sacrifice to their gods,

출

//이는(이유: for)[34)]
그들이 ─ 모든 신을 음란히 섬기며(상황절, when)
└ 그 신들에게 희생을 드리고(상황절, when)
[누가] ─ 너를 청하면(=청할 것이다)
네가 ─ 그 희생을 먹을까 함이며(=먹을 것이다)

16 //또(계속되는 이유)
네가 ─ 네 아들들의 아내를 삼음으로(삼을 때)
/그들의 딸들로
그들의 딸들이 ─ 그 신들을 음란히 섬기며
네 아들로 ─ 그들의 신들을 음란히 섬기게 할까 함이니라

17 /너는 ─ 신상들을 부어 만들지 말지니라[35)]

35) 부어 만들어진 신상들

18 /너는 ─ 무교절을 지키되
/[너는] ─ 무교병을 먹으라
/내가 네게 명한 대로
/아빕월 그 기한에 칠 일 동안

//이는(이유: for)
네가 ─ 아빕월에 나왔음이니라
/애굽에서

19 /초태생은 ─ 내 것이며
/무릇..다
수컷 처음 난 우양도 ─ 그러하며
/무릇(=모든).다
/네 가축의

20 /첫 새끼는 ─ 어린 양으로 대속할 것이요
/나귀의
/[만일] 그렇게 아니하려면(조건절, if)
[너는] ─ 그 목을 꺾을 것이며
/장자는 다 ─ 대속할지며
/네 아들 중
/[너는] ─ 내 얼굴을 보지 말지니라
/빈 손으로

21 /너는 ─ 엿새 동안 일하고
├ 제 칠일에는 쉴지니
└ 쉴지며
/밭 갈 때에나 거둘 때에도

세우지 말지니 이는 그들이 모든 신을 음란히 섬기며 그
신들에게 희생을 드리고 너를 청하면 네가 그 희생을 먹
을까 함이며 16 또 네가 그들의 딸들로 네 아들들의 아
내를 삼음으로 그들의 딸들이 그 신들을 음란히 섬기며
네 아들로 그들의 신들을 음란히 섬기게 할까 함이니라
17 너는 신상들을 부어 만들지 말지니라 18 너는 무교
절을 지키되 내가 네게 명한 대로 아빕 월 그 기한에 칠
일 동안 무교병을 먹으라 이는 네가 아빕 월에 애굽에서
나왔음이니라 19 무릇 초태생은 다 내 것이며 무릇 네
가축의 수컷 처음 난 우양도 다 그러하며 20 나귀의 첫
새끼는 어린 양으로 대속할 것이요 그렇게 아니하려면
그 목을 꺾을 것이며 네 아들 중 장자는 다 대속할지며
빈손으로내 얼굴을 보지 말지니라 21 너는 엿새 동안
일하고 제칠일에는 쉴지니 밭 갈 때에나 거둘 때에도 쉴
지며 22 칠칠절 곧 맥추의 초실절을 지키고 가을에는
수장절을 지키라 23 너희 모든 남자는 매년 세 번씩 주

and someone invite you to eat of his sacrifice; 16 and
you take some of his daughters for your sons, and his
daughters play the harlot with their gods, and cause your
sons also to play the harlot with their gods. 17 "You
shall make for yourself no molten gods. 18 ¶ "You
shall observe the Feast of Unleavened Bread. For seven days
you are to eat unleavened bread, as I commanded you,
at the appointed time in the month of Abib, for in the
month of Abib you came out of Egypt. 19 "The first
offspring from every womb belongs to Me, and all your
male livestock, the first offspring from cattle and sheep.
20 "And you shall redeem with a lamb the first offspring
from a donkey; and if you do not redeem it, then you
shall break its neck. You shall redeem all the first-born
of your sons. And none shall appear before Me empty-
handed. 21 ¶ "You shall work six days, but on the
seventh day you shall rest; even during plowing time
and harvest you shall rest. 22 "And you shall celebrate
the Feast of Weeks, that is, the first fruits of the wheat harvest,
and the Feast of Ingathering at the turn of the year. 23

22 /[너는] ┬ 칠칠절 곧 맥추의 초실절을 지키고
└ 수장절을 지키라
/가을에는

23 /모든 남자는 — 보일지라
/너희 /매년 세 번씩
/주 여호와 이스라엘의 하나님 앞에

24 //(이유: for)
내가 ┬ 열방을 쫓아내고
/네 앞에서
└ 네 지경을 넓히리니

/네가 매년 세번씩 여호와 너희 하나님께 보이러 올 때에(상황절, when)
아무 사람도 — 네 땅을 탐내어 엿보지 못하리라

25 /너는 ┬ 내 희생의 피를 드리지 말며
/유교병과 함께
└ 유월절 희생을 두지 말지며
/아침까지

26 /[너는] — 너의 토지소산의 처음 익은 것을 가져다가…드릴지며[36)]
/너의 하나님 여호와의 전에
너는 — 염소 새끼를 삶지 말지니라
/그 어미의 젖으로

27 여호와께서 모세에게 **이르시되**
/너는 — 이 말들을 기록하라

//(이유: for)
내가 — 언약을 세웠음이니라 하시니라
/너와 이스라엘과
/이 말들의 뜻대로

28 모세가 여호와와 함께 **있으면서**
/사십일 사십야를
/거기
떡도 **먹지 아니하였고**
물도 **마시지 아니하였으며**

여호와께서는 언약의 말씀 곧 십계를 **기록하셨더라**
/그 판들에

29 모세가 시내산에서 **내려오니**
/그 증거의 두 판을 자기 손에 들고

36) 가져오라

여호와 이스라엘의 하나님 앞에 보일지라 **24** 내가 열방
을 네 앞에서 쫓아내고 네 지경을 넓히리니 네가 매년
세 번씩 여호와 너희 하나님께 보이러 올 때에 아무 사
람도 네 땅을 탐내어 엿보지 못하리라 **25** 너는 내 희생
의 피를 유교병과 함께 드리지 말며 유월절 희생을 아침
까지 두지 말지며 **26** 너의 토지 소산의 처음 익은 것을
가져다가 너의 하나님 여호와의 전에 드릴지며 너는 염
소 새끼를 그 어미의 젖으로 삶지 말지니라 **27** 여호와
께서 모세에게 이르시되 너는 이 말들을 기록하라 내가
이말들의 뜻대로 너와 이스라엘과 언약을 세웠음이니라
하시니라 **28** 모세가 여호와와 함께 사십 일 사십 야를
거기 있으면서 떡도 먹지 아니하였고 물도 마시지 아니
하였으며 여호와께서는 언약의 말씀 곧 십계를 그 판들
에 기록하셨더라 **29** 모세가 그 증거의 두 판을 자기 손

"Three times a year all your males are to appear before
the Lord GOD, the God of Israel. **24** "For I will drive
out nations before you and enlarge your borders, and no man
shall covet your land when you go up three times a year
to appear before the LORD your God. **25** ¶ "You shall
not offer the blood of My sacrifice with leavened bread,
nor is the sacrifice of the Feast of the Passover to be
left over until morning. **26** "You shall bring the very
first of the first fruits of your soil into the house of the LORD
your God. You shall not boil a kid in its mother's milk."
27 ¶ Then the LORD said to Moses, "Write down
these words, for in accordance with these words I have made
a covenant with you and with Israel." **28** So he was
there with the LORD forty days and forty nights; he did
not eat bread or drink water. And he wrote on the tablets
the words of the covenant, the Ten Commandments. **29**
¶ And it came about when Moses was coming down
from Mount Sinai (and the two tablets of the testimony

[그가] 그 산에서 내려올 때에(상황절, when)
모세는 **깨닫지 못하였더라**
/얼굴 꺼풀에 광채가 나나(=광채가 나는것을)
/자기가 여호와와 말씀하였음을 인하여

30 아론과 온 이스라엘 자손이 모세를 볼 때에(상황절, when)
[그들이] 모세의 얼굴 꺼풀에 광채 남을 **보고**
그에게 가까이 하기를 **두려워하더니**

31 모세가 그들을 **부르니**
아론과
모든 어른이 모세에게로 **오고**
/회중의
모세가 그들과 **말하니**

32 이스라엘 자손이 **가까이 오는지라**
/온 /그 후에야

모세가 그들에게 **명하고**
/여호와께서 시내산에서 자기에게 이르신 말씀을 다

33 [그가] 그들에게 말하기를 마치고(상황절, when)
자기 얼굴을 **가리웠더라**
/수건으로

34 그러나
모세가 여호와 앞에 들어가서(상황절, when)

//(목적: to)
함께 말씀할 때에는(=함께 말씀하기 위하여)

[그가] 수건을 **벗고 있다가**
/나오기까지

[그가] 나와서는(=나왔을 때, 상황절, when)
[그가] 그 명하신 일을 **고하며**
/이스라엘 자손에게

35 자손이 광채를 **보는 고로**
/이스라엘 /모세의 얼굴의

모세가 자기 얼굴을 **가리웠더라**
/여호와께 말씀하러 들어가기까지
/다시
/수건으로

에 들고 시내 산에서 내려오니 그 산에서 내려올 때에
모세는 자기가 여호와와 말씀하였음을 인하여 얼굴 꺼풀
에 광채가 나나 깨닫지 못하였더라 30 아론과 온 이스
라엘 자손이 모세를 볼 때에 모세의 얼굴 꺼풀에 광채
남을 보고 그에게 가까이 하기를 두려워하더니 31 모세
가 그들을 부르니 아론과 회중의 모든 어른이 모세에게
로 오고 모세가 그들과 말하니 32 그 후에야 온 이스라
엘 자손이 가까이 오는지라 모세가 여호와께서 시내산에
서 자기에게 이르신 말씀을 다 그들에게 명하고 33 그
들에게 말하기를 마치고 수건으로 자기 얼굴을 가리웠더
라 34 그러나 모세가 여호와 앞에 들어가서 함께 말씀
할 때에는 나오기까지 수건을 벗고 있다가 나와서는 그
명하신 일을 이스라엘 자손에게 고하며 35 이스라엘 자
손이 모세의 얼굴의 광채를 보는 고로 모세가 여호와께
말씀하러 들어가기까지 다시 수건으로 자기 얼굴을 가리
웠더라

were in Moses' hand as he was coming down from the
mountain), that Moses did not know that the skin of his
face shone because of his speaking with Him. 30 So
when Aaron and all the sons of Israel saw Moses, behold,
the skin of his face shone, and they were afraid to come
near him. 31 Then Moses called to them, and Aaron
and all the rulers in the congregation returned to him;
and Moses spoke to them. 32 And afterward all the
sons of Israel came near, and he commanded them to
do everything that the LORD had spoken to him on
Mount Sinai. 33 When Moses had finished speaking
with them, he put a veil over his face. 34 But whenever
Moses went in before the LORD to speak with Him, he
would take off the veil until he came out; and whenever
he came out and spoke to the sons of Israel what he
had been commanded, 35 the sons of Israel would see
the face of Moses, that the skin of Moses' face shone.
So Moses would replace the veil over his face until he
went in to speak with Him.

35

1 모세가 이스라엘의 온 회중을 **모으고**
그들에게 **이르되**
/말씀이 —— 이러하니라
/여호와께서 — 너희에게 명하사

//(목적: to)
행하게 하신(=행하게 하기 위하여)

2 /일[이] —— [행해지게]하고
/엿새 동안은
/제 칠일은 ┬ 너희에게 성일이니
└ 특별한 안식일이라
/여호와께
/[너는] —— 일하는 자를 죽일지니
/무릇
/이날에
3 /[너는] —— 불도 피우지 말지니라
/너희의 모든 처소에서
/안식일에는

4 모세가 이스라엘 자손의 온 회중에게 **고하여 가로되**
/명하신 일이 — 이러하니라
/여호와의
/이르시기를(=말씀하심으로)
5 /너희는 —— 여호와께 드릴 것을 취하되
/너희의 소유 중에서
원하는 자는 — 그것을 가져다가 드릴지니
/마음에 /여호와께 [선물을]
/무릇(=모든) /곧
금과 은과 놋과
6 청색 자색 홍색실과 가는 베실과 염소털과
7 붉은 물 들인 수양의 가죽과
해달의 가죽과 조각목과
8 등유와 및 관유에 드는 향품과
분향할 향을 만드는 향품과
9 호마노며
에봇과 흉패에 물릴 보석이니라

10 /마음이 지혜로운 자는 —— 와서
/너희 중
/무릇(=모든)

35:1 모세가 이스라엘의 온 회중을 모으고 그들에
게 이르되 여호와께서 너희에게 명하사 행하게
하신 말씀이 이러하니라 2 엿새 동안은 일하고 제칠일은
너희에게 성일이니 여호와께 특별한 안식일이라 무릇 이
날에 일하는 자를 죽일지니 3 안식일에는 너희의 모든
처소에서 불도 피우지 말지니라 4 모세가 이스라엘 자손
의 온 회중에게 고하여 가로되 여호와의 명하신 일이 이
러하니라 이르시기를 5 너희의 소유 중에서 너희는 여호
와께 드릴 것을 취하되 무릇 마음에 원하는 자는 그것을
가져다가 여호와께 드릴지니 곧 금과 은과 놋과 6 청색
자색 홍색실과 가는 베실과 염소털과 7 붉은 물 들인 숫
양의 가죽과 해달의 가죽과 조각목과 8 등유와 및 관유
에 드는 향품과 분향할 향을 만드는 향품과 9 호마노며
에봇과 흉패에 물릴 보석이니라 10 무릇 너희 중 마음

35:1 ¶ Then Moses assembled all the congregation
of the sons of Israel, and said to them, "These
are the things that the LORD has commanded you to
do. 2 "For six days work may be done, but on the
seventh day you shall have a holy day, a sabbath of complete
rest to the LORD; whoever does any work on it shall
be put to death. 3 "You shall not kindle a fire in any
of your dwellings on the sabbath day." 4 ¶ And Moses spoke
to all the congregation of the sons of Israel, saying,
"This is the thing which the LORD has commanded,
saying, 5 'Take from among you a contribution to the
LORD; whoever is of a willing heart, let him bring it
as the LORD's contribution: gold, silver, and bronze, 6
and blue, purple and scarlet material, fine linen, goats'
hair, 7 and rams' skins dyed red, and porpoise skins,
and acacia wood, 8 and oil for lighting, and spices for
the anointing oil, and for the fragrant incense, 9 and
onyx stones and setting stones, for the ephod and for

└여호와의 명하신 것을 다 **만들지니**
11 /곧 성막과 그 막과
그 덮개와 그 갈고리와
그 널판과 그 띠와
그 기둥과 그 받침과
12 /증거궤와 그 채와
속죄소와 그 가리는 장과
13 /상과 그 채와
그 모든 기구와 진설병과
14 /불 켜는 등대와 그 기구와
그 등잔과 등유와
15 /분향단과 그 채와
관유와 분향할 향품과
성막문의 장과
16 /번제단과 그 놋 그물과
그 채와 그 모든 기구와
물두멍과 그 받침과
17 /뜰의 포장과 그 기둥과
그 받침과 뜰 문의 장과
18 /장막 말뚝과 뜰의 포장 말뚝과
그 줄과
19 /공교히 만든 옷
/성소에서 섬기기 위하여
/곧 제사장 아론의 거룩한 옷과
그 아들들의 옷이니라
/제사 직분을 행할 때에 입는

20 온 회중이 모세 앞에서 **물러갔더니**
/이스라엘 자손의

21 마음이 감동된 자와 ── **와서**
/무릇
자원하는 자가 ──
/무릇

//(목적)
성막을 짓기 위하여

[그들이] 예물을 **가져 드렸으니**
/여호와께
/그 속에서 쓸 모든 것을 위하여,
/거룩한 옷을 위하여

이 지혜로운 자는 와서 여호와의 명하신 것을 다 만들지
니 **11** 곧 성막과 그 막과 그 덮개와 그 갈고리와 그 널
판과 그 띠와 그 기둥과 그 받침과 **12** 증거궤와 그 채
와 속죄소와 그 가리는 장과 **13** 상과 그 채와 그 모든
기구와 진설병과 **14** 불 켜는 등대와 그 기구와 그 등잔
과 등유와 **15** 분향단과 그 채와 관유와 분향할 향품과
성막문의 장과 **16** 번제단과 그 놋 그물과 그 채와 그
모든 기구와 물두멍과 그 받침과 **17** 뜰의 포장과 그 기
둥과 그 받침과 뜰문의 장과 **18** 장막 말뚝과 뜰의 포장
말뚝과 그 줄과 **19** 성소에서 섬기기 위하여 공교히 만
든 옷 곧 제사 직분을 행할 때에 입는 제사장 아론의 거
룩한 옷과 그 아들들의 옷이니라 **20** 이스라엘 자손의
온 회중이 모세 앞에서 물러갔더니 **21** 무릇 마음이 감
동된 자와 무릇 자원하는 자가 와서 성막을 짓기 위하여

the breastpiece. **10** ¶ 'And let every skillful man among
you come, and make all that the LORD has commanded:
11 the tabernacle, its tent and its covering, its hooks
and its boards, its bars, its pillars, and its sockets; **12**
the ark and its poles, the mercy seat, and the curtain of
the screen; **13** the table and its poles, and all its utensils,
and the bread of the Presence; **14** the lampstand also
for the light and its utensils and its lamps and the oil
for the light; **15** and the altar of incense and its poles,
and the anointing oil and the fragrant incense, and the
screen for the doorway at the entrance of the tabernacle;
16 the altar of burnt offering with its bronze grating,
its poles, and all its utensils, the basin and its stand;
17 the hangings of the court, its pillars and its sockets,
and the screen for the gate of the court; **18** the pegs
of the tabernacle and the pegs of the court and their
cords; **19** the woven garments, for ministering in the
holy place, the holy garments for Aaron the priest, and
the garments of his sons, to minister as priests.'" **20** ¶
Then all the congregation of the sons of Israel departed

22 곧
남녀가 와서
/마음에 원하는
가져 왔으되
/가슴 핀과 귀고리와
가락지와 목거리와
여러가지 금품을
/사람마다
/금 예물을 드렸으며(=드린)
/여호와께

23 있는 자도 가져 왔으며
/청색 자색 홍색실과
/무릇
가는 베실과
염소 털과
붉은 물 들인 수양의 가죽과
해달의 가죽이

24 예물을 삼는 자는 여호와께 **가져다가 드렸으며**
/무릇 은과 놋으로

조각 목이 있는 자는 **가져 왔으며**
/무릇 섬기는 일에 소용되는

25 모든 여인은 손수 **실을 낳고(=실을 뽑다)**
/마음이 슬기로운
가져 왔으며
/그 낳은 청색 자색 홍색실과 가는 베실을

26 모든 여인은 염소 털로 실을 **낳았으며**
/마음에 감동을 받아
/슬기로운

27 모든 족장은 **가져 왔으며**
/호마노와 및 에봇과
흉패에 물릴 보석을
28 **〈가져 왔으니〉**
/등불과 관유와
분향할 향에 소용되는 기름과
향품을

그 속에서 쓸 모든 것을 위하여, 거룩한 옷을 위하여 예
물을 가져 여호와께 드렸으니 22 곧 마음에 원하는 남
녀가 와서 가슴 핀과 귀고리와 가락지와 목거리와 여러
가지 금품을 가져 왔으되 사람마다 여호와께 금 예물을
드렸으며 23 무릇 청색 자색 홍색실과 가는 베실과 염
소털과 붉은 물들인 숫양의 가죽과 해달의 가죽이 있는
자도 가져 왔으며 24 무릇 은과 놋으로 예물을 삼는 자
는 가져다가 여호와께 드렸으며 무릇 섬기는 일에 소용
되는 조각목이 있는 자는 가져 왔으며 25 마음이 슬기
로운 모든 여인은 손수 실을 낳고 그 낳은 청색 자색 홍
색실과 가는 베실을 가져 왔으며 26 마음에 감동을 받
아 슬기로운 모든 여인은 염소털로 실을 낳았으며 27
모든 족장은 호마노와 및 에봇과 흉패에 물릴 보석을 가
져 왔으며 28 등불과 관유와 분향할 향에 소용되는 기

from Moses' presence. 21 And everyone whose heart stirred him and everyone whose spirit moved him came and brought the LORD's contribution for the work of the tent of meeting and for all its service and for the holy garments.
22 Then all whose hearts moved them, both men and women, came and brought brooches and earrings and signet rings and bracelets, all articles of gold; so did every man who presented an offering of gold to the
LORD. 23 And every man, who had in his possession blue and purple and scarlet material and fine linen and goats' hair and rams' skins dyed red and porpoise skins, brought
them. 24 Everyone who could make a contribution of silver and bronze brought the LORD's contribution; and every man, who had in his possession acacia wood for any work of the service, brought it. 25 And all the skilled women spun with their hands, and brought what they had spun, in blue and purple and scarlet material and in fine linen.
26 And all the women whose heart stirred with a skill spun the goats' hair. 27 And the rulers brought the onyx stones and the stones for setting for the ephod and for the breastpiece; 28 and the spice and the oil for the light and for the anointing oil and for the fragrant incense.

29 여호와께 드림이 **이러하였더라**
/이스라엘 자손의
/즐거이

//(목적)[37)]
남녀마다 ── 물품을 가져다가(=가져오기 위하여)
/마음에 원하는 /여호와께서 -- 모세의 손을 빙자하여 명하신
//(목적)
모든 것을 만들기 위하여

37) 주어쪽의 드림의 목적이다.

출

30 모세가 이스라엘 자손에게 **이르되**
/볼지어다
여호와께서 ─ 브살렐을 부르시고
/유다 지파 훌의 손자요
우리의 아들인
/지명하여
31 ─ 하나님의 신을 충만케 하여
/그에게
/여러 가지 일을 하게 (하시되)
/지혜와 총명과 지식으로

32 //(목적: to)
공교한 일을 연구하여
금과 은과 놋으로 일하게 하시며
33 //(목적 계속)
여러 가지 공교한 일을 하게 하셨고(=하게하기 위하여)
/보석을 깎아 물리며 나무를 새기는

34 /또
[여호와께서] ── 감동시키사
/그와
오홀리압을
/단 지파 아히사막의 아들

//(목적: to)
가르치게 하시며

35 /[여호와께서] ─ 지혜로운 마음을 충만하게 하사
/그들에게

//(목적: to)
여러가지 일을 하게 하시되
여러가지 일을 하게 하시고
/조각하는 일과

름과 향품을 가져 왔으니 **29** 마음에 원하는 이스라엘
자손의 남녀마다 여호와께서 모세의 손을 빙자하여 명하
신 모든 것을 만들기 위하여 물품을 가져다가 여호와께
즐거이 드림이 이러하였더라 **30** 모세가 이스라엘 자손
에게 이르되 볼지어다 여호와께서 유다 지파 훌의 손자
요 우리의 아들인 브살렐을 지명하여 부르시고 **31** 하나
님의 신을 그에게 충만케 하여 지혜와 총명과 지식으로
여러가지 일을 하게 하시되 **32** 공교한 일을 연구하여
금과 은과 놋으로 일하게 하시며 **33** 보석을 깎아 물리
며 나무를 새기는 여러가지 공교한 일을 하게 하셨고
34 또 그와 단 지파 아히사막의 아들 오홀리압을 감동
시키사 가르치게 하시며 **35** 지혜로운 마음을 그들에게

29 The Israelites, all the men and women, whose heart
moved them to bring material for all the work, which
the LORD had commanded through Moses to be done,
brought a freewill offering to the LORD. **30** ¶ Then
Moses said to the sons of Israel, "See, the LORD has
called by name Bezalel the son of Uri, the son of Hur,
of the tribe of Judah. **31** "And He has filled him with
the Spirit of God, in wisdom, in understanding and in
knowledge and in all craftsmanship; **32** to make designs
for working in gold and in silver and in bronze, **33**
and in the cutting of stones for settings, and in the
carving of wood, so as to perform in every inventive
work. **34** "He also has put in his heart to teach, both
he and Oholiab, the son of Ahisamach, of the tribe of
Dan. **35** "He has filled them with skill to perform every
work of an engraver and of a designer and of an embroiderer,

공교로운 일과
청색 자색 홍색실과 가는 베실로 수 놓는 일과
짜는 일과
그 외에
공교로운 일을 연구하게 하셨나니

36

1 브살렐과 — **[행]할 것이니라**
오홀리압과 및 — /여호와의 무릇 명하신 대로
지혜로운 사람
/마음이
/곧
여호와께서—지혜와 총명을 부으사(=부으신 자들)
//(목적: to)[38]
성소에 쓸 모든 일을 할 줄 알게[하기 위하여] (하심을 입은 자들은)

38) 여호와께서 부르신 목적을 말하는 종속문장

2 모세가 **부르매**
/브살렐과
오홀리압과 및
마음이 지혜로운 사람
/곧 모든 자를
/그 마음에 여호와께로 지혜를 얻고
/마음에 원하는
/와서(=오기를)

//(목적: to)[39]
그 일을 하려고

39) 온 목적을 말하는 종속문장

3 그들이 모세에게서 **받으니라**
/예물을
/이스라엘 자손의 성소의 모든 것을 만들기 위하여 가져온

그러나
백성이 자원하는 예물을 **연하여 가져 오는 고로**

4 지혜로운 자들이—각기 하는 일을 정지하고[40] **와서**
/성소의 모든 일을 하는

5 [그들이] 모세에게 **고하여 가로되**
/백성이—너무 많이 가져 오므로
/여호와의 명하신 일에 쓰기에 남음(이 있나이다)[41]

40) 직역: 그들이 하는 일로부터 왔다

41) 쓸것 이상으로...

충만하게 하사 여러가지 일을 하게 하시되 조각하는 일
과 공교로운 일과 청색 자색 홍색실과 가는 베 실로 수
놓은 일과 짜는 일과 그 외에 여러가지 일을 하게 하시
고 공교로운 일을 연구하게 하셨나니
36:1 브살렐과 오홀리압과 및 마음이 지혜로운 사
람 곧 여호와께서 지혜와 총명을 부으사 성소에
쓸 모든 일을 할 줄 알게 하심을 입은 자들은 여호와의
무릇 명하신 대로 할 것이니라 2 모세가 브살렐과 오홀
리압과 및 마음이 지혜로운 사람 곧 그 마음에 여호와께
로 지혜를 얻고 와서 그 일을 하려고 마음에 원하는 모
든 자를 부르매 3 그들이 이스라엘 자손의 성소의 모든
것을 만들기 위하여 가져 온 예물을 모세에게서 받으니
라 그러나 백성이 아침마다 자원하는 예물을 연하여 가
져오는 고로 4 성소의 모든 일을 하는 지혜로운 자들이

in blue and in purple and in scarlet material, and in fine
linen, and of a weaver, as performers of every work and
makers of designs
36 1 ¶ "Now Bezalel and Oholiab, and every skillful
person in whom the LORD has put skill and
understanding to know how to perform all the work in
the construction of the sanctuary, shall perform in accordance
with all that the LORD has commanded." 2 ¶ Then
Moses called Bezalel and Oholiab and every skillful
person in whom the LORD had put skill, everyone whose
heart stirred him, to come to the work to perform it. 3
And they received from Moses all the contributions which
the sons of Israel had brought to perform the work in
the construction of the sanctuary. And they still continued
bringing to him freewill offerings every morning. 4 And
all the skillful men who were performing all the work
of the sanctuary came, each from the work which he
was performing, 5 and they said to Moses, "The people

출

6 모세가 명을 내리매
그들이 진중에 공포하여 가로되
/무론 남녀하고 성소에 드릴 예물을 다시 만들지 말라 하매

백성이 정지하니
/가져오기를

7 //(이유: for)
있는 재료가 ┬ 넉넉하여
/모든 일을 하기에
└ 남음이 있었더라

8 모든 사람이 ── 성막을 지었으니
/마음이 지혜로운 /열 폭 앙장으로
/일하는 사람 중에

/곧 짜서 지은 것이라
/그룹들을 무늬 놓아
/가늘게 꼰 베실과
/청색 자색 홍색실로

9 /매폭의 장은 이십 팔 규빗,
광은 사 규빗으로
각 폭의 장단을 같게 하여
10 /그 다섯 폭을 서로 연하며
또 그 다섯 폭을 서로 연하고
11 /연락할 말폭 가에 청색 고를 만들며
다른 연락할 말폭 가에도 고를 만들되
12 /그 연락할 한 폭에 고 오십을 달고
다른 연락할 한 폭의 가에도 고 오십을 달아
그 고들이 서로 대하게 하고
13 /금 갈고리 오십을 만들어
그 갈고리로 두 앙장을 연하여 한 막을 이루었더라

14 /그 성막을 덮는 막
곧 앙장을 염소털로 만들되
십 일폭을 만들었으니
15 /각 폭의 장은 삼십 규빗,
광은 사 규빗으로
십 일폭의 장단을 같게 하여

각기 하는 일을 정지하고 와서 5 모세에게 고하여 가로
되 백성이 너무 많이 가져오므로 여호와의 명하신 일에
쓰기에 남음이 있나이다 6 모세가 명을 내리매 그들이
진중에 공포하여 가로되 무론 남녀하고 성소에 드릴 예
물을 다시 만들지 말라 하매 백성이 가져오기를 정지하
니 7 있는 재료가 모든 일을 하기에 넉넉하여 남음이 있
었더라 8 일하는 사람 중에 마음이 지혜로운 모든 사람
이 열 폭 앙장으로 성막을 지었으니 곧 가늘게 꼰 베실과
청색 자색 홍색실로 그룹 들을 무늬 놓아 짜서 지은 것이
라 9 매폭의 장은 이십 팔 규빗, 광은 사 규빗으로 각 폭
의 장단을 같게 하여 10 그 다섯 폭을 서로 연하며 또
그 다섯 폭을 서로 연하고 11 연락할 말폭 가에 청색
고를 만들며 다른 연락할 말폭 가에도 고를 만들되 12
그 연락할 한 폭에 고 오십을 달고 다른 연락할 한 폭의
가에도 고 오십을 달아 그 고들이 서로 대하게 하고 13
금 갈고리 오십을 만들어 그 갈고리로 두 앙장을 연하여

are bringing much more than enough for the construction
work which the LORD commanded us to perform." 6
So Moses issued a command, and a proclamation was
circulated throughout the camp, saying, "Let neither man
nor woman any longer perform work for the contributions
of the sanctuary." Thus the people were restrained from
bringing any more. 7 For the material they had was sufficient
and more than enough for all the work, to perform it.
8 ¶ And all the skillful men among those who were
performing the work made the tabernacle with ten curtains;
of fine twisted linen and blue and purple and scarlet material,
with cherubim, the work of a skillful workman, Bezalel made
them. 9 The length of each curtain was twenty-eight
cubits, and the width of each curtain four cubits; all the
curtains had the same measurements. 10 And he joined five
curtains to one another, and the other five curtains he
joined to one another. 11 And he made loops of blue
on the edge of the outermost curtain in the first set; he
did likewise on the edge of the curtain that was outermost
in the second set. 12 He made fifty loops in the one
curtain and he made fifty loops on the edge of the curtain
that was in the second set; the loops were opposite each
other. 13 And he made fifty clasps of gold, and joined
the curtains to one another with the clasps, so the
tabernacle was a unit. 14 ¶ Then he made curtains of
goats' hair for a tent over the tabernacle; he made eleven

16 /그 앙장 다섯 폭을 서로 연하며
또 여섯 폭을 서로 연하고
17 /앙장을 연락할 말폭 가에 고 오십을 달며
다른 연락할 말폭 가에도 고 오십을 달고
18 /놋 갈고리 오십을 만들어
그 앙장을 연합하여 한 막이 되게 하고
19 /붉은 물 들인 수양의 가죽으로 막의 덮개를 만들고
해달의 가죽으로 그 웃덮개를 만들었더라

20 /그가 또 조각목으로 성막에 세울 널판들을 만들었으니

21 /각 판의 장은 십 규빗,
광은 일 규빗 반이며
22 /각 판에 두 촉이 있어
서로 연하게 하였으니
성막의 모든 판이 그러하며

23 /성막을 위하여 널판을 만들었으되
남으로는 남편에 널판이 이십이라
24 /그 이십 널판 밑에 은받침 사십을 만들었으되
곧 이 널판 밑에도 두 받침이 그 두 촉을 받게 하였고
저 널판 밑에도 두 받침이 그 두 촉을 받게 하였으며
25 /성막 다른 편 곧 북편을 위하여도 널판 이십을 만들고
26 /또 은받침 사십을 만들었으니
곧 이 판 밑에도 두 받침이요
저 판 밑에도 두 받침이며

27 /장막 뒤 곧 서편을 위하여는 널판 여섯을 만들었고
28 /장막 뒤 두 모퉁이 편을 위하여는 널판 둘을 만들되
29 /아래서부터 위까지 각기 두 겹 두께로 하여
윗고리에 이르게 하고
두 모퉁이 편을 다 그리하며
30 /그 널판은 여덟이요
그 받침은 은받침 열 여섯이라
각 널판 밑에 둘씩이었더라

한 막을 이루었더라 **14** 그 성막을 덮는 막 곧 앙장을
염소털로 만들되 십일 폭을 만들었으니 **15** 각 폭의 장
은 삼십 규빗, 광은 사 규빗으로 십일 폭의 장단을 같게
하여 **16** 그 앙장 다섯 폭을 서로 연하며 또 여섯 폭을
서로 연하고 **17** 앙장을 연락할 말폭 가에도 고 오십을
달며 다른 연락할 말폭 가에도 고 오십을 달고 **18** 놋
갈고리 오십을 만들어 그 앙장을 연합하여 한 막이 되게
하고 **19** 붉은 물 들인 숫양의 가죽으로 막의 덮개를 만
들고 해달의 가죽으로 그 웃덮개를 만들었더라 **20** 그가
또 조각목으로 성막에 세울 널판들을 만들었으니 **21** 각
판의 장은 십 규빗, 광은 일 규빗 반이며 **22** 각 판에 두
촉이 있어 서로 연하게 하였으니 성막의 모든 판이 그러
하며 **23** 성막을 위하여 널판을 만들었으되 남으로는 남
편에 널판이 이십이라 **24** 그 이십 널판 밑에 은받침 사
십을 만들었으되 곧 이 널판 밑에도 두 받침이 그 두 촉
을 받게 하였으며 **25** 성막 다른 편 곧 북편을 위하여도
널판 이십을 만들고 **26** 또 은받침 사십을 만들었으니
곧 이 판 밑에도 두 받침이요 저 판 밑에도 두 받침이며
27 장막 뒤 곧 서편을 위하여는 널판 여섯을 만들었고
28 장막 뒤 두 모퉁이 편을 위하여는 널판 둘을 만들되

curtains in all. **15** The length of each curtain was thirty
cubits, and four cubits the width of each curtain; the
eleven curtains had the same measurements. **16** And
he joined five curtains by themselves, and the other six
curtains by themselves. **17** Moreover, he made fifty
loops on the edge of the curtain that was outermost in
the first set, and he made fifty loops on the edge of the
curtain that was outermost in the second set. **18** And
he made fifty clasps of bronze to join the tent together,
that it might be a unit. **19** And he made a covering for
the tent of rams' skins dyed red, and a covering of
porpoise skins above. **20** ¶ Then he made the boards
for the tabernacle of acacia wood, standing upright. **21**
Ten cubits was the length of each board, and one and a
half cubits the width of each board. **22** There were two
tenons for each board, fitted to one another; thus he did
for all the boards of the tabernacle. **23** And he made
the boards for the tabernacle twenty boards for the south
side; **24** and he made forty sockets of silver under the twenty
boards; two sockets under one board for its two tenons
and two sockets under another board for its two tenons.
25 Then for the second side of the tabernacle, on the
north side, he made twenty boards, **26** and their forty sockets
of silver; two sockets under one board and two sockets under
another board. **27** And for the rear of the tabernacle,
to the west, he made six boards. **28** And he made two
boards for the corners of the tabernacle at the rear. **29**
And they were double beneath, and together they were

31 /그가 또 조각목으로 띠를 만들었으니
곧 성막 이편 널판을 위하여 다섯이요
32 /성막 저편 널판을 위하여 다섯이요
성막 뒤 곧 서편 널판을 위하여 다섯이며
33 /그 중간 띠를 만들되
널판 중간 이 끝에서 저 끝에 미치게 하였으며
34 /그 널판들을 금으로 싸고
그 널판에 띠를 꿸 금고리를 만들고
그 띠도 금으로 쌌더라
35 /그가 또 청색 자색 홍색실과 가늘게 꼰 베실로 장을 짜고
그 위에 그룹들을 공교히 수 놓고
36 /조각목으로 네 기둥을 만들어 금으로 쌌으며
그 갈고리는 금이며 기둥의 네 받침은 은으로 부어 만들었으며
37 /청색 자색 홍색실과 가늘게 꼰 베실로 수 놓아
장막 문을 위하여 장을 만들고
38 /문장의 기둥 다섯과 그 갈고리를 만들고
기둥머리와 그 가름대를 금으로 쌌으며
그 다섯 받침은 놋이었더라

37

1 브사렐이 궤를 **만들었으니**
/조각목으로
/장이 이 규빗 반, 광이 일 규빗 반, 고가 일 규빗 반이며
2 안팎을 **싸고**
/정금으로
금테를 **만들었으며**
/윗가로 돌아가며
3 금고리 넷을 **부어 만들어**
/네 발에 달았으니
/곧 이편에 두 고리요 저편에 두 고리며
4 채를 **만들어**
/조각목으로
그것들을 **싸고**
/금으로

29 아래서부터 위까지 각기 두 겹 두께로 하여 윗고리
에 이르게 하고 두 모퉁이 편을 다 그리하며 30 그 널
판은 여덟이요 그 받침은 은받침 열 여섯이라 각 널판
밑에 둘씩이었더라 31 그가 또 조각목으로 띠를 만들었
으니 곧 성막 이편 널판을 위하여 다섯이요 32 성막 저
편 널판을 위하여 다섯이요 성막 뒤 곧 서편 널판을 위
하여 다섯이며 33 그 중간 띠를 만들되 널판 중간 이
끝에서 저 끝에 미치게 하였으며 34 그 널판들을 금으
로 싸고 그 널판에 띠를 꿸 금고리를 만들고 그 띠도 금
으로 쌌더라 35 그가 또 청색 자색 홍색실과 가늘게 꼰
베실로 장을 짜고 그 위에 그룹들을 공교히 수 놓고 36
조각목으로 네 기둥을 만들어 금으로 쌌으며 그 갈고리
는 금이며 기둥의 네 받침은 은으로 부어 만들었으며
37 청색 자색 홍색실과 가늘게 꼰 베실로 수 놓아 장막
문을 위하여 장을 만들고 38 문장의 기둥 다섯과 그 갈
고리를 만들고 기둥머리와 그 가름대를 금으로 쌌으며
그 다섯 받침은 놋이었더라

37:1 브사렐이 조각목으로 궤를 만들었으니 장이
이 규빗 반, 광이 일 규빗 반, 고가 일 규빗 반이
며 2 정금으로 안팎을 싸고 윗가로 돌아가며 금테를 만

complete to its top to the first ring; thus he did with
both of them for the two corners. 30 And there were
eight boards with their sockets of silver, sixteen sockets,
two under every board. 31 ¶ Then he made bars of
acacia wood, five for the boards of one side of the tabernacle,
32 and five bars for the boards of the other side of the
tabernacle, and five bars for the boards of the tabernacle
for the rear side to the west. 33 And he made the
middle bar to pass through in the center of the boards
from end to end. 34 And he overlaid the boards with
gold and made their rings of gold as holders for the
bars, and overlaid the bars with gold. 35 ¶ Moreover,
he made the veil of blue and purple and scarlet material,
and fine twisted linen; he made it with cherubim, the
work of a skillful workman. 36 And he made four
pillars of acacia for it, and overlaid them with gold, with
their hooks of gold; and he cast four sockets of silver
for them. 37 And he made a screen for the doorway
of the tent, of blue and purple and scarlet material, and
fine twisted linen, the work of a weaver; 38 and he
made its five pillars with their hooks, and he overlaid
their tops and their bands with gold; but their five sockets
were of bronze.

37:1 ¶ Now Bezalel made the ark of acacia wood;
its length was two and a half cubits, and its width
one and a half cubits, and its height one and a half

5 그 채를 **꿰어**
/궤 양편 고리에
/궤를 메게 (하였으며)

6 속죄소를 **만들었으니**
/정금으로
/장이 이 규빗 반, 광이 일 규빗 반이며

7 그룹 둘을 **만들었으되**
/금으로
/쳐서
[그들을] **[만들었으니]**
/속죄소 양편에

8 **만들었으니**
/한 그룹은 이편 끝에, 한 그룹은 저편 끝에
/곧 속죄소와 한 덩이로 [그룹들을] 그 양편에
9 /그룹들이 그 날개를 높이 펴서
그 날개로 속죄소를 덮으며
/그 얼굴을 서로 대하여 속죄소를 향하였더라

10 또
그가 상을 **만들었으니**
/조각목으로
/장이 이 규빗, 광이 일 규빗, 고가 일 규빗 반이며

11 정금으로 **싸고**
금테를 **둘렀으며**
/윗가로 돌아가며

12 손바닥 넓이만한 턱을 **만들고**
/[그것(상)을 위하여]
/그 사면에
테를 **만들었고**
/그 턱 주위에
/금으로

13 금고리 넷을 **부어 만들어**
/상을 위하여

달았으니
/네 발 위 네 모퉁이에

출

들었으며 3 금고리 넷을 부어 만들어 네 발에 달았으니
곧 이편에 두 고리요 저편에 두 고리며 4 조각목으로
채를 만들어 금으로 싸고 5 그 채를 궤 양편 고리에 꿰
어 궤를 메게 하였으며 6 정금으로 속죄소를 만들었으
니 장이 이 규빗 반, 광이 일 규빗 반이며 7 금으로 그
룹 둘을 속죄소 양편에 쳐서 만들었으되 8 한 그룹은
이편 끝에 한 그룹은 저편 끝에 곧 속죄소와 한 덩이로
그 양편에 만들었으니 9 그룹들이 그 날개를 높이 펴서
그 날개로 속죄소를 덮으며 그 얼굴을 서로 대하여 속죄
소를 향하였더라 10 그가 또 조각목으로 상을 만들었
으니 장이 이 규빗, 광이 일 규빗, 고가 일 규빗 반이며
11 정금으로 싸고 윗가로 돌아가며 금테를 둘렀으며
12 그 사면에 손바닥 넓이만한 턱을 만들고 그 턱 주위
에 금으로 테를 만들었고 13 상을 위하여 금고리 넷을

cubits; 2 and he overlaid it with pure gold inside and
out, and made a gold molding for it all around. 3 And
he cast four rings of gold for it on its four feet; even
two rings on one side of it, and two rings on the other
side of it. 4 And he made poles of acacia wood and
overlaid them with gold. 5 And he put the poles into
the rings on the sides of the ark, to carry it. 6 And he
made a mercy seat of pure gold, two and a half cubits
long, and one and a half cubits wide. 7 And he made
two cherubim of gold; he made them of hammered work,
at the two ends of the mercy seat; 8 one cherub at the
one end, and one cherub at the other end; he made the
cherubim of one piece with the mercy seat at the two
ends. 9 And the cherubim had their wings spread upward,
covering the mercy seat with their wings, with their faces
toward each other; the faces of the cherubim were toward
the mercy seat. 10 ¶ Then he made the table of acacia wood,
two cubits long and a cubit wide and one and a half
cubits high. 11 And he overlaid it with pure gold, and
made a gold molding for it all around. 12 And he made
a rim for it of a handbreadth all around, and made a
gold molding for its rim all around. 13 And he cast

14 /그 고리가 턱 곁에 있어서
상을 메는 채를 꿰게 하였으며
15 또 상 멜 채를 **만들어**
/조각목으로
금으로 **쌌으며**

16 상 위의 기구[를] **만들었더라**
/곧 대접과 숟가락과 잔과 붓는 병을
/정금으로

17 또
그가 등대를 **만들되**
/정금으로
/쳐서
그것을 **만들었으니**
/그 밑판과 줄기와 잔과 꽃받침과 꽃이
그것과 한 덩이로 되었고
18 /여섯 가지가 그 곁에서 나왔으니
곧 등대의 세 가지는 저편으로 나왔고
등대의 세 가지는 이편으로 나왔으며
19 이편 가지에 살구꽃 형상의 잔 셋과 꽃받침과 꽃이 있고
저편 가지에 살구꽃 형상의 잔 셋과 꽃받침과 꽃이 있어
등대에서 나온 여섯 가지가 그러하며
20 등대 줄기에는 살구꽃 형상의 잔 넷과 꽃받침과 꽃이 있고
21 등대에서 나온 여섯 가지를 위하여는
꽃받침이 있게 하였으되
두 가지 아래 한 꽃받침이 있어 줄기와 연하였고
또 두 가지 아래 한 꽃받침이 있어 줄기와 연하였고
또 두 가지 아래 한 꽃받침이 있어
줄기와 연하게 하였으니

22 **만들었으며**
/이 꽃받침과 가지들을
/줄기와 연하여
/전부를 정금으로 쳐서

23 **만들었으니**
/등잔 일곱과

부어 만들어 네 발 위 네 모퉁이에 달았으니 **14** 그 고
리가 턱 곁에 있어서 상을 메는 채를 꿰게 하였으며
15 또 조각목으로 상 멜 채를 만들어 금으로 쌌으며
16 상 위의 기구 곧 대접과 숟가락과 잔과 붓는 병을
정금으로 만들었더라 **17** 그가 또 정금으로 등대를 만
들되 그것을 쳐서 만들었으니 그 밑판과 줄기와 잔과 꽃
받침과 꽃이 그것과 한 덩이로 되었고 **18** 여섯 가지가
그 곁에서 나왔으니 곧 등대의 세 가지는 저편으로 나왔
고 등대의 세 가지는 이 편으로 나왔으며 **19** 이 편 가
지에 살구꽃 형상의 잔 셋과 꽃받침과 꽃이 있고 저편
가지에 살구꽃 형상의 잔 셋과 꽃받침과 꽃이 있어 등대
에서 나온 여섯 가지가 그러하며 **20** 등대 줄기에는 살
구꽃 형상의 잔 넷과 꽃받침과 꽃이 있고 **21** 등대에서
나온 여섯 가지를 위하여는 꽃받침이 있게 하였으되 두
가지 아래 한 꽃받침이 있어 줄기와 연하였고 또 두 가
지 아래 한 꽃받침이 있어 줄기와 연하게 하였으니
22 이 꽃받침과 가지들을 줄기와 연하여 전부를 정금으
로 쳐서 만들었으며 **23** 등잔 일곱과 그 불집게와 불똥

four gold rings for it and put the rings on the four corners
that were on its four feet. **14** Close by the rim were
the rings, the holders for the poles to carry the table.
15 And he made the poles of acacia wood and overlaid
them with gold, to carry the table. **16** And he made
the utensils which were on the table, its dishes and its
pans and its bowls and its jars, with which to pour out
libations, of pure gold. **17** ¶ Then he made the lampstand
of pure gold. He made the lampstand of hammered work,
its base and its shaft; its cups, its bulbs and its flowers
were of one piece with it. **18** And there were six
branches going out of its sides; three branches of the
lampstand from the one side of it, and three branches of
the lampstand from the other side of it; **19** three cups shaped
like almond blossoms, a bulb and a flower in one branch,
and three cups shaped like almond blossoms, a bulb and
a flower in the other branch — so for the six branches
going out of the lampstand. **20** And in the lampstand
there were four cups shaped like almond blossoms, its
bulbs and its flowers; **21** and a bulb was under the first
pair of branches coming out of it, and a bulb under the second
pair of branches coming out of it, and a bulb under the
third pair of branches coming out of it, for the six
branches coming out of the lampstand. **22** Their bulbs
and their branches were of one piece with it; the whole
of it was a single hammered work of pure gold. **23**

/그 불집게와
/불똥 그릇을
/정금으로

24 **만들었더라**
/등대와 그 모든 기구는
/정금 한 달란트로

25 또
그가 분향할 단을 **만들었으니**
/조각목으로
/장이 일 규빗이요 광이 일 규빗이라
/네모 반듯하고
/고는 이 규빗이며
/그 뿔들이 단과 연하였으며

26 단 상면과 전후 좌우면과 그 뿔을 **싸고**
/정금으로
금테를 **둘렀고**
/주위에

27 금고리 둘을 **만들었으되**
/그 테 아래 양편에
/(곧) 그 양편에 만들어 단을 메는 채를 꿰게 하였으며

28 그 채를 **만들어**
/조각목으로
쌌으며
/금으로

29 정결한 향을 **만들었으되**
/거룩한 관유와 향품으로
/향을 만드는 법대로 (하였더라)

38

1 그가 **만들었으니**
/번제단을
/또 조각목으로
/장이 오 규빗이요 광이 오 규빗이라
네모 반듯하고 고는 삼 규빗이며

2 **만들되**
연하게 하고
/그 뿔을 단과

그릇을 정금으로 만들었으니 **24** 등대와 그 모든 기구
는 정금 한 달란트로 만들었더라 **25** 그가 또 조각목으
로 분향할 단을 만들었으니 장이 일 규빗이요 광이 일
규빗이라 네모 반듯하고 고는 이 규빗이며 그 뿔들이 단
과 연하였으며 **26** 단 상면과 전후 좌우면과 그 뿔을
정금으로 싸고 주위에 금테를 둘렀고 **27** 그 테 아래
양 편에 금고리 둘을 만들었으되 곧 그 양 편에 만들어
단을 메는 채를 꿰게 하였으며 **28** 조각목으로 그 채를
만들어 금으로 쌌으며 **29** 거룩한 관유와 향품으로 정
결한 향을 만들었으되 향을 만드는 법대로 하였더라

38:1 그가 또 조각목으로 번제단을 만들었으니 장
이 오 규빗이요 광이 오 규빗이라 네모 반듯하
고 고는 삼 규빗이며 **2** 그 네 모퉁이 위에 그 뿔을 만
들되 그 뿔을 단과 연하게 하고 단을 놋으로 쌌으며 **3**

And he made its seven lamps with its snuffers and its
trays of pure gold. **24** He made it and all its utensils
from a talent of pure gold. **25** ¶ Then he made the altar
of incense of acacia wood a cubit long and a cubit wide,
square, and two cubits high; its horns were of one piece
with it. **26** And he overlaid it with pure gold, its top
and its sides all around, and its horns; and he made a
gold molding for it all around. **27** And he made two
golden rings for it under its molding, on its two sides
— on opposite sides — as holders for poles with which
to carry it. **28** And he made the poles of acacia wood
and overlaid them with gold. **29** And he made the holy
anointing oil and the pure, fragrant incense of spices,
the work of a perfumer.

38:1 ¶ Then he made the altar of burnt offering of acacia
wood, five cubits long, and five cubits wide,
square, and three cubits high. **2** And he made its horns
on its four corners, its horns being of one piece with it,

출

싼으며
/단을
/놋으로

3 만들고
/단의 모든 기구
/곧 통과 부삽과 대야와 고기 갈고리와 불 옮기는 그릇을
/다 놋으로

4 만들어
/[덮개] 놋 그물을
/단을 위하여
/단 사면 가장자리 아래 두되 단 절반에 오르게 (하고)

5 부어 만들었으며
/그 놋 그물 네 모퉁이에 채를 꿸 고리 넷을

6 만들어
/채를
/조각목으로
싸고
/놋으로

7 꿰어
/단 양편 고리에
/그 채를 메게 하였으며
만들었더라
/단은 널판으로 비게

8 그가 만들고
/그 받침도
/놋으로 물두멍을
/놋으로 (하였으니)
/곧 회막문에서 수종드는 여인들의 거울로 (만들었더라)
9 그가 또 만들었으니
/뜰을
/남으로 뜰의 남편에는 세마포 포장이 백 규빗이라
10 /그 기둥이 스물이며 그 받침이 스물이니 놋이요
기둥의 갈고리와 가름대는 은이며
11 그 북편에도 백 규빗이라
그 기둥이 스물이며 그 받침이 스물이니 놋이요
기둥의 갈고리와 가름대는 은이며

단의 모든 기구 곧 통과 부삽과 대야와 고기 갈고리와
불 옮기는 그릇을 다 놋으로 만들고 4 단을 위하여 놋
그물을 만들어 단 사면 가장자리 아래 두되 단 절반에
오르게 하고 5 그 놋 그물 네 모퉁이에 채를 꿸 고리
넷을 부어 만들었으며 6 채를 조각목으로 만들어 놋으
로 싸고 7 단 양편 고리에 그 채를 꿰어 메게 하였으며
단은 널판으로 비게 만들었더라 8 그가 놋으로 물두멍
을 만들고 그 받침도 놋으로 하였으니 곧 회막문에서 수
종드는 여인들의 거울로 만들었더라 9 그가 또 뜰을 만
들었으니 남으로 뜰의 남편에는 세마포 포장이 백 규빗
이라 10 그 기둥이 스물이며 그 받침이 스물이니 놋이
요 기둥의 갈고리와 가름대는 은이며 11 그 북편에도
백 규빗이라 그 기둥이 스물이며 그 받침이 스물이니 놋
이요 기둥의 갈고리와 가름대는 은이며 12 서편에 포

and he overlaid it with bronze. 3 And he made all the utensils
of the altar, the pails and the shovels and the basins,
the flesh hooks and the firepans; he made all its utensils
of bronze. 4 And he made for the altar a grating of
bronze network beneath, under its ledge, reaching halfway
up. 5 And he cast four rings on the four ends of the
bronze grating as holders for the poles. 6 And he made
the poles of acacia wood and overlaid them with bronze.
7 And he inserted the poles into the rings on the sides
of the altar, with which to carry it. He made it hollow
with planks. 8 ¶ Moreover, he made the laver of bronze
with its base of bronze, from the mirrors of the serving
women who served at the doorway of the tent of meeting.
9 ¶ Then he made the court for the south side the
hangings of the court were of fine twisted linen, one hundred
cubits; 10 their twenty pillars, and their twenty sockets,
made of bronze; the hooks of the pillars and their bands
were of silver. 11 And for the north side there were
one hundred cubits; their twenty pillars and their twenty
sockets were of bronze, the hooks of the pillars and their

12 서편에 포장은 오십 규빗이라
그 기둥이 열이요 받침이 열이며
기둥의 갈고리와 가름대는 은이며
13 동으로 동편에도 오십 규빗이라
14 문 이편의 포장이 십오 규빗이요
그 기둥이 셋이요 받침이 셋이며
15 문 저편도 그와 같으니
뜰문 이편, 저편의 포장이 십오 규빗씩이요
그 기둥이 셋씩, 받침이 셋씩이라
16 뜰 사면의 포장은 세마포요
17 기둥 받침은 놋이요
기둥의 갈고리와 가름대는 은이요
기둥머리 싸개는 은이며
뜰의 모든 기둥에 은 가름대를 꿰었으며
18 뜰의 문장을 청색 자색 홍색실과
가늘게 꼰 베실로 수놓아 짰으니
장은 이십 규빗이요
광 곧 고는 뜰의 포장과 같이 오 규빗이며
19 그 기둥은 넷인데 그 받침 넷은 놋이요
그 갈고리는 은이요 그 머리 싸개와 가름대도 은이며
20 성막 말뚝과 뜰의 사면 포장 말뚝은 다 놋이더라

21 [이것들이] **계산하였으며 [계수된 것이다]**
/성막 곧 증거막을 위하여
레위 사람의 쓴 재료의 물목은[을]
/제사장 아론의 아들 이다말이 모세의 명대로
22 /브사렐은 —————— 모든 것을 만들었고(분사)
/유다 지파 훌의 손자요 /여호와께서 모세에게 명하신
/우리의 아들인

23 단 지파 아히사막의 아들 오홀리압은 그와 함께 하였으니
/오홀리압은 재능이 있어서 조각하며
또 청색 자색 홍색실과 가는 베실로 수놓은 자더라

장은 오십 규빗이라 그 기둥이 열이요 받침이 열이며 기
둥의 갈고리와 가름대는 은이며 13 동으로 동편에도
오십 규빗이라 14 문 이편의 포장이 십 오 규빗이요
그 기둥이 셋이요 받침이 셋이며 15 문 저편도 그와
같으니 뜰문 이편,저편의 포장이 십 오 규빗씩이요 그 기
둥이 셋씩,받침이 셋씩이라 16 뜰 사면의 포장은 세마
포요 17 기둥 받침은 놋이요 기둥의 갈고리와 가름대
는 은이요 기둥머리 싸개는 은이며 뜰의 모든 기둥에 은
가름대를 꿰었으며 18 뜰의 문장을 청색 자색 홍색실
과 가늘게 꼰 베실로 수 놓아 짰으니 장은 이십 규빗이
요 광 곧 고는 뜰의 포장과 같이 오 규빗이 며 19 그
기둥은 넷인데 그 받침 넷은 놋이요 그 갈고리는 은이요
그 머리 싸개와 가름대도 은이며 20 성막 말뚝과 뜰의
사면 포장 말뚝은 다 놋이더라 21 성막 곧 증거막을
위하여 레위 사람의 쓴 재료의 물목은 제사장 아론의 아
들 이다말이 모세의 명대로 계산하였으며 22 유다 지
파 훌의 손자요 우리의 아들인 브사렐은 여호와께서 모
세에게 명하신 모든 것을 만들었고 23 단 지파 아히사
막의 아들 오홀리압은 그와 함께 하였으니 오홀리압은
재능이 있어서 조각하며 또 청색 자색 홍색실과 가는 베

bands were of silver. 12 And for the west side there
were hangings of fifty cubits with their ten pillars and
their ten sockets; the hooks of the pillars and their bands
were of silver. 13 And for the east side fifty cubits.
14 The hangings for the one side of the gate were
fifteen cubits, with their three pillars and their three
sockets, 15 and so for the other side. On both sides of
the gate of the court were hangings of fifteen cubits,
with their three pillars and their three sockets. 16 All
the hangings of the court all around were of fine twisted
linen. 17 And the sockets for the pillars were of bronze,
the hooks of the pillars and their bands, of silver; and
the overlaying of their tops, of silver, and all the pillars
of the court were furnished with silver bands. 18 And
the screen of the gate of the court was the work of the weaver,
of blue and purple and scarlet material, and fine twisted
linen. And the length was twenty cubits and the height
was five cubits, corresponding to the hangings of the
court. 19 And their four pillars and their four sockets
were of bronze; their hooks were of silver, and the overlaying
of their tops and their bands were of silver. 20 And all
the pegs of the tabernacle and of the court all around
were of bronze. 21 ¶ This is the number of the things
for the tabernacle, the tabernacle of the testimony, as
they were numbered according to the command of Moses,
for the service of the Levites, by the hand of Ithamar,
the son of Aaron the priest. 22 Now Bezalel, the son
of Uri the son of Hur, of the tribe of Judah, made all
that the LORD had commanded Moses. 23 And with
him was Oholiab, the son of Ahisamach, of the tribe of

24 금은
/성소 건축 비용으로 드린
이십구 달란트와 칠백삼십 세겔이며
/성소의 세겔대로
25 은은
/조사를 받은 회중의 드린
일백 달란트와 일천칠백칠십오 세겔이니
/성소의 세겔대로
26 /조사를 받은 자가 이십 세 이상으로
육십만 삼천오백오십 명인즉
성소의 세겔대로 매인에게 은 한 베가 곧 반 세겔씩이라
27 [그가] **만들었으니**
/성소의 판장 받침과 문장 기둥 받침 합 일백을
/은 일백 달란트로
/부어
/매받침에 한 달란트씩 합 일백 달란트요
28 **만들고**
/기둥 갈고리를
/일천칠백칠십오 세겔로
싸고
/기둥머리를
만들었으며
/기둥 가름대를
29 드린 놋은 **칠십 달란트와 이천사백 세겔이라**
30 [그가] **만들었으며**
/회막문 기둥 받침과 놋 단과
놋 그물과 단의 모든 기구를
/이것으로
31 /뜰 사면의 기둥 받침과 그 문장 기둥 받침이며
성막의 모든 말뚝과 뜰 사면의 모든 말뚝을 (만들었더라)

실 로 수 놓은 자더라 24 성소 건축 비용으로 드린 금
은 성소의 세겔대로 이십 구 달란트와 칠백 삼십 세겔이
며 25 조사를 받은 회중의 드린 은은 성소의 세겔대로
일백 달란트와 일천 칠백 칠십 오 세겔이니 26 조사를
받은 자가 이십세 이상으로 육십만 삼천 오백 오십명인
즉 성소의 세겔대로 매인에게 은 한 베가 곧 반 세겔씩
이라 27 은 일백 달란트로 성소의 판장 받침과 문장
기둥 받침 합 일백을 부어 만들었으니 매 받침에 한 달
란트씩 합 일백 달란트요 28 일천 칠백 칠십오 세겔로
기둥 갈고리를 만들고 기둥머리를 싸고 기둥 가름대를
만들었으며 29 드린 놋은 칠십 달란트와 이천 사백 세
겔이라 30 이것으로 회막 문기둥 받침과 놋 단과 놋그
물과 단의 모든 기구를 만들었으며 31 뜰 사면의 기둥
받침과 그 문장 기둥 받침이며 성막의 모든 말뚝과 뜰
사면의 모든 말뚝을 만들었더라

Dan, an engraver and a skillful workman and a weaver
in blue and in purple and in scarlet material, and fine
linen. 24¶ All the gold that was used for the work, in
all the work of the sanctuary, even the gold of the wave
offering, was 29 talents and 730 shekels, according to
the shekel of the sanctuary. 25 And the silver of those
of the congregation who were numbered was 100 talents
and 1,775 shekels, according to the shekel of the sanctuary;
26 a beka a head (that is, half a shekel according to
the shekel of the sanctuary), for each one who passed
over to those who were numbered, from twenty years
old and upward, for 603,550 men. 27 And the hundred
talents of silver were for casting the sockets of the
sanctuary and the sockets of the veil; one hundred sockets
for the hundred talents, a talent for a socket. 28 And
of the 1,775 shekels, he made hooks for the pillars and
overlaid their tops and made bands for them. 29 And
the bronze of the wave offering was 70 talents, and 2,400
shekels. 30And with it he made the sockets to the doorway
of the tent of meeting, and the bronze altar and its bronze
grating, and all the utensils of the altar, 31 and the
sockets of the court all around and the sockets of the
gate of the court, and all the pegs of the tabernacle and
all the pegs of the court all around.

39

1 그들이 **만들고**
/성소에서 섬기기 위한 정교한 옷을
/여호와께서 모세에게 명하신 대로
/청색 자색 홍색실로

또 만들었더라
/아론을 위한 거룩한 옷을

2 그가 **만들었으되**
/에봇을
/또 금실과 청색 자색 홍색실과 가늘게 꼰 베실로

3 [그들이] **쳐서**
/금을 얇게

[그가] **오려서 만들어**
/실을
/청색 자색 홍색실과 가는 베실에 섞어 공교히 짜고

4 [그들이] 견대를 **만들어**
/에봇을 위하여
연하게 하고
/그 두 끝에 달아
/서로
5 /에봇 위에 에봇을 매는 띠를 에봇과 같은 모양으로
/금실과 청색 자색 홍색실과 가늘게 꼰 베실로
/에봇에 붙여 짰으니
/여호와께서 모세에게 명하신 대로 하였더라[명하신 것 처럼]

6 또
그들이 호마노를 **깎아**
/금테에 물려
/인을 새김같이
/이스라엘의 아들들의 이름을 그것에 새겨

7 [그가] **달아**
/에봇 견대에
/이스라엘 자손의 기념 보석을 삼았으니
/여호와께서 모세에게 명하신 대로 하였더라[명하신 것 처럼]

39:1 그들이 여호와께서 모세에게 명하신 대로 청
색 자색 홍색실로 성소에서 섬기기 위한 정교한
옷을 만들고 또 아론을 위한 거룩한 옷을 만들었더라 2
그가 또 금실과 청색 자색 홍색실과 가늘게 꼰 베실로
에봇을 만들었으되 3 금실을 얇게 쳐서 오려서 실을 만
들어 청색 자색 홍색실과 가는 베실에 섞어 공교히 짜고
4 에봇을 위하여 견대를 만들어 그 두 끝에 달아 서로
연하게 하고 5 에봇 위에 에봇을 매는 띠를 에봇과 같은
모양으로 금실과 청색 자색 홍색실과 가늘게 꼰 베실로
에봇에 붙여 짰으니 여호와께서 모세에게 명하신 대로
하였더라 6 그들이 또 호마노를 깎아 금테에 물려 인을
새김 같이 이스라엘의 아들들의 이름을 그것에 새겨 7
에봇 견대에 달아 이스라엘 자손의 기념 보석을 삼았으
니 여호와께서 모세에게 명하신대로 하였더라 8 그가 또

39:1¶ Moreover, from the blue and purple and scarlet
material, they made finely woven garments for
ministering in the holy place, as well as the holy garments
which were for Aaron, just as the LORD had commanded
Moses. 2¶ And he made the ephod of gold, and of blue
and purple and scarlet material, and fine twisted linen. 3 Then
they hammered out gold sheets and cut them into threads
to be woven in with the blue and the purple and the
scarlet material, and the fine linen, the work of a skillful
workman. 4 They made attaching shoulder pieces for
the ephod; it was attached at its two upper ends. 5 And
the skillfully woven band which was on it was like its
workmanship, of the same material: of gold and of blue
and purple and scarlet material, and fine twisted linen,
just as the LORD had commanded Moses. 6¶ And they
made the onyx stones, set in gold filigree settings; they
were engraved like the engravings of a signet, according
to the names of the sons of Israel. 7 And he placed
them on the shoulder pieces of the ephod, as memorial stones
for the sons of Israel, just as the LORD had commanded

출

8 또
그가 흉패를 **짜되**
/공교히
/에봇과 같은 모양으로
/금실과 청색 자색 홍색실과 가늘게 꼰 베실로 (였으니)
9 /그것의 장이 한 뼘, 광이 한 뼘으로
네모 반듯하고 두 겹이며

10 [그들이] 네 줄 보석을 **물렸으니**
/그것에
/(곧) 홍보석 황옥 녹주옥이 첫 줄이요
11 /둘째 줄은 석류석 남보석 홍마노요
12 /셋째 줄은 호박 백마노 자수정이요
13 /넷째 줄은 녹보석 호마노 벽옥이라

금테에 **물렸으니**
/다
14 /이 보석들은 ─ 열둘이라
/이스라엘 아들들의 이름
/곧 그들의 이름대로
└ 각 이름을 새겼으며(설명문)
/그 열두 지파의
/인을 새김같이 그 열두 지파의

15 그들이 **또 붙이고**
/정금으로
/사슬을 노끈처럼 땋아
/흉패에

16 **또 만들어**
/금테 둘과 금고리 둘을
그 두 고리를 **달고**
/흉패 두 끝에

17 그 두 땋은 금사슬을 **꿰어 매었으며**
/흉패 끝 두 고리에

18 **[묶어]**
/그 땋은 두 사슬의 다른 두 끝을
매고
/에봇 앞 [에봇의] 두 견대의 금테에

흉패를 공교히 짜되 에봇과 같은 모양으로 금실과 청색
자색 홍색실과 가늘게 꼰 베실로 하였으니 9 그것의 장
이 한 뼘, 광이 한 뼘으로 네모 반듯하고 두 겹이며 10
그것에 네 줄 보석을 물렸으니 곧 홍보석 황옥 녹주옥이
첫 줄이요 11 둘째 줄은 석류석 남보석 홍마노요 12
세째 줄은 호박 백마노 자수정이요 13 네째 줄은 녹보
석 호마노 벽옥이라 다 금테에 물렸으니 14 이 보석들
은 이스라엘 아들들의 이름 곧 그들의 이름대로 열 둘이
라 인을 새김 같이 그 열두 지파의 각 이름을 새겼으며
15 그들이 또 정금으로 사슬을 노끈처럼 땋아 흉패에
붙이고 16 또 금테 둘과 금고리 둘을 만들어 그 두 고
리를 흉패 두 끝에 달고 17 그 두 땋은 금사슬을 흉패
끝 두 고리에 꿰어 매었으며 18 그 땋은 두 사슬의 다
른 두 끝을 에봇 앞 두 견대의 금테에 매고 19 또 금고

Moses. 8¶ And he made the breastpiece, the work of a
skillful workman, like the workmanship of the ephod:
of gold and of blue and purple and scarlet material and
fine twisted linen. 9 It was square; they made the breastpiece
folded double, a span long and a span wide when folded
double. 10 And they mounted four rows of stones on
it. The first row was a row of ruby, topaz, and emerald;
11 and the second row, a turquoise, a sapphire and a
diamond; 12 and the third row, a jacinth, an agate, and
an amethyst; 13 and the fourth row, a beryl, an onyx,
and a jasper. They were set in gold filigree settings when
they were mounted. 14 And the stones were corresponding
to the names of the sons of Israel; they were twelve,
corresponding to their names, engraved with the engravings
of a signet, each with its name for the twelve tribes.
15 And they made on the breastpiece chains like cords,
of twisted cordage work in pure gold. 16 And they
made two gold filigree settings and two gold rings, and
put the two rings on the two ends of the breastpiece.
17 Then they put the two gold cords in the two rings
at the ends of the breastpiece. 18 And they put the
other two ends of the two cords on the two filigree

19 또 금고리 둘을 **만들어**
달았으니
/흉패 두 끝에
/곧 그 에봇에 대한 안쪽 가에 (달았으며)
20 또 금고리 둘을 **만들어**
달고
/에봇 앞 두 견대 아래 매는 자리 가까운 편
/곧 공교히 짠 에봇 띠 윗편에

21 **꿰어**
/청색 끈으로
/흉패 고리와 에봇 고리에
/흉패로 공교히 짠 에봇 띠 위에 붙여서
에봇을 **떠나지 않게 하였으니**
/여호와께서 모세에게 명하신 대로 하였더라[명하신 것 처럼]

22 그가 에봇 받침 긴 옷을 **만들되**
/전부 청색으로
/짜서
23 **깃을 짜서 찢어지지 않게 하고**
/그 옷의 두 어깨 사이에 구멍을 내고
/갑옷깃같이
/그 구멍 주위에
24 석류를 **수놓고**
/청색 자색 홍색실과 가는 베실로
/그 옷 가장자리에
25 방울을 **만들어**
/정금으로
달되
/그 옷 가장자리로 돌아가며
/석류 사이사이에
26 /방울과 석류를 서로 간격하여
공직하는 그 옷 가장자리로 돌아가며 달았으니
/여호와께서 모세에게 명하신 대로(하였더라)[명하신 것 처럼]

27 또
그들이 속옷을 **짓고**
/아론과 그 아들들을 위하여
/직조한 가는 베로

28 /세마포로 두건을 (짓고)
/세마포로 빛난 관을 (만들고)
/가는 베실로 짜서 세마포 고의들을 (만들고)

리 둘을 만들어 흉패 두 끝에 달았으니 곧 그 에봇에 대
한 안쪽 가에 달았으며 **20** 또 금고리 둘을 만들어 에봇
앞 두 견대 아래 매는 자리 가까운편 곧 공교히 짠 에봇
띠 윗편에 달고 **21** 청색 끈으로 흉패 고리와 에봇 고리
에 꿰어 흉패로 공교히 짠 에봇 띠 위에 붙여서 에봇을
떠나지 않게 하였으니 여호와께서 모세에게 명하신 대로
하였더라 **22** 그가 에봇 받침 긴 옷을 전부 청색으로 짜
서 만들되 **23** 그 옷의 두 어깨 사이에 구멍을 내고 갑
옷 깃 같이 그 구멍 주위에 깃을 짜서 찢어지지 않게 하
고 **24** 청색 자색 홍색실과 가는 베실로 그 옷 가장자리
에 석류를 수 놓고 **25** 정금으로 방울을 만들어 그 옷
가장자리로 돌아가며 석류 사이 사이에 달되 **26** 방울과
석류를 서로 간격하여 공직하는 그 옷 가장자리로 돌아
가며 달았으니 여호와께서 모세에게 명하신 대로 하였더
라 **27** 그들이 또 직조한 가는 베로 아론과 그 아들들을
위하여 속옷을 짓고 **28** 세마포로 두건을 짓고 세마포로

settings, and put them on the shoulder pieces of the ephod at the front of it.
19 And they made two gold rings and placed them on the two ends of the breastpiece, on its inner edge which was next to the ephod.
20 Furthermore, they made two gold rings and placed them on the bottom of the two shoulder pieces of the ephod, on the front of it, close to the place where it joined, above the woven band of the ephod.
21 And they bound the breastpiece by its rings to the rings of the ephod with a blue cord, that it might be on the woven band of the ephod, and that the breastpiece might not come loose from the ephod, just as the LORD had commanded Moses.
22 Then he made the robe of the ephod of woven work, all of blue;
23 and the opening of the robe was at the top in the center, as the opening of a coat of mail, with a binding all around its opening, that it might not be torn.
24 And they made pomegranates of blue and purple and scarlet material and twisted linen on the hem of the robe.
25 They also made bells of pure gold, and put the bells between the pomegranates

29 /가는 베실과 청색 자색 홍색실로 수놓아
띠를 만들었으니
/여호와께서 모세에게 명하신 대로 하였더라[명하신 것 처럼]

30 그들이 거룩한 패를 **만들고**
/또 정금으로
새기고
/그 위에 "여호와께 성결"이라
/인을 새김같이

31 그 패를 **달았으니**
/청색 끈으로
/관 전면에
/여호와께서 모세에게 명하신 대로 하였더라[명하신 것 처럼]

32 자손이 /이스라엘 — 모든 역사를 **준공하여**
/성막 곧 회막의
이와 같이 **행하고**
/여호와께서 모세에게 명하신 대로
/다

33 그들이 성막을 **가져왔으니**
/모세에게로
/(곧) 막과 그 모든 기구와 그 갈고리들과 그 널판들과
그 띠들과 그 기둥들과 그 받침들과

34 /붉은 물들인 숫양의 가죽 덮개와
해달의 가죽 덮개와 가리우는 장과

35 /증거궤와 그 채들과 속죄소와

36 /상과 그 모든 기구와 진설병과

37 /정금 등대와 그 잔 곧 벌여 놓은 등잔과
그 모든 기구와 등유와

38 /금단과 관유와 향기로운 향과 장막 문장과

39 /놋단과 그 놋 그물과 그 채들과
그 모든 기구와 물두멍과 그 받침과

빛난 관을 만들고 가는 베실로 짜서 세마포 고의들을 만
들고 29 가는 베실과 청색 자색 홍색실로 수 놓아 띠를
만들었으니 여호와께서 모세에게 명하신 대로 하였더라 30
그들이 또 정금으로 거룩한 패를 만들고 인을 새김 같이
그 위에 여호와께 성결이라 새기고 31 그 패를 청색 끈
으로 관 전면에 달았으니 여호와께서 모세에게 명하신
대로 하였더라 32 이스라엘 자손이 이와 같이 성막 곧
회막의 모든 역사를 준공하여 여호와께서 모세에게 명하
신 대로 다 행하고 33 그들이 성막을 모세에게로 가져
왔으니 곧 막과 그 모든 기구와 그 갈고리들과 그 널판
들과 그 띠들과 그 기둥들과 그 받침들과 34 붉은 물
들인 수양의 가죽 덮개와 해달의 가죽 덮개와 가리우는
장과 35 증거궤와 그 채들과 속죄소와 36 상과 그 모
든 기구와 진설병과 37 정금 등대와 그 잔 곧 벌여놓은

all around on the hem of the robe, 26 alternating a bell
and a pomegranate all around on the hem of the robe,
for the service, just as the LORD had commanded Moses.
27¶ And they made the tunics of finely woven linen
for Aaron and his sons, 28 and the turban of fine linen,
and the decorated caps of fine linen, and the linen
breeches of fine twisted linen, 29 and the sash of fine twisted
linen, and blue and purple and scarlet material, the work
of the weaver, just as the LORD had commanded Moses.
30¶ And they made the plate of the holy crown of pure
gold, and inscribed it like the engravings of a signet,
Holy to the LORD." 31 And they fastened a blue cord
to it, to fasten it on the turban above, just as the LORD
had commanded Moses. 32¶ Thus all the work of the
tabernacle of the tent of meeting was completed; and
the sons of Israel did according to all that the LORD
had commanded Moses; so they did. 33 And they
brought the tabernacle to Moses, the tent and all its
furnishings: its clasps, its boards, its bars, and its pillars
and its sockets; 34 and the covering of rams' skins
dyed red, and the covering of porpoise skins, and the
screening veil; 35 the ark of the testimony and its poles
and the mercy seat; 36 the table, all its utensils, and
the bread of the Presence; 37 the pure gold lampstand,

40 /뜰의 포장들과 그 기둥들과 그 받침들과
뜰문의 장과 그 줄들과 그 말뚝들과
회막의 소용 곧 성막의 모든 기구와

41 /성소에서 섬기기 위한 정교한 옷
/곧 제사장 아론의 거룩한 옷과
그 아들들의 옷이라

/제사 직분을 행할 때에 입는

42 이스라엘 자손이 — 모든 역사를 필하매(상황절, when)
/여호와께서 모세에게 명하신 대로
43 모세가 ——— 모든 것을 **본즉**
/그[들이]— 필한

//(결과)
[그들이] — 되었으므로[행하였으므로]
/여호와께서 명하신 대로

[모세가] ——— 그들에게 **축복하였더라**

40

1 여호와께서 **일러 가라사대**
/모세에게
2 /너는 —— 성막 곧 회막을 세우고
/정월 초일일에
3 /또
[너는] — 증거궤를 들여 놓고
/또
[너는] — 장으로 그 궤를 가리우고
4 /또
[너는] — 상을 들여 놓고
[너는] — 그 위에 물품을 진설하고
[너는] — 등대를 들여 놓고
[너는] — 불을 켜고
5 /또
[너는] — 금향단을 증거궤 앞에 두고
/[너는] — 성막문에 장을 달고

등잔과 그 모든 기구와 등유와 **38** 금단과 관유와 향기
로운 향과 장막 문장과 **39** 놋단과 그 놋 그물과 그 채
들과 그 모든 기구와 물두멍과 그 받침과 **40** 뜰의 포장
들과 그 기둥들과 그 받침들과 뜰문의 장과 그 줄들과
그 말뚝들과 회막의 소용 곧 성막의 모든 기구와 **41** 성
소에서 섬기기 위한 정교한 옷 곧 제사 직분을 행할 때
에 입는 제사장 아론의 거룩한 옷과 그 아들들의 옷이라

42 여호와께서 모세에게 명하신 대로 이스라엘 자손이
모든 역사를 필하매 **43** 모세가 그 필한 모든 것을 본즉
여호와께서 명하신대로 되었으므로 그들에게 축복하였더
라

40:1 여호와께서 모세에게 일러 가라사대 **2** 너는
정월 초일일에 성막 곧 회막을 세우고 **3** 또 증
거궤를 들여 놓고 또 장으로 그 궤를 가리우고 **4** 또 상

with its arrangement of lamps and all its utensils, and
the oil for the light; **38** and the gold altar, and the
anointing oil and the fragrant incense, and the veil for
the doorway of the tent; **39** the bronze altar and its
bronze grating, its poles and all its utensils, the laver
and its stand; **40** the hangings for the court, its pillars
and its sockets, and the screen for the gate of the court,
its cords and its pegs and all the equipment for the
service of the tabernacle, for the tent of meeting; **41**
the woven garments for ministering in the holy place
and the holy garments for Aaron the priest and the

garments of his sons, to minister as priests. **42** So the
sons of Israel did all the work according to all that the LORD
had commanded Moses. **43** And Moses examined all
the work and behold, they had done it; just as the LORD
had commanded, this they had done. So Moses blessed them.

40:1 ¶ Then the LORD spoke to Moses, saying,
2 "On the first day of the first month you shall
set up the tabernacle of the tent of meeting. **3** "And
you shall place the ark of the testimony there, and you
shall screen the ark with the veil. **4** "And you shall
bring in the table and arrange what belongs on it; and

출

6 /또
[너는] — 번제단을 회막의 성막문 앞에 놓고
7 /또
[너는] — 물두멍을 회막과 단 사이에 놓고
/그 속에 물을 담고
8 /또
[너는] — 뜰 주위에 포장을 치고
/[너는] — 뜰문에 장을 달고
9 /또
[너는] — 관유를 취하여
[너는] — 성막과 그 안에 있는 모든 것에 발라
[너는] — 그것과 그 모든 기구를 거룩하게 하라

//(결과)
그것이 거룩하리라
10 /또
너는 — 번제단과 그 모든 기구에 발라
[너는] — 그 안을 거룩하게 하라

//(결과)
그 단이 — 지극히 거룩하리라
11 /또
너는 — 물두멍과 그 받침에 발라
— 거룩하게 하고
12 /또
너는 — 아론과 그 아들들을 데려다가
/회막문으로
— 물로 씻기고

13 /[너는] — 아론에게 거룩한 옷을 입히고
[너는] — 그에게 기름을 부어
— 거룩하게 하여
— 그로 내게 제사장의 직분을 행하게 하라
14 /또
너는 — 그 아들들을 데려다가
— 그들에게 겉옷을 입히고

15 /[너는] — 그들에게도 부어서
/그 아비에게 기름을 부음같이

//(목적)
그들로 — 제사장 직분을 행하게 하라
/내게

을 들여 놓고 그 위에 물품을 진설하고 등대를 들여 놓
고 불을 켜고 5 또 금 향단을 증거궤 앞에 두고 성막 문
에 장을 달고 6 또 번제단을 회막의 성막 문 앞에 놓고
7 또 물두멍을 회막과 단 사이에 놓고 그 속에 물을 담
고 8 또 뜰 주위에 포장을 치고 뜰 문에 장을 달고 9
또 관유를 취하여 성막과 그 안에 있는 모든 것에 발라
그것과 그 모든 기구를 거룩하게 하라 그것이 거룩하리
라 10 너는 또 번제단과 그 모든 기구에 발라 그 안을
거룩하게 하라 그 단이 지극히 거룩하리라 11 너는 또
물두멍과 그 받침에 발라 거룩하게 하고 12 또 아론과
그 아들들을 회막문으로 데려다가 물로 씻기고 13 아론
에게 거룩한 옷을 입히고 그에게 기름을 부어 거룩하게
하여 그로 내게 제사장의 직분을 행하게 하라 14 너는
또 그 아들들을 데려다가 그들에게 겉옷을 입히고 15

you shall bring in the lampstand and mount its lamps.
5 "Moreover, you shall set the gold altar of incense
before the ark of the testimony, and set up the veil for
the doorway to the tabernacle. 6 "And you shall set the
altar of burnt offering in front of the doorway of the tabernacle
of the tent of meeting. 7 "And you shall set the laver between
the tent of meeting and the altar, and put water in it. 8
"And you shall set up the court all around and hang up
the veil for the gateway of the court. 9 "Then you shall
take the anointing oil and anoint the tabernacle and all
that is in it, and shall consecrate it and all its furnishings;
and it shall be holy. 10 "And you shall anoint the altar
of burnt offering and all its utensils, and consecrate the
altar; and the altar shall be most holy. 11 "And you
shall anoint the laver and its stand, and consecrate it.
12 "Then you shall bring Aaron and his sons to the doorway
of the tent of meeting and wash them with water. 13
"And you shall put the holy garments on Aaron and

/그들이 기름 부음을 받았은즉
대대로 영영히 제사장이 되리라 (하시매)

16 모세가 그같이 **행하되**
곧

다 **행하였더라**
/여호와께서 자기에게 명하신 대로

17 [그가] 성막을 **세우니라**
/제 이 년 정월 곧 그 달 초일일에

18 모세가 성막을 **세우되**
그 받침들을 **놓고**
그 널판들을 **세우고**
그 띠를 **띠우고**
그 기둥들을 **세우고**

19 또 막을 **펴고**
/성막 위에
덮개를 **덮으니**
/그 위에
/여호와께서 모세에게 명하신 대로 되니라[명하신 것 처럼]

20 또
그가 증거판을 **[받아]**
궤 속에 **넣고**
채를 **꿰고**
/궤에
속죄소를 **두고**
/궤 위에

21 또 그 궤를 **들여 놓고**
/성막에

장을 **드리워서**
그 증거궤를 **가리우니**
/여호와께서 모세에게 명하신 대로 되니라[명하신 것 처럼]

22 또
그가 상을 **놓고**
/회막 안 곧 성막 북편으로 장 밖에

23 또 떡을 **진설하니**
/여호와 앞 그 상 위에
/여호와께서 모세에게 명하신 대로 되니라[명하신 것 처럼]

그 아비에게 기름을 부음같이 그들에게도 부어서 그들로
내게 제사장 직분을 행하게 하라 그들이 기름 부음을 받
았은즉 대대로 영영히 제사장이 되리라 하시매 **16** 모세
가 그같이 행하되 곧 여호와께서 자기에게 명하신대로
다 행하였더라 **17** 제 이년 정월 곧 그 달 초일 일에 성
막을 세우니라 **18** 모세가 성막을 세우되 그 받침들을
놓고 그 널판들을 세우고 그 띠를 띠우고 그 기둥들을
세우고 **19** 또 성막 위에 막을 펴고 그 위에 덮개를 덮
으니 여호와께서 모세에게 명하신 대로 되니라 **20** 그가
또 증거판을 궤 속에 넣고 채를 궤에 꿰고 속죄소를 궤
위에 두고 **21** 또 그 궤를 성막에 들여 놓고 장을 드리
워서 그 증거궤를 가리우니 여호와께서 모세에게 명하신

anoint him and consecrate him, that he may minister as
a priest to Me. **14** "And you shall bring his sons and
put tunics on them; **15** and you shall anoint them even
as you have anointed their father, that they may minister
as priests to Me; and their anointing shall qualify them
for a perpetual priesthood throughout their generations." **16**
Thus Moses did; according to all that the LORD had
commanded him, so he did. **17** ¶ Now it came about
in the first month of the second year, on the first day
of the month, that the tabernacle was erected. **18** And Moses
erected the tabernacle and laid its sockets, and set up its
boards, and inserted its bars and erected its pillars. **19**
And he spread the tent over the tabernacle and put the
covering of the tent on top of it, just as the LORD had
commanded Moses. **20** Then he took the testimony and
put it into the ark, and attached the poles to the ark,
and put the mercy seat on top of the ark. **21** And he
brought the ark into the tabernacle, and set up a veil for

출

24 또
그가 등대를 **놓아**
/회막 안 곧 성막 남편에
/상과 대하게 (하고)

25 또 등잔에 **불을 켜니**
/여호와 앞에
/여호와께서 모세에게 명하신 대로 되니라[명하신 것 처럼]

26 또
그가 금향단을 **두고**
/회막 안 장 앞에

27 향기로운 **향을 사르니**
/그 위에
/여호와께서 모세에게 명하신 대로 되니라[명하신 것 처럼]

28 그가 또 장을 **달고**
/성막문에

29 또 번제단을 **두고**
/회막의 성막문 앞에

번제와 소제를 **드리니**
/그 위에
/여호와께서 모세에게 명하신 대로 되니라[명하신 것 처럼]

30 그가 또 **두고**
/물두멍을
/회막과 단 사이에
거기 씻을 물을 **담고**

31 자기와 ─┐
아론과 ─┤
그 아들들이 ─┴─ 수족을 **씻되**
/거기서

32 **씻었으니**
/그들이 ┬ 회막에 들어갈 때와
└ 단에 가까이 갈 때에
/여호와께서 모세에게 명하신 대로 되니라[명하신 것 처럼]

33 또
그가 포장을 **치고**
/성막과 단 사면 뜰에

대로 되니라 **22** 그가 또 회막 안 곧 성막 북편으로 장
밖에 상을 놓고 **23** 또 여호와 앞 그 상 위에 떡을 진설
하니 여호와께서 모세에게 명하신 대로 되니라 **24** 그가
또 회막 안 곧 성막 남편에 등대를 놓아 상과 대하게 하
고 **25** 또 여호와 앞에 등잔에 불을 켜니 여호와께서 모
세에게 명하신 대로 되니라 **26** 그가 또 금 향단을 회막
안 장 앞에 두고 **27** 그 위에 향기로운 향을 사르니 여
호와께서 모세에게 명하신 대로 되니라 **28** 그가 또 성
막문에 장을 달고 **29** 또 회막의 성막 문 앞에 번제단을
두고 번제와 소제를 그 위에 드리니 여호와께서 모세에
게 명하신 대로 되니라 **30** 그가 또 물두멍을 회막과 단
사이에 두고 거기 씻을 물을 담고 **31** 자기와 아론과 그

the screen, and screened off the ark of the testimony,
just as the LORD had commanded Moses. **22** Then he
put the table in the tent of meeting, on the north side
of the tabernacle, outside the veil. **23** And he set the
arrangement of bread in order on it before the LORD,
just as the LORD had commanded Moses. **24** Then he
placed the lampstand in the tent of meeting, opposite
the table, on the south side of the tabernacle. **25** And
he lighted the lamps before the LORD, just as the LORD
had commanded Moses. **26** Then he placed the gold
altar in the tent of meeting in front of the veil; **27** and
he burned fragrant incense on it, just as the LORD had
commanded Moses. **28** Then he set up the veil for the
doorway of the tabernacle. **29** And he set the altar of
burnt offering before the doorway of the tabernacle of
the tent of meeting, and offered on it the burnt offering
and the meal offering, just as the LORD had commanded
Moses. **30** And he placed the laver between the tent of
meeting and the altar, and put water in it for washing.
31 And from it Moses and Aaron and his sons washed
their hands and their feet. **32** When they entered the
tent of meeting, and when they approached the altar,

장을 **다니라**
/뜰문의

모세가 역사를 **필하였더라**
/이같이

34 그 후에
구름이 회막에 **덮이고**
영광이 성막에 **충만하**매
/여호와의

35 모세가 **들어갈 수 없었으니**
/회막에

//이는(이유, כִּי, for)
구름이 —— 회막 위에 덮이고
영광이 —— 성막에 충만함이었으며
/여호와의

36 구름이 성막 위에서 떠오를 때에는(조건절if)
자손이 **발행하였고**
/이스라엘 /앞으로
/그 모든 행하는 길에

37 구름이 떠오르지 않을 때에는(조건절,if)
[그들이] **발행하지 아니하였으며**
/떠오르는 날까지

38 //(이유, כִּי, for)
온 족속이 —— 친히 보았더라
/이스라엘의 /구름이 — 성막 위에 있고
/여호와의 /낮에는
/불이 —— 그 구름 가운데 있음을
/밤에는
/그 모든 행하는 길에서

출

아들들이 거기서 수족을 씻되 32 그들이 회막에 들어갈
때와 단에 가까이 갈 때에 씻었으니 여호와께서 모세에
게 명하신 대로 되니라 33 그가 또 성막과 단 사면 뜰
에 포장을 치고 뜰 문의 장을 다니라 모세가 이같이 역
사를 필하였더라 34 그 후에 구름이 회막에 덮이고 여
호와의 영광이 성막에 충만하매 35 모세가 회막에 들어
갈 수 없었으니 이는 구름이 회막 위에 덮이고 여호와의
영광이 성막에 충만함이었으며 36 구름이 성막 위에서
떠오를 때에는 이스라엘 자손이 그 모든 행하는 길에 앞
으로 발행하였고 37 구름이 떠오르지 않을 때에는 떠오
르는 날까지 발행하지 아니하였으며 38 낮에는 여호와
의 구름이 성막 위에 있고 밤에는 불이 그 구름 가운데
있음을 이스라엘의 온 족속이 그 모든 행하는 길에서 친
히 보았더라

they washed, just as the LORD had commanded Moses.
33 And he erected the court all around the tabernacle
and the altar, and hung up the veil for the gateway of
the court. Thus Moses finished the work. 34 ¶ Then
the cloud covered the tent of meeting, and the glory of
the LORD filled the tabernacle. 35 And Moses was not
able to enter the tent of meeting because the cloud had settled
on it, and the glory of the LORD filled the tabernacle.
36 And throughout all their journeys whenever the cloud
was taken up from over the tabernacle, the sons of Israel
would set out; 37 but if the cloud was not taken up,
then they did not set out until the day when it was taken
up. 38 For throughout all their journeys, the cloud of
the LORD was on the tabernacle by day, and there was
fire in it by night, in the sight of all the house of Israel.

SBI 구문분석에 의한

레위기

레

1

1 여호와께서 모세를 **부르시고**
/회막에서
그에게 **일러 가라사대**

2 [너는] 이스라엘 자손에게 **고하여 이르라**[1])
/누구든지 —— 예물을 드리려거든(when)
/너희 중에 /여호와께
[너희는] —— 예물을 드릴지니라
/생축 중에서
/소나 양으로

3 /[만일](אִם)
그 예물이 —— 소의 번제이면(조건절, if)
[너희는] —— 여호와 앞에 드릴지니라
/흠 없는 수컷으로
/회막 문에서

//(목적: לְ, so that...may)
열납하시도록

4 /그가 —— 안수할지니[2])
/번제물의 머리에

//그리하면(목적)
[그것이] —— 열납되어

//(결과/목적: לְ, to)
속죄가 될 것이라
/그를 위하여

5 /그는 —— 그 수송아지를 잡을 것이요
/여호와 앞에서
제사장들은 ┬ 그 피를 가져다가
/아론의 자손
└ 단 사면에 뿌릴 것이며
/회막문 앞
6 /또
그는 ┬ 가죽을 벗기고
/그 번제 희생의
└ 각을 뜰 것이요

1) 원래는 1절(일러 가라사대)의 수식에 해당하지만, 많은 분량으로 독립단락을 가지고 있기 때문에 주문장 처리했다.

2) 손을 두라

1:1 여호와께서 회막에서 모세를 부르시고 그에게 일
러 가라사대 2 이스라엘 자손에게 고하여 이르라 너
희 중에 누구든지 여호와께 예물을 드리려거든 생축 중에
서 소나 양으로 예물을 드릴지니라 3 그 예물이 소의 번
제이면 흠 없는 수컷으로 회막 문에서 여호와 앞에 열납
하시도록 드릴지니라 4 그가 번제물의 머리에 안수할지
니 그리하면 열납되어 그를 위하여 속죄가 될 것이라 5
그는 여호와 앞에서 그 수송아지를 잡을 것이요 아론의
자손 제사장들은 그 피를 가져다가 회막 문 앞 단 사면에
뿌릴 것이며 6 그는 또 그 번제 희생의 가죽을 벗기고

1:1¶ Then the LORD called to Moses and spoke to
him from the tent of meeting, saying, 2 "Speak to
the sons of Israel and say to them, 'When any man of
you brings an offering to the LORD, you shall bring
your offering of animals from the herd or the flock. 3
'If his offering is a burnt offering from the herd, he
shall offer it, a male without defect; he shall offer it at
the doorway of the tent of meeting, that he may be
accepted before the LORD. 4 'And he shall lay his hand
on the head of the burnt offering, that it may be accepted
for him to make atonement on his behalf. 5 'And he
shall slay the young bull before the LORD; and Aaron's
sons, the priests, shall offer up the blood and sprinkle
the blood around on the altar that is at the doorway of
the tent of meeting. 6 'He shall then skin the burnt
offering and cut it into its pieces. 7 'And the sons of

7 /자손들은 ── 단 위에 불을 두고
/제사장 아론의
── 나무를 벌여 놓고
/불 위에

8 /제사장들은 ── 벌여 놓을 것이며
/아론의 자손 /그 뜬 각과 머리와 기름을
/단 윗 불 위에 있는 나무에

9 /[그들은] ── 물로 씻을 것이요
/그 내장과 정강이를

/제사장은 ── 그 전부를 불살라
/단 위에
/번제를 삼을지니
(=번제를 위해)

/이는 ── 화제라
── 향기로운 냄새니라
/여호와께

10 /만일(אִם)
그 예물이 ── 번제이면(조건절, if)
/떼의 양이나 염소의
[그는] ── 수컷으로 드릴지니
/흠 없는

11 /그가 ── 여호와 앞에서 잡을 것이요
/단 북편에서

/제사장들은 ── 그 피를 뿌릴 것이며
/아론의 자손 /단 사면에

12 /그는 ── 그것의 각을 뜨고
── 베어 낼 것이요
/그 머리와 그 기름을

/제사장은 ── 그것을 벌여 놓을 것이며
/다 단 윗 불 위에 있는 나무에

13 /[그는] ── 물로 씻을 것이요
/그 내장과 정강이를

/제사장은 ── 그 전부를 가져다가
── 단 위에 불살라
/번제를 삼을지니

각을 뜰 것이요 7 제사장 아론의 자손들은 단 위에 불을 두고 불 위에 나무를 벌여 놓고 8 아론의 자손 제사장들은 그 뜬 각과 머리와 기름을 단 윗 불 위에 있는 나무에 벌여 놓을 것이며 9 그 내장과 정갱이를 물로 씻을 것이요 제사장은 그 전부를 단 위에 불살라 번제를 삼을지니 이는 화제라 여호와께 향기로운 냄새니라 10 만일 그 예물이 떼의 양이나 염소의 번제이면 흠없는 수컷으로 드릴지니 11 그가 단 북편에서 여호와 앞에서 잡을 것이요 아론의 자손 제사장들은 그 피를 단 사면에 뿌릴 것이며 12 그는 그것의 각을 뜨고 그 머리와 그 기름을 베어 낼 것이요 제사장은 그것을 다 단 윗불 위에 있는 나무에 벌여 놓을 것이며 13 그 내장과 정갱이를 물로 씻을 것

Aaron the priest shall put fire on the altar and arrange wood on the fire. 8 'Then Aaron's sons, the priests, shall arrange the pieces, the head, and the suet over the wood which is on the fire that is on the altar. 9 'Its entrails, however, and its legs he shall wash with water. And the priest shall offer up in smoke all of it on the altar for a burnt offering, an offering by fire of a soothing aroma to the LORD. 10 ¶ 'But if his offering is from the flock, of the sheep or of the goats, for a burnt offering, he shall offer it a male without defect. 11 'And he shall slay it on the side of the altar northward before the LORD, and Aaron's sons, the priests, shall sprinkle its blood around on the altar. 12 'He shall then cut it into its pieces with its head and its suet, and the priest shall arrange them on the wood which is on the fire that is on the altar. 13 'The entrails, however, and the legs he shall wash with water. And the priest shall offer all of it, and offer it up in smoke on the altar; it is a burnt offering, an offering by fire of a soothing aroma to the LORD. 14 ¶ 'But if his offering to the LORD is a burnt offering

레

/이는 ── 화제라
　　　　└ 향기로운 냄새니라
　　　　　/여호와께

14 /만일(אִם)
예물이 ── 새의 번제이면(조건절, if)
/여호와께 드리는
[그는] ── 예물을 삼을 것이요
　/산비둘기나
　집비둘기 새끼로

15 /제사장은 ─┬ 그것을 단으로 가져다가
　├ 그 머리를 비틀어 끊고
　├ 단 위에 불사르고
　└ 피는 흘릴 것이며
　　/단 곁에

16 /[그는] ─┬ 멱통과 그 더러운 것은 제하여
　└ 재 버리는 곳에 던지고
　　/단 동편

17 /또
[그는] ─┬ 그 몸을 찢되
　│ /그 날개 자리에서
　└ 아주 찢지 말고
제사장이 ── 그것을 살라
　/단 윗 불 위의 나무 위에
　/번제를 삼을지니
　(=번제를 위하여)

이는 ─┬ 화제라
　└ 향기로운 냄새니라
　　/여호와께

2

1 /누구든지 ── 소제의 예물을 드리려거든(상황절, when)
　/여호와께
[그는] ─┬ 고운 가루로 예물을 삼아
　├ 그 위에 기름을 붓고
또
　└ 그 위에 유향을 놓아
2 /[그는] ── 가져올 것이요
　/아론의 자손 제사장들에게로

이요 제사장은 그 전부를 가져다가 단 위에 불살라 번제
를 삼을지니 이는 화제라 여호와께 향기로운 냄새니라
14 만일 여호와께 드리는 예물이 새의 번제이면 산비둘
기나 집비둘기 새끼로 예물을 삼을 것이요 15 제사장은
그것을 단으로 가져다가 그 머리를 비틀어 끊고 단 위에
불사르고 피는 단 곁에 흘릴 것이며 16 멱통과 그 더러
운 것은 제하여 단 동편 재 버리는 곳에 던지고 17 또
그 날개 자리에서 그 몸을 찢되 아주 찢지 말고 제사장이
그것을 단 윗 불 위의 나무 위에 살라 번제를 삼을지니
이는 화제라 여호와께 향기로운 냄새니라

2:1 누구든지 소제의 예물을 여호와께 드리려거든 고
운 가루로 예물을 삼아 그 위에 기름을 붓고 또 그
위에 유향을 놓아 2 아론의 자손 제사장들에게로 가져
올 것이요 제사장은 그 고운 기름 가루 한 줌과 그 모든

of birds, then he shall bring his offering from the
turtledoves or from young pigeons. 15 'And the priest
shall bring it to the altar and wring off its head, and
offer it up in smoke on the altar; and its blood is to be drained
out on the side of the altar. 16 'He shall also take away
its crop with its feathers, and cast it beside the altar eastward,
to the place of the ashes. 17 'Then he shall tear it by
its wings, but shall not sever it. And the priest shall
offer it up in smoke on the altar on the wood which is
on the fire; it is a burnt offering, an offering by fire of
a soothing aroma to the LORD.

2:1 ¶ 'Now when anyone presents a grain offering as
an offering to the LORD, his offering shall be of
fine flour, and he shall pour oil on it and put frankincense
on it. 2 'He shall then bring it to Aaron's sons, the
priests; and shall take from it his handful of its fine

/제사장은 ── 취하여
/그 고운 기름 가루 한 줌과
그 모든 유향을
단 위에 불사를지니
/기념물로

/이는 ── 화제라
향기로운 냄새니라
/여호와께

3 /남은 것은 ── 아론과 그 자손에게 돌릴지니
/그 소제물의

/이는 ── 지극히 거룩한 것이니라
/여호와의 화제 중에
4 /네가 ── 소제의 예물을 드리려거든(상황절, when)
/화덕에 구운 것으로
드릴 것이요
/무교병이나
/고운 가루에 기름을 섞어 만든
/기름을 바른 무교전병을

5 /[만일](אִם)
[네가] ── 소제의 예물을 드리려거든(조건절, if)
/번철에 부친 것으로
[너는] ── 고운 가루에 기름을 섞어
/누룩을 넣지 말고
6 /[너는] ── 조각으로 나누고
기름을 부을지니
/그 위에
/이는 ── 소제니라

7 /[만일](אִם)
네가 ── 소제를 드리려거든(조건절, if)
/솥에 삶은 것으로
[너는] ── 만들지니라
/고운 가루와 기름을 섞어
8 /너는 ── 여호와께로 가져다가
/이것들로 만든 소제물을
제사장에게 줄 것이요
/제사장은 ── 그것을 단으로 가져다가
9 기념할 것을 취하여
/그 소제물 중에서
단 위에 불사를지니

유향을 취하여 기념물로 단 위에 불 사를지니 이는 화제
라 여호와께 향기로운 냄새니라 3 그 소제물의 남은 것
은 아론과 그 자손에게 돌릴지니 이는 여호와의 화제 중
에 지극히 거룩한 것이니라 4 네가 화덕에 구운 것으로
소제의 예물을 드리려거든 고운가루에 기름을 섞어 만든
무교병이나 기름을 바른 무교병을 드릴것이요 5 번철에
부친 것으로 소제의 예물을 드리려거든 고운 가루에 누룩
을 넣지 말고 기름을 섞어 6 조각으로 나누고 그 위에
기름을 부을지니 이는 소제니라 7 네가 솥에 삶은 것으
로 소제를 드리려거든 고운 가루와 기름을 섞어 만들지니
라 8 너는 이것들로 만든 소제물을 여호와께로 가져다가
제사장에게 줄 것이요 제사장은 그것을 단으로 가져다가

flour and of its oil with all of its frankincense. And the
priest shall offer it up in smoke as its memorial portion
on the altar, an offering by fire of a soothing aroma to
the LORD. 3 'And the remainder of the grain offering
belongs to Aaron and his sons: a thing most holy, of
the offerings to the LORD by fire. 4 ¶ 'Now when you bring
an offering of a grain offering baked in an oven, it shall
be unleavened cakes of fine flour mixed with oil, or
unleavened wafers spread with oil. 5 'And if your
offering is a grain offering made on the griddle, it shall
be of fine flour, unleavened, mixed with oil; 6 you shall
break it into bits, and pour oil on it; it is a grain offering.
7 'Now if your offering is a grain offering made in a
pan, it shall be made of fine flour with oil. 8 'When
you bring in the grain offering which is made of these
things to the LORD, it shall be presented to the priest
and he shall bring it to the altar. 9 'The priest then
shall take up from the grain offering its memorial portion,
and shall offer it up in smoke on the altar as an offering
by fire of a soothing aroma to the LORD. 10 'And the

레

/이는 —— 화제라
향기로운 냄새니라
/여호와께

10 /남은 것은 — 돌릴지니
/소제물의 /아론과 그 자손에게

/이는 —— 지극히 거룩한 것이니라
/여호와의 화제 중에

11 /[너희는] —— (모두)누룩을 넣지 말지니
/무릇(모든) 소제물에는
/너희가 여호와께 드리는

//(이유: כִּי, for)
너희가 — 사르지 못할지니라
/누룩이나 꿀을
/여호와께 화제로(드려)

12 /[너희는] —— 여호와께 드릴지나
/처음 익은 것으로는 그것을
단에 올리지 말지며
/향기로운 냄새를 위하여는

13 /[너는] —— 소금을 치라
/네 모든 소제물에

/[너는] —— 네 소제에 빼지 못할지니
/네 하나님의 언약의 소금을

/[너는] —— 소금을 드릴지니라
/네 모든 예물에

14 /[만일](אִם)
너는 —— 여호와께 드리거든(조건절, if)
/첫 이삭의 소제를
[너는] —— 너의 소제를 삼되
/첫 이삭을 볶아 찧은 것으로

15 /[너는] —— 그 위에 기름을 붓고
그 위에 유향을 더할지니
/이는 —— 소제니라

16 /제사장은 —— 기념물로 불사를지니
/찧은 곡식 얼마와
기름의 얼마와
모든 유향을

/이는 —— 화제니라
/여호와께 드리는

9 그 소제물 중에서 기념할 것을 취하여 단 위에 불사를
지니 이는 화제라 여호와께 향기로운 냄새니라 10 소제
물의 남은 것은 아론과 그 자손에게 돌릴찌니 이는 여호
와의 화제 중에 지극히 거룩한 것이니라 11 무릇 너희
가 여호와께 드리는 소제물에는 모두 누룩을 넣지 말지니
너희가 누룩이나 꿀을 여호와께 화제로 드려 사르지 못할
지니라 12 처음 익은 것으로는 그것을 여호와께 드릴지
나 향기로운 냄새를 위하여는 단에 올리지 말지며 13
네 모든 소제물에 소금을 치라 네 하나님의 언약의 소금
을 네 소제에 빼지 못할지니 네 모든 예물에 소금을 드릴
지니라 14 너는 첫 이삭의 소제를 여호와께 드리거든
첫 이삭을 볶아 찧은 것으로 너의 소제를 삼되 15 그
위에 기름을 붓고 그 위에 유향을 더할지니 이는 소제니
라 16 제사장은 찧은 곡식 얼마와 기름의 얼마와 모든
유향을 기념물로 불사를지니 이는 여호와께 드리는 화제
니라

remainder of the grain offering belongs to Aaron and his sons: a thing most holy, of the offerings to the LORD by fire.
11 ¶ 'No grain offering, which you bring to the LORD, shall be made with leaven, for you shall not offer up in smoke any leaven or any honey as an offering by fire to the LORD.
12 'As an offering of first fruits, you shall bring them to the LORD, but they shall not ascend for a soothing aroma on the altar.
13 'Every grain offering of yours, moreover, you shall season with salt, so that the salt of the covenant of your God shall not be lacking from your grain offering; with all your offerings you shall offer salt.
14 ¶ 'Also if you bring a grain offering of early ripened things to the LORD, you shall bring fresh heads of grain roasted in the fire, grits of new growth, for the grain offering of your early ripened things.
15 'You shall then put oil on it and lay incense on it; it is a grain offering.
16 'And the priest shall offer up in smoke its memorial portion, part of its grits and its oil with all its incense as an offering by fire to the LORD.

3

1 /만일(אִם)
사람이 ——— 예물로 <드리되>
/화목제의 희생을
소로 드리려거든(조건절, if)
[그는] ——— 여호와 앞에 드릴지니
/수컷이나 암컷이나
/흠 없는 것으로

2 /[그가] ——— 그 예물의 머리에 안수하고
회막문에서 잡을 것이요
/제사장들은 — 그 피를 뿌릴 것이며
/아론의 자손 /제단 사면에
3 /또
그는 ——— 화제를 드릴지니
/여호와께
/그 화목제의 희생 중에서
/곧
[그는] ——— 취할 것이요
/내장에 덮인 기름과
/내장에 붙은 모든 기름과
4 /두 콩팥과
/그 위의 기름
/곧 허리 근방에 있는 것과
간에 덮인 꺼풀을
/콩팥과 함께
5 /자손은 ——— 그것을 사를지니
/아론의 /번제물 위에
/단 윗 불 위에 있는 나무 위

/이는 ——— 화제라
향기로운 냄새니라
/여호와께

6 /만일(אִם)
희생이 ——— 양이면(조건절, if)
/여호와께 예물로 드리는 화목제의
[그는] ——— 흠 없는 것으로 드릴지며
/수컷이나 암컷이나

7 /만일(אִם)
드리는 것이 — 어린 양이면(조건절, if)
/예물로

3:1 사람이 만일 화목제의 희생을 예물로 드리되 소로 드리려거든 수컷이나 암컷이나 흠 없는 것으로 여호와 앞에 드릴지니 2 그 예물의 머리에 안수하고 회막 문에서 잡을 것이요 아론의 자손 제사장들은 그 피를 제단 사면에 뿌릴 것이며 3 그는 또 그 화목제의 희생중에서 여호와께 화제를 드릴지니 곧 내장에 덮인 기름과 내장에 붙은 모든 기름과 4 두 콩팥과 그 위의 기름 곧 허리 근방에 있는 것과 간에 덮인 꺼풀을 콩팥과 함께 취할 것이요 5 아론의 자손은 그것을 단 윗 불 위에 있는 나무 위 번제물 위에 사를지니 이는 화제라 여호와께 향기로운 냄새니라 6 만일 여호와께 예물로 드리는 화목제의 희생이 양이면 수컷이나 암컷이나 흠 없는 것으로 드

3:1 ¶ 'Now if his offering is a sacrifice of peace offerings, if he is going to offer out of the herd, whether male or female, he shall offer it without defect before the LORD. 2 'And he shall lay his hand on the head of his offering and slay it at the doorway of the tent of meeting, and Aaron's sons, the priests, shall sprinkle the blood around on the altar. 3 'And from the sacrifice of the peace offerings, he shall present an offering by fire to the LORD, the fat that covers the entrails and all the fat that is on the entrails, 4 and the two kidneys with the fat that is on them, which is on the loins, and the lobe of the liver, which he shall remove with the kidneys. 5 'Then Aaron's sons shall offer it up in smoke on the altar on the burnt offering, which is on the wood that is on the fire; it is an offering by fire of a soothing aroma to the LORD. 6 'But if his offering for a sacrifice of peace offerings to the LORD is from the flock, he shall offer it, male or female, without defect. 7 'If he is going to offer a

레

[그는] —— 그것을 끌어다가
/여호와 앞으로
8 그 예물의 머리에 안수하고
회막 앞에서 잡을 것이요
/자손은 —— 그 피를 뿌릴 것이며
/아론의 /단 사면에

9 /그는 —— 화제를 드릴지니
/여호와께
/그 화목제의 희생 중에서
/[그는] —— 취할 것이요
/그 기름
/곧 미려골에서 벤바 기름진 꼬리와
내장에 덮인 기름과
내장에 붙은 모든 기름과
10 두 콩팥과
그 위의 기름
/곧 허리 근방에 있는 것과
간에 덮인 꺼풀을
/콩팥과 함께

11 /제사장은 —— 그것을 불사를지니
/단 위에

/이는 —— 화제로
식물이니라
/여호와께 드리는

12 /만일(אִם)
예물이 —— 염소면(조건절, if)
[그는] —— 그것을 끌어다가
/여호와 앞으로
13 그 머리에 안수하고[3)]
회막 앞에서 잡을 것이요
/자손은 —— 그 피를 뿌릴 것이며
/아론의 /단 사면에

14 /그는 —— 그 중에서 예물을 취하여
/여호와께 화제를(로) 드릴(지니)[4)]
/곧
[그는] —— 콩팥과 함께 취할 것이요
/내장에 덮인 기름과
내장에 붙은 모든 기름과

3) 손을 두고
4) 여호와께 화제로 드릴 예물

릴지며 7 만일 예물로 드리는 것이 어린 양이면 그것을
여호와 앞으로 끌어다가 8 그 예물의 머리에 안수하고
회막 앞에서 잡을 것이요 아론의 자손은 그 피를 단 사면
에 뿌릴 것이며 9 그는 그 화목제의 희생 중에서 여호와
께 화제를 드릴지니 그 기름 곧 미려골에서 벤바 기름진
꼬리와 내장에 덮힌 기름과 내장에 붙은 모든 기름과
10 두 콩팥과 그 위의 기름 곧 허리 근방에 있는 것과
간에 덮인 꺼풀을 콩팥과 함께 취할 것이요 11 제사장
은 그것을 단 위에 불사를지니 이는 화제로 여호와께 드
리는 식물이니라 12 만일 예물이 염소면 그것을 여호와
앞으로 끌어다가 13 그 머리에 안수하고 회막 앞에서
잡을 것이요 아론의 자손은 그 피를 단 사면에 뿌릴 것이
며 14 그는 그 중에서 예물을 취하여 여호와께 화제를
드릴지니 곧 내장에 덮인 기름과 내장에 붙은 모든 기름

lamb for his offering, then he shall offer it before the
LORD, 8 and he shall lay his hand on the head of his
offering, and slay it before the tent of meeting; and
Aaron's sons shall sprinkle its blood around on the altar.
9 'And from the sacrifice of peace offerings he shall
bring as an offering by fire to the LORD, its fat, the
entire fat tail which he shall remove close to the backbone,
and the fat that covers the entrails and all the fat that is
on the entrails, 10 and the two kidneys with the fat
that is on them, which is on the loins, and the lobe of
the liver, which he shall remove with the kidneys. 11
'Then the priest shall offer it up in smoke on the altar,
as food, an offering by fire to the LORD. 12 ¶ 'Moreover,
if his offering is a goat, then he shall offer it before the
LORD, 13 and he shall lay his hand on its head and
slay it before the tent of meeting; and the sons of Aaron
shall sprinkle its blood around on the altar. 14 'And
from it he shall present his offering as an offering by

15 두 콩팥과
그 위의 기름
/곧 허리 근방에 있는 것과
간에 덮인 꺼풀을

16 /제사장은 ——— 그것을 **불사를지니**
/단 위에
이는 ——— 화제로 드리는 **식물이요**
향기로운 **냄새라**
기름은 ——— 여호와의 **것이니라**
/모든

17 /너희는 ——— 기름과 피를 **먹지 말라**
/이는 ——— 대대로 영원한 **규례니라**
/너희 모든 처소에서

4

1 여호와께서 모세에게 **일러 가라사대**

2 [너는] 이스라엘 자손에게 **고하여 이르라**[5)]
/[만일](אִם)
누구든지 ——— 그릇 범하였으되(조건절, if)
/여호와의 금령중 하나라도
3 /만일(אִם)
제사장이 ——— 범죄하여 (하였으면)(조건절, if)
/기름 부음을 받은 /백성으로 죄얼을 입게
[그는] ——— 여호와께 **드릴지니**
/속죄 제물을 삼아
/흠 없는 수송아지로
/그 범한 죄를 인하여

4 /곧
[그는] ——— 그 수송아지를 **끌어다가**
/회막문 여호와 앞으로
그 수송아지 머리에 **안수하고**
그것을 **잡을 것이요**
/여호와 앞에서
5 /제사장은 ——— 그 수송아지의 피를 **가지고**
/기름 부음을 받은
회막에 **들어가서**

5)1절의 일러 가라사대의 수식부이지만, 하나의 단락을 형성할 정도로 많은 부분을 차지하고 있기 때문에 주문장으로 잡았다.

과 **15** 두 콩팥과 그 위의 기름 곧 허리 근방에 있는 것
과 간에 덮인 꺼풀을 콩팥과 함께 취할 것이요 **16** 제사
장은 그것을 단 위에 불사를지니 이는 화제로 드리는 식
물이요 향기로운 냄새라 모든 기름은 여호와의 것이니라
17 너희는 기름과 피를 먹지 말라 이는 너희 모든 처소
에서 대대로 영원한 규례니라

4:1 여호와께서 모세에게 일러 가라사대 **2** 이스라엘
자손에게 고하여 이르라 누구든지 여호와의 금령 중
하나라도 그릇 범하였으되 **3** 만일 기름 부음을 받은 제
사장이 범죄하여 백성으로 죄얼을 입게 하였으면 그 범한
죄를 인하여 흠 없는 수송아지로 속죄 제물을 삼아 여호
와께 드릴지니 **4** 곧 그 수송아지를 회막문 여호와 앞으
로 끌어다가 그 수송아지 머리에 안수하고 그것을 여호와

fire to the LORD, the fat that covers the entrails and all
the fat that is on the entrails, **15** and the two kidneys
with the fat that is on them, which is on the loins, and
the lobe of the liver, which he shall remove with the kidneys.
16 'And the priest shall offer them up in smoke on the
altar as food, an offering by fire for a soothing aroma;
all fat is the LORDS. **17** 'It is a perpetual statute throughout
your generations in all your dwellings: you shall not eat
any fat or any blood.'"

4:1 ¶ Then the LORD spoke to Moses, saying, **2**
"Speak to the sons of Israel, saying, 'If a person sins
unintentionally in any of the things which the LORD
has commanded not to be done, and commits any of
them, **3** if the anointed priest sins so as to bring guilt
on the people, then let him offer to the LORD a bull
without defect as a sin offering for the sin he has
committed. **4** 'And he shall bring the bull to the doorway
of the tent of meeting before the LORD, and he shall
lay his hand on the head of the bull, and slay the bull

레

6 /그 제사장이 — 손가락에 그 피를 찍어
일곱번 뿌릴 것이며
/여호와 앞
곧 성소 장 앞에

7 /또
제사장은 — 그 피를 바르고
/여호와 앞
곧 회막 안 향단 뿔에
그 송아지의 피 전부를 쏟을 것이며
/회막문 앞 번제단 밑에

8 /또
[그는] — 모든 기름을 취할지니
/그 속죄 제물 된 수송아지의
/곧
[그는] — 콩팥과 함께 취하되
/내장에 덮인 기름과
내장에 붙은 모든 기름과
9 두 콩팥과 그 위의 기름
/곧 허리 근방에 있는 것과
간에 덮인 꺼풀을
10 /소에게서 취함 같이(할 것이요)
/화목제 희생의
/제사장은 — 그것을 불사를 것이며
/번제단 위에
11 /[그는] — 정결한 곳으로 가져다가
/그 수송아지의 가죽과
/그 모든 고기와
/그 머리와 다리와(=의)
/내장과
12 /똥 곧 그 송아지의 전체를
/진 바깥 재 버리는 곳인
[그는] — 불로 사르되
/나무 위에
곧
재 버리는 곳에서 사를지니라

13 /만일(אִם)
온 회중이 — 스스로 깨닫지 못하다가
/이스라엘
(=부지중에 잘못하고)
[그 일이] — [회중의 눈에 감취었을지라도][6]
[그들이] — 하나라도 그릇 범하여
(=범하였으면)
/여호와의 금령중

6) 바른성경 참고, 한국성경공회

앞에서 잡을 것이요 5 기름 부음을 받은 제사장은 그 수송아지의 피를 가지고 회막에 들어가서 6 그 제사장이 손가락에 그 피를 찍어 여호와 앞 곧 성소장 앞에 일곱 번 뿌릴 것이며 7 제사장은 또 그 피를 여호와 앞 곧 회막 안 향단 뿔에 바르고 그 송아지의 피 전부를 회막문 앞 번제단 밑에 쏟을 것이며 8 또 그 속죄 제물 된 수송아지의 모든 기름을 취할지니 곧 내장에 덮인 기름과 내장에 붙은 모든 기름과 9 두 콩팥과 그 위의 기름 곧 허리 근방에 있는 것과 간에 덮인 꺼풀을 콩팥과 함께 취하되 10 화목제 희생의 소에게서 취함 같이 할 것이요 제사장은 그것을 번제단 위에 불사를 것이며 11 그 수송아지의 가죽과 그 모든 고기와 그 머리와 다리와 내장과 12 곧 그 송아지의 전체를 진 바깥 재 버리는 곳인 청결한 곳으로 가져다가 불로 나무 위에 사르되 곧 재 버리

before the LORD. 5 'Then the anointed priest is to take some of the blood of the bull and bring it to the tent of meeting, 6 and the priest shall dip his finger in the blood, and sprinkle some of the blood seven times before the LORD, in front of the veil of the sanctuary. 7 'The priest shall also put some of the blood on the horns of the altar of fragrant incense which is before the LORD in the tent of meeting; and all the blood of the bull he shall pour out at the base of the altar of burnt offering which is at the doorway of the tent of meeting. 8 'And he shall remove from it all the fat of the bull of the sin offering: the fat that covers the entrails, and all the fat which is on the entrails, 9 and the two kidneys with the fat that is on them, which is on the loins, and the lobe of the liver, which he shall remove with the kidneys 10 (just as it is removed from the ox of the sacrifice of peace offerings), and the priest is to offer them up in smoke on the altar of burnt offering. 11 'But the hide of the bull and all its flesh with its head and its legs and its entrails and its refuse, 12 that is, all the rest of

허물이 있으나(=죄가 있으며)

14 /그 범한 죄를(가)— 깨달으면(=알려지면) (조건절, if)
회중은 — 수송아지를 드릴지니
/속죄제로
그것을 끌어다가 (=가져올 것이며)
/회막 앞으로

15 /장로들이 — 그 수송아지 머리에 안수하고
/회중의 /여호와 앞에서
그것을 잡을 것이요
/여호와 앞에서
16 /제사장은 — 회막에 들어가서
/기름 부음을 받은 /그 수송아지 피를 가지고

17 /그 제사장이 — 그 피를 찍어
/손가락으로
일곱번 뿌릴 것이며
/여호와 앞, 장 앞에
18 /또
[그는] — 그 피로(를) 바르고
/단 뿔에
/회막 안 여호와 앞에 있는
그 피 전부는(를) 쏟을 것이며
/번제단 밑에
/회막문 앞
19 /[그는] — 그 기름은 다 취하여
단 위에 불사르되
20 그 송아지를 할지며
/속죄제의 수송아지에게 한 것같이
/제사장이 — 회중을 위하여 속죄한즉
/그것으로
/그들이 — 사함을 얻으리라

21 /그는 — 진 밖으로 가져다가
/그 수송아지를
사를지니
/첫번 수송아지를 사름 같이
/이는 — 회중의 속죄제니라

는 곳에서 사를지니라 **13** 만일 이스라엘 온 회중이 여
호와의 금령 중 하나라도 그릇 범하여 허물이 있으나 스
스로 깨닫지 못하다가 **14** 그 범한 죄를 깨달으면 회중
은 수송아지를 속죄제로 드릴지니 그것을 회막 앞으로 끌
어다가 **15** 회중의 장로들이 여호와 앞에서 그 수송아지
머리에 안수하고 그것을 여호와 앞에서 잡을 것이요 **16**
기름 부음을 받은 제사장은 그 수송아지의 피를 가지고
회막에 들어가서 **17** 그 제사장이 손가락으로 그 피를
찍어 여호와 앞, 장 앞에 일곱 번 뿌릴 것이며 **18** 또 그
피로 회막 안 여호와 앞에 있는 단 뿔에 바르고 그 피 전
부는 회막문 앞 번제단 밑에 쏟을 것이며 **19** 그 기름은
다 취하여 단 위에 불사르되 **20** 그 송아지를 속제죄의

the bull, he is to bring out to a clean place outside the
camp where the ashes are poured out, and burn it on
wood with fire; where the ashes are poured out it shall
be burned. **13** ¶ 'Now if the whole congregation of
Israel commits error, and the matter escapes the notice
of the assembly, and they commit any of the things
which the LORD has commanded not to be done, and
they become guilty; **14** when the sin which they have
committed becomes known, then the assembly shall offer
a bull of the herd for a sin offering, and bring it before
the tent of meeting. **15** 'Then the elders of the congregation
shall lay their hands on the head of the bull before the LORD,
and the bull shall be slain before the LORD. **16** 'Then
the anointed priest is to bring some of the blood of the
bull to the tent of meeting; **17** and the priest shall dip
his finger in the blood, and sprinkle it seven times before
the LORD, in front of the veil. **18** 'And he shall put
some of the blood on the horns of the altar which is
before the LORD in the tent of meeting; and all the
blood he shall pour out at the base of the altar of burnt
offering which is at the doorway of the tent of meeting.
19 'And he shall remove all its fat from it and offer it
up in smoke on the altar. **20** 'He shall also do with
the bull just as he did with the bull of the sin offering;
thus he shall do with it. So the priest shall make atonement
for them, and they shall be forgiven. **21** 'Then he is to

레

22 /(만일)
족장이 —— 부지중에 범하여(상황절,when)
/그 하나님 여호와의 금령중 하나라도
[그는] —— 허물이 있다(가)
23 /[만일]
[그가] —— 그 범한 죄에 깨우침을 받거든(조건절, if)
그는 ——┬ 흠 없는 수염소를 가져다가
│ /예물로
24 ├ 그 수염소의 머리에 안수하고
└ 잡을지니
/여호와 앞 번제 희생을 잡는 곳에서
이는 —— 속죄제라

25 /제사장은 ——┬ 그 속죄 희생의 피를 찍어
│ /손가락에
├ 번제단 뿔에 바르고
├ 그 피는(를) 번제단 밑에 쏟고
26 └ 그 모든 기름은(을) 불사를지니
/화목제 희생의 기름 같이
/화목제 희생의 기름 같이 단 위에단 위에
/제사장이 —— 그를 위하여 속죄한즉
/그 범한 죄에 대하여
/이같이
그가 —— 사함을 얻으리라

27 /만일(אִם)
하나가 ——┬ 부지중에 범하여
/평민의 │ /여호와의 금령 중 하나라도
├ 허물이 있었다가
28 └ 그 범한 죄에 깨우침을 받거든(조건절,if)
그는 ——┬ 흠 없는 암염소를 끌고 와서
│ /그것을 예물로 삼아
│ /그 범한 죄를 인하여
29 ├ 그 속죄제 희생의 머리에 안수하고
└ 그 희생을 잡을 것이요
/번제소에서
30 /제사장은 —— 그 피를 찍어

수송아지에게 한 것 같이 할지며 제사장이 그것으로 회중을 위하여 속죄한즉 그들이 사함을 얻으리라 **21** 그는 그 수송아지를 진 밖으로 가져다가 첫 번 수송아지를 사름같이 사를찌니 이는 회중의 속죄제니라 **22** 만일 족장이 그 하나님 여호와의 금령 중 하나라도 부지중에 범하여 허물이 있었다가 **23** 그 범한 죄에 깨우침을 받거든 그는 흠 없는 숫염소를 예물로 가져다가 **24** 그 숫염소의 머리에 안수하고 여호와 앞 번제 희생을 잡는 곳에서 잡을지니 이는 속죄제라 **25** 제사장은 그 속죄 희생의 피를 손가락으로 찍어 번제단 뿔에 바르고 그 피는 번제단 밑에 쏟고 **26** 그 모든 기름은 화목제 희생의 기름같이 단 위에 불사를지니 이같이 제사장이 그 범한죄에 대하여 그를 위하여 속죄한즉 그가 사함을 얻으리라 **27** 만일 평민의 하나가 여호와의 금령 중 하나라도 부지중에 범하여 허물이 있었다가 **28** 그 범한 죄에 깨우침을 받거든 그는 흠 없는 암염소를 끌고 와서 그 범한 죄를 인

bring out the bull to a place outside the camp, and burn it as he burned the first bull; it is the sin offering for the assembly. **22** ¶ 'When a leader sins and unintentionally does any one of all the things which the LORD God has commanded not to be done, and he becomes guilty, **23** if his sin which he has committed is made known to him, he shall bring for his offering a goat, a male without defect. **24** 'And he shall lay his hand on the head of the male goat, and slay it in the place where they slay the burnt offering before the LORD; it is a sin offering. **25** 'Then the priest is to take some of the blood of the sin offering with his finger, and put it on the horns of the altar of burnt offering; and the rest of its blood he shall pour out at the base of the altar of burnt offering. **26** 'And all its fat he shall offer up in smoke on the altar as in the case of the fat of the sacrifice of peace offerings. Thus the priest shall make atonement for him in regard to his sin, and he shall be forgiven. **27** ¶ 'Now if anyone of the common people sins unintentionally in doing any of the things which the LORD has commanded not to be done, and becomes guilty, **28** if his sin, which he has committed is made known to him, then he shall bring for his offering a goat, a female without defect, for his sin which he has committed. **29** 'And he shall lay his hand on the head of the sin offering, and slay the sin offering at the place of the burnt offering.

30 /제사장은 ── 그 피를 찍어
/손가락으로
── 번제단 뿔에 바르고
── 그 피 전부를 쏟고
/단 밑에
31 ── 그 모든 기름을 취하여
/화목제 희생의 기름을 취한 것같이
── 단 위에 불살라
/여호와께 향기롭게(할지니)
/제사장이 ── 그를 위하여 속죄한즉
그가 ── 사함을 얻으리라

32 /만일
그가 ── 어린 양을 속죄 제물로 가져 오려거든(조건절, if)
[그는] ── 흠 없는 암컷을 끌어다가
33 ── 그 속죄제 희생의 머리에 안수하고
── 잡아
/번제 희생을 잡는 곳에서

//(목적: ל, to)
속죄제를 삼을 것이요

34 /제사장은 ── 그 속죄제 희생의 피를 찍어
/손가락으로
── 번제단 뿔에 바르고
── 그 피는(를) 전부를 쏟고
/단 밑에
35 ── 그 모든 기름을 취하여
/화목제 어린 양의 기름을 취한 것같이
── 불사를지니
/단 위 여호와의 화제물 위에
/제사장이 ── 그를 위하여 속죄한즉
/이같이
/그의 범한 죄에 대하여

그가 ── 사함을 얻으리라

레

하여 그것을 예물로 삼아 **29** 그 속죄제 희생의 머리에
안수하고 그 희생을 번제소에서 잡을 것이요 **30** 제사장
은 손가락으로 그 피를 찍어 번제단 뿔에 바르고 그 피
전부를 단 밑에 쏟고 **31** 그 모든 기름을 화목제 희생의
기름을 취한 것같이 취하여 단 위에 불살라 여호와께 향
기롭게 할지니 제사장이 그를 위하여 속죄한즉 그가 사
함을 얻으리라 **32** 그가 만일 어린 양을 속죄 제물로 가
져 오려거든 흠 없는 암컷을 끌어다가 **33** 그 속죄제 희
생의 머리에 안수하고 번제 희생을 잡는 곳에서 잡아 속
죄제를 삼을 것이요 **34** 제사장은 그 속죄제 희생의 피
를 손가락으로 찍어 번제단 뿔에 바르고 그 피는 전부를
단 밑에 쏟고 **35** 그 모든 기름을 화목제 어린 양의 기
름을 취한 것같이 취하여 단 위 여호와의 화제물 위에 불
사를지니 이같이 제사장이 그의 범한 죄에 대하여 그를
위하여 속죄한즉 그가 사함을 얻으리라

30 'And the priest shall take some of its blood with
his finger and put it on the horns of the altar of burnt offering;
and all the rest of its blood he shall pour out at the base
of the altar. **31** 'Then he shall remove all its fat, just
as the fat was removed from the sacrifice of peace
offerings; and the priest shall offer it up in smoke on
the altar for a soothing aroma to the LORD. Thus the
priest shall make atonement for him, and he shall be forgiven.
32 ¶ 'But if he brings a lamb as his offering for a sin
offering, he shall bring it, a female without defect. **33**
'And he shall lay his hand on the head of the sin offering,
and slay it for a sin offering in the place where they
slay the burnt offering. **34** 'And the priest is to take
some of the blood of the sin offering with his finger
and put it on the horns of the altar of burnt offering;
and all the rest of its blood he shall pour out at the base
of the altar. **35** 'Then he shall remove all its fat, just
as the fat of the lamb is removed from the sacrifice of
the peace offerings, and the priest shall offer them up
in smoke on the altar, on the offerings by fire to the
LORD. Thus the priest shall make atonement for him in
regard to his sin which he has committed, and he shall
be forgiven.

5

1 /[만일](אם)
누구든지 — 증인이 되어(상황절, when)
맹세시키는 소리를 듣고도
진술치 아니하면(조건절, if)
/그 본 일이나 아는 일을
죄가 있나니
그 허물이 — 그에게로 돌아갈 것이요

2 /<만일>
누구든지 — 무릇 부정한 것을 만졌으면(조건절, if)
/부정한 들짐승의 사체나
부정한 가축의 사체나
부정한 곤충의 사체들
[비록]
[그것이] — 부지중에라 할지라도(양보절, though)
그 몸이 — 더러워져서
[그는] — 허물이 있을 것이요

3 /혹시
그가 — 사람의 부정에 다닥쳤는데(상황절, when)
/부지중에
/부정이 — 어떠한 부정이든지
/그 사람의
[그가] — 그것을 깨달을 때에는(상황절, when)
[그는] — 허물이 있을 것이요

4 /혹(만일)
누구든지 — 무심중에 입으로 맹세를 발하여...하면(조건절, if)
/악을 하리라 하든지 선을 하리라
[그가] — 어떠한 일이든지 깨닫지 못하다가
/그 사람의(이) — 무심중에 말한 것이(을)
/맹세를 발하여
그것을 깨달을 때에는(상황절,when)
[그는] — 허물이 있을 것이니
/그 중 하나에
5 /[그가] — 허물이 있을 때에는(상황절,when)
/이 중 하나에
[그는] — 자복하고
/아무 일에 범과하였노라
6 /[그는] — 여호와께 속건제를 드리되
/그 범과를(에) 인하여(대하여)

5:1 누구든지 증인이 되어 맹세시키는 소리를 듣고도
그 본 일이나 아는 일을 진술치 아니하면 죄가 있나
니 그 허물이 그에게로 돌아갈 것이요 2 누구든지 부정
한 들짐승의 사체나 부정한 가축의 사체나 부정한 곤충의
사체들 무릇 부정한 것을 만졌으면 부지중에라 할지라도
그 몸이 더러워져서 허물이 있을 것이요 3 혹시 부지중
에 사람의 부정에 다닥쳤는데 그 사람의 부정이 어떠한
부정이든지 그것을 깨달을 때에는 허물이 있을 것이요 4
혹 누구든지 무심중에 입으로 맹세를 발하여 악을 하리라
하든지 선을 하리라 하면 그 사람의 무심중에 맹세를 발
하여 말한 것이 어떠한 일이든지 깨닫지 못하다가 그것을
깨달을 때에는 그 중 하나에 허물이 있을 것이니 5 이
중 하나에 허물이 있을 때에는 아무 일에 범과하였노라
자복하고 6 그 범과를 인하여 여호와께 속건제를 드리되

5:1 ¶ 'Now if a person sins, after he hears a public
adjuration to testify, when he is a witness, whether
he has seen or otherwise known, if he does not tell it,
then he will bear his guilt. 2 'Or if a person touches
any unclean thing, whether a carcass of an unclean beast,
or the carcass of unclean cattle, or a carcass of unclean
swarming things, though it is hidden from him, and he
is unclean, then he will be guilty. 3 'Or if he touches
human uncleanness, of whatever sort his uncleanness
may be with which he becomes unclean, and it is hidden
from him, and then he comes to know it, he will be
guilty. 4 'Or if a person swears thoughtlessly with his
lips to do evil or to do good, in whatever matter a man
may speak thoughtlessly with an oath, and it is hidden
from him, and then he comes to know it, he will be
guilty in one of these. 5 'So it shall be when he becomes
guilty in one of these, that he shall confess that in which
he has sinned. 6 'He shall also bring his guilt offering

/속죄제를(로) (드릴 것이요)
/어린 양이나
/양떼의 암컷
염소를(끌어다가)
제사장은 ——— 그의 허물을 위하여 속죄할지니라

7/만일(אִם)
[그가] ——— 힘이 미치지 못하거든(조건절, if)
/어린 양에
[그는] ——— 여호와께로 가져 가되
/산비둘기 둘이나
집비둘기 새끼 둘을
/그 범과를 속하기 위하여
/하나는 속죄 제물을(로)(삼고)
/하나는 번제물을(로)(삼아)
8 /[그는] ——— 제사장에게로 가져갈 것이요
제사장은 ——— 그 속죄 제물을 드리되
/먼저
/그 머리를 목에서 비틀어 끊고(끊어서)
/몸은 아주 쪼개지 말며(말아서)
9 /[그는] ——— 그 속죄 제물의 피를 뿌리고
/단 곁에
그 남은 피는(를) 흘릴 지니
/단 밑에
/이는 ——— 속죄제요
10 /[그는] ——— 그 다음 것은(을) 드릴지니
/번제를(로)
/규례대로
제사장이 ——— 속한즉
/그의 범과를 위하여

//(결과)
그가 —— 사함을 얻으리라

11 /만일(אִם)
[그는] ——— 힘이 미치지 못하거든(조건절, if)
/산비둘기 둘이나
집비둘기 둘에도
[그는] ——— 예물로(을) 가져다가
/그 범과를 인하여
/고운 가루 에바 십분 일을
/속죄 제물로 (드리되)
[그는] ——— 기름을 붓지 말며
/그 위에
유향을 놓지 말고

//(이유: כִּי, for)

양떼의 암컷 어린 양이나 염소를 끌어다가 속죄제를 드
릴 것이요 제사장은 그의 허물을 위하여 속죄할지니라 7
만일 힘이 어린 양에 미치지 못하거든 그 범과를 속하기
위하여 산비둘기 둘이나 집비둘기 새끼 둘을 여호와께로
가져가되 하나는 속죄제물을 삼고 하나는 번제물을 삼아
8 제사장에게로 가져 갈 것이요 제사장은 그 속죄 제물
을 먼저 드리되 그 머리를 목에서 비틀어 끊고 몸은 아주
쪼개지 말며 9 그 속죄 제물의 피를 단 곁에 뿌리고 그
남은 피는 단 밑에 흘릴지니 이는 속죄제요 10 그 다음
것은 규례대로 번제를 드릴지니 제사장이 그의 범과를
위하여 속한즉 그가 사함을 얻으리라 11 만일 힘이 산
비둘기 둘이나 집비둘기 둘에도 미치지 못하거든 그 범
과를 인하여 고운 가루 에바 십분 일을 예물로 가져다가
속죄 제물로 드리되 이는 속죄제인즉 그 위에 기름을 붓

to the LORD for his sin which he has committed, a
female from the flock, a lamb or a goat as a sin offering.
So the priest shall make atonement on his behalf for his
sin. 7 ¶ 'But if he cannot afford a lamb, then he shall
bring to the LORD his guilt offering for that in which
he has sinned, two turtledoves or two young pigeons,
one for a sin offering and the other for a burnt offering.
8 'And he shall bring them to the priest, who shall offer
first that which is for the sin offering and shall nip its
head at the front of its neck, but he shall not sever it.
9 'He shall also sprinkle some of the blood of the sin offering
on the side of the altar, while the rest of the blood shall
be drained out at the base of the altar: it is a sin offering.
10 'The second he shall then prepare as a burnt offering

//(이유: כִּי, for)
이는—— 속죄제인즉

12 /[그는] ——— 그것을 가져갈 것이요
/제사장에게로
제사장은 ——— 그것을 취하여
/한 움큼을
/기념물로
불사를지니
/단 위 여호와의 화제물 위에
이는 ——— 속죄제라

13 /제사장이 ——— 속한 즉
/허물을 위하여
/그가 – 범하여(얻은)(=범한)
/이 중에 하나를

//(결과)
그가 ——사함을 얻으리라

[그는] ——— 제사장에게 돌릴지니라
/그 나머지는(를)
/소제물 같이

14 여호와께서 **일러 가라사대**
/모세에게
15 /[만일](אִם)
누구든지 ——— 그릇 범과하였거든(조건절, if)
/여호와의 성물에 대하여
[그는] ——— 속건제를 드리되
/여호와께
/너의 지정한 가치를 따라
/몇 세겔 은에 상당한 흠 없는 수양을
/성소의 세겔로
/떼 중에서(끌어다가)
/속건제로(드려서)

16 /[그는] ——— 갚되(=갚으라)
/성물에 대한 범과를
/제사장에게 줄것이요(=주어)
/그것에 오분 일을 더하여

지 말며 유향을 놓지 말고 **12** 그것을 제사장에게로 가
져갈 것이요 제사장은 그것을 기념물로 한 움큼을 취하여
단 위 여호와의 화제물 위에 불사를지니 이는 속죄제라
13 제사장이 그가 이 중에 하나를 범하여 얻은 허물을
위하여 속한즉 그가 사함을 얻으리라 그 나머지는 소제물
같이 제사장에게 돌릴지니라 **14** 여호와께서 모세에게
일러 가라사대 **15** 누구든지 여호와의 성물에 대하여 그
릇 범과하였거든 여호와께 속건제를 드리되 너의 지정한
가치를 따라 성소의 세겔로 몇 세겔 은에 상당한 흠 없는
숫양을 떼 중에서 끌어다가 속건제로 드려서 **16** 성물에
대한 범과를 갚되 그것에 오분 일을 더하여 제사장에게
줄 것이요 제사장은 그 속건제의 숫양으로 그를 위하여

according to the ordinance. So the priest shall make atonement
on his behalf for his sin which he has committed, and
it shall be forgiven him. **11** ¶ 'But if his means are
insufficient for two turtledoves or two young pigeons,
then for his offering for that which he has sinned, he
shall bring the tenth of an ephah of fine flour for a sin
offering; he shall not put oil on it or place incense on
it, for it is a sin offering. **12** 'And he shall bring it to
the priest, and the priest shall take his handful of it as
its memorial portion and offer it up in smoke on the
altar, with the offerings of the LORD by fire: it is a sin
offering. **13** 'So the priest shall make atonement for
him concerning his sin which he has committed from
one of these, and it shall be forgiven him; then the rest
shall become the priests, like the grain offering.'" **14**
Then the LORD spoke to Moses, saying, **15** "If a person
acts unfaithfully and sins unintentionally against the LORD's
holy things, then he shall bring his guilt offering to the
LORD: a ram without defect from the flock, according
to your valuation in silver by shekels, in terms of the
shekel of the sanctuary, for a guilt offering. **16** "And
he shall make restitution for that which he has sinned against
the holy thing, and shall add to it a fifth part of it, and
give it to the priest. The priest shall then make atonement
for him with the ram of the guilt offering, and it shall
be forgiven him. **17** ¶ "Now if a person sins and does

/제사장은 —— 그를 위하여 속한즉
/그 속건제의 수양으로
//(결과)
그가 —— 사함을 얻으리라

17 /만일(אִם)
누구든지 ——부지중에 범하여도(조건절, if)
/여호와의 금령중 하나를
[그것은] —— 허물이라
/벌을 당할(것이니)

18 /그는 ———— 속건 제물로 가져올 것이요
/떼 중 흠 없는 수양을
/너의 지정한 가치대로
/제사장에게로
/제사장은 —— 속한즉
/그의 허물을 위하여
/부지중에 그릇 범한
//(결과)
그가 사함을 얻으리라

19 /이는 ———— 속건제니
그가 ———— 실로 범과함이니라
/여호와 앞에

6

1 여호와께서 **일러 가라사대**
/모세에게
2 /[만일]
누구든지 —— 여호와께 범죄하되
/신실치 못하여
/곧 거짓 맹세하는 등
/사실을 부인하거나
/남의 물건을 맡거나
전당 잡거나
강도질 하거나
늑봉하고도
3 /사실을 부인하여
/남의 잃은 물건을 얻고도
/사람이 ——— 범죄하면(조건절, if)
/이 모든 일 중에 하나라도 행하여

속한즉 그가 사함을 얻으리라 **17** 만일 누구든지 여호
와의 금령 중 하나를 부지중에 범하여도 허물이라 벌을
당할 것이니 **18** 그는 너의 지정한 가치대로 떼 중 흠
없는 숫양을 속건 제물로 제사장에게로 가져올 것이요
제사장은 그의 부지중에 그릇 범한 허물을 위하여 속한
즉 그가 사함을 얻으리라 **19** 이는 속건제니 그가 실로
여호와 앞에 범과함이니라
6:1 여호와께서 모세에게 일러 가라사대 **2** 누구든지
여호와께 신실치 못하여 범죄하되 곧 남의 물건을 맡
거나 전당 잡거나 강도질하거나 늑봉하고도 사실을 부인
하거나 **3** 남의 잃은 물건을 얻고도 사실을 부인하여 거
짓 맹세하는 등 사람이 이 모든 일 중에 하나라도 행하여

any of the things which the LORD has commanded not
to be done, though he was unaware, still he is guilty,
and shall bear his punishment. **18** "He is then to bring
to the priest a ram without defect from the flock, according
to your valuation, for a guilt offering. So the priest shall
make atonement for him concerning his error in which
he sinned unintentionally and did not know it, and it
shall be forgiven him. **19** "It is a guilt offering; he was
certainly guilty before the LORD."
6:1 ¶ Then the LORD spoke to Moses, saying, **2**
"When a person sins and acts unfaithfully against the
LORD, and deceives his companion in regard to a deposit
or a security entrusted to him, or through robbery, or if
he has extorted from his companion, **3** or has found
what was lost and lied about it and sworn falsely, so
that he sins in regard to any one of the things a man

4 /[그는] ——— 죄가 있는 자니
//이는(כִּי, for)
죄를 범하였고

/[그는] ——— 돌려 보내되
/그 빼앗은 것이나
늑봉한 것이나
맡은 것이나
얻은 유실물이나
5 무릇 그 거짓 맹세한 물건을
/곧
[그는] ——— 돌려 보낼 것이니
/그 본물에 오분 일을 더하여
[그는] ——— 그 임자에게 줄 것이요
/그 죄가 드러나는 날에
6 /또
그는 ——— 그 속건제를 가져 올지니
/여호와께
/떼 중 흠 없는 수양을
/속건 제물을 위하여
/너의 지정한 가치 대로
/제사장에게로 (끌어 올 것이요)
7 /제사장은 ——— 그를 위하여 속죄한즉
/여호와 앞에서

//(결과)
그는 ——— 사함을 얻으리라
/무슨 허물이든지

8 여호와께서 **일러 가라사대**[7)]
/모세에게
9 /[너는] ——— 명하여 이르라
/아론과 그 자손에게
/번제의 규례는(를)(이러하니라)
/번제물은 ——— 아침까지 두고[8)]
/단 윗 석쇠 위에
/단의 불로 ——— 꺼지지 않게 할 것이요
/그 위에서
10 /제사장은 ——— 세마포 긴 옷을 입고
——— 하체를 가리우고
/세마포 고의로
——— 번제의 재를 가져다가
/단 위에서 탄
——— 단 곁에 두고

레

7) 8-18절은 히브리어 본문 상에서 1-11절이다.
8) 이부분(9b)부터 23절까지 원래 명하여 이르라의 수식부로 위치를 잡아야 한다. 그러나 하나의 단락을 이루는 내용이므로 앞으로 내서 정리한다. 지면에 대한 부담도 있어서...

범죄하면 4 이는 죄를 범하였고 죄가 있는 자니 그 빼앗
은 것이나 늑봉한 것이나 맡은 것이나 얻은 유실물이나
5 무릇 그 거짓 맹세한 물건을 돌려 보내되 곧 그 본물
에 오분 일을 더하여 돌려 보낼 것이니 그 죄가 드러나는
날에 그 임자에게 줄 것이요 6 그는 또 그 속건제를 여
호와께 가져 올지니 곧 너의 지정한 가치대로 떼 중 흠
없는 숫양을 속건 제물을 위하여 제사장에게로 끌어올 것
이요 7 제사장은 여호와 앞에서 그를 위하여 속죄한즉
그는 무슨 허물이든지 사함을 얻으리라 8 여호와께서 모
세에게 일러 가라사대 9 아론과 그 자손에게 명하여 이
르라 번제의 규례는 이러하니라 번제물은 단 위 석쇠 위
에 아침까지 두고 단의 불로 그 위에서 꺼지지 않게 할

may do; 4 then it shall be, when he sins and becomes
guilty, that he shall restore what he took by robbery, or
what he got by extortion, or the deposit which was
entrusted to him, or the lost thing which he found, 5 or
anything about which he swore falsely; he shall make
restitution for it in full, and add to it one-fifth more. He
shall give it to the one to whom it belongs on the day
he presents his guilt offering. 6 "Then he shall bring to
the priest his guilt offering to the LORD, a ram without
defect from the flock, according to your valuation, for a
guilt offering, 7 and the priest shall make atonement
for him before the LORD; and he shall be forgiven for
any one of the things which he may have done to incur guilt."
8 Then the LORD spoke to Moses, saying, 9 "Command
Aaron and his sons, saying, 'This is the law for the burnt
offering: the burnt offering itself shall remain on the
hearth on the altar all night until the morning, and the
fire on the altar is to be kept burning on it. 10 'And

11 그 옷을 벗고
다른 옷을 입고
그 재를 가져 갈 것이요
/진 바깥 정결한 곳으로

12 /불은 — 항상 피워
/단 위에
꺼지지 않게 할지니
/제사장은 — 아침마다 나무를 그 위에 태우고
번제물을 벌여 놓고
/그 위에
화목제의 기름을 사를지며
/그 위에
13 /불은 — 꺼지지 않게 할지니라
/끊이지 않고 단 위에 피워

14 /규례는 — 이러하니라
/소제의
/자손은 — 그것을 드리되(=드리라)
/아론의
/단 앞 여호와 앞에

15 /[그는] — 취하여
/그 소제의 고운 기름 가루 한 움큼과
소제물 위의 유향을 다(=모든 유향을)
기념물로 불살라
/단 위에
/여호와 앞에 향기로운 냄새가 되게(하고)

16 /아론과
그 자손이 — 먹되
/그 나머지는
/누룩을 넣지 말고
[그들이] — 먹을지니라
/거룩한 곳 회막 뜰에서
17 /[그것은] — 굽지 말라
/그것에 누룩을 넣어
/이는 — 내가 그들에게 주어... 것이라[9]
/나의 화제 중에서
/그 소득이 되게(하는)
지극히 거룩한즉
/속죄제와 속건제 같이

9) 준 것이다

레

것이요 10 제사장은 세마포 긴 옷을 입고 세마포 고의
로 하체를 가리우고 단 위에서 탄 번제의 재를 가져다가
단 곁에 두고 11 그 옷을 벗고 다른 옷을 입고 그 재를
진 바깥 정결한 곳으로 가져 갈 것이요 12 단 위에 불
은 항상 피워 꺼지지 않게 할지니 제사장은 아침마다 나
무를 그 위에 태우고 번제물을 그 위에 벌여놓고 화목제
의 기름을 그 위에 사를지며 13 불은 끊이지 않고 단
위에 피워 꺼지지 않게 할지니라 14 소제의 규례는 이
러하니라 아론의 자손은 그것을 단 앞 여호와 앞에 드리
되 15 그 소제의 고운 기름 가루 한 웅큼과 소제물 위
의 유향을 다 취하여 기념물로 단 위에 불살라 여호와 앞
에 향기로운 냄새가 되게하고 16 그 나머지는 아론과
그 자손이 먹되 누룩을 넣지 말고 거룩한 곳 회막 뜰에서
먹을지니라 17 그것에 누룩을 넣어 굽지 말라 이는 나

the priest is to put on his linen robe, and he shall put on undergarments next to his flesh; and he shall take up the ashes to which the fire reduces the burnt offering on the altar, and place them beside the altar.
11 'Then he shall take off his garments and put on other garments, and carry the ashes outside the camp to a clean place.
12 'And the fire on the altar shall be kept burning on it. It shall not go out, but the priest shall burn wood on it every morning; and he shall lay out the burnt offering on it, and offer up in smoke the fat portions of the peace offerings on it.
13 'Fire shall be kept burning continually on the altar; it is not to go out.
14 ¶ 'Now this is the law of the grain offering: the sons of Aaron shall present it before the LORD in front of the altar.
15 'Then one of them shall lift up from it a handful of the fine flour of the grain offering, with its oil and all the incense that is on the grain offering, and he shall offer it up in smoke on the altar, a soothing aroma, as its memorial offering to the LORD.
16 'And what is left of it Aaron and his sons are to eat. It shall be eaten as unleavened cakes in a holy place; they are to eat it in the court of the tent of meeting.
17 'It shall not be baked with leaven. I

18 /남자는 — 이를 먹을지니
/무릇 아론 자손의

/이는 — 영원한 소득이 됨이라
/여호와의 화제 중에서
/그들의 대대로
/자마다 — 거룩하리라
/이를 만지는

레

19 여호와께서 **일러 가라사대**[10)]
/모세에게
20 /예물은 — 이러하니라
/아론과
그 자손이 — 여호와께 드릴
/기름 부음을 받는 날에
/<그들은> — 〈드리고〉
/고운 가루 에바 십분 일을
/항상 드리는 소제물로 삼아
/그 절반은 아침에,
〈드리고〉
/절반은 저녁에

21 /<그들은> — 그것을 반죽하여
/기름으로
번철에 굽고
여호와께 소제로 드려
/(기름에 적시어다가) 썰어서
/향기로운 냄새(로)(가 되게 하라)

22 /제사장 된 자가 - 드릴 것이요
/아론의 자손 중 /이 소제는(를)
/기름 부음을 받고
/그를 이어
/[이것은] — 영원한 규례로
/여호와께
온전히 불사를 것이니

23 /소제물은 — 온전히 불사르고
/무릇 제사장의
먹지 말지니라

24 여호와께서 **일러 가라사대**[11)]
/모세에게
25 /[너는] — 고하여 이르라

10) 히브리 본문은 13-16절 이다.

11) 히브리 본문은 17-23절이다.

의 화제 중에서 내가 그들에게 주어 그 소득이 되게 하는
것이라 속죄제와 속건제같이 지극히 거룩한즉 **18** 무릇
아론 자손의 남자는 이를 먹을지니 이는 여호와의 화제
중에서 그들의 대대로 영원한 소득이 됨이라 이를 만지
는 자마다 거룩하니라 **19** 여호와께서 모세에게 일러
가라사대 **20** 아론과 그 자손이 기름 부음을 받는 날에
여호와께 드릴 예물은 이러하니라 고운 가루 에바 십분
일을 항상 드리는 소제물로 삼아 그 절반은 아침에, 절반
은 저녁에 드리되 **21** 그것을 기름으로 반죽하여 번철에
굽고 기름에 적시어다가 썰어 소제로 여호와께 드려 향
기로운 냄새가 되게 하라 **22** 이 소제는 아론의 자손 중
기름 부음을 받고 그를 이어 제사장 된 자가 드릴 것이요

have given it as their share from My offerings by fire;
it is most holy, like the sin offering and the guilt offering.
18 'Every male among the sons of Aaron may eat it;
it is a permanent ordinance throughout your generations,
from the offerings by fire to the LORD. Whoever touches
them shall become consecrated.'" **19** Then the LORD spoke
to Moses, saying, **20** "This is the offering which Aaron
and his sons are to present to the LORD on the day
when he is anointed; the tenth of an ephah of fine flour
as a regular grain offering, half of it in the morning and
half of it in the evening. **21** "It shall be prepared with
oil on a griddle. When it is well stirred, you shall bring
it. You shall present the grain offering in baked pieces
as a soothing aroma to the LORD. **22** "And the anointed
priest who will be in his place among his sons shall
offer it. By a permanent ordinance it shall be entirely
offered up in smoke to the LORD. **23** "So every grain
offering of the priest shall be burned entirely. It shall

25 /[너는] —— 고하여 이르라
/아론과
/그 아들들에게
/규례는 —— 이러하니라
/속죄제의
/속죄제 (희생은) —지극히 거룩하니
/그 속죄제[는] —— (희생을) 잡을 것이요(=죽임 당할 것이요)
/여호와 앞
/번제 희생을 잡는 곳에서

26 /제사장이 ——그것을 먹되
/죄를 위하여 제사드리는

/곧
[그는] —— 먹을 것이며
/회막 뜰
/거룩한 곳에서

27 /무릇…자는(=모든 자는) 거룩할 것이며
/그 고기에 접촉하는

/[만일]
그 피가 —— 어떤 옷에든지 묻었으면(조건절, if)
[그는] —— 묻은 그것을 빨 것이요
/거룩한 곳에서

28 /토기에(=는) —— 깨뜨릴 것이요[12)]
/그 고기를(=가) —삶았으면(조건절, if)[13)]

/[만일]
[그것이] —— 유기에 삶았으면(조건절, if)[14)]
그 그릇을(은) — 닦고[15)]
물에 씻을 것이며[16)]

29 /남자마다[17)] —— 먹을 것이니라
/제사장의
그 고기는 —— 지극히 거룩하니(=거룩하다)

30 /그러나
희생의 고기는— 먹지 못할지니
/속죄제
/피를 가지고 회막에 들어가
성소에서 속하게 한

불사를지니라[18)]

12) 삶아진
13) 깨뜨려질 것이요
14) 삶아졌으면
15) 닦아지고
16) 물에 씻어질 것이요
17) 제사장 가운데 모든 남자는
18) 그것은 불로 태워야 한다

영원한 규례로 여호와께 온전히 불사를 것이니 23 무릇
제사장의 소제물은 온전히 불사르고 먹지 말지니라 24
여호와께서 모세에게 일러 가라사대 25 아론과 그 아들
들에게 고하여 이르라 속죄제의 규례는 이러하니라 속죄
제 희생은 지극히 거룩하니 여호와 앞 번제 희생을 잡는
곳에서 그 속죄제 희생을 잡을 것이요 26 죄를 위하여
제사드리는 제사장이 그것을 먹되 곧 회막 뜰 거룩한 곳
에서 먹을 것이며 27 무릇 그 고기에 접촉하는 자는 거
룩할 것이며 그 피가 어떤 옷에든지 묻었으면 묻은 그것
을 거룩한 곳에서 빨 것이요 28 그 고기를 토기에 삶았
으면 그 그릇을 깨뜨릴 것이요 유기에 삶았으면 그 그릇
을 닦고 물에 씻을 것이며 29 그 고기는 지극히 거룩하
니 제사장의 남자마다 먹을 것이니라 30 그러나 피를
가지고 회막에 들어가 성소에서 속하게 한 속죄제 희생
의 고기는 먹지 못할지니 불사를지니라

not be eaten." 24 Then the LORD spoke to Moses,
saying, 25 "Speak to Aaron and to his sons, saying,
'This is the law of the sin offering: in the place where
the burnt offering is slain the sin offering shall be slain before
the LORD; it is most holy. 26 'The priest who offers
it for sin shall eat it. It shall be eaten in a holy place,
in the court of the tent of meeting. 27 'Anyone who touches
its flesh shall become consecrated; and when any of its blood
splashes on a garment, in a holy place you shall wash
what was splashed on. 28 'Also the earthenware vessel
in which it was boiled shall be broken; and if it was
boiled in a bronze vessel, then it shall be scoured and
rinsed in water. 29 'Every male among the priests may
eat of it; it is most holy. 30 'But no sin offering of
which any of the blood is brought into the tent of meeting
to make atonement in the holy place shall be eaten; it

레

7

1 /규례는 ——— 이러하니라
/속건제의
/이는 ——— 지극히 거룩하니
2 /[그들은] ——— 속건제의 희생을 잡을 것이요
/번제 희생을 잡는 곳에서
/제사장은 ——— 그 피를 뿌릴 것이며
/단 사면에
3 ——— 그 모든 기름을 드리되
/곧
[그는] ——— 콩팥과 함께 취하고
/그 기름진 꼬리와
내장에 덮인 기름과
4 두 콩팥과
그 위의 기름
/곧 허리 근방에 있는 것과
간에 덮인 꺼풀을
5 /제사장은 ——— 그것을 다 불살라
/단 위에
/여호와께 화제로(드릴 것이니라)
/이는 ——— 속건제요
6 ——— 지극히 거룩하니
/남자마다[19] ——— 이것을 먹되
/제사장의
——— 거룩한 곳에서 먹을지며
7 /속건제나
속죄제는 ——— 일례니
/그 제육은 ——— 돌아갈 것이요
/속하는 제사장에게로
8 /제사장[은] ——— 자기가 얻을 것이며
/번제를 드리는 /그 드린 번제물의 가죽을
/[어떤]사람의
/곧 그 제사장은
9 /소제물은 ——— 그 드린 제사장에게로 돌아갈 것이니
/무릇 화덕에 구운
/솥에나 번철에 만든
10 /모든 자손이 ——— 평균히 분배할 것이니라
/아론의 /모든 소제물은(을)
/기름 섞은 것이나
/마른 것이나

19) 제사장 중에서 모든 남자는

7:1 속건제의 규례는 이러하니라 이는 지극히 거룩하
니 2 번제 희생을 잡는 곳에서 속건제의 희생을 잡
을 것이요 제사장은 그 피를 단 사면에 뿌릴 것이며 3
그 모든 기름을 드리되 곧 그 기름진 꼬리와 내장에 덮인
기름과 4 두 콩팥과 그 위의 기름 곧 허리 근방에 있는
것과 간에 덮인 꺼풀을 콩팥과 함께 취하고 5 제사장은
그것을 다 단 위에 불살라 여호와께 화제로 드릴 것이니
라 이는 속건제요 6 지극히 거룩하니 이것을 제사장의
남자마다 먹되 거룩한 곳에서 먹을지며 7 속건제나 속죄
제는 일례니 그 제육은 속하는 제사장에게로 돌아갈 것이
요 8 사람의 번제를 드리는 제사장 곧 그 제사장은 그
드린 번제물의 가죽을 자기가 얻을 것이며 9 무릇 화덕
에 구운 소제물과 솥에나 번철에 만든 소제물은 그 드린
제사장에게로 돌아갈 것이니 10 무릇 소제물은 기름 섞

shall be burned with fire.
7:1 ¶ 'Now this is the law of the guilt offering; it is
most holy. 2 'In the place where they slay the burnt
offering they are to slay the guilt offering, and he shall
sprinkle its blood around on the altar. 3 'Then he shall
offer from it all its fat: the fat tail and the fat that covers
the entrails, 4 and the two kidneys with the fat that is
on them, which is on the loins, and the lobe on the liver
he shall remove with the kidneys. 5 'And the priest
shall offer them up in smoke on the altar as an offering
by fire to the LORD; it is a guilt offering. 6 'Every
male among the priests may eat of it. It shall be eaten
in a holy place; it is most holy. 7 'The guilt offering is
like the sin offering, there is one law for them; the priest
who makes atonement with it shall have it. 8 'Also the priest
who presents any man's burnt offering, that priest shall
have for himself the skin of the burnt offering which he
has presented. 9 'Likewise, every grain offering that is baked
in the oven, and everything prepared in a pan or on a

11 /희생의 규례는 ─ 이러하니라
/화목제
/여호와께 드릴
12 /만일(אִם)
[그가] ─── 그것을 드리거든(조건절, if)
/감사하므로
[그는] ─── 그 감사 희생과 함께 드리고
/기름 섞은 무교병과
/기름 바른 무교전병과
/구운 과자를
/고운 가루에 기름 섞어
13 /또
[그는] ─── 유교병을 드리되
/화목제의 감사 희생과 함께
/그 예물에
14 /[그는] ─── 거제로 드리고
/그 전체의 예물 중에서
/하나씩
/여호와께
└── 그것을 돌릴지니라
/제사장들에게로
/화목제의 피를 뿌린
15 /고기는 ─── 먹을 것이요[20]
/화목제 희생의 /드리는 그 날에
/감사함으로 드리는
/[그는] ─── 조금이라도 두지 말 것이니라
/이튿 날 아침까지
16 /그러나
[만일](אִם)
예물이 ─── 서원이나 자원의 예물이면(조건절, if)
/그 희생의
그 희생을(이) ─ 먹을 것이요[21]
/드린 날에
그 남은 것은 ─ 이튿날에도 먹되[22]
17 /남았으면(남은것은) ─── 불사르지니
/그 희생의 고기가(중)
/제 삼일까지
18 /만일(אִם)
고기를(가) ─── 제 삼일에 조금이라도 먹으면(조건절, if)[23]
/그 화목제 희생의

20) 원래는 수동형, '먹혀질 것이요
21) 수동형, '먹혀질 것이요
22) 수동형
23) 수동형

은 것이나 마른 것이나 아론의 모든 자손이 평균히 분배
할 것이니라 11 여호와께 드릴 화목제 희생의 규례는
이러하니라 12 만일 그것을 감사하므로 드리거든 기름
섞은 무교병과 기름 바른 무교병과 고운 가루에 기름 섞
어 구운 과자를 그 감사 희생과 함께 드리고 13 또 유
교병을 화목제의 감사 희생과 함께 그 예물에 드리되
14 그 전체의 예물 중에서 하나씩 여호와께 거제로 드
리고 그것을 화목제의 피를 뿌린 제사장들에게로 돌릴지
니라 15 감사함으로 드리는 화목제 희생의 고기는 드리
는 그 날에 먹을 것이요 조금이라도 이튿날 아침까지 두
지 말 것이니라 16 그러나 그 희생의 예물이 서원이나
자원의 예물이면 그 희생을 드린 날에 먹을 것이요 그 남
은 것은 이튿날에도 먹되 17 그 희생의 고기가 제삼일
까지 남았으면 불사를지니 18 만일 그 화목제 희생의

griddle, shall belong to the priest who presents it. 10
'And every grain offering mixed with oil, or dry, shall belong
to all the sons of Aaron, to all alike. 11 ¶ 'Now this
is the law of the sacrifice of peace offerings which shall
be presented to the LORD. 12 'If he offers it by way
of thanksgiving, then along with the sacrifice of thanksgiving
he shall offer unleavened cakes mixed with oil, and
unleavened wafers spread with oil, and cakes of well
stirred fine flour mixed with oil. 13 'With the sacrifice
of his peace offerings for thanksgiving, he shall present
his offering with cakes of leavened bread. 14 'And of
this he shall present one of every offering as a contribution
to the LORD; it shall belong to the priest who sprinkles
the blood of the peace offerings. 15 ¶ 'Now as for the
flesh of the sacrifice of his thanksgiving peace offerings,
it shall be eaten on the day of his offering; he shall not
leave any of it over until morning. 16 'But if the
sacrifice of his offering is a votive or a freewill offering,
it shall be eaten on the day that he offers his sacrifice;
and on the next day what is left of it may be eaten; 17

그 제사는 ― 열납되지 않을 것이라
/[그것은] ― 예물답게 못되고
/드린 자에게도
도리어
가증한 것이 될 것이며
먹는 자는 ― 죄를 당하리라
/그것을

레

19 /그 고기가(는) ― 먹지 말고
/접촉되(된)(었으면)
/부정한 물건에
불사를 것이라

/깨끗한 자만 ― 먹을 것이니
/그 고기는(를)
20 /만일(אִם)
부정한 자가 ― 화목제 희생의 고기를 먹으면(조건절, if)
/몸이
/여호와께 속한
그 사람은 ― 자기 백성 중에서 끊쳐질 것이요

21 /만일(אִם)
누구든지 ― 만지고
/부정한 것
/곧 사람의 부정이나
부정한 짐승이나
/부정하고 가증한 아무 물건이든지
희생의 고기를 먹으면(조건절, if)
/여호와께 속한 화목제
그 사람도 ― 자기 백성 중에서 끊쳐지리라

22 여호와께서 **일러 가라사대**
/모세에게
23 /[너는] ― 고하여 이르라
/이스라엘 자손에게
/너희는 ― 먹지 말 것이요
/소나 양이나 염소의 기름을

24 /[너희는] ― 달리는 쓰려니와
/스스로 죽은 것의 기름이나(을)
/짐승에게 찢긴 것의 기름은(을)
결단코 먹지 말지니라

고기를 제삼일에 조금이라도 먹으면 그 제사는 열납되지
않을 것이라 드린 자에게도 예물답게 못되고 도리어 가증
한 것이 될 것이며 그것을 먹는 자는 죄를 당하리라 19
그 고기가 부정한 물건에 접촉되었으면 먹지 말고 불사를
것이라 그 고기는 깨끗한 자만 먹을 것이니 20 만일 몸
이 부정한 자가 여호와께 속한 화목제 희생의 고기를 먹
으면 그 사람은 자기 백성 중에서 끊쳐질 것이요 21 만
일 누구든지 부정한 것 곧 사람의 부정이나 부정한 짐승
이나 부정하고 가증한 아무 물건이든지 만지고 여호와께
속한 화목제 희생의 고기를 먹으면 그 사람도 자기 백성
중에서 끊쳐지리라 22 여호와께서 모세에게 일러 가라
사대 23 이스라엘 자손에게 고하여 이르라 너희는 소나
양이나 염소의 기름을 먹지 말 것이요 24 스스로 죽은
것의 기름이나 짐승에게 찢긴 것의 기름은 달리는 쓰려니

but what is left over from the flesh of the sacrifice on
the third day shall be burned with fire. 18 'So if any
of the flesh of the sacrifice of his peace offerings should
ever be eaten on the third day, he who offers it shall
not be accepted, and it shall not be reckoned to his
benefit. It shall be an offensive thing, and the person
who eats of it shall bear his own iniquity. 19 ¶ 'Also
the flesh that touches anything unclean shall not be eaten;
it shall be burned with fire. As for other flesh, anyone
who is clean may eat such flesh. 20 'But the person
who eats the flesh of the sacrifice of peace offerings
which belong to the LORD, in his uncleanness, that
person shall be cut off from his people. 21 'And when
anyone touches anything unclean, whether human
uncleanness, or an unclean animal, or any unclean detestable
thing, and eats of the flesh of the sacrifice of peace
offerings which belong to the LORD, that person shall
be cut off from his people.'" 22 Then the LORD spoke
to Moses, saying, 23 "Speak to the sons of Israel,
saying, 'You shall not eat any fat from an ox, a sheep,

25 /[만일]
사람이 ——— 희생의 기름을 먹으면(조건절, if)[24-1]
/여호와께 화제로 드리는
그 먹는 자는 —— 자기 백성 중에서 끊쳐지리라

26 /[너희는] ——— 먹지 말라
/무슨 피든지
/새나 짐승의 피를
/너희의 사는 모든 곳에서

27 /그 사람은 다 —— 자기 백성 중에서 끊쳐지리라
/무슨 피든지 먹는 사람(이 있으면)

28 여호와께서 **일러 가라사대**
/모세에게
29 /[너는] ——— 고하여 이르라
/이스라엘 자손에게

/드리려는자는 —— 여호와께 가져오되
/여호와께 /그 예물을 취하여
/화목제의 희생을 /그 화목제 희생 중에서
30 /그 사람이 ——— 자기 손으로 가져올지니
/여호와의 화제는(를)
/곧
[그들은] ——— 가져올 것이요
/그 제물의 기름과 가슴을
제사장은 ——— 가슴을 가져올 것이요

//(목적: ל, that...may)
[제사장이] —요제로 그것을 흔들어(=흔들기 위해서)
/여호와 앞에

31 /그 기름은 ——— 단 위에 불사를 것이며
가슴은 ——— 아론과 그 자손들에게 돌릴 것이며
32 /또
너희는 ——— 제사장에게 주어
/그 화목제 희생의 우편 뒷다리를
/거제를(로)(삼을지니)

33 /드리는 자가 —— 자기의 소득으로 삼을 것이라
/피와 기름을 /그 우편 뒷다리를
/화목제 희생의
/아론의 자손중

24-1) NRSV의 입장

레

와 결단코 먹지 말지니라 **25** 사람이 여호와께 화제로
드리는 희생의 기름을 먹으면 그 먹는 자는 자기 백성 중
에서 끊쳐지리라 **26** 너희의 사는 모든 곳에서 무슨 피
든지 새나 짐승의 피를 먹지말라 **27** 무슨 피든지 먹는
사람이 있으면 그 사람은 다 자기 백성 중에서 끊쳐지리
라 **28** 여호와께서 모세에게 일러 가라사대 **29** 이스라
엘 자손에게 고하여 이르라 화목제의 희생을 여호와께
드리려는 자는 그 화목제 희생 중에서 그 예물을 취하여
여호와께 가져오되 **30** 여호와의 화제는 그 사람이 자기
손으로 가져올지니 곧 그 제물의 기름과 가슴을 가져올
것이요 제사장은 그 가슴을 여호와 앞에 흔들어 요제를
삼고 **31** 그 기름은 단 위에 불사를 것이며 가슴은 아론
과 그 자손들에게 돌릴 것이며 **32** 또 너희는 그 화목제
희생의 우편 뒷다리를 제사장에게 주어 거제를 삼을지니

or a goat. **24** 'Also the fat of an animal which dies,
and the fat of an animal torn by beasts, may be put to
any other use, but you must certainly not eat it. **25**
'For whoever eats the fat of the animal from which an offering
by fire is offered to the LORD, even the person who
eats shall be cut off from his people. **26** 'And you are
not to eat any blood, either of bird or animal, in any of
your dwellings. **27** 'Any person who eats any blood,
even that person shall be cut off from his people.'" **28**
Then the LORD spoke to Moses, saying, **29** "Speak to
the sons of Israel, saying, 'He who offers the sacrifice
of his peace offerings to the LORD shall bring his
offering to the LORD from the sacrifice of his peace offerings.
30 'His own hands are to bring offerings by fire to the
LORD. He shall bring the fat with the breast, that the
breast may be presented as a wave offering before the LORD.
31 'And the priest shall offer up the fat in smoke on
the altar; but the breast shall belong to Aaron and his

24-2) 33절의 종속문장

레

//(이유: כִּי, for)[24-2]
34 내가 ─ 취하여
/그 흔든 가슴과
든 뒷다리를
/화목제 중에서
/이스라엘 자손의
└ 주었나니
/제사장 아론과
그 자손에게
/이는 영원한 소득이니라
(=영원한 소득으로서)
/이스라엘 자손에게 받을

35 /이는 ─ 아론에게 돌릴 것과
/화제 중에서
└ 그 자손에게 돌릴 것이니
/여호와께
/[그가] 그들을 세워…행하게 한 날에
/여호와의 제사장의 직분을 행하게

36 /여호와께서 ─ 이것들을 명하사
/날에(=그 날에)
/[그가] ─ 그들에게(=을) 기름 부은

//(목적: לְ, for)
그들에게 돌리게 하기 위해서
/이스라엘 자손 중에서

37 /이는 ─ 규례라
/번제와
소제와
속죄제와
속건제와
위임제와
화목제의

38 /여호와께서 ─ 모세에게 명하셨더라
/이같이
/시내산에서
/그 예물을 여호와께 드리라 명하신 날에
/시내 광야에서
/이스라엘 자손에게

33 아론의 자손 중 화목제 희생의 피와 기름을 드리는
자가 그 우편 뒷다리를 자기의 소득으로 삼을 것이라 34
내가 이스라엘 자손의 화목제 중에서 그 흔든 가슴과 든
뒷다리를 취하여 제사장 아론과 그 자손에게 주었나니 이
는 이스라엘 자손에게 받을 영원한 소득이니라 35 이는
여호와의 화제 중에서 아론에게 돌릴 것과 그 자손에게
돌릴 것이니 그들을 세워 여호와의 제사장의 직분을 행하
게 한 날 36 곧 그들에게 기름 부은 날에 여호와께서
명하사 이스라엘 자손 중에서 그들에게 돌리게 하신 것이
라 대대로 영원히 받을 소득이니라 37 이는 번제와 소
제와 속죄제와 속건제와 위임제와 화목제의 규례라 38
여호와께서 시내 광야에서 이스라엘 자손에게 그 예물을
여호와께 드리라 명하신 날에 시내 산에서 이같이 모세에
게 명하셨더라

sons. 32 'And you shall give the right thigh to the
priest as a contribution from the sacrifices of your peace
offerings. 33 'The one among the sons of Aaron who
offers the blood of the peace offerings and the fat, the
right thigh shall be his as his portion. 34 'For I have
taken the breast of the wave offering and the thigh of
the contribution from the sons of Israel from the sacrifices
of their peace offerings, and have given them to Aaron
the priest and to his sons as their due forever from the
sons of Israel. 35 ¶ 'This is that which is consecrated
to Aaron and that which is consecrated to his sons from
the offerings by fire to the LORD, in that day when he
presented them to serve as priests to the LORD. 36
'These the LORD had commanded to be given them
from the sons of Israel in the day that He anointed them.
It is their due forever throughout their generations.'"
37 ¶ This is the law of the burnt offering, the grain
offering and the sin offering and the guilt offering and
the ordination offering and the sacrifice of peace offerings,
38 which the LORD commanded Moses at Mount Sinai
in the day that He commanded the sons of Israel to
present their offerings to the LORD in the wilderness of Sinai.

8

1 여호와께서 **일러 가라사대**
/모세에게
2 /너는 — 이끌고
/아론과 그 아들들과
/그 의복과 관유와
/속죄제의 수송아지와 수양 둘과
/무교병 한 광주리를
3 온 회중을 **모으라**
/회막문에

4 모세가 **하매**
/여호와께서 자기에게 명하신 대로
회중이 회막 문에 **모인지라**
5 모세가 회중에게 **이르되**...하고
/여호와께서 행하라고 명하신 것이 이러하니라
6 모세가 아론과 그 아들들을 **데려다가**
물로 그들을 **씻기고**
7 아론에게 속옷을 **입히며**
띠를 **띠우고**
겉옷을 **입히며**
에봇을 **더하고**
띠를 **띠워서**
/에봇의 기묘하게 짠
에봇을 몸에 **매고**
8 흉패를 **붙이고**
우림과 둠밈을 **넣고**
/흉패에
9 관을 **씌우고**
/그 머리에
금패를 **붙이니**
/그 관 위 전면에
/곧 거룩한 관이라

/여호와께서 모세에게 명하심과 같았더라(=같이)

10 모세가 관유를 **취하여**
모든 것에 **발라**
/장막과 그 안에 있는
거룩하게 하고

레

8:1 여호와께서 모세에게 일러 가라사대 2 너는 아
론과 그 아들들과 그 의복과 관유와 속죄제의 수송
아지와 숫양 둘과 무교병 한 광주리를 이끌고 3 온 회중
을 회막 문에 모으라 4 모세가 여호와께서 자기에게 명
하신 대로 하매 회중이 회막 문에 모인지지라 5 모세가
회중에게 이르되 여호와께서 행하라고 명하신 것이 이러
하니라 하고 6 아론과 그 아들들을 데려다가 물로 그들
을 씻기고 7 아론에게 속옷을 입히며 띠를 띠우고 겉옷
을 입히며 에봇을 더하고 에봇의 기묘하게 짠 띠를 띠워
서 에봇을 몸에 매고 8 흉패를 붙이고 흉패에 우림과 둠
밈을 넣고 9 그 머리에 관을 씌우고 그 관 위 전면에 금
패를 붙이니 곧 거룩한 관이라 여호와께서 모세에게 명
하심과 같았더라 10 모세가 관유를 취하여 장막과 그
안에 있는 모든 것에 발라 거룩하게 하고 11 또 단에

8:1 ¶ Then the LORD spoke to Moses, saying, 2
"Take Aaron and his sons with him, and the garments
and the anointing oil and the bull of the sin offering,
and the two rams and the basket of unleavened bread;
3 and assemble all the congregation at the doorway of
the tent of meeting." 4 So Moses did just as the LORD
commanded him. When the congregation was assembled
at the doorway of the tent of meeting, 5 Moses said to
the congregation, "This is the thing which the LORD
has commanded to do." 6 ¶ Then Moses had Aaron and
his sons come near, and washed them with water. 7
And he put the tunic on him and girded him with the
sash, and clothed him with the robe, and put the ephod
on him; and he girded him with the artistic band of the ephod,
with which he tied it to him. 8 He then placed the breastpiece
on him, and in the breastpiece he put the Urim and the
Thummim. 9 He also placed the turban on his head,
and on the turban, at its front, he placed the golden
plate, the holy crown, just as the LORD had commanded
Moses. 10 ¶ Moses then took the anointing oil and anointed

레

11 또
[그가] 단에 일곱번 **뿌리고**
또
[그가] **발라**
/그 단과
그 모든 기구와
물두멍과 그 받침에

//(목적: ל, to)
거룩하게 하고

12 또
[그가] 관유로 **부어**
/아론의 머리에
발라

//(목적: ל, to)
거룩하게 하고

13 또
모세가 아론의 아들들을 **데려다가**
그들에게 속옷을 **입히고**
띠를 **띠우며**
관을 **씌웠으니**

/여호와께서 모세에게 명하심과 같(이)(았더라)

14 또
모세가 속죄제의 수송아지를 **끌어오니**
아론과
그 아들들이 머리에 **안수하매**
/그 속죄제 수송아지

15 모세가 **잡고**
그 피를 **취하여**
손가락으로 그 피를 **발라**
/단의 네 귀퉁이 뿔에
단을 **깨끗하게 하고**
그 피는(를) 단 밑에 **쏟아**
거룩하게 하고

//(목적: ל, to)
단을 속하여

일곱 번 뿌리고 또 그 단과 그 모든 기구와 물두멍과 그
받침에 발라 거룩하게 하고 12 또 관유로 아론의 머리
에 부어 발라 거룩하게 하고 13 모세가 또 아론의 아들
들을 데려다가 그들에게 속옷을 입히고 띠를 띠우며 관을
씌웠으니 여호와께서 모세에게 명하심과 같았더라 14
모세가 또 속죄제의 수송아지를 끌어오니 아론과 그 아들
들이 그 속죄제 수송아지 머리에 안수하매 15 모세가
잡고 그 피를 취하여 손가락으로 그 피를 단의 네 귀퉁이
뿔에 발라 단을 깨끗하게 하고 그 피는 단 밑에 쏟아 단
을 속하여 거룩하게 하고 16 또 내장에 덮인 모든 기름

the tabernacle and all that was in it, and consecrated
them. 11 And he sprinkled some of it on the altar seven
times and anointed the altar and all its utensils, and the
basin and its stand, to consecrate them. 12 Then he
poured some of the anointing oil on Aaron's head and
anointed him, to consecrate him. 13 Next Moses had Aaron's
sons come near and clothed them with tunics, and girded
them with sashes, and bound caps on them, just as the LORD
had commanded Moses. 14 ¶ Then he brought the bull
of the sin offering, and Aaron and his sons laid their
hands on the head of the bull of the sin offering. 15
Next Moses slaughtered it and took the blood and with
his finger put some of it around on the horns of the
altar, and purified the altar. Then he poured out the rest
of the blood at the base of the altar and consecrated it,
to make atonement for it. 16 He also took all the fat

16 또
[그가] **취하여**
/내장에 덮인 모든 기름과
/간 꺼풀과
/두 콩팥과
/그 기름을
단 위에 **불사르고**

17 진 밖에 **불살랐으니**
/그 수송아지(를)
/곧 그 가죽과 고기와 똥은(을)

/여호와께서 모세에게 명하심과 같(이)(았더라)

18 또
[그가] 번제의 수양을 **드릴새**
아론과
그 아들들이 그 수양의 머리에 **안수하매**

19 모세가 **잡아**
그 피를 **뿌리고**
/단 주위에
20 그 수양의 각을 **뜨고**
불사르고
/그 머리와 각뜬 것과 기름을
21 물로 **씻고**
/내장과 정갱이들을
단 위에 **불사르니**
/그 수양의 전부를

이는 **번제로(=라)**
/향기로운 냄새를 위하여(=위한) 드리는

이는 **화제라**
/여호와께 드리는
/여호와께서 모세에게 명하심과 같(이)(았더라)

22 또
[그가] 다른 수양(을) **드릴새**
/곧 위임식의 수양을

아론과
그 아들들이 그 수양의 머리에 **안수하매**

23 모세가 **잡고**
그 피를 **취하여**

과 간 꺼풀과 두 콩팥과 그 기름을 취하여 단 위에 불사
르고 **17** 그 수송아지 곧 그 가죽과 고기와 똥은 진 밖
에 불살랐으니 여호와께서 모세에게 명하심과 같았더라
18 또 번제의 숫양을 드릴새 아론과 그 아들들이 그 숫
양의 머리에 안수하매 **19** 모세가 잡아 그 피를 단 주위
에 뿌리고 **20** 그 숫양의 각을 뜨고 그 머리와 각뜬 것
과 기름을 불사르고 **21** 물로 내장과 정갱이들을 씻고
그 숫양의 전부를 단 위에 불사르니 이는 향기로운 냄새
를 위하여 드리는 번제로 여호와께 드리는 화제라 여호
와께서 모세에게 명하심과 같았더라 **22** 또 다른 숫양
곧 위임식의 숫양을 드릴새 아론과 그 아들들이 그 숫양
의 머리에 안수하매 **23** 모세가 잡고 그 피를 취하여 아
론의 오른 귓부리와 오른손 엄지 가락과 오른발 엄지가
락에 바르고 **24** 아론의 아들들을 데려다가 그 오른 귓

that was on the entrails and the lobe of the liver, and
the two kidneys and their fat; and Moses offered it up
in smoke on the altar. **17** But the bull and its hide and
its flesh and its refuse, he burned in the fire outside the camp,
just as the LORD had commanded Moses. **18** ¶ Then
he presented the ram of the burnt offering, and Aaron
and his sons laid their hands on the head of the ram.
19 And Moses slaughtered it and sprinkled the blood around
on the altar. **20** When he had cut the ram into its pieces,
Moses offered up the head and the pieces and the suet
in smoke. **21** After he had washed the entrails and the
legs with water, Moses offered up the whole ram in
smoke on the altar. It was a burnt offering for a soothing
aroma; it was an offering by fire to the LORD, just as
the LORD had commanded Moses. **22** ¶ Then he
presented the second ram, the ram of ordination; and

레

바르고
/아론의 오른 귓부리와
/오른손 엄지가락과
/오른발 엄지가락에

24 아론의 아들들을 **데려다가**
그 피를 **바르고**
/그 오른 귓부리와
/오른손 엄지가락과
/오른발 엄지가락에

또
그 피를 **뿌리고**
/단 주위에

25 또
그가 **취하고**
/그 기름과
/기름진 꼬리와
/내장에 덮인 모든 기름과
/간 꺼풀과
/두 콩팥과
/그 기름과
/우편 뒷다리를

26 **취하여**
/무교병 한 개와
/기름 섞은 떡 한 개와
/전병 한 개를
/여호와 앞 무교병 광주리에서

놓아
/그 기름 위에와
/우편 뒷다리 위에

27 [그가] 그 전부를 **두어**
/아론의 손과
/그 아들들의 손에
/여호와 앞에 흔들어 요제(로)(를 삼게 하고)

28 모세가 그것을 **취하여**
/그들의 손에서
단 윗 번제물 위에 **불사르니**

이는 **위임식 제사로(=제사이다)**
/향기로운 냄새를 위하여 드리는

이는 **화제라**
/여호와께 드리는

부리와 오른손 엄지가락과 오른발 엄지가락에 그 피를 바르고 또 그 피를 단 주위에 뿌리고 **25** 그가 또 그 기름과 기름진 꼬리와 내장에 덮인 모든 기름과 간 꺼풀과 두 콩팥과 기름과 우편 뒷다리를 취하고 **26** 여호와 앞 무교병 광주리에서 무교병 한 개와 기름 섞은 떡 한 개와 전병 한 개를 취하여 그 기름 위에와 우편 뒷다리 위에 놓아 **27** 그 전부를 아론의 손과 그 아들들의 손에 두어 여호와 앞에 흔들어 요제를 삼게 하고 **28** 모세가 그것을 그들의 손에서 취하여 단 윗 번제물 위에 불사르니 이는 향기로운 냄새를 위하여 드리는 위임식 제사로 여호와

Aaron and his sons laid their hands on the head of the ram. **23** And Moses slaughtered it and took some of its blood and put it on the lobe of Aaron's right ear, and on the thumb of his right hand, and on the big toe of his right foot. **24** He also had Aaron's sons come near; and Moses put some of the blood on the lobe of their right ear, and on the thumb of their right hand, and on the big toe of their right foot. Moses then sprinkled the rest of the blood around on the altar. **25** And he took the fat, and the fat tail, and all the fat that was on the entrails, and the lobe of the liver and the two kidneys and their fat and the right thigh. **26** And from the basket of unleavened bread that was before the LORD, he took one unleavened cake and one cake of bread mixed with oil and one wafer, and placed them on the portions of fat and on the right thigh. **27** He then put all these on the hands of Aaron and on the hands of his sons, and presented them as a wave offering before the LORD. **28** Then Moses took them from their hands and offered them up in smoke on the altar with the burnt offering. They were

29 이에
모세가 그 가슴을 **취하여**
여호와 앞에 **흔들어**
/요제(로)(를 삼았으니)

이는 모세의 **응식이라**
/위임식 수양의
/여호와께서 모세에게 명하심과 같(이)(았더라)

30 모세가 **취하여**
/관유와
/단 위의 피를
뿌려서
/아론과 그 옷과
/그 아들들과 그 아들들의 옷에
거룩하게 하고
/아론과 그 옷과
/그 아들들과 그 아들들의 옷을

31 [그가] 아론과 그 아들들에게 **이르되**
/내게 이미 명하시기를...하셨은즉
/아론과 그 아들들은 먹으라
/너희는 ── 그 고기를 삶아
/회막 문에서
── 그곳에서 먹고
/위임식 광주리 안의 떡과 아울러
32 ── 고기와 떡의 나머지는(를) 불사를지며

33 /[너희는] ── 회막 문에 나가지 말라
/위임식이 마치는 날까지
/칠일 동안은

//(이유: כִּי, for)
위임식은 칠일 동안 행하나니

34 /행한 것은 ── 여호와께서 명하신 것이니
/오늘날

//(목적: לְ, to))
너희를 위하여 속하게 하시려고

35 /너희는 ── 칠 주야를 회막 문에 거하여
── 여호와의 부탁을 지키라

//그리하면(결과)

께 드리는 화제라 29 이에 모세가 그 가슴을 취하여 여
호와 앞에 흔들어 요제를 삼았으니 이는 위임식 숫양의
모세의 응식이라 여호와께서 모세에게 명하심과 같았더
라 30 모세가 관유와 단 위의 피를 취하여 아론과 그
옷과 그 아들들과 그 아들들의 옷에 뿌려서 아론과 그 옷
과 그 아들들과 그 아들들의 옷을 거룩하게 하고 31 아
론과 그 아들들에게 이르되 내게 이미 명하시기를 아론
과 그 아들들은 먹으라 하셨은즉 너희는 회막 문에서 그
고기를 삶아 위임식 광주리 안의 떡과 아울러 그 곳에서
먹고 32 고기와 떡의 나머지는 불사를지며 33 위임식
은 칠 일 동안 행하나니 위임식이 마치는 날까지 칠 일
동안은 회막 문에 나가지 말라 34 오늘날 행한 것은 여
호와께서 너희를 위하여 속하게 하시려고 명하신 것이니
35 너희는 칠 주야를 회막 문에 거하여 여호와의 부탁

an ordination offering for a soothing aroma; it was an offering
by fire to the LORD. 29 Moses also took the breast
and presented it for a wave offering before the LORD;
it was Moses' portion of the ram of ordination, just as
the LORD had commanded Moses. 30 ¶ So Moses took
some of the anointing oil and some of the blood which
was on the altar, and sprinkled it on Aaron, on his
garments, on his sons, and on the garments of his sons
with him; and he consecrated Aaron, his garments, and
his sons, and the garments of his sons with him. 31 ¶
Then Moses said to Aaron and to his sons, "Boil the
flesh at the doorway of the tent of meeting, and eat it
there together with the bread which is in the basket of
the ordination offering, just as I commanded, saying,
Aaron and his sons shall eat it.' 32 "And the remainder
of the flesh and of the bread you shall burn in the fire.
33 "And you shall not go outside the doorway of the
tent of meeting for seven days, until the day that the
period of your ordination is fulfilled; for he will ordain
you through seven days. 34 "The LORD has commanded
to do as has been done this day, to make atonement on
your behalf. 35 "At the doorway of the tent of meeting,

//그리하면(결과)
[너희가] —— 사망을 면하리라

/내가 ——— **명령을 받았느니라**
/이같이

36 아론과
그 아들들이 ——모든 일을 **준행하니라**
/여호와께서 모세로 명하신

레

9

1 제 팔일에
모세가 **불러다가**
/아론과
그 아들들과
이스라엘 장로들을
2 아론에게 **이르되**
/[너는] —— 흠 없는 송아지를 **취하고**
/속죄제를 위하여
— 흠없는 수양을 **취하여**
/번제를 위하여
— 여호와 앞에 **드리고**
3 /[너는] ——— 이스라엘 자손에게 **고하여 이르기를**
/너희는—— 수염소를 **취하고**
/속죄제를 위하여
/또
[너희는] –(취하고)
/송아지와
/일년 되고 흠 없는 것을
/어린 양의
/번제를 위하여
4 /또
[너희는] – (취하고)
/수소와 수양을
/여호와 앞에 드릴
/화목제를 위하여
/또
[너희는] —— 소제물을 (가져 오라)(하라)
/기름 섞은

//(이유: כִּי, for)

을 지키라 그리하면 사망을 면하리라 내가 이같이 명령을 받았느니라 **36** 아론과 그 아들들이 여호와께서 모세로 명하신 모든 일을 준행하니라

9:1 제팔일에 모세가 아론과 그 아들들과 이스라엘 장로들을 불러다가 **2** 아론에게 이르되 흠 없는 송아지를 속죄제를 위하여 취하고 흠 없는 숫양을 번제를 위하여 취하여 여호와 앞에 드리고 **3** 이스라엘 자손에게 고하여 이르기를 너희는 숫염소를 속죄제를 위하여 취하고 또 송아지와 어린 양의 일 년 되고 흠 없는 것을 번제를 위하여 취하고 **4** 또 화목제를 위하여 여호와 앞에 드릴 수소와 숫양을 취하고 또 기름 섞은 소제물을 가져오라 하라 오늘 여호와께서 너희에게 나타나실 것임이니

moreover, you shall remain day and night for seven days, and keep the charge of the LORD, that you may not die, for so I have been commanded." **36** Thus Aaron and his sons did all the things which the LORD had commanded through Moses.

9:1 ¶ Now it came about on the eighth day that Moses called Aaron and his sons and the elders of Israel;
2 and he said to Aaron, "Take for yourself a calf, a bull, for a sin offering and a ram for a burnt offering, both without defect, and offer them before the LORD.
3 "Then to the sons of Israel you shall speak, saying, 'Take a male goat for a sin offering, and a calf and a lamb, both one year old, without defect, for a burnt offering, **4** and an ox and a ram for peace offerings, to sacrifice before the LORD, and a grain offering mixed with oil; for today the LORD shall appear to you.'" **5**

//(이유: כִּי, for)
오늘
여호와께서—나타나실 것임이니라(하매)
/너희에게

5 그들이 모세의 명한 모든 것을 **가져오고**
/회막 앞으로
온 회중이 **나아와**
여호와 앞에 **선지라**

6 모세가 **가로되**
/이는 —— [말씀](것)이니
/여호와께서— 하라고 명하신
/너희에게
/영광이— 너희에게 나타나리라
/여호와의

7 또
그가 아론에게 **이르되**
/너는 ─ 단에 나아가
─ 드려서
/네 속죄제와
/네 번제를
─ 속하고
/너를 위하여,
/백성을 위하여
/또
[너는] ─ 백성의 예물을 드려서
─ 그들을 위하여 속하되
─ 무릇 여호와의 명대로 하라

8 이에
아론이 단에 **나아가**
송아지를 **잡으매**
/자기를 위한 속죄제

9 아들들이 그 피를 **받들어 주니**
/아론의 /아론에게
아론이 그 피를 **찍어**
/손가락으로
단 뿔들에 **바르고**
그 피는(를) **쏟고**
/단 밑에
10 단 위에 **불사르니**
/그 속죄제 희생의 기름과
콩팥과
간 꺼풀을

라 하매 5 그들이 모세의 명한 모든 것을 회막 앞으로
가져 오고 온 회중이 나아와 여호와 앞에 선지라 6 모세
가 가로되 이는 여호와께서 너희에게 하라고 명하신 것
이니 여호와의 영광이 너희에게 나타나리라 7 그가 또
아론에게 이르되 너는 단에 나아가 네 속죄제와 네 번제
를 드려서 너를 위하여,백성을 위하여 속하고 또 백성의
예물을 드려서 그들을 위하여 속하되 무릇 여호와의 명
대로 하라 8 이에 아론이 단에 나아가 자기를 위한 속죄
제 송아지를 잡으매 9 아론의 아들들이 그 피를 아론에
게 받들어 주니 아론이 손가락으로 그 피를 찍어 단 뿔
들에 바르고 그 피는 단 밑에 쏟고 10 그 속죄제 희생
의 기름과 콩팥과 간 꺼풀을 단 위에 불사르니 여호와께

So they took what Moses had commanded to the front
of the tent of meeting, and the whole congregation came
near and stood before the LORD. 6 And Moses said,
"This is the thing which the LORD has commanded you
to do, that the glory of the LORD may appear to you."
7 Moses then said to Aaron, "Come near to the altar
and offer your sin offering and your burnt offering, that
you may make atonement for yourself and for the people;
then make the offering for the people, that you may
make atonement for them, just as the LORD has
commanded." 8 ¶ So Aaron came near to the altar and
slaughtered the calf of the sin offering which was for himself.
9 And Aaron's sons presented the blood to him; and
he dipped his finger in the blood, and put some on the
horns of the altar, and poured out the rest of the blood
at the base of the altar. 10 The fat and the kidneys and

	/여호와께서-모세에게 명하심과 같(이)(았고)
11	진 밖에서 **불사르니라**
	/그 고기와 가죽은(을)
12 또	
아론이	번제 희생을 **잡으매**
아들들이	그 피를 **가져오니**
/아론의	/그에게로
그가	그 피를 **뿌리고**
	/단 주위에
13 또	
그들이	그에게로 **가져오매**
	/번제의 희생
	/곧 그 각과 머리를
그가	단 위에 **불사르고**
14 또	
[그가]	내장과 정갱이는 **씻어서**
	단 윗 번제물 위에 **불사르니라**
15 또	
그가	백성의 예물을 **드리되**
곧	
	염소를 **취하여**
	/백성을 위한 속죄제의
	잡아
	죄를 위하여 **드리고**
	/전과 같이
16 또	
[그가]	번제 희생을 **드리되**
	규례대로 **드리고**
17 또	
[그가]	소제를 **드리되**
	한 움큼을 **취하여**
	/그 중에서
	단 위에 **불사르고**
	/아침 번제물에 더하여
18 또	
[그가]	수소와 수양을 **잡으매**
	/백성을 위하는 화목제 희생의
아들들이	그 피를 **가져오니**
/아론의	/그에게로
그가	단 주위에 **뿌리고**

서 모세에게 명하심과 같았고 11 그 고기와 가죽은 진
밖에서 불사르니라 12 아론이 또 번제 희생을 잡으매
아론의 아들들이 그 피를 그에게로 가져오니 그가 그 피
를 단 주위에 뿌리고 13 그들이 또 번제의 희생 곧 그
각과 머리를 그에게로 가져오매 그가 단 위에 불사르고
14 또 내장과 정갱이는 씻어서 단 윗 번제물 위에 불사
르니라 15 그가 또 백성의 예물을 드리되 곧 백성을 위
한 속죄제의 염소를 취하여 잡아 전과 같이 죄를 위하여
드리고 16 또 번제 희생을 드리되 규례대로 드리고 17
또 소제를 드리되 그 중에서 한 움큼을 취하여 아침 번제
물에 더하여 단 위에 불사르고 18 또 백성을 위하는 화
목제 희생의 수소와 숫양을 잡으매 아론의 아들들이 그

the lobe of the liver of the sin offering, he then offered
up in smoke on the altar just as the LORD had commanded
Moses. 11 The flesh and the skin, however, he burned
with fire outside the camp. 12 ¶ Then he slaughtered
the burnt offering; and Aaron's sons handed the blood
to him and he sprinkled it around on the altar. 13 And
they handed the burnt offering to him in pieces with the
head, and he offered them up in smoke on the altar. 14
He also washed the entrails and the legs, and offered
them up in smoke with the burnt offering on the altar.
15 ¶ Then he presented the people's offering, and took
the goat of the sin offering which was for the people,
and slaughtered it and offered it for sin, like the first.
16 He also presented the burnt offering, and offered it
according to the ordinance. 17 Next he presented the
grain offering, and filled his hand with some of it and offered
it up in smoke on the altar, besides the burnt offering
of the morning. 18 ¶ Then he slaughtered the ox and

19 또
그들이 아론에게로 **가져다가**
/수소와 수양의 기름과
/기름진 꼬리와
/내장에 덮인 것과
/콩팥과
/간 꺼풀을

20 그 기름을 **놓으매**
/가슴들 위에

아론이 그 기름을 **불사르고**
/단 위에

21 그가 여호와 앞에 **흔드니**
/가슴들과
우편 뒷다리를
/요제로
/모세의 명한 것과 같(이)(았더라)

22 아론이 백성을 향하여 손을 **들어**
축복함으로
필하고
/속죄제와 번제와 화목제를
내려오니라

23 모세와
아론이 회막에 들**어갔다가**
나와서
백성에게 **축복하매**

영광이 온 백성에게 **나타나며**
/여호와의

24 불이 여호와 앞에서 **나와**
사른지라
/단 위의 번제물과
기름을

온 백성이 이를 보고(상황절, when)
소리지르며(더라)
/엎드렸(=엎드려)

레

피를 그에게로 가져오니 그가 단 주위에 뿌리고 **19** 그
들이 또 수소와 숫양의 기름과 기름진 꼬리와 내장에 덮
인 것과 콩팥과 간 꺼풀을 아론에게로 가져다가 **20** 그
기름을 가슴들 위에 놓으매 아론이 그 기름을 단위에 불
사르고 **21** 가슴들과 우편 뒷다리를 그가 여호와 앞에
요제로 흔드니 모세의 명한 것과 같았더라 **22** 아론이
백성을 향하여 손을 들어 축복함으로 속죄제와 번제와
화목제를 필하고 내려오니라 **23** 모세와 아론이 회막에
들어 갔다가 나와서 백성에게 축복하매 여호와의 영광이
온 백성에게 나타나며 **24** 불이 여호와 앞에서 나와 단
위의 번제물과 기름을 사른지라 온 백성이 이를 보고 소
리지르며 엎드렸더라

the ram, the sacrifice of peace offerings which was for
the people; and Aaron's sons handed the blood to him
and he sprinkled it around on the altar. **19** As for the portions
of fat from the ox and from the ram, the fat tail, and the
fat covering, and the kidneys and the lobe of the liver,
20 they now placed the portions of fat on the breasts;
and he offered them up in smoke on the altar. **21** But
the breasts and the right thigh Aaron presented as a wave
offering before the LORD, just as Moses had commanded.
22 ¶ Then Aaron lifted up his hands toward the people
and blessed them, and he stepped down after making the
sin offering and the burnt offering and the peace offerings.
23 And Moses and Aaron went into the tent of meeting.
When they came out and blessed the people, the glory of
the LORD appeared to all the people. **24** Then fire came
out from before the LORD and consumed the burnt offering
and the portions of fat on the altar; and when all the
people saw it, they shouted and fell on their faces. Lev.

레

10

1 나답과
아비후가 ─ 향로를 **가져다가**
/아론의 아들 /각기

다른 불을 **담아**
/여호와의 명하시지 않은
여호와 앞에 **분향하였더니**

2 불이 여호와 앞에서 **나와**
그들을 **삼키매**

//(결과)
그들이 ─ 죽은지라
/여호와 앞에서

3 모세가 아론에게 **이르되**
/이는 ─ 여호와의 말씀이라
/이르시기를...(하셨느니라)
/나는 ─내가 거룩하다 함을 얻겠고
/나를 가까이 하는 자 중에
/내가 ─영광을 얻으리라
/온 백성 앞에

아론이 **잠잠하니**

4 모세가 미사엘과 엘사반을 **불러**
/아론의 아자비 웃시엘의 아들
그들에게 **이르되** (하매)
/[너희는] ┬ 나아와
└ 너희 형제들을 메어 가라
/성소 앞에서
/진 밖으로

5 그들이 **나아와**
그들을 **메어내니**
/모세의 명대로
/옷 입은채
/진 밖으로

6 모세가 **이르되**
/아론과
그 아들 엘르아살과 이다말에게
/너희는 ┬ 머리를 풀거나(=풀지말라)
└ 옷을 찢지 말아서

//(결과)
▼

10:1 아론의 아들 나답과 아비후가 각기 향로를 가
져다가 여호와의 명하시지 않은 다른 불을 담아
여호와 앞에 분향하였더니 2 불이 여호와 앞에서 나와
그들을 삼키매 그들이 여호와 앞에서 죽은지라 3 모세가
아론에게 이르되 이는 여호와의 말씀이라 이르시기를 나
는 나를 가까이 하는 자 중에 내가 거룩하다 함을 얻겠고
온 백성 앞에 내가 영광을 얻으리라 하셨느니라 아론이
잠잠하니 4 모세가 아론의 아자비 웃시엘의 아들 미사엘
과 엘사반을 불러 그들에게 이르되 나아와 너희 형제들을
성소 앞에서 진 밖으로 메어 가라 하매 5 그들이 나아와
모세의 명대로 그들을 옷 입은 채 진 밖으로 메어 내니
6 모세가 아론과 그 아들 엘르아살과 이다말에게 이르되

10:1 ¶ Now Nadab and Abihu, the sons of Aaron,
took their respective firepans, and after putting
fire in them, placed incense on it and offered strange
fire before the LORD, which He had not commanded
them. 2 And fire came out from the presence of the
LORD and consumed them, and they died before the LORD.
3 Then Moses said to Aaron, "It is what the LORD
spoke, saying, By those who come near Me I will be
treated as holy, And before all the people I will be honored.'"
So Aaron, therefore, kept silent. 4 Moses called also to
Mishael and Elzaphan, the sons of Aaron's uncle Uzziel,
and said to them, "Come forward, carry your relatives
away from the front of the sanctuary to the outside of
the camp." 5 So they came forward and carried them
still in their tunics to the outside of the camp, as Moses
had said. 6 Then Moses said to Aaron and to his sons Eleazar

//(결과)
[너희가] —— (너희)죽음을 면하고
진노가 —— 온 회중에게 미침을 면케 하라
/여호와의

/온 족속이 —— 슬퍼할 것이니라
/오직 /여호와의 치신 불로 인하여
/너희 형제 이스라엘
7 /너희는 ——— 회막문에 나가지 말아서

//(결과)
[너희가] —— 죽음을 면할지니라

//(이유: כִּי, for)
여호와의 관유가 너희에게 있은즉

그들이 모세의 명대로 **하니라**

8 여호와께서 아론에게 **일러 가라사대**
9 /너나
네 자손들이 — 회막에 들어갈 때에는(상황절, when)
[너희는] —— 마시지 말아서
/포도주나 독주를

//(결과)
너희 사망을 면하라

/이는 —— 영영한 **규례라**
/너희 대대로
10 /그리하여야
너희가 —— 분별하며
/거룩하고 속된 것을
분별하고
/부정하고 정한 것을

11 /또
[너희가] —— 이스라엘 자손에게 가르치리라
/모든 규례를
/여호와가 모세로 명한

12 모세가 **이르되**
/아론과
/엘르아살에게와 이다말에게
/그 남은 아들

레

너희는 머리를 풀거나 옷을 찢지 말아서 너희 죽음을 면
하고 여호와의 진노가 온 회중에게 미침을 면케 하라 오
직 너희 형제 이스라엘 온 족속이 여호와의 치신 불로 인
하여 슬퍼할 것이니라 7 여호와의 관유가 너희에게 있은
즉 너희는 회막 문에 나가지 말아서 죽음을 면할지니라
그들이 모세의 명대로 하니라 8 여호와께서 아론에게 일
러 가라사대 9 너나 네 자손들이 회막에 들어갈 때에는
포도주나 독주를 마시지 말아서 너희 사망을 면하라 이
는 너희 대대로 영영한 규례라 10 그리하여야 너희가
거룩하고 속된 것을 분별하며 부정하고 정한 것을 분별
하고 11 또 여호와가 모세로 명한 모든 규례를 이스라
엘 자손에게 가르치리라 12 모세가 아론과 그 남은 아
들 엘르아살에게와 이다말에게 이르되 여호와께 드린 화
제중 소제의 남은 것은 지극히 거룩하니 너희는그것을

and Ithamar, "Do not uncover your heads nor tear your
clothes, so that you may not die, and that He may not become
wrathful against all the congregation. But your kinsmen,
the whole house of Israel, shall bewail the burning which
the LORD has brought about. 7 "You shall not even
go out from the doorway of the tent of meeting, lest
you die; for the LORD's anointing oil is upon you." So
they did according to the word of Moses. 8 The LORD
then spoke to Aaron, saying, 9 "Do not drink wine or
strong drink, neither you nor your sons with you, when
you come into the tent of meeting, so that you may not
die — it is a perpetual statute throughout your generations
— 10 and so as to make a distinction between the holy
and the profane, and between the unclean and the clean,
11 and so as to teach the sons of Israel all the statutes which
the LORD has spoken to them through Moses." 12 ¶

/남은 것은 —— 지극히 거룩하니
/소제의
/여호와께 드린 화제중
/너희는 —— 그것을 취하여
누룩을 넣지 말고
단 곁에서 먹되
13 /너희는 —— 그것을 먹으라
/거룩한 곳에서

//(이유: כִּי, for)
이는 —— 네 응식과
/여호와의 화제중
네 아들의 응식인즉
//(이유: כִּי, for)
내가 명령을 받았느니라

14 /너와
네 자녀가 —— 너와 함께 먹을지니
/흔든 가슴과 든 뒷다리는(를)
/정결한 곳에서

//이는(이유: כִּי, for)
[그가] —— 주신 것임이니라[25)]
/네 응식과
네 자손의 응식으로
/화목제 희생 중에서
/이스라엘 자손의

15 /[그들은] —— 가져다가
/그 든 뒷다리와
흔든 가슴을
/화제의 기름과 함께

//(목적: לְ, to
흔들어(흔들기 위하여)
/여호와 앞에 요제를(로) (삼을지니)

/이는 —— 영원한 응식이니라
/너와 네 자손의
/여호와의 명령대로

16 모세가 속죄제 드린 염소를 찾은즉(상황절, when)
[그것이] 이미 **불살랐는지라**[26)]
그가 **노하여 가로되**
/엘르아살과 이다말에게
/아론의 남은 아들
17 /너희가 ——어찌하여 먹지 아니하였느뇨?
/거룩한 곳에서

//(이유: כִּי, for)

25) 직역: 이는 그들이 받은 것이기 때문이다.

26) 수동형문장, 그것이 불살라졌다

취하여 누룩을 넣지 말고 단 곁에서 먹되 **13** 이는 여호와의 화제 중 네 응식과 네 아들의 응식인즉 너희는 그것을 거룩한 곳에서 먹으라 내가 명령을 받았느니라 **14** 흔든 가슴과 든 뒷다리는 너와 네 자녀가 너와 함께 정결한 곳에서 먹을지니 이는 이스라엘 자손의 화목제 희생 중에서 네 응식과 네 자손의 응식으로 주신 것임이니라 **15** 그 든 뒷다리와 흔든 가슴으로 화제의 기름과 함께 가져다가 여호와 앞에 흔들어 요제를 삼을찌니 이는 여호와의 명령대로 너와 네 자손의 영원한 응식이니라 **16** 모세가 속죄제 드린 염소를 찾은즉 이미 불살랐는지라 그

Then Moses spoke to Aaron, and to his surviving sons, Eleazar and Ithamar, "Take the grain offering that is left over from the LORD's offerings by fire and eat it unleavened beside the altar, for it is most holy. **13** "You shall eat it, moreover, in a holy place, because it is your due and your sons' due out of the LORD's offerings by fire; for thus I have been commanded. **14** "The breast of the wave offering, however, and the thigh of the offering you may eat in a clean place, you and your sons and your daughters with you; for they have been given as your due and your sons' due out of the sacrifices of the peace offerings of the sons of Israel. **15** "The thigh offered by lifting up and the breast offered by waving, they shall bring along with the offerings by fire of the portions of fat, to present as a wave offering before the LORD; so it shall be a thing perpetually due you and your sons with you, just as the LORD has commanded." **16** ¶ But Moses searched carefully for the goat of the sin offering, and behold, it had been burned up! So he was angry with Aaron's surviving sons Eleazar and Ithamar, saying,

//(이유: כִּי, for)
희생은 ——— 지극히 거룩하거늘
/이 속죄제

/이는 ——— 너희에게 주신 것이니라

//(목적: לְ, to)
너희로 회중의 죄를 담당하여

//(목적: לְ, to)
여호와 앞에 속하게 하려고
/그들을 위하여

18 /그 피를(는) — 성소에 들여오지 아니하였으니
/너희가 ——— 그 제육은 먹었어야 할 것이니라
/나의 명한 대로
/거룩한 곳에서

19 아론이 모세에게 **이르되**
/그들이 ——— 여호와께 드렸어도
/그 속죄제와 번제를
/오늘
이런 일이 — 내게 임하였거늘
[만일]
내가 ——— 속죄 제육을 먹었더면(조건절, if)
/오늘
여호와께서 — 어찌 선히 여기셨으리요

20 모세가 그 말을 듣고(상황절, when)
좋게 **여겼더라**

11

1 여호와께서 모세와 아론에게 **고하여**
그들에게 **이르시되**
2 /[너희는] ——— 이스라엘 자손에게 고하여 이르라

/생물은 ——— 이러하니
/너희의 먹을 만한
/육지 모든 짐승중

가 아론의 남은 아들 엘르아살과 이다말에게 노하여 가
로되 17 이 속죄제 희생은 지극히 거룩하거늘 너희가
어찌하여 거룩한 곳에서 먹지 아니하였느뇨 이는 너희로
회중의 죄를 담당하여 그들을 위하여 여호와 앞에 속하
게 하려고 너희에게 주신 것이니라 18 그 피를 성소에
들여오지 아니하였으니 그 제육은 너희가 나의 명한 대
로 거룩한 곳에서 먹었어야 할 것이니라 19 아론이 모
세에게 이르되 오늘 그들이 그 속죄제와 번제를 여호와
께 드렸어도 이런 일이 내게 임하였거늘 오늘 내가 속죄
제육을 먹었더면 여호와께서 어찌 선히 여기셨으리요
20 모세가 그 말을 듣고 좋게 여겼더라
11:1 여호와께서 모세와 아론에게 고하여 그들에게
이르시되 2 이스라엘 자손에게 고하여 이르라 육
지 모든 짐승 중 너희의 먹을 만한 생물은 이러하니

17 "Why did you not eat the sin offering at the holy
place? For it is most holy, and He gave it to you to bear
away the guilt of the congregation, to make atonement
for them before the LORD. 18 "Behold, since its blood
had not been brought inside, into the sanctuary, you
should certainly have eaten it in the sanctuary, just as I
commanded." 19 But Aaron spoke to Moses, "Behold,
this very day they presented their sin offering and their
burnt offering before the LORD. When things like these
happened to me, if I had eaten a sin offering today,
would it have been good in the sight of the LORD?"
20 And when Moses heard that, it seemed good in his sight.
11:1¶ The LORD spoke again to Moses and to
Aaron, saying to them, 2 "Speak to the sons of
Israel, saying, 'These are the creatures which you may
eat from all the animals that are on the earth.

3 /너희가 —— 먹되
/쪽발이 되고
/짐승중 무릇 굽이 갈라져
/새김질하는 것은

4 /너희가 먹지 못할 것은 — 이러하니
/새김질하는 것이나
/굽이 갈라진 짐승 중에도

/약대는 —— 너희에게 부정하고

//(이유: כִּי, for)
새김질은 하되
굽이 갈라지지 아니하였으므로

5 /사반도 —— 너희에게 부정하고

//(이유: כִּי, for)
새김질은 하되
굽이 갈라지지 아니하였으므로

6 /토끼도 —— 너희에게 부정하고

//(이유: כִּי, for)
새김질은 하되
굽이 갈라지지 아니하였으므로

7 /돼지는 —— 너희에게 부정하니

//(이유: כִּי, for)
굽이 갈라져 쪽발이로되
새김질을 못하므로

8 /너희는 ┬ 이 고기를 먹지 말고
└ 그 주검도 만지지 말라

/이것들은 —— 너희에게 부정하니라

9 /먹을 만한 것은 — 이것이니
/너희의
/물에 있는 모든 것중

/너희가 —— 먹되
/지느러미와 비늘 있는 것은
/무릇 강과 바다와
/다른 물에 있는 것 중에

3 짐승 중 무릇 굽이 갈라져 쪽발이 되고 새김질하는 것
은 너희가 먹되 4 새김질하는 것이나 굽이 갈라진 짐승
중에도 너희가 먹지 못할 것은 이러하니 약대는 새김질은
하되 굽이 갈라지지 아니하였으므로 너희에게 부정하고
5 사반도 새김질은 하되 굽이 갈라지지 아니하였으므로
너희에게 부정하고 6 토끼도 새김질은 하되 굽이 갈라지
지 아니하였으므로 너희에게 부정하고 7 돼지는 굽이 갈
라져 쪽발이로되 새김질을 못하므로 너희에게 부정하니
8 너희는 이 고기를 먹지 말고 그 주검도 만지지 말라
이것들은 너희에게 부정하니라 9 물에 있는 모든 것 중
너희의 먹을 만한 것은 이것이니 무릇 강과 바다와 다른
물에 있는 것 중에 지느러미와 비늘 있는 것은 너희가 먹

3 'Whatever divides a hoof, thus making split hoofs,
and chews the cud, among the animals, that you may
eat. 4 'Nevertheless, you are not to eat of these, among
those which chew the cud, or among those which divide
the hoof: the camel, for though it chews cud, it does
not divide the hoof, it is unclean to you. 5 'Likewise,
the rock badger, for though it chews cud, it does not
divide the hoof, it is unclean to you; 6 the rabbit also,
for though it chews cud, it does not divide the hoof, it
is unclean to you; 7 and the pig, for though it divides
the hoof, thus making a split hoof, it does not chew cud,
it is unclean to you. 8 'You shall not eat of their flesh
nor touch their carcasses; they are unclean to you. 9 ¶
'These you may eat, whatever is in the water: all that
have fins and scales, those in the water, in the seas or
in the rivers, you may eat. 10 'But whatever is in the

10 /없는 것은 ——— 너희에게 가증한 것이라
/지느러미와 비늘
/무릇 물에서 동하는 것과
무릇 물에서 사는 것
/곧 무릇 강과
바다에 있는 것으로서

11 /이들은 ——— 너희에게 가증한 것이니
/너희는 ——— 그 고기를 먹지 말고
그 주검을 가증히 여기라

12 /없는 것은 ——— 너희에게 가증하니라
/지느러미와 비늘
/수중 생물에

13 /너희가 가증히 여길 것은 — 이것이라
/새 중에

/[너희는] ——— 먹지 말지니
이것들이 ——— 가증한즉
/곧 독수리와
솔개와
어응과
14 매와 매 종류와
15 까마귀 종류와
16 타조와
다호마스와
갈매기와 새매 종류와
17 올빼미와 노자와 부엉이와
18 따오기와 당아와 올응과
19 학과 황새 종류와
대승과 박쥐니라

20 /곤충은 ——— 너희에게 가증하되
/날개가 있고
/네 발로 기어 다니는

21 /너희가 ——— 오직 먹을지니
/모든 곤충 중에
/날개가 있고
/네 발로 기어다니는
/그 발에 뛰는 다리가 있어서
/땅에서 뛰는 것은

22 /곧

레

되 10 무릇 물에서 동하는 것과 무릇 물에서 사는 것
곧 무릇 강과 바다에 있는 것으로서 지느러미와 비늘 없
는 것은 너희에게 가증한 것이라 11 이들은 너희에게
가증한 것이니 너희는 그 고기를 먹지 말고 그 주검을
가증히 여기라 12 수중 생물에 지느러미와 비늘 없는
것은 너희에게 가증(可憎)하니라 13 새 중에 너희가 가
증히 여길 것은 이것이라 이것들이 가증한즉 먹지 말지
니 곧 독수리와 솔개와 어응과 14 매와 매 종류와 15
까마귀 종류와 16 타조와 다호마스와 갈매기와 새매 종
류와 17 올빼미와 노자와 부엉이와 18 따오기와 당아
와 올응과 19 학과 황새 종류와 대승과 박쥐니라 20
날개가 있고 네 발로 기어 다니는 곤충은 너희에게 가증
하되 21 오직 날개가 있고 네 발로 기어다니는 모든 곤
충 중에 그 발에 뛰는 다리가 있어서 땅에서 뛰는 것은

seas and in the rivers, that do not have fins and scales among all the teeming life of the water, and among all the living creatures that are in the water, they are detestable things to you,
11 and they shall be abhorrent to you; you may not eat of their flesh, and their carcasses you shall detest.
12 'Whatever in the water does not have fins and scales is abhorrent to you.
13 ¶ 'These, moreover, you shall detest among the birds; they are abhorrent, not to be eaten: the eagle and the vulture and the buzzard,
14 and the kite and the falcon in its kind,
15 every raven in its kind,
16 and the ostrich and the owl and the sea gull and the hawk in its kind,
17 and the little owl and the cormorant and the great owl,
18 and the white owl and the pelican and the carrion vulture,
19 and the stork, the heron in its kinds, and the hoopoe, and the bat.
20 ¶ 'All the winged insects that walk on all fours are detestable to you.
21 'Yet these you may eat among all the winged insects which

레

22 /곧
너희가 —— 먹으려니와
/그중에 메뚜기 종류와
/베짱이 종류와
/귀뚜라미 종류와
/팟종이 종류는

23 /곤충은 다 — 너희에게 가증하니라
/오직 날개가 있고 기어다니는

24 /이런 유는 — 너희를 부정케 하나니
/[만일]
누구든지 이것들의 주검을 만지면(조건절, if)
[그는] —— 저녁까지 부정할 것이며

25 /옮기는 자는 — 그 옷을 빨지니
/무릇
/그 주검을
[그는] ———— 저녁까지 부정하리라

26 /주검은 다 ——— 네게 부정하니
/쪽발이 아닌 것이나
새김질 아니하는 것의
/무릇 굽이 갈라진 짐승 중에

/만지는 자는 ——— 부정할 것이요

27 /다니는 것은 —— 네게 부정하니
/다(=모든)
/발바닥으로
/네 발로 다니는 모든 짐승 중
/만지는 자는 —— 저녁까지 부정할 것이며
/그 주검을

28 /옮기는 자는 ——— 그 옷을 빨지니
/그 주검을
/[그는] ——— 저녁까지 부정하리라
/그것들이 ——— 네게 부정하니라

29 /부정한 것은 — 이러하니
/네게
/땅에 기는바 기는 것 중에

너희가 먹을지니 22 곧 그 중에 메뚜기 종류와 베짱이
종류와 귀뚜라미 종류와 팟종이 종류는 너희가 먹으려니
와 23 오직 날개가 있고 기어다니는 곤충은 다 너희에
게 가증하니라 24 이런 유는 너희를 부정케 하나니 누
구든지 이것들의 주검을 만지면 저녁까지 부정할 것이며
25 무릇 그 주검을 옮기는 자는 그 옷을 빨지니 저녁까
지 부정하리라 26 무릇 굽이 갈라진 짐승 중에 쪽발이
아닌 것이나 새김질 아니하는 것의 주검은 다 네게 부정
하니 만지는 자는 부정할 것이요 27 네 발로 다니는 모
든 짐승 중 발바닥으로 다니는 것은 다 네게 부정하니 그
주검을 만지는 자는 저녁까지 부정할 것이며 28 그 주
검을 옮기는 자는 그 옷을 빨지니 저녁까지 부정하리라
그것들이 네게 부정하니라 29 땅에 기는 바 기는 것 중
에 네게 부정한 것은 이러하니 곧 쪽제비와 쥐와 도마뱀
종류와 30 합개와 육지 악어와 수궁과 사막 도마뱀과
칠면석척이라 31 모든 기는 것 중 이것들은 네게 부정

walk on all fours: those which have above their feet
jointed legs with which to jump on the earth. 22 'These
of them you may eat: the locust in its kinds, and the
devastating locust in its kinds, and the cricket in its
kinds, and the grasshopper in its kinds. 23 'But all
other winged insects which are four-footed are detestable
to you. 24 ¶ 'By these, moreover, you will be made
unclean: whoever touches their carcasses becomes unclean
until evening, 25 and whoever picks up any of their
carcasses shall wash his clothes and be unclean until evening.
26 'Concerning all the animals which divide the hoof,
but do not make a split hoof, or which do not chew cud,
they are unclean to you: whoever touches them becomes
unclean. 27 'Also whatever walks on its paws, among
all the creatures that walk on all fours, are unclean to
you; whoever touches their carcasses becomes unclean
until evening, 28 and the one who picks up their
carcasses shall wash his clothes and be unclean until evening;
they are unclean to you. 29 ¶ 'Now these are to you
the unclean among the swarming things which swarm

/곧
쪽제비와 쥐와 도마뱀 종류와
30 합개와 육지 악어와
수궁과 사막 도마뱀과
칠면석척이라

31 /이것들은 —— 네게 부정하니
/모든 기는 것 중
/만지는 자는 — 저녁까지 부정할 것이며
/무릇
/그 주검을

32 /주검이 ——— 떨어지면(상황절, when)
/어떤 것의 /목기에든지 의복에든지
/이런 것 중 가죽에든지 부대에든지
무론 무엇에 쓰는 그릇에든지
[그것은] —— 부정하여지리니

/[그는] ——— 물에 담그라

//(결과)[27]
그것이] ┬ 저녁까지 부정하다가
└ 정할 것이며

33 /[만일]
어떤 것이 —— 어느 질그릇에 떨어지면(조건절, if)[28]
/그것 중
있는 것이 다 — 부정하여지나니
/그 속에
너는 ——— 그 그릇을 깨뜨리라

34 /[만일]
식물이 ——— 거기 담겼으면(조건절, if)[29]
/먹을만한
/축축한
[그것은] ——— 부정하여질 것이요
마실 것도 ——— 부정할 것이며
/그같은 그릇의
/마실만한
35 /그것이 모두 —— 부정하여지리니
/주검이 —물건 위에 떨어지(진)(면)
/이런 것의

화덕이든지 ┐
질탕관이든지 ┴ 깨뜨려 버리라

27) 명령문 다음의 문장은 결과
28) NRSV
29) NRSV

하니 무릇 그 주검을 만지는 자는 저녁까지 부정할 것이
며 **32** 이런 것 중 어떤 것의 주검이 목기에든지 의복에
든지 가죽에든지 부대에든지 무론 무엇에 쓰는 그릇에든
지 떨어지면 부정하여지리니 물에 담그라 저녁까지 부정
하다가 정할 것이며 **33** 그것 중 어떤 것이 어느 질그릇
에 떨어지면 그 속에 있는 것이 다 부정하여지나니 너는
그 그릇을 깨뜨리라 **34** 먹을 만한 축축한 식물이 거기
담겼으면 부정하여질 것이요 그 같은 그릇의 마실 만한
마실 것도 부정할 것이며 **35** 이런 것의 주검이 물건 위
에 떨어지면 그것이 모두 부정하여지리니 화덕이든지 질
탕관이든지 깨뜨려 버리라 이것이 부정하여져서너희에게 부
정한 것이 되리라 **36** 샘물이나 방축물 웅덩이는 부정하

on the earth: the mole, and the mouse, and the great
lizard in its kinds, **30** and the gecko, and the crocodile,
and the lizard, and the sand reptile, and the chameleon.
31 'These are to you the unclean among all the swarming
things; whoever touches them when they are dead becomes
unclean until evening. **32** 'Also anything on which one
of them may fall when they are dead, becomes unclean,
including any wooden article, or clothing, or a skin, or
a sack — any article of which use is made — it shall
be put in the water and be unclean until evening, then
it becomes clean. **33** 'As for any earthenware vessel
into which one of them may fall, whatever is in it
becomes unclean and you shall break the vessel. **34**
'Any of the food which may be eaten, on which water comes,
shall become unclean; and any liquid which may be
drunk in every vessel shall become unclean. **35** 'Everything,

/이것이 ── 부정하여져서
너희에게 부정한 것이 되리라

36 /샘물이나
웅덩이는 ── 부정하여지지 아니하되
/방축물
다 닥치는 것만 ── 부정하여질 것이요
/그 주검에

37 /[만일]
주검이 ── 심을 종자에 떨어질지라도(조건절, if)
/이것들의
그것이 ── 정하거니와

38 /[만일]
물을(=이) ── 종자에 물을 더할 때에(=더해진다면)
그것이 ── 그 위에 떨어지면(조건절, if)
[그것은] ── 너희에게 부정하리라

39 /[만일]
너희의 먹을만한 짐승이 죽은 때에(=죽었으면)(조건절, if)
만지는 자는 ── 저녁까지 부정할 것이며
/그 사체를

40 /먹는 자는 ── 그 옷을 빨 것이요
/그것을
/[그는] ── 저녁까지 부정할 것이며
옮기는 자도 ── 그 옷을 빨 것이요
/그 주검을
/[그는] ── 저녁까지 부정하리라

41 /기는 것은 ── 가증한즉
/땅에 기어 다니는
/모든
/[그것은] ── 먹지 못할지니
42 /곧 배로 밀어 다니는 것이나
/모든 기는 것 중에
/땅에 기어다니는
/네 발로 걷는 것이나
/여러 발을 가진 것이라

/너희가 ── 먹지 말지니

//(이유: כִּי, for)
이는 ── 가증함이니라

여지지 아니하되 그 주검에 다닥치는 것만 부정하여질
것이요 **37** 이것들의 주검이 심을 종자에 떨어질지라도
그것이 정하거니와 **38** 종자에 물을 더할 때에 그것이
그 위에 떨어지면 너희에게 부정하리라 **39** 너희의 먹을
만한 짐승이 죽은 때에 그 사체를 만지는 자는 저녁까지
부정할 것이며 **40** 그것을 먹는 자는 그 옷을 빨 것이요
저녁까지 부정할 것이며 그 주검을 옮기는 자도 그 옷을
빨것이요 저녁까지 부정하리라 **41** 땅에 기어 다니는 모
든 기는 것은 가증한즉 먹지 못할지니 **42** 곧 땅에 기어
다니는 모든 기는 것 중에 배로 밀어 다니는 것이나 네
발로 걷는 것이나 여러 발을 가진 것이라 너희가 먹지
말지니 이는 가증함이니라 **43** 너희는 기는바 기어다니
는 것을 인하여 자기로 가증하게 되게 말며 또한 그것
을 인하여 스스로 더럽혀 부정하게 되게 말라 **44** 나는

moreover, on which part of their carcass may fall becomes
unclean; an oven or a stove shall be smashed; they are unclean
and shall continue as unclean to you. **36** 'Nevertheless
a spring or a cistern collecting water shall be clean,
though the one who touches their carcass shall be unclean.
37 'And if a part of their carcass falls on any seed for
sowing which is to be sown, it is clean. **38** 'Though if
water is put on the seed, and a part of their carcass falls
on it, it is unclean to you. **39** ¶ 'Also if one of the
animals dies which you have for food, the one who
touches its carcass becomes unclean until evening. **40**
'He too, who eats some of its carcass shall wash his
clothes and be unclean until evening; and the one who
picks up its carcass shall wash his clothes and be unclean
until evening. **41** ¶ 'Now every swarming thing that swarms
on the earth is detestable, not to be eaten. **42** 'Whatever
crawls on its belly, and whatever walks on all fours, whatever
has many feet, in respect to every swarming thing that swarms

43 /너희는 ——— 자기로(를) 가증하게 되게 말며
/기는바 기어다니는 것을 인하여
또한
[너희는] ——— 스스로 더럽혀(지말라)(=더럽히지 말라)
/그것을 인하여
부정하게 되게 말라

44 /나는 ——— 여호와 너희 하나님이라
/내가 ——— 거룩하니
/너희도 ——— 몸을 구별하여
거룩하게 하고
/[너희는] ——— 스스로 더럽히지 말라
/기어다니는 것으로 인하여
/땅에 기는바

45 /나는 ——— 여호와라
/너희를 애굽 땅에서 인도하여 낸
/너희의 하나님이 되려고

/내가 ——— 거룩하니
너희도 ——— 거룩할지어다

46 /이는 ——— 규례니
/짐승과 새와
/모든 생물과
/물에서 움직이는
/모든 기어다니는 것에 대한
/땅에 기는
47 //(목적: ל, to)
분별한(하기 위한) 것이니라
/부정하고 정한 것과 먹을
/생물과 먹지 못할 생물을

레

12

1 여호와께서 모세에게 **일러 가라사대**
2 /[너희는] ——— 고하여 이르라
/이스라엘 자손에게

/여인이 ——— 잉태하여
남자를 낳으면(상황절, when)

여호와 너희 하나님이라 내가 거룩하니 너희도 몸을 구
별하여 거룩하게 하고 땅에 기는바 기어다니는 것으로
인하여 스스로 더럽히지 말라 **45** 나는 너희의 하나님이
되려고 너희를 애굽 땅에서 인도하여 낸 여호와라 내가
거룩하니 너희도 거룩할지어다 **46** 이는 짐승과 새와 물
에서 움직이는 모든 생물과 땅에 기는 모든 기어다니는
것에 대한 규례니 **47** 부정하고 정한 것과 먹을 생물과
먹지 못할 생물을 분별한 것이니라
12:1 여호와께서 모세에게 일러 가라사대 **2** 이스
라엘 자손에게 고하여 이르라 여인이 잉태하여
남자를 낳으면 그는 칠 일 동안 부정하리니 곧 경도할
때와 같이 부정할 것이며 **3** 제팔일에는 그 아이의 양피

on the earth, you shall not eat them, for they are detestable.
43 'Do not render yourselves detestable through any of
the swarming things that swarm; and you shall not make
yourselves unclean with them so that you become unclean.
44 'For I am the LORD your God. Consecrate yourselves
therefore, and be holy; for I am holy. And you shall not
make yourselves unclean with any of the swarming things
that swarm on the earth. **45** 'For I am the LORD, who
brought you up from the land of Egypt, to be your God;
thus you shall be holy for I am holy.'" **46** ¶ 'This is
the law regarding the animal, and the bird, and every
living thing that moves in the waters, and everything
that swarms on the earth, **47** to make a distinction
between the unclean and the clean, and between the
edible creature and the creature which is not to be eaten.
12:1 ¶ 'Then the LORD spoke to Moses, saying,
2 "Speak to the sons of Israel, saying, 'When a
woman gives birth and bears a male child, then she shall

그는 ——— 부정하리니
/칠일 동안
곧
[그는] ——— 부정할 것이며
/경도할 때와 같이
3 /제 팔일에는
양피를(가) ——— 벨 것이요[30)]
/그 아이의
4 /그 여인은 ——— 지나야(=남아 있어야 한다)
/오히려 삼십 삼일을
/산혈이 깨끗하리니
(=산혈을 깨끗케하도록)

/정결케 되는 기한이 차기 전에는(until)
[그는] ——┬ 성물을 만지지도 말며
└ 성소에 들어가지도 말 것이며

5 /[만일](אִם)
[그녀가] ——— 여자를 낳으면(조건절, if)
그는 ——— 이 칠일 동안 부정하리니
/경도할 때와 같을(이)(것이며)

[그녀가] ——— 육십 륙일을 지나야 하리라
/산혈이 깨끗하게(됨은)

6 /기한이 ——— 차거든(상황절, when)
/자녀간 정결케 되는
그 여인은 ——┬ 어린 양을 취하고
/일년 된
/번제를 위하여
└ (취하여)... 가져갈 것이요
/집비둘기 새끼나
산비둘기를
/속죄제를 위하여
/회막문 제사장에게로

7 /제사장은 ——┬ 그것을 드려서
/여호와 앞에
└ 속죄할지니
/여인을 위하여

//그리하면(결과)

30) 베어질 것이요

를 벨 것이요 4 그 여인은 오히려 삼십삼 일을 지나야
산혈이 깨끗하리니 정결케 되는 기한이 차기 전에는 성물
을 만지지도 말며 성소에 들어가지도 말 것이며 5 여자
를 낳으면 그는 이 칠 일 동안 부정하리니 경도할 때와
같을 것이며 산혈이 깨끗하게 됨은 육십륙일 을 지나야
하리라 6 자녀간 정결케 되는 기한이 차거든 그 여인은
번제를 위하여 일 년 된 어린 양을 취하고 속죄제를 위하
여 집 비둘기 새끼나 산비둘기를 취하여 회막 문 제사장
에게로 가져갈 것이요 7 제사장은 그것을 여호와 앞에
드려서 여인을 위하여 속죄할지니 그리하면 산혈이 깨끗
하리라 이는 자녀간 생산한 여인에게 대한 규례니라 8
그 여인의 힘이 어린 양에 미치지 못하거든 산비둘기 둘

be unclean for seven days, as in the days of her menstruation
she shall be unclean. 3 'And on the eighth day the flesh
of his foreskin shall be circumcised. 4 'Then she shall remain
in the blood of her purification for thirty-three days; she
shall not touch any consecrated thing, nor enter the sanctuary,
until the days of her purification are completed. 5 'But
if she bears a female child, then she shall be unclean
for two weeks, as in her menstruation; and she shall
remain in the blood of her purification for sixty-six days.
6 ¶ 'And when the days of her purification are
completed, for a son or for a daughter, she shall bring
to the priest at the doorway of the tent of meeting, a
one year old lamb for a burnt offering, and a young
pigeon or a turtledove for a sin offering. 7 'Then he
shall offer it before the LORD and make atonement for
her; and she shall be cleansed from the flow of her

//그리하면(결과)
산혈이 깨끗하리라

/이는 —— 여인에게 대한 규례니라
/자녀간 생산한

8 /[만일](אם)
힘이 —— 어린 양에 미치지 못하거든(조건절, if)
/그 여인의
[그녀는] —— 가져다가
/산비둘기 둘이나
집 비둘기 새끼 둘을
/하나는 번제물로,
/하나는 속죄 제물로 삼(아)(을 것이요)

/제사장은 —— 그를 위하여 속할지니
/그가 —— 정결하리라

13

1 여호와께서 모세와 아론에게 **일러 가라사대**
2 /사람의(이) —— 피부에 생겨서
/무엇이 돋거나
/딱지가 앉거나
/색점이
그 피부에 문둥병 같이 되거든(상황절, when)
/[그는] —— 곧 데리고 갈 것이요
/제사장 아론에게나
/그 자손중 한 제사장에게로

3 /제사장은 —— 그 피부의 병을 진찰할지니
/[만일]
환처의 털이 — 희어졌고
환처가 —— 피부보다 우묵하여졌으면(조건절, if)
이는 —— 문둥병의 환처라
제사장이 —— 진단하여(상황절, after)
그를 부정하다 할 것이요
4 /[만일](אם)
색점이 —— 피부에 희나
우묵하지 아니하고
그 털이 —— 희지 아니하면(조건절, if)
제사장은 —— 그 환자를 금고할 것이며
/칠일 동안

이나 집비둘기 새끼 둘을 가져다가 하나는 번제물로, 하
나는 속죄 제물로 삼을 것이요 제사장은 그를 위하여 속
할지니 그가 정결하리라
13:1 여호와께서 모세와 아론에게 일러 가라사대 2
사람의 피부에 무엇이 돋거나 딱지가 앉거나 색
점이 생겨서 그 피부에 문둥병같이 되거든 곧 제사장 아
론에게나 그 자손중 한 제사장에게로 데리고 갈 것이요
3 제사장은 그 피부의 병을 진찰할지니 환처의 털이 희
어졌고 환처가 피부보다 우묵하여졌으면 이는 문둥병의
환처라 제사장이 진단하여 그를 부정하다 할 것이요 4
피부에 색점이 희나 우묵하지 아니하고 그 털이 희지 아
니하면 제사장은 그 환자를 칠 일 동안 금고할 것이며 5

blood. This is the law for her who bears a child, whether
a male or a female. 8 'But if she cannot afford a lamb,
then she shall take two turtledoves or two young pigeons,
the one for a burnt offering and the other for a sin
offering; and the priest shall make atonement for her,
and she shall be clean.'"
13:1 ¶ Then the LORD spoke to Moses and to
Aaron, saying, 2 "When a man has on the skin
of his body a swelling or a scab or a bright spot, and it
becomes an infection of leprosy on the skin of his body,
then he shall be brought to Aaron the priest, or to one
of his sons the priests. 3 "And the priest shall look at
the mark on the skin of the body, and if the hair in the
infection has turned white and the infection appears to
be deeper than the skin of his body, it is an infection
of leprosy; when the priest has looked at him, he shall
pronounce him unclean. 4 "But if the bright spot is
white on the skin of his body, and it does not appear to

레

5 /제사장이 —— 그를 진찰할지니
/칠일만에
/[만일]
그 환처가 —— 변하지 아니하고
/그의 보기에
병색이 —— 피부에 퍼지지 아니하였으면(조건절, if)
제사장이 —— 그를 또 금고할 것이며
/칠일 동안을
6 /칠일만에
제사장이 —— 또 진찰할지니
/[만일]
그 환처가 —— 엷어졌고
병색이 —— 피부에 퍼지지 아니하였으면(조건절, if)
[이는] —— 피부병이라
/제사장이 —— 그를 정하다 할 것이요
/그는 —— 옷을 빨 것이라

//그리하면(결과)
정하리라

7 /그러나
[그가] —— 제사장에게 보인 후에(상황절, after)
/정결한 여부를 위하여
[만일](אִם)
병이 —— 피부에 퍼지면(조건절, if)
[그는] —— 제사장에게 다시 보일 것이요

8 /제사장은 —— 진찰할지니
[만일](אִם)
그 병이 —— 피부에 퍼졌으면(조건절, if)
[그는] —— 그를 부정하다 진단할 것이라
이는 —— 문둥병임이니라

9 /문둥병이 —— 들었거든(상황절, when)
/사람에게
그를(는) —— 제사장에게로 데려갈 것이요
10 /제사장은 —— 진찰할지니
/[만일]
흰 점이 —— 피부에 돋고
털이 —— 희어지고
난육이 —— 거기 생겼으면(조건절, if)

칠 일 만에 제사장이 그를 진찰할지니 그의 보기에 그 환
처가 변하지 아니하고 병색이 피부에 퍼지지 아니하였으
면 제사장이 그를 또 칠 일 동안을 금고할 것이며 6 칠
일 만에 제사장이 또 진찰할지니 그 환처가 엷어졌고 병
색이 피부에 퍼지지 아니하였으면 피부병이라 제사장이
그를 정하다 할 것이요 그는 옷을 빨 것이라 그리하면 정
하리라 7 그러나 정결한 여부를 위하여 제사장에게 보인
후에 병이 피부에 퍼지면 제사장에게 다시 보일 것이요
8 제사장은 진찰할지니 그 병이 피부에 퍼졌으면 그를
부정하다 진단할 것이라 이는 문둥병임이니라 9 사람에
게 문둥병이 들었거든 그를 제사장에게로 데려갈 것이요
10 제사장은 진찰할지니 피부에 흰 점이 돋고 털이 희
어지고 거기 난육이 생겼으면 11 이는 그의 피부의 오
랜 문둥병이라 제사장이 부정하다 진단할 것이요 그가 이

be deeper than the skin, and the hair on it has not turned
white, then the priest shall isolate him who has the
infection for seven days. 5 "And the priest shall look at
him on the seventh day, and if in his eyes the infection
has not changed, and the infection has not spread on the
skin, then the priest shall isolate him for seven more
days. 6 "And the priest shall look at him again on the seventh
day; and if the infection has faded, and the mark has
not spread on the skin, then the priest shall pronounce
him clean; it is only a scab. And he shall wash his
clothes and be clean. 7 ¶ "But if the scab spreads
farther on the skin, after he has shown himself to the
priest for his cleansing, he shall appear again to the
priest. 8 "And the priest shall look, and if the scab has spread
on the skin, then the priest shall pronounce him unclean;
it is leprosy. 9 ¶ "When the infection of leprosy is
on a man, then he shall be brought to the priest. 10
"The priest shall then look, and if there is a white swelling
in the skin, and it has turned the hair white, and there
is quick raw flesh in the swelling, 11 it is a chronic
leprosy on the skin of his body, and the priest shall pronounce
him unclean; he shall not isolate him, for he is unclean.
12 "And if the leprosy breaks out farther on the skin,
and the leprosy covers all the skin of him who has the

11 /이는 —— 그의 피부의 오랜 문둥병이라
/제사장이 —— 부정하다 진단할 것이요
/[그가] —— 금고하지는 않을 것이며

//(이유: כִּי, for)
그가 ——이미 부정하였은즉

12 /[만일](אִם)
문둥병이 —— 그 피부에 크게 발하였으되
/제사장의 보기에
그 환자의 머리부터 발까지 퍼졌거든(조건절, if)
13 그가 —— 진찰할 것이요
/[만일]
문둥병이 —— 과연 그 전신에 퍼졌으면(조건절, if)
[그는] —— 그 환자를 정하다 할지니
[그는] —— 다 희어진 자인즉
[그는] —— 정하거니와
14 /난육(爛肉) 이— 그에게 발생하면(상황절, whenever)
/아무 때든지
그는 —— 부정한즉
15 /제사장이 —— 난육을 보고(상황절, when)
[그는] —— 그를 부정하다 진단할지니
그 난육은 —— 부정한 것인즉
이는 —— 문둥병이며

16 /[만일]
그 난육이 —— 변하여
다시 희어지면(조건절, if)
[그는] —— 제사장에게로 갈 것이요
17 /제사장은 —— 그를 진찰하여서
[만일]
그 환처가 —— 희어졌으면(조건절, if)
[그는] —— 환자를 정하다 할지니

//(결과)
그는 —— 정하니라
18 /종기가 —— 생겼다가 나았고(상황절, when)
/피부에
19 흰 점이 —— 돋거나
/그 종처에
색점이 —— 생겼으면(상황절, when)
/희고 불그스름한
[그는] —— 제사장에게 보일 것이요

레

미 부정하였은즉 금고하지는 않을 것이며 **12** 제사장의 보기에 문둥병이 그 피부에 크게 발하였으되 그 환자의 머리부터 발까지 퍼졌거든 **13** 그가 진찰할 것이요 문둥병이 과연 그 전신에 퍼졌으면 그 환자를 정하다 할지니 다 희어진 자인즉 정하거니와 **14** 아무 때든지 그에게 난육이 발생하면 그는 부정한즉 **15** 제사장이 난육을 보고 그를 부정하다 진단할지니 그 난육은 부정한 것인즉 이는 문둥병이며 **16** 그 난육이 변하여 다시 희어지면 제사장에게로 갈 것이요 **17** 제사장은 그를 진찰하여서 그 환처가 희어졌으면 환자를 정하다 할지니 그는 정하니라 **18** 피부에 종기가 생겼다가 나았고 **19** 그 종처에 흰 점이 돋거나 희고 불그스름한 색점이 생겼으면 제사

infection from his head even to his feet, as far as the priest can see, **13** then the priest shall look, and behold, if the leprosy has covered all his body, he shall pronounce clean him who has the infection; it has all turned white and he is clean. **14** "But whenever raw flesh appears on him, he shall be unclean. **15** "And the priest shall look at the raw flesh, and he shall pronounce him unclean; the raw flesh is unclean, it is leprosy. **16** "Or if the raw flesh turns again and is changed to white, then he shall come to the priest, **17** and the priest shall look at him, and behold, if the infection has turned to white, then the priest shall pronounce clean him who has the infection; he is clean. **18** "And when the body has a boil on its skin, and it is healed, **19** and in the place of the boil there is a white swelling or a reddish-white, bright spot, then it shall be shown to the priest; **20** and the

20 /그는 — 진찰하여
[만일]
[그것이] — 피부보다 얕고 그 털이 희면(조건절, if)
[그는] — 그를 부정하다 진단할지니
이는 — 종기로 된 문둥병의 환처임이니라
21 /그러나
[만일]
흰 털이 — 거기 없고
/제사장의 보기에
— 피부보다 얕지 아니하고
— 빛이 엷으면(조건절, if)
제사장은 — 그를 칠일 동안 금고할 것이며

22 /[만일](אִם)
그 병이 — 크게 피부에 퍼졌으면(조건절, if)
제사장은 — 그를 부정하다 진단할지니
이는 — 그 환처임이니라
23 /그러나
[만일]
그 색점이 — 여전하고
— 퍼지지 아니하였으면(조건절, if)
이는 — 종기 흔적이니
제사장은 — 그를 정하다 진단할지니라

24 /[만일](אִם)
피부를(가) — 불에 데었는데
— 그 덴 곳에 불그스름하고
— 희거나
— 순전히 흰 색점이 생기면(조건절, if)
25 제사장은 — 진찰할지니
[만일](אִם)
/털이 — 희고
/그 색점의
그 자리가 — 피부보다 우묵하면(조건절, if)
이는 — 화상에서 발한 문둥병인즉
제사장은 — 그를 부정하다 할 것은
[그것이] — 문둥병의 환처가 됨이니라
26 /그러나
[만일](אִם)
흰 털이 — 그 색점에 없으며
/제사장의 보기에

장에게 보일 것이요 **20** 그는 진찰하여 피부보다 얕고 그 털이 희면 그를 부정하다 진단할지니 이는 종기로 된 문둥병의 환처임이니라 **21** 그러나 제사장의 보기에 거기 흰 털이 없고 피부보다 얕지 아니하고 빛이 엷으면 제사장은 그를 칠 일 동안 금고할 것이며 **22** 그 병이 크게 피부에 퍼졌으면 제사장은 그를 부정하다 진단할지니 이는 그 환처임이니라 **23** 그러나 그 색점이 여전하고 퍼지지 아니하였으면 이는 종기 흔적이니 제사장은 그를 정하다 진단할지니라 **24** 피부를 불에 데었는데 그 덴 곳에 불그스름하고 희거나 순전히 흰 색점이 생기면 **25** 제사장은 진찰할지니 그 색점의 털이 희고 그 자리가 피부보다 우묵하면 이는 화상에서 발한 문둥병인즉 제사장은 그를 부정하다 할 것은 문둥병의 환처가 됨이니라 **26** 그러나 제사장의 보기에 그 색점에 흰 털이 없

priest shall look, and behold, if it appears to be lower than the skin, and the hair on it has turned white, then the priest shall pronounce him unclean; it is the infection of leprosy, it has broken out in the boil. **21** "But if the priest looks at it, and behold, there are no white hairs in it and it is not lower than the skin and is faded, then the priest shall isolate him for seven days; **22** and if it spreads farther on the skin, then the priest shall pronounce him unclean; it is an infection. **23** "But if the bright spot remains in its place, and does not spread, it is only the scar of the boil; and the priest shall pronounce him clean. **24** ¶ "Or if the body sustains in its skin a burn by fire, and the raw flesh of the burn becomes a bright spot, reddish-white, or white, **25** then the priest shall look at it. And if the hair in the bright spot has turned white, and it appears to be deeper than the skin, it is leprosy; it has broken out in the burn. Therefore, the priest shall pronounce him unclean; it is an infection of leprosy. **26** "But if the priest looks at it, and indeed, there is no white hair in the bright spot, and it is no deeper than the skin, but is dim, then the priest shall isolate him for seven days; **27** and the priest shall look

그 자리가—— 피부보다 얕지 아니하고
빛이 —— 엷으면(조건절, if)
그는 —— 그를 금고할 것이며
/칠일 동안
27 /제사장이 —— 그를 진찰할지니
/칠일만에
/만일(אִם)
병이 —— 크게 피부에 퍼졌으면(조건절, if)
그는 —— 그를 부정하다 진단할 것은
[그것이] —— 문둥병의 환처임이니라

28 /만일
색점이 —— 여전하여
—— 피부에 퍼지지 아니하고
빛이 —— 엷으면(조건절, if)
[그것은] —— 화상으로 부은 것이니
/제사장은 —— 그를 정하다 할 것은

//이는(이유: כִּי, for)
[그것이] —— 화상의 흔적임이니라

29 /[만일]
환처가 —— 머리에나 수염에 있으면(조건절, if)
/남자나 여자의
30 제사장은 —— 진찰할지니
/[만일]
환처가 —— 피부보다 우묵하고
—— 그 자리에 누르고
가는 털이 —— 있으면(조건절, if)
그는 —— 그를 부정하다 할 것은
이는 —— 옴이라
[그것은] —— 문둥병임이니라
/머리에나 수염에 발한

31 /만일(אִם)
환처가 —— 피부보다 우묵하지 아니하고
/그 옴의 /제사장의 보기에
—— 그 자리에 검은 털이 없으면(조건절, if)
제사장은 —— 그 옴 환자를 금고할 것이며
/칠일 동안
32 제사장은 —— 그 환처를 진찰할지니
/칠일만에
/[만일]

으며 그 자리가 피부보다 얕지 아니하고 빛이 엷으면 그
는 그를 칠 일 동안 금고할 것이며 27 칠 일 만에 제사
장이 그를 진찰할지니 만일 병이 크게 피부에 퍼졌으면
그는 그를 부정하다 진단할 것은 문둥병의 환처임이니라 28
만일 색점이 여전하여 피부에 퍼지지 아니하고 빛이 엷
으면 화상으로 부은 것이니 제사장은 그를 정하다 할 것
은 이는 화상의 흔적임이니라 29 남자나 여자의 머리에
나 수염에 환처가 있으면 30 제사장은 진찰할찌니 환처
가 피부보다 우묵하고 그 자리에 누르고 가는 털이 있으
면 그는 그를 부정하다 할 것은 이는 옴이라 머리에나
수염에 발한 문둥병임이니라 31 만일 제사장의 보기에
그 옴의 환처가 피부보다 우묵하지 아니하고 그 자리에
검은 털이 없으면 제사장은 그 옴 환자를 칠 일 동안 금
고할 것이며 32 칠 일 만에 제사장은 그 환처를 진찰할

at him on the seventh day. If it spreads farther in the skin, then the priest shall pronounce him unclean; it is an infection of leprosy.
28 "But if the bright spot remains in its place, and has not spread in the skin, but is dim, it is the swelling from the burn; and the priest shall pronounce him clean, for it is only the scar of the burn.
29 "Now if a man or woman has an infection on the head or on the beard,
30 then the priest shall look at the infection, and if it appears to be deeper than the skin, and there is thin yellowish hair in it, then the priest shall pronounce him unclean; it is a scale, it is leprosy of the head or of the beard.
31 "But if the priest looks at the infection of the scale, and indeed, it appears to be no deeper than the skin, and there is no black hair in it, then the priest shall isolate the person with the scaly infection for seven days.
32 "And on the seventh day the priest shall look at the infection, and if the scale has not spread, and no yellowish hair has grown in it, and the appearance of the scale is no deeper than the skin,
33 then he shall shave himself, but he shall not

레

/[만일]
그 옴이 ── 퍼지지 아니하고
── 그 자리에 누른 털이 없고
── 피부보다 우묵하지 아니하거든(조건절, if)
33 그는 ── 모발을 밀되
── 환처는(를) 밀지 말 것이요
제사장은 ── 옴 환자를 또 금고할 것이며
/칠일 동안

34 /제사장은 ── 그 옴을 또 진찰할지니
/칠일만에
/[만일]
그 옴이 ── 피부에 퍼지지 아니하고
── 피부보다 우묵하지 아니하면(조건절, if)
그는 ── 그를 정하다 진단할 것이요
그는 ── 그 옷을 빨지니
//(결과)
정하려니와

35 /[만일](אִם)
옴이 ── 크게 피부에 퍼지면(조건절, if)
/깨끗한 후에라도
36 제사장은 ── 그를 진찰할지니
/[만일]
옴이 ── 과연 피부에 퍼졌으면 (조건절, if)
그는 ── 부정하니라
/누른 털을 찾을 것 없이
37 /그러나
[만일](אִם)
옴이 ── 여전하고
/제사장의 보기에
── 그 자리에 검은 털이 났으면(조건절, if)
그 옴은 ── 나았고
그 사람은 ── 정하니
제사장은 ── 그를 정하다 진단할지니라
38 /색점[이] ── 있으면(상황절, when)
/곧 흰 색점이 /남자나 여자의 피부에
39 제사장은 ── 진찰할지니
/[만일]
색점이 ── 부유스름하면(조건절, if)
/그 피부의
이는 ── 피부에 발한 어루러기라
그는 ── 정하니라

지니 그 옴이 퍼지지 아니하고 그 자리에 누른 털이 없고 피부보다 우묵하지 아니하거든 **33** 그는 모발을 밀되 환처는 밀지 말 것이요 제사장은 옴 환자를 또 칠 일 동안 금고할 것이며 **34** 칠 일 만에 제사장은 그 옴을 또 진찰할지니 그 옴이 피부에 퍼지지 아니하고 피부보다 우묵하지 아니하면 그는 그를 정하다 진단할 것이요 그는 그 옷을 빨지니 정하려니와 **35** 깨끗한 후에라도 옴이 크게 피부에 퍼지면 **36** 제사장은 그를 진찰할찌니 과연 옴이 피부에 퍼졌으면 누른 털을 찾을 것 없이 그는 부정하니라 **37** 그러나 제사장의 보기에 옴이 여전하고 그 자리에 검은 털이 났으면 그 옴은 나았고 그 사람은 정하니 제사장은 그를 정하다 진단할지니라 **38** 남자나 여자의 피부에 색점 곧 흰 색점이 있으면 **39** 제사장은 진찰할지니 그 피부의 색점이 부유스름하면 이는 피부에 발한

shave the scale; and the priest shall isolate the person with the scale seven more days. **34** "Then on the seventh day the priest shall look at the scale, and if the scale has not spread in the skin, and it appears to be no deeper than the skin, the priest shall pronounce him clean; and he shall wash his clothes and be clean. **35** "But if the scale spreads farther in the skin after his cleansing, **36** then the priest shall look at him, and if the scale has spread in the skin, the priest need not seek for the yellowish hair; he is unclean. **37** "If in his sight the scale has remained, however, and black hair has grown in it, the scale has healed, he is clean; and the priest shall pronounce him clean. **38** ¶ "And when a man or a woman has bright spots on the skin of the body, even white bright spots, **39** then the priest shall look, and if the bright spots on the skin of their bodies are a faint white, it is eczema that has broken out on the skin; he is clean. **40** "Now if a man loses the hair of his

40 /[만일]
누구든지 ——— 그 머리털이 빠지면(조건절, if)
그는 ——— 대머리니
[그는] ——— 정하고
41 /[만일](אִם)
앞머리가 ——— 빠져도(조건절, if)
그는 ——— 이마 대머리니
[그는] ——— 정하니라
42 /그러나
[만일](אִם)
색점이 ——— 대머리나 이마 대머리에 있으면(조건절, if)
/희고 불그스름한
이는 ——— 문둥병이 발함이라
/대머리에나 이마 대머리에
43 /제사장은 ——— 그를 진찰할지니
돋은 색점이 ——— 희고
/그 대머리에나 이마 대머리에
불그스름하여
피부에 발한 문둥병과 같으면(조건절, if)
44 /이는 ——— 문둥 환자라
[그는] ——— 부정하니
제사장은 ——— 그를 부정하다 확실히 진단할 것은
//(이유: because of)
그 환처가 그 머리에 있음이니라

45 /문둥 환자는 ——— 옷을 찢고
머리를 풀며
윗입술을 가리우고
외치기를... 할 것이요(=외칠 것이요)
/부정하다 부정하다
46 /[그는] ——— 늘 부정할 것이라
/병 있는 날 동안은
/그가 ——— 부정한즉
혼자 살되... 살지니라
/진 밖에
47 /만일
색점이 ——— 의복에 발하여(...있되)
/문둥병 /털옷에나 베옷에나
48 베나 털의 날에나
씨에나
혹 가죽에나
무릇 가죽으로 만든 것에(있되)

어루러기라 그는 정하니라 **40** 누구든지 그 머리털이 빠
지면 그는 대머리니 정하고 **41** 앞머리가 빠져도 그는
이마 대머리니 정하니라 **42** 그러나 대머리나 이마 대머
리에 희고 불그스름한 색점이 있으면 이는 문둥병이 대
머리에나 이마 대머리에 발함이라 **43** 제사장은 그를 진
찰할지니 그 대머리에나 이마 대머리에 돋은 색점이 희
고 불그스름하여 피부에 발한 문둥병과 같으면 **44** 이는
문둥 환자라 부정하니 제사장은 그를 부정하다 확실히
진단할 것은 그 환처가 그 머리에 있음이니라 **45** 문둥
환자는 옷을 찢고 머리를 풀며 윗 입술을 가리우고 외치
기를 부정하다 부정하다 할 것이요 **46** 병 있는 날 동안
은 늘 부정할 것이라 그가 부정한즉 혼자 살되 진 밖에

head, he is bald; he is clean. **41** "And if his head
becomes bald at the front and sides, he is bald on the forehead;
he is clean. **42** "But if on the bald head or the bald forehead,
there occurs a reddish-white infection, it is leprosy
breaking out on his bald head or on his bald forehead.
43 "Then the priest shall look at him; and if the swelling
of the infection is reddish-white on his bald head or on
his bald forehead, like the appearance of leprosy in the
skin of the body, **44** he is a leprous man, he is unclean.
The priest shall surely pronounce him unclean; his
infection is on his head. **45** ¶ "As for the leper who
has the infection, his clothes shall be torn, and the hair
of his head shall be uncovered, and he shall cover his
mustache and cry, Unclean! Unclean!' **46** "He shall
remain unclean all the days during which he has the infection;
he is unclean. He shall live alone; his dwelling shall be
outside the camp. **47** "When a garment has a mark of leprosy
in it, whether it is a wool garment or a linen garment,
48 whether in warp or woof, of linen or of wool,
whether in leather or in any article made of leather, **49**

레

레

49 병색이 ——— 푸르거나 붉으면(조건절, if)
/그 의복에나
가죽에나
그 날에나
씨에나
무릇 가죽으로 만든 것에

이는 ——— 문둥병의 색점이라

/[그는] ——— 제사장에게 보일 것이요
50 /제사장은 ——— 그 색점을 살피고
그것을 간직하였다가
/칠일 동안
51 그 색점을 살필지니
/칠일만에

/[만일](אִם)
그 색점이 ——— 퍼졌으면(조건절, if)
/그 의복의 날에나
씨에나
가죽에나
가죽으로 만든 것에
이는 ——— 악성 문둥병이라
그것이 ——— 부정하니

52 /그는 ——— 불사를지니
/그 색점 있는 의복이나
털이나
베의 날이나 씨나
무릇 가죽으로 만든 것을

//이는(이유: כִּי , for)
[그것이] ——— 악성 문둥병인즉

/그것을(이) ——— 불사를지니라(=불살라져야 한다)

53 /그러나
[만일](אִם)
그 색점이 ——— 퍼지지 아니하였으면(조건절, if)
/제사장의 보기에
/그 의복의 날에나
씨에나
무릇 가죽으로 만든 것에

살지니라 47 만일 의복에 문둥병 색점이 발하여 털옷에
나 베옷에나 48 베나 털의 날에나 씨에나 혹 가죽에나
무릇 가죽으로 만든 것에 있되 49 그 의복에나 가죽에
나 그 날에나 씨에나 무릇 가죽으로 만든 것에 병색이 푸
르거나 붉으면 이는 문둥병의 색점이라 제사장에게 보일
것이요 50 제사장은 그 색점을 살피고 그것을 칠 일 동
안 간직하였다가 51 칠 일 만에 그 색점을 살필지니 그
색점이 그 의복의 날에나 씨에나 가죽에나 가죽으로 만든
것에 퍼졌으면 이는 악성 문둥병이라 그것이 부정하니
52 그는 그 색점 있는 의복이나 털이나 베의 날이나 씨
나 무릇 가죽으로 만든 것을 불사를지니 이는 악성 문둥
병인즉 그것을 불사를지니라 53 그러나 제사장의 보기
에 그 색점이 그 의복의 날에나 씨에나 무릇 가죽으로 만
든 것에 퍼지지 아니하였으면 54 제사장은 명하여 그

if the mark is greenish or reddish in the garment or in
the leather, or in the warp or in the woof, or in any
article of leather, it is a leprous mark and shall be shown
to the priest. 50 "Then the priest shall look at the mark,
and shall quarantine the article with the mark for seven
days. 51 "He shall then look at the mark on the seventh
day; if the mark has spread in the garment, whether in
the warp or in the woof, or in the leather, whatever the
purpose for which the leather is used, the mark is a
leprous malignancy, it is unclean. 52 "So he shall burn
the garment, whether the warp or the woof, in wool or
in linen, or any article of leather in which the mark
occurs, for it is a leprous malignancy; it shall be burned
in the fire. 53 ¶ "But if the priest shall look, and
indeed, the mark has not spread in the garment, either
in the warp or in the woof, or in any article of leather,
54 then the priest shall order them to wash the thing
in which the mark occurs, and he shall quarantine it for seven
more days. 55 "After the article with the mark has been
washed, the priest shall again look, and if the mark has

54 제사장은 ——— 명하여
/그 색점 있는 것을 빨게하고
/또
[그는] ——— 칠일 동안 간직하였다가
55 ——— 그 빤 곳을 볼지니
/[만일](אִם)
빛이 ——— 변치 아니하고
/그 색점의
그 색점이 ——— 퍼지지 아니하였으면(조건절, if)
[그것은] ——— 부정하니
너는 ——— 그것을 불사르라

이는 ——— 악성 문둥병이니라
/거죽에 있든지 속에 있든지
56 /[만일](אִם)
그 색점이 ——— 엷으면(조건절, if)
/빤 후에
/제사장의 보기에
[그는] ——— 그 색점을 찢어 버릴 것이요
/그 의복에서나
가죽에서나
그 날에서나
씨에서나
57 /[만일](אִם)
색점이 ——— 여전히 보이면(조건절, if)
/그 의복의 날에나
씨에나
무릇 가죽으로 만든 것에
[그것은] ——— 복발하는 것이니
너는 ——— 그 색점 있는 것을 불사를지니라

58 /[만일]
그 색점이 ——— 벗어졌으면(조건절, if)
/네가 빤 의복의 날에나
씨에나
무릇 가죽으로 만든 것에
[너는] ——— 그것을 다시 빨아야(=빨아라)

//(결과)
[그것이] ——— 정하리라
59 /이는 ——— 규례니라
/문둥병 색점의 정하고 부정한 것을 단정하는
/털옷에나
베옷에나
그 날에나 씨에나
무릇 가죽으로 만든 것에 발한

레

색점 있는 것을 빨게하고 또 칠 일 동안 간직하였다가
55 그 빤 곳을 볼지니 그 색점의 빛이 변치 아니하고
그 색점이 퍼지지 아니하였으면 부정하니 너는 그것을
불사르라 이는 거죽에 있든지 속에 있든지 악성 문둥병
이니라 **56** 빤 후에 제사장의 보기에 그 색점이 엷으면
그 의복에서나 가죽에서나 그 날에서나 씨에서나 그 색
점을 찢어 버릴 것이요 **57** 그 의복의 날에나 씨에나 무
릇 가죽으로 만든 것에 색점이 여전히 보이면 복발하는
것이니 너는 그 색점있는 것을 불사를지니라 **58** 네가
빤 의복의 날에나 씨에나 무릇 가죽으로 만든 것에 그
색점이 벗어졌으면 그것을 다시 빨아야 정하리라 **59** 이
는 털옷에나 베옷에나 그 날에나 씨에나 무릇 가죽으로
만든 것에 발한 문둥병 색점의 정하고 부정한 것을 단정
하는 규례니라

not changed its appearance, even though the mark has not spread, it is unclean; you shall burn it in the fire, whether an eating away has produced bareness on the top or on the front of it.
56 ¶ "Then if the priest shall look, and if the mark has faded after it has been washed, then he shall tear it out of the garment or out of the leather, whether from the warp or from the woof;
57 and if it appears again in the garment, whether in the warp or in the woof, or in any article of leather, it is an outbreak; the article with the mark shall be burned in the fire.
58 "And the garment, whether the warp or the woof, or any article of leather from which the mark has departed when you washed it, it shall then be washed a second time and shall be clean."
59 ¶ This is the law for the mark of leprosy in a garment of wool or linen, whether in the warp or in the woof, or in any

레

14

1 여호와께서 모세에게 **일러 가라사대**
2 /규례는 ——— 이러하니
/정결케 되는 날의
/문둥 환자의
/곧
그 사람을(은) ——제사장에게로 데려갈 것이요[31]
3 제사장은 ——┬— 진에서 나가서
└— 진찰할지니
/[만일]
문둥병 환처가 —— 나았으면(조건절, if)
/그 환자에게 있던
4 제사장은 ——— 명하여
/가져오게 하고
/그를 위하여
/정한 산 새 두 마리와
백향목과
홍색실과
우슬초를
5 /또
제사장은 ——— 명하여
/잡게 하고
/그 새 하나는
/흐르는 물 위 질그릇 안에서
6 /[그가] ——┬— 다른 새는 취하여...가져다가
/산대로
/백향목과
홍색실과
우슬초와 함께
├— 새 피를 찍어
/흐르는 물 위에서 잡은
7 ├— 일곱번 뿌려
/문둥병에서 정결함을 받을 자에게
├— 정하다 하고
└— 그 산 새는 놓을지며
/들에
8 /받는 자는 ——┬— 그 옷을 빨고
/정결함을
├— 모든 털을 밀고
└— 물로 몸을 씻을 것이라

//그리하면(결과)
▼

31) 수동형문장, 그 사람은 데려가질 것이요

14:1 여호와께서 모세에게 일러 가라사대 2 문둥
환자의 정결케 되는 날의 규례는 이러하니 곧 그
사람을 제사장에게로 데려갈 것이요 3 제사장은 진에서
나가서 진찰할지니 그 환자에게 있던 문둥병 환처가 나았
으면 4 제사장은 그를 위하여 명하여 정한 산 새 두 마
리와 백향목과 홍색실과 우슬초를 가져오게 하고 5 제사
장은 또 명하여 그 새 하나는 흐르는 물 위 질그릇 안에
서 잡게 하고 6 다른 새는 산대로 취하여 백향목과 홍색
실과 우슬초와 함께 가져다가 흐르는 물 위에서 잡은 새
피를 찍어 7 문둥병에서 정결함을 받을 자에게 일곱 번
뿌려 정하다 하고 그 산 새는 들에 놓을지며 8 정결함을
받는 자는 그 옷을 빨고 모든 털을 밀고 물로 몸을 씻을

article of leather, for pronouncing it clean or unclean.
14:1 ¶ Then the LORD spoke to Moses, saying, 2 "This
shall be the law of the leper in the day of his cleansing.
Now he shall be brought to the priest, 3 and the priest
shall go out to the outside of the camp. Thus the priest
shall look, and if the infection of leprosy has been healed
in the leper, 4 then the priest shall give orders to take
two live clean birds and cedar wood and a scarlet string
and hyssop for the one who is to be cleansed. 5 "The
priest shall also give orders to slay the one bird in an
earthenware vessel over running water. 6 "As for the
live bird, he shall take it, together with the cedar wood
and the scarlet string and the hyssop, and shall dip them
and the live bird in the blood of the bird that was slain
over the running water. 7 "He shall then sprinkle seven
times the one who is to be cleansed from the leprosy,
and shall pronounce him clean, and shall let the live
bird go free over the open field. 8 "The one to be cleansed

//그리하면(결과)
[그는] ─── 정하리니

/그 후에
[그는] ─┬─ 진에 들어 올 것이나
└─ 칠일을 거할 것이요
/자기 장막 밖에

9 /칠일만에
[그는] ─┬─ 그 모든 털을 밀되
├─ 다 밀고
/머리털과 수염과 눈썹을
├─ 그 옷을 빨고
└─ 몸을 물에 씻을 것이라

//그리하면(결과)
[그가] ── 정하리라

10 /제 팔일에
그는 ─── 취할 것이요
/어린 수양 둘과
/흠 없는
어린 암양 하나와
/일년 된
/흠 없는
/또
기름 섞은 소제물과
/고운 가루 에바 십분 삼에
기름 한 록을

11 /제사장은 ─── 회막문 여호와 앞에 두고
/정결케 하는 /정결함을 받을 자와
그 물건들을

12 /[그는] ─┬─ 어린 수양 하나를 취하여
├─ 속건제로 드리되
/기름 한 록과 아울러
├─ 여호와 앞에 흔들어
/요제를(로)(삼고)
├─13 그 어린 수양은 잡을 것이며
/거룩한 장소
/곧 속죄제와
번제 희생 잡는 곳에서
└─ 속건 제물은 제사장에게 돌릴지니

것이라 그리하면 정하리니 그 후에 진에 들어올 것이나
자기 장막 밖에 칠 일을 거할 것이요 9 칠 일 만에 그
모든 털을 밀되 머리털과 수염과 눈썹을 다 밀고 그 옷
을 빨고 몸을 물에 씻을 것이라 그리하면 정하리라 10
제팔일에 그는 흠 없는 어린 숫양 둘과 일년 된 흠 없는
어린 암양 하나와 또 고운 가루 에바 십분 삼에 기름 섞
은 소제물과 기름 한 록을 취할 것이요 11 정결케 하
는 제사장은 정결함을 받을 자와 그 물건들을 회막 문
여호와 앞에 두고 12 어린 숫양 하나를 취하여 기름 한
록과 아울러 속건제로 드리되 여호와 앞에 흔들어 요제
를 삼고 13 그 어린 숫양은 거룩한 장소 곧 속죄제와
번제 희생 잡는 곳에서 잡을 것이며 속건 제물은 속죄

shall then wash his clothes and shave off all his hair,
and bathe in water and be clean. Now afterward, he may
enter the camp, but he shall stay outside his tent for
seven days. 9 "And it will be on the seventh day that
he shall shave off all his hair: he shall shave his head
and his beard and his eyebrows, even all his hair. He
shall then wash his clothes and bathe his body in water
and be clean. 10 ¶ "Now on the eighth day he is to
take two male lambs without defect, and a yearling ewe lamb
without defect, and three-tenths of an ephah of fine flour
mixed with oil for a grain offering, and one log of oil;
11 and the priest who pronounces him clean shall present
the man to be cleansed and the aforesaid before the
LORD at the doorway of the tent of meeting. 12 "Then
the priest shall take the one male lamb and bring it for
a guilt offering, with the log of oil, and present them as
a wave offering before the LORD. 13 "Next he shall
slaughter the male lamb in the place where they slaughter
the sin offering and the burnt offering, at the place of
the sanctuary — for the guilt offering, like the sin

레

속건 제물은 제사장에게 돌릴지니
/속죄 제물과 일례로

/이는 — 지극히 거룩한 것이니라
14 /제사장은 — 희생의 피를 취하여
/그 속건제
바를 것이요
/우편 귓부리와
우편 손 엄지가락과
우편 발 엄지가락에
/정결함을 받을 자의
15 /또
제사장은 — 기름을 취하여
/그 한 록의
자기 좌편 손바닥에 따르고
16 좌편 손의 기름을 찍어
/우편 손가락으로
그것을 뿌릴 것이요
/여호와 앞에
/그 손가락으로
/일곱번
17 /제사장이 — 기름은(을) 바를 것이며
/손에 남은
/우편 귓부리와
우편 손 엄지가락과
우편 발 엄지가락
/정결함을 받는 자의
곧 속건제 희생의 피 위에
18 /오히려
제사장이 — 기름은(을) 바르고
/그 손에 남은
/머리에
/그 정결함을 받는 자의
/제사장은 — 그를 위하여 속죄하고
/여호와 앞에서
19 /또
제사장은 — 속죄제를 드려
속죄하고
/정결함을 받으려는 자를 위하여
/그 부정함을 인하여
/그 후에
[그는] — 번제 희생을 잡을 것이요

제물과 일례로 제사장에게 돌릴지니 이는 지극히 거룩한
것이니라 **14** 제사장은 그 속건제 희생의 피를 취하여
정결함을 받을 자의 우편 귓부리와 우편 손 엄지가락과
우편 발 엄지가락에 바를 것이요 **15** 제사장은 또 그 한
록의 기름을 취하여 자기 좌편 손바닥에 따르고 **16** 우
편 손가락으로 좌편 손의 기름을 찍어 그 손가락으로 그
것을 여호와 앞에 일곱 번 뿌릴 것이요 **17** 손에 남은
기름은 제사장이 정결함을 받는 자의 우편 귓부리와 우
편 손 엄지가락과 우편 발 엄지가락 곧 속건제 희생의
피 위에 바를 것이며 **18** 오히려 그 손에 남은 기름은
제사장이 그 정결함을 받는 자의 머리에 바르고 여호와
앞에서 제사장은 그를 위하여 속죄하고 **19** 또 제사장은

offering, belongs to the priest; it is most holy. **14** "The
priest shall then take some of the blood of the guilt
offering, and the priest shall put it on the lobe of the
right ear of the one to be cleansed, and on the thumb
of his right hand, and on the big toe of his right foot.
15 "The priest shall also take some of the log of oil,
and pour it into his left palm; **16** the priest shall then
dip his right-hand finger into the oil that is in his left
palm, and with his finger sprinkle some of the oil seven
times before the LORD. **17** "And of the remaining oil which
is in his palm, the priest shall put some on the right ear
lobe of the one to be cleansed, and on the thumb of his
right hand, and on the big toe of his right foot, on the
blood of the guilt offering; **18** while the rest of the oil
that is in the priest's palm, he shall put on the head of
the one to be cleansed. So the priest shall make atonement
on his behalf before the LORD. **19** "The priest shall
next offer the sin offering and make atonement for the

20 /제사장은 ── 그 번제와 소제를 단에 드려
그를 위하여 속죄할 것이라

//그리하면(결과)
그가 ── 정결하리라

21 /[만일](אם)
그가 ── 가난하여
이에 힘이 미치지 못하면(조건절, if)
그는 ── 취하고
/흔들어
/자기를 속할 속건제를 위하여
/어린 수양 하나와

/소제를 위하여
/고운 가루 에바 십분 일에 기름 섞은 것과
/기름 한 록을

22 [그는] ── (취하되)
/그 힘이 미치는 대로
/산비둘기 둘이나
집비둘기 새끼 둘을
삼아
/하나는 속죄 제물로,
/하나는 번제물로
23 /제 팔일에
[그는] ── 가져갈 것이요
/그 결례를 위하여
/그것들을
/회막문 여호와 앞 제사장에게로

24 /제사장은 ── 취하여
/속건제 어린 양과
기름 한 록을
여호와 앞에 흔들어
/요제를(로)(삼고)

25 /[그는] ── 어린 양을 잡아서
/속건제의
제사장은 ── 희생의 피를 취하여
/그 속건제
바를 것이요
/우편 귓부리와
우편 손 엄지가락과
우편 발 엄지가락에
/정결함을 받을 자의

속죄제를 드려 그 부정함을 인하여 정결함을 받으려는
자를 위하여 속죄하고 그 후에 번제 희생을 잡을 것이요
20 제사장은 그 번제와 소제를 단에 드려 그를 위하여
속죄할 것이라 그리하면 그가 정결하리라 21 그가 가난
하여 이에 힘이 미치지 못하면 그는 흔들어 자기를 속할
속건제를 위하여 어린 숫양 하나와 소제를 위하여 고운
가루 에바 십분 일에 기름 섞은 것과 기름 한 록을 취하
고 22 그 힘이 미치는 대로 산비둘기 둘이나 집비둘기
새끼 둘을 취하되 하나는 속죄 제물로, 하나는 번제물로
삼아 23 제팔일에 그 결례를 위하여 그것들을 회막 문
여호와 앞 제사장에게로 가져갈 것이요 24 제사장은 속
건제 어린 양과 기름 한 록을 취하여 여호와 앞에 흔들어

one to be cleansed from his uncleanness. Then afterward,
he shall slaughter the burnt offering. 20 "And the priest
shall offer up the burnt offering and the grain offering
on the altar. Thus the priest shall make atonement for
him, and he shall be clean. 21 ¶ "But if he is poor,
and his means are insufficient, then he is to take one
male lamb for a guilt offering as a wave offering to
make atonement for him, and one-tenth of an ephah of
fine flour mixed with oil for a grain offering, and a log
of oil, 22 and two turtledoves or two young pigeons
which are within his means, the one shall be a sin offering
and the other a burnt offering. 23 "Then the eighth day
he shall bring them for his cleansing to the priest, at
the doorway of the tent of meeting, before the LORD.
24 "And the priest shall take the lamb of the guilt
offering, and the log of oil, and the priest shall offer
them for a wave offering before the LORD. 25 "Next
he shall slaughter the lamb of the guilt offering; and the

레

레

26 /제사장은 —— 그 기름을 따르고
/자기 좌편 손바닥에
27 — 기름을 조금 찍어
/좌편 손의
/우편 손가락으로
— 여호와 앞에 뿌릴 것이요
/일곱 번

28 /제사장이 —— 그 손의 기름은(을) 바를 것이며
/우편 귓부리와
우편 손 엄지가락과
우편 발 엄지가락
/정결함을 받을 자의
/곧 속건제 희생의 피를 바른 곳에

29 /또
제사장이 —— 남은 기름은(을) 발라
/그 손에
/그 정결함을 받는 자의 머리에
— 그를 위하여 속죄할 것이며
/여호와 앞에서

30 /그는 —— 드리되
/힘이 미치는 대로
/산비둘기 하나나
집비둘기 새끼 하나를

31 /곧
[그는] —— 드릴 것이요
/하나는 속죄제로,
/그 힘이 미치는 것의
/하나는 번제로
/소제와 함께

/제사장은 —— 여호와 앞에 속죄할지니
/정결함을 받을 자를 위하여

32 /규례가 —— 이러하니라
/그 결례에 힘이 부족한 자의
/문둥병 환자로서

요제를 삼고 25 속건제의 어린 양을 잡아서 제사장은
그 속건제 희생의 피를 취하여 정결함을 받을 자의 우편
손 엄지 가락과 우편 발 엄지가락에 바를 것이요 26 제
사장은 그 기름을 자기 좌편 손바닥에 따르고 27 우편
손가락으로 좌편 손의 기름을 조금 찍어 여호와 앞에 일
곱 번 뿌릴 것이요 28 그 손의 기름은 제사장이 정결함
을 받을 자의 우편 귓부리와 우편 손 엄지가락과 우편 발
엄지가락 곧 속건제 희생의 피를 바른 곳에 바를 것이며
29 또 그 손에 남은 기름은 제사장이 그 정결함을 받는
자의 머리에 발라 여호와 앞에서 그를 위하여 속죄할 것
이며 30 그는 힘이 미치는 대로 산비둘기 하나나 집비
둘기 새끼 하나를 드리되 31 곧 그 힘이 미치는 것의
하나는 속죄제로, 하나는 소제와 함께 번제로 드릴 것이
요 제사장은 정결함을 받을 자를 위하여 여호와 앞에 속

priest is to take some of the blood of the guilt offering
and put it on the lobe of the right ear of the one to be cleansed
and on the thumb of his right hand, and on the big toe
of his right foot. 26 "The priest shall also pour some
of the oil into his left palm; 27 and with his right-hand
finger the priest shall sprinkle some of the oil that is in
his left palm seven times before the LORD. 28 "The
priest shall then put some of the oil that is in his palm
on the lobe of the right ear of the one to be cleansed,
and on the thumb of his right hand, and on the big toe
of his right foot, on the place of the blood of the guilt offering.
29 "Moreover, the rest of the oil that is in the priest's
palm he shall put on the head of the one to be cleansed,
to make atonement on his behalf before the LORD. 30
"He shall then offer one of the turtledoves or young
pigeons, which are within his means. 31 "He shall offer
what he can afford, the one for a sin offering, and the
other for a burnt offering, together with the grain offering.
So the priest shall make atonement before the LORD
on behalf of the one to be cleansed. 32 "This is the
law for him in whom there is an infection of leprosy,
whose means are limited for his cleansing." 33 The
LORD further spoke to Moses and to Aaron, saying,
34 "When you enter the land of Canaan, which I give

33 여호와께서 모세와 아론에게 **일러 가라사대**
34 /너희가 — 이른 때에(상황절, when)
/가나안 땅에
/내가 네게 기업으로 주는
내가 — 문둥병 색점을 발하게 하거든
/너희 기업의 땅에서
/어느 집에

35 /주인은 — 제사장에게 와서 고하기를...할 것이요
/그 집 /무슨 색점이 집에 생겼다

36 /제사장은 — 그 집을 비게 명하여
/그 색점을 보러 가기 전에
/그 가장집물에 부정을 면케하기 위하여

/한 후에(=그 후에)
[제사장이] — 들어가서

//(목적)
볼지니(=보기 위하여)
/그 집을

37 /[그가] — 그 색점을 볼 때에(=보았고)
[만일]
색점이 — 있어
/푸르거나 /그 집 벽에
/붉은 무늬의
— 벽보다 우묵하면(조건절, if)
38 /제사장은 — 그 집 문으로 나와
— 그 집을 폐쇄하였다가
/칠일 동안
39 — 칠일만에 또 와서
— 살펴 볼 것이요

/[만일]
그 색점이 — 벽에 퍼졌으면(조건절, if)
40 /그는 — 명하여
/색점 있는 돌을 빼어
/성밖 부정한 곳에 버리게 하고
41 /또 집안 사면을 긁게 하고
/그 긁은 흙을 쏟아 버리게 할 것이요
/성밖 부정한 곳에

42 /그들은 — 다른 돌로 그 돌을 대신하며
[그는] — 다른 흙으로 집에 바를지니라

죄할지니 **32** 문둥병 환자로서 그 결례에 힘이 부족한 자의 규례가 이러하니라 **33** 여호와께서 모세와 아론에게 일러 가라사대 **34** 내가 네게 기업으로 주는 가나안 땅에 너희가 이른 때에 내가 너희 기업의 땅에서 어느 집에 문둥병 색점을 발하게 하거든 **35** 그 집 주인은 제사장에게 와서 고하기를 무슨 색점이 집에 생겼다 할 것이요 **36** 제사장은 그 색점을 보러 가기 전에 그 가장집물(家藏什物)에 부정을 면케하기 위하여 명하여 그 집을 비게 한 후에 들어가서 그 집을 볼지니 **37** 그 색점을 볼 때에 그 집 벽에 푸르거나 붉은 무늬의 색점이 있어 벽보다 우묵하면 **38** 제사장은 그 집 문으로 나와 그 집을 칠 일 동안 폐쇄하였다가 **39** 칠 일 만에 또 와서 살펴볼 것이요 그 색점이 벽에 퍼졌으면 **40** 그는 명하여 색점 있는 돌을 빼어 성 밖 부정한 곳에 버리게 하고

you for a possession, and I put a mark of leprosy on a house in the land of your possession, **35** then the one who owns the house shall come and tell the priest, saying, Something like a mark of leprosy has become visible to me in the house.' **36** "The priest shall then order that they empty the house before the priest goes in to look at the mark, so that everything in the house need not become unclean; and afterward the priest shall go in to look at the house. **37** "So he shall look at the mark, and if the mark on the walls of the house has greenish or reddish depressions, and appears deeper than the surface; **38** then the priest shall come out of the house, to the doorway, and quarantine the house for seven days. **39** "And the priest shall return on the seventh day and make an inspection. If the mark has indeed spread in the walls of the house, **40** then the priest shall order them to tear out the stones with the mark in them and throw them away at an unclean place outside the city. **41** "And he shall have the house scraped all around inside, and they shall dump the plaster that they scrape off at an unclean

레

43 /[그가] ── 돌을 빼며
 집을 긁고
 고쳐 바른 후에(상황절, after)
[만일]
색점이 ── 집에 복발하거든(조건절, if)
44 제사장은 ── 또 와서
 살펴 볼 것이요

/만일
그 색점이 ── 집에 퍼졌으면(조건절, if)
[그것은] ── 악성 문둥병인즉
이는 ── 부정하니

45 /그는 ── 그 집을 헐고
 내어갈 것이며
 /돌과
 그 재목과
 그 집의 모든 흙을
 /성밖 부정한 곳으로

46 /들어가는 자는 ── 저녁까지 부정할 것이요
/그 집을 폐쇄한 날 동안에

47 /자는 자는 ── 그 옷을 빨 것이요
/그 집에서
/먹는 자도 ── 그 옷을 빨 것이니라
/그 집에서

48 /[그가] ── 그 집을 고쳐 바른 후에(상황절, after)
[만일]
제사장이 ── 들어가
 살펴 보아서
색점이 ── 집에 퍼지지 아니하였으면(조건절, if)
/제사장은 ── 그 집을 정하다 하고

//이는(이유: כִּי, because)
색점이 ── 나은 것이니

49 /그는 ── 취하고
 /새 두 마리와
 백향목과
 홍색실과
 우슬초를
 /그 집을 정결케 하기 위하여

41 또 집안 사면을 긁게 하고 그 긁은 흙을 성 밖 부정
한 곳에 쏟아버리게 할 것이요 42 그들은 다른 돌로 그
돌을 대신하며 다른 흙으로 집에 바를지니라 43 돌을
빼며 집을 긁고 고쳐 바른 후에 색점이 집에 복발하거든
44 제사장은 또 와서 살펴볼 것이요 그 색점이 만일 집
에 퍼졌으면 악성 문둥병인즉 이는 부정하니 45 그는
그 집을 헐고 돌과 그 재목과 그 집의 모든 흙을 성 밖
부정한 곳으로 내어갈 것이며 46 그 집을 폐쇄한 날 동
안에 들어가는 자는 저녁까지 부정할 것이요 47 그 집
에서 자는 자는 그 옷을 빨 것이요 그 집에서 먹는 자도
그 옷을 빨 것이니라 48 그 집을 고쳐 바른 후에 제사
장이 들어가 살펴 보아서 색점이 집에 퍼지지 아니하였으
면 이는 색점이 나은 것이니 제사장은 그 집을 정하다 하
고 49 그는 그 집을 정결케 하기 위하여 새 두마리와

place outside the city. 42 "Then they shall take other
stones and replace those stones; and he shall take other plaster
and replaster the house. 43 ¶ "If, however, the mark
breaks out again in the house, after he has torn out the
stones and scraped the house, and after it has been replastered,
44 then the priest shall come in and make an inspection.
If he sees that the mark has indeed spread in the house,
it is a malignant mark in the house; it is unclean. 45
"He shall therefore tear down the house, its stones, and
its timbers, and all the plaster of the house, and he shall
take them outside the city to an unclean place. 46 "Moreover,
whoever goes into the house during the time that he has
quarantined it, becomes unclean until evening. 47 "Likewise,
whoever lies down in the house shall wash his clothes,
and whoever eats in the house shall wash his clothes.
48 ¶ "If, on the other hand, the priest comes in and
makes an inspection, and the mark has not indeed spread
in the house after the house has been replastered, then
the priest shall pronounce the house clean because the
mark has not reappeared. 49 "To cleanse the house

50 /[그는] ——— 그 새 하나를 잡고
/흐르는 물 위 질그릇 안에서
51 /[그는] ——— 가져다가
/백향목과
우슬초와
홍색실과
산새를
찍어
/잡은 새의 피와
흐르는 물을
그 집에 뿌릴 것이요
/일곱번

52 /그는 ——— 집을 정결케 하고
/새의 피와
흐르는 물과
산 새와
백향목과
우슬초와 홍색실로

53 /[그는] ——— 그 산 새는(를) 놓아
/성밖 들에
속할 것이라
/그 집을 위하여

//그리하면(결과)
[그것이] —— 정결하리라

54 /이는 ——— 환처에 대한 규례니
/각종 문둥병
곧
[이것은] —— 가르치는 것이니
57 /언제는 부정하고
언제는 정함을
/옴과
55 의복과 가옥의 문둥병과
56 붓는 것과 피부병과 색점의

/문둥병의 규례가…이러하니라

레

백향목과 홍색실과 우슬초를 취하고 50 그 새 하나를
흐르는 물 위 질그릇 안에서 잡고 51 백향목과 우슬초
와 홍색실과 산 새를 가져다가 잡은 새의 피와 흐르는
물을 찍어 그 집에 일곱 번 뿌릴 것이요 52 그는 새의
피와 흐르는 물과 산 새와 백향목과 우슬초와 홍색실로
집을 정결케 하고 53 그 산 새는 성 밖 들에 놓아 그
집을 위하여 속할 것이라 그리하면 정결하리라 54 이는
각종 문둥병 환처에 대한 규례니 곧 옴과 55 의복과 가
옥의 문둥병과 56 붓는 것과 피부병과 색점의 57 언제
는 부정하고 언제는 정함을 가르치는 것이니 문둥병의
규례가 이러하니라

then, he shall take two birds and cedar wood and a
scarlet string and hyssop, 50 and he shall slaughter the
one bird in an earthenware vessel over running water.
51 "Then he shall take the cedar wood and the hyssop
and the scarlet string, with the live bird, and dip them
in the blood of the slain bird, as well as in the running
water, and sprinkle the house seven times. 52 "He shall
thus cleanse the house with the blood of the bird and
with the running water, along with the live bird and with
the cedar wood and with the hyssop and with the scarlet
string. 53 "However, he shall let the live bird go free outside
the city into the open field. So he shall make atonement
for the house, and it shall be clean." 54 This is the
law for any mark of leprosy — even for a scale, 55
and for the leprous garment or house, 56 and for a swelling,
and for a scab, and for a bright spot — 57 to teach
when they are unclean, and when they are clean. This
is the law of leprosy.

레

15

1 여호와께서 모세와 아론에게 **일러 가라사대**
2 /[너희는] ——— 이스라엘 자손에게 고하여 이르라
/누구든지 ——— 몸에 유출병이 있으면(상황절, when)
[그는] ——— 부정한 자라
/그 유출병을 인하여
3 /부정함이 ———이러하니
/[그의 유출병에서]
/곧
몸에서 흘러 나오든지
그것이 엉겼든지(양보절, whether)
/그 유출병으로 말미암아
[그는] ——— 부정한즉

4 /눕는 상은 ——— 다 부정하고
/유출병 있는 자의
자리도 ——— 다 부정하니
/그의 앉았던

5 /접촉하는 자는 ——— 옷을 빨고
/그 침상에
물로 몸을 씻을 것이며
/[그는] ——— 저녁까지 부정하리라

6 /앉는 자는 ——— 옷을 빨고
/유출병 있는 자의 앉았던 자리에
물로 몸을 씻을 것이며
/[그는] ——— 저녁까지 부정하리라

7 /접촉하는 자는 ——— 옷을 빨고
/유출병 있는 자의 몸에
물로 몸을 씻을 것이며
/[그는] ——— 저녁까지 부정하리라

8 /[만일]
유출병 있는 자가 —침을 뱉으면(조건절, if)
/정한 자에게

정한 자는 ——— 옷을 빨고
물로 몸을 씻을 것이며
[그는] ——— 저녁까지 부정하리라

9 /안장은 ——— 다 부정하며
/유출병 있는 자의 탔던

15:1 여호와께서 모세와 아론에게 일러 가라사대
2 이스라엘 자손에게 고하여 이르라 누구든지
몸에 유출병이 있으면 그 유출병을 인하여 부정한 자라
3 그 유출병으로 말미암아 부정함이 이러하니 곧 몸에서
흘러 나오든지 그것이 엉겼든지 부정한즉 4 유출병 있는
자의 눕는 상은 다 부정하고 그의 앉았던 자리도 다 부정
하니 5 그 침상에 접촉하는 자는 옷을 빨고 물로 몸을
씻을 것이며 저녁까지 부정하리라 6 유출병 있는 자의
앉았던 자리에 앉는 자는 옷을 빨고 물로 몸을 씻을 것이
며 저녁까지 부정하리라 7 유출병 있는 자의 몸에 접촉
하는 자는 옷을 빨고 물로 몸을 씻을 것이며 저녁까지 부
정하리라 8 유출병 있는 자가 정한 자에게 침을 뱉으면

15:1 ¶ The LORD also spoke to Moses and to Aaron,
saying, 2 "Speak to the sons of Israel, and say
to them, 'When any man has a discharge from his body,
his discharge is unclean. 3 'This, moreover, shall be his
uncleanness in his discharge: it is his uncleanness whether
his body allows its discharge to flow, or whether his
body obstructs its discharge. 4 'Every bed on which the
person with the discharge lies becomes unclean, and
everything on which he sits becomes unclean. 5 'Anyone,
moreover, who touches his bed shall wash his clothes
and bathe in water and be unclean until evening; 6 and
whoever sits on the thing on which the man with the discharge
has been sitting, shall wash his clothes and bathe in
water and be unclean until evening. 7 'Also whoever touches
the person with the discharge shall wash his clothes and
bathe in water and be unclean until evening. 8 'Or if
the man with the discharge spits on one who is clean,
he too shall wash his clothes and bathe in water and be

10 /접촉한 자는 —— 저녁까지 부정하며
/그 몸 아래 닿았던 것에
/다
/옮기는 자는 —— 옷을 빨고
/그런 것을
물로 몸을 씻을 것이며
/[그는] —— 저녁까지 부정하리라

11 /유출병 있는 자가 —— 아무든지 만지면
/물로 손을 씻지 아니하고
/그 자는 —— 옷을 빨고
물로 몸을 씻을 것이며
[그는] —— 저녁까지 부정하리라

12 /질그릇은 —— 깨뜨리고
/유출병 있는 자의 만진
목기는 —— 다 물로 씻을 지니라

13 /유출병 있는 자는 —— 깨끗하여지거든(상황절, when)
/그 유출이(로부터)
[그는] —— 옷을 빨고
/그 몸이 정결하기 위하여
/칠일을 계산하여
몸을 씻을 것이요
/흐르는 물에

//그리하면(결과)
[그는] —— 정하리니

14 /제 팔일에
[그는] —— 취하고
/산비둘기 둘이나
집비둘기 새끼 둘을
/자기를 위하여
여호와 앞으로 가서
/회막문
제사장에게 줄 것이요

15 /제사장은 —— 드려
/그 하나는 속죄제로,
하나는 번제로
여호와 앞에 속죄할지니라
/그의 유출병을 인하여

정한 자는 옷을 빨고 물로 몸을 씻을 것이며 저녁까지
부정하리라 9 유출병 있는 자의 탔던 안장은 다 부정하
며 10 그 몸 아래 닿았던 것에 접촉한 자는 다 저녁까
지 부정하며 그런 것을 옮기는 자는 옷을 빨고 물로 몸
을 씻을 것이며 저녁까지 부정하리라 11 유출병 있는
자가 물로 손을 씻지 아니하고 아무든지 만지면 그 자는
옷을 빨고 물로 몸을 씻을 것이며 저녁까지 부정하리라
12 유출병 있는 자의 만진 질그릇은 깨뜨리고 목기는
다 물로 씻을지니라 13 유출병 있는 자는 그 유출이 깨
끗하여지거든 그 몸이 정결하기 위하여 칠 일을 계산하
여 옷을 빨고 흐르는 물에 몸을 씻을 것이요 그리하면
정하리니 14 제팔일에 산비둘기 둘이나 집비둘기 새끼
둘을 자기를 위하여 취하고 회막 문 여호와 앞으로 가서
제사장에게 줄 것이요 15 제사장은 그 하나는 속죄제로,
하나는 번제로 드려 그의 유출병을 인하여 여호와 앞에
속죄할지니라 16 설정한 자는 전신을 물로 씻을 것이며

unclean until evening. 9 'And every saddle on which
the person with the discharge rides becomes unclean.
10 'Whoever then touches any of the things which were
under him shall be unclean until evening, and he who
carries them shall wash his clothes and bathe in water
and be unclean until evening. 11 'Likewise, whomever
the one with the discharge touches without having rinsed
his hands in water shall wash his clothes and bathe in
water and be unclean until evening. 12 'However, an
earthenware vessel which the person with the discharge
touches shall be broken, and every wooden vessel shall
be rinsed in water. 13 ¶ 'Now when the man with the
discharge becomes cleansed from his discharge, then he shall
count off for himself seven days for his cleansing; he
shall then wash his clothes and bathe his body in running
water and shall become clean. 14 'Then on the eighth
day he shall take for himself two turtledoves or two
young pigeons, and come before the LORD to the doorway
of the tent of meeting, and give them to the priest; 15
and the priest shall offer them, one for a sin offering,
and the other for a burnt offering. So the priest shall
make atonement on his behalf before the LORD because

레

16 /설정한 자는 —— 전신을 물로 씻을 것이며
/[그는] —— 저녁까지 부정하리라

17 /옷이나 가죽은 — 물에 빨 것이며
/무릇 정수가 묻은
/[그것은] —— 저녁까지 부정하리라

18 /[만일]
남녀가 —— 동침하여
설정하였거든(조건절, if)
둘다 —— 물로 몸을 씻을 것이며
[그들은] —— 저녁까지 부정하리라

19 /어떤 여인이 —— 유출을 하되(상황절, when)
[만일]
그 유출이 —— 피면(조건절, if)
[그녀는] —— 칠일 동안 불결하니
만지는 자는 —— 저녁까지 부정할 것이요
/그를
/무릇

20 /자리는 —— 다 부정하며
/그의 누웠던
/그 불결할 동안에
자리도 —— 다 부정한즉
/그의 앉았던

21 /만지는 자는 —— 다 옷을 빨고
/그 침상을
물로 몸을 씻을 것이요
[그는] —— 저녁까지 부정할 것이며

22 /만지는 자도 —— 다 옷을 빨고
/그 좌석을
물로 몸을 씻을 것이요
/[그는] —— 저녁까지 부정할 것이며

23 /만지는 자도 —— 저녁까지 부정할 것이며
/그의 침상과
/무릇 그 좌석에 있는 것을

24 /[만일]
누구든지 —— 이 여인과 동침하여
그 불결에 전염되면(조건절, if)
[그는] —— 칠일 동안 부정할 것이라
상은 —— 부정하니라
/그의 눕는
/무릇(=모든)

저녁까지 부정하리라 **17** 무릇 정수가 묻은 옷이나 가죽
은 물에 빨 것이며 저녁까지 부정하리라 **18** 남녀가 동
침하여 설정하였거든 둘 다 물로 몸을 씻을 것이며 저녁
까지 부정하리라 **19** 어떤 여인이 유출을 하되 그 유출
이 피면 칠 일 동안 불결하니 무릇 그를 만지는 자는 저
녁까지 부정할 것이요 **20** 그 불결할 동안에 그의 누웠
던 자리는 다 부정하며 그의 앉았던 자리도 다 부정한즉
21 그 침상을 만지는 자는 다 옷을 빨고 물로 몸을 씻을
것이요 저녁까지 부정할 것이며 **22** 그 좌석을 만지는
자도 다 옷을 빨고 물로 몸을 씻을 것이요 저녁까지 부정
할 것이며 **23** 그의 침상과 무릇 그 좌석에 있는 것을 만
지는 자도 저녁까지 부정할 것이며 **24** 누구든지 이 여

of his discharge. **16** ¶ 'Now if a man has a seminal emission,
he shall bathe all his body in water and be unclean until
evening. **17** 'As for any garment or any leather on
which there is seminal emission, it shall be washed with
water and be unclean until evening. **18** 'If a man lies
with a woman so that there is a seminal emission, they
shall both bathe in water and be unclean until evening.
19 ¶ 'When a woman has a discharge, if her discharge
in her body is blood, she shall continue in her menstrual
impurity for seven days; and whoever touches her shall
be unclean until evening. **20** 'Everything also on which
she lies during her menstrual impurity shall be unclean,
and everything on which she sits shall be unclean. **21**
'And anyone who touches her bed shall wash his clothes
and bathe in water and be unclean until evening. **22**
'And whoever touches any thing on which she sits shall
wash his clothes and bathe in water and be unclean until
evening. **23** 'Whether it be on the bed or on the thing
on which she is sitting, when he touches it, he shall be
unclean until evening. **24** 'And if a man actually lies

25 /[만일]
피의 유출이 —— 여러 날이 간다든지
/여인의 /그 불결기 외에 있어서
그 유출이 —— 불결기를 지나든지 하면(조건절, if)
[그녀는] —— 부정한즉
/그 부정을 유출하는 날 동안은
/무릇 그 불결한 때와 같이

26 /침상은 —— 그에게 〈부정하고〉
/그의 눕는 /불결한 때의 침상과 같(이)(고)
/무릇 그 유출이 있는 날 동안에
자리도 —— 부정함이(=부정하다)
/그의 앉는 /불결의 부정과 같(이)(으니)
/무릇
27 /만지는 자는 —— 부정한즉
/이런 것을
/무릇
/[그는] —— 옷을 빨고
물로 몸을 씻을 것이며
[그는] —— 저녁까지 부정할 것이요

28 /[만일](אִם)
그의 유출이…그치면(조건절, if)
[그녀는] —— 정하리니
/칠일을 센 후에야

29 /제 팔일에
그는 —— 취하여
/산비둘기 둘이나
집비둘기 새끼 둘을
/자기를 위하여
제사장에게로 가져올 것이요
/회막문 앞

30 /제사장은 —— 드려
/그 하나는 속죄제로,
하나는 번제로
여호와 앞에 속할지니라
/유출로 부정한 여인을 위하여

31 /너희는 —— 그 부정에서 떠나게 하여
/이와 같이
/이스라엘 자손으로

인과 동침하여 그 불결에 전염되면 칠일 동안 부정할 것
이라 그의 눕는 상은 무릇 부정하니라 **25** 여인의 피의
유출이 그 불결기 외에 있어서 여러 날이 간다든지 그
유출이 불결기를 지나든지 하면 그 부정을 유출하는 날
동안은 무릇 그 불결한 때와 같이 부정한즉 **26** 무릇 그
유출이 있는 날 동안에 그의 눕는 침상은 그에게 불결한
때의 침상과 같고 무릇 그의 앉는 자리도 부정함이 불결
의 부정과 같으니 **27** 이런 것을 만지는 자는 무릇 부정
한즉 옷을 빨고 물로 몸을 씻을 것이며 저녁까지 부정할
것이요 **28** 그의 유출이 그치면 칠 일을 센 후에야 정하
리니 **29** 그는 제팔일에 산비둘기 둘이나 집비둘기 새끼
둘을 자기를 위하여 취하여 회막 문 앞 제사장에게로 가
져올 것이요 **30** 제사장은 그 하나는 속죄제로, 하나는
번제로 드려 유출로 부정한 여인을 위하여 여호와 앞에

with her, so that her menstrual impurity is on him, he
shall be unclean seven days, and every bed on which
he lies shall be unclean. **25** ¶ 'Now if a woman has a
discharge of her blood many days, not at the period of
her menstrual impurity, or if she has a discharge beyond
that period, all the days of her impure discharge she
shall continue as though in her menstrual impurity; she
is unclean. **26** 'Any bed on which she lies all the days
of her discharge shall be to her like her bed at menstruation;
and every thing on which she sits shall be unclean, like
her uncleanness at that time. **27** 'Likewise, whoever touches
them shall be unclean and shall wash his clothes and
bathe in water and be unclean until evening. **28** 'When
she becomes clean from her discharge, she shall count
off for herself seven days; and afterward she shall be
clean. **29** 'Then on the eighth day she shall take for
herself two turtledoves or two young pigeons, and bring
them in to the priest, to the doorway of the tent of
meeting. **30** 'And the priest shall offer the one for a
sin offering and the other for a burnt offering. So the

레

그들로 ——— 죽음을 면케 할지니라
/내 장막을 더럽히고[32)]
/그 가운데 있는
/그 부정한 중에서

32 /이 규례는 ——— 관한 것이니라
/부정을 입은 자와
/유출병이 있는 자와 설정함으로
33 /불결을 앓는 여인과
/유출병이 있는 남녀와
/불결한 여인과 동침한 자에게

16

1 두 아들이 여호와 앞에 나아 가다가(상황절, when)
/아론의
[그들이] 죽은 후에(상황절, after)
여호와께서 모세에게 **말씀하시니라**

2 여호와께서 모세에게 **이르시되**
/[너는] ——— 네 형 아론에게 이르라
/[너는] ——— 무시로 들어오지 말아서
/속죄소 앞에
/성소의 장안 법궤 위

//(결과)
[네가] ——— 사망을 면하라

//(이유: כִּי, for)
내가 ——— 속죄소 위에 나타남이니라
/구름 가운데서

3 /아론이 ——— 성소에 들어오려면[33)]
/수송아지로 속죄 제물을 삼고
/수양으로 번제물을 삼고
4 /거룩한 세마포 속옷을 입으며
/세마포 고의를 살에 입고
/세마포 띠를 띠며
/세마포 관을 쓸지니(쓰고)

32) 더럽힘으로
33) 들어와야 한다

속할지니라 **31** 너희는 이와 같이 이스라엘 자손으로 그
부정에서 떠나게하여 그들로 그 가운데 있는 내 장막을
더럽히고 그 부정한 중에서 죽음을 면케 할지니라 **32**
이 규례는 유출병이 있는 자와 설정함으로 부정을 입은
자와 **33** 불결을 앓는 여인과 유출병이 있는 남녀와 불
결한 여인과 동침한 자에게 관한 것이니라

16:1 아론의 두 아들이 여호와 앞에 나아가다가 죽
은 후에 여호와께서 모세에게 말씀하시니라 **2** 여
호와께서 모세에게 이르시되 네 형 아론에게 이르라 성소
의 장 안 법궤 위 속죄소 앞에 무시로 들어오지 말아서
사망을 면하라 내가 구름 가운데서 속죄소 위에 나타남이
니라 **3** 아론이 성소에 들어오려면 수송아지로 속죄 제물
을 삼고 숫양으로 번제물을 삼고 **4** 거룩한 세마포 속옷

priest shall make atonement on her behalf before the
LORD because of her impure discharge.' **31** ¶ "Thus
you shall keep the sons of Israel separated from their
uncleanness, lest they die in their uncleanness by their defiling
My tabernacle that is among them." **32** This is the law
for the one with a discharge, and for the man who has
a seminal emission so that he is unclean by it, **33** and
for the woman who is ill because of menstrual impurity,
and for the one who has a discharge, whether a male or
a female, or a man who lies with an unclean woman.

16:1 ¶ Now the LORD spoke to Moses after the
death of the two sons of Aaron, when they had
approached the presence of the LORD and died. **2** And
the LORD said to Moses, "Tell your brother Aaron that
he shall not enter at any time into the holy place inside
the veil, before the mercy seat which is on the ark, lest
he die; for I will appear in the cloud over the mercy
seat. **3** "Aaron shall enter the holy place with this: with
a bull for a sin offering and a ram for a burnt offering.
4 "He shall put on the holy linen tunic, and the linen
undergarments shall be next to his body, and he shall

/이것들은 ——— 거룩한 옷이라
[그는] ——┬—— 물로 몸을 씻고
　　　　　└—— 입을 것이며

5 /[그는] ——— 취할지니라
/이스라엘 자손의 회중에게서
/속죄 제물을 위하여
/수염소 둘과

/번제물을 위하여
/수양 하나를

6 /아론은 ——┬—— 드리되
/속죄제의 수송아지를
/자기를 위한
　　　　　└—— 속죄하고
/자기와 권속을 위하여

7 /또
[그는] ——┬—— 그 두 염소를 취하여
　　　　　├—— 여호와 앞에 두고
/회막문
　　　　　├——8 두 염소를 위하여 제비 뽑되
　　　　　└—— 할지며
/한 제비는 여호와를 위하고
/한 제비는 아사셀을 위하여

9 /아론은 ——— 속죄제로 드리고
/제비 뽑은 염소를
/여호와를 위하여

10 /[그는] ——┬—— 여호와 앞에 두었다가
/제비 뽑은 염소는
/아사셀을 위하여
/산대로
　　　　　├—— 그것으로 속죄하고
　　　　　└—— 광야로 보낼지니라
/아사셀을 위하여

11 /아론은 ——┬—— 속죄제의 수송아지를 드리되
/자기를 위한
　　　　　├—— 속죄하고
/자기와 권속을 위하여
　　　　　├—— 그 속죄제 수송아지를 잡고
/자기를 위한

을 입으며 세마포 고의를 살에 입고 세마포 띠를 띠며
세마포 관을 쓸지니 이것들은 거룩한 옷이라 물로 몸을
씻고 입을 것이며 5 이스라엘 자손의 회중에게서 속죄
제물을 위하여 숫염소 둘과 번제물을 위하여 숫양 하나
를 취할지니라 6 아론은 자기를 위한 속죄제의 수송아지
를 드리되 자기와 권속을 위하여 속죄하고 7 또 그 두
염소를 취하여 회막 문 여호와 앞에 두고 8 두 염소를
위하여 제비 뽑되 한 제비는 여호와를 위하고 한 제비는
아사셀을 위하여 할지며 9 아론은 여호와를 위하여 제비
뽑은 염소를 속죄제로 드리고 10 아사셀을 위하여 제비
뽑은 염소는 산 대로 여호와 앞에 두었다가 그것으로 속
죄하고 아사셀을 위하여 광야로 보낼지니라 11 아론은
자기를 위한 속죄제의 수송아지를 드리되 자기와 권속을
위하여 속죄하고 자기를 위한 그 속죄제 수송아지를 잡

be girded with the linen sash, and attired with the linen turban (these are holy garments). Then he shall bathe his body in water and put them on.
5 "And he shall take from the congregation of the sons of Israel two male goats for a sin offering and one ram for a burnt offering.
6 "Then Aaron shall offer the bull for the sin offering which is for himself, that he may make atonement for himself and for his household.
7 "And he shall take the two goats and present them before the LORD at the doorway of the tent of meeting.
8 "And Aaron shall cast lots for the two goats, one lot for the LORD and the other lot for the scapegoat.
9 "Then Aaron shall offer the goat on which the lot for the LORD fell, and make it a sin offering.
10 "But the goat on which the lot for the scapegoat fell, shall be presented alive before the LORD, to make atonement upon it, to send it into the wilderness as the scapegoat.
11 ¶ "Then Aaron shall offer the bull of the sin offering which is for himself, and make atonement for himself and for his household, and he shall slaughter the bull of the sin offering which is for himself.
12

12 향로를 취하여
불을 그것에 채우고
/여호와 앞 단 위에서 피운
/또
[그는] 가지고 들어가서
/두 손에 곱게 간 향기로운 향을 채워
/장 안에
13 /[그는] 여호와 앞에서 분향하여
향연으로 가리우게 할지니
/증거궤 위 속죄소를

//그리하면(결과)
그가 죽음을 면할 것이며

14 /또
그는 수송아지의 피를 취하여
속죄소 동편에 뿌리고
/손가락으로
또
그 피를 뿌릴 것이며
/속죄소 앞에
/손가락으로
/일곱번

15 /또
[그는] 속죄제 염소를 잡아
/백성을 위한
그 피를 가지고 들어가서
/장 안에
그 피로 행하여
/그 수송아지 피로 행함 같이
뿌릴지니
/속죄소 위와 속죄소 앞에

16 /곧
[그는] 속죄하고
/이스라엘 자손의 부정과
그 범한 모든 죄를 인하여
/지성소를 위하여
/또
그 같이 할 것이요
/회막을 위하여
/그들의 부정한 중에 있는

고 **12** 향로를 취하여 여호와 앞 단 위에서 피운 불을
그것에 채우고 또 두 손에 곱게 간 향기로운 향을 채워
가지고 장 안에 들어가서 **13** 여호와 앞에서 분향하여
향연으로 증거궤 위 속죄소를 가리우게 할지니 그리하면
그가 죽음을 면할 것이며 **14** 그는 또 수송아지의 피를
취하여 손가락으로 속죄소 동편에 뿌리고 또 손가락으로
그 피를 속죄소 앞에 일곱 번 뿌릴 것이며 **15** 또 백성
을 위한 속죄제 염소를 잡아 그 피를 가지고 장 안에 들
어가서 그 수송아지 피로 행함같이 그 피로 행하여 속죄
소 위와 속죄소 앞에 뿌릴지니 **16** 곧 이스라엘 자손의
부정과 그 범한 모든 죄를 인하여 지성소를 위하여 속죄
하고 또 그들의 부정한 중에 있는 회막을 위하여 그 같이

"And he shall take a firepan full of coals of fire from upon the altar before the LORD, and two handfuls of finely ground sweet incense, and bring it inside the veil.
13 "And he shall put the incense on the fire before the LORD, that the cloud of incense may cover the mercy seat that is on the ark of the testimony, lest he die. **14**
"Moreover, he shall take some of the blood of the bull and sprinkle it with his finger on the mercy seat on the east side; also in front of the mercy seat he shall sprinkle some of the blood with his finger seven times. **15** ¶
"Then he shall slaughter the goat of the sin offering which is for the people, and bring its blood inside the veil, and do with its blood as he did with the blood of the bull, and sprinkle it on the mercy seat and in front of the mercy seat. **16** "And he shall make atonement for the holy place, because of the impurities of the sons of Israel, and because of their transgressions, in regard to all their sins; and thus he shall do for the tent of

```
17 /누구든지 ──── 회막에 있지 못 할 것이며
                    /그가 ──지성소에 들어가서
                          │
                        //(목적)
                          속죄하러
                          │
                          ├ 속죄하고
                          │   /자기와
                          │   그 권속과
                          │   이스라엘 온 회중을 위하여
                          └ 나오기까지는(until)

18 /그는 ────┬──── 여호와 앞 단으로 나와서
              └──── 그것을 위하여 속죄할지니
   /곧
   [그는] ────┬──── 취하여
              │      /그 수송아지의 피와
              │       염소의 피를
              ├──── 단 귀퉁이 뿔들에 바르고
19 /또         │
              ├──── 그 피를 뿌려
              │      /손가락으로
              │      /그 위에
              │      /일곱번
              └──── 단을 성결케 할 것이요
                     /이스라엘 자손의 부정에서
20 /[그는] ───┬──── 속죄하기를 마친 후에(상황절, when)
              │      /그 지성소와 회막과 단을 위하여
              └──── 산 염소를 드리되

21 /아론은 ───┬──── 산 염소의 머리에 안수하여
              │      /두 손으로
              ├──── 고하고
              │      /이스라엘 자손의 모든 불의와
              │       그 범한 모든 죄를
              ├──── 그 죄를 염소의 머리에 두어
              └──── 광야로 보낼지니
                     /미리 정한 사람에게 맡겨
22 /염소가 ─────── 그들의 모든 불의를 지고
                     /무인지경에 [까지](이르거든)
   /그는 ─────── 그 염소를 놓을지니라
                     /광야에
```


할 것이요 17 그가 지성소에 속죄하러 들어가서 자기와
그 권속과 이스라엘 온 회중을 위하여 속죄하고 나오기
까지는 누구든지 회막에 있지 못 할 것이며 18 그는 여
호와 앞 단으로 나와서 그것을 위하여 속죄할지니 곧 그
수송아지의 피와 염소의 피를 취하여 단 귀퉁이 뿔들에
바르고 19 또 손가락으로 그 피를 그 위에 일곱 번 뿌
려 이스라엘 자손의 부정에서 단을 성결케 할 것이요
20 그 지성소와 회막과 단을 위하여 속죄하기를 마친
후에 산 염소를 드리되 21 아론은 두 손으로 산 염소의
머리에 안수하여 이스라엘 자손의 모든 불의와 그 범한
모든 죄를 고하고 그 죄를 염소의 머리에 두어 미리 정
한 사람에게 맡겨 광야로 보낼지니 22 염소가 그들의

meeting which abides with them in the midst of their
impurities. 17 "When he goes in to make atonement in
the holy place, no one shall be in the tent of meeting
until he comes out, that he may make atonement for
himself and for his household and for all the assembly
of Israel. 18 "Then he shall go out to the altar that is
before the LORD and make atonement for it, and shall
take some of the blood of the bull and of the blood of
the goat, and put it on the horns of the altar on all sides.
19 "And with his finger he shall sprinkle some of the
blood on it seven times, and cleanse it, and from the impurities
of the sons of Israel consecrate it. 20 ¶ "When he
finishes atoning for the holy place, and the tent of meeting
and the altar, he shall offer the live goat. 21 "Then
Aaron shall lay both of his hands on the head of the
live goat, and confess over it all the iniquities of the
sons of Israel, and all their transgressions in regard to
all their sins; and he shall lay them on the head of the
goat and send it away into the wilderness by the hand
of a man who stands in readiness. 22 "And the goat

23 /아론은 — 회막에 들어가서
— 세마포 옷을 벗어
/지성소에 들어갈 때에 입었던
— 거기 두고

24 /[그는] — 물로 몸을 씻고
/거룩한 곳에서
— 자기 옷을 입고
— 나와서
— 드려
/자기의 번제와
백성의 번제를
— 속죄하고
/자기와 백성을 위하여
— 25 단에 불사를 것이요
/속죄제 희생의 기름을

26 /보낸 자는 — 옷을 빨고
/염소를
/아사셀에게
[그는] — 물로 몸을 씻은 후에(상황절, afterward)[34]
— 진에 들어올 것이며

27 /피를(는) — 밖으로 내어다가[35]
/수송아지와
/속죄제
/염소의
/속죄제

/성소로 들여(들인)(다가)

//(목적: ל, to)
속죄하였은즉

— 불사를 것이요
/그 가죽과 고기와 똥을

28 /불사른 자는 — 옷을 빨고
— 물로 몸을 씻은 후에(상황절, afterward)
— 진에 들어올지니라

29 /너희는 — 이 규례를 지킬지니라
/영원히

/칠월 곧 그 달 십일에

34) 원래는 '그는...씻어야 한다, 그 후에 그는...들어올 것이다'를 '그는 씻은 후에..로 묶었다.

35) 주문장: 피는 내어다가, 불사를 것이요

모든 불의를 지고 무인지경에 이르거든 그는 그 염소를
광야에 놓을지니라 **23** 아론은 회막에 들어가서 지성소
에 들어갈 때에 입었던 세마포 옷을 벗어 거기 두고 **24**
거룩한 곳에서 물로 몸을 씻고 자기 옷을 입고 나와서 자
기의 번제와 백성의 번제를 드려 자기와 백성을 위하여
속죄하고 **25** 속죄제 희생의 기름을 단에 불사를 것이요
26 염소를 아사셀에게 보낸 자는 옷을 빨고 물로 몸을
씻은 후에 진에 들어올 것이며 **27** 속죄제 수송아지와
속죄제 염소의 피를 성소로 들여다가 속죄하였은즉 그 가
죽과 고기와 똥을 밖으로 내어다가 불사를 것이요 **28**
불사른 자는 옷을 빨고 물로 몸을 씻은 후에 진에 들어올
지니라 **29** 너희는 영원히 이 규례를 지킬지니라 칠 월

shall bear on itself all their iniquities to a solitary land;
and he shall release the goat in the wilderness. **23** ¶
"Then Aaron shall come into the tent of meeting, and
take off the linen garments which he put on when he
went into the holy place, and shall leave them there.
24 "And he shall bathe his body with water in a holy
place and put on his clothes, and come forth and offer
his burnt offering and the burnt offering of the people,
and make atonement for himself and for the people. **25**
"Then he shall offer up in smoke the fat of the sin
offering on the altar. **26** "And the one who released
the goat as the scapegoat shall wash his clothes and
bathe his body with water; then afterward he shall come
into the camp. **27** "But the bull of the sin offering and
the goat of the sin offering, whose blood was brought
in to make atonement in the holy place, shall be taken outside
the camp, and they shall burn their hides, their flesh,
and their refuse in the fire. **28** "Then the one who burns
them shall wash his clothes and bathe his body with
water, then afterward he shall come into the camp. **29**

/칠월 곧 그 달 십일에
너희는 ─┬─ 스스로 괴롭게 하고
└─ 아무 일도 하지 말되...그리하라
/본토인이든지
객이든지
/너희 중에 우거하는

30 //(이유: כִּי, for)
[그가] ── 너희를 위하여 속죄하여
/이 날에

//(목적: לְ, to)
너희로 정결케 하리니

//(결과)
너희가 ── 여호와 앞에 정결하리라
/너희 모든 죄에서

31 /이는 ──── 너희에게 큰 안식일인즉
/너희는 ──── 스스로 괴롭게 할지니
/[그것은] ──── 영원히 지킬 규례라

32 /제사장은 ─┬─ 속죄하되
/그 기름 부음을 받고
/위임되어
/제사장의 직분을 행하는
/그 아비를 대신하여

├─ 성의를 입고
/세마포 옷 곧
33 ├─ 지성소를 위하여 속죄하며
└─ 속죄하고
/회막과 단을 위하여

/또
[그는] ──── 속죄할지니
/제사장들과
백성의 회중을 위하여

34 /이는 ──── 규례라
/너희의 영원히 지킬
/속죄(를 위한)(할 것이니라)
/이스라엘 자손의 모든 죄를 위하여
/일년 일차

/아론이 ──── 행하니라
/여호와께서 모세에게 명하신 대로

레

곧 그 달 십일에 너희는 스스로 괴롭게 하고 아무 일도
하지 말되 본토인이든지 너희 중에 우거하는 객이든지
그리하라 **30** 이 날에 너희를 위하여 속죄하여 너희로
정결케 하리니 너희 모든 죄에서 너희가 여호와 앞에 정
결하리라 **31** 이는 너희에게 큰 안식일인즉 너희는 스스
로 괴롭게 할지니 영원히 지킬 규례라 **32** 그 기름 부음
을 받고 위임되어 그 아비를 대신하여 제사장의 직분을
행하는 제사장은 속죄하되 세마포 옷 곧 성의를 입고
33 지성소를 위하여 속죄하며 회막과 단을 위하여 속죄
하고 또 제사장들과 백성의 회중을 위하여 속죄할지니
34 이는 너희의 영원히 지킬 규례라 이스라엘 자손의
모든 죄를 위하여 일 년 일 차 속죄할 것이니라 아론이
여호와께서 모세에게 명하신 대로 행하니라

¶ "And this shall be a permanent statute for you: in the
seventh month, on the tenth day of the month, you shall
humble your souls, and not do any work, whether the
native, or the alien who sojourns among you; **30** for it
is on this day that atonement shall be made for you to cleanse
you; you shall be clean from all your sins before the
LORD. **31** "It is to be a sabbath of solemn rest for
you, that you may humble your souls; it is a permanent
statute. **32** "So the priest who is anointed and ordained
to serve as priest in his father's place shall make atonement:
he shall thus put on the linen garments, the holy garments,
33 and make atonement for the holy sanctuary; and he
shall make atonement for the tent of meeting and for
the altar. He shall also make atonement for the priests
and for all the people of the assembly. **34** "Now you shall
have this as a permanent statute, to make atonement for
the sons of Israel for all their sins once every year." And
just as the LORD had commanded Moses, so he did.

레

17

1 여호와께서 모세에게 **일러 가라사대**
2 /[너는] ——— 고하여 이르기를... 하라
/그들에게
/아론과 그 아들들과
이스라엘 모든 자손에게
/여호와의 명령이 이러하시다

3 /[만일]
누구든지 ——— 잡든지
/(무릇) /소나 어린 양이나 염소를
/이스라엘 집의
/진 안에서
— 진 밖에서 잡든지(조건절, if)
4 /[그는] ——— 먼저 끌어다가...아니하는(자는)
(=먼저 끌어오지 못한다)
/회막문으로
/여호와의 장막 앞에서
/여호와께

//(목적: ל, to)
예물로 드리지(드리기 위해)

/[그는] ——— 피흘린 자로 여길 것이라
/그가 ——— 피를 흘렸은즉
— 자기 백성 중에서 끊쳐지리라

5 /그런즉
자손이 ——— 희생을 끌어다가
/이스라엘 /들에서 잡던
/회막문 여호와께로
— 제사장에게 주어
— 화목제로 드려야 할 것이요
/여호와께

6 /제사장은 ——— 그 피를 뿌리고
/회막문 여호와의 단에
— 그 기름을 불살라

//(목적: ל, to)
향기로운 냄새가 되게 할 것이라
/여호와께

17:1 여호와께서 모세에게 일러 가라사대 **2** 아론
과 그 아들들과 이스라엘 모든 자손에게 고하여
그들에게 이르기를 여호와의 명령이 이러하시다 하라 **3**
무릇 이스라엘 집의 누구든지 소나 어린 양이나 염소를
진 안에서 잡든지 진 밖에서 잡든지 **4** 먼저 회막문으로
끌어다가 여호와의 장막 앞에서 여호와께 예물로 드리지
아니하는 자는 피 흘린 자로 여길 것이라 그가 피를 흘렸
은즉 자기 백성 중에서 끊쳐지리라 **5** 그런즉 이스라엘
자손이 들에서 잡던 희생을 회막 문 여호와께로 끌어다가
제사장에게 주어 화목제로 여호와께 드려야 할 것이요 **6**
제사장은 그 피를 회막 문 여호와의 단에 뿌리고 그 기름
을 불살라 여호와께 향기로운 냄새가 되게 할 것이라 **7**

17:1 ¶ Then the LORD spoke to Moses, saying, **2**
"Speak to Aaron and to his sons, and to all the
sons of Israel, and say to them, 'This is what the LORD
has commanded, saying, **3** "Any man from the house
of Israel who slaughters an ox, or a lamb, or a goat in
the camp, or who slaughters it outside the camp, **4** and
has not brought it to the doorway of the tent of meeting
to present it as an offering to the LORD before the tabernacle
of the LORD, bloodguiltiness is to be reckoned to that
man. He has shed blood and that man shall be cut off
from among his people. **5** "The reason is so that the
sons of Israel may bring their sacrifices which they were
sacrificing in the open field, that they may bring them
in to the LORD, at the doorway of the tent of meeting
to the priest, and sacrifice them as sacrifices of peace offerings
to the LORD. **6** "And the priest shall sprinkle the blood

7 /그들은 —— 다시 제사하지 말 것이니라
/전에 음란히 섬기던 수염소에게
/이는 —— 영원한 규례니라
/그들이 대대로 지킬

8 /또
너는 —— 그들에게 이르라

/사람이나 —— 번제나 희생을 드리되
/이스라엘 집
/무릇
/혹시
타국인이
/그들 중에 우거하는
9 —— 회막문으로 가져다가(지) 아니하면

//(목적: ל, to)
여호와께 드리지(드리기 위해)

그는 —— 백성 중에서 끊쳐지리라

10 /먹는 자가 —— 있으면
/어떤 피든지 /이스라엘 집 사람이나
/무릇
/타국인 중에
/그들 중에 우거하는

/내가 —— 그 피 먹는 사람에게 진노하여
—— 그를 백성 중에서 끊으리니

11 //(이유: כִּי, for)
육체의 생명은 —— 피에 있음이라

/내가 —— 이 피를 주어
/너희에게

//(목적: ל, to)
뿌려 속하게 하였나니
/너희의 생명을 위하여
/단에

//(이유: כִּי, for)
생명이 —— 피에 있으므로
피가 —— 죄를 속하느니라

12 /그러므로

그들은 전에 음란히 섬기던 숫염소에게 다시 제사하지 말 것이니라 이는 그들이 대대로 지킬 영원한 규례니라 **8** 너는 또 그들에게 이르라 무릇 이스라엘 집 사람이나 혹시 그들중에 우거하는 타국인이 번제나 희생을 드리되 **9** 회막 문으로 가져다가 여호와께 드리지 아니하면 그는 백성 중에서 끊쳐지리라 **10** 무릇 이스라엘 집 사람이나 그들 중에 우거하는 타국인 중에 어떤 피든지 먹는 자가 있으면 내가 그 피 먹는 사람에게 진노하여 그를 백성중에서 끊으리니 **11** 육체의 생명은 피에 있음이라 내가 이 피를 너희에게 주어 단에 뿌려 너희의 생명을 위하여

on the altar of the LORD at the doorway of the tent of meeting, and offer up the fat in smoke as a soothing aroma to the LORD.
7 "And they shall no longer sacrifice their sacrifices to the goat demons with which they play the harlot. This shall be a permanent statute to them throughout their generations."'
8 ¶ "Then you shall say to them, 'Any man from the house of Israel, or from the aliens who sojourn among them, who offers a burnt offering or sacrifice,
9 and does not bring it to the doorway of the tent of meeting to offer it to the LORD, that man also shall be cut off from his people.
10 ¶ 'And any man from the house of Israel, or from the aliens who sojourn among them, who eats any blood, I will set My face against that person who eats blood, and will cut him off from among his people.
11 'For the life of the flesh is in the blood, and I have given it to

레

레

12 /그러므로
내가 ——— 이스라엘 자손에게 말하기를...하였나니
/아무도 —— 피를 먹지 말며
/너희 중에
/타국인이라도-피를 먹지 말라
/너희 중에 우거하는

13 /자손이나 —— 사냥하여 잡거든(상황절, when)
/이스라엘 /먹을만한 짐승이나 새를
/무릇
타국인이
/그들 중에 우거하는
— 그 피를 흘리고
— 흙으로 덮을지니라

14 //(이유: כִּי, for)
생물은 ——그 피가 생명과 일체라
/모든

/그러므로
내가 ——— 이스라엘 자손에게 이르기를 ...하였나니
/너희는 어느 육체의 피든지 먹지 말라

//(이유: כִּי, for)
모든 육체의 생명은 — 그 피인즉
무릇 피를 먹는 자는 — 끊쳐지리라

15 /먹은 자는 —— 그 옷을 빨고
/무릇 /본토인이나 타국인이나 물론하고
/죽은 것이나
/스스로
/찢겨 죽은 것을
/들짐승에게
— 물로 몸을 씻을 것이며

/[그는] ——— 저녁까지 부정하고
/그 후에
[그는] ——— 정하려니와

16 /[만일]
그가 ——— 빨지 아니하거나
— 몸을 물로 씻지 아니하면(조건절, if)
[그는] ——— 죄를 당하리라

속하게 하였나니 생명이 피에 있으므로 피가 죄를 속하느
니라 **12** 그러므로 내가 이스라엘 자손에게 말하기를 너
희 중에 아무도 피를 먹지 말며 너희 중에 우거하는 타국
인이라도 피를 먹지 말라 하였나니 **13** 무릇 이스라엘
자손이나 그들 중에 우거하는 타국인이 먹을 만한 짐승이
나 새를 사냥하여 잡거든 그 피를 흘리고 흙으로 덮을지
니라 **14** 모든 생물은 그 피가 생명과 일체라 그러므로
내가 이스라엘 자손에게 이르기를 너희는 어느 육체의 피
든지 먹지 말라 하였나니 모든 육체의 생명은 그 피인즉
무릇 피를 먹는 자는 끊쳐지리라 **15** 무릇 스스로 죽은
것이나 들짐승에게 찢겨 죽은 것을 먹은 자는 본토인이나
타국인이나 물론하고 그 옷을 빨고 물로 몸을 씻을것이며
저녁까지 부정하고 그 후에 정하려니와 **16** 그가 빨지
아니하거나 몸을 물로 씻지 아니하면 죄를 당하리라

you on the altar to make atonement for your souls; for
it is the blood by reason of the life that makes atonement.'
12 "Therefore I said to the sons of Israel, No person
among you may eat blood, nor may any alien who
sojourns among you eat blood.' **13** "So when any man from
the sons of Israel, or from the aliens who sojourn among
them, in hunting catches a beast or a bird which may
be eaten, he shall pour out its blood and cover it with
earth. **14** ¶ "For as for the life of all flesh, its blood is
identified with its life. Therefore I said to the sons of
Israel, You are not to eat the blood of any flesh, for the
life of all flesh is its blood; whoever eats it shall be cut
off.' **15** "And when any person eats an animal which
dies, or is torn by beasts, whether he is a native or an
alien, he shall wash his clothes and bathe in water, and remain
unclean until evening; then he will become clean. **16**
"But if he does not wash them or bathe his body, then
he shall bear his guilt."

18

1 여호와께서 모세에게 **일러 가라사대**
2 /너는 —— 이스라엘 자손에게 고하여 이르라
/나는 —— 하나님이라
/여호와
/너희
3 /너희는 —┬ 애굽 땅의 풍속을 좇지 말며
/그 거하던
└ 행하지 말고
/가나안 땅의 풍속과 규례도
/내가 너희를 인도할
4 /너희는 —┬ 나의 법도를 좇으며
└ 나의 규례를 지켜

//(목적: ל, to)
그대로 행하라[36]

/나는 —— 여호와니라
/너희의 하나님

5 /너희는 —— 지키라
/나의 규례와
법도를
/[만일]
사람이 —— 이를 행하면(조건절, if)
[그는] —— 그로 인하여 살리라
나는 —— 여호와니라

6 /너희는 —— 골육지친을 가까이하여... 말라[37]

//(목적: ל, to)
그 하체를 범치(범하기 위하여)

/나는 —— 여호와니라

7 /너는 —— 범치 말라
/곧 네 아비의 하체니(를)
/네 어미의 하체는(인)

/너는 —— 그의 하체를 범치 말지니라
/그는 —— 네 어미인즉

36) 그대로 행하기 위하여
37) 가까이 하지 말라

18:1 여호와께서 모세에게 일러 가라사대 2 너는
이스라엘 자손에게 고하여 이르라 나는 여호와
너희 하나님이라 3 너희는 그 거하던 애굽 땅의 풍속을
좇지 말며 내가 너희를 인도할 가나안 땅의 풍속과 규례
도 행하지 말고 4 너희는 나의 법도를 좇으며 나의 규례
를 지켜 그대로 행하라 나는 너희의 하나님 여호와니라
5 너희는 나의 규례와 법도를 지키라 사람이 이를 행하
면 그로 인하여 살리라 나는 여호와니라 6 너희는 골육
지친(骨肉至親)을 가까이 하여 그 하체를 범치 말라 나
는 여호와니라 7 네 어미의 하체는 곧 네 아비의 하체니
너는 범치 말라 그는 네 어미인즉 너는 그의 하체를 범
치 말지니라 8 너는 계모의 하체를 범치 말라 이는 네
아비의 하체니라 9 너는 네 자매 곧 네 아비의 딸이나
네 어미의 딸이나 집에서나 타처에서 출생하였음을 물론

18:1 ¶ Then the LORD spoke to Moses, saying, 2
"Speak to the sons of Israel and say to them, 'I
am the LORD your God. 3 'You shall not do what is
done in the land of Egypt where you lived, nor are you
to do what is done in the land of Canaan where I am bringing
you; you shall not walk in their statutes. 4 'You are to
perform My judgments and keep My statutes, to live in
accord with them; I am the LORD your God. 5 'So you
shall keep My statutes and My judgments, by which a
man may live if he does them; I am the LORD. 6 ¶
'None of you shall approach any blood relative of his
to uncover nakedness; I am the LORD. 7 'You shall
not uncover the nakedness of your father, that is, the
nakedness of your mother. She is your mother; you are
not to uncover her nakedness. 8 'You shall not uncover
the nakedness of your father's wife; it is your father's

레

8 /너는 ——— 계모의 하체를 범치 말라
/이는 ——— 네 아비의 하체니라

9 /너는 ——— 그들의 하체를 범치 말지니라
/네 자매
/곧 네 아비의 딸이나
/네 어미의 딸이나
/출생하였음을 물론하고
/집에서나 타처에서

10 /너는 ——— 손녀나 외손녀의 하체를 범치 말라
/이는 ——— 너의 하체니라

11 /딸은 ——— 네 누이니
/네 계모가 네 아비에게 낳은
/너는 ——— 그 하체를 범치 말지니라

12 /너는 ——— 고모의 하체를 범치 말라
/그는 ——— 네 아비의 골육지친이니라

13 /너는 ——— 이모의 하체를 범치 말라
/그는 ——— 네 어미의 골육지친이니라

14 /너는 ——— 가까이하(지말라)(여)
/네 아비 형제의 아내를
그 하체를 범치말라
/그는 ——— 네 백숙모니라

15 /너는 ——— 자부의 하체를 범치 말라
/그는 ——— 네 아들의 아내니
그 하체를 범치 말지니라

16 /너는 ——— 형제의 아내의 하체를 범치 말라
/이는 ——— 네 형제의 하체니라

17 /너는 ——— 아울러 범치 말며
/여인과
그 여인의 딸의 하체를

/또
[너는] ——— 아울러 취하여...말라
/그 여인의 손녀나
외손녀를

//(목적: ל, to)

하고 그들의 하체를 범치 말지니라 **10** 너는 손녀나 외
손녀의 하체를 범치 말라 이는 너의 하체니라 **11** 네 계
모가 네 아비에게 낳은 딸은 네 누이니 너는 그 하체를
범치 말지니라 **12** 너는 고모의 하체를 범치 말라 그는
네 아비의 골육지친이니라 **13** 너는 이모의 하체를 범치
말라 그는 네 어미의 골육지친이니라 **14** 너는 네 아비
형제의 아내를 가까이하여 그 하체를 범치 말라 그는 네
백숙모니라 **15** 너는 자부의 하체를 범치 말라 그는 네
아들의 아내니 그 하체를 범치 말지니라 **16** 너는 형제
의 아내의 하체를 범치 말라 이는 네 형제의 하체니라
17 너는 여인과 그 여인의 딸의 하체를 아울러 범치 말
며 또 그 여인의 손녀나 외손녀를 아울러 취하여 그 하체

nakedness. **9** 'The nakedness of your sister, either your
father's daughter or your mother's daughter, whether
born at home or born outside, their nakedness you shall
not uncover. **10** 'The nakedness of your son's daughter
or your daughter's daughter, their nakedness you shall
not uncover; for their nakedness is yours. **11** 'The nakedness
of your father's wife's daughter, born to your father,
she is your sister, you shall not uncover her nakedness.
12 'You shall not uncover the nakedness of your father's
sister; she is your father's blood relative. **13** 'You shall
not uncover the nakedness of your mother's sister, for
she is your mother's blood relative. **14** 'You shall not
uncover the nakedness of your father's brother; you shall
not approach his wife, she is your aunt. **15** 'You shall
not uncover the nakedness of your daughter-in-law; she
is your son's wife, you shall not uncover her nakedness.
16 'You shall not uncover the nakedness of your brother's
wife; it is your brother's nakedness. **17** 'You shall not

//(목적: ל, to)
그 하체를 범치(=범하기 위하여)

/그들은 —— 그의 골육지친이니
/이는 —— 악행이니라

18 /너는 —— 그 형제를 취하여...하지 말지니라
/아내가 생존할 동안에
/하체를 범하여 그로 투기케(투기하도록)

19 /너는 —— 그에게 가까이하여..말지니라
/여인이 경도로 불결할 동안에

//(목적: ל, to)
그 하체를 범치(=범하기 위하여)

20 /너는 —— 통간하여...말지니라
/타인의 아내와
/그로 자기를 더럽히지(=더럽히도록)

21 /너는 —— 결단코 자녀를 주어...말아서
/몰렉에게
/불로 통과케
—— 욕되게 하지 말라
/네 하나님의 이름을

/나는 —— 여호와니라

22 /너는 —— 남자와 교합하지 말라
/여자와 교합함 같이
/이는 —— 가증한 일이니라

23 /너는 —— 짐승과 교합하여...말며

//(목적: ל, to)
자기를 더럽히지(=더럽히기 위하여)

/여자가 된 자는 —— 짐승 앞에 서서...말라

//(목적: ל, to)
그것과 교접하지(=교접하기 위하여)

/이는 —— 문란한 일이니라

24 /너희는 —— 스스로 더럽히지 말라
/이 모든 일로

//(이유: כִּי, , for)

레

를 범치 말라 그들은 그의 골육지친이니 이는 악행이니
라 18 너는 아내가 생존할 동안에 그 형제를 취하여 하
체를 범하여 그로 투기케 하지 말지니라 19 너는 여인
이 경도로 불결할 동안에 그에게 가까이 하여 그 하체를
범치 말지니라 20 너는 타인의 아내와 통간하여 그로
자기를 더럽히지 말지니라 21 너는 결단코 자녀를 몰렉
에게 주어 불로 통과케 말아서 네 하나님의 이름을 욕되
게 하지 말라 나는 여호와니라 22 너는 여자와 교합함
같이 남자와 교합하지 말라 이는 가증한 일이니라 23
너는 짐승과 교합하여 자기를 더럽히지 말며 여자가 된
자는 짐승 앞에 서서 그것과 교접하지 말라 이는 문란한
일이니라 24 너희는 이 모든 일로 스스로 더럽히지 말

uncover the nakedness of a woman and of her daughter, nor shall you take her son's daughter or her daughter's daughter, to uncover her nakedness; they are blood relatives. It is lewdness.
18 'And you shall not marry a woman in addition to her sister as a rival while she is alive, to uncover her nakedness.
19 ¶ 'Also you shall not approach a woman to uncover her nakedness during her menstrual impurity.
20 'And you shall not have intercourse with your neighbor's wife, to be defiled with her.
21 'Neither shall you give any of your offspring to offer them to Molech, nor shall you profane the name of your God; I am the LORD.
22 'You shall not lie with a male as one lies with a female; it is an abomination.
23 'Also you shall not have intercourse with any animal

레

//(이유: כִּי, for)
족속들이 ─이 모든 일로 인하여 더러워졌고
/내가 너희의 앞에서 쫓아 내는
25 └ 그 땅도 더러워졌으므로

/내가 ──── 그 악을 인하여 벌하고
/그 땅도 ──── 스스로 그 거민을 토하여 내느니라

26 /그러므로
너희[는] ──── 나의 규례와 법도를 지키고
/곧 너희의 동족이나
/혹시
타국인이나
/너희 중에 우거하는

/하나도 ──── 행하지 말라
/이런 가증한 일의

27 /그 땅 거민이 ── 이 모든 가증한 일을 행하였고
/너희의 전에 있던

/그 땅도 ──── 더러워졌느니라

28 /[만일]
너희도 ──── 더럽히면(조건절, if)[38]
[그것이] ──── 너희를 토할까 하노라
/그 땅이 ── 토함 같이
/너희 있기 전 거민을

29 /행하는 자는 ── 끊쳐지리라
/무릇 /그 백성 중에서
/이 가증한 일을 하나라도

30 /그러므로
너희는 ──┬── 내 명령을 지키고
└── 스스로 더럽히지 말라
/가증한 풍속을 하나라도 좇음으로
/너희 있기 전에 행하던
/나는 ──── 여호와니라
/너희 하나님

38) NIV

라 내가 너희의 앞에서 쫓아내는 족속들이 이 모든 일로
인하여 더러워졌고 **25** 그 땅도 더러워졌으므로 내가 그
악을 인하여 벌하고 그 땅도 스스로 그 거민을 토하여내
느니라 **26** 그러므로 너희 곧 너희의 동족이나 혹시 너
희 중에 우거하는 타 국인이나 나의 규례와 법도를 지키
고 이런 가증한 일의 하나도 행하지 말라 **27** 너희의 전
에 있던 그 땅 거민이 이 모든 가증한 일을 행하였고 그
땅도 더러워졌느니라 **28** 너희도 더럽히면 그 땅이 너희
있기 전 거민을 토함같이 너희를 토할까 하노라 **29** 무
릇 이 가증한 일을 하나라도 행하는 자는 그 백성 중에서
끊쳐지리라 **30** 그러므로 너희는 내 명령을 지키고 너희
있기 전에 행하던 가증한 풍속을 하나라도 좇음으로 스스
로 더럽히지 말라 나는 너희 하나님 여호와니라

to be defiled with it, nor shall any woman stand before
an animal to mate with it; it is a perversion. **24** ¶ 'Do
not defile yourselves by any of these things; for by all
these the nations which I am casting out before you have
become defiled. **25** 'For the land has become defiled,
therefore I have visited its punishment upon it, so the
land has spewed out its inhabitants. **26** 'But as for you,
you are to keep My statutes and My judgments, and
shall not do any of these abominations, neither the native,
nor the alien who sojourns among you **27** (for the men
of the land who have been before you have done all
these abominations, and the land has become defiled);
28 so that the land may not spew you out, should you
defile it, as it has spewed out the nation which has been
before you. **29** 'For whoever does any of these abominations,
those persons who do so shall be cut off from among
their people. **30** 'Thus you are to keep My charge, that
you do not practice any of the abominable customs which
have been practiced before you, so as not to defile yourselves
with them; I am the LORD your God.'"

19

1 여호와께서 모세에게 **일러 가라사대**
2 /너는 ——— 온 회중에게 고하여 이르라
/이스라엘 자손의

/너희는 ——— 거룩하라

//(이유: כִּי, for)
너희 하나님이 — 거룩함이니라
/나 여호와

3 /각 사람은 ——— 부모를 경외하고
/너희
└— 나의 안식일을 지키라

/나는 ——— 여호와니라
/너희 하나님

4 /너희는 ——— 헛 것을 위하지 말며
└— 신상들을 부어 만들지 말라
/너희를 위하여
/나는 ——— 여호와니라
/너희 하나님

5 /너희는 ——— 화목제 희생을 드릴 때에(상황절, when)
/여호와께
└— 드리고

//(목적: לְ, that...may)
열납되도록

6 /그 제물은 —— 먹고
/드리는 날과
이튿날에
/남았거든 —— 불사르라[39)]
/제 삼일까지

7 /[만일](אִם)
제 삼일에 조금이라도 먹으면(조건절, if)
[그것은] ——— 가증한 것이 되어
└— 열납되지 못하고
8 /먹는 자는 —— 죄를 당하리니
/그것을 /여호와의 성물 더럽힘을 인하여
/그가 ——— 그 백성 중에서 끊쳐지리라

39) 남은 것은 불살라라~

19:1 여호와께서 모세에게 일러 가라사대 2 너는
이스라엘 자손의 온 회중에게 고하여 이르라 너
희는 거룩하라 나 여호와 너희 하나님이 거룩함이니라 3
너희 각 사람은 부모를 경외하고 나의 안식일을 지키라
나는 너희 하나님 여호와니라 4 너희는 헛것을 위하지
말며 너희를 위하여 신상들을 부어 만들지말라 나는 너
희 하나님 여호와니라 5 너희는 화목제 희생을 여호와께
드릴 때에 열납되도록 드리고 6 그 제물은 드리는 날과
이튿날에 먹고 제삼일까지 남았거든 불사르라 7 제삼일
에 조금이라도 먹으면 가증한 것이 되어 열납되지 못하
고 8 그것을 먹는 자는 여호와의 성물 더럽힘을 인하여
죄를 당하리니 그가 그 백성 중에서 끊쳐지리라 9 너희

19:1 ¶ Then the LORD spoke to Moses, saying, 2
"Speak to all the congregation of the sons of Israel
and say to them, "You shall be holy, for I the LORD
your God am holy. 3 'Every one of you shall reverence
his mother and his father, and you shall keep My sabbaths;
I am the LORD your God. 4 'Do not turn to idols or
make for yourselves molten gods; I am the LORD your God.
5 ¶ 'Now when you offer a sacrifice of peace offerings
to the LORD, you shall offer it so that you may be
accepted. 6 'It shall be eaten the same day you offer it,
and the next day; but what remains until the third day
shall be burned with fire. 7 'So if it is eaten at all on
the third day, it is an offense; it will not be accepted. 8
'And everyone who eats it will bear his iniquity, for he

9 /[너희가] ——— 너희 땅의 곡물을 벨 때에(상황절, when)
너는 ——— 밭 모퉁이까지 다 거두지 말고
떨어진 이삭도 줍지 말며
/너의
10 ——— 열매를 다 따지 말며
/너의 포도원의
열매도 줍지 말고
/너의 포도원에 떨어진
버려 두라
/가난한 사람과 타국인을 위하여

/나는 ——— 여호와니라
/너희 하나님

11 /너희는 ——— 도적질하지 말며
속이지 말며
서로 거짓말 하지 말며
12 /너희는 ——— 네 하나님의 이름을 욕되게 하지 말라
/내 이름으로 거짓 맹세함으로

/나는 ——— 여호와니라
13 /너는 ——— 네 이웃을 압제하지 말며
늑탈하지 말며
품군의 삯을 네게 두지 말며
/아침까지 밤새도록

14 /너는 ——— 귀먹은 자를 저주하지 말며
장애물을 놓지 말고
/소경 앞에
네 하나님을 경외하라

/나는 ——— 여호와니라

15 /재판할 때에
너희는 ——— 불의를 행치 말며
가난한 자의 편을 들지 말며
두호하지 말고
/세력 있는 자라고
사람을 재판할지며
/공의로

16 /너는 ——— 네 백성 중으로 돌아다니며... 말며[39-2)]
/사람을 논단하지(=논단하면서)

39-2) 돌아가지 말라.

땅의 곡물을 벨 때에 너는 밭 모퉁이까지 다 거두지 말고
너의 떨어진 이삭도 줍지 말며 10 너의 포도원의 열매
를 다 따지 말며 너의 포도원에 떨어진 열매도 줍지 말고
가난한 사람과 타국인을 위하여 버려 두라 나는 너희 하
나님 여호와니라 11 너희는 도적질하지 말며 속이지 말
며 서로 거짓말하지 말며 12 너희는 내 이름으로 거짓
맹세함으로 네 하나님의 이름을 욕되게 하지 말라 나는
여호와니라 13 너는 네 이웃을 압제하지 말며 늑탈하지
말며 품군의 삯을 아침까지 밤새도록 네게 두지 말며 14
너는 귀먹은 자를 저주하지 말며 소경 앞에 장애물을 놓
지 말고 네 하나님을 경외하라 나는 여호와니라 15 너
희는 재판할 때에 불의를 행치 말며 가난한 자의 편을 들
지 말며 세력있는 자라고 두호하지 말고 공의로 사람을
재판할지며 16 너는 네 백성 중으로 돌아다니며 사람을

has profaned the holy thing of the LORD; and that person
shall be cut off from his people. 9 ¶ 'Now when you
reap the harvest of your land, you shall not reap to the
very corners of your field, neither shall you gather the
gleanings of your harvest. 10 'Nor shall you glean your
vineyard, nor shall you gather the fallen fruit of your vineyard;
you shall leave them for the needy and for the stranger.
I am the LORD your God. 11 You shall not steal, nor
deal falsely, nor lie to one another. 12 'And you shall
not swear falsely by My name, so as to profane the
name of your God; I am the LORD. 13 ¶ 'You shall
not oppress your neighbor, nor rob him. The wages of a
hired man are not to remain with you all night until
morning. 14 'You shall not curse a deaf man, nor place
a stumbling block before the blind, but you shall revere
your God; I am the LORD. 15 ¶ 'You shall do no
injustice in judgment; you shall not be partial to the
poor nor defer to the great, but you are to judge your neighbor

/[너는] ——— 네 이웃을 대적하여...하지 말라
/죽을 지경에 이르게
/나는 ——— 여호와니라

17 /너는 ——— 네 형제를 미워하지 말며
/마음으로
그를 반드시 책선하라
/이웃을 인하여 죄를 당치 않도록

18 /[너는] ——— 원수를 갚지 말며
동포를 원망하지 말며
이웃 사랑하기를...하라
/네 몸과 같이
/나는 ——— 여호와니라

19 /너희는 ——— 내 규례를 지킬지어다
네 육축을 교합시키지 말며
/다른 종류와
두 종자를 섞어 뿌리지 말며
/네 밭에
두 재료로 직조한 옷을 입지 말지며

20 /무릇(만일, אִם)
사람이 ——— 씨종과 행음하면(조건절, if)
/아직 속량도 되지 못하고
/해방도 되지 못하고
/정혼한
두 사람이 ——— 형벌은 받으려니와
/그들이 ——— 죽임을 당치 아니할 것은

//(이유: כִּי, for)
그 여인은 ——아직 해방되지 못하였음이라

21 /그 남자는 ———회막문 여호와께로 끌어올 것이요
/그 속건제물
/곧 속건제 수양을

22 /제사장은 ——— 여호와 앞에 속죄할 것이요
/그의 범한 죄를 위하여
/그 속건제의 수양으로

//그리하면(결과)
그의 범한 죄의 사함을 받으리라

논단하지 말며 네 이웃을 대적하여 죽을 지경에 이르게
하지 말라 나는 여호와니라 17 너는 네 형제를 마음으
로 미워하지 말며 이웃을 인하여 죄를 당치 않도록 그를
반드시 책선하라 18 원수를 갚지 말며 동포를 원망하지
말며 이웃 사랑하기를 네 몸과 같이 하라 나는 여호와니
라 19 너희는 내 규례를 지킬지어다 네 육축을 다른 종
류와 교합시키지 말며 네 밭에 두 종자를 섞어 뿌리지
말며 두 재료로 직조한 옷을 입지 말지며 20 무릇 아직
속량도 되지 못하고 해방도 되지 못하고 정혼한 씨종과
사람이 행음하면 두 사람이 형벌은 받으려니와 그들이
죽임을 당치 아니할 것은 그 여인은 아직 해방되지 못하
였음이라 21 그 남자는 그 속건 제물 곧 속건제 숫양을
회막 문 여호와께로 끌어올 것이요 22 제사장은 그의
범한 죄를 위하여 그 속건제의 숫양으로 여호와 앞에 속

fairly. 16 'You shall not go about as a slanderer among
your people, and you are not to act against the life of
your neighbor; I am the LORD. 17 ¶ 'You shall not
hate your fellow countryman in your heart; you may
surely reprove your neighbor, but shall not incur sin
because of him. 18 'You shall not take vengeance, nor
bear any grudge against the sons of your people, but
you shall love your neighbor as yourself; I am the LORD.
19 ¶ 'You are to keep My statutes. You shall not breed
together two kinds of your cattle; you shall not sow your
field with two kinds of seed, nor wear a garment upon
you of two kinds of material mixed together. 20 'Now
if a man lies carnally with a woman who is a slave
acquired for another man, but who has in no way been
redeemed, nor given her freedom, there shall be punishment;
they shall not, however, be put to death, because she

23 /너희가 ─┬─ 그 땅에 들어가
└─ 각종 과목을 심거든(상황절, when)
[너희는] ─── 그 열매는(를) 여기되
/아직 할례 받지 못한 것으로
/곧
너희는 ─┬─ 그것을 여겨
/할례 받지 못한 것으로
/삼년 동안
└─ 먹지 말 것이요
24 /제 사년에는
과실이 ─── 거룩하니
/그 모든
[너는] ─── 여호와께 (드려. . . 것이며)
/찬송할(=찬송의 제물로)
25 /제 오년에는
[너는] ─── 그 열매를 먹을지니

//그리하면(결과)
그 소산이 ─── 너희에게 풍성하리라

/나는 ─── 여호와니라
/너희 하나님

26 /너희는 ─┬─ 피채 먹지 말며
/무엇이든지
├─ 복술을 하지 말며
└─ 술수를 행치 말며

27 /[너희는] ─┬─ 머리 가를 둥글게 깎지 말며
└─ 수염 끝을 손상치 말며
28 /너희는 ─┬─ 살을 베지 말며
/죽은 자를 위하여
└─ 몸에 무늬를 놓지 말라

/나는 ─── 여호와니라

29 /[너는] ─── 네 딸을 더럽혀. . . 말라[41)]

//(목적: ל, to)
기생이 되게

/[너는] ─── 음풍이 퍼져
(=간음하지 못하게 하라)
/전국에
죄악이 ─── 가득할까 하노라
(=가득하지 못하게 하라)

41) 더럽히지 말라

죄할 것이요 그리하면 그의 범한 죄의 사함을 받으리라
23 너희가 그 땅에 들어가 각종 과목을 심거든 그 열매
는 아직 할례 받지 못한 것으로 여기되 곧 삼 년 동안 너
희는 그것을 할례 받지 못한 것으로 여겨 먹지 말 것이요
24 제사년에는 그 모든 과실이 거룩하니 여호와께 드려
찬송할 것이며 25 제오년에는 그 열매를 먹을지니 그리
하면 너희에게 그 소산이 풍성하리라 나는 너희 하나님
여호와니라 26 너희는 무엇이든지 피 채 먹지 말며 복
술을 하지 말며 술수를 행치 말며 27 머리 가를 둥글게
깎지 말며 수염 끝을 손상치 말며 28 죽은 자를 위하여

was not free. 21 'And he shall bring his guilt offering
to the LORD to the doorway of the tent of meeting, a
ram for a guilt offering. 22 'The priest shall also make
atonement for him with the ram of the guilt offering
before the LORD for his sin which he has committed,
and the sin which he has committed shall be forgiven
him. 23 ¶ 'And when you enter the land and plant all
kinds of trees for food, then you shall count their fruit
as forbidden. Three years it shall be forbidden to you; it
shall not be eaten. 24 'But in the fourth year all its
fruit shall be holy, an offering of praise to the LORD.
25 'And in the fifth year you are to eat of its fruit,
that its yield may increase for you; I am the LORD your
God. 26 ¶ 'You shall not eat anything with the blood,
nor practice divination or soothsaying. 27 'You shall
not round off the side-growth of your heads, nor harm

30 /[너는] ─┬─ 내 안식일을 지키고
　　　　　　└─ 내 성소를 공경하라
/나는 ── 여호와니라

31 /너희는 ─┬─ 믿지 말며
　　　　　　│　/신접한 자와
　　　　　　│　박수를
　　　　　　└─ 그들을 추종하여... 말라

//(목적: ל, to)
스스로 더럽히지

/나는 ── 여호와니라
　/너희 하나님

32 /너는 ─┬─ 센 머리 앞에 일어서고
　　　　　├─ 노인의 얼굴을 공경하며
　　　　　└─ 네 하나님을 경외하라

/나는 ── 여호와니라

33 /타국인이 ── 너희 땅에 우거하여 함께 있거든(상황절, when)
너희는 ─┬─ 그를 학대하지 말고
34 ├─ 너희 중에서 낳은 자 같이 여기며
　　　│　/너희와 함께 있는 타국인을
　　　└─ 자기 같이 사랑하라

//(이유: כִּי, for)
너희도 ── 객이 되었더니라
　/애굽 땅에서

/나는 ── 여호와니라
　/너희 하나님

35 /너희는 ─┬─ 불의를 행치 말고
　　　　　　│　/재판에든지 도량형에든지
36 └─ 사용하라
　/공평한 저울과
　공평한 추와
　공평한 에바와
　공평한 힌을

/나는 ── 여호와니라
　/너희 하나님
　/너희를 인도하여 애굽 땅에서 나오게 한

레

너희는 살을 베지 말며 몸에 무늬를 놓지 말라 나는 여
호와니라 **29** 네 딸을 더럽혀 기생이 되게 말라 음풍이
전국에 퍼져 죄악이 가득할까 하노라 **30** 내 안식일을
지키고 내 성소를 공경하라 나는 여호와니라 **31** 너희는
신접한 자와 박수를 믿지 말며 그들을 추종하여 스스로
더럽히지 말라 나는 너희 하나님 여호와니라 **32** 너는
센 머리 앞에 일어서고 노인의 얼굴을 공경하며 네 하나
님을 경외하라 나는 여호와니라 **33** 타국인이 너희 땅에
우거하여 함께 있거든 너희는 그를 학대하지 말고 **34**
너희와 함께 있는 타국인을 너희 중에서 낳은 자같이 여
기며 자기같이 사랑하라 너희도 애굽 땅에서 객이 되었
더니라 나는 너희 하나님 여호와니라 **35** 너희는 재판에

the edges of your beard. **28** 'You shall not make any
cuts in your body for the dead, nor make any tattoo
marks on yourselves: I am the LORD. **29** ¶ 'Do not
profane your daughter by making her a harlot, so that
the land may not fall to harlotry, and the land become
full of lewdness. **30** 'You shall keep My sabbaths and revere
My sanctuary; I am the LORD. **31** ¶ 'Do not turn to mediums
or spiritists; do not seek them out to be defiled by them.
I am the LORD your God. **32** ¶ 'You shall rise up
before the grayheaded, and honor the aged, and you shall
revere your God; I am the LORD. **33** ¶ 'When a stranger
resides with you in your land, you shall not do him
wrong. **34** 'The stranger who resides with you shall be
to you as the native among you, and you shall love him
as yourself; for you were aliens in the land of Egypt: I
am the LORD your God. **35** ¶ 'You shall do no wrong

37 /너희는 ——— 지켜 행하라
/나의 모든 규례와
나의 모든 법도를
/나는 ——— 여호와니라

20

1 여호와께서 모세에게 **일러 가라사대**
2 /너는 ——— 이스라엘 자손에게 또 이르라
/무릇 그가 ——— 그 자식을 몰렉에게 주거든(상황절, when)
/이스라엘 자손이든지
타국인이든지
/이스라엘에 우거한
[그는] ——— 반드시 죽이되
사람이 ——— 돌로 칠 것이요
/그 지방
3 /나도 ——— 그 사람에게 진노하여
그를 끊으리니
/그 백성 중에서

//이는(이유: כִּי, for)
그가 ——— 그 자식을 주어서...하였음이라
/몰렉에게

//(목적: לְ, to)
내 성소를 더럽히고
내 성호를 욕되게

4 /[만일]
사람이 ——— 못 본 체하고
/그 지방
/그가 그 자식을 몰렉에게 주는 것을
그를 죽이지 아니하면(조건절, if)
5 내가 ——— 진노하여
/그 사람과
그 권속에게
모든 사람을 끊으리라
/그와 무릇 그를 본받아 몰렉을 음란히 섬기는
/그 백성 중에서

레

든지 도량형에든지 불의를 행치 말고 **36** 공평한 저울과
공평한 추와 공평한 에바와 공평한 힌을 사용하라 나는
너희를 인도하여 애굽 땅에서 나오게 한 너희 하나님 여
호와니라 **37** 너희는 나의 모든 규례와 나의 모든 법도
를 지켜 행하라 나는 여호와니라

20:1 여호와께서 모세에게 일러 가라사대 **2** 너는
이스라엘 자손에게 또 이르라 무릇 그가 이스라
엘 자손이든지 이스라엘에 우거한 타국인이든지 그 자식
을 몰렉에게 주거든 반드시 죽이되 그 지방 사람이 돌로
칠 것이요 **3** 나도 그 사람에게 진노하여 그를 그 백성
중에서 끊으리니 이는 그가 그 자식을 몰렉에게 주어서
내 성소를 더럽히고 내 성호를 욕되게 하였음이라 **4** 그
가 그 자식을 몰렉에게 주는 것을 그 지방 사람이 못 본
체하고 그를 죽이지 아니하면 **5** 내가 그 사람과 그 권속

in judgment, in measurement of weight, or capacity. **36**
'You shall have just balances, just weights, a just ephah,
and a just hin: I am the LORD your God, who brought
you out from the land of Egypt. **37** 'You shall thus
observe all My statutes, and all My ordinances, and do them:
I am the LORD.'"

20:1 ¶ Then the LORD spoke to Moses, saying, **2**
"You shall also say to the sons of Israel, 'Any
man from the sons of Israel or from the aliens sojourning
in Israel, who gives any of his offspring to Molech, shall
surely be put to death; the people of the land shall stone
him with stones. **3** 'I will also set My face against that
man and will cut him off from among his people, because
he has given some of his offspring to Molech, so as to
defile My sanctuary and to profane My holy name. **4**
'If the people of the land, however, should ever disregard
that man when he gives any of his offspring to Molech,
so as not to put him to death, **5** then I Myself will set

6 /내가 ─ 진노하여
/추종하는 자에게는
/신접한 자와 박수를
/음란하듯
─ 그를 끊으리니
/그 백성 중에서

7 /너희는 ─ 스스로 깨끗케 하여
─ 거룩할지어다
/나는 ─ 여호와니라
/너희 하나님

8 /너희는 ─ 내 규례를 지켜
─ 행하라
/나는 ─ 여호와니라
/너희를 거룩케 하는

9 /무릇(만일)
자는(누가) ─ 저주하(거든)(는)(조건절, if)
/그 아비나 어미를
[그는] ─ 반드시 죽일지니
그가 ─ 저주하였은즉
/그 아비나 어미를
그 피가 ─ 자기에게로 돌아가리라

10 /(만일)
누구든지(자) ─ 남의 아내와 간음하는(조건절, if)
곧
자는 ─ 그 이웃의 아내와 간음하(거든)(조건절, if)

[그는] ─ 반드시 죽일지니라
/그 간부와 음부를

11 /(만일)
누구든지..자는 ─ 그 계모와 동침하(거든)(는)(조건절, if)
[그는] ─ 그 아비의 하체를 범하였은즉
둘 다 ─ 반드시 죽일지니

/그 피가 ─ 자기에게로 돌아가리라

12 /(만일)
누구든지 ─ 그 자부와 동침하거든(조건절, if)
둘 다 ─ 반드시 죽일지니
그들이 ─ 가증한 일을 행하였음이라
그 피가 ─ 자기에게로 돌아가리라

에게 진노하여 그와 무릇 그를 본받아 몰렉을 음란히 섬
기는 모든 사람을 그 백성 중에서 끊으리라 **6** 음란하듯
신접한 자와 박수를 추종하는 자에게는 내가 진노하여
그를 그 백성 중에서 끊으리니 **7** 너희는 스스로 깨끗게
하여 거룩할지어다 나는 너희 하나님 여호와니라 **8** 너희
는 내 규례를 지켜 행하라 나는 너희를 거룩케 하는 여
호와 니라 **9** 무릇 그 아비나 어미를 저주하는 자는 반드
시 죽일지니 그가 그 아비나 어미를 저주하였은즉 그 피
가 자기에게로 돌아가리라 **10** 누구든지 남의 아내와 간
음하는 자 곧 그 이웃의 아내와 간음하는 자는 그 간부
와 음부를 반드시 죽일지니라 **11** 누구든지 그 계모와
동침하는 자는 그 아비의 하체를 범하였은즉 둘 다 반드

My face against that man and against his family; and I
will cut off from among their people both him and all
those who play the harlot after him, by playing the harlot
after Molech. **6** ¶ 'As for the person who turns to
mediums and to spiritists, to play the harlot after them,
I will also set My face against that person and will cut
him off from among his people. **7** 'You shall consecrate
yourselves therefore and be holy, for I am the LORD
your God. **8** 'And you shall keep My statutes and practice
them; I am the LORD who sanctifies you. **9** ¶ 'If there
is anyone who curses his father or his mother, he shall
surely be put to death; he has cursed his father or his
mother, his bloodguiltiness is upon him. **10** ¶ 'If there
is a man who commits adultery with another man's wife,
one who commits adultery with his friend's wife, the adulterer
and the adulteress shall surely be put to death. **11** 'If

레

13 /(만일)
누구든지 ——— 남자와 교합하면(조건절, if)
/여인과 교합하듯
둘 다 ——— 가증한 일을 행함인즉
반드시 죽일지니
그 피가 ——— 자기에게로 돌아가리라

14 /(만일)
누구든지 ——— 아내와 그 장모를 아울러 취하면(조건절, if)
[그것은] ——— 악행인즉
그와
그들을(은) ——— 함께 불사를지니

//이는(목적/결과)
너희 중에 악행이 없게 하려 함이니라

15 /(만일)
남자가 ——— 짐승과 교합하면(조건절, if)
[그는] ——— 반드시 죽이고
너희는 ——— 그 짐승도 죽일 것이며

16 /(만일)
여자가 ——— 짐승에게 가까이 하여(조건절, if)
//(목적: ל, to)
교합하거든
너는 ——— 여자와 짐승을 죽이되
이들을 반드시 죽일지니
그 피가 ——— 자기에게로 돌아가리라

17 /(만일)
누구든지 ——— 그 자매(를) 취하여
/곧 아비의 딸이나
어미의 딸을
그 여자의 하체를 보고
여자는 ——— 그 남자의 하체를 보면(조건절, if)
[그것은] ——— 부끄러운 일이라
그들이 ——— 끊어질지니
/그 민족 앞에서
/그가 ——— 그 자매의 하체를 범하였은즉
그 죄를 당하리라

18 /(만일)
누구든지 ——— 경도하는 여인과 동침하여
그의 하체를 범하면(조건절, if)
남자는 ——— 그 여인의 근원을 드러내었고
여인은 ——— 자기의 피 근원을 드러내었음인즉
둘 다 ——— 백성 중에서 끊쳐지리라

시 죽일지니 그 피가 자기에게로 돌아가리라 **12** 누구든
지 그 자부와 동침하거든 둘 다 반드시 죽일지니 그들이
가증한 일을 행하였음이라 그 피가 자기에게로 돌아가리
라 **13** 누구든지 여인과 교합하듯 남자와 교합하면 둘
다 가증한 일을 행함인즉 반드시 죽일지니 그 피가 자기
에게로 돌아가리라 **14** 누구든지 아내와 그 장모를 아울
러 취하면 악행인즉 그와 그들을 함께 불사를지니 이는
너희중에 악행이 없게 하려 함이니라 **15** 남자가 짐승과
교합하면 반드시 죽이고 너희는 그 짐승도 죽일 것이며
16 여자가 짐승에게 가까이하여 교합하거든 너는 여자
와 짐승을 죽이되 이들을 반드시 죽일지니 그 피가 자기
에게로 돌아가리라 **17** 누구든지 그 자매 곧 아비의 딸
이나 어미의 딸을 취하여 그 여자의 하체를 보고 여자는
그 남자의 하체를 보면 부끄러운 일이라 그 민족 앞에서

there is a man who lies with his father's wife, he has
uncovered his father's nakedness; both of them shall
surely be put to death, their bloodguiltiness is upon them.
12 'If there is a man who lies with his daughter-in-
law, both of them shall surely be put to death; they have
committed incest, their bloodguiltiness is upon them.
13 'If there is a man who lies with a male as those
who lie with a woman, both of them have committed a
detestable act; they shall surely be put to death. Their
bloodguiltiness is upon them. **14** 'If there is a man who
marries a woman and her mother, it is immorality; both
he and they shall be burned with fire, that there may be
no immorality in your midst. **15** 'If there is a man who
lies with an animal, he shall surely be put to death; you
shall also kill the animal. **16** 'If there is a woman who
approaches any animal to mate with it, you shall kill

19 /[너는] —— 범하지 말지니
/너의 이모나 고모의 하체를

//이는(이유: כִּי, for)
[그것이] —— 골육지친의 하체인즉

/그들이 —— 그 죄를 당하리라

20 /(만일)
누구든지 —— 백숙모와 동침하면(조건절, if)
[그는] —— 그 백숙부의 하체를 범함이니
그들이 —— 그 죄를 당하여
—— 무자(할것이다)(히)
—— 죽으리라

21 /(만일)
누구든지 —— 그 형제의 아내를 취하면(조건절, if)
[그것은] —— 더러운 일이라
그가 —— 그 형제의 하체를 범함이니
그들이 —— 무자하리라

22 /너희는 —— 지켜
/나의 모든 규례와
법도를
—— 행하라

//그리하여야(결과)
땅이 —— 너희를 토하지 아니하리라
/내가 —— 너희를 인도하여
—— 거하게 하는

23 /너희는 —— 풍속을 좇지 말라
/내가 너희 앞에서 쫓아내는 족속의

//(이유: כִּי, for)
그들이 —— 이 모든 일을 행하므로

/내가 —— 그들을 가증히 여기노라

24 /내가 —— 전에 너희에게 이르기를...하였노라
/너희가 —— 그들의 땅을 얻을 것이라
/기업으로

그들이 끊어질지니 그가 그 자매의 하체를 범하였은즉
그 죄를 당하리라 **18** 누구든지 경도하는 여인과 동침하
여 그의 하체를 범하면 남자는 그 여인의 근원을 드러내
었고 여인은 자기의 피 근원을 드러내었음인즉 둘 다 백
성 중에서 끊어지리라 **19** 너의 이모나 고모의 하체를
범하지 말지니 이는 골육지친의 하체인즉 그들이 그 죄
를 당하리라 **20** 누구든지 백숙모와 동침하면 그 백숙부
의 하체를 범함이니 그들이 그 죄를 당하여 무자히 죽으
리라 **21** 누구든지 그 형제의 아내를 취하면 더러운 일
이라 그가 그 형제의 하체를 범함이니 그들이 무자하리
라 **22** 너희는 나의 모든 규례와 법도를 지켜 행하라 그
리하여야 내가 너희를 인도하여 거하게 하는 땅이 너희
를 토하지 아니하리라 **23** 너희는 내가 너희 앞에서 쫓
아내는 족속의 풍속을 좇지 말라 그들이 이 모든 일을

the woman and the animal; they shall surely be put to
death. Their bloodguiltiness is upon them. **17** ¶ 'If there
is a man who takes his sister, his father's daughter or
his mother's daughter, so that he sees her nakedness and
she sees his nakedness, it is a disgrace; and they shall
be cut off in the sight of the sons of their people. He
has uncovered his sister's nakedness; he bears his guilt.
18 'If there is a man who lies with a menstruous woman
and uncovers her nakedness, he has laid bare her flow,
and she has exposed the flow of her blood; thus both of
them shall be cut off from among their people. **19** 'You
shall also not uncover the nakedness of your mother's
sister or of your father's sister, for such a one has made
naked his blood relative; they shall bear their guilt. **20**
'If there is a man who lies with his uncle's wife he has
uncovered his uncle's nakedness; they shall bear their
sin. They shall die childless. **21** 'If there is a man who
takes his brother's wife, it is abhorrent; he has uncovered
his brother's nakedness. They shall be childless. **22** ¶
'You are therefore to keep all My statutes and all My
ordinances and do them, so that the land to which I am
bringing you to live will not spew you out. **23** 'Moreover,

레

/내가 —너희에게 주어
/그 땅(을)
/곧 젖과 꿀이 흐르는 땅으로

//(목적: ל, to)
유업을 삼게(하리라)

/나는 ——— 너희 하나님 여호와라
/너희를 만민 중에서 구별한

25 /너희는 ———구별하고
/짐승의 정하고 부정함과
/새의 정하고 부정함을

/[너희는] ———너희 몸을 더럽히지 말라
/짐승이나 새나 땅에 기는 곤충으로 인하여
/내가 —부정한 것으로 구별한
/너희를 위하여

26 /너희는 ——— 내게 거룩할지어다

//이는(이유: כִּי, for)
여호와가 —— 거룩하고
/나
또
내가 ———— 너희로 구별하였음이니라
/너희를 만민 중에서

//(목적)
나의 소유를 삼으려고

27 /남자나 ——— 반드시 죽일지니
여자가 —
/신접하거나
박수가 되거든

/곧
[그들은] —— 돌로 그를 치라
그 피가 —— 자기에게로 돌아가리라

행하므로 내가 그들을 가증히 여기노라 24 내가 전에
너희에게 이르기를 너희가 그들의 땅을 기업으로 얻을 것
이라 내가 그 땅 곧 젖과 꿀이 흐르는 땅으로 너희에게
주어 유업을 삼게 하리라 하였노라 나는 너희를 만민 중
에서 구별한 너희 하나님 여호와라 25 너희는 짐승의
정하고 부정함과 새의 정하고 부정함을 구별하고 내가 너
희를 위하여 부정한 것으로 구별한 짐승이나 새나 땅에
기는 곤충으로 인하여 너희 몸을 더럽히지 말라 26 너
희는 내게 거룩할지어다 이는 나 여호와가 거룩하고 내가
또 너희로 나의 소유를 삼으려고 너희를 만민 중에서 구
별하였음이니라 27 남자나 여자가 신접하거나 박수가
되거든 반드시 죽일지니 곧 돌로 그를 치라 그 피가 자기
에게로 돌아가리라

you shall not follow the customs of the nation which I shall drive out before you, for they did all these things, and therefore I have abhorred them.
24 'Hence I have said to you, "You are to possess their land, and I Myself will give it to you to possess it, a land flowing with milk and honey." I am the LORD your God, who has separated you from the peoples.
25 'You are therefore to make a distinction between the clean animal and the unclean, and between the unclean bird and the clean; and you shall not make yourselves detestable by animal or by bird or by anything that creeps on the ground, which I have separated for you as unclean.
26 'Thus you are to be holy to Me, for I the LORD am holy; and I have set you apart from the peoples to be Mine.
27 ¶ 'Now a man or a woman who is a medium or a spiritist shall surely be put to death. They shall be stoned with stones, their bloodguiltiness is upon them.'"

21

1 여호와께서 모세에게 **이르시되**
/[너는] —— 고하여 이르라
/아론의 자손 제사장들에게

/[그는] —— 스스로 더럽히지 말려니와
/백성 중의 죽은 자로 인하여
2 /[그는] —— 몸을 더럽힐 수 있느니라
/부모나 자녀나 형제나
/골육지친인
3 친 자매로 인하여는
/출가하지 아니한 처녀인

4 /제사장은 —— 스스로 더럽혀...말지니라[42]
/백성의 어른인즉(=어른으로서)

//(목적: ל, to)
욕되게 하지(않기 위하여)

5 /제사장들은 —— 머리털을 깎아...하지 말며[43]
/대머리 같게

/[그들은] —— 그 수염 양편을 깎지 말며
—— 살을 베지 말고

6 —— 거룩하고
/그 하나님께 대하여
—— 욕되게 하지 말 것이며
/그 하나님의 이름을

//(이유: כִּי, for)
그들은 —— 여호와의 화제(를) 드리는 자인즉
/곧 그 하나님의 식물을

/[그들은] —— 거룩할 것이라

7 /그들은 —— 취하지 말 것이며
/기생이나
부정한 여인을
—— 취하지 말지니
/이혼 당한 여인을

//이는(이유: כִּי, for)
그가 —— 여호와께 거룩함이니라

42) 더럽히지 말라
43) 깎지 말라

21:1 여호와께서 모세에게 이르시되 아론의 자손 제
사장들에게 고하여 이르라 백성 중의 죽은 자로
인하여 스스로 더럽히지 말려니와 2 골육지친인 부모나
자녀나 형제나 3 출가하지 아니한 처녀인 친자매로 인하
여는 몸을 더럽힐 수 있느니라 4 제사장은 백성의 어른
인즉 스스로 더럽혀 욕되게 하지 말지니라 5 제사장은
머리털을 깎아 대머리 같게 하지 말며 그 수염 양편을 깎
지 말며 살을 베지 말고 6 그 하나님께 대하여 거룩하고
그 하나님의 이름을 욕되게 하지 말 것이며 그들은 여호
와의 화제 곧 그 하나님의 식물을 드리는 자인즉 거룩할
것이라 7 그들은 기생이나 부정한 여인을 취하지 말 것
이며 이혼 당한 여인을 취하지 말지니 이는 그가 여호와

21:1 ¶ Then the LORD said to Moses, "Speak to the
priests, the sons of Aaron, and say to them, 'No
one shall defile himself for a dead person among his
people, 2 except for his relatives who are nearest to
him, his mother and his father and his son and his
daughter and his brother, 3 also for his virgin sister,
who is near to him because she has had no husband;
for her he may defile himself. 4 'He shall not defile
himself as a relative by marriage among his people, and
so profane himself. 5 'They shall not make any baldness
on their heads, nor shave off the edges of their beards,
nor make any cuts in their flesh. 6 'They shall be holy
to their God and not profane the name of their God, for
they present the offerings by fire to the LORD, the bread
of their God; so they shall be holy. 7 'They shall not
take a woman who is profaned by harlotry, nor shall

레

8 /너는 ——— 그를 거룩하게 하라
//(이유: כִּי, for)
그는 —— 네 하나님의 식물을 드림이니라
/너는 ——— 그를 거룩히 여기라
//(이유: כִּי, for)
나 여호와는 —— 거룩함이니라
/너희를 거룩하게 하는 자
9 /[만일]
딸이(든지) —— 스스로 더럽히면(if, 조건절)
/아무 제사장의 /행음하여
[그는] ——— 그 아비를 욕되게 함이니
그를(는) ——— 불사를지니라
10 /대제사장은 ——그 머리를 풀지 말며
/관유로 부음을 받고
위임되어
예복을 입은
/자기 형제중
/[그는] ——— 그 옷을 찢지 말며
11 —— 어떤 시체에든지 가까이 말지니
—— 부모로 인하여도 더러워지게 말며
12 —— 성소에서 나오지 말며
—— 그 하나님의 성소를 더럽히지 말라
//이는(이유: כִּי, for)
관유가 ——— 그 위에 있음이니라
/하나님의 위임한
/나는 ——— 여호와니라
13 /그는 ——— 처녀를 취하여... 삼을지니
/아내를(=아내로서)
14 /[그는] ——— 취하지 말고
/과부나
/이혼 된 여인이나
/더러운 여인이나
/기생을
15 //(결과)
[그가] —— 더럽히지 말지니
/그 자손으로
/백성 중에서
//(이유: כִּי, for)
나는 ——— 여호와임이니라
/그를 거룩하게 하는

께 거룩함이니라 8 너는 그를 거룩하게 하라 그는 네 하
나님의 식물을 드림이니라 너는 그를 거룩히 여기라 나
여호와 너희를 거룩하게 하는 자는 거룩함이니라 9 아무
제사장의 딸이든지 행음하여 스스로 더럽히면 그 아비를
욕되게 함이니 그를 불사를지니라 10 자기 형제 중 관
유로 부음을 받고 위임되어 예복을 입은 대제사장은 그
머리를 풀지 말며 그 옷을 찢지 말며 11 어떤 시체에든
지 가까이 말지니 부모로 인하여도 더러워지게 말며 12
성소에서 나오지 말며 그 하나님의 성소를 더럽히지 말라
이는 하나님의 위임한 관유가 그 위에 있음이니라 나는
여호와니라 13 그는 처녀를 취하여 아내를 삼을지니
14 과부나 이혼된 여인이나 더러운 여인이나 기생을 취
하지 말고 자기 백성 중 처녀를 취하여 아내를 삼아 15
그 자손으로 백성 중에서 더럽히지 말지니 나는 그를 거

they take a woman divorced from her husband; for he
is holy to his God. 8 'You shall consecrate him, therefore,
for he offers the bread of your God; he shall be holy to
you; for I the LORD, who sanctifies you, am holy. 9
'Also the daughter of any priest, if she profanes herself
by harlotry, she profanes her father; she shall be burned
with fire. 10 ¶ 'And the priest who is the highest among
his brothers, on whose head the anointing oil has been poured,
and who has been consecrated to wear the garments,
shall not uncover his head, nor tear his clothes; 11 nor
shall he approach any dead person, nor defile himself
even for his father or his mother; 12 nor shall he go
out of the sanctuary, nor profane the sanctuary of his
God; for the consecration of the anointing oil of his God
is on him: I am the LORD. 13 'And he shall take a
wife in her virginity. 14 'A widow, or a divorced

16 여호와께서 모세에게 **일러 가라사대**
17 /[너는] ——— 아론에게 고하여 이르라

/흠이 있는 자는 — 가까이 오지 못할 것이라
/육체에
/너의 대대 자손중
/무릇
//(목적: ל, to)
그 하나님의 식물을 드리려고

18 /흠이 있는 자는 —가까이 못할지니
/무릇

/곧
소경이나 ——— 나아와. . . 지 못할지니[44)]
절뚝발이나
코가 불완전한 자나
지체가 더한 자나
19 발 부러진 자나
손 부러진 자나
20 곱사등이나
난장이나
눈에 백막이 있는 자나
괴혈병이나
버짐이 있는 자나
불알 상한 자나
21 흠이 있는 자는
/제사장 아론의 자손 중에
//(목적: ל, to)
여호와의 화제를 드리(기 위하여)

/그는 ——— 흠이 있은즉
나아와. . . 지 못하느니라

//(목적: ל, to)
하나님의 식물을 드리(기 위하여)

22 /그는 ——— 먹을 것이나
/지성물이든지 성물이든지
/하나님의 식물의
23 — 장 안에 들어가지 못할 것이요
— 단에 가까이 못할지니

//이는(이유: כִּי,, because)
그가 ——— 흠이 있음이라

/이와 같이

44) 나오지 못한다

룩하게 하는 여호와임이니라 16 여호와께서 모세에게
일러 가라사대 17 아론에게 고하여 이르라 무릇 너의
대대 자손 중 육체에 흠이 있는 자는 그 하나님의 식물
을 드리려고 가까이 오지 못할 것이라 18 무릇 흠이 있
는 자는 가까이 못할지니 곧 소경이나 절뚝발이나 코가
불완전한 자나 지체가 더한 자나 19 발 부러진 자나 손
부러진 자나 20 곱사등이나 난장이나 눈에 백막이 있는
자나 괴혈병이나 버짐이 있는 자나 불알 상한 자나 21
제사장 아론의 자손 중에 흠이 있는 자는 나아와 여호와
의 화제를 드리지 못할지니 그는 흠이 있은즉 나아와 하
나님의 식물을 드리지 못하느니라 22 그는 하나님의 식
물의 지성물이든지 성물이든지 먹을 것이나 23 장 안에

woman, or one who is profaned by harlotry, these he may not take; but rather he is to marry a virgin of his own people; 15 that he may not profane his offspring among his people: for I am the LORD who sanctifies him.'"
16 Then the LORD spoke to Moses, saying, 17 "Speak to Aaron, saying, 'No man of your offspring throughout their generations who has a defect shall approach to offer the bread of his God. 18 'For no one who has a defect shall approach: a blind man, or a lame man, or he who has a disfigured face, or any deformed limb, 19 or a man who has a broken foot or broken hand, 20 or a hunchback or a dwarf, or one who has a defect in his eye or eczema or scabs or crushed testicles. 21 'No man among the descendants of Aaron the priest, who has a defect, is to come near to offer the LORD's offerings by fire; since he has a defect, he shall not

/이와 같이
그가 ——— 나의 성소를 더럽히지 못할 것은

//(이유: כִּי, for)
나는 ——— 여호와임이니라
/그들을 거룩하게 하는

24 모세가 **고하였더라**
/이대로
/아론과
그 아들들과
온 이스라엘 자손에게

22

1 여호와께서 모세에게 **일러 가라사대**
2 /[너는] ——— 아론과 그 아들들에게 고하여
/그들로(이) ——— 내 성호를 욕되게 함이 없게 하라
/성물에 대하여 스스로 구별하여
/이스라엘 자손이 내게 드리는
/나는 ——— 여호와니라

3 /[너는 ——— 그들에게 이르라
/가까이하는 자는 — 내 앞에서 끊어지리라
/여호와께 드리는 성물에
/이스라엘 자손이 구별하여
/무릇 너의 대대 자손 중에
/그 몸이 부정하고도

/나는 ——— 여호와니라

4 /문둥 환자나
유출병이 있는 자는— 성물을 먹지 말 것이요
/아론의 자손 중 /정하기 전에는

/부정하게 된 자나 —
/시체로
/설정한 자나 —
5 /부정하게 하는 —
/무릇 사람을
/접촉된 자나 —
/벌레에

들어가지 못할 것이요 단에 가까이 못할지니 이는 그가
흠이 있음이라 이와 같이 그가 나의 성소를 더럽히지 못
할 것은 나는 그들을 거룩하게 하는 여호와임이니라 24
모세가 이대로 아론과 그 아들들과 온 이스라엘 자손에
게 고하였더라
22:1 여호와께서 모세에게 일러 가라사대 2 아론
과 그 아들들에게 고하여 그들로 이스라엘 자손
이 내게 드리는 성물에 대하여 스스로 구별하여 내 성호
를 욕되게 함이 없게 하라 나는 여호와니라 3 그들에게
이르라 무릇 너의 대대 자손 중에 그 몸이 부정하고도
이스라엘 자손이 구별하여 여호와께 드리는 성물에 가까
이하는 자는 내 앞에서 끊어지리라 나는 여호와니라 4
아론의 자손 중 문둥 환자나 유출병이 있는 자는 정하기
전에는 성물을 먹지 말 것이요 시체로 부정하게 된 자나

come near to offer the bread of his God. 22 'He may
eat the bread of his God, both of the most holy and of
the holy, 23 only he shall not go in to the veil or come
near the altar because he has a defect, that he may not profane
My sanctuaries. For I am the LORD who sanctifies
them.'" 24 So Moses spoke to Aaron and to his sons
and to all the sons of Israel.
22:1 ¶ Then the LORD spoke to Moses, saying, 2 "Tell
Aaron and his sons to be careful with the holy
gifts of the sons of Israel, which they dedicate to Me,
so as not to profane My holy name; I am the LORD. 3
"Say to them, 'If any man among all your descendants
throughout your generations approaches the holy gifts which
the sons of Israel dedicate to the LORD, while he has
an uncleanness, that person shall be cut off from before
Me. I am the LORD. 4 'No man, of the descendants of
Aaron, who is a leper or who has a discharge, may eat
of the holy gifts until he is clean. And if one touches anything

/접촉된 자
/더럽힐만한 자에게
/사람을
/무슨 부정이든지
6 /곧 접촉된 자는 —— 저녁까지 부정하니
/이런 것에

/[만일]
[그가] ——— 몸을 물로 씻지 아니하면(if, 조건절)
[그는] ——— 성물을 먹지 못할지며

7 /[그는] ——— 정하리니
/해 질 때에야
[그는] ——— 성물을 먹을 것이라
/그 후에

//이는(כִּי, for)
[그것이] ——— 자기의 응식이 됨이니라
8 /[너는] ——— 자기를 더럽히지 말라
/먹음으로
/절로 죽은 것이나
들짐승에게 찢긴 것을

/나는 ——— 여호와니라
9 /그들은 ——— 나의 명을 지킬 것이라

//(목적: so that)
[그들이] —— 죄를 짓고...까 하노라
[죄를 짓지않기 위하여)
/그 가운데서 죽을
/그로 인하여

//(이유: כִּי, because)
그것을 욕되게 하면45)

/나는 ——— 여호와니라
/그들을 거룩하게 하는

10 /외국인은 ——— 성물을 먹지 못할 것이며
/객이나
/제사장의
품군은 다 ——— 성물을 먹지 못할 것이니라

11 /그러나
[만일](אִם)
제사장이 돈으로 사람을 샀으면(if, 조건절)
그 자는 ———그것을 먹을 것이고

45) 그것을 욕되게 하기 때문에

레

설정한 자나 5 무릇 사람을 부정하게 하는 벌레에 접촉
된 자나 무슨 부정이든지 사람을 더럽힐만한 자에게 접
촉된 자 6 곧 이런 것에 접촉된 자는 저녁까지 부정하니
몸을 물로 씻지 아니하면 성물을 먹지 못할지며 7 해 질
때에야 정하리니 그 후에 성물을 먹을 것이라 이는 자기
의 응식이 됨이니라 8 절로 죽은 것이나 들짐승에게 찢
긴 것을 먹음으로 자기를 더럽히지 말라 나는 여호와니
라 9 그들은 나의 명을 지킬 것이라 그것을 욕되게 하면
그로 인하여 죄를 짓고 그 가운데서 죽을까 하노라 나는
그들을 거룩하게 하는 여호와니라 10 외국인은 성물을
먹지 못할 것이며 제사장의 객이나 품군은 다 성물을 먹
지 못할 것이니라 11 그러나 제사장이 돈으로 사람을

made unclean by a corpse or if a man has a seminal emission,
5 or if a man touches any teeming things, by which he
is made unclean, or any man by whom he is made
unclean, whatever his uncleanness; 6 a person who
touches any such shall be unclean until evening, and
shall not eat of the holy gifts, unless he has bathed his
body in water. 7 'But when the sun sets, he shall be
clean, and afterward he shall eat of the holy gifts, for it
is his food. 8 'He shall not eat an animal which dies
or is torn by beasts, becoming unclean by it; I am the LORD.
9 'They shall therefore keep My charge, so that they
may not bear sin because of it, and die thereby because
they profane it; I am the LORD who sanctifies them.
10 ¶ 'No layman, however, is to eat the holy gift; a sojourner

레

/출생한 자도 —— 그러하여
/그 집에서
그들이 —— 제사장의 식물을 먹을 것이며

12 /[만일](אִם)
딸은 —— 외국인에게 출가하였으면(if, 조건절)
/제사장의
[그녀는] —— 거제의 성물을 먹지 못하되

13 /[만일](אִם)
그가 —— 과부가 되든지
—— 이혼을 당하든지
—— 자식이 없이 친정에 돌아와서...으면(if, 조건절)
/어릴 때와 같(이)
그는 —— 그 아비의 응식을 먹을 것이나

/외국인은 —— 먹지 못할 것이니라

14 /[만일](אִם)
사람이 —— 부지중 성물을 먹으면(if, 조건절)
[그는] —— 그 성물에 그 오분 일을 더하여
—— 제사장에게 줄지니라

15 /그들은 —— 성물을 더럽히지 말지니
/이스라엘 자손이 여호와께 드리는
16 /[만일]
그들이 —— 성물을 먹으면(if, 조건절)
—— 형벌을 받게 할 것이니라
/그 죄로 인하여

/나는 —— 여호와니라
/그들을 거룩하게 하는

17 여호와께서 모세에게 **일러 가라사대**
18 /[너는] —— 고하여 이르라
/아론과 그 아들들과
이스라엘 온 족속에게

/자손이나
/이스라엘
우거하는 자가 —— 여호와께 예물로 드리려거든(when, 상황절)
/그 중에 /번제를
/서원제나 낙헌제로
19 <그는> —— <드릴지니>
/흠 없는 수컷으로
/소나 양이나 염소의
/열납되도록

샀으면 그 자는 그것을 먹을 것이고 그 집에서 출생한 자
도 그러하여 그들이 제사장의 식물을 먹을 것이며 **12**
제사장의 딸은 외국인에게 출가하였으면 거제의 성물을
먹지 못하되 **13** 그가 과부가 되든지 이혼을 당하든지
자식이 없이 친정에 돌아와서 어릴 때와 같으면 그는 그
아비의 응식을 먹을 것이나 외국인은 먹지 못할 것이니라
14 사람이 부지중 성물을 먹으면 그 성물에 그 오분 일
을 더하여 제사장에게 줄지니라 **15** 이스라엘 자손이 여
호와께 드리는 성물을 그들은 더럽히지 말지니 **16** 그들
이 성물을 먹으면 그 죄로 인하여 형벌을 받게 할 것이니
라나는 그들을 거룩하게 하는 여호와니라 **17** 여호와께
서 모세에게 일러 가라사대 **18** 아론과 그 아들들과 이
스라엘 온 족속에게 고하여 이르라 이스라엘 자손이나 그
중에 우거하는 자가 서원제나 낙헌제로 번제를 여호와께
예물로 드리려거든 **19** 열납되도록 소나 양이나 염소의
흠 없는 수컷으로 드릴지니 **20** 무릇 흠 있는 것을 너희

with the priest or a hired man shall not eat of the holy
gift. **11** 'But if a priest buys a slave as his property
with his money, that one may eat of it, and those who
are born in his house may eat of his food. **12** 'And if
a priest's daughter is married to a layman, she shall not
eat of the offering of the gifts. **13** 'But if a priest's
daughter becomes a widow or divorced, and has no child
and returns to her father's house as in her youth, she
shall eat of her father's food; but no layman shall eat
of it. **14** 'But if a man eats a holy gift unintentionally,
then he shall add to it a fifth of it and shall give the
holy gift to the priest. **15** 'And they shall not profane
the holy gifts of the sons of Israel which they offer to
the LORD, **16** and so cause them to bear punishment
for guilt by eating their holy gifts; for I am the LORD
who sanctifies them.'" **17** Then the LORD spoke to
Moses, saying, **18** "Speak to Aaron and to his sons and
to all the sons of Israel, and say to them, 'Any man of

20 /너희는 ——— 드리지 말 것은
/무릇 흠 있는 것을

//(이유: כִּי, for)
그것이 —— 열납되지 못할 것임이니라

21 /드리는 자는 —— 온전한 것으로 열납되도록 할지니
/여호와께 /아무 흠이 없는
/화목제 희생을
/소나 양으로

//(목적) - 드리는 목적
갚으려든지(=갚기 위해)
/무릇 서원한 것을
드리려든지 하여(=드리기 위해)
/자의로 예물을

22 /너희는 ——— 여호와께 드리지 말며
/눈먼 것이나
상한 것이나
지체에 베임을 당한 것이나
종기 있는 것이나
괴혈병 있는 것이나
비루먹은 것을
여호와께 드리지 말라
/단 위에 화제로

23 /너희가 ——— 낙헌 예물로는 쓰려니와
/우양의 지체가 더하거나
덜하거나 한 것은(을)
/[그것은] ——— 열납되지 못하리라
/서원한 것을(위하여)
(갚음으로 드리면)

24 /너희는 ——— 여호와께 드리지 말며
/불알이 상하였거나
치었거나
터졌거나
베임을 당한 것은(을)

/[너희는] —— 이런 일을 행치도 말지며
/너희 땅에서는

25 /너희는 ——— 이런 것을 받아..드리지 말라 (=받지 말라)
/너희의 하나님의 식물로
/외방인에게서도

//이는(이유: כִּי, for)

레

는 드리지 말 것은 그것이 열납되지 못할 것임이니라
21 무릇 서원한 것을 갚으려든지 자의로 예물을 드리려
든지 하여 소나 양으로 화목제 희생을 여호와께 드리는
자는 열납되도록 아무 흠이 없는 온전한 것으로 할지니
22 눈 먼 것이나 상한 것이나 지체에 베임을 당한 것이
나 종기 있는 것이나 괴혈병 있는 것이나 비루 먹은 것을
너희는 여호와께 드리지 말며 단 위에 화제로 여호와께
드리지 말라 23 우양의 지체가 더하거나 덜하거나 한
것은 너희가 낙헌 예물로는 쓰려니와 서원한 것을 갚음
으로 드리면 열납되지 못하리라 24 너희는 불알이 상하
였거나 치었거나 터졌거나 베임을 당한 것은 여호와께
드리지 말며 너희 땅에서는 이런 일을 행치도 말지며

the house of Israel or of the aliens in Israel who presents
his offering, whether it is any of their votive or any of
their freewill offerings, which they present to the LORD
for a burnt offering — 19 for you to be accepted — it
must be a male without defect from the cattle, the sheep,
or the goats. 20 'Whatever has a defect, you shall not
offer, for it will not be accepted for you. 21 'And when
a man offers a sacrifice of peace offerings to the LORD
to fulfill a special vow, or for a freewill offering, of the
herd or of the flock, it must be perfect to be accepted;
there shall be no defect in it. 22 'Those that are blind
or fractured or maimed or having a running sore or
eczema or scabs, you shall not offer to the LORD, nor
make of them an offering by fire on the altar to the
LORD. 23 'In respect to an ox or a lamb which has
an overgrown or stunted member, you may present it
for a freewill offering, but for a vow it shall not be
accepted. 24 'Also anything with its testicles bruised

레

//이는(이유: כִּי, for)
결점이 —— [그것들에게] 있고
흠이 —— 있는 것인즉

/[그것들이] —— 열납되지 못할 것임이니라
/너희를 위하여

26 여호와께서 모세에게 **일러 가라사대**
27 /수소나 양이나 염소가 나거든(when, 상황절)
[그것이] —— 그 어미와 같이 있게 하라
/칠일 동안
/제 팔일 이후로는
[그것이] —— 열납되리라
/여호와께 화제로 예물을(로)(드리면)[1]
28 /[너희는] —— 동일에 잡지 말지니라
/어미와 새끼를
/암소나 암양을 무론하고

29 /너희가 —— 여호와께 감사 희생을 드리거든(상황절, when)
너희가 —— 열납되도록 드릴지며
30 /그 제물은 —— 당일에 먹고
—— 이튿날까지 두지 말라
/나는 —— 여호와니라

31 너희는 —— 나의 계명을 지키며
—— 행하라
/나는 —— 여호와니라

32 /너희는 —— 나의 성호를 욕되게 말라
/나는 —— 거룩하게 함을 받을 것이니라
/이스라엘 자손 중에서

/나는 —— 여호와요
/너희를 거룩하게 하는
33 —— 너희를 인도하여 낸 자니
/애굽 땅에서

//(목적: לְ, to)
너희 하나님이 되려고

/나는 —— 여호와니라

1) 여호와께 화제의 예물로서

25 너희는 외방인에게서도 이런 것을 받아 너희의 하
나님의 식물로 드리지 말라 이는 결점이 있고 흠이 있
는 것인즉 너희를 위하여 열납되지 못할 것임이니라
26 여호와께서 모세에게 일러 가라사대 **27** 수소나 양
이나 염소가 나거든 칠 일 동안 그 어미와 같이 있게하
라 제팔일 이후로는 여호와께 화제로 예물을 드리면 열
납되리라 **28** 암소나 암양을 무론하고 어미와 새끼를
동일에 잡지 말지니라 **29** 너희가 여호와께 감사 희생
을 드리거든 너희가 열납되도록 드릴지며 **30** 그 제물
은 당일에 먹고 이튿날까지 두지 말라 나는 여호와니라
31 너희는 나의 계명을 지키며 행하라 나는 여호와니
라 **32** 너희는 나의 성호를 욕되게 말라 나는 이스라엘
자손 중에서 거룩하게 함을 받을 것이니라 나는 너희를
거룩하게 하는 여호와요 **33** 너희 하나님이 되려고 너
희를 애굽 땅에서 인도하여 낸 자니 나는 여호와니라

or crushed or torn or cut, you shall not offer to the
LORD, or sacrifice in your land, **25** nor shall you accept
any such from the hand of a foreigner for offering as
the food of your God; for their corruption is in them,
they have a defect, they shall not be accepted for you.'"
26 Then the LORD spoke to Moses, saying, **27** "When
an ox or a sheep or a goat is born, it shall remain seven
days with its mother, and from the eighth day on it shall
be accepted as a sacrifice of an offering by fire to the LORD.
28 "But, whether it is an ox or a sheep, you shall not
kill both it and its young in one day. **29** "And when
you sacrifice a sacrifice of thanksgiving to the LORD,
you shall sacrifice it so that you may be accepted. **30**
"It shall be eaten on the same day, you shall leave none
of it until morning: I am the LORD. **31** "So you shall
keep My commandments, and do them: I am the LORD.
32 "And you shall not profane My holy name, but I
will be sanctified among the sons of Israel: I am the
LORD who sanctifies you, **33** who brought you out
from the land of Egypt, to be your God: I am the LORD."

23

1 여호와께서 모세에게 **일러 가라사대**
2 /[너는] —— 이스라엘 자손에게 고하여 이르라
/절기는 —— 이러하니라
/여호와의
/너희가 —— 공포하여
/성회를(로)(삼을)

3 /엿새 동안은 —— 일할 것이요
일곱째 날은 —— 쉴 안식일이니
성회라
너희는 —— 무슨 일이든지 하지 말라
이는 —— 여호와의 안식일이니라
/너희 거하는 각처에서 지킬

4 /절기는 —— 이러하니라
/여호와의
/너희가 —— 공포하여
/성회로(삼을)
/기한에 미쳐

5 /저녁은 —— 여호와의 유월절이요
/정월 십사일

6 /십오일은 —— 여호와의 무교절이니
/이 달
/너희는 —— 무교병을 먹을 것이요
/칠일 동안

7 /그 첫날에는
너희가 —— 성회로 모이고
아무 노동도 하지 말지며

8 /너희는 —— 여호와께 화제를 드릴 것이요
/칠일 동안
/제 칠일에도
[너희는] —— 성회로 모이고
아무 노동도 하지 말지니라

9 여호와께서 모세에게 **일러 가라사대**
10 /[너는] —— 이스라엘 자손에게 고하여 이르라

23:1 여호와께서 모세에게 일러 가라사대 **2** 이스
라엘 자손에게 고하여 이르라 너희가 공포하여
성회를 삼을 여호와의 절기는 이러하니라 **3** 엿새 동안은
일할 것이요 일곱째 날은 쉴 안식일이니 성회라 너희는
무슨 일이든지 하지 말라 이는 너희 거하는 각처에서 지
킬 여호와의 안식일이니라 **4** 기한에 미쳐 너희가 공포하
여 성회로 삼을 여호와의 절기는 이러하니라 **5** 정월 십
사일 저녁은 여호와의 유월절이요 **6** 이 달 십오일은 여
호와의 무교절이니 칠 일 동안 너희는 무교병을 먹을 것
이요 **7** 그 첫날에는 너희가 성회로 모이고 아무 노동도
하지 말지며 **8** 너희는 칠 일 동안 여호와께 화제를 드릴
것이요 제칠일에도 성회로 모이고 아무 노동도 하지 말

23:1 ¶ The LORD spoke again to Moses, saying,
2 "Speak to the sons of Israel, and say to them,
'The LORD's appointed times which you shall proclaim
as holy convocations — My appointed times are these:
3 'For six days work may be done; but on the seventh
day there is a sabbath of complete rest, a holy convocation.
You shall not do any work; it is a sabbath to the LORD
in all your dwellings. **4** ¶ 'These are the appointed times
of the LORD, holy convocations which you shall proclaim
at the times appointed for them. **5** 'In the first month,
on the fourteenth day of the month at twilight is the
LORD's Passover. **6** 'Then on the fifteenth day of the
same month there is the Feast of Unleavened Bread to
the LORD; for seven days you shall eat unleavened
bread. **7** 'On the first day you shall have a holy convocation;
you shall not do any laborious work. **8** 'But for seven
days you shall present an offering by fire to the LORD.

10 /[너는] ——— 이스라엘 자손에게 고하여 이르라
/너희는 ——— 들어가서
/내가 너희에게 주는 땅에
너희의 곡물을 거둘 때에(when, 상황절)
(위선)가져갈 것이요
/너희의 곡물의 첫 이삭 한 단을
/제사장에게로
11 /제사장은 ——— 그 단을 흔들되
/너희를 위하여

//(목적: ל, to)
여호와 앞에 열납되도록

[그는] ——— 흔들 것이며
/안식일 이튿날에

12 /너희가 ——— 그 단을 흔드는 날에(when, 상황절)
[너희는] ——— 여호와께 드리고
/일년 되고 흠 없는 수양을
/번제로
13 /[너희는] ——— 여호와께 드려
/화제를 삼아
/그 소제로(는)
/고운 가루 에바 십분 이를
/기름 섞은
/향기로운 냄새(로)(가 되게 하고)

/전제로는
/포도주 힌 사분 일을(쓸 것이며)

14 /너희는 ——— 먹지 말지니
/떡이든지
볶은 곡식이든지
생 이삭이든지
/너희 하나님께 예물을 가져오는 그날까지

/이는 ——— 영원한 규례니라
/대대로 지킬
/너희가 그 거하는 각처에서

15 /[너희는] ——— 세어서...채우고
/칠 안식일의 수효를
/안식일 이튿날(부터)
/곧 너희가 요제로 단을 가져온 날부터

레

지니라 9 여호와께서 모세에게 일러 가라사대 10 이스
라엘 자손에게 고하여 이르라 너희는 내가 너희에게 주
는 땅에 들어가서 너희의 곡물을 거둘 때에 위선 너희의
곡물의 첫 이삭 한 단을 제사장에게로 가져갈 것이요
11 제사장은 너희를 위하여 그 단을 여호와 앞에 열납
되도록 흔들되 안식일 이튿날에 흔들 것이며 12 너희가
그 단을 흔드는 날에 일 년 되고 흠 없는 수양을 번제로
여호와께 드리고 13 그 소제로는 기름 섞은 고운 가루
에바 십분 이를 여호와께 드려 화제를 삼아 향기로운 냄
새가 되게 하고 전제로는 포도주 힌 사분 일을 쓸 것이
며 14 너희는 너희 하나님께 예물을 가져오는 그 날까
지 떡이든지 볶은 곡식이든지 생 이삭이든지 먹지 말지
니 이는 너희가 그 거하는 각처에서 대대로 지킬 영원
한 규례니라 15 안식일 이튿날 곧 너희가 요제로 단을

On the seventh day is a holy convocation; you shall not
do any laborious work.'" 9 Then the LORD spoke to Moses,
saying, 10 "Speak to the sons of Israel, and say to
them, When you enter the land which I am going to
give to you and reap its harvest, then you shall bring in
the sheaf of the first fruits of your harvest to the priest.
11 'And he shall wave the sheaf before the LORD for
you to be accepted; on the day after the sabbath the
priest shall wave it. 12 'Now on the day when you
wave the sheaf, you shall offer a male lamb one year
old without defect for a burnt offering to the LORD.
13 'Its grain offering shall then be two-tenths of an
ephah of fine flour mixed with oil, an offering by fire
to the LORD for a soothing aroma, with its libation, a
fourth of a hin of wine. 14 'Until this same day, until
you have brought in the offering of your God, you shall
eat neither bread nor roasted grain nor new growth. It is
to be a perpetual statute throughout your generations in
all your dwelling places. 15 ¶ 'You shall also count
for yourselves from the day after the sabbath, from the
day when you brought in the sheaf of the wave offering;
there shall be seven complete sabbaths. 16 'You shall count

16 /[너희는] —— 합 오십일을 계수하여
/제 칠 안식일 이튿날까지
새 소제를 드리되
/여호와께

17 /[너희는] —— 가져다가
/떡 두 개를
/에바 십분 이로 만든
/너희 처소에서
/흔들지니(=흔들어)

/이는 —— 구운 것이요
/고운 가루에 누룩을 넣어서
/이는 —— 여호와께 드리는 것이며
/첫 요제로

18 /또
너희는 —— 드리되
/이 떡과 함께
/어린 양 일곱과
/일년 되고 흠 없는
젊은 수소 하나와
수양 둘을
/[너희는] —— 이들을 여호와께 드려서
/그 소제와
그 전제와 함께
/번제를 (삼을지니)
/이는 —— 화제라
/여호와께 향기로운 냄새며

19 /또
[너희는] —— 속죄제를 드리며
/수염소 하나로
화목제 희생으로 드릴 것이요
/일년 된 어린 수양 둘을

20 /제사장은 —— 요제를 삼을 것이요
/그 첫 이삭의 떡과 함께
/그 두 어린 양을
/여호와 앞에 흔들어

/이것들은 —— 여호와께 드리는 성물인즉
/제사장에게 (돌릴 것이며)

21 /이 날에

가져온 날부터 세어서 칠 안식일의 수효를 채우고 16
제칠안식일 이튿날까지 합 오십 일을 계수하여 새 소제
를 여호와께 드리되 17 너희 처소에서 에바 십분 이로
만든 떡 두개를 가져다가 흔들지니 이는 고운 가루에 누
룩을 넣어서 구운 것이요 이는 첫 요제로 여호와께 드리
는 것이며 18 너희는 또 이 떡과 함께 일 년 되고 흠 없
는 어린 양 일곱과 젊은 수소 하나와 수양 둘을 드리되
이들을 그 소제와 그 전제와 함께 여호와께 드려서 번제
를 삼을지니 이는 화제라 여호와께 향기로운 냄새며 19
또 수염소 하나로 속죄제를 드리며 일 년 된 어린 수양
둘을 화목제 희생으로 드릴 것이요 20 제사장은 그 첫
이삭의 떡과 함께 그 두 어린 양을 여호와 앞에 흔들어

fifty days to the day after the seventh sabbath; then you
shall present a new grain offering to the LORD. 17
'You shall bring in from your dwelling places two loaves
of bread for a wave offering, made of two-tenths of an ephah;
they shall be of a fine flour, baked with leaven as first
fruits to the LORD. 18 'Along with the bread, you
shall present seven one year old male lambs without
defect, and a bull of the herd, and two rams; they are
to be a burnt offering to the LORD, with their grain
offering and their libations, an offering by fire of a
soothing aroma to the LORD. 19 'You shall also offer
one male goat for a sin offering and two male lambs
one year old for a sacrifice of peace offerings. 20 'The
priest shall then wave them with the bread of the first
fruits for a wave offering with two lambs before the
LORD; they are to be holy to the LORD for the priest.

레

21 /이 날에
너희는 ── 성회를 공포하고
/너희 중에
아무 노동도 하지 말지니

/이는 ── 영원한 규례니라
/대대로 지킬
/너희가 그 거하는 각처에서
22 /[너희는] ── 너희 땅의 곡물을 벨 때에(when, 상황절)
밭 모퉁이까지 다 베지 말며
떨어진 것을 줍지 말고

/너는 ── 그것을 버려 두라
/가난한 자와 객을 위하여

/나는 ── 너희 하나님 여호와니라

23 여호와께서 모세에게 **일러 가라사대**
24 /[너는] ── 이스라엘 자손에게 고하여 이르라

/[너희는] ── 안식일을 삼을지니
/칠월 곧 그 달 일일로

/이는 ── 성회라
/나팔을 불어 기념할 날이요

25 /[너희는] ── 아무 노동도 하지 말고
여호와께 화제를 드릴지니라

26 여호와께서 모세에게 **일러 가라사대**
27 /칠월 십일은 ── 속죄일이니
너희에게 성회라
/너희는 ── 스스로 괴롭게 하며
여호와께 화제를 드리고
28 /[너희는] ── 아무 일도 하지 말 것은
/이 날에는

//(이유: כִּי, for)
[그것은] ── 속죄할 속죄일이 됨이니라
/너희를 위하여
/너희 하나님 여호와 앞에

29 /[만일]

요제를 삼을 것이요 이것들은 여호와께 드리는 성물인즉
제사장에게 돌릴 것이며 **21** 이 날에 너희는 너희 중에
성회를 공포하고 아무 노동도 하지 말지니 이는 너희가
그 거하는 각처에서 대대로 지킬 영원한 규례니라 **22**
너희 땅의 곡물을 벨 때에 밭 모퉁이까지 다 베지 말며
떨어진 것을 줍지 말고 너는 그것을 가난한 자와 객을 위
하여 버려 두라 나는 너희 하나님 여호와니라 **23** 여호
와께서 모세에게 일러 가라사대 **24** 이스라엘 자손에게
고하여 이르라 칠월 곧 그 달 일일로 안식일을 삼을지니
이는 나팔을 불어 기념할 날이요 성회라 **25** 아무 노동
도 하지 말고 여호와께 화제를 드릴지니라 **26** 여호와께
서 모세에게 일러 가라사대 **27** 칠월 십일은 속죄일이니
너희에게 성회라 너희는 스스로 괴롭게하며 여호와께 화
제를 드리고 **28** 이 날에는 아무 일도 하지 말 것은 너

21 'On this same day you shall make a proclamation
as well; you are to have a holy convocation. You shall
do no laborious work. It is to be a perpetual statute in
all your dwelling places throughout your generations.
22 ¶ 'When you reap the harvest of your land, moreover,
you shall not reap to the very corners of your field, nor
gather the gleaning of your harvest; you are to leave
them for the needy and the alien. I am the LORD your
God.'" **23** Again the LORD spoke to Moses, saying,
24 "Speak to the sons of Israel, saying, 'In the seventh
month on the first of the month, you shall have a rest,
a reminder by blowing of trumpets, a holy convocation. **25**
'You shall not do any laborious work, but you shall
present an offering by fire to the LORD.'" **26** And
the LORD spoke to Moses, saying, **27** "On exactly
the tenth day of this seventh month is the day of
atonement; it shall be a holy convocation for you, and
you shall humble your souls and present an offering by

29 /[만일]
누구든지 ——— 괴롭게 하지 아니하는(아니하면) (if, 조건절)
/스스로
/이 날에
[그는] ——— 그 백성 중에서 끊쳐질 것이라

30 /내가 ——— 백성 중에서 멸절시키리니
/누구든지 아무 일이나 하는 자는(를)

31 /너희는 ——— 아무 일이든지 하지 말라

/이는 ——— 영원한 규례니라
/대대로 지킬
/너희가 그 거하는 각처에서

32 /이는 ——— 안식일이라
/너희의 쉴
/너희는 ┬── 스스로 괴롭게 하고
└── 안식을 지킬지니라
/이 달 구일 저녁[까지]
/곧 그 저녁부터 이튿날 저녁까지

33 여호와께서 모세에게 **일러 가라사대**
34 /[너는] ——— 이스라엘 자손에게 고하여 이르라
/칠월 십오일은 — 초막절이니
/여호와를 위하여
/칠일 동안 지킬(것이라)

35 /첫날에는 ——— 성회가 있을지니
너희는 ——— 아무 노동도 하지 말지며

36 /너희는 ——— 화제를 여호와께 드릴 것이요
/칠일 동안에
/제 팔일에도 — 성회가 될 것이며
/너희에게
/[너희는] ——— 화제를 드릴지니
/여호와께
/이는 ——— 거룩한 대회라
/너희는 ——— 아무 노동도 하지 말지니라

37 /이것들은 ——— 여호와의 절기라

레

희를 위하여 너희 하나님 여호와 앞에 속죄할 속죄일이
됨이니라 **29** 이 날에 스스로 괴롭게 하지 아니하는 자
는 그 백성 중에서 끊쳐질 것이라 **30** 이 날에 누구든지
아무 일이나 하는 자는 내가 백성 중에서 멸절시키리니
31 너희는 아무 일이든지 하지 말라 이는 너희가 그 거
하는 각처에서 대대로 지킬 영원한 규례니라 **32** 이는
너희의 쉴 안식일이라 너희는 스스로 괴롭게 하고 이 달
구일 저녁 곧 그 저녁부터 이튿날 저녁까지 안식을 지킬
지니라 **33** 여호와께서 모세에게 일러 가라사대 **34** 이
스라엘 자손에게 고하여 이르라 칠월 십오일은 초막절이
니 여호와를 위하여 칠 일 동안 지킬 것이라 **35** 첫날에
는 성회가 있을지니 너희는 아무 노동도 하지 말지며
36 칠 일 동안에 너희는 화제를 여호와께 드릴 것이요
제팔일에도 너희에게 성회가 될 것이며 화제를 여호와께
드릴지니 이는 거룩한 대회라 너희는 아무 노동도 하지
말지니라 **37** 이것들은 여호와의 절기라 너희는 공포하

fire to the LORD. **28** "Neither shall you do any work
on this same day, for it is a day of atonement, to make
atonement on your behalf before the LORD your God.
29 "If there is any person who will not humble himself
on this same day, he shall be cut off from his people.
30 "As for any person who does any work on this same
day, that person I will destroy from among his people.
31 "You shall do no work at all. It is to be a perpetual
statute throughout your generations in all your dwelling
places. **32** "It is to be a sabbath of complete rest to
you, and you shall humble your souls; on the ninth of
the month at evening, from evening until evening you
shall keep your sabbath." **33** Again the LORD spoke
to Moses, saying, **34** "Speak to the sons of Israel,
saying, 'On the fifteenth of this seventh month is the
Feast of Booths for seven days to the LORD. **35** 'On
the first day is a holy convocation; you shall do no
laborious work of any kind. **36** 'For seven days you
shall present an offering by fire to the LORD. On the
eighth day you shall have a holy convocation and present
an offering by fire to the LORD; it is an assembly. You
shall do no laborious work. **37** ¶ 'These are the appointed

레

37 /이것들은 —— 여호와의 절기라
너희는 ┬ 공포하여
/성회를 삼고
└ 그 날에 드릴지니
/번제와 소제와 희생과 전제를
/여호와께 화제로
/각각

38 /이는 —— 너희가(의) 여호와께 드리는 것이니라
/여호와의 안식일 외에,
너희의 헌물 외에,
너희의 모든 서원 예물 외에,
너희의 모든 낙헌 예물 외에

39 /너희가 토지 소산 거두기를 마치거든(when, 상황절)
[너희는] ┬ 여호와의 절기를 지키되
/칠월 십오일부터 칠일 동안
├ 첫날에도 안식하고
└ 제 팔일에도 안식할 것이요

40 /너희가 ┬ 첫날에는 취하여
/아름다운 나무 실과와
종려 가지와 무성한 가지와
시내 버들을
└ 칠일 동안 즐거워할 것이라
/너희 하나님 여호와 앞에서

41 /너희는 —— 여호와께 이 절기를 지킬지니
/매년에
/칠일 동안
/[이는] —— 영원한 규례라
/너희 대대로의
/너희는 —— 칠월에 이를 지킬지니라

42 /너희는 —— 칠일 동안 초막에 거하되
다 —— 초막에 거할지니
/이스라엘에서 난 자는

43 //이는(목적; לְ, that...may)
너희[가] — 대대로 알게 함이니라
/[내가]—인도하여 내던 때에(when)
/이스라엘 자손을
/애굽 땅에서
내가 — 초막에 거하게 한 줄을
/나는 —— 너희 하나님 여호와니라

여 성회를 삼고 번제와 소제와 희생과 전제를 각각 그 날
에 여호와께 화제로 드릴지니 **38** 이는 여호와의 안식일
외에, 너희의 헌물 외에, 너희의 모든 서원 예물외에, 너
희의 모든 낙헌 예물 외에 너희가 여호와께 드리는 것이
니라 **39** 너희가 토지 소산 거두기를 마치거든 칠월 십
오일부터 칠 일 동안 여호와의 절기를 지키되 첫날에도
안식하고 제팔일에도 안식할 것이요 **40** 첫날에는 너희
가 아름다운 나무 실과와 종려 가지와 무성한 가지와 시
내 버들을 취하여 너희 하나님 여호와 앞에서 칠 일 동안
즐거워할 것이라 **41** 너희는 매년에 칠 일 동안 여호와
께 이 절기를 지킬지니 너희 대대로의 영원한 규례라 너
희는 칠월에 이를 지킬지니라 **42** 너희는 칠 일 동안 초
막에 거하되 이스라엘에서 난 자는 다 초막에 거할지니
43 이는 내가 이스라엘 자손을 애굽 땅에서 인도하여
내던 때에 초막에 거하게 한 줄을 너희 대대로 알게 함이
니라 나는 너희 하나님 여호와니라 **44** 모세가 여호와의

times of the LORD which you shall proclaim as holy
convocations, to present offerings by fire to the LORD
— burnt offerings and grain offerings, sacrifices and libations,
each day's matter on its own day — **38** besides those
of the sabbaths of the LORD, and besides your gifts,
and besides all your votive and freewill offerings, which
you give to the LORD. **39** ¶ 'On exactly the fifteenth
day of the seventh month, when you have gathered in
the crops of the land, you shall celebrate the feast of
the LORD for seven days, with a rest on the first day
and a rest on the eighth day. **40** 'Now on the first day
you shall take for yourselves the foliage of beautiful
trees, palm branches and boughs of leafy trees and
willows of the brook; and you shall rejoice before the LORD
your God for seven days. **41** 'You shall thus celebrate
it as a feast to the LORD for seven days in the year. It
shall be a perpetual statute throughout your generations;
you shall celebrate it in the seventh month. **42** 'You
shall live in booths for seven days; all the native-born
in Israel shall live in booths, **43** so that your generations

44 모세가 **공포하였더라**
/여호와의 절기를
/이스라엘 자손에게

24

1 여호와께서 모세에게 **일러 가라사대**
2 /[너는] ——— 이스라엘 자손에게 **명하여**
/[그들이] ——— 네게로 **가져오게 하고**
/순결한 기름을
/감람을 찧어 낸
/켜기 위하여[49]

//(목적: ל, to)
등잔불을 **켤지며**
/끊이지 말고

3 /아론은 ——— 등잔불을 **정리할지니**
/회막안 증거궤 장 밖에서
/저녁부터 아침까지
/여호와 앞에
/항상

/[이는] ——— 영원한 **규례라**
/너희 대대로 지킬

4 /그가 ——— 끊이지 않고 **정리할지니라**
/순결한 등대 위의 등잔들을
/여호와 앞에서

5 /너는 ——— 고운 가루를 **취하여**
——— 떡 열 둘을 **굽되**
——— 매 덩이를 에바 십분 이로 **하여**

6 /[너는] ——— **진설하고**
/여호와 앞 순결한 상 위에
/두 줄로
/한 줄에 여섯씩

7 /또
너는 ——— 정결한 유향을 **두어**
/그 매 줄 위에
——— 기념물로 **삼을 것이며**
/화제를
/여호와께

49) 등불을 위하여, for the light

절기를 이스라엘 자손에게 공포하였더라
24:1 여호와께서 모세에게 일러 가라사대 2 이스
라엘 자손에게 명하여 감람을 찧어 낸 순결한 기
름을 켜기 위하여 네게로 가져오게 하고 끊이지 말고 등
잔불을 켤지며 3 아론은 회막 안 증거궤 장 밖에서 저녁
부터 아침까지 여호와 앞에 항상 등잔불을 정리할지니
너희 대대로 지킬 영원한 규례라 4 그가 여호와 앞에서
순결한 등대 위의 등잔들을 끊이지 않고 정리할지니라 5
너는 고운 가루를 취하여 떡 열 둘을 굽되 매 덩이를 에
바 십분 이로 하여 6 여호와 앞 순결한 상 위에 두 줄로
한 줄에 여섯씩 진설하고 7 너는 또 정결한 유향을 그
매 줄 위에 두어 기념물로 여호와께 화제를 삼을 것이며
8 항상 매 안식일에 이 떡을 여호와 앞에 진설할지니 이
는 이스라엘 자손을 위한 것이요 영원한 언약이니라 9

may know that I had the sons of Israel live in booths
when I brought them out from the land of Egypt. I am
the LORD your God.'" 44 So Moses declared to the
sons of Israel the appointed times of the LORD.
24:1 ¶ Then the LORD spoke to Moses, saying, 2
"Command the sons of Israel that they bring to
you clear oil from beaten olives for the light, to make a
lamp burn continually. 3 "Outside the veil of testimony
in the tent of meeting, Aaron shall keep it in order from
evening to morning before the LORD continually; it
shall be a perpetual statute throughout your generations.
4 "He shall keep the lamps in order on the pure gold
lampstand before the LORD continually. 5 ¶ "Then you
shall take fine flour and bake twelve cakes with it; two-
tenths of an ephah shall be in each cake. 6 "And you
shall set them in two rows, six to a row, on the pure

레

8 /[너는] ——— 이 떡을 **진설할지니**
/항상
/매 안식일에
/여호와 앞에

/이는 ——— 이스라엘 자손을 위한 것이요
영원한 언약이니라

9 /이 떡은 ——— 아론과 그 자손에게 돌리고
/그들은 ——— 그것을 먹을지니
/거룩한 곳에서

/이는 ——— 그에게 돌리는 것으로서
/여호와의 화제중
지극히 거룩함이니라

/이는 ——— 영원한 규례니라

10 [그가] ——— 이스라엘 자손 중에 **나가서**
/이스라엘 여인의 아들이요
그 아비는 애굽 사람 된 자가

한 이스라엘 사람과 **싸우다가**
/진중에서

11 아들이 여호와의 이름을 **훼방하며**
/그 이스라엘 여인의

저주하므로

무리가 **끌고...가니라**
/모세에게로

이름은 **슬로밋이요**
/그 어미의

[그녀는] 디브리의 **딸이었더라**
/단 지파

12 그들이 그를 **가두고**
여호와의 명령을 **기다리더니**

13 여호와께서 모세에게 **일러 가라사대**
14 /[너는] ——— 저주한 사람을 끌어 내어
/진 밖에
모든 자로 ——— 그 머리에 안수하게 하고
/그 말을 들은
온 회중이 ——— 돌로 그를 칠지니라

이 떡은 아론과 그 자손에게 돌리고 그들은 그것을 거룩
한 곳에서 먹을지니 이는 여호와의 화제 중 그에게 돌리
는 것으로서 지극히 거룩함이니라 이는 영원한 규례니라
10 이스라엘 여인의 아들이요 그 아비는 애굽 사람된
자가 이스라엘 자손 중에 나가서 한 이스라엘 사람과 진
중에서 싸우다가 11 그 이스라엘 여인의 아들이 여호와
의 이름을 훼방하며 저주하므로 무리가 끌고 모세에게로
가니라 그 어미의 이름은 슬로밋이요 단 지파 디브리의
딸이었더라 12 그들이 그를 가두고 여호와의 명령을 기
다리더니 13 여호와께서 모세에게 일러 가라사대 14
저주한 사람을 진 밖에 끌어 내어 그 말을 들은 모든 자
로 그 머리에 안수하게 하고 온 회중이 돌로 그를 칠지니

gold table before the LORD. 7 "And you shall put pure
frankincense on each row, that it may be a memorial
portion for the bread, even an offering by fire to the
LORD. 8 "Every sabbath day he shall set it in order
before the LORD continually; it is an everlasting covenant
for the sons of Israel. 9 "And it shall be for Aaron and
his sons, and they shall eat it in a holy place; for it is
most holy to him from the LORD's offerings by fire,
his portion forever." 10 ¶ Now the son of an Israelite woman,
whose father was an Egyptian, went out among the sons
of Israel; and the Israelite woman's son and a man of
Israel struggled with each other in the camp. 11 And
the son of the Israelite woman blasphemed the Name
and cursed. So they brought him to Moses. (Now his mother's
name was Shelomith, the daughter of Dibri, of the tribe
of Dan.) 12 And they put him in custody so that the
command of the LORD might be made clear to them.
13 Then the LORD spoke to Moses, saying, 14 "Bring

15 /너는 ——— 이스라엘 자손에게 고하여 이르라
/[만일]
누구든지 ——— 자기 하나님을 저주하면(if, 조건절)
[그는] ——— 죄를 당할 것이요
16 /훼방하면(자는) ———(그를) 반드시 죽일지니(=죽어야 할찌니)
/여호와의 이름을
/온 회중이 ——— 그를 돌로 칠 것이라

/외국인이든지 ┐
본토인이든지 ——— 여호와의 이름을 훼방하면(when, 상황절)
그를[는] ——— 죽일지니라(=죽어야 한다)

17 /죽인 자는 ——— 반드시 죽일 것이요
/사람을 쳐
18 /죽인 자는 ——— 짐승으로 짐승을 갚을 것이며
/짐승을 쳐

19 /만일(אִם)
사람이 ——— 그 이웃을 상하였으면(if, 조건절)
[그는] ——— 그에게 행할 것이니
/그 행한 대로

20 /파상은 ——— 파상으로 〈갚고〉,
눈은 ——— 눈으로 〈갚고〉,
이는 ——— 이로 갚을지라

/[그는] ——— 그에게 그렇게 할 것이며
/남에게 손상을 입힌 대로

21 /죽인 자는 ——— 그것을 물어줄 것이요
/짐승을
죽인 자는 ——— 죽일지니
/사람을

22 /그 법을(은) ——— 동일히 할 것은
/외국인에게든지
본토인에게든지

/나는 ——— 너희 하나님 여호와임이니라

23 모세가 이스라엘 자손에게 **고하니**

레

라 15 너는 이스라엘 자손에게 고하여 이르라 누구든지
자기 하나님을 저주하면 죄를 당할 것이요 16 여호와의
이름을 훼방하면 그를 반드시 죽일지니 온 회중이 돌로
그를 칠 것이라 외국인이든지 본토인이든지 여호와의 이
름을 훼방하면 그를 죽일지니라 17 사람을 쳐 죽인 자
는 반드시 죽일 것이요 18 짐승을 쳐 죽인 자는 짐승으
로 짐승을 갚을 것이며 19 사람이 만일 그 이웃을 상하
였으면 그 행한 대로 그에게 행할 것이니 20 파상은 파
상으로 눈은 눈으로 이는 이로 갚을지라 남에게 손상을
입힌대로 그에게 그렇게 할것이며 21 짐승을 죽인 자는
그것을 물어 줄 것이요 사람을 죽인 자는 죽일지니 22
외국인에게든지 본토인에게든지 그 법을 동일히 할 것은
나는 너희 하나님 여호와임이니라 23 모세가 이스라엘
자손에게 고하니 그들이 저주한 자를 진 밖에 끌어내어

the one who has cursed outside the camp, and let all
who heard him lay their hands on his head; then let all
the congregation stone him. 15 "And you shall speak
to the sons of Israel, saying, 'If anyone curses his God,
then he shall bear his sin. 16 'Moreover, the one who
blasphemes the name of the LORD shall surely be put
to death; all the congregation shall certainly stone him.
The alien as well as the native, when he blasphemes the
Name, shall be put to death. 17 ¶ 'And if a man takes
the life of any human being, he shall surely be put to
death. 18 'And the one who takes the life of an animal
shall make it good, life for life. 19 'And if a man
injures his neighbor, just as he has done, so it shall be
done to him: 20 fracture for fracture, eye for eye, tooth
for tooth; just as he has injured a man, so it shall be
inflicted on him. 21 'Thus the one who kills an animal
shall make it good, but the one who kills a man shall
be put to death. 22 'There shall be one standard for
you; it shall be for the stranger as well as the native,
for I am the LORD your God.'" 23 Then Moses spoke

레

그들이 저주한 자를 **끌어 내어**
/진 밖에
돌로 **쳤더라**

자손이 **행하였더라**
/이스라엘 /여호와께서 모세에게 명하신 대로

25

1 여호와께서 모세에게 **일러 가라사대**
/시내산에서
2 /[너는] ——— 이스라엘 자손에게 고하여 이르라
/너희는 ——— 땅에 들어간 후에(when, 상황절)
/내가 너희에게 주는
그 땅으로 —— 안식하게 하라
/여호와 앞에

3 /너는 ——— 그 밭에 파종하며
/육년 동안
——— 그 포도원을 다스려
/육년 동안
——— 그 열매를 거둘 것이나

4 /[너는] ——— 땅으로 쉬어 안식하게 할지니
/제 칠년에는
/여호와께 대한 안식이라

/너는 ——— 그 밭에 파종하거나
——— 포도원을 다스리지 말며
5 /[너는] ——— 스스로 난 것을 거두지 말고
/너의 곡물의
——— 맺은 열매를 거두지 말라
/다스리지 아니한 포도 나무의
/이는 ——— 땅의 안식년임이니라

6 /소출은 ——— 너희의 먹을 것이니
/안식년의

/다 ——— 그 소산으로 식물을 삼을지니라
/너와
네 남종과
네 여종과
네 품군과
함께 거하는 객과
/너와
7 네 육축과

돌로 쳤더라 이스라엘 자손이 여호와께서 모세에게 명하
신 대로 행하였더라
25:1 여호와께서 시내 산에서 모세에게 일러 가라
사대 2 이스라엘 자손에게 고하여 이르라 너희
는 내가 너희에게 주는 땅에 들어간 후에 그 땅으로 여
호와 앞에 안식하게 하라 3 너는 육 년 동안 그 밭에 파
종하며 육 년 동안 그 포도원을 다스려 그 열매를 거둘
것이나 4 제칠년에는 땅으로 쉬어 안식하게 할지니 여호
와께 대한 안식이라 너는 그 밭에 파종하거나 포도원을
다스리지 말며 5 너의 곡물의 스스로 난 것을 거두지 말
고 다스리지 아니한 포도나무의 맺은 열매를 거두지 말
라 이는 땅의 안식년(安息年)임이니라 6 안식년의 소출
은 너희의 먹을 것이니 너와 네 남종과 네 여종과 네 품
군과 너와 함께 거하는 객과 7 네 육축과 네 땅에 있는

to the sons of Israel, and they brought the one who had
cursed outside the camp and stoned him with stones.
Thus the sons of Israel did, just as the LORD had commanded
Moses.
25:1 ¶ The LORD then spoke to Moses at Mount Sinai,
saying, 2 "Speak to the sons of Israel, and say
to them, 'When you come into the land which I shall
give you, then the land shall have a sabbath to the LORD.
3 'Six years you shall sow your field, and six years
you shall prune your vineyard and gather in its crop, 4
but during the seventh year the land shall have a sabbath
rest, a sabbath to the LORD; you shall not sow your
field nor prune your vineyard. 5 'Your harvest's aftergrowth
you shall not reap, and your grapes of untrimmed vines
you shall not gather; the land shall have a sabbatical
year. 6 'And all of you shall have the sabbath products

7 네 육축과
들짐승들이
/네 땅에 있는

8 /너는 ——— 일곱 안식년을 계수할지니
/이는 ——— 칠년이 일곱 번인즉
└ 안식년 일곱번 동안〈이고〉
└ 곧 사십 구년이라

9 /칠월 십일은 —— 속죄일이니
/너는 ——— 나팔 소리를 내되
└ 나팔을 크게 불지며
/전국에서
10 /[너는] ——— 제 오십년을 거룩하게 하여
└ 자유를 공포하라
/전국 거민에게
/이해는 ——— 너희에게 희년이니
/너희는 ——— 각각 그 기업으로 돌아가며
└ 각각 그 가족에게로 돌아갈지며

11 /그 오십년은 —— 너희의 희년이니
/너희는 ——— 파종하지 말며
└ 스스로 난 것을 거두지 말며
└ 다스리지 아니한 포도를 거두지 말라

12 //이는(이유: כִּי, for)
희년이니
너희에게 거룩함이니라

/너희가 ——— 밭의 소산을 먹으리라

13 /너희가 ——— 각기 기업으로 돌아갈지라
/이 희년에는

14 /[만일]
[네가] ——— 네 이웃에게 팔든지
└ 네 이웃의 손에서 사거든(if, 조건절)
너희는 ——— 서로 속이지 말라

15 /너는 ——— 이웃에게 살 것이요
/희년 후의 연수를 따라서

들짐승들이 다 그 소산으로 식물을 삼을지니라 **8** 너는
일곱 안식년을 계수할지니 이는 칠 년이 일곱 번인즉 안
식년 일곱 번 동안 곧 사십 구년이라 **9** 칠월 십일은 속
죄일이니 너는 나팔 소리를 내되 전국에서 나팔을 크게
불지며 **10** 제오십년을 거룩하게 하여 전국 거민에게 자
유를 공포하라 이 해는 너희에게 희년(禧年)이니 너희는
각각 그 기업으로 돌아가며 각각 그 가족에게로 돌아갈지
며 **11** 그 오십년은 너희의 희년이니 너희는 파종하지
말며 스스로 난 것을 거두지 말며 다스리지 아니한 포도
를 거두지 말라 **12** 이는 희년이니 너희에게 거룩함이니
라 너희가 밭의 소산을 먹으리라 **13** 이 희년에는 너희
가 각기 기업으로 돌아갈지라 **14** 네 이웃에게 팔든지
네 이웃의 손에서 사거든 너희는 서로 속이지 말라 **15**
희년 후의 연수를 따라서 너는 이웃에게 살 것이요 그도

of the land for food; yourself, and your male and female
slaves, and your hired man and your foreign resident,
those who live as aliens with you. **7** 'Even your cattle
and the animals that are in your land shall have all its
crops to eat. **8** ¶ 'You are also to count off seven
sabbaths of years for yourself, seven times seven years,
so that you have the time of the seven sabbaths of years,
namely, forty-nine years. **9** 'You shall then sound a
ram's horn abroad on the tenth day of the seventh month;
on the day of atonement you shall sound a horn all
through your land. **10** 'You shall thus consecrate the fiftieth
year and proclaim a release through the land to all its
inhabitants. It shall be a jubilee for you, and each of
you shall return to his own property, and each of you
shall return to his family. **11** 'You shall have the fiftieth
year as a jubilee; you shall not sow, nor reap its aftergrowth,
nor gather in from its untrimmed vines. **12** 'For it is a
jubilee; it shall be holy to you. You shall eat its crops
out of the field. **13** ¶ 'On this year of jubilee each of
you shall return to his own property. **14** 'If you make
a sale, moreover, to your friend, or buy from your friend's
hand, you shall not wrong one another. **15** 'Corresponding

레

그도 ——— 네게 팔 것인즉
/그 열매를 얻을 연수를 따라서

16 /[만일]
연수가 ——— 많으면(if, 조건절)
너는 ——— 그 값을 많게 하고

/[만일]
연수가 ——— 적으면(if, 조건절)
너는 ——— 그 값을 적게 할지니

/곧
그가 ——— 네게 팔 것이라
/그 열매의 다소를 따라서

17 /너희는 ——— 서로 속이지 말고
너희의 하나님을 경외하라

/나는 ——— 너희 하나님 여호와니라

18 /너희는 ——— 내 법도를 행하며
내 규례를 지켜 행하라

//그리하면(결과)
너희가 —— 안전히 거할 것이라
/그 땅에

19 땅은 ——— 그 산물을 내리니

/너희가 ——— 배불리 먹고
거기 안전히 거하리라

20 /혹
너희[가] ——— 말이...하겠으나
/만일
우리가 ——— 제 칠년에 심지도 못하고
그 산물을 거두지도 못하면(if, 조건절)
무엇을 먹으리요

21 /내가 ——— 명하여
/내 복을
/제 육년에
/너희에게(내려)
족하게 할지라
/그 소출이 삼년 쓰기에

그 열매를 얻을 연수를 따라서 네게 팔 것인즉 **16** 연수가 많으면 너는 그 값을 많게 하고 연수가 적으면 너는 그 값을 적게 할지니 곧 그가 그 열매의 다소를 따라서 네게 팔것이라 **17** 너희는 서로 속이지 말고 너희의 하나님을 경외하라 나는 너희 하나님 여호와니라 **18** 너희는 내 법도를 행하며 내 규례를 지켜 행하라 그리하면 너희가 그 땅에 안전히 거할 것이라 **19** 땅은 그 산물을 내리니 너희가 배불리 먹고 거기 안전히 거하리라 **20** 혹 너희 말이 우리가 만일 제칠년에 심지도 못하고 그 산물을 거두지도 못하면 무엇을 먹으리요 하겠으나 **21** 내가 명하여 제육년에 내 복을 너희에게 내려 그 소출이 삼년 쓰기에 족하게 할지라 **22** 너희가 제팔년에는 파종하

to the number of years after the jubilee, you shall buy from your friend; he is to sell to you according to the number of years of crops. **16** 'In proportion to the extent of the years you shall increase its price, and in proportion to the fewness of the years, you shall diminish its price; for it is a number of crops he is selling to you. **17** 'So you shall not wrong one another, but you shall fear your God; for I am the LORD your God. **18** ¶ 'You shall thus observe My statutes, and keep My judgments, so as to carry them out, that you may live securely on the land. **19** 'Then the land will yield its produce, so that you can eat your fill and live securely on it. **20** 'But if you say, "What are we going to eat on the seventh year if we do not sow or gather in our crops?" **21** then I will so order My blessing for you in the sixth year that it will bring forth the crop for three years. **22**

22 /너희가 — 제 팔년에는 파종하려니와
묵은 곡식을 먹을 것이며
묵은 곡식을 먹으리라
/제 구년 곧 추수하기까지

23 /[너희는] — 토지를 영영히 팔지 말 것은
//(이유: כִּי, for)
토지는 — 다 내 것임이라
너희는 — 나그네요
나와 함께 있느니라
/우거하는 자로서

24 /[너희는] — 그 토지 무르기를 허락할지니
/너희 기업의 온 땅에서

25 /만일(אִם)
너희 형제가 — 가난하여
그 기업 얼마를 팔았으면(if, 조건절)
그 근족이 — 와서
동족의 판 것을 무를 것이요

26 /만일(אִם)
사람이 — 없고
/그것을 무를
자기가 — 부요하게 되어
무를 힘이 있거든(if, 조건절)
27 [그는] — 그 판 해를 계수하여
그 남은 값을 산 자에게 주고
그 기업으로 돌아갈 것이니라

28 /그러나
[만일](אִם)
자기가 — 무를 힘이 없으면(if, 조건절)
그 판 것이 — 산 자의 손에 있다가
/희년이 이르기까지
돌아올지니
/희년에 미쳐

/그가 — 곧 그 기업으로 돌아갈 것이니라

29 /[만일](אִם)
[누가] — 성내의 가옥을 팔았으면(if, 조건절)
/성벽 있는

려니와 묵은 곡식을 먹을 것이며 제구년 곧 추수하기까
지 묵은 곡식을 먹으리라 23 토지를 영영히 팔지 말 것
은 토지는 다 내 것임이라 너희는 나그네요 우거하는 자
로서 나와 함께 있느니라 24 너희 기업의 온 땅에서 그
토지 무르기를 허락할지니 25 만일 너희 형제가 가난하
여 그 기업 얼마를 팔았으면 그 근족이 와서 동족의 판
것을 무를 것이요 26 만일 그것을 무를 사람이 없고 자
기가 부요하게 되어 무를 힘이 있거든 27 그 판 해를
계수하여 그 남은 값을 산 자에게 주고 그 기업으로 돌아
갈 것이니라 28 그러나 자기가 무를 힘이 없으면 그 판
것이 희년이 이르기까지 산자의 손에 있다가 희년에 미
쳐 돌아올지니 그가 곧 그 기업으로 돌아갈 것이니라

'When you are sowing the eighth year, you can still eat
old things from the crop, eating the old until the ninth
year when its crop comes in. 23 ¶ 'The land, moreover,
shall not be sold permanently, for the land is Mine; for
you are but aliens and sojourners with Me. 24 'Thus
for every piece of your property, you are to provide for
the redemption of the land. 25 'If a fellow countryman
of yours becomes so poor he has to sell part of his
property, then his nearest kinsman is to come and buy
back what his relative has sold. 26 'Or in case a man
has no kinsman, but so recovers his means as to find sufficient
for its redemption, 27 then he shall calculate the years since
its sale and refund the balance to the man to whom he
sold it, and so return to his property. 28 'But if he has
not found sufficient means to get it back for himself,
then what he has sold shall remain in the hands of its
purchaser until the year of jubilee; but at the jubilee it
shall revert, that he may return to his property. 29 ¶
'Likewise, if a man sells a dwelling house in a walled
city, then his redemption right remains valid until a full

레

[그는] ——— 무를 수 있나니
/판지 만 일년 안에는
곧
[그는] ——— 그 기한 안에 무르려니와

30 /[만일](אִם)
[그것이] —— 주년 내에 무르지 못하면(if, 조건절)
가옥은 —— 산 자의 소유로 확정되어
/그 성내
— 그에게 속하고
/대대로 영영히
— 돌려 보내지 아니할 것이니라
/희년에라도

31 /그러나
촌락의 가옥은 —— 나라의 전토 일례로 (간주하여)
/성벽이 둘리지 아니한
— 물러주기도 할 것이요
— 희년에 돌려 보내기도 할 것이니라

32 /레위 사람이 —— 언제든지 무를 수 있으나
/레위 족속의 성읍(을)
/곧 그 기업의 성읍의 가옥은(을)

33 /만일
레위 사람이 —— 무르지 아니하면(if, 조건절)
가옥은 ——— 희년에 돌려 보낼지니
/그 기업된 성읍의 판

//대저(이유: כִּי, for)
가옥은 —— 이스라엘 자손 중에서 얻은 기업이 됨이니라
/레위 사람의 성읍의

34 /그러나
밭은 ——— 그의 영원한 기업이니
/들의 사면
/그 성읍의
— 팔지 못 할지니라

35 /[만일]
네 동족이 —— 빈한하게 되어
— 빈손으로 네 곁에 있거든(if, 조건절)
너는 ——— 그를 도와
— 너와 함께 생활하게 하되
/객이나 우거하는 자처럼

29 성벽 있는 성내의 가옥을 팔았으면 판 지 만 일년
안에는 무를 수 있나니 곧 그 기한 안에 무르려니와 30
주년 내에 무르지 못하면 그 성내 가옥은 산 자의 소유로
확정되어 대대로 영영히 그에게 속하고 희년에라도 돌려
보내지 아니할 것이니라 31 그러나 성벽이 둘리지 아니
한 촌락의 가옥은 나라의 전토 일례로 물러주기도 할 것
이요 희년에 돌려 보내기도 할 것이니라 32 레위 족속
의 성읍 곧 그 기업의 성읍의 가옥은 레위 사람이 언제든
지 무를 수 있으나 33 레위 사람이 만일 무르지 아니하
면 그 기업된 성읍의 판 가옥은 희년에 돌려 보낼지니 대
저 레위 사람의 성읍의 가옥은 이스라엘 자손 중에서 얻
을 기업이 됨이니라 34 그러나 그 성읍의 들의 사면 밭
은 그의 영원한 기업이니 팔지 못할지니라 35 네 동족
이 빈한하게 되어 빈 손으로 네 곁에 있거든 너는 그를

year from its sale; his right of redemption lasts a full
year. 30 'But if it is not bought back for him within
the space of a full year, then the house that is in the
walled city passes permanently to its purchaser throughout
his generations; it does not revert in the jubilee. 31
'The houses of the villages, however, which have no
surrounding wall shall be considered as open fields; they
have redemption rights and revert in the jubilee. 32
'As for cities of the Levites, the Levites have a permanent
right of redemption for the houses of the cities which
are their possession. 33 'What, therefore, belongs to
the Levites may be redeemed and a house sale in the
city of this possession reverts in the jubilee, for the
houses of the cities of the Levites are their possession among
the sons of Israel. 34 'But pasture fields of their cities
shall not be sold, for that is their perpetual possession.
35 ¶ 'Now in case a countryman of yours becomes
poor and his means with regard to you falter, then you

36 /너는 ─┬─ 그에게 이식을 취하지 말고
　　　　 └─ 네 하나님을 경외하여
네 형제로 ── 너와 함께 생활하게 할 것인즉

37 /너는 ─┬─ 돈을 꾸이지 말고
　　　　 │　　/그에게
　　　　 │　　/이식을 위하여
　　　　 └─ 식물을 꾸이지 말라
　　　　　　　/이익을 위하여

38 /나는 ── 너희 하나님 여호와니라
　　　　　　/너희를 인도하여 낸
　　　　　　　/애굽 땅에서

　　　　　　//(목적: to)
　　　　　　너희 하나님이 되려고
　　　　　　또는
　　　　　　너희에게 주려고
　　　　　　　/가나안 땅으로

39 /[만일]
네 동족이 ─┬─ 빈한하게 되어
　　　　　 └─ 네게 몸이 팔리거든(if, 조건절)
너는 ──┬─ 그를 종으로 부리지 말고
　　 40 ├─ 너와 함께 있게 하여
　　　 │　　/품군이나 우거하는 자 같이
　　　 └─ 너를 섬기게 하라
　　　　　　/희년까지

41 /그 때에는
그와 ─┐
그 자녀가 ─┬─ 함께 네게서 떠나
　　　　　 ├─ 그 본족에게로 돌아가서
　　　　　 └─ 조상의 기업을 회복하리라

42 /그들은 ─┬─ 나의 품군인즉
　　　　　 │　　/내가 애굽 땅에서 인도하여 낸바
　　　　　 └─ 종으로 팔리지 말 것이라

43 /너는 ─┬─ 그를 엄하게 부리지 말고
　　　　 └─ 너의 하나님을 경외하라

44 /[너는] ── 너의 종은(을) 취할지니
　　　　　　/너의 사면 이방인 중에서
　　　　　　/남녀를 무론하고
[너는] ── 남녀 종은(을) 살 것이며
　　　　　/이런 자 중에서

도와 객이나 우거하는 자처럼 너와 함께 생활하게 하되
36 너는 그에게 이식을 취하지 말고 네 하나님을 경외
하여 네 형제로 너와 함께 생활하게 할 것인즉 37 너는
그에게 이식을 위하여 돈을 꾸이지 말고 이익을 위하여
식물을 꾸이지 말라 38 나는 너희 하나님이 되려고 또
는 가나안 땅으로 너희에게 주려고 애굽 땅에서 너희를
인도하여 낸 너희 하나님 여호와니라 39 네 동족이 빈
한하게 되어 네게 몸이 팔리거든 너는 그를 종으로 부리
지 말고 40 품군이나 우거하는 자같이 너와 함께 있게
하여 희년까지 너를 섬기게 하라 41 그 때에는 그와 그
자녀가 함께 네게서 떠나 그 본족에게로 돌아가서 조상
의 기업을 회복하리라 42 그들은 내가 애굽 땅에서 인
도하여 낸 바 나의 품군인즉 종으로 팔리지 말 것이라
43 너는 그를 엄하게 부리지 말고 너의 하나님을 경외

are to sustain him, like a stranger or a sojourner, that
he may live with you. 36 'Do not take usurious interest
from him, but revere your God, that your countryman
may live with you. 37 'You shall not give him your
silver at interest, nor your food for gain. 38 'I am the LORD
your God, who brought you out of the land of Egypt to
give you the land of Canaan and to be your God. 39 ¶
'And if a countryman of yours becomes so poor with
regard to you that he sells himself to you, you shall not
subject him to a slave's service. 40 'He shall be with
you as a hired man, as if he were a sojourner; he shall
serve with you until the year of jubilee. 41 'He shall
then go out from you, he and his sons with him, and
shall go back to his family, that he may return to the property
of his forefathers. 42 'For they are My servants whom
I brought out from the land of Egypt; they are not to
be sold in a slave sale. 43 'You shall not rule over
him with severity, but are to revere your God. 44 'As

레

45 /또
너희가 ——┬—— 살 수 있고
/이방인의 자녀 중에서도
/너희 중에 우거한
/또
└—— 그리할 수 있은즉
/그 중에서도
/너희 땅에서 가정을 이룬
/그들이 너희 중에서 살아서

/그들이 —— 너희 소유가 될지니

46 /너희는 —— 그들을 기업으로 주어
/너희 후손에게

//(목적: ל, to)
소유가 되게 할 것이라

/너희가 —— 영원한 종을 삼으려니와
/이방인 중에서는

/자손은 —— 너희 피차 엄하게 부리지 말지니라
/이스라엘
/너희 동족

47 /[만일]
이방인은 —— 부요하게 되고
/너희 중에 우거하는
너희 동족은 —— 빈한하게 됨으로
/그 곁에 사는
몸이 —— 팔렸으면(if, 조건절)
/그 이방인에게나
/너희 중에 우거하는
그 족속에게
48 /[그는] —— 그를 속량할 수 있나니
/팔린 후에
/하나가 —— 속하거나
/그 형제 중
49 /삼촌이나 ┐
사촌이 ——┴—— 속하거나
누구든지 —— 속할 것이요
/그 근족 중

/[만일]

하라 44 너의 종은 남녀를 무론하고 너의 사면 이방인
중에서 취할지니 남녀 종은 이런 자 중에서 살 것이며
45 또 너희 중에 우거한 이방인의 자녀 중에서도 너희
가 살 수 있고 또 그들이 너희 중에서 살아서 너희 땅에
서 가정을 이룬 그 중에서도 그리할 수 있은즉 그들이 너
희 소유가 될찌니 46 너희는 그들을 너희 후손에게 기
업으로 주어 소유가 되게 할 것이라 이방인 중에서는 너
희가 영원한 종을 삼으려니와 너희 동족 이스라엘 자손은
너희 피차 엄하게 부리지 말지니라 47 너희 중에 우거
하는 이방인은 부요하게 되고 그 곁에 사는 너희 동족은
빈한하게 됨으로 너희 중에 우거하는 그 이방인에게나 그
족속에게 몸이 팔렸으면 48 팔린 후에 그를 속량할 수

for your male and female slaves whom you may have
— you may acquire male and female slaves from the
pagan nations that are around you. 45 'Then, too, it is
out of the sons of the sojourners who live as aliens
among you that you may gain acquisition, and out of
their families who are with you, whom they will have
produced in your land; they also may become your
possession. 46 'You may even bequeath them to your
sons after you, to receive as a possession; you can use
them as permanent slaves. But in respect to your countrymen,
the sons of Israel, you shall not rule with severity over
one another. 47 ¶ 'Now if the means of a stranger or
of a sojourner with you becomes sufficient, and a countryman
of yours becomes so poor with regard to him as to sell himself
to a stranger who is sojourning with you, or to the descendants
of a stranger's family, 48 then he shall have redemption
right after he has been sold. One of his brothers may
redeem him, 49 or his uncle, or his uncle's son, may redeem
him, or one of his blood relatives from his family may redeem
him; or if he prospers, he may redeem himself. 50 'He

/[만일]
그가 ——— 부요하게 되면(if, 조건절)
[그는] ——— 스스로 속하되

50 /[그는] ——— 그 산 자와 계산하여
/자기 몸이 팔린 해로부터 희년까지를
그 몸의 값을 정할 때에
/그 연수를 따라서
[그는] ——— 그 사람을 섬긴 날을 여길 것이라
/그 사람에게 고용된 날로

51 /만일(אִם)
남은 해가 ——— 많으면(if, 조건절)
[그는] ——— 속하는 값을 도로 주고
/그 연수대로
/팔린 값에서
/그 사람에게

52 /만일(אִם)
남은 해가 ——— 적으면(if, 조건절)
/희년까지
[그는] ——— 그 사람과 계산하여
그 값을 그에게 도로 줄지며
/그 연수대로 속하는

53 /주인은 ——— 그를 여기고
/매년의 삯군과 같이
엄하게 부리지 못하리라
/너의 목전에서

54 /[만일](אִם)
그가 ——— 이같이 속하지 못하면(if, 조건절)
그와
그 자녀가 ——— 자유하리니
/희년에 이르러

55 //(이유: כִּי, for)
이스라엘 자손은 나의 품군이 됨이라

/그들은 ——— 나의 품군이요
/내가 애굽 땅에서 인도하여 낸

/나는 ——— 너희 하나님 여호와니라

있나니 그 형제 중 하나가 속하거나 **49** 삼촌이나 사촌
이 속하거나 그 근족 중 누구든지 속할 것이요 그가 부요
하게 되면 스스로 속하되 **50** 자기 몸이 팔린 해로부터
희년까지를 그 산 자와 계산하여 그 년수를 따라서 그 몸
의 값을 정할 때에 그 사람을 섬긴 날을 그 사람에게 고
용된 날로 여길 것이라 **51** 만일 남은 해가 많으면 그
연수대로 팔린 값에서 속하는 값을 그 사람에게 도로 주
고 **52** 만일 희년까지 남은 해가 적으면 그 사람과 계산
하여 그 연수대로 속하는 그 값을 그에게 도로 줄지며
53 주인은 그를 매년의 삯군과 같이 여기고 너의 목전
에서 엄하게 부리지 못하리라 **54** 그가 이같이 속하지
못하면 희년에 이르러 그와 그 자녀가 자유하리니 **55**
이스라엘 자손은 나의 품군이 됨이라 그들은 내가 애굽
땅에서 인도하여 낸 나의 품군이요 나는 너희 하나님 여
호와니라

then with his purchaser shall calculate from the year when he sold himself to him up to the year of jubilee; and the price of his sale shall correspond to the number of years. It is like the days of a hired man that he shall be with him.
51 'If there are still many years, he shall refund part of his purchase price in proportion to them for his own redemption;
52 and if few years remain until the year of jubilee, he shall so calculate with him. In proportion to his years he is to refund the amount for his redemption.
53 'Like a man hired year by year he shall be with him; he shall not rule over him with severity in your sight.
54 'Even if he is not redeemed by these means, he shall still go out in the year of jubilee, he and his sons with him.
55 'For the sons of Israel are My servants; they are My servants whom I brought out from the land of Egypt. I am the LORD your God.

레

26

1 /너희는 ── 우상을 만들지 말지니
/자기를 위하여
── 목상이나 주상을 세우지 말며
── 석상을 세우고(=세우지 말고)
/너희 땅에 조각한
── 그에게 경배하지 말라

//(이유: כִּי, for)
나는 ── 여호와임이니라
/너희 하나님

2 /너희는 ── 나의 안식일을 지키며
── 나의 성소를 공경하라
/나는 ── 여호와니라

3 /[만일](אִם)
너희가 ── 나의 규례와 계명을 준행하면(if, 조건절)
4 내가 ── 너희 비를 주리니
/그 시후에

/땅은 ── 그 산물을 내고
수목은 ── 열매를 맺을지라
/밭의

5 /타작은 ── 포도 딸 때까지 미치며
/너희의
/포도따는것은 ── 파종할 때까지 미치리니
/너희의

/너희가 ── 음식을 배불리 먹고
── 너희 땅에 거하리라
/안전히

6 /내가 ── 그 땅에 평화를 줄 것인즉

//(결과: so that...may)
너희가 ── 누우나...것이며[50)]
/너희를 두렵게 할 자가 없을(이)

/내가 ── 사나운 짐승을 제할 것이요
/그 땅에서
/칼이 ── 두루 행하지 아니할 것이며
/너희 땅에

50) 누울 것이다....

26:1 너희는 자기를 위하여 우상을 만들지 말지니
목상이나 주상을 세우지 말며 너희 땅에 조각한
석상을 세우고 그에게 경배하지 말라 나는 너희 하나님
여호와임이니라 **2** 너희는 나의 안식일을 지키며 나의 성
소를 공경하라 나는 여호와니라 **3** 너희가 나의 규례와
계명을 준행하면 **4** 내가 너희 비를 그 시후에 주리니 땅
은 그 산물을 내고 밭의 수목은 열매를 맺을지라 **5** 너희
의 타작은 포도 딸 때까지 미치며 너희의 포도 따는 것은
파종할 때까지 미치리니 너희가 음식을 배불리 먹고 너
희 땅에 안전히 거하리라 **6** 내가 그 땅에 평화를 줄 것
인즉 너희가 누우나 너희를 두렵게 할 자가 없을 것이며
내가 사나운 짐승을 그 땅에서 제할 것이요 칼이 너희 땅

26:1 ¶ 'You shall not make for yourselves idols,
nor shall you set up for yourselves an image or a
sacred pillar, nor shall you place a figured stone in your
land to bow down to it; for I am the LORD your God.
2 'You shall keep My sabbaths and reverence My sanctuary;
I am the LORD. **3** 'If you walk in My statutes and keep
My commandments so as to carry them out, **4** then I
shall give you rains in their season, so that the land will
yield its produce and the trees of the field will bear their
fruit. **5** 'Indeed, your threshing will last for you until
grape gathering, and grape gathering will last until sowing
time. You will thus eat your food to the full and live
securely in your land. **6** 'I shall also grant peace in the
land, so that you may lie down with no one making you
tremble. I shall also eliminate harmful beasts from the
land, and no sword will pass through your land. **7** 'But

7 /너희가 ——— 대적을 쫓으리니
/그들이 ——— 칼에 엎드러질 것이라
/너희 앞에서

8 /다섯이 ——— 백을 쫓고
/너희
백이 ——— 만을 쫓으리니
/너희
/대적들이 ——— 칼에 엎드러질 것이며
/너희
/너희 앞에서

9 /내가 ——— 너희를 권고하여
언약을 이행하여
/나의 너희와 세운
너희로 번성케 하고
너희로 창대케 할 것이며

10 /너희는 ——— 오래 두었던 묵은 곡식을 먹다가
묵은 곡식을 치우게 될 것이며
/새 곡식을 인하여

11 /내가 ——— 내 장막을 세우리니
/너희 중에
/내 마음이 ——— 너희를 싫어하지 아니할 것이며

12 /나는 ——— 너희 중에 행하여
너희 하나님이 되고
너희는 ——— 나의 백성이 될 것이니라

13 /나는 ——— 여호와라
/너희 하나님
/너희를 애굽 땅에서 인도하여 내(낸)(어)
//(목적)
그 종된 것을 면케 한
/내가 ——— 너희 멍에 빗장목을 깨뜨리고
너희로 걷게 하였느니라
/바로 서서

14 /그러나
[만일](אִם)
너희가 ——— 내게 청종치 아니하여
이 모든 명령을 준행치 아니하며
15 나의 규례를 멸시하며
마음에 나의 법도를 싫어하여(if, 조건절)

//(결과: so that)

레

에 두루 행하지 아니할 것이며 7 너희가 대적을 쫓으리
니 그들이 너희 앞에서 칼에 엎드러질 것이라 8 너희 다
섯이 백을 쫓고 너희 백이 만을 쫓으리니 너희 대적들이
너희 앞에서 칼에 엎드러질 것이며 9 내가 너희를 권고
하여 나의 너희와 세운 언약을 이행하여 너희로 번성케
하고 너희로 창대케 할 것이며 10 너희는 오래 두었던
묵은 곡식을 먹다가 새 곡식을 인하여 묵은 곡식을 치우
게 될 것이며 11 내가 내 장막을 너희 중에 세우리니
내 마음이 너희를 싫어하지 아니할 것이며 12 나는 너
희 중에 행하여 너희 하나님이 되고 너희는 나의 백성이
될 것이니라 13 나는 너희를 애굽 땅에서 인도하여 내
어 그 종 된것을 면케 한 너희 하나님 여호와라 내가 너
희 멍에 빗장목을 깨뜨리고 너희로 바로 서서 걷게 하였
느니라 14 그러나 너희가 내게 청종치 아니하여 이 모

you will chase your enemies, and they will fall before
you by the sword; 8 five of you will chase a hundred,
and a hundred of you will chase ten thousand, and your
enemies will fall before you by the sword. 9 'So I will
turn toward you and make you fruitful and multiply you,
and I will confirm My covenant with you. 10 'And
you will eat the old supply and clear out the old because
of the new. 11 'Moreover, I will make My dwelling
among you, and My soul will not reject you. 12 'I will
also walk among you and be your God, and you shall
be My people. 13 'I am the LORD your God, who
brought you out of the land of Egypt so that you should
not be their slaves, and I broke the bars of your yoke
and made you walk erect. 14 ¶ 'But if you do not obey
Me and do not carry out all these commandments, 15
if, instead, you reject My statutes, and if your soul abhors
My ordinances so as not to carry out all My commandments,
and so break My covenant, 16 'I, in turn, will do this

//(결과: so that)
나의 모든 계명을 준행치 아니하며
나의 언약을 배반할진대

16 내가 ———— 이같이 너희에게 행하리니
/곧
내가 ———— 놀라운 재앙을 내려
/너희에게
/눈이 어둡고(=어두어지는)
/폐병과 열병으로
/생명이 쇠약하게 할 것이요(=쇠약해 지는)

/파종은 ———— 헛되리니
/너희의
대적이 ———— 그것을 먹을 것임이며
/너희의

17 /내가 ———— 너희를 치리니

//(결과)
너희가 ———— 너희 대적에게 패할 것이요
미워하는 자가 ─너희를 다스릴 것이며
/너희를

너희는 ── 쫓는 자가 없어도(when, 상황절)
[너희가]── 도망하리라

18 /[만일](אִם)
너희가 ———— 내게 청종치 아니하면(if, 조건절)
/그렇게 되어도
내가 ———— 너희를 징치할지라
/칠배나 더
/너희 죄를 인하여

19 /내가 ———— 교만을 꺾고[51]
/너희의 세력을 인한
너희 하늘로 철과 같게 하며
너희 땅으로 놋과 같게 하리니

20 /너희 수고가 ——— 헛될지라
/땅은 ———— 그 산물을 내지 아니하고
/나무는———— 그 열매를 맺지 아니하리라
/땅의

21 /[만일](אִם)

51) 꺽을 것이다

든 명령을 준행치 아니하며 15 나의 규례를 멸시하며
마음에 나의 법도를 싫어하여 나의 모든 계명을 준행치
아니하며 나의 언약을 배반할진대 16 내가 이같이 너희
에게 행하리니 곧 내가 너희에게 놀라운 재앙을 내려 폐
병과 열병으로 눈이 어둡고 생명이 쇠약하게 할 것이요
너희의 파종은 헛되리니 너희의 대적이 그것을 먹을 것임
이며 17 내가 너희를 치리니 너희가 너희 대적에게 패
할 것이요 너희를 미워하는 자가 너희를 다스릴 것이며
너희는 쫓는 자가 없어도 도망하리라 18 너희가 그렇게
되어도 내게 청종치 아니하면 너희 죄를 인하여 내가 너
희를 칠 배나 더 징치할지라 19 내가 너희의 세력을 인
한 교만을 꺾고 너희 하늘로 철과 같게 하며 너희 땅으로

to you: I will appoint over you a sudden terror, consumption
and fever that shall waste away the eyes and cause the
soul to pine away; also, you shall sow your seed uselessly,
for your enemies shall eat it up.
17 'And I will set My
face against you so that you shall be struck down before
your enemies; and those who hate you shall rule over
you, and you shall flee when no one is pursuing you.
18 'If also after these things, you do not obey Me, then
I will punish you seven times more for your sins.
19 'And I will also break down your pride of power; I will
also make your sky like iron and your earth like bronze.
20 'And your strength shall be spent uselessly, for your
land shall not yield its produce and the trees of the land

21 /[만일](אִם)
너희가 — 나를 거스려
— 내게 청종치 않을진대(if, 조건절)
내가 — 재앙을 내릴 것이라
/너희에게
/칠배나 더
/너희 죄대로

22 /내가 — 들짐승을 너희 중에 보내리니
/그것들이 — 너희 자녀를 움키고
— 너희 육축을 멸하며
— 너희 수효를 감소케 할지라

//(결과: so that)
너희 도로가 황폐하리라

23 /[만일](אִם)
너희가 — 내게로 돌아오지 아니하고
/이런 일을 당하여도
— 나를 대항할진대(if, 조건절)
24 나 곧 나도 — 너희에게 대항하여
— 너희를 더 칠지라
/칠배나
/너희 죄를 인하여

25 /내가 — 칼을 가져다가
/너희에게로
— 원수를 갚을 것이며
/너희의 배약한

너희가 — 성읍에 모일지라도(when, 상황절)
[내가] — 너희 중에 염병을 보내고
— 너희를 붙일 것이며
/대적의 손에
26 /내가 — 너희 의뢰하는 양식을 끊을 때에(when, 상황절)
열 여인이 — 너희 떡을 구워
/한 화덕에서
— 저울에 달아 주리니

//(결과: so that)
너희가 — 먹어도
— 배부르지 아니 하리라
27 /[만일](אִם)
너희가 — 이같이 될지라도
— 내게 청종치 아니하고
— 내게 대항할진대(if, 조건절)

놋과 같게 하리니 20 너희 수고가 헛될지라 땅은 그 산
물을 내지 아니하고 땅의 나무는 그 열매를 맺지 아니하
리라 21 너희가 나를 거스려 내게 청종치 않을진대 내
가 너희 죄대로 너희에게 칠 배나 더 재앙을 내릴 것이라
22 내가 들짐승을 너희 중에 보내리니 그것들이 너희
자녀를 움키고 너희 육축을 멸하며 너희 수효를 감소케
할지라 너희 도로가 황폐하리라 23 이런 일을 당하여도
너희가 내게로 돌아오지 아니하고 나를 대항할진대 24
나 곧 나도 너희에게 대항하여 너희 죄를 인하여 너희를
칠 배나 더 칠지라 25 내가 칼을 너희에게로 가져다가
너희의 배약한 원수를 갚을 것이며 너희가 성읍에 모일
지라도 너희 중에 염병을 보내고 너희를 대적의 손에 붙
일 것이며 26 내가 너희 의뢰하는 양식을 끊을 때에 열
여인이 한 화덕에서 너희 떡을 구워 저울에 달아 주리니

shall not yield their fruit. 21 ¶ 'If then, you act with hostility
against Me and are unwilling to obey Me, I will increase
the plague on you seven times according to your sins.
22 'And I will let loose among you the beasts of the
field, which shall bereave you of your children and
destroy your cattle and reduce your number so that your
roads lie deserted. 23 ¶ 'And if by these things you
are not turned to Me, but act with hostility against Me,
24 then I will act with hostility against you; and I,
even I, will strike you seven times for your sins. 25 'I
will also bring upon you a sword which will execute
vengeance for the covenant; and when you gather together
into your cities, I will send pestilence among you, so
that you shall be delivered into enemy hands. 26 'When

레

28 내가 — 너희에게 대항하되
/진노로
— 칠배나 더 징책하리니
/너희 죄를 인하여

29 /너희가 — 아들의 고기를 먹을 것이요
— 딸의 고기를 먹을 것이며

30 /내가 — 너희의 산당을 헐며
— 너희의 태양 주상을 찍어 넘기며
— 너희 시체를 던지고
/파상한 우상 위에
/내 마음이 — 너희를 싫어할 것이며
31 /내가 — 너희 성읍으로 황폐케 하고
— 너희 성소들로 황량케 할 것이요
— 너희의 향기로운 향을 흠향치 아니하고
32 — 그 땅을 황무케 하리니
/대적들이 — 그것을 인하여 놀랄 것이며
/거기 거하는
/너희

33 /내가 — 너희를 흩을 것이요
/열방 중에

/내가 — 칼을 빼어
— 너희를 따르게 하리니
/땅이 — 황무하며
/너희의
/성읍이 — 황폐하리라
/너희의

34 /너희가 — 대적의 땅에 거할 동안에(while, 상황절)
땅이 — 안식을 누릴 것이라
/너희 본토가 황무할 것이므로
/그 때에
땅이 — 쉬어
— 안식을 누리리니

35 /너희가 — 그 땅에 거한 동안(while, 상황절)
땅이 — 그 황무할 동안에는 쉬리라
/쉼을 얻지못하던 /너희 안식시에

너희가 먹어도 배부르지 아니하리라 27 너희가 이같이
될지라도 내게 청종치 아니하고 내게 대항할진대 28 내
가 진노로 너희에게 대항하되 너희 죄를 인하여 칠 배나
더 징책하리니 29 너희가 아들의 고기를 먹을 것이요
딸의 고기를 먹을 것이며 30 내가 너희의 산당을 헐며
너희의 태양 주상을 찍어 넘기며 너희 시체를 파상한 우
상 위에 던지고 내 마음이 너희를 싫어할 것이며 31 내
가 너희 성읍으로 황폐케 하고 너희 성소들로 황량케 할
것이요 너희의 향기로운 향을 흠향치 아니하고 32 그
땅을 황무케 하리니 거기 거하는 너희 대적들이 그것을
인하여 놀랄 것이며 33 내가 너희를 열방 중에 흩을 것
이요 내가 칼을 빼어 너희를 따르게 하리니 너희의 땅이
황무하며 너희의 성읍이 황폐하리라 34 너희가 대적의
땅에 거할 동안에 너희 본토가 황무할 것이므로 땅이 안

I break your staff of bread, ten women will bake your
bread in one oven, and they will bring back your bread
in rationed amounts, so that you will eat and not be
satisfied. 27 ¶ 'Yet if in spite of this, you do not obey
Me, but act with hostility against Me, 28 then I will
act with wrathful hostility against you; and I, even I,
will punish you seven times for your sins. 29 'Further,
you shall eat the flesh of your sons and the flesh of
your daughters you shall eat. 30 'I then will destroy
your high places, and cut down your incense altars, and
heap your remains on the remains of your idols; for My
soul shall abhor you. 31 'I will lay waste your cities
as well, and will make your sanctuaries desolate; and I
will not smell your soothing aromas. 32 'And I will
make the land desolate so that your enemies who settle
in it shall be appalled over it. 33 'You, however, I will
scatter among the nations and will draw out a sword
after you, as your land becomes desolate and your cities
become waste. 34 ¶ 'Then the land will enjoy its sabbaths
all the days of the desolation, while you are in your

36 /내가 ——— 그들의 마음으로 약하게 하리니
/너희 남은 자에게는
/그 대적의 땅에서
/그들은 ——— 도망하기를... 할 것이요
/바람에 불린 잎사귀 소리에도 놀라
/칼을 피하여 도망하듯
└ 엎드러질 것이라
/쫓는 자가 없어도

37 /그들은 ——— 서로 천답하여 넘어지리니
/쫓는 자가 없어도
/칼 앞에 있음 같이
/너희가 ——— 대적을 당할 힘이 없을 것이요

38 /너희가 ——— 열방 중에서 망하리니
/땅이 ——— 너희를 삼킬 것이라
/너희 대적의

39 /남은 자가 ——— 쇠잔하며
/너희
/너희 대적의 땅에서
/자기의 죄로 인하여
└ 그 열조 같이 쇠잔하리라
/그 열조의 죄로 인하여

40 /[만일]
그들이 ——— 자복하고
/자기 죄와
그 열조의 죄와 및
그들이 나를 거스린 허물을
또
└ 깨닫고
/자기들이 나를 대항하였으므로
41 나도 ┬ 들을 대항하여
└ 그 대적의 땅으로 끌어 갔음을

/마음이 ——— 낮아져서
/그 할례 받지 아니한
/[그들이] ——— 그 죄악의 형벌을 순히 받으면(if, 조건절)
42 /내가 ——— 생각하며
/야곱과 맺은 내 언약과
/이삭과 맺은 내 언약을
├ 생각하고
/아브라함과 맺은 내 언약을
└ 그 땅을 권고하리라

43 //(이유: ־ן, for)

식을 누릴 것이라 그 때에 땅이 쉬어 안식을 누리리니
35 너희가 그 땅에 거한 동안 너희 안식시에 쉼을 얻지
못하던 땅이 그 황무할 동안에는 쉬리라 36 너희 남은
자에게는 그 대적의 땅에서 내가 그들의 마음으로 약하
게 하리니 그들은 바람에 불린 잎사귀 소리에도 놀라 도
망하기를 칼을 피하여 도망하듯 할 것이요 쫓는 자가 없
어도 엎드러질 것이라 37 그들은 쫓는 자가 없어도 칼
앞에 있음같이 서로 천답하여 넘어지리니 너희가 대적을
당할 힘이 없을 것이요 38 너희가 열방 중에서 망하리
니 너희 대적의 땅이 너희를 삼킬 것이라 39 너희 남은
자가 너희 대적의 땅에서 자기의 죄로 인하여 쇠잔하며
그 열조의 죄로 인하여 그 열조같이 쇠잔하리라 40 그
들이 자기 죄와 그 열조의 죄와 및 그들이 나를 거스린
허물을 자복하고 또 자기들이 나를 대항하였으므로 41

enemies' land; then the land will rest and enjoy its
sabbaths. 35 'All the days of its desolation it will
observe the rest which it did not observe on your sabbaths,
while you were living on it. 36 'As for those of you
who may be left, I will also bring weakness into their
hearts in the lands of their enemies. And the sound of a
driven leaf will chase them and even when no one is pursuing,
they will flee as though from the sword, and they will
fall. 37 'They will therefore stumble over each other
as if running from the sword, although no one is pursuing;
and you will have no strength to stand up before your enemies.
38 'But you will perish among the nations, and your
enemies' land will consume you. 39 'So those of you
who may be left will rot away because of their iniquity
in the lands of your enemies; and also because of the iniquities
of their forefathers they will rot away with them. 40 ¶
'If they confess their iniquity and the iniquity of their
forefathers, in their unfaithfulness which they committed
against Me, and also in their acting with hostility against
Me — 41 'I also was acting with hostility against them,

43 //(이유: ו, for)
사람이 없을 때에(while, 상황절)
[그들이] —— 그 땅을 떠나서
땅이 ——— 안식을 누릴 것이요
/황폐하여

그들은 —— 형벌을 순히 받으리라
/자기 죄악으로

//(이유: because)
그들이 ┬ 나의 법도를 싫어하며
└ 나의 규례를 멸시하였으므로

44 /그런즉
그들이 ——— 대적의 땅에 거할 때에(상황절, when)
내가 ——— 싫어 버리지 아니하며
미워하지 아니하며
아주 멸하지 아니하여
폐하지 아니하리니
/나의 그들과 세운 언약을

//(이유: כִּי, for)
나는 —— 여호와 그들의 하나님이 됨이라

45 /내가 ——— 언약을 기억하리라
/그들의 열조와 맺은
/애굽에서 인도하여 낸
/그들의 하나님이 되기 위하여
/열방의 목전에
/그들을 위하여

/나는 ——— 여호와니라
46 /이상은 ——— 규례와 법도와 율법이니라
/여호와께서— 세우신
/시내산에서
/자기와 이스라엘 자손 사이에
/모세로

나도 그들을 대항하여 그 대적의 땅으로 끌어 갔음을 깨
닫고 그 할례받지 아니한 마음이 낮아져서 그 죄악의 형
벌을 순히 받으면 **42** 내가 야곱과 맺은 내 언약과 이삭
과 맺은 내 언약을 생각하며 아브라함과 맺은 내 언약을
생각하고 그 땅을 권고하리라 **43** 그들이 나의 법도를
싫어하며 나의 규례를 멸시하였으므로 그 땅을 떠나서
사람이 없을 때에 땅이 황폐하여 안식을 누릴 것이요 그
들은 자기 죄악으로 형벌을 순히 받으리라 **44** 그런즉
그들이 대적의 땅에 거할 때에 내가 싫어 버리지 아니하
며 미워하지 아니하며 아주 멸하지 아니하여 나의 그들
과 세운 언약을 폐하지 아니하리니 나는 여호와 그들의
하나님이 됨이라 **45** 내가 그들의 하나님이 되기 위하여
열방의 목전에 애굽에서 인도하여 낸 그들의 열조와 맺
은 언약을 그들을 위하여 기억하리라 나는 여호와니라
46 이상은 여호와께서 시내 산에서 자기와 이스라엘 자
손 사이에 모세로 세우신 규례와 법도와 율법이니라

to bring them into the land of their enemies — or if
their uncircumcised heart becomes humbled so that they then
make amends for their iniquity, **42** then I will remember
My covenant with Jacob, and I will remember also My
covenant with Isaac, and My covenant with Abraham as
well, and I will remember the land. **43** 'For the land
shall be abandoned by them, and shall make up for its
sabbaths while it is made desolate without them. They,
meanwhile, shall be making amends for their iniquity, because
they rejected My ordinances and their soul abhorred My
statutes. **44** 'Yet in spite of this, when they are in the
land of their enemies, I will not reject them, nor will I
so abhor them as to destroy them, breaking My covenant
with them; for I am the LORD their God. **45** 'But I
will remember for them the covenant with their ancestors,
whom I brought out of the land of Egypt in the sight
of the nations, that I might be their God. I am the
LORD.'" **46** ¶ These are the statutes and ordinances
and laws which the LORD established between Himself
and the sons of Israel through Moses at Mount Sinai.

27

1 여호와께서 모세에게 **일러 가라사대**
2 /[너는] ——— 이스라엘 자손에게 고하여 이르라
/[사람이] ——— 서원하였으면(when, 상황절)
/사람을 여호와께 드리기로
너는 ——— 그 값을 정할지니
3 /[만일]
정한 값은 ——— 남자이면(if, 조건절)
/너의 /이십세로 육십세까지(의)(는)
은 오십 세겔로 하고[52]
/성소의 세겔대로
4 /[만일](אִם)
<그것이> ——— 여자이면(if, 조건절)
값을(은) ——— 삼십 세겔로 하며
/그

5 /<만일>(אִם)
<그것이> ——— 남자이면(if, 조건절)
/오세로 이십세까지는
값을(은) ——— 이십 세겔로 하고
/그

/<만일>(אִם)
<그것이> ——— 여자이면(if, 조건절)
<그 값은> ——— 십 세겔로 하며

6 /[만일](אִם)
<그것이> ——— 남자이면(if, 조건절)
/일개월로 오세까지(의)(는)
값을(은) ——— 은 오 세겔로 하고
/그
/[만일]
[그것이] ——— 여자이면(if, 조건절)
값을(은) ——— 은 삼 세겔로 하며
/그

7 /[만일](אִם)
[그것이] ——— 육십세 이상(의)(은) 남자이면(if, 조건절)
값을(은) ——— 십오 세겔로 하고
/그

/[만일]
[그것이] ——— 여자는(if, 조건절)
<그 값은> ——— 십 세겔로 하라

52) 은 이십세겔 이다.

27:1 여호와께서 모세에게 일러 가라사대 **2** 이스
라엘 자손에게 고하여 이르라 사람을 여호와께
드리기로 서원하였으면 너는 그 값을 정할지니 **3** 너의
정한 값은 이십 세로 육십 세까지는 남자이면 성소의 세
겔대로 은 오십 세겔로 하고 **4** 여자이면 그 값을 삼십
세겔로 하며 **5** 오 세로 이십 세까지는 남자이면 그 값을
이십 세겔로 하고 여자이면 십 세겔로 하며 **6** 일 개월로
오 세까지는 남자이면 그 값을 은 오 세겔로 하고 여자이
면 그 값을 은 삼 세겔로 하며 **7** 육십 세 이상은 남자이
면 그 값을 십오 세겔로 하고 여자는 십 세겔로 하라 **8**
그러나 서원자가 가난하여 너의 정가를 감당치 못하겠으
면 그를 제사장의 앞으로 데리고 갈 것이요 제사장은 그

27:1 ¶ Again, the LORD spoke to Moses, saying,
2 "Speak to the sons of Israel, and say to them,
'When a man makes a difficult vow, he shall be valued
according to your valuation of persons belonging to the
LORD. **3** 'If your valuation is of the male from twenty years
even to sixty years old, then your valuation shall be fifty
shekels of silver, after the shekel of the sanctuary. **4**
'Or if it is a female, then your valuation shall be thirty shekels.
5 'And if it be from five years even to twenty years
old then your valuation for the male shall be twenty
shekels, and for the female ten shekels. **6** 'But if they
are from a month even up to five years old, then your
valuation shall be five shekels of silver for the male,
and for the female your valuation shall be three shekels
of silver. **7** 'And if they are from sixty years old and upward,

8 /그러나
[만일](אִם)
서원자가 —— 가난하여(하겠으면)(if, 조건절)
/너의 정가를 감당치 못(할정도로)
그를(는) —— 제사장의 앞으로 데리고 갈 것이요
제사장은 —— 그 값을 정하되
값을 정할지니라
/그 서원자의 형세대로

9 /[만일](אִם)
사람이 드리는 것이 – 생축이면(if, 조건절)
/예물로
/여호와께
다 —— 거룩하니
/서원물로 여호와께 드릴(드리는 것은)(때는)

10 /[그는] —— 그것을 변개하여[못할 것이요]
우열간 바꾸지 못할 것이요
/혹(만일)(אִם)
[그가] —— 생축으로 생축을 바꾸면(if, 조건절)
둘 다 —— 거룩할 것이며

11 /[만일](אִם)
생축이 —— 부정하(여)면(if, 조건절)
/여호와께 예물로 드리지 못할(정도로)
[그는] —— 그 생축을 끌어 갈 것이요
/제사장 앞으로

12 /제사장은 —— 그 우열간에 정가할지니
/그 값이 —— 제사장의 정한 대로 될 것이며

13 /[만일](אִם)
그가 —— 그것을 무르려면(if, 조건절)
[그는] —— 더할지니라
/정가에 그 오분 일을

14 /[만일](אִם)
사람이 —— 자기 집을 여호와께 드리려면(if, 조건절)
/구별하여
제사장이 —— 그 우열간에 정가할지니
그 값이 —— 제사장의 정한 대로 될 것이며

15 /[만일](אִם)
그 사람이 —— 자기 집을 무르려면(if, 조건절)
[그는] —— 그 오분 일을 더할지니
/정가한 돈에

//그리하면(결과)

값을 정하되 그 서원자의 형세대로 값을 정할지니라 9
사람이 예물로 여호와께 드리는 것이 생축이면 서원물로
여호와께 드릴 때는 다 거룩하니 10 그것을 변개하여
우열간 바꾸지 못할 것이요 혹 생축으로 생축을 바꾸면
둘 다 거룩할 것이며 11 부정하여 여호와께 예물로 드
리지 못할 생축이면 그 생축을 제사장 앞으로 끌어 갈 것
이요 12 제사장은 그 우열간에 정가할지니 그 값이 제
사장의 정한 대로 될것이며 13 그가 그것을 무르려면
정가에 그 오분 일을 더할지니라 14 사람이 자기 집을
구별하여 여호와께 드리려면 제사장이 그 우열간에 정가
할지니 그 값이 제사장의 정한 대로 될 것이며 15 그
사람이 자기 집을 무르려면 정가한 돈에 그 오분 일을 더

if it is a male, then your valuation shall be fifteen shekels, and for the female ten shekels.
8 'But if he is poorer than your valuation, then he shall be placed before the priest, and the priest shall value him; according to the means of the one who vowed, the priest shall value him.
9 'Now if it is an animal of the kind which men can present as an offering to the LORD, any such that one gives to the LORD shall be holy.
10 'He shall not replace it or exchange it, a good for a bad, or a bad for a good; or if he does exchange animal for animal, then both it and its substitute shall become holy.
11 'If, however, it is any unclean animal of the kind which men do not present as an offering to the LORD, then he shall place the animal before the priest.
12 'And the priest shall value it as either good or bad; as you, the priest, value it, so it shall be.
13 'But if he should ever wish to redeem

//그리하면(결과)
자기 소유가 되리라

16 /[만일](אִם)
사람이 ——— 여호와께 드리려면(if, 조건절)
/자기 기업된 밭 얼마를
/구별하여
[그는] ——— 두락수대로 정가하되
[그는] ——— 은 오십 세겔로 계산할지며
/보리 한 호멜지기에는

17 /[만일](אִם)
그가 ——— 그 밭을 희년부터 드렸으면(if, 조건절)
/구별하여
[그는] ——— 네가 정한 대로 할 것이요
/그 값을

18 /[만일](אִם)
[그가] ——— 그 밭을 희년 후에 드렸으면(if, 조건절)
/구별하여
제사장이 ——— 그 값을 계산하고
/다음 희년까지 남은 연수를 따라
——— 정가에서 감할 것이며
/그 값에 상당하게

19 /[만일](אִם)
드린 자가 ——— 그것을 무르려면(if, 조건절)
/밭을 구별하여
[그는] ——— 그 오분일을 더할지니
/정가한 돈에

//그리하면(결과)
그것이 ——— 자기 소유가 될 것이요

20 /[만일](אִם)
그가 ——— 그 밭을 무르지 아니하려거나
——— 타인에게 팔았으면(if, 조건절)
[그는] ——— 다시는 무르지 못하고

21 /희년이 ——— 되어서
그 밭이 ——— 돌아오게 될 때에는(when, 상황절)
[그것은] ——— 여호와께 바친 성물이 되어
——— 제사장의 기업이 될 것이며
/영영히 드린 땅과 같이

할지니 그리하면 자기 소유가 되리라 **16** 사람이 자기
기업된 밭 얼마를 구별하여 여호와께 드리려면 두락수대
로 정가하되 보리 한 호멜지기에는 은 오십 세겔로 계산
할지며 **17** 그가 그 밭을 희년부터 구별하여 드렸으면
그 값을 네가 정한대로 할 것이요 **18** 그 밭을 희년 후
에 구별하여 드렸으면 제사장이 다음 희년까지 남은 연
수를 따라 그 값을 계산하고 정가에서 그 값에 상당하게
감할 것이며 **19** 밭을 구별하여 드린 자가 그것을 무르
려면 정가한 돈에 그 오분일을 더할지니 그리하면 그것
이 자기 소유가 될 것이요 **20** 그가 그 밭을 무르지 아
니하려거나 타인에게 팔았으면 다시는 무르지 못하고
21 희년이 되어서 그 밭이 돌아오게 될 때에는 여호와

it, then he shall add one-fifth of it to your valuation.
14 ¶ 'Now if a man consecrates his house as holy to the LORD, then the priest shall value it as either good or bad; as the priest values it, so it shall stand. **15** 'Yet
if the one who consecrates it should wish to redeem his house, then he shall add one-fifth of your valuation price to it, so that it may be his. **16** ¶ 'Again, if a man
consecrates to the LORD part of the fields of his own property, then your valuation shall be proportionate to
the seed needed for it: a homer of barley seed at fifty shekels of silver. **17** 'If he consecrates his field as of
the year of jubilee, according to your valuation it shall stand. **18** 'If he consecrates his field after the jubilee,
however, then the priest shall calculate the price for him proportionate to the years that are left until the year of jubilee; and it shall be deducted from your valuation. **19** 'And
if the one who consecrates it should ever wish to redeem the field, then he shall add one-fifth of your valuation

22 /[만일](אִם)
[네가] — 사람에게 샀고
여호와께 구별하여 드렸으면(if, 조건절)
/자기 기업이 아닌 밭을
23 너는 — 정가하고
제사장은 — 희년까지 계산하고
/그를 위하여
그는 — 그 날에 여호와께 드려
/너의 정가한 돈을
//(목적)
성물을 삼을지며
24 /그 밭은 — 돌아 갈지니라
/희년에 판 사람[에게]
/곧 그 기업의 본주에게로
25 /[너는] — 성소의 세겔대로 하되...할지니라
/너의 모든 정가를
/이십 게라를 한 세겔로
26 /첫새끼는 — 여호와께 돌릴 첫새끼라
/오직
/생축의
여호와의 것이니
/우 양을 물론하고
/누구든지 — 드리지 못할 것이며
/그것으로는
/구별하여
27 /[만일](אִם)
[그것이] — 부정한 짐승이면(if, 조건절)
[그는] — 속할 것이요
/그 오분 일을 더하여
/너의 정가에
/만일(אִם)
[네가] — 속하지 아니하거든(if, 조건절)
[너는] — 너의 정가대로 팔지니라
28 /[너는] — 팔지도 못하고
/그 물건은
/오직 여호와께 아주 바친
/사람이든지
생축이든지
기업의 밭이든지
속하지도 못하나니

께 바친 성물이 되어 영영히 드린 땅과 같이 제사장의 기
업이 될 것이며 22 사람에게 샀고 자기 기업이 아닌 밭
을 여호와께 구별하여 드렸으면 23 너는 정가하고 제사
장은 그를 위하여 희년까지 계산하고 그는 너의 정가한
돈을 그 날에 여호와께 드려 성물을 삼을지며 24 그 밭
은 희년에 판 사람 곧 그 기업의 본주에게로 돌아갈지니
라 25 너의 모든 정가를 성소의 세겔대로 하되 이십 게
라를 한 세겔로 할지니라 26 오직 생축의 첫 새끼는 여
호와께 돌릴 첫 새끼라 우양을 물론하고 여호와의 것이니
누구든지 그것으로는 구별하여 드리지 못할 것이며 27
부정한 짐승이면 너의 정가에 그 오분 일을 더하여 속할
것이요 만일 속하지 아니하거든 너의 정가대로 팔지니라
28 오직 여호와께 아주 바친 그 물건은 사람이든지 생
축이든지 기업의 밭이든지 팔지도 못하고 속하지도 못하

price to it, so that it may pass to him. 20 'Yet if he
will not redeem the field, but has sold the field to another
man, it may no longer be redeemed; 21 and when it
reverts in the jubilee, the field shall be holy to the LORD,
like a field set apart; it shall be for the priest as his
property. 22 'Or if he consecrates to the LORD a field
which he has bought, which is not a part of the field of
his own property, 23 then the priest shall calculate for
him the amount of your valuation up to the year of
jubilee; and he shall on that day give your valuation as
holy to the LORD. 24 'In the year of jubilee the field
shall return to the one from whom he bought it, to whom
the possession of the land belongs. 25 'Every valuation
of yours, moreover, shall be after the shekel of the sanctuary.
The shekel shall be twenty gerahs. 26 ¶ 'However, a
first-born among animals, which as a first-born belongs
to the LORD, no man may consecrate it; whether ox or
sheep, it is the LORDS. 27 'But if it is among the
unclean animals, then he shall redeem it according to
your valuation, and add to it one-fifth of it; and if it is

/다 ——— 여호와께 지극히 거룩함이며
/바친 것은

29 /그 사람은 ┬ 다시 속하지 못하나니
/아주 바친 └ 반드시 죽일지니라

30 /십분 일 ——— 여호와의 것이니
/땅의
/곧 그 십분 일은
/땅의 곡식이나(의)
/나무의 과실이나(의)
/[그것은] ——— 여호와께 성물이라

31 /[만일](אִם)
사람이 ——— 그 십분 일을 속하려면(if, 조건절)
[그는] ——— 그 오분 일을 더할 것이요
/그것에

32 /열째마다 ——— 여호와의 거룩한 것이 되리니
/소나 양의 십분 일은
/막대기 아래로 통과하는 것의

33 /[너는] ┬ 그 우열을 교계하거나 [하지 말라]
└ 바꾸거나 하지 말라
/[만일](אִם)
[그가] ——— 바꾸면(if, 조건절)
둘 다 ┬ 거룩하리니
└ 속하지 못하리라

34 이상은 **계명이니라**
/여호와께서 ——— 모세에게 명하신
/시내산에서
/이스라엘 자손을 위하여

나니 바친 것은 다 여호와께 지극히 거룩함이며 **29** 아
주 바친 그 사람은 다시 속하지 못하나니 반드시 죽일지
니라 **30** 땅의 십분 일 곧 땅의 곡식이나 나무의 과실이
나 그 십분 일은 여호와의 것이니 여호와께 성물이라
31 사람이 그 십분 일을 속하려면 그것에 그 오분 일을
더할 것이요 **32** 소나 양의 십분 일은 막대기 아래로 통
과하는 것의 열째마다 여호와의 거룩한 것이 되리니 **33**
그 우열을 교계하거나 바꾸거나 하지 말라 바꾸면 둘 다
거룩하리니 속하지 못하리라 **34** 이상은 여호와께서 시
내산에서 이스라엘 자손을 위하여 모세에게 명하신 계명
이니라

not redeemed, then it shall be sold according to your
valuation. **28** ¶ 'Nevertheless, anything which a man
sets apart to the LORD out of all that he has, of man
or animal or of the fields of his own property, shall not
be sold or redeemed. Anything devoted to destruction is
most holy to the LORD. **29** 'No one who may have
been set apart among men shall be ransomed; he shall
surely be put to death. **30** ¶ 'Thus all the tithe of the
land, of the seed of the land or of the fruit of the tree,
is the LORDS; it is holy to the LORD. **31** 'If, therefore,
a man wishes to redeem part of his tithe, he shall add
to it one-fifth of it. **32** 'And for every tenth part of
herd or flock, whatever passes under the rod, the tenth
one shall be holy to the LORD. **33** 'He is not to be concerned
whether it is good or bad, nor shall he exchange it; or
if he does exchange it, then both it and its substitute
shall become holy. It shall not be redeemed.'" **34** ¶
These are the commandments which the LORD commanded
Moses for the sons of Israel at Mount Sinai.

SBI 구문분석에 의한

민수기

민

1

1 자손이
/이스라엘
여호와께서
애굽 땅에서 나온 후(상황절, after)
모세에게 **말씀하여 이르시되**
/둘째 해 둘째 달 첫째 날에

2 /너희는 — 그 명수대로 계수할지니
/모든 회중 각 남자의 수를
/이스라엘 자손의
/그들의 종족과 조상의 가문에 따라

3 /너와
아론은 — 그 진영별로 계수하되
/싸움에 나갈 만한 모든 자를
/이스라엘 중 이십 세 이상으로

4 /한 사람씩(을) — 너희와 함께 하게 하라
/가문의 우두머리
/각 지파의
/각 조상의

5 /이름은 — 이러하니
/사람들의
/너희와 함께 설

— 엘리술이요
/르우벤 지파에서는
/스데울의 아들
6 슬루미엘이요
/시므온 지파에서는
/수리삿대의 아들
7 나손이요
/유다 지파에서는
/암미나답의 아들
8 느다넬이요
/잇사갈 지파에서는
/수알의 아들
9 엘리압이요
/스불론 지파에서는
/헬론의 아들
10 엘리사마요
/에브라임 지파에서는
/요셉의 자손들 중
/암미훗의 아들

1:1 이스라엘 자손이 애굽 땅에서 나온 후 제이년 이
월 일일에 여호와께서 시내 광야 회막에서 모세에게
일러 가라사대 2 너희는 이스라엘 자손의 모든 회중 각
남자의 수를 그들의 가족과 종족을 따라 그 명수대로 계
수할지니 3 이스라엘 중 이십 세 이상으로 싸움에 나갈
만한 모든 자를 너와 아론은 그 군대대로 계수하되 4 매
지파의 각기 종족의 두령 한 사람씩 너희와 함께 하라 5
너희와 함께 설 사람들의 이름은 이러하니 르우벤에게서
는 스데울의 아들 엘리술이요 6 시므온에게서는 수리삿
대의 아들 슬루미엘이요 7 유다에게서는 암미나답의 아
들 나손이요 8 잇사갈에게서는 수리알의 아들 느다넬이
요 9 스불론에게서는 헬론의 아들 엘리압이요 10 요셉

1:1 Then the LORD spoke to Moses in the wilderness
of Sinai, in the tent of meeting, on the first of the second
month, in the second year after they had come out of
the land of Egypt, saying, 2 "Take a census of all the
congregation of the sons of Israel, by their families, by
their fathers' households, according to the number of
names, every male, head by head 3 from twenty years
old and upward, whoever is able to go out to war in
Israel, you and Aaron shall number them by their armies.
4 "With you, moreover, there shall be a man of each
tribe, each one head of his father's household. 5 "These
then are the names of the men who shall stand with you:
of Reuben, Elizur the son of Shedeur; 6 of Simeon, Shelumiel
the son of Zurishaddai; 7 of Judah, Nahshon the son of
Amminadab; 8 of Issachar, Nethanel the son of Zuar;
9 of Zebulun, Eliab the son of Helon; 10 of the sons

가말리엘이요
/므낫세 지파에서는
/브다술의 아들
11 아비단이요
/베냐민 지파에서는
/기드오니의 아들
12 아히에셀이요
/단 지파에서는
/암미삿대의 아들
13 바기엘이요
/아셀 지파에서는
/오그란의 아들
14 엘리아삽이요
/갓 지파에서는
/드우엘의 아들
15 아히라이니라 (하시니)
/납달리 지파에서는
/에난의 아들

16 /그들은 회중에서 부름을 받은 자요
이스라엘 종족들의 우두머리라
/그 조상 지파의 지휘관으로서

17 모세와
아론이 이 사람들을 **데리고**
/지명된
18 온 회중을 **모으니**
/둘째 달 첫째 날에

그들이 **신고하매**
/남자의 이름을
/이십 세 이상인
/각 종족과 조상의 가문에 따라
/자기 계통별로

19 그가 그들을 **계수하였더라**
/여호와께서 모세에게 명령하신 대로
/시내 광야에서

20 다 그 명수대로 **계수하니**
/르우벤의 아들들에게서 난 자를
/이스라엘의 장자
/각 남자를
/이십 세 이상으로
/싸움에 나갈 만한
/그들의 종족과 조상의 가문에 따라

자손에게서는 에브라임에 암미훗의 아들 엘리사마와 므
낫세에 브다술의 아들 가말리엘이요 11 베냐민에게서는
기드오니의 아들 아비단이요 12 단에게서는 암미삿대의
아들 아히에셀이요 13 아셀에게서는 오그란의 아들 바
기엘이요 14 갓에게서는 드우엘의 아들 엘리아삽이요
15 납달리에게서는 에난의 아들 아히라니라 하시니 16
그들은 회중에서 부름을 받은 자요 그 조상 지파의 족장
으로서 이스라엘 천만 인의 두령이라 17 모세와 아론이
지명된 이 사람들을 데리고 18 이월 일일에 온 회중을
모으니 그들이 각기 가족과 종족을 따라 이십 세 이상으
로 그 명수를 의지하여 자기 계통을 말하매 19 여호와
께서 모세에게 명하신 대로 그가 시내 광야에서 그들을

of Joseph: of Ephraim, Elishama the son of Ammihud;
of Manasseh, Gamaliel the son of Pedahzur; 11 of Benjamin,
Abidan the son of Gideoni; 12 of Dan, Ahiezer the son
of Ammishaddai; 13 of Asher, Pagiel the son of Ochran;
14 of Gad, Eliasaph the son of Deuel; 15 of Naphtali,
Ahira the son of Enan. 16 "These are they who were
called of the congregation, the leaders of their fathers' tribes;
they were the heads of divisions of Israel." 17 So Moses
and Aaron took these men who had been designated by
name, 18 and they assembled all the congregation
together on the first of the second month. Then they registered
by ancestry in their families, by their fathers' households,
according to the number of names, from twenty years
old and upward, head by head, 19 just as the LORD
had commanded Moses. So he numbered them in the
wilderness of Sinai. 20 ¶ Now the sons of Reuben,

21 계수된 자는 **사만 육천오백 명이었더라**
/르우벤 지파에서

22 다 그 명수대로 **계수하니**
/시므온의 아들들에게서 난 자를
/각 남자를
/이십 세 이상으로
/싸움에 나갈 만한
/그들의 종족과 조상의 가문에 따라

23 계수된 자는 **오만 구천삼백 명이었더라**
/시므온 지파에서

24 다 그 명수대로 **계수하니**
/갓의 아들들에게서 난 자를
/싸움에 나갈 만한 자를
/이십 세 이상으로
/그들의 종족과 조상의 가문에 따라

25 계수된 자는 **사만 오천육백오십 명이었더라**
/갓 지파에서

26 다 그 명수대로 **계수하니**
/유다의 아들들에게서 난 자를
/싸움에 나갈 만한 자를
/이십 세 이상으로
/그들의 종족과 조상의 가문에 따라

27 계수된 자는 **칠만 사천육백 명이었더라**
/유다 지파에서

28 다 그 명수대로 **계수하니**
/잇사갈의 아들들에게서 난 자를
/싸움에 나갈 만한 자를
/이십 세 이상으로
/그들의 종족과 조상의 가문에 따라

계수하였더라 **20** 이스라엘의 장자 르우벤의 아들들에게
서 난 자를 그들의 가족과 종족을 따라 이십 세 이상으로
싸움에 나갈만한 각 남자를 그 명수대로 다 계수하니 **21**
르우벤 지파의 계수함을 입은 자가 사만 육천 오백명이었
더라 **22** 시드몬의 아들들에게서 난 자를 그들의 가족과
종족을 따라 이십 세 이상으로 싸움에 나갈만한 각 남자
를 그 명수대로 다 계수하니 **23** 시므온 지파의 계수함
을 입은 자가 오만 구천 삼백명이었더라 **24** 갓의 아들
에게서 난 자를 그들의 가족과 종족을 따라 이십 세 이상
으로 싸움에 나갈 만한 자를 그 명수대로 다 계수하니
25 갓 지파의 계수함을 입은 자가 사만 오천 육백 오십
명이었더라 **26** 유다의 아들들에게서 난 자를 그들의 가
족과 종족을 따라 이십 세 이상으로 싸움에 나갈 만한 자
를 그 명수대로 다 계수하니 **27** 유다 지파의 계수함을
입은자가 칠만 사천 육백명이었더라 **28** 잇사갈의 아들
들에게서 난 자를 그들의 가족과 종족을 따라 이십 세 이

Israel's first-born, their genealogical registration by their
families, by their fathers' households, according to the number
of names, head by head, every male from twenty years
old and upward, whoever was able to go out to war,
21 their numbered men, of the tribe of Reuben, were 46,500.
22 ¶ Of the sons of Simeon, their genealogical registration
by their families, by their fathers' households, their numbered
men, according to the number of names, head by head, every
male from twenty years old and upward, whoever was
able to go out to war, **23** their numbered men, of the
tribe of Simeon, were 59,300. **24** ¶ Of the sons of Gad,
their genealogical registration by their families, by their
fathers' households, according to the number of names, from
twenty years old and upward, whoever was able to go
out to war, **25** their numbered men, of the tribe of Gad,
were 45,650. **26** ¶ Of the sons of Judah, their genealogical
registration by their families, by their fathers' households,
according to the number of names, from twenty years
old and upward, whoever was able to go out to war,
27 their numbered men, of the tribe of Judah, were

29 계수된 자는 **오만 사천사백 명이었더라**
/잇사갈 지파에서

30 다 그 명수대로 **계수하니**
/스불론의 아들들에게서 난 자를
/싸움에 나갈 만한 자를
/이십 세 이상으로
/그들의 종족과 조상의 가문에 따라

31 계수된 자는 **오만 칠천사백 명이었더라**
/스불론 지파에서

32 다 그 명수대로 **계수하니**
/에브라임의 아들들에게서 난 자를
/요셉의 아들
/싸움에 나갈 만한 자를
/이십 세 이상으로
/그들의 종족과 조상의 가문에 따라

33 계수된 자는 **사만 오백 명이었더라**
/에브라임 지파에서

34 다 그 명수대로 **계수하니**
/므낫세의 아들들에게서 난 자를
/싸움에 나갈 만한 자를
/이십 세 이상으로
/그들의 종족과 조상의 가문에 따라

35 계수된 자는 **삼만 이천이백 명이었더라**
/므낫세 지파에서

36 다 그 명수대로 **계수하니**
/베냐민의 아들들에게서 난 자를
/싸움에 나갈 만한 자를
/이십 세 이상으로
/그들의 종족과 조상의 가문에 따라

37 계수된 자는 **삼만 오천사백 명이었더라**
/베냐민 지파에서

상으로 싸움에 나갈 만한 자를 그 명수대로 다 계수하니
29 잇사갈 지파의 계수함을 입은자가 오만 사천 사백명
이었더라 **30** 스불론의 아들들에게서 난 자를 그들의 가
족과 종족을 따라 이십 세 이상으로 싸움에 나갈 만한 자
를 그 명수대로 다 계수하니 **31** 스불론 지파의 계수함
을 입은 자가 오만 칠천 사백명이었더라 **32** 요셉의 아
들 에브라임의 아들들에게서 난 자를 그들의 가족과 종족
을 따라 이십 세 이상으로 싸움에 나갈 만한 자를 그 명
수대로 다 계수하니 **33** 에브라임 지파의 계수함을 입은
자가 사만 오백명이었더라 **34** 므낫세의 아들들에게서
난 자를 그들의 가족과 종족을 따라 이십 세 이상으로 싸
움에 나갈 만한 자를 그 명수대로 다 계수하니 **35** 므낫
세 지파의 계수함을 입은 자가 삼만 이천 이백명이었더라
37 베냐민의 아들들에게서 난 자를 그들의 가족과 종족

74,600. **28** ¶ Of the sons of Issachar, their genealogical
registration by their families, by their fathers' households,
according to the number of names, from twenty years
old and upward, whoever was able to go out to war,
29 their numbered men, of the tribe of Issachar, were 54,400.
30 ¶ Of the sons of Zebulun, their genealogical registration
by their families, by their fathers' households, according
to the number of names, from twenty years old and
upward, whoever was able to go out to war, **31** their
numbered men, of the tribe of Zebulun, were 57,400.
32 ¶ Of the sons of Joseph, namely, of the sons of
Ephraim, their genealogical registration by their families,
by their fathers' households, according to the number of
names, from twenty years old and upward, whoever was
able to go out to war, **33** their numbered men, of the
tribe of Ephraim, were 40,500. **34** ¶ Of the sons of Manasseh,
their genealogical registration by their families, by their
fathers' households, according to the number of names, from
twenty years old and upward, whoever was able to go
out to war, **35** their numbered men, of the tribe of Manasseh,
were 32,200. **36** ¶ Of the sons of Benjamin, their
genealogical registration by their families, by their fathers'
households, according to the number of names, from
twenty years old and upward, whoever was able to go

민

38 다 그 명수대로 **계수하니**
/단의 아들들에게서 난 자를
/싸움에 나갈 만한 자를
/이십 세 이상으로
/그들의 종족과 조상의 가문에 따라

39 계수된 자는 **육만 이천칠백 명이었더라**
/단 지파에서

40 다 그 명수대로 **계수하니**
/아셀의 아들들에게서 난 자를
/싸움에 나갈 만한 자를
/이십 세 이상으로
/그들의 종족과 조상의 가문에 따라

41 계수된 자는 **사만 천오백 명이었더라**
/아셀 지파에서

42 다 그 명수대로 **계수하니**
/납달리의 아들들에게서 난 자를
/싸움에 나갈 만한 자를
/이십 세 이상으로
/그들의 종족과 조상의 가문에 따라

43 계수된 자는 **오만 삼천사백 명이었더라**
/납달리 지파에서

44 받은 자는 **계수하였더라**
/이 계수함을
/모세와
아론과

열두 지휘관이
/각기 이스라엘 조상의 가문을 대표한

45 자손이 다 **계수되었으니**
/이스라엘
/이같이
/그 조상의 가문을 따라
/싸움에 나갈 만한
/이십 세 이상으로

을 따라 이십 세 이상으로 싸움에 나갈 만한 자를 그 명
수대로 다 계수하니 **38** 베냐민 지파의 계수함을 입은
자가 삼만 오천 사백명이었더라 **38** 단의 아들들에게서
난 자를 그들의 가족과 종족을 따라 이십 세 이상으로 싸
움에 나갈 만한 자를 그 명수대로 다 계수하니 **39** 단
지파의 계수함을 입은 자가 육만 이천 칠백명이었더라
40 아셀의 아들들에게서 난 자를 그들의 가족과 종족을
따라 이십 세 이상으로 싸움에 나갈 만한 자를 그 명수대
로 다 계수하니 **41** 아셀 지파의 계수함을 입은 자가 사
만 일천 오백명이었더라 **42** 납달리의 아들들에게서 난
자를 그들의 가족과 종족을 따라 이십 세 이상으로 싸움
에 나갈 만한 자를 그 명수대로 다 계수하니 **43** 납달리
지파의 계수함을 입은 자가 오만 삼천 사백명이었더라
44 이 계수함을 입은 자는 모세와 아론과 각기 이스라
엘 종족을 대표한 족장 십이 인이 계수한 자라 **45** 이같
이 이스라엘 자손의 그 종족을 따라 이십 세 이상으로 싸

out to war, **37** their numbered men, of the tribe of Benjamin,
were 35,400. **38** ¶ Of the sons of Dan, their genealogical
registration by their families, by their fathers' households,
according to the number of names, from twenty years
old and upward, whoever was able to go out to war,
39 their numbered men, of the tribe of Dan, were
62,700. **40** ¶ Of the sons of Asher, their genealogical
registration by their families, by their fathers' households,
according to the number of names, from twenty years
old and upward, whoever was able to go out to war,
41 their numbered men, of the tribe of Asher, were
41,500. **42** ¶ Of the sons of Naphtali, their genealogical
registration by their families, by their fathers' households,
according to the number of names, from twenty years
old and upward, whoever was able to go out to war,
43 their numbered men, of the tribe of Naphtali, were
53,400. **44** ¶ These are the ones who were numbered, whom
Moses and Aaron numbered, with the leaders of Israel, twelve
men, each of whom was of his father's household. **45**
So all the numbered men of the sons of Israel by their fathers'

46 총계는 육십만 삼천오백오십 명이었더라
/계수된 자의

47 그러나
레위인은 그 계수에 **들지 아니하였으니**
/그들의 조상의 지파대로

48 //이는(이유: כִּי, for)
여호와께서 — 모세에게 말씀하여 이르시되
49 /너는 — 레위 지파만은 계수하지 말며
— 그들을 넣지 말고
/이스라엘 자손 계수 중에
50 — 그들에게 관리하게 하라
/증거의 성막과
그 모든 기구와
그 모든 부속품을

/그들은 — 운반하며
/그 성막과
그 모든 기구를
— 거기서 봉사하며
— 성막 주위에 진을 칠지며

51 /성막을 운반할 때에는(상황절, when)
레위인이 — 그것을 걷고

/성막을 세울 때에는(상황절, when)
레위인이 — 그것을 세울 것이요
외인이 — 죽일지며(=죽임당할 것이다)
/가까이 오(는)면

52 /자손은 — 막사를 치되
/이스라엘
/각각 — 그 진영별로 칠 것이나
/그 진영과
군기 곁에
53 /레위인은 — 진을 쳐서
/증거의 성막 사방에
/진노가 — 임하지 않게 할 것이라
/이스라엘 자손의 회중에게

/레위인은 — 책임을 지킬지니라 (하셨음이라)
/증거의 성막에 대한

움에 나갈 만한 자가 이스라엘 중에서 다 계수함을 입었
으니 **46** 계수함을 입은 자의 총계가 육십만 삼천 오백
오십명이었더라 **47** 오직 레위인은 그 조상의 지파대로
그 계수에 들지 아니하였으니 **48** 이는 여호와께서 모세
에게 일러 가라사대 **49** 레위 지파만은 너는 계수치 말
며 그들을 이스라엘 자손 계수중에 넣지 말고 **50** 그들
을 증거막과 그 모든 기구와 그 모든 부속품을 관리하게
하라 그들은 그 장막과 그 모든 기구를 운반하며 거기서
봉사하며 장막 사면에 진을 칠지며 **51** 장막을 운반할
때에는 레위인이 그것을 걷고 장막을 세울 때에는 레위인
이 그것을 세울것이요 외인이 가까이 오면 죽일지며 **52**
이스라엘 자손은 막을 치되 그 군대대로 각각 그 진과 기
곁에 칠 것이나 **53** 레위인은 증거막 사면에 진을 쳐서
이스라엘 자손의 회중에게 진노가 임하지 않게 할 것이라
레위인은 증거막에 대한 책임을 지킬지니라 하셨음이라
54 이스라엘 자손이 그대로 행하되 여호와께서 모세에

households, from twenty years old and upward, whoever
was able to go out to war in Israel, **46** even all the numbered
men were **603,550**. **47** ¶ The Levites, however, were
not numbered among them by their fathers' tribe. **48**
For the LORD had spoken to Moses, saying, **49** "Only
the tribe of Levi you shall not number, nor shall you
take their census among the sons of Israel. **50** "But
you shall appoint the Levites over the tabernacle of the
testimony, and over all its furnishings and over all that
belongs to it. They shall carry the tabernacle and all its
furnishings, and they shall take care of it; they shall also
camp around the tabernacle. **51** "So when the tabernacle
is to set out, the Levites shall take it down; and when
the tabernacle encamps, the Levites shall set it up. But
the layman who comes near shall be put to death. **52**
"And the sons of Israel shall camp, each man by his
own camp, and each man by his own standard, according
to their armies. **53** "But the Levites shall camp around
the tabernacle of the testimony, that there may be no
wrath on the congregation of the sons of Israel. So the Levites

54 자손이 그대로 **행하되**
/이스라엘

행하였더라
/여호와께서 모세에게 명령하신 대로

2

1 여호와께서 **말씀하여 이르시되**
/모세와 아론에게

2 /자손은 — 진을 치되
/이스라엘 /각각 자기의 진영의 군기 (곁에)와 자기의 조상의 가문의 기호 곁에
— 사방으로 치라
/회막을 향하여

3 /진 칠 자는 — 유다의 진영의 군기에 속한 자라
/동방 /그 진영별로
/해 돋는 쪽에

/지휘관은 — 나손이요
/유다 자손의 /암미나답의 아들

4 /계수된 자가 — 칠만 사천육백 명이며
/그의 군대로

5 /진 칠 자는 — 잇사갈 지파라
/그 곁에

/지휘관은 — 수알의 아들 느다넬이요
/잇사갈 자손의

6 /계수된 자가 — 오만 사천사백 명이라
/그의 군대로

7 /그리고
스불론 지파라
지휘관은 — 헬론의 아들 엘리압이요
/스불론 자손의

8 /계수된 자가 — 오만 칠천사백 명이니
/그의 군대로

9 /군인의 총계는 — 십팔만 육천사백 명이라
/군대로 계수된
/유다 진영에 속한
/그들은 — 제일대로 행진할지니라

게 명하신 대로 행하였더라
2:1 여호와께서 모세와 아론에게 일러 가라사대 2 이
스라엘 자손은 각각 그 기와 그 종족의 기호 곁에 진
을 치되 회막을 사면으로 대하여 치라 3 동방 해 돋는
편에 진 칠 자는 그 군대대로 유다의 진기에 속한자라 유
다 자손의 족장은 암미나답의 아들 나손이요 4 그 군대
는 계수함을 입은 자가 칠만 사천 육백명이며 5 그 곁에
진 칠 자는 잇사갈 지파라 잇사갈 자손의 족장은 수알의
아들 느다넬이요 6 그 군대는 계수함을 입은 자 오만 사
천 사백명이며 7 또 스불론 지파라 스불론 자손의 족장
은 헬론의 아들 엘리압이요 8 그 군대는 계수함을 입은
자 오만 칠천 사백명이니 9 유다 진에 속한 군대의 계수

shall keep charge of the tabernacle of the testimony."
54 Thus the sons of Israel did; according to all which
the LORD had commanded Moses, so they did.
2:1 ¶ Now the LORD spoke to Moses and to Aaron,
saying, 2 "The sons of Israel shall camp, each by
his own standard, with the banners of their fathers'
households; they shall camp around the tent of meeting
at a distance. 3 "Now those who camp on the east side
toward the sunrise shall be of the standard of the camp
of Judah, by their armies, and the leader of the sons of Judah:
Nahshon the son of Amminadab, 4 and his army, even
their numbered men, 74,600. 5 "And those who camp
next to him shall be the tribe of Issachar, and the leader
of the sons of Issachar: Nethanel the son of Zuar, 6 and
his army, even their numbered men, 54,400. 7 "Then
comes the tribe of Zebulun, and the leader of the sons
of Zebulun: Eliab the son of Helon, 8 and his army,
even his numbered men, 57,400. 9 "The total of the
numbered men of the camp of Judah: 186,400, by their
armies. They shall set out first. 10 ¶ "On the south

10 /진영의 군기가 ── 있을 것이라
/르우벤 군대 /남쪽에는

/지휘관은 ── 엘리술이요
/르우벤 자손의 /스데울의 아들

11 /계수된 자가 ── 사만 육천오백 명이며
/그의 군대로

12 /진 칠 자는 ── 시므온 지파라
/그 곁에

/지휘관은 ── 슬루미엘이요
/시므온 자손의 /수리삿대의 아들

13 /계수된 자가 ── 오만 구천삼백 명이며
/그의 군대로
14 /또
갓 지파라
/지휘관은 ── 엘리아삽이요
/갓 자손의 /르우엘의 아들

15 /계수된 자가 ── 사만 오천육백오십 명이니
/그의 군대로

16 /총계는 ── 십오만 천사백오십 명이라
/계수된 군인의
/르우벤 진영에 속하여
/그들은 ── 제이대로 행진할지니라
17 /그 다음에
회막이 ── 행진하되
/레위인의 진영과 함께
/모든 진영의 중앙에 있어

/각 사람은 ── 앞으로 행진할지니라
/그들의 진 친 순서대로
/자기의 위치에서
/자기들의 기를 따라

18 /군기가 ── 있을 것이라
/진영의 /서쪽에는
/에브라임의 군대의

/지휘관은 ── 암미훗의 아들 엘리사마요
/에브라임 자손의

함을 입은 군대의 총계가 십팔만 육천 사백명이라 그들은
제일대로 진행할지니라 **10** 남편에는 르우벤 군대의 진
기가 있을 것이라 르우벤 자손의 족장은 스데울의 아들
엘리술이요 **11** 그 군대는 계수함을 입은 자 사만 육천
오백명이며 **12** 그 곁에 진 칠 자는 시므온 지파라 시므
온 자손의 족장은 수리삿대의 아들 슬루미엘이요 **13** 그
군대는 계수함을 입은 자 오만 구천 삼백명이며 **14** 또
갓 지파라 갓 자손의 족장은 르우엘의 아들 엘리아셉이요
15 그 군대는 계수함을 입은 자 사만 오천 육백 오십명
이니 **16** 르우벤 진에 속한 계수함을 입은 군대의 총계
가 십오만 일천 사백 오십명이라 그들은 제이대로 진행할
지니라 **17** 그 다음에 회막이 레위인의 진과 함께 모든
진의 중앙에 있어 진행하되 그들의 진 친 순서대로 각 사
람은 그 위치에서 그 기를 따라 앞으로 행할지니라 **18**
서편에는 에브라임의 군대의 진 기가 있을 것이라 에브라
임 자손의 족장은 암미훗의 아들 엘리사마요 **19** 그 군

side shall be the standard of the camp of Reuben by
their armies, and the leader of the sons of Reuben: Elizur
the son of Shedeur, **11** and his army, even their numbered
men, 46,500. **12** "And those who camp next to him
shall be the tribe of Simeon, and the leader of the sons
of Simeon: Shelumiel the son of Zurishaddai, **13** and
his army, even their numbered men, 59,300. **14** "Then
comes the tribe of Gad, and the leader of the sons of
Gad: Eliasaph the son of Deuel, **15** and his army, even
their numbered men, 45,650. **16** "The total of the numbered
men of the camp of Reuben: 151,450 by their armies.
And they shall set out second. **17** ¶ "Then the tent of meeting
shall set out with the camp of the Levites in the midst
of the camps; just as they camp, so they shall set out,
every man in his place, by their standards. **18** ¶ "On
the west side shall be the standard of the camp of Ephraim
by their armies, and the leader of the sons of Ephraim
shall be Elishama the son of Ammihud, **19** and his

19 /계수된 자가 — 사만 오백 명이며
/그의 군대로

20 /므낫세 지파가 — 있을 것이라
/그 곁에는

/지휘관은 — 가말리엘이요
/므낫세 자손의 /브다술의 아들

21 /계수된 자가 — 삼만 이천이백 명이며
/그의 군대로

22 /또
베냐민 지파라
/지휘관은 — 아비단이요
/베냐민 자손의 /기드오니의 아들

23 /계수된 자가 — 삼만 오천사백 명이니
/그의 군대로

24 /총계는 — 십만 팔천백 명이라
/계수된 군인의
/에브라임 진영에 속하여

/그들은 — 제삼대로 행진할지니라

25 /군기가 — 있을 것이라
/단 군대 진영의 /북쪽에는

지휘관은 — 아히에셀이요
/단 자손의 /암미삿대의 아들

26 /계수된 자가 — 육만 이천칠백 명이며
/그의 군대로

27 /진 칠 자는 — 아셀 지파라
/그 곁에

/지휘관은 — 바기엘이요
/아셀 자손의 /오그란의 아들

28 /계수된 자가 — 사만 천오백 명이며
/그의 군대로

29 /또
납달리 지파라
/지휘관은 — 아히라요
/납달리 자손의 /에난의 아들

대는 계수함을 입은 자 사만 오백명이며 **20** 그 곁에는
므낫세 지파가 있을 것이라 므낫세 자손의 족장은 브다술
의 아들 가말리엘이요 **21** 그 군대는 계수함을 입은 자
삼만 이천 이백명이며 **22** 또 베냐민 지파라 베냐민 자
손의 족장은 기드오니의 아들 아비단이요 **23** 그 군대는
계수함을 입은 자 삼만 오천 사백명이니 **24** 에브라임
진에 속한 계수함을 입은 군대의 총계가 십만 팔천 일백
명이라 그들은 제삼대로 진행할지니라 **25** 북편에는 단
군대의 진 기가 있을 것이라 단 자손의 족장은 암미삿대
의 아들 아히에셀이요 **26** 그 군대는 계수함을 입은 자
육만 이천 칠백명이며 **27** 그 곁에 진 칠 자는 아셀 지
파라 아셀 자손의 족장은 오그란의 아들 바기엘이요 **28**
그 군대는 계수함을 입은 자 사만 일천 오백명이며 **29**
또 납달리 지파라 납달리 자손의 족장은 에난의 아들 아

army, even their numbered men, 40,500. **20** "And next
to him shall be the tribe of Manasseh, and the leader of
the sons of Manasseh: Gamaliel the son of Pedahzur,
21 and his army, even their numbered men, 32,200.
22 "Then comes the tribe of Benjamin, and the leader
of the sons of Benjamin: Abidan the son of Gideoni,
23 and his army, even their numbered men, 35,400.
24 "The total of the numbered men of the camp of Ephraim:
108,100, by their armies. And they shall set out third.
25 ¶ "On the north side shall be the standard of the
camp of Dan by their armies, and the leader of the sons
of Dan: Ahiezer the son of Ammishaddai, **26** and his
army, even their numbered men, 62,700. **27** "And those
who camp next to him shall be the tribe of Asher, and
the leader of the sons of Asher: Pagiel the son of Ochran,
28 and his army, even their numbered men, 41,500.
29 "Then comes the tribe of Naphtali, and the leader
of the sons of Naphtali: Ahira the son of Enan, **30** and

30 /계수된 자가 —— 오만 삼천사백 명이니
/그의 군대로

31 /총계는 —— 십오만 칠천육백 명이라
/계수함 받은 군인의
/단의 진영에 속하여

/그들은 —— 후대로 행진할지니라 (하시니라)
/기를 따라

32 이상은 **계수된 자니**
/이스라엘 자손이(의)
/그들의 조상의 가문을 따라

군인(은) **육십만 삼천오백오십 명이며**
/모든 진영의
/곧 총계는
/계수된 자의

33 레위인은 **계수되지 아니하였으니**...(았느니라)
/이스라엘 자손과 함께
/여호와께서 모세에게 명령하심과 같(이)

34 자손이 다 **준행하여**
/이스라엘 /여호와께서 모세에게 명령하신 대로

[그들이] **진 치기도 하며**
/[그와 같이]
/자기들의 기를 따라
행진하기도 하였더라
/[그와 같이]
/각기
/종족과 조상의 가문에 따르며

3

1 여호와께서 모세와 말씀하실 때에(상황절, when)
/시내 산에서

낳은 자는 **이러하니라**
/아론과 모세가(의)

2 이름은 **이러하니**
/아론의 아들들의

히라요 30 그 군대는 계수함을 입은 자 오만 삼천 사백
명이니 31 단의 진에 속한 계수함을 입은 군대의 총계
가 십오만 칠천 육백명이라 그들은 기를 따라 후대로 진
행할지니라 하시니라 32 이상은 이스라엘 자손이 그 종
족을 따라 계수함을 입은 자니 모든 진의 군대 곧 계수함
을 입은 총계가 육십만 삼천 오백 오십명이었으며 33
레위인은 이스라엘 자손과 함께 계수되지 아니하였으니
여호와께서 모세에게 명하심과 같았느니라 34 이스라엘
자손이 여호와께서 모세에게 명하신 대로 다 준행하여 각
기 가족과 종족을 따르며 그 기를 따라 진 치기도 하며
진행하기도 하였더라

3:1 여호와께서 시내 산에서 모세와 말씀하실 때에 아
론과 모세의 낳은 자가 이러하니라 2 아론의 아들들
의 이름은 장자는 나답이요 다음은 아비후와 엘르아살과

his army, even their numbered men, 53,400. 31 "The
total of the numbered men of the camp of Dan, was
157,600. They shall set out last by their standards." 32
¶ These are the numbered men of the sons of Israel by
their fathers' households; the total of the numbered men
of the camps by their armies, 603,550. 33 The Levites,
however, were not numbered among the sons of Israel,
just as the LORD had commanded Moses. 34 Thus the
sons of Israel did; according to all that the LORD commanded
Moses, so they camped by their standards, and so they
set out, every one by his family, according to his father's
household.

3:1 ¶ Now these are the records of the generations of
Aaron and Moses at the time when the LORD spoke
with Moses on Mount Sinai. 2 These then are the names
of the sons of Aaron: Nadab the first-born, and Abihu, Eleazar

민

장자는 **나답이요**
다음은 **아비후와 엘르아살과 이다말이니**

3 이는 **이름이며**
/아론의 아들들의

그들은 **제사장들이라**
/제사장 직분을 위임 받은
/거룩하게 구별되어
/기름 부음을 받고

4 나답과
아비후는 — **죽어(=죽었다)**
/시내 광야에서
/여호와 앞에 다른 불을 드리다가
/여호와 앞에서
자식이 없었으며

엘르아살과
이다말이 — 제사장의 직분을 **행하였더라**
/그의 아버지 아론 앞에서

5 또
여호와께서 모세에게 **말씀하여 이르시되**
6 /레위 지파는 ┬ 나아가
└ 제사장 아론 앞에 서서

//(목적: that...may)
그에게 시종하게 하라

7 /그들이 — 시무하되
/회막 앞에서
/아론의 직무(를 위하여)와
온 회중의 직무를 위하여
/회막에서

8 /곧
[그들은] ┬ 맡아 지키며
/회막의 모든 기구를
└ 성막에서 시무할지니
/이스라엘 자손의 직무를 위하여

9 /너는 — 레위인을 맡기라
/아론과
그의 아들들에게

이다말이니 **3** 이는 아론의 아들들의 이름이며 그들은 기름을 발리우고 거룩히 구별되어 제사장 직분을 위임받은 제사장들이라 **4** 나답과 아비후는 시내 광야에서 다른 불을 여호와 앞에 드리다가 여호와 앞에서 죽었고 무자하였고 엘리아살과 이다말이 그 아비 아론 앞에서 제사장의 직분을 행하였더라 **5** 여호와께서 또 모세에게 일러 가라사대 **6** 레위 지파로 나아와 제사장 아론 앞에 서서 그에게 시종하게 하라 **7** 그들이 회막 앞에서 아론의 직무와 온 회중의 직무를 위하여 회막에서 시무하되 **8** 곧 회막의 모든 기구를 수직하며 이스라엘 자손의 직무를 위하여 장막에서 시무할지니 **9** 너는 레위인을 아론과 그 아들들에게 주라 그들은 이스라엘 자손중에서 아론에게 온전히

and Ithamar. **3** These are the names of the sons of Aaron, the anointed priests, whom he ordained to serve as priests. **4** But Nadab and Abihu died before the LORD when they offered strange fire before the LORD in the wilderness of Sinai; and they had no children. So Eleazar and Ithamar served as priests in the lifetime of their father Aaron. **5** Then the LORD spoke to Moses, saying, **6** "Bring the tribe of Levi near and set them before Aaron the priest, that they may serve him. **7** "And they shall perform the duties for him and for the whole congregation before the tent of meeting, to do the service of the tabernacle. **8** "They shall also keep all the furnishings of the tent of meeting, along with the duties of the sons of Israel, to do the service of the tabernacle. **9** "You shall thus give the Levites to Aaron and to his sons; they are wholly given to him from among the sons

/그들은 ── 맡겨진 자들이니라
/이스라엘 자손 중에서
/아론에게
/온전히

10 /너는 ── 세워
/아론(을)
그의 아들들을

//(목적: that...may)
제사장 직무를 행하게 하라

/외인이(은) ── 죽임을 당할 것이니라
/가까이 하면(는)

11 여호와께서 모세에게 **말씀하여 이르시되**
12 /보라!
내가 ── 레위인을 **택하여**(~였다)
/이스라엘 자손 중에서
/태어난 모든 자를 대신하게 하(여)(였은즉)
/이스라엘 자손 중에 태를 열어
/레위인은 ── 내 것이라

13 /태어난 자는 ─ 내 것임은
/처음
/다(모든)

//(이유: כִּי, for)[1]
내가 ── 다 죽이던 날에
/그 처음 태어난 자를
/애굽 땅에서
── 다 거룩하게 **구별하였음이니**
/처음 태어난 자는(를)
/이스라엘의
/사람이나 짐승을

그들은 ── 내 것이 될 것임이니라

/나는 ── 여호와이니라

14 여호와께서 모세에게 **말씀하여 이르시되**
/시내 광야에서
15 /[너는] ── 레위 자손을 **계수하되**
/그들의 조상의 가문과
종족을 따라
── 다 계수하라
/일 개월 이상된 남자를

1) 실제로는 종속문장이 주문장이고, 주문장이 종속문장이 강조적 도치구문이다.

민

돌리운 자니라 10 너는 아론과 그 아들들을 세워 제사
장 직분을 행하게 하라 외인이 가까이 하면 죽임을 당할
것이니라 11 여호와께서 모세에게 일러 가라사대 12
보라 내가 이스라엘 자손 중에서 레위인을 택하여 이스라
엘 자손 중 모든 첫 태에 처음 난 자를 대신케 하였은즉
레위인은 내 것이라 13 처음 난 자는 다 내 것임은 내
가 애굽 땅에서 그 처음 난 자를 다 죽이던 날에 이스라
엘의 처음 난 자는 사람이나 짐승을 다 거룩히 구별하였
음이니 그들은 내 것이 될 것임이니라 14 여호와께서
시내 광야에서 모세에게 일러 가라사대 15 레위 자손을
그들의 종족과 가족을 따라 계수하되 일 개월 이상의 남
자를 다 계수하라 16 모세가 여호와의 말씀을 좇아 그

of Israel. 10 "So you shall appoint Aaron and his sons
that they may keep their priesthood, but the layman who
comes near shall be put to death." 11 Again the LORD
spoke to Moses, saying, 12 "Now, behold, I have taken
the Levites from among the sons of Israel instead of
every first-born, the first issue of the womb among the
sons of Israel. So the Levites shall be Mine. 13 "For
all the first-born are Mine; on the day that I struck down
all the first-born in the land of Egypt, I sanctified to
Myself all the first-born in Israel, from man to beast.
They shall be Mine; I am the LORD." 14 Then the
LORD spoke to Moses in the wilderness of Sinai, saying,
15 "Number the sons of Levi by their fathers' households,
by their families; every male from a month old and

16 모세가 **계수하니라**
/여호와의 말씀을 따라
/그 명령하신 대로

17 이름은 **이러하니**
/레위의 아들들의
게르손과
고핫과
므라리요

18 이름은 그들의 종족대로 **이러하니**
/게르손의 아들들의
립니와
시므이요

19 아들들은 그들의 종족대로 **이러하니**
/고핫의
아므람과
이스할과
헤브론과
웃시엘이요

20 아들들은 그들의 종족대로 **〈이러하니〉**
/므라리의
말리와 무시이니

이는 **가문들이니라**
/레위인의 조상의
/그의 종족대로 된

21 립니 종족과
시므이 종족이 **났으니**
/게르손에게서는
이들이 곧 **가문들이라**
/게르손의 조상의

22 계수된 자 **칠천오백 명이며**
/곧 남자의 수효 합계는
/일 개월 이상 된

23 종족들은 성막 뒤 **진을 칠 것이요**
/게르손 /곧 서쪽에

24 엘리아삽은 **지휘관이 될 것이며**
/라엘의 아들 /게르손 사람의 조상의 가문의

명하신 대로 계수하니라 17 레위의 아들들의 이름은 이
러하니 게르손과 고핫과 므라리요 18 게르손의 아들들
의 이름은 그 가족대로 이러하니 립니와 시므이요 19
고핫의 아들들은 그 가족대로 이러하니 아므람과 이스할
과 헤브론과 웃시엘이요 20 므라리의 아들들은 그 가족
대로 말리와 무시니 이는 그 종족대로 된 레위인의 가족
들이니라 21 게르손에게서는 립니 가족과 시므이 가족
이 났으니 이들이 곧 게르손의 가족들이라 22 계수함을
입은 자의 수효 곧 일 개월 이상 남자의 수효 합계가 칠
천 오백명이며 23 게르손 가족들은 장막 뒤 곧 서편에
진을 칠 것이요 24 라엘의 아들 엘리아삽은 게르손 사
람의 종족의 족장이 될것이며 25 게르손 자손의 회막에

upward you shall number." 16 So Moses numbered
them according to the word of the LORD, just as he
had been commanded. 17 These then are the sons of
Levi by their names: Gershon and Kohath and Merari.
18 And these are the names of the sons of Gershon by
their families: Libni and Shimei; 19 and the sons of
Kohath by their families: Amram and Izhar, Hebron and
Uzziel; 20 and the sons of Merari by their families:
Mahli and Mushi. These are the families of the Levites
according to their fathers' households. 21 ¶ Of Gershon
was the family of the Libnites and the family of the Shimeites;
these were the families of the Gershonites. 22 Their
numbered men, in the numbering of every male from a month
old and upward, even their numbered men were 7,500.
23 The families of the Gershonites were to camp behind
the tabernacle westward, 24 and the leader of the fathers'

25 맡을 일은 성막과
/게르손 자손이(의)
/회막에서

장막과
그 덮개와
회막 휘장 문과
26 뜰의 휘장과 및
뜰의 휘장 문과
/성막과 제단 사방에 있는
줄들이니라
/그 모든 것에 쓰는

27 아므람 종족과
이스할 종족과
헤브론 종족과
웃시엘 종족이 났으니
/고핫에게서는

이들은 곧 고핫 종족들이라

28 남자는 모두 팔천육백 명인데
/계수된 자로서
/일 개월 이상 된
/출생 후

성소를 맡을 것이며

29 종족들은 성막 남쪽에 진을 칠 것이요
/고핫 자손의

30 엘리사반은 지휘관이 될 것이며
/웃시엘의 아들
/고핫 사람의 종족과
조상의 가문의

31 맡을 것은 증거궤와
/그들이

상과
등잔대와
제단들과
기구들과
/성소에서 봉사하는 데 쓰는
휘장과
모든 것이며
/그것에 쓰는

민

대하여 맡을 것은 성막과 장막과 그 덮개와 회막 문장과
26 뜰의 휘장과 및 성막과 단 사면에 있는 뜰의 문장과
그 모든 것에 쓰는 줄들이니라 27 고핫에게서는 아므람
가족과 이스할 가족과 헤브론 가족과 웃시엘 가족이 났
으니 이들이 곧 고핫 가족들이라 28 계수함을 입은 일
개월 이상 모든 남자의 수효가 팔천 육백명인데 성소를
맡을 것이며 29 고핫 자손의 가족들은 성막 남편에 진
을 칠 것이요 30 웃시엘의 아들 엘리사반은 고핫 사람
의 가족과 종족의 족장이 될것이며 31 그들의 맡을 것
은 증거궤와 상과 등대와 단들과 성소에서 봉사하는데
쓰는 기구들과 휘장과 그것에 쓰는 모든 것이며 32 제
사장 아론의 아들 엘리아살은 레위인의 족장들의 어른이

households of the Gershonites was Eliasaph the son of
Lael. 25 Now the duties of the sons of Gershon in the
tent of meeting involved the tabernacle and the tent, its
covering, and the screen for the doorway of the tent of
meeting, 26 and the hangings of the court, and the screen
for the doorway of the court, which is around the
tabernacle and the altar, and its cords, according to all
the service concerning them. 27 ¶ And of Kohath was
the family of the Amramites and the family of the Izharites
and the family of the Hebronites and the family of the
Uzzielites; these were the families of the Kohathites.
28 In the numbering of every male from a month old
and upward, there were 8,600, performing the duties of
the sanctuary. 29 The families of the sons of Kohath
were to camp on the southward side of the tabernacle, 30
and the leader of the fathers' households of the Kohathite
families was Elizaphan the son of Uzziel. 31 Now their
duties involved the ark, the table, the lampstand, the
altars, and the utensils of the sanctuary with which they
minister, and the screen, and all the service concerning

민

32 엘르아살은 레위인의 지휘관들의 **어른이 되고**
/제사장 아론의 아들
또
통할할 것이니라
/성소를 맡을 자를

33 말리 종족과
무시 종족이 **났으니**
/므라리에게서는

이들은 곧 **므라리 종족들이라**

34 남자는 모두 **육천이백 명이며**
/그 계수된 자
/곧 일 개월 이상 된

35 수리엘은 **지휘관이 될 것이요**
/아비하일의 아들
/므라리 종족과
조상의 가문의

이 종족은 성막 북쪽에 **진을 칠 것이며**

36 맡을 것은 **성막의 널판과**
/므라리 자손이
그 띠와
그 기둥과
그 받침과
그 모든 기구와
모든 것이며
/그것에 쓰는
37 **뜰 사방 기둥과 그 받침과**
그 말뚝과 그 줄들이니라

38 모세와
아론과
아들들이
/아론의
성막 앞 동쪽 **진을 치고**
/곧 회막 앞 해 돋는 쪽에는
성소의 직무를 **수행할 것이며**
/이스라엘 자손의 직무를 위하여

외인이(은) **죽일지니라**
/가까이 하면(는)

되고 또 성소를 맡을 자를 통할할 것이니라 **33** 므라리
에게서는 말리 가족과 무시 가족이 났으니 이들이 곧 므
라리 가족들이라 **34** 그 계수함을 입은 자 곧 일 개월
이상 남자의 수효 총계가 육천이백명이며 **35** 아비하일
의 아들 수리엘이 므라리 가족과 종족의 족장이 될 것이
요 이 가족은 장막 북편에 진을 칠 것이며 **36** 므라리
자손의 맡을 것은 성막의 널판과 그 띠와 그 기둥과 그
받침과 그 모든 기구와 그것에 쓰는 모든 것이며 **37** 뜰
사면 기둥과 그 받침과 그 말뚝과 그 줄들이니라 **38** 장
막 앞 동편 곧 회막 앞 해 돋는 편에는 모세와 아론과 아
론의 아들들이 진을 치고 이스라엘 자손의 직무를 대신하
여 성소의 직무를 지킬 것이며 외인이 가까이 하면 죽일
지니라 **39** 모세와 아론이 여호와의 명을 좇아 레위인을
각 가족대로 계수한즉 일개월 이상 남자의 수효가 이만

them; **32** and Eleazar the son of Aaron the priest was
the chief of the leaders of Levi, and had the oversight
of those who perform the duties of the sanctuary. **33** ¶
Of Merari was the family of the Mahlites and the family
of the Mushites; these were the families of Merari. **34** Their
numbered men in the numbering of every male from a month
old and upward, were 6,200. **35** And the leader of the
fathers' households of the families of Merari was Zuriel
the son of Abihail. They were to camp on the northward
side of the tabernacle. **36** Now the appointed duties of
the sons of Merari involved the frames of the tabernacle,
its bars, its pillars, its sockets, all its equipment, and the
service concerning them, **37** and the pillars around the court
with their sockets and their pegs and their cords. **38** ¶
Now those who were to camp before the tabernacle eastward,
before the tent of meeting toward the sunrise, are Moses

39 모세와
아론이 레위인을 **계수한즉**
/여호와의 명령을 따라
/각 종족대로

남자는 모두 **이만 이천 명이었더라**
/일 개월 이상 된

40 또
여호와께서 모세에게 **이르시되**
/[너는] 다 계수하여
/처음 태어난 남자를
/이스라엘 자손의
/일 개월 이상으로
그 명수를 기록하라

41 /나는 여호와라
/[너는] 레위인을 내게 돌리고
/이스라엘 자손 중
/모든 처음 태어난 자 대신에
/또
[너는] 레위인의 가축을 내게 돌리라
/이스라엘 자손의 가축 중
/모든 처음 태어난 것 대신에

42 모세가 모든 처음 태어난 자를 **계수하니**
/여호와께서 자기에게 명령하신 대로
/이스라엘 자손 중

43 남자의 총계는 **이만 이천이백칠십삼 명이었더라**
/일 개월 이상으로
/계수된 처음 태어난

44 여호와께서 모세에게 **말씀하여 이르시되**
45 /[너는] 레위인을 취하고
/이스라엘 자손 중
/모든 처음 태어난 자 대신에
/또
(너는) 레위인의 가축을 (취하라)
/그들의 가축 대신에
/레위인은 내 것이라
/나는 여호와니라

이천명이었더라 **40** 여호와께서 또 모세에게 이르시되 이스라엘 자손의 처음 난 남자를 일 개월 이상으로 다 계수하여 그 명수를 기록하라 **41** 나는 여호와라 이스라엘 자손 중 모든 처음 난 자의 대신에 레위인을 내게 돌리고 또 이스라엘 자손의 가축 중 모든 처음 난 것의 대신에 레위인의 가축을 내게 돌리라 **42** 모세가 여호와께서 자기에게 명하신 대로 이스라엘 자손 중 모든 처음 난 자를 계수하니 **43** 일 개월 이상으로 계수함을 입은 처음 난 남자의 명수의 총계가 이만 이천 이백 칠십 삼명이었더라 **44** 여호와께서 모세에게 일러 가라사대 **45** 이스라엘 자손 중 모든 처음 난 자의 대신에 레위인을 취하고 또 그들의 가축 대신에 레위인의 가축을 취하라 레위인은 내 것이라 나는 여호와니라 **46** 이스라엘 자손의 처음 난 자가 레위인보다 이백 칠십 삼인이 더한즉 속하기 위하여

and Aaron and his sons, performing the duties of the sanctuary for the obligation of the sons of Israel; but the layman coming near was to be put to death. **39** All the numbered men of the Levites, whom Moses and Aaron numbered at the command of the LORD by their families, every male from a month old and upward, were 22,000. **40** ¶ Then the LORD said to Moses, "Number every first-born male of the sons of Israel from a month old and upward, and make a list of their names. **41** "And you shall take the Levites for Me, I am the LORD, instead of all the first-born among the sons of Israel, and the cattle of the Levites instead of all the first-born among the cattle of the sons of Israel." **42** So Moses numbered all the first-born among the sons of Israel, just as the LORD had commanded him; **43** and all the first-born males by the number of names from a month old and upward, for their numbered men were 22,273. **44** Then the LORD spoke to Moses, saying, **45** "Take the Levites instead of all the first-born among the sons of Israel and the cattle of the Levites. And the Levites shall be Mine; I am the

민

46 태어난 자가 이백칠십삼 명이 더 많은즉
/처음 /레위인보다
/이스라엘 자손의

47 [너는] 다섯 세겔씩 **받되**
/한 사람에
/속전으로

성소의 세겔로 **받으라**
한 세겔은 **이십 게라니라**

48 [너는] **줄 것이니라**
/그 더한 자의 속전을
/아론과 그의 아들들에게

49 모세가 속전을 **받았으니**
/레위인으로 대속한 이외의 사람에게서

50 곧
받은 돈이 성소의 세겔로 **천삼백육십오 세겔이라**
/처음 태어난 자에게서
/이스라엘 자손의

51 모세가 이 속전을 **주었으니**
/여호와의 말씀대로
/아론과 그의 아들들에게
/여호와께서 모세에게 명령하심과 같(이)(았느니라)

4

1 또
여호와께서 모세와 아론에게 **말씀하여 이르시되**
2 /[너희는] **집계할지니**
/레위 자손 중에서 고핫 자손을
/그들의 종족(을 따라)과
조상의 가문에 따라
3 /곧
모든 자를 〈계수하라〉
/삼십 세 이상으로 오십 세까지
/회막의 일을 하기 위하여
/그 역사에 참가할 만한

47 매명에 오세겔씩 취하되 성소의 세겔대로 취하라 한
세겔은 이십 게라니라 **48** 그 더한 자의 속전을 아론과
그 아들들에게 줄 것이니라 **49** 모세가 레위인으로 대속
한 이외의 사람들에게서 속전을 받았으니 **50** 곧 이스라
엘 자손의 처음 난 자에게서 받은 돈이 성소의 세겔대로
일천 삼백 육십 오 세겔이라 **51** 이 속전을 여호와의 말
씀대로 아론과 그 아들들에게 주었으니 여호와께서 모세
에게 명하심과 같았느니라

4:1 여호와께서 또 모세와 아론에게 일러 가라사대 **2**
레위 자손 중에서 고핫 자손을 그들의 가족과 종족을
따라 총계할지니 **3** 곧 삼십 세 이상으로 오십 세까지 회
막의 일을 하기 위하여 그 역사에 참가할 만한 모든 자를
계수하라 **4** 고핫 자손의 회막 안 지성물에 대하여 할 일
은 이러하니라 **5** 행진할 때에 아론과 그 아들들이 들어

LORD. **46** "And for the ransom of the 273 of the
first-born of the sons of Israel who are in excess beyond
the Levites,**47** you shall take five shekels apiece, per
head; you shall take them in terms of the shekel of the
sanctuary (the shekel is twenty gerahs),**48** and give the
money, the ransom of those who are in excess among
them, to Aaron and to his sons. "**49** So Moses took
the ransom money from those who were in excess, beyond
those ransomed by the Levites;**50** from the first-born
of the sons of Israel he took the money in terms of the
shekel of the sanctuary, 1,365. **51** Then Moses gave
the ransom money to Aaron and to his sons, at the
command of the LORD, just as the LORD had commanded
Moses.

4:1 ¶ Then the LORD spoke to Moses and to Aaron,
saying,**2** "Take a census of the descendants of
Kohath from among the sons of Levi, by their families,
by their fathers' households,**3** from thirty years and upward,

4 /할 일은 — 이러하니라
/고핫 자손이
/지성물에 대하여
/회막 안의
5 /진영이 — 전진할 때에(상황절, when)
아론과
아들들이 — 들어가서
/그의
— 칸 막는 휘장을 걷어
— 증거궤를 덮고
— 6 그 위를 덮고
/해달의 가죽으로

/[그들이] — 그 위에 덮은 후에(상황절, after)
/순청색 보자기를
— 그 채를 꿰고
— 7 청색 보자기를 펴고
/진설병의 상에
— 그 위에 두고
/대접들과 숟가락들과
주발들과 붓는 잔들을
/또
— 그 위에 두고
/항상 진설하는 떡을
— 8 그 위에 펴고
/홍색 보자기를

— 그것을 덮은 후에(상황절, after)
/해달의 가죽 덮개로
— 그 채를 꿰고
— 9 청색 보자기를 취하여
— 덮고
/등잔대와
/등잔들과
/불 집게들과
/불똥 그릇들과
/모든 기름 그릇을
/그 쓰는 바
10 /[그들이] — 넣어
/등잔대와
그 모든 기구를
/해달의 가죽 덮개 안에
— 메는 틀 위에 두고

가서 간 막는 장을 걷어 증거궤를 덮고 6 그 위에 해달
의 가죽으로 덮고 그 위에 순청색 보자기를 덮은 후에
그 채를 꿰고 7 또 진설병의 상에 청색 보자기를 펴고
대접들과 숟가락들과 주발들과 붓는 잔들을 그 위에 두
고 또 항상 진설하는 떡을 그 위에 두고 8 홍색 보자기
를 그 위에 펴고 그것을 해달의 가죽 덮개로 덮은 후에
그 채를 꿰고 9 또 청색 보자기를 취하여 등대와 그 등
잔들과 그 불집게들과 불똥 그릇들과 그 쓰는 바 모든
기름 그릇을 덮고 10 등대와 그 모든 기구를 해달의 가
죽 덮개 안에 넣어 메는 틀 위에 두고 11 또 금단 위에

even to fifty years old, all who enter the service to do
the work in the tent of meeting. 4 "This is the work
of the descendants of Kohath in the tent of meeting,
concerning the most holy things. 5 "When the camp
sets out, Aaron and his sons shall go in and they shall
take down the veil of the screen and cover the ark of
the testimony with it;6 and they shall lay a covering of
porpoise skin on it, and shall spread over it a cloth of
pure blue, and shall insert its poles. 7 "Over the table
of the bread of the Presence they shall also spread a
cloth of blue and put on it the dishes and the pans and
the sacrificial bowls and the jars for the libation, and
the continual bread shall be on it. 8 "And they shall
spread over them a cloth of scarlet material, and cover
the same with a covering of porpoise skin, and they shall
insert its poles. 9 "Then they shall take a blue cloth
and cover the lampstand for the light, along with its
lamps and its snuffers, and its trays and all its oil vessels,
by which they serve it;10 and they shall put it and all
its utensils in a covering of porpoise skin, and shall put

11 청색 보자기를 펴고
/금제단 위에
해달의 가죽 덮개로 덮고
그 채를 꿰고
12 모든 기구를 취하여
/성소에서 봉사하는 데에 쓰는
청색 보자기에 싸서
해달의 가죽 덮개로 덮어
메는 틀 위에 두고
13 제단의 재를 버리고
자색 보자기를 펴고
/그 제단 위에
14 두고
/모든 기구[를]
/봉사하는 데에 쓰는
/곧 불 옮기는 그릇들과
고기 갈고리들과
부삽들과
대야들과
제단의 모든 기구를
해달의 가죽 덮개를 덮고
/그 위에
그 채를 꿸 것이며

15 /아론과 아들들이 /그의 — 덮는 일을 마치거든(상황절, when)
/성소와 성소의 모든 기구
/진영을 떠날 때에(상황절, when)
자손들이 /고핫 — 와서
//(목적; לְ, to)
멜 것이다
[그들은] — 만지지 말라
/성물은(을)
//(목적: lest)
그들이 — 죽으리라[2)]
/자손이 /고핫 — 이것들은(을) 멜 것이며
/회막 물건 중에서
16 /맡을 것은 /엘르아살이 /아론의 아들 /제사장 — 등유와
태우는 향과

2) 그들이 죽지 않기 위해서

청색 보자기를 펴고 해달의 가죽 덮개로 덮고 그 채를 꿰
고 **12** 또 성소에서 봉사하는 데 쓰는 모든 기명을 취하
여 청색 보자기에 싸서 해달의 가죽 덮개로 덮어 메는 틀
위에 두고 **13** 또 단의 재를 버리고 그 단 위에 자색 보
자기를 펴고 **14** 봉사하는 데 쓰는 모든 기구 곧 불 옮
기는 그릇들과 고기 갈고리들과 부삽들과 대야들과 단의
모든 기구를 두고 해달의 가죽 덮개를 그 위에 덮고 그
채를 꿸 것이며 **15** 행진할 때에 아론과 그 아들들이 성
소와 성소의 모든 기구 덮기를 필하거든 고핫 자손이 와
서 멜 것이니라 그러나 성물은 만지 지말지니 죽을까 하
노라 회막 물건 중에서 이것들은 고핫 자손이 멜 것이며
16 제사장 아론의 아들 엘르아살의 맡을 것은 등유와

it on the carrying bars. **11** "And over the golden altar
they shall spread a blue cloth and cover it with a covering
of porpoise skin, and shall insert its poles; **12** and they
shall take all the utensils of service, with which they
serve in the sanctuary, and put them in a blue cloth and cover
them with a covering of porpoise skin, and put them on
the carrying bars. **13** "Then they shall take away the
ashes from the altar, and spread a purple cloth over it.
14 "They shall also put on it all its utensils by which
they serve in connection with it: the firepans, the forks
and shovels and the basins, all the utensils of the altar;
and they shall spread a cover of porpoise skin over it
and insert its poles. **15** "And when Aaron and his sons
have finished covering the holy objects and all the furnishings
of the sanctuary, when the camp is to set out, after that
the sons of Kohath shall come to carry them, so that
they may not touch the holy objects and die. These are
the things in the tent of meeting which the sons of
Kohath are to carry. **16** "And the responsibility of

소제물과
/항상 드리는
관유이며
/또
장막 전체와
모든 것과
/그 중에 있는
성소와
그 모든 기구니라

17 또
여호와께서 모세와 아론에게 **말씀하여 이르시되**
18 /너희는 ― 끊어지게 하지 말지니
/고핫 족속의 지파를
/레위인 중에서

19 /너희는 ― 이같이 하라
//(목적: ו, that...may) - 영어번역본 참고
그들이 ― 지성물에 접근할 때에(상황절, when)
그들의 생명을 보존하고
죽지 않게 하기 위하여

/아론과
아들들이 ― 들어가서
/그의
지휘하게 할지니라
/각 사람에게
/그가 할 일과
그가 멜 것을

20 /그들은 ― 들어가서...말라
/잠시라도
//(목적: ל,to)
성소를 보지말라(=보기 위하여)
//(결과)[3]
그들이 죽으리라

21 또
여호와께서 모세에게 **말씀하여 이르시되**
22 /자손도 ― 계수하되
/게르손
/그 조상의 가문(을 따라)과
종족에 따라
23 ― 모든 자를 계수하라
/삼십 세 이상으로 오십 세까지
/회막에서 복무하고 봉사할

24 /할 일과

3) 그렇지 않으면, 그들이 죽을 것이다

민

분향할 향품과 항상 드리는 소제물과 관유며 또 장막의
전체와 그 중에 있는 모든 것과 성소와 그 모든 기구니라
17 여호와께서 또 모세와 아론에게 일러 가라사대 18
너희는 고핫 족속의 지파를 레위인 중에서 끊어지게 말지
니 19 그들이 지성물에 접근할 때에 그 생명을 보존하
고 죽지 않게 하기 위하여 너희는 이같이 하여 아론과 그
아들들이 들어가서 각 사람에게 그 할 일과 그 멜 것을
지휘할지니라 20 그들은 잠시라도 들어가서 성소를 보
지 말것은 죽을까 함이니라 21 여호와께서 또 모세에게
일러 가라사대 22 게르손 자손도 그 종족과 가족을 따

Eleazar the son of Aaron the priest is the oil for the light and the fragrant incense and the continual grain offering and the anointing oil — the responsibility of all the tabernacle and of all that is in it, with the sanctuary and its furnishings. "
17 Then the LORD spoke to Moses and to Aaron, saying,
18 "Do not let the tribe of the families of the Kohathites be cut off from among the Levites.
19 "But do this to them that they may live and not die when they approach the most holy objects: Aaron and his sons shall go in and assign each of them to his work and to his load;
20 but they shall not go in to see the holy objects even for a moment, lest they die. "
21 Then the LORD spoke to Moses, saying,
22 "Take a census of the sons of Gershon also, by their fathers' households, by their families;
23 from thirty years and upward to fifty years old, you shall number them; all who enter to

민

24 /할 일과 ─┐
멜 것은 ──┴── 이러하니
/게르손 종족의
25 /곧
그들이 ──── 메며
/성막의 휘장들과
/회막과
/그 덮개와
/그 위의 해달의 가죽 덮개와
/회막 휘장 문을
26 ── 메며
/뜰의 휘장과
/성막과
/뜰의 휘장 문과
/제단 사방에 있는
/그 줄들과
/모든 기구를
/그것에 사용하는
── 처리할 것이라
/이 모든 것을
/이렇게 맡아

27 /자손은 ──── 명령대로 할 것이니
/게르손
/아론과 그의 아들들의
/그들의 모든 일(을)
/곧 멜 것과 처리할 것을

/너희는 ──── 그들에게 맡길 것이니라
/그들이 멜 짐을

28 /할 일은 ──── 이러하며
/게르손 자손의 종족들이
/회막에서

/이다말이 ──── 그들의 직무는(를) 감독할지니라
/제사장 아론의 아들

29 /너는 ──── 므라리 자손도 계수하되
/그 조상의 가문과 종족에 따라
30 ── 모든 자를 계수하라
/삼십 세부터 오십 세까지
/회막에서 복무하고 봉사할

라 총계하되 23 삼십 세 이상으로 오십 세까지 회막 봉
사에 입참하여 일할 만한 모든 자를 계수하라 24 게르
손 가족의 할 일과 멜 것은 이러하니 25 곧 그들은 성
막의 앙장들과 회막과 그 덮개와 그 위의 해달의 가죽 덮
개와 회막 문장을 메이며 26 뜰의 휘장과 및 성막과 단
사면에 있는 뜰의 문장과 그 줄들과 그것에 사용하는 모
든 기구를 메이며 이 모든 것을 어떻게 맡아 처리할 것이
라 27 게르손 자손은 그 모든 일 곧 멜 것과 처리할 것
에 아론과 그 아들들의 명대로 할 것이니 너희는 그들의
멜 짐을 그들에게 맡길 것이니라 28 게르손 자손의 가
족들이 회막에서 할 일이 이러하며 그들의 직무는 제사장
아론의 아들 이다말이 감독할지니라 29 너는 므라리 자
손도 그 가족과 종족을 따라 계수하되 30 삼십 세 이상
으로 오십 세까지 회막 봉사에 입참하여 일할 만한 모든

perform the service to do the work in the tent of meeting.
24 "This is the service of the families of the Gershonites,
in serving and in carrying: 25 they shall carry the curtains
of the tabernacle and the tent of meeting with its covering
and the covering of porpoise skin that is on top of it,
and the screen for the doorway of the tent of meeting, 26
and the hangings of the court, and the screen for the doorway
of the gate of the court which is around the tabernacle
and the altar, and their cords and all the equipment for
their service; and all that is to be done, they shall perform.
27 "All the service of the sons of the Gershonites, in
all their loads and in all their work, shall be performed
at the command of Aaron and his sons; and you shall
assign to them as a duty all their loads. 28 "This is
the service of the families of the sons of the Gershonites
in the tent of meeting, and their duties shall be under
the direction of Ithamar the son of Aaron the priest. 29
¶ "As for the sons of Merari, you shall number them
by their families, by their fathers' households; 30 from thirty
years and upward even to fifty years old, you shall

31 /모든 일 ——이러하니
/그들이 - 회막에서 할
/직무를 따라
/곧 그 멜 것은
/곧
모든 것이라
/장막의 널판들과
그 띠들과
그 기둥들과
그 받침들과
32 뜰 둘레의 기둥들과
그 받침들과
그 말뚝들과
그 줄들과
그 모든 기구들과
그것에 쓰는
/너희는 —— 품목을 지정하라
/모든 기구의
/그들이 맡아 멜
33 /이는 —— 행할 일이니라
/종족들이
/므라리 자손의
/이다말의 수하에 있을
/제사장 아론의 아들
/그 모든 직무대로
/회막에서
34 모세와
아론과
지도자들이 —— 고핫 자손들을 **계수하니**
/회중의
/그 종족(에 따라)과
조상의 가문에 따라
35 계수된 자가 **이천칠백오십 명이니**
/곧 모든 자
/삼십 세부터 오십 세까지
/회막에서 복무하고 봉사할
36 /그 종족대로
37 이는 **계수된 자이니라**
/모세와
아론이 —— [계수한]
/여호와께서 — 명령하신 대로
/모세에게

민

자를 계수하라 **31** 그들이 직무를 따라 회막에서 할 모든 일 곧 그 멜 것이 이러하니 곧 장막의 널판들과 그 띠들과 그 기둥들과 그 받침들과 **32** 뜰 사면 기둥들과 그 받침들과 그 말뚝들과 그 줄들과 그 모든 기구들과 무릇 그것에 쓰는 것이라 너희는 그들의 맡아 멜 모든 기구의 명목을 지정하라 **33** 이는 제사장 아론의 아들 이다말의 수하에 있을 므라리 자손의 가족들이 그 모든 사무대로 회막에서 행할 일이니라 **34** 모세와 아론과 회중의 족장들이 고핫 자손들을 그 가족과 종족대로 계수하니 **35** 삼십 세 이상으로 오십 세까지 회막 봉사에 입참하여 일할 만한 모든 자 **36** 곧 그 가족대로 계수함을 입은 자가 이천 칠백 오십이니 **37** 이는 모세와 아론이 여호와

number them, everyone who enters the service to do the work of the tent of meeting. **31** "Now this is the duty of their loads, for all their service in the tent of meeting: the boards of the tabernacle and its bars and its pillars and its sockets, **32** and the pillars around the court and their sockets and their pegs and their cords, with all their equipment and with all their service; and you shall assign each man by name the items he is to carry. **33** "This is the service of the families of the sons of Merari, according to all their service in the tent of meeting, under the direction of Ithamar the son of Aaron the priest." **34** ¶ So Moses and Aaron and the leaders of the congregation numbered the sons of the Kohathites by their families, and by their fathers' households, **35** from thirty years and upward even to fifty years old, everyone who entered the service for work in the tent of meeting. **36** And their numbered men by their families were 2,750. **37** These are the numbered men of the Kohathite

/고핫인의 모든 종족 중
/회막에서 종사하는

38-39
계수된 자는 —— 참여[한](하여) **모든 자라**
/게르손 자손 중 /회막 일할 만한 봉사에
/그 종족과 39 /삼십 세부터 오십 세까지
조상의 가문을 따라

40 계수된 자는 **이천육백삼십 명이니**
/그 종족과
조상의 가문을 따라

41 이는 **계수된 자니라**
/모세와
아론이 —— [계수한]
/여호와의 명령대로
/게르손 자손의 모든 종족 중
/회막에서 종사하는

42-43
계수된 자는 복무(할)(하고) **모든 자라**
/자손의 종족 중 /회막에서 봉사할(에)
/므라리 43 /삼십 세부터 오십 세까지
/그 종족과
조상의 가문을 따라

44 계수된 자는 **삼천이백 명이니**
/그 종족을 따라

45 이는 **계수된 자니라**
/모세와
아론이 —— [계수한]
/여호와께서 —— 명령하신 대로
/모세에게
/므라리 자손들의 종족 중

46 모세와
아론과
지휘관들이 —— 레위인을 다 **계수하니**
/이스라엘 /그 종족[에 따라]과
조상의 가문에 따라

께서 모세로 명하신 대로 회막에서 종사하는 고핫인의 모든 가족 중 계수한 자니라 **38** 게르손 자손의 그 가족과 종족을 따라 계수함을 입은 자는 **39** 삼십 세 이상으로 오십 세까지 회막 봉사에 입참하여 일할 만한 모든 자라 **40** 그 가족과 종족을 따라 계수함을 입은 자가 이천 육백 삼십명이니 **41** 이는 모세와 아론이 여호와의 명대로 회막에서 종사하는 게르손 자손의 모든 가족 중 계수한 자니라 **42** 므라리 자손의 가족 중 그 가족과 종족을 따라 계수함을 입은 자는 **43** 삼십 세 이상으로 오십 세까지 회막 봉사에 입참하여 일할 만한 모든 자라 **44** 그 가족을 따라 계수함을 입은 자가 삼천 이백명이니 **45** 이는 모세와 아론이 여호와께서 모세로 명하신 대로 므라리 자손들의 가족 중 계수한 자니라 **46** 모세와 아론과 이스라엘 족장들이 레위인을 그 가족과 종족대로 다 계수

families, everyone who was serving in the tent of meeting, whom Moses and Aaron numbered according to the commandment of the LORD through Moses. **38** ¶ And the numbered men of the sons of Gershon by their families, and by their fathers' households, **39** from thirty years and upward even to fifty years old, everyone who entered the service for work in the tent of meeting. **40** And their numbered men by their families, by their fathers' households, were 2,630. **41** These are the numbered men of the families of the sons of Gershon, everyone who was serving in the tent of meeting, whom Moses and Aaron numbered according to the commandment of the LORD. **42** ¶ And the numbered men of the families of the sons of Merari by their families, by their fathers' households, **43** from thirty years and upward even to fifty years old, everyone who entered the service for work in the tent of meeting. **44** And their numbered men by their families were 3,200. **45** These are the numbered men of the families of the sons of Merari, whom Moses and Aaron numbered according to the commandment of the LORD through Moses. **46** ¶ All the numbered men of the Levites, whom Moses and Aaron and the leaders

47-48
모든 자 ——— **팔천오백팔십 명이라**
/참여하여(~한)
/회막 메는 일과
/봉사[의] 일할 만한
/삼십 세부터 오십 세까지
48 /곧 그 계수된 자는

49 그들이 모세에게 **계수되었으되**
/할 일[을 따라]과
짐을 메는 일을 따라
그들이 **계수되었더라**
/여호와께서 모세에게 명령하신 대로

5

1 여호와께서 모세에게 **말씀하여 이르시되**
2 /[너는] ——— 이스라엘 자손에게 명령하여
/[너는] ——— 다 내보내되
/모든 나병 환자와
/유출증이 있는 자와
/부정하게 된 자를
/주검으로
/진영 밖으로

3 /[너희는] ——— 다 내보내어
/남녀를 막론하고
/진영 밖으로

//(결과: so that)
그들이 ——— 더럽히게 하지 말라
/진영을
/내가—거하느니라(하시매)
/그 진영 가운데에

4 자손이 그같이 **행하여**
/이스라엘
그들을 **내보냈으니**
/진영 밖으로
곧
자손이 **행하였더라**
/이스라엘 /여호와께서 모세에게 이르신 대로

하니 **47** 삼십 세 이상으로 오십 세까지 회막 봉사와 메는 일에 입참하여 일할 만한 모든 자 **48** 곧 그 계수함을 입은 자가 팔천 오백 팔십명이라 **49** 그들이 그 할 일과 멜 일을 따라 모세에게 계수함을 입었으되 여호와께서 모세에게 명 하신 대로 그들이 계수함을 입었더라

5:1 여호와께서 모세에게 일러 가라사대 **2** 이스라엘 자손에게 명하여 모든 문둥병 환자와 유출병이 있는 자와 주검으로 부정케 된 자를 다 진 밖으로 내어 보내되 **3** 무론 남녀하고 다 진 밖으로 내어 보내어 그들로 진을 더럽히게 말라 내가 그 진 가운데 거하느니라 하시매 **4** 이스라엘 자손이 그같이 행하여 그들을 진 밖으로 내어

of Israel numbered, by their families and by their fathers'
households,**47** from thirty years and upward even to
fifty years old, everyone who could enter to do the work
of service and the work of carrying in the tent of meeting.
48 And their numbered men were 8,580. **49** According
to the commandment of the LORD through Moses, they
were numbered, everyone by his serving or carrying;
thus these were his numbered men, just as the LORD
had commanded Moses.

5:1 Then the LORD spoke to Moses, saying, **2**
"Command the sons of Israel that they send away
from the camp every leper and everyone having a discharge
and everyone who is unclean because of a dead person.
3 "You shall send away both male and female; you
shall send them outside the camp so that they will not
defile their camp where I dwell in their midst." **4** And
the sons of Israel did so and sent them outside the camp;
just as the LORD had spoken to Moses, thus the sons

민

5 여호와께서 모세에게 **말씀하여 이르시되**
6 /[너는] —— 이스라엘 자손에게 이르라
/[누가] —— 죄를 지으면(상황절, when)
/여호와께 거역함으로
/죄를 범하여
/남자나 여자나 사람들이 범하는
7 /[그는] —— 그 지은 죄를 자복하고
—— 그 죄 값을 온전히 갚되
—— 돌려줄 것이요
/그 사람에게
/그가 죄를 지었던
/오분의 일을 더하여
8 /만일(אִם)
[그가] —— 친척이 없으면(조건절, if)
/죄 값을 받을 만한
죄 값을(은) —— 여호와께 드려
/그
—— 제사장에게로 돌릴 것이니
이는 —— 돌릴 것이니라
/속죄할 속죄의 숫양과 함께
/그를 위하여
9 /모든 성물은 —— 그의 것이 될 것이라
/이스라엘 자손이 — 제사장에게 가져오는
/거제로
10 /물건은 —— 그의 것이 되나니
/각 사람이 구별한
/누구든지 —— 그의 것이 되느니라
/제사장에게 주는 것은
11 여호와께서 모세에게 **말씀하여 이르시되**
12 /[너는] —— 이스라엘 자손에게 말하여
—— 그들에게 이르라
/만일(אִם)
아내가 —— 탈선하여
/어떤 사람의
—— 남편에게 신의를 저버렸고(조건절, if)
13 한 남자가 —— 그 여자와 동침하였으나
—— 그의 남편의 눈에 숨겨
—— 드러나지 아니하였고
증인도 —— 없고
/그 여자의 더러워진 일에

보내었으니 곧 여호와께서 모세에게 이르신대로 이스라
엘 자손이 행하였더라 5 여호와께서 또 모세에게 일러
가라사대 6 이스라엘 자손에게 이르라 남자나 여자나 사
람들이 범하는 죄를 범하여 여호와께 패역하여 그 몸에
죄를 얻거든 7 그 지은 죄를 자복하고 그 죄 값을 온전
히 갚되 오분지 일을 더 하여 그가 죄를 얻었던 그 본주
에게 돌려 줄 것이요 8 만일 죄값을 받을 만한 친족이
없거든 그 죄값을 여호와께 드려 제사장에게로 돌릴 것이
니 이는 그를 위하여 속죄할 수양 외에 돌릴 것이니라 9
이스라엘 자손의 거제로 제사장에게 가져오는 모든 성물
은 그의 것이 될 것이라 10 각 사람의 구별한 물건은
그의 것이 되나니 누구든지 제사장에게 주는 것은 그의
것이 되느니라 11 여호와께서 모세에게 일러 가라사대
12 이스라엘 자손에게 고하여 그들에게 이르라 만일 어

of Israel did. 5 Then the LORD spoke to Moses, saying,
6 "Speak to the sons of Israel, 'When a man or woman
commits any of the sins of mankind, acting unfaithfully
against the LORD, and that person is guilty, 7 then he
shall confess his sins which he has committed, and he
shall make restitution in full for his wrong, and add to
it one-fifth of it, and give it to him whom he has wronged.
8 'But if the man has no relative to whom restitution
may be made for the wrong, the restitution which is
made for the wrong must go to the LORD for the priest,
besides the ram of atonement, by which atonement is
made for him. 9 'Also every contribution pertaining to
all the holy gifts of the sons of Israel, which they offer
to the priest, shall be his. 10 'So every man's holy
gifts shall be his; whatever any man gives to the priest,
it becomes his.'" 11 Then the LORD spoke to Moses,
saying, 12 "Speak to the sons of Israel, and say to
them, 'If any man's wife goes astray and is unfaithful
to him, 13 and a man has intercourse with her and it
is hidden from the eyes of her husband and she is undetected,

그가 ——— 잡히지도 아니하였어도
14 그 남편이 ——— 의심이 생겨
그 아내를 의심하였는데
아내가 ——— 더럽혀졌거나
/그의
또는
그 남편이 ——— 의심이 생겨
그 아내를 의심하였으나
그 아내가 ——— 더럽혀지지 아니하였든지(조건절, if)
15 /[그는] ——— 그의 아내를 데리고 가서
/제사장에게로
헌물로 드리되
/보리 가루 십분의 일 에바를
/그를 위하여
/[그는] ——— 그것에 기름도 붓지 말고
유향도 두지 말라
//(이유)
이는 ——— 의심의 소제요
기억의 소제라
/죄악을 기억나게 하는
16 /제사장은 ——— 그 여인을 가까이 오게 하여
여호와 앞에 세우고
17 토기에 거룩한 물을 담고
성막 바닥의 티끌을 취하여
물에 넣고
18 여인을 여호와 앞에 세우고
그의 머리를 풀게 하고
그의 두 손에 두고
/기억나게 하는 소제물(을)
/곧 의심의 소제물을
/제사장은 ——— 자기 손에 들고
/저주가 되게 할 쓴 물을
19 여인에게 맹세하게 하여
그에게 이르기를
/[만일]
네가 — 더럽힌 일이 없으면(조건절, if)
/네 남편을 두고 탈선하여
/다른 남자와 동침하여
[너는] — 해독을 면하리라
/이 쓴 물의
/저주가 되게 하는
20 /그러나

떤 사람의 아내가 실행하여 남편에게 범죄하여 **13** 타인과 정교를 하였으나 그 남편의 눈에 숨겨 드러나지 아니하였고 그 여자의 더러워진 일에 증인도 없고 그가 잡히지 아니하였어도 **14** 그 더러워짐을 인하여 남편이 의심이 생겨서 그 아내를 의심하든지 또는 아내가 더럽히지 아니하였어도 그 남편이 의심이 생겨서 그 아내를 의심하거든 **15** 그 아내를 데리고 제사장에게로 가서 그를 위하여 보리 가루 에바 십분지 일을 예물로 드리되 그것에 기름도 붓지 말고 유향도 두지 말라 이는 의심의 소제요 생각하게 하는 소제니 곧 죄악을 생각하게 하는 것이니라 **16** 제사장은 그 여인으로 가까이 오게 하여 여호와 앞에 세우고 **17** 토기에 거룩한 물을 담고 성막 바닥의 티끌을 취하여 물에 넣고 **18** 여인을 여호와 앞에 세우고 그 머리를 풀게 하고 생각하게 하는 소제물 곧 의심의 소

although she has defiled herself, and there is no witness against her and she has not been caught in the act, **14** if a spirit of jealousy comes over him and he is jealous of his wife when she has defiled herself, or if a spirit of jealousy comes over him and he is jealous of his wife when she has not defiled herself, **15** the man shall then bring his wife to the priest, and shall bring as an offering for her one-tenth of an ephah of barley meal; he shall not pour oil on it, nor put frankincense on it, for it is a grain offering of jealousy, a grain offering of memorial, a reminder of iniquity. **16** ¶ 'Then the priest shall bring her near and have her stand before the LORD, **17** and the priest shall take holy water in an earthenware vessel; and he shall take some of the dust that is on the floor of the tabernacle and put it into the water. **18** 'The priest shall then have the woman stand before the LORD and let the hair of the woman's head go loose, and place the grain offering of memorial in her hands, which is the grain offering of jealousy, and in the hand of the priest is to be the water of bitterness that brings a curse.

민

20 /그러나
[만일](אִם)
네가 ——— 네 남편을 두고 탈선하여(조건절, if)
[만일](אִם)
[네가] ——— 몸을 더럽혀서
——— 동침하였으면(조건절, if)
/네 남편 아닌 사람과
21 /(제사장이 ——— 저주의 맹세를 하게 하고
/그 여인에게
——— 그 여인에게 말할지니라)
/여호와께서 ——— 저줏거리 되게 하실지라,
/네가 네 백성 중에
——— 맹셋거리가 <되게 하실지라>
/네 넓적다리가 마르고
/네 배가 부어서
22 /이 물이 ——— 네 창자에 들어가서
/이 저주가 되게 하는
——— 네 배를 붓게 하고
——— 네 넓적다리를 마르게 하리라
(할 것이요)
/여인은 ——— 아멘 아멘 할지니라
23 /제사장이 ——— 저주의 말을 써서
/두루마리에
——— 그 글자를 빨아 넣고
/그 쓴 물에
24 /[그는] ——— 쓴 물을 마시게 할지니
/그 저주가 되게 하는
/여인에게
//(결과)
물이 ——— 그의 속에 들어 가서
/그 저주가 되게 하는
//(결과)
쓰리라
25 /제사장이 ——— 의심의 소제물을 취하여
/먼저
/그 여인의 손에서
——— 그 소제물을 흔들고
/여호와 앞에
——— 제단으로 가지고 가서

제물을 그 두 손에 두고 제사장은 저주가 되게 할 쓴 물
을 자기 손에 들고 **19** 여인에게 맹세시켜 그에게 이르
기를 네가 네 남편을 두고 실행하여 사람과 동침하여 더
럽힌 일이 없으면 저주가 되게 하는 이 쓴 물의 해독을
면하리라 **20** 그러나 네가 네 남편을 두고 실행하여 더
럽혀서 네 남편 아닌 사람과 동침하였으면 **21** (제사장
이 그 여인으로 저주의 맹세를 하게 하고 그 여인에게 말
할지니라) 여호와께서 네 넓적다리로 떨어지고 네 배로
부어서 너로 네 백성 중에 저주거리, 맹세거리가 되게 하
실지라 **22** 이 저주가 되게 하는 이 물이 네 창자에 들
어 가서 네 배로 붓게하고 네 넓적다리로 떨어지게 하리
라 할 것이요 여인은 아멘 아멘 할지니라 **23** 제사장이
저주의 말을 두루마리에 써서 그 글자를 그 쓴 물에 빨아
넣고 **24** 여인으로 그 저주가 되게 하는 쓴 물을 마시게

19 ‘And the priest shall have her take an oath and
shall say to the woman, “If no man has lain with you
and if you have not gone astray into uncleanness, being under
the authority of your husband, be immune to this water
of bitterness that brings a curse; **20** if you, however,
have gone astray, being under the authority of your
husband, and if you have defiled yourself and a man
other than your husband has had intercourse with you,”
21 (then the priest shall have the woman swear with
the oath of the curse, and the priest shall say to the
woman), “The LORD make you a curse and an oath
among your people by the LORD’s making your thigh waste
away and your abdomen swell; **22** and this water that brings
a curse shall go into your stomach, and make your
abdomen swell and your thigh waste away.” And the woman
shall say, “Amen. Amen.” **23** ¶ ‘The priest shall then
write these curses on a scroll, and he shall wash them
off into the water of bitterness. **24** ‘Then he shall make
the woman drink the water of bitterness that brings a
curse, so that the water which brings a curse will go
into her and cause bitterness. **25** ‘And the priest shall
take the grain offering of jealousy from the woman’s

26 /제사장은 ─ 한 움큼을 취하여
/그 소제물 중에서
─ 제단 위에 불사르고
/소제물로
/그 여자에게 기억나게 하는
─ 그 물을 마시게 할지라
/그 후에
/여인에게

27 /그 물을 마시게 한 후에(상황절, after)
만일(אִם)
여인이 ─ 몸을 더럽혀서
─ 그 남편에게 범죄하였으면(조건절, if)
물이 ─ 그의 속에 들어가서
/그 저주가 되게 하는

//(결과)
쓰게 되어

//(결과)
배가 ─ 부으며
/그의
넓적다리가 ─ 마르리니
/그의

//(결과)
그 여인이─저줏거리가 될 것이니라
/그 백성 중에서

28 /그러나
[만일](אִם)
여인이 ─ 더럽힌 일이 없고
─ 정결하면(조건절, if)
─ 해를 받지 않고
─ 임신하리라

29 /이는 ─ 의심의 법이니
/아내가 ─ 그의 남편을 두고 탈선하여
─ 더럽힌 때나(상황절, when)

30 /또는
그 남편이 ─ 의심이 생겨서
─ 자기의 아내를 의심할 때에(상황절, when)
[그는] ─ 여인을 여호와 앞에 두고
/제사장이 ─ 이 법대로 행할 것이라

31 /남편은 ─ 무죄할 것이요
/여인은 ─ 당하리라
/죄가 있으면(=죄를)

민

할지니 그 저주가 되게 하는 물이 그 속에 들어가서 쓰리
라 25 제사장이 먼저 그 여인의 손에서 의심의 소제물
을 취하여 그 소제물을 여호와 앞에 흔들고 가지고 단으
로 가서 26 그 소제물 중에서 기념으로 한 움큼을 취하
여 단 위에 소화하고 그 후에 여인에게 그 물을 마시울지
라 27 그 물을 마시운 후에 만일 여인이 몸을 더럽혀서
그 남편에게 범죄하였으면 그 저주가 되게 하는 물이 그
의 속에 들어가서 쓰게 되어 그 배가 부으며 그 넓적다리
가 떨어지리니 그 여인이 백성 중에서 저줏거리가 될 것
이니라 28 그러나 여인이 더럽힌 일이 없고 정결하면
해를 받지 않고 잉태하리라 29 이는 의심의 법이니 아
내가 그 남편을 두고 실행하여 더럽힌 때나 30 또는 그

hand, and he shall wave the grain offering before the LORD and bring it to the altar;
26 and the priest shall take a handful of the grain offering as its memorial offering and offer it up in smoke on the altar, and afterward he shall make the woman drink the water.
27 'When he has made her drink the water, then it shall come about, if she has defiled herself and has been unfaithful to her husband, that the water which brings a curse shall go into her and cause bitterness, and her abdomen will swell and her thigh will waste away, and the woman will become a curse among her people.
28 'But if the woman has not defiled herself and is clean, she will then be free and conceive children.
29 ¶ 'This is the law of jealousy: when a wife, being under the authority of her husband, goes astray and defiles herself,
30 or when a spirit of jealousy comes over a man and he is jealous of his wife, he shall then make the woman stand before the LORD, and the priest shall apply all this law to her.
31 'Moreover, the man shall be free from guilt, but that woman shall bear her guilt.'"

6

1 여호와께서 모세에게 **말씀하여 이르시되**
2 /[너는] ── 이스라엘 자손에게 전하여
└ 그들에게 이르라
/남자나
여자가 ── [서원]하고...하면(상황절, when)
/특별한 서원(을)
/곧 나실인의 서원을

//(목적; לְ, to)
자기 몸을 구별하여
/여호와께 드리려고

3 /[그는] ── 포도주와 독주를 멀리하며
마시지 말며
/포도주로 된 초나
독주로 된 초를
포도즙도 마시지 말며
생포도나 건포도도 먹지 말지니
4 /[그는] ── 포도나무 소산은(을) 먹지 말지며
/씨나 껍질이라도
/모든 날 동안에는
/자기 몸을 구별하는

5 /[그는] ── 삭도를 절대로 대지 말 것이라
/그의 머리에
/모든 날 동안은
/그 서원을 하고 구별하는
/그는 ── 날이 차기까지 거룩한즉
/자기 몸을 구별하여 여호와께 드리는
그의 머리털을 길게 자라게 할 것이며

6 /[그는] ── 시체를 가까이 하지 말 것이요
/모든 날 동안은
/자기의 몸을 구별하여 여호와께 드리는
7 /[그는] ── 그로 말미암아 몸을 더럽히지 말 것이니
/그의 부모 형제 자매가 죽은 때에라도

//이는(이유; כִּי, for)
표가 ── 그의 머리에 있음이라
/자기의 몸을 구별하여 하나님께 드리는

남편이 의심이 생겨서 그 아내를 의심할 때에 그 여인을
여호와 앞에 두고 제사장이 이 법대로 행할 것이라 31
남편은 무죄할 것이요 여인은 죄가 있으면 당하리라
6:1 여호와께서 모세에게 일러 가라사대 2 이스라엘
자손에게 고하여 그들에게 이르라 남자나 여자가 특
별한 서원 곧 나실인의 서원을 하고 자기 몸을 구별하여
여호와께 드리거든 3 포도주와 독주를 멀리하며 포도주
의 초나 독주의 초를 마시지 말며 포도즙도 마시지 말며
생포도나 건포도도 먹지 말지니 4 자기 몸을 구별하는
모든 날 동안에는 포도나무 소산은 씨나 껍질이라도 먹지
말지며 5 그 서원을 하고 구별하는 모든 날 동안은 삭도
를 도무지 그 머리에 대지 말 것이라 자기 몸을 구별하여
여호와께 드리는 날이 차기까지 그는 거룩한즉 그 머리털
을 길게 자라게 할 것이며 6 자기 몸을 구별하여 여호와

6:1 ¶ Again the LORD spoke to Moses, saying, 2 "Speak
to the sons of Israel, and say to them, When a man
or woman makes a special vow, the vow of a Nazirite,
to dedicate himself to the LORD, 3 he shall abstain
from wine and strong drink; he shall drink no vinegar, whether
made from wine or strong drink, neither shall he drink
any grape juice, nor eat fresh or dried grapes. 4 All the
days of his separation he shall not eat anything that is
produced by the grape vine, from the seeds even to the
skin. 5 ¶ All the days of his vow of separation no razor
shall pass over his head. He shall be holy until the days
are fulfilled for which he separated himself to the LORD;
he shall let the locks of hair on his head grow long. 6
¶ All the days of his separation to the LORD he shall
not go near to a dead person. 7 He shall not make
himself unclean for his father or for his mother, for his brother
or for his sister, when they die, because his separation
to God is on his head. 8 All the days of his separation
he is holy to the LORD. 9 ¶ But if a man dies very
suddenly beside him and he defiles his dedicated head

8 /그는 —— 여호와께 거룩한 자니라
/모든 날 동안
/자기의 몸을 구별하는

9 /[만일](כִּי)
누가 —— 갑자기 그 곁에서 죽어서
스스로 구별한 자의 머리를 더럽히면(조건절, if)
[그는] —— 머리를 밀 것이니
/그의 몸을 정결하게 하는 날에
곧
일곱째 날에 밀 것이며

10 /[그는] —— 회막 문에 가지고 와서
/여덟째 날에
/산비둘기 두 마리나
/집비둘기 새끼 두 마리를
제사장에게 줄 것이요

11 /제사장은 —— 그 하나를 〈드려서〉,
/속죄제물로
하나를 드려서
/번제물로
죄를 속하고
//(이유: כִּי, because)
그의(가) —— [죄를] 얻은(~얻었다)
/시체로 말미암아
/또
그는 —— 그의 머리를 성결하게 할 것이며
/그 날에

12 /[그는] —— 여호와께 드릴 날을 새로 정하고
/자기 몸을 구별하여
일 년 된 숫양을 가져다가
속건제물로 드릴지니라
/기간은 —— 무효니라
/지나간
//(이유: כִּי, for)
[그가] —— 그의 몸을 더럽혔은즉
/자기의 몸을 구별한 때에

13 /법은 —— 이러하니라
/나실인의
/자기의 몸을 구별한 날이 차면(상황절, when)
[그는] —— 그 사람을 데리고 갈 것이요
/회막 문으로

민

께 드리는 모든 날 동안은 시체를 가까이 하지 말 것이요
7 그 부모 형제 자매가 죽은 때에라도 그로 인하여 더럽
히지 말것이니 이는 자기 몸을 구별하여 하나님께 드리는
표가 그 머리에 있음이라 **8** 자기 몸을 구별하는 모든 날
동안 그는 여호와께 거룩한 자니라 **9** 누가 홀연히 그 곁
에서 죽어서 스스로 구별한 자의 머리를 더럽히거든 그
몸을 정결케 하는 날에 머리를 밀 것이니 곧 제칠일에 밀
것이며 **10** 제팔일에 산비둘기 두 마리나 집비둘기 새끼
두 마리를 가지고 회막 문에 와서 제사장에게 줄 것이요
11 제사장은 그 하나를 속죄 제물로, 하나를 번제물로
드려서 그의 시체로 인하여 얻은 죄를 속하고 또 그는 당
일에 그의 머리를 성결케 할 것이며 **12** 자기 몸을 구별
하여 여호와께 드릴 날을 새로 정하고 일년 된 수양을 가
져다가 속건제로 드릴지니라 자기 몸을 구별한 때에 그
몸을 더럽혔은즉 지나간 날은 무효니라 **13** 나실인의 법
은 이러하니라 자기 몸을 구별한 날이 차면 그 사람을 회

of hair, then he shall shave his head on the day when
he becomes clean; he shall shave it on the seventh day.
10 Then on the eighth day he shall bring two turtledoves
or two young pigeons to the priest, to the doorway of
the tent of meeting. **11** And the priest shall offer one
for a sin offering and the other for a burnt offering, and make
atonement for him concerning his sin because of the
dead person. And that same day he shall consecrate his head,
12 and shall dedicate to the LORD his days as a Nazirite,
and shall bring a male lamb a year old for a guilt offering;
but the former days shall be void because his separation
was defiled. **13** ¶ Now this is the law of the Nazirite
when the days of his separation are fulfilled, he shall
bring the offering to the doorway of the tent of meeting.
14 And he shall present his offering to the LORD: one
male lamb a year old without defect for a burnt offering

14 /그는 — 여호와께 헌물을 드리되
14b-15
(드릴 것이요)
/번제물로
/일 년 된 흠 없는 숫양 한 마리와
/속죄제물로
/일 년 된 흠 없는 어린 암양 한 마리와
/화목제물로
/흠 없는 숫양 한 마리와
15 /무교병 한 광주리와
/고운 가루에 기름 섞은 과자들과
/기름 바른 무교전병들과
/그 소제물과
/전제물을

16 /제사장은 — 그것들을 여호와 앞에 가져다가
속죄제와 번제를 드리고
17 /[그는] — 여호와께 드리고
/화목제물로
/숫양에 무교병 한 광주리를 아울러
그 소제와 전제를 드릴 것이요

18 /나실인은 — 자기의 머리털을 밀고
/구별한 /회막 문에서
/자기의 몸을
그것을 둘지며
/화목제물 밑에 있는 불에

19 /나실인이 — 그의 머리 털을 민 후에(상황절, after)
/구별한
/자기의 몸을
제사장이 — 취하여
/삶은 숫양의 어깨와
/무교병 하나와
무교전병 하나를
/광주리 가운데
나실인의 두 손에 두고
20 요제로 흔들 것이며
/여호와 앞에
/그것과(은) — 성물이라
/(다) /제사장에게 돌릴(것이니라)
흔든 가슴과
받들어올린 넓적다리는

민

막 문으로 데리고 갈 것이요 14 그는 여호와께 예물을
드리되 번제물로 일 년 된 흠 없는 수양 하나와 속죄 제
물로 일 년 된 흠 없는 어린 암양 하나와 화목 제물로 흠
없는 수양 하나와 15 무교병 한 광주리와 고운 가루에
기름 섞은 과자들과 기름 바른 무교전병들과 그 소제물과
전제물을 드릴 것이요 16 제사장은 그것들을 여호와 앞
에 가져다가 속죄제와 번제를 드리고 17 화목 제물로
수양에 무교병 한 광주리를 아울러 여호와께 드리고 그
소제와 전제를 드릴 것이요 18 자기 몸을 구별한 나실
인은 회막 문에서 그 머리털을 밀고 그것을 화목 제물 밑
에 있는 불에 둘지며 19 자기 몸을 구별한 나실인이 그
머리털을 민 후에 제사장이 삶은 수양의 어깨와 광주리
가운데 무교병 하나와 무교전병 하나를 취하여 나실인의
두 손에 두고 20 여호와 앞에 요제로 흔들 것이며 그것

and one ewe-lamb a year old without defect for a sin offering
and one ram without defect for a peace offering, 15
and a basket of unleavened cakes of fine flour mixed
with oil and unleavened wafers spread with oil, along
with their grain offering and their libations. 16 Then
the priest shall present them before the LORD and shall offer
his sin offering and his burnt offering. 17 He shall also
offer the ram for a sacrifice of peace offerings to the
LORD, together with the basket of unleavened cakes;
the priest shall likewise offer its grain offering and its libation.
18 The Nazirite shall then shave his dedicated head of
hair at the doorway of the tent of meeting, and take the
dedicated hair of his head and put it on the fire which
is under the sacrifice of peace offerings. 19 And the
priest shall take the ram's shoulder when it has been
boiled, and one unleavened cake out of the basket, and
one unleavened wafer, and shall put them on the hands
of the Nazirite after he has shaved his dedicated hair.

/나실인이 —— 포도주를 마실 수 있느니라
/그 후에는

21 /이는 —— 곧 서원한 나실인이(의) 행할 법이며
/드림[은](과) —— 하려니와... 할 것이니라
/헌물을 /자기의 몸을 구별한 일로 말미암아
/여호와께 /이외에도 힘이 미치는 대로
/그가 서원한 대로
/자기의 몸을 구별하는 법을 따라

22 여호와께서 모세에게 **말씀하여 이르시되**
23 /[너는] —— 말하여 이르기를
/아론과 그의 아들들에게
/너희는 —— 이렇게 축복하여 이르되
/이스라엘 자손을 위하여
24 /여호와는 ┬ 네게 복을 주시고
└ 너를 지키시기를 (원하며)
25 /여호와는 ┬ 그의 얼굴을 네게 비추사
└ 은혜 베푸시기를 (원하며)
26 /여호와는 ┬ 그 얼굴을 네게로 향하여 드사
└ 평강 주시기를 (원하노라)
(할지니라 하라)

27 /그들은 —— (이같이) 축복할지니
/내 이름으로
/이스라엘 자손에게
/내가 —— 그들에게 복을 주리라

7

1 [그] 날에[4)]
/모세가 ┬ 장막 세우기를 끝내고
├ 그것에 기름을 발라
└ 거룩히 구별하고
/또
[그가] ┬ 기름을 발라
/그 모든 기구와
/제단과
/그 모든 기물에
└ 거룩히 구별한

4) 2절의 헌물을 드렸다는 동사의 수식부이다. 강조적으로 앞으로 기록했다.

민

과 흔든 가슴과 든 넓적다리는 성물이라 다 제사장에게
돌릴 것이니라 그 후에는 나실인이 포도주를 마실 수 있
느니라 21 이는 곧 서원한 나실인이 자기 몸을 구별한
일로 인하여 여호와께 예물을 드림과 행할 법이며 이 외
에도 힘이 미치는 대로 하려니와 그 서원 한대로 자기 몸
을 구별하는 법을 따라 할 것이니라 22 여호와께서 모
세에게 일러 가라사대 23 아론과 그 아들들에게 고하여
이르기를 너희는 이스라엘 자손을 위하여 이렇게 축복하
여 이르되 24 여호와는 네게 복을 주시고 너를 지키시
기를 원하며 25 여호와는 그 얼굴로 네게 비취사 은혜
베푸시기를 원하며 26 여호와는 그 얼굴을 네게로 향하
여 드사 평강 주시기를 원하노라 할지니라 하라 27 그
들은 이같이 내 이름으로 이스라엘 자손에게 축복할지니
내가 그들에게 복을 주리라
7:1 모세가 장막 세우기를 필하고 그것에 기름을 발
라 거룩히 구별하고 또 그 모든 기구와 단과 그 모

20 Then the priest shall wave them for a wave offering
before the LORD. It is holy for the priest, together with
the breast offered by waving and the thigh offered by
lifting up; and afterward the Nazirite may drink wine.
21 ¶ "This is the law of the Nazirite who vows his
offering to the LORD according to his separation, in addition
to what else he can afford; according to his vow which
he takes, so he shall do according to the law of his separation."
22 Then the LORD spoke to Moses, saying, 23 "Speak
to Aaron and to his sons, saying, 'Thus you shall bless
the sons of Israel. You shall say to them: 24 The LORD
bless you, and keep you; 25 The LORD make His face
shine on you, And be gracious to you; 26 The LORD
lift up His countenance on you, And give you peace.'
27 "So they shall invoke My name on the sons of Israel,
and I then will bless them."

7:1 ¶ Now it came about on the day that Moses had
finished setting up the tabernacle, he anointed it and
consecrated it with all its furnishings and the altar and

민

2 지휘관들[이] 헌물을 **드렸으니**
/이스라엘
/곧 감독된 자들이
/우두머리들이요
/그들의 조상의 가문의
/그 계수함을 받은 자의
/그 지파의 지휘관으로서

3 헌물은 **수레 여섯 대와**
/그들이 - 드린 /덮개 있는
/여호와께
소 열두 마리이니

수레가 **하나씩이요**
/지휘관 두 사람에
소가 **한 마리씩이라**
/지휘관 한 사람에

[그들이] 그것들을 **드린지라**
/장막 앞에

4 여호와께서 모세에게 **말씀하여 이르시되**
5 /[너는] ─ 그것을 그들에게서 받아
─ 레위인에게 주어
─ 회막 봉사에 쓰게 할지니라
/각기 직임대로

6 모세가 수레와 소를 **받아**
레위인에게 **주었으니**

7 곧
[그가] 수레 둘과 소 네 마리를 **주었고**
/게르손 자손들에게는
/그들의 직임대로
8 수레 넷과 소 여덟 마리를 **주고**
/므라리 자손들에게는
/그들의 직임대로

감독하게 하였으나
/제사장 아론의 아들 이다말에게
9 고핫 자손에게는 **주지 아니하였으니**

//(이유: כִּי, because)

든 기구에 기름을 발라 거룩히 구별한 날에 2 이스라엘
족장들 곧 그들의 종족의 두령들이요 그 지파의 족장으로
서 그 계수함을 입은 자의 감독된 자들이 예물을 드렸으
니 3 그들의 여호와께 드린 예물은 덮개 있는 수레 여섯
과 소 열둘이니 족장 둘에 수레가 하나씩이요 하나에 소
가 하나씩이라 그것들을 장막 앞에 드린지라 4 여호와께
서 모세에게 일러 가라사대 5 그것을 그들에게서 받아
레위인에게 주어 각기 직임대로 회막 봉사에 쓰게 할지니
라 6 모세가 수레와 소를 받아 레위인에게 주었으니 7
곧 게르손 자손들에게는 그 직임대로 수레 둘과 소 넷을
주었고 8 므라리 자손들에게는 그 직임대로 수레 넷과
소 여덟을 주고 제사장 아론의 아들 이다말로 감독케 하

all its utensils; he anointed them and consecrated them
also. 2 Then the leaders of Israel, the heads of their
fathers' households, made an offering (they were the
leaders of the tribes; they were the ones who were over
the numbered men). 3 When they brought their offering
before the LORD, six covered carts and twelve oxen, a
cart for every two of the leaders and an ox for each
one, then they presented them before the tabernacle. 4
Then the LORD spoke to Moses, saying, 5 "Accept
these things from them, that they may be used in the
service of the tent of meeting, and you shall give them
to the Levites, to each man according to his service." 6
So Moses took the carts and the oxen, and gave them
to the Levites. 7 Two carts and four oxen he gave to
the sons of Gershon, according to their service, 8 and
four carts and eight oxen he gave to the sons of Merari,
according to their service, under the direction of Ithamar
the son of Aaron the priest. 9 But he did not give any

//(이유: כִּי, because)
[그들이] — 일을 하는 까닭이었더라[5)]
/그 어깨로 메는
/그들의 성소의 직임은(을)

10 제단에 기름을 바르던 날에(상황절, when)
지휘관들이 헌물을 **가져다가**
/제단의 봉헌을 위하여
그 헌물을 **드리니라**
/제단 앞에

11 여호와께서 모세에게 **이르시기를** (하셨더라)
/지휘관들은 — 제단의 봉헌물을 드릴지니라
/하루 한 사람씩

12 /드린 자는 — 나손이라
/헌물을 /암미나답의 아들
/첫째 날에 /유다 지파

13 /그의 헌물은 — 은반 하나와
/백삼십 세겔 무게의
/성소의 세겔로
은 바리 하나라
/칠십 세겔 무게의

/그릇에는 — 고운 가루를 채웠고
/이 두 /기름 섞은
/소제물로

14 /또
<헌물은> — 금 그릇 하나라
/그의 /열 세겔 무게의
/그것에(는) 향을 채웠고

15 /또
<헌물은> — 수송아지 한 마리와[6)]
숫양 한 마리와
일 년 된 어린 숫양 한 마리이며

/번제물로

16 속죄제물로 숫염소 한 마리이며
17 소 두 마리와[7)]
숫양 다섯 마리와
숫염소 다섯 마리와
일 년 된 어린 숫양 다섯 마리라

/화목제물로

민

5) 한글 번역본이 원본과 많은 차이를 가지고 있다. 왜냐하면 직역하면 말이 좀 어색하기 때문이다. 문맥은 중간을 택했다. 영역본의 뉘앙스를 한글 개역본의 분위기로 살렸다.

6) 연결된 동사부분이다.

7) 연결된 동사부분이다.

였으나 **9** 고핫 자손에게는 주지 아니하였으니 그들의 성
소의 직임은 그 어깨로 메는 일을 하는 까닭이었더라 **10**
단에 기름을 바르던 날에 족장들이 단의 봉헌을 위하여
예물을 가져다가 그 예물을 단 앞에 드리니라 **11** 여호
와께서 모세에게 이르시기를 족장들은 하루 한 사람씩 단
의 봉헌 예물을 드릴지니라 하셨더라 **12** 제 일일에 예
물을 드린 자는 유다 지파 암미나답의 아들 나손이라 **13**
그 예물은 성소의 세겔대로 일백 삼십 세겔중 은반 하나
와 칠십 세겔중 은바리 하나라 이 두 그릇에는 소제물로
기름 섞은 고운 가루를 채웠고 **14** 또 십 세겔중 금숟가
락 하나라 그것에는 향을 채웠고 **15** 또 번제물로 수송
아지 하나와 수양 하나와 일 년 된 어린 수양 하나이며
16 속죄 제물로 수염소 하나이며 **17** 화목 제물로 소
둘과 수양 다섯과 수염소 다섯과 일 년 된 어린 수양 다

to the sons of Kohath because theirs was the service of
the holy objects, which they carried on the shoulder.
10 And the leaders offered the dedication offering for
the altar when it was anointed, so the leaders offered
their offering before the altar. **11** Then the LORD said
to Moses, "Let them present their offering, one leader
each day, for the dedication of the altar." **12** ¶ Now
the one who presented his offering on the first day was
Nahshon the son of Amminadab, of the tribe of Judah;
13 and his offering was one silver dish whose weight
was one hundred and thirty shekels, one silver bowl of
seventy shekels, according to the shekel of the sanctuary,
both of them full of fine flour mixed with oil for a grain
offering; **14** one gold pan of ten shekels, full of incense;
15 one bull, one ram, one male lamb one year old, for
a burnt offering; **16** one male goat for a sin offering;

/이는 ——— 나손의 헌물이었더라
/암미나답의 아들

18 /둘째 날에는
느다넬이 —— 헌물을 드렸으니
/수알의 아들
/잇사갈의 지휘관

19 /그가 ——— 헌물[을](도) 드린(=드렸다)[8]
/은반 하나와
/백삼십 세겔 무게의
/성소의 세겔로

/은 바리 하나라
/칠십 세겔 무게의

/그릇에는 —기름 섞은 고운 가루를 채웠고[9]
/이 두 /소제물로

20 /또 금 그릇 하나라
/열 세겔 무게의
/그것에(는) 향을 채웠고

21 /또 번제물로
/수송아지 한 마리와
숫양 한 마리와
어린 숫양 한 마리이며
/일 년 된

22 /속죄제물로
/숫염소 한 마리이며

23 /화목제물로
/소 두 마리와
숫양 다섯 마리와
숫염소 다섯 마리와
일년 된 어린 숫양 다섯 마리라

/이는 ——— 느다넬의 헌물이었더라
/수알의 아들

24 /셋째 날에는
엘리압이 —— 헌물을 드렸으니
/헬론의 아들
/스불론 자손의 지휘관

민

8) 13절과 문장 패턴이 다르다. 13절: 그의 예물은... 이다 / 19절: 그가 ...의 헌물을 드렸다.

9) 은반 하나와 은 바리 하나를 설명하는 구절이다.

섯이라 이는 암미나답의 아들 나손의 예물이었더라 18
제 이일에는 잇사갈의 족장 수알의 아들 느다넬이 드렸으
니 19 그 드린 예물도 성소의 세겔대로 일백 삼십 세겔
중 은반 하나와 칠십 세겔중 은바리 하나라 이 두 그릇에
는 소제물로 기름 섞은 고운 가루를 채웠고 20 또 십
세겔중 금숟가락 하나라 그것에는 향을 채웠고 21 또
번제물로 수송아지 하나와 수양 하나와 일 년 된 어린 수
양 하나이며 22 속죄 제물로 수염소 하나이며 23 화목
제물로 소 둘과 수양 다섯과 수염소 다섯과 일 년 된 어
린 수양 다섯이라 이는 수알의 아들 느다넬의 예물이었더

17 and for the sacrifice of peace offerings, two oxen,
five rams, five male goats, five male lambs one year
old. This was the offering of Nahshon the son of Amminadab.
18 ¶ On the second day Nethanel the son of Zuar,
leader of Issachar, presented an offering; 19 he presented
as his offering one silver dish whose weight was one hundred
and thirty shekels, one silver bowl of seventy shekels,
according to the shekel of the sanctuary, both of them
full of fine flour mixed with oil for a grain offering;
20 one gold pan of ten shekels, full of incense; 21
one bull, one ram, one male lamb one year old, for a
burnt offering; 22 one male goat for a sin offering; 23
and for the sacrifice of peace offerings, two oxen, five
rams, five male goats, five male lambs one year old.
This was the offering of Nethanel the son of Zuar. 24
¶ On the third day it was Eliab the son of Helon, leader

25 /헌물도(은) — 은반 하나와
/그의 /백삼십 세겔 무게의
/성소의 세겔로
— 은 바리 하나라
/칠십 세겔 무게의

/그릇에는 — 기름 섞은 고운 가루를 채웠고
/이 두 /소제물로
26 /또
<헌물은> — 금 그릇 하나라
/그의 /열 세겔 무게의
/이것에(는) 향을 채웠고

27 /또

— 번제물로 수송아지 한 마리와
— 숫양 한 마리와
— 어린 숫양 한 마리이며
/일 년 된

28 — 속죄제물로 숫염소 한 마리이며

29 — 화목제물로 소 두 마리와
— 숫양 다섯 마리와
— 숫염소 다섯 마리와
— 어린 숫양 다섯 마리라
/일 년 된

/이는 — 엘리압의 헌물이었더라
/헬론의 아들

30 /넷째 날에는
엘리술이 — 헌물을 드렸으니
/스데울의 아들
/르우벤 자손의 지휘관

31 /헌물도(은) — 은 쟁반 하나와
/그의 /백삼십 세겔 무게의
/성소의 세겔로

— 은 바리 하나라
/칠십 세겔 무게의

/그릇에는 — 소제물로 채웠고
/이 두 /기름 섞은 고운 가루를

32 /또

라 24 제 삼일에는 스불론 자손의 족장 헬론의 아들 엘
리압이 드렸으니 25 그 예물도 성소의 세겔대로 일백
삼십 세겔중 은반 하나와 칠십 세겔중 은바리 하나라 이
두 그릇에는 소제물로 기름 섞은 고운 가루를 채웠고 26
또 십 세겔중 금숟가락 하나라 이것에는 향을 채웠고 27
또 번제물로 수송아지 하나와 수양 하나와 일 년 된 어린
수양 하나이며 28 속죄 제물로 수염소 하나이며 29 화
목 제물로 소 둘과 수양 다섯과 수염소 다섯과 일 년 된
어린 수양 다섯이라 이는 헬론의 아들 엘리압의 예물이었
더라 30 제 사일에는 르우벤 자손의 족장 스데울의 아
들 엘리술이 드렸으니 31 그 예물도 성소의 세겔대로
일백 삼십 세겔중 은반 하나와 칠십 세겔중 은바리 하나

of the sons of Zebulun; 25 his offering was one silver
dish whose weight was one hundred and thirty shekels,
one silver bowl of seventy shekels, according to the
shekel of the sanctuary, both of them full of fine flour
mixed with oil for a grain offering; 26 one gold pan
of ten shekels, full of incense; 27 one young bull, one
ram, one male lamb one year old, for a burnt offering;
28 one male goat for a sin offering; 29 and for the sacrifice
of peace offerings, two oxen, five rams, five male goats,
five male lambs one year old. This was the offering of
Eliab the son of Helon. 30 ¶ On the fourth day it was
Elizur the son of Shedeur, leader of the sons of Reuben;
31 his offering was one silver dish whose weight was

민

32 /또
<헌물은> — 금 그릇 하나라
/그의 — /열 세겔 무게의
/이것에(는) 향을 채웠고
33 /또
— 번제물로 수송아지 한 마리와
— 숫양 한 마리와
— 어린 숫양 한 마리이며
/일 년 된
34 속죄제물로 숫염소 한 마리이며
35 화목제물로 소 두 마리와
— 숫양 다섯 마리와
— 숫염소 다섯 마리와
— 어린 숫양 다섯 마리라
/일 년 된
/이는 — 엘리술의 헌물이었더라
/스데울의 아들
36 /다섯째 날에는
슬루미엘이 — 헌물을 드렸으니
/수리삿대의 아들
/시므온 자손의 지휘관
37 /헌물도(은) — 은 쟁반 하나와
/그의 — /백삼십 세겔 무게의
/성소의 세겔로
— 은 바리 하나라
/칠십 세겔 무게의
/그릇에는 — 소제물로 채웠고
/이 두 — /기름 섞은 고운 가루를
38 /또
<헌물은> — 금 그릇 하나라
/그의 — /열 세겔 무게의
/이것에(는) 향을 채웠고
39 /또
— 번제물로 수송아지 한 마리와
— 숫양 한 마리와
— 일 년 된 어린 숫양 한 마리이며
40 속죄제물로 숫염소 한 마리이며

라 이 두 그릇에는 소제물로 기름 섞은 고운 가루를 채웠
고 32 또 십세겔중 금숟가락 하나라 이것에는 향을 채
웠고 33 또 번죄물로 수송아지 하나와 수양 하나와 일
년 된 어린 수양 하나이며 34 속죄 제물로 수염소 하나
이며 35 화목 제물로 소 둘과 수양 다섯과 수염소 다섯
과 일 년 된 어린 수양 다섯이라 이는 스데울의 아들 엘
리술의 예물이었더라 36 제 오일에는 시므온 자손의 족
장 수리삿대의 아들 슬루미엘이 드렸으니 37 그 예물
도 성소의 세겔대로 일백 삼십 세겔중 은반 하나와 칠십
세겔중 은바리 하나라 이 두 그릇에는 소제물로 기름 섞
은 고운 가루를 채웠고 38 또 십 세겔중 금숟가락 하나
라 이것에는 향을 채웠고 39 또 번제물로 수송아지 하

one hundred and thirty shekels, one silver bowl of seventy shekels, according to the shekel of the sanctuary, both of them full of fine flour mixed with oil for a grain offering; 32 one gold pan of ten shekels, full of incense; 33 one bull, one ram, one male lamb one year old, for a burnt offering; 34 one male goat for a sin offering; 35 and for the sacrifice of peace offerings, two oxen, five rams, five male goats, five male lambs one year old. This was the offering of Elizur the son of Shedeur.
36 ¶ On the fifth day it was Shelumiel the son of Zurishaddai, leader of the children of Simeon; 37 his offering was one silver dish whose weight was one hundred and thirty shekels, one silver bowl of seventy shekels, according to the shekel of the sanctuary, both of them full of fine flour mixed with oil for a grain offering; 38 one gold pan of ten shekels, full of incense; 39 one bull, one

41 화목제물로 소 두 마리와
숫양 다섯 마리와
숫염소 다섯 마리와
어린 숫양 다섯 마리라
/일 년 된

/이는 슬루미엘의 헌물이었더라
/수리삿대의 아들

42 /여섯째 날에는
엘리아삽이 헌물을 드렸으니
/드우엘의 아들
/갓 자손의 지휘관

43 /헌물도 은 쟁반 하나와
/그의 /백삼십 세겔 무게의
/성소의 세겔로
은 바리 하나라
/칠십 세겔 무게의
/그릇에는 기름 섞은 고운 가루를 채웠고
/이 두 /소제물로
44 /또
<헌물은> 금 그릇 하나라
/그의 /열 세겔 무게의
/이것에(는) 향을 채웠고
45 /또
번제물로 수송아지 한 마리와
숫양 한 마리와
어린 숫양 한 마리이며
/일 년 된

46 속죄제물로 숫염소 한 마리이며

47 화목제물로 소 두 마리와
숫양 다섯 마리와
숫염소 다섯 마리와
어린 숫양 다섯 마리라
/일 년 된

/이는 엘리아삽의 헌물이었더라
/드우엘의 아들

48 /일곱째 날에는
엘리사마가 헌물을 드렸으니
/암미훗의 아들
/에브라임 자손의 지휘관

민

나와 수양 하나와 일 년 된 어린 수양 하나이며 40 속
죄제물로 수염소 하나이며 41 화목 제물로 소 둘과 수
양 다섯과 수염소 다섯과 일 년 된 어린 수양 다섯이라
이는 수리삿대의 아들 슬루미엘의 예물이었더라 42 제
육일에는 갓 자손의 족장 드우엘의 아들 엘리아삽이 드렸
으니 43 그 예물도 성소의 세겔대로 일백 삼십 세겔중
은반 하나와 칠십 세겔중 은바리 하나라 이 두 그릇에는
소제물로 기름 섞은 고운 가루를 채웠고 44 또 십 세겔
중 금숟가락 하나라 이것에는 향을 채웠고 45 또 번제
물로 수송아지 하나와 수양 하나와 일 년 된 어린 수양
하나이며 46 속죄 제물로 수염소 하나이며 47 화목 제
물로 소 둘과 수양 다섯과 수염소 다섯과 일 년 된 어린

ram, one male lamb one year old, for a burnt offering;
40 one male goat for a sin offering; 41 and for the sacrifice
of peace offerings, two oxen, five rams, five male goats,
five male lambs one year old. This was the offering of
Shelumiel the son of Zurishaddai. 42 ¶ On the sixth
day it was Eliasaph the son of Deuel, leader of the sons
of Gad; 43 his offering was one silver dish whose
weight was one hundred and thirty shekels, one silver
bowl of seventy shekels, according to the shekel of the
sanctuary, both of them full of fine flour mixed with oil
for a grain offering; 44 one gold pan of ten shekels,
full of incense; 45 one bull, one ram, one male lamb
one year old, for a burnt offering; 46 one male goat
for a sin offering; 47 and for the sacrifice of peace offerings,

49 /헌물도 — 은 쟁반 하나와
/그의 /백삼십 세겔 무게의
/성소의 세겔로
은 바리 하나라
/칠십 세겔 무게의
/그릇에는 — 기름 섞은 고운 가루를 채웠고
/이 두 /소제물로
50 /또
<헌물은> — 금 그릇 하나라
/그의 /열 세겔 무게의
/이것에(는) 향을 채웠고
51 /또
번제물로 수송아지 한 마리와
숫양 한 마리와
어린 숫양 한 마리이며
/일 년 된
52 속죄제물로 숫염소 한 마리이며
53 화목제물로 소 두 마리와
숫양 다섯 마리와
숫염소 다섯 마리와
어린 숫양 다섯 마리라
/일 년 된
/이는 — 엘리사마의 헌물이었더라
/암미훗의 아들
54 /여덟째 날에는
가말리엘이 — 헌물을 드렸으니
/브다술의 아들
/므낫세 자손의 지휘관
55 /헌물도 — 은 쟁반 하나와
/그의 /백삼십 세겔 무게의
/성소의 세겔로
은 바리 하나라
/칠십 세겔 무게의
/그릇에는 — 기름 섞은 고운 가루를 채웠고
/이 두 /소제물로
56 /또
<헌물은> — 금 그릇 하나라
/그의 /열 세겔 무게의
/이것에(는) 향을 채웠고
57 /또

수양 다섯이라 이는 드우엘의 아들 엘리아삽의 예물이었
더라 48 제 칠일에는 에브라임 자손의 족장 암미훗의
아들 엘리사마가 드렸으니 49 그 예물도 성소의 세겔대
로 일백 삼십 세겔중 은반 하나와 칠십 세겔중 은바리 하
나라 이 두 그릇에는 소제물로 기름 섞은 고운 가루를 채
웠고 50 또 십세겔중 금숟가락 하나라 이것에는 향을
채웠고 51 또 번제물로 수송아지 하나와 수양 하나와
일 년 된 어린 수양 하나이며 52 속죄 제물로 수염소 하
나이며 53 화목 제물로 소 둘과 수양 다섯과 수염소 다
섯과 일 년 된 어린 수양 다섯이라 이는 암미훗의 아들

two oxen, five rams, five male goats, five male lambs
one year old. This was the offering of Eliasaph the son
of Deuel. 48 ¶ On the seventh day it was Elishama the
son of Ammihud, leader of the sons of Ephraim; 49
his offering was one silver dish whose weight was one
hundred and thirty shekels, one silver bowl of seventy shekels,
according to the shekel of the sanctuary, both of them
full of fine flour mixed with oil for a grain offering;
50 one gold pan of ten shekels, full of incense; 51
one bull, one ram, one male lamb one year old, for a
burnt offering; 52 one male goat for a sin offering; 53
and for the sacrifice of peace offerings, two oxen, five
rams, five male goats, five male lambs one year old.
This was the offering of Elishama the son of Ammihud.

57 /또
번제물로 수송아지 한 마리와
숫양 한 마리와
어린 숫양 한 마리이며
/일 년 된

58 속죄제물로 숫염소 한 마리이며

59 화목제물로 소 두 마리와
숫양 다섯 마리와
숫염소 다섯 마리와
어린 숫양 다섯 마리라
/일 년 된

/이는 — 가말리엘의 헌물이었더라
/브다술의 아들

60 /아홉째 날에는
아비단이 — 헌물을 드렸으니
/기드오니의 아들
/베냐민 자손의 지휘관

61 /헌물도 — 은 쟁반 하나와
/그의
/백삼십 세겔 무게의
/성소의 세겔로

은 바리 하나라
/칠십 세겔 무게의

/그릇에는 — 기름 섞은 고운 가루를 채웠고
/이 두
/소제물로

62 /또
<헌물은> — 금 그릇 하나라
/그의
/열 세겔 무게의
/이것에(는) 향을 채웠고

63 또
번제물로 수송아지 한 마리와
숫양 한 마리와
어린 숫양 한 마리이며
/일 년 된

64 속죄제물로 숫염소 한 마리이며

엘리사마의 예물이었더라 **54** 제 팔일에는 므낫세 자손
의 족장 브다술의 아들 가말리엘이 드렸으니 **55** 그 예
물도 성소의 세겔대로 일백 삼십 세겔중 은반 하나와 칠
십 세겔중 은바리 하나라 이 두 그릇에는 소제물로 기름
섞은 고운 가루를 채웠고 **56** 또 십세겔중 금숟가락 하
나라 이것에는 향을 채웠고 **57** 또 번제물로 수송아지
하나와 수양 하나와 일 년 된 어린 수양 하나이며 **58**
속죄 제물로 수염소 하나이며 **59** 화목제물로 소 둘과
수양 다섯과 수염소 다섯과 일 년 된 어린 수양 다섯이라
이는 브다술의 아들 가말리엘의 예물이었더라 **60** 제 구
일에는 베냐민 자손의 족장 기드오니의 아들 아비단이 드
렸으니 **61** 그 예물도 성소의 세겔대로 일백 삼십 세겔
중 은반 하나와 칠십 세겔중 은바리 하나라 이 두 그릇에
는 소제물로 기름 섞은 고운 가루를 채웠고 **62** 또 십세
겔중 금숟가락 하나라 이것에는 향을 채웠고 **63** 또 번
제물로 수송아지 하나와 수양 하나와 일 년 된 어린 수양

54 ¶ On the eighth day it was Gamaliel the son of Pedahzur,
leader of the sons of Manasseh; **55** his offering was
one silver dish whose weight was one hundred and thirty
shekels, one silver bowl of seventy shekels, according
to the shekel of the sanctuary, both of them full of fine
flour mixed with oil for a grain offering; **56** one gold
pan of ten shekels, full of incense; **57** one bull, one
ram, one male lamb one year old, for a burnt offering;
58 one male goat for a sin offering; **59** and for the sacrifice
of peace offerings, two oxen, five rams, five male goats,
five male lambs one year old. This was the offering of
Gamaliel the son of Pedahzur. **60** ¶ On the ninth day
it was Abidan the son of Gideoni, leader of the sons of
Benjamin; **61** his offering was one silver dish whose weight
was one hundred and thirty shekels, one silver bowl of
seventy shekels, according to the shekel of the sanctuary,

민

65 화목제물로 소 두 마리와
숫양 다섯 마리와
숫염소 다섯 마리와
어린 숫양 다섯 마리라
/일 년 된

/이는 아비단의 헌물이었더라
/기드오니의 아들

66 /열째 날에는
아히에셀이 헌물을 드렸으니
/암미삿대의 아들
/단 자손의 지휘관

67 /헌물도 은 쟁반 하나와
/그의 /백삼십 세겔 무게의
/성소의 세겔로
은 바리 하나라
/칠십 세겔 무게의

/그릇에는 기름 섞은 고운 가루를 채웠고
/이 두 /소제물로
68 /또
<제물은> 금 그릇 하나라
/그의 /열 세겔 무게의
/이것에(는) 향을 채웠고
69 /또
번제물로 수송아지 한 마리와
숫양 한 마리와
어린 숫양 한 마리이며
/일 년 된

70 속죄제물로 숫염소 한 마리이며

71 화목제물로 소 두 마리와
숫양 다섯 마리와
숫염소 다섯 마리와
어린 숫양 다섯 마리라
/일 년 된

/이는 아히에셀의 헌물이었더라
/암미삿대의 아들

72 /열한째 날에는
바기엘이 헌물을 드렸으니
/오그란의 아들
/아셀 자손의 지휘관

하나이며 **64** 속죄 제물로 수염소 하나이며 **65** 화목 제물로 소 둘과 수양 다섯과 수염소 다섯과 일 년 된 어린 수양 다섯이라 이는 기드오니의 아들 아비단의 예물이었더라 **66** 제 십일에는 단 자손의 족장 암미삿대의 아들 아히에셀이 드렸으니 **67** 그 예물도 성소의 세겔대로 일백 삼십 세겔중 은반 하나와 칠십 세겔중 은바리 하나라 이 두 그릇에는 소제물로 기름 섞은 고운 가루를 채웠고 **68** 또 십세겔중 금숟가락 하나라 이것에는 향을 채웠고 **69** 또 번제물로 수송아지 하나와 수양 하나와 일 년 된 어린 수양 하나이며 **70** 속죄 제물로 수염소 하나이며 **71** 화목 제물로 소 둘과 수양 다섯과 수염소 다섯과 일 년 된 어린 수양 다섯이라 이는 암미삿대의 아들 아히에

both of them full of fine flour mixed with oil for a grain offering; **62** one gold pan of ten shekels, full of incense; **63** one bull, one ram, one male lamb one year old, for a burnt offering; **64** one male goat for a sin offering; **65** and for the sacrifice of peace offerings, two oxen, five rams, five male goats, five male lambs one year old. This was the offering of Abidan the son of Gideoni. **66** ¶ On the tenth day it was Ahiezer the son of Ammishaddai, leader of the sons of Dan; **67** his offering was one silver dish whose weight was one hundred and thirty shekels, one silver bowl of seventy shekels, according to the shekel of the sanctuary, both of them full of fine flour mixed with oil for a grain offering; **68** one gold pan of ten shekels, full of incense; **69** one bull, one ram, one male lamb one year old, for a burnt offering; **70** one male goat for a sin offering; **71** and for the sacrifice of peace offerings, two oxen, five rams, five male goats, five male lambs one year old. This was the offering of Ahiezer

73 /헌물도 — 은 쟁반 하나와
/그의 /백삼십 세겔 무게의
/성소의 세겔로
은 바리 하나라
/칠십 세겔 무게의
/그릇에는 — 기름 섞은 고운 가루를 채웠고
/이 두 /소제물로
74 /또
<제물은> — 금 그릇 하나라
/그의 /열 세겔 무게의
/이것에(는) 향을 채웠고
75 /또
번제물로 수송아지 한 마리와
숫양 한 마리와
어린 숫양 한 마리이며
/일 년 된
76 속죄제물로 숫염소 한 마리이며
77 화목제물로 소 두 마리와
숫양 다섯 마리와
숫염소 다섯 마리와
어린 숫양 다섯 마리라
/일 년 된
/이는 — 바기엘의 헌물이었더라
/오그란의 아들
78 /열두째 날에는
아히라가 — 헌물을 드렸으니
/에난의 아들
/납달리 자손의 지휘관
79 /헌물도 — 은 쟁반 하나와
/그의 /백삼십 세겔 무게의
/성소의 세겔로
은 바리 하나라
/칠십 세겔 무게의
/그릇에는 — 기름 섞은 고운 가루를 채웠고
/이 두 /소제물로
80 /또
<헌물은> — 금 그릇 하나라
/그의 /열 세겔 무게의
/이것에(는) 향을 채웠고

셀의 예물이었더라 72 제 십일일에는 아셀 자손의 족장 오그란의 아들 바기엘이 드렸으니 73 그 예물도 성소의 세겔대로 일백 삼십 세겔중 은반 하나와 칠십 세겔중 은 바리 하나라 이 두 그릇에는 소제물로 기름 섞은 고운 가루를 채웠고 74 또 십세겔중 금숟가락 하나라 이것에는 향을 채웠고 75 또 번제물로 수송아지 하나와 수양 하나와 일 년 된 어린 수양 하나이며 76 속죄 제물로 수염소 하나이며 77 화목 제물로 소 둘과 수양 다섯과 수염소 다섯과 일 년 된 어린 수양 다섯이라 이는 오그란의 아들 바기엘의 예물이었더라 78 제 십이일에는 납달리 자손의 족장 에난의 아들 아히라가 드렸으니 79 그 예물도 성소의 세겔대로 일백 삼십 세겔중 은반 하나와 칠십 세겔중 은바리 하나라 이 두 그릇에는 소제물로 기름 섞은 고운 가루를 채웠고 80 또 십세겔중 금숟가락 하

the son of Ammishaddai. 72 ¶ On the eleventh day it was Pagiel the son of Ochran, leader of the sons of Asher; 73 his offering was one silver dish whose weight was one hundred and thirty shekels, one silver bowl of seventy shekels, according to the shekel of the sanctuary, both of them full of fine flour mixed with oil for a grain offering; 74 one gold pan of ten shekels, full of incense; 75 one bull, one ram, one male lamb one year old, for a burnt offering; 76 one male goat for a sin offering; 77 and for the sacrifice of peace offerings, two oxen, five rams, five male goats, five male lambs one year old. This was the offering of Pagiel the son of Ochran. 78 ¶ On the twelfth day it was Ahira the son of Enan, leader of the sons of Naphtali; 79 his offering was one silver dish whose weight was one hundred and thirty shekels, one silver bowl of seventy shekels, according to the

81 /또
번제물로 수송아지 한 마리와
숫양 한 마리와
어린 숫양 한 마리이며
/일 년 된

82 속죄제물로 숫염소 한 마리이며

83 화목제물로 소 두 마리와
숫양 다섯 마리와
숫염소 다섯 마리와
어린 숫양 다섯 마리라
/일 년 된

/이는 ——— 아히라의 헌물이었더라
/에난의 아들

84 /이는 ——— 곧 제단의 봉헌물이라
/이스라엘 지휘관들이 드린 바
/제단에 기름 바르던 날에

/은 쟁반이 열둘이요
/은 바리가 열둘이요
/금 그릇이 열둘이니

85 /은 쟁반은 — 각각 백삼십 세겔 무게요
/은 바리는 — 각각 칠십 세겔 무게라
/은이 ——— 모두 이천사백 세겔이요
/모든 기구의 /성소의 세겔로

86 /또
금 그릇이 — 열둘이니
/향을 채운
각각 열 세겔 무게라
/성소의 세겔로

/금이 ——— 모두 백이십 세겔이요
/그 그릇의

87 /또
수송아지가 — 번제물로 열두 마리요
숫양이 열두 마리요
어린 숫양이 열두 마리요
/일 년 된

/숫염소가 ——— 열두 마리이며
/그 소제물이며 속죄제물로

나라 이것에는 향을 채웠고 **81** 또 번제물로 수송아지
하나와 수양 하나와 일 년 된 어린 수양 하나이며 **82**
속죄 제물로 수염소 하나이며 **83** 화목 제물로 소 둘과
수양 다섯과 수염소 다섯과 일 년 된 어린 수양 다섯이라
이는 에난의 아들 아히라의 예물이었더라 **84** 이는 곧
단에 기름 바르던 날에 이스라엘 족장들이 드린 바 단의
봉헌 예물이라 은반이 열 둘이요 은바리가 열 둘이요 금
숟가락이열둘이니 **85** 은반은 각각 일백 삼십 세겔중이
요 은바리는 각각 칠십 세겔중이라 성소의 세겔대로 모든
기명의 은이 도합이 이천 사백 세겔이 요 **86** 또 향을
채운 금숟가락이 열 둘이니 성소의 세겔대로 각각 십 세
겔중이라 그 숟가락의 금이 도합이 일백 이십 세겔이요

shekel of the sanctuary, both of them full of fine flour
mixed with oil for a grain offering; **80** one gold pan
of ten shekels, full of incense; **81** one bull, one ram,
one male lamb one year old, for a burnt offering; **82**
one male goat for a sin offering; **83** and for the sacrifice
of peace offerings, two oxen, five rams, five male goats,
five male lambs one year old. This was the offering of
Ahira the son of Enan. **84** ¶ This was the dedication offering
for the altar from the leaders of Israel when it was
anointed: twelve silver dishes, twelve silver bowls, twelve
gold pans, **85** each silver dish weighing one hundred
and thirty shekels and each bowl seventy; all the silver
of the utensils was 2,400 shekels, according to the shekel
of the sanctuary; **86** the twelve gold pans, full of incense,

88 /수소가 ——— 화목제물로 스물네 마리요
숫양이 ——— 육십 마리요
숫염소가 ——— 육십 마리요
어린 숫양이 — 육십 마리라
/일 년 된

/이는 ——— 제단의 **봉헌물이었더라**
/제단에 기름 바른 후에 드린 바

89 모세가 회막에 들어가서
여호와께 말하려 할 때에(상황절, when)
[그가] 목소리를 **들었으니**
/자기에게 말씀하시는
/두 그룹 사이에서
/증거궤 위
/속죄소 위의

/여호와께서 그에게 말씀하심이었더라

8

1 여호와께서 또 모세에게 **말씀하여 이르시되**
2 /[너는] ——— 아론에게 말하여
이르라
/[네가] ——— 등불을 켤 때에는(상황절, when)
[그것들이] ——— 일곱 등잔을 비추게 할지니라(하시매)
/등잔대 앞으로

3 아론이 **그리하여**
등불을 **켰으니**
/등잔대 앞으로 비추도록
/여호와께서 모세에게 명령하심과 같[이](았더라)

4 제작법은 **이러하니**
/이 등잔대의 /곧 금을 쳐서 만든 것인데
/밑판에서 그 꽃까지 쳐서 (만든 것이라)

[모세가] 이 등잔대를 **만들었더라**
/여호와께서 자기에게 보이신 양식을 따라

5 여호와께서 모세에게 **말씀하여 이르시되**
6 /[너는] ——— 레위인을 데려다가
/이스라엘 자손 중에서
정결하게 하라

87 또 번제물로 수송아지가 열 둘이요 수양이 열 둘이
요 일 년 된 어린 수양이 열 둘이요 그 소제물이며 속죄
제물로 수염소가 열 둘이며 **88** 화목 제물로 수소가 이
십 사요 수양이 육십이요 수염소가 육십이요 일 년 된
어린 수양이 육십이라 이는 단에 기름 바른 후에 드린바
단의 봉헌 예물이었더라 **89** 모세가 회막에 들어가서 여
호와께 말씀하려 할 때에 증거궤 위 속죄소 위의 두 그룹
사이에서 자기에게 말씀하시는 목소리를 들었으니 여호
와께서 그에게 말씀하심이었더라

8:1 여호와께서 또 모세에게 일러 가라사대 **2** 아론에
게 고하여 이르라 등을 켤 때에는 일곱 등잔을 등대
앞으로 비취게 할지니라 하시매 **3** 아론이 그리하여 등불
을 등대 앞으로 비취도록 켰으니 여호와께서 모세에게 명
하심과 같았더라 **4** 이 등대의 제도는 이러하니 곧 금을

weighing ten shekels apiece, according to the shekel of
the sanctuary, all the gold of the pans 120 shekels; **87**
all the oxen for the burnt offering twelve bulls, all the
rams twelve, the male lambs one year old with their
grain offering twelve, and the male goats for a sin offering
twelve; **88** and all the oxen for the sacrifice of peace
offerings **24** bulls, all the rams **60**, the male goats
60, the male lambs one year old **60**. This was the dedication
offering for the altar after it was anointed. **89** ¶ Now
when Moses went into the tent of meeting to speak with
Him, he heard the voice speaking to him from above
the mercy seat that was on the ark of the testimony,
from between the two cherubim, so He spoke to him.

8:1 ¶ Then the LORD spoke to Moses, saying, **2**
"Speak to Aaron and say to him, When you mount
the lamps, the seven lamps will give light in the front

민

7 /너는 — 이같이 하여
그들을 정결하게 하되
/곧
속죄의 물을 그들에게 뿌리고
그들에게 그들의 전신을 밀게 하고
/삭도로
그 의복을 빨게 하여
몸을 정결하게 하고
8 /또
그들에게 번제물로 〈가져오게 하고〉,
/수송아지 한 마리를
그 소제물로 가져오게 하고
/기름 섞은 고운 가루를
/또
너는 — 그 외에 속죄제물로 가져오고
/수송아지 한 마리를
9 레위인을 나오게 하고
/회막 앞에
이스라엘 자손의 온 회중을 모으고

10 /[너는] — 레위인을 나오게 하고
/여호와 앞에
/자손이 — 그들에게 안수하게 한 후에(상황절, when)
/이스라엘
11 /아론이 — 레위인을 여호와 앞에 드릴지니
/흔들어 바치는 제물로
/이스라엘 자손을 위하여

//이는(목적: ו, that...may)
그들[이](에게) — 여호와께 봉사하게 하기 위함이라

12 /레위인[이](으로) — 안수하게 하고
/수송아지들의 머리에
/네가 — 여호와께 드려
/그 하나는 속죄제물로,
/하나는 번제물로

//(목적: ל, to)
레위인을 속죄하고

쳐서 만든 것인데 밑판에서 그 꽃까지 쳐서 만든 것이라
모세가 여호와께서 자기에게 보이신 식양을 따라 이 등대
를 만들었더라 5 여호와께서 모세에게 일러 가라사대 6
이스라엘 자손 중에서 레위인을 취하여 정결케 하라 7
너는 이같이 하여 그들을 정결케 하되 곧 속죄의 물로 그
들에게 뿌리고 그들로 그 전신을 삭도로 밀게 하고 그 의
복을 빨게 하여 몸을 정결케 하고 8 또 그들로 수송아지
하나를 번제물로, 기름 섞은 고운 가루를 그 소제물로 취
하게 하고 그 외에 너는 또 수송아지 하나를 속죄물로 취
하고 9 레위인을 회막 앞에 나오게 하고 이스라엘 자손
의 온 회중을 모으고 10 레위인을 여호와 앞에 나오게
하고 이스라엘 자손으로 그들에게 안수케 한 후에 11
아론이 이스라엘 자손을 위하여 레위인을 요제로 여호와
앞에 드릴지니 이는 그들로 여호와를 봉사케 하기 위함이

of the lampstand.'" 3 Aaron therefore did so; he mounted
its lamps at the front of the lampstand, just as the LORD
had commanded Moses. 4 Now this was the workmanship
of the lampstand, hammered work of gold; from its base
to its flowers, it was hammered work; according to the pattern
which the LORD had showed Moses, so he made the
lampstand. 5 Again the LORD spoke to Moses, saying,
6 "Take the Levites from among the sons of Israel and
cleanse them. 7 "And thus you shall do to them, for
their cleansing: sprinkle purifying water on them, and
let them use a razor over their whole body, and wash
their clothes, and they shall be clean. 8 "Then let them
take a bull with its grain offering, fine flour mixed with
oil; and a second bull you shall take for a sin offering.
9 "So you shall present the Levites before the tent of meeting.
You shall also assemble the whole congregation of the
sons of Israel, 10 and present the Levites before the
LORD; and the sons of Israel shall lay their hands on
the Levites. 11 "Aaron then shall present the Levites
before the LORD as a wave offering from the sons of
Israel, that they may qualify to perform the service of
the LORD. 12 "Now the Levites shall lay their hands

13 /[너는] ── 레위인을 세워
/아론과 그의 아들들 앞에
여호와께 요제로 드릴지니라

14 /너는 ── 레위인을 구별하라
/이같이
/이스라엘 자손 중에서

//그리하면(결과)
그들이 ── 내게 속할 것이라

15 /[그]후에(after)
그들이 ── 들어가서

//(목적: לְ, to)
봉사할 것이니라
/회막에

/네가 ── 그들을 정결하게 하여
요제로 드린(=드리라)

//(이유: כִּי, for)
그들은 ── 내게 온전히 드린 바 된 자라
/이스라엘 자손 중에서

내가 ── 그들을 취하였나니
/모든 초태생[대신]
/이스라엘 자손 중
/곧 모든 처음 태어난 자 대신

17 /내가 ── 그들을 내게 구별하였음이라
/애굽 땅에서
/모든 처음 태어난 자를 치던 날에

//(이유: כִּי, for)
태어난 것은 ── 다 내게 속하였음은(음이라)
/처음 /사람이든지 짐승이든지
/이스라엘 자손 중에

18 /이러므로
내가 ── 레위인을 취하였느니라
/이스라엘 자손 중
/모든 처음 태어난 자 대신

민

라 12 레위인으로 수송아지들의 머리를 안수케 하고 네
가 그 하나는 속죄제물로 하나는 번제물로 여호와께 드려
레위인을 속죄하고 13 레위인을 아론과 그 아들들 앞에
세워 여호와께 요제로 드릴지니라 14 너는 이같이 이스
라엘 자손 중에서 레위인을 구별하라 그리하면 그들이 내
게 속할 것이라 15 네가 그들을 정결케 하여 요제로 드
린 후에 그들이 회막에 들어가서 봉사할 것이니라 16
그들은 이스라엘 자손 중에서 내게 온전히 드린바 된 자
라 이스라엘 자손 중 일절 초 태생 곧 모든 처음 난 자의
대신으로 내가 그들을 취하였나니 17 이스라엘 자손 중
에 처음 난 것은 사람이든지 짐승이든지 다 내게 속하였
음은 내가 애굽 땅에서 그 모든 처음 난 자를 치던 날에
내가 그들을 내게 구별하였음이라 18 이러므로 내가 이
스라엘 자손 중 모든 처음 난 자의 대신으로 레위인을 취

on the heads of the bulls; then offer the one for a sin
offering and the other for a burnt offering to the LORD,
to make atonement for the Levites. 13 "And you shall
have the Levites stand before Aaron and before his sons
so as to present them as a wave offering to the LORD.
14 ¶ "Thus you shall separate the Levites from among
the sons of Israel, and the Levites shall be Mine. 15
"Then after that the Levites may go in to serve the tent
of meeting. But you shall cleanse them and present them
as a wave offering; 16 for they are wholly given to
Me from among the sons of Israel. I have taken them
for Myself instead of every first issue of the womb, the
first-born of all the sons of Israel. 17 "For every first-
born among the sons of Israel is Mine, among the men
and among the animals; on the day that I struck down
all the first-born in the land of Egypt I sanctified them
for Myself. 18 "But I have taken the Levites instead
of every first-born among the sons of Israel. 19 "And

19 /내가 — 레위인을 **취하여**
/이스라엘 자손 중에서
그들을 **주어**
/아론과 그의 아들들에게

//(목적: ל, to)
그들로 — 회막에서 봉사하게 하며
/이스라엘 자손을 대신하여
또
속죄하게 하였나니
/이스라엘 자손을 위하여

//이는(목적/결과: that...will)
그들 중에 재앙이 없게 하려 하였음이니라
/이스라엘 자손이 성소에 가까이 할 때에

20 모세와
아론과
온 회중이 — 레위인에게 다 따라 **행하였으되**
/이스라엘 자손의 /여호와께서 — 모세에게 명령하신 것을
/레위인에 대하여

곧
자손이 그들에게 **행하였더라**
/이스라엘 /그와 같이

21 레위인이 이에 죄에서 스스로 **깨끗하게 하고**
그들의 옷을 **빨매**

아론이 그들을 요제로 **드리고**
/여호와 앞에
또
그가 **정결하게 한[하였다]**
/그들을 위하여 속죄하여

22 후에(after)
레위인이 회막에 **들어가서**
봉사하니라
/아론과 그의 아들들 앞에서

[그들이] 그들에게 **행하였더라**
/여호와께서 — 명령하게 하신 것을 따라
/모세에게
/레위인의 일에 대하여
/그와 같이

하였느니라 **19** 내가 이스라엘 자손 중에서 레위인을 취
하여 그들을 아론과 그 아들들에게 선물로 주어서 그들로
회막에서 이스라엘 자손을 대신하여 봉사하게 하며 또 이
스라엘 자손을 위하여 속죄하게 하였나니 이는 이스라엘
자손이 성소에 가까이 할 때에 그들 중에 재앙이 없게 하
려하였음이니라 **20** 모세와 아론과 이스라엘 자손의 온
회중이 여호와께서 레위인에게 대하여 모세에게 명하신
것을 다 좇아 레위인에게 행하였으되 곧 이스라엘 자손이
그와 같이 그들에게 행하였더라 **21** 레위인이 이에 죄에
서 스스로 깨끗케 하고 그 옷을 빨매 아론이 그들을 여호
와 앞에 요제로 드리고 그가 또 그들을 위하여 속죄하여
정결케 한 **22** 후에 레위인이 회막에 들어가서 아론과
그 아들들의 앞에서 봉사하니라 여호와께서 레위인의 일
에 대하여 모세에게 명하신 것을 좇아 그와 같이 그들에

I have given the Levites as a gift to Aaron and to his
sons from among the sons of Israel, to perform the
service of the sons of Israel at the tent of meeting, and
to make atonement on behalf of the sons of Israel, that
there may be no plague among the sons of Israel by
their coming near to the sanctuary." **20** ¶ Thus did
Moses and Aaron and all the congregation of the sons
of Israel to the Levites; according to all that the LORD
had commanded Moses concerning the Levites, so the
sons of Israel did to them. **21** The Levites, too, purified
themselves from sin and washed their clothes; and Aaron
presented them as a wave offering before the LORD.
Aaron also made atonement for them to cleanse them.
22 Then after that the Levites went in to perform their
service in the tent of meeting before Aaron and before
his sons; just as the LORD had commanded Moses

23 또
여호와께서 모세에게 **말씀하여 이르시되**
24 /레위인은 —— 이같이 할지니
/곧
[그들은] —— 회막에 들어가서
/이십오 세 이상으로는

//(목적: to)
복무하고 봉사할 것이요

25 /[그들은] —— 그 일을 쉬어
/오십 세부터는
봉사하지 아니할 것이나

26 /[그들은] —— 돕는 직무를 지킬 것이요
/회막에서
/그의 형제와 함께
일하지 아니할 것이라

/너는 —— 이같이 할지니라
/레위인의 직무에 대하여

9

1 여호와께서 모세에게 **말씀하여 이르시되**
/시내 광야에서
/다음 해 첫째 달에
/[그들이] — 애굽 땅에서 나온

2 /[너는] —— 유월절을 지키게 하라
/이스라엘 자손에게
/그 정한 기일에
3 /너희는 —— 그것을 지키되
/그 정한 기일[에]
/곧 이 달 열넷째 날 해 질 때에
지킬지니라
/그 모든 율례[대로]와
그 모든 규례대로

4 모세가 이스라엘 자손에게 **명령하여**...하매
/[너희는] —— 유월절을 지키라

5 그들이 유월절을 **지켰으되**
/첫째 달 열넷째 날 해 질 때에
/시내 광야에서

게 행하였더라 23 여호와께서 또 모세에게 일러 가라사
대 24 레위인은 이같이 할지니 곧 이십 오세 이상으로
는 회막에 들어와서 봉사하여 일할 것이요 25 오십 세
부터는 그 일을 쉬어 봉사하지 아니할 것이나 26 그 형
제와 함께 회막에서 모시는 직무를 지킬 것이요 일하지
아니할 것이라 너는 레위인의 직무에 대하여 이같이 할지
니라

9:1 애굽 땅에서 나온 다음 해 정월에 여호와께서 시
내 광야에서 모세에게 일러 가라사대 2 이스라엘 자
손으로 유월절을 그 정기(定期)에 지키게 하라 3 그 정
기 곧 이달 십 사일 해질 때에 너희는 그것을 지키되 그
모든 율례와 그 모든 규례대로 지킬지니라 4 모세가 이

concerning the Levites, so they did to them. 23 Now
the LORD spoke to Moses, saying, 24 "This is what applies
to the Levites: from twenty-five years old and upward
they shall enter to perform service in the work of the
tent of meeting. 25 "But at the age of fifty years they
shall retire from service in the work and not work any
more. 26 "They may, however, assist their brothers in
the tent of meeting, to keep an obligation; but they themselves
shall do no work. Thus you shall deal with the Levites
concerning their obligations."

9:1 ¶ Thus the LORD spoke to Moses in the wilderness
of Sinai, in the first month of the second year after
they had come out of the land of Egypt, saying, 2 "Now,
let the sons of Israel observe the Passover at its appointed
time. 3 "On the fourteenth day of this month, at twilight,
you shall observe it at its appointed time; you shall

자손이 다 따라 **행하였더라**
/이스라엘 /여호와께서 모세에게 명령하신 것을

6 그 때에(now)
사람들이 **있었는데**
/유월절을 지킬 수 없는
/부정하게 되어서
/사람의 시체로 말미암아

그들이 모세와 아론 앞에 **이르러**
/그 날에
7 그에게 **이르되**
/우리가 — 부정하게 되었거니와
/사람의 시체로 말미암아
/어찌함이니이까?(why)
/우리를 금지하여
/헌물을 드리지 못하게 하심은
/이스라엘 자손과 함께
/정한 기일에 여호와께

8 모세가 그들에게 **이르되**
/[너희는] — 기다리라
/내가 — 들으리라
/여호와께서 - 어떻게 명령하시는지
/너희에게 대하여

9 여호와께서 모세에게 **말씀하여 이르시되**
10 /[너는] — 이스라엘 자손에게 말하여 이르라
/[만일](אִם)
너희나
후손[이](중에) — 부정하게 되든지(조건절, if)
/너희 /시체로 말미암아
먼 여행 중에 있다 할지라도(조건절, if)
[그는] — 다 유월절을 지키되
/여호와 앞에
/마땅히

11 /[그들은] — 그것을 지켜서
/둘째 달 열넷째 날 해 질 때에
아울러 먹을 것이요
/어린 양에 무교병과 쓴 나물을

스라엘 자손에게 명하여 유월절을 지키라 하매 **5** 그들
이 정월 십사일 해질 때에 시내 광야에서 유월절을 지켰
으되 이스라엘 자손이 여호와께서 모세에게 명하신 것을
다 좇아 행하였더라 **6** 때에 사람의 시체로 인하여 부정
케 되어서 유월절을 지킬 수 없는 사람들이 있었는데 그
들이 당일에 모세와 아론 앞에 이르러 **7** 그에게 이르되
우리가 사람의 시체로 인하여 부정케 되었거니와 우리를
금지하여 이스라엘 자손과 함께 정기에 여호와께 예물을
드리지 못하게 하심은 어찜이니이까 **8** 모세가 그들에게
이르되 기다리라 여호와께서 너희에게 대하여 어떻게 명
하시는지 내가 들으리라 **9** 여호와께서 모세에게 일러
가라사대 **10** 이스라엘 자손에게 고하여 이르라 너희나
너희 후손 중에 시체로 인하여 부정케 되든지 먼 여행
중에 있든지 할지라도 다 여호와 앞에 마땅히 유월절을

observe it according to all its statutes and according to
all its ordinances." **4** So Moses told the sons of Israel
to observe the Passover. **5** And they observed the Passover
in the first month, on the fourteenth day of the month,
at twilight, in the wilderness of Sinai; according to all
that the LORD had commanded Moses, so the sons of
Israel did. **6** But there were some men who were unclean
because of the dead person, so that they could not observe
Passover on that day; so they came before Moses and
Aaron on that day. **7** And those men said to him, "Though
we are unclean because of the dead person, why are we
restrained from presenting the offering of the LORD at
its appointed time among the sons of Israel?" **8** Moses
therefore said to them, "Wait, and I will listen to what
the LORD will command concerning you." **9** Then the
LORD spoke to Moses, saying, **10** "Speak to the sons
of Israel, saying, 'If any one of you or of your generations
becomes unclean because of a dead person, or is on a
distant journey, he may, however, observe the Passover
to the LORD. **11** 'In the second month on the fourteenth

12 그것을 조금도 남겨두지 말며
/아침까지
그 뼈를 하나도 꺾지 말아서
유월절 모든 율례대로 지킬 것이니라

13 /그러나
지키지 아니하는 자는—그 백성 중에서 끊어지리니
/유월절을
/사람이 정결하기도 하고
/여행 중에도 있지 아니하면서

/이런 사람은 — 그의 죄를 담당할지며

//(이유: כִּי, for)
여호와께 헌물을 드리지 아니하였은즉
/그 정한 기일에

14 /만일(אִם)
타국인이 — 너희 중에 거류하여
유월절을 지키고자 하면(조건절, if)
/여호와 앞에
[그는] — 그 규례를 따라서 행할지니
/유월절 율례대로
[너희는] — 동일할 것이니라
/그 율례는(를)[10]
/거류민에게나 본토인에게나

15 구름이 — 성막 곧 증거의 성막을 **덮었고**
/성막을 세운 날에

같은 것이 — **(나타나서)이르렀으되**
/불 모양
/성막 위에
/저녁이 되면
/아침까지

16 [그것이] — 항상 **그러하여**
구름이 — 그것을 **덮었고**
/낮에는
불 모양이 — **있었는데**
/밤이면

17 구름이 — 성막에서 떠오르는 때에는(상황절, whenever)
자손이 — 곧 **행진하였고**
/이스라엘

10) 직역: 너희는 동일한 율례를 가져야 할 것이다.

지키되 11 이월 십사일 해질 때에 그것을 지켜서 어린
양에 무교병과 쓴 나물을 아울러 먹을 것이요 12 아침
까지 그것을 조금도 남겨 두지 말며 그 뼈를 하나도 꺽지
말아서 유월절 모든 율례대로 지킬 것이니라 13 그러나
사람이 정결도 하고 여행 중에도 있지 아니하면서 유월
절을 지키지 아니하는 자는 그 백성 중에서 끊쳐지리니
이런 사람은그 정기에 여호와께 예물을 드리지 아니하였
은즉 그 죄를 당할지며 14 만일 타국인이 너희 중에 우
거하여 여호와 앞에 유월절을 지키고자 하면 유월절 율
례대로 그 규례를 따라서 행할지니 우거한 자에게나 본
토인에게나 그 율례는 동일할 것이니라 15 성막을 세운
날에 구름이 성막 곧 증거막을 덮었고 저녁이 되면 성막
위에 불 모양 같은 것이 나타나서 아침까지 이르렀으되
16 항상 그러하여 낮에는 구름이 그것을 덮었고 밤에는

day at twilight, they shall observe it; they shall eat it
with unleavened bread and bitter herbs. 12 'They shall leave
none of it until morning, nor break a bone of it; according
to all the statute of the Passover they shall observe it.
13 'But the man who is clean and is not on a journey,
and yet neglects to observe the Passover, that person
shall then be cut off from his people, for he did not
present the offering of the LORD at its appointed time.
That man shall bear his sin. 14 'And if an alien sojourns
among you and observes the Passover to the LORD,
according to the statute of the Passover and according
to its ordinance, so he shall do; you shall have one
statute, both for the alien and for the native of the land.'"
15 ¶ Now on the day that the tabernacle was erected
the cloud covered the tabernacle, the tent of the testimony,
and in the evening it was like the appearance of fire

자손이 **진을 쳤으니**
/이스라엘 /구름이 머무는 곳에

18 자손이 여호와의 명령을 따라 **행진하였고**
/이스라엘
여호와의 명령을 따라 **진을 쳤으며**

구름이 성막 위에 머무는 동안에는(상황절, as long as)
그들이 진영에 **머물렀고**

19 구름이 성막 위에 머무는 날이 오랠 때에는(상황절, when)
자손이 여호와의 명령을 **지켜**
행진하지 아니하였으며

20 혹시
날이 적을 때에도(조건절, if)
/구름이 성막 위에 머무는
그들이 진영에 **머물고**
/다만 여호와의 명령을 따라
여호와의 명령을 따라 **행진하였으며**

21 혹시
구름이 저녁부터 아침까지 있다가
그 구름이 아침에 떠오를 때에는(조건절, if)
그들이 **행진하였고**

구름이 밤낮 있다가
떠오르면(조건절, if)
[그들이] 곧 **행진하였으며**

22 구름이 성막 위에 머물러 있을 동안에는(상황절, whether)
/이틀이든지
한 달이든지
일 년이든지
자손이 진영에 **머물고**
/이스라엘

[그들이] **행진하지 아니하다가**

[구름이] 떠오르면(상황절, when)
[그들이] **행진하였으니**

23 곧

불 모양이 있었는데 17 구름이 성막에서 떠오르는 때에
는 이스라엘 자손이 곧 진행하였고 구름이 머무는 곳에
이스라엘 자손이 진을 쳤으니 18 이스라엘 자손이 여호
와의 명을 좇아 진행하였고 여호와의 명을 좇아 진을 쳤
으며 구름이 성막 위에 머무는 동안에는 그들이 유진 하
였고 19 구름이 장막 위에 머무는 날이 오랠 때에는 이
스라엘 자손이 여호와의 명을 지켜 진행치 아니하였으며
20 혹시 구름이 장막 위에 머무는 날이 적을 때에도 그
들이 다만 여호와의 명을 좇아 유진하고 여호와의 명을
좇아 진행하였으며 21 혹시 구름이 저녁부터 아침까지
있다가 아침에 그 구름이 떠오를 때에는 그들이 진행하였
고 구름이 밤낮 있다가 떠오르면 곧 진행하였으며 22

over the tabernacle, until morning. 16 So it was
continuously; the cloud would cover it by day, and the
appearance of fire by night. 17 And whenever the cloud
was lifted from over the tent, afterward the sons of Israel
would then set out; and in the place where the cloud
settled down, there the sons of Israel would camp. 18
At the command of the LORD the sons of Israel would
set out, and at the command of the LORD they would
camp; as long as the cloud settled over the tabernacle,
they remained camped. 19 Even when the cloud lingered
over the tabernacle for many days, the sons of Israel
would keep the LORD's charge and not set out. 20 If
sometimes the cloud remained a few days over the tabernacle,
according to the command of the LORD they remained
camped. Then according to the command of the LORD
they set out. 21 If sometimes the cloud remained from
evening until morning, when the cloud was lifted in the
morning, they would move out; or if it remained in the
daytime and at night, whenever the cloud was lifted,
they would set out. 22 Whether it was two days or a

23 곧
그들이 여호와의 명령을 따라 **진을 치며**
여호와의 명령을 따라 **행진하고**
또
[그들이] 여호와의 직임을 **지켰더라**
/여호와의 명령을 따라
/모세를 통하여 이르신

10

1 여호와께서 모세에게 **말씀하여 이르시되**
2 /[너는] ── 은 나팔 둘을 만들되
두들겨 만들어서
그것으로 [사용할]할 것이라
/회중을 소집하며
/진영을 출발하게
3 /나팔 두 개를 불 때에는(상황절, when)
온 회중이 ── 회막 문 앞에 모여서 나아올 것이요
/네게로
4 /하나만 불 때에는(상황절, when)
지휘관들이 ── 네게로 모여서 나아올 것이며
/이스라엘의 천부장 된
5 /너희가 그것을 크게 불 때에는(상황절, when)
진영들이 ── 행진할 것이며
/동쪽
6 /두 번째로 크게 불 때에는(상황절, when)
진영들이 ── 행진할 것이라
/남쪽
/떠나려 할 때에는(상황절, when)
[너는] ── 나팔 소리를 크게 불 것이며
7 /또
회중을 모을 때에도(상황절, when)
[너는] ── 나팔을 불 것이나
소리를 크게 내지 말며
8 /제사장들이 ──그 나팔은(을) 불지니
/아론의 자손인
/이는 ── 영원한 율례니라
/너희 대대에

이틀이든지 한 달이든지 일 년이든지 구름이 성막 위에
머물러 있을 동안에는 이스라엘 자손이 유진하고 진행치
아니하다가 떠 오르면 진행하였으니 23 곧 그들이 여호
와의 명을 좇아 진을 치며 여호와의 명을 좇아 진행하고
또 모세로 전하신 여호와의 명을 따라 여호와의 직임을
지켰더라
10:1 여호와께서 모세에게 일러 가라사대 2 은나
팔 둘을 만들되 쳐서 만들어서 그것으로 회중을
소집하며 진을 진행케 할 것이라 3 두 나팔을 불 때에는
온 회중이 회막 문 앞에 모여서 네게로 나아올 것이요 4
하나만 불 때에는 이스라엘 천부장 된 족장들이 모여서
네게로 나아올 것이며 5 너희가 그것을 울려 불 때에는
동편 진들이 진행할 것이고 6 제 이차로 울려 불 때에는
남편 진들이 진행할 것이라 무릇 진행하려 할 때에는 나
팔 소리를 울려 불 것이며 7 또 회중을 모을 때에도 나
팔을 불 것이나 소리를 울려 불지 말것이며 8 그 나팔은

month or a year that the cloud lingered over the tabernacle,
staying above it, the sons of Israel remained camped
and did not set out; but when it was lifted, they did set
out. 23 At the command of the LORD they camped,
and at the command of the LORD they set out; they
kept the LORD's charge, according to the command of
the LORD through Moses.
10:1 ¶ The LORD spoke further to Moses, saying,
2 "Make yourself two trumpets of silver, of
hammered work you shall make them; and you shall use
them for summoning the congregation and for having
the camps set out. 3 "And when both are blown, all the
congregation shall gather themselves to you at the doorway
of the tent of meeting. 4 "Yet if only one is blown,
then the leaders, the heads of the divisions of Israel,
shall assemble before you. 5 "But when you blow an
alarm, the camps that are pitched on the east side shall
set out. 6 "And when you blow an alarm the second

9 /또
너희가 ─── 너희 땅에서 나갈 때에는(상황절, when)
/자기를 압박하는 대적을 치러
[너는] ─── 나팔을 크게 불지니

//그리하면(결과)
여호와가 ─ 너희를 기억하고
/너희 하나님
─ 너희를 구원하시리라
/너희의 대적에게서

10 /또
[너희는] ─── 나팔을 불라
/너희의 희락의 날과
/너희가 정한 절기와
/초하루에는
/번제물[위에](을) (드리고)
/화목제물[위에](을) (드리며)

//(결과)
하나님이 ─── 너희를 기억하시리라
/너희의 /그로 말미암아

/나는 ─── 너희의 하나님 여호와니라

11 구름이 증거의 성막에서 **떠오르매**
/둘째 해 둘째 달 스무날에

12 자손이 시내 광야에서 **출발하여**
/이스라엘 /자기 길을(가더니)
구름이 **머무니라**
/바란 광야에

13 이와 같이(ו, so)
그들이 **행진하기를 시작하였는데**
/여호와께서 모세에게 명령하신 것을 따라

14 속한 자들이 그들의 진영별로 **행진하였으니**
/군기에 /선두로
/유다 자손의 진영의

나손이 유다 군대는(를) **〈이끌었고〉**
/암미나답의 아들

15 느다넬이 군대는(를) **〈이끌었고〉**
/수알의 아들 /잇사갈 자손 지파의

아론의 자손인 제사장들이 불지니 이는 너희 대대에 영원
한 율례니라 9 또 너희 땅에서 너희가 자기를 압박하는
대적을 치러 나갈 때에는 나팔을 울려 불지니 그리하면
너희 하나님 여호와가 너희를 기억하고 너희를 너희 대적
에게서 구원하리라 10 또 너희 희락의 날과 너희 정한
절기와 월삭에는 번제물의 위에와 화목 제물의 위에 나팔
을 불라 그로 말미암아 너희 하나님이 너희를 기억하리라
나는 너희 하나님 여호와니라 11 제 이년 이월 이십일
에 구름이 증거막에서 떠오르매 12 이스라엘 자손이 시
내 광야에서 출발하여 자기 길을 행하더니 바란 광야에
구름이 머무니라 13 이와 같이 그들이 여호와께서 모세
로 명하신 것을 좇아 진행하기를 시작하였는데 14 수두

time, the camps that are pitched on the south side shall
set out; an alarm is to be blown for them to set out. 7
"When convening the assembly, however, you shall blow
without sounding an alarm. 8 "The priestly sons of
Aaron, moreover, shall blow the trumpets; and this shall
be for you a perpetual statute throughout your generations.
9 "And when you go to war in your land against the adversary
who attacks you, then you shall sound an alarm with
the trumpets, that you may be remembered before the LORD
your God, and be saved from your enemies. 10 "Also
in the day of your gladness and in your appointed feasts,
and on the first days of your months, you shall blow
the trumpets over your burnt offerings, and over the sacrifices
of your peace offerings; and they shall be as a reminder

16 엘리압이 군대는(를) **〈이끌었더라〉**
/헬론의 아들 /스불론 자손 지파의

17 이에
성막을(이) **걷으매**

게르손 자손과 ┐
므라리 자손이 ┴ **출발하였으며**
/성막을 메고

18 다음으로
속한 자들이 그들의 진영별로 **출발하였으니**
/르우벤 진영의 군기에

엘리술이 군대는(를) **〈이끌었고〉**
/스데울의 아들 /르우벤의

19 슬루미엘이 군대는(를) **〈이끌었고〉**
/수리삿대의 아들 /시므온 자손 지파의

20 엘리아삽이 군대는(를) **〈이끌었더라〉**
/드우엘의 아들 /갓 자손 지파의

21 고핫인은 **행진하였고**
/성물을 메고

[그들이] 성막을 **세웠으며**
/그들이 이르기 전에

22 다음으로
속한 자들이 그들의 진영별로 **행진하였으니**
/에브라임 자손 진영의 군기에

엘리사마가 에브라임 군대는(를) **〈이끌었고〉**
/암미훗의 아들

23 가말리엘이 군대는(를) **〈이끌었고〉**
/브다술의 아들 /므낫세 자손 지파의

24 아비단이 군대는(를) **〈이끌었더라〉**
/기드오니의 아들 /베냐민 자손 지파의

민

로 유다 자손 진기(陣旗)에 속한 자들이 그 군대대로 진
행하였으니 유다 군대는 암미나답의 아들 나손이 영솔(領
率)하였고 **15** 잇사갈 자손 지파의 군대는 수알의 아들
느다넬이 영솔하였고 **16** 스불론 자손 지파의 군대는 헬
론의 아들 엘리압이 영솔하였더라 **17** 이에 성막을 걷으
매 게르손 자손과 므라리 자손이 성막을 메고 발행하였으
며 **18** 다음으로 르우벤 진기에 속한 자들이 그 군대대
로 발행(發行)하였으니 르우벤의 군대는 스데울의 아들
엘리술이 영솔하였고 **19** 시므온 자손 지파의 군대는 수
리삿대의 아들 슬루미엘이 영솔하였고 **20** 갓 자손 지파
의 군대는 드우엘의 아들 엘리아삽이 영솔하였더라 **21**
고핫인은 성물을 메고 진행하였고 그들이 이르기 전에 성
막을 세웠으며 **22** 다음으로 에브라임 자손 진기에 속한
자들이 그 군대대로 진행하였으니 에브라임 군대는 암미
훗의 아들 엘리사마가 영솔하였고 **23** 므낫세 자손 지파
의 군대는 브다술의 아들 가말리엘이 영솔하였고 **24** 베

of you before your God. I am the LORD your God."
11 ¶ Now it came about in the second year, in the
second month, on the twentieth of the month, that the
cloud was lifted from over the tabernacle of the testimony;
12 and the sons of Israel set out on their journeys from
the wilderness of Sinai. Then the cloud settled down in
the wilderness of Paran. **13** So they moved out for the
first time according to the commandment of the LORD
through Moses. **14** And the standard of the camp of
the sons of Judah, according to their armies, set out first,
with Nahshon the son of Amminadab, over its army,
15 and Nethanel the son of Zuar, over the tribal army
of the sons of Issachar; **16** and Eliab the son of Helon
over the tribal army of the sons of Zebulun. **17** ¶ Then
the tabernacle was taken down; and the sons of Gershon
and the sons of Merari, who were carrying the tabernacle,
set out. **18** Next the standard of the camp of Reuben,
according to their armies, set out with Elizur the son of
Shedeur, over its army, **19** and Shelumiel the son of
Zurishaddai over the tribal army of the sons of Simeon,
20 and Eliasaph the son of Deuel was over the tribal
army of the sons of Gad. **21** ¶ Then the Kohathites set
out, carrying the holy objects; and the tabernacle was
set up before their arrival. **22** Next the standard of the

25 다음으로
속한 자들이 그들의 진영별로 **행진하였으니**
/단 자손 진영의 군기에

이 군대는 마지막 **진영이었더라**
/모든 진영의

아히에셀이 단 군대는(를) **〈이끌었고〉**
/암미삿대의 아들

26 바기엘이 군대는(를) **〈이끌었고〉**
/오그란의 아들 /아셀 자손 지파의

27 아히라가 군대는(를) **〈이끌었더라〉**
/에난의 아들 /납달리 자손 지파의

28 자손이 그들의 군대를 따라 **나아갔더라**
/이스라엘 /행진할 때에
/이와 같이

29 모세가 호밥에게 **이르되**
/르우엘의 아들
/모세의 장인
/미디안 사람
/우리가 —— 행진하나니
/여호와께서 주마 하신 곳으로
[당신은] —— 우리와 동행하자

//그리하면(결과)
[우리가]-선대하리라

//(이유: כִּי, for)
여호와께서 —— [약속]하셨느니라
/이스라엘에게 복을 내리리라

30 호밥이 그에게 **이르되**
/나는 가지 아니하고
/내 고향 내 친족에게로 가리라

31 모세가 **이르되**
/청하건대
[당신은] —— 우리를 떠나지 마소서

//(이유: כִּי, for)

민

냐민 자손 지파의 군대는 기드오니의 아들 아비단이 영솔
하였더라 **25** 다음으로 단 자손 진기에 속한 자들이 그
군대대로 진행하였으니 이 군대는 모든 진의 후진이었더
라 단 군대는 암미삿대의 아들 아히에셀이 영솔하였고
26 아셀 자손 지파의 군대는 오그란의 아들 바기엘이
영솔하였고 **27** 납달리 자손 지파의 군대는 에난의 아들
아히라가 영솔하였더라 **28** 이스라엘 자손이 진행할 때
에 이와 같이 그 군대를 따라 나아갔더라 **29** 모세가 그
장인 미디안 사람 르우엘의 아들 호밥에게 이르되 여호와
께서 주마하신 곳으로 우리가 진행하나니 우리와 동행하
자 그리하면 선대하리라 여호와께서 이스라엘에게 복을
내리리라 하셨느니라 **30** 호밥이 그에게 이르되 나는 가
지 아니하고 내 고향 내 친족에게로 가리라 **31** 모세가
가로되 청컨대 우리를 떠나지 마소서 당신은 우리가 광야

camp of the sons of Ephraim, according to their armies,
was set out, with Elishama the son of Ammihud over
its army, **23** and Gamaliel the son of Pedahzur over
the tribal army of the sons of Manasseh; **24** and Abidan
the son of Gideoni over the tribal army of the sons of
Benjamin. **25** ¶ Then the standard of the camp of the
sons of Dan, according to their armies, which formed
the rear guard for all the camps, set out, with Ahiezer
the son of Ammishaddai over its army, **26** and Pagiel
the son of Ochran over the tribal army of the sons of
Asher; **27** and Ahira the son of Enan over the tribal
army of the sons of Naphtali. **28** This was the order
of march of the sons of Israel by their armies as they
set out. **29** ¶ Then Moses said to Hobab the son of
Reuel the Midianite, Moses' father-in-law, "We are setting
out to the place of which the LORD said, I will give it

//(이유: כִּי, for)
당신은 —— 아나니
/우리가 광야에서 어떻게 진 칠지를
[당신은] —— 우리의 눈이 되리이다

32 /[만일](אִם)
[당신이] —— 우리와 동행하면(조건절, if)
우리도 —— 당신에게 행하리이다
/여호와께서 우리에게 복을 내리시는 대로

33 그들이 여호와의 산에서 **떠나**
삼 일 길을 **〈갈 때에〉**

언약궤가 그 삼 일 길에 **앞서 가며**
/여호와의

그들의 쉴 곳을 **찾았고**

34 그들이 진영을 떠날 때에(상황절, when)
구름이 그 위에 **덮였었더라**
/여호와의 /낮에는

35 궤가 떠날 때에는(상황절, when)
모세가 **말하되**..하였고
/여호와여!
[당신은] —— 일어나사
—— 주의 대적들을 흩으시고
—— 주 앞에서 도망하게 하소서
/주를 미워하는 자가(를)

36 궤가 쉴 때에는(상황절, when)
[모세가] **말하되**..하였더라
/여호와여!
[당신은] —— 돌아오소서
/이스라엘 종족들에게로

민

에서 어떻게 진 칠 것을 아나니 우리의 눈이 되리이다
32 우리와 동행하면 여호와께서 우리에게 복을 내리시
는 대로 우리도 당신에게 행하리이다 33 그들이 여호와
의 산에서 떠나 삼 일 길을 행할 때에 여호와의 언약궤가
그 삼 일 길에 앞서 행하며 그들의 쉴 곳을 찾았고 34
그들이 행진할 때에 낮에는 여호와의 구름이 그 위에 덮
였었더라 35 궤가 떠날 때에는 모세가 가로되 여호와여
일어나사 주의 대적들을 흩으시고 주를 미워하는 자로 주
의 앞에서 도망하게 하소서 하였고 36 궤가 쉴 때에는
가로되 여호와여 이스라엘 천만 인에게로 돌아오소서 하
였더라

to you'; come with us and we will do you good, for the
LORD has promised good concerning Israel." 30 But
he said to him, "I will not come, but rather will go to
my own land and relatives." 31 Then he said, "Please
do not leave us, inasmuch as you know where we should
camp in the wilderness, and you will be as eyes for us.
32 "So it will be, if you go with us, it will come about
that whatever good the LORD does for us, we will do
for you." 33 ¶ Thus they set out from the mount of
the LORD three days' journey, with the ark of the
covenant of the LORD journeying in front of them for
the three days, to seek out a resting place for them. 34
And the cloud of the LORD was over them by day,
when they set out from the camp. 35 ¶ Then it came
about when the ark set out that Moses said, "Rise up,
O LORD! And let Thine enemies be scattered, And let
those who hate Thee flee before Thee." 36 And when
it came to rest, he said, "Return Thou, O LORD, To the
myriad thousands of Israel."

민

11

1 백성이 악한 말로 **원망하매**
/여호와께서 들으시기에

여호와께서 들으시고(상황절, when)
진노하사
여호와의 불을 **붙여서**
/그들 중에
진영 끝을 **사르게 하시매**

2 백성이 모세에게 **부르짖으므로**
모세가 여호와께 **기도하니**

//(결과)
불이 ——꺼졌더라

3 [그들이] 다베라라 **불렀으니**
/그 곳 이름을

/이는(이유: כִּי, for)
불이 — 그들 중에 붙은 까닭이었더라
/여호와의

4 다른 인종들이 — 탐욕을 **품으매**
/그들 중에 섞여 사는

자손도 다시 **울며**
/이스라엘

이르되
/누가 우리에게 고기를 주어 먹게 하랴
5 /먹은 것이-생각나거늘
/우리가 애굽에 있을 때에는
/값없이 생선과
오이와 참외와
부추와 파와 마늘들을
6 /이제는
기력이 ——— 다하여
/우리의
보이는 것이 —— 아무 것도 없도다 하니
/이 만나 외에는

7 만나는 **깟씨와 같고**
모양은 **진주와 같은 것이라**

11:1 백성이 여호와의 들으시기에 악한 말로 원망
하매 여호와께서 들으시고 진노하사 여호와의 불
로 그들 중에 붙어서 진 끝을 사르게 하시매 2 백성이
모세에게 부르짖으므로 모세가 여호와께 기도하니 불이
꺼졌더라 3 그곳 이름을 다베라라 칭하였으니 이는 여호
와의 불이 그들 중에 붙은 연고였더라 4 이스라엘 중에
섞여 사는 무리가 탐욕을 품으매 이스라엘 자손도 다시
울며 가로되 누가 우리에게 고기를 주어 먹게 할꼬 5 우
리가 애굽에 있을 때에는 값 없이 생선과 외와 수박과 부
추와 파와 마늘들을 먹은 것이 생각나거늘 6 이제는 우
리 정력이 쇠약하되 이 만나 외에는 보이는 것이 아무것
도 없도다 하니 7 만나는 깟씨와 같고 모양은 진주와 같

11:1 ¶ Now the people became like those who
complain of adversity in the hearing of the LORD;
and when the LORD heard it, His anger was kindled,
and the fire of the LORD burned among them and consumed
some of the outskirts of the camp. 2 The people therefore
cried out to Moses, and Moses prayed to the LORD,
and the fire died out. 3 So the name of that place was
called Taberah, because the fire of the LORD burned
among them. 4 ¶ And the rabble who were among them
had greedy desires; and also the sons of Israel wept
again and said, "Who will give us meat to eat? 5 "We
remember the fish which we used to eat free in Egypt,
the cucumbers and the melons and the leeks and the
onions and the garlic, 6 but now our appetite is gone.
There is nothing at all to look at except this manna." 7
Now the manna was like coriander seed, and its appearance

8 백성이 **두루 다니며**
그것을 **거두어**
맷돌에 **갈기도 하며**
절구에 **찧기도 하고**
가마에 **삶기도 하여**
과자를 **만들었으니**

그 맛이 기름 섞은 과자 맛 **같았더라**

9 이슬이 진영에 내릴 때에(상황절, when)
/밤에
만나도 **함께 내렸더라**

10 모세가 **들으니라**
/온 종족들이 — 우는 것을
/백성의 /각기 자기 장막 문에서

이러므로
진노가 **심히 크고**
/여호와의
모세도 **기뻐하지 아니하여**

11 모세가 여호와께 **여짜오되**
/어찌하여 주께서 종을 괴롭게 하시나이까?
/어찌하여 내게 주의 목전에서 은혜를 입게 아니하시고?
/[어찌하여] 이 모든 백성을 내게 맡기사...하시나이까?

//(목적: to)
내가 그 짐을 지게

12 /내가 — 배었나이까?
/이 모든 백성을
/내가 — 그들을 낳았나이까?
/어찌[하여] [말씀]하시나이까?
/주께서 내게 그들을 품에 품고
/양육하는 아버지가 젖 먹는 아이를 품듯
/주께서 그들의 열조에게 맹세하신 땅으로 가라

13 /내가 — 어디서 얻으리이까?
/이 모든 백성에게 줄 고기를
/그들이 — 나를 향하여 울며 이르되
/우리에게 고기를 주어 먹게 하라 하온즉

은 것이라 8 백성이 두루 다니며 그것을 거두어 맷돌에
갈기도 하며 절구에 찧기도 하고 가마에 삶기도 하여 과
자를 만들었으니 그 맛이 기름 섞은 과자맛 같았더라 9
밤에 이슬이 진에 내릴 때에 만나도 같이 내렸더라 10
백성의 온 가족들이 각기 장막 문에서 우는 것을 모세가
들으니라 이러므로 여호와의 진노가 심히 크고 모세도 기
뻐하지 아니하여 11 여호와께 여짜오되 주께서 어찌하
여 종을 괴롭게 하시나이까 어찌하여 나로 주의 목전에
은혜를 입게 아니하시고 이 모든 백성을 내게 맡기사 나
로 그 짐을 지게 하시나이까 12 이 모든 백성을 내가
잉태하였나이까 내가 어찌 그들을 생산하였기에 주께서
나더러 양육하는 아비가 젖 먹는 아이를 품듯 그들을 품
에 품고 주께서 그들의 열조에게 맹세하신 땅으로 가라
하시나이까 13 이 모든 백성에게 줄 고기를 내가 어디

like that of bdellium. 8 The people would go about and
gather it and grind it between two millstones or beat it
in the mortar, and boil it in the pot and make cakes with
it; and its taste was as the taste of cakes baked with oil.
9 And when the dew fell on the camp at night, the
manna would fall with it. 10 ¶ Now Moses heard the people
weeping throughout their families, each man at the
doorway of his tent; and the anger of the LORD was
kindled greatly, and Moses was displeased. 11 So Moses
said to the LORD, "Why hast Thou been so hard on
Thy servant? And why have I not found favor in Thy
sight, that Thou hast laid the burden of all this people
on me? 12 "Was it I who conceived all this people?
Was it I who brought them forth, that Thou shouldest
say to me, Carry them in your bosom as a nurse carries
a nursing infant, to the land which Thou didst swear to
their fathers? 13 "Where am I to get meat to give to
all this people? For they weep before me, saying, 'Give

14 /나 혼자는 —— 이 모든 백성을 감당할 수 없나이다
//(이유: כִּי, for)
책임이 심히 중하여

15 /주께서 —— 내게 이같이 행하실진대(조건절, if)
/구하옵나니(=바라건대)
[당신은] —— 즉시 나를 죽여(=죽이소서)

/내게(가) —— 은혜를 베푸사(=발견한다면)(조건절, if)
/[당신의 눈에 있는]

내가 —— 보지 않게 하옵소서
/내가 고난 당함을

민

16 여호와께서 모세에게 **이르시되**
/[너는] —— 칠십 명을 모아
/이스라엘 노인 중에
/네가 알기로(아는 자)
/백성의 장로와
지도자가 될 만한 자
—— 내게 데리고 와
/회막에 이르러
—— 거기서 너와 함께 서게 하라

17 /내가 —— 강림하여
—— 거기서 너와 말하고
—— 네게 임한 영을 임하게 하리니
/그들에게도

//(결과)
그들이 —— 백성의 짐을 담당하고
/너와 함께
너 혼자 —— 담당하지 아니하리라

18 /또
[너는] —— 백성에게 이르기를
/[너희는] ┬ 너희의 몸을 거룩히 하여
└ 내일 고기 먹기를 기다리라
//(이유: כִּי, for)
너희가 ——울며 이르기를
/여호와께 들렸으므로(여호와의 귀에)
/누가 — 우리에게 고기를 (주어) 먹게 하라
//(이유: כִּי, for)
[그것이] — 우리에게 좋았더라
(=우리를 기쁘게 했다)
/애굽에 있을 때가(에)

서 얻으리이까 그들이 나를 향하여 울며 가로되 우리에
게 고기를 주어 먹게 하라 하온즉 **14** 책임이 심히 중하
여 나 혼자는 이 모든 백성을 질 수 없나이다 **15** 주께
서 내게 이같이 행하실진대 구하옵나니 내게 은혜를 베
푸사 즉시 나를 죽여 나로 나의 곤고함을 보지 않게 하옵
소서 **16** 여호와께서 모세에게 이르시되 이스라엘 노인
중 백성의 장로와 유사 되는 줄을 네가 아는 자 칠십 인
을 모아 데리고 회막 내 앞에 이르러 거기서 너와 함께
서게 하라 **17** 내가 강림하여 거기서 너와 말하고 네게
임한 신을 그들에게도 임하게 하리니 그들이 너와 함께
백성의 짐을 담당하고 너 혼자 지지 아니하리라 **18** 또
백성에게 이르기를 너희 몸을 거룩히 하여 내일 고기 먹
기를 기다리라 너희가 울며 이르기를 누가 우리에게 고
기를 주어 먹게 할꼬 애굽에 있을 때가 우리에게 재미 있

us meat that we may eat!' **14** "I alone am not able to
carry all this people, because it is too burdensome for
me. **15** "So if Thou art going to deal thus with me,
please kill me at once, if I have found favor in Thy
sight, and do not let me see my wretchedness." **16** ¶
The LORD therefore said to Moses, "Gather for Me
seventy men from the elders of Israel, whom you know
to be the elders of the people and their officers and bring
them to the tent of meeting, and let them take their stand
there with you. **17** "Then I will come down and speak
with you there, and I will take of the Spirit who is upon
you, and will put Him upon them; and they shall bear
the burden of the people with you, so that you shall not
bear it all alone. **18** "And say to the people, 'Consecrate
yourselves for tomorrow, and you shall eat meat; for
you have wept in the ears of the LORD, saying, "Oh
that someone would give us meat to eat! For we were
well-off in Egypt." Therefore the LORD will give you

/여호와께서 —— 너희에게 고기를 주어
[너희가] —— 먹게 하실 것이라(먹게 될 것이다)

19 /[너희가] —— 먹을 뿐 아니라
/하루나 이틀이나
닷새나 열흘이나
스무 날만
20 한 달 동안 먹게 하시리니
/냄새도 싫어하기까지

//이는(이유: כִּי, for)
너희가 —— 여호와를 멸시하고
/너희 중에 계시는
그 앞에서 울며 이르기를...함이라 하라
/우리가 어찌하여 애굽에서 나왔던가

21 모세가 **이르되**
/보행자가 —— 육십만 명이온데
/이 백성의
/나와 함께 있는
/주[께서](의) —— 말씀이. . . 하시오니
/한 달 동안 고기를 주어 먹게 하겠다
22 /잡은들(것이) —— 족하오며?
/그들을 위하여
/양 떼와 소 떼를
/모은들(것이) —— 족하오리이까?
/바다의 모든 고기를

23 여호와께서 모세에게 **이르시되**
/여호와의 손이 짧으냐?
/네가 —— 보리라
/이제
/내 말이 - 네게 응하는 여부를

24 모세가 **나가서**
여호와의 말씀을 백성에게 **알리고**
백성의 장로 칠십 인을 **모아**
장막에 둘러 **세우매**

25 여호와께서 구름 가운데 **강림하사**
모세에게 **말씀하시고**
그에게 임한 영을 **임하게 하시니**
/칠십 장로에게도

민

었다 하는 말이 여호와께 들렸으므로 여호와께서 너희에
게 고기를 주어 먹게 하실것이라 19 하루나 이틀이나
닷새나 열흘이나 이십 일만 먹을 뿐 아니라 20 코에서
넘쳐서 싫어하기까지 일 개월 간을 먹게 하시리니 이는
너희가 너희 중에 거하시는 여호와를 멸시하고 그 앞에서
울며 이르기를 우리가 어찌하여 애굽에서 나왔던고 함이
라 하라 21 모세가 가로되 나와 함께 있는 이 백성의
보행자가 육십만 명이온데 주의 말씀이 일 개월 간 고기
를 주어 먹게 하겠다 하시오니 22 그들을 위하여 양 떼
와 소 떼를 잡은들 족하오며 바다의 모든 고기를 모은들
족하오리이까 23 여호와께서 모세에게 이르시되 여호와
의 손이 짧아졌느냐 네가 이제 내 말이 네게 응하는 여부
를 보리라 24 모세가 나가서 여호와의 말씀을 백성에게
고하고 백성의 장로 칠십 인을 모아 장막에 둘러 세우매

meat and you shall eat. 19 'You shall eat, not one day,
nor two days, nor five days, nor ten days, nor twenty
days, 20 but a whole month, until it comes out of your
nostrils and becomes loathsome to you; because you
have rejected the LORD who is among you and have
wept before Him, saying, "Why did we ever leave Egypt?"'"
21 But Moses said, "The people, among whom I am,
are 600,000 on foot; yet Thou hast said, 'I will give
them meat in order that they may eat for a whole month.'
22 "Should flocks and herds be slaughtered for them,
to be sufficient for them? Or should all the fish of the
sea be gathered together for them, to be sufficient for them?"
23 And the LORD said to Moses, "Is the LORD's
power limited? Now you shall see whether My word
will come true for you or not." 24 ¶ So Moses went
out and told the people the words of the LORD. Also,
he gathered seventy men of the elders of the people,
and stationed them around the tent. 25 Then the LORD

영이 임하신 때에(상황절, when)
그들이 **예언을 하다가**
다시는 하지 아니하였더라

26 두 사람이 진영에 **머물고**
/그 기명된 자 중
/엘닷이라 하는 자와
/메닷이라 하는 자
장막에 **나아가지 아니하였으나**

영이 **임하였으므로**
/그들에게도

민

[그들이] 진영에서 **예언한지라**

27 한 소년이 **달려와서**
모세에게 **전하여 이르되**
/엘닷과 메닷이 진중에서 예언하나이다 하매

28 여호수아가 **말하여 이르되**
/곧 눈의 아들 /내 주 모세여! 그들을 말리소서
/모세를 섬기는
/택한 자 중 한 사람

29 모세가 그에게 **이르되**
/네가 ——— 시기하느냐?
/나를 두고(=위하여)
/여호와께서 —— 다 선지자가 되게 하시기를 원하노라
/그의 영을 그의 모든 백성에게 주사

30 모세와 ——
장로들이 ——— 진중으로 **돌아왔더라**
/이스라엘

31 바람이 여호와에게서 **나와**
바다에서부터 메추라기를 **몰아**
내리게 한지라
/진영 곁 이쪽 저쪽
/곧 지면 위 두 규빗쯤에
/진영 사방으로 각기 하룻길 되는

32 백성이 **일어나**
메추라기를 **모으니**
/그 날 종일 종야와
그 이튿날 종일토록

///(결과)

25 여호와께서 구름 가운데 강림하사 모세에게 말씀하
시고 그에게 임한 신을 칠십 장로에게도 임하게 하시니
신이 임하신 때에 그들이 예언을 하다가 다시는 아니하
였더라 26 그 녹명된 자 중 엘닷이라 하는 자와 메닷이
라 하는 자 두 사람 이 진에 머물고 회막에 나아가지 아
니하였으나 그들에게도 신이 임하였으므로 진에서 예언
한지라 27 한 소년이 달려와서 모세에게 고하여 가로되
엘닷과 메닷이 진 중에서 예언하더이다 하매 28 택한
자 중 한 사람 곧 모세를 섬기는 눈의 아들 여호수아가
말하여 가로되 내 주 모세여 금하소서 29 모세가 그에
게 이르되 네가 나를 위하여 시기하느냐 여호와께서 그
신을 그 모든 백성에게 주사 다 선지자 되게 하시기를 원
하노라 30 모세와 이스라엘 장로들이 진중으로 돌아왔
더라 31 바람이 여호와에게로서 나와 바다에서부터 메

came down in the cloud and spoke to him; and He took
of the Spirit who was upon him and placed Him upon
the seventy elders. And it came about that when the
Spirit rested upon them, they prophesied. But they did
not do it again. 26 ¶ But two men had remained in the
camp; the name of one was Eldad and the name of the
other Medad. And the Spirit rested upon them (now they
were among those who had been registered, but had not gone
out to the tent), and they prophesied in the camp. 27
So a young man ran and told Moses and said, "Eldad
and Medad are prophesying in the camp." 28 Then
Joshua the son of Nun, the attendant of Moses from his
youth, answered and said, "Moses, my lord, restrain
them." 29 But Moses said to him, "Are you jealous
for my sake? Would that all the LORD's people were
prophets, that the LORD would put His Spirit upon
them!" 30 Then Moses returned to the camp, both he
and the elders of Israel. 31 ¶ Now there went forth a
wind from the LORD, and it brought quail from the sea,
and let them fall beside the camp, about a day's journey

//(결과)
적게 모은 자도 열 호멜이라

그들이 진영 사면에 **펴 두었더라**
/자기들을 위하여

33 고기가 아직 이 사이에 있어 씹히기 전에(상황절, before)
여호와께서 백성에게 대하여 **진노하사**
심히 큰 재앙으로 **치셨으므로**

34 이름을(이) 기브롯 핫다아와라 **불렀으니**[11)]
/그 곳

//(이유: כִּי, for)
[그들이] — 거기 장사함이었더라
/욕심을 낸 백성을

35 백성이 기브롯 핫다아와에서 **행진하여**
하세롯에 **이르러**
거기 **거하니라**

민

12

1 모세가 구스 여자를 **취하였더니**

미리암과 ┐
아론이 ┘ 모세를 **비방하니라**

//(이유)
[그가] — 그 구스 여자를 취하였으므로

2 그들이 **이르되**
/여호와께서 ┬ 모세와만 말씀하셨느냐?
└ 우리와도 말씀하지 아니하셨느냐? 하매

여호와께서 이 말을 **들으셨더라**

3 모세는 온유함이 **더하더라**
/이 사람 /지면의 모든 사람보다

11) 불려졌다

추라기를 몰아 진 곁 이편 저편 곧 진 사방으로 각기 하
룻길 되는 지면 위 두 규빗쯤에 내리게 한지라 32 백성
이 일어나 종일 종야와 그 이튿날 종일토록 메추라기를
모으니 적게 모은 자도 십 호멜이라 그들이 자기를 위하
여 진 사면에 펴 두었더라 33 고기가 아직 잇 사이에 있
어 씹히기 전에 여호와께서 백성에게 대하여 진노하사 심
히 큰 재앙으로 치셨으므로 34 그곳 이름을 기브롯 핫
다아와라 칭하였으니 탐욕을 낸 백성을 거기 장사함이었
더라 35 백성이 기브롯 핫다아와에서 진행하여 하세롯
에 이르러 거기 거하니라
12:1 모세가 구스 여자를 취하였더니 그 구스 여자
를 취하였으므로 미리암과 아론이 모세를 비방하
니라 2 그들이 이르되 여호와께서 모세와만 말씀하셨느
냐 우리와도 말씀하지 아니하셨느냐 하매 여호와께서 이
말을 들으셨더라 3 이 사람 모세는 온유함이 지면의 모
든 사람보다 승하더라 4 여호와께서 갑자기 모세와 아론

on this side and a day's journey on the other side, all around the camp, and about two cubits deep on the surface of the ground.
32 And the people spent all day and all night and all the next day, and gathered the quail (he who gathered least gathered ten homers) and they spread them out for themselves all around the camp.
33 While the meat was still between their teeth, before it was chewed, the anger of the LORD was kindled against the people, and the LORD struck the people with a very severe plague.
34 So the name of that place was called Kibroth-hattaavah, because there they buried the people who had been greedy.
35 From Kibroth-hattaavah the people set out for Hazeroth, and they remained at Hazeroth.
12:1 ¶ Then Miriam and Aaron spoke against Moses because of the Cushite woman whom he had married (for he had married a Cushite woman);
2 and they said, "Has the LORD indeed spoken only through Moses? Has He not spoken through us as well?" And

민

4 여호와께서 모세와 아론과 미리암에게 **이르시되**...하시니
/갑자기
/세 사람은-회막으로 나아오라
/너희

//(결과: so)
그 세 사람이—나아가매

5 여호와께서 구름 기둥 가운데로부터 **강림하사**
장막 문에 **서시고**
아론과 미리암을 **부르시는지라**

그 두 사람이 **나아가매**

6 [여호와께서] **이르시되**
/[너희는] ——— 내 말을 들으라
/[만일](אִם)
선지자가 ——— 있으면(조건절, if)
/너희 중에
여호와가 ——— 환상으로 나를 그에게 알리기도 하고
/나
꿈으로 그와 말하기도 하거니와
7 /[내가] ——— 내 종 모세와는 그렇지 아니하니
/그는 ——— 내 온 집에 충성함이라

8 /내가 ——— 대면하여 명백히 말하고
/그와는
은밀한 말로 하지 아니하며
/또
그는 ——— 여호와의 형상을 보거늘
/너희가 ——— 어찌하여 두려워하지 아니하느냐?
/내 종 모세 비방하기를

9 여호와께서 그들을 향하여 **진노하시고**
떠나시매

10 구름이 장막 위에서 떠나갔고(상황절, when)
미리암은 나병에 **걸려**
눈과 같더라

아론이 미리암을 **본즉**

[보라!]
[그녀가] 나병에 **걸렸는지라**

과 미리암에게 이르시되 너희 삼 인은 회막으로 나아오
라 하시니 그 삼 인이 나아가매 5 여호와께서 구름 기둥
가운데로서 강림하사 장막 문에 서시고 아론과 미리암을
부르시는지라 그 두 사람이 나아가매 6 이르시되 내 말
을 들으라 너희 중에 선지자가 있으면 나 여호와가 이상
으로 나를 그에게 알리기도 하고 꿈으로 그와 말하기도
하거니와 7 내 종 모세와는 그렇지 아니하니 그는 나의
온 집에 충성됨이라 8 그와는 내가 대면하여 명백히 말
하고 은밀한 말로 아니하며 그는 또 여호와의 형상을 보
겠거늘 너희가 어찌하여 내 종 모세 비방하기를 두려워
아니하느냐 9 여호와께서 그들을 향하여 진노하시고 떠
나시매 10 구름이 장막 위에서 떠나갔고 미리암은 문둥
병이 들려 눈과 같더라 아론이 미리암을 본즉 문둥병이
들었는지라 11 아론이 이에 모세에게 이르되 슬프다 내

the LORD heard it. 3 (Now the man Moses was very humble,
more than any man who was on the face of the earth.)
4 And suddenly the LORD said to Moses and Aaron
and to Miriam, "You three come out to the tent of
meeting." So the three of them came out. 5 Then the
LORD came down in a pillar of cloud and stood at the
doorway of the tent, and He called Aaron and Miriam. When
they had both come forward, 6 He said, "Hear now My
words: If there is a prophet among you, I, the LORD,
shall make Myself known to him in a vision. I shall
speak with him in a dream. 7 "Not so, with My servant
Moses, He is faithful in all My household; 8 With him
I speak mouth to mouth, Even openly, and not in dark sayings,
And he beholds the form of the LORD. Why then were
you not afraid To speak against My servant, against Moses?"
9 So the anger of the LORD burned against them and
He departed. 10 But when the cloud had withdrawn
from over the tent, behold, Miriam was leprous, as white

11 이에
아론이 모세에게 **이르되**
/슬프도다 내 주여!
/청하건대
[당신은] —— 그 벌을 우리에게 돌리지 마소서
/우리가 —— 어리석은 일을 하여(=한)
— 죄를 지었으나(=지은)
12 /그[녀]가 —— 되지 않게 하소서
/죽어서 나온 자 같이(=죽은 자 같이)
/살이 반이나 썩어(=은)
/[그가] — 모태로부터(=나올 때에)

13 모세가 여호와께 **부르짖어 이르되**
/하나님이여 원하건대
그를 고쳐 주옵소서

14 여호와께서 모세에게 **이르시되**
/[만일]
아버지가 —— 그의 얼굴에 침을 뱉었을지라도(조건절, if)
/그의
그가 —— 이레 동안 **부끄러워하지 않겠느냐?**

/그런즉
[너는] —— 그를 이레 동안 **가두고**
/진영 밖에
— 그 후에 **들어오게 할지니라** 하시니

15 이에
미리암이 진영 밖에 이레 동안 **갇혀 있었고**
백성은 **행진하지 아니하다가**
/그를 다시 들어오게 하기까지

16 그 후에
백성이 하세롯을 떠나
바란 광야에 **진을 치니라**

13

1 여호와께서 모세에게 **말씀하여 이르시되**
2 /[너는] —— 사람을 보내어

//(목적: *so that...may*)

주여 우리가 우매한 일을 하여 죄를 얻었으나 청컨대 그
허물을 우리에게 돌리지 마소서 **12** 그로 살이 반이나
썩고 죽어서 모태에서 나온 자같이 되게 마옵소서 **13**
모세가 여호와께 부르짖어 가로되 하나님이여 원컨대 그
를 고쳐 주옵소서 **14** 여호와께서 모세에게 이르시되 그
의 아비가 그의 얼굴에 침을 뱉았을지라도 그가 칠 일간
부끄러워 하지 않겠느냐 그런즉 그를 진 밖에 칠 일을
가두고 그 후에 들어오게 할지니라 하시니 **15** 이에 미
리암이 진 밖에 칠 일 동안 갇혔고 백성은 그를 다시 들
어 오게 하기까지 진행치 아니하다가 **16** 그 후에 백성
이 하세롯에서 진행하여 바란 광야에 진을 치니라

13:1 여호와께서 모세에게 일러 가라사대 **2** 사람
을 보내어 내가 이스라엘 자손에게 주는 가나안
땅을 탐지하게 하되 그 종족의 각 지파 중에서 족장 된

as snow. As Aaron turned toward Miriam, behold, she
was leprous. **11** Then Aaron said to Moses, "Oh, my
lord, I beg you, do not account this sin to us, in which
we have acted foolishly and in which we have sinned.
12 "Oh, do not let her be like one dead, whose flesh
is half eaten away when he comes from his mother's womb!"
13 And Moses cried out to the LORD, saying, "O God,
heal her, I pray!" **14** But the LORD said to Moses, "If
her father had but spit in her face, would she not bear
her shame for seven days? Let her be shut up for seven
days outside the camp, and afterward she may be received
again." **15** So Miriam was shut up outside the camp
for seven days, and the people did not move on until
Miriam was received again. **16** ¶ Afterward, however,
the people moved out from Hazeroth and camped in the
wilderness of Paran.

13:1 ¶ Then the LORD spoke to Moses saying, **2** "Send
out for yourself men so that they may spy out the

민

///(목적: *so that...may*)
내가 —— 가나안 땅을 정탐하게 하되
/이스라엘 자손에게 주는

/[너는] —— 한 사람씩 보내라
/지휘관 된 자
/각 지파 중에서
/그들의 조상의 가문

3 모세가 그들을 **보냈으니**
/여호와의 명령을 따라
/바란 광야에서

그들은 다 수령 된 **사람이라**
/이스라엘 자손의

4 이름은 **이러하니라**
/그들의

삭굴의 아들 **삼무아요**
/르우벤 지파에서는
5 호리의 아들 **사밧이요**
/시므온 지파에서는
6 여분네의 아들 **갈렙이요**
/유다 지파에서는
7 요셉의 아들 **이갈이요**
/잇사갈 지파에서는
8 눈의 아들 **호세아요**
/에브라임 지파에서는
9 라부의 아들 **발디요**
/베냐민 지파에서는
10 소디의 아들 **갓디엘이요**
/스불론 지파에서는
11 수시의 아들 **갓디요**
/요셉 지파
/곧 므낫세 지파에서는
12 그말리의 아들 **암미엘이요**
/단 지파에서는
13 미가엘의 아들 **스둘이요**
/아셀 지파에서는
14 웝시의 아들 **나비요**
/납달리 지파에서는
15 마기의 아들 **그우엘이니**
/갓 지파에서는

자 한 사람씩 보내라 3 모세가 여호와의 명을 좇아 바란
광야에서 그들을 보내었으니 그들은 다 이스라엘 자손의
두령된 사람이라 4 그들의 이름은 이러하니라 르우벤 지
파에서는 삭굴의 아들 삼무아요 5 시므온 지파에서는 호
리의 아들 사밧이요 6 유다 지파에서는 여분네의 아들
갈렙이요 7 잇사갈 지파에서는 요셉의 아들 이갈이요 8
에브라임 지파에서는 눈의 아들 호세아요 9 베냐민 지파
에서는 라부의 아들 발디요 10 스불론 지파에서는 소디
의 아들 갓디엘이요 11 요셉 지파 곧 므낫세 지파에서
는 수시의 아들 갓디요 12 단 지파에서는 그말리의 아
들 암미엘이요 13 아셀 지파에서는 미가엘의 아들 스둘
이요 14 납달리 지파에서는 웝시의 아들 나비요 15 갓
지파에서는 마기의 아들 그우엘이니 16 이는 모세가 땅
을 탐지하러 보낸 자들의 이름이라 모세가 눈의 아들 호

land of Canaan, which I am going to give to the sons
of Israel; you shall send a man from each of their fathers'
tribes, every one a leader among them." 3 So Moses
sent them from the wilderness of Paran at the command
of the LORD, all of them men who were heads of the
sons of Israel. 4 These then were their names: from the
tribe of Reuben, Shammua the son of Zaccur; 5 from
the tribe of Simeon, Shaphat the son of Hori; 6 from
the tribe of Judah, Caleb the son of Jephunneh; 7 from
the tribe of Issachar, Igal the son of Joseph; 8 from the
tribe of Ephraim, Hoshea the son of Nun; 9 from the
tribe of Benjamin, Palti the son of Raphu; 10 from the
tribe of Zebulun, Gaddiel the son of Sodi; 11 from the
tribe of Joseph, from the tribe of Manasseh, Gaddi the
son of Susi; 12 from the tribe of Dan, Ammiel the son
of Gemalli; 13 from the tribe of Asher, Sethur the son
of Michael; 14 from the tribe of Naphtali, Nahbi the
son of Vophsi; 15 from the tribe of Gad, Geuel the

16 이는 **이름이라**
/모세가 ——— 보낸 자들의
//(목적: ל, to)
땅을 정탐하러

모세가 여호수아라 **불렀더라**
/눈의 아들 호세아를

17 모세가 그들을 **보내며**
//(목적: ל, to)
가나안 땅을 정탐하러

이르되
/너희는 ——— 네겝 길로 행하여
— 산지로 올라가서
18 — 그 땅이 어떠한지 정탐하라
18b-20 /곧
— 〈탐지하라〉
/거민이 — 강한지 약한지 많은지 적은지와
/그 땅
— 19 /땅이 —— 좋은지 나쁜지와
/그들이 사는
— /성읍이 —— 진영인지 산성인지와
/사는
— 20 /토지가 — 비옥한지 메마른지
/나무가 — 있는지 없는지를

/[너희는] ——— 담대하라
/또
— 그 땅의 실과를 가져오라 (하니)

그 때는 포도가 처음 익을 **즈음이었더라**

21 이에
그들이 **올라가서**
땅을 **정탐하되**
/신 광야에서부터 하맛 어귀 르홉에(~까지)(이르렀고)

22 또
네겝으로 **올라가서**
헤브론에 **이르렀으니**
/헤브론(은)[12]
/칠 년 전에 세운 곳이라
/애굽 소안보다[13]
/그 곳에
/있었더라
/아낙 자손 아히만과 세새와 달매가

12) 헤브론을 설명하는 문장

13) 헤브론을 설명하는 문장

세아를 여호수아라 칭하였더라 **17** 모세가 가나안 땅을
탐지하러 그들을 보내며 이르되 너희는 남방길로 행하여
산지로 올라가서 **18** 그 땅의 어떠함을 탐지하라 곧 그
땅 거민의 강약과 다소와 **19** 그들의 거하는 땅의 호불
호(好不好)와 거하는 성읍이 진영인지 산성인지와 **20**
토지의 후박과 수목의 유무니라 담대하라 또 그 땅 실과
를 가져오라 하니 그 때는 포도가 처음 익을 즈음이었더
라 **21** 이에 그들이 올라 가서 땅을 탐지하되 신 광야에
서부터 하맛 어귀 르홉에 이르렀고 **22** 또 남방으로 올
라가서 헤브론에 이르렀으니 헤브론은 애굽 소안보다 칠
년 전에 세운 곳이라 그 곳에 아낙 자손 아히만과 세새와
달매가 있었더라 **23** 또 에스골 골짜기에 이르러 거기서
포도 한 송이 달린 가지를 베어 둘이 막대기에 꿰어 메고
또 석류와 무화과를 취하니라 **24** 이스라엘 자손이 거기

son of Machi. **16** These are the names of the men whom
Moses sent to spy out the land; but Moses called Hoshea
the son of Nun, Joshua. **17** ¶ When Moses sent them
to spy out the land of Canaan, he said to them, "Go up
there into the Negev; then go up into the hill country.
18 "And see what the land is like, and whether the
people who live in it are strong or weak, whether they
are few or many. **19** "And how is the land in which
they live, is it good or bad? And how are the cities in
which they live, are they like open camps or with
fortifications? **20** "And how is the land, is it fat or
lean? Are there trees in it or not? Make an effort then
to get some of the fruit of the land." Now the time was
the time of the first ripe grapes. **21** ¶ So they went up
and spied out the land from the wilderness of Zin as far
as Rehob, at Lebo-hamath. **22** When they had gone up

23 또
에스골 골짜기에 **이르러**
포도송이가 달린 가지를 **베어**
/거기서
둘이 막대기에 **꿰어 메고**
또
석류와 무화과를 **〈따니라〉**

24 그 곳을(이) 에스골 골짜기라 **불렀더라**[14)]

//(이유: כִּי, because of)
자손이 —— 거기서 포도를 베었으므로
/이스라엘

25 [그들이] 돌아와(상황절, when)
/사십 일 동안 땅을 정탐하기를 마치고
26 바란 광야 가데스에 **이르러**

나아와
/모세와 아론과
이스라엘 자손의 온 회중에게
그들에게 **보고하고**
그 땅의 과일을 **보이고**
27 모세에게 **말하여 이르되**
/[우리가] —— 땅에 간즉
/당신이 우리를 보낸
과연 그 땅에 젖과 꿀이 **흐르는데**

이것은 그 땅의 **과일이니이다**

28 그러나
거주민은 **강하고**
/그 땅
성읍은 **견고하고**
심히 **클 뿐 아니라**

[우리가] 거기서 아낙 자손을 **보았으며**

29 아말렉인은 남방 땅에 **거주하고**

헷인과 ——
여부스인과 ——
아모리인은 —— 산지에 **거주하고**
가나안인은 —— 해변과 요단 가에 **거주하더이다**

14) 불려졌다

서 포도송이를 벤 고로 그 곳을 에스골 골짜기라 칭하였
더라 25 사십 일 동안에 땅을 탐지하기를 마치고 돌아
와 26 바란 광야 가데스에 이르러 모세와 아론과 이스
라엘 자손의 온 회중에게 나아와 그들에게 회보하고 그
땅 실과를 보이고 27 모세에게 보고하여 가로되 당신이
우리를 보낸 땅에 간즉 과연 젖과 꿀이 그 땅에 흐르고
이것은 그 땅의 실과니이다 28 그러나 그 땅 거민은 강
하고 성읍은 견고하고 심히 클 뿐 아니라 거기서 아낙 자
손을 보았으며 29 아말렉 인은 남방 땅에 거하고 헷 인
과 여부스 인과 아모리 인은 산지에 거하고 가나안 인은
해변과 요단 가에 거하더이다 30 갈렙이 모세 앞에서
백성을 안돈시켜 가로되 우리가 곧 올라가서그 땅을 취

into the Negev, they came to Hebron where Ahiman, Sheshai
and Talmai, the descendants of Anak were. (Now Hebron
was built seven years before Zoan in Egypt.) 23 ¶ Then
they came to the valley of Eshcol and from there cut
down a branch with a single cluster of grapes; and they
carried it on a pole between two men, with some of the
pomegranates and the figs. 24 That place was called
the valley of Eshcol, because of the cluster which the
sons of Israel cut down from there. 25 ¶ When they returned
from spying out the land, at the end of forty days, 26
they proceeded to come to Moses and Aaron and to all
the congregation of the sons of Israel in the wilderness
of Paran, at Kadesh; and they brought back word to
them and to all the congregation and showed them the
fruit of the land. 27 Thus they told him, and said, "We
went in to the land where you sent us; and it certainly
does flow with milk and honey, and this is its fruit. 28
"Nevertheless, the people who live in the land are strong,

30 갈렙이 백성을 **조용하게 하고**
/모세 앞에서
이르되
/우리가 ┬ 곧 올라가서
└ 그 땅을 취하자

//(이유: כִּי, for)
[우리가] ─ 능히 이기리라 하나

31 사람들은 **이르되**
/올라갔던 /우리는 ┬ 능히 올라가서(=올라가지 못하고)
/그와 함께 └ 그 백성을 치지 못하리라

//(이유: כִּי, for)
그들은 ─ 우리보다 강하니라 (하고)

32 [그들이] 그 정탐한 땅을 **악평하여 이르되**
/이스라엘 자손 앞에서
/땅은 ─ 그 거주민을 삼키는 **땅이요**
/우리가 ─ 정탐한
/두루 다니며
/모든 백성은 ─ **신장이 장대한 자들이며**
/거기서 본
33 /[우리가] ─ 거인들을 **보았나니**
/네피림 후손인 아낙 자손의
/거기서
/우리는 ─ **메뚜기 같으니**
/스스로 보기에도
/[우리는] ─ **그와 같았을 것이니라**
/그들이 보기에도

14

1 온 회중이 소리를 **높여**
부르짖으며
백성이 밤새도록 **통곡하였더라**

2 자손이 다 **원망하며**
/이스라엘 /모세와 아론을

온 회중이 그들에게 **이르되**
/*[만일]*

하자 능히 이기리라 하나 31 그와 함께 올라갔던 사람
들은 가로되 우리는 능히 올라가서 그 백성을 치지 못하
리라 그들은 우리보다 강하니라 하고 32 이스라엘 자손
앞에서 그 탐지한 땅을 악평하여 가로되 우리가 두루 다
니며 탐지한 땅은 그 거민을 삼키는 땅이요 거기서 본 모
든 백성은 신장이 장대한 자들이며 33 거기서 또 네피
림 후손 아낙 자손 대장부들을 보았나니 우리는 스스로
보기에도 메뚜기 같으니 그들의 보기에도 그와 같았을 것
이니라

14:1 온 회중이 소리를 높여 부르짖으며 밤새도록
백성이 곡(哭)하였더라 2 이스라엘 자손이 다 모
세와 아론을 원망하며 온 회중이 그들에게 이르되 우리가

and the cities are fortified and very large; and moreover,
we saw the descendants of Anak there. 29 "Amalek is living
in the land of the Negev and the Hittites and the Jebusites
and the Amorites are living in the hill country, and the
Canaanites are living by the sea and by the side of the Jordan."
30 ¶ Then Caleb quieted the people before Moses, and said,
"We should by all means go up and take possession of
it, for we shall surely overcome it." 31 But the men
who had gone up with him said, "We are not able to
go up against the people, for they are too strong for us."
32 So they gave out to the sons of Israel a bad report
of the land which they had spied out, saying, "The land
through which we have gone, in spying it out, is a land
that devours its inhabitants; and all the people whom
we saw in it are men of great size. 33 "There also we
saw the Nephilim (the sons of Anak are part of the Nephilim);
and we became like grasshoppers in our own sight, and
so we were in their sight."

14:1 ¶ Then all the congregation lifted up their
voices and cried, and the people wept that night.
2 And all the sons of Israel grumbled against Moses
and Aaron; and the whole congregation said to them, "Would

민

/[만일]
우리가 —— 애굽 땅에서 죽었거나
이 광야에서 죽었으면 (좋았을 것을)

3 /어찌하여(why)
여호와가 —— 우리를 그 땅으로 인도하여
칼에 쓰러지게 하려 하는가?
/우리 처자가 —— 사로잡히리니
돌아가는 것이 —— 낫지 아니하랴?
/애굽으로

4 이에
[그들이] 서로 **말하되**
/우리가 —— 한 지휘관을 세우고
애굽으로 돌아가자 하매

5 모세와
아론이 —— 온 회중 앞에서 **엎드린지라**
/이스라엘 자손의
6 여호수아와
/눈의 아들
갈렙이 —— 자기들의 옷을 **찢고**
/여분네의 아들
/그 땅을 정탐한 자 중

7 온 회중에게 **말하여 이르되**
/이스라엘 자손의
/땅은 심히 아름다운 땅이라
/우리가 두루 다니며 정탐한
8 /[만일](אִם)
여호와께서 —— 우리를 기뻐하시면(조건절, if)
우리를 인도하여 들이시고
/그 땅으로
그 땅을 주시리라
/우리에게
/이는 —— 과연 땅이니라
/젖과 꿀이 흐르는
9 /[너희는] —— 다만 여호와를 거역하지는 말라
/또
그 땅 백성을 두려워하지 말라
/그들은 —— 우리의 먹이라
/보호자는 —— 그들에게서 떠났고
/그들의

애굽 땅에서 죽었거나 이 광야에서 죽었더면 좋았을 것을
3 어찌하여 여호와가 우리를 그 땅으로 인도하여 칼에
망하게 하려하는고 우리 처자가 사로잡히리니 애굽으로
돌아가는 것이 낫지 아니하랴 4 이에 서로 말하되 우리
가 한 장관을 세우고 애굽으로 돌아가자 하매 5 모세와
아론이 이스라엘 자손의 온 회중 앞에서 엎드린지라 6
그 땅을 탐지한 자 중 눈의 아들 여호수아와 여분네의 아
들 갈렙이 그 옷을 찢고 7 이스라엘 자손의 온 회중에
일러 가로되 우리가 두루 다니며 탐지한 땅은 심히 아름
다운 땅이라 8 여호와께서 우리를 기뻐하시면 우리를 그
땅으로 인도하여 들이시고 그 땅을 우리에게 주시리라 이
는 과연 젖과 꿀이 흐르는 땅이니라 9 오직 여호와를 거
역하지 말라 또 그 땅 백성을 두려워하지 말라 그들은 우
리 밥이라 그들의 보호자는 그들에게서 떠났고 여호와는

that we had died in the land of Egypt! Or would that
we had died in this wilderness! 3 "And why is the
LORD bringing us into this land, to fall by the sword?
Our wives and our little ones will become plunder; would
it not be better for us to return to Egypt?" 4 So they
said to one another, "Let us appoint a leader and return
to Egypt." 5 ¶ Then Moses and Aaron fell on their faces
in the presence of all the assembly of the congregation
of the sons of Israel. 6 And Joshua the son of Nun and Caleb
the son of Jephunneh, of those who had spied out the
land, tore their clothes; 7 and they spoke to all the
congregation of the sons of Israel, saying, "The land
which we passed through to spy out is an exceedingly
good land. 8 "If the LORD is pleased with us, then He
will bring us into this land, and give it to us — a land
which flows with milk and honey. 9 "Only do not rebel
against the LORD; and do not fear the people of the
land, for they shall be our prey. Their protection has

/여호와는 ——— 우리와 함께 하시느니라
/[너희는] ——— 그들을 두려워하지 말라(하나)

10 온 회중이 그들을 돌로 **치려 하는데**
그 때에
영광이 회막에서 **나타나시니라**
/여호와의 /이스라엘 모든 자손에게

11 여호와께서 모세에게 **이르시되**
/이 백성이 — 나를 멸시하겠느냐?
/어느 때까지
/내가 ——— 많은 이적을 행하였으나
/그들 중에
/[그들이] — 나를 믿지 않겠느냐?
/어느 때까지
12 /내가 —— 그들을 쳐서
/전염병으로
— 멸하고
— 네게 이루게 하리라
/그들보다 크고 강한 나라를

13 모세가 여호와께 **여짜오되**
/그리하시면
그들이 — 듣고

//(이유: כִּי, for)
[주께서] —— 이 백성을 인도하여 내셨거늘
/애굽인 중에서
/주의 능력으로

14 /[그들이] — 이 땅 거주민에게 전하리이다

//(이유: כִּי, for)
그들도 ——— 들었으니
/주 여호와께서 이 백성 중에 계심을

/곧
여호와께서 ——— 대면하여 보이시며
/주
주의 구름이 ——— 그들 위에 섰으며
주께서 ——— 그들 앞에 행하시는 것이니이다
/낮에는 구름 기둥 가운데에서,
/밤에는 불 기둥 가운데에서

민

우리와 함께 하시느니라 그들을 두려워 말라 하나 **10** 온 회중이 그들을 돌로 치려 하는 동시에 여호와의 영광이 회막에서 이스라엘 모든 자손에게 나타나시니라 **11** 여호와께서 모세에게 이르시되 이 백성이 어느 때까지 나를 멸시하겠느냐 내가 그들 중에 모든 이적을 행한 것도 생각하지 아니하고 어느 때까지 나를 믿지 않겠느냐 **12** 내가 전염병으로 그들을 쳐서 멸하고 너로 그들보다 크고 강한 나라를 이루게 하리라 **13** 모세가 여호와께 여짜오되 애굽 인 중에서 주의 능력으로 이 백성을 인도하여 내셨거늘 그리하시면 그들이 듣고 **14** 이 땅 거민에게 고하리이다 주 여호와께서 이 백성 중에 계심을 그들도 들었으니 곧 주 여호와께서 대면하여 보이시며 주의 구름이 그들 위에 섰으며 주께서 낮에는 구름 기둥 가운데서 밤에는 불 기둥 가운데서 그들 앞에서 행하시는 것이니이다 **15**

been removed from them, and the LORD is with us; do not fear them." **10** But all the congregation said to stone them with stones. Then the glory of the LORD appeared in the tent of meeting to all the sons of Israel. **11** ¶ And the LORD said to Moses, "How long will this people spurn Me? And how long will they not believe in Me, despite all the signs which I have performed in their midst? **12** "I will smite them with pestilence and dispossess them, and I will make you into a nation greater and mightier than they." **13** ¶ But Moses said to the LORD, "Then the Egyptians will hear of it, for by Thy strength Thou didst bring up this people from their midst, **14** and they will tell it to the inhabitants of this land. They have heard that Thou, O LORD, art in the midst of this people, for Thou, O LORD, art seen eye to eye, while Thy cloud stands over them; and Thou dost go

민

15 /이제(and)
[만일](אם)
주께서 —— 이 백성을 죽이시면(조건절, if)
/하나 같이
여러 나라가 — 말하여 이르기를... 하리이다
/들은 16 /여호와가 — 광야에서 죽였다
/주의 명성을
//(이유: because)
[그가] — 인도할 능력이 없었으므로
/맹세한 땅에
/이 백성에게 주기로

17 /이제(and)
[내가] —— 구하옵나니
/주의 큰 권능을 나타내옵소서
/이르시기를(=말씀하심같이)
18 /여호와는 ┬ 노하기를 더디하시고
├ 인자가 많아
├ 죄악과 허물을 사하시나
├ 결단코 사하지 아니하시고
/형벌 받을 자는
└ 아버지의 죄악을 갚아...하리라
/자식에게
/삼사대까지 – 이르게(하셨나이다)

19 /[내가] —— 구하옵나니
/[당신은] ┬ 이 백성의 죄악을 사하시되
/주의 인자의 광대하심을 따라
└ <사하시옵소서>
/이 백성을 사하신 것 같이
/애굽에서부터 지금까지

20 여호와께서 **이르시되**
/내가 —— 네 말대로 사하노라
21 /그러나
[내가] —— 진실로 맹세하노니
/내가 살아 있는 것[을 두고]과
여호와의 영광이 온 세계에 충만할 것을 두고

22-23
22/그 사람들은 — 23 결단코 보지 못할 것이요
/보고서도 /내가 그들의 조상들에게 맹세한 땅을
/내 영광과
/내 이적을
/애굽과 광야에서 행한

이제 주께서 이 백성을 한 사람 같이 죽이시면 주의 명성
을 들은 열국이 말하여 이르기를 16 여호와가 이 백성
에게 주기로 맹세한 땅에 인도할 능이 없는고로 광야에
서 죽였다 하리이다 17 이제 구하옵나니 이미 말씀하신
대로 주의 큰 권능을 나타내옵소서 이르시기를 18 여호
와는 노하기를 더디하고 인자가 많아 죄악과 과실을 사
하나 형벌 받을 자는 결단코 사하지 아니하고 아비의 죄
악을 자식에게 갚아 삼사대까지 이르게 하리라 하셨나이
다 19 구하옵나니 주의 인자의 광대하심을 따라 이 백
성의 죄악을 사하시되 애굽에서부터 지금까지 이 백성을
사하신 것같이 사하옵소서 20 여호와께서 가라사대 내
가 네 말대로 사하노라 21 그러나 진실로 나의 사는 것
과 여호와의 영광이 온 세계에 충만할 것으로 맹세하노
니 22 나의 영광과 애굽과 광야에서 행한 나의 이적을
보고도 이같이 열 번이나 나를 시험하고 내 목소리를 청
종치 아니한 그 사람들은 23 내가 그 조상들에게 맹세
한 땅을 결단코 보지 못할 것이요 또 나를 멸시하는 사람
은 하나라도 그것을 보지 못하리라 24 오직 내 종 갈렙

before them in a pillar of cloud by day and in a pillar
of fire by night. 15 "Now if Thou dost slay this people
as one man, then the nations who have heard of Thy
fame will say, 16 'Because the LORD could not bring
this people into the land which He promised them by
oath, therefore He slaughtered them in the wilderness.'
17 "But now, I pray, let the power of the Lord be great,
just as Thou hast declared, 18 'The LORD is slow to
anger and abundant in lovingkindness, forgiving iniquity and
transgression; but He will by no means clear the guilty,
visiting the iniquity of the fathers on the children to the
third and the fourth generations.' 19 "Pardon, I pray,
the iniquity of this people according to the greatness of
Thy lovingkindness, just as Thou also hast forgiven this
people, from Egypt even until now." 20 So the LORD
said, "I have pardoned them according to your word;
21 but indeed, as I live, all the earth will be filled with
the glory of the LORD. 22 "Surely all the men who

/나를 시험하고
/이같이
/열 번이나
/청종하지 아니한
/내 목소리를

/또
한 사람도 —— 그것을 보지 못하리라
/나를 멸시하는 사람은

24 /그러나
갈렙은 —— 그 마음이 그들과 달라서
/내 종
나를 온전히 따랐은즉
내가 —— 그를 인도하여 들이리니
/그가 갔던 땅으로
그의 자손이 —— 그 땅을 차지하리라

25 /아말렉인과
가나안인이 —— 골짜기에 거주하나니
/너희는 —— 내일 돌이켜
광야로 들어갈지니라
/홍해 길을 따라

26 여호와께서 모세와 아론에게 **말씀하여 이르시되**
27 /내가 —— 어느 때까지 참으랴?
/이 악한 회중에게
/나를 원망하는
/내가 —— 들었노라
/이스라엘 자손이 나를 향하여 원망하는 바
/그 원망하는 말을
28 /[너는] —— 그들에게 이르기를
/여호와의(께서)-말씀에(~하셨다)
/[내가]—내 삶을 두고 맹세하노라
/내가 — 너희에게 행하리니
/너희 말이 내 귀에 들린 대로
29 /너희 시체가—이 광야에 엎드러질 것이라
/계수된 자[15]—결단코 들어가지 못하리라
/이십 세 이상으로서 /땅에
/너희 중에서 /내가—맹세하여...한
/곧 나를 원망한 자 전부가 /너희에게
30 /*갈렙 외에과* /살게 하리라

15) 29b-30절의 주요문장: 갈렙과 여호수아 외에 계수된자는 결단코 들어가지 못할 것이다

은 그 마음이 그들과 달라서 나를 온전히 좇았은즉 그의
갔던 땅으로 내가 그를 인도하여 들이리니 그 자손이 그
땅을 차지하리라 25 아말렉 인과 가나안 인이 골짜기에
거하나니 너희는 내일 돌이켜 홍해 길로 하여 광야로 들
어갈지니라 26 여호와께서 모세와 아론에게 일러 가라
사대 27 나를 원망하는 이 악한 회중을 내가 어느 때까
지 참으랴 이스라엘 자손이 나를 향하여 원망하는 바 그
원망하는 말을 내가 들었노라 28 그들에게 이르기를 여
호와의 말씀에 나의 삶을 가리켜 맹세하노라 너희 말이
내 귀에 들린 대로 내가 너희에게 행하리니 29 너희 시
체가 이 광야에 엎드러질 것이라 너희 이십 세 이상으로
계수함을 받은 자 곧 나를 원망한 자의 전부가 30 여분
네의 아들 갈렙과 눈의 아들 여호수아 외에는 내가 맹세
하여 너희로 거하게 하리라 한 땅에 결단코 들어가지 못

have seen My glory and My signs, which I performed
in Egypt and in the wilderness, yet have put Me to the
test these ten times and have not listened to My voice,
23 shall by no means see the land which I swore to
their fathers, nor shall any of those who spurned Me see
it. 24 "But My servant Caleb, because he has had a different
spirit and has followed Me fully, I will bring into the
land which he entered, and his descendants shall take
possession of it. 25 "Now the Amalekites and the Canaanites
live in the valleys; turn tomorrow and set out to the wilderness
by the way of the Red Sea." 26 And the LORD spoke
to Moses and Aaron, saying, 27 "How long shall I bear
with this evil congregation who are grumbling against
Me? I have heard the complaints of the sons of Israel,
which they are making against Me. 28 "Say to them,
'As I live,' says the LORD, 'just as you have spoken in
My hearing, so I will surely do to you; 29 your corpses
shall fall in this wilderness, even all your numbered men,
according to your complete number from twenty years
old and upward, who have grumbled against Me. 30 'Surely

민

30 /갈렙[외에]과
/눈의 아들
/여호수아 외에는
/여분네의 아들

31 /내가 — 인도하여 들이리니
/너희의 유아들은
/너희가 사로잡히겠다고 말하던
/그들은 — 땅을 보려니와
/너희가 싫어하던
32 /시체는 — 이 광야에 엎드러질 것이요
/너희의
33 /자녀들은 — 방황하는 자가 되리라
/너희의 /너희 반역한 죄를 지고
/시체가 — 광야에서 소멸되기까지
/너희의
/사십 년을 광야에서
34 /너희는 — 너희의 죄악을 담당할지니
/그 사십 년간
/사십 일의 하루를 일 년으로 쳐서
/그 땅을 정탐한 날 수인
/너희는 — 그제서야 알리라(하셨다 하라)
/내가 싫어하면 어떻게 되는지를

35 /여호와가 — 말하였거니와
/나
/내가 — 반드시 이같이 행하리니
/이 악한 온 회중에게
/모여 나를 거역하는
/그들이 — 이 광야에서 소멸되어
거기서 죽으리라

36-37
36 [그] 사람들[은] 37 여호와 앞에서 재앙으로 **죽었고**
/모세의(가) — 보냄을 받고

//(목적: to)
땅을 — 정탐하고

/돌아와서

/온 회중이 — 모세를 원망하게 한
/그 땅을 악평하여
37 /곧

하리라 31 너희가 사로잡히겠다고 말하던 너희의 유아
들은 내가 인도하여 들이리니 그들은 너희가 싫어하던
땅을 보려니와 32 너희 시체는 이 광야에 엎드러질 것
이요 33 너희 자녀들은 너희의 패역한 죄를 지고 너희
의 시체가 광야에서 소멸되기까지 사십년을 광야에서 유
리하는 자가 되리라 34 너희가 그 땅을 탐지한 날 수
사십 일의 하루를 일년으로 환산하여 그 사십 년간 너희
가 너희의 죄악을 질지니 너희가 나의 싫어 버림을 알리
라 하셨다 하라 35 나 여호와가 말하였거니와 모여 나
를 거역하는 이 악한 온 회중에게 내가 단정코 이같이 행
하리니 그들이 이 광야에서 소멸되어 거기서 죽으리라
36 모세의 보냄을 받고 땅을 탐지하고 돌아와서 그 땅
을 악평하여 온 회중으로 모세를 원망케 한 사람 37 곧
그 땅에 대하여 악평한 자들은 여호와 앞에서 재앙으로

you shall not come into the land in which I swore to
settle you, except Caleb the son of Jephunneh and Joshua
the son of Nun. 31 'Your children, however, whom
you said would become a prey — I will bring them in,
and they shall know the land which you have rejected.
32 'But as for you, your corpses shall fall in this wilderness.
33 'And your sons shall be shepherds for forty years
in the wilderness, and they shall suffer for your unfaithfulness,
until your corpses lie in the wilderness. 34 'According
to the number of days which you spied out the land,
forty days, for every day you shall bear your guilt a
year, even forty years, and you shall know My opposition.
35 'I, the LORD, have spoken, surely this I will do to
all this evil congregation who are gathered together
against Me. In this wilderness they shall be destroyed,
and there they shall die.'" 36 ¶ As for the men whom Moses
sent to spy out the land and who returned and made all
the congregation grumble against him by bringing out a

37 /곧
악평한 자들은
/그 땅에 대하여

38 여호수아와
/눈의 아들
갈렙은 — 오직 **생존하니라**
/여분네의 아들 /그 땅을 정탐하러 갔던 사람들 중에서

39 모세가 이 말로 **알리매**
/이스라엘 모든 자손에게
백성이 크게 **슬퍼하여**
40 아침에 **일찍이 일어나**
산 꼭대기로 **올라가며**
/이르되(=말하면서)
/보소서
우리가 — 여기 있나이다
우리가 — 올라가리니
/여호와께서 허락하신 곳으로
우리가 — 범죄하였음이니이다

41 모세가 **이르되**
/너희가 — 어찌하여 범하느냐?
/여호와의 명령을
/이제
/이 일이 — 형통하지 못하리라

42 /[너희는] — 올라가지 말라

//(이유: כִּי, for)
여호와께서 — 너희 중에 계시지 아니하니

//(결과: 그렇지 않으면)
너희의 대적 앞에서 패할까 하노라

43 /너희가 — 그 칼에 망하리라

//(이유: כִּי, for)
아말렉인과
가나안인이 — 너희 앞에 있으니

/여호와께서 — 너희와 함께 하지 아니하시리라 하나

//(이유: כִּי־עַל־כֵּן, because)
너희가 여호와를 배반하였으니

민

죽었고 **38** 그 땅을 탐지하러 갔던 사람들 중에 오직 눈
의 아들 여호수아와 여분네의 아들 갈렙은 생존하니라
39 모세가 이 말로 이스라엘 모든 자손에게 고하매 백
성이 크게 슬퍼하여 **40** 아침에 일찌기 일어나 산꼭대기
로 올라가며 가로되 보소서 우리가 여기 있나이다 우리
가 여호와의 허락하신 곳으로 올라 가리니 우리가 범죄
하였음이니이다 **41** 모세가 가로되 너희가 어찌하여 이
제 여호와의 명령을 범하느냐 이 일이 형통치 못하리라
42 여호와께서 너희 중에 계시지 아니하니 올라가지 말
라 너희 대적 앞에서 패할까 하노라 **43** 아말렉 인과 가
나안 인이 너희 앞에 있으니 너희가 그 칼에 망하리라
너희가 여호와를 배반하였으니 여호와께서 너희와 함께

bad report concerning the land, **37** even those men who
brought out the very bad report of the land died by a
plague before the LORD. **38** But Joshua the son of
Nun and Caleb the son of Jephunneh remained alive out
of those men who went to spy out the land. **39** ¶ And
when Moses spoke these words to all the sons of Israel,
the people mourned greatly. **40** In the morning, however,
they rose up early and went up to the ridge of the hill country,
saying, "Here we are; we have indeed sinned, but we
will go up to the place which the LORD has promised."
41 But Moses said, "Why then are you transgressing
the commandment of the LORD, when it will not succeed?
42 "Do not go up, lest you be struck down before your
enemies, for the LORD is not among you. **43** "For the
Amalekites and the Canaanites will be there in front of
you, and you will fall by the sword, inasmuch as you

민

44 그래도
그들이 산 꼭대기로 **올라갔고**

언약궤와
/여호와의
모세는 진영을 **떠나지 아니하였더라**

45 아말렉인과
가나안인이 **내려와**
/산간지대에 거주하는

그들을 **무찌르고**
호르마까지 **이르렀더라**

15

1 여호와께서 모세에게 **말씀하여 이르시되**
2 /[너는] 이스라엘 자손에게 말하여
그들에게 이르라

/너희는 땅에 들어가서
/내가 주어 살게 할
3 여호와께 향기롭게 드릴 때에(상황절, when)
/소나 양을
/여호와께
/화제나 번제나
서원을 갚는 제사나
낙헌제나
정한 절기제에
4 /드리는 자는 여호와께 소제로 드릴 것이며
/그러한 헌물을 /기름 사분의 일 힌을 섞어
/고운 가루 십분의 일에

5 /[너는] 준비할 것이요
/전제로 포도주 사분의 일 힌을
/어린 양이면(양마다)
/제물이(~로)
/번제나
다른 제사로 드리는

하지 아니하시리라 하나 **44** 그들이 그래도 산꼭대기로
올라갔고 여호와의 언약궤와 모세는 진을 떠나지 아니하
였더라 **45** 아말렉 인과 산지에 거하는 가나안 인이 내
려와 쳐서 파하고 호르마까지 이르렀더라
15:1 여호와께서 모세에게 일러 가라사대 **2** 이스
라엘 자손에게 고하여 그들에게 이르라 너희가
내게 주어 거하게 할 땅에 들어가서 **3** 여호와께 화제나
번제나 서원을 갚는 제나 낙헌제나 정한 절기제에 소나
양으로 여호와께 향기롭게 드릴 때에는 **4** 그 예물을 드
리는 자는 고운 가루 에바 십분지 일에 기름 한 힌의 사
분지 일을 섞어 여호와께 소제로 드릴 것이며 **5** 번제나
다른 제사로 드리는 제물이 어린 양이면 전제로 포도주
한 힌의 사분 일을 예비할 것이요 **6** 수양이면 소제로 고
운 가루 한 에바 십분지 이에 기름 한 힌의 삼분지 일을

have turned back from following the LORD. And the LORD
will not be with you." **44** But they went up heedlessly
to the ridge of the hill country; neither the ark of the covenant
of the LORD nor Moses left the camp. **45** Then the
Amalekites and the Canaanites who lived in that hill
country came down, and struck them and beat them
down as far as Hormah.
15:1 ¶ Now the LORD spoke to Moses, saying,
Num. **15**:2 "Speak to the sons of Israel, and say
to them, 'When you enter the land where you are to
live, which I am giving you, **3** then make an offering
by fire to the LORD, a burnt offering or a sacrifice to
fulfill a special vow, or as a freewill offering or in your
appointed times, to make a soothing aroma to the LORD,
from the herd or from the flock. **4** 'And the one who presents
his offering shall present to the LORD a grain offering
of one-tenth of an ephah of fine flour mixed with one-
fourth of a hin of oil, **5** and you shall prepare wine for
the libation, one-fourth of a hin, with the burnt offering
or for the sacrifice, for each lamb. **6** 'Or for a ram you
shall prepare as a grain offering two-tenths of an ephah
of fine flour mixed with one-third of a hin of oil; **7** and

6 준비하고
/숫양이면
/소제로 기름 삼분의 일 힌을 섞어
/고운 가루 십분의 이에
7 전제로 포도주 삼분의 일 힌을 드려...할 것이요[16]
/여호와 앞에 향기롭게

8 /[네가] 수송아지를 예비하여...드릴 때에는[17](상황절, when)
/번제로나
서원을 갚는 제사로나
화목제로
/여호와께
9 그 수송아지와 함께 드리고
/소제로 기름 반 힌을 섞어
/고운 가루 십분의 삼 에바에

10 전제로 포도주 반 힌을 드려. . . 삼을지니라[18]
/여호와 앞에 향기로운 화제를

11 /[그것이] 위와 같이 그 마리 수마다 행하되[19]
/수송아지나
숫양이나
어린 숫양이나
어린 염소에는
12 /[너희는] 각기 수효에 맞게 하라
/너희가 준비하는 수효를 따라

13 /소생이 여호와께 향기로운 화제를 드릴 때에는(상황절, when)
/본토
누구든지 이 법대로 할 것이요

14 /누구든지 여호와께 향기로운 화제를 드릴 때에는(상황절, when)
/너희 중에 거류하는 타국인이나
/너희 중에 대대로 있는 자나
그도 그리할 것이라
/너희가 하는 대로

15 /회중[은] 같은 율례이니[20]
/곧 너희에게나 /너희의 대대로 영원한 율례라
거류하는 타국인에게나

민

16) 드릴것이요
17) 준비할 때
18) 드리라
19) 행하여지게 하되
20) The community is to have the same rules for you and for the alien living among you; this is a lasting ordinance for the generations to come. You ...(NIV) 회중은 같은 율례를 가져야 한다...

섞어 예비하고 7 전제로 포도주 한 힌의 삼분지 일을 드
려 여호와 앞에 향기롭게 할 것이요 8 번제로나 서원을
갚는 제로나 화목제로 수송아지를 예비하여 여호와께 드
릴 때에는 9 소제로 고운 가루 한 에바 십분지 삼에 기
름 반 힌을 섞어 그 수송아지와 함께 드리고 10 전제로
포도주 반 힌을 드려 여호와 앞에 향기로운 화제를 삼을
지니라 11 수송아지나 수양이나 어린 수양이나 어린 염
소에는 그 마리 수마다 이 위와 같이 행하되 12 너희
예비하는 수효를 따라 각기 수효에 맞게 하라 13 무릇
본토 소생이 여호와께 향기로운 화제를 드릴 때에는 이
법대로 할 것이요 14 너희 중에 우거하는 타국인이나
너희 중에 대대로 있는 자가 누구든지 여호와께 향기로운
화제를 드릴 때에는 너희 하는대로 그도 그리할 것이라
15 회중 곧 너희나 우거하는 타국인이나 한 율례니 너

for the libation you shall offer one-third of a hin of wine
as a soothing aroma to the LORD. 8 'And when you prepare
a bull as a burnt offering or a sacrifice, to fulfill a special
vow, or for peace offerings to the LORD, 9 then you
shall offer with the bull a grain offering of three-tenths
of an ephah of fine flour mixed with one-half a hin of
oil; 10 and you shall offer as the libation one-half a
hin of wine as an offering by fire, as a soothing aroma
to the LORD. 11 ¶ 'Thus it shall be done for each ox,
or for each ram, or for each of the male lambs, or of
the goats. 12 'According to the number that you prepare,
so you shall do for everyone according to their number.
13 'All who are native shall do these things in this
manner, in presenting an offering by fire, as a soothing aroma
to the LORD. 14 'And if an alien sojourns with you,
or one who may be among you throughout your generations,
and he wishes to make an offering by fire, as a soothing
aroma to the LORD, just as you do, so he shall do. 15
'As for the assembly, there shall be one statute for you
and for the alien who sojourns with you, a perpetual
statute throughout your generations; as you are, so shall
the alien be before the LORD. 16 'There is to be one

/타국인도——— 여호와 앞에 그러하리라
/너희가 어떠한 대로
16 /같은 법도, 같은 규례이니라
/너희에게나
너희 중에 거류하는 타국인에게나

17 여호와께서 모세에게 **말씀하여 이르시되**
18 /[너는] ——— 이스라엘 자손에게 말하여 이르라
/너희는 ——— 내가 인도하는 땅에 들어가거든(상황절, when)
19 — 그 땅의 양식을 먹을 때에(상황절, when)
— 여호와께 거제를 드리되
20 — 들어 드리라
/곡식 가루 떡을
/너희의 처음 익은
/거제로
/타작 마당의 거제 같이
21 — 대대에 여호와께 거제로 드릴지니라
/너희의 처음 익은 곡식 가루 떡을
22 /너희가 ——— 그릇 범죄하여(상황절, when)
— 이 모든 명령을 지키지 못하되(상황절, when)
/여호와가 모세에게 말씀하신
23 /곧
— 너희 대대에 지키지 못하여(상황절, when)
/모든 것을
/여호와께서—너희에게 명령한
/모세를 통하여
/여호와께서 명령한 날 이후부터
24 /회중이 ——— 부지중에 범죄하였거든(상황절, when)
온 회중은 ——— 여호와께 향기로운 화제로 드리고
/수송아지 한 마리를
— 소제와 전제를 드리고
/규례대로
— 속죄제로 드릴 것이라
/숫염소 한 마리를
25 /제사장이 ——— 속죄하면
/이스라엘 자손의 온 회중을 위하여
그들이 ——— 사함을 받으리니

//이는(כִּי, for)

희의 대대로 영원한 율례라 너희의 어떠한 대로 타국인도
여호와 앞에 그러하리라 **16** 너희나 너희 중에 우거하는
타국인이나 한 법도, 한 규례니라 **17** 여호와께서 모세에
게 일러 가라사대 **18** 이스라엘 자손에게 고하여 이르라
너희가 나의 인도하는 땅에 들어가거든 **19** 그 땅의 양
식을 먹을 때에 여호와께 거제를 드리되 **20** 너희의 처
음 익은 곡식 가루 떡을 거제로 타작 마당의 거제같이 들
어 드리라 **21** 너희의 처음 익은 곡식 가루 떡을 대대에
여호와께 거제로 드릴지니라 **22** 너희가 그릇 범죄하여
여호와가 모세에게 말한 이 모든 명령을 지키지 못하되
23 곧 여호와가 모세로 너희에게 명한 모든 것을 여호
와가 명한 날부터 이후 너희의 대대에 지키지 못하여 **24**
회중이 부지중에 그릇 범죄하였거든 온 회중은 수송아지
하나를 여호와께 향기로운 화제로 드리고 규례대로 그 소
제와 전제를 드리고 수염소 하나를 속죄제로 드릴 것이라 **25**
제사장이 이스라엘 자손의 온 회중을 위하여 속죄하면 그
들이 사함을 얻으리니 이는 그릇 범죄함이며 또 그 그릇
범죄함을 인하여 예물 곧 화제와 속죄제를 여호와께 드렸

law and one ordinance for you and for the alien who sojourns
with you.'" **17** Then the LORD spoke to Moses, saying,
18 "Speak to the sons of Israel, and say to them, 'When
you enter the land where I bring you, **19** then it shall
be, that when you eat of the food of the land, you shall
lift up an offering to the LORD. **20** 'Of the first of
your dough you shall lift up a cake as an offering; as
the offering of the threshing floor, so you shall lift it
up. **21** 'From the first of your dough you shall give to
the LORD an offering throughout your generations. **22**
¶ 'But when you unwittingly fail and do not observe all these
commandments, which the LORD has spoken to Moses, **23**
even all that the LORD has commanded you through Moses,
from the day when the LORD gave commandment and
onward throughout your generations, **24** then it shall
be, if it is done unintentionally, without the knowledge
of the congregation, that all the congregation shall offer
one bull for a burnt offering, as a soothing aroma to the
LORD, with its grain offering, and its libation, according
to the ordinance, and one male goat for a sin offering.

//이는(כִּי, for)
그가 ── 부지중에 범죄함이며

//또(이유 계속)
[그가] ── 여호와께 드렸음이라
/헌물[을]
/곧 화제와 속죄제를
/부지중에 범죄함으로 말미암아

26 /온 회중과
/이스라엘 자손의
타국인도 ── 사함을 받을 것은
/그들 중에 거류하는

//(이유: כִּי)
온 백성이 ── 부지중에 범죄하였음이니라

27 /만일(אִם)
한 사람이 ── 부지중에 범죄하면(조건절, if)
[그는] ── 속죄제를 드릴 것이요
/일 년 된 암염소로

28 /제사장은 ── 속죄하여
/그 부지중에 범죄한 사람이(~을 위해)
/부지중에 여호와 앞에 범한 죄를 위하여

//(목적: לְ, to)
그 죄를 속할지니

//그리하면(결과)
[그가] ── 사함을 얻으리라

29 /법이 ── 동일하거니와
/부지중에 범죄한 자에 대한
/이스라엘 자손 중
/본토 소생이든지
/타국인이든지
/그들 중에 거류하는
/누구든

30 /누구나 ── 여호와를 비방하는 자니
/본토인이든지 ── 무엇을 범하면(범한 자)
타국인이든지 /고의로

음이라 26 이스라엘 자손의 온 회중과 그들 중에 우거
하는 타국인도 사함을 얻을 것은 온 백성이 그릇 범죄하
였음이니라 27 만일 한 사람이 그릇 범죄하거든 일 년
된 암염소로 속죄제를 드릴 것이요 28 제사장은 그 그
릇 범죄한 사람이 그릇하여 여호와 앞에 얻은 죄를 위하
여 속죄하여 그 죄를 속할지니 그리하면 사함을 얻으리라
29 이스라엘 자손 중 본토 소생이든지 그들 중에 우거
하는 타국인이든지 무릇 그릇 범죄한 자에게 대한 법이
동일하거니와 30 본토 소생이든지 타국인이든지 무릇
짐짓 무엇을 행하면 여호와를 훼방하는 자니 그 백성 중

25 Then the priest shall make atonement for all the
congregation of the sons of Israel, and they shall be forgiven;
for it was an error, and they have brought their offering,
an offering by fire to the LORD, and their sin offering before
the LORD, for their error.
26 'So all the congregation
of the sons of Israel will be forgiven, with the alien who
sojourns among them, for it happened to all the people
through error.
27 ¶ 'Also if one person sins unintentionally,
then he shall offer a one year old female goat for a sin
offering.
28 'And the priest shall make atonement before
the LORD for the person who goes astray when he sins
unintentionally, making atonement for him that he may
be forgiven.
29 'You shall have one law for him who
does anything unintentionally, for him who is native
among the sons of Israel and for the alien who sojourns
among them.
30 'But the person who does anything
defiantly, whether he is native or an alien, that one is
blaspheming the LORD; and that person shall be cut off
from among his people.
31 'Because he has despised
the word of the LORD and has broken His commandment,

/[그 사람은] —— 끊어질 것이라
/그의 백성 중에서

31 //(이유: כִּי, for)
그런 사람은 —— 여호와의 말씀을 멸시하고
그의 명령을 파괴하였은즉

/[그는] —— 온전히 끊어지리라
/그의 죄악이 자기에게로 돌아가서

32 자손이 광야에 거류할 때에(상황절, while)
/이스라엘
어떤 사람이 나무하는 것을 **발견한지라**
/안식일에

33 발견한 자들이 그를 **끌어왔으나**
/그 나무하는 자를 /모세와
아론과
온 회중 앞으로

34 [그들이] **가두었더니**

//(이유: כִּי, for)
[그들이] —— 지시하심을 받지 못한 고로
/어떻게 처치할는지

35 여호와께서 모세에게 **이르시되**
/[너는] —— 그 사람을 반드시 죽일지니
/온 회중이 —— 돌로 그를 칠지니라
/진영 밖에서

36 온 회중이 곧 그를 진영 밖으로 끌어내고
돌로 그를 **쳐죽여서...하니라**[21]
/여호와께서 모세에게 명령하신 대로

37 여호와께서 모세에게 **말씀하여 이르시되**
38 /[너는] —— 이스라엘 자손에게 명령하여
/[그들이] —— 대대로 술을 만들고
/그들의 옷단 귀에
청색 끈을 더하라
/그 귀의 술에

21) 쳐죽이니라

에서 끊쳐질 것이라 31 그런 사람은 여호와의 말씀을
멸시하고 그 명령을 파괴하였은즉 그 죄악이 자기에게로
돌아가서 온전히 끊쳐지리라 32 이스라엘 자손이 광야
에 거할 때에 안식일에 어떤 사람이 나무하는 것을 발견
한지라 33 그 나무하는 자를 발견한 자들이 그를 모세
와 아론과 온 회중의 앞으로 끌어 왔으나 34 어떻게 처
치할는지 지시하심을 받지 못한 고로 가두었더니 35 여
호와께서 모세에게 이르시되 그 사람을 반드시 죽일지니
온 회중이 진 밖에서 돌로 그를 칠지니라 36 온 회중이
곧 그를 진 밖으로 끌어내어 돌로 그를 쳐 죽여서 여호와
께서 모세에게 명하신 대로 하니라 37 여호와께서 모세
에게 일러 가라사대 38 이스라엘 자손에게 명하여 그들
의 대대로 그 옷단 귀에 술을 만들고 청색 끈을 그 귀의
술에 더하라 39 이 술은 너희로 보고 여호와의 모든 계

that person shall be completely cut off; his guilt shall
be on him.'" 32 ¶ Now while the sons of Israel were
in the wilderness, they found a man gathering wood on
the sabbath day. 33 And those who found him gathering
wood brought him to Moses and Aaron, and to all the
congregation; 34 and they put him in custody because
it had not been declared what should be done to him.
35 Then the LORD said to Moses, "The man shall
surely be put to death; all the congregation shall stone
him with stones outside the camp." 36 So all the
congregation brought him outside the camp, and stoned
him to death with stones, just as the LORD had commanded
Moses. 37 The LORD also spoke to Moses, saying,
38 "Speak to the sons of Israel, and tell them that they
shall make for themselves tassels on the corners of their
garments throughout their generations, and that they shall
put on the tassel of each corner a cord of blue. 39
"And it shall be a tassel for you to look at and remember

39 /이 술은 ─ 너희가 보고(위함이라)
─ 기억하여(위함이라)
/여호와의 모든 계명을
─ 준행하고(위함이라)
─ 음행하지 않게 하기 위함이라
/욕심을 따라
/자신의 마음과 눈의
/너희를 방종하게 하는

40 //그리하여(결과)
너희가 ─ 기억하고
/내 모든 계명을
─ 행하면
─ 거룩하리라
/너희의 하나님 앞에

41 /나는 ──── 너희 하나님이라
/여호와

/나는 ──── 너희를 인도해 내었느니라
/애굽 땅에서

//(목적: ל, to)
너희의 하나님이 되려고

/나는 ──── 너희의 하나님이니라
/여호와

민

16

1 고라와 ─
/이스할의 아들
/고핫의 손자
/레위의 증손
다단과 아비람과 ─
/엘리압의 아들
/르우벤 자손
온이 ─ **당을 짓고**
/벨렛의 아들

2 **일어나서**
/택함을 받은 자[와 함께]
/이스라엘 자손 총회에서
/곧 이백오십 명과 함께
/이름 있는 지휘관
/회중 가운데에서

//(목적: ל, to)

명을 기억하여 준행하고 너희로 방종케 하는 자기의 마음
과 눈의 욕심을 좇지 않게 하기 위함이라 **40** 그리하면
너희가 나의 모든 계명을 기억하고 준행하여 너희의 하나
님 앞에 거룩하리라 **41** 나는 너희의 하나님이 되려 하
여 너희를 애굽 땅에서 인도하여 낸 여호와 너희 하나님
이니라 나는 여호와 너희 하나님이니라

16:1 레위의 증손 고핫의 손자 이스할의 아들 고라
와 르우벤 자손 엘리압의 아들 다단과 아비람과
벨렛의 아들 온이 당을 짓고 **2** 이스라엘 자손 총회에 택
함을 받은 자 곧 회중에 유명한 어떤 족장 이백 오십인과

all the commandments of the LORD, so as to do them
and not follow after your own heart and your own eyes,
after which you played the harlot, **40** in order that you
may remember to do all My commandments, and be
holy to your God. **41** "I am the LORD your God who
brought you out from the land of Egypt to be your God;
I am the LORD your God."

16:1 ¶ Now Korah the son of Izhar, the son of
Kohath, the son of Levi, with Dathan and Abiram,
the sons of Eliab, and On the son of Peleth, sons of
Reuben, took action, **2** and they rose up before Moses,
together with some of the sons of Israel, two hundred
and fifty leaders of the congregation, chosen in the assembly,
men of renown. **3** And they assembled together against

//(목적: ל, to)
모세를 거스르니라

3 그들이 **모여서**
/모세와 아론을 거슬러
그들에게 **이르되**
/너희가 — 분수에 지나도다

//(이유: כִּי, for)
회중이 다 — 각각 거룩하고
여호와께서도 —그들 중에 계시거늘

/너희가 — 어찌하여 스스로 높이느냐?
/여호와의 총회 위에

4 모세가 듣고(상황절, when)
엎드렸다가
5 **말하여 이르되**
/고라와 그의 모든 무리에게
/여호와께서 — 보이시고
/아침에
/자기에게 속한 자가 누구인지,
/거룩한 자가 누구인지
그 사람을 가까이 나아오게 하시되
/자기에게
/곧
그가 — 택하신 자를 가까이 나아오게 하시리니
/자기에게
6 /[너희는] — 이렇게 하라

/너 고라와
무리는 — 향로를 가져다가
/네 모든
7 — 그 향로에 불을 담고
/내일
/여호와 앞에서
그 위에 향을 두라

/그 때에
택하신 자는 — 거룩하게 되리라
/여호와께서

/레위 자손들아!
너희가 — 너무 분수에 지나치느니라

함께 일어나서 모세를 거스리니라 **3** 그들이 모여서 모세
와 아론을 거스려 그들에게 이르되 너희가 분수에 지나
도다 회중이 다 각각 거룩하고 여호와께서도 그들 중에
계시거늘 너희가 어찌하여 여호와의 총회 위에 스스로
높이느뇨 **4** 모세가 듣고 엎드렸다가 **5** 고라와 그 모든
무리에게 말하여 가로되 아침에 여호와께서 자기에게 속
한 자가 누구인지 거룩한 자가 누구인지 보이시고 그 자
를 자기에게 가까이 나아오게 하시되 곧 그가 택하신 자
를 자기에게 가까이 나아오게 하시리니 **6** 이렇게 하라
너 고라와 너의 모든 무리는 향로를 취하고 **7** 내일 여호
와 앞에서 그 향로에 불을 담고 그 위에 향을 두라 그 때
에 여호와의 택하신 자는 거룩하게 되리라 레위 자손들

Moses and Aaron, and said to them, "You have gone far enough, for all the congregation are holy, every one of them, and the LORD is in their midst; so why do you exalt yourselves above the assembly of the LORD?"
4 When Moses heard this, he fell on his face; **5** and
he spoke to Korah and all his company, saying, "Tomorrow morning the LORD will show who is His, and who is holy, and will bring him near to Himself; even the one whom He will choose, He will bring near to Himself. **6** "Do
this: take censers for yourselves, Korah and all your company,
7 and put fire in them, and lay incense upon them in the presence of the LORD tomorrow; and the man whom the LORD chooses shall be the one who is holy. You have gone far enough, you sons of Levi!" **8** Then Moses

8 또
모세가 고라에게 **이르되**
/너희 레위 자손들아!
[너희는] —— 들으라

9 /[그것이] —— 너희에게 작은 일이겠느냐?[22)]
/하나님이 — 너희를 구별하여...하심이
/이스라엘의 /이스라엘 회중에서

//(목적: ל, for)
자기에게 가까이 하게 하사
여호와의 성막에서 봉사하게 하시며
회중 앞에 서서

//(목적: ל, to)
그들을 대신하여 섬기게

10 /하나님이 —— 너와 함께 가까이 오게 하셨거늘
/너와 네 모든 형제 레위 자손으로
/너희가 —— 오히려 제사장의 직분을 구하느냐?

11 /이를 위하여(therefore)
너와
무리가 다 —— 모여서
/너의 /여호와를 거스르는도다(=거스려)

/아론이 —— 어떠한 사람이기에

//(결과)
너희가 그를 원망하느냐

12 모세가 사람을 **보냈더니**

//(목적: ל, to)
다단과 아비람을 부르러
/엘리압의 아들

그들이 **이르되**
/우리는 —— 올라가지 않겠노라
13 /[그것이] —— 어찌 작은 일이기에(인가)?
/네가 —— 우리를 이끌어 내어
/젖과 꿀이 흐르는 땅에서

//(목적: ל, to)

22) 하나님이 너희를 구별하심이 작은 일이겠느냐?

민

아 너희가 너무 분수에 지나치느니라 8 모세가 또 고라에게 이르되 너희 레위 자손들아 들으라 9 이스라엘의 하나님이 이스라엘 회중에서 너희를 구별하여 자기에게 가까이 하게 하사 여호와의 성막에서 봉사하게 하시며 회중 앞에 서서 그들을 대신하여 섬기게 하심이 너희에게 작은 일이겠느냐 10 하나님이 너와 네 모든 형제 레위 자손으로 너와 함께 가까이 오게 하신 것이 작은 일이 아니어늘 너희가 오히려 제사장의 직분을 구하느냐 11 이를 위하여 너와 너의 무리가 다 모여서 여호와를 거스리는도다 아론은 어떠한 사람이관대 너희가 그를 원망하느냐 12 모세가 엘리압의 아들 다단과 아비람을 부르러 보내었더니 그들이 가로되 우리는 올라가지 않겠노라

said to Korah, "Hear now, you sons of Levi, 9 is it not enough for you that the God of Israel has separated you from the rest of the congregation of Israel, to bring you near to Himself, to do the service of the tabernacle of the LORD, and to stand before the congregation to minister to them; 10 and that He has brought you near, Korah, and all your brothers, sons of Levi, with you? And are you seeking for the priesthood also? 11 "Therefore you and all your company are gathered together against the LORD; but as for Aaron, who is he that you grumble against him?" 12 ¶ Then Moses sent a summons to Dathan and Abiram, the sons of Eliab; but they said, "We will not come up. 13 "Is it not enough that you have brought us up out of a land flowing with milk and honey to have us die in the wilderness, but you would also lord it over us? 14 "Indeed, you have not brought

//(목적: ל, to)
광야에서 죽이려 함이

/[네가] ― 오히려 스스로 왕이 되려 하느냐?
/우리 위에

14 /이뿐 아니라
네가 ― 우리를 인도하여 들이지도 아니하고
/젖과 꿀이 흐르는 땅으로
우리에게 기업으로 주지 아니하니
/밭도 포도원도
/네가 ― 이 사람들의 눈을 빼려느냐?

민

/우리는 ― 올라가지 아니하겠노라

15 모세가 심히 **노하여**
여호와께 **여짜오되**
/주는 ― 돌아보지 마옵소서
/그들의 헌물을
/나는 ― 빼앗지 아니하였고
/그들의 나귀 한 마리도
해하지 아니하였나이다 하고
/그들 중의 한 사람도

16 이에
모세가 고라에게 **이르되**
/너와
온 무리는 ― 내일 여호와 앞으로 나아오되
/너의 /아론과 함께

17 /너희는 ― 제각기 향로를 들고
그 위에 향을 얹고
/각 사람이 ― 그 향로를 가져오라
/여호와 앞으로
/향로는 ― 모두 이백오십 개라

/너와
아론도 ― 향로를 가지고 올지니라
/각각

18 그들이 제각기 향로를 **가져다가**
불을 **담고**
향을 그 위에 **얹고**
회막 문에 **서니라**
/모세와 아론과 더불어

13 네가 우리를 젖과 꿀이 흐르는 땅에서 이끌어 내어
광야에서 죽이려 함이 어찌 작은 일이기에 오히려 스스
로 우리 위에 왕이 되려 하느냐 14 이뿐 아니라 네가
우리를 젖과 꿀이 흐르는 땅으로 인도하여 들이지도 아
니하고 밭과 포도원도 우리에게 기업으로 주지 아니하니
네가 이 사람들의 눈을 빼려느냐 우리는 올라가지 아니
하겠노라 15 모세가 심히 노하여 여호와께 여짜오되 주
는 그들의 예물을 돌아보지 마옵소서 나는 그들의 한 나
귀도 취하지 아니하였고 그들의 한 사람도 해하지 아니
하였나이다 하고 16 이에 고라에게 이르되 너와 너의
온 무리는 아론과 함께 내일 여호와 앞으로 나아오되
17 너희는 각기 향로를 잡고 그 위에 향을 두고 각 사
람이 그 향로를 여호와 앞으로 가져오라 향로는 모두 이
백 오십이라 너와 아론도 각각 향로를 가지고 올지니라

us into a land flowing with milk and honey, nor have
you given us an inheritance of fields and vineyards.
Would you put out the eyes of these men? We will not
come up!" 15 ¶ Then Moses became very angry and
said to the LORD, "Do not regard their offering! I have
not taken a single donkey from them, nor have I done
harm to any of them." 16 And Moses said to Korah,
"You and all your company be present before the LORD
tomorrow, both you and they along with Aaron. 17
"And each of you take his firepan and put incense on
it, and each of you bring his censer before the LORD,
two hundred and fifty firepans; also you and Aaron shall
each bring his firepan." 18 So they each took his own censer
and put fire on it, and laid incense on it; and they stood
at the doorway of the tent of meeting, with Moses and Aaron.
19 Thus Korah assembled all the congregation against them

19 고라가 온 회중을 **모아 놓고..**하매
/회막 문에
/그 두 사람을 대적하려

영광이 온 회중에게 **나타나시니라**
/여호와의

20 여호와께서 모세와 아론에게 **말씀하여 이르시되**
21 /너희는 ── 이 회중에게서 떠나라

//(결과)
내가 ── 그들을 멸하려 하노라
/순식간에

22 그 두 사람이 **엎드려**
이르되
/하나님이여!
하나님이여
/모든 육체의 생명의
/한 사람이 ── 범죄하였거늘
/[당신은] ── 온 회중에게 진노하시나이까?

23 여호와께서 모세에게 **말씀하여 이르시되**
24 /[너는] ── 회중에게 명령하여 이르기를(하라)
/너희는──장막 사방에서 떠나라
/고라와
다단과
아비람의

25 모세가 **일어나**
다단과 아비람에게로 **가니**

장로들이 **따랐더라**
/이스라엘

26 모세가 회중에게 **말하여 이르되**
/[너희는] ┬ 이 악인들의 장막에서 떠나고
└ 아무 것도 만지지 말라
/그들의 물건은

//(결과: 그러지 않으면)
너희도 ── 멸망할까 두려워하노라 하매
/그들의 모든 죄중에서

27 무리가 장막 사방을 **떠나고**
/고라와 다단과 아비람의

18 그들이 각기 향로를 취하여 불을 담고 향을 그 위에
두고 모세와 아론으로 더불어 회막 문에 서니라 19 고
라가 온 회중을 회막 문에 모아 놓고 그 두 사람을 대적
하려 하매 여호와의 영광이 온 회중에게 나타나시니라
20 여호와께서 모세와 아론에게 일러 가라사대 21 너
희는 이 회중에게서 떠나라 내가 순식간에 그들을 멸하려
하노라 22 그 두 사람이 엎드려 가로되 하나님이여 모
든 육체의 생명의 하나님이여 한 사람이 범죄하였거늘 온
회중에게 진노하시나이까 23 여호와께서 모세에게 일러
가라사대 24 회중에게 명하여 이르기를 너희는 고라와
다단과 아비람의 장막 사면에서 떠나라 하라 25 모세가
일어나 다단과 아비람에게로 가니 이스라엘 장로들이 좇

at the doorway of the tent of meeting. And the glory of
the LORD appeared to all the congregation. 20 Then
the LORD spoke to Moses and Aaron, saying, 21 "Separate
yourselves from among this congregation, that I may consume
them instantly." 22 But they fell on their faces, and
said, "O God, Thou God of the spirits of all flesh, when
one man sins, wilt Thou be angry with the entire
congregation?" 23 Then the LORD spoke to Moses, saying,
24 "Speak to the congregation, saying, Get back from
around the dwellings of Korah, Dathan and Abiram.'"
25 ¶ Then Moses arose and went to Dathan and Abiram,
with the elders of Israel following him, 26 and he spoke
to the congregation, saying, "Depart now from the tents
of these wicked men, and touch nothing that belongs to them,
lest you be swept away in all their sin." 27 So they

다단과
아비람은 ——— 함께 **나와서**
/그들의 처자와 유아들과
자기 장막 문에 **선지라**

28 모세가 **이르되**
/[너희가] ——— 이 일로 말미암아 알리라
/여호와께서 —나를 보내사...하신 것이요
//(목적)
이 모든 일을 행하게
/나의 임의로 함이 아닌 줄을

29 /곧
[만일](אִם)
죽음이 ——— 모든 사람과 같고
/이 사람들의
벌이 ——— 모든 사람이 당하는 벌과 같으면(조건절, if)
/그들이 당하는
여호와께서 ——— 나를 보내심이 아니거니와

30 /만일(אִם)
여호와께서 ——— 새 일을 행하사
땅이 ——— 입을 열어
삼켜
/이 사람들과
그들의 모든 소유물을
스올에 빠지게 하시면(조건절, if)
/산 채로

/너희가 ——— 알리라
/이 사람들이 과연 여호와를 멸시한 것인 줄을

31 그가 이 모든 말을 마치자마자(상황절, as soon as)
땅바닥이 **갈라지니라**
/그들이 섰던

32 땅이 그 입을 **열어**
삼키매
/그들과
그들의 집과
모든 사람과
/고라에게 속한
그들의 재물을

앉더라 26 모세가 회중에게 일러 가로되 이 악인들의
장막에서 떠나고 그들의 물건은 아무것도 만지지 말라
그들의 모든 죄 중에서 너희도 멸망할까 두려워 하노라
하매 27 무리가 고라와 다단과 아비람의 장막 사면을
떠나고 다단과 아비람은 그 처자와 유아들과 함께 나와
서 자기 장막 문에 선지라 28 모세가 가로되 여호와께
서 나를 보내사 이 모든 일을 행케 하신 것이요 나의 임
의로 함이 아닌 줄을 이 일로 인하여 알리라 29 곧 이
사람들의 죽음이 모든 사람과 일반이요 그들의 당하는
벌이 모든 사람의 당하는 벌과 일반이면 여호와께서 나
를 보내심이 아니어니와 30 만일 여호와께서 새 일을
행하사 땅으로 입을 열어 이 사람들과 그들의 모든 소속
을 삼켜 산 채로 음부에 빠지게 하시면 이 사람들이 과연
여호와를 멸시한 것인 줄을 너희가 알리라 31 이 모든

got back from around the dwellings of Korah, Dathan
and Abiram; and Dathan and Abiram came out and stood
at the doorway of their tents, along with their wives and
their sons and their little ones. 28 And Moses said,
"By this you shall know that the LORD has sent me to
do all these deeds; for this is not my doing. 29 "If
these men die the death of all men, or if they suffer the
fate of all men, then the LORD has not sent me. 30
"But if the LORD brings about an entirely new thing
and the ground opens its mouth and swallows them up
with all that is theirs, and they descend alive into Sheol,
then you will understand that these men have spurned
the LORD." 31 ¶ Then it came about as he finished speaking
all these words, that the ground that was under them
split open; 32 and the earth opened its mouth and swallowed
them up, and their households, and all the men who belonged

33 그들과
모든 재물이 — 산 채로 스올에 **빠지며**
/그의

땅이 그 위에 **덮이니**
그들이 회중 가운데서 **망하니라**

34 온 이스라엘이 **도망하며**
/그 주위에 있는 /그들의 부르짖음을 듣고

이르되 (하였고)
/두렵다
/땅이 우리도 삼킬까

35 불이 **나와서**
/여호와께로부터
이백오십 명을 **불살랐더라**
/분향하는

36 여호와께서 모세에게 **말씀하여 이르시되**
37 /너는 —— 엘르아살에게 명령하여
/제사장 아론의 아들
/[그가] —— 향로를 가져다가
/붙는 불 가운데에서
그 불을 다른 곳에 쏟으라

//(이유: כִּי, for)
그 향로는 거룩함이니라

38 //(이유: for)
사람들은 —— 범죄하여
그들의 생명을 해하였거니와
/스스로

/[너는] —— 그 향로를 쳐서
제단을 싸는 철판을 만들라

//(이유: for)
그들이 —— 향로를 여호와 앞에 드렸으므로
그 향로가 —— 거룩하게 되었나니

//(결과)
이스라엘 자손에게 표가 되리라 (하신지라)

39 엘르아살이 놋 향로를 **가져다가**
/제사장 /불탄 자들이 드렸던

말을 마치는 동시에 그들의 밑의 땅이 갈라지니라 32
땅이 그 입을 열어 그들과 그 가속과 고라에게 속한 모든
사람과 그 물건을 삼키매 33 그들과 그 모든 소속이 산
채로 음부에 빠지며 땅이 그 위에 합하니 그들이 총회 중
에서 망하니라 34 그 주위에 있는 온 이스라엘이 그들
의 부르짖음을 듣고 도망하며 가로되 땅이 우리도 삼킬까
두렵다 하였고 35 여호와께로서 불이 나와서 분향하는
이백 오십인을 소멸하였더라 36 여호와께서 모세에게
일러 가라사대 37 너는 제사장 아론의 아들 엘르아살을
명하여 붙는 불 가운데서 향로를 취하여다가 그 불을 타
처에 쏟으라 그 향로는 거룩함이니라 38 사람들은 범죄
하여 그 생명을 스스로 해하였거니와 그들이 향로를 여호
와 앞에 드렸으므로 그 향기가 거룩하게 되었나니 그 향
로를 쳐서 제단을 싸는 편철(片鐵)을 만들라 이스라엘 자

to Korah, with their possessions. 33 So they and all
that belonged to them went down alive to Sheol; and
the earth closed over them, and they perished from the
midst of the assembly. 34 And all Israel who were
around them fled at their outcry, for they said, "The
earth may swallow us up!" 35 Fire also came forth
from the LORD and consumed the two hundred and fifty
men who were offering the incense. 36 Then the LORD
spoke to Moses, saying, 37 "Say to Eleazar, the son of
Aaron the priest, that he shall take up the censers out
of the midst of the blaze, for they are holy; and you
scatter the burning coals abroad. 38 "As for the censers
of these men who have sinned at the cost of their lives,
let them be made into hammered sheets for a plating of
the altar, since they did present them before the LORD
and they are holy; and they shall be for a sign to the
sons of Israel." 39 So Eleazar the priest took the bronze
censers which the men who were burned had offered;

민

쳐서
/제단을 싸서
40 /기념물이 되게 (하였으니)
/이스라엘 자손의

//이는(목적)
다른 사람은 가까이 오지 못하게 함이며
/아론 자손이 아닌

//(목적: to)
여호와 앞에 분향하러

//또(목적: 계속)
고라와 그의 무리와 같이 되지 않게 하기 위함이라

<엘르아살이> **〈하였더라〉**
/여호와께서 모세를 시켜 그에게 명령하신 대로

41 온 회중이 모세와 아론을 **원망하여 이르되**
/이스라엘 자손의 /너희가--여호와의 백성을 죽였도다 하고
/이튿날

42 회중이 모여
모세와 아론을 칠 때에(상황절, when)
회막을 **바라본즉**

구름이 회막을 **덮었고**
영광이 **나타났더라**
/여호와의

43 모세와
아론이 —— 회막 앞에 **이르매**

44 여호와께서 모세에게 **말씀하여 이르시되**
45 /너희는 —— 이 회중에게서 떠나라
/내가 —— 그들을 멸하려 하노라 하시매
/순식간에

그 두 사람이 **엎드리니라**

46 이에
모세가 아론에게 **이르되**
/너는 —— 향로를 가져다가
—— 제단의 불을 그것에 담고

손에게 표가 되리라 하신지라 **39** 제사장 엘르아살이 불
탄 자들의 드렸던 놋 향로를 취하여 쳐서 제단을 싸서
40 이스라엘 자손의 기념물이 되게 하였으니 이는 아론
자손이 아닌 외인은 여호와 앞에 분향하러 가까이 오지
못하게 함이며 또 고라와 그 무리같이 되지 않게 하기 위
함이라 여호와께서 모세로 그에게 명하신 대로 하였더라
41 이튿날 이스라엘 자손의 온 회중이 모세와 아론에게
원망하여 가로되 너희가 여호와의 백성을 죽였도다 하고
42 회중이 모여 모세와 아론을 칠 때에 회막을 바라본
즉 구름이 회막을 덮었고 여호와의 영광이 나타났더라
43 모세와 아론이 회막 앞에 이르매 **44** 여호와께서 모
세에게 일러 가라사대 **45** 너희는 이 회중에게서 떠나라

and they hammered them out as a plating for the altar,
40 as a reminder to the sons of Israel that no layman
who is not of the descendants of Aaron should come
near to burn incense before the LORD; that he might
not become like Korah and his company — just as the LORD
had spoken to him through Moses. **41** ¶ But on the
next day all the congregation of the sons of Israel
grumbled against Moses and Aaron, saying, "You are
the ones who have caused the death of the LORD's
people." **42** It came about, however, when the congregation
had assembled against Moses and Aaron, that they turned
toward the tent of meeting, and behold, the cloud covered
it and the glory of the LORD appeared. **43** Then Moses
and Aaron came to the front of the tent of meeting, **44**
and the LORD spoke to Moses, saying, **45** "Get away
from among this congregation, that I may consume them
instantly." Then they fell on their faces. **46** And Moses
said to Aaron, "Take your censer and put in it fire from

그 위에 향을 피워 가지고
급히 회중에게로 가서
그들을 위하여 속죄하라

/염병이 —— 시작되었음이니라

//(이유: כִּי, for)
여호와께서 진노하셨으므로

47 아론이 향로를 **가지고**
/모세의 명령을 따라
회중에게로 **달려간즉**

염병이 **시작되었는지라**
/백성 중에

이에
[그가] 백성을 위하여 **속죄하고**
48 **섰을 때에**
/죽은 자와 산 자 사이에

//(결과)
염병이 —— 그치니라

49 죽은 자가 **만 사천칠백 명이었더라**
/염병에 /고라의 일로 죽은 자 외에

50 염병이 그치매(상황절, when)
아론이 회막 문 모세에게로 **돌아오니라**

민

17

1 여호와께서 모세에게 **말씀하여 이르시되**[23)]
2 /너는 —— 이스라엘 자손에게 말하여[24)]
/[너는] —— 지팡이 하나씩을 취하되
/그들 중에서
/각 조상의 가문을 따라
/곧
[너는] —— 지팡이 열둘을 **취하고**
/그들의 조상의 가문대로
/그 모든 지휘관에게서

23) 원전분류 17:16
24) 말하라. 2-5절은 말해야 할 내용이다. 지면관계상 '말씀하여 이르신' 내용으로 배열하였다.

내가 순식간에 그들을 멸하려 하노라 하시매 그 두 사람
이 엎드리니라 **46** 이에 모세가 아론에게 이르되 너는
향로를 취하고 단의 불을 그것에 담고 그 위에 향을 두어
가지고 급히 회중에게로 가서 그들을 위하여 속죄하라 여
호와께서 진노하셨으므로 염병이 시작되었음이니라 **47**
아론이 모세의 명을 좇아 향로를 가지고 회중에게로 달려
간즉 백성 중에 염병이 시작되었는지라 이에 백성을 위하
여 속죄하고 **48** 죽은 자와 산 자 사이에 섰을 때에 염병
이 그치니라 **49** 고라의 일로 죽은 자 외에 염병에 죽은
자가 일만 사천칠백 명이었더라 **50** 염병이 그치매 아론
이 회막 문 모세에게로 돌아오니라

17:1 여호와께서 모세에게 일러 가라사대 **2** 너는
이스라엘 자손에게 고하여 그들 중에서 각 종족
을 따라 지팡이 하나씩 취하되 곧 그들의 종족대로 그 모

the altar, and lay incense on it; then bring it quickly to
the congregation and make atonement for them, for wrath
has gone forth from the LORD, the plague has begun!"
47 Then Aaron took it as Moses had spoken, and ran
into the midst of the assembly, for behold, the plague
had begun among the people. So he put on the incense
and made atonement for the people. **48** And he took
his stand between the dead and the living, so that the
plague was checked. **49** But those who died by the
plague were 14,700, besides those who died on account
of Korah. **50** Then Aaron returned to Moses at the
doorway of the tent of meeting, for the plague had been
checked.

17:1 ¶ Then the LORD spoke to Moses, saying, **2**
"Speak to the sons of Israel, and get from them
a rod for each father's household: twelve rods, from all
their leaders according to their fathers' households. You shall
write each name on his rod, **3** and write Aaron's name

/[너는] — 그 사람들의 이름을 쓰되
/각각
/그 지팡이에
3 /[너는] — 아론의 이름을 쓰라
/레위의 지팡이에는

//이는(이유: כִּי, for)
각 수령이 — 지팡이 하나씩 있어야 할 것임이니라
/그들의 조상의 가문의

4 /[너는] — 그 지팡이를 두라
/증거궤 앞에
/회막 안에서
/내가 너희와 만나는 곳인

5 /싹이 — 나리니
/내가 택한 자의 지팡이에는
/[내가] — 그치게 하리라
/이것으로
/이스라엘 자손이 — 원망하는 말을
/너희에게 대하여
/내 앞에서

6 모세가 이스라엘 자손에게 **말하매**
/지휘관들이 — 지팡이 하나씩을 그에게 주었으니
/그들의 /각 지파대로
/지팡이가 — 모두 열둘이라
/그
/지팡이가 — 그 중에 있었더라
/아론의

7 모세가 그 지팡이들을 **두었더라**
/여호와 앞에
/증거의 장막 안

8 모세가 증거의 장막에 들어가 본즉(상황절, when)
/이튿날
움이 **돋고**
/아론의 지팡이에
/레위 집을 위하여 낸
순이 **나고**
꽃이 **피어서**
살구 열매가 **열렸더라**

9 모세가 그 지팡이 전부를 **가져오매**
/여호와 앞에서
/이스라엘 모든 자손에게로

든 족장에게서 지팡이 열둘을 취하고 그 사람들의 이름
을 각각 그 지팡이에 쓰되 3 레위의 지팡이에는 아론의
이름을 쓰라 이는 그들의 종족의 각 두령이 지팡이 하나
씩 있어야 할 것임이니라 4 그 지팡이를 회막 안에서 내
가 너희와 만나는 곳인 증거궤 앞에두라 5 내가 택한 자
의 지팡이에는 싹이 나리니 이것으로 이스라엘 자손이
너희를 대하여 원망하는 말을 내 앞에서 그치게 하리라
6 모세가 이스라엘 자손에게 고하매 그 족장들이 각기
종족대로 지팡이 하나씩 그에게 주었으니 그 지팡이 합
이 열둘이라 그 중에 아론의 지팡이가 있었더라 7 모세
가 그 지팡이들을 증거의 장막 안 여호와 앞에 두었더라
8 이튿날 모세가 증거의 장막 안에 들어가 본즉 레위 집

on the rod of Levi; for there is one rod for the head of
each of their fathers' households. 4 "You shall then
deposit them in the tent of meeting in front of the
testimony, where I meet with you. 5 "And it will come
about that the rod of the man whom I choose will sprout.
Thus I shall lessen from upon Myself the grumblings of
the sons of Israel, who are grumbling against you." 6
Moses therefore spoke to the sons of Israel, and all their
leaders gave him a rod apiece, for each leader according
to their fathers' households, twelve rods, with the rod of
Aaron among their rods. 7 So Moses deposited the rods
before the LORD in the tent of the testimony. 8 ¶ Now
it came about on the next day that Moses went into the
tent of the testimony; and behold, the rod of Aaron for
the house of Levi had sprouted and put forth buds and
produced blossoms, and it bore ripe almonds. 9 Moses
then brought out all the rods from the presence of the
LORD to all the sons of Israel; and they looked, and

그들이 **보고**
자기 지팡이를 **집어들었더라**
/각각

10 또
여호와께서 모세에게 **이르시되**
/[너는] ── 아론의 지팡이는 도로 가져다가
/증거궤 앞으로

//(목적)
거기 간직하여
/표징이 되게 하여[25)]
/반역한 자에 대한

//(목적)
그들로(이) ┌ 내게 대한 원망을 그치고
└ 죽지 않게 할지니라

11 모세가 곧 그 같이 **하되…하였더라**
/여호와께서 자기에게 명령하신 대로

12 자손이 모세에게 **말하여 이르되**
/이스라엘
/보소서!
우리는 ┬ 죽게 되었나이다
├ 망하게 되었나이다
└ 다 망하게 되었나이다

13 /나아가는 자 ─ 다 죽사오니
/가까이
/곧
가까이 나아가는 자마다
/여호와의 성막에

/우리가 ──── 다 망하여야 하리이까?

18

1 여호와께서 아론에게 **이르시되**
/너와 ┬ 죄를 함께 담당할 것이요
아들들과 ┤ /성소에 대한
/네
가문은 ┘
/네 조상의

민

25) 표징으로서

을 위하여 낸 아론의 지팡이에 움이 돋고 순이 나고 꽃이
피어서 살구 열매가 열렸더라 9 모세가 그 지팡이 전부
를 여호와 앞에서 이스라엘 모든 자손에게로 취하여 내매
그들이 보고 각각 자기 지팡이를 취하였더라 10 여호와
께서 또 모세에게 이르시되 아론의 지팡이는 증거궤 앞으
로 도로 가져다가 거기 간직하여 패역한 자에 대한 표징
이 되게 하여 그들로 내게 대한 원망을 그치고 죽지 않게
할지니라 11 모세가 곧 그같이 하되 여호와께서 자기에
게 명하신 대로 하였더라 12 이스라엘 자손이 모세에게
말하여 가로되 보소서 우리는 죽게 되었나이다 망하게 되
었나이다 다 망하게 되었나이다 13 가까이 나아가는 자
곧 여호와의 성막에 가까이 나아가는 자마다 죽사오니 우
리가 다 망하여야 하리이까
18:1 여호와께서 아론에게 이르시되 너와 네 아들
들과 네 종족은 성소에 대한 죄를 함께 담당할
것이요 너와 네 아들들은 너희가 그 제사장 직분에 대한

each man took his rod. 10 But the LORD said to Moses,
"Put back the rod of Aaron before the testimony to be
kept as a sign against the rebels, that you may put an
end to their grumblings against Me, so that they should
not die." 11 Thus Moses did; just as the LORD had
commanded him, so he did. 12 ¶ Then the sons of
Israel spoke to Moses, saying, "Behold, we perish, we
are dying, we are all dying! 13 "Everyone who comes
near, who comes near to the tabernacle of the LORD,
must die. Are we to perish completely?"
18:1 ¶ So the LORD said to Aaron, "You and your
sons and your father's household with you shall
bear the guilt in connection with the sanctuary; and you
and your sons with you shall bear the guilt in connection
with your priesthood. 2 "But bring with you also your
brothers, the tribe of Levi, the tribe of your father, that

/너와 ── 죄를 함께 담당할 것이니라
아들들은 ── /너희의 제사장 직분에 대한
/네
2 /너는 ── 네 형제 레위 지파[를] 데려다가
/곧 네 조상의 지파를

//(목적: that...may)
[그들이] ── 너와 함께 있게 하여

너와 네 아들들이 증거의 장막 앞에 있을 때(while)
그들이 ── 너를 돕게 하라

3 /레위인은 ── 지키려니와
/네 직무와
/장막의 모든 직무를
── 가까이 하지 못하리니
/성소의 기구와
/제단에는

//두렵건대(결과: 그렇지 않으면)
그들과 너희가 죽을까 하노라[26)]

4 /레위인은 ── 너와 합동하여
── 다할 것이요
/장막의 모든 일과
/회막의 직무를
/다른 사람은 ── 너희에게 가까이 하지 못할 것이니라
5 /이와 같이(ו, and/so)
너희는 ── 다하라
/성소의 직무와
/제단의 직무를

//그리하면(결과)
진노가 ── 다시는 미치지 아니하리라
/여호와의 /이스라엘 자손에게

6 /보라
내가 ── 너희의 형제 레위인을 택하여
/이스라엘 자손 중에서
/너희에게 선물로(주어)
/내게 돌리고(=주님에게)

//(목적: ל, to)
회막의 일을 하게 하였나니

7 /너와 ── 제사장의 직분을 지켜 섬기라
아들들은 ── /제단과 휘장 안의 모든 일에 대하여
/네

민

26) 그렇지 않으면 그들과 너희가 죽을 것이다

죄를 함께 담당할 것이니라 2 너는 네 형제 레위 지파
곧 네 조상의 지파를 데려다가 너와 합동시켜 너를 섬기
게 하고 너와 네 아들들은 증거의 장막 앞에 있을 것이니
라 3 레위인은 네 직무와 장막의 모든 직무를 지키려니
와 성소의 기구와 단에는 가까이 못하리니 두렵건대 그
들과 너희가 죽을까 하노라 4 레위인은 너와 합동하여
장막의 모든 일과 회막의 직무를 지킬 것이요 외인은 너
희에게 가까이 못할 것이니라 5 이와 같이 너희는 성소
의 직무와 단의 직무를 지키라 그리하면 여호와의 진노
가 다시는 이스라엘 자손에게 미치지 아니하리라 6 보라

they may be joined with you and serve you, while you
and your sons with you are before the tent of the testimony.
3 "And they shall thus attend to your obligation and
the obligation of all the tent, but they shall not come
near to the furnishings of the sanctuary and the altar,
lest both they and you die. 4 "And they shall be joined
with you and attend to the obligations of the tent of
meeting, for all the service of the tent; but an outsider
may not come near you. 5 "So you shall attend to the
obligations of the sanctuary and the obligations of the
altar, that there may no longer be wrath on the sons of
Israel. 6 "And behold, I Myself have taken your fellow
Levites from among the sons of Israel; they are a gift
to you, dedicated to the LORD, to perform the service
for the tent of meeting. 7 "But you and your sons with
you shall attend to your priesthood for everything concerning

/내가 —— 제사장의 직분을 주었은즉
/너희에게
/선물로
/외인은 —— 죽임을 당할지니라
/거기 가까이 하는

8 또
여호와께서 아론에게 **이르시되**
/보라
내가 —— 하고(=주었다)
/네가 —주관하게
/내 거제물[을]
/곧 모든 헌물을
/이스라엘 자손이 거룩하게 한
/[내가] —— 그것을 주노라
/너와 네 아들들에게
/영구한 몫의 음식으로
/네가 기름 부음을 받았음으로 말미암아

9 /불사르지 아니한 것은 —— 네 것이라
/지성물 중에

/모든 소제와 —— 다 지극히 거룩한즉
속죄제와
속건제물은
/모든 헌물의
/그들이 내게 드리는
└ 너와 네 아들들에게 〈돌리리니〉

10 /[너는] —— 먹으라
/지극히 거룩하게 여김으로
/이는 —— 네게 성물인즉
/남자들이 —— 다 먹을지니라

11 /돌릴 것은 —— 이것이니
/네게
곧 거제물과
/이스라엘 자손이 드리는
모든 요제물이라

/내가 —— 그것을 주었은즉
/너와 네 자녀에게
/영구한 몫의 음식으로
/정결한 자마다 — 먹을 것이니라
/네 집의

민

내가 이스라엘 자손 중에서 너희 형제 레위인을 취하여 내게 돌리고 너희에게 선물로 주어 회막의 일을 하게 하였나니 **7** 너와 네 아들들은 단과 장 안의 모든 일에 대하여 제사장의 직분을 지켜 섬기라 내가 제사장의 직분을 너희에게 선물로 주었은즉 거기 가까이 하는 외인은 죽이울지니라 **8** 여호와께서 또 아론에게 이르시되 보라 내가 내 거제물 곧 이스라엘 자손의 거룩하게 한 모든 예물을 너로 주관하게 하고 네가 기름 부음을 받았음을 인하여 그것을 너와 네 아들들에게 영영한 응식으로 주노라 **9** 지성물 중에 불사르지 않은 것은 네 것이라 그들이 내게 드리는 모든 예물의 모든 소제와 속죄제와 속건 제물은 다 지극히 거룩한즉 너와 네 아들들에게 돌리리니 **10**

the altar and inside the veil, and you are to perform service. I am giving you the priesthood as a bestowed service, but the outsider who comes near shall be put to death."
8 ¶ Then the LORD spoke to Aaron, "Now behold, I Myself have given you charge of My offerings, even all the holy gifts of the sons of Israel, I have given them to you as a portion, and to your sons as a perpetual allotment.
9 "This shall be yours from the most holy gifts, reserved from the fire; every offering of theirs, even every grain offering and every sin offering and every guilt offering, which they shall render to Me, shall be most holy for you and for your sons. **10** "As the most holy gifts you shall eat it; every male shall eat it. It shall be holy to you. **11** "This also is yours, the offering of their gift, even all the wave offerings of the sons of Israel; I have given them to you and to your sons and daughters with

민

12 /[내가] —— 네게 주었은즉
/그들이 여호와께 드리는 첫 소산[을]
/곧 제일 좋은 기름과
제일 좋은 포도주와
곡식을

13 /모든 열매는 — 네 것이니
/그 땅의 처음 익은
/그들이 여호와께 드리는

/정결한 자마다 — 먹을 것이라
/네 집에서

14 /모든 것은 —— 네 것이 되리라
/특별히 드린
/이스라엘 중에서

15 /처음 나는 것은 — 다 네 것이로되
/모든 생물의 /사람이나 짐승이나
/여호와께 드리는
/사람은 ——— 반드시 대속할 것이요
/처음 태어난

/부정한 짐승도 —— 대속할 것이며
/처음 태어난

16 /그 사람을 대속할 때에는(상황절, when)
[너는] ——— 은 다섯 세겔로 대속하라
/난 지 한 달 이후에
/네가 정한 대로
/성소의 세겔을 따라
/한 세겔은 —— 이십 게라이니라

17 /[너는] ——— 대속하지 말지니
/오직 처음 태어난 소나
처음 태어난 양이나
처음 태어난 염소는
/그것들은 —— 거룩한즉
/그 피는 —— 제단에 뿌리고
/그 기름은 —— 불살라
/여호와께 향기로운 화제로(드릴 것이며)

지극히 거룩하게 여김으로 먹으라 이는 네게 성물인즉
남자들이 다 먹을지니라 11 내게 돌릴 것이 이것이니
곧 이스라엘 자손의 드리는 거제물과 모든 요제물이라
내가 그것을 너와 네 자손에게 영영한 응식으로 주었은
즉 네 집의 정결한 자마다 먹을 것이니라 12 그들이 여
호와께 드리는 첫 소산 곧 제일 좋은 기름과 제일 좋은
포도주와 곡식을 네게 주었은즉 13 그들이 여호와께 드
리는 그 땅 처음 익은 모든 열매는 네 것이니 네 집에 정
결한 자마다 먹을 것이라 14 이스라엘 중에서 특별히
드린 모든 것은 네 것이 되리라 15 여호와께 드리는 모
든 생물의 처음 나는 것은 사람이나 짐승이나 다 네 것이
로되 사람의 처음 난 것은 반드시 대속할 것이요 부정한
짐승의 처음 난 것도 대속할 것이며 16 그 사람을 속할
때에는 난지 일 개월 이후에 네가 정한 대로 성소의 세겔
을 따라 은 다섯 세겔로 속하라 한 세겔은 이십 게라니라
17 오직 소의 처음 난 것이나 양의 처음 난 것이나 염
소의 처음 난것은 속하지 말지니 그것들은 거룩한즉 그
피는 단에 뿌리고 그 기름은 불살라 여호와께 향기로운

you, as a perpetual allotment. Everyone of your household
who is clean may eat it. 12 "All the best of the fresh
oil and all the best of the fresh wine and of the grain,
the first fruits of those which they give to the LORD, I
give them to you. 13 "The first ripe fruits of all that is
in their land, which they bring to the LORD, shall be
yours; everyone of your household who is clean may
eat it. 14 "Every devoted thing in Israel shall be yours.
15 "Every first issue of the womb of all flesh, whether
man or animal, which they offer to the LORD, shall be yours;
nevertheless the first-born of man you shall surely redeem,
and the first-born of unclean animals you shall redeem.
16 "And as to their redemption price, from a month
old you shall redeem them, by your valuation, five shekels
in silver, according to the shekel of the sanctuary, which
is twenty gerahs. 17 "But the first-born of an ox or the
first-born of a sheep or the first-born of a goat, you shall
not redeem; they are holy. You shall sprinkle their blood

18 /그 고기는 — 네게 돌릴지니
/흔든 가슴[같이]과
오른쪽 넓적다리 같이
네게 돌릴 것이니라

19 /내가 — 너와 네 자녀에게 주노니
/모든 성물은
/이스라엘 자손이 여호와께 거제로 드리는
/영구한 몫의 음식으로

/이는 — 영원한 소금 언약이니라
/여호와 앞에
/너와 네 후손에게

20 또
여호와께서 아론에게 **이르시되**
/너는 — 기업도 없겠고
/이스라엘 자손의 땅에
아무 분깃도 없을 것이나
/그들 중에
/내가 — 네 분깃이요
/이스라엘 자손 중에
네 기업이니라

21 /내가 — 이스라엘의 십일조를 다 주어서
/레위 자손에게
/기업으로
/그들이 하는 일[에 대한]
/곧 회막에서 하는 일을(갚나니)

22 /이 후로는
이스라엘 자손이 — 회막에 가까이 하지 말 것이라

//(결과: 그렇지 않으면)
죄값으로 죽을까 하노라

23 /그러나
레위인은 — 회막에서 봉사하며
자기들의 죄를 담당할 것이요
기업이 없을 것이니
/이스라엘 자손 중에는
/이는 — 너희 대대에 영원한 율례라

민

화제로 드릴 것이며 **18** 그 고기는 네게 돌릴지니 흔든
가슴과 우편 넓적다리 같이 네게 돌릴 것이니라 **19** 이
스라엘 자손이 여호와께 거제로 드리는 모든 성물은 내가
영영한 응식으로 너와 네 자녀에게 주노니 이는 여호와
앞에 너와 네 후손에게 변하지 않는 소금 언약이니라 **20**
여호와께서 또 아론에게 이르시되 너는 이스라엘 자손의
땅의 기업도 없겠고 그들 중에 아무 분깃도 없을 것이나
나는 이스라엘 자손 중에 네 분깃이요 네 기업이니라 **21**
내가 이스라엘의 십일조를 레위 자손에게 기업으로 다 주
어서 그들의 하는 일 곧 회막에서 하는 일을 갚나니 **22**
이후로는 이스라엘 자손이 회막에 가까이 말 것이라 죄를
당하여 죽을까 하노라 **23** 오직 레위인은 회막에서 봉사

on the altar and shall offer up their fat in smoke as an offering
by fire, for a soothing aroma to the LORD. **18** "And
their meat shall be yours; it shall be yours like the breast
of a wave offering and like the right thigh. **19** "All the
offerings of the holy gifts, which the sons of Israel offer
to the LORD, I have given to you and your sons and
your daughters with you, as a perpetual allotment. It is
an everlasting covenant of salt before the LORD to you
and your descendants with you." **20** Then the LORD
said to Aaron, "You shall have no inheritance in their
land, nor own any portion among them; I am your portion
and your inheritance among the sons of Israel. **21** ¶
"And to the sons of Levi, behold, I have given all the
tithe in Israel for an inheritance, in return for their service
which they perform, the service of the tent of meeting.
22 "And the sons of Israel shall not come near the tent
of meeting again, lest they bear sin and die. **23** "Only
the Levites shall perform the service of the tent of
meeting, and they shall bear their iniquity; it shall be a
perpetual statute throughout your generations, and among
the sons of Israel they shall have no inheritance. **24**
"For the tithe of the sons of Israel, which they offer as

24 /[그러므로](עַל־כֵּן)
내가 — 그들에 대하여 말하기를... 하였노라[27]
/[너희는]—기업이 없을 것이라
/이스라엘 자손 중에

//(이유:, for)
[내가] — 십일조를 주었으므로
/이스라엘 자손이 여호와께 거제로 드리는
/레위인에게
/기업으로

25 여호와께서 모세에게 **말씀하여 이르시되**
26 /너는 — 레위인에게 말하여
그에게 이르라
/너희가 — 십일조를 그들에게서 받을 때에(상황절, when)
/내가 — 이스라엘 자손에게 받아
너희에게 기업으로 준
[너희는] — 거제로 여호와께 드릴 것이라
/그 십일조의 십일조를
27 /내가 — 너희의 거제물을 여기리니
/타작 마당에서 드리는 곡물과
포도즙 틀에서 드리는 즙 같이
28 /너희는 — 여호와께 거제로 드리고
/십일조 중에서
/이스라엘 자손에게서 받는 모든 것의
/[너희는] — 제사장 아론에게로 돌리되
/여호와께 드린 그 거제물은

29 /너희는 — 여호와께 거제로 드릴지니라
/너희가 받은 모든 헌물 중에서
/그 아름다운 것(을)
/곧 거룩하게 한 부분을 <가져다가>

30 /이러므로
너는 — 그들에게 이르라

/너희가 — 아름다운 것을 가져다가 드리고(상황절, when)
/그 중에서
남은 것은 — 너희 레위인에게는 되리니
/타작 마당의 소출과
포도즙 틀의 소출 같이

27) 말하였노라

하며 자기들의 죄를 담당할 것이요 이스라엘 자손 중에
는 기업이 없을 것이니 이는 너희의 대대에 영원한 율례
라 24 이스라엘 자손이 여호와께 거제로 드리는 십일조
를 레위인에게 기업으로 준 고로 내가 그들에 대하여 말
하기를 이스라엘 자손 중에 기업이 없을 것이라 하였노
라 25 여호와께서 모세에게 일러 가라사대 26 너는 레
위인에게 고하여 그에게 이르라 내가 이스라엘 자손에게
취하여 너희에게 기업으로 준 십일조를 너희가 그들에게
서 취할 때에 그 십일조의 십일조를 거제로 여호와께 드
릴 것이라 27 내가 너희의 거제물을 타작 마당에서 받
드는 곡물과 포도즙 틀에서 받드는 즙같이 여기리니 28
너희는 이스라엘 자손에게서 받는 모든 것의 십일조 중
에서 여호와께 거제로 드리고 여호와께 드린 그 거제물
은 제사장 아론에게 돌리되 29 너희의 받은 모든 예물
중에서 너희는 그 아름다운 것 곧 거룩하게 한 부분을
취하여 여호와께 거제로 드릴지니라 30 이러므로 너는

an offering to the LORD, I have given to the Levites
for an inheritance; therefore I have said concerning them,
They shall have no inheritance among the sons of Israel.'"
25 Then the LORD spoke to Moses, saying, 26 "Moreover,
you shall speak to the Levites and say to them, 'When
you take from the sons of Israel the tithe which I have
given you from them for your inheritance, then you shall
present an offering from it to the LORD, a tithe of the
tithe. 27 'And your offering shall be reckoned to you
as the grain from the threshing floor or the full produce
from the wine vat. 28 'So you shall also present an
offering to the LORD from your tithes, which you receive
from the sons of Israel; and from it you shall give the LORD's
offering to Aaron the priest. 29 'Out of all your gifts
you shall present every offering due to the LORD, from
all the best of them, the sacred part from them.' 30
"And you shall say to them, 'When you have offered
from it the best of it, then the rest shall be reckoned to

31 /너희와 권속이 /너희의 — 이것을 먹을 수 있음은 /어디서든지

//이는(כִּי, for)
[그것이] —너희의 보수임이니라
/회막에서 일한

32 /너희가 — 그 중 아름다운 것을 받들어 드린즉(상황절, when)
죄를 담당하지 아니할 것이라
/이로 말미암아

/너희는 — 성물을 더럽히지 말라
/이스라엘 자손의

//그리하여야(결과)
[너희가] —죽지 아니하리라

19

1 여호와께서 모세와 아론에게 **말씀하여 이르시되**
2 /(이것은) — (이제) 율례를(~이다)
/여호와께서 명령하시는 법의
/이르노니(=이르신)

/[너는] — 이스라엘 자손에게 일러서

//(결과)
[그들이] —네게로 끌어오게 하고
/붉은 암송아지를
/온전하여 흠이 없고
/아직 멍에 메지 아니한
3 /너는 — 그것을 줄 것이요
/제사장 엘르아살에게
/그는 — 그것을 끌어내어서
/진영 밖으로
자기 목전에서 잡게 할 것이며
4 /엘르아살은 /제사장 — 손가락에 그 피를 찍고
그 피를 일곱 번 뿌리고
/회막 앞을 향하여
5 그 암소를 불사르게 하되
/자기 목전에서

그들에게 이르라 너희가 그 중에서 아름다운 것을 취하여
드리고 남은 것은 너희 레위인에게는 타작 마당의 소출과
포도즙 틀의 소출같이 되리니 31 너희와 너희 권속이
어디서든지 이것을 먹을 수 있음은 이는 회막에서 일한
너희의 보수임이니라 32 너희가 그 중 아름다운 것을
받들어 드린즉 이로 인하여 죄를 지지 아니할 것이라 너
희는 이스라엘 자손의 성물을 더럽히지 말라 그리하면 죽
지 아니하리라

19:1 여호와께서 모세와 아론에게 일러 가라사대 2
여호와의 명하는 법의 율례를 이제 이르노니 이스
라엘 자손에게 일러서 온전하여 흠이 없고 아직 멍에 메
지 아니한 붉은 암송아지를 네게로 끌어 오게 하고 3 너
는 그것을 제사장 엘르아살에게 줄 것이요 그는 그것을
진 밖으로 끌어 내어서 자기 목전에서 잡게할 것이며 4

the Levites as the product of the threshing floor, and as
the product of the wine vat. 31 'And you may eat it
anywhere, you and your households, for it is your
compensation in return for your service in the tent of meeting.
32 'And you shall bear no sin by reason of it, when
you have offered the best of it. But you shall not profane
the sacred gifts of the sons of Israel, lest you die.'"

19:1 ¶ Then the LORD spoke to Moses and Aaron,
saying, 2 "This is the statute of the law which
the LORD has commanded, saying, 'Speak to the sons
of Israel that they bring you an unblemished red heifer
in which is no defect, and on which a yoke has never
been placed. 3 'And you shall give it to Eleazar the
priest, and it shall be brought outside the camp and be
slaughtered in his presence. 4 'Next Eleazar the priest

불사르게 하고
/그 가죽과 고기와 피와 똥을

6 /동시에
제사장은 — 가져다가
/백향목과 우슬초와 홍색 실을
암송아지를 던질 것이며
/사르는 불 가운데에

7 /제사장은 — 자기의 옷을 빨고
물로 몸을 씻은 후에(상황절, after)
진영에 들어갈 것이라
/그는 — 저녁까지 부정하리라

8 /불사른 자도 — 자기의 옷을 물로 빨고
/송아지를
물로 그 몸을 씻을 것이라
/그도 — 저녁까지 부정하리라

9 /이에
정결한 자가 — 암송아지의 재를 거두어
정한 곳에 둘지니
/진영 밖
/이것은 — 간직하였다가
/이스라엘 자손 회중을 위하여
간직할지니
/부정을 씻는 물을 위해
/그것은 — 속죄제니라

10 /거둔 자도 — 자기의 옷을 빨 것이며
/암송아지의 재를
저녁까지 부정하리라
/이는 — 영원한 율례니라
/거류하는 외인에게
/이스라엘 자손과 그중에

11 /만진 자는 — 이레 동안 부정하리니
/사람의 시체를

12 /그는 — 자신을 정결하게 할 것이라
/셋째 날과 일곱째 날에
/잿물로

//그리하면(결과)

제사장 엘르아살은 손가락에 그 피를 찍고 그 피를 회막
앞을 향하여 일곱 번 뿌리고 5 그 암소를 자기 목전 에
서 불사르게 하되 그 가죽과 고기와 피와 똥을 불사르게
하고 6 동시에 제사장은 백향목과 우슬초와 홍색실을 취
하여 암송아지를 사르는 불 가운데 던질 것이며 7 제사
장은 그 옷을 빨고 물로 몸을 씻은 후에 진에 들어갈 것
이라 그는 저녁까지 부정하리라 8 송아지를 불사른 자도
그 옷을 물로 빨고 물로 그 몸을 씻을 것이라 그도 저녁
까지 부정하리라 9 이에 정한 자가 암송아지의 재를 거
두어 진 밖 정한 곳에 둘지니 이것은 이스라엘 자손 회중
을 위하여 간직하였다가 부정을 깨끗케 하는 물을 만드
는데 쓸 것이니 곧 속죄제니라 10 암송아지의 재를 거
둔 자도 그 옷을 빨 것이며 저녁까지 부정하리라 이는 이
스라엘 자손과 그 중에 우거하는 외인에게 영원한 율례
니라 11 사람의 시체를 만진 자는 칠 일을 부정하리니
12 그는 제삼일과 제칠일에 이 잿물로 스스로 정결케

shall take some of its blood with his finger, and sprinkle
some of its blood toward the front of the tent of meeting
seven times. 5 'Then the heifer shall be burned in his
sight; its hide and its flesh and its blood, with its refuse,
shall be burned. 6 'And the priest shall take cedar wood
and hyssop and scarlet material, and cast it into the midst
of the burning heifer. 7 'The priest shall then wash his
clothes and bathe his body in water, and afterward come
into the camp, but the priest shall be unclean until
evening. 8 'The one who burns it shall also wash his
clothes in water and bathe his body in water, and shall
be unclean until evening. 9 'Now a man who is clean
shall gather up the ashes of the heifer and deposit them
outside the camp in a clean place, and the congregation
of the sons of Israel shall keep it as water to remove impurity;
it is purification from sin. 10 'And the one who gathers
the ashes of the heifer shall wash his clothes and be
unclean until evening; and it shall be a perpetual statute
to the sons of Israel and to the alien who sojourns among
them. 11 ¶ 'The one who touches the corpse of any
person shall be unclean for seven days. 12 'That one
shall purify himself from uncleanness with the water on

//그리하면(결과)
[그가] — 정하려니와

/[만일](אִם)
[그가] — 자신을 정결하게 하지 아니하면(조건절, if)
/셋째 날과 일곱째 날에
[그는] — 그냥 부정하니

13 /누구든지 — 여호와의 성막을 더럽힘이라
/자신을 정결하게 하지 아니하는 자는
/죽은 사람의 시체를 만지고

/그가 — 이스라엘에서 끊어질 것은

//이유: כִּי, because)
[그가] — 그에게 뿌리지 아니하므로
/정결하게 하는 물을
깨끗하게 되지 못하고
그 부정함이 — 그대로 있음이니라

14 /법은 — 이러하니
/장막에서 사람이 죽을 때의
/누구든지 — 이레 동안 부정할 것이며
/그 장막에 들어가는 자와
/그 장막에 있는 자가

15 /그릇은 — 모두 부정하니라
/뚜껑을 열어 놓고 덮지 아니한

16 /누구든지 — 이레 동안 부정하리니
/만졌으면(~자는)
/들에서 칼에 죽은 자나
/시체나
/사람의 뼈나
/무덤을

17 /[그들은] — 불사른 재를 가져다가
/죄를 깨끗하게 하려고
/그 부정한 자를 위하여
그릇에 담고
/흐르는 물과 함께

18 /정결한 자가 — 우슬초를 가져다가
그 물을 찍어

민

할 것이라 그리하면 정하려니와 제삼일과 제칠일에 스스
로 정결케 아니하면 그냥 부정하니 13 누구든지 죽은
사람의 시체를 만지고 스스로 정결케 아니하는 자는 여호
와의 성막을 더럽힘이라 그가 이스라엘에서 끊쳐질 것은
정결케 하는 물을 그에게 뿌리지 아니하므로 깨끗케 되지
못하고그 부정함이 있음이니라 14 장막에서 사람이 죽
을 때의 법은 이러하니 무릇 그 장막에 들어가는 자와 무
릇 그 장막에 있는 자가 칠 일 동안 부정할 것이며 15
무릇 뚜껑을 열어 놓고 덮지 아니한 그릇도 부정하니라
16 누구든지 들에서 칼에 죽이운 자나 시체나 사람의
뼈나 무덤을 만졌으면 칠 일 동안 부정하리니 17 그 부
정한 자를 위하여 죄를 깨끗하게 하려고 불사른 재를 취

the third day and on the seventh day, and then he shall
be clean; but if he does not purify himself on the third
day and on the seventh day, he shall not be clean. 13
'Anyone who touches a corpse, the body of a man who
has died, and does not purify himself, defiles the tabernacle
of the LORD; and that person shall be cut off from
Israel. Because the water for impurity was not sprinkled
on him, he shall be unclean; his uncleanness is still on
him. 14 ¶ 'This is the law when a man dies in a tent:
everyone who comes into the tent and everyone who is
in the tent shall be unclean for seven days. 15 'And
every open vessel, which has no covering tied down on
it, shall be unclean. 16 'Also, anyone who in the open
field touches one who has been slain with a sword or
who has died naturally, or a human bone or a grave,
shall be unclean for seven days. 17 'Then for the unclean
person they shall take some of the ashes of the burnt
purification from sin and flowing water shall be added
to them in a vessel. 18 'And a clean person shall take hyssop
and dip it in the water, and sprinkle it on the tent and

뿌리고
/장막과
그 모든 기구와
거기 있는 사람들에게
/또
만진 자에게 뿌리되
/뼈나
/죽임을 당한 자나
/시체나
/무덤을

19 /정결한 자가 —— 그 부정한 자에게 뿌려서
/그
/셋째 날과 일곱째 날에
그를 정결하게 할 것이며
/일곱째 날에

/그는 —— 자기 옷을 빨고
물로 몸을 씻을 것이라
/[그는] —— 저녁이면 정결하리라

20 /사람이 —— 회중 가운데에서 끊어질 것이니라
/부정하고도
/자신을 정결하게 하지 아니하면

//그러므로(이유: כִּי, because)
[그는] — 여호와의 성소를 더럽힘이니

/그는 —— 뿌림을 받지 아니하였은즉
/정결하게 하는 물로
부정하니라

21 /이는 —— 그들의 영구한 율례니라
/뿌린 자는 자기의 옷을 빨 것이며
/정결하게 하는 물을
/만지는 자는 저녁까지 부정할 것이며
/정결하게 하는 물을
22 /무엇이든지 — 부정할 것이며
/부정한 자가 만진 것은
/만지는 자도 — 저녁까지 부정하리라
/그것을

하여 흐르는 물과 함께 그릇에 담고 **18** 정한 자가 우슬
초를 취하여 그 물을 찍어서 장막과 그 모든 기구와 거기
있는 사람들에게 뿌리고 또 뼈나 죽임을 당한 자나 시체
나 무덤을 만진 자에게 뿌리되 **19** 그 정한 자가 제삼일
과 제칠일에 그 부정한 자에게 뿌려서 제칠일에 그를 정
결케 할 것이며 그는 자기 옷을 빨고 물로 몸을 씻을 것
이라 저녁이면 정하리라 **20** 사람이 부정하고도 스스로
정결케 아니하면 여호와의 성소를 더럽힘이니 그러므로
총회 중에서 끊쳐질 것이니라 그는 정결케 하는 물로 뿌
리움을 받지 아니하였은즉 부정하니라 **21** 이는 그들의
영영한 율례니라 정결케 하는 물을 뿌린 자는 그 옷을 빨
것이며 정결케 하는 물을 만지는 자는 저녁까지 부정할
것이며 **22** 부정한 자가 만진 것은 무엇이든지 부정할
것이며 그것을 만지는 자도 저녁까지 부정하리라

on all the furnishings and on the persons who were there,
and on the one who touched the bone or the one slain
or the one dying naturally or the grave. **19** 'Then the
clean person shall sprinkle on the unclean on the third
day and on the seventh day; and on the seventh day he
shall purify him from uncleanness, and he shall wash
his clothes and bathe himself in water and shall be clean
by evening. **20** ¶ 'But the man who is unclean and
does not purify himself from uncleanness, that person
shall be cut off from the midst of the assembly, because
he has defiled the sanctuary of the LORD; the water for
impurity has not been sprinkled on him, he is unclean.
21 'So it shall be a perpetual statute for them. And he
who sprinkles the water for impurity shall wash his
clothes, and he who touches the water for impurity shall
be unclean until evening. **22** 'Furthermore, anything
that the unclean person touches shall be unclean; and
the person who touches it shall be unclean until evening.'"

20

1 이스라엘 자손 —— 신 광야에 **이르러**
/곧 /첫째 달에
온 회중이

백성이 가데스에 **이르더니**

미리암이 거기서 **죽으매**
거기에 **장사되니라**

2 회중이 물이 **없으므로**
모세와 아론에게로 **모여드니라**

3 백성이 모세와 **다투어**
말하여 **이르되**
/[만일](לוּ)
우리도 ——— 죽었더라면(조건절, if)
/우리 형제들이 여호와 앞에서 죽을 때에
<우리가 ——— 좋을 뻔하였도다>
4 /너희가 ——— 어찌하여 이 광야로 **인도하여...하느냐**
/여호와의 회중을

//(목적: ל, to)
다 여기서 죽게
/우리와 우리 짐승이(을)

5 /너희가 ——— 어찌하여 **인도하였느냐?**
/우리를
/애굽에서 나오게 (하여)
/이 나쁜 곳으로
/이 곳에는
/파종할 곳이 없고
/무화과도 없고
/포도도 없고
/석류도 없고
/마실 물도 없도다

6 모세와 —┐
아론이 ——┘—— 회중 앞을 **떠나**
회막 문에 **〈이르러〉**
엎드리매

영광이 그들에게 **나타나며**
/여호와의

20:1 정월에 이스라엘 자손 곧 온 회중이 신 광야
에 이르러서 백성이 가데스에 거하더니 미리암이
거기서 죽으매 거기 장사하니라 **2** 회중이 물이 없으므로
모여서 모세와 아론을 공박하니라 **3** 백성이 모세와 다투
어 말하여 가로되 우리 형제들이 여호와 앞에서 죽을 때
에 우리도 죽었더면 좋을 뻔하였도다 **4** 너희가 어찌하여
여호와의 총회를 이 광야로 인도하여 올려서 우리와 우리
짐승으로 다 여기서 죽게 하느냐 **5** 너희가 어찌하여 우
리를 애굽에서 나오게 하여 이 악한 곳으로 인도하였느냐
이 곳에는 파종할 곳이 없고 무화과도 없고 포도도 없고
석류도 없고 마실 물도 없도다 **6** 모세와 아론이 총회 앞
을 떠나 회막 문에 이르러 엎드리매 여호와의 영광이 그

20:1 ¶ Then the sons of Israel, the whole congregation,
came to the wilderness of Zin in the first month;
and the people stayed at Kadesh. Now Miriam died there
and was buried there. **2** ¶ And there was no water for
the congregation; and they assembled themselves against
Moses and Aaron. **3** The people thus contended with
Moses and spoke, saying, "If only we had perished when
our brothers perished before the LORD! **4** "Why then
have you brought the LORD's assembly into this wilderness,
for us and our beasts to die here? **5** "And why have
you made us come up from Egypt, to bring us in to this
wretched place? It is not a place of grain or figs or vines
or pomegranates, nor is there water to drink." **6** Then Moses
and Aaron came in from the presence of the assembly
to the doorway of the tent of meeting, and fell on their
faces. Then the glory of the LORD appeared to them;

민

7 여호와께서 모세에게 **말씀하여 이르시되**
8 /[너는] — 지팡이를 가지고
— 회중을 모으고
/네 형 아론과 함께
/너희는 — 반석에게 **명령하여**...하라
/물을 내라
/그들의 목전에서
//(결과)
네가 — 그 반석이 물을 내게 하여
마시게 할지니라
/회중과 그들의 짐승에게

9 모세가 지팡이를 **잡으니라**
/그 명령대로
/여호와 앞에서

10 모세와
아론이 — 회중을 **모으고**
/그 반석 앞에

모세가 그들에게 **이르되**...하고
/너희여 — 들으라
/반역한
/우리가 — 물을 내랴
/너희를 위하여
/이 반석에서

11 모세가 그의 손을 **들어**
반석을 두 번 **치니**
/그의 지팡이로

물이 많이 **솟아나오므로**

회중과
짐승이 — **마시니라**
/그들의

12 여호와께서 모세와 아론에게 **이르시되** ...하시니라
/너희가 — 나를 믿지 아니하고
/내 거룩함을 나타내지 아니한(고로)
/이스라엘 자손의 목전에서
//(결과)
▼

들에게 나타나며 7 여호와께서 모세에게 일러 가라사대
8 지팡이를 가지고 네 형 아론과 함께 회중을 모으고 그
들의 목전에서 너희는 반석에게 명하여 물을 내라 하라
네가 그 반석으로 물을 내게 하여 회중과 그들의 짐승에
게 마시울지니라 9 모세가 그 명대로 여호와의 앞에서
지팡이를 취하니라 10 모세와 아론이 총회를 그 반석
앞에 모으고 모세가 그들에게 이르되 패역한 너희여 들
으라 우리가 너희를 위하여 이 반석에서 물을 내랴 하고
11 그 손을 들어 그 지팡이로 반석을 두 번 치매 물이
많이 솟아나오므로 회중과 그들의 짐승이 마시니라 12
여호와께서 모세와 아론에게 이르시되 너희가 나를 믿지
아니하고 이스라엘 자손의 목전에 나의 거룩함을 나타내
지 아니한 고로 너희는 이 총회를 내가 그들에게 준 땅으
로 인도하여 들이지 못 하리라 하시니라 13 이스라엘

7 and the LORD spoke to Moses, saying, 8 "Take the
rod; and you and your brother Aaron assemble the congregation and speak to the rock before their eyes, that it may yield its water. You shall thus bring forth water for them out of the rock and let the congregation and their beasts drink."
9 So Moses took the rod from before the LORD, just as He had commanded him;
10 and Moses and Aaron gathered the assembly before the rock. And he said to them, "Listen now, you rebels; shall we bring forth water for you out of this rock?"
11 Then Moses lifted up his hand and struck the rock twice with his rod; and water came forth abundantly, and the congregation and their beasts drank.
12 But the LORD said to Moses and Aaron, "Because you have not believed Me, to treat Me as holy in the sight of the sons of Israel, therefore you shall not bring this assembly into the land which I have given them."
13 Those were the waters of Meribah, because the sons of Israel contended with

//(결과)
너희는 ── 이 회중을 인도하여 들이지 못하리라
/내가 그들에게 준 땅으로

13 이를(는) **므리바 물이라 하니라**

//(이유: because)
자손이 ── 여호와와 다투었으므로
/이스라엘

여호와께서 그 거룩함을 **나타내셨더라**
/그들 중에서

14 모세가 사신을 **보내며 이르되**
/가데스에서
/에돔 왕에게
/이스라엘의(이) ── 말에(말했다)
/당신의 형제
/당신도 ── 아시거니와
/우리가 당한 모든 고난을
15 /조상들이 ── 애굽으로 내려갔으므로
/우리
/우리가 ── 애굽에 오래 거주하였더니
/애굽인이 ── 학대하였으므로
/우리 조상들과 우리를
16 /우리가 ── 여호와께 부르짖었더니
/[그가] ── 우리 소리를 들으시고
── 천사를 보내사
── 우리를 인도하여 내셨나이다
/애굽에서
/이제
우리가 ── 가데스에 있사오니
/당신의 변방 모퉁이 한 성읍
17 /청하건대
/[당신은] ── 우리에게 지나가게 하소서
/당신의 땅을
/우리가 ── 지나가지 아니하고
/밭으로나 포도원으로
── 우물물도 마시지 아니하고
── 왕의 큰길로만 지나가고
── 치우치지 아니하리이다
/당신의 지경에서 나가기까지
/왼쪽으로나 오른쪽으로나
(한다고 하라 하였더니)

민

자손이 여호와와 다투었으므로 이를 므리바 물이라 하니
라 여호와께서 그들 중에서 그 거룩함을 나타내셨더라
14 모세가 가데스에서 에돔 왕에게 사자를 보내며 이르
되 당신의 형제 이스라엘의 말에 우리의 당한 모든 고난
을 당신도 아시거니와 15 우리 열조가 애굽으로 내려갔
으므로 우리가 애굽에 오래 거하였더니 애굽 인이 우리
열조와 우리를 학대하였으므로 16 우리가 여호와께 부
르짖었더니 우리 소리를 들으시고 천사를 보내사 우리를
애굽에서 인도하여 내셨나이다 이제 우리가 당신의 변방
모퉁이 한 성읍 가데스에 있사오니 17 청컨대 우리로
당신의 땅을 통과하게 하소서 우리가 밭으로나 포도원으
로나 통과하지 아니하고 우물물도 공히 마시지 아니하고
우리가 왕의 대로로만 통과하고 당신의 지경에서 나가기
까지 좌편으로나 우편으로 치우치지 아니하리이다 한다

the LORD, and He proved Himself holy among them.
14 ¶ From Kadesh Moses then sent messengers to
the king of Edom: "Thus your brother Israel has said, 'You
know all the hardship that has befallen us; 15 that
our fathers went down to Egypt, and we stayed in
Egypt a long time, and the Egyptians treated us and
our fathers badly. 16 'But when we cried out to the LORD,
He heard our voice and sent an angel and brought us
out from Egypt; now behold, we are at Kadesh, a town
on the edge of your territory. 17 'Please let us pass through
your land. We shall not pass through field or through
vineyard; we shall not even drink water from a well.
We shall go along the king's highway, not turning to
the right or left, until we pass through your territory.'"
18 Edom, however, said to him, "You shall not pass
through us, lest I come out with the sword against

18 에돔 왕이 **대답하되**
/너는 —— 지나가지 못하리라
/우리 가운데로

//(결과: 그렇지 않으면)
내가 —— 너를 대적할까 하노라
/칼을 들고 나아가

19 자손이 **이르되**
/이스라엘
/우리가 —— 큰길로만 지나가겠고
/[만일](אִם)
우리나 ┐
짐승이 ┘—— 당신의 물을 마시면(조건절, if)
/우리
[우리는] —— 그 값을 낼 것이라
우리가 —— 도보로 지나갈 뿐인즉
아무 일도 —— 없으리이다 (하나)

20 그는 **이르되**
/너는 —— 지나가지 못하리라 (하고)

에돔 왕이 많은 백성을 거느리고 **나와서**

//(목적: לְ, to)
강한 손으로 막으니

21 에돔 왕이 이같이 **용납하지 아니하므로**
/이스라엘이 그의 영토로 지나감을

이스라엘이 그들에게서 **돌이키니라**

22 자손이 가데스를 **떠나**
/이스라엘
/곧 온 회중이

호르 산에 **이르렀더니**

23 여호와께서 모세와 아론에게 **말씀하시니라**
/에돔 땅 변경 호르 산에서
/이르시되
24 /아론은 ┬ 그 조상들에게로 돌아가고
└ 땅에는 들어가지 못하리니
/내가 이스라엘 자손에게 준

//이는(이유: עַל, *because*)

하라 하였더니 **18** 에돔 왕이 대답하되 너는 우리 가운데로 통과하지 못하리라 내가 나가서 칼로 너를 맞을까 염려하라 **19** 이스라엘 자손이 이르되 우리가 대로로 통과하겠고 우리나 우리 짐승이 당신의 물을 마시면 그 값을 줄 것이라 우리가 도보로 통과할 뿐인즉 아무 일도 없으리이다 하나 **20** 그는 가로되 너는 지나가지 못하리라 하고 에돔 왕이 많은 백성을 거느리고 나와서 강한 손으로 막으니 **21** 에돔 왕이 이같이 이스라엘의 그 경내로 통과함을 용납지 아니하므로 이스라엘이 그들에게서 돌이키니라 **22** 이스라엘 자손 곧 온 회중이 가데스에서 진행하여 호르 산에 이르렀더니 **23** 여호와께서 에돔 땅 변경 호르 산에서 모세와 아론에게 말씀하시니라 가라사대 **24** 아론은 그 열조에게로 돌아가고 내가 이스라엘 자손에게 준 땅에는 들어가지 못하리니 이는 너희가 므리바 물에서 내 말을 거역한 연고니라 **25** 너는 아론과 그 아들 엘르아살을 데리고 호르 산에 올라 **26** 아론의

you." **19** Again, the sons of Israel said to him, "We shall go up by the highway, and if I and my livestock do drink any of your water, then I will pay its price. Let me only pass through on my feet, nothing else." **20** But he said, "You shall not pass through." And Edom came out against him with a heavy force, and with a strong hand. **21** Thus Edom refused to allow Israel to pass through his territory; so Israel turned away from him. **22** ¶ Now when they set out from Kadesh, the sons of Israel, the whole congregation, came to Mount Hor. **23** Then the LORD spoke to Moses and Aaron at Mount Hor by the border of the land of Edom, saying, **24** "Aaron shall be gathered to his people; for he shall not enter the land which I have given to

//이는(이유: עַל, because)
너희가 — 내 말을 거역한 까닭이니라
/므리바 물에서

25 /너는 — 호르 산에 올라
/아론과 그의 아들 엘르아살을 데리고
26 — 아론의 옷을 벗겨
엘르아살에게 입히라
/그의 아들
/아론은 — 거기서 죽어
그 조상에게로 돌아가리라

27 모세가 호르 산에 **오르니라**
/여호와의 명령을 따라
/그들과 함께
/회중의 목전에서

28 모세가 아론의 옷을 **벗겨**
엘르아살에게 **입히매**
/그의 아들

아론이 그 산 꼭대기에서 **죽으니라**
모세와
엘르아살이 — 산에서 **내려오니**

29 온 회중(이) 아론이 죽은 것을 **보고**
/곧
이스라엘 온 족속이

삼십 일 동안 **애곡하였더라**
/그를 위하여

21

1 아랏의 왕이 이스라엘이 아다림 길로 온다 함을 **듣고**
/곧 가나안 사람
/네겝에 거주하는

이스라엘을 **쳐서**
그 중 몇 사람을 **사로잡은지라**

옷을 벗겨 그 아들 엘르아살에게 입히라 아론은 거기서
죽어 그 열조에게로 돌아가리라 27 모세가 여호와의 명
을 좇아 그들과 함께 회중의 목전에서 호르 산에 오르니
라 28 모세가 아론의 옷을 벗겨 그 아들 엘르아살에게
입히매 아론이 그 산꼭대기에서 죽으니라 모세와 엘르아
살이 산에서 내려오니 29 온 회중 곧 이스라엘 온 족속
이 아론의 죽은 것을 보고 위하여 삼십 일을 애곡하였더라
21:1 남방에 거하는 가나안 사람 곧 아랏의 왕이
이스라엘이 아다림 길로 온다 함을 듣고 이스라
엘을 쳐서 그 중 몇 사람을 사로잡은지라

the sons of Israel, because you rebelled against My
command at the waters of Meribah. 25 "Take Aaron
and his son Eleazar, and bring them up to Mount Hor;
26 and strip Aaron of his garments and put them on
his son Eleazar. So Aaron will be gathered to his
people, and will die there." 27 So Moses did just as
the LORD had commanded, and they went up to Mount
Hor in the sight of all the congregation. 28 And after
Moses had stripped Aaron of his garments and put
them on his son Eleazar, Aaron died there on the mountain
top. Then Moses and Eleazar came down from the
mountain. 29 And when all the congregation saw that
Aaron had died, all the house of Israel wept for Aaron
thirty days.
21:1 ¶ When the Canaanite, the king of Arad, who
lived in the Negev, heard that Israel was coming
by the way of Atharim, then he fought against Israel,
and took some of them captive.

민

2 이스라엘이 여호와께 서원하여 **이르되**
/만일(אִם)
주께서 —— 이 백성을 넘기시면(조건절, if)
/내 손에
내가 —— 다 멸하리이다
/그들의 성읍을

3 여호와께서 목소리를 **들으시고**
/이스라엘의
가나안 사람을 **넘기시매**
/그들의 손에

[그들이] 다 **멸하니라**
/그들과
그들의 성읍을

그러므로
이름을(이) 호르마라 **하였더라**[28)]
/그 곳

4 백성이 호르 산에서 **출발하여**
/홍해 길을 따라

//(목적: ל, to)
에돔 땅을 우회하려(하였다가)

마음이 **상하니라**
/백성의 /길로 말미암아

5 백성이 **원망하되**
/하나님과
모세를 향하여
/어찌하여(why)
[당신은] —— 우리를 인도해 내어. . . 는가?
/애굽에서

//(목적: ל, to)
이 광야에서 죽게 해[기 위하여]

7 //(이유: כִּי, for)
이 곳에는 ┬ 먹을 것도 없고
└ 물도 없도다

/마음이 —— 이 하찮은 음식을 싫어하노라 하매
/우리

28) 이름이---불려졌다

2 이스라엘이 여호와께 서원하여 가로되 주께서 만일
이 백성을 내 손에붙이시면 내가 그들의 성읍을 다 멸하
리이다 **3** 여호와께서 이스라엘의 소리를 들으시고 가나
안 사람을 붙이시매 그들과 그 성읍을 다 멸하니라 그러
므로 그 곳 이름을 호르마라 하였더라 **4** 백성이 호르 산
에서 진행하여 홍해 길로 좇아 에돔 땅을 둘러 행하려 하
였다가 길로 인하여 백성의 마음이 상하니라 **5** 백성이
하나님과 모세를 향하여 원망하되 어찌하여 우리를 애굽
에서 인도하여 올려서 이 광야에서 죽게 하는고 이 곳에
는 식물도 없고 물도 없도다 우리 마음이 이 박한 식물을
싫어하노라 하매 **6** 여호와께서 불뱀들을 백성 중에 보내
어 백성을 물게 하시므로 이스라엘 백성 중에 죽은 자가

2 So Israel made a vow to the LORD, and said, "If
Thou wilt indeed deliver this people into my hand, then
I will utterly destroy their cities." **3** And the LORD
heard the voice of Israel, and delivered up the Canaanites;
then they utterly destroyed them and their cities. Thus
the name of the place was called Hormah. **4** ¶ Then
they set out from Mount Hor by the way of the Red
Sea, to go around the land of Edom; and the people
became impatient because of the journey. **5** And the
people spoke against God and Moses, "Why have you
brought us up out of Egypt to die in the wilderness?
For there is no food and no water, and we loathe this miserable
food." **6** And the LORD sent fiery serpents among the people
and they bit the people, so that many people of Israel
died. **7** So the people came to Moses and said, "We
have sinned, because we have spoken against the LORD

6 여호와께서 불뱀들을 **보내어**
/백성 중에
백성을 **물게 하시므로**

죽은 자가 **많은지라**
/이스라엘 백성 중에

7 백성이 모세에게 **이르러 말하되**
/우리가 — 범죄하였사오니

//(이유: כִּי, because)
[우리가] — 원망함으로
/여호와와 당신을 향하여

/[당신은] — 여호와께 기도하여... 하소서

//(목적: that...may)
이 뱀들을(이) — 우리에게서 떠나게

모세가 백성을 위하여 **기도하매**

8 여호와께서 모세에게 **이르시되**
/[너는] — 불뱀을 만들어
└ 장대 위에 매달아라

//(결과)
물린 자마다 그것을 보면(상황절, when)
[그가] — 살리라

9 모세가 놋뱀을 **만들어**
장대 위에 **다니**

물린 자가 놋뱀을 쳐다본즉(상황절, when)
/뱀에게
모두[가] **살더라**

10 자손이 그 곳을 **떠나**
/이스라엘
오봇에 **진을 쳤고**

11 오봇을 **떠나**
이예아바림에 **진을 쳤고**
/모압 앞쪽
/해 돋는 쪽 광야
12 거기를 **떠나**
세렛 골짜기에 **진을 쳤고**

민

많은지라 7 백성이 모세에게 이르러 가로되 우리가 여호
와와 당신을 향하여 원망하므로 범죄하였사오니 여호와
께 기도하여 이 뱀들을 우리에게서 떠나게 하소서 모세가
백성을 위하여 기도하매 8 여호와께서 모세에게 이르시
되 불뱀을 만들어 장대 위에 달라 물린 자마다 그것을 보
면 살리라 9 모세가 놋뱀을 만들어 장대 위에 다니 뱀에
게 물린 자마다 놋뱀을 쳐다 본즉 살더라 10 이스라엘
자손이 진행하여 오봇에 진 쳤고 11 오봇에서 진행하
여 모압 앞 해 돋는 편 광야 이예아바림에 진 쳤고 12
거기서 진행하여 세렛 골짜기에 진 쳤고 13 거기서 진

and you; intercede with the LORD, that He may remove
the serpents from us." And Moses interceded for the
people. 8 Then the LORD said to Moses, "Make a
fiery serpent, and set it on a standard; and it shall come
about, that everyone who is bitten, when he looks at it,
he shall live." 9 And Moses made a bronze serpent and
set it on the standard; and it came about, that if a serpent
bit any man, when he looked to the bronze serpent, he
lived. 10 Now the sons of Israel moved out and camped
in Oboth. 11 And they journeyed from Oboth, and
camped at Iyeabarim, in the wilderness which is opposite
Moab, to the east. 12 From there they set out and

민

13 거기를 **떠나**
진을 **쳤으니**
/아모리인의 영토에서 흘러 나와서
/아르논 강 건너편에
/광야에 이른
/아르논은 — 모압의 경계가 된 곳이라
/모압과 아모리 사이에서

14 이러므로
[그것이] 여호와의 전쟁기에 **일렀으되**
/수바의 와헙과
아르논 골짜기와
15 골짜기의 비탈은 — 기울어지고
/모든 /아르 고을을 향하여
닿았도다 (하였더라)
/모압의 경계에

16 [그들이] 거기서 브엘에 **이르니**
/브엘은 — 우물이라
/여호와께서 — 명령하시기를...하시던
/모세에게
/백성을 모으라
/내가 —물을 주리라
/그들에게

17 이스라엘이 노래하여 **이르되**
/그 때에
/우물물아!
[너희는] — 솟아나라
/너희는 — 그것을 노래하라
18 /이 우물은 – 지휘관들이 팠고
/귀인들이 — 판 것이로다 (하였더라)
/백성의 /규와 지팡이로

그들은 맛다나에 **이르렀고**
/광야에서

19 나할리엘에 **이르렀고**
/맛다나에서
바못에 **이르렀고**
/나할리엘에서
20 골짜기에 **이르러**
/바못에서 모압 들에 있는
비스가 산 꼭대기에 **이르렀더라**
/광야가 내려다 보이는

행하여 아모리인의 지경에서 흘러 나와서 광야에 이른 아르논 건너편에 진 쳤으니 아르논은 모압과 아모리 사이에서 모압의 경계가 된 것이라 **14** 이러므로 여호와의 전쟁기에 일렀으되 수바의 와헙과 아르논 골짜기와 **15** 모든 골짜기의 비탈은 아르 고을을 향하여 기울어지고 모압의 경계에 닿았도다 하였더라 **16** 거기서 브엘에 이르니 브엘은 여호와께서 모세에게 명하시기를 백성을 모으라 내가 그들에게 물을 주리라 하시던 우물이라 **17** 그 때에 이스라엘이 노래하여 가로되 우물 물아 솟아나라 너희는 그것을 노래하라 **18** 이 우물은 족장들이 팠고 백성의 귀인들이 홀과 지팡이로 판 것이로다 하였더라 광야에서 맛다나에 이르렀고 **19** 맛다나에서 나할리엘에 이르

camped in Wadi Zered. **13** From there they journeyed and camped on the other side of the Arnon, which is in the wilderness that comes out of the border of the Amorites, for the Arnon is the border of Moab, between Moab and the Amorites. **14** Therefore it is said in the Book of the Wars of the LORD, "Waheb in Suphah, And the wadis of the Arnon, **15** And the slope of the wadis That extends to the site of Ar, And leans to the border of Moab." **16** And from there they continued to Beer, that is the well where the LORD said to Moses, "Assemble the people, that I may give them water." **17** Then Israel sang this song: "Spring up, O well! Sing to it! **18** "The well, which the leaders sank, Which the nobles of the people dug, With the scepter and with their staffs." And from the wilderness they continued to

21 이스라엘이 사신을 **보내어 이르되**
/아모리 왕 시혼에게
22 /우리에게[가] — 당신의 땅을 지나가게 하소서
/우리가 — 들어가지 아니하며
/밭에든지 포도원에든지
— 우물물도 마시지 아니하고
— 왕의 큰길로만 지나가리이다 (하나)
/당신의 지경에서 다 나가기까지

23 시혼이 **용납하지 아니하고**
/이스라엘이 자기 영토로 지나감을
그의 백성을 다 **모아**
광야로 **나와서**

//(목적: ל, to)
이스라엘을 치러

야하스에 **이르러**
이스라엘을 **치므로**

24 이스라엘이 칼날로 그들을 **쳐서**
무찌르고
그 땅을 **점령하여**
/아르논에서부터 얍복까지
/암몬 자손에게까지 (미치니)

경계는 **견고하더라**
/암몬 자손의

25 이스라엘이 그 모든 성읍을 **빼앗고**
/이같이
거주하였으니
/그 모든 촌락에
/헤스본과
/그 아모리인의 모든 성읍
26 /헤스본은 — 시혼의 도성이라
/아모리인의 왕
/시혼이 — 그 전 모압 왕을 치고
— 그의 모든 땅을 빼앗았더라
/아르논까지
/그의 손에서

민

렀고 나할리엘에서 바못에 이르렀고 **20** 바못에서 모압
들에 있는 골짜기에 이르러 광야가 내려다 보이는 비스
가 산 꼭대기에 이르렀더라 **21** 이스라엘이 아모리 왕
시혼에게 사자를 보내어 가로되 **22** 우리로 당신의 땅
을 통과하게 하소서 우리가 밭에든지 포도원에든지 들어
가지 아니하며 우물 물도 공히 마시지 아니하고 우리가
당신의 지경에서 다 나가기까지 왕의 대로로만 통행하리
이다 하나 **23** 시혼이 자기 지경으로 이스라엘의 통과함
을 용납하지 아니하고 그 백성을 다 모아 이스라엘을 치
러 광야로 나와서 야하스에 이르러 이스라엘을 치므로
24 이스라엘이 칼날로 그들을 쳐서 파하고 그 땅을 아
르논부터 얍복까지 점령하여 암몬 자손에게까지 미치니
암몬 자손의 경계는 견고하더라 **25** 이스라엘이 이같이
그 모든 성읍을 취하고 그 아모리 인의 모든 성읍 헤스본
과 그 모든 촌락에 거하였으니 **26** 헤스본은 아모리인의
왕 시혼의 도성이라 시혼이 모압 전왕(前王)을 치고 그

Mattanah, **19** and from Mattanah to Nahaliel, and from
Nahaliel to Bamoth, **20** and from Bamoth to the valley
that is in the land of Moab, at the top of Pisgah which
overlooks the wasteland. **21** Then Israel sent messengers
to Sihon, king of the Amorites, saying, **22** "Let me
pass through your land. We will not turn off into field
or vineyard; we will not drink water from wells. We
will go by the king's highway until we have passed
through your border." **23** But Sihon would not permit Israel
to pass through his border. So Sihon gathered all his
people and went out against Israel in the wilderness, and
came to Jahaz and fought against Israel. **24** Then Israel
struck him with the edge of the sword, and took possession
of his land from the Arnon to the Jabbok, as far as the
sons of Ammon; for the border of the sons of Ammon
was Jazer. **25** And Israel took all these cities and Israel
lived in all the cities of the Amorites, in Heshbon, and
in all her villages. **26** For Heshbon was the city of
Sihon, king of the Amorites, who had fought against the
former king of Moab and had taken all his land out of

27 그러므로(עַל־כֵּן)
시인이 **읊어 이르되**
/너희는 ― 헤스본으로 올지어다
시혼의 성을 세워
견고히 할지어다
28 /불이 ― 헤스본에서 나오며
/화염이 ― 시혼의 성에서 나와서
모압의 아르를 삼키며
주인을 멸하였도다
/아르논 높은 곳의
29 /모압아!
네가 ― 화를 당하였도다

/그모스의 백성아!
네가 ― 멸망하였도다
/그가 ― 그의 아들들을 도망하게 하였고
그의 딸들을 포로가 되게 하였도다
/아모리인의 왕 시혼의
30 /우리가 ― 그들을 쏘아서
헤스본을 디본까지 멸하였고
황폐하게 하였도다 (하였더라)
/메드바에 가까운 노바까지

31 이스라엘이 아모리인의 땅에 **거주하였더니**
32 또
모세가 사람을 **보내어**

//(목적: לְ, to)
야셀을 정탐하게 하고

그 촌락들을 **빼앗고**
아모리인을 **몰아 내었더라**
/그 곳에 있던

33 그들이 **돌이켜**
바산 길로 **올라가매**

바산 왕 옥이 그의 백성을 다 **거느리고 나와서**

//(목적: לְ, to)
그들을 맞아
싸우려 하는지라
/에드레이에서

모든 땅을 이르논까지 그 손에서 탈취하였었더라 **27** 그
러므로 시인이 읊어 가로되 너희는 헤스본으로 올지어다
시혼의 성을 세워 견고히 할지어다 **28** 헤스본의 불이
나오며 시혼의 성에서 화염이 나와서 모압의 아르를 삼키
며 아르논 높은 곳의 주인을 멸하였도다 **29** 모압아 네
가 화를 당하였도다 그모스의 백성아 네가 멸망하였도다
그가 그 아들들로 도망케 하였고 그 딸들로 아모리 인의
왕 시혼의 포로가 되게 하였도다 **30** 우리가 그들을 쏘
아서 헤스본을 디본까지 멸하였고 메드바에 가까운 노바
까지 황폐케 하였도다 하였더라 **31** 이스라엘이 아모리
인의 땅에 거하였더니 **32** 모세가 또 보내어 야셀을 정
탐케 하고 그 촌락들을 취하고 그 곳에 있던 아모리 인을
몰아내었더라 **33** 돌이켜 바산 길로 올라가매 바산 왕
옥이 그 백성을 다 거느리고 나와서 그들을 맞아 에드레

his hand, as far as the Arnon. **27** Therefore those who
use proverbs say, "Come to Heshbon! Let it be built!
So let the city of Sihon be established. **28** "For a fire
went forth from Heshbon, A flame from the town of
Sihon; It devoured Ar of Moab, The dominant heights
of the Arnon. **29** "Woe to you, O Moab! You are
ruined, O people of Chemosh! He has given his sons as
fugitives, And his daughters into captivity, To an Amorite
king, Sihon. **30** "But we have cast them down, Heshbon
is ruined as far as Dibon, Then we have laid waste even
to Nophah, Which reaches to Medeba." **31** Thus Israel lived
in the land of the Amorites. **32** And Moses sent to spy
out Jazer, and they captured its villages and dispossessed
the Amorites who were there. **33** ¶ Then they turned
and went up by the way of Bashan, and Og the king of
Bashan went out with all his people, for battle at Edrei.

34 여호와께서 모세에게 **이르시되**
/[너는] —— 그를 두려워하지 말라

//(이유: כִּי, for)
내가 —— 네 손에 넘겼나니
/그와
그의 백성과
그의 땅을

/너는 —— 그에게도 행할지니라
/아모리인의 왕 시혼에게 행한 것 같이
/헤스본에 거주하던

35 이에
[그들이] 다 **쳐서**
/그와
그의 아들들과
그의 백성을
/한 사람도 남기지 아니하고
그의 땅을 **점령하였더라**

22

1 또
자손이 길을 **떠나**
/이스라엘
모압 평지에 **진을 쳤으니**
/요단 건너편
/곧 여리고 맞은편이더라

2 발락이 모든 일을 **보았으므로**
/십볼의 아들 /이스라엘이 아모리인에게 행한

3 모압이 심히 **두려워하였으니**

//(이유: כִּי, for)
이스라엘 백성이 많음으로 말미암아

모압이 **번민하더라**
/이스라엘 자손 때문에

4 [모압이] 미디안 장로들에게 **이르되...**하니
/이제
이 무리가 —— 다 뜯어먹으리로다
/우리 사방에 있는 것을
/소가 밭의 풀을 뜯어먹음 같이

이에서 싸우려 하는지라 **34** 여호와께서 모세에게 이르
시되 그를 두려워 말라 내가 그와 그 백성과 그 땅을 네
손에 붙였나니 너는 헤스본에 거하던 아모리 인의 왕 시
혼에게 행한 것같이 그에게도 행할지니라 **35** 이에 그와
그 아들들과 그 백성을 다 쳐서 한 사람도 남기지 아니하
고 그 땅을 점령하였더라

22:**1** 이스라엘 자손이 또 진행하여 모압 평지에 진
쳤으니 요단 건너편 곧 여리고 맞은편이더라 **2**
십볼의 아들 발락이 이스라엘이 아모리인에게 행한 모든
일을 보았으므로 **3** 모압이 심히 두려워하였으니 이스라
엘 백성의 많음을 인함이라 모압이 이스라엘 자손의 연
고로 번민하여 **4** 미디안 장로들에게 이르되 이제 이 무

34 But the LORD said to Moses, "Do not fear him,
for I have given him into your hand, and all his people
and his land; and you shall do to him as you did to
Sihon, king of the Amorites, who lived at Heshbon."
35 So they killed him and his sons and all his people,
until there was no remnant left him; and they possessed
his land.

22:**1** ¶ Then the sons of Israel journeyed, and camped
in the plains of Moab beyond the Jordan opposite
Jericho. **2** ¶ Now Balak the son of Zippor saw all that
Israel had done to the Amorites. **3** So Moab was in
great fear because of the people, for they were numerous;
and Moab was in dread of the sons of Israel. **4** And
Moab said to the elders of Midian, "Now this horde

민

그 때에
발락이 모압 **왕이었더라**
/십볼의 아들

5 그가 사신을 **보내어**
/브올의 아들 발람(에게)
/강 가 브돌에
/[그의 백성의 아들]의 고향인

//(목적: ל, to)
발람을 부르게 하여

이르되
/보라
한 민족이 — 애굽에서 나왔는데
그들이 — 지면에 덮여서
— 우리 맞은편에 거주하였고
6 /청하건대
[너는] — 와서
— 이 백성을 저주하라
/나를 위하여

//(이유: כִּי, for)
[그들은] — 우리보다 강하니

//(결과)
내가 — 혹 그들을 쳐서 이겨
— 이 땅에서 몰아내리라

/내가 — 앎이니라
/그대가 복을 비는 자는 복을 받고
/저주하는 자는 저주를 받을 줄을

7 장로들과
/모압
장로들이 — 손에 복채를 **가지고 떠나**
/미디안

발람에게 **이르러**
그에게 **전하매**
/발락의 말을

8 발람이 그들에게 **이르되**
/[너희는] — 여기서 유숙하라
/이 밤에
/[내가] — 너희에게 대답하리라
/여호와께서 내게 이르시는 대로

리가 소가 밭의 풀을 뜯어 먹음같이 우리 사면에 있는
것을 다 뜯어 먹으리로다 하니 때에 십볼의 아들 발락이
모압 왕이었더라 5 그가 사자를 브올의 아들 발람의 본
향 강변 브돌에 보내어 발람을 부르게 하여 가로되 보라
한 민족이 애굽에서 나왔는데 그들이 지면에 덮여서 우리
맞은편에 거하였고 6 우리보다 강하니 청컨대 와서 나
를 위하여 이 백성을 저주하라 내가 혹 쳐서 이기어 이
땅에서 몰아내리라 그대가 복을 비는 자는 복을 받고 저
주하는 저주를 받을 줄을 내가 앎이니라 7 모압 장로들
과 미디안 장로들이 손에 복술의 예물을 가지고 떠나 발
람에게 이르러 발락의 말로 그에게 고하매 8 발람이 그
들에게 이르되 이 밤에 여기서 유숙하라 여호와께서 내게

will lick up all that is around us, as the ox licks up the
grass of the field." And Balak the son of Zippor was
king of Moab at that time. 5 So he sent messengers to
Balaam the son of Beor, at Pethor, which is near the
River, in the land of the sons of his people, to call him,
saying, "Behold, a people came out of Egypt; behold,
they cover the surface of the land, and they are living opposite
me. 6 "Now, therefore, please come, curse this people
for me since they are too mighty for me; perhaps I may
be able to defeat them and drive them out of the land.
For I know that he whom you bless is blessed, and he
whom you curse is cursed." 7 ¶ So the elders of Moab
and the elders of Midian departed with the fees for divination

귀족들이 발람에게서 **유숙하니라**
/모압

9 하나님이 발람에게 **임하여**
말씀하시되
/이 사람들이 —— 누구냐?
/너와 함께 있는

10 발람이 하나님께 **아뢰되**
/발락이 —— 내게 보낸 자들이니이다
/모압 왕 십볼의 아들
/<그가> —— [내게] 〈이르기를〉
11 /보라
민족이 —— 지면에 덮였으니
/애굽에서 나온
/[너는] —— 이제 와서
/[너는] —— 그들을 저주하라
/나를 위하여

//(결과)
내가 ┬ 혹 그들을 쳐서
└ 몰아낼 수 있으리라 (하나이다)

12 하나님이 발람에게 **이르시되**
/너는 ┬ 가지도 말고
/그들과 함께
└ 그 백성을 저주하지도 말라

//(이유: כִּי, for)
그들은 —— 복을 받은 자들이니라

13 발람이 아침에 **일어나서**
발락의 귀족들에게 **이르되**
/너희는 —— 너희의 땅으로 돌아가라

//(이유: כִּי, for)
여호와께서 —— 허락하지 아니하시느니라
/내가 너희와 함께 가기를

14 귀족들이 **일어나**
/모압
발락에게로 **가서**
전하되
/발람이 —— 거절하더이다
/우리와 함께 오기를

민

이르시는 대로 너희에게 대답하리라 모압 귀족들이 발람
에게서 유하니라 9 하나님이 발람에게 임하여 가라사대
너와 함께한 이 사람들이 누구냐 10 발람이 하나님께
고하되 모압 왕 십볼의 아들 발락이 내게 보낸 자라 이
르기를 11 보라 애굽에서 나온 민족이 있어 지면에 덮
였으니 이제 와서 나를 위하여 그들을 저주하라 내가 혹
그들을 쳐서 몰아낼 수 있으리라 하나이다 12 하나님
이 발람에게 이르시되 너는 그들과 함께 가지도 말고 그
백성을 저주하지도 말라 그들은 복을 받은 자니라 13
발람이 아침에 일어나서 발락의 귀족들에게 이르되 너희
는 너희의 땅으로 돌아가라 내가 너희와 함께 가기를 여
호와께서 허락지 아니하시느니라 14 모압 귀족들이 일
어나 발락에게로 가서 고하되 발람이 우리와 함께 오기를
거절하더이다 15 발락이 다시 그들보다 더 높은 귀족들

in their hand; and they came to Balaam and repeated
Balak's words to him. 8 And he said to them, "Spend
the night here, and I will bring word back to you as the
LORD may speak to me." And the leaders of Moab
stayed with Balaam. 9 Then God came to Balaam and
said, "Who are these men with you?" 10 And Balaam
said to God, "Balak the son of Zippor, king of Moab,
has sent word to me, 11 'Behold, there is a people
who came out of Egypt and they cover the surface of
the land; now come, curse them for me; perhaps I may
be able to fight against them, and drive them out.'" 12
And God said to Balaam, "Do not go with them; you
shall not curse the people; for they are blessed." 13 So
Balaam arose in the morning and said to Balak's leaders,
"Go back to your land, for the LORD has refused to let
me go with you." 14 And the leaders of Moab arose

민

15 발락이 　　다시 **보내매**
　　/그들보다 더 높은 고관들을
　　/더 많이

16 그들이 　　발람에게로 **나아가서**
그에게 **이르되**
　　/발락의(이) ── 말씀에. . . 하시더이다
　　　/십볼의 아들 　　/청하건대
　　　　[당신은] ─ 아무것에도 거리끼지 말고
　　　　　　　　└ 내게로 오라

17 //(이유, כִּי, for)
내가 ─ 그대를 높여
　　├ 크게 존귀하게 하고
　　└ 무엇이든지 시행하리니
　　　　/그대가 내게 말하는 것은

/청하건대
　[당신은] ─ 와서
　　　　└ 이 백성을 저주하라
　　　　　　/나를 위하여

18 발람이 　　발락의 신하들에게 **대답하여 이르되**
　/[비록](אִם)
　발락이 ── 내게 줄지라도(양보절, though)
　　　　/그 집에 가득한 은금을
　내가 ── 능히 덜하거나 더하지 못하겠노라
　　　　/여호와 내 하나님의 말씀을 어겨

19 /그런즉
너희도 ── 이 밤에 　유숙하라
　　　　/이제
　　　　/여기서

//(결과)
[내가] ─ 알아보리라
　　/여호와께서 ─ 내게 더하실는지
　　　　　　　/무슨 말씀을

20 밤에
하나님이 　　발람에게 **임하여 이르시되**
　/[만일]
　그 사람들이 ── 너를 부르러 왔거든(조건절, if)
　[너는] ──┬ 일어나
　　　　　└ 함께 가라

/그러나

을 더 많이 보내매 **16** 그들이 발람에게로 나아가서 그
에게 이르되 십볼의 아들 발락의 말씀에 청컨대 아무것에
도 거리끼지 말고 내게로 오라 **17** 내가 그대를 높여 크
게 존귀케 하고 그대가 내게 말하는 것은 무엇이든지 시
행하리니 청컨대 와서 나를 위하여 이 백성을 저주하라
하시더이다 **18** 발람이 발락의 신하들에게 대답하여 가
로되 발락이 그 집에 은, 금을 가득히 채워서 내게 줄지
라도 내가 능히 여호와 내 하나님의 말씀을 어기어 덜하
거나 더하지 못하겠노라 **19** 그런즉 이제 너희도 이 밤
에 여기서 유하라 여호와께서 내게 무슨 말씀을 더하실는
지 알아 보리라 **20** 밤에 하나님이 발람에게 임하여 이
르시되 그 사람들이 너를 부르러 왔거든 일어나 함께 가

and went to Balak, and said, "Balaam refused to come
with us." **15** ¶ Then Balak again sent leaders, more numerous
and more distinguished than the former. **16** And they
came to Balaam and said to him, "Thus says Balak the
son of Zippor, 'Let nothing, I beg you, hinder you from
coming to me; **17** for I will indeed honor you richly,
and I will do whatever you say to me. Please come then,
curse this people for me.'" **18** And Balaam answered
and said to the servants of Balak, "Though Balak were
to give me his house full of silver and gold, I could not
do anything, either small or great, contrary to the command
of the LORD my God. **19** "And now please, you also
stay here tonight, and I will find out what else the LORD

/그러나
내가 ── 준행할지니라
/네게 이르는 말만

21 발람이 아침에 **일어나서**
자기 나귀에 **안장을 지우고**
모압 고관들과 **함께 가니**

22 하나님이 **진노하시므로**

//(이유: כִּי, for)
그가 ─ 감으로 말미암아

사자가 길에 **서니라**
/여호와의

//(목적: לְ, to)
그를 막으려고

발람은 자기 나귀를 **탔고**
두 종은 그와 **함께 있더니**
/그의

23 나귀가 보고(상황절, when)
/여호와의 사자가(를)
/길에 선 것을
/칼을 빼어 손에 들고

[나귀가] 길에서 **벗어나**
밭으로 **들어간지라**

발람이 **채찍질하니**

//(목적)
나귀를 길로 돌이키려고

24 사자는 포도원 사이 좁은 길에 **섰고**
/여호와의

담이 **있더라**
/좌우에는

25 나귀가 여호와의 사자를 보고(상황절, when)
몸을 담에 **대고**
발람의 발을 **짓누르매**
/그 담에

발람이 다시 **채찍질하니**

라 그러나 내가 네게 이르는 말만 준행할지니라 21 발
람이 아침에 일어나서 자기 나귀에 안장을 지우고 모압
귀족들과 함께 행하니 22 그가 행함을 인하여 하나님이
진노하심으로 여호와의 사자가 그를 막으려고 길에 서니
라 발람은 자기 나귀를 타고 그 두 종은 그와 함께 있더
니 23 나귀가 여호와의 사자가 칼을 빼어 손에 들고
길에 선 것을 보고 길에서 떠나 밭으로 들어간지라 발람
이 나귀를 길로 돌이키려고 채찍질 하니 24 여호와의
사자는 포도원 사이 좁은 길에 섰고 좌우에는 담이 있더
라 25 나귀가 여호와의 사자를 보고 몸을 담에 대고
발람의 발을 그 담에 비비어 상하게 하매 발람이 다시 채
찍질 하니 26 여호와의 사자가 더 나아가서 좌우로 피

will speak to me." 20 And God came to Balaam at
night and said to him, "If the men have come to call
you, rise up and go with them; but only the word which
I speak to you shall you do." 21 ¶ So Balaam arose in
the morning, and saddled his donkey, and went with the
leaders of Moab. 22 But God was angry because he
was going, and the angel of the LORD took his stand
in the way as an adversary against him. Now he was
riding on his donkey and his two servants were with
him. 23 When the donkey saw the angel of the LORD
standing in the way with his drawn sword in his hand,
the donkey turned off from the way and went into the
field; but Balaam struck the donkey to turn her back
into the way. 24 Then the angel of the LORD stood in

민

26 사자가 더 **나아가서**
/여호와의
좁은 곳에 **선지라**
/좌우로 피할 데 없는

27 나귀가 여호와의 사자를 보고(상황절, when)
발람 밑에 **엎드리니**
발람이 **노하여**
나귀를 **때리는지라**
/자기 지팡이로

28 여호와께서 나귀 입을 **여시니**
[나귀가] 발람에게 **이르되**
/내가 —— 당신에게 무엇을 하였기에
[당신은] —— 나를 이같이 세 번을 때리느냐?

29 발람이 나귀에게 **말하되**
/네가 나를 거역하기 때문이니
/[만일](לוּ)
칼이 —— 있었더면(조건절, if)
/내 손에
[내가] —— 곧 너를 죽였으리라

30 나귀가 발람에게 **이르되**
/나는 —— 나귀가 아니냐?
/당신이 —— 당신의 일생 동안 탄
/오늘까지
/내가 —— 이같이 하는 버릇이 있었더냐?
/언제
/당신에게

그가 **말하되**
/없었느니라

31 그 때에
여호와께서 발람의 눈을 **밝히시매**

그가 **보고**
/여호와의 사자가(를)
/길에 선 것을
/손에 칼을 빼들고

머리를 **숙이고**
엎드리니

할 데 없는 좁은 곳에 선지라 27 나귀가 여호와의 사자를 보고 발람의 밑에 엎드리니 발람이 노하여 자기 지팡이로 나귀를 때리는지라 28 여호와께서 나귀 입을 여시니 발람에게 이르되 내가 네게 무엇을 하였기에 나를 이같이 세 번을 때리느뇨 29 발람이 나귀에게 말하되 네가 나를 거역하는 연고니 내 손에 칼이 있었더면 곧 너를 죽였으리라 30 나귀가 발람에게 이르되 나는 네가 오늘까지 네 일생에 타는 나귀가 아니냐 내가 언제든지 네게 이같이 하는 행습이 있더냐 가로되 없었느니라 31 때에 여호와께서 발람의 눈을 밝히시매 여호와의 사자가 손에 칼을 빼어 들고 길에 선 것을 보고 머리를 숙이고 엎드리니 32 여호와의 사자가 그에게 이르되 너는 어찌하여 네 나귀를 이같이 세 번 때렸느냐 보라 네 길이 내 앞에 패역하므로 내가 너를 막으려고 나왔더니 33 나귀

a narrow path of the vineyards, with a wall on this side and a wall on that side. 25 When the donkey saw the angel of the LORD, she pressed herself to the wall and pressed Balaam's foot against the wall, so he struck her again. 26 And the angel of the LORD went further, and stood in a narrow place where there was no way to turn to the right hand or the left. 27 When the donkey saw the angel of the LORD, she lay down under Balaam; so Balaam was angry and struck the donkey with his stick. 28 And the LORD opened the mouth of the donkey, and she said to Balaam, "What have I done to you, that you have struck me these three times?" 29 Then Balaam said to the donkey, "Because you have made a mockery of me! If there had been a sword in my hand, I would have killed you by now." 30 And the donkey said to Balaam, "Am I not your donkey on

32사자가 그에게 **이르되**
/여호와의
/너는 —— 어찌하여 때렸느냐?
/네 나귀를
/이같이 세 번

/보라
내가 ——나왔더니
/너를 막으려고

//(이유: כִּי, because)
네 길이 ─사악하므로
/내 앞에서

33 /나귀가 ── 나를 보고
└ 내 앞에서 피하였느니라
/이같이 세 번을 돌이켜
/만일[אִם]
나귀가 —— 돌이켜 나를 피하지 아니하였더면(조건절, if not)
내가 ── 벌써 너를 죽이고
└ 나귀는 살렸으리라

34 발람이 여호와의 사자에게 **말하되**
/내가 —— 범죄하였나이다

//(이유: כִּי, for)
내가 ——— 알지 못하였나이다
/당신이—길에 서신 줄을

//(목적)
나를 막으려고
/[만일](אִם)
당신이 —— 이를 기뻐하지 아니하시면(조건절, if)
나는 ——— 돌아가겠나이다

35 사자가 발람에게 **이르되**
/여호와의
/[너는] —— 그 사람들과 함께 가라
/[너는] —— 말할지니라
/내가 네게 이르는 말만

발람이 발락의 고관들과 **함께 가니라**

36 발락은 발람이 온다 함을 듣고(상황절, when)
성읍까지 **가서**
/모압 변경의 끝
/아르논 가에 있는
그를 **영접하고**

가 나를 보고 이같이 세번을 돌이켜 내 앞에서 피하였느
니라 나귀가 만일 돌이켜 나를 피하지 아니하였더면 내
가 벌써 너를 죽이고 나귀는 살렸으리라 **34** 발람이 여
호와의 사자에게 말씀하되 내가 범죄하였나이다 당신이
나를 막으려고 길에 서신 줄을 내가 알지 못하였나이다
당신이 이를 기뻐하지 아니하시면 나는 돌아가겠나이다
35 여호와의 사자가 발람에게 이르되 그 사람들과 함께
가라 내가 네게 이르는 말만 말할지니라 발람이 발락의
귀족들과 함께 가니라 **36** 발락이 발람의 온다 함을 듣
고 모압 변경의 끝 아르논 가에 있는 성읍까지 가서 그를
영접하고 **37** 발락이 발람에게 이르되 내가 특별히 보내
어 그대를 부르지 아니하였느냐 그대가 어찌 내게 오지

which you have ridden all your life to this day? Have I
ever been accustomed to do so to you?" And he said,
"No." **31** ¶ Then the LORD opened the eyes of Balaam,
and he saw the angel of the LORD standing in the way
with his drawn sword in his hand; and he bowed all the
way to the ground. **32** And the angel of the LORD
said to him, "Why have you struck your donkey these
three times? Behold, I have come out as an adversary, because
your way was contrary to me. **33** "But the donkey saw
me and turned aside from me these three times. If she
had not turned aside from me, I would surely have killed
you just now, and let her live."**34** And Balaam said to
the angel of the LORD, "I have sinned, for I did not
know that you were standing in the way against me.
Now then, if it is displeasing to you, I will turn back."**35**
But the angel of the LORD said to Balaam, "Go with
the men, but you shall speak only the word which I shall
tell you." So Balaam went along with the leaders of

민

37 발락은 발람에게 **이르되**
/내가 ── 특별히 사람을 보내어...아니하였느냐?
//(목적: to)
그대를 부르지
/그대가 ── 어찌 내게 오지 아니하였느냐?
/내가 ── 어찌 그대를 높여 존귀하게 하지 못하겠느냐?

38 발람이 발락에게 **이르되**
/내가 ┬ 오기는 하였으나
└ 무엇을 말할 능력이 있으리이까?
/[나는] ─ 그것을 말할 뿐이니이다
/하나님이 내 입에 주시는 말씀

39 발람이 발락과 **동행하여**
기랏후솟에 **이르러서는**

40 발락이 소와 양을 **잡아**
고관들을 **대접하였더라**
/발람과 그와 함께 한

41 아침에
발락이 발람과 **함께 하고**
그를 **인도하여 오르매**
/바알의 산당에

발람이 이스라엘 백성의 진 끝까지 **보니라**
/거기서

23

1 발람이 발락에게 **이르되** ...하매
/[너는] ┬ 여기 제단 일곱을 쌓고
/나를 위하여
└ 거기 준비하소서
/수송아지 일곱 마리와
/숫양 일곱 마리를

2 발락이 준비한 후에(상황절, after)
/발람의 말대로

아니하였느냐 내가 어찌 그대를 높여 존귀케 하지 못하
겠느냐 **38** 발람이 발락에게 이르되 내가 오기는 하였으
나 무엇을 임의로 말할 수 있으리이까 하나님이 내 입에
주시는 말씀 그것을 말할 뿐이니이다 **39** 발람이 발락과
동행하여 기럇후솟에 이르러서는 **40** 발락이 우양을 잡
아 발람과 그와 함께 한 귀족을 대접하였더라 **41** 아침
에 발락이 발람과 함께 하고 그를 인도하여 바알의 산당
에 오르매 발람이 거기서 이스라엘 백성의 진 끝까지
보니라

23:1 발람이 발락에게 이르되 나를 위하여 여기 일
곱 단을 쌓고 거기 수송아지 일곱과 숫양 일곱을
준비하소서 하매 **2** 발락이 발람의 말대로 준비한 후에
발락과 발람이 매 단에 수송아지 하나와 숫양 하나를 드
리니라 **3** 발람이 발락에게 이르되 당신의 번제물 곁에

Balak. **36** ¶ When Balak heard that Balaam was coming,
he went out to meet him at the city of Moab, which is
on the Arnon border, at the extreme end of the border.
37 Then Balak said to Balaam, "Did I not urgently
send to you to call you? Why did you not come to me?
Am I really unable to honor you?" **38** So Balaam said
to Balak, "Behold, I have come now to you! Am I able
to speak anything at all? The word that God puts in my
mouth, that I shall speak." **39** And Balaam went with Balak,
and they came to Kiriath-huzoth. **40** And Balak sacrificed
oxen and sheep, and sent some to Balaam and the leaders
who were with him. **41** ¶ Then it came about in the morning
that Balak took Balaam, and brought him up to the high
places of Baal; and he saw from there a portion of the people.

23:1 ¶ Then Balaam said to Balak, "Build seven
altars for me here, and prepare seven bulls and
seven rams for me here." **2** And Balak did just as Balaam
had spoken, and Balak and Balaam offered up a bull

발락과
발람이 ── 제단에 **드리니라**
/수송아지와 숫양을

3 발람이 발락에게 **이르되...**하고
/[당신은] ── 당신의 번제물 곁에 서소서
/나는 ── 저리로 가리이다
/혹시
여호와께서 ── 오셔서(perhaps)
//(목적: to)
나를 만나시리니
/[내가] ── 다 당신에게 알리리이다
/그가 내게 지시하시는 것은(을)
언덕길로 **가니**

4 하나님이 발람에게 **임하시는지라**

발람이 **아뢰되**
/내가 ─ 일곱 제단을 쌓고
─ 각 제단에 드렸나이다
/수송아지와 숫양을

5 여호와께서 말씀을 **주시며**
/발람의 입에
이르시되
/[너는] ─ 발락에게 돌아가서
─ 이렇게 말할지니라

6 그가 발락에게로 **돌아간즉**

발락과
모든 고관이 ── 번제물 곁에 **함께 섰더라**
/모압의

7 발람이 예언을 **전하여**
말하되
/발락이 ── 나를 데려다가
/모압 왕 /아람에서,
/동쪽 산에서
〈이르기를..하도다〉
/[너는] ─ 와서
─ 야곱을 저주하라,
/나를 위하여
/[너는] ─ 와서
─ 이스라엘을 꾸짖으라

민

서소서 나는 저리로 갈지라 여호와께서 혹시 오셔서 나
를 만나시리니 그가 내게 지시하시는 것은 다 당신에게
고하리이다 하고 사태난 산에 이른즉 4 하나님이 발람에
게 임하시는지라 발람이 고하되 내가 일곱 단을 베풀고
매단에 수송아지 하나와 숫양 하나를 드렸나이다 5 여호
와께서 발람의 입에 말씀을 주어 가라사대 발락에게 돌
아가서 이렇게 말할지니라 6 그가 발락에게 돌아간즉 발
락과 모압 모든 귀족이 번제물 곁에 함께 섰더라 7 발람
이 노래를 지어 가로되 발락이 나를 아람에서, 모압 왕이
동편 산에서 데려다가 이르기를 와서 나를 위하여 야곱
을 저주하라, 와서 이스라엘을 꾸짖으라 하도다 8 하나
님이 저주치 않으신 자를 내 어찌 저주하며 여호와께서

and a ram on each altar. 3 Then Balaam said to Balak,
"Stand beside your burnt offering, and I will go; perhaps
the LORD will come to meet me, and whatever He
shows me I will tell you." So he went to a bare hill. 4
Now God met Balaam, and he said to Him, "I have set
up the seven altars, and I have offered up a bull and a
ram on each altar." 5 Then the LORD put a word in Balaam's
mouth and said, "Return to Balak, and you shall speak
thus." 6 So he returned to him, and behold, he was
standing beside his burnt offering, he and all the leaders
of Moab. 7 And he took up his discourse and said,
"From Aram Balak has brought me, Moab's king from
the mountains of the East, 'Come curse Jacob for me,
And come, denounce Israel!' 8 "How shall I curse,

민

8 /내가 ── 어찌 저주하며
/하나님이 저주하지 않으신 자를
/내가 ── 어찌 꾸짖으랴
/여호와께서 꾸짖지 않으신 자를

9 //(이유: כִּי, for)
내가 ── 그들을 보며
/바위 위에서
그들을 바라보니
/작은 산에서
이 백성은 ── 홀로 살 것이라
그를 여기지 않으리로다
/여러 민족 중의 하나로

10 /누가 ── 야곱의 티끌을 능히 세며
/누가 ── 이스라엘 사분의 일을 능히 셀고
/나는 ── 죽기 원하며
/의인의 죽음을
바라노라 하매
/나의 종말이 그와 같기를

11 발락이 발람에게 **이르되**
/그대가 ── 어찌 이같이 행하느냐
/내게
[나는] ── 그대를 데려왔거늘
/나의 원수를 저주하라고
그대가 ── 오히려 축복하였도다

12 발람이 **대답하여 이르되**
/내가 ── 어찌 말하지 아니할 수 있으리이까?
/여호와께서 내 입에 주신 말씀을

13 발락이 **말하되**
/[너는] ── 나와 함께 가자
/그들을 달리 볼 곳으로

//(결과)
[네가] ── 거기서는 보지 못하고
/그들을 다
그들의 끝만 보리니

/[너는] ── 거기서 그들을 저주하라 (하고)
/나를 위하여

꾸짖지 않으신 자를 내 어찌 꾸짖을꼬 9 내가 바위 위에
서 그들을 보며 작은 산에서 그들을 바라보니 이 백성은
홀로 처할 것이라 그를 열방 중의 하나로 여기지 않으리
로다 10 야곱의 티끌을 뉘 능히 계산하며 이스라엘 사
분지 일을 뉘 능히 계수할꼬 나는 의인의 죽음같이 죽기
를 원하며 나의 종말이 그와 같기를 바라도다 하매 11
발락이 발람에게 이르되 그대가 어찌 내게 이같이 행하느
냐 나의 원수를 저주하라고 그대를 데려왔거늘 그대가 온
전히 축복하였도다 12 대답하여 가로되 여호와께서 내
입에 주신 말씀을 내가 어찌 말하지 아니할 수 있으리이
까 13 발락이 가로되 나와 함께 그들을 달리 볼 곳으로
가자 거기서는 그들을 다 보지 못하고 그 끝만 보리니 거
기서 나를 위하여 그들을 저주하라 하고 14 소빔 들로
인도하여 비스가 꼭대기에 이르러 일곱 단을 쌓고 매단에

whom God has not cursed? And how can I denounce,
whom the LORD has not denounced? 9 "As I see him
from the top of the rocks, And I look at him from the
hills; Behold, a people who dwells apart, And shall not
be reckoned among the nations. 10 "Who can count
the dust of Jacob, Or number the fourth part of Israel?
Let me die the death of the upright, And let my end be
like his!" 11 ¶ Then Balak said to Balaam, "What have
you done to me? I took you to curse my enemies, but behold,
you have actually blessed them!" 12 And he answered
and said, "Must I not be careful to speak what the LORD
puts in my mouth?" 13 ¶ Then Balak said to him,
"Please come with me to another place from where you
may see them, although you will only see the extreme

14 [그가] 소빔 들로 **인도하여**
비스가 꼭대기에 **〈이르러〉**
일곱 제단을 **쌓고**
수송아지와 숫양을 **드리니**
/각 제단에

15 발람이 발락에게 **이르되...**하니라
/내가 —— 저기서 여호와를 만나뵐 동안에(상황절, while)
[당신은]—— 서소서
/여기 당신의 번제물 곁에

16 여호와께서 발람에게 **임하사**
그의 입에 말씀을 **주시며**
이르시되
/[너는] —— 발락에게로 돌아가서
—— 이렇게 말할지니라

17 발람이 **가서**
/[그에게]
본즉
/발락이 ———— 번제물 곁에 섰고
/모압 고관들이 ——함께 있더라

발락이 발람에게 **이르되**
/여호와께서 무슨 말씀을 하시더냐?

18 발람이 **예언하여**
이르기를
/발락이여!
[너는] —— 일어나 들을지어다
/십볼의 아들이여!
[너는] —— 내게 자세히 들으라
19 /하나님은—사람이 아니시니
—거짓말을 하지 않으시고
—인생이 아니시니
—후회가 없으시도다
/[그가] —— 어찌 행하지 않으시며(~랴?)
/그 말씀하신 바를
—— [어찌] 실행하지 않으시랴?
/하신 말씀을

20 /내가 —— 축복할 것을 받았으니
내가 —— 돌이키지 않으리라
/그가 주신 복을
↓

수송아지 하나와 숫양 하나를 드리니 15 발람이 발락에
게 이르되 내가 저기서 여호와를 만날 동안에 여기 당신
의 번제물 곁에 서소서 하니라 16 여호와께서 발람에게
임하사 그 입에 말씀을 주어 가라사대 발락에게로 돌아
가서 이렇게 말할지니라 17 발람이 와서 본즉 발락이
번제물 곁에 섰고 모압 귀족들이 함께 있더라 발락이 발
람에게 이르되 여호와께서 무슨 말씀을 하시더냐 18 발
람이 노래를 지어 가로되 발락이여 일어나 들을지어다
십볼의 아들이여 나를 자세히 들으라 19 하나님은 인생
이 아니시니 식언치 않으시고 인자가 아니시니 후회가
없으시도다 어찌 그 말씀을 실행치 않으시랴 20 내가
축복의 명을 받았으니 그가 하신 축복을 내가 돌이킬 수
없도다 21 여호와는 야곱의 허물을 보지 아니하시며 이
스라엘의 패역을 보지 아니하시는도다 여호와 그의 하나

end of them, and will not see all of them; and curse
them for me from there." 14 So he took him to the
field of Zophim, to the top of Pisgah, and built seven
altars and offered a bull and a ram on each altar. 15
And he said to Balak, "Stand here beside your burnt offering,
while I myself meet the LORD yonder." 16 Then the LORD
met Balaam and put a word in his mouth and said,
"Return to Balak, and thus you shall speak." 17 And
he came to him, and behold, he was standing beside his burnt
offering, and the leaders of Moab with him. And Balak
said to him, "What has the LORD spoken?" 18 Then
he took up his discourse and said, "Arise, O Balak, and
hear; Give ear to me, O son of Zippor! 19 "God is not
a man, that He should lie, Nor a son of man, that He
should repent; Has He said, and will He not do it? Or
has He spoken, and will He not make it good? 20

민

21 /[그는] ── 야곱의 허물을 보지 아니하시며
이스라엘의 반역을 보지 아니하시는도다
/하나님이 ── 그들과 함께 계시니
/여호와
/그들의
/소리가 ── 그 중에 있도다
/왕을 부르는

22 /하나님이 ── 들을 인도하여 내셨으니
/애굽에서
/그의 힘이 ── 들소와 같도다

23 //(이유: כִּי, for)
점술이 ── 없고
/야곱을 해할
복술이 ── 없도다
/이스라엘을 해할

/이 때에
[그것이] ── 논할진대...하리로다
/야곱과 이스라엘에 대하여
/하나님께서 행하신 일이 어찌 그리 크냐?

24 /이 백성이 ── 암사자 같이 일어나고
수사자 같이 일어나서
움킨 것을 먹으며
눕지 아니하리로다 하매
/죽인 피를 마시기 전에는

25 발락이 발람에게 **이르되**
/[너는] ── 그들을 저주하지도 말고
축복하지도 말라

26 발람이 발락에게 **대답하여 이르되**
/내가 ── 말하여 이르기를...[말]하지 아니하더이까?[29)]
/당신에게
/내가 ── 그대로 [말]하지 않을 수 없다고
/여호와께서 말씀하신 것은

27 또
발락이 발람에게 **이르되**
/[너는] ── [제발] 오라

//(결과)

29) 당신에게 말하였습니다.

님이 그와 함께 계시니 왕을 부르는 소리가 그 중에 있도
다 **22** 하나님이 그들을 애굽에서 인도하여 내셨으니 그
힘이 들소와 같도다 **23** 야곱을 해할 사술이 없고 이스
라엘을 해할 복술이 없도다 이 때에 야곱과 이스라엘에
대하여 논할진대 하나님의 행하신 일이 어찌 그리 크뇨
하리로다 **24** 백성이 암사자 같이 일어나고 수사자 같이
일어나서 움킨 것을 먹으며 죽인 피를 마시기 전에는 눕
지 아니하리로다 하매 **25** 발락이 발람에게 이르되 그들
을 저주하지도 말고 축복하지도 말라 **26** 발람이 발락에
게 대답하여 가로되 내가 당신에게 고하여 이르기를 여호
와께서 말씀하신 것은 내가 그대로 하지 않을 수 없다고
하지 아니하더이까 **27** 발락이 발람에게 또 이르되 오라
내가 너를 다른 곳으로 인도하리니 네가 거기서 나를 위
하여 그들을 저주하기를 하나님이 혹시 기뻐하시리라 하

"Behold, I have received a command to bless; When He
has blessed, then I cannot revoke it. **21** "He has not observed
misfortune in Jacob; Nor has He seen trouble in Israel;
The LORD his God is with him, And the shout of a
king is among them. **22** "God brings them out of Egypt,
He is for them like the horns of the wild ox. **23** "For
there is no omen against Jacob, Nor is there any divination
against Israel; At the proper time it shall be said to Jacob
And to Israel, what God has done. **24** "Behold, a people
rises like a lioness, And as a lion it lifts itself; It shall
not lie down until it devours the prey, And drinks the
blood of the slain." **25** Then Balak said to Balaam,
"Do not curse them at all nor bless them at all!" **26**
But Balaam answered and said to Balak, "Did I not tell
you, Whatever the LORD speaks, that I must do'?" **27**
¶ Then Balak said to Balaam, "Please come, I will take

//(결과)
내가 —— 너를 인도하리니
/다른 곳으로
하나님이 – 혹시 기뻐하시리라 하고
/네가 – 그들을 저주하기를
/거기서
/나를 위하여

28 발락이 발람을 **인도하여**
브올 산 꼭대기에 **이르니**
/광야가 내려다 보이는

29 발람이 발락에게 **이르되**
/[너는] —— 일곱 제단을 **쌓고**
/나를 위하여
/여기
거기 **준비하소서**
/수송아지 일곱 마리와
숫양 일곱 마리를

30 발락이 발람의 말대로 **행하여**
수송아지와 숫양을 **드리니라**
/각 제단에

민

24

1 발람이 보고(상황절, when)
/여호와께서 선히 여기심을
/자기가 이스라엘을 축복하는 것을
점술을 **쓰지 아니하고**
/전과 같이
/그의 낯을 광야로 향하여

2 눈을 **들어**
이스라엘이 그 지파대로 천막 친 것을 **보는데**
그 때에
영이 그 위에 **임하신지라**
/하나님의

3 그가 예언을 **전하여**
말하되
/발람이 —— 말하며
/브올의 아들
/감았던 자가 — 말하며
/눈을

고 28 발락이 발람을 인도하여 광야가 내려다 보이는
브올산 꼭대기에 이르니 29 발람이 발락에게 이르되 나
를 위하여 여기 일곱 단을 쌓고 거기 수송아지 일곱과 숫
양 일곱을 준비하소서 30 발락이 발람의 말대로 행하여
매 단에 수송아지 하나와 숫양 하나를 드리니라

24:1 발람이 자기와 이스라엘을 축복하는 것을 여
호와께서 선히 여기심을 보고 전과 같이 사술을
쓰지 아니하고 그 낯을 광야로 향하여 2 눈을 들어 이스
라엘이 그 지파대로 거하는 것을 보는 동시에 하나님의
신이 그 위에 임하신지라 3 그가 노래를 지어 가로되 브

you to another place; perhaps it will be agreeable with
God that you curse them for me from there." 28 So
Balak took Balaam to the top of Peor which overlooks
the wasteland. 29 And Balaam said to Balak, "Build
seven altars for me here and prepare seven bulls and
seven rams for me here." 30 And Balak did just as
Balaam had said, and offered up a bull and a ram on
each altar.

24:1 ¶ When Balaam saw that it pleased the LORD
to bless Israel, he did not go as at other times to
seek omens but he set his face toward the wilderness.
2 And Balaam lifted up his eyes and saw Israel camping
tribe by tribe; and the Spirit of God came upon him. 3
And he took up his discourse and said, "The oracle of Balaam

민

4 /듣는 자,
/하나님의 말씀을
보는 자,
/전능자의 환상을
눈을 뜬 자가 ── 말하기를
/엎드려서

5 /야곱이여!
이스라엘이여!
네 장막들이,
네 거처들이 ── 어찌 그리 아름다운고

6 /그[들이] ── 벌어짐이(~벌어졌도다)
/골짜기 같고
/강 가의 동산 같으며
/침향목들 같고
/여호와께서 심으신
/물 가의 백향목들 같도다
7 /물이 ── 넘치겠고
/그 물통에서는
/그 씨는 ── 많은 물 가에 있으리로다

/그의 왕이 ── 아각보다 높으니
/그의 나라가 ── 흥왕하리로다

8 /하나님이 ── 그를 인도하여 내셨으니
/애굽에서
/그 힘이 ── 들소와 같도다
── 그의 적국을 삼키고
── 그들의 뼈를 꺾으며
── 화살로 쏘아 꿰뚫으리로다
9 /[그가] ── 꿇어 앉고 누움(눕는다)(이)
/수사자와 같고
/암사자와도 같으니
/누구(가) ── 일으킬 자 이랴?
/자마다 ── 복을 받을 것이요
/너를 축복하는
/자마다 ── 저주를 받을지로다
/너를 저주하는

10 발락이 발람에게 **노하여**
손뼉을 **치며**

올의 아들 발람이 말하며 눈을 감았던 자가 말하며 4 하
나님의 말씀을 듣는 자, 전능자의 이상을 보는 자, 엎드려
서 눈을 뜬 자가 말하기를 5 야곱이여 네 장막이, 이스
라엘이여 네 거처가 어찌 그리 아름다운고 6 그 벌어짐
이 골짜기 같고 강 가의 동산 같으며 여호와의 심으신
침향목들 같고 물가의 백향목들 같도다 7 그 통에서는
물이 넘치겠고 그 종자는 많은 물가에 있으리로다 그 왕
이 아각보다 높으니 그 나라가 진흥하리로다 8 하나님이
그를 애굽에서 인도하여 내셨으니 그 힘이 들소와 같도다
그 적국을 삼키고 그들의 뼈를 꺾으며 화살로 쏘아 꿰뚫
으리로다 9 꿇어 앉고 누움이 수사자와 같고 암사자와도
같으니 일으킬 자 누구이랴 너를 축복하는 자마다 복을
받을 것이요 너를 저주하는 자마다 저주를 받을지로다
10 발락이 발람에게 노하여 손뼉을 치며 발람에게 말하
되 내가 그대를 부른 것은 내 원수를 저주하라 함이어늘
그대가 이같이 세 번 그들을 축복하였도다 11 그러므로

the son of Beor, And the oracle of the man whose eye
is opened; 4 The oracle of him who hears the words of
God, Who sees the vision of the Almighty, Falling down,
yet having his eyes uncovered, 5 How fair are your
tents, O Jacob, Your dwellings, O Israel! 6 "Like valleys
that stretch out, Like gardens beside the river, Like aloes
planted by the LORD, Like cedars beside the waters. 7
"Water shall flow from his buckets, And his seed shall
be by many waters, And his king shall be higher than
Agag, And his kingdom shall be exalted. 8 "God brings
him out of Egypt, He is for him like the horns of the
wild ox. He shall devour the nations who are his
adversaries, And shall crush their bones in pieces, And shatter
them with his arrows. 9 "He couches, he lies down as
a lion, And as a lion, who dares rouse him? Blessed is
everyone who blesses you, And cursed is everyone who
curses you." 10 ¶ Then Balak's anger burned against
Balaam, and he struck his hands together; and Balak

말하되
/내가 ——— 그대를 부른 것은...것이어늘

//(목적: ל, to)
내 원수를 저주하라는

/그대가 ——— 그들을 축복하였도다
/이같이
/세 번
11 /그러므로
그대는 ——— 이제 달아나라
/그대의 곳으로
/내가 ——— 뜻하였더니
/그대를 높여 심히 존귀하게 하기로

/여호와께서 —— 그대를 막아. . . 하셨도다[30]
/존귀하지 못하게

12 발람이 발락에게 **이르되**
/내가 ——— 말하여 이르지 아니하였나이까?
/당신이 내게 보낸 사신들에게
13 /가령(אִם)
발락이 ——— 내게 줄지라도(양보절, though)
/그 집에 가득한 은금을
나는 ——— 여호와의 말씀을 어기고. . . 못하고

//(목적: ל, to)
선악간(을)(에) 행하지
/내 마음대로

[나는] ——— [말]하지 아니하였나이까?
/여호와께서 말씀하신 대로 말하리라

14 /이제
나는 ——— 내 백성에게로 돌아가거니와
들으소서!
내가 ——— 당신에게 말하리이다 하고
/이 백성이 —— 어떻게 할지를
/후일에
/당신의 백성에게
15 /그가] ——— 예언하여
——— 이르기를

/발람이 ——— 말하며
/브올의 아들

30) 막으셨다

그대는 이제 그대의 곳으로 달려가라 내가 그대를 높여 심히 존귀케 하기로 뜻하였더니 여호와가 그대를 막아 존귀치 못하게 하셨도다 **12** 발람이 발락에게 이르되 당신이 내게 보낸 사자들에게 내가 고하여 이르지 아니하였나이까 **13** 가령 발락이 그 집에 은 금을 가득히 채워서 내게 줄지라도 나는 여호와의 말씀을 어기고 선악간 임의로 행하지 못하고 여호와께서 말씀 하신대로 말하리라 하지 아니하였나이까 **14** 이제 나는 내 백성에게로 돌아가거니와 들으소서 내가 이 백성이 후일에 당신의 백성에게 어떻게 할 것을 당신에게 고하리이다 하고 **15** 노래를 지어 가로되 브올의 아들 발람이 말하며 눈을 감았던 자가 말하며 **16** 하나님의 말씀을 듣는 자가 말하며 지극히 높으신 자의 지식을 아는 자, 전능자의 이상을 보는 자, 엎드려서 눈을 뜬 자가 말하기를 **17** 내가

said to Balaam, "I called you to curse my enemies, but behold, you have persisted in blessing them these three times! **11** "Therefore, flee to your place now. I said I would honor you greatly, but behold, the LORD has held you back from honor." **12** And Balaam said to Balak, "Did I not tell your messengers whom you had sent to me, saying, **13** Though Balak were to give me his house full of silver and gold, I could not do anything contrary to the command of the LORD, either good or bad, of my own accord. What the LORD speaks, that I will speak? **14** "And now behold, I am going to my people; come, and I will advise you what this people will do to your people in the days to come." **15** And he took up his discourse and said, "The oracle of Balaam the son

민

/감았던 자가 — 말하며
/눈을
16 /듣는 자가 — 말하며
/하나님의 말씀을

/아는 자,
/지극히 높으신 자의 지식을
/보는 자
/전능자의 환상을
/눈을 뜬 자가 — 말하기를
/엎드려서

17 /내가 — 그를 보아도
이 때의 일이 아니며
/내가 — 그를 바라보아도
가까운 일이 — 아니로다
/한 별이 — 야곱에게서 나오며
/한 규가 — 이스라엘에게서 일어나서
/[그것이] — 모압을 쳐서 무찌르고
/이쪽에서 저쪽까지
/또
셋의 자식들을 다 멸하리로다
18 /에돔은 — 그들의 유산이 되며
/그의 원수
/세일도 — 그들의 유산이 되고
/그의 원수
/이스라엘은 — 용감히 행동하리로다
/그와 동시에
19 /주권자가 — 야곱에게서 나서
남은 자들을 멸절하리로다 (하고)
/그 성읍에서

20 /또
[그가] 아말렉을 **바라보며**
예언하여
이르기를
/아말렉은 — 민족들의 으뜸이나
/종말은 — 멸망에 이르리로다 (하고)
/그의

21 /또
[그가] 겐 족속을 **바라보며**
예언하여
이르기를
/네 거처가 — 견고하고

그를 보아도 이 때의 일이 아니며 내가 그를 바라보아도
가까운 일이 아니로다 한 별이 야곱에게서 나오며 한 홀
이 이스라엘에게서 일어나서 모압을 이편에서 저편까지
쳐서 파하고 또 소동하는 자식들을 다 멸하리로다 **18**
그 원수 에돔은 그들의 산업이 되며 그 원수 세일도 그들
의 산업이 되고 그 동시에 이스라엘은 용감히 행동하리로
다 **19** 주권자가 야곱에게서 나서 남은 자들을 그 성읍
에서 멸절하리로다 하고 **20** 또 아말렉을 바라보며 노래
를 지어 가로되 아말렉은 열국 중 으뜸이나 종말은 멸망
에 이르리로다 하고 **21** 또 가인 족속을 바라보며 노래
를 지어 가로되 너의 거처가 견고하니 네 보금자리는 바
위에 있도다 **22** 그러나 가인이 쇠미하리니 나중에는 앗

of Beor, And the oracle of the man whose eye is opened,
16 The oracle of him who hears the words of God,
And knows the knowledge of the Most High, Who sees
the vision of the Almighty, Falling down, yet having his
eyes uncovered. **17** "I see him, but not now; I behold
him, but not near; A star shall come forth from Jacob,
And a scepter shall rise from Israel, And shall crush
through the forehead of Moab, And tear down all the
sons of Sheth. **18** "And Edom shall be a possession,
Seir, its enemies, also shall be a possession, While Israel
performs valiantly. **19** "One from Jacob shall have
dominion, And shall destroy the remnant from the city."
20 And he looked at Amalek and took up his discourse
and said, "Amalek was the first of the nations, But his
end shall be destruction." **21** And he looked at the
Kenite, and took up his discourse and said, "Your dwelling

/보금자리는 —— 바위에 있도다
/네
22 /그러나
가인이 —— 쇠약하리니
[너는] —— 앗수르의 포로가 되리로다 (하고)
/나중에는

23 /또
[그가] **예언하여**
이르기를
/슬프다
하나님이 —— 이 일을 행하시리니
/살 자가 —— 누구이랴?
/그 때에
24 /배들이 —— 와서
/깃딤 해변에서
앗수르를 학대하며
에벨을 괴롭힐 것이나
/그도 —— 멸망하리로다 (하고)

25 발람이 **일어나**
자기 곳으로 **돌아가고**

발락도 자기 길로 **갔더라**

25

1 이스라엘이 싯딤에 머물러 **있더니**
그 백성이 음행하기를 **시작하니라**
/모압 여자들과

2 백성이 **먹고**
그들의 신들에게 **절하므로**

//(이유: for)
그 여자들이 —— 이스라엘 백성을 청하매
/자기 신들에게 제사할 때에

3 이스라엘이 바알브올에게 **가담한지라**

여호와께서 이스라엘에게 **진노하시니라**

민

수르의 포로가 되리로다 하고 **23** 또 노래를 지어 가로
되 슬프다 하나님이 이 일을 행하시리니 그 때에 살 자
가 누구이랴 **24** 깃딤 해변에서 배들이 와서 앗수르를
학대하며 에벨을 괴롭게 하리라마는 그도 멸망하리로다
하고 **25** 발람이 일어나 자기 곳으로 돌아갔고 발락도
자기 길로 갔더라

25:1 이스라엘이 싯딤에 머물러 있더니 그 백성이
모압 여자들과 음행 하기를 시작하니라 **2** 그 여
자들이 그 신들에게 제사할 때에 백성을 청하매 백성이
먹고 그들의 신들에 절하므로 **3** 이스라엘이 바알브올에
게 부속된지라 여호와께서 이스라엘에게 진노 하시니라
4 여호와께서 모세에게 이르시되 백성의 두령들을 잡아

place is enduring, And your nest is set in the cliff. **22**
"Nevertheless Kain shall be consumed; How long shall
Asshur keep you captive?" **23** And he took up his discourse
and said, "Alas, who can live except God has ordained
it? **24** "But ships shall come from the coast of Kittim,
And they shall afflict Asshur and shall afflict Eber; So
they also shall come to destruction." **25** Then Balaam
arose and departed and returned to his place, and Balak
also went his way.

25:1 ¶ While Israel remained at Shittim, the people
began to play the harlot with the daughters of
Moab. **2** For they invited the people to the sacrifices of
their gods, and the people ate and bowed down to their
gods. **3** So Israel joined themselves to Baal of Peor,

민

4 여호와께서 모세에게 **이르시되**
/[너는] —— 백성의 수령들을 잡아
여호와 앞에 목매어 달라
/태양을 향하여

//그리하면(결과)
진노가 —— 이스라엘에게서 떠나리라
/여호와의

5 모세가 이스라엘 재판관들에게 **이르되...**하나니라
/너희는 —— 각각 죽이라
/가담한 사람들을
/바알브올에게

6 온 회중이 회막 문에서 울 때에(상황절, while)
/이스라엘 자손의
한 사람이 미디안의 한 여인을 **데리고** ...온지라
/이스라엘 자손 /모세와 온 회중의 눈앞에
/그의 형제에게로

7 비느하스가 보고(상황절, when)
/제사장 아론의 손자
/엘르아살의 아들

[그가] 회중 가운데에서 **일어나**
손에 창을 **들고**
8 그의 막사에 **들어가**
/그 이스라엘 남자를 따라
이스라엘 남자와 그 여인의 배를 **꿰뚫어서...죽이니**
/두 사람을

염병이 이스라엘 자손에게서 **그쳤더라**

9 죽은 자가 **이만 사천 명이었더라**
/그 염병으로

10 여호와께서 모세에게 **말씀하여 이르시되**
11 /비느하스가 —— 내 노를 돌이켜서
/아론의 손자 /이스라엘 자손 중에서
/제사장 /내 질투심으로 질투하여
/엘르아살의 아들

//(결과)

태양을 향하여 여호와 앞에 목매어 달라 그리하면 여호와의 진노가 이스라엘에게서 떠나리라 5 모세가 이스라엘 사사들에게 이르되 너희는 각기 관할하는 자 중에 바알브올에게 부속한 사람들을 죽이라 하니라 6 이스라엘 자손의 온 회중이 회막 문에서 울 때에 이스라엘 자손 한사람이 모세와 온 회중의 목전에 미디안의 한 여인을 데리고 그 형제에게로 온지라 7 제사장 아론의 손자 엘르아살의 아들 비느하스가 보고 회중의 가운데서 일어나 손에 창을 들고 8 그 이스라엘 남자를 따라 그의 막에 들어가서 이스라엘 남자와 그 여인의 배를 꿰뚫어서 두 사람을 죽이니 염병이 이스라엘 자손에게서 그쳤더라 9 그 염병으로 죽은 자가 이만 사천명이었더라 10 여호와께서 모세에게 일러 가라사대 11 제사장 아론의 손자 엘르아살의 아들 비느하스가 나의 질투심으로 질투하여 이스라엘 자

and the LORD was angry against Israel. 4 And the LORD said to Moses, "Take all the leaders of the people and execute them in broad daylight before the LORD, so that the fierce anger of the LORD may turn away from Israel." 5 So Moses said to the judges of Israel, "Each of you slay his men who have joined themselves to Baal of Peor." 6 ¶ Then behold, one of the sons of Israel came and brought to his relatives a Midianite woman, in the sight of Moses and in the sight of all the congregation of the sons of Israel, while they were weeping at the doorway of the tent of meeting. 7 When Phinehas the son of Eleazar, the son of Aaron the priest, saw it, he arose from the midst of the congregation, and took a spear in his hand; 8 and he went after the man of Israel into the tent, and pierced both of them through, the man of Israel and the woman, through the body. So the plague on the sons of Israel was checked. 9 And those who died by the plague were 24,000. 10 Then

//(결과)
[내가] ── 그들을 소멸하지 않게 하였도다
/내 질투심으로

12 /그러므로
[너는] ── 말하라

//(결과)
내가 ── 그에게 주리니
/내 평화의 언약을

13 /[그것은] ── 영원한 제사장 직분의 언약이라
/그와 그의 후손에게

//(이유: because)
그가 ── 이스라엘 자손을 속죄하였음이니라
/그의 하나님을 위하여 질투하여

14 /이름은 ── 시므리니
/이스라엘 남자 /살루의 아들이요
/죽임을 당한 /가문 중 한 지도자이며
/곧 죽임을 당한 자의 /시므온인의 조상의
/미디안 여인과 함께

15 /이름은 ── 고스비이니
/미디안 여인의 /수르의 딸이라
/죽임을 당한

/수르는 ── 가문의 수령이었더라
/한 조상의
/미디안 백성의

16 여호와께서 모세에게 **말씀하여 이르시되**
17 /[너는] ── 미디안인들을 대적하여
── 그들을 치라

18 //이는(כִּי, for)
그들이 ── 속임수로 너희를 대적하되
── 너희를 유혹하였음이니라
/브올의 일과
/고스비의 사건으로
/미디안 지휘관의 딸
/곧 죽임을 당한 그들의 자매
/브올의 일로 염병이 일어난 날에

민

손 중에서 나의 노를 돌이켜서 나의 질투심으로 그들을
진멸하지 않게 하였도다 **12** 그러므로 말하라 내가 그에
게 나의 평화의 언약을 주리니 **13** 그와 그 후손에게 영
원한 제사장 직분의 언약이라 그가 그 하나님을 위하여
질투하여 이스라엘 자손을 속죄하였음이니라 **14** 죽임을
당한 이스라엘 남자 곧 미디안 여인과 함께 죽임을 당한
자의 이름은 시므리니 살루의 아들이요 시므온인의 종족
중 한 족장이며 **15** 죽임을 당한 미디안 여인의 이름은
고스비니 수르의 딸이라 수르는 미디안 백성 한 종족의
두령이었더라 **16** 여호와께서 모세에게 일러 가라사대
17 미디안인들을 박해하며 그들을 치라 **18** 이는 그들
이 궤계로 너희를 박해하되 브올의 일과 미디안 족장의
딸 곧 브올의 일로 염병이 일어난 날에 죽임을 당한 그들
의 자매 고스비의 사건으로 너희를 유혹하였음이니라

the LORD spoke to Moses, saying, **11** "Phinehas the
son of Eleazar, the son of Aaron the priest, has turned
away My wrath from the sons of Israel, in that he was jealous
with My jealousy among them, so that I did not destroy
the sons of Israel in My jealousy. **12** "Therefore say,
'Behold, I give him My covenant of peace; **13** and it
shall be for him and his descendants after him, a covenant
of a perpetual priesthood, because he was jealous for
his God, and made atonement for the sons of Israel.'"
14 ¶ Now the name of the slain man of Israel who was
slain with the Midianite woman, was Zimri the son of
Salu, a leader of a father's household among the Simeonites.
15 And the name of the Midianite woman who was
slain was Cozbi the daughter of Zur, who was head of
the people of a father's household in Midian. **16** Then
the LORD spoke to Moses, saying, **17** "Be hostile to
the Midianites and strike them; **18** for they have been hostile
to you with their tricks, with which they have deceived
you in the affair of Peor, and in the affair of Cozbi, the
daughter of the leader of Midian, their sister who was
slain on the day of the plague because of Peor."

민

26

1 염병 후에
여호와께서 **말씀하여 이르시되**
/모세와
/엘르아살에게
/제사장 아론의 아들
2 /[너희는] — 조사하되... 계수하라 하시니
/온 회중의 총수를
/이스라엘 자손의
/그들의 조상의 가문을 따라
/이십 세 이상으로
/모든 자를
/능히 전쟁에 나갈 만한
/이스라엘 중에

3 모세와 — 그들에게 **전하여 이르되**
엘르아살이
/제사장
/여리고 맞은편 요단 가
/모압 평지에서

4 /너희는 — 이십 세 이상 된 자를 계수하라(하니라)
/여호와께서 — 명령하신 대로
/모세와 이스라엘 자손에게
/애굽 땅에서 나온

5 /장자는 — 르우벤이라
/이스라엘의

/자손은 — 하녹 종족과
/르우벤
/하녹에게서 난
발루 종족과
/발루에게서 난
6 헤스론 종족과
/헤스론에게서 난
갈미 종족이니
/갈미에게서 난

7 /이는 — 르우벤 종족들이라
/계수된 자가 — 사만 삼천칠백삼십 명이었더라

8 /아들은 — 엘리압이요
/발루의

26:1 염병 후에 여호와께서 모세와 제사장 아론의
아들 엘르아살에게 일러 가라사대 2 이스라엘
자손의 온 회중의 총수를 그 조상의 집을 따라 조사하되
이스라엘 중에 무릇 이십 세 이상으로 능히 싸움에 나갈
만한 자를 계수하라 하시니 3 모세와 제사장 엘르아살이
여리고 맞은편 요단 가 모압 평지에서 그들에게 고하여
가로되 4 여호와께서 애굽 땅에서 나온 모세와 이스라엘
자손에게 명하신대로 너희는 이십 세 이상 된 자를 계수
하라 하시니 5 이스라엘의 장자는 르우벤이라 르우벤 자
손은 하녹에게서 난 하녹 가족과 발루에게서 난 발루 가
족과 6 헤스론에게서 난 헤스론 가족과 갈미에게서 난
갈미 가족이니 7 이는 르우벤 가족들이라 계수함을 입은
자가 사만 삼천 칠백 삼십 명이요 8 발루의 아들은 엘리
압이요 9 엘리압의 아들은 느무엘과 다단과 아비람이라
이 다단과 아비람은 회중 가운데서 부름을 받은 자러니
고라의 무리에 들어가서 모세와 아론을 거스려 여호와께

26:1 ¶ Then it came about after the plague, that the
LORD spoke to Moses and to Eleazar the son of
Aaron the priest, saying, 2 "Take a census of all the
congregation of the sons of Israel from twenty years old
and upward, by their fathers' households, whoever is
able to go out to war in Israel." 3 So Moses and Eleazar
the priest spoke with them in the plains of Moab by the
Jordan at Jericho, saying, 4 "Take a census of the people
from twenty years old and upward, as the LORD has
commanded Moses." ¶ Now the sons of Israel who came
out of the land of Egypt were: 5 Reuben, Israel's first-
born, the sons of Reuben: of Hanoch, the family of the
Hanochites; of Pallu, the family of the Palluites; 6 of Hezron,
the family of the Hezronites; of Carmi, the family of
the Carmites. 7 These are the families of the Reubenites,
and those who were numbered of them were 43,730. 8

9 /아들은 — 느무엘과 다단과 아비람이라
/엘리압의

/이 다단과
아비람은 — 부름을 받은 자들이니
/회중 가운데서

/[그들은] — 고라의 무리에 들어가서
— 여호와께 반역할 때에(상황절, when)
/모세와 아론을 거슬러

10 /땅이 — 그 입을 벌려서
— 그 무리와 고라를 삼키매
그들이 — 죽었고

/불이 — 이백오십 명을 삼켜(상황절, when)
/당시에
[그들이] — 징표가 되게 하였으나

11 /아들들은 — 죽지 아니하였더라
/고라의

12 /종족들은 — 이러하니
/시므온 자손의
— 느무엘에게서 난 느무엘 종족과
— 야민에게서 난 야민 종족과
— 야긴에게서 난 야긴 종족과
13 — 세라에게서 난 세라 종족과
— 사울에게서 난 사울 종족이라

14 /이는 — 시므온의 종족들이니
/계수된 자가 — 이만 이천이백 명이었더라

15 /종족들은 — 이러하니
/갓 자손의
— 스본에게서 난 스본 종족과
— 학기에게서 난 학기 종족과
— 수니에게서 난 수니 종족과
16 — 오스니에게서 난 오스니 종족과
— 에리에게서 난 에리 종족과
17 — 아롯에게서 난 아롯 종족과
— 아렐리에게서 난 아렐리 종족이라

18 /이는 — 갓 자손의 종족들이니
/계수된 자가 — 사만 오백 명이었더라

민

패역할 때에 **10** 땅이 그 입을 열어서 그 무리와 고라를
삼키매 그들이 죽었고 당시에 불이 이백 오십명을 삼켜
징계가 되게 하였으나 **11** 그러나 고라의 아들들은 죽지
아니하였더라 **12** 시므온 자손은 그 종족대로 이러하니
느무엘에게서 난 느무엘 가족과 야민에게서 난 야민 가
족과 야긴에게서 난 야긴 가족과 **13** 세라에게서 난 세
라 가족과 사울에게서 난 사울 가족이라 **14** 이는 시므
온 종족들이니 계수함을 입은 자가 이만 이천 이백 명이
었더라 **15** 갓 자손은 그 종족대로 이러하니 스본에게서
난 스본 가족과 학기에게서 난 학기 가족과 수니에게서
난 수니 가족과 **16** 오스니에게서 난 오스니 가족과 에
리에게서 난 에리 가족과 **17** 아롯에게서 난 아롯 가족
과 아렐리에게서 난 아렐리 가족이라 **18** 이는 갓 자손
의 종족들이니 계수함을 입은 자가 사만 오백 명이었더

And the son of Pallu: Eliab. **9** And the sons of Eliab: Nemuel
and Dathan and Abiram. These are the Dathan and Abiram
who were called by the congregation, who contended against
Moses and against Aaron in the company of Korah, when
they contended against the LORD, **10** and the earth
opened its mouth and swallowed them up along with
Korah, when that company died, when the fire devoured 250
men, so that they became a warning. **11** The sons of
Korah, however, did not die. **12** ¶ The sons of Simeon
according to their families: of Nemuel, the family of the
Nemuelites; of Jamin, the family of the Jaminites; of
Jachin, the family of the Jachinites; **13** of Zerah, the
family of the Zerahites; of Shaul, the family of the
Shaulites. **14** These are the families of the Simeonites,
22,200. **15** ¶ The sons of Gad according to their families:
of Zephon, the family of the Zephonites; of Haggi, the family
of the Haggites; of Shuni, the family of the Shunites;
16 of Ozni, the family of the Oznites; of Eri, the family
of the Erites; **17** of Arod, the family of the Arodites;
of Areli, the family of the Arelites. **18** These are the families

19 /아들들은 — 에르와 오난이라
/유다의
/이 에르와
오난은 — 가나안 땅에서 죽었고
20 /종족들은 — 이러하니
/유다 자손의
— 셀라에게서 난 셀라 종족과
— 베레스에게서 난 베레스 종족과
— 세라에게서 난 세라 종족이며
21 /또
자손은 — 이러하니
/베레스
— 헤스론에게서 난 헤스론 종족과
— 하물에게서 난 하물 종족이라
22 /이는 — 유다 종족들이니
/계수된 자가 — 칠만 육천오백 명이었더라
23 /종족들은 — 이러하니
/잇사갈 자손의
— 돌라에게서 난 돌라 종족과
— 부와에게서 난 부니 종족과
24 — 야숩에게서 난 야숩 종족과
— 시므론에게서 난 시므론 종족이라
25 /이는 — 잇사갈 종족들이니
/계수된 자가 — 육만 사천삼백 명이었더라
26 /종족들은 — 이러하니
/스불론 자손의
— 세렛에게서 난 세렛 종족과
— 엘론에게서 난 엘론 종족과
— 얄르엘에게서 난 얄르엘 종족이라
27 /이는 — 스불론 종족들이니
/계수된 자가 — 육만 오백 명이었더라
28 /종족들은 — 므낫세와 에브라임이요
/요셉의 아들들의

라 **19** 유다의 아들은 에르와 오난이라 이 에르와 오난
은 가나안 땅에서 죽었고 **20** 유다의 자손은 그 종족대
로 이러하니 셀라에게서 난 셀라 가족과 베레스에게서 난
베레스 가족과 세라에게서 난 세라 가족이며 **21** 또 베
레스 자손은 이러하니 헤스론에게서 난 헤스론 가족과 하
물에게서 난 하물 가족이라 **22** 이는 유다 종족들이니
계수함을 입은 자가 칠만 육천 오백 명이었더라 **23** 잇
사갈 자손은 그 종족대로 이러하니 돌라에게서 난 돌라
가족과 부와에게서 난 부니 가족과 **24** 야숩에게서 난
야숩 가족과 시므론에게서 난 시므론 가족이라 **25** 이는
잇사갈 종족들이니 계수함을 입은 자가 육만 사천 삼백
명이었더라 **26** 스불론 자손들은 그 종족대로 이러하니
세렛에게서 난 세렛 가족과 엘론에게서 난 엘론 가족과
얄르엘에게서 난 얄르엘 가족이라 **27** 이는 스불론 종족

of the sons of Gad according to those who were numbered
of them, 40,500. **19** ¶ The sons of Judah were Er and
Onan, but Er and Onan died in the land of Canaan. **20**
And the sons of Judah according to their families were:
of Shelah, the family of the Shelanites; of Perez, the
family of the Perezites; of Zerah, the family of the
Zerahites. **21** And the sons of Perez were: of Hezron,
the family of the Hezronites; of Hamul, the family of
the Hamulites. **22** These are the families of Judah according
to those who were numbered of them, 76,500. **23** ¶
The sons of Issachar according to their families: of Tola,
the family of the Tolaites; of Puvah, the family of the Punites;
24 of Jashub, the family of the Jashubites; of Shimron,
the family of the Shimronites. **25** These are the families
of Issachar according to those who were numbered of
them, 64,300. **26** ¶ The sons of Zebulun according to
their families: of Sered, the family of the Seredites; of
Elon, the family of the Elonites; of Jahleel, the family
of the Jahleelites. **27** These are the families of the
Zebulunites according to those who were numbered of them,

29 /자손은 ——— 마길 종족이라
/마길에게서 난
/므낫세의 자손 중

/마길이 ——— 길르앗을 낳았고
/자손은 ——— 길르앗 종족이라
/길르앗에게서 난

30 /자손은 ——— 이러하니
/길르앗
이에셀에게서 난 이에셀 종족과
헬렉에게서 난 헬렉 종족과
31 아스리엘에게서 난 아스리엘 종족과
겜에게서 난 세겜 종족과
32 스미다에게서 난 스미다 종족과
헤벨에게서 난 헤벨 종족이며

33 /슬로브핫은 ——— 아들이 없고
/헤벨의 아들
딸뿐이라
/이름은 ——— 말라와 노아와 호글라와 밀가와 디르사니
/그 딸의

34 /이는 ——— 므낫세의 종족들이라
/계수된 자가 ——— 오만 이천칠백 명이었더라

35 /종족들은 ——— 이러하니
/에브라임 자손의
수델라에게서 난 수델라 종족과
베겔에게서 난 베겔 종족과
다한에게서 난 다한 종족이며

36 /자손은 ——— 이러하니
/수델라
에란에게서 난 에란 종족이라

37 /이는 ——— 에브라임 자손의 종족들이니
/계수된 자가 ——— 삼만 이천오백 명이라
/이상은 ——— 요셉 자손이었더라
/그 종족을 따른

민

들이니 계수함을 입은 자가 육만 오백 명이었더라 28
요셉의 아들들은 그 종족대로 므낫세와 에브라임이요
29 므낫세의 자손 중 마길에게서 난 것은 마길 가족이
라 마길이 길르앗을 낳았고 길르앗에게서 난 것은 길르
앗 가족이라 30 길르앗 자손은 이러하니 이에셀에게서
난 이에셀 가족과 헬렉에게서 난 헬렉 가족과 31 아스
리엘에게서 난 아스리엘 가족과 세겜에게서 난 세겜 가
족과 32 스미다에게서 난 스미다 가족과 헤벨에게서 난
헤벨 가족이며 33 헤벨의 아들 슬로브핫은 아들이 없고
딸 뿐이라 그 딸의 이름은 말라와 노아와 호글라와 밀가
와 디르사니 34 이는 므낫세의 종족들이라 계수함을 입
은 자가 오만 이천 칠백 명이었더라 35 에브라임 자손
은 그 종족대로 이러하니 수델라에게서 난 수델라 가족
과 베겔에게서 난 베겔 가족과 다한에게서 난 다한 가족
이며 36 수델라 자손은 이러하니 에란에게서 난 에란
가족이라 37 이는 에브라임 자손의 종족들이니 계수함

60,500. 28 ¶ The sons of Joseph according to their families:
Manasseh and Ephraim. 29 The sons of Manasseh: of
Machir, the family of the Machirites; and Machir became
the father of Gilead: of Gilead, the family of the Gileadites.
30 These are the sons of Gilead: of Iezer, the family
of the Iezerites; of Helek, the family of the Helekites;
31 and of Asriel, the family of the Asrielites; and of
Shechem, the family of the Shechemites; 32 and of Shemida,
the family of the Shemidaites; and of Hepher, the family
of the Hepherites. 33 Now Zelophehad the son of Hepher
had no sons, but only daughters; and the names of the
daughters of Zelophehad were Mahlah, Noah, Hoglah, Milcah
and Tirzah. 34 These are the families of Manasseh;
and those who were numbered of them were 52,700.
35 ¶ These are the sons of Ephraim according to their
families: of Shuthelah, the family of the Shuthelahites;
of Becher, the family of the Becherites; of Tahan, the
family of the Tahanites. 36 And these are the sons of
Shuthelah: of Eran, the family of the Eranites. 37 These
are the families of the sons of Ephraim according to

38 /종족들은 — 이러하니
/베냐민 자손의
— 벨라에게서 난 벨라 종족과
— 아스벨에게서 난 아스벨 종족과
— 아히람에게서 난 아히람 종족과
39 — 스부밤에게서 난 스부밤 종족과
— 후밤에게서 난 후밤 종족이며

40 /아들들은 — 아룻과 나아만이라
/벨라의
/아룻 종족과 — 〈났고〉
/아룻에게서
/종족이 — 났으니
/나아만 /나아만에게서

41 /이는 — 베냐민 자손이라
/그들의 종족을 따른
/계수된 자가 — 사만 오천육백 명이었더라

42 /종족들은 — 이러하니라
/단 자손의
/수함 종족이 — 났으니
/수함에게서
/이는 — 단 종족들이라
/그들의 종족을 따른

43 /계수된 자가 — 육만 사천사백 명이었더라
/수함 모든 종족의

44 /종족들은 — 이러하니
/아셀 자손의
— 임나에게서 난 임나 종족과
— 이스위에게서 난 이스위 종족과
— 브리아에게서 난 브리아 종족이며
45 — 헤벨에게서 난 헤벨 종족과
/브리아의 자손 중
— 말기엘에게서 난 말기엘 종족이며

46 /이름은 — 세라라
/아셀의 딸의

47 /이는 — 아셀 자손의 종족들이니
/계수된 자가 — 오만 삼천사백 명이었더라

을 입은 자가 삼만 이천오백 명이라 이상은 그 종족을 따
른 요셉 자손이었더라 **38** 베냐민 자손들은 그 종족대로
이러하니 벨라에게서 난 벨라 가족과 아스벨에게서 난 아
스벨 가족과 아히람에게서 난 아히람 가족과 **39** 스부밤
에게서 난 스부밤 가족과 후밤에게서 난 후밤 가족이며
40 벨라의 아들은 아룻과 나아만이라 아룻에게서 아룻
가족과 나아 만에게서 나아만 가족이 났으니 **41** 이는
그들의 종족을 따른 베냐민 자손이라 계수함을 입은 자가
사만 오천 육백 명이었더라 **42** 단 자손은 그 종족대로
이러하니라 수함에게서 수함 가족이 났으니 이는 그들의
종족을 따른 단 가족들이라 **43** 수함 모든 가족의 계수
함을 입은 자가 육만 사천 사백 명이었더라 **44** 아셀 자
손은 그 종족대로 이러하니 임나에게서 난 임나 가족과
이스위에게서 난 이스위 가족과 브리아에게서 난 브리아

those who were numbered of them, 32,500. These are
the sons of Joseph according to their families. **38** ¶
The sons of Benjamin according to their families: of
Bela, the family of the Belaites; of Ashbel, the family
of the Ashbelites; of Ahiram, the family of the Ahiramites;
39 of Shephupham, the family of the Shuphamites; of
Hupham, the family of the Huphamites. **40** And the
sons of Bela were Ard and Naaman: of Ard, the family
of the Ardites; of Naaman, the family of the Naamites.
41 These are the sons of Benjamin according to their
families; and those who were numbered of them were
45,600. **42** ¶ These are the sons of Dan according
to their families: of Shuham, the family of the Shuhamites.
These are the families of Dan according to their families.
43 All the families of the Shuhamites, according to
those who were numbered of them, were 64,400. **44** ¶
The sons of Asher according to their families: of Imnah,
the family of the Imnites; of Ishvi, the family of the

48 /자손은 — 그들의 종족대로 이러하니
/납달리
— 야셀에게서 난 야셀 종족과
— 구니에게서 난 구니 종족과
49 — 예셀에게서 난 예셀 종족과
— 실렘에게서 난 실렘 종족이라

50 /이는 — 납달리 종족들이니
/그들의 종족을 따른
/계수된 자가 — 사만 오천사백 명이었더라

51 /계수된 자가 — 육십만 천칠백삼십 명이었더라
/이스라엘 자손의

52 여호와께서 모세에게 **말씀하여 이르시되**
53 /[너는] — 땅을 나눠 주어...하라
/이 명수대로
/기업을 삼게

54 /[너는] — 기업을 많이 줄 것이요
/수가 많은 자에게는
— 기업을 적게 줄 것이니
/수가 적은 자에게는
— 각기 기업을 주되
/그들이 계수된 수대로

55 /[너는] — 제비 뽑아 나누어[31)]
/오직 그 땅을
— 얻게 할지니라
/그들의 조상 지파의 이름을 따라

56 /[너는] — 제비 뽑아 나눌지니라[32)]
/그들의 기업을
/그 다소를 막론하고

57 /종족들은 — 이러하니
/계수된 자들의
/레위인으로
— 게르손에게서 난 게르손 종족과
— 고핫에게서 난 고핫 종족과
— 므라리에게서 난 므라리 종족이며

31) 원래는 '그 땅이 나누어지게 하라'는 수동태 문장이다. 능동형으로 정리했다.
32) 그 땅이 나누어지게 하라

민

가족이며 45 브리아의 자손 중 헤벨에게서 난 헤벨 가
족과 말기엘에게서 난 말기엘 가족이며 46 아셀의 딸의
이름은 세라라 47 이는 아셀 자손의 종족들이니 계수함
을 입은 자가 오만 삼천 사백 명이었더라 48 납달리 자
손은 그 종족대로 이러하니 야셀에게서 난 야셀 가족과
구니에게서 난 구니 가족과 49 예셀에게서 난 예셀 가
족과 실렘에게서 난 실렘 가족이라 50 이는 그 종족을
따른 납달리 가족들이니 계수함을 입은 자가 사만 오천
사백 명이었더라 51 이스라엘 자손의 계수함을 입은 자
가 육십만 일천 칠백 삼십 명이었더라 52 여호와께서
모세에게 일러 가라사대 53 이 계수대로 땅을 나눠 주
어 기업을 삼게 하라 54 수가 많은 자에게는 기업을 많
이 줄 것이요 수가 적은 자에게는 기업을 적게 줄 것이니
그들의 계수함을 입은 수대로 각기 기업을 주되 55 오
직 그 땅을 제비 뽑아 나누어 그들의 조상 지파의 이름을
따라 얻게 할지니라 56 그 다소를 물론하고 그 기업을

Ishvites; of Beriah, the family of the Beriites. 45 Of
the sons of Beriah: of Heber, the family of the Heberites;
of Malchiel, the family of the Malchielites. 46 And the
name of the daughter of Asher was Serah. 47 These
are the families of the sons of Asher according to those
who were numbered of them, 53,400. 48 ¶ The sons
of Naphtali according to their families: of Jahzeel, the family
of the Jahzeelites; of Guni, the family of the Gunites;
49 of Jezer, the family of the Jezerites; of Shillem, the
family of the Shillemites. 50 These are the families of
Naphtali according to their families; and those who were
numbered of them were 45,400. 51 These are those
who were numbered of the sons of Israel, 601,730. 52 Then
the LORD spoke to Moses, saying, 53 "Among these
the land shall be divided for an inheritance according to
the number of names. 54 "To the larger group you shall
increase their inheritance, and to the smaller group you
shall diminish their inheritance; each shall be given their
inheritance according to those who were numbered of
them. 55 "But the land shall be divided by lot. They

민

58 /종족들은 — 이러하니
/레위
— 립니 종족과 헤브론 종족과
— 말리 종족과 무시 종족과
— 고라 종족이라

/고핫은 — 아므람을 낳았으며
59 /이름은 — 요게벳이니
/아므람의 처의 /레위의 딸이요
/레위에게서 난 자라
/애굽에서

/그[녀]가 — 낳았고
/아론과
모세와
그의 누이 미리암을
/아므람에게서

60 /아론에게서는 — 났더니
/나답과
아비후와
엘르아살과
이다말이

61 /나답과
아비후는 — 죽었더라
/다른 불을 여호와 앞에 드리다가

62 /모든 남자는 — 이만 삼천 명이었더라
/일 개월 이상으로
/계수된 레위인의

/그들은 — 계수에 들지 아니하였으니
/이스라엘 자손 중

//이는(이유: כִּי, for)
기업이 — 없음이었더라
/그들에게 준
/이스라엘 자손 중에서

63 이는 **계수한 자라**
/모세와 제사장 엘르아살이

제비 뽑아 나눌지니라 57 레위인의 계수함을 입은 자는
그 종족대로 이러하니 게르손에게서 난 게르손 가족과 고
핫에게서 난 고핫 가족과 므라리에게서 난 므라리 가족이
며 58 레위 종족들은 이러하니 립니 가족과 헤브론 가
족과 말리 가족과 무시 가족과 고라 가족이라 고핫은 아
므람을 낳았으며 59 아므람의 처의 이름은 요게벳이니
레위의 딸이요 애굽에서 레위에게서 난 자라 그가 아므람
에게서 아론과 모세와 그 누이 미리암을 낳았고 60 아
론에게서는 나답과 아비후와 엘르아살과 이다말이 났더
니 61 나답과 아비후는 다른 불을 여호와 앞에 드리다
가 죽었더라 62 레위인의 일 개월 이상으로 계수함을
입은 모든 남자가 이만 삼천명이었더라 그들은 이스라엘
자손 중 계수에 들지 아니하였으니 이는 이스라엘 자손
중에서 그들에게 준 기업이 없음이었더라 63 이는 모세
와 제사장 엘르아살의 계수한 자라 그들이 여리고 맞은편
요단 가 모압 평지에서 이스라엘 자손을 계수한 중에는

shall receive their inheritance according to the names of
the tribes of their fathers. 56 "According to the selection
by lot, their inheritance shall be divided between the
larger and the smaller groups." 57 ¶ And these are
those who were numbered of the Levites according to
their families: of Gershon, the family of the Gershonites;
of Kohath, the family of the Kohathites; of Merari, the family
of the Merarites. 58 These are the families of Levi: the
family of the Libnites, the family of the Hebronites, the
family of the Mahlites, the family of the Mushites, the family
of the Korahites. And Kohath became the father of
Amram. 59 And the name of Amram's wife was Jochebed,
the daughter of Levi, who was born to Levi in Egypt;
and she bore to Amram: Aaron and Moses and their
sister Miriam. 60 And to Aaron were born Nadab and
Abihu, Eleazar and Ithamar. 61 But Nadab and Abihu
died when they offered strange fire before the LORD.
62 And those who were numbered of them were 23,000,
every male from a month old and upward, for they were
not numbered among the sons of Israel since no inheritance

자손은 ——— 한 사람도 **들지 못하였으니**
/이스라엘 /그들이 —— 계수한 중에는
/계수한 /이스라엘 자손을
/시내 광야에서 /여리고 맞은편
64 /모세와 /요단 가
제사장 아론이 /모압 평지에서

65 //이는(이유: כִּי, for)
여호와께서 — 말씀하시기를... 하셨음이라
/그들에게 대하여
/그들이 반드시 광야에서 죽으리라

이러므로
한 사람도 **남지 아니하였더라**
/여분네의 아들 갈렙과
눈의 아들 여호수아 외에는

27

1 딸들이 **찾아왔으니**
/슬로브핫의 /므낫세 종족들에게
/헤벨의 아들 /요셉의 아들
/길르앗의 손자
/마길의 증손
/므낫세의 현손

이름은 **말라와 노아와 호글라와 밀가와 디르사라**
/그의 딸들의

2 그들이 **서서 이르되**
/회막 문에서
/모세와
제사장 엘르아살과
지휘관들과
온 회중 앞에

3 /아버지가 —— 광야에서 죽었으나
/우리
고라의 무리에 들지 아니하고
/여호와를 거슬러 모인
자기 죄로 죽었고
아들이 없나이다

64 모세와 제사장 아론이 시내 광야에서 계수한 이스라
엘 자손은 한 사람도 들지 못하였으니 **65** 이는 여호와
께서 그들에게 대하여 말씀하시기를 그들이 반드시 광야
에서 죽으리라 하셨음이라 이러므로 여분네의 아들 갈렙
과 눈의 아들 여호수아 외에는 한 사람도 남지 아니하였
더라

27:**1** 요셉의 아들 므낫세 가족에 므낫세의 현손
마길의 증손 길르앗의 손자 헤벨의 아들 슬로브
핫의 딸들이 나아왔으니 그 딸들의 이름은 말라와 노아
와 호글라와 밀가와 디르사라 **2** 그들이 회막 문에서 모
세와 제사장 엘르아살과 족장들과 온 회중 앞에 서서 가
로되 **3** 우리 아버지가 광야에서 죽었으나 여호와를 거스

was given to them among the sons of Israel. **63** ¶ These
are those who were numbered by Moses and Eleazar the
priest, who numbered the sons of Israel in the plains of Moab
by the Jordan at Jericho. **64** But among these there was
not a man of those who were numbered by Moses and Aaron
the priest, who numbered the sons of Israel in the
wilderness of Sinai. **65** For the LORD had said of them,
"They shall surely die in the wilderness." And not a
man was left of them, except Caleb the son of Jephunneh,
and Joshua the son of Nun.

27:**1** ¶ Then the daughters of Zelophehad, the son
of Hepher, the son of Gilead, the son of Machir,
the son of Manasseh, of the families of Manasseh the
son of Joseph, came near; and these are the names of
his daughters: Mahlah, Noah and Hoglah and Milcah
and Tirzah. **2** And they stood before Moses and before
Eleazar the priest and before the leaders and all the
congregation, at the doorway of the tent of meeting,
saying, **3** "Our father died in the wilderness, yet he was
not among the company of those who gathered themselves
together against the LORD in the company of Korah;

민

4 /어찌하여(why)
이름이 —— 그의 종족 중에서 삭제되리이까?
/우리 아버지의

//(이유: כִּי, for)
아들이 없다고

/[당신은] —— 우리에게 기업을 주소서 (하매)
/우리 아버지의 형제 중에서

5 모세가 여호와께 **아뢰니라**
/그 사연을

6 여호와께서 모세에게 **말씀하여 이르시되**
7 /말이 —— 옳으니
/슬로브핫 딸들의

/너는 —— 기업을(받게 하되) 주어
/반드시
/그들의 아버지의 형제 중에서
/그들에게
그들에게 돌릴지니라
/그들의 아버지의 기업을
8 /너는 —— 이스라엘 자손에게 말하여 이르기를
/[만일](אִם)
사람이 —— 죽고
아들이 —— 없으면(조건절, if)
[너희는] —— 그의 딸에게 돌릴 것이요
/그의 기업을

9 /[만일](אִם)
딸도 —— 없으면(조건절, if)
[너희는] —— 그의 형제에게 줄 것이요
/그의 기업을

10 /[만일](אִם)
형제도 —— 없으면(조건절, if)
[너희는] —— 그의 기업을 줄 것이요
/그의 아버지의 형제에게

11 /[만일](אִם)
형제도 —— 없으면(조건절, if)
/그의 아버지의

려 모인 고라의 무리에 들지 아니하고 자기 죄에 죽었고
아들이 없나이다 **4** 어찌하여 아들이 없다고 우리 아버지
의 이름이 그 가족 중에서 삭제되리이까 우리 아버지의
형제 중에서 우리에게 기업을 주소서 하매 **5** 모세가 그
사연을 여호와께 품하니라 **6** 여호와께서 모세에게 일러
가라사대 **7** 슬로브핫 딸들의 말이 옳으니 너는 반드시
그들의 아비의 형제 중에서 그들에게 기업을 주어 얻게
하되 그 아비의 기업으로 그들에게 돌릴지니라 **8** 너는
이스라엘 자손에게 고하여 이르기를 사람이 죽고 아들이
없거든 그 기업을 그 딸에게 돌릴 것이요 **9** 딸도 없거든
그 기업을 그 형제에게 줄 것이요 **10** 형제도 없거든 그
기업을 그 아비의 형제에게 줄 것이요 **11** 그 아비의 형
제도 없거든 그 기업을 가장 가까운 친족에게 주어 얻게
할지니라 하고 나 여호와가 너 모세에게 명한 대로 이스

but he died in his own sin, and he had no sons. **4** "Why
should the name of our father be withdrawn from among
his family because he had no son? Give us a possession
among our father's brothers." **5** And Moses brought
their case before the LORD. **6** Then the LORD spoke
to Moses, saying, **7** "The daughters of Zelophehad are
right in their statements. You shall surely give them a
hereditary possession among their father's brothers, and
you shall transfer the inheritance of their father to them.
8 "Further, you shall speak to the sons of Israel, saying,
'If a man dies and has no son, then you shall transfer
his inheritance to his daughter. **9** 'And if he has no daughter,
then you shall give his inheritance to his brothers. **10**
'And if he has no brothers, then you shall give his inheritance
to his father's brothers. **11** 'And if his father has no brothers,
then you shall give his inheritance to his nearest relative
in his own family, and he shall possess it; and it shall
be a statutory ordinance to the sons of Israel, just as the

[너희는] — 그의 기업을 주어
/가장 가까운 친족에게
[그가] — 받게 할지니라 (하고)

/[그것이]— 판결의 규례가 되게 할지니라
/이스라엘 자손에게
/여호와가 —명령한 대로
/나 /너 모세에게

12 여호와께서 모세에게 **이르시되**
/너는 — 이 아바림 산에 올라가서
— 땅을 바라보라
/내가 이스라엘 자손에게 준

13 /본 후에는
너도 — 조상에게로 돌아가리니
/네 형 아론이 돌아간 것 같이

14 //이는(이유: כִּי, for)
회중이 — 분쟁할 때에(상황절, when)
/신 광야에서
너희가 — 내 명령을 거역하고
— 나타내지 아니하였음이니라
/내 거룩함을
/그들의 목전에
/그 물 가에서
/이 물은 —므리바 물이니라
/신 광야 가데스의

15 모세가 여호와께 **여짜와 이르되**
16 /여호와,
생명의 하나님이시여!
/모든 육체의
[당신은] — 이 회중 위에 원하건대 세워서[33)]
/한 사람을
17 /그로[34)]
그들 앞에 출입하며
그들을 인도하여
출입하게 하사

//(목적)
회중이 — 목자 없는 양과 같이 되지 않게 하옵소서
/여호와의

33) 세워주소서

34) 관계대명사

민

라엘 자손에게 판결의 율례가 되게 할지니라 **12** 여호와
께서 모세에게 이르시되 너는 이 아바림 산에 올라가서
내가 이스라엘 자손에게 준 땅을 바라보라 **13** 본 후에
는 네 형 아론의 돌아간 것같이 너도 조상에게로 돌아가
리니 **14** 이는 신 광야에서 회중이 분쟁할 제 너희가 내
명을 거역하고 그 물가에서 나의 거룩함을 그들의 목전
에 나타내지 아니하였음이니라 이 물은 신 광야 가데스
의 므리바 물이니라 **15** 모세가 여호와께 여짜와 가로되
16 여호와 모든 육체의 생명의 하나님이시여 원컨대 한
사람을 이 회중 위에 세워서 **17** 그로 그들 앞에 출입하
며 그들을 인도하여 출입하게 하사 여호와의 회중으로
목자 없는 양과 같이 되지 않게 하옵소서 **18** 여호와께

LORD commanded Moses.'" **12** ¶ Then the LORD said
to Moses, "Go up to this mountain of Abarim, and see
the land which I have given to the sons of Israel. **13**
"And when you have seen it, you too shall be gathered
to your people, as Aaron your brother was; **14** for in
the wilderness of Zin, during the strife of the congregation,
you rebelled against My command to treat Me as holy before
their eyes at the water. "(These are the waters of Meribah
of Kadesh in the wilderness of Zin.) **15** Then Moses
spoke to the LORD, saying, **16** "May the LORD, the
God of the spirits of all flesh, appoint a man over the
congregation, **17** who will go out and come in before
them, and who will lead them out and bring them in,
that the congregation of the LORD may not be like sheep
which have no shepherd." **18** So the LORD said to
Moses, "Take Joshua the son of Nun, a man in whom

민

18 여호와께서 모세에게 **이르시되**
/너는 ── 여호수아는(를) 데려다가
/눈의 아들
/그 안에 영이 머무는 자(니)
── 그에게 안수하고
19 ── 그를 세우고
/제사장 엘르아살과
/온 회중 앞에
── 그에게 위탁하여
/그들의 목전에서

20 /[너는] ── 네 존귀를 그에게 돌려
── 그에게 복종하게 하라
/이스라엘 자손의 온 회중을

21 /그는 ── 설 것이요
/제사장 엘르아살 앞에
/엘르아살은─여호와 앞에 물을 것이며
/우림의 판결로써
/그를 위하여

/온 회중은 ── 엘르아살의 말을 따라 나가며
/(곧)그와
온 이스라엘 자손
── 들어올 것이니라

22 모세가 **하여**
/여호와께서 자기에게 명령하신 대로
여호수아를 **데려다가**
세우고
/제사장 엘르아살과
/온 회중 앞에
23 그에게 **안수하여**
위탁하되... 하였더라
/여호와께서 모세에게 명령하신 대로

28

1 여호와께서 모세에게 **말씀하여 이르시되**
2 /[너는] ── 이스라엘 자손에게 명령하여
── 그들에게 이르라

서 모세에게 이르시되 눈의 아들 여호수아는 신에 감동된
자니 너는 데려다가 그에게 안수하고 19 그를 제사장
엘르아살과 온 회중 앞에 세우고 그들의 목전에서 그에게
위탁하여 20 네 존귀를 그에게 돌려 이스라엘 자손의
온 회중으로 그에게 복종하게 하라 21 그는 제사장 엘
르아살 앞에 설 것이요 엘르아살은 그를 위하여 우림의
판결법으로 여호와 앞에 물을 것이며 그와 온 이스라엘
자손 곧 온 회중은 엘르아살의 말을 좇아 나가며 들어올
것이니라 22 모세가 여호와께서 자기에게 명하신 대로
하여 여호수아를 데려다가 제사장 엘르아살과 온 회중 앞
에 세우고 23 그에게 안수하여 위탁하되 여호와께서 자
기에게 명하신 대로 하였더라
28:1 여호와께서 모세에게 일러 가라사대 2 이스
라엘 자손에게 명하여 그들에게 이르라 나의 예

is the Spirit, and lay your hand on him; 19 and have
him stand before Eleazar the priest and before all the
congregation; and commission him in their sight. 20
"And you shall put some of your authority on him, in
order that all the congregation of the sons of Israel may
obey him. 21 "Moreover, he shall stand before Eleazar
the priest, who shall inquire for him by the judgment of
the Urim before the LORD. At his command they shall
go out and at his command they shall come in, both he
and the sons of Israel with him, even all the congregation."
22 And Moses did just as the LORD commanded him;
and he took Joshua and set him before Eleazar the priest,
and before all the congregation. 23 Then he laid his
hands on him and commissioned him, just as the LORD
had spoken through Moses.
28:1 ¶ Then the LORD spoke to Moses, saying, 2
"Command the sons of Israel and say to them,
'You shall be careful to present My offering, My food

/너희가 ── 삼가 내게 바칠지니라
/그 정한 시기에
/내 헌물,
/내 음식인 화제물
/내 향기로운 것은

3 /또
[너는] ── 그들에게 이르라
/화제는 ── 이러하니
/너희가 ── 여호와께 드릴
/[너희는] ── 상번제로 드리되
/일 년 되고
흠 없는 숫양을
/매일 두 마리씩

4 /[너희는] ┬ 아침에 드리고
/어린 양 한 마리는
└ 해 질 때에 드릴 것이요
/어린 양 한 마리는

5 /또
[너희는] ── 소제로 드릴 것이니
/기름 사분의 일 힌을 섞어서
/빻아 낸
/고운 가루 십분의 일 에바에

6 /이는 ┬ 상번제로서
/시내 산에서 정한
└ 향기로운 화제며
/여호와께 드리는

7 /또
그 전제는 ┬ 사분의 일 힌을 드리되
/어린 양 한 마리에
└ 독주의 전제를 부어 드릴 것이며
/거룩한 곳에서
/여호와께

8 /[너는] ┬ 두 번째 어린 양을 드리되
/해 질 때에는
└ 향기로운 화제로 드릴 것이니라
/소제와 전제와 같이
/아침에 드린
/여호와께

9 /[너는] ── 드릴 것이니
/안식일에는

민

물, 나의 식물되는 화제, 나의 향기로운 것은 너희가 그
정한 시기에 삼가 내게 드릴지니라 3 또 그들에게 이르
라 너희가 여호와께 드릴 화제는 이러하니 일 년되고 흠
없는 수양을 매일 둘씩 상번제로 드리되 4 한 어린 양은
아침에 드리고 한 어린 양은 해 질 때에 드릴 것이요 5
또 고운 가루 에바 십분지 일에 빻아낸 기름 힌 사분지
일을 섞어서 소제로 드릴 것이니 6 이는 시내 산에서 정
한 상번제로서 여호와께 드리는 향기로운 화제며 7 또
그 전제는 어린 양 하나에 힌 사분지 일을 드리되 거룩한
곳에서 여호와께 독주의 전제를 부어 드릴 것이며 8 해
질 때에는 그 한 어린 양을 드리되 그 소제와 전제를 아
침 것같이 여호와께 향기로운 화제로 드릴 것이니라 9

for My offerings by fire, of a soothing aroma to Me, at
their appointed time.' 3 "And you shall say to them,
'This is the offering by fire which you shall offer to the
LORD; two male lambs one year old without defect as
a continual burnt offering every day. 4 'You shall offer
the one lamb in the morning, and the other lamb you
shall offer at twilight; 5 also a tenth of an ephah of
fine flour for a grain offering, mixed with a fourth of a
hin of beaten oil. 6 'It is a continual burnt offering
which was ordained in Mount Sinai as a soothing aroma,
an offering by fire to the LORD. 7 'Then the libation
with it shall be a fourth of a hin for each lamb, in the
holy place you shall pour out a libation of strong drink
to the LORD. 8 'And the other lamb you shall offer at
twilight; as the grain offering of the morning and as its
libation, you shall offer it, an offering by fire, a soothing
aroma to the LORD. 9 ¶ 'Then on the sabbath day two
male lambs one year old without defect, and two-tenths
of an ephah of fine flour mixed with oil as a grain
offering, and its libation: 10 'This is the burnt offering

민

/숫양 두 마리(를)와
/일 년 되고 흠 없는
/소제와 그 전제를
/기름 섞은
/고운 가루 십분의 이에

10 /이는 —— 매 안식일의 번제니라
/상번제와 그 전제 외에

11 /[너희는] — 번제를 드리되
/초하루에는
/여호와께
/수송아지 두 마리와
숫양 한 마리와
숫양 일곱 마리로
/일 년 되고
/흠 없는

12-13
/<너희는> — 여호와께 화제를 〈드릴 것이며〉
/기름 섞은 소제와
/매 수송아지에는
/고운 가루 십분의 삼에
/기름 섞은 소제와
/숫양 한 마리에는
/고운 가루 십분의 이에
13 /기름 섞은 소제를
/매 어린 양에는
/고운 가루 십분의 일에
/향기로운 번제로

14 /그 전제는 ┬ 포도주 반 힌이요
/수송아지 한 마리에
├ 삼분의 일 힌이요
/숫양 한 마리에
└ 사분의 일 힌이니
/어린 양 한 마리에

/이는 —— 매월 초하루의 번제며
/일 년 중

15 /또
(너희는) — 속죄제로 여호와께 드릴 것이니라[35)]
/상번제(외에)와
/그 전제(와 함께)(외에)
/숫염소 한 마리를

35) 원래는 수동의 문장이. '숫염소 한 마리가 드려져야 한다.' 는 문장을 능동형으로 전개하였다. '너희는 드려야 한다' 가 된다.

안식일에는 일 년 되고 흠 없는 수양 둘과 고운 가루 에
바 십분지 이에 기름 섞은 소제와 그 전제를 드릴 것이니
10 이는 매 안식일의 번제라 상번제와 그 전제 외에니
라 **11** 월삭에는 수송아지 둘과 수양 하나와 일 년 되고
흠 없는 수양 일곱으로 여호와께 번제를 드리되 **12** 매
수송아지에는 고운 가루 에바 십분지 삼에 기름 섞은 소
제와 수양 하나에는 고운 가루 에바 십분지 이에 기름 섞
은 소제와 **13** 매 어린 양에는 고운 가루 에바 십분지
일에 기름 섞은 소제를 향기로운 번제로 여호와께 화제로
드릴 것이며 **14** 그 전제는 수송아지 하나에 포도주 반
힌이요 수양 하나에 삼분지 일 힌이요 어린 양 하나에 사
분지 일 힌이니 이는 일 년 중 매월삭의 번제며 **15** 또

of every sabbath in addition to the continual burnt offering
and its libation. **11** ¶ 'Then at the beginning of each
of your months you shall present a burnt offering to the
LORD; two bulls and one ram, seven male lambs one
year old without defect, **12** and three-tenths of an ephah
of fine flour for a grain offering, mixed with oil, for
each bull; and two-tenths of fine flour for a grain offering,
mixed with oil, for the one ram; **13** and a tenth of an
ephah of fine flour mixed with oil for a grain offering
for each lamb, for a burnt offering of a soothing aroma,
an offering by fire to the LORD. **14** 'And their libations
shall be half a hin of wine for a bull and a third of a
hin for the ram and a fourth of a hin for a lamb; this is
the burnt offering of each month throughout the months
of the year. **15** 'And one male goat for a sin offering
to the LORD; it shall be offered with its libation in
addition to the continual burnt offering. **16** ¶ 'Then on
the fourteenth day of the first month shall be the LORD's

16 /열넷째 날은 — 유월절이며
/첫째 달(의) /여호와를 위하여 지킬

17 /또
열다섯째 날부터는 — 명절이니
/그 달(의)

(너희는) —— 무교병을 먹을 것이며
/이레 동안

18 /그 첫날에는 — 성회로 모일 것이요
/[너희는] —— 아무 일도 하지 말 것이며

19 /[너희는] —— 여호와께 화제를 드려
/수송아지 두 마리와
숫양 한 마리와
일 년 된 숫양 일곱 마리를
/다 흠 없는 것으로
/번제가 되게(할 것이며)

20 /[너희는] —— 그 소제로는 드리고
/고운 가루에 기름을 섞어서(쓰되)
/수송아지 한 마리에는 십분의 삼이요
/숫양 한 마리에는 십분의 이를
21 십분의 일을 드릴 것이며
/어린 양 일곱에는
/어린 양 한 마리마다
22 또
속죄제를 드리되
/숫염소 한 마리로
/너희를 속죄하기 위하여
23 그것들을 드릴 것이니라
/아침의 번제(외에)
/곧 상번제 외에

24 /너희는 —— 향기로운 화제의 음식을 드리되
/이 순서대로
/이레 동안
/매일
/여호와께
드릴 것이며
/상번제와 그 전제 외에

25 /[너희는] —— 성회로 모일 것이요
/일곱째 날에는
아무 일도 하지 말 것이니라

민

상번제와 그 전제 외에 수염소 하나를 속죄제로 여호와
께 드릴 것이니라 16 정월 십사일은 여호와의 유월절이
며 17 또 그달 십오일 부터는 절일이니 칠 일 동안 무
교병을 먹을 것이며 18 그 첫 날에는 성회로 모일 것이
요 아무 노동도 하지 말 것이며 19 수송아지 둘과 수양
하나와 일 년 된 수양 일곱을 다 흠없는 것으로 여호와께
화제를 드려 번제가 되게 할 것이며 20 그 소제로는 고
운 가루에 기름을 섞어서 쓰되 수송아지 하나에는 에바
십분지 삼이요 수양 하나에는 에바 십분지 이를 드리고
21 어린 양 일곱에는 매 어린 양에 에바 십분지 일을
드릴 것이며 22 또 너희를 속하기 위하여 수염소 하나
로 속죄제를 드리되 23 아침의 번제 곧 상번제 외에 그
것들을 드릴 것이니라 24 너희는 이 순서대로 칠 일 동
안 매일 여호와께 향기로운 화제의 식물을 드리되 상번

Passover. 17 'And on the fifteenth day of this month
shall be a feast, unleavened bread shall be eaten for
seven days. 18 'On the first day shall be a holy convocation;
you shall do no laborious work. 19 'And you shall
present an offering by fire, a burnt offering to the LORD:
two bulls and one ram and seven male lambs one year
old, having them without defect. 20 'And for their grain
offering, you shall offer fine flour mixed with oil: three-
tenths of an ephah for a bull and two-tenths for the ram.
21 'A tenth of an ephah you shall offer for each of
the seven lambs, 22 and one male goat for a sin offering,
to make atonement for you. 23 'You shall present these
besides the burnt offering of the morning, which is for
a continual burnt offering. 24 'After this manner you
shall present daily, for seven days, the food of the offering
by fire, of a soothing aroma to the LORD; it shall be presented

민

26 /너희가 —— 여호와께 새 소제를 드릴 때에도(상황절, when)
/칠칠절(에)
/처음 익은 열매를 드리는 날에
[너희는] —— 성회로 모일 것이요
아무 일도 하지 말 것이며

27 /[너희는] —— 향기로운 번제를 드릴 것이며
/여호와께
/수송아지 두 마리와
숫양 한 마리와
숫양 일곱 마리로
/일 년 된
28-29
〈드릴 것이며〉
/그 소제로(는)
/고운 가루에 기름을 섞어서(쓰되)
/수송아지 한 마리마다 십분의 삼이요
/숫양 한 마리에는 십분의 이요
29 /어린 양 한 마리마다 십분의 일을
/어린 양 일곱 마리에는
30 /또
[너희는] —— 숫염소 한 마리를 드리되
/너희를 속죄하기 위하여
31 /너희는 —— 그것들을 드릴 것이니라
/다 흠 없는 것으로
/상번제와
그 소제와
전제 외에

29

1 /너희는 —— 성회로 모이고
/일곱째 달에 (이르러는)
/그 달 초하루에
아무 노동도 하지 말라
/이는 —— 너희가 나팔을 불 날이니라

2 /너희는 —— 향기로운 번제로 드릴 것이며
/수송아지 한 마리와
숫양 한 마리와
숫양 일곱 마리를
/일 년 되고 흠 없는
/여호와께

제와 그 전제 외에 드릴 것이며 **25** 제칠일에는 성회로
모일 것이요 아무 노동도 하지 말 것이니라 **26** 칠칠절
처음 익은 열매 드리는 날에 너희가 여호와께 새 소제를
드릴 때에도 성회로 모일 것이요 아무 노동도 하지 말 것
이며 **27** 수 송아지 둘고 수양 하나와 일 년 된 수양 일
곱으로 여호와께 향기로운 번제를 드릴 것이며 **28** 그
소제로는 고운 가루에 기름을 섞어서 쓰되 매 수송아지에
는 에바 십분지 삼이요 수양 하나에는 에바 십분지 이요
29 어린 양 일곱에는 매 어린 양에 에바 십분지 일을
드릴 것이며 **30** 또 너희를 속하기 위하여 수염소 하나
를 드리되 **31** 너희는 다 흠 없는 것으로 상번제와 그
소제와 전제 외에 그것들을 드릴 것이니라
29:1 칠월에 이르러는 그 달 초 일일에 성회로 모
이고 아무 노동도 하지 말라 이는 너희가 나팔을

with its libation in addition to the continual burnt offering.
25 'And on the seventh day you shall have a holy
convocation; you shall do no laborious work. **26** ¶ 'Also
on the day of the first fruits, when you present a new
grain offering to the LORD in your Feast of Weeks, you
shall have a holy convocation; you shall do no laborious
work. **27** 'And you shall offer a burnt offering for a soothing
aroma to the LORD, two young bulls, one ram, seven
male lambs one year old, **28** and their grain offering,
fine flour mixed with oil, three-tenths of an ephah for
each bull, two-tenths for the one ram, **29** a tenth for
each of the seven lambs, **30** one male goat to make
atonement for you. **31** 'Besides the continual burnt offering
and its grain offering, you shall present them with their
libations. They shall be without defect.
29:1 ¶ 'Now in the seventh month, on the first day
of the month, you shall also have a holy convocation;
you shall do no laborious work. It will be to you a day

3-4
〈드릴 것이며〉
3 /그 소제로는
/고운 가루에 기름을 섞어서 쓰되[36)]
/수송아지에는 십분의 삼이요
/숫양에는 십분의 이요
4 /어린 양 한 마리마다 십분의 일을
/어린 양 일곱 마리에는

36) 섞어 쓰면서

5 또
속죄제를 〈드리되〉
/너희를 속죄하기 위하여
/숫염소 한 마리로
6 화제를 여호와께 〈드릴 것이니라〉
/그 달의 번제와
그 소제와
상번제와
그 소제와
그 전제 외에
/그 규례를 따라
/향기로운 냄새로

7 /너희가 — 성회로 〈모일 것이요〉
/일곱째 달 열흘 날에는
/[너희는] — 너희의 심령을 괴롭게 하며
아무 일도 하지 말 것이니라

8 /너희는 — 향기로운 번제를 드릴 것이며
/수송아지 한 마리와
숫양 한 마리와
숫양 일곱 마리를
/일 년 된
/다 흠 없는 것으로
/여호와께
9 그 소제로는 〈드릴 것이며〉
/고운 가루에 기름을 섞어서 쓰되
/수송아지 한 마리에는 십분의 삼이요
/숫양 한 마리에는 십분의 이요
10 /어린 양 한 마리마다 십분의 일을
/어린 양 일곱 마리에는

민

불 날이니라 **2** 너희는 수송아지 하나와 수양 하나와 일
년 되고 흠 없는 수양 일곱을 여호와께 향기로운 번제로
드릴 것이며 **3** 그 소제로는 고운 가루에 기름을 섞어서
쓰되 수송아지에는 에바 십분지 삼이요 수양에는 에바
십분지 이요 **4** 어린 양 일곱에는 매 어린 양에 에바 십
분지 일을 드릴 것이며 **5** 또 너희를 속하기 위하여 수염
소 하나를 속죄제로 드리되 **6** 월삭의 번제와 그 소제와
상번제와 그 소제와 그 전제 외에 그 규례를 따라 향기로
운 화제로 여호와께 드릴 것이니라 **7** 칠월 십일에는 너
희가 성회로 모일 것이요 마음을 괴롭게 하고 아무 노동
도 하지 말 것이며 **8** 너희는 수송아지 하나와 수양 하나
와 일 년 된 수양 일곱을 다 흠없는 것으로 여호와께 향
기로운 번제를 드릴 것이며 **9** 그 소제로는 고운 가루에
기름을 섞어서 쓰되 수송아지 하나에는 에바 십분지 삼

for blowing trumpets. **2** 'And you shall offer a burnt offering
as a soothing aroma to the LORD: one bull, one ram,
and seven male lambs one year old without defect; **3**
also their grain offering, fine flour mixed with oil, three-
tenths of an ephah for the bull, two-tenths for the ram,
4 and one-tenth for each of the seven lambs. **5** 'And
offer one male goat for a sin offering, to make atonement
for you, **6** besides the burnt offering of the new moon,
and its grain offering, and the continual burnt offering
and its grain offering, and their libations, according to
their ordinance, for a soothing aroma, an offering by
fire to the LORD. **7** ¶ 'Then on the tenth day of this
seventh month you shall have a holy convocation, and
you shall humble yourselves; you shall not do any work.
8 'And you shall present a burnt offering to the LORD
as a soothing aroma: one bull, one ram, seven male
lambs one year old, having them without defect; **9** and
their grain offering, fine flour mixed with oil, three-
tenths of an ephah for the bull, two-tenths for the one
ram, **10** a tenth for each of the seven lambs; **11** one
male goat for a sin offering, besides the sin offering of
atonement and the continual burnt offering and its grain

11 /[너희는] 속죄제로 드릴 것이니라
/속죄제와
상번제와
그 소제와
그 전제 외에
/숫염소 한 마리를

12 /너희가 성회로 모일 것이요
/열다섯째 날에는
/일곱째 달(의)
아무 일도 하지 말 것이며
절기를 지킬 것이라
/이레 동안
/여호와 앞에

13 /[너희는] 향기로운 화제를 드리되
/너희 번제로
/여호와께
〈드릴 것이며〉
/수송아지 열세 마리와
숫양 두 마리와
일 년 된 숫양 열네 마리를
/다 흠 없는 것으로

14 그 소제로는 〈드릴 것이며〉
/고운 가루에 기름을 섞어서
/수송아지 열세 마리에는 각기 십분의 삼이요
/숫양 두 마리에는 각기 십분의 이요
15 /어린 양 열네 마리에는 각기 십분의 일을

16 속죄제로 드릴 것이니라
/숫염소 한 마리를
/상번제와
그 소제와
그 전제 외에

17 /[너희는] 〈드릴 것이며〉
/둘째 날에는
/수송아지 열두 마리와
숫양 두 마리와
숫양 열네 마리를
/일 년 되고 흠 없는

18 규례대로 〈할 것이며〉
/그 소제와 전제는
/수송아지와 숫양과 어린 양의 수효를 따라서

이요 수양 하나에는 에바 십분지 이요 10 어린 양 일곱
에는 매 어린 양에 에바 십분지 일을 드릴 것이며 11
또 수염소 하나를 속죄제로 드릴 것이니 이는 속죄제와
상번제와 그 소제와 그 전제 외에니라 12 칠월 십오일
에는 너희가 너희 성회로 모일 것이요 아무 노동도 하지
말 것이며 칠 일 동안 여호와 앞에 절기를 지킬 것이라
13 너희 번제로 여호와께 향기로운 화제를 드리되 수
송아지 열셋과 수양 둘과 일 년 된 수양 열넷을 다 흠 없
는 것으로 드릴 것이며 14 그 소제로는 고운 가루에 기
름을 섞어서 수송아지 열셋에는 각기 에바 십분지 삼이요
수양 둘에는 각기 에바 십분지 이요 15 어린 양 열넷에
는 각기 에바 십분지 일을 드릴 것이며 16 또 수염소
하나를 속죄제로 드릴지니 상번제와 그 소제와 그 전제
외에니라 17 둘째 날에는 수송아지 열둘과 수양 둘과

offering, and their libations. 12 ¶ 'Then on the fifteenth
day of the seventh month you shall have a holy convocation;
you shall do no laborious work, and you shall observe a
feast to the LORD for seven days. 13 'And you shall present
a burnt offering, an offering by fire as a soothing aroma
to the LORD: thirteen bulls, two rams, fourteen male
lambs one year old, which are without defect, 14 and
their grain offering, fine flour mixed with oil, three-
tenths of an ephah for each of the thirteen bulls, two-
tenths for each of the two rams, 15 and a tenth for
each of the fourteen lambs; 16 and one male goat for
a sin offering, besides the continual burnt offering, its
grain offering and its libation. 17 ¶ 'Then on the second
day: twelve bulls, two rams, fourteen male lambs one
year old without defect; 18 and their grain offering and
their libations for the bulls, for the rams and for the

민

19 속죄제로 〈드릴 것이니라〉
/숫염소 한 마리를
/상번제와
그 소제와
그 전제 외에

20 〈드릴 것이며〉
/셋째 날에는
/수송아지 열한 마리와
숫양 두 마리와
숫양 열네 마리를
/일 년 되고 흠 없는

21 규례대로 〈할 것이며〉
/그 소제와 전제는
/수효를 따라서
/수송아지와
숫양과
어린 양의

22 속죄제로 〈드릴 것이니라〉
/상번제와
그 소제와
그 전제 외에
/숫염소 한 마리를

23 〈드릴 것이며〉
/넷째 날에는
/수송아지 열 마리와
숫양 두 마리와
숫양 열네 마리를
/일 년 되고 흠 없는

24 규례대로 〈할 것이며〉
/그 소제와 전제는
/수효를 따라
/수송아지와
숫양과
어린 양의

25 속죄제로 〈드릴 것이니라〉
/숫염소 한 마리를
/상번제와
그 소제와
그 전제 외에

일 년 되고 흠 없는 수양 열넷을 드릴 것이며 18 그 소
제와 전제는 수송아지와 수양과 어린 양의 수효를 따라
서 규례대로 할 것이며 19 또 수염소 하나를 속죄제로
드릴지니 상번제와 그 소제와 그 전제 외에니라 20 세
째 날에는 수송아지 열 하나와 수양 둘과 일 년 되고 흠
없는 수양 열넷을 드릴 것이며 21 그 소제와 전제는 수
송아지와 수양과 어린 양의 수효를 따라서 규례대로 할
것이며 22 또 수염소 하나를 속죄제로 드릴지니 상번제
와 그 소제와 그 전제 외에니라 23 네째 날에는 수송아
지 열과 수양 둘과 일 년 되고 흠 없는 수양 열넷을 드릴
것이며 24 그 소제와 전제는 수송아지와 수양과 어린
양의 수효를 따라서 규례대로 할 것이며 25 또 수염소

lambs, by their number according to the ordinance; 19
and one male goat for a sin offering, besides the continual
burnt offering and its grain offering, and their libations.
20 ¶ 'Then on the third day: eleven bulls, two rams, fourteen
male lambs one year old without defect; 21 and their
grain offering and their libations for the bulls, for the
rams and for the lambs, by their number according to
the ordinance; 22 and one male goat for a sin offering,
besides the continual burnt offering and its grain offering
and its libation. 23 ¶ 'Then on the fourth day: ten bulls,
two rams, fourteen male lambs one year old without
defect; 24 their grain offering and their libations for
the bulls, for the rams and for the lambs, by their number
according to the ordinance; 25 and one male goat for
a sin offering, besides the continual burnt offering, its
grain offering and its libation. 26 ¶ 'Then on the fifth

민

26 〈드릴 것이며〉
/다섯째 날에는
/수송아지 아홉 마리와
숫양 두 마리와
열네 마리를
/일 년 되고 흠 없는 숫양
27 규례대로 〈할 것이며〉
/그 소제와 전제는
/수효를 따라서
/수송아지와
숫양과
어린 양의
28 속죄제로 〈드릴 것이니라〉
/숫염소 한 마리를
/상번제와
그 소제와
그 전제 외에
29 〈드릴 것이며〉
/여섯째 날에는
/수송아지 여덟 마리와
/숫양 두 마리와
숫양 열네 마리를
/일 년 되고 흠 없는
30 규례대로 〈할 것이며〉
/그 소제와 전제는
/수효를 따라서
/수송아지와
숫양과
어린 양의
31 속죄제로 〈드릴 것이니라〉
/숫염소 한 마리를
/상번제와
그 소제와
그 전제 외에

32 〈드릴 것이며〉
/일곱째 날에는
/수송아지 일곱 마리와
숫양 두 마리와
숫양 열네 마리를
/일 년 되고 흠 없는
33 규례대로 〈할 것이며〉
/그 소제와 전제는
/수효를 따라
/수송아지와
숫양과
어린 양의

하나를 속죄제로 드릴지니 상번제와 그 소제와 그 전제
외에니라 **26** 다섯째 날에는 수송아지 아홉과 수양 둘과
일 년 되고 흠없는 수양 열넷을 드릴 것이며 **27** 그 소
제와 전제는 수송아지와 수양과 어린 양의 수효를 따라서
규례대로 할 것이며 **28** 또 수염소 하나를 속죄제로 드
릴지니 상번제와 그 소제와 그 전제 외에니라 **29** 여섯
째 날에는 수송아지 여덟과 수양 둘과 일 년 되고 흠없는
수양 열넷을 드릴 것이며 **30** 그 소제와 전제는 수송아
지와 수양과 어린 양의 수효를 따라서 규례대로 할 것이
며 **31** 또 수염소 하나를 속죄제로 드릴지니 상번제와

day: nine bulls, two rams, fourteen male lambs one year old without defect;
27 and their grain offering and their libations for the bulls, for the rams and for the lambs, by their number according to the ordinance;
28 and one male goat for a sin offering, besides the continual burnt offering and its grain offering and its libation.
29 ¶ 'Then on the sixth day: eight bulls, two rams, fourteen male lambs one year old without defect;
30 and their grain offering and their libations for the bulls, for the rams and for the lambs, by their number according to the ordinance;
31 and one male goat for a sin offering, besides the continual burnt offering, its grain offering and its libations.
32 ¶ 'Then on the seventh day: seven bulls, two rams, fourteen male lambs one year old without

34 속죄제로 〈드릴 것이니라〉
/숫염소 한 마리를
/상번제와
그 소제와
그 전제 외에

35 장엄한 대회로 모일 것이요
/여덟째 날에는
아무 일도 하지 말 것이며

36 /[너희는] 번제로 드리되...드릴 것이며
/여호와께
/향기로운 화제를
/수송아지 한 마리와
숫양 한 마리와
숫양 일곱 마리를
/일 년 되고 흠 없는

37 규례대로 〈할 것이며〉
/그 소제와 전제는
/수효를 따라
/수송아지와
숫양과
어린 양의

38 속죄제로 〈드릴 것이니라〉
/숫염소 한 마리를
/상번제와
그 소제와
그 전제 외에

39 /너희가 이같이 드릴지니
/여호와께
/이 절기를 당하거든

/이는 드릴 것이니라
/너희의 서원제나
낙헌제 외에
/번제,
소제,
전제,
화목제(로) 드리는

40 모세가 이스라엘 자손에게 **말하니라**
/모든 일을
/여호와께서 모세에게 명령하신

그 소제와 그 전제 외에니라 **32** 일곱째 날에는 수송아
지 일곱과 수양 둘과 일 년 되고 흠 없는 수양 열넷을 드
릴 것이며 **33** 그 소제와 전제는 수송아지와 수양과 어
린 양의 수효를 따라서 규례대로 할 것이며 **34** 또 수염
소 하나를 속죄제로 드릴지니 상번제와 그 소제와 그 전
제 외에니라 **35** 여덟째 날에는 거룩한 대회로 모일 것
이요 아무 노동도 하지 말것이며 **36** 번제로 여호와께
향기로운 화제를 드리되 수송아지 하나와 수양 하나와
일 년 되고 흠 없는 수양 일곱을 드릴 것이며 **37** 그 소
제와 전제는 수송아지와 수양과 어린 양의 수효를 따라
서 규례대로 할 것이며 **38** 또 수염소 하나를 속죄제로
드릴지니 상번제와 그 소제와 그 전제 외에니라 **39** 너

defect; **33** and their grain offering and their libations
for the bulls, for the rams and for the lambs, by their
number according to the ordinance; **34** and one male
goat for a sin offering, besides the continual burnt offering,
its grain offering and its libation. **35** ¶ 'On the eighth
day you shall have a solemn assembly; you shall do no
laborious work. **36** 'But you shall present a burnt
offering, an offering by fire, as a soothing aroma to the
LORD: one bull, one ram, seven male lambs one year
old without defect; **37** their grain offering and their libations
for the bull, for the ram and for the lambs, by their
number according to the ordinance; **38** and one male
goat for a sin offering, besides the continual burnt offering
and its grain offering and its libation. **39** ¶ 'You shall present
these to the LORD at your appointed times, besides your
votive offerings and your freewill offerings, for your
burnt offerings and for your grain offerings and for your
libations and for your peace offerings.'" **40** And Moses

민

30

1 모세가 **말하여 이르되**
/이스라엘 자손 지파의 수령들에게
/여호와의 명령이 이러하니라

2 /[만일](כִּי)
사람이 — 여호와께 서원하였거나
　　　　 결심하고 서약하였으면(조건절, if)
[그는] — 깨뜨리지 말고
[그는] — 다 이행할 것이니라
　　　　　/그가 입으로 말한 대로

3 /또
[만일](כִּי)
여자가 — 있다고 하자(조건절, if)
　　　　　/여호와께 서원한 일이나
　　　　　/스스로 결심하려고 한 일이
　　　　　/어려서 그 아버지 집에 있을 때에

4 /[만일]
아버지가 — 듣고도
/그의　　　　/그의 서원이나
　　　　　　/그가 결심한 서약을
　　　　 그에게 아무 말이 없으면(조건절, if)

[그는] — 그의 모든 서원을 행할 것이요
　　　　 서약을 지킬 것이니라
　　　　　/그가 결심한

5 /그러나
[만일](אִם)
아버지가 — 허락하지 아니하면(조건절, if)
/그의　　　　/그것을 듣는 날에
[그는] — 이루지 못할 것이니
　　　　　/그의 서원과
　　　　　 결심한 서약을

/여호와께서 — 사하시리라

//(이유: כִּי, for)
그의 아버지가 허락하지 아니하였은즉

6 /또
혹시(만일, אִם)

희가 이 절기를 당하거든 여호와께 이같이 드릴지니 이는
너희 서원제나 낙헌제외에 번제, 소제, 전제, 화목제를 드
릴 것이니라 **40** 모세가 여호와께서 자기로 명하신 모든
일을 이스라엘 자손에게 고하니라
30:**1** 모세가 이스라엘 자손 지파의 두령들에게 일
러 가로되 여호와의 명령이 이러하니라 **2** 사람
이 여호와께 서원하였거나 마음을 제어하기로 서약하였
거든 파약(破約)하지 말고 그 입에서 나온 대로 다 행할
것이니라 **3** 또 여자가 만일 어려서 그 아비 집에 있을
때에 여호와께 서원한 일이나 스스로 제어하려 한 일이
있다 하자 **4** 그 아비가 그의 서원이나 그 마음을 제어
하려는 서약을 듣고도 그에게 아무 말이 없으면 그 모든
서원을 행할 것이요 그 마음을 제어하려는 서약을 지킬
것이니라 **5** 그러나 그 아비가 그것을 듣는 날에 허락지
아니하면 그 서원과 마음을 제어하려던 서약이 이루지 못
할 것이니 그 아비가 허락지 아니하였은즉 여호와께서 사

spoke to the sons of Israel in accordance with all that
the LORD had commanded Moses.
30:1 ¶ Then Moses spoke to the heads of the tribes
of the sons of Israel, saying, "This is the word
which the LORD has commanded. **2** "If a man makes
a vow to the LORD, or takes an oath to bind himself
with a binding obligation, he shall not violate his word;
he shall do according to all that proceeds out of his
mouth. **3** "Also if a woman makes a vow to the LORD,
and binds herself by an obligation in her father's house
in her youth, **4** and her father hears her vow and her
obligation by which she has bound herself, and her father
says nothing to her, then all her vows shall stand, and
every obligation by which she has bound herself shall
stand. **5** "But if her father should forbid her on the day
he hears of it, none of her vows or her obligations by

혹시(만일, אִם)
[그녀가] ─ 남편을 맞을 때에
그의 입술로 말하였으면(조건절, if)
/서원이나
결심한 서약을
/경솔하게

7 /[만일]
남편이 ─ 그것을 듣고
/그[녀]의
그에게 아무 말이 없으면(조건절, if)
/그 듣는 날에
[그녀는] ─ 그 서원을 이행할 것이요
서약을 지킬 것이니라
/그[녀]가 결심한

8 /그러나
남편이 ─ 허락하지 아니하면(조건절, if)
/그[녀]의 /그것을 듣는 날에

그 서원과
서약은 ─ 무효가 될 것이니
/경솔하게 입술로 말한
/결심하려고

/여호와께서 ─ 그 여자를 사하시리라

9 /모든 서약은 ─ 지킬 것이니라
/서원이나
/과부나
/이혼 당한 여자의
/그가 결심한

10 /혹시(만일, אִם)
부녀가 ─ 서원을 하였다든지
/그의 남편의 집에서
결심하고 서약을 하였다 하자(조건절, if)
11 /남편이 ─ 그것을 듣고도
/그[녀]의
아무 말이 없고 금하지 않으면(조건절, if)
[그녀는] ─ 그 서원은 다 이행할 것이요
서약은 다 지킬 것이니라
/그가 결심한

12 /그러나
[만일](אִם)

민

하시리라 6 또 혹시 남편을 맞을 때에 서원이나 마음을 제어하려는 서약을 경솔히 그 입에서 발하였다 하자 7 그 남편이 그것을 듣고 그 듣는 날에 그에게 아무 말이 없으면 그 서원을 행할 것이요 그 마음을 제어하려는 서약을 지킬 것이니라 8 그러나 그 남편이 그것을 듣는 날에 허락지 아니하면 그 서원과 마음을 제어하려고 경솔히 입술에서 발한 서약이 무효될 것이니 여호와께서 그 여자를 사하시리라 9 과부나 이혼당한 여자의 서원이나 무릇 그 마음을 제어하려는 서약은 지킬 것이니라 10 부녀가 혹시 그 남편의 집에 있어 서원을 하였다든지 마음을 제어하려고 서약하였다 하자 11 그 남편이 그것을 듣고도 아무 말이 없고 금함이 없으면 그 서원은

which she has bound herself shall stand; and the LORD will forgive her because her father had forbidden her. 6 ¶ "However, if she should marry while under her vows or the rash statement of her lips by which she has bound herself, 7 and her husband hears of it and says nothing to her on the day he hears it, then her vows shall stand and her obligations by which she has bound herself shall stand. 8 "But if on the day her husband hears of it, he forbids her, then he shall annul her vow which she is under and the rash statement of her lips by which she has bound herself; and the LORD will forgive her. 9 ¶ "But the vow of a widow or of a divorced woman, everything by which she has bound herself, shall stand against her. 10 "However, if she vowed in her husband's house, or bound herself by an obligation with an oath, 11 and her husband heard it, but said nothing to her and did not forbid her, then

그러나
[만일](אִם)
남편이 —— 무효하게 하면(조건절, if)
/그의 /그것을 듣는 날에
아무것도 —— 이루지 못하나니
/입술로 말한 것을
/그 서원과
결심한 일에 대하여

/그의 남편이 —— 그것을 무효하게 하였은즉
/여호와께서 —— 그 부녀를 사하시느니라

13 /그의 남편이 —— 그것을 지키게도 할 수 있고
/모든 서원과
/모든 서약은
/마음을 자제하기로 한
무효하게도 할 수 있으니

14 /[만일]
남편이 —— 여러 날이 지나도록 말이 없으면(조건절, if)
/그[녀]의
[그가] —— 지키게 하는 것이니
/아내의 서원과 스스로 결심한 일을
지키게 됨이니라

//이는(이유: כִּי, for)
그가 —— 그것을 들을 때에(on the day)
[그가] —— 아무 말도 아니하였으므로
/그의 아내에게

15 /그러나
[만일]
남편이 —— 들은 지 얼마 후에(상황절, after)
/그[녀]의
그것을 무효하게 하면(조건절, if)
그가 —— 아내의 죄를 담당할 것이니라

16 /이는 —— 규례니...것이니라
/여호와께서 모세에게 명령하신
/남편이 아내에게 [대한],
/아버지가 자기 집에 있는 어린 딸에 대한

민

무릇 행할 것이요 그 마음을 제어하려는 서약은 무릇 지
킬 것이니라 12 그러나 그 남편이 그것을 듣는 날에
무효케 하면 그 서원과 마음을 제어하려던 일에 대하여
입술에서 낸 것을 무엇이든지 이루지 못하나니 그 남편이
그것을 무효케 하였은즉 여호와께서 그 부녀를 사하시느
니라 13 무릇 서원과 무릇 마음을 괴롭게 하려는 서약
은 그 남편이 그것을 지키게도 할 수 있고 무효케도 할
수 있나니 14 그 남편이 일향 말이 없으면 아내의 서
원과 스스로 제어하려는 일을 지키게 하는 것이니 이는
그가 그것을 들을 때에 그 아내에게 아무 말도 아니하였
으므로 지키게 됨이니라 15 그러나 그 남편이 들은 지
얼마 후에 그것을 무효케 하면 그가 아내의 죄를 담당할
것이니라 16 이는 여호와께서 모세에게 명하신 율례니
남편이 아내에게, 아비가 자기 집에 있는 유년 여자에게
대한 것이니라

all her vows shall stand, and every obligation by which
she bound herself shall stand. 12 "But if her husband indeed
annuls them on the day he hears them, then whatever proceeds
out of her lips concerning her vows or concerning the
obligation of herself, shall not stand; her husband has annulled
them, and the LORD will forgive her. 13 ¶ "Every
vow and every binding oath to humble herself, her
husband may confirm it or her husband may annul it.
14 "But if her husband indeed says nothing to her from
day to day, then he confirms all her vows or all her obligations
which are on her; he has confirmed them, because he
said nothing to her on the day he heard them. 15 "But
if he indeed annuls them after he has heard them, then
he shall bear her guilt." 16 ¶ These are the statutes
which the LORD commanded Moses, as between a man
and his wife, and as between a father and his daughter,
while she is in her youth in her father's house.

31

1 여호와께서 모세에게 **말씀하여 이르시되**
2 /[너는] ——— 미디안에게 갚으라
/이스라엘 자손의 원수를
/그 후에
네가 ——— 네 조상에게로 돌아가리라

3 모세가 백성에게 말하여 **이르되**
/[너희는] ——— 무장시키고
/전쟁에 나갈 사람들을
/너와 함께 있는 사람들 가운데서
미디안을 치러 보내어

//(목적: to)
여호와의 원수를 갚되

4 /[너희는] ——— 전쟁에 보낼지니라 (하매)
/각 지파에서 천 명씩을
/이스라엘 모든 지파에게

5 [그들이] 만 이천 명을 **택하여(~였다)**
/각 지파에서 천 명씩
/무장을 시킨(지라)
/이스라엘 백만 명 중에서

6 모세가 싸움에 **보내되**
/각 지파에 천 명씩
/들려서
/비느하스에게
/제사장 엘르아살의 아들
/성소의 기구와
신호 나팔을
전쟁에 **(보내매)**
/그들과 함께

7 그들이 미디안을 **쳐서**
/여호와께서 모세에게 명령하신 대로
남자를 **다 죽였고**

8 [그들이] 미디안의 다섯 왕을 **죽였으니**
/그 죽인 자 외에

민

31:1 여호와께서 모세에게 일러 가라사대 2 이스
라엘 자손의 원수를 미디안에게 갚으라 그 후에
네가 네 조상에게로 돌아가리라 3 모세가 백성에게 일러
가로되 너희 중에서 사람을 택하여 싸움에 나갈 준비를
시키고 미디안을 치러 보내어서 여호와의 원수를 미디안
에게 갚되 4 이스라엘 모든 지파에 대하여 각 지파에서
일천 인씩을 싸움에 보낼지니라 하매 5 매 지파에서 일
천 인씩 이스라엘 천만 인 중에서 일만 이천 인을 택하여
무장을 시킨지라 6 모세가 매 지파에 일천 인씩 싸움에
보내되 제사장 엘르아살의 아들 비느하스에게 성소의 기
구와 신호 나팔을 들려서 그들과 함께 싸움에 보내매 7
그들이 여호와께서 모세에게 명하신 대로 미디안을 쳐서
그 남자를 다 죽였고 8 그 죽인 자 외에 미디안의 다섯
왕을 죽였으니 미디안의 왕들은 에위와 레겜과 수르와 후

31:1 ¶ Then the LORD spoke to Moses, saying, 2 "Take
full vengeance for the sons of Israel on the Midianites;
afterward you will be gathered to your people." 3 And Moses
spoke to the people, saying, "Arm men from among
you for the war, that they may go against Midian, to
execute the LORD's vengeance on Midian. 4 "A thousand
from each tribe of all the tribes of Israel you shall send
to the war." 5 So there were furnished from the thousands
of Israel, a thousand from each tribe, twelve thousand
armed for war. 6 And Moses sent them, a thousand
from each tribe, to the war, and Phinehas the son of
Eleazar the priest, to the war with them, and the holy
vessels and the trumpets for the alarm in his hand. 7
So they made war against Midian, just as the LORD
had commanded Moses, and they killed every male. 8
And they killed the kings of Midian along with the rest

민

왕들은 **에위와**
/미디안의 **레겜과**
수르와
후르와
레바이며
또
[그들이] 발람을 칼로 **죽였더라**
/브올의 아들

9 자손이 **사로잡고**
/이스라엘 /미디안의 부녀들과
그들의 아이들을
다 탈취하고
/그들의 가축과
양 떼와
재물을
10 **다 불사르고**
/성읍들과 촌락을
/그들이 거처하는
11 **다 빼앗으니라**
/탈취한 것,
노략한 것,
사람과 짐승을

12 그들이 **가지고...나아오니라**
/사로잡은 자와
노략한 것과
탈취한 것을
/모압 평지의 진영에(이르러)
/여리고 맞은편 요단 강 가
/모세와
제사장 엘르아살과
이스라엘 자손의 회중에게로

13 모세와
엘르아살과
/제사장
지도자들이 ── 진영 밖에 **나가서**
/회중의
/다(=모든)

//(목적: ל, to)
영접하다가

르와 레바이며 또 브올의 아들 발람을 칼로 죽였더라 9
이스라엘 자손이 미디안의 부녀들과 그 아이들을 사로잡
고 그 가축과 양떼와 재물을 다 탈취하고 10 그 거처하
는 성읍들과 촌락을 다 불사르고 11 탈취한 것, 노략한
것, 사람과 짐승을 다 취하니라 12 그들이 사로잡은 자
와 노략한 것과 탈취한 것을 가지고 여리고 맞은편 요단
가 모압 평지의 진에 이르러 모세와 제사장 엘르아살과
이스라엘 자손의 회중에게로 나아오니라 13 모세와 제
사장 엘르아살과 회중의 족장들이 다 진 밖에 나가서 영
접하다가 14 모세가 군대의 장관 곧 싸움에서 돌아온
천부장들과 백부장들에게 노하니라 15 모세가 그들에게
이르되 너희가 여자들을 다 살려두었느냐 16 보라 이들

of their slain: Evi and Rekem and Zur and Hur and Reba, the five kings of Midian; they also killed Balaam the son of Beor with the sword.
9 And the sons of Israel captured the women of Midian and their little ones; and all their cattle and all their flocks and all their goods, they plundered.
10 Then they burned all their cities where they lived and all their camps with fire.
11 And they took all the spoil and all the prey, both of man and of beast.
12 And they brought the captives and the prey and the spoil to Moses, and to Eleazar the priest and to the congregation of the sons of Israel, to the camp at the plains of Moab, which are by the Jordan opposite Jericho.
13 ¶ And Moses and Eleazar the priest and all the leaders of the congregation went out to meet them outside the camp.
14 And Moses was angry with the officers of the army, the captains of thousands and the captains of hundreds, who had come from service in the war.
15 And Moses said to them, "Have you spared all the women?
16 "Behold, these caused the sons of Israel, through the counsel of Balaam, to trespass against the LORD

14 모세가 **노하니라**
/군대의 지휘관(에게)
/곧 천부장들과 백부장들에게
/싸움에서 돌아온

15 모세가 그들에게 **이르되**
/너희가 여자들을 다 살려두었느냐?
16 /보라!
이들이 ——— 범죄하게 하여
/이스라엘 자손을
/발람의 꾀를 따라
/브올의 사건에서
/여호와 앞에
염병이 ——— 일어나게 하였느니라
/여호와의 회중 가운데에

17 /그러므로
남자는 ——— 죽이고
/다(모든) /아이들 중에서
여자도 ——— 죽이고
/사내를 아는
/남자와 동침하여
/다(모든)

18 /여자들은 ——— 너희를 위하여 살려둘 것이니라
/사내를 알지 못하는
/남자와 동침하지 아니하여
/다(모든)

19 /너희는 ——— 진영 밖에 주둔하라
/이레 동안

/누구든지 ——— 몸을 깨끗하게 하고
/살인자나 /셋째 날과 일곱째 날에
사체를 만진 자는
/죽임을 당한

/포로도 ——— 깨끗하게 할 것이며
/너희의

20 /[너희는] ——— 다 깨끗하게 할지니라
/모든 의복과
/가죽으로 만든 모든 것과
/염소털로 만든 모든 것과
/나무로 만든 모든 것을

민

이 발람의 꾀를 좇아 이스라엘 자손으로 브올의 사건에
여호와 앞에 범죄케 하여 여호와의 회중에 염병이 일어나
게 하였느니라 17 그러므로 아이들 중에 남자는 다 죽
이고 남자와 동침하여 사내를 안 여자는 다 죽이고 18
남자와 동침하지 아니하여 사내를 알지 못하는 여자들은
다 너희를 위하여 살려둘 것이니라 19 너희는 칠 일 동
안 진 밖에 주둔하라 무릇 살인자나 죽임을 당한 시체를
만진 자나 제삼일과 제칠일에 몸을 깨끗케 하고 너희의
포로도 깨끗케 할 것이며 20 무릇 의복과 무릇 가죽으
로 만든 것과 무릇 염소 털로 만든 것과 무릇 나무로 만
든 것을 다 깨끗케 할지니라 21 제사장 엘르아살이 싸
움에 나갔던 군인들에게 이르되 이는 여호와께서 모세에

in the matter of Peor, so the plague was among the
congregation of the LORD. 17 "Now therefore, kill
every male among the little ones, and kill every woman
who has known man intimately. 18 "But all the girls
who have not known man intimately, spare for yourselves.
19 "And you, camp outside the camp seven days;
whoever has killed any person, and whoever has touched
any slain, purify yourselves, you and your captives, on
the third day and on the seventh day. 20 "And you
shall purify for yourselves every garment and every
article of leather and all the work of goats' hair, and all
articles of wood." 21 ¶ Then Eleazar the priest said to
the men of war who had gone to battle, "This is the
statute of the law which the LORD has commanded
Moses: 22 only the gold and the silver, the bronze, the
iron, the tin and the lead, 23 everything that can stand

민

21 엘르아살이 /제사장 — 군인들에게 **이르되**
/싸움에 나갔던
/이는 —— 율법이니라
/여호와께서 모세에게 명령하신
22 /[너희는] —— 모든 물건은 불을 지나게 하라
23 /불에 견딜 만한
/금, 은, 동, 철과 주석과 납 등의

//그리하면(결과)
[그것이] —— 깨끗하려니와

/다만
[너희는] —— 그것을 깨끗하게 할 것이며
/정결하게 하는 물로
[너희는] —— 물을 지나게 할 것이니라
/불에 견디지 못할 모든 것은

24 /너희는 —— 옷을 빨아서
/일곱째 날에
깨끗하게 한 후에(상황절, after)
진영에 들어올지니라

25 여호와께서 — 모세에게 **말씀하여 이르시되**
26 /너는 —— 계수하고
/이 사로잡은 사람들과
짐승들을
/제사장 엘르아살과
회중의 수령들과 더불어
27 —— 그 얻은 물건을 반분하여
그 절반은 주고
/전쟁에 나갔던 군인들에게
절반은 주고
/회중에게

28 /군인들은 /전쟁에 나갔던 —— 여호와께 드릴지니라
/오백분의 일을
/사람이나
소나 나귀나 양 떼의

29 /곧
[너희는] —— 이를 가져다가
/그들의 절반에서
제사장 엘르아살에게 주고
/여호와의 거제로

게 명하신 법률이니라 **22** 금, 은, 동, 철과 상납과 납의
23 무릇 불에 견딜 만한 물건은 불을 지나게 하라 그리
하면 깨끗하려니와 오히려 정결케 하는 물로 그것을 깨끗
케 할 것이며 무릇 불에 견디지 못할 모든 것은 물을 지
나게 할 것이니라 **24** 너희는 제칠일에 옷을 빨아서 깨
끗케 한 후에 진에 들어올지니라 **25** 여호와께서 모세에
게 일러 가라사대 **26** 너는 제사장 엘르아살과 회중의
족장들을 더불어 이 탈취한 사람과 짐승을 계수하고 **27**
그 얻은 물건을 반분하여 그 절반은 싸움에 나갔던 군인
들에게 주고 절반은 회중에게 주고 **28** 싸움에 나갔던
군인들로는 사람이나 소나 나귀나 양떼의 오백분지 일을
여호와께 드리게 하되 **29** 곧 이를 그들의 절반에서 취
하여 여호와의 거제로 제사장 엘르아살에게 주고 **30** 또
이스라엘 자손의 얻은 절반에서는 사람이나 소나 나귀나
양떼나 각종 짐승을 오십분지 일을 취하여 여호와의 성막
을 맡은 레위인에게 주라 **31** 모세와 제사장 엘르아살이

the fire, you shall pass through the fire, and it shall be
clean, but it shall be purified with water for impurity.
But whatever cannot stand the fire you shall pass through
the water. **24** "And you shall wash your clothes on
the seventh day and be clean, and afterward you may
enter the camp." **25** Then the LORD spoke to Moses, saying,
26 "You and Eleazar the priest and the heads of the fathers'
households of the congregation, take a count of the booty
that was captured, both of man and of animal; **27** and divide
the booty between the warriors who went out to battle
and all the congregation. **28** "And levy a tax for the
LORD from the men of war who went out to battle, one
in five hundred of the persons and of the cattle and of
the donkeys and of the sheep; **29** take it from their half
and give it to Eleazar the priest, as an offering to the
LORD. **30** "And from the sons of Israel's half, you
shall take one drawn out of every fifty of the persons,
of the cattle, of the donkeys and of the sheep, from all

30 /또
[너희는] 오십분의 일을 가져다가
/절반에서는
/이스라엘 자손이 받은
/사람이나
소나 나귀나
양 떼나 각종 짐승
레위인에게 주라
/여호와의 성막을 맡은

31 모세와
엘르아살이 **하니라**
/제사장 /여호와께서 모세에게 명령하신 대로

32 그 탈취물(은) **양이 육십칠만 오천 마리요**
/곧 군인들의 다른 탈취물 외에
33 **소가 칠만 이천 마리요**
34 **나귀가 육만 천 마리요**
35 **여자가 도합 삼만 이천 명이니**
/사내를 알지 못하는
/사람은 남자와 동침하지 아니하여서

36 그 절반(은) **양이 삼십삼만 칠천오백 마리라**
/곧 전쟁에 나갔던 자들의 소유가

37 양이 **육백칠십오요**
/여호와께 공물로 드린

38 소가 **삼만 육천 마리라**

드린 것이 **칠십이 마리요**
/그 중에서 여호와께 공물로

39 나귀가 **삼만 오백 마리라**

드린 것이 **육십일 마리요**
/그 중에서 여호와께 공물로

40 사람이 **만 육천 명이라**

드린 자가 **삼십이 명이니**
/그 중에서 여호와께 공물로

민

여호와께서 모세에게 명하신 대로 하니라 32 그 탈취물
곧 군인들의 다른 탈취물 외에 양이 육십 칠만 오천이요
33 소가 칠만 이천이요 34 나귀가 육만 일천이요 35
사람은 남자와 동침하지 아니하여서 사내를 알지 못하는
여자가 도합 삼만 이천이니 36 그 절반 곧 싸움에 나갔
던 자들의 소유가 양이 삼십 삼만 칠천 오백이라 37 여
호와께 세로 드린 양이 육백 칠십 오요 38 소가 삼만 육
천이라 그 중에서 여호와께 세로 드린 것이 칠십 이두요
39 나귀가 삼만 오백이라 그 중에서 여호와께 세로 드
린 것이 육십 일이요 40 사람이 일만 육천이라 그 중에
서 여호와께 세로 드린 자가 삼십 이명이니 41 여호와
께 거제의 세로 드린 것을 모세가 제사장 엘르아살에게
주었으니 여호와께서 모세에게 명하심과 같았더라 42
모세가 싸움에 나갔던 자에게서 나누어 취하여 이스라엘
자손에게 준 절반 43 곧 회중의 얻은 절반은 양이 삼십
삼만 칠천 오백이요 44 소가 삼만 육천이요 45 나귀가

the animals, and give them to the Levites who keep
charge of the tabernacle of the LORD." 31 And Moses
and Eleazar the priest did just as the LORD had commanded
Moses. 32 ¶ Now the booty that remained from the
spoil which the men of war had plundered was 675,000
sheep, 33 and 72,000 cattle, 34 and 61,000 donkeys,
35 and of human beings, of the women who had not
known man intimately, all the persons were 32,000. 36 And
the half, the portion of those who went out to war, was
as follows: the number of sheep was 337,500, 37 and
the LORD's levy of the sheep was 675, 38 and the
cattle were 36,000, from which the LORD's levy was
72. 39 And the donkeys were 30,500, from which the
LORD's levy was 61. 40 And the human beings were
16,000, from whom the LORD's levy was 32 persons.
41 And Moses gave the levy which was the LORD's
offering to Eleazar the priest, just as the LORD had
commanded Moses. 42 ¶ As for the sons of Israel's

민

41 모세가 제사장 엘르아살에게 **주었으니**
/여호와께 거제의 공물로 드린 것을
/여호와께서 모세에게 명령하심과 같았더라(같이)

42 절반은 **양이 삼십삼만 칠천오백 마리요**
/모세가 — 이스라엘 자손에게 준 절반
/전쟁에 나갔던 자에게서 나누어
43 /곧 회중이 받은

44 **소가 삼만 육천 마리요**
45 **나귀가 삼만 오백 마리요**
46 **사람이 만 육천 명이라**

47 모세가 오십분의 일을 **취하여**
/사람이나 짐승의
/이스라엘 자손의 그 절반에서
레위인에게 **주었으니**
/여호와의 장막을 맡은
/여호와께서 모세에게 명령하심과 같았더라(같이)

48 지휘관들(이) 모세에게 **나아와서**
/군대의
/곧 천부장과
백부장들이

49 모세에게 **말하되**
/종들이 —— 이끈 군인을 계수한즉
/당신의
/한 사람도 —— 축나지 아니하였기로
/우리 중
50 /[우리가] —— 여호와께 가져왔나이다
/우리 각 사람이 받은 바 금 패물
/곧 발목 고리,
손목 고리,
인장 반지,
귀 고리,
목걸이들을
/헌금으로

//(목적: ל, to)
여호와 앞에 속죄하려고
/우리의 생명을 위하여

51 모세와
엘르아살이 —— 그들에게서 **취한즉**
/제사장 /그 금으로 만든 모든 패물을

삼만 오백이요 **46** 사람이 일만 육천이라 **47** 이스라엘
자손의 그 절반에서 모세가 사람이나 짐승의 오십분지 일
을 취하여 여호와의 장막을 맡은 레위인에게 주었으니 여
호와께서 모세에게 명하심과 같았더라 **48** 군대의 장관
들 곧 천부장과 백부장들이 모세에게 나아와서 **49** 그에
게 고하되 당신의 종들의 영솔한 군인을 계수한즉 우리
중 한 사람도 축나지 아니하였기로 **50** 우리 각 사람의
얻은 바 금 패물 곧 발목고리 손목고리 인장반지 귀고리,
팔고리들을 여호와의 예물로 우리의 생명을 위하여 여호
와 앞에 속죄하려고 가져왔나이다 **51** 모세와 제사장 엘
르아살이 그들에게서 그 금으로 만든 모든 패물을 취한즉
52 천부장과 백부장들이 여호와께 드린 거제의 금의 도
합이 일만 육천 칠백 오십 세겔이니 **53** 군인들이 각기
자기를 위하여 탈취한 것이라 **54** 모세와 제사장 엘르아

half, which Moses separated from the men who had gone
to war — **43** now the congregation's half was 337,500
sheep, **44** and 36,000 cattle, **45** and 30,500 donkeys,
46 and the human beings were 16,000 — **47** and from
the sons of Israel's half, Moses took one drawn out of
every fifty, both of man and of animals, and gave them
to the Levites, who kept charge of the tabernacle of the
LORD, just as the LORD had commanded Moses. **48**
¶ Then the officers who were over the thousands of the army,
the captains of thousands and the captains of hundreds,
approached Moses; **49** and they said to Moses, "Your
servants have taken a census of men of war who are in
our charge, and no man of us is missing. **50** "So we
have brought as an offering to the LORD what each
man found, articles of gold, armlets and bracelets, signet
rings, earrings and necklaces, to make atonement for
ourselves before the LORD." **51** And Moses and Eleazar
the priest took the gold from them, all kinds of wrought

52 도합이 **만 육천칠백오십 세겔이니**
/거제의 금의
/천부장과 백부장들이 여호와께 드린

53 군인들이 **탈취한 것이니라**
/각기 자기를 위하여

54 모세와
엘르아살이 금을 **취하여**
/제사장 /천부장과 백부장들에게서
회막에 **드려**
이스라엘 자손의 **기념을 삼았더라**
/여호와 앞에서

32

1 르우벤 자손과
갓 자손은 가축 떼를 **가졌더라**
/심히 많은

그들이 야셀 땅과 길르앗 땅을 본즉(when, 상황절)
그 곳은 목축할 만한 **장소인지라**

2 갓 자손과
르우벤 자손이 **와서**
말하여 이르되
/모세와
제사장 엘르아살과
회중 지휘관들에게

/땅은 목축할 만한 장소요
3 /아다롯과
디본과
야셀과
니므라와
헤스본과
엘르알레와
스밤과
느보와
브온
4 /곧 여호와께서 — 쳐서 멸하신
/이스라엘 회중 앞에서
/당신의 종들에게는 — 가축이 있나이다

살이 천부장과 백부장들에게서 금을 취하여 회막에 드려
서 여호와 앞에 이스라엘 자손의 기념을 삼았더라
32:1 르우벤 자손과 갓 자손은 심히 많은 가축 떼
가 있었더라 그들이 야셀 땅과 길르앗 땅을 본즉
그 곳은 가축에 적당한 곳인지라 2 갓 자손과 르우벤 자
손이 와서 모세와 제사장 엘르아살과 회중 족장들에게 말
하여 가로되 3 아다롯과 디본과 야셀과 니므라와 헤스본
과 엘르알레와 스밤과 느보와 브온 4 곧 여호와께서 이
스라엘 회중 앞에서 쳐서 멸하신 땅은 가축에 적당한 곳
이요 당신의 종들에게는 가축이 있나이다 5 또 가로되
우리가 만일 당신에게 은혜를 입었으면 이 땅을 당신의
종들에게 산업으로 주시고 우리로 요단을 건너지 않게 하

articles. 52 And all the gold of the offering which they
offered up to the LORD, from the captains of thousands
and the captains of hundreds, was 16,750 shekels. 53
The men of war had taken booty, every man for himself.
54 So Moses and Eleazar the priest took the gold from
the captains of thousands and of hundreds, and brought
it to the tent of meeting as a memorial for the sons of
Israel before the LORD.
32:1¶ Now the sons of Reuben and the sons of Gad
had an exceedingly large number of livestock. So
when they saw the land of Jazer and the land of Gilead,
that it was indeed a place suitable for livestock, 2 the
sons of Gad and the sons of Reuben came and spoke to
Moses and to Eleazar the priest and to the leaders of
the congregation, saying, 3 "Ataroth, Dibon, Jazer,
Nimrah, Heshbon, Elealeh, Sebam, Nebo and Beon, 4
the land which the LORD conquered before the congregation
of Israel, is a land for livestock; and your servants have
livestock." 5 And they said, "If we have found favor in
your sight, let this land be given to your servants as a

민

5 또
[그들이] **이르되**
/[만일](אִם)
우리가 —— 당신에게 은혜를 입었으면(if, 조건절)
[당신들은] —— 이 땅을 주시고
/당신의 종들에게
/그들의 소유로
요단 강을 건너지 않게 하소서
/우리에게

6 모세가 갓 자손과 르우벤 자손에게 **이르되**
/형제들은 —— 싸우러 가거늘
/너희
/너희는 —— 여기 앉아 있고자 하느냐?
7 /너희가 —— 어찌하여 낙심하게 하여서...하려 하느냐?
/이스라엘 자손에게
/건너갈 수 없게
/여호와께서 그들에게 주신 땅으로
8 /내가 —— 그 땅을 보라고 보냈을 때에(when, 상황절)
/가데스바네아에서
조상들도 —— 그리 하였었나니
/너희
9 //(이유: for)
그들이 —— 에스골 골짜기에 올라가서
그 땅을 보고(when, 상황절)
이스라엘 자손을 낙심하게 하여서

//(결과)
그들이 —— 갈 수 없게 하였었느니라
/여호와께서 그들에게 주신 땅으로
10 /그 때에
여호와께서 —— 진노하사
맹세하여 이르시되
11 /한 사람도 —— 결코 보지 못하리니
/나온 자들이 /내가 — 맹세한 땅을
/애굽에서 /아브라함과
/이십 세 이상으로는 이삭과
야곱에게
//이는(כִּי, for)
그들이 — 따르지 아니하였음이니라
/나를
/온전히

소서 6 모세가 갓 자손과 르우벤 자손에게 이르되 너희
형제들은 싸우러 가거늘 너희는 여기 앉았고자 하느냐 7
너희가 어찌하여 이스라엘 자손으로 낙심케 하여서 여호
와께서 그들에게 주신 땅으로 건너갈 수 없게 하려느냐
8 너희 열조도 내가 가데스바네아에서 그 땅을 보라고
보내었을 때에 그리하였었나니 9 그들이 에스골 골짜기
에 올라가서 그 땅을 보고 이스라엘 자손으로 낙심케 하
여서 여호와께서 그들에게 주신 땅으로 갈 수 없게 하였
었느니라 10 그때에 여호와께서 진노하사 맹세하여 가
라사대 11 애굽에서 나온 자들의 이십세 이상으로는 한
사람도 내가 아브라함과 이삭과 야곱에게 맹세한 땅을 정
녕히 보지 못하리니 이는 그들이 나를 온전히 순종치 아
니하였음이니라 12 다만 그나스 사람 여분네의 아들 갈
렙과 눈의 아들 여호수아는 볼 것은 여호와를 온전히 순

possession; do not take us across the Jordan." 6 ¶ But Moses
said to the sons of Gad and to the sons of Reuben, "Shall
your brothers go to war while you yourselves sit here?
7 "Now why are you discouraging the sons of Israel
from crossing over into the land which the LORD has
given them? 8 "This is what your fathers did when I
sent them from Kadesh-barnea to see the land. 9 "For
when they went up to the valley of Eshcol and saw the
land, they discouraged the sons of Israel so that they
did not go into the land which the LORD had given
them. 10 "So the LORD's anger burned in that day,
and He swore, saying, 11 'None of the men who came
up from Egypt, from twenty years old and upward, shall
see the land which I swore to Abraham, to Isaac and to
Jacob; for they did not follow Me fully, 12 except
Caleb the son of Jephunneh the Kenizzite and Joshua

12 /그러나
갈렙과
/여분네의 아들
/그나스 사람
여호수아는 — 여호와를 따랐느니라(하시고)
/눈의 아들 /온전히

13 /여호와께서 — 이스라엘에게 진노하사
광야에 방황하게 하셨으므로
/그들에게
/사십 년 동안
/그 세대가 — 마침내는 다 끊어졌느니라(until)
/여호와의 목전에 악을 행한

14 /보라!
너희는 — 일어난
/너희의 조상의 대를 이어
/죄인의 무리로서

//(목적: ל, to)
여호와의 노를 더욱 심하게 하는도다
/이스라엘을 향하신

15 /만일(כִּי)
너희가 — 여호와를 돌이켜 떠나면(if, 조건절)
여호와께서 — 다시 버리시리니
/이 백성을
/광야에

//그리하면(결과)
너희가 —이 모든 백성을 멸망시키리라

16 그들이 모세에게 **가까이 나아와**
이르되
/우리가 — 우리를 짓고
/이 곳에
/우리 가축을 위하여
성읍을 건축하고
/우리 어린 아이들을 위하여

17 /[우리가] — 그 견고한 성읍에 거주하게 한 후에(상황절, after)
/우리 어린 아이들을

//(이유: because of)
이 땅의 원주민이 있으므로

민

종하였음이니라 하시고 **13** 여호와께서 이스라엘에게 진
노하사 그들로 사십 년 동안 광야에 유리하게 하심으로
여호와의 목전에 악을 행한 그 세대가 필경은 다 소멸하
였느니라 **14** 보라 너희는 너희의 열조를 계대하여 일어
난 죄인의 종류로서 이스라엘을 향하신 여호와의 노를 더
욱 심하게 하는도다 **15** 너희가 만일 돌이켜 여호와를
떠나면 여호와께서 또 이 백성을 광야에 버리시리니 그리
하면 너희가 이 모든 백성을 멸망시키리라 **16** 그들이
모세에게 가까이 나아와 가로되 우리가 이곳에 우리 가축
을 위하여 우리를 짓고 우리 유아들을 위하여 성읍을 건
축하고 **17** 이 땅 거민의 연고로 우리 유아들로 그 견고
한 성읍에 거하게 한 후에 우리는 무장하고 이스라엘 자

the son of Nun, for they have followed the LORD fully.'
13 "So the LORD's anger burned against Israel, and
He made them wander in the wilderness forty years,
until the entire generation of those who had done evil
in the sight of the LORD was destroyed. **14** "Now
behold, you have risen up in your fathers' place, a brood
of sinful men, to add still more to the burning anger of
the LORD against Israel. **15** "For if you turn away
from following Him, He will once more abandon them
in the wilderness; and you will destroy all these people."
16 ¶ Then they came near to him and said, "We will
build here sheepfolds for our livestock and cities for our
little ones; **17** but we ourselves will be armed ready to
go before the sons of Israel, until we have brought them
to their place, while our little ones live in the fortified
cities because of the inhabitants of the land. **18** "We
will not return to our homes until every one of the sons
of Israel has possessed his inheritance. **19** "For we will

민

우리는 ── 무장하고
그들의 앞에서 가고
/이스라엘 자손을 그 곳으로 인도하기까지
18 우리 집으로 돌아오지 아니하겠사오며
/이스라엘 자손이 각기 기업을 받기까지
19 기업을 받지 아니하겠나이다
/그들과 함께
/요단 저쪽에서는

//(이유:כִּי : for)
우리는 ── 기업을 받았사오니
/요단 이쪽 곧 동쪽에서

20 모세가 그들에게 **이르되**
/만일(אִם)
너희가 ── 이 일을 행하여(if, 조건절)
/[만일]
[너희가] ── 무장하고...가서(=무장한다면)(if, 조건절)
/여호와 앞에서
/싸우되(=러)

21/너희 모두가 ── 요단을 건너가서(=건너가 있을 것이다)
/무장하고(=한)
/여호와 앞에서
/여호와께서 - 그의 원수를 쫓아내시고(~기까지)
/자기 앞에서
22 /그 땅이 ── 복종하게 하시기까지(싸우면)
/여호와 앞에

/[그후에](afterward)
[너희가] ── 돌아오겠고
무죄하여(=하리라)
/여호와 앞에서나
/이스라엘 앞에서나
/이 땅은 ── 너희의 소유가 되리라마는
/여호와 앞에서

23 /만일(אִם)
너희가 ── 그같이 아니하면(if, 조건절)
[너희는] ── 여호와께 범죄함이니
[너희는] ── 알라
/너희 죄가 반드시 너희를 찾아낼 줄

손을 그 곳으로 인도하기까지 그들의 앞에 행하고 **18**
이스라엘 자손이 각기 기업을 얻기까지 우리 집으로 돌아
오지 아니하겠사오며 **19** 우리는 요단 이편 곧 동편에서
산업을 얻었사오니 그들과 함께 요단 저편에서는 기업을
얻지 아니하겠나이다 **20** 모세가 그들에게 이르되 너희
가 만일 이 일을 행하여 무장하고 여호와 앞에서 가서 싸
우되 **21** 너희가 다 무장하고 여호와 앞에서 요단을 건
너가서 여호와께서 그 원수를 자기 앞에서 쫓아내시고
22 그 땅으로 여호와 앞에 복종케 하시기까지 싸우면
여호와의 앞에서나 이스라엘의 앞에서나 무죄히 돌아오
겠고 이 땅은 여호와 앞에서 너희의 산업이 되리라마는
23 너희가 만일 그같이 아니하면 여호와께 범죄함이니
너희 죄가 정녕 너희를 찾아낼 줄알라 **24** 너희는 유아
들을 위하여 성읍을 건축하고 양을 위하여 우리를 지으라
그리하고 너희 입에서 낸 대로 행하라 **25** 갓 자손과 르
우벤 자손이 모세에게 대답하여 가로되 우리 주의 명대로

not have an inheritance with them on the other side of
the Jordan and beyond, because our inheritance has fallen
to us on this side of the Jordan toward the east." **20** ¶
So Moses said to them, "If you will do this, if you will
arm yourselves before the LORD for the war, **21** and
all of you armed men cross over the Jordan before the LORD
until He has driven His enemies out from before Him,
22 and the land is subdued before the LORD, then afterward
you shall return and be free of obligation toward the
LORD and toward Israel, and this land shall be yours
for a possession before the LORD. **23** "But if you will
not do so, behold, you have sinned against the LORD,
and be sure your sin will find you out. **24** "Build yourselves
cities for your little ones, and sheepfolds for your sheep;
and do what you have promised." **25** And the sons of
Gad and the sons of Reuben spoke to Moses, saying,

24 /너희는 — 성읍을 건축하고
/어린 아이들을 위하여
우리를 지으라
/양을 위하여
/그리하고
[너희는] — 행하라
/너희의 입이 말한 대로

25 갓 자손과
르우벤 자손이 모세에게 **대답하여 이르되**
/우리는 — 우리 주의 명령대로 행할 것이라
/주의 종들인
26 /어린 아이들과
/우리의
아내와
떼와
모든 가축은 — 이곳 길르앗 성읍들에 두고
27 /종들은 — 여호와 앞에서 건너가서
/다 무장하고
//(목적: ל, to)
싸우리이다
/우리 주의 말씀대로

28 이에
모세가 **명령하니라**
/그들에 대하여
/제사장 엘르아살과
눈의 아들 여호수아와
이스라엘 자손 지파의 수령들에게

29 모세가 그들에게 **이르되**
/만일(אִם)
갓 자손과
자손이 — 요단을 건너가서
/르우벤 /각각 무장하고
/너희와 함께
//(목적: to)
여호와 앞에서 싸워서
/그 땅이 — 너희 앞에 항복하기에 이르면(if, 조건절)
[너희는] — 길르앗 땅을 줄 것이니라
/그들의 소유로

30 /그러나
만일(אִם)
그들이 — 너희와 함께 건너지 아니하면(if, 조건절)
/무장하고

종들이 행할 것이라 26 우리의 어린 자와 아내와 양떼
와 모든 가축은 이곳 길르앗 성읍 들에 두고 27 우리 주
의 말씀대로 종들은 무장하고 여호와 앞에서 다 건너가서
싸우리이다 28 이에 모세가 그들에게 대하여 제사장 엘
르아살과 눈의 아들 여호수아와 이스라엘 자손 지파의 두
령들에게 명하니라 29 모세가 그들에게 이르되 갓 자손
과 르우벤 자손이 만일 각기 무장하고 너희와 함께 요단
을 건너가서 여호와 앞에서 싸워서 그 땅이 너희 앞에
항복하기에 이르거든 길르앗 땅을 그들에게 산업으로 줄
것이니라 30 그러나 그들이 만일 너희와 함께 무장하고
건너지 아니하거든 가나안 땅에서 너희 중에 산업을 줄
것이니라 31 갓 자손과 르우벤 자손이 대답하여 가로되

"Your servants will do just as my lord commands. 26
"Our little ones, our wives, our livestock and all our
cattle shall remain there in the cities of Gilead; 27
while your servants, everyone who is armed for war,
will cross over in the presence of the LORD to battle,
just as my lord says." 28 ¶ So Moses gave command
concerning them to Eleazar the priest, and to Joshua the
son of Nun, and to the heads of the fathers' households
of the tribes of the sons of Israel. 29 And Moses said
to them, "If the sons of Gad and the sons of Reuben, everyone
who is armed for battle, will cross with you over the
Jordan in the presence of the LORD, and the land will
be subdued before you, then you shall give them the
land of Gilead for a possession; 30 but if they will not

그들은 ——— 땅을 소유할 것이니라
/가나안 땅에서
/너희와 함께

31 갓 자손과
르우벤 자손이 — **대답하여 이르되**
/우리가 ——— 행할 것이라
/여호와께서 — 명령하신 대로
/당신의 종들에게
32 /우리가 ——— 가나안 땅에 건너가서
/무장하고
/여호와 앞에서
우리가 소유할 기업이 되게 하리이다
/요단 이쪽을

33 모세가 **주되**
/갓 자손과
르우벤 자손과
요셉의 아들 므낫세 반 지파에게
/아모리인의 왕 시혼의 나라와
바산 왕 옥의 나라를

곧
[모세가] 그들에게 (**주매**)
/그 땅과
그 경내의 성읍들과
그 성읍들의 사방 땅을

34 갓 자손은 견고한 성읍을 **건축하였고**
/디본과
아다롯과
아로엘과
35 아다롯소반과
야셀과
욕브하와
36 벧니므라와
벧하란들의

또
[그들이] 우리를 (**지었으며**)
/양을 위하여

37 르우벤 자손은 **건축하고**
/헤스본과
엘르알레와
기랴다임과

여호와께서 당신의 종들에게 명하신 대로 우리가 행할
것이라 32 우리가 무장하고 여호와 앞에서 가나안 땅에
건너가서 요단 이편으로 우리의 산업이 되게 하리이다
33 모세가 갓 자손과 르우벤 자손과 요셉의 아들 므낫
세 반 지파에게 아모리인의 왕 시혼의 국토와 바산 왕
옥의 국토를 주되 곧 그 나라와 그 경내 성읍들과 그 성
읍들의 사면 땅을 그들에게 주매 34 갓 자손은 디본과
아다롯과 아로엘과 35 아다롯소반과 야셀과 욕브하와
36 벧니므라와 벧하란들의 견고한 성읍을 건축하였고
또 양을 위하여 우리를 지었으며 37 르우벤 자손은 헤
스본과 엘르알레와 기랴다임과 38 느보와 바알므온들을
건축하고 그 이름을 고쳤고 또 십마를 건축하고 건축한

cross over with you armed, they shall have possessions
among you in the land of Canaan." 31 And the sons
of Gad and the sons of Reuben answered, saying, "As
the LORD has said to your servants, so we will do. 32
"We ourselves will cross over armed in the presence of
the LORD into the land of Canaan, and the possession
of our inheritance shall remain with us across the Jordan."
33 ¶ So Moses gave to them, to the sons of Gad and
to the sons of Reuben and to the half-tribe of Joseph's
son Manasseh, the kingdom of Sihon, king of the Amorites
and the kingdom of Og, the king of Bashan, the land
with its cities with their territories, the cities of the surrounding
land. 34 And the sons of Gad built Dibon and Ataroth
and Aroer, 35 and Atroth-shophan and Jazer and Jogbehah,
36 and Beth-nimrah and Beth-haran as fortified cities,
and sheepfolds for sheep. 37 And the sons of Reuben
built Heshbon and Elealeh and Kiriathaim, 38 and Nebo
and Baal-meon — their names being changed — and Sibmah,
and they gave other names to the cities which they built.
39 And the sons of Machir the son of Manasseh went

38 느보와
/바알므온들을

그 이름을 **바꾸었고**

또
[그들이] 십마를 **건축하고**
새 이름을 **주었고**
/건축한 성읍들에

39 마길의 자손은 **가서**
/므낫세의 아들

길르앗을 쳐서 **빼앗고**
거기 있는 아모리인을 **쫓아내매**

40 모세가 길르앗을 **주매**
/므낫세의 아들 마길에게

그가 거기 **거주하였고**

41 야일은 **가서**
/므낫세의 아들

그 촌락들을 **빼앗고**
하봇야일이라 **불렀으며**

42 노바는 **가서**
그낫과 그 마을들을 **빼앗고**
노바라 **불렀더라**
/자기 이름을 따라서

33

1 노정은 **이러하니라**
/이스라엘 자손들의
/애굽을 떠난
/모세와 아론의 인도로
/대오를 갖추어

2 모세가 **기록하였으니**
/그들이 —— 행진한 것을
/여호와의 명령대로
/그 노정을 따라

노정은 **이러하니라**
/그들이 행진한 대로의

민

성읍들에 새 이름을 주었고 39 므낫세의 아들 마길의
자손은 가서 길르앗을 쳐서 취하고 거기 있는 아모리인을
쫓아내매 40 모세가 길르앗을 므낫세의 아들 마길에게
주매 그가 거기 거하였고 41 므낫세의 아들 야일은 가
서 그 촌락들을 취하고 하봇야일이라 칭하였으며 42 노
바는 가서 그낫과 그 향촌을 취하고 자기 이름을 따라서
노바라 칭하였더라

33:1 이스라엘 자손이 모세와 아론의 관할 하에 그
항오(行伍)대로 애굽 땅에서 나오던 때의 노정이
이러하니라 2 모세가 여호와의 명대로 그 노정을 따라
그 진행한 것을 기록하였으니 그 진행한 대로 그 노정은
이러하니라 3 그들이 정월 십오 일에 라암셋에서 발행하

to Gilead and took it, and dispossessed the Amorites
who were in it. 40 So Moses gave Gilead to Machir
the son of Manasseh, and he lived in it. 41 And Jair
the son of Manasseh went and took its towns, and called
them Havvoth-jair. 42 And Nobah went and took Kenath
and its villages, and called it Nobah after his own name.

33:1 ¶ These are the journeys of the sons of Israel,
by which they came out from the land of Egypt
by their armies, under the leadership of Moses and Aaron.
2 And Moses recorded their starting places according to
their journeys by the command of the LORD, and these
are their journeys according to their starting places. 3
And they journeyed from Rameses in the first month,

민

3 그들이	라암셋을 **떠났으니** /첫째 달 열다섯째 날에 /곧 유월절 다음 날이라
자손이 /이스라엘	큰 권능으로 **나왔으니** /애굽 모든 사람의 목전에서
4 애굽인은	**장사하는 때라** /그 모든 장자를 /여호와께서 그들 중에 치신
여호와께서	벌을 **주셨더라** /그들의 신들에게도
5 자손이 /이스라엘	라암셋을 **떠나** 숙곳에 **진을 치고**

6 숙곳을 **떠나**
에담에 **진을 치고**
/광야 끝
7 에담을 **떠나**
비하히롯으로 **돌아가서**
/바알스본 앞
믹돌 앞에 **진을 치고**
8 하히롯 앞을 **떠나**
바다 가운데를 **지나**
/광야를 바라보고
에담 광야로 사흘 길을 **가서**
마라에 **진을 치고**
9 마라를 **떠나**
엘림에 **이르니**
거기에 **진을 치고**
/엘림에(는)
/샘물 열둘과
종려 칠십 그루가 있으므로

10 엘림을 **떠나**
홍해 가에 **진을 치고**
11 홍해 가를 **떠나**
신 광야에 **진을 치고**

였으니 곧 유월절 다음날이라 이스라엘 자손이 애굽 모든
사람의 목전에서 큰 권능으로 나왔으니 **4** 애굽인은 여호
와께서 그들 중에 치신 그 모든 장자를 장사하는 때라 여
호와께서 그들의 신들에게도 벌을 주셨더라 **5** 이스라엘
자손이 라암셋에서 발행하여 숙곳에 진 쳤고 **6** 숙곳에서
발행하여 광야 끝 에담에 진 쳤고 **7** 에담에서 발행하여
바알스본 앞 비하히롯으로 돌아가서 믹돌 앞에 진 쳤고
8 하히롯 앞에서 발행하여 바다 가운데로 지나 광야에
이르고 에담 광야로 삼 일 길쯤 들어가서 마라에 진 쳤고
9 마라에서 발행하여 엘림에 이르니 엘림에는 샘물 열
둘과 종려 칠십 주가 있으므로 거기 진 쳤고 **10** 엘림에
서 발행하여 홍해 가에 진 쳤고 **11** 홍해 가에서 발행하
여 신 광야에 진 쳤고 **12** 신 광야에서 발행하여 **13** 돕
가에 진 쳤고 돕가에서 발행하여 알루스에 진 쳤고 **14**

on the fifteenth day of the first month; on the next day
after the Passover the sons of Israel started out boldly
in the sight of all the Egyptians, **4** while the Egyptians
were burying all their first-born whom the LORD had
struck down among them. The LORD had also executed
judgments on their gods. **5** ¶ Then the sons of Israel
journeyed from Rameses, and camped in Succoth. **6**
And they journeyed from Succoth, and camped in Etham,
which is on the edge of the wilderness. **7** And they journeyed
from Etham, and turned back to Pi-hahiroth, which faces
Baal-zephon; and they camped before Migdol. **8** And
they journeyed from before Hahiroth, and passed through
the midst of the sea into the wilderness; and they went
three days' journey in the wilderness of Etham, and
camped at Marah. **9** And they journeyed from Marah,
and came to Elim; and in Elim there were twelve springs
of water and seventy palm trees; and they camped there.
10 And they journeyed from Elim, and camped by the
Red Sea. **11** And they journeyed from the Red Sea,
and camped in the wilderness of Sin. **12** And they journeyed
from the wilderness of Sin, and camped at Dophkah.
13 And they journeyed from Dophkah, and camped at

12 신 광야를 **떠나**
13 돕가에 **진을 치고**
돕가를 **떠나**
알루스에 **진을 치고**
14 알루스를 **떠나**
르비딤에 **진을 쳤는데**
/거기는 백성이 마실 물이 없었더라
15 르비딤을 **떠나**
시내 광야에 **진을 치고**
16 시내 광야를 **떠나**
기브롯핫다아와에 **진을 치고**
17 기브롯핫다아와를 **떠나**
하세롯에 **진을 치고**
18 하세롯을 **떠나**
릿마에 **진을 치고**
19 릿마를 **떠나**
림몬베레스에 **진을 치고**
20 림몬베레스를 **떠나**
립나에 진을 **치고**
21 립나를 **떠나**
릿사에 진을 **치고**
22 릿사를 **떠나**
그헬라다에 **진을 치고**
23 그헬라다를 **떠나**
세벨 산에 **진을 치고**
24 세벨 산을 **떠나**
하라다에 **진을 치고**
25 하라다를 **떠나**
막헬롯에 **진을 치고**
26 막헬롯을 **떠나**
다핫에 **진을 치고**
27 다핫을 **떠나**
데라에 **진을 치고**
28 데라를 **떠나**
밋가에 **진을 치고**
29 밋가를 **떠나**
하스모나에 **진을 치고**
30 하스모나를 **떠나**
모세롯에 **진을 치고**

알루스에서 발행하여 르비딤에 진 쳤는데 거기는 백성의
마실 물이 없었더라 **15** 르비딤에서 발행하여 시내 광야
에 진 쳤고 **16** 시내 광야에서 발행하여 기브롯핫다아와
에 진 쳤고 **17** 기브롯핫다아와에서 발행하여 하세롯에
진 쳤고 **18** 하세롯에서 발행하여 릿마에 진 쳤고 **19**
릿마에서 발행하여 림몬베레스에 진 쳤고 **20** 림몬베레
스에서 발행하여 립나에 진 쳤고 **21** 립나에서 발행하여
릿사에 진 쳤고 **22** 릿사에서 발행하여 그헬라다에 진
쳤고 **23** 그헬라다에서 발행하여 세벨산에 진 쳤고 **24**
세벨산에서 발행하여 하라다에 진 쳤고 **25** 하라다에서
발행하여 막헬롯에 진 쳤고 **26** 막헬롯에서 발행하여 다
핫에 진 쳤고 **27** 다핫에서 발행하여 데라에 진 쳤고
28 데라에서 발행하여 밋가에 진 쳤고 **29** 밋가에서 발
행하여 하스모나에 진 쳤고 **30** 하스모나에서 발행하여
모세롯에 진 쳤고 **31** 모세롯에서 발행하여 브네야아간
에 진 쳤고 **32** 브네야아간에서 발행하여 홀하깃갓에 진

Alush. **14** And they journeyed from Alush, and camped
at Rephidim; now it was there that the people had no
water to drink. **15** And they journeyed from Rephidim,
and camped in the wilderness of Sinai. **16** And they
journeyed from the wilderness of Sinai, and camped at
Kibroth-hattaavah. **17** And they journeyed from Kibroth-
hattaavah, and camped at Hazeroth. **18** And they journeyed
from Hazeroth, and camped at Rithmah. **19** And they
journeyed from Rithmah, and camped at Rimmon-perez. **20**
And they journeyed from Rimmon-perez, and camped at
Libnah. **21** And they journeyed from Libnah, and camped
at Rissah. **22** And they journeyed from Rissah, and
camped in Kehelathah. **23** And they journeyed from
Kehelathah, and camped at Mount Shepher. **24** And
they journeyed from Mount Shepher, and camped at Haradah.
25 And they journeyed from Haradah, and camped at
Makheloth. **26** And they journeyed from Makheloth,
and camped at Tahath. **27** And they journeyed from Tahath,
and camped at Terah. **28** And they journeyed from
Terah, and camped at Mithkah. **29** And they journeyed
from Mithkah, and camped at Hashmonah. **30** And they
journeyed from Hashmonah, and camped at Moseroth.
31 And they journeyed from Moseroth, and camped at
Bene-jaakan. **32** And they journeyed from Bene-jaakan,

민

31 모세룻을 **떠나**
브네야아간에 **진을 치고**
32 브네야아간을 **떠나**
홀하깃갓에 **진을 치고**
33 홀하깃갓을 **떠나**
욧바다에 **진을 치고**
34 욧바다를 **떠나**
아브로나에 **진을 치고**
35 아브로나를 **떠나**
에시온게벨에 **진을 치고**
36 에시온게벨을 **떠나**
신 광야 진을 **치고**
/곧 가데스에
37 가데스를 **떠나**
호르 산에 **진을 쳤더라**
/에돔 땅 변경의

38 아론이 호르 산에 **올라가**
/제사장
/여호와의 명령으로
/오월 초하루에
/사십 년째
/이스라엘 자손이 애굽 땅에서 나온 지
거기서 **죽었으니**

39 나이는 **백이십삼 세였더라**
/아론이 호르 산에서 죽던 때의

40 아랏 왕은 소식을 **들었더라**
/가나안 사람 /이스라엘 자손이 온다는
/가나안 땅 남방에 살고 있는

41 그들이 호르 산을 **떠나**
살모나에 **진을 치고**
42 살모나를 **떠나**
부논에 **진을 치고**
43 부논을 **떠나**
오봇에 **진을 치고**
44 오봇을 **떠나**
모압 변경 이예아바림에 **진을 치고**
45 이임을 **떠나**

쳤고 33 홀하깃갓에서 발행하여 욧바다에 진 쳤고 34
욧바다에서 발행하여 아브로나에 진 쳤고 35 아브로나
에서 발행하여 에시온게벨에 진 쳤고 36 에시온게벨에
서 발행하여 신 광야 곧 가데스에 진 쳤고 37 가데스에
서 발행하여 에돔 국경 호르산에 진 쳤더라 38 이스라
엘 자손이 애굽 땅에서 나온 지 사십년 오월 일일에 제사
장 아론이 여호와의 명으로 호르 산에 올라가 거기서 죽
었으니 39 아론이 호르 산에서 죽던 때에 나이 일백 이
십 삼세이었더라 40 가나안 땅 남방에 거한 가나안 사
람 아랏 왕이 이스라엘의 옴을 들었더라 41 그들이 호
르 산에서 발행하여 살모나에 진 쳤고 42 살모나에서
발행하여 부논에 진 쳤고 43 부논에서 발행하여 오봇에
진 쳤고 44 오봇에서 발행하여 모압 변경 이예아바림에
진 쳤고 45 이임에서 발행하여 디본갓에 진 쳤고 46

and camped at Hor-haggidgad. 33 And they journeyed from
Hor-haggidgad, and camped at Jotbathah. 34 And they
journeyed from Jotbathah, and camped at Abronah. 35 And
they journeyed from Abronah, and camped at Ezion-
geber. 36 And they journeyed from Ezion-geber, and
camped in the wilderness of Zin, that is, Kadesh. 37
And they journeyed from Kadesh, and camped at Mount
Hor, at the edge of the land of Edom. 38 ¶ Then Aaron
the priest went up to Mount Hor at the command of the
LORD, and died there, in the fortieth year after the sons
of Israel had come from the land of Egypt on the first
day in the fifth month. 39 And Aaron was one hundred
twenty-three years old when he died on Mount Hor. 40
¶ Now the Canaanite, the king of Arad who lived in the
Negev in the land of Canaan, heard of the coming of
the sons of Israel. 41 Then they journeyed from Mount
Hor, and camped at Zalmonah. 42 And they journeyed from
Zalmonah, and camped at Punon. 43 And they journeyed
from Punon, and camped at Oboth. 44 And they journeyed
from Oboth, and camped at Iye-abarim, at the border of

디본갓에 **진을 치고**
46 디본갓을 **떠나**
알몬디블라다임에 **진을 치고**
47 알몬디블라다임을 **떠나**
느보 앞 아바림 산에 **진을 치고**
48 아바림 산을 **떠나**
모압 평지에 **진을 쳤으니**
/여리고 맞은편
/요단 강 가

49 진영이 벧여시못에서부터 아벨싯딤에 **이르렀더라**
/요단 강 가
/모압 평지의

50 여호와께서 모세에게 **말씀하여 이르시되**
/여리고 맞은편 요단 강 가
/모압 평지에서

51 /[너는] ── 이스라엘 자손에게 말하여
── 그들에게 이르라

/너희가 ── 요단 강을 건너
── 가나안 땅에 들어가거든(when, 상황절)
52 /[너희는] ── 그 땅의 원주민을 다 몰아내고
/너희 앞에서
── 다 깨뜨리며
/그 새긴 석상과
/부어 만든 우상을
── 산당을 다 헐고
53 ── 그 땅을 점령하여
── 거기 거주하라

//(이유: כִּי, for)
내가 ── 그 땅을 주었음이라
/너희 소유로
/너희에게

54 /[너희는] ── 그 땅을 나눌 것이니
/너희의 종족을 따라
/제비 뽑아

── 많은 기업을 주고
/수가 많으면(=많은 자에게)

── 적은 기업을 주되
/적으면(=적은 자에게)

민

디본갓에서 발행하여 알몬디블라다임에 진 쳤고 **47** 알몬디블라다임에서 발행하여 느보 앞 아바림 산에 진 쳤고 **48** 아바림 산에서 발행하여 여리고 맞은편 요단 가 모압 평지에 진쳤으니 **49** 요단 가 모압 평지의 진이 벧여시못에서부터 아벨싯딤에 미쳤었더라 **50** 여리고 맞은편 요단 가 모압 평지에서 여호와께서 모세에게 일러 가라사대 **51** 이스라엘 자손에게 말하여 그들에게 이르라 너희가 요단을 건너 가나안 땅에 들어가거든 **52** 그 땅 거민을 너희 앞에서 다 몰아내고 그 새긴 석상과 부어 만든 우상을 다 파멸하며 산당을 다 훼파하고 **53** 그 땅을 취하여 거기 거하라 내가 그 땅을 너희 산업으로 너희에게 주었음이라 **54** 너희의 가족을 따라서 그 땅을 제비 뽑아 나눌 것이니 수가 많으면 많은 기업을 주고 적으면 적은 기업을 주되 각기 제비 뽑힌 대로 그 소유가 될 것인즉 너희 열조의 지

Moab. **45** And they journeyed from Iyim, and camped at Dibon-gad. **46** And they journeyed from Dibon-gad, and camped at Almon-diblathaim. **47** And they journeyed from Almon-diblathaim, and camped in the mountains of Abarim, before Nebo. **48** And they journeyed from the mountains of Abarim, and camped in the plains of Moab by the Jordan opposite Jericho. **49** And they camped by the Jordan, from Beth-jeshimoth as far as Abel-shittim in the plains of Moab. **50** ¶ Then the LORD spoke to Moses in the plains of Moab by the Jordan opposite Jericho, saying, **51** "Speak to the sons of Israel and say to them, 'When you cross over the Jordan into the land of Canaan, **52** then you shall drive out all the inhabitants of the land from before you, and destroy all their figured stones, and destroy all their molten images and demolish all their high places; **53** and you shall take possession of the land and live in it, for I have given the land to you to possess it. **54** 'And

/그 소유가 — 될 것인즉
/각기 제비 뽑은 대로

/[너희는] — 기업을 받을 것이니라
/너희 조상의 지파를 따라

55 /[만일]
너희가 — 그 땅의 원주민을 몰아내지 아니하면(if, 조건절)
/너희 앞에서
남겨둔 자들이 — 너희를 괴롭게 할 것이요
/너희가 /너희가 거주하는 땅에서
/너희의 눈에 가시[가 되어]와
/너희의 옆구리에 찌르는 것이 되어

56 /나는 — 너희에게 행하리라
/그들에게 행하기로 생각한 것을

민

34

1 여호와께서 모세에게 **말씀하여 이르시되**
2 /너는 — 이스라엘 자손에게 명령하여
그들에게 이르라
/너희가 — 가나안 땅에 들어가는 때에(when, 상황절)
[이것이] — 그 땅은(이다)
/너희의 기업이 되리니
/곧 가나안 사방 지경이라

3 /남쪽은 — 신 광야니
/너희 /에돔 곁에 접근한
남쪽 경계는 — 염해 끝에서 시작하여
/너희의 /동쪽으로
4 — 돌아서
— 아그랍빔 언덕 남쪽에 이르고
— 신을 지나
— 가데스바네아 남쪽에 이르고
또
— 하살아달을 지나
— 아스몬에 이르고
5 — 아스몬에서 돌아서
— 애굽 시내를 지나
— 바다까지 이르느니라

파를 따라 기업을 얻을 것이니라 55 너희가 만일 그 땅
거민을 너희 앞에서 몰아내지 아니하면 너희의 남겨둔 자
가 너희의 눈에 가시와 너희의 옆구리에 찌르는 것이 되
어 너희 거하는 땅에서 너희를 괴롭게 할 것이요 56 나
는 그들에게 행하기로 생각한 것을 너희에게 행하리라

34:1 여호와께서 모세에게 일러 가라사대 2 너는
이스라엘 자손에게 명하여 그들에게 이르라 너희
가 가나안 땅에 들어가는 때에 그 땅은 너희의 기업이 되
리니 곧 가나안 사방 지경이라 3 너희 남방은 에돔 곁에
접근한 신 광야니 너희 남편 경계는 동편으로 염해 끝에
서 시작하여 4 돌아서 아그랍빔 언덕 남편에 이르고 신

you shall inherit the land by lot according to your families; to the larger you shall give more inheritance, and to the smaller you shall give less inheritance. Wherever the lot falls to anyone, that shall be his. You shall inherit according to the tribes of your fathers.
55 'But if you do not drive out the inhabitants of the land from before you, then it shall come about that those whom you let remain of them will become as pricks in your eyes and as thorns in your sides, and they shall trouble you in the land in which you live.
56 'And it shall come about that as I plan to do to them, so I will do to you.'"

34:1 ¶ Then the LORD spoke to Moses, saying,
2 "Command the sons of Israel and say to them, 'When you enter the land of Canaan, this is the land that shall fall to you as an inheritance, even the land of Canaan according to its borders.
3 'Your southern sector shall extend from the wilderness of Zin along the side of Edom, and your southern border shall extend from the end of the Salt Sea eastward.
4 'Then your border shall turn direction from the south to the ascent of Akrabbim, and continue

6 /서쪽 경계는 — 대해가 경계가 되나니
/이는 — 너희의 서쪽 경계니라

7 /북쪽 경계는 — 이러하니
대해에서부터 호르 산까지 그어라
8 호르 산에서 그어
하맛 어귀에 이르러
스닷에 이르고

9 /또
그 경계가 — 시브론을 지나
하살에난에 이르나니
/이는 — 너희의 북쪽 경계니라

10 /동쪽 경계는 /너희의 — 하살에난에서 그어
스밤에 이르고

11 /또
그 경계가 — 스밤에서 리블라로 내려가서
아인 동쪽에 이르고
또
내려가서
긴네렛 동쪽 해변에 이르고

12 /또
그 경계가 — 요단으로 내려가서
염해에 이르나니

사방 경계가 /너희 땅의 — 이러하니라

13 모세가 이스라엘 자손에게 **명령하여 이르되**
/이는 — 받을 땅이라
/너희가 제비 뽑아
/여호와께서 — 명령하셨나니
/이것을 아홉 지파 반 쪽에게 주라고

14 //이는(이유: כִּי, for)
자손의 지파와 /르우벤
갓 자손의 지파가 — 함께 받을 것이며
/그들의 기업을
/그들의 조상의 가문에 따라
반쪽도 /므낫세의 — 기업을 받았음이니라

을 지나 가데스바네아 남방에 이르고 또 하살아달을 지나
아스몬에 이르고 **5** 아스몬에서 돌아서 애굽 시내를 지나
바다까지 이르느니라 **6** 서편 경계는 대해가 경계가 되나
니 이는 너희의 서편 경계니라 **7** 북편 경계는 이러하니
대해에서부터 호르 산까지 긋고 **8** 호르 산에서 그어 하
맛 어귀에 이르러 스닷에 미치고 **9** 그 경계가 또 시브론
을 지나 하살에난에 미치나니 이는 너희 북편 경계니라
10 너희의 동편 경계는 하살에난에서 그어 스밤에 이르
고 **11** 그 경계가 또 스밤에서 리블라로 내려가서 아인
동편에 이르고 또 내려가서 긴네렛 동편 해변에 미치고
12 그 경계가 또 요단으로 내려가서 염해에 미치나니
너희 땅의 사방 경계가 이러하니라 **13** 모세가 이스라엘
자손에게 명하여 가로되 이는 너희가 제비 뽑아 얻을 땅
이라 여호와께서 이것을 아홉 지파와 반 지파에게 주라고

to Zin, and its termination shall be to the south of Kadesh-
barnea; and it shall reach Hazaraddar, and continue to Azmon.
5 'And the border shall turn direction from Azmon to
the brook of Egypt, and its termination shall be at the
sea. **6** ¶ 'As for the western border, you shall have the
Great Sea, that is, its coastline; this shall be your west border.
7 ¶ 'And this shall be your north border: you shall draw
your border line from the Great Sea to Mount Hor. **8**
'You shall draw a line from Mount Hor to the Lebo-
hamath, and the termination of the border shall be at
Zedad; **9** and the border shall proceed to Ziphron, and
its termination shall be at Hazar-enan. This shall be your
north border. **10** ¶ 'For your eastern border you shall
also draw a line from Hazar-enan to Shepham, **11** and
the border shall go down from Shepham to Riblah on
the east side of Ain; and the border shall go down and
reach to the slope on the east side of the Sea of Chinnereth.
12 'And the border shall go down to the Jordan and
its termination shall be at the Salt Sea. This shall be
your land according to its borders all around.'" **13** ¶
So Moses commanded the sons of Israel, saying, "This
is the land that you are to apportion by lot among you

민

15 /이 두 지파와
그 반 지파는 ― 그들의 기업을 받으리라
/여리고 맞은편 요단 건너편
/곧 해 돋는 쪽에서

16 또
여호와께서 모세에게 **말씀하여 이르시되**
17 /이름은 ― 이러하니
/너희에게 땅을 기업으로 나눌 자의
― 제사장 엘르아살과
― 눈의 아들 여호수아니라

18 /또
너희는 ― 한 지휘관씩 택하라
/각 지파에

//(목적: ל, to)
기업의 땅을 나누기 위하여

19 /이름은 ― 이러하니
/그 사람들의
― 갈렙이요
/여분네의 아들
/유다 지파에서는
20 ― 스므엘이요
/암미훗의 아들
/시므온 지파에서는
21 ― 엘리닷이요
/기슬론의 아들
/베냐민 지파에서는
22 ― 북기요
/지휘관 요글리의 아들
/단 자손 지파에서는
23 ― 한니엘이요
/지휘관 에봇의 아들
/므낫세 자손 지파에서는
/요셉 자손 중
24 ― 그므엘이요
/지휘관 십단의 아들
/에브라임 자손 지파에서는

명하셨나니 **14** 이는 르우벤 자손의 지파와 갓 자손의
지파가 함께 그들의 종족대로 그 기업을 받았고 므낫세의
반 지파도 기업을 받았음이라 **15** 이 두 지파와 반 지파
가 여리고 맞은편 요단 건너편 곧 해 돋는 편에서 그 기
업을 받았느니라 **16** 여호와께서 또 모세에게 일러 가라
사대 **17** 너희에게 땅을 기업으로 나눌 자의 이름이 이
러하니 제사장 엘르아살과 눈의 아들 여호수아니라 **18**
너희가 또 기업의 땅을 나누기 위하여 매 지파에 한 족장
씩 택하라 **19** 그 사람들의 이름은 이러하니 유다 지파
에서는 여분네의 아들 갈렙이요 **20** 시므온 지파에서는
암미훗의 아들 스므엘이요 **21** 베냐민 지파에서는 기슬
론의 아들 엘리닷이요 **22** 단 자손의 지파의 족장 요글
리의 아들 북기요 **23** 요셉 자손 중 므낫세 자손 지파의
족장 에봇의 아들 한니엘이요 **24** 에브라임 자손 지파의

as a possession, which the LORD has commanded to
give to the nine and a half tribes. **14** "For the tribe of
the sons of Reuben have received theirs according to
their fathers' households, and the tribe of the sons of
Gad according to their fathers' households, and the half-
tribe of Manasseh have received their possession. **15**
"The two and a half tribes have received their possession
across the Jordan opposite Jericho, eastward toward the
sunrising." **16** Then the LORD spoke to Moses, saying,
17 "These are the names of the men who shall apportion
the land to you for inheritance: Eleazar the priest and
Joshua the son of Nun. **18** "And you shall take one
leader of every tribe to apportion the land for inheritance.
19 "And these are the names of the men: of the tribe
of Judah, Caleb the son of Jephunneh. **20** "And of the
tribe of the sons of Simeon, Samuel the son of Ammihud.
21 "Of the tribe of Benjamin, Elidad the son of Chislon.
22 "And of the tribe of the sons of Dan a leader, Bukki
the son of Jogli. **23** "Of the sons of Joseph: of the tribe
of the sons of Manasseh a leader, Hanniel the son of
Ephod. **24** "And of the tribe of the sons of Ephraim a leader,
Kemuel the son of Shiphtan. **25** "And of the tribe of

25 ── 엘리사반이요
/지휘관 바르낙의 아들
/스불론 자손 지파에서는
26 ── 발디엘이요
/지휘관 앗산의 아들
/잇사갈 자손 지파에서는
27 ── 아히훗이요
/지휘관 슬로미의 아들
/아셀 자손 지파에서는
28 ── 브다헬이니라 (하셨느니라)
/지휘관 암미훗의 아들
/납달리 자손 지파에서는
29 /이들이 ── 자들이니라
/여호와께서 ── 기업을 받게 하신
/가나안 땅에서
/이스라엘 자손에게
/명령하사

35

1 여호와께서 모세에게 **말씀하여 이르시되**
/요단 강 가 모압 평지에서
/여리고 맞은편
2 /[너는] ── 이스라엘 자손에게 **명령하여**
/그들이 ── 거주할 성읍들을 주게(하고)
/레위인에게
/받은 기업에서
/또
너희는 ── 레위인에게 주어서
/그 성읍들을 두르고 있는 초장을
3 /성읍은 ── 그들의 거처가 되게(하고)
초장은 ── 가축과 짐승들을 둘 곳이 되게 할 것이라
/그들의 재산인
4 /성읍들의 들은 ─ 성벽에서부터 밖으로 사방 천 규빗이라
/너희가 레위인에게 줄
5 /[너희는] ── 측량할지니
/성을 중앙에 두고
/성 밖 동쪽으로 이천 규빗,
/남쪽으로 이천 규빗,
/서쪽으로 이천 규빗,
/북쪽으로 이천 규빗을

족장 십단의 아들 그므엘이요 25 스불론 자손 지파의
족장 바르삭의 아들 엘리사반이요 26 잇사갈 자손 지파
의 족장 앗산의 아들 발디엘이요 27 아셀 자손 지파의
족장 슬로미의 아들 아히훗이요 28 납달리 자손 지파의
족장 암미훗의 아들 브다헬이니라 하셨으니 29 여호와
께서 명하사 가나안 땅에서 이스라엘 자손에게 기업을 나
누게 하신 자들이 이러하였더라

35:1 여호와께서 여리고 맞은편 요단 가 모압 평지
에서 모세에게 일러 가라사대 2 이스라엘 자손
에게 명하여 그들의 얻은 기업에서 레위인에게 거할 성읍
들을 주게 하고 너희는 또 그 성읍 사면의 들을 레위인에
게 주어서 3 성읍으로는 그들의 거처가 되게 하고 들로
는 그들의 가축과 물산과 짐승들을 둘 곳이 되게 할 것이
라 4 너희가 레위인에게 줄 성읍들의 들은 성벽에서부터

the sons of Zebulun a leader, Elizaphan the son of
Parnach. 26 "And of the tribe of the sons of Issachar
a leader, Paltiel the son of Azzan. 27 "And of the tribe
of the sons of Asher a leader, Ahihud the son of Shelomi.
28 "And of the tribe of the sons of Naphtali a leader, Pedahel
the son of Ammihud." 29 These are those whom the LORD
commanded to apportion the inheritance to the sons of
Israel in the land of Canaan.

35:1 ¶ Now the LORD spoke to Moses in the plains
of Moab by the Jordan opposite Jericho, saying,
2 "Command the sons of Israel that they give to the
Levites from the inheritance of their possession, cities to live
in; and you shall give to the Levites pasture lands around
the cities. 3 "And the cities shall be theirs to live in;
and their pasture lands shall be for their cattle and for
their herds and for all their beasts. 4 ¶ "And the pasture

/이는 —— 그들의 성읍의 들이며

6 /성읍은 —— 도피성으로 여섯 성읍이요
/너희가-줄 /살인자들이 피하게 할
/레위인에게
그 외에 사십이 성읍이라

7 /너희가 —— 모두 사십팔 성읍을 주고
/레위인에게
그 초장도 함께 주되

8 /너희가 —— 레위인에게 성읍을 줄 때에(=줄 것이다)
/이스라엘 자손의 소유에서
너희가 —— 많이 떼어서 주고
/많이 받은 자에게서는
적게 떼어 줄 것이라
/적게 받은 자에게서는
그 성읍들을 레위인에게 줄지니라
/각기 받은 기업을 따라서

민

9 또
여호와께서 모세에게 **말씀하여 이르시되**
10 /[너는] —— 이스라엘 자손에게 말하여
그들에게 이르라
/너희가 —— 요단 강을 건너 들어가거든(when, 상황절)
/가나안 땅에
11 /[너희는] —— 성읍을 도피성으로 정하여
/너희를 위하여

//(목적: that...may)
살인한 자가 —— 그리로 피하게 하라
/부지중에

12 //이는(목적)
너희가 —— 도피하는 성을 삼아
/복수할 자에게서
살인자가 —— 죽지 않게 하기 위함이니라
/회중 앞에 서서 판결을 받기까지

밖으로 사면 이천 규빗이라 5 성을 중앙에 두고 성 밖
동편으로 이천 규빗, 남편으로 이천 규빗, 서편으로 이천
규빗, 북편으로 이천 규빗을 측량할지니 이는 그들의 성
읍의 들이며 6 너희가 레위인에게 줄 성읍은 살인자로
피케 할 도피성으로 여섯 성읍이요 그 외에 사십이 성읍
이라 7 너희가 레위인에게 모두 사십 팔 성읍을 주고 그
들도 함께 주되 8 이스라엘 자손의 산업에서 레위인에게
너희가 성읍을 줄 때에 많이 얻은 자에게서는 많이 취하
여 주고 적게 얻은 자에게서는 적게 취하여 줄 것이라 각
기 얻은 산업을 따라서 그 성읍들을 레위인에게 줄지니라
9 여호와께서 또 모세에게 일러 가라사대 10 이스라엘
자손에게 말하여 그들에게 이르라 너희가 요단을 건너 가
나안 땅에 들어 가거든 11 너희를 위하여 성읍을 도피
성으로 정하여 그릇 살인한 자로 그리로 피하게 하라 12
이는 너희가 보수(報讐)할 자에게서 도피하는 성을 삼아
살인자가 회중 앞에 서서 판결을 받기까지 죽지 않게 하

lands of the cities which you shall give to the Levites
shall extend from the wall of the city outward a thousand
cubits around. 5 "You shall also measure outside the
city on the east side two thousand cubits, and on the
south side two thousand cubits, and on the west side
two thousand cubits, and on the north side two thousand
cubits, with the city in the center. This shall become
theirs as pasture lands for the cities. 6 "And the cities
which you shall give to the Levites shall be the six cities
of refuge, which you shall give for the manslayer to flee
to; and in addition to them you shall give forty-two
cities. 7 "All the cities which you shall give to the
Levites shall be forty-eight cities, together with their
pasture lands. 8 "As for the cities which you shall give
from the possession of the sons of Israel, you shall take more
from the larger and you shall take less from the smaller;
each shall give some of his cities to the Levites in
proportion to his possession which he inherits." 9 Then
the LORD spoke to Moses, saying, 10 "Speak to the
sons of Israel and say to them, 'When you cross the
Jordan into the land of Canaan, 11 then you shall select
for yourselves cities to be your cities of refuge, that the
manslayer who has killed any person unintentionally may
flee there. 12 'And the cities shall be to you as a refuge

13 /너희가 ——— 여섯을 도피성이 되게 하되
/줄 성읍 중에
14 /[너희는] ——— 요단 이쪽에 두고
/세 성읍은
가나안 땅에 두어
/세 성읍은
/도피성이 ——— 되게 하라

15 /성읍은 ——— 도피성이 되리니
/이 여섯 /이스라엘 자손과
타국인과
이스라엘 중에 거류하는 자의

/모든 자가 ——— 그리로 도피할 수 있으리라
/부지중에 살인한

16 /만일
[그가] ——— 사람을 쳐죽이면(if, 조건절)
/철 연장으로
그는 ——— 살인자니
그 살인자를(는) ———반드시 죽일 것이요[37)]

17 /만일
[그가] ——— 사람을 쳐죽이면(if, 조건절)
/돌을 손에 들고
/사람을 죽일 만한
이는 ——— 살인한 자니
그 살인자는 ———반드시 죽일 것이요

18 /만일
[그가] ——— 사람을 쳐죽이면(if, 조건절)
/나무 연장을 손에 들고
/사람을 죽일 만한
/그는 ——— 살인한 자니
/그 살인자는 ———반드시 죽일 것이니라

19 /보복하는 자는 ——— 자신이 죽일 것이니
/피를 /그 살인한 자를
/[그가] ——— 그를 만나면(when, 상황절)
죽일 것이요

20 /만일(אִם)
[그가] ——— 밀쳐 죽이거나
/미워하는 까닭에

37) 그 살인자는 죽임을 당할 것이요

기 위함이니라 13 너희가 줄 성읍 중에 여섯으로 도피
성이 되게 하되 14 세 성읍은 요단 이 편에서 주고 세
성읍은 가나안 땅에서 주어 도피성이 되게 하라 15 이
여섯 성읍은 이스라엘 자손과 타국인과 이스라엘 중에 우
거하는 자의 도피성이 되리니 무릇 그릇 살인한 자가 그
리로 도피할 수 있으리라 16 만일 철 연장으로 사람을
쳐 죽이면 이는 고살한 자니 그 고살자를 반드시 죽일 것
이요 17 만일 사람을 죽일 만한 돌을 손에 들고 사람을
쳐 죽이면 이는 고살(故殺)한 자니 그 고살자를 반드시
죽일 것이요 18 만일 사람을 죽일 만한 나무 연장을 손
에 들고 사람을 쳐 죽이면 이는 고살한 자니 그 고살자를
반드시 죽일 것이니라 19 피를 보수하는 자가 그 고살
자를 친히 죽일 것이니 그를 만나거든 죽일 것이요 20
만일 미워하는 까닭에 밀쳐 죽이거나 기회를 엿보아 무엇

from the avenger, so that the manslayer may not die
until he stands before the congregation for trial. 13
'And the cities which you are to give shall be your six
cities of refuge. 14 'You shall give three cities across
the Jordan and three cities in the land of Canaan; they
are to be cities of refuge. 15 'These six cities shall be
for refuge for the sons of Israel, and for the alien and
for the sojourner among them; that anyone who kills a person
unintentionally may flee there. 16 ¶ 'But if he struck
him down with an iron object, so that he died, he is a
murderer; the murderer shall surely be put to death. 17
'And if he struck him down with a stone in the hand,
by which he may die, and as a result he died, he is a murderer;
the murderer shall surely be put to death. 18 'Or if he struck
him with a wooden object in the hand, by which he may
die, and as a result he died, he is a murderer; the murderer
shall surely be put to death. 19 'The blood avenger
himself shall put the murderer to death; he shall put him

무엇을 던져 죽이거나
/기회를 엿보아
21 손으로 쳐죽이면(if, 조건절)
/악의를 가지고

/그 친 자는 — 반드시 죽일 것이니
이는 — 살인하였음이라
보복하는 자는 — 살인자를 만나면(when, 상황절)
죽일 것이니라

22 /[만일](אִם)
[그가] — 우연히 사람을 밀치거나
/악의가 없이
무엇을 던지거나
/기회를 엿봄이 없이
23 사람을 죽일 만한 돌을 던져서 죽였을 때에(if, 조건절)
/보지 못하고

/이는 — 악의도 없고
해하려 한 것도 아닌즉(while)
24 /회중이 — 이 규례대로 판결하여
/친 자와 피를 보복하는 자 간에
25 살인자를 건져내어
/피를 보복하는 자의 손에서
돌려보낼 것이요
/그가 피하였던 도피성으로

/그는 — 거기 거주할 것이니라
/대제사장이 죽기까지
/거룩한 기름 부음을 받은

26 /그러나
[만일]
살인자가 — 도피성 지경 밖에 나가면(if, 조건절)
/그 피하였던
/어느 때든지
27 보복하는 자가 — 그 살인자를 만나
/피를 — /도피성 지경 밖에서
죽일지라도
피 흘린 죄가 — 없나니

28 //이는(이유: *for*)

을 던져 죽이거나 **21** 원한으로 인하여 손으로 쳐 죽이
면 그 친 자를 반드시 죽일 것이니 이는 고살하였음이라
피를 보수하는 자가 그 고살자를 만나거든 죽일 것이니라
22 원한 없이 우연히 사람을 밀치거나 기회를 엿봄이
없이 무엇을 던지거나 **23** 보지 못하고 사람을 죽일 만
한 돌을 던져서 죽였다 하자 이는 원한도 없고 해하려 한
것도 아닌즉 **24** 회중이 친 자와 피를 보수하는 자 간에
이 규례대로 판결하여 **25** 피를 보수하는 자의 손에서
살인자를 건져내어 그가 피하였던 도피성으로 돌려 보낼
것이요 그는 거룩한 기름 부음을 받은 대제사장의 죽기까
지 거기 거할 것이니라 **26** 그러나 살인자가 어느 때든
지 그 피하였던 도피성 지경 밖에 나갔다 하자 **27** 피를
보수하는 자가 도피성 지경 밖에서 그 살인자를 만나 죽
일지라도 위하여 피 흘린 죄가 없나니 **28** 이는 살인자

to death when he meets him. **20** ‘And if he pushed
him of hatred, or threw something at him lying in wait
and as a result he died, **21** or if he struck him down
with his hand in enmity, and as a result he died, the
one who struck him shall surely be put to death, he is a
murderer; the blood avenger shall put the murderer to
death when he meets him. **22** ¶ ‘But if he pushed him
suddenly without enmity, or threw something at him without
lying in wait, **23** or with any deadly object of stone,
and without seeing it dropped on him so that he died,
while he was not his enemy nor seeking his injury, **24**
then the congregation shall judge between the slayer and
the blood avenger according to these ordinances. **25**
‘And the congregation shall deliver the manslayer from
the hand of the blood avenger, and the congregation
shall restore him to his city of refuge to which he fled;
and he shall live in it until the death of the high priest
who was anointed with the holy oil. **26** ‘But if the manslayer
shall at any time go beyond the border of his city of
refuge to which he may flee, **27** and the blood avenger

28 //이는(이유: כִּי, for)
살인자가 — 머물러야 할 것임이라
/그 도피성에
/대제사장이 죽기까지

대제사장이 죽은 후에는(after, 상황절)
그 살인자가 — 돌아갈 수 있느니라
/자기 소유의 땅으로

29 /이는 — 판결하는 규례라
/거주하는 곳에서
/너희의 대대로

30 /모든 자 — 죽일 것이나
/사람을 죽인 /증인들의 말을 따라서
/곧 살인한 자는
— 죽이지 말 것이요
/한 증인의 증거만 따라서

31 /[너희는] — 생명의 속전을 받지 말고
/살인자는(의)
/고의로 살인죄를 범한
— 반드시 죽일 것이며

32 /또
대제사장이 — 죽기 전에는(before, 상황절)
[너희는] — 속전을 받고...하지 말 것이니라
(=속전을 받지 말라)
/도피성에 피한 자는(를)

//(목적: that...may)
그의 땅으로 돌아가
/거주하게

33 /너희는 — 땅을 더럽히지 말라
/너희가 거주하는

//(이유: כִּי, for)
피는 — 땅을 더럽히나니
땅은 — 피가 아니면 속함을 받을 수 없느니라[38)]
/피 흘림을 받은 /그 피를 흘리게 한 자의

38) So you shall not pollute the land in which you are; for blood pollutes the land and no expiation can be made for the land for the blood that is shed on it, except by the blood of him who shed it.(NASB)

가 대제사장의 죽기까지 그 도피성에 유하였을 것임이라
대제사장의 죽은 후에는 그 살인자가 자기의 산업의 땅으
로 돌아갈 수 있느니라 29 이는 너희 대대로 거하는 곳
에서 판단하는 율례라 30 무릇 사람을 죽인 자 곧 고살
자를 증인들의 말을 따라서 죽일 것이나 한 증인의 증거
만 따라서 죽이지 말 것이요 31 살인죄를 범한 고살자
의 생명의 속전을 받지 말고 반드시 죽일 것이며 32 또
도피성에 피한 자를 대제사장의 죽기 전에는 속전을 받고
그의 땅으로 돌아가 거하게 하지 말 것이니라 33 너희
는 거하는 땅을 더럽히지 말라 피는 땅을 더럽히나니 피
흘림을 받은 땅은 이를 흘리게 한 자의 피가 아니면 속할
수 없느니라 34 너희는 너희 거하는 땅 곧 나의 거하는

finds him outside the border of his city of refuge, and
the blood avenger kills the manslayer, he shall not be
guilty of blood 28 because he should have remained in
his city of refuge until the death of the high priest. But
after the death of the high priest the manslayer shall
return to the land of his possession. 29 ¶ 'And these
things shall be for a statutory ordinance to you throughout
your generations in all your dwellings. 30 'If anyone
kills a person, the murderer shall be put to death at the
evidence of witnesses, but no person shall be put to
death on the testimony of one witness. 31 'Moreover,
you shall not take ransom for the life of a murderer who
is guilty of death, but he shall surely be put to death.
32 'And you shall not take ransom for him who has
fled to his city of refuge, that he may return to live in
the land before the death of the priest. 33 'So you shall
not pollute the land in which you are; for blood pollutes
the land and no expiation can be made for the land for
the blood that is shed on it, except by the blood of him
who shed it. 34 'And you shall not defile the land in

34 /너희는 —— 땅을 더럽히지 말라
/너희가 거주하는
/곧 내가 거주하는(땅)

//(이유: כִּי, for)
나 여호와는-이스라엘 자손 중에 있음이니라

36

1 수령들이 **나아와**
/길르앗 자손 종족들의
/마길의 아들
/므낫세의 손자
/요셉 자손의 종족 중

지휘관들 앞에 **말하여**
/모세와 이스라엘 자손의 수령 된

2 [그들이] **이르되**
/여호와께서 — 우리 주에게 명령하사
/그 기업의 땅을 주게(하셨고)
/이스라엘 자손에게 제비 뽑아
/또
여호와께서 — 우리 주에게 명령하사
/우리 형제 슬로브핫의 기업을 주게(하셨은즉)
/그의 딸들에게

3 /만일
그들이 —— 다른 지파들의 남자들의 아내가 되면(if, 조건절)
/이스라엘 자손의
기업은 — 떨어져 나가고
/그들의 /우리 조상의 기업에서
그 지파의 기업에 첨가되리니
/그들이 속할

/그러면
[그것이] —— 떨어져 나갈 것이요
/우리가 제비 뽑은 기업에서
4 /그 기업이 — 그가 속한 지파에 첨가될 것이라
/이스라엘 자손의 희년을 당하여

/그런즉

땅을 더럽히지 말라 나 여호와가 이스라엘 자손 중에 거함이니라

36:1 요셉 자손의 자손 중 므낫세의 손자 마길의 아들 길르앗 자손 가족의 두령들이 나아와 모세와 이스라엘 자손의 두령 된 족장들 앞에 말하여 2 가로되 여호와께서 우리 주에게 명하사 이스라엘 자손에게 그 기업의 땅을 제비 뽑아 주게 하셨고 여호와께서 또 우리 주에게 명하사 우리 형제 슬로브핫의 기업으로 그 딸들에게 주게 하였은즉 3 그들이 만일 이스라엘 자손의 다른 지파 남자들에게 시집가면 그들의 기업은 우리 조상의 기업에서 감삭되고 그들의 속할 그 지파의 기업에 첨가되리니 그러면 우리 제비 뽑은 기업에서 감삭될 것이요 4 이스라엘 자손의 희년을 당하여 그 기업이 그가 속한 지파에 첨가될 것이라 그런즉 그들의 기업은 우리 조상 지파

which you live, in the midst of which I dwell; for I the LORD am dwelling in the midst of the sons of Israel.'"

36:1 ¶ And the heads of the fathers' households of the family of the sons of Gilead, the son of Machir, the son of Manasseh, of the families of the sons of Joseph, came near and spoke before Moses and before the leaders, the heads of the fathers' households of the sons of Israel, 2 and they said, "The LORD commanded my lord to give the land by lot to the sons of Israel as an inheritance, and my lord was commanded by the LORD to give the inheritance of Zelophehad our brother to his daughters. 3 "But if they marry one of the sons of the other tribes of the sons of Israel, their inheritance will be withdrawn from the inheritance of our fathers and will be added to the inheritance of the tribe to which they belong; thus it will be withdrawn from our allotted inheritance. 4 "And when the jubilee of the sons of Israel comes, then their inheritance will be added to the

/그런즉
기업은 ——— 아주 삭감되리이다
/그들의 /우리 조상 지파의 기업에서

5 모세가 이스라엘 자손에게 **명령하여 이르되**
/여호와의 말씀으로
/말이 ——— 옳도다
/요셉 자손 지파의

6 /이것이 ——— 말씀이다
/여호와께서 명령하신
/슬로브핫의 딸들에게 대한(=대해)
/이르시되(=이르신)
/딸들은 ─ 마음대로 시집가려니와
/슬로브핫의
└오직 시집갈지니
/그 조상 지파의 종족에게로만

7 /그리하면
기업이 ——— 이 지파에서 저 지파로 옮기지 않고
/이스라엘 자손의
자손이 다 ——— 조상 지파의 기업을 지킬 것이니라 (하셨나니)
/이스라엘 /각기

8 /딸들은 모두 ——— 아내가 될 것이라
/그 기업을 이은 /자기 조상 지파의 종족되는 사람의
/이스라엘 자손의 지파 중

//그리하면(결과)
자손이 ——— 조상의 기업을 보전하게 되어
/이스라엘 /각기
9 그 기업이 ——— 옮기게 하지 아니하고
/이 지파에서 저 지파로
지파가 ——— 각각 자기 기업을 지키리라
/이스라엘 자손

10 딸들이 **행하니라**
/슬로브핫의 /여호와께서 모세에게 명령하신 대로

11 다 **아내가 되니라**
/말라와 /그들의 숙부의 아들들의
디르사와
호글라와
밀가와
노아가
/슬로브핫의 딸

민

의 기업에서 아주 감삭되리이다 **5** 모세가 여호와의 말씀
으로 이스라엘에게 명하여 가로되 요셉 자손 지파의 말이
옳도다 **6** 슬로브핫의 딸들에게 대한 여호와의 명이 이러
하니라 이르시되 슬로브핫의 딸들은 마음대로 시집가려
니와 오직 그 조상 지파의 가족에게로만 시집갈지니 **7**
그리하면 이스라엘 자손의 기업이 이 지파에서 저 지파로
옮기지 않고 이스라엘 자손이 다 각기 조상 지파의 기업
을 지킬 것이니라 하셨나니 **8** 이스라엘 자손의 지파 중
무릇 그 기업을 이은 딸들은 자기 조상 지파 가족되는 사
람에게로 시집갈 것이라 그리하면 이스라엘 자손이 각기
조상의 기업을 보존하게 되어서 **9** 그 기업으로 이 지파
에서 저 지파로 옮기게 하지 아니하고 이스라엘 자손 지
파가 각각 자기 기업을 지키리라 **10** 슬로브핫의 딸들이
여호와께서 모세에게 명하신 대로 행하니라 **11** 슬로브

inheritance of the tribe to which they belong; so their inheritance will be withdrawn from the inheritance of
the tribe of our fathers." **5** ¶ Then Moses commanded
the sons of Israel according to the word of the LORD, saying, "The tribe of the sons of Joseph are right in their
statements. **6** "This is what the LORD has commanded concerning the daughters of Zelophehad, saying, 'Let them marry whom they wish; only they must marry
within the family of the tribe of their father.' **7** "Thus
no inheritance of the sons of Israel shall be transferred from tribe to tribe, for the sons of Israel shall each hold
to the inheritance of the tribe of his fathers. **8** "And
every daughter who comes into possession of an inheritance of any tribe of the sons of Israel, shall be wife to one of the family of the tribe of her father, so that the sons of Israel each may possess the inheritance of his fathers.
9 "Thus no inheritance shall be transferred from one
tribe to another tribe, for the tribes of the sons of Israel

12 그들이 **아내가 되었으므로**
/므낫세 자손의 종족 사람의
/요셉의 아들

기업이 **남아 있었더라**
/그들의 /그들의 종족 지파에

13 이는 **계명과 규례니라**
/여호와께서 —— 이스라엘 자손에게 명령하신
/모세를 통하여
/요단 가 모압 평지에서
/여리고 맞은편

핫의 딸 말라와 디르사와 호글라와 밀가와 노아가 다 그
아비 형제의 아들들에게로 시집가되 12 그들이 요셉의
아들 므낫세 자손의 가족에게로 시집간 고로 그 기업이
그 아비 가족의 지파에 여전히 있었더라 13 이는 여리
고 맞은편 요단 가 모압 평지에서 여호와께서 모세로 이
스라엘 자손에게 명하신 명령과 규례니라

shall each hold to his own inheritance." 10 ¶ Just as
the LORD had commanded Moses, so the daughters of
Zelophehad did: 11 Mahlah, Tirzah, Hoglah, Milcah
and Noah, the daughters of Zelophehad married their uncles'
sons. 12 They married those from the families of the
sons of Manasseh the son of Joseph, and their inheritance
remained with the tribe of the family of their father. 13
¶ These are the commandments and the ordinances which
the LORD commanded to the sons of Israel through
Moses in the plains of Moab by the Jordan opposite
Jericho.

SBI 구문분석에 의한

신명기

신명기

1

1 이는 말씀이니라
/모세가 —— 이스라엘 무리에게 선포한
/아라바 광야[에서]
/요단 저편 숩 맞은편의
/곧 바란과 도벨과 라반과
하세롯과 디사합 사이에서

2 [그것은] 열 하룻길이었더라
/호렙산에서 세일산을 지나 가데스 바네아에까지

3 모세가 명령을 다 고하였으니
/여호와께서 — 자기에게 주신
/그들을 위하여
/이스라엘 자손에게
/제 사십년 십일월 그 달 초일일에

4 (때는)
모세가 아모리 왕 시혼을 쳐 죽이고(~후)
/헤스본에 거하는
바산 왕 옥을 쳐 죽인 후라(after, 상황절)
/에드레이에서 아스다롯에 거하는

5 모세가 이 율법 설명하기를 시작하였더라
/요단 저편 모압 땅에서
/일렀으되(=말함으로)
6 /여호와께서 —— 우리에게 말씀하여 이르시기를
/우리 하나님 /호렙산에서

/너희가 —— 이 산에 거한지(=거했다)[1]
/오래니(=오랜동안)
7 — 방향을 돌려
— 진행하여
— 아모리 족속의 산지로 가고
— 그 근지 곳곳으로 가고
— 가라 (하셨나니)
/아라바와 산지와 평지와
남방과 해변과
가나안 족속의 땅과
레바논과
큰 강 유브라데까지

1) 이 부분부터 6절의 동사인 '말씀하여 이르시다'의 수식부이다. 그러나 지면관계상 앞으로 위치하여 기록한다.

1:1 이는 모세가 요단 저편 숩 맞은편의 아라바 광야
곧 바란과 도벨과 라반과 하세롯과 디사합 사이에서
이스라엘 무리에게 선포한 말씀이니라 2 호렙 산에서 세
일 산을 지나 가데스바네아에까지 열 하룻 길이었더라 3
제 사십년 십일월 그 달 초일일에 모세가 이스라엘 자손
에게 여호와께서 그들을 위하여 자기에게 주신 명령을 다
고하였으니 4 때는 모세가 헤스본에 거하는 아모리 왕
시혼을 쳐 죽이고 에드레이에서 아스다롯에 거하는 바산
왕 옥을 쳐 죽인 후라 5 모세가 요단 저편 모압 땅에서
이 율법(律法) 설명하기를 시작하였더라 일렀으되 6 우
리 하나님 여호와께서 호렙 산에서 우리에게 말씀하여 이
르시기를 너희가 이 산에서 거한지 오래니 7 방향을 돌

1:1 ¶ These are the words which Moses spoke to all
Israel across the Jordan in the wilderness, in the
Arabah opposite Suph, between Paran and Tophel and Laban
and Hazeroth and Dizahab. 2 It is eleven days' journey from
Horeb by the way of Mount Seir to Kadesh-barnea. 3
And it came about in the fortieth year, on the first day
of the eleventh month, that Moses spoke to the children
of Israel, according to all that the LORD had commanded
him to give to them, 4 after he had defeated Sihon the
king of the Amorites, who lived in Heshbon, and Og
the king of Bashan, who lived in Ashtaroth and Edrei.
5 Across the Jordan in the land of Moab, Moses undertook
to expound this law, saying, 6 "The LORD our God
spoke to us at Horeb, saying, You have stayed long
enough at this mountain. 7 Turn and set your journey,
and go to the hill country of the Amorites, and to all

8 /[그] 땅이 —— [너희]앞에 있으니
[너희는] —— 들어가서
얻을지니라
/[그 땅을]
/여호와께서 —— 맹세하사...하신
/너희의 열조[에게]
/아브라함[에게]과
이삭[에게]과
야곱에게
/그들과 그 후손에게 주리라

9 /내가 —— 너희에게 말하여 이르기를
/그 때에
/나는 —— 홀로 질 수 없도다
/너희 짐을

10 /여호와께서 — 너희를 번성케 하셨으므로
/너희 하나님
/너희가 —— 하늘의 별 같이 많거니와
/오늘날

11 /여호와께서 — 너희를 현재보다 배나 많게 하시며
/너희 열조의 하나님
너희에게 복 주시기를 원하노라
/너희에게 허락하신 것과 같이

12 /그런즉
나 홀로 —— 어찌 능히 담당할 수 있으랴?
/너희의 괴로운 것과
너희의 무거운 짐과
너희의 다툼을

13 /[너희는] — 유명한 자를 택하라
/지혜와 지식이 있는
/너희의 각 지파에서
/내가 —— 그들을 세워 삼으리라 (한즉)
/너희 두령을

14 /너희가 —— 대답하여 이르기를
/당신의 말씀대로 하는 것이 좋다 (하기에)

15 /내가 —— 유명한 자들을 취하여
/지혜가 있는
/너희 지파의 두령으로
너희의 어른을 삼되

려 진행하여 아모리 족속의 산지로 가고 그 근지 곳곳으
로 가고 아라바와 산지와 평지와 남방과 해변과 가나안
족속의 땅과 레바논과 큰 강 유브라데까지 가라 하셨나
니 **8** 여호와께서 너희의 열조 아브라함과 이삭과 야곱에
게 맹세하사 그들과 그 후손에게 주리라 하신 땅이 너희
앞에 있으니 들어가서 얻을지니라 **9** 그 때에 내가 너희
에게 말하여 이르기를 나는 홀로 너희 짐을 질수 없도다
10 너희 하나님 여호와께서 너희를 번성케 하셨으므로
너희가 오늘날 하늘의 별같이 많거니와 **11** 너희 열조의
하나님 여호와께서 너희를 현재보다 천 배나 많게 하시
며 너희에게 허락하신 것과 같이 너희에게 복 주시기를
원하노라 **12** 그런즉 나 홀로 어찌 능히 너희의 괴로운
것과 너희의 무거운 짐과 너희의 다툼을 담당할 수 있으
랴 **13** 너희의 각 지파에서 지혜와 지식이 있는 유명한
자를 택하라 내가 그들을 세워 너희 두령을 삼으리라 한
즉 **14** 너희가 대답하여 이르기를 당신의 말씀대로 하는

their neighbors in the Arabah, in the hill country and in
the lowland and in the Negev and by the seacoast, the
land of the Canaanites, and Lebanon, as far as the great river,
the river Euphrates. **8** See, I have placed the land before
you; go in and possess the land which the LORD swore
to give to your fathers, to Abraham, to Isaac, and to
Jacob, to them and their descendants after them. **9** ¶
"And I spoke to you at that time, saying, 'I am not able
to bear the burden of you alone. **10** 'The LORD your
God has multiplied you, and behold, you are this day as
the stars of heaven for multitude. **11** 'May the LORD,
the God of your fathers, increase you a thousand-fold
more than you are, and bless you, just as He has promised
you! **12** 'How can I alone bear the load and burden of
you and your strife? **13** 'Choose wise and discerning
and experienced men from your tribes, and I will appoint
them as your heads.' **14** "And you answered me and
said, 'The thing which you have said to do is good.'
15 "So I took the heads of your tribes, wise and experienced
men, and appointed them heads over you, leaders of

/곧
각 지파를 따라 삼고
/천부장과 백부장과
오십부장과 십부장과
패장을

16 /내가 — 너희 재판장들에게 명하여 이르기를
/그 때에
/너희가 — 송사를 들을 때에(=듣고)
/너희 형제 중에
공정히 판결할 것이며
/양방간에
그리 할 것이라
/그들 중의 타국인에게도

17 /재판은 — 하나님께 속한 것인즉
/너희는 — 재판에 외모를 보지 말고
귀천을 일반으로 듣고
사람의 낯을 두려워 말 것이며
/[만일]
스스로 결단 하기 어려운 일이거든(조건절, if)
[너희는] — 내게로 돌리라
내가 — 들으리라 (하였고)

18 /내가 — 너희에게 다 명하였느니라
/너희의 행할 모든 일을
/그 때에
19 /우리가 — 호렙산에서 발행하여
/우리 하나님 여호와께서 우리에게 명하신 대로
크고 두려운 광야를 지나
/너희의 본바
가데스 바네아에 이른 때에(=이르렀다)
/아모리 족속의 산지 길로
20 /내가 — 너희에게 이르기를
/너희가 아모리 족속의 산지에 이르렀나니
/우리 하나님 여호와께서 우리에게 주신
21 /여호와께서 — 이 땅을 너희 앞에 두셨은즉
/너희 하나님
/[너희는] — 올라가서 얻으라
두려워 말라
주저하지 말라 한즉

것이 좋다 하기에 15 내가 너희 지파의 두령으로 지혜
가 있는 유명한 자를 취하여 너희의 어른을 삼되 곧 각
지파를 따라 천부장과 백부장과 오십부장과 십부장과 패
장(牌長)을 삼고 16 내가 그 때에 너희 재판장들에게 명
하여 이르기를 너희가 너희 형제 중에 송사를 들을 때에
양방간(兩方間)에 공정히 판결 할 것이며 그들 중의 타국
인에게도 그리할 것이라 17 재판은 하나님께 속한 것인
즉 너희는 재판에 외모를 보지 말고 귀천을 일반으로 듣
고 사람의 낯을 두려워 말 것이며 스스로 결단하기 어려
운 일이거든 내게로 돌리라 내가 들으리라 하였고 18
내가 너희의 행할 모든 일을 그 때에 너희에게 다 명하였
느니라 19 우리 하나님 여호와께서 우리에게 명하신 대
로 우리가 호렙 산에서 발행하여 너희의 본바 크고 두려
운 광야를 지나 아모리 족속 산지 길로 가데스 바네아에
이른 때에 20 내가 너희에게 이르기를 우리 하나님 여
호와께서 우리에게 주신 아모리 족속의 산지에 너희가 이
르렀나니 21 너희 하나님 여호와께서 이 땅을 너희 앞
에 두셨은즉 너희 열조의 하나님 여호와께서 너희에게 이

thousands, and of hundreds, of fifties and of tens, and officers
for your tribes. 16 ¶ "Then I charged your judges at
that time, saying, 'Hear the cases between your fellow
countrymen, and judge righteously between a man and
his fellow countryman, or the alien who is with him.
17 'You shall not show partiality in judgment; you
shall hear the small and the great alike. You shall not
fear man, for the judgment is Gods. And the case that
is too hard for you, you shall bring to me, and I will
hear it.' 18 "And I commanded you at that time all the
things that you should do. 19 ¶ "Then we set out from
Horeb, and went through all that great and terrible wilderness
which you saw, on the way to the hill country of the Amorites,
just as the LORD our God had commanded us; and we
came to Kadesh-barnea. 20 "And I said to you, 'You
have come to the hill country of the Amorites which the

22 /너희가 다 ── 내 앞으로 나아와
말하기를
/우리가 ─ 사람을 보내어
/우리 앞서
그 땅을 정탐하고
/우리를 위하여
우리에게 회보케 하자 하기에
/어느 길로 올라가야 할 것과
어느 성읍으로 들어가야 할 것을

23 /내가 ── 그 말을 선히 여겨
너희 중에서 열 둘을 택하매
/매 지파에 한 사람씩
24 /그들이 ── 앞으로 가서
산지에 올라
에스골 골짜기에 이르러
그곳을 정탐하고
25 그 땅의 과실을 손에 가지고
우리에게로 돌아와서
우리에게 회보하여 이르되...하였느니라
/땅이 ── 좋더라
/여호와께서 ── 우리에게 주시는
/우리의 하나님
26 /그러나
너희가 ── 올라가기를 즐겨 아니하고
명을 거역하여
/너희 하나님 여호와의
27 장막 중에서 원망하여 이르기를
/여호와께서 ── 우리를 인도하여 내셨도다
/애굽 땅에서

//(이유: because)
[그가] ─ 우리를 미워하시는 고로

//(목적)
멸하시려고
/아모리 족속의 손에 붙여

28 /우리가 어디로 갈꼬?
/형제들이 ── 우리로 낙심케 하여
/우리의 /말하기를(=말함으로)...하기로
/그 백성은 우리보다 장대하며
/그 성읍은 크고 성곽은 하늘에 닿았으며
/우리가 또 거기서 아낙 자손을 보았노라 하는도다

신

르신 대로 올라가서 얻으라 두려워 말라 주저하지 말라
한즉 22 너희가 다 내 앞으로 나아와 말하기를 우리가
사람을 우리 앞서 보내어 우리를 위하여 그 땅을 정탐하
고 어느 길로 올라가야 할 것과 어느 성읍으로 들어가야
할 것을 우리에게 회보케 하자 하기에 23 내가 그 말을
선히 여겨 너희 중에서 매 지파에 한 사람씩 열 둘을 택
하매 24 그들이 앞으로 가서 산지에 올라 에스골 골짜
기에 이르러 그 곳을 정탐하고 25 그 땅의 과실을 손에
가지고 우리에게로 돌아와서 우리에게 회보하여 이르되
우리의 하나님 여호와께서 우리에게 주시는 땅이 좋더라
하였느니라 26 그러나 너희가 올라 가기를 즐겨 아니하
고 너희 하나님 여호와의 명을 거역하여 27 장막 중에
서 원망하여 이르기를 여호와께서 우리를 미워하시는 고
로 아모리 족속의 손에 붙여 멸하시려고 우리를 애굽 땅

LORD our God is about to give us. 21 'See, the LORD
your God has placed the land before you; go up, take
possession, as the LORD, the God of your fathers, has spoken
to you. Do not fear or be dismayed.' 22 "Then all of
you approached me and said, 'Let us send men before
us, that they may search out the land for us, and bring
back to us word of the way by which we should go up,
and the cities which we shall enter.' 23 "And the thing
pleased me and I took twelve of your men, one man for
each tribe. 24 "And they turned and went up into the
hill country, and came to the valley of Eshcol, and spied
it out. 25 "Then they took some of the fruit of the land
in their hands and brought it down to us; and they brought
us back a report and said, It is a good land which the
LORD our God is about to give us. 26 ¶ "Yet you
were not willing to go up, but rebelled against the
command of the LORD your God; 27 and you grumbled
in your tents and said, 'Because the LORD hates us, He

29 /내가 ── 너희에게 말하기를
/[너희는] ── 그들을 무서워 말라
두려워하지 말라
30 /여호와께서 ── 이제도 너희를 위하여 싸우실 것이며
/너희 하나님 /모든 일을 행하신 것같이
/행하시는 /너희 목전에서
/너희 앞서 /애굽에서
/너희를 위하여

31 /너희가 ── 광야에서도 당하였거니와
/사람이 자기 아들을 안음 같이
/여호와께서 ── 너희의 행로 중에 너희를 안으사
/너희 하나님
이곳까지 이르게 하셨느니라 하나

신

32 /너희가 ── 여호와를 믿지 아니하였도다
/너희 하나님
/이 일에
33 /그는 ── 너희 앞서 행하시며
장막 칠 곳을 찾으시고
너희의 행할 길을 지시하신 자니라
/밤에는 불로,
/낮에는 구름으로

34 여호와께서 너희의 말소리를 **들으시고**
노하사
맹세하여 가라사대
35 /볼 자가 ── 하나도 없으리라
/좋은 땅을 /이 악한 세대 사람들 중에는
/내가 ── 주기로 맹세한
/그들의 열조에게

36 /갈렙은 ── 온전히 여호와를 순종하였은즉
/오직
/여분네의 아들
/그는 ── 그것을 볼 것이요
/내가 ── 그와 그의 자손에게 주리라 하시고
/그가 밟은 땅을

에서 인도하여 내셨도다 **28** 우리가 어디로 갈꼬 우리의
형제들이 우리로 낙심케 하여 말하기를 그 백성은 우리보
다 장대하며 그 성읍은 크고 성곽은 하늘에 닿았으며 우
리가 또 거기서 아낙 자손을 보았노라 하는도다 하기로
29 내가 너희에게 말하기를 그들을 무서워 말라 두려워
하지 말라 **30** 너희 앞서 행하시는 너희 하나님 여호와
께서 애굽에서 너희를 위하여 너희 목전에서 모든 일을
행하신 것같이 이제도 너희를 위하여 싸우실 것이며 **31**
광야에서도 너희가 당하였거니와 사람이 자기 아들을 안
음같이 너희 하나님 여호와께서 너희의 행로 중에 너희를
안으사 이곳까지 이르게 하셨느니라 하나 **32** 이 일에
너희가 너희 하나님 여호와를 믿지 아니하였도다 **33** 그
는 너희 앞서 행하시며 장막 칠 곳을 찾으시고 밤에는 불
로, 낮에는 구름으로 너희의 행할 길을 지시하신 자니라
34 여호와께서 너희의 말소리를 들으시고 노하사 맹세
하여 가라사대 **35** 이 악한 세대 사람들 중에는 내가 그
들의 열조에게 주기로 맹세한 좋은 땅을 볼 자가 하나도
없으리라 **36** 오직 여분네의 아들 갈렙은 온전히 여호와
를 순종하였은즉 그는 그것을 볼것이요 그가 밟은 땅을
내가 그와 그의 자손에게 주리라 하시고 **37** 여호와께서

has brought us out of the land of Egypt to deliver us
into the hand of the Amorites to destroy us. **28** 'Where
can we go up? Our brethren have made our hearts melt,
saying, "The people are bigger and taller than we; the
cities are large and fortified to heaven. And besides, we
saw the sons of the Anakim there."' **29** "Then I said
to you, 'Do not be shocked, nor fear them. **30** 'The
LORD your God who goes before you will Himself fight
on your behalf, just as He did for you in Egypt before
your eyes, **31** and in the wilderness where you saw
how the LORD your God carried you, just as a man
carries his son, in all the way which you have walked,
until you came to this place.' **32** "But for all this, you
did not trust the LORD your God, **33** who goes before
you on your way, to seek out a place for you to encamp,
in fire by night and cloud by day, to show you the way
in which you should go. **34** ¶ "Then the LORD heard
the sound of your words, and He was angry and took
an oath, saying, **35** 'Not one of these men, this evil
generation, shall see the good land which I swore to
give your fathers, **36** except Caleb the son of Jephunneh;
he shall see it, and to him and to his sons I will give
the land on which he has set foot, because he has followed
the LORD fully.' **37** "The LORD was angry with me

37 여호와께서 내게도 **진노하사**
/너희의 연고로
/가라사대(=말씀하심으로)
/너도 ——— 그리로 들어가지 못하리라
38 /여호수아는 — 그리로 들어갈 것이니
/너의 종자
/눈의 아들
/너는 ——— 그를 담대케 하라

//(결과)
그가 —— 그 땅을 기업으로 얻게 하리라
/이스라엘에게

39 /또
그들은 ——— 그리로 들어갈 것이라
/너희의 아이들과
/너희가 사로잡히리라 하던
/너희 자녀들
/당일에 선악을 분변치 못하던
/내가 ——— 그 땅을 그들에게 주어
산업이 되게 하리라

40 /너희는 ——— 회정하여
광야로 들어갈지니라 하시매
/홍해길로 하여

41 너희가 **대답하여**
내게 **이르기를 ...**하고
/우리가 ——— 여호와께 범죄하였사오니
/우리가 ——— 올라가서
싸우리이다
/우리 하나님께서 우리에게 명하신 대로

너희가 각각 병기를 **띠고**
경솔히 산지로 **올라가려 할 때에**

42 여호와께서 내게 **이르시되**
/너는 ——— 그들에게 이르기를
/너희는 —— 올라 가지 말라
싸우지도 말라

//(이유: כִּי, for)
내가 —— 너희 중에 있지 아니하니
너희가 — 대적에게 패할까 하노라 하셨다
(하라 하시기로)

신

너희의 연고로 내게도 진노하사 가라사대 너도 그리로 들
어가지 못하리라 38 너의 종자 눈의 아들 여호수아는
그리로 들어갈 것이니 너는 그를 담대케 하라 그가 이스
라엘에게 그 땅을 기업으로 얻게하리라 39 또 너희가
사로잡히리라 하던 너희의 아이들과 당일에 선악을 분변
치 못하던 너희 자녀들 그들은 그리로 들어갈 것이라 내
가 그 땅을 그들에게 주어 산업이 되게 하리라 40 너희
는 회정하여 홍해 길로 하여 광야로 들어갈지니라 하시매 41
너희가 대답하여 내게 이르기를 우리가 여호와께 범죄하
였사오니 우리 하나님께서 우리에게 명하신 대로 우리가
올라가서 싸우리이다 하고 너희가 각각 병기를 띠고 경솔
히 산지로 올라가려 할 때에 42 여호와께서 내게 이르
시되 너는 그들에게 이르기를 너희는 올라가지 말라 싸우
지도 말라 내가 너희 중에 있지 아니하니 너희가 대적에

also on your account, saying, Not even you shall enter
there. 38 Joshua the son of Nun, who stands before
you, he shall enter there; encourage him, for he shall
cause Israel to inherit it. 39 Moreover, your little ones
who you said would become a prey, and your sons, who
this day have no knowledge of good or evil, shall enter there,
and I will give it to them, and they shall possess it. 40
But as for you, turn around and set out for the wilderness
by the way to the Red Sea. 41 ¶ "Then you answered
and said to me, 'We have sinned against the LORD; we
will indeed go up and fight, just as the LORD our God
commanded us.' And every man of you girded on his
weapons of war, and regarded it as easy to go up into
the hill country. 42 "And the LORD said to me, 'Say
to them, "Do not go up, nor fight, for I am not among
you; lest you be defeated before your enemies."' 43

신

43 내가 너희에게 **고하였으나**
너희가 **듣지 아니하고**
여호와의 명을 **거역하고**
천자히 산지로 **올라가매**

44 족속이 너희를 마주 **나와서**
/아모리
/그 산지에 거하는
벌떼 같이 너희를 **쫓아**
세일산에서 **쳐서**
/호르마까지(미친지라)

45 너희가 **돌이와서**
여호와 앞에서 **통곡하나**

여호와께서 너희의 소리를 **듣지 아니하시며**
너희에게 귀를 **기울이지 아니하셨으므로**

46 너희가 가데스에 여러 날 동안 **거하였었나니**
/곧 너희가 그곳에 거하던 날 수대로(니라)

2

1 우리가 **회정하여**
홍해 길로 광야에 **들어가서**
/여호와께서 내게 명하신 대로
세일산을 **두루 행하더니**
/여러날 동안

2 여호와께서 내게 **고하여 이르시되**
3 /너희가 ─ 이 산을 두루 행한 지
/오래니(=충분히)
└ 돌이켜 나아가라
/북으로
4 /또
너는 ── 백성에게 명하여 이르기를
/너희는 ─ 에서의 자손의 지경으로 지날진대
/너희 동족
/세일에 거하는
/그들이 ─ 너희를 두려워하리니
/너희는 ┬ 깊이 스스로 삼가고
5 └ 그들과 다투지 말라
//(이유: *for*)

게 패할까 하노라 하셨다 하라 하시기로 **43** 내가 너희
에게 고하였으나 너희가 듣지 아니하고 여호와의 명을 거
역하고 천자히 산지로 올라가매 **44** 그 산지에 거하는
아모리 족속이 너희를 마주 나와서 벌떼같이 너희를 쫓아
세일 산에서 쳐서 호르마까지 미친지라 **45** 너희가 돌아
와서 여호와 앞에서 통곡하나 여호와께서 너희의 소리를
듣지 아니하시며 너희에게 귀를 기울이지 아니하셨으므
로 **46** 너희가 가데스에 여러 날 동안 거하였었나니 곧
너희가 그 곳에 거하던 날 수대로니라

2:1 우리가 회정하여 여호와께서 내게 명하신 대로
홍해 길로 광야에 들어가서 여러 날 동안 세일 산을
두루 행하더니 **2** 여호와께서 내게 고하여 이르시되 **3**
너희가 이 산을 두루 행한지 오래니 돌이켜 북으로 나아
가라 **4** 너는 또 백성에게 명하여 이르기를 너희는 세일

"So I spoke to you, but you would not listen. Instead
you rebelled against the command of the LORD, and
acted presumptuously and went up into the hill country. **44**
"And the Amorites who lived in that hill country came
out against you, and chased you as bees do, and crushed
you from Seir to Hormah. **45** "Then you returned and wept
before the LORD; but the LORD did not listen to your
voice, nor give ear to you. **46** "So you remained in
Kadesh many days, the days that you spent there.

2:1 ¶ "Then we turned and set out for the wilderness
by the way to the Red Sea, as the LORD spoke to
me, and circled Mount Seir for many days. **2** "And the
LORD spoke to me, saying, **3** You have circled this

//(이유: כִּי, for)
[내가] ── 너희에게 주지 아니하리니
/그들의 땅은(을)
/한 발자국도

//이는(이유: כִּי, for)
내가 ─기업으로 주었음이로라
/세일산을
/에서에게

6 /너희는 ─ 돈으로 그들에게서 양식을 사서
─ 먹으며
─ 돈으로 그들에게서 물을 사서
─ 마시라

7 //(이유: כִּי, for)
여호와가 ─ 네게 복을 주고
/네 하나님 /너의 하는 모든 일에
─ 알고
/네가 이 큰 광야에 두루 행함을
여호와가 ─ 너와 함께 하였으므로
/네 하나님 /이 사십년 동안을
─ 네게 부족함이 없었느니라
(하셨다 하라 하시기로)

8 우리가 에서의 자손을 **떠나서**
/세일산에 거하는
/우리 동족
/아라바를 지나며
/엘랏과 에시온 게벨 곁으로 지나 (행하고)
돌이켜
모압 광야 길로 **진행할 (때에)(=진행했다)**

9 여호와께서 내게 **이르시되**
/[너는] ─ 모압을 괴롭게 말라
─ 그와 싸우지도 말라

//(이유: כִּי, for)
내가 ─ 네게 기업으로 주지 아니하리니
/그 땅을

//이는(이유: כִּי, for)
내가 ─롯 자손에게 아르를 주었음이로라
/기업으로

신

에 거하는 너희 동족 에서의 자손의 지경으로 지날진대
그들이 너희를 두려워하리니 너희는 깊이 스스로 삼가고
5 그들과 다투지 말라 그들의 땅은 한 발자국도 너희에
게 주지 아니하리니 이는 내가 세일산을 에서에게 기업으
로 주었음이로라 6 너희는 돈으로 그들에게서 양식을 사
서 먹으며 돈으로 그들에게서 물을 사서 마시라 7 네 하
나님 여호와가 너의 하는 모든 일에 네게 복을 주고 네가
이 큰 광야에 두루 행함을 알고 네 하나님 여호와가 이
사십 년 동안을 너와 함께 하였으므로 네게 부족함이 없
었느니라 하셨다 하라 하시기로 8 우리가 세일 산에 거
하는 우리 동족 에서의 자손을 떠나서 아라바를 지나며
엘랏과 에시온 게벨 곁으로 지나 행하고 돌이켜 모압 광
야 길로 진행할 때에 9 여호와께서 내게 이르시되 모압
을 괴롭게 말라 그와 싸우지도 말라 그 땅을 내가 네게

mountain long enough. Now turn north, 4 and command
the people, saying, "You will pass through the territory
of your brothers the sons of Esau who live in Seir; and
they will be afraid of you. So be very careful; 5 do not
provoke them, for I will not give you any of their land,
even as little as a footstep because I have given Mount
Seir to Esau as a possession. 6 "You shall buy food
from them with money so that you may eat, and you
shall also purchase water from them with money so that
you may drink. 7 "For the LORD your God has blessed
you in all that you have done; He has known your wanderings
through this great wilderness. These forty years the LORD
your God has been with you; you have not lacked a
thing." 8 ¶ "So we passed beyond our brothers the sons
of Esau, who live in Seir, away from the Arabah road,
away from Elath and from Ezion-geber. And we turned
and passed through by the way of the wilderness of
Moab. 9 "Then the LORD said to me, 'Do not harass

2) 아르에 대한 부연설명

신

*10-12[2)]
10 (옛적에
엠 사람이 ── 거기 거하여
├ 강하고
├ 많고
└ 아낙 족속과 같이 키가 크므로
11 그들을(이) ── 아낙 족속과 같이 르바임이라 칭하였으나
모압 사람은 ── 그들을 에밈이라 칭하였으며
12 호리 사람도 ── 세일에 거하였더니
에서의 자손이 ┬ 그들을 멸하고
└ 대신하여 그 땅에 거하였으니
/이스라엘이 ─ 행한 것과 일반이었느니라)
/여호와의 주신 기업의 땅에서

13 /이제
너희는 ┬ 일어나서
└ 세렛 시내를 건너가라(하시기로)

우리가 세렛 시내를 **건넜으니**
14 이 때에는(=기간은) **삼십 팔년 동안이라**
/가데스 바네아에서 떠나 세렛 시내를 건너기까지
/모든 군인들이 ─ 진 중에서 다 멸절되었나니(=멸절될 때까지, until)
/그 시대의 /여호와께서 그들에게 맹세하신 대로

15 여호와께서 손으로 그들을 **치사**
/필경은 다 멸절되었느니라(=다 멸절되기까지)

//(목적: ל, to)
진 중에서 멸하신 고로

16 모든 군인이 백성 중에서 사망하여 진멸된 후에(when, 상황절)

17 여호와께서 내게 **일러 가라사대**
18 /네가 오늘 모압 변경 아르를 지나리니
19 /[네가] ┬ 암몬 족속에게 가까이 이르거든(when, 상황절)
├ 그들을 괴롭게 말라
└ 그들과 다투지도 말라

//(이유: *for*)

기업으로 주지 아니하리니 이는 내가 롯 자손에게 아르를
기업으로 주었음이로라 10 (옛적에 엠 사람이 거기 거하
여 강하고 많고 아낙 족속과 같이 키가 크므로 11 그들
을 아낙 족속과 같이 르바임이라 칭하였으나 모압 사람은
그들을 에밈이라 칭하였으며 12 호리 사람도 세일에 거
하였더니 에서의 자손이 그들을 멸하고 대신하여 그 땅에
거하였으니 이스라엘이 여호와의 주신 기업의 땅에서 행
한 것과 일반이었느니라) 13 이제 너희는 일어나서 세렛
시내를 건너가라 하시기로 우리가 세렛 시내를 건넜으니
14 가데스 바네아에서 떠나 세렛 시내를 건너기까지 삼
십 팔 년 동안이라 이 때에는 그 시대의 모든 군인들이
여호와께서 그들에게 맹세하신 대로 진 중에서 다 멸절
되었나니 15 여호와께서 손으로 그들을 치사 진 중에서
멸하신 고로 필경은 다 멸절되었느니라 16 모든 군인이
사망하여 백성 중에서 진멸된 후에 17 여호와께서 내게
일러 가라사대 18 내가 오늘 모압 변경 아르를 지나리
니 19 암몬 족속에게 가까이 이르거든 그들을 괴롭게
말라 그들과 다투지도 말라 암몬 족속의 땅은 내가 네게

Moab, nor provoke them to war, for I will not give you
any of their land as a possession, because I have given
Ar to the sons of Lot as a possession. 10 (The Emim
lived there formerly, a people as great, numerous, and
tall as the Anakim. 11 Like the Anakim, they are also
regarded as Rephaim, but the Moabites call them Emim. 12
The Horites formerly lived in Seir, but the sons of Esau
dispossessed them and destroyed them from before them
and settled in their place, just as Israel did to the land
of their possession which the LORD gave to them.) 13
'Now arise and cross over the brook Zered yourselves.'
So we crossed over the brook Zered. 14 "Now the time
that it took for us to come from Kadesh-barnea, until
we crossed over the brook Zered, was thirty-eight years;
until all the generation of the men of war perished from
within the camp, as the LORD had sworn to them. 15
"Moreover the hand of the LORD was against them, to
destroy them from within the camp, until they all perished.
16 ¶ "So it came about when all the men of war had
finally perished from among the people, 17 that the
LORD spoke to me, saying, 18 'You shall cross over
Ar, the border of Moab, today. 19 'And when you come

//(이유: כִּי, for)
내가 — 네게 기업으로 주지 아니하리니
/암몬 족속의 땅은

//이는(כִּי, for)
내가 — 그것을 주었음이로라
/롯 자손에게 기업으로

*20-23[3)]
20 /(그들이]—— 이곳도 [간주]하였었나니
/르바임의 땅이라
/르바임이—거기 거하였었음이요
/전에
/족속은 —— 그들을 삼숨밈이라 일컬었었으며
/암몬
21 /그 백성은—강하고
많고
키가 크나
/아낙 족속과 같이
/여호와께서— 그들을 멸하셨으므로
/암몬 족속 앞에서
/족속이—— 그 땅에 거하였으니
/암몬 /대신하여
22 /마치 호리 사람을 멸하심과 일반이라
/세일에 거한 에서 자손 앞에
/그들이—— 호리 사람을 쫓아내고
오늘까지 거기 거하였으며
/대신하여
23 /또
갑돌 사람이 —아위 사람을 멸하고
/갑돌에서 나온 /각 촌에 거하는
/가사까지
—거기 거하였었느니라)
/그들을 대신하여

24 /너희는 —— 일어나
진행하여
아르논 골짜기를 건너라

/내가 —— 네 손에 붙였은즉
/아모리 사람 시혼과
/헤스본 왕
그 땅을
비로소 더불어 싸워서

3) 암몬족속의 땅을 설명하고 있다.

신

기업으로 주지 아니하리니 이는 내가 그것을 롯 자손에게
기업으로 주었음이로라 20 (이곳도 르바임의 땅이라 하
였었나니 전에 르바임이 거기 거하였었음이요 암몬 족속
은 그들을 삼숨밈이라 일컬었었으며 21 그 백성은 강하
고 많고 아낙 족속과 같이 키가 크나 여호와께서 암몬 족
속 앞에서 그들을 멸하셨으므로 암몬 족속이 대신하여 그
땅에 거하였으니 22 마치 세일에 거한 에서 자손 앞에
호리 사람을 멸하심과 일반이라 그들이 호리 사람을 쫓아
내고 대신하여 오늘까지 거기 거하였으며 23 또 갑돌에
서 나온 갑돌 사람이 가사까지 각 촌에 거하는 아위 사람
을 멸하고 그들을 대신하여 거기 거하였었느니라) 24
너희는 일어나 진행하여 아르논 골짜기를 건너라 내가 헤
스본 왕아모리 사람 시혼과 그 땅을 네 손에 붙였은즉 비
로소 더불어 싸워서 그 땅을 얻으라 25 오늘부터 내가

opposite the sons of Ammon, do not harass them nor provoke them, for I will not give you any of the land of the sons of Ammon as a possession, because I have given it to the sons of Lot as a possession.'
20 (It is also regarded as the land of the Rephaim, for Rephaim formerly lived in it, but the Ammonites call them Zamzummin,
21 a people as great, numerous, and tall as the Anakim, but the LORD destroyed them before them. And they dispossessed them and settled in their place,
22 just as He did for the sons of Esau, who live in Seir, when He destroyed the Horites from before them; and they dispossessed them, and settled in their place even to this day.
23 And the Avvim, who lived in villages as far as Gaza, the Caphtorim who came from Caphtor, destroyed them and lived in their place.)
24 Arise, set out, and pass through the valley of Arnon. Look! I have given Sihon the Amorite, king of Heshbon, and his land into your hand; begin to take possession and contend with him in

25 /내가 ─ 너를 무서워하며 (~하게하고)
너를 두려워하게 하리니

/오늘부터
/천하 만민으로
/네 명성을 듣은

/그들이 ─ 떨며
너로 인하여 근심하리라 (하셨느니라)

26 내가 사자를 **보내어**
/그데못 광야에서
/헤스본 왕 시혼에게
평화의 말로 **이르기를**
27 /[너는] ── 나를 네 땅으로 통과하게 하라
/내가 ── 대로로만 행하고
좌로나 우로나 치우치지 아니하리라
28 /너는 ── 돈을 받고 양식을 팔아
나로 먹게 하고
돈을 받고 물을 주어
나로 마시게 하라
/나는 도보로 지날 뿐인즉
29 /<너는> ── 〈행〉(하라)
/에서 자손과
/세일에 거하는
모압 사람이 ── 내게 행한 것같이
/아르에 거하는

//그리하면(결과)
내가 요단을 건너서
땅에 이르리라 (하나)
/우리 하나님 여호와께서 우리에게 주시는

30 시혼이 **허락지 아니하였으니**
/헤스본 왕 /우리의 통과하기를

//이는(이유: כִּי, for)
여호와께서 ─ 그 성품을 완강케 하셨고
/너의 하나님
그 마음을 강퍅케 하셨음이라

//(목적: לְ, to)
그를 네 손에 붙이시려고

//(결과: 의미상)
오늘날과 같으니라

천하 만민으로 너를 무서워하며 너를 두려워하게 하리니
그들이 네 명성을 듣고 떨며 너로 인하여 근심하리라 하
셨느니라 26 내가 그데못 광야에서 헤스본 왕 시혼에게
사자를 보내어 평화의 말로 이르기를 27 나를 네 땅으
로 통과하게 하라 내가 대로로만 행하고 좌로나 우로나
치우치지 아니하리라 28 너는 돈을 받고 양식을 팔아
나로 먹게 하고 돈을 받고 물을 주어 나로 마시게 하라
나는 도보로 지날 뿐인즉 29 세일에 거하는 에서 자손
과 아르에 거하는 모압 사람이 내게 행한 것같이 하라 그
리하면 내가 요단을 건너서 우리 하나님 여호와께서 우
리에게 주시는 땅에 이르리라 하나 30 헤스본 왕 시혼
이 우리의 통과하기를 허락지 아니하였으니 이는 너의
하나님 여호와께서 그를 네 손에 붙이시려고 그 성품을
완강케 하셨고 그 마음을 강퍅케 하셨음이라 오늘날과

battle. 25 This day I will begin to put the dread and
fear of you upon the peoples everywhere under the
heavens, who, when they hear the report of you, shall tremble
and be in anguish because of you. 26 ¶ "So I sent messengers
from the wilderness of Kedemoth to Sihon king of
Heshbon with words of peace, saying, 27 'Let me pass
through your land, I will travel only on the highway; I
will not turn aside to the right or to the left. 28 'You
will sell me food for money so that I may eat, and give
me water for money so that I may drink, only let me
pass through on foot, 29 just as the sons of Esau who
live in Seir and the Moabites who live in Ar did for
me, until I cross over the Jordan into the land which
the LORD our God is giving to us.' 30 "But Sihon
king of Heshbon was not willing for us to pass through
his land; for the LORD your God hardened his spirit
and made his heart obstinate, in order to deliver him
into your hand, as he is today. 31 "And the LORD said

31 때에
여호와께서 내게 **이르시되** ...하시더니
/내가 — 네게 비로소 **붙이노니**[4)]
/시혼과 그 땅을
/너는 — 이제부터 그 땅을 **얻어서**[5)]

//(목적: ל, to)
기업을 삼으라

32 시혼이 그 모든 백성을 거느리고 나와서
야하스에서 싸울 때에(상황절, when)
/우리를 대적하여
33 여호와께서 그를 우리에게 **붙이시매**
/우리 하나님

우리가 **쳤고**
/그와 그 아들들과 그 모든 백성을

34 우리가 그 모든 성읍을 **취하고**
/그 때에
그 각 성읍을 **진멸하였고**
/그 남녀와 유아와 함께
/하나도 남기지 아니하고

35 [우리가] 우리의 소유로 **삼았으며**
/오직 그 육축과
성읍에서 탈취한 것은(을)

36 우리가 **취하지 못한 것이 하나도 없었으나**
/모든 높은 성읍을
/아로엘과
/아르논 골짜기 가에 있는
성읍으로부터
/골짜기 가운데 있는
/길르앗에까지

여호와께서 그 모든 땅을 **붙이심으로**
/우리 하나님 /우리에게

37 네가 **가까이 하지 못하였느니라**
/오직 암몬 족속의 땅 얍복강 가와
산지에 있는 성읍들과
무릇 우리 하나님 여호와께서 우리의 가기를 금하신 곳은

4) 직역: 붙이기를 시작한다

5) 직역: 얻기를 시작하라

신

같으니라 31 때에 여호와께서 내게 이르시되 내가 비로
소 시혼과 그 땅을 네게 붙이노니 너는 이제부터 그 땅을
얻어서 기업으로 삼으라 하시더니 32 시혼이 그 모든
백성을 거느리고 나와서 우리를 대적하여 야하스에서 싸
울 때에 33 우리 하나님 여호와께서 그를 우리에게 붙
이시매 우리가 그와 그 아들들과 그 모든 백성을 쳤고
34 그 때에 우리가 그 모든 성읍을 취하고 그 각 성읍
을 그 남녀와 유아와 함께 하나도 남기지 아니하고 진멸
하였고 35 오직 그 육축과 성읍에서 탈취한 것은 우리
의 소유로 삼았으며 36 우리 하나님 여호와께서 그 모
든 땅을 우리에게 붙이심으로 아르논 골짜기 가에 있는
아로엘과 골짜기 가운데 있는 성읍으로부터 길르앗에까
지 우리가 모든 높은 성읍을 취하지 못한 것이 하나도 없
었으나 37 오직 암몬 족속의 땅 얍복 강가와 산지에 있
는 성읍들과 무릇 우리 하나님 여호와께서 우리의 가기를
금하신 곳은 네가 가까이 하지 못하였느니라

to me, See, I have begun to deliver Sihon and his land
over to you. Begin to occupy, that you may possess his
land. 32 ¶ "Then Sihon with all his people came out
to meet us in battle at Jahaz. 33 "And the LORD our
God delivered him over to us; and we defeated him with
his sons and all his people. 34 "So we captured all his
cities at that time, and utterly destroyed the men, women
and children of every city. We left no survivor. 35 "We
took only the animals as our booty and the spoil of the
cities which we had captured. 36 "From Aroer which
is on the edge of the valley of Arnon and from the city
which is in the valley, even to Gilead, there was no city
that was too high for us; the LORD our God delivered
all over to us. 37 "Only you did not go near to the
land of the sons of Ammon, all along the river Jabbok
and the cities of the hill country, and wherever the LORD

3

1 우리가 **돌이켜**
바산으로 **올라가매**

옥이 그 모든 백성을 **거느리고 나와서**
/바산 왕

//(목적: ל, to)
우리를 — 대적하여

[그가] 에드레이에서 **싸우는지라**

2 여호와께서 내게 **이르시되**
/[너는] —— 그를 두려워 말라

//(이유: כִּי, for)
내가 —— 네 손에 붙였으니
/그와 그 모든 백성과
그 땅을

/네가 ——— 그에게도 행할 것이니라 (하시고)
/아모리 족속의 왕 시혼에게 행한 것과 같이
/헤스본에 거하던

3 여호와께서 우리 손에 **붙이시매**
/우리 하나님 /바산 왕 옥과
그 모든 백성을

우리가 그들을 **쳐서**
한 사람도 **남기지 아니하였느니라**

4 우리가 **다 빼앗았는데**
/성읍이 하나도 없이
/우리가 그들에게서 빼앗지 아니한

그 성읍이 **육십이니**
/곧 아르곱 온 지방이요
바산에 있는 옥의 나라이라

5 성읍에(은) 높은 성벽이 **둘려 있고**
/그 모든

문과 빗장이 있어
견고하며

3:1 우리가 돌이켜 바산으로 올라가매 바산 왕 옥이 그 모든 백성을 거느리고 나와서 우리를 대적하여 에드레이에서 싸우는지라 2 여호와께서 내게 이르시되 그를 두려워 말라 내가 그와 그 모든 백성과 그 땅을 네 손에 붙였으니 네가 헤스본에 거하던 아모리 족속의 왕 시혼에게 행한 것과 같이 그에게 행할 것이니라 하시고 3 우리 하나님 여호와께서 바산 왕 옥과 그 모든 백성을 우리 손에 붙이시매 우리가 그들을 쳐서 한 사람도 남기지 아니하였느니라 4 그 때에 우리가 그들에게서 빼앗지 아니한 성읍이 하나도 없이 다 빼앗았는데 그 성읍이 육십이니 곧 아르곱 온 지방이요 바산에 있는 옥의 나라이라 5 그 모든 성읍에 높은 성벽이 둘려 있고 문과 빗장이

our God had commanded us.
3:1 ¶ "Then we turned and went up the road to Bashan, and Og, king of Bashan, with all his people came out to meet us in battle at Edrei. 2 "But the LORD said to me, 'Do not fear him, for I have delivered him and all his people and his land into your hand; and you shall do to him just as you did to Sihon king of the Amorites, who lived at Heshbon.' 3 "So the LORD our God delivered Og also, king of Bashan, with all his people into our hand, and we smote them until no survivor was left. 4 "And we captured all his cities at that time; there was not a city which we did not take from them: sixty cities, all the region of Argob, the kingdom of Og in Bashan. 5 "All these were cities fortified with high walls, gates and bars, besides a great many unwalled towns. 6 "And we utterly destroyed them, as we did to Sihon

고을이	심히 **많았느니라**
/성벽 없는	/그 외에
6 우리가	그 성읍들을 **진멸하되**
	/헤스본 왕 시혼에게 행한 것과 같이
	각 성읍의 남녀와 유아를 **진멸하였으나**
7 오직	
우리의(가)	소유로 **삼았으며**
	/모든 육축과
	그 성읍들에서 탈취한 것은
8 우리가	요단강 이편 땅을 **취하였으니**
	/그 때에
	/아모리 족속의 두 왕에게서
	/아르논 골짜기에서부터 헤르몬산에까지
	9 /(시돈 사람은---헤르몬산을 시룐이라 칭하고
	아모리 족속은-스닐이라 칭하였느니라)
10 취한 것은	평원의 **모든 성읍과**
/우리의	
	길르앗 **온 땅과**
	바산의 **온 땅**
	/곧 옥의 나라 바산의 성읍 살르가와
	에드레이까지니라
11 (남은 자는	바산 왕 **옥뿐이었으며**
/르바임 족속의	
그의 침상은	**철침상이라**
	지금 오히려 암몬 족속의 **랍바에 있지 아니하냐**
그 장이	**아홉 규빗이요**
	/그것을 사람의 보통 규빗으로 재면
광이	**네 규빗이니라**
12 우리가	이 땅을 **얻으매**
	/그 때에
내가	르우벤 자손과 갓 자손에게 **주었고**
	/아로엘에서부터
	/아르논 골짜기 곁에
	/길르앗 산지 절반과
	/그 성읍들을

신

있어 견고하며 그 외에 성벽 없는 고을이 심히 많았느니
라 **6** 우리가 헤스본 왕 시혼에게 행한 것과 같이 그 성
읍들을 진멸하되 각 성읍의 남녀와 유아를 진멸하였으나
7 오직 모든 육축과 그 성읍들에서 탈취한 것은 우리의
소유로 삼았으며 **8** 그 때에 우리가 요단 강 이편 땅을
아르논 골짜기에서부터 헤르몬 산에까지 아모리 족속의
두 왕에게서 취하였으니 **9** (헤르몬 산을 시돈 사람은 시
룐이라 칭하고 아모리 족속은 스닐이라 칭하였느니라)
10 우리의 취한 것은 평원의 모든 성읍과 길르앗 온 땅
과 바산의 온 땅 곧 옥의 나라 바산의 성읍 살르가와 에
드레이까지니라 **11** (르바임 족속의 남은 자는 바산 왕
옥 뿐이었으며 그의 침상은 철 침상이라 지금 오히려 암
몬 족속의 랍바에 있지 아니하냐 그것을 사람의 보통 규
빗으로 재면 그 장이 아홉 규빗이요 광이 네 규빗이니라)
12 그 때에 우리가 이 땅을 얻으매 아르논 골짜기 곁에
아로엘에서부터 길르앗 산지 절반과 그 성읍들을 내가 르

king of Heshbon, utterly destroying the men, women
and children of every city. **7** "But all the animals and
the spoil of the cities we took as our booty. **8** "Thus
we took the land at that time from the hand of the two
kings of the Amorites who were beyond the Jordan, from
the valley of Arnon to Mount Hermon **9** (Sidonians call
Hermon Sirion, and the Amorites call it Senir): **10** all
the cities of the tableland and all Gilead and all Bashan,
as far as Salecah and Edrei, cities of the kingdom of
Og in Bashan. **11** (For only Og king of Bashan was
left of the remnant of the Rephaim. Behold, his bedstead
was an iron bedstead; it is in Rabbah of the sons of
Ammon. Its length was nine cubits and its width four
cubits by ordinary cubit.) **12** ¶ "So we took possession
of this land at that time. From Aroer, which is by the
valley of Arnon, and half the hill country of Gilead and
its cities, I gave to the Reubenites and to the Gadites.
13 "And the rest of Gilead, and all Bashan, the kingdom

신

13 내가 므낫세 반 지파에게 **주었노라**
/길르앗의 남은 땅과
/아르곱 온 지방
/옥의 나라이었던
/곧 온 바산으로는
/(바산을 르바임의 땅이라 칭하더니
/옛적에는
14 /야일이 — 아르곱 온 지방을 취하고
/므낫세의 아들 그술 족속과
마아갓 족속의 경계까지의
— 이 바산을 하봇야일이라 칭하여
/자기의 이름으로
/오늘까지 이르느니라)

15 내가 마길에게 길르앗을 **주었고**
16 길르앗에서부터 아르논 골짜기까지 **주었으되**
/르우벤 자손과 갓 자손에게는
그 골짜기의 중앙으로 지경을 **정하였으니**
/곧 암몬 자손의 지경 얍복강까지며
17 /또는
아라바와 요단과 그 가요
긴네렛에서 아라바 바다[까지의] 동편 지경이니라
/곧 염해와 비스가 산록에 이르기까지의

18 내가 너희에게 **명하여 이르기를**
/이 땅을 받은
/그 때에
/여호와께서 — 이 땅을 너희에게 주어
/너희의 하나님
— 기업이 되게 하셨은즉
/군인들은 — 무장하고
/너희
— 건너가되
//(목적: ל, to)
이스라엘 자손의 선봉이 되어
/너희의 형제
19 /내가 — 아노니
/너희에게 육축이 많은 줄

우벤 자손과 갓 자손에게 주었고 **13** 길르앗의 남은 땅과 옥의 나라이었던 아르곱 온 지방 곧 온 바산으로는 내가 므낫세 반 지파에게 주었노라 (바산을 옛적에는 르바임의 땅이라 칭하더니 **14** 므낫세의 아들 야일이 그술 족속과 마아갓 족속의 경계까지의 아르곱 온 지방을 취하고 자기의 이름으로 이 바산을 하봇야일이라 칭하여 오늘까지 이르느니라) **15** 내가 마길에게 길르앗을 주었고
16 르우벤 자손과 갓 자손에게는 길르앗에서부터 아르논 골짜기까지 주었으되 그 골짜기의 중앙으로 지경을 정하였으니 곧 암몬 자손의 지경 얍복 강까지며 **17** 또는
아라바와 요단과 그 가요 긴네렛에서 아라바 바다 곧 염해와 비스가 산록에 이르기까지의 동편 지경이니라 **18**
그 때에 내가 이 땅을 받은 너희에게 명하여 이르기를 너희의 하나님 여호와께서 이 땅을 너희에게 주어 기업이 되게 하셨은즉 너희 군인들은 무장하고 너희의 형제 이스라엘 자손의 선봉이 되어 건너가되 **19** 너희에게 육축

of Og, I gave to the half-tribe of Manasseh, all the region of Argob (concerning all Bashan, it is called the land of Rephaim. **14** Jair the son of Manasseh took all the region of Argob as far as the border of the Geshurites and the Maacathites, and called it, that is, Bashan, after his own name, Havvoth-jair, as it is to this day.) **15**
"And to Machir I gave Gilead. **16** "And to the Reubenites and to the Gadites, I gave from Gilead even as far as the valley of Arnon, the middle of the valley as a border and as far as the river Jabbok, the border of the sons of Ammon; **17** the Arabah also, with the Jordan as a border, from Chinnereth even as far as the sea of the Arabah, the Salt Sea, at the foot of the slopes of Pisgah on the east. **18** ¶ "Then I commanded you at that time, saying, 'The LORD your God has given you this land to possess it; all you valiant men shall cross over armed before your brothers, the sons of Israel. **19** 'But your wives and your little ones and your livestock (I know that you have much livestock), shall remain in your cities which I have given you, **20** until the LORD gives rest

/처자와
/너희의
육축은 — 성읍에 머무르라
/내가 너희에게 준

20 /여호와께서 — 안식을 주시리니(=주시기까지, until)
/너희 형제에게도
/너희에게 주신 것같이

/그들도 — 요단 저편에서 땅을 얻어 기업을 삼기에 이르거든(when)
/너희 하나님 여호와의 주시는
너희는 — 각기 돌아갈 것이니라 하고
/내가 준 기업으로

21 내가 여호수아에게 **명하여 이르기를**
/그 때에
/네가 — 모든 일을 목도하였거니와
/여호와께서 — 이 두 왕에게 행하신
/너희 하나님
/여호와께서 — 이와 같이 행하시리니
/네가 가는 모든 나라에도
22 /너희는 — 그들을 두려워하지 말라
/그가 — 너희를 위하여 싸우시리라 하였노라
/너희 하나님 여호와

23 내가 여호와께 **간구하기를**
/그 때에
24 /주 여호와여!
주께서 — 나타내시기를 시작하셨사오니
/주의 크심과 주의 권능을
/주의 종에게
무슨 신이 — 능히 행할 수 있으리이까?
/천지간에
/주의 행하신 일
/곧 주의 큰 능력으로 행하신 일 같이
25 /[내가] — 구하옵나니
/나로 — 건너가게 하사
— 보게 하옵소서 (하되)
/요단 저편에 있는 아름다운 땅,
아름다운 산과 레바논을

26 여호와께서 너희의 연고로 내게 **진노하사**
내 말을 **듣지 아니하시고**

신

이 많은 줄 내가 아노니 너희의 처자와 육축은 내가 너희
에게 준 성읍에 머무르라 **20** 여호와께서 너희에게 주신
것 같이 너희 형제에게 안식을 주시리니 그들도 요단 저
편에서 너희 하나님 여호와의 주시는 땅을 얻어 기업을
삼기에 이르거든 너희는 각기 내가 준 기업으로 돌아 갈
것이니라 하고 **21** 그 때에 내가 여호수아에게 명하여
이르기를 너희 하나님 여호와께서 이 두 왕에게 행하신
모든 일을 네가 목도하였거니와 네가 가는 모든 나라에도
여호와께서 이와같이 행하시리니 **22** 너희는 그들을 두
려워하지 말라 너희 하나님 여호와 그가 너희를 위하여
싸우시리라 하였노라 **23** 그 때에 내가 여호와께 간구하
기를 **24** 주 여호와여 주께서 주의 크심과 주의 권능을
주의 종에게 나타내시기를 시작하였사오니 천지간에 무
슨 신이 능히 주의 행하신 일 곧 주의 큰 능력으로 행하

to your fellow countrymen as to you, and they also
possess the land which the LORD your God will give
them beyond the Jordan. Then you may return every
man to his possession, which I have given you.' **21**
"And I commanded Joshua at that time, saying, 'Your
eyes have seen all that the LORD your God has done
to these two kings; so the LORD shall do to all the kingdoms
into which you are about to cross. **22** 'Do not fear
them, for the LORD your God is the one fighting for
you.' **23** "I also pleaded with the LORD at that time, saying,
24 'O Lord GOD, Thou hast begun to show Thy servant
Thy greatness and Thy strong hand; for what god is
there in heaven or on earth who can do such works and
mighty acts as Thine? **25** 'Let me, I pray, cross over
and see the fair land that is beyond the Jordan, that good
hill country and Lebanon.' **26** "But the LORD was

신

내게 **이르시기를**
/그만해도 족하니
/[너는] ── 내게 다시 말하지 말라
/이 일로
27 /너는 ── 비스가산 꼭대기에 올라가서
── 눈을 들어
── 동서 남북을 바라고
── 네 눈으로 그 땅을 보라

//(이유: כִּי, for)
네가 ── 이 요단을 건너지 못할 것임이니라

28 /너는 ── 여호수아에게 명하고
── 그를 담대케 하며
── 그를 강경케 하라

//(이유: כִּי, for)
그는 ── 이 백성을 거느리고
── 건너가서
── 네가 볼 땅을 얻게 하리라 (하셨느니라)
/그들로 기업으로

29 우리가 골짜기에 **거하였었느니라**
/벧브올 맞은편
/그 때에

4

1 이스라엘아!
이제
[너희는] 규례와 법도를 **듣고**
/내가 너희에게 가르치는

//(목적: לְ, to)
준행하라

//그리하면(결과)
너희가 ── 살 것이요
── 땅에 들어가서
/여호와께서 ── 너희에게 주시는
/너희의 열조의 하나님
── 그것을 얻게 되리라

신 일같이 행할 수 있으리이까 25 구하옵나니 나로 건
너가게 하사 요단 저편에 있는 아름다운 땅 아름다운 산
과 레바논을 보게 하옵소서 하되 26 여호와께서 너희의
연고로 내게 진노하사 내 말을 듣지 아니하시고 내게 이
르시기를 그만해도 족하니 이 일로 다시 내게 말하지 말
라 27 너는 비스가산 꼭대기에 올라가서 눈을 들어 동
서 남북을 바라고 네 눈으로 그 땅을 보라 네가 이 요단
을 건너지 못할 것임이니라 28 너는 여호수아에게 명하
고 그를 담대케 하며 그를 강경케 하라 그는 이 백성을
거느리고 건너가서 네가 볼 땅을 그들로 기업으로 얻게
하리라 하셨느니라 29 그때에 우리가 벧브올 맞은편 골
짜기에 거하였었느니라

4:1 이스라엘아 이제 내가 너희에게 가르치는 규례와
법도를 듣고 준행하라 그리하면 너희가 살 것이요 너

angry with me on your account, and would not listen to
me; and the LORD said to me, 'Enough! Speak to Me
no more of this matter. 27 'Go up to the top of Pisgah
and lift up your eyes to the west and north and south
and east, and see it with your eyes, for you shall not
cross over this Jordan. 28 'But charge Joshua and encourage
him and strengthen him; for he shall go across at the
head of this people, and he shall give them as an
inheritance the land which you will see.' 29 "So we
remained in the valley opposite Beth-peor.

4:1 ¶ "And now, O Israel, listen to the statutes and
the judgments which I am teaching you to perform,
in order that you may live and go in and take possession
of the land which the LORD, the God of your fathers,
is giving you. 2 "You shall not add to the word which
I am commanding you, nor take away from it, that you
may keep the commandments of the LORD your God
which I command you. 3 "Your eyes have seen what

2 너희는 말을 **가감하지 말고**
/내가 너희에게 명하는

//(목적: ל, to)
명령을 지키라
/너희 하나님 여호와의
/내가 너희에게 명하는

3 너희가 **목도하였거니와**
/여호와께서 — 행하신 바를
/바알브올의 일을 인하여
여호와께서 너의 중에서 **진멸하셨으되**
/너의 하나님 /바알브올을 좇은 모든 사람을

4 오직(but)
너희는 오늘까지 다 **생존하였느니라**
/여호와께 붙어 떠나지 않은
/너희의 하나님

5 [보라]
내가 너희에게 **가르쳤나니**
/규례와 법도를
/나의 하나님 여호와의 명하신 대로

//이는(목적: ל, to)
너희로 그대로 행하게 하려 함인즉
/들어가서 기업으로 얻을 땅에서

6 너희는 **지켜**
행하라

//(이유: כִּי, for)
그리함은 ┬ 열국 앞에 너희의 지혜요
└ 너희의 지식이라

그들이 이 모든 규례를 **듣고**
이르기를...하리라
/이 큰 나라 사람은 과연 지혜와 지식이 있는 백성이로다

7 //(이유: כִּי, for)
나라가 —— 어디 있느냐?
/그 신의 가까이 함을 얻은
/여호와께서 ——— 우리에게 가까이 하심과 같이
/우리 하나님 /우리가 그에게 기도할 때마다

희의 열조의 하나님 여호와께서 너희에게 주시는 땅에 들
어가서 그것을 얻게 되리라 **2** 내가 너희에게 명하는 말
을 너희는 가감하지 말고 내가 너희에게 명하는 너희 하
나님 여호와의 명령을 지키라 **3** 여호와께서 바알브올의
일을 인하여 행하신 바를 너희가 목도하였거니와 바알브
올을 좇은 모든 사람을 너의 하나님 여호와께서 너의 중
에서 진멸하셨으되 **4** 오직 너희의 하나님 여호와께 붙어
떠나지 않은 너희는 오늘까지 다 생존하였느니라 **5** 내가
나의 하나님 여호와의 명하신 대로 규례와 법도를 너희에
게 가르쳤나니 이는 너희로 들어가서 기업으로 얻을 땅에
서 그대로 행하게 하려 함인즉 **6** 너희는 지켜 행하라 그
리함은 열국 앞에 너희의 지혜요 너희의 지식이라 그들이
이 모든 규례를 듣고 이르기를 이 큰 나라 사람은 과연
지혜와 지식이 있는 백성이로다 하리라 **7** 우리 하나님

the LORD has done in the case of Baal-peor, for all the
men who followed Baal-peor, the LORD your God has
destroyed them from among you. **4** "But you who held
fast to the LORD your God are alive today, every one
of you. **5** "See, I have taught you statutes and judgments
just as the LORD my God commanded me, that you
should do thus in the land where you are entering to
possess it. **6** "So keep and do them, for that is your
wisdom and your understanding in the sight of the peoples
who will hear all these statutes and say, 'Surely this
great nation is a wise and understanding people.' **7** "For
what great nation is there that has a god so near to it
as is the LORD our God whenever we call on Him? **8**
"Or what great nation is there that has statutes and judgments

8 //(이유, 계속)
큰 나라가--어디 있느냐?
/그 규례와 법도가 공의로운
/오늘 내가 너희에게 선포하는 이 율법과 같이

9 너는 **스스로 삼가며**
/오직
네 마음을 힘써 **지키라**

//두렵건대(결과)
네가 ——— 그 목도한 일을 잊어버릴까 하노라[6)]

//두렵건대(결과)
그 일들이 — 네 마음에서 떠날까 하노라[7)]
/네 생존하는 날 동안에

너는 그 일들을 **알게 하라**
/네 아들들과
네 손자들에게

10 여호와께서 내게 **이르시기를**
/[그] 날에
/네가 호렙산에서 네 하나님 여호와 앞에 섰던
/[너는] ——— 백성을 **모으라**
/나를 위하여
/내가 ——— 그들에게 내 말을 들려서

//(목적)
그들로 ┬ 나 경외함을 배우게 하며
/세상에 사는 날 동안
└ 그 자녀에게 가르치게 하려 하노라 (하시매)

11 너희가 가까이 **나아와서**
산 아래 **서니**

그 산에(이) **불이 붙어**
/화염이(=화염으로)
/충천하고(=하늘까지)
덮였는데
/유암과 구름과 흑암이(~으로)

12 여호와께서 너희에게 **말씀하시되**
/화염 중에서

6) "... , lest you forget the things which your eyes have seen, ..."

7) "... and lest they depart from your life..."

여호와께서 우리가 그에게 기도할 때마다 우리에게 가까
이 하심과 같이 그 신의 가까이 함을 얻은 나라가 어디
있느냐 **8** 오늘 내가 너희에게 선포하는 이 율법과 같이
그 규례와 법도가 공의로운 큰 나라가 어디 있느냐 **9** 오
직 너는 스스로 삼가며 네 마음을 힘써 지키라 두렵건대
네가 그 목도한 일을 잊어버릴까 하노라 두렵건대 네 생
존하는 날 동안에 그 일들이 네 마음 속에서 떠날까 하노
라 너는 그 일들을 네 아들들과 네 손자들에게 알게 하라
10 네가 호렙 산에서 네 하나님 여호와 앞에 섰던 날에
여호와께서 내게 이르시기를 나를 위하여 백성을 모으라
내가 그들에게 내 말을 들려서 그들로 세상에 사는 날
동안 나 경외함을 배우게 하며 그 자녀에게 가르치게 하
려 하노라 하시매 **11** 너희가 가까이 나아와서 산 아래
서니 그 산에 불이 붙어 화염이 충천하고 유암과 구름과
흑암이 덮였는데 **12** 여호와께서 화염 중에서 너희에게
말씀하시되 음성 뿐이므로 너희가 그 말소리만 듣고 형상

as righteous as this whole law which I am setting before
you today? **9** ¶ "Only give heed to yourself and keep
your soul diligently, lest you forget the things which
your eyes have seen, and lest they depart from your
heart all the days of your life; but make them known to
your sons and your grandsons. **10** "Remember the day
you stood before the LORD your God at Horeb, when
the LORD said to me, 'Assemble the people to Me, that
I may let them hear My words so they may learn to fear
Me all the days they live on the earth, and that they
may teach their children.' **11** "And you came near and
stood at the foot of the mountain, and the mountain
burned with fire to the very heart of the heavens: darkness,
cloud and thick gloom. **12** "Then the LORD spoke to

너희가 그 말소리만 **듣고**
〈들었다〉[8)]
/음성 뿐(이므로)
형상은(을) **보지 못하였느니라**

8)"And the LORD spoke to you out of the midst of the fire. You heard the sound of the words, but saw no form; you only heard a voice."[NKJV]

13 여호와께서 너희에게 **반포하시고**
/그 언약을
/명하셨으니(=명하신)
/너희로 지키라
/곧
십계명이며
두 돌판에 친히 쓰신 것이라

14 여호와께서 내게 **명하사**
/그 때에
/너희에게 규례와 법도를 교훈하게 (하셨나니)

//이는(목적: כִּי, to)
너희로 ― 행하게 하려 하심이니라
/건너가서 얻을 땅에서

15 너희는 깊이 **삼가라**

//(이유: כִּי: for)
너희가 ― 아무 형상도 보지 못하였은즉
/여호와께서 ― 너희에게 말씀하시던 날에
/호렙산 화염 중에서

16 //(목적: פֶּן, lest)
[네가] ― 두렵건대 스스로 부패하여[9)]
/우상을 새겨 만들되...만들까 하노라[10)]
/자기를 위하여
/아무 형상대로든지
/남자의 형상이라든지,
/여자의 형상이라든지,
17 /땅 위에 있는 아무 짐승의 형상이라든지,
/아무 새의 형상이라든지,
/하늘에 나는
18 /아무 곤충의 형상이라든지,
/땅 위에 기는
/아무 어족의 형상이라든지
/땅 아래 물 속에 있는

19 //*또(목적: 계속)*

9) 너희가 ...을 만듦으로 스스로 부패하지 않기 위하여

10) 우상을 만듦으로

은 보지 못하였느니라 13 여호와께서 그 언약을 너희에게 반포하시고 너희로 지키라 명하셨으니 곧 십계명이며 두 돌판에 친히 쓰신 것이라 14 그 때에 여호와께서 내게 명하사 너희에게 규례와 법도를 교훈하게 하셨나니 이는 너희로 건너가서 얻을 땅에서 행하게 하심이니라 15 여호와께서 호렙 산 화염 중에서 너희에게 말씀하시던 날에 너희가 아무 형상도 보지 못하였은즉 너희는 깊이 삼가라 16 두렵건대 스스로 부패하여 자기를 위하여 아무 형상대로든지 우상을 새겨 만들되 남자의 형상이라든지, 여자의 형상이라든지, 17 땅 위에 있는 아무 짐승의 형상이라든지, 하늘에 나는 아무 새의 형상이라든지, 18 땅 위에 기는 아무 곤충의 형상이라든지, 땅 아래 물 속

you from the midst of the fire; you heard the sound of words, but you saw no form — only a voice.
13 "So He declared to you His covenant which He commanded you to perform, that is, the Ten Commandments; and He wrote them on two tablets of stone.
14 "And the LORD commanded me at that time to teach you statutes and judgments, that you might perform them in the land where you are going over to possess it.
15 ¶ "So watch yourselves carefully, since you did not see any form on the day the LORD spoke to you at Horeb from the midst of the fire,
16 lest you act corruptly and make a graven image for yourselves in the form of any figure, the likeness of male or female,
17 the likeness of any animal that is on the earth, the likeness of any winged

19 //또(목적: 계속)
네가 ── 두렵건대 하늘을 향하여 눈을 들어
── 보고(when, 상황절)
/일월 성신 하늘 위의 군중[을]
/곧 너희 하나님 여호와께서 천하 만민을 위하여 분정하신 것을
── 미혹하여
── 그것에 경배하며
── 섬길까 하노라

20 여호와께서 너희를 **택하시고**
너희를 **인도하여 내사**
/쇠풀무 곧 애굽에서
자기 기업의 백성을 **삼으신 것이**
/오늘과 같[이](아도)

신

21 여호와께서 내게 **진노하사**
/너희로 인하여
맹세하셨은즉
/나로(내가) ── 요단을 건너지 못하며
── 그 아름다운 땅에 들어가지 못하게 하리라고
/네 하나님 여호와께서 네게 기업으로 주신

22 나는 이 땅에서 **죽고**
요단을 **건너지 못하려니와**

너희는 **건너가서**
그 아름다운 땅을 **얻으리니**

23 너희는 스스로 **삼가서**

//(목적: פֶּן, lest)
[너희가] ── 언약을 잊어버려서[11)]
/너희 하나님 여호와께서 너희와 세우신
── 아무 형상의 우상이든지 조각하지 말라
/네 하나님 여호와께서 금하신

24 //(이유: כִּי, for)
여호와는 ── 소멸하는 불이시오
/네 하나님
── 질투하는 하나님이시니라

11) 너희가 잊어버리지 않기 위해서, 너희가 조각하지 않기 위해서

에 있는 아무 어족의 형상이라든지 만들까 하노라 19
또 두렵건대 네가 하늘을 향하여 눈을 들어 일월 성신 하
늘 위의 군중 곧 너희 하나님 여호와께서 천하 만민을 위
하여 분정하신 것을 보고 미혹하여 그것에 경배하며 섬
길까 하노라 20 여호와께서 너희를 택하시고 너희를 쇠
풀무 곧 애굽에서 인도하여 내사 자기 기업의 백성을 삼
으신 것이 오늘과 같아도 21 여호와께서 너희로 인하여
내게 진노하사 나로 요단을 건너지 못하며 네 하나님 여
호와께서 네게 기업으로 주신 그 아름다운 땅에 들어가지
못하게 하리라고 맹세하셨은즉 22 나는 이 땅에서 죽고
요단을 건너지 못하려니와 너희는 건너가서 그 아름다운
땅을 얻으리니 23 너희는 스스로 삼가서 너희 하나님
여호와께서 너희와 세우신 언약을 잊어버려서 네 하나님
여호와께서 금하신 아무 형상의 우상이든지 조각하지 말

bird that flies in the sky, 18 the likeness of anything
that creeps on the ground, the likeness of any fish that
is in the water below the earth. 19 "And beware, lest
you lift up your eyes to heaven and see the sun and the
moon and the stars, all the host of heaven, and be drawn
away and worship them and serve them, those which
the LORD your God has allotted to all the peoples under
the whole heaven. 20 "But the LORD has taken you
and brought you out of the iron furnace, from Egypt, to
be a people for His own possession, as today. 21 "Now
the LORD was angry with me on your account, and
swore that I should not cross the Jordan, and that I
should not enter the good land which the LORD your
God is giving you as an inheritance. 22 "For I shall
die in this land, I shall not cross the Jordan, but you
shall cross and take possession of this good land. 23
"So watch yourselves, lest you forget the covenant of
the LORD your God, which He made with you, and
make for yourselves a graven image in the form of
anything against which the LORD your God has commanded

25 네가 그 땅에서 아들을 낳고
손자를 얻으며
오래 살 때에(상황절, when)

만일
[네가] 그의 노를 격발하면(if, 조건절)
/스스로 부패하여
/무슨 형상의 우상이든지 조각하여
/네 하나님 여호와 앞에 악을 행함으로

26 내가 천지를 **불러 증거를 삼노니**
/오늘날

너희가 속히 **망할 것이라**
/요단을 건너가서 얻는 땅에서

너희가 거기서 너희 날이 **길지 못하고**
전멸될 것이니라

27 여호와께서 너희를 **흩으실 것이요**
/열국 중에

//(결과: 의미상)
남은 수가 —— 그 열국 중에 많지 못할 것이며
/너희의 /여호와께서 너희를 쫓아보내실

28 //(결과 계속)
너희는 —— 거기서 목석의 신들을 섬기리라
/사람의 손으로 만든바
/보지도 못하며
/듣지도 못하며
/먹지도 못하며
/냄새도 맡지 못하는

29 그러나
네가 거기서 **구하게 되리니**
/네 하나님 여호와를

만일(אִם)
[너희가] 그를 구하면(if, 조건절)
/마음을 다하고
성품을 다하여
[너희는] **만나리라**

라 **24** 네 하나님 여호와는 소멸하는 불이시요 질투하는
하나님이시니라 **25** 네가 그 땅에서 아들을 낳고 손자를
얻으며 오래 살 때에 만일 스스로 부패하여 무슨 형상의
우상이든지 조각하여 네 하나님 여호와 앞에 악을 행함으
로 그의 노를 격발하면 **26** 내가 오늘날 천지를 불러 증
거를 삼노니 너희가 요단을 건너가서 얻는 땅에서 속히
망할 것이라 너희가 거기서 너희 날이 길지 못하고 전멸
될 것이니라 **27** 여호와께서 너희를 열국 중에 흩으실
것이요 여호와께서 너희를 쫓아 보내실 그 열국 중에 너
희의 남은 수가 많지 못할 것이며 **28** 너희는 거기서 사
람의 손으로 만든 바 보지도 못하며 듣지도 못하며 먹지
도 못하며 냄새도 맡지 못하는 목석의 신들을 섬기리라

you. **24** "For the LORD your God is a consuming fire,
a jealous God. **25** ¶ "When you become the father of children
and children's children and have remained long in the
land, and act corruptly, and make an idol in the form of
anything, and do that which is evil in the sight of the
LORD your God so as to provoke Him to anger, **26** I
call heaven and earth to witness against you today, that
you shall surely perish quickly from the land where you
are going over the Jordan to possess it. You shall not
live long on it, but shall be utterly destroyed. **27** "And
the LORD will scatter you among the peoples, and you
shall be left few in number among the nations, where
the LORD shall drive you. **28** "And there you will
serve gods, the work of man's hands, wood and stone, which
neither see nor hear nor eat nor smell. **29** "But from
there you will seek the LORD your God, and you will
find Him if you search for Him with all your heart and
all your soul. **30** "When you are in distress and all
these things have come upon you, in the latter days, you
will return to the LORD your God and listen to His

30 이 모든 일이 네게 임하여(when, 상황절)
/환난을 당하다가 끝날에(when, 상황절)
네가 네 하나님 여호와께로 **돌아와서**
그 말씀을 **청종하리니**

31 //(이유: כִּי, for)
여호와는 ― 자비하신 하나님이심이라
/네 하나님

그가 너를 **버리지 아니하시며**
너를 **멸하지 아니하시며**
언약을 **잊지 아니하시리라**
/네 열조에게 맹세하신

신

32 [너는] 지나간 날을 **상고하여 보라**
/네가 있기 전 하나님이 사람을 세상에 창조하신 날부터 지금까지

이런 큰 일이 **있었느냐?**
/하늘 이 끝에서 저 끝까지
들은 적이 **있었느냐?**
/이런 일을

33 어떤 국민이 하나님의 음성을 너처럼 **듣고?**
/불 가운데서 말씀하시는
생존하였었느냐?

34 어떤 신이 한 민족을 다른 민족에게서 **인도하여 낸 일이 있느냐?**
/와서
/시험과 이적과 기사와
전쟁과 강한 손과 편 팔과
크게 두려운 일로

/이는 ― 다 일이라[12)]
/여호와께서 ― 너희의 목전에서 행하신
/너희 하나님 /애굽에서
/너희를 위하여

35 이것을[이] 네게 **나타내심은(=나타내졌다)**

//(목적: לְ, to)
네게[가] 알게 하려 하심이니라
/여호와는 ― 하나님이시오
/다른 신이 ―그 외에는 없음을

12) 앞에 있는 '시험과 이적과 전쟁과...' 등을 수식하는 문장이다.

29 그러나 네가 거기서 네 하나님 여호와를 구하게 되
리니 만일 마음을 다하고 성품을 다하여 그를 구하면 만
나리라 **30** 이 모든 일이 네게 임하여 환난을 당하다가
끝 날에 네가 네 하나님 여호와께로 돌아와서 그 말씀을
청종하리니 **31** 네 하나님 여호와는 자비하신 하나님이
심이라 그가 너를 버리지 아니하시며 너를 멸하지 아니하
시며 네 열조에게 맹세하신 언약을 잊지 아니하시리라
32 네가 있기 전 하나님이 사람을 세상에 창조하신 날
부터 지금까지 지나간 날을 상고하여 보라 하늘 이 끝에
서 저 끝까지 이런 큰 일이 있었느냐 이런 일을 들은 적
이 있었느냐 **33** 어떤 국민이 불 가운데서 말씀하시는
하나님의 음성을 너처럼 듣고 생존하였었느냐 **34** 어떤
신이 와서 시험과 이적과 기사와 전쟁과 강한 손과 편 팔
과 크게 두려운 일로 한 민족을 다른 민족에게서 인도하
여 낸 일이 있느냐 이는 다 너희 하나님 여호와께서 애굽
에서 너희를 위하여 너희의 목전에서 행하신 일이라 **35**

voice. **31** "For the LORD your God is a compassionate
God; He will not fail you nor destroy you nor forget
the covenant with your fathers which He swore to them.
32 ¶ "Indeed, ask now concerning the former days
which were before you, since the day that God created
man on the earth, and inquire from one end of the heavens
to the other. Has anything been done like this great thing,
or has anything been heard like it? **33** "Has any people
heard the voice of God speaking from the midst of the
fire, as you have heard it, and survived? **34** "Or has a
god tried to go to take for himself a nation from within
another nation by trials, by signs and wonders and by
war and by a mighty hand and by an outstretched arm
and by great terrors, as the LORD your God did for you

36 여호와께서 그 음성을 너로 **듣게 하시며**
/하늘에서부터

//(목적: ל, to)
너를 교훈하시려고

그 큰 불을 네게 **보이시고**
/땅에서는

그 말씀을 **듣게 하셨느니라**
/너로 불 가운데서 나오는

37 [여호와께서] 그 후손 너를 **택하시고**

//(이유: כִּי, for)
여호와께서 —네 열조를 사랑하신 고로

애굽에서 **나오게 하시며**
/큰 권능으로
/친히 인도하여

38 [여호와께서] 네 앞에서 **쫓아내고**
/너보다 강대한 열국을
너를 그들의 땅으로 **인도하여 들여서**
그것을 **주려 하심이**
/네게
/기업으로
/오늘날과 같[이](으니라)

39 그런즉
너는 **알아**
/오늘날

명심하고
/오직 여호와는 – 하나님이시오
/상천 하지에
/다른 신이 —— 없는 줄을

40 [너는] 여호와의 규례와 명령을 **지키라**
/오늘 내가 네게 명하는

//(결과)
너와 네 후손이 ┬ 복을 받아
└ 한 없이 오래 살리라
/네 하나님 여호와께서 네게 주시는 땅에서

신

이것을 네게 나타내심은 여호와는 하나님이시요 그 외에
는 다른 신이 없음을 네게 알게 하려 하심이니라 36 여
호와께서 너를 교훈하시려고 하늘에서부터 그 음성을 너
로 듣게하시며 땅에서는 그 큰 불을 네게 보이시고 너로
불가운데서 나오는 그 말씀을 듣게 하셨느니라 37 여호
와께서 네 열조를 사랑 하신고로 그 후손 너를 택하시고
큰 권능으로 친히 인도하여 애굽에서 나오게 하시며 38
너보다 강대한 열국을 네 앞에서 쫓아내고 너를 그들의
땅으로 인도하여 들여서 그것을 네게 기업으로 주려 하심
이 오늘과 같으니라 39 그런즉 너는 오늘날 상천 하지
에 오직 여호와는 하나님이시요 다른 신이 없는 줄을 알
아 명심하고 40 오늘 내가 네게 명하는 여호와의 규례

in Egypt before your eyes? 35 "To you it was shown
that you might know that the LORD, He is God; there
is no other besides Him. 36 "Out of the heavens He
let you hear His voice to discipline you; and on earth
He let you see His great fire, and you heard His words
from the midst of the fire. 37 "Because He loved your
fathers, therefore He chose their descendants after them. And
He personally brought you from Egypt by His great
power, 38 driving out from before you nations greater
and mightier than you, to bring you in and to give you
their land for an inheritance, as it is today. 39 "Know
therefore today, and take it to your heart, that the LORD,
He is God in heaven above and on the earth below;
there is no other. 40 "So you shall keep His statutes

41 모세가 세 성읍을 **구별하였으니**
/요단 이편 해 돋는 편에서
/때에

42 //이는(목적: ל, to)
오살한 자로 —— 그곳으로 도피케 하기 위함이며
/과거에 원혐이 없이
/부지중에

도피한 자로 —— 그 생명을 보전케 하기 위함이라
/그 한 성읍으로

43 하나는 광야 평원에 있는 **베셀이라**
/르우벤 지파를 위한(것이요)

하나는 **길르앗 라못이라**
/갓 지파를 위한(것이요)

하나는 **바산 골란이라**
/므낫세 지파를 위한(것이었더라)

44 율법이 **이러하니라**
/모세가 이스라엘 자손에게 선포한

45 모세가 **선포하였으니**
/증거하신 것과 규례와 법도를
/이스라엘 자손이 애굽에서 나온 후에
46 /요단 동편 벳브올 맞은편 골짜기에서(라)

이 땅은 시혼에게 **속하였더니**
/아모리 족속의 왕
/헤스본에 거하는
/모세와
이스라엘 자손이 ─ 애굽에서 나온 후에(after, 상황절)
─ 그를 쳐서 멸하고[13]

47 [그들이] 그 땅을 **기업으로 얻었고**

또

바산 왕 옥의 땅을 **얻었으니**
/그 두 사람은 ─ 아모리 족속의 왕으로서
─ 요단 이편 해 돋는 편에 거하였었으며

13) 시혼을 설명하는 관계문장

와 명령을 지키라 너와 네 후손이 복을 받아 네 하나님
여호와께서 네게 주시는 땅에서 한 없이 오래 살리라
41 때에 모세가 요단 이편 해 돋는 편에서 세 성읍을
구별하였으니 42 이는 과거에 원혐이 없이 부지중에 오
살한 자로 그곳으로 도피케 하기 위함이며 그 한 성읍으
로 도피한 자로 그 생명을 보존케 하기 위함이라 43 하
나는 광야 평원에 있는 베셀이라 르우벤 지파를 위한 것
이요 하나는 길르앗 라못이라 갓 지파를 위한 것이요 하
나는 바산 골란이라 므낫세 지파를 위한 것이었더라 44
모세가 이스라엘 자손에게 선포한 율법이 이러하니라
45 이스라엘 자손이 애굽에서 나온 후에 증거하신 것과
규례와 법도를 모세가 선포하였으니 46 요단 동편 벳브
올 맞은편 골짜기에서라 이 땅은 헤스본에 거하는 아모
리 족속의 왕 시혼에게 속하였더니 모세와 이스라엘 자

and His commandments which I am giving you today,
that it may go well with you and with your children
after you, and that you may live long on the land which
the LORD your God is giving you for all time." 41
Then Moses set apart three cities across the Jordan to
the east, 42 that a manslayer might flee there, who
unintentionally slew his neighbor without having enmity
toward him in time past; and by fleeing to one of these
cities he might live: 43 Bezer in the wilderness on the
plateau for the Reubenites, and Ramoth in Gilead for
the Gadites, and Golan in Bashan for the Manassites.
44 Now this is the law which Moses set before the
sons of Israel; 45 these are the testimonies and the
statutes and the ordinances which Moses spoke to the
sons of Israel, when they came out from Egypt, 46
across the Jordan, in the valley opposite Beth-peor, in

48 그 얻은 땅은 **아로엘에서부터 시온산 곧 헤르몬산까지요**
/아르논 골짜기 가의
49 **요단 이편 바다까지니라**
/곧 그 동편 온 아라바니 비스가 산록 아래 아라바의

5

1 모세가 온 이스라엘을 **불러**
그들에게 **이르되**
/이스라엘아!
[너희는] ── 규례와 법도를 듣고
/오늘 내가 너희 귀에 말하는
── 그것을 배우며
── 지켜
── 행하라

2 /여호와께서 ── 우리와 언약을 세우셨나니
/우리 하나님 /호렙산에서

3 /이 언약은 ── 여호와께서 우리 열조와 세우신 것이 아니요
── 우리 곧 우리와 세우신 것이라
/오늘날 여기 살아 있는

4 /여호와께서 ── 너희와 대면하여 말씀하시매
/산 위 불 가운데서
5 /그 때에
내가 ── 여호와와 너희 중간에 서서(=서있었다)

//(목적: ל, to)
[내가] ── 너희에게 전하였노라[14]
/여호와의 말씀을

//(이유: כִּי, for)
너희가 ── 불을 두려워하여
── 산에 오르지 못하므로

/여호와께서 ── 가라사대
6 /나는 ── 너희 하나님 여호와로라[15]
/너를 인도하여 낸
/애굽 땅에서 종 되었던 집에서

14) 전하기위하여

15) 원래는 '여호와께서-가라사대'의 수식부이지만, 지면 관계상 같은 라인에 정리하였다.

손이 애굽에서 나온 후에 그를 쳐서 멸하고 **47** 그 땅을
기업으로 얻었고 또 바산 왕 옥의 땅을 얻었으니 그 두
사람은 아모리 족속의 왕으로서 요단 이편 해 돋는 편에
거하였었으며 **48** 그 얻은 땅은 아르논 골짜기 가의 아
로엘에서부터 시온산 곧 헤르몬산까지요 **49** 요단 이편
곧 그 동편 온 아라바니 비스가 산록 아래 아라바의 바
다까지니라

5:1 모세가 온 이스라엘을 불러 그들에게 이르되 이
스라엘아 오늘 내가 너희 귀에 말하는 규례와 법도
를 듣고 그것을 배우며 지켜 행하라 **2** 우리 하나님 여호
와께서 호렙 산에서 우리와 언약을 세우셨나니 **3** 이 언
약은 여호와께서 우리 열조와 세우신 것이 아니요 오늘
날 여기 살아 있는 우리 곧 우리와 세우신 것이라 **4** 여
호와께서 산 위 불 가운데서 너희와 대면하여 말씀하시

the land of Sihon king of the Amorites who lived at Heshbon,
whom Moses and the sons of Israel defeated when they came
out from Egypt. **47** And they took possession of his
land and the land of Og king of Bashan, the two kings
of the Amorites, who were across the Jordan to the east,
48 from Aroer, which is on the edge of the valley of
Arnon, even as far as Mount Sion (that is, Hermon),
49 with all the Arabah across the Jordan to the east,
even as far as the sea of the Arabah, at the foot of the
slopes of Pisgah.

5:1 ¶ Then Moses summoned all Israel, and said to
them, "Hear, O Israel, the statutes and the ordinances
which I am speaking today in your hearing, that you
may learn them and observe them carefully. **2** "The
LORD our God made a covenant with us at Horeb. **3**
"The LORD did not make this covenant with our fathers,
but with us, with all those of us alive here today. **4**
"The LORD spoke to you face to face at the mountain
from the midst of the fire, **5** while I was standing
between the LORD and you at that time, to declare to

7 /[너는] —— 네게 있게 말지니라
/나 외에는 위하는 신들을

8 /너는 —— 만들지 말고
/자기를 위하여
/새긴 우상을
/아무 형상이든지 (만들지 말며)
/위로 하늘에 있는 것이나
/아래로 땅에 있는 것이나
/땅 밑 물 속에 있는 것의
9 —그것들에게 절하지 말며
—그것들을 섬기지 말라

//(이유: כִּי, for)
너의 하나님은 —질투하는 하나님인즉
/나 여호와 /죄를 갚되
/나를 미워하는 자의
/삼 사대까지 이르게 (하거니와)
/아비로부터 아들에게로

10 /은혜를 베푸느니라
/나를 사랑하고
내 계명을 지키는 자에게는
/천대까지

11 /너는 —— 여호와의 이름을 일컫지 말라
/너의 하나님
/망령되이

//(이유: כִּי, for)
나 여호와는 — 죄 없는 줄로 인정치 아니하리라
/나의 이름을 망령되이 일컫는 자를

12 /[너는] —— 안식일을 지켜. . . 하라
/여호와 너의 하나님이 네게 명한 대로

//(목적: לְ, to)
거룩하게

13 /[너는] —— 엿새 동안은 힘써
— 네 모든 일을 행할 것이나

신

매 5 그 때에 너희가 불을 두려워하여 산에 오르지 못하
므로 내가 여호와와 너희 중간에 서서 여호와의 말씀을
너희에게 전하였노라 여호와께서 가라사대 6 나는 너를
애굽 땅에서 종 되었던 집에서 인도하여 낸 너희 하나님
여호와로라 7 나 외에는 위하는 신들을 네게 있게 말지
니라 8 너는 자기를 위하여 새긴 우상을 만들지 말고 위
로 하늘에 있는 것이나 아래로 땅에 있는 것이나 땅 밑
물 속에 있는 것의 아무 형상이든지 만들지 말며 9 그것
들에게 절하지 말며 그것들을 섬기지 말라 나 여호와 너
의 하나님은 질투하는 하나님인즉 나를 미워하는 자의 죄
를 갚되 아비로부터 아들에게로 삼사 대까지 이르게 하거
니와 10 나를 사랑하고 내 계명을 지키는 자에게는 천
대까지 은혜를 베푸느니라 11 너는 너의 하나님 여호와
의 이름을 망령되이 일컫지 말라 나 여호와는 나의 이름

you the word of the LORD; for you were afraid because
of the fire and did not go up the mountain. He said, 6
¶ 'I am the LORD your God, who brought you out of
the land of Egypt, out of the house of slavery. 7 'You
shall have no other gods before Me. 8 ¶ 'You shall not make
for yourself an idol, or any likeness of what is in heaven
above or on the earth beneath or in the water under the
earth. 9 'You shall not worship them or serve them; for
I, the LORD your God, am a jealous God, visiting the iniquity
of the fathers on the children, and on the third and the
fourth generations of those who hate Me, 10 but showing
lovingkindness to thousands, to those who love Me and keep
My commandments. 11 ¶ 'You shall not take the name
of the LORD your God in vain, for the LORD will not
leave him unpunished who takes His name in vain. 12
¶ 'Observe the sabbath day to keep it holy, as the LORD

14 /제 칠일은…너의 하나님 여호와의 안식인즉

/너나
네 아들이나
네 딸이나
네 남종이나
네 여종이나
네 소나
네 나귀나
육축이나
/네 모든
객이라도 —— 아무 일도 하지 말고
/네 문 안에 유하는

/네 남종이나
네 여종으로 —— 너 같이 안식하게 할지니라

15 /너는 —— 기억하라
/네가 —— 종이 되었더니
/애굽 땅에서
/여호와가 — 너를 거기서 인도하여 내었나니
/너의 하나님 /강한 손과 편 팔로

/그러므로
여호와가 —— 너를 명하여. . . 하느니라
/너의 하나님 /안식일을 지키라

16 /너는 —— 네 부모를 공경하라
/너의 하나님 여호와의 명한 대로

//그리하면(결과)
네가 —— 땅에서 생명이 길고
/너의 하나님 여호와가 네게 준
복을 누리리라

17 /[너는] —— 살인하지 말지니라
18 — 간음하지도 말지니라
19 — 도적질 하지도 말지니라
20 — 거짓 증거(를) [말]하지도 말지니라
/네 이웃에 대하여
21 — 네 이웃의 아내를 탐내지도 말지니라

신

을 망령되이 일컫는 자를 죄 없는 줄로 인정치 아니하리
라 12 여호와 너의 하나님이 네게 명한대로 안식일을
지켜 거룩하게 하라 13 엿새 동안은 힘써 네 모든 일을
행할 것이나 14 제칠일은 너의 하나님 여호와의 안식인
즉 너나 네 아들이나 네 딸이나 네 남종이나 네 여종이나
네 소나 네 나귀나 네 모든 육 축이나 네 문 안에 유하는
객이라도 아무 일도 하지 말고 네 남종이나 네 여종으로
너같이 안식하게 할지니라 15 너는 기억하라 네가 애굽
땅에서 종이 되었더니 너의 하나님 여호와가 강한 손과
편 팔로 너를 거기서 인도하여 내었나니 그러므로 너의
하나님 여호와가 너를 명하여 안식일을 지키라 하느니라
16 너는 너의 하나님 여호와의 명한 대로 네 부모를 공
경하라 그리하면 너의 하나님 여호와가 네게 준 땅에서
네가 생명이 길고 복을 누리리라 17 살인하지 말지니라

your God commanded you. 13 'Six days you shall labor
and do all your work, 14 but the seventh day is a
sabbath of the LORD your God; in it you shall not do
any work, you or your son or your daughter or your
male servant or your female servant or your ox or your
donkey or any of your cattle or your sojourner who stays
with you, so that your male servant and your female
servant may rest as well as you. 15 'And you shall remember
that you were a slave in the land of Egypt, and the
LORD your God brought you out of there by a mighty
hand and by an outstretched arm; therefore the LORD
your God commanded you to observe the sabbath day.
16 ¶ 'Honor your father and your mother, as the LORD
your God has commanded you, that your days may be
prolonged, and that it may go well with you on the land
which the LORD your God gives you. 17 'You shall
not murder. 18 'You shall not commit adultery. 19
'You shall not steal. 20 'You shall not bear false witness
against your neighbor. 21 ¶ 'You shall not covet your
neighbor's wife, and you shall not desire your neighbor's

신

탐내지도 말지니라
/네 이웃의 집이나
그의 밭이나
그의 남종이나
그의 여종이나
그의 소나
그의 나귀나
무릇 네 이웃의 소유를

22 /여호와께서 — 이 모든 말씀을 이르신 후에(=이르셨다)
/산 위 불 가운데,
구름 가운데,
흑암 가운데서
/큰 음성으로
/너희 총회에
— 더 말씀하지 아니 하시고
— 그것을 두 돌판에 써서
— 내게 주셨느니라

23 /너희가 — 그 소리를 듣고(when, 상황절)
/캄캄한 가운데서 나오는
산이 — 불에 타며(while)
두령과
/너희 지파의
장로들이 — 내게 나아와
24 말하되
/여호와께서 — 우리에게 보이시매
/우리 하나님 /그 영광과 위엄을
/우리가 — 음성을 들었고
/불 가운데서 나오는

/우리가 — 보았나이다
/하나님이-사람과 말씀하시되
/그 사람이-생존하는 것을
/오늘날

25 /이제
우리가 죽을 까닭이 무엇이니이까?

//(이유: כִּי, for)
이 큰 불이 우리를 삼킬 것이요
[만일]
우리가 — 다시 들으면(if, 조건절)
/우리 하나님 여호와의 음성을
— 죽을 것이라

18 간음하지도 말지니라 **19** 도적질하지도 말지니라
20 네 이웃에 대하여 거짓 증거하지도 말지니라 **21** 네
이웃의 아내를 탐내지도 말지니라 네 이웃의 집이나 그의
밭이나 그의 남종이나 그의 여종이나 그의 소나 그의 나
귀나 무릇 네 이웃의 소유를 탐내지도 말지니라 **22** 여
호와께서 이 모든 말씀을 산 위 불 가운데, 구름 가운데,
흑암 가운데서, 큰 음성으로 너희 총회에 이르신 후에 더
말씀하지 아니하시고 그것을 두 돌판에 써서 내게 주셨느
니라 **23** 산이 불에 타며 캄캄한 가운데서 나오는 그 소
리를 너희가 듣고 너희 지파의 두령과 장로들이 내게 나
아와 **24** 말하되 우리 하나님 여호와께서 그 영광과 위
엄을 우리에게 보이시매 불 가운데서 나오는 음성을 우리

house, his field or his male servant or his female servant, his ox or his donkey or anything that belongs to your neighbor.'
22 ¶ "These words the LORD spoke to all your assembly at the mountain from the midst of the fire, of the cloud and of the thick gloom, with a great voice, and He added no more. And He wrote them on two tablets of stone and gave them to me.
23 "And it came about, when you heard the voice from the midst of the darkness, while the mountain was burning with fire, that you came near to me, all the heads of your tribes and your elders.
24 "And you said, Behold, the LORD our God has shown us His glory and His greatness, and we have heard His voice from the midst of the fire; we have seen today that God speaks with man, yet he lives.

26 /무릇 육신을 가진 자가 누구니이까?
/우리처럼 듣고 생존한 자가
/사시는 하나님의 음성이 불 가운데서 발함을

27 /당신은 ─ 가까이 나아가서
─ 말씀을 다 듣고
/우리 하나님 여호와의 하시는
─ 다 우리에게 전하소서
/여호와의 당신에게 이르시는 것을
/우리 하나님

/우리가 ─ 듣고
─ 행하겠나이다 (하였느니라)

28 /너희가 ─── 내게 말할 때에(when, 상황절)
여호와께서 ── 너희의 말하는 소리를 들으신지라

/여호와께서 ── 내게 이르시되
/이 백성이 네게 말하는 그 말소리를 내가 들은즉
/그 말이 ─ 다 옳도다
29 /다만
그들이 ─ 항상 이같은 마음을 품어
─ 나를 경외하며
─ 나의 모든 명령을 지켜서

//(결과)
그들과 그 자손이 영원히 복 받기를
원하노라

30 /[너는] ─ 가서
─ 그들에게 이르고
/각기 장막으로 돌아가라
31 /너는 ── 여기 내 곁에 섰으라

//(결과)
내가 ─ 네게 이르리니
/모든 명령과
규례와 법도를

/너는 ─── 그것을 그들에게 가르쳐서

//(목적)
그들로 ─ 땅에서 이를 행하게 하라(하셨나니)
/내가 그들에게 기업으로 주는

신

가 들었고 하나님이 사람과 말씀하시되 그 사람이 생존하
는 것을 오늘날 우리가 보았나이다 25 이제 우리가 죽
을 까닭이 무엇이니이까 이 큰 불이 우리를 삼킬 것이요
우리가 우리 하나님 여호와의 음성을 다시 들으면 죽을
것이라 26 무릇 육신을 가진 자가 우리처럼 사시는 하
나님의 음성이 불 가운데서 발함을 듣고 생존한 자가 누
구니이까 27 당신은 가까이 나아가서 우리 하나님 여호
와의 하시는 말씀을 다 듣고 우리 하나님 여호와의 당신
에게 이르시는 것을 다 우리에게 전하소서 우리가 듣고
행하겠나이다 하였느니라 28 여호와께서 너희가 내게
말할 때에 너희의 말하는 소리를 들으신지라 여호와께서
내게 이르시되 이 백성이 네게 말하는 그 말소리를 내가
들은즉 그 말이 다 옳도다 29 다만 그들이 항상 이같은
마음을 품어 나를 경외하며 나의 모든 명령을 지켜서 그

25 Now then why should we die? For this great fire
will consume us; if we hear the voice of the LORD our
God any longer, then we shall die. 26 For who is there
of all flesh, who has heard the voice of the living God
speaking from the midst of the fire, as we have, and
lived? 27 Go near and hear all that the LORD our God
says; then speak to us all that the LORD our God will
speak to you, and we will hear and do it. 28 ¶ "And
the LORD heard the voice of your words when you
spoke to me, and the LORD said to me, 'I have heard
the voice of the words of this people which they have spoken
to you. They have done well in all that they have spoken.
29 'Oh that they had such a heart in them, that they
would fear Me, and keep all My commandments always,
that it may be well with them and with their sons forever!
30 'Go, say to them, "Return to your tents." 31 But

신

32 /그런즉
너희는 ─┬─ 삼가
//(목적: ל, to)
행하여
/너희 하나님 여호와께서 너희에게 명령하신 대로
├─ 좌로나 우로나 치우치지 말고
33 └─ 모든 도를 행하라
/너희 하나님 여호와께서 너희에게 명하신

//그리하면(결과)
너희가 ─┬─ 삶을 얻고
└─ 복을 얻어서
날이 ─── 장구하리라
/너희의 /너희의 얻은 땅에서

6

1 이는 곧 **명령과 규례와 법도라**
/여호와께서 ─── 명하신바
/너희 하나님 /너희에게 가르치라

//(목적: ל, to)
땅에서 행할 것이니
/너희가 건너가서 얻을

2 //곧(목적: ל, to)
너와
네 아들과
네 손자로(가) ─┬─ 평생에 경외하며
/네 하나님 여호와를
└─ 지키게 하기 위한 것이며
/그 모든 규례와 명령을
/내가 너희에게 명한
//또(목적: ל, to)
네 날을(이) ── 장구케 하기 위한 것이라

3 이스라엘아!
[너희는] **듣고**
삼가

//(목적: ל, to)

들과 그 자손이 영원히 복받기를 원하노라 **30** 가서 그
들에게 각기 장막으로 돌아가라 이르고 **31** 너는 여기
내 곁에 섰으라 내가 모든 명령과 규례와 법도를 네게 이
르리니 너는 그것을 그들에게 가르쳐서 내가 그들에게 기
업으로 주는 땅에서 그들로 이를 행하게 하라 하셨나니
32 그런즉 너희 하나님 여호와께서 너희에게 명령하신
대로 너희는 삼가 행하여 좌로나 우로나 치우치지 말고
33 너희 하나님 여호와께서 너희에게 명하신 모든 도를
행하라 그리하면 너희가 삶을 얻고 복을 얻어서 너희의
얻은 땅에서 너희의 날이 장구하리라
6:1 이는 곧 너희 하나님 여호와께서 너희에게 가르
치라 명하신 바 명령과 규례와 법도라 너희가 건너
가서 얻을 땅에서 행할 것이니 **2** 곧 너와 네 아들과 네
손자로 평생에 네 하나님 여호와를 경외하며 내가 너희에

as for you, stand here by Me, that I may speak to you
all the commandments and the statutes and the judgments
which you shall teach them, that they may observe them
in the land which I give them to possess.' **32** "So you
shall observe to do just as the LORD your God has
commanded you; you shall not turn aside to the right or
to the left. **33** "You shall walk in all the way which
the LORD your God has commanded you, that you may
live, and that it may be well with you, and that you may
prolong your days in the land which you shall possess.
6:1 ¶ "Now this is the commandment, the statutes
and the judgments which the LORD your God has
commanded me to teach you, that you might do them
in the land where you are going over to possess it, **2**
so that you and your son and your grandson might fear
the LORD your God, to keep all His statutes and His

//(목적: ל, *to*)
그것을 행하라

//그리하면(결과)
네가 —— 복을 얻고
수효가 —— 심히 번성하리라
/너의 /젖과 꿀이 흐르는 땅에서
/네 열조의 하나님 여호와께서 네게 허락하심 같이

4 이스라엘아!
[너희는] **들으라**

여호와는 오직 하나인 **여호와시니**
/우리 하나님

5 너는 네 하나님 여호와를 **사랑하라**
/마음을 다하고
/성품을 다하고
/힘을 다하여

6 너는 이 말씀을 마음에 **새기고**
/오늘날 내가 네게 명하는
7 **부지런히 가르치며**
/네 자녀에게
이 말씀을 **강론할 것이며**
/집에 앉았을 때에든지
길에 행할 때에든지
누웠을 때에든지
일어날 때에든지

8 또
너는 그것을 네 손목에 **매어**
/기호를 삼으며(=기호로)
네 미간에 **붙여**
/표를 삼고(=표로)
9 또
기록할지니라
/네 집 문설주와
바깥 문에

10 //(결과)
너로(가) —— 땅으로 들어가게 하시고
/여호와께서 —— 맹세하신
/네 하나님 /네게 주리라
/아브라함과 이삭과 야곱을 향하여
/네 열조

신

게 명한 그 모든 규례와 명령을 지키게 하기 위한 것이며
또 네 날을 장구케 하기 위한 것이라 3 이스라엘아 듣고
삼가 그것을 행하라 그리하면 네가 복을 얻고 네 열조의
하나님 여호와께서 네게 허락하심 같이 젖과 꿀이 흐르는
땅에서 너의 수효가 심히 번성하리라 4 이스라엘아 들으
라 우리 하나님 여호와는 오직 하나인 여호와시니 5 너
는 마음을 다하고 성품을 다하고 힘을 다하여 네 하나님
여호와를 사랑하라 6 오늘날 내가 네게 명하는 이 말씀
을 너는 마음에 새기고 7 네 자녀에게 부지런히 가르치
며 집에 앉았을 때에든지 길에 행할 때에든지 누웠을 때
에든지 일어날 때에든지 이 말씀을 강론할 것이며 8 너
는 또 그것을 네 손목에 매어 기호를 삼으며 네 미간에

commandments, which I command you, all the days of
your life, and that your days may be prolonged. 3 "O
Israel, you should listen and be careful to do it, that it
may be well with you and that you may multiply greatly,
just as the LORD, the God of your fathers, has promised
you, in a land flowing with milk and honey. 4 "Hear,
O Israel! The LORD is our God, the LORD is one! 5
"And you shall love the LORD your God with all your
heart and with all your soul and with all your might. 6
"And these words, which I am commanding you today,
shall be on your heart; 7 and you shall teach them
diligently to your sons and shall talk of them when you
sit in your house and when you walk by the way and
when you lie down and when you rise up. 8 "And you
shall bind them as a sign on your hand and they shall
be as frontals on your forehead. 9 "And you shall write

—성읍을 얻게 하시며
/네가 건축하지 아니한
/크고 아름다운
11 —집을 얻게 하시며
/아름다운 물건이 가득한
/네가 채우지 아니한
—우물을 얻게 하시며
/네가 파지 아니한
—포도원과 감람나무를 얻게 하사
/네가 심지 아니한

너로 배불리 먹게 하실 때에(when, 상황절)
12 너는 **조심하여**

//(목적: פֶּן, lest)
너는] —— 여호와를 잊지 말고
/너를 인도하여 내신
/애굽 땅 종 되었던 집에서

13 [너는] 여호와를 **경외하며**
/네 하나님
섬기며
맹세할 것이니라
/그 이름으로

14 너희는 다른 신들[을] **좇지 말라**
/곧 네 사면에 있는 백성의 신들을

15 //(이유: כִּי, for)
여호와는 —— 질투하시는 하나님이신즉
/너희 중에 계신
/너희 하나님

[너희는] **두려워하노라**
/여호와께서 —— 네게 진노하사
/너희 하나님
—— 너를 지면에서 멸절시키실까

16 너희가 여호와를 **시험하지 말고**
/너희의 하나님
/맛사에서 시험한 것같이

신

붙여 표를 삼고 9 또 네 집 문설주와 바깥 문에 기록할
지니라 10 네 하나님 여호와께서 네 열조 아브라함과
이삭과 야곱을 향하여 네게 주리라 맹세하신 땅으로 너로
들어가게 하시고 네가 건축하지 아니한 크고 아름다운 성
읍을 얻게 하시며 11 네가 채우지 아니한 아름다운 물
건이 가득한 집을 얻게 하시며 네가 파지 아니한 우물을
얻게 하시며 네가 심지 아니한 포도원과 감람나무를 얻게
하사 너로 배불리 먹게 하실 때에 12 너는 조심하여 너
를 애굽 땅 종 되었던 집에서 인도하여 내신 여호와를 잊
지 말고 13 네 하나님 여호와를 경외하며 섬기며 그 이
름으로 맹세할 것이니라 14 너희는 다른 신들 곧 네 사
면에 있는 백성의 신들을 좇지 말라 15 너희 중에 계신
너희 하나님 여호와는 질투하시는 하나님이신즉 너희 하
나님 여호와께서 네게 진노하사 너를 지면에서 멸절시키

them on the doorposts of your house and on your gates.
10 ¶ "Then it shall come about when the LORD your
God brings you into the land which He swore to your fathers,
Abraham, Isaac and Jacob, to give you, great and splendid
cities which you did not build, 11 and houses full of
all good things which you did not fill, and hewn cisterns
which you did not dig, vineyards and olive trees which
you did not plant, and you shall eat and be satisfied,
12 then watch yourself, lest you forget the LORD who
brought you from the land of Egypt, out of the house
of slavery. 13 "You shall fear only the LORD your
God; and you shall worship Him, and swear by His
name. 14 "You shall not follow other gods, any of the
gods of the peoples who surround you, 15 for the LORD
your God in the midst of you is a jealous God; otherwise
the anger of the LORD your God will be kindled against
you, and He will wipe you off the face of the earth. 16
¶ "You shall not put the LORD your God to the test,

17 **삼가 지키며**
/너희의 하나님 여호와께서(~의) 명령과
증거하신 것과
너희에게 명하신 규례를

18 [너는] **행하라**
/정직하고 선량한 일을
/여호와의 보시기에

//그리하면(결과)
네가 ─┬ 복을 얻고
├ 들어가서
└ 얻으리니
/아름다운 땅을
/여호와께서 ── 네 열조에게 맹세하사...하신
/네 대적을 몰수히 네 앞에서 쫓아내리라

/여호와의 말씀과 같[이](으리라)

19 (18절에 포함되어 있음)

20 네 아들이 네게 묻기를...하거든(when, 상황절)
/후일에
/증거와 말씀과 규례와 법도가 무슨 뜻이뇨?
/우리 하나님 여호와의 명하신

21 너는 네 아들에게 **이르기를**
/우리가 ── 애굽에서 바로의 종이 되었더니
/옛적에
/여호와께서─우리를 애굽에서 인도하여 내셨나니
/권능의 손으로
22 /곧
여호와께서 ─┬ 이적과 기사를 베푸시고
/크고 두려운
/우리의 목전에서
/애굽과 바로와 그 온집에

23 └ 우리를 거기서 인도하여 내시고

//(목적: ל, to)
땅[을](으로) 우리에게 주어
/우리 열조에게 맹세하신
들어가게 하시려고

실까 두려워하노라 **16** 너희가 맛사에서 시험한 것같이 너희의 하나님 여호와를 시험하지 말고 **17** 너희의 하나님 여호와께서 너희에게 명하신 명령과 증거하신 것과 규례를 삼가 지키며 **18-19** 여호와의 보시기에 정직하고 선량한 일을 행하라 그리하면 네가 복을 얻고 여호와께서 네 열조에게 맹세하사 네 대적을 몰수히 네 앞에서 쫓아내리라 하신 아름다운 땅을 들어가서 얻으리니 여호와의 말씀과 같으리라 **20** 후일에 네 아들이 네게 묻기를 우리 하나님 여호와의 명하신 증거와 말씀과 규례와 법도가 무슨 뜻이뇨 하거든 **21** 너는 네 아들에게 이르기를 우리가 옛적에 애굽에서 바로의 종이 되었더니 여호와께서 권능의 손으로 우리를 애굽에서 인도하여 내셨나니 **22**

as you tested Him at Massah. **17** "You should diligently keep the commandments of the LORD your God, and His testimonies and His statutes which He has commanded you. **18** "And you shall do what is right and good in the sight of the LORD, that it may be well with you and that you may go in and possess the good land which the LORD swore to give your fathers, **19** by driving out all your enemies from before you, as the LORD has spoken. **20** ¶ "When your son asks you in time to come, saying, 'What do the testimonies and the statutes and the judgments mean which the LORD our God commanded you?' **21** then you shall say to your son, 'We were slaves to Pharaoh in Egypt; and the LORD brought us from Egypt with a mighty hand. **22** 'Moreover, the LORD showed great and distressing signs and wonders before our eyes against Egypt, Pharaoh and all his household;

24 /여호와께서 —— 우리에게 명하셨으니
/이 모든 규례를 지키라

//이는(목적: ל, to)
우리로 —— 우리 하나님 여호와를 경외하여
항상 복을 누리게 하기 위하심이며

//또(목적 계속)
여호와께서 —우리로 생활하게 하려 하심이라
/오늘날과 같이

25 /[만일](כִּי)
우리가 —— 이 모든 명령을 삼가[면](if, 조건절)
/그 명하신 대로
/우리 하나님 여호와 앞에서

//(목적: ל, to)
지키(면)(=지키기 위하여)

그것이 곧 우리의 의로움이니라 (할지니라)

신

7

1 여호와께서 너를 인도하사
/네 하나님 /네가 가서 얻을 땅으로 (들이시고)
네 앞에서 쫓아내실 때에(when, 상황절)
/여러 민족 헷 족속과
기르가스 족속과
아모리 족속과
가나안 족속과
브리스 족속과
히위 족속과
여부스 족속
/곧 너보다 많고 힘이 있는 일곱 족속을

2 여호와께서 그들을 네게 붙여(when, 상황절)
/네 하나님
너로 그들을 **치게 하시리니**
너는 그들을 **진멸할 것이라**
/(그 때에)

[너는] 그들과 무슨 언약도 **[맺지]말 것이요**
그들을 **불쌍히 여기지도 말 것이며**

곧 여호와께서 우리의 목전에서 크고 두려운 이적과 기사
를 애굽과 바로와 그 온 집에 베푸시고 23 우리 열조에
게 맹세하신 땅으로 우리에게 주어 들어가게 하시려고 우
리를 거기서 인도하여 내시고 24 여호와께서 우리에게
이 모든 규례를 지키라 명하셨으니 이는 우리로 우리 하
나님 여호와를 경외하여 항상 복을 누리게 하기 위하심이
며 또 여호와께서 우리로 오늘날과 같이 생활하게 하려
하심이라 25 우리가 그 명하신 대로 이 모든 명령을 우
리 하나님 여호와 앞에서 삼가 지키면 그것이 곧 우리의
의로움이니라 할지니라

7:1 네 하나님 여호와께서 너를 인도하사 네가 가서
얻을 땅으로 들이시고 네 앞에서 여러 민족 헷 족속
과 기르가스 족속과 아모리 족속과 가나안 족속과 브리스
족속과 히위 족속과 여부스 족속 곧 너보다 많고 힘이 있

23 and He brought us out from there in order to bring
us in, to give us the land which He had sworn to our
fathers.' 24 "So the LORD commanded us to observe
all these statutes, to fear the LORD our God for our
good always and for our survival, as it is today. 25
"And it will be righteousness for us if we are careful to
observe all this commandment before the LORD our
God, just as He commanded us.

7:1 ¶ "When the LORD your God shall bring you
into the land where you are entering to possess it,
and shall clear away many nations before you, the Hittites
and the Girgashites and the Amorites and the Canaanites
and the Perizzites and the Hivites and the Jebusites,
seven nations greater and stronger than you, 2 and when

3 또
그들과 **혼인하지 말지니**
네 딸을 그 아들에게 **주지 말 것이요**
그 딸로 네 며느리를 **삼지 말 것은**

4 //(이유: כִּי, for)
(그가 ——— 네 아들을 유혹하여)
그로[들이] ┬ 여호와를 떠나고
└ 다른 신들을 섬기게 하므로
여호와께서 ┬ 너희에게 진노하사
└ 갑자기 너희를 멸하실 것임이니라

5 오직(but)
너희가 그들에게 **행할 것은(=행하라)**
/이러하니(=이와같이)
[너희는] 그들의 단을 **헐며**
주상을 **깨뜨리며**
아세라 목상을 **찍으며**
조각한 우상들을 **불사를 것이니라**

6 //(이유: כִּי, for)
너는 ——— 여호와 네 하나님의 성민이라
여호와께서 —— 너를 택하셨나니
/네 하나님 /지상 만민 중에서
/자기 기업의 백성으로

7 여호와께서 너희를 **기뻐하시고**
너희를 **택하심은**

//(이유: כִּי, for)
너희가 —— 수효가 많은 연고가 아니라
/다른 민족보다
너희는 —— 가장 적으니라
/모든 민족 중에

8 여호와께서 너희를 **인도하여 내시되**
/다만 너희를 사랑하심을 인하여,
/또는 너희 열조에게 하신 맹세를 지키려 하심을 인하여
/자기의 권능의 손으로

너희를 **속량하셨나니**
/그 종 되었던 집에서
/애굽 왕 바로의 손에서

는 일곱 족속을 쫓아내실 때에 2 네 하나님 여호와께서
그들을 네게 붙여 너로 치게 하시리니 그 때에 너는 그들
을 진멸할 것이라 그들과 무슨 언약도 말것이요 그들을
불쌍히 여기지도 말 것이며 3 또 그들과 혼인하지 말지
니 네 딸을 그 아들에게 주지 말 것이요 그 딸로 네 며느
리를 삼지 말 것은 4 그가 네 아들을 유혹하여 그로 여
호와를 떠나고 다른 신들을 섬기게 하므로 여호와께서 너
희에게 진노하사 갑자기 너희를 멸하실 것임이니라 5 오
직 너희가 그들에게 행할 것은 이러하니 그들의 단을 헐
며 주상을 깨뜨리며 아세라 목상을 찍으며 조각한 우상들
을 불사를 것이니라 6 너는 여호와 네 하나님의 성민이
라 네 하나님 여호와께서 지상 만민 중에서 너를 자기 기
업의 백성으로 택하셨나니 7 여호와께서 너희를 기뻐하
시고 너희를 택하심은 너희가 다른 민족보다 수효가 많은

the LORD your God shall deliver them before you, and
you shall defeat them, then you shall utterly destroy
them. You shall make no covenant with them and show
no favor to them. 3 "Furthermore, you shall not intermarry
with them; you shall not give your daughters to their
sons, nor shall you take their daughters for your sons.
4 "For they will turn your sons away from following
Me to serve other gods; then the anger of the LORD
will be kindled against you, and He will quickly destroy
you. 5 "But thus you shall do to them: you shall tear
down their altars, and smash their sacred pillars, and
hew down their Asherim, and burn their graven images
with fire. 6 ¶ "For you are a holy people to the LORD
your God; the LORD your God has chosen you to be a
people for His own possession out of all the peoples
who are on the face of the earth. 7 "The LORD did
not set His love on you nor choose you because you
were more in number than any of the peoples, for you
were the fewest of all peoples, 8 but because the LORD
loved you and kept the oath which He swore to your

9 그런즉
너는 오직 **알라**
/여호와는 — 하나님이시오
/네 하나님
신실하신 하나님이시라
/천대까지 그 언약을 이행하시며(=이행하시는)
/그를 사랑하고(~하는 자에게)
/그 계명을 지키는 자에게는
/인애를 베푸시되(=베푸시는)
10 /당장에 보응하여
/그를 미워하는 자에게는

//(목적: ל, to)
멸하시나니

/여호와는 — 당장에 그에게 보응하시느니라
/자기를 미워하는 자에게
/지체하지 아니하시고

11 그런즉
너는 명령과 규례와 법도를 **지켜(=지키라)**
/내가 네게 명하는
/오늘날

//(목적: ל, to)
행할지니라

12 [만일]
너희가 이 모든 법도를 듣고
지켜
행하면(if, 조건절)[16)]
여호와께서 언약을 지**켜(=지키실 것이다)**
/네 하나님 /네 열조에게 맹세하신
네게 인애를 **〈베푸실 것이라〉**
13 곧
[그가] 너를 **사랑하시고**
복을 **주사**
너로 **번성케 하시되**
네 소생에게 **은혜를 베푸시며**
/네게 주리라고 네 열조에게 맹세하신 땅에서

풍성케 하시고
/네 토지 소산과 곡식과 포도주와 기름을

16) NRSV: If you heed these ordinances, by diligently observing them, the LORD your God will maintain with you the covenant loyalty that he swore to your ancestors;

연고가 아니라 너희는 모든 민족 중에 가장 적으니라 8
여호와께서 다만 너희를 사랑하심을 인하여 또는 너희 열
조에게 하신 맹세를 지키려 하심을 인하여 자기의 권능의
손으로 너희를 인도하여 내시되 너희를 그 종 되었던 집
에서 애굽 왕 바로의 손에서 속량하셨나니 9 그런즉 너
는 알라 오직 네 하나님 여호와는 하나님이시요 신실하신
하나님이시라 그를 사랑하고 그 계명을 지키는 자에게는
천 대까지 그 언약을 이행하시며 인애를 베푸시되 10
그를 미워하는 자에게는 당장에 보응하여 멸하시나니 여
호와는 자기를 미워하는 자에게 지체하지 아니하시고 당
장에 그에게 보응하시느니라 11 그런즉 너는 오늘날 내
가 네게 명하는 명령과 규례와 법도를 지켜 행할지니라
12 너희가 이 모든 법도를 듣고 지켜 행하면 네 하나님
여호와께서 네 열조에게 맹세하신 언약을 지켜 네게 인애

forefathers, the LORD brought you out by a mighty
hand, and redeemed you from the house of slavery, from
the hand of Pharaoh king of Egypt. 9 "Know therefore
that the LORD your God, He is God, the faithful God,
who keeps His covenant and His lovingkindness to a
thousandth generation with those who love Him and keep
His commandments; 10 but repays those who hate Him
to their faces, to destroy them; He will not delay with
him who hates Him, He will repay him to his face. 11
"Therefore, you shall keep the commandment and the statutes
and the judgments which I am commanding you today,
to do them. 12 ¶ "Then it shall come about, because
you listen to these judgments and keep and do them,
that the LORD your God will keep with you His covenant
and His lovingkindness which He swore to your forefathers.
13 "And He will love you and bless you and multiply
you; He will also bless the fruit of your womb and the
fruit of your ground, your grain and your new wine and

네 소와 양을 **번식케 하시리니**

14 네가 **복을 받음이(받을 것이다)**
/만민보다 우승하여
생육하지 못함이 **없을 것이며**
/너희 중의 남녀와
/너희 짐승의 암수에

15 또
여호와께서 모든 질병을 네게서 **멀리하사**

악질이 네게 **임하지 않게 하시고**
/너희가 아는바
/그 애굽의

모든 자에게 **임하게 하실 것이라**
/너를 미워하는

16 네 눈이 모든 민족을 **긍휼히 보지 말고**
/네 하나님 여호와께서 네게 붙이신
진멸하고
그 신을 **섬기지 말라**

//(이유: כִּי, for)
그것이—— 네게 올무가 되리라

17 혹시(만일, כִּי)
네가 심중에 이르기를...하리라마는(if, 조건절)
/이 민족들이 —— 나보다 많으니
/내가 어찌 —— 그를 쫓아 낼 수 있으리요
18 [너는] 그들을 **두려워 말고**
잘 기억하되
/여호와께서 —— 바로와 온 애굽에 행하신 것을
/네 하나님

19 큰 시험과 이적과 기사와 강한 손과 편 팔을 **기억하라**
/네가 ——목도한
/여호와께서 —— 너를 인도하여 내실 때에
/네 하나님

//(결과)
여호와께서 —— 모든 민족에게 행하실 것이요
/네 하나님 /네가 두려워하는
/그와 같이

를 베푸실 것이라 13 곧 너를 사랑하시고 복을 주사 너
로 번성케 하시되 네게 주리라고 네 열조에게 맹세하신
땅에서 네 소생에게 은혜를 베푸시며 네 토지 소산과 곡
식과 포도주와 기름을 풍성케 하시고 네 소와 양을 번식
케 하시리니 14 네가 복을 받음이 만민보다 우승하여
너희 중의 남녀와 너희 짐승의 암수에 생육하지 못함이
없을 것이며 15 여호와께서 또 모든 질병을 네게서 멀
리하사 너희가 아는 바 그 애굽의 악질이 네게 임하지 않
게 하시고 너를 미워하는 모든 자에게 임하게 하실 것이
라 16 네 하나님 여호와께서 네게 붙이신 모든 민족을
네 눈이 긍휼히 보지 말고 진멸하고 그 신을 섬기지 말라
그것이 네게 올무가 되리라 17 네가 혹시 심중에 이르
기를 이 민족들이 나보다 많으니 내가 어찌 그를 쫓아 낼
수 있으리요 하리라마는 18 그들을 두려워 말고 네 하

your oil, the increase of your herd and the young of
your flock, in the land which He swore to your forefathers
to give you. 14 "You shall be blessed above all peoples;
there shall be no male or female barren among you or among
your cattle. 15 "And the LORD will remove from you
all sickness; and He will not put on you any of the
harmful diseases of Egypt which you have known, but
He will lay them on all who hate you. 16 "And you
shall consume all the peoples whom the LORD your
God will deliver to you; your eye shall not pity them,
neither shall you serve their gods, for that would be a
snare to you. 17 ¶ "If you should say in your heart,
'These nations are greater than I; how can I dispossess them?'
18 you shall not be afraid of them; you shall well remember
what the LORD your God did to Pharaoh and to all
Egypt: 19 the great trials which your eyes saw and the signs
and the wonders and the mighty hand and the outstretched
arm by which the LORD your God brought you out. So

20 //또(결과 계속)
여호와께서 —— 왕벌을 그들중에 보내어(=보내실 것이다)
/네 하나님 /멸하시리니(=멸하시기까지, until)
/그들의 남은 자와
너를 피하여 숨은 자를

21 너는 그들을 **두려워 말라**

//(이유: כִּי, for)
하나님이 —— 너희 중에 계심이니라
/너희 하나님 여호와
/곧 크고 두려운

22 여호와께서 이 민족들을 **쫓아내시리니**
/네 하나님 /네 앞에서
/점점

너는 그들을 **급히 멸하지 말라**

//(목적: פֶּן, lest)
두렵건대 들짐승이 번성하여 너를 해할까 하노라

23 여호와께서 그들을 네게 **붙이시고**
/네 하나님
그들을 크게 **요란케 하여**
/필경은 진멸하시고(=진멸하시기까지, until)

24 그들의 왕들을 네 손에 **붙이시리니**

너는 그 이름을 **제하여 버리라**
/천하에서

//(결과)[17]
너를 당할 자가 없이(=없을 것이다)
/네가 필경은 그들을 진멸하리라(=진멸하기까지)

25 너는 신상들을 **불사르고**
/그들의 조각한
은이나 금을 **탐내지 말며**
/그것에 입힌
취하지 말라

17) 명령문의 결과

//(*이유:* פֶּן *, for*)

나님 여호와께서 바로와 온 애굽에 행하신 것을 잘 기억
하되 19 네 하나님 여호와께서 너를 인도하여 내실 때
에 네가 목도한 큰 시험과 이적과 기사와 강한 손과 편
팔을 기억하라 그와 같이 네 하나님 여호와께서 네가 두
려워하는 모든 민족에게 행하실 것이요 20 네 하나님
여호와께서 또 왕벌을 그들 중에 보내어 그들의 남은 자
와 너를 피하여 숨은 자를 멸하시리니 21 너는 그들을
두려워 말라 너희 하나님 여호와 곧 크고 두려운 하나님
이 너희 중에 계심이니라 22 네 하나님 여호와께서 이
민족들을 네 앞에서 점점 쫓아내시리니 너는 그들을 급히
멸하지 말라 두렵건대 들짐승이 번성하여 너를 해할까 하
노라 23 네 하나님 여호와께서 그들을 네게 붙이시고
그들을 크게 요란케하여 필경은 진멸하시고 24 그들의
왕들을 네 손에 붙이시리니 너는 그 이름을 천하에서 제

shall the LORD your God do to all the peoples of whom
you are afraid. 20 "Moreover, the LORD your God
will send the hornet against them, until those who are
left and hide themselves from you perish. 21 "You shall
not dread them, for the LORD your God is in your midst,
a great and awesome God. 22 "And the LORD your
God will clear away these nations before you little by
little; you will not be able to put an end to them quickly,
lest the wild beasts grow too numerous for you. 23
"But the LORD your God shall deliver them before you,
and will throw them into great confusion until they are
destroyed. 24 "And He will deliver their kings into
your hand so that you shall make their name perish from
under heaven; no man will be able to stand before you
until you have destroyed them. 25 "The graven images
of their gods you are to burn with fire; you shall not
covet the silver or the gold that is on them, nor take it
for yourselves, lest you be snared by it, for it is an abomination

//(이유: פֶּן, for)
두렵건대 네가 그것으로 인하여 올무에 들까 하노니

//이는(이유: כִּי, for)
여호와의(가) —— 가증히 여기시는 것임이니라
/네 하나님

26 너는 가증한 것을 **들이지 말라**
/네 집에

//(결과,그렇지 않으면)
너도 그와 같이 진멸 당할 것이 될까 하노라

너는 그것을 **극히 꺼리며**
심히 미워하라

//(이유: כִּי, for)
그것은 —— 진멸 당할 것임이니라

8

1 너희는 **지켜(=지키라)**
/내가 오늘날 명하는 모든 명령을

//(목적: לְ, to)
행하라(=행하기 위해)

//그리하면(결과)
너희가 —— 살고
— 번성하고
— 땅에 들어가서
/여호와께서 너희의 열조에게 맹세하신
— 그것을 얻으리라

2 [너희는] **기억하라**
/여호와께서 —— 너로 광야의 길을 걷게하신 것을
/네 하나님 /이 사십년 동안에

//이는(목적: לְמַעַן, in order to)
[그가] —— 너를 **낮추시며**
— 너를 **시험하사**

//(목적: לְ, to)
알려하심이라
/네 마음이 어떠한지
/그 명령을 지키는지 아니 지키는지

하여 버리라 너를 당할 자가 없이 네가 필경은 그들을 진멸하리라 **24** 너는 그들의 조각한 신상들을 불사르고 그것에 입힌 은이나 금을 탐내지 말며 취하지 말라 두렵건대 네가 그것으로 인하여 올무에 들까 하노니 이는 네 하나님 여호와의 가증히 여기시는 것임이니라 **26** 너는 가증한 것을 네 집에 들이지 말라 너도 그와 같이 진멸당할 것이 될까 하노라 너는 그것을 극히 꺼리며 심히 미워하라 그것은 진멸당할 것임이니라

8:1 내가 오늘날 명하는 모든 명령을 너희는 지켜 행하라 그리하면 너희가 살고 번성하고 여호와께서 너희의 열조에게 맹세하신 땅에 들어가서 그것을 얻으리라
2 네 하나님 여호와께서 이 사십 년 동안에 너로 광야의

to the LORD your God. **26** "And you shall not bring an abomination into your house, and like it come under the ban; you shall utterly detest it and you shall utterly abhor it, for it is something banned.

8:1 ¶ "All the commandments that I am commanding you today you shall be careful to do, that you may live and multiply, and go in and possess the land which the LORD swore to give to your forefathers. **2** "And you shall remember all the way which the LORD your God has led you in the wilderness these forty years, that

신

3 [그가] 너를 **낮추시며**
너로 **주리게 하시며**
또
만나를 네게 **먹이신 것은**
/너도 알지 못하며
네 열조도 알지 못하던

//(목적: לְמַעַן, in order to)
너로(가) — 알게하려 하심이니라
/사람이 떡으로만 사는 것이 아니요
/모든 말씀으로 사는 줄을
/여호와의 입에서 나오는

4 네 의복이 **해어지지 아니하였고**
/이 사십년 동안에
네 발이 **부릍지 아니하였느니라**

5 너는 마음에 **생각하고**
/여호와께서 너를 징계하시는 줄
/네 하나님— /사람이 그 아들을 징계함 같이
6 여호와의 명령을 **지켜(=지키라)**
/네 하나님

//(목적: לְ, to)
그 도를 행하며
그를 경외할지니라

7 //(이유: כִּי, for)
여호와께서 —— 너로 이르게 하시나니
/네 하나님 /아름다운 땅에
/그곳은(동격,설명)
시내와 분천과 샘이 흐르고
/골짜기에든지
산지에든지
8 /밀과 보리의 소산지요
/소산지라
/포도와 무화과와 석류와
감람들의 나무와 꿀의

9 /땅이며
/너의 먹는 식물의 결핍함이 없고
네게 아무 부족함이 없는
/그 땅의 돌은 철이요
/산에서는 동을 캘 것이라

길을 걷게 하신 것을 기억하라 이는 너를 낮추시며 너를
시험하사 네 마음이 어떠한지 그 명령을 지키는지 아니
지키는지 알려 하심이라 3 너를 낮추시며 너로 주리게
하시며 또 너도 알지 못하며 네 열조도 알지 못하던 만나
를 네게 먹이신 것은 사람이 떡으로만 사는 것이 아니요
여호와의 입에서 나오는 모든 말씀으로 사는 줄을 너로
알게 하려 하심이니라 4 이 사십 년 동안에 네 의복이
해어지지 아니하였고 네 발이 부릍지 아니하였느니라 5
너는 사람이 그 아들을 징계함 같이 네 하나님 여호와께
서 너를 징계하시는 줄 마음에 생각하고 6 네 하나님 여
호와의 명령을 지켜 그 도를 행하며 그를 경외할지니라
7 네 하나님 여호와께서 너를 아름다운 땅에 이르게 하
시나니 그곳은 골짜기에든지 산지에든지 시내와 분천과
샘이 흐르고 8 밀과 보리의 소산지요 포도와 무화과와

He might humble you, testing you, to know what was
in your heart, whether you would keep His commandments
or not. 3 "And He humbled you and let you be hungry,
and fed you with manna which you did not know, nor
did your fathers know, that He might make you understand
that man does not live by bread alone, but man lives by
everything that proceeds out of the mouth of the LORD.
4 "Your clothing did not wear out on you, nor did your
foot swell these forty years. 5 "Thus you are to know
in your heart that the LORD your God was disciplining
you just as a man disciplines his son. 6 "Therefore, you
shall keep the commandments of the LORD your God,
to walk in His ways and to fear Him. 7 "For the LORD
your God is bringing you into a good land, a land of
brooks of water, of fountains and springs, flowing forth
in valleys and hills; 8 a land of wheat and barley, of
vines and fig trees and pomegranates, a land of olive
oil and honey; 9 a land where you shall eat food without
scarcity, in which you shall not lack anything; a land
whose stones are iron, and out of whose hills you can

10 네가 먹어서 배불리고(when, 상황절)
그를 **찬송하리라**
/여호와께서 —— 옥토로 네게 주셨음을 인하여
/네 하나님

11 [너는] **삼갈지어다**

//(목적 :פֶּן, lest)
네 하나님 여호와를 잊어버리게 되지 않도록
/지키지 아니하고(=지키지 아니함으로)
/여호와의 명령과 법도와 규례를
/내가 오늘날 네게 명하는

12 네가 먹어서 배불리고(when, 상황절)
아름다운 집을 짓고 거하게 되며(when, 상황절)

13 또
네 우양이 번성하며
네 은금이 증식되며
네 소유가 다 풍부하게 될 때에(when, 상황절)
14 네 마음이 **두렵건대 교만하여**
네 하나님 여호와를 **잊어버릴까 하노라**
/여호와는[18]
너를 이끌어 내시고
/애굽 땅 종 되었던 집에서
15 너를 인도하여 지나게 하셨으며
/그 광대하고 위험한 광야[를]
/곧 불뱀과 전갈이 있고
물이 없는 간조한 땅을
또 물을 굳은 반석에서 내셨으며
/너를 위하여
16 만나를 광야에서 네게 먹이셨나니
/네 열조도 알지 못하던

//이는(목적: לְמַעַן, in order to)
다 너를 낮추시며
너를 시험하사
마침내 네게 복을 주려 하심이었느니라

17 또
네가 **두렵건대 이르기를... 할까 하노라**
/마음에
/내가 —— 이 재물을 얻었다
/내 능과
내 손의 힘으로

18) 관계대명사

석류와 감람들의 나무와 꿀의 소산지라 9 너의 먹는 식
물의 결핍함이 없고 네게 아무 부족함이 없는 땅이며 그
땅의 돌은 철이요 산에서는 동을 캘 것이라 10 네가 먹
어서 배불리고 네 하나님 여호와께서 옥토로 네게 주셨음
을 인하여 그를 찬송하리라 11 내가 오늘날 네게 명하
는 여호와의 명령과 법도와 규례를 지키지 아니하고 네
하나님 여호와를 잊어버리게 되지 않도록 삼갈지어다
12 네가 먹어서 배불리고 아름다운 집을 짓고 거하게
되며 13 또 네 우양이 번성하며 네 은금이 증식되며 네
소유가 다 풍부하게 될 때에 14 두렵건대 네 마음이 교
만하여 네 하나님 여호와를 잊어버릴까 하노라 여호와는
너를 애굽 땅 종 되었던 집에서 이끌어 내시고 15 너를
인도하여 그 광대하고 위험한 광야 곧 불뱀과 전갈이 있
고 물이 없는 간조한 땅을 지나게 하셨으며 또 너를 위하

dig copper. 10 "When you have eaten and are satisfied,
you shall bless the LORD your God for the good land
which He has given you. 11 ¶ "Beware lest you forget
the LORD your God by not keeping His commandments
and His ordinances and His statutes which I am commanding
you today; 12 lest, when you have eaten and are satisfied,
and have built good houses and lived in them, 13 and
when your herds and your flocks multiply, and your
silver and gold multiply, and all that you have multiplies,
14 then your heart becomes proud, and you forget the
LORD your God who brought you out from the land of
Egypt, out of the house of slavery. 15 "He led you
through the great and terrible wilderness, with its fiery
serpents and scorpions and thirsty ground where there
was no water; He brought water for you out of the rock
of flint. 16 "In the wilderness He fed you manna which
your fathers did not know, that He might humble you
and that He might test you, to do good for you in the

18 [너는] 여호와를 **기억하라**
/네 하나님

//(이유: כִּי, for)
그가 ── 네게 재물 얻을 능을 주셨음이라

//이같이 하심은(목적: לְמַעַן, in order to)
언약을 이루려 하심이니라
/네 열조에게 맹세하신
/오늘과 같이

19 만일(אִם)
네가 네 하나님 여호와를 잊어버리고
다른 신들을 좇아
그들을 섬기며
그들에게 절하면(if, 조건절)

내가 너희에게 **증거하노니**
/너희가 정녕히 멸망할 것이라

20 너희도 **멸망하리니**
/여호와께서 너희의 앞에서 멸망시키신 민족들 같이

//이는(이유: עֵקֶב, because)
너희가 ──── 여호와의 소리를 청종치 아니함 이니라
/너희 하나님

9

1 이스라엘아!
[너는] **들으라**

네가 오늘 요단을 **건너**

//(목적: לְ, to)
들어가서
/너보다 강대한 나라들로
그것을 얻으리니
/그 성읍들은 ── 크고
/성벽은 ──── 하늘에 닿았으며
2 /그 백성은 ──── 장대한 아낙 자손이라
/네가 아는바

신

여 물을 굳은 반석에서 내셨으며 16 네 열조도 알지 못
하던 만나를 광야에서 네게 먹이셨나니 이는 다 너를 낮
추시며 너를 시험하사 마침내 네게 복을 주려 하심이었느
니라 17 또 두렵건대 네가 마음에 이르기를 내 능과 내
손의 힘으로 내가 이 재물을 얻었다 할까 하노라 18 네
하나님 여호와를 기억하라 그가 네게 재물 얻을 능을 주
셨음이라 이같이 하심은 네 열조에게 맹세하신 언약을 오
늘과 같이 이루려 하심이니라 19 네가 만일 네 하나님
여호와를 잊어버리고 다른 신들을 좇아 그들을 섬기며 그
들에게 절하면 내가 너희에게 증거하노니 너희가 정녕히
멸망할 것이라 20 여호와께서 너희의 앞에서 멸망시키
신 민족들 같이 너희도 멸망하리니 이는 너희가 너희 하
나님 여호와의 소리를 청종치 아니함이니라
9:1 이스라엘아 들으라 네가 오늘 요단을 건너 너보다
강대한 나라들로 들어가서 그것을 얻으리니 그 성읍
들은 크고 성벽은 하늘에 닿았으며 2 그 백성은 네가

end. 17 "Otherwise, you may say in your heart, 'My
power and the strength of my hand made me this wealth.'
18 "But you shall remember the LORD your God, for
it is He who is giving you power to make wealth, that
He may confirm His covenant which He swore to your
fathers, as it is this day. 19 "And it shall come about
if you ever forget the LORD your God, and go after
other gods and serve them and worship them, I testify against
you today that you shall surely perish. 20 "Like the
nations that the LORD makes to perish before you, so
you shall perish; because you would not listen to the
voice of the LORD your God.
9:1 ¶ "Hear, O Israel! You are crossing over the
Jordan today to go in to dispossess nations greater
and mightier than you, great cities fortified to heaven,
2 a people great and tall, the sons of the Anakim, whom

/네가 — 들었나니
/그에게 대한 말을
/이르기를...하거니와
/누가 아낙 자손을 능히 당하리요

3 오늘날
너는 **알라**

여호와께서 네 앞에 **나아가신즉**[19]
/네 하나님 /맹렬한 불과 같이

여호와께서 그들을 **파하사**
네 앞에 **엎드러지게 하시리니**

너는 그들을 **쫓아내며**
/여호와께서 네게 말씀하신 것같이
속히 **멸할 것이라**

4 여호와께서 그들을 네 앞에서 쫓아내신 후에(when, 상황절)
/네 하나님
네가 심중에 **이르기를...하지 말라**
/여호와께서 ┬ 나를 이 땅으로 인도하여 들여서
/나의 의로움을 인하여
└ 그것을 얻게 하셨다

여호와께서 그들을 네 앞에서 **쫓아내심이니라**
/(실상은) 이 민족들이 악함을 인하여

5 네가 **가서**
그 땅을 **얻음은**

//(이유: because of)
너의 의로움을 인함도 아니며
네 마음이 — 정직함을 인함도 아니요

여호와께서 그들을 네 앞에서 **쫓아내심이라**
/네 하나님

//(이유: כִּי, for)
이 민족들의 악함을 인하여

여호와께서 이 같이 **하심은**

//(목적: לְמַעַן, in order to)
맹세를 이루려 하심이니라
/네 열조 아브라함과 이삭과 야곱에게 하신

19) 알아야 할 내용을 말하는 수식부이다.

신

아는 바 장대한 아낙 자손이라 그에게 대한 말을 네가 들었나니 이르기를 누가 아낙 자손을 능히 당하리요 하거니와 3 오늘날 너는 알라 네 하나님 여호와께서 맹렬한 불과 같이 네 앞에 나아가신즉 여호와께서 그들을 파하사 네 앞에 엎드러지게 하시리니 여호와께서 네게 말씀하신 것같이 너는 그들을 쫓아내며 속히 그들을 멸할 것이라 4 네 하나님 여호와께서 그들을 네 앞에서 쫓아내신 후에 네가 심중에 이르기를 나의 의로움을 인하여 여호와께서 나를 이 땅으로인도하여 들여서 그것을 얻게 하셨다 하지 말라 실상은 이 민족들이 악함을 인하여 여호와께서 그들을 네 앞에서 쫓아내심이니라 5 네가 가서 그 땅을 얻음은 너의 의로움을 인함도 아니며 네 마음이 정직함을

you know and of whom you have heard it said, 'Who can stand before the sons of Anak?' 3 "Know therefore today that it is the LORD your God who is crossing over before you as a consuming fire. He will destroy them and He will subdue them before you, so that you may drive them out and destroy them quickly, just as the LORD has spoken to you. 4 "Do not say in your heart when the LORD your God has driven them out before you, 'Because of my righteousness the LORD has brought me in to possess this land,' but it is because of the wickedness of these nations that the LORD is dispossessing them before you. 5 "It is not for your righteousness or for the uprightness of your heart that you are going to possess their land, but it is because of the wickedness of these nations that the LORD your God is driving them out before you, in order to confirm

신

6 그러므로
네가 **알 것은**
/여호와께서 ── 네게 이 아름다운 땅을 주신 것이...아니니라
/네 하나님 /기업으로
/네 의로움을 인함이

//(이유: כִּי, for)
너는 목이 곧은 백성이니라

7 너는 **잊지 말고**
/광야에서 네 하나님 여호와를 격노케 하던 일을
기억하라

네가 늘 여호와를 **거역하였으되**
/애굽 땅에서 나오던 날부터 이곳에 이르기까지

8 너희가 여호와를 **격노케 하였으므로**
/호렙산에서

여호와께서 **진노하사**
//(목적)
너희를 멸하려 하셨느니라

9 그 때에
내가 산에 올라가서(when, 상황절)

//(목적: לְ, to)
돌판들(을) 받으려고
/곧 언약의 돌판 들을
/여호와께서 너희와 세우신

[내가] 사십 주야를 산에 **거하며**
떡도 **먹지 아니하고**
물도 **마시지 아니하였더니**

10 여호와께서 두 돌판을 내게 **주셨나니**

그 판의 글은 하나님이 친수로 **기록하신 것이요**
모든 **말씀이니라**
/여호와께서 ── 너희에게 이르신
/너희 총회 날에
/산상 불 가운데서

인함도 아니요 이 민족들의 악함을 인하여 네 하나님 여
호와께서 그들을 네 앞에서 쫓아내심이라 여호와께서 이
같이 하심은 네 열조 아브라함과 이삭과 야곱에게 하신
맹세를 이루려 하심이니라 6 그러므로 네가 알 것은 네
하나님 여호와께서 네게 이 아름다운 땅을 기업으로 주신
것이 네 의로움을 인함이 아니니라 너는 목이 곧은 백성
이니라 7 너는 광야에서 네 하나님 여호와를 격노케 하
던 일을 잊지 말고 기억하라 네가 애굽 땅에서 나오던 날
부터 이곳에 이르기까지 늘 여호와를 거역하였으되 8 호
렙 산에서 너희가 여호와를 격노케 하였으므로 여호와께
서 진노하사 너희를 멸하려 하셨느니라 9 그 때에 내가
돌판들 곧 여호와께서 너희와 세우신 언약의 돌판들을 받
으려고 산에 올라가서 사십 주야를 산에 거하며 떡도 먹
지 아니하고 물도 마시지 아니하였더니 10 여호와께서

the oath which the LORD swore to your fathers, to Abraham,
Isaac and Jacob. 6 "Know, then, it is not because of
your righteousness that the LORD your God is giving
you this good land to possess, for you are a stubborn
people. 7 ¶ "Remember, do not forget how you provoked
the LORD your God to wrath in the wilderness; from
the day that you left the land of Egypt until you arrived
at this place, you have been rebellious against the LORD.
8 "Even at Horeb you provoked the LORD to wrath,
and the LORD was so angry with you that He would
have destroyed you. 9 "When I went up to the mountain
to receive the tablets of stone, the tablets of the covenant
which the LORD had made with you, then I remained
on the mountain forty days and nights; I neither ate
bread nor drank water. 10 "And the LORD gave me
the two tablets of stone written by the finger of God;

11 사십 주야가 지난 후에(after, 상황절)
여호와께서 내게 돌판(을) **주시고**
/곧 언약의 두 돌판을
12 내게 **이르시되**
/[너는] ─ 일어나
─ 여기서 속히 내려가라

//(이유: כִּי, for)
내 백성이 ─ 스스로 부패하여
/네가 애굽에서 인도하여 낸
─ 도를 속히 떠나
/내가 그들에게 명한
─ 우상을 부어 만들었느니라
/자기를 위하여

13 또
여호와께서 내게 **일러 가라사대**
/내가 ─ 이 백성을 보았노라
/보라
이는 ─ 목이 곧은 백성이니라
14 /[너는] ─ 나를 막지 말라
/내가 ─ 그들을 멸하여
─ 그 이름을 천하에서 도말하고
─ 너로 그들보다 강대한 나라가 되게 하리라 (하시기로)

15 내가 **돌이켜**
산에서 **내려오는데**

불이 산에는(=그 산은) 불이 **붙었고**
두 돌판은 내 손에 **(있었느니라)**
/언약의

16 내가 **본즉**
/너희가 ─ 여호와께 범죄하여
/너희 하나님
─ 송아지를 부어 만들어서
/자기를 위하여
─ 급속히 떠났기로
/여호와의 명하신 도를

두 돌판을 내게 주셨나니 그 판의 글은 하나님이 친수(親
手)로 기록하신 것이요 너희 총회 날에 여호와께서 산상
불 가운데서 너희에게 이르신 모든 말씀이니라 **11** 사
십 주야가 지난 후에 여호와께서 내게 돌판 곧 언약의 두
돌판을 주시고 **12** 내게 이르시되 일어나 여기서 속히
내려가라 네가 애굽에서 인도하여 낸 내 백성이 스스로
부패하여 내가 그들에게 명한 도를 속히 떠나 자기를 위
하여 우상을 부어 만들었느니라 **13** 여호와께서 또 내게
일러 가라사대 내가 이 백성을 보았노라 보라 이는 목이
곧은 백성이니라 **14** 나를 막지 말라 내가 그들을 멸하
여 그 이름을 천하에서 도말하고 너로 그들보다 강대한
나라가 되게 하리라 하시기로 **15** 내가 돌이켜 산에서
내려 오는데 산에는 불이 붙었고 언약의 두 돌판은 내 손
에 있었느니라 **16** 내가 본즉 너희가 너희 하나님 여호

and on them were all the words which the LORD had spoken
with you at the mountain from the midst of the fire on
the day of the assembly. **11** "And it came about at
the end of forty days and nights that the LORD gave
me the two tablets of stone, the tablets of the covenant.
12 "Then the LORD said to me, 'Arise, go down
from here quickly, for your people whom you brought
out of Egypt have acted corruptly. They have quickly
turned aside from the way which I commanded them;
they have made a molten image for themselves.' **13**
"The LORD spoke further to me, saying, I have seen
this people, and indeed, it is a stubborn people. **14**
'Let Me alone, that I may destroy them and blot out
their name from under heaven; and I will make of you
a nation mightier and greater than they.' **15** "So I
turned and came down from the mountain while the mountain
was burning with fire, and the two tablets of the covenant
were in my two hands. **16** "And I saw that you had
indeed sinned against the LORD your God. You had
made for yourselves a molten calf; you had turned aside

17 내가 그 두 돌판을 **들어**
/내 두 손에서
던져
너희의 목전에서 **깨뜨렸었노라**

18 그리고
내가 여호와 앞에 **엎드려서**
/전과 같이 사십 주야를
떡도 **먹지 아니하고**
물도 **마시지 아니하였으니**

//이는(이유: עַל, because of)
크게 죄를(=죄 때문이다)
/너희가── 얻었음이라
/여호와의 목전에 악을 행하여
/그를 격노케 하여

19 //(이유: כִּי, for)
내가 ── 두려워 하였었노라
/여호와께서 ── 심히 분노하사
── 너희를 멸하려 하셨으므로

그러나
여호와께서 내 말을 **들으셨고**
/그 때에도

20 또
여호와께서 아론에게 **진노하사**
그를 **멸하려 하셨으므로**

내가 아론을 위하여 **기도하고**
/그 때에도

21 [내가] 너희의 죄[를] **취하여**
/곧 너희의 만든 송아지를(=너희가 송아지를 만든)
불살라
찧고
티끌 같이 가늘게 **갈아**
그 가루를 **뿌렸었느니라**
/산에서 흘러내리는 시내에

22 너희가 여호와를 **격노케 하였느니라**
/다베라와
맛사와
기브롯 핫다아와에서도

신

와께 범죄하여 자기를 위하여 송아지를 부어 만들어서 급
속히 여호와의 명하신 도를 떠났기로 17 내가 그 두 돌
판을 내 두 손에서 들어 던져 너희의 목전에서 깨뜨렸었
노라 18 그리고 내가 전과 같이 사십 주야를 여호와 앞
에 엎드려서 떡도 먹지 아니하고 물도 마시지 아니하였으
니 이는 너희가 여호와의 목전에 악을 행하여 그를 격노
케 하여 크게 죄를 얻었음이라 19 여호와께서 심히 분
노하사 너희를 멸하려 하셨으므로 내가 두려워 하였었노
라 그러나 여호와께서 그 때에도 내 말을 들으셨고 20
여호와께서 또 아론에게 진노하사 그를 멸하려 하셨으므
로 내가 그 때에도 아론을 위하여 기도하고 21 너희의
죄 곧 너희의 만든 송아지를 취하여 불살라 찧고 티끌같
이 가늘게 갈아 그 가루를 산에서 흘러 내리는 시내에
뿌렸었느니라 22 너희가 다베라와 맛사와 기브롯 핫다

quickly from the way which the LORD had commanded
you. 17 "And I took hold of the two tablets and threw
them from my hands, and smashed them before your
eyes. 18 "And I fell down before the LORD, as at
the first, forty days and nights; I neither ate bread nor
drank water, because of all your sin which you had committed
in doing what was evil in the sight of the LORD to
provoke Him to anger. 19 "For I was afraid of the
anger and hot displeasure with which the LORD was wrathful
against you in order to destroy you, but the LORD
listened to me that time also. 20 "And the LORD
was angry enough with Aaron to destroy him; so I also
prayed for Aaron at the same time. 21 "And I took
your sinful thing, the calf which you had made, and
burned it with fire and crushed it, grinding it very small
until it was as fine as dust; and I threw its dust into the

23 여호와께서 너희를 떠나게 하실 때에(when, 상황절)
/가데스 바네아에서
이르시기를
/너희는 ┬ 올라가서
└ 땅을 얻으라 (하시되)
/내가 너희에게 준

너희가 여호와의 명령을 **거역하여**
/너희 하나님
믿지 아니하고
그 말씀을 **듣지 아니하였나니**

24 너희가 항상 여호와를 **거역하였느니라**
/내가 너희를 알던 날부터 오므로

25 그 때에
내가 여호와 앞에 **엎드리고**
/여전히 사십 주야를

//(이유: כִּי, for)
여호와께서 — [말씀]하셨으므로
/너희를 멸하겠다

26 여호와께 **간구하여**
가로되
/주 여호와여!
[당신은] — 주의 백성[을] 멸하지 마옵소서
/곧 주의 기업을
/주께서 ┬ 큰 위엄으로 속하시고
└ 애굽에서 인도하여 내신
/강한 손으로
27 /[당신은] ┬ 아브라함과 이삭과 야곱을 생각하사
/주의 종
└ 강퍅과 악과 죄를 보지 마옵소서
/이 백성의

28 //(목적: פֶּן, lest)
그 땅 백성이 — 말하기를...할까 두려워하나이다[20]
/주께서 — 인도하여 내신
/우리를

/여호와께서 ┬ 능력도 없고[21]
/그들을 인도하여 들일
/그들에게 허락하신 땅으로
├ 그들을 미워도 하사
└ 인도하여 내셨다
/광야에서 죽이려고

20) 그들이 말하지 않게 위해서
21) 28절의 말하다의 수식부이다.

아와에서도 여호와를 격노케 하였느니라 **23** 여호와께서 너희를 가데스 바네아에서 떠나게 하실 때에 이르시기를 너희는 올라가서 내가 너희에게 준 땅을 얻으라 하시되 너희가 너희 하나님 여호와의 명령을 거역하여 믿지 아니하고 그 말 씀을 듣지 아니하였나니 **24** 내가 너희를 알던 날부터 오므로 너희가 항상 여호와를 거역하였느니라

25 그 때에 여호와께서 너희를 멸하겠다 하셨으므로 내가 여전히 사십 주야를 여호와 앞에 엎드리고 **26** 여호와께 간구하여 가로되 주 여호와여 주께서 큰 위엄으로 속하시고 강한 손으로 애굽에서 인도하여 내신 주의 백성 곧 주의 기업을 멸하지 마옵소서 **27** 주의 종 아브라함과 이삭과 야곱을 생각하사 이 백성의 강퍅과 악과 죄를

brook that came down from the mountain. **22** ¶ "Again at Taberah and at Massah and at Kibroth-hattaavah you provoked the LORD to wrath. **23** "And when the LORD sent you from Kadesh-barnea, saying, 'Go up and possess the land which I have given you,' then you rebelled against the command of the LORD your God; you neither believed Him nor listened to His voice. **24** "You have been rebellious against the LORD from the day I knew you. **25** ¶ "So I fell down before the LORD the forty days and nights, which I did because the LORD had said He would destroy you. **26** "And I prayed to the LORD, and said, O Lord GOD, do not destroy Thy people, even Thine inheritance, whom Thou hast redeemed through Thy greatness, whom Thou hast brought out of Egypt with a mighty hand. **27** Remember Thy servants, Abraham, Isaac, and Jacob; do not look at the

신

29 /그들은 — 주의 백성 곧 주의 기업이로소이다 (하였었노라)
/주의 큰 능력과 펴신 팔로 인도하여 내신

10

1 여호와께서 내게 **이르시기를**
/그 때에
/너는 — 두 돌판을 다듬어 가지고
/처음과 같은
내게로 나아오고
/산에 올라
또 나무궤 하나를 만들라

2 /내가 — 그 판에 쓰리니
/네가 깨뜨린 처음 판에 쓴 말을
/너는 — 그것을 그 궤에 넣으라 하시기로

3 내가 싯딤나무로 궤를 **만들고**
판 둘을 **다듬어**
/처음 것과 같은
산에 **오르매**
/손에 들고

4 여호와께서 십계명을 그 판에 **쓰시고**
/너희에게 이르신
/그 총회날에
/산 위 불 가운데서
/처음과 같이
그것을 내게 **주시기로**

5 내가 **돌이켜**
산에서 **내려와서**
그 판을 **넣었더니**
/내가 만든 궤에

[그것이] 지금까지 **있느니라**
/여호와께서 내게 명하신 대로

6 (자손이 **발행하여**
/이스라엘
/브에롯 브네야아간에서 모세라에 이르러서는(까지)

아론이 거기서 **죽고**
거기 **장사되었고**

신

보지 마옵소서 28 주께서 우리를 인도하여 내신 그 땅
백성이 말하기를 여호와께서 그들에게 허락하신 땅으로
그들을 인도하여 들일 능력도 없고 그들을 미워도 하사
광야에서 죽이려고 인도하여 내셨다 할까 두려워하나이
다 29 그들은 주의 큰 능력과 펴신 팔로 인도하여 내신
주의 백성 곧 주의 기업이로소이다 하였었노라

10:1 그 때에 여호와께서 내게 이르시기를 너는 처
음과 같은 두 돌판을 다듬어 가지고 산에 올라
내게로 나아오고 또 나무궤 하나를 만들라 2 네가 깨뜨
린 처음 판에 쓴 말을 내가 그 판에 쓰리니 너는 그것을
그 궤에 넣으라 하시기로 3 내가 싯딤 나무로 궤를 만들
고 처음 것과 같은 돌판 둘을 다듬어 손에 들고 산에 오

stubbornness of this people or at their wickedness or
their sin. 28 Otherwise the land from which Thou didst
bring us may say, "Because the LORD was not able to
bring them into the land which He had promised them
and because He hated them He has brought them out to
slay them in the wilderness." 29 Yet they are Thy
people, even Thine inheritance, whom Thou hast brought
out by Thy great power and Thine outstretched arm.

10:1 ¶ "At that time the LORD said to me, 'Cut
out for yourself two tablets of stone like the former
ones, andcome up to Me on the mountain, and make an
ark of wood for yourself. 2 And I will write on the
tablets the words that were on the former tablets which
you shattered, and you shall put them in the ark.' 3
"So I made an ark of acacia wood and cut out two tablets
of stone like the former ones, and went up on the mountain

엘르아살이 제사장의 직임을 **행하였으며**
/그 아들 /그를 이어

7 또
[그들이] **발행하여**
/거기서 굿고다에 이르고(까지)
발행하여
/굿고다에서 욧바다에 이른즉(까지)

시내가 그 땅에는 **많았었으며**

8 여호와께서 레위 지파를 **구별하여**
/그 때에

//(목적: ל, to)
여호와의 언약 궤를 메이며
여호와 앞에 서서 그를 섬기며
또
여호와의 이름으로 축복하게 하셨고

그 일은 오늘날까지 **이르느니라**

9 그러므로
레위는 그 형제 중에 **분깃이 없으며**
기업이 없고
여호와가 그의 **기업이시니라**
/네 하나님 여호와께서 그에게 말씀하심 같이

10 내가 사십 주야를 **유하였고**
/산에
/처음과 같이

여호와께서 내 말을 **들으사**
/그 때에도
너를 **참아 멸하지 아니하시고**

11 여호와께서 내게 **이르시되**
/[너는] ─┬─ 일어나서
└─ 백성 앞서 진행하라

//(결과)

르매 4 여호와께서 그 총회 날에 산 위 불 가운데서 너
희에게 이르신 십계명을 처음과 같이 그 판에 쓰시고 그
것을 내게 주시기로 5 내가 돌이켜 산에서 내려와서 여
호와께서 내게 명하신 대로 그 판을 내가 만든 궤에 넣었
더니 지금까지 있느니라 6 (이스라엘 자손이 브에롯 브
네야아간에서 발행하여 모세라에 이르러서는 아론이 거
기서 죽고 거기 장사되었고 그 아들 엘르아살이 그를 이
어 제사장의 직임을 행하였으며 7 또 거기서 발행하여
굿고다에 이르고 굿고다에서 발행하여 욧바다에 이른즉
그 땅에는 시내가 많았었으며 8 그 때에 여호와께서 레
위 지파를 구별하여 여호와의 언약 궤를 메이며 여호와
앞에 서서 그를 섬기며 또 여호와의 이름으로 축복하게
하셨고 그 일은 오늘날까지 이르느니라 9 그러므로 레위
는 그 형제 중에 분깃이 없으며 기업이 없고 네 하나님
여호와께서 그에게 말씀하심 같이 여호와가 그의 기업이
시니라) 10 내가 처음과 같이 사십 주야를 산에서 유하

with the two tablets in my hand. 4 "And He wrote on
the tablets, like the former writing, the Ten Commandments
which the LORD had spoken to you on the mountain
from the midst of the fire on the day of the assembly;
and the LORD gave them to me. 5 "Then I turned and
came down from the mountain, and put the tablets in
the ark which I had made; and there they are, as the
LORD commanded me." 6 ¶ (Now the sons of Israel
set out from Beeroth Bene-jaakan to Moserah. There
Aaron died and there he was buried and Eleazar his son
ministered as priest in his place. 7 From there they set
out to Gudgodah; and from Gudgodah to Jotbathah, a
land of brooks of water. 8 At that time the LORD set
apart the tribe of Levi to carry the ark of the covenant
of the LORD, to stand before the LORD to serve Him
and to bless in His name until this day. 9 Therefore,
Levi does not have a portion or inheritance with his brothers;
the LORD is his inheritance, just as the LORD your
God spoke to him.) 10 ¶ "I, moreover, stayed on the
mountain forty days and forty nights like the first time,

//(결과)
그들이 ─ 땅에 들어가서
/내가 ─그 열조에게 맹세한
/그들에게 주리라고
그것을 얻으리라 (하셨느니라)

12 이스라엘아!
여호와께서 네게 요구하시는 것이 **무엇이냐?**
/네 하나님

곧
경외하여
/네 하나님 여호와를
행하고
/그 모든 도를
사랑하며
/ 그를
섬기고
/여호와를
/네 하나님
/마음을 다하고
성품을 다하여
13 지킬 것이 ── **아니냐?**
/명령과 규례를
/여호와의
/내가 ─네게 명하는
/오늘날
/네 행복을 위하여

14 하늘과
하늘과
/모든 하늘의
땅과
만물은 ── 본래 **여호와께 속한 것이로되**
/그 위의 /네 하나님

15 여호와께서 오직 네 열조를 **기뻐하시고**
/그들을 사랑하사(=사랑하기를)
그 후손 너희를 **택하셨음이**
/만민 중에서
/오늘날과 같[이](으니라)

16 그러므로
너희는 마음에 **할례를 행하고**
다시는 목을 **곧게 하지 말라**

였고 그 때에도 여호와께서 내 말을 들으사 너를 참아 멸
하지 아니하시고 11 여호와께서 내게 이르시되 일어나
서 백성 앞서 진행하라 내가 그들에게 주리라고 그 열조
에게 맹세한 땅에 그들이 들어가서 그것을 얻으리라 하셨
느니라 12 이스라엘아 네 하나님 여호와께서 네게 요구
하시는 것이 무엇이냐 곧 네 하나님 여호와를 경외하여
그 모든 도를 행하고 그를 사랑하며 마음을 다하고 성품
을 다하여 네 하나님 여호와를 섬기고 13 내가 오늘날
네 행복을 위하여 네게 명하는 여호와의 명령과 규례를
지킬 것이 아니냐 14 하늘과 모든 하늘의 하늘과 땅과
그 위의 만물은 본래 네 하나님 여호와께 속한 것이로되
15 여호와께서 오직 네 열조를 기뻐하시고 그들을 사랑

and the LORD listened to me that time also; the LORD
was not willing to destroy you. 11 "Then the LORD
said to me, Arise, proceed on your journey ahead of the
people, that they may go in and possess the land which
I swore to their fathers to give them. 12 ¶ "And now, Israel,
what does the LORD your God require from you, but
to fear the LORD your God, to walk in all His ways
and love Him, and to serve the LORD your God with
all your heart and with all your soul, 13 and to keep
the LORD's commandments and His statutes which I
am commanding you today for your good? 14 "Behold,
to the LORD your God belong heaven and the highest
heavens, the earth and all that is in it. 15 "Yet on
your fathers did the LORD set His affection to love

17 //(이유: כִּי, for)
여호와는 — 신의 신이시며
/너희의 하나님
— 주의 주시오
— 크고 능하시며
— 두려우신 하나님이시라
— 사람을 외모로 보지 아니하시며
— 뇌물을 받지 아니하시고
18 — 고아와 과부를 위하여 신원하시며
— 나그네를 사랑하사
/그에게 식물과 의복을 주시나니(=주시므로)

19 너희는 나그네를 **사랑하라**

//(이유: כִּי, for)
너희도 나그네 되었었음이니라
/전에
/애굽 땅에서

20 [너는] 여호와를 **경외하여**
/네 하나님
그를 **섬기며**
그에게 **친근히 하고**
그 이름으로 **맹세하라**

21 그는 네 **찬송이시오**
네 **하나님이시라**
크고 두려운 일을 **행하셨느니라**
/네가 목도한바 이같이
/너를 위하여

22 네 열조가 겨우 **칠십인이었으나**
/애굽에 내려간

여호와께서 너를 **많게 하셨느니라**
/네 하나님 /이제는
/하늘의 별 같이

신

하사 그 후손 너희를 만민 중에서 택하셨음이 오늘날과
같으니라 16 그러므로 너희는 마음에 할례를 행하고 다
시는 목을 곧게 하지말라 17 너희의 하나님 여호와는
신의 신이시며 주의 주시요 크고 능하시며 두려우신 하나
님 이시라 사람을 외모로 보지 아니하시며 뇌물을 받지
아니하시고 18 고아와 과부를 위하여 신원하시며 나그
네를 사랑하사 그에게 식물과 의복을 주시나니 19 너희
는 나그네를 사랑하라 전에 너희도 애굽 땅에서 나그네
되었었음이니라 20 네 하나님 여호와를 경외하여 그를
섬기며 그에게 친근히 하고 그 이름으로 맹세하라 21
그는 네 찬송이시요 네 하나님이시라 네가 목도한 바 이
같이 크고 두려운 일을 너를 위하여 행하셨느니라 22
애굽에 내려간 네 열조가 겨우 칠십 인이었으나 이제는
네 하나님 여호와께서 너를 하늘의 별같이 많게 하셨느
니라

them, and He chose their descendants after them, even
you above all peoples, as it is this day. 16 "Circumcise
then your heart, and stiffen your neck no more. 17
"For the LORD your God is the God of gods and the
Lord of lords, the great, the mighty, and the awesome
God who does not show partiality, nor take a bribe. 18
"He executes justice for the orphan and the widow, and
shows His love for the alien by giving him food and clothing.
19 "So show your love for the alien, for you were
aliens in the land of Egypt. 20 "You shall fear the
LORD your God; you shall serve Him and cling to Him,
and you shall swear by His name. 21 "He is your
praise and He is your God, who has done these great
and awesome things for you which your eyes have seen.
22 "Your fathers went down to Egypt seventy persons
in all, and now the LORD your God has made you as
numerous as the stars of heaven.

11

1 그런즉
[너는] 하나님 여호와를 **사랑하여**
항상 **지키라**
/그 직임과
법도와
규례와
명령을

2 너희가 오늘날 **기억할 것은**
/너희의 자녀는(=자녀들에게) <말하는 것이> [아님을]
/알지도 못하고
/보지도 못하였으나
/너희 하나님 여호와의 징계와
그 위엄과
그 강한 손과 펴신 팔과
3 /애굽에서 그 왕 바로와 그 전국에 행하신 이적과 기사와
4 /또 여호와께서 애굽 군대와 그 말과 그 병거에 행하신 일
/곧
그들이 —— 너희를 따를 때에(while)
[그가] —— 홍해 물로 그들을 덮어
[그들을] **멸하사**
/오늘까지 (이른 것과)
/[그와 같이]
5 /또 광야에서 너희에게 행하신 일과
/너희가 이곳에 이르기까지
6 /다단과 아비람에게 하신 일
/르우벤 자손 엘리압의 아들
/곧 땅으로 입을 열어서
/온 이스라엘의 한가운데서
삼키게 하신 일이라
/그들과 그 가족과
그 장막과
그를 따르는 모든 생물을

7 너희가 이 모든 큰 일을 **목도하였느니라**
/여호와의 행하신

8 그러므로
너희는 모든 명령을 **지키라**
/내가 오늘날 너희에게 명하는

//그리하면(결과)

11:1 그런즉 네 하나님 여호와를 사랑하여 그 직임
과 법도와 규례와 명령을 항상 지키라 2 너희의
자녀는 알지도 못하고 보지도 못하였으나 너희가 오늘날
기억할 것은 너희 하나님 여호와의 징계와 그 위엄과 그
강한 손과 펴신 팔과 3 애굽에서 그 왕 바로와 그 전국
에 행하신 이적과 기사와 4 또 여호와께서 애굽 군대와
그 말과 그 병거에 행하신 일 곧 그들이 너희를 따를 때
에 홍해 물로 그들을 덮어 멸하사 오늘까지 이른 것과 5
또 너희가 이곳에 이르기까지 광야에서 너희에게 행하신
일과 6 르우벤 자손 엘리압의 아들 다답과 아비람에게
하신 일 곧 온 이스라엘의 한가운데서 땅으로 입을 열어
서 그들과 그 가족과 그 장막과 그를 따르는 모든 생물
을 삼키게 하신 일이라 7 너희가 여호와의 행하신 이 모
든 큰 일을 목도하였느니라 8 그러므로 너희는 내가 오

11:1 ¶ "You shall therefore love the LORD your
God, and always keep His charge, His statutes, His
ordinances, and His commandments. 2 "And know this
day that I am not speaking with your sons who have
not known and who have not seen the discipline of the LORD
your God — His greatness, His mighty hand, and His
outstretched arm, 3 and His signs and His works which
He did in the midst of Egypt to Pharaoh the king of
Egypt and to all his land; 4 and what He did to Egypt's
army, to its horses and its chariots, when He made the
water of the Red Sea to engulf them while they were pursuing
you, and the LORD completely destroyed them; 5 and
what He did to you in the wilderness until you came to
this place; 6 and what He did to Dathan and Abiram,
the sons of Eliab, the son of Reuben, when the earth
opened its mouth and swallowed them, their households,
their tents, and every living thing that followed them,
among all Israel — 7 but your own eyes have seen all

//그리하면(결과)
너희가 ── 강성할 것이요
너희가 ── 들어가서
/건너가서 얻을 땅에
그것을 얻을 것이며

9 또
너희의 날이 **장구하리라**
/땅[에서]
/곧 젖과 꿀이 흐르는 땅에서
/여호와께서 ── 맹세하사..하신
/너희의 열조에게
/그와 그 후손에게 주리라고

10 //(이유: כִּי, for)
땅은 ── 애굽 땅과 같지 아니하니
/네가 ─ 들어가 /네가 ─ [거기서] 나온
//(목적: to) /너희가 ── 파종한(=씨를 뿌린) (후에)
얻으려 하는 발로 물 대기를(물댄) (하였거니와)
/채소밭에 댐과 같이

11 땅은 **산과 골짜기가 있어서**
/너희가 건너가서 얻을
비를 흡수하는 **땅이요**
/하늘에서 내리는
12 여호와께서 권고하시는 **땅이라**
/네 하나님
여호와의 눈이 항상 **그 위에 있느니라**
/네 하나님 /세초부터 세말까지

13 [만일](אִם)
너희가 나의 명령을 청종하고
/내가 오늘날 너희에게 명하는
여호와를 사랑하여
/너희의 하나님
섬기면(조건절, if)
/마음을 다하고
성품을 다하여

14 여호와께서 이른비, 늦은비를 **내리시리니**
/너희 땅에
/적당한 때에

늘날 너희에게 명하는 모든 명령을 지키라 그리하면 너희
가 강성할 것이요 너희가 건너가서 얻을 땅에 들어가서
그것을 얻을 것이며 9 또 여호와께서 너희의 열조에게
맹세하사 그와 그 후손에게 주리라고 하신 땅 곧 젖과 꿀
이 흐르는 땅에서 너희의 날이 장구하리라 10 네가 들
어가 얻으려 하는 땅은 네가 나온 애굽 땅과 같지 아니하
니 거기서는 너희가 파종한 후에 발로 물대기를 채소 밭
에 댐과 같이 하였거니와 11 너희가 건너가서 얻을 땅
은 산과 골짜기가 있어서 하늘에서 내리는 비를 흡수하는
땅이요 12 네 하나님 여호와께서 권고하시는 땅이라 세
초부터 세말까지 네 하나님 여호와의 눈이 항상 그 위에
있느니라 13 내가 오늘날 너희에게 명하는 나의 명령을

the great work of the LORD which He did. 8 ¶ "You
shall therefore keep every commandment which I am
commanding you today, so that you may be strong and
go in and possess the land into which you are about to
cross to possess it; 9 so that you may prolong your days
on the land which the LORD swore to your fathers to
give to them and to their descendants, a land flowing
with milk and honey. 10 "For the land, into which you
are entering to possess it, is not like the land of Egypt
from which you came, where you used to sow your seed
and water it with your foot like a vegetable garden. 11
"But the land into which you are about to cross to possess
it, a land of hills and valleys, drinks water from the rain
of heaven, 12 a land for which the LORD your God
cares; the eyes of the LORD your God are always on
it, from the beginning even to the end of the year. 13
¶ "And it shall come about, if you listen obediently to
my commandments which I am commanding you today,

//(목적: that...may)
너희가 —— 얻을 것이요
/곡식과 포도주와 기름을

15 또
[여호와께서] 들에 풀이 **나게 하시리니**
/육축을 위하여

네가 **먹고**
배부를 것이라

16 너희는 스스로 **삼가라**

//(목적: פֶּן, lest)
[너희가] —— 두렵건대 마음에 미혹하여(=미혹하지 않도록)
— 돌이켜(=돌이키지 않도록)
— 다른 신들을 섬기며(=섬기지 않도록)
— 그것에게 절하므로(=절하지 않도록)

17 //(목적 계속)
여호와께서 —— 너희에게 진노하사(=진노하지 않도록)
— 하늘을 닫아(=닫으시지 않도록)
— 비를 내리지 아니하여(=아니하도록)
— 땅으로 소산을 내지 않게 하시므로(=하시지 않도록)

너희가 —— 아름다운 땅에서 속히 멸망할까 하노라(=멸망하지 않도록)
/여호와의 주신

18 이러므로
너희는 나의 이 말을 **두고**
/너희 마음과 뜻에

또
그것으로 **매어**
/너희 손목에
/기호를 삼고
표를 **삼으며**
/너희 미간에 붙여

19 또
그것을 **가르치며**
/너희의 자녀에게
/*이 말씀을 강론 하고(=강론함으로)*

너희가 만일 청종하고 너희의 하나님 여호와를 사랑하여
마음을 다하고 성품을 다하여 섬기면 14 여호와께서 너
희 땅에 이른비, 늦은비를 적당한 때에 내리시리니 너희
가 곡식과 포도주와 기름을 얻을 것이요 15 또 육축을
위하여 들에 풀이 나게 하시리니 네가 먹고 배부를 것이
라 16 너희는 스스로 삼가라 두렵건대 마음에 미혹하여
돌이켜 다른 신들을 섬기며 그것에 절하므로 17 여호와
께서 너희에게 진노하사 하늘을 닫아 비를 내리지 아니하
여 땅으로 소산을 내지 않게 하시므로 너희가 여호와의
주신 아름다운 땅에서 속히 멸망할까 하노라 18 이러므
로 너희는 나의 이 말을 너희 마음과 뜻에 두고 또 그것
으로 너희 손목에 매어 기호를 삼고 너희 미간에 붙여 표
를 삼으며 19 또 그것을 너희의 자녀에게 가르치며 집
에 앉았을 때에든지, 길에 행할 때에든지, 누웠을 때에든
지, 일어날 때에든지 이 말씀을 강론하고 20 또 네 집
문설주와 바깥 문에 기록하라 21 그리하면 여호와께서

to love the LORD your God and to serve Him with all
your heart and all your soul, 14 that He will give the
rain for your land in its season, the early and late rain,
that you may gather in your grain and your new wine
and your oil. 15 "And He will give grass in your fields
for your cattle, and you shall eat and be satisfied. 16
"Beware, lest your hearts be deceived and you turn away
and serve other gods and worship them. 17 "Or the
anger of the LORD will be kindled against you, and He
will shut up the heavens so that there will be no rain
and the ground will not yield its fruit; and you will
perish quickly from the good land which the LORD is giving
you. 18 ¶ "You shall therefore impress these words of
mine on your heart and on your soul; and you shall bind
them as a sign on your hand, and they shall be as frontals
on your forehead. 19 "And you shall teach them to
your sons, talking of them when you sit in your house
and when you walk along the road and when you lie

/이 말씀을 강론 하고(=강론함으로)
/집에 앉았을 때에든지,
길에 행할 때에든지,
누웠을 때에든지,
일어날 때에든지

20 또
기록하라
/네 집 문설주와
바깥 문에

21 //그리하면(결과)
너희의 날과
자녀의 날이 — 땅에서 많아서
/너희 /여호와께서—너희 열조에게 맹세하신
/주리라고
/하늘이 땅을 덮는 날의 장구함 같[이](으리라)

22 만일
너희가 이 모든 명령을 잘 지켜(=지키면) (조건절, if)
/내가 너희에게 명하는
/행하여(=행함으로)
/너희 하나님 여호와를 사랑하고(=사랑함으로)
/그 모든 도를 행하여(=행함으로)
/그에게 부종하면(=부종함으로)

23 여호와께서 그 모든 나라 백성을 다 **쫓아내실 것이라**
/너희 앞에서
너희가 강대한 나라들을 **얻을 것인즉**
/너희보다

24 곳은 다 너희 **소유가 되리니**
/너희의 발바닥으로 밟는

너희의 경계는 **곧 광야에서부터 레바논까지와**
하수에서 서해까지라
/유브라데 하수라 하는

25 사람들로(이) 너희를 **두려워하고**
/모든 땅 /여호와께서 — 너희에게 말씀하신 대로
/너희 밟는 /너희 하나님
무서워하게 하시리니

사람이 **없으리라**
/너희를 능히 당할

신

너희 열조에게 주리라고 맹세하신 땅에서 너희의 날과 너
희 자녀의 날이 많아서 하늘이 땅을 덮는 날의 장구함 같
으리라 22 너희가 만일 내가 너희에게 명하는 이 모든
명령을 잘 지켜 행하여 너희 하나님 여호와를 사랑하고
그 모든 도를 행하여 그에게 부종하면 23 여호와께서
그 모든 나라 백성을 너희 앞에서 다 쫓아내실 것이라 너
희가 너희보다 강대한 나라들을 얻을 것인즉 24 너희의
발바닥으로 밟는 곳은 다 너희 소유가 되리니 너희의 경
계는 곧 광야에서부터 레바논까지와 유브라데 하수라 하
는 하수에서 서해까지라 25 너희 하나님 여호와께서 너
희에게 말씀하신 대로 너희 밟는 모든 땅 사람들로 너희
를 두려워하고 무서워하게 하시리니 너희를 능히 당할 사

down and when you rise up. 20 "And you shall write
them on the doorposts of your house and on your gates,
21 so that your days and the days of your sons may
be multiplied on the land which the LORD swore to
your fathers to give them, as long as the heavens remain
above the earth. 22 "For if you are careful to keep all
this commandment which I am commanding you, to do
it, to love the LORD your God, to walk in all His ways
and hold fast to Him; 23 then the LORD will drive
out all these nations from before you, and you will dispossess
nations greater and mightier than you. 24 "Every place
on which the sole of your foot shall tread shall be yours;
your border shall be from the wilderness to Lebanon,
and from the river, the river Euphrates, as far as the
western sea. 25 "There shall no man be able to stand
before you; the LORD your God shall lay the dread of
you and the fear of you on all the land on which you
set foot, as He has spoken to you. 26 "See, I am setting

22) 문장이 되도록 의역했다.

신

26 내가 복과 저주를 너희 앞에 **두나니**
/오늘날

27 만일
너희가 여호와의 명령을 들으면(조건절, if)
/너희 하나님
/내가 오늘날 너희에게 명하는
<그것이> **복이 될 것이요**[22]

28 만일(אִם)
너희가 명령을 듣지 아니하고(조건절, if)
/너희 하나님 여호와의
/도에서 돌이켜 떠나(=떠남으로)
/내가 오늘날 너희에게 명하는
/다른 신들을 좇으면(=좇음으로)
/본래 알지 못하던
<그것이> **저주를 받으리라(=저주가 될 것이다)**

29 여호와께서 너를 인도하여 들이실 때에(상황절, when)
/네 하나님 /네가 가서 얻을 땅으로
너는 축복을 **선포하고**
/그리심산에서

저주를 **선포하라**
/에발산에서

30 이 두 산은 가나안 족속의 땅에 **있지 아니하냐?**
/요단강 저편
/곧 아라바에 거하는
/해 지는 편으로 가는 길 뒤
/모레 상수리나무 곁의
/길갈 맞은편

31 너희가 요단을 건너(상황절, when)

//(목적: ל, to)
땅에 들어가서

//(목적: ל, to)
[그] 땅을 얻으려 하나니
/여호와께서 ―너희에게 주시는
/너희 하나님

[너희는] 그것을 (반드시) **얻어**
거기 **거할지라**

람이 없으리라 26 내가 오늘날 복과 저주를 너희 앞에
두나니 27 너희가 만일 내가 오늘날 너희에게 명하는
너희 하나님 여호와의 명령을 들으면 복이 될 것이요 28
너희가 만일 내가 오늘날 너희에게 명하는 도에서 돌이켜
떠나 너희 하나님 여호와의 명령을 듣지 아니하고 본래
알지 못하던 다른 신들을 좇으면 저주를 받으리라 29
네 하나님 여호와께서 네가 가서 얻을 땅으로 너를 인도
하여 들이실 때에 너는 그리심 산에서 축복을 선포하고
에발 산에서 저주를 선포하라 30 이 두 산은 요단강 저
편 곧 해 지는 편으로 가는 길 뒤 길갈 맞은편 모레 상수
리나무 곁의 아라바에 거하는 가나안 족속의 땅에 있지
아니하냐 31 너희가 요단을 건너 너희 하나님 여호와께
서 너희에게 주시는 땅에 들어가서 얻으려 하나니 반드시
그것을 얻어 거기 거할지라 32 내가 오늘날 너희 앞에
베푸는 모든 규례와 법도를 너희는 지켜 행할지니라

before you today a blessing and a curse: 27 the blessing,
if you listen to the commandments of the LORD your
God, which I am commanding you today; 28 and the
curse, if you do not listen to the commandments of the LORD
your God, but turn aside from the way which I am
commanding you today, by following other gods which
you have not known. 29 "And it shall come about,
when the LORD your God brings you into the land
where you are entering to possess it, that you shall place
the blessing on Mount Gerizim and the curse on Mount Ebal.
30 "Are they not across the Jordan, west of the way
toward the sunset, in the land of the Canaanites who
live in the Arabah, opposite Gilgal, beside the oaks of Moreh?
31 "For you are about to cross the Jordan to go in to possess
the land which the LORD your God is giving you, and
you shall possess it and live in it, 32 and you shall be careful
to do all the statutes and the judgments which I am
setting before you today.

32 너희는 **지켜(=지키라)**
/모든 규례와 법도를 행[하기를](할지니라)
/내가 오늘날 너희 앞에 베푸는

12

1 규례와 법도는 **이러하니라**
/너희가—평생에 지켜 행할
/땅에서
/여호와께서—네게 주셔서 얻게 하신
/네 열조의 하나님

2 너희가 마땅히 **파멸하며**
/민족들이 ——— 그 신들을 섬기는 곳은[을]
/너희가 쫓아낼
/높은 산이든지
작은 산이든지
푸른 나무 아래든지 무론하고
그 모든 곳을

3 [너희는] 그 단을 **헐며**
주상을 **깨뜨리며**
아세라 상을 **불사르고**

또

신상들을 **찍어서**
/그 조각한
그 이름을 **멸하라**
/그곳에서

4 너희가 그처럼 **행하지 말고**
/너희 하나님 여호와에게는

5 [너희는] 그 거하실 곳으로 **오직 찾아**
/여호와께서 —— 지파 중에서 택하신 곳인
/너희 하나님 /너희 모든

//(목적: ל, to)
자기 이름을 두시려고

나아가서

6 너희는 그리로 **가져다가 드리고**
/너희 번제와
너희 희생과
너희의 십일조와
너희 손의 거제와
너희 서원제와
낙헌 예물과
너희 우양의 처음 낳은 것들을

12:1 네 열조의 하나님 여호와께서 네게 주셔서 얻게 하신 땅에서 너희가 평생에 지켜 행할 규례와 법도는 이러하니라 2 너희가 쫓아 낼 민족들이 그 신들을 섬기는 곳은 높은 산이든지 작은 산이든지 푸른 나무 아래든지 무론하고 그 모든 곳을 너희가 마땅히 파멸하며
3 그 단을 헐며 주상을 깨뜨리며 아세라 상을 불사르고 또 그 조각한 신상들을 찍어서 그 이름을 그곳에서 멸하라 4 너희 하나님 여호와에게는 너희가 그처럼 행하지 말고 5 오직 너희 하나님 여호와께서 자기 이름을 두시려고 너희 모든 지파 중에서 택하신 곳인 그 거하실 곳으

12:1 ¶ "These are the statutes and the judgments which you shall carefully observe in the land which the LORD, the God of your fathers, has given you to possess as long as you live on the earth.
2 "You shall utterly destroy all the places where the nations whom you shall dispossess serve their gods, on the high mountains and on the hills and under every green tree.
3 "And you shall tear down their altars and smash their sacred pillars and burn their Asherim with fire, and you shall cut down the engraved images of their gods, and you shall obliterate their name from that place.
4 "You shall not act like this toward the LORD your God.
5 "But you shall seek the LORD at the place which the LORD your God shall choose from all your tribes, to establish His name there for His dwelling, and there you shall come.
6 "And there you shall bring your burnt offerings, your sacrifices,

7 [너희는] 거기[서] **먹고**
/곧 너희 하나님 여호와 앞에서

너희와
너희 가족이 **즐거워할지니라**
/여호와께서 ——복 주심을 인하여
/너희 하나님 /너희 손으로 수고한 일에

8 너희가 거기서는 **[행]하지 말지니라**
/우리가 —— 각기 소견대로 하였거니와(=하였듯이)
/오늘날
/여기서는

9 /(이유: כִּי, for)
너희가 —— 안식과 기업에 아직은 이르지 못하였거니와
/너희 하나님 여호와의 주시는

10 너희가 요단을 건너
땅에 거하게 될 때(상황절, when)
/여호와께서-너희에게 기업으로 주시는
/너희 하나님
또는
여호와께서 너희로 이기게 하시고
/너희 사방의 모든 대적을
너희에게 안식을 주사
너희로 평안히 거하게 하실 때에(상황절, when)
11 너희는 나의 명하는 것을 모두 **가지고 갈지니**
/그곳으로
/여호와께서 ——한 곳을 택하실
/너희 하나님

//(목적: ל, to)
자기 이름을 두시려고
곧
〈가져가고〉
/너희 번제와
너희 희생과
너희 십일조와
너희 손의 거제와
모든 아름다운 서원물을
/너희가 여호와께 서원하는

신

로 찾아 나아가서 6 너희 번제와 너희 희생과 너희의 십
일조와 너희 손의 거제와 너희 서원제와 낙헌 예물과 너
희 우양의 처음 낳은 것들을 너희는 그리로 가져다가 드
리고 7 거기 곧 너희 하나님 여호와 앞에서 먹고 너희
하나님 여호와께서 너희 손으로 수고한 일에 복 주심을
인하여 너희와 너희 가족이 즐거워할지니라 8 우리가 오
늘날 여기서는 각기 소견대로 하였거니와 너희가 거기서
는 하지 말지니라 9 너희가 너희 하나님 여호와의 주시
는 안식과 기업에 아직은 이르지 못하였거니와 10 너희
가 요단을 건너 너희 하나님 여호와께서 너희에게 기업으
로 주시는 땅에 거하게 될 때 또는 여호와께서 너희로 너
희 사방의 모든 대적을 이기게 하시고 너희에게 안식을
주사 너희로 평안히 거하게 하실 때에 11 너희는 너희
하나님 여호와께서 자기 이름을 두시려고 한 곳을 택하실
그곳으로 나의 명하는 것을 모두 가지고 갈지니 곧 너희
번제와 너희 희생과 너희 십일조와 너희 손의 거제와 너

your tithes, the contribution of your hand, your votive
offerings, your freewill offerings, and the first-born of
your herd and of your flock. 7 "There also you and
your households shall eat before the LORD your God,
and rejoice in all your undertakings in which the LORD your
God has blessed you. 8 "You shall not do at all what
we are doing here today, every man doing whatever is
right in his own eyes; 9 for you have not as yet come
to the resting place and the inheritance which the LORD
your God is giving you. 10 "When you cross the Jordan
and live in the land which the LORD your God is giving
you to inherit, and He gives you rest from all your
enemies around you so that you live in security, 11
then it shall come about that the place in which the
LORD your God shall choose for His name to dwell,
there you shall bring all that I command you: your burnt

12 [너희는] 여호와 앞에서 **즐거워할 것이요**
/너희 하나님
/너희와 너희 자녀와 노비와 함께

레위인과도 **〈그리할지니〉**
/네 성중에 거하는

//(이유: כִּי, since)
레위인은 —— 분깃이나 기업이 없음이니라
/너희 중에

13 너는 **삼가서**
/아무 곳에서든지 번제를 드리지 말고(=않도록)
/네게 보이는

14 너는 번제를 **드리고**
/오직 여호와의 택하실 그곳에서
/너희의 한 지파 중에

또
거기서 **행할지니라**
/내가 네게 명하는 모든 것을

15 그러나
[너는] 생축을 **잡아**
/네 하나님 여호와께서 네게 주신 복을 따라
/각 성에서
/네 마음에 즐기는 대로

그 고기를 **먹을 수 있나니**

곧
무론하고 노루나 사슴을 먹음 같이 **먹으려니와**
/정한 자나
/부정한 자를

16 [너는] 오직 그 피는 **먹지 말고**
물 같이 땅에 **쏟을 것이며**

17 너는 너의 각 성에서 **먹지 말고**
/곡식과 포도주와 기름의 십일조와
네 우양의 처음 낳은 것과
너의 서원을 갚는 예물과
너의 낙헌 예물과
네 손의 거제물은[을]

신

희가 여호와께 서원하는 모든 아름다운 서원물을 가져가
고 12 너희와 너희 자녀와 노비와 함께 너희 하나님 여
호와 앞에서 즐거워할 것이요 네 성중에 거하는 레위인과
도 그리할찌니 레위인은 너희 중에 분깃이나 기업이 없음
이니라 13 너는 삼가서 네게 보이는 아무 곳에서든지
번제를 드리지 말고 14 오직 너희의 한 지파 중에 여호
와의 택하실 그 곳에서 너는 번제를 드리고 또 내가 네게
명하는 모든 것을 거기서 행할지니라 15 그러나 네 하
나님 여호와께서 네게 주신 복을 따라 각 성에서 네 마음
에 즐기는 대로 생축을 잡아 그 고기를 먹을 수 있나니
곧 정한 자나 부정한 자를 무론하고 노루나 사슴을 먹음
과 같이 먹으려니와 16 오직 그 피는 먹지 말고 물 같이
땅에 쏟을 것이며 17 너는 곡식과 포도주와 기름의 십
일조와 네 우양의 처음 낳은 것과 너의 서원을 갚는 예물

offerings and your sacrifices, your tithes and the contribution
of your hand, and all your choice votive offerings which
you will vow to the LORD. 12 "And you shall rejoice
before the LORD your God, you and your sons and daughters,
your male and female servants, and the Levite who is
within your gates, since he has no portion or inheritance
with you. 13 "Be careful that you do not offer your
burnt offerings in every cultic place you see, 14 but in
the place which the LORD chooses in one of your tribes,
there you shall offer your burnt offerings, and there you shall
do all that I command you. 15 ¶ "However, you may
slaughter and eat meat within any of your gates, whatever
you desire, according to the blessing of the LORD your
God which He has given you; the unclean and the clean
may eat of it, as of the gazelle and the deer. 16 "Only
you shall not eat the blood; you are to pour it out on
the ground like water. 17 "You are not allowed to eat within
your gates the tithe of your grain, or new wine, or oil,

신

18 너는 그것을 **먹고**
/네 자녀와
노비와
성중에 거하는 레위인과 함께
/네 하나님 여호와께서 택하실 곳에서
/오직 네 하나님 여호와 앞에서

또 네 하나님 여호와 앞에서 **즐거워하되**
/모든 일을 인하여
/네 손으로 수고한

19 너는 **삼가서**
/레위인을 저버리지 말지니라(=않도록)
/네 땅에 거하는 동안에

20 여호와께서 /네 하나님 네 지경을 넓히신 후에(상황절, when)
/네게 허락하신 대로

[네가] 이르기를..하면(조건절, if)[23]
/내가 고기를 먹으리라

23) 의미상 조건문

//(이유: כִּי, because)
네 마음에 고기를 먹고자 하여

네가 고기를 **먹을 수 있으리니**
/무릇 마음에 좋아하는 대로

21 만일(כִּי)
여호와께서 /네 하나님 네게서 멀거든(조건절, if)
/자기 이름을 두시려고 택하신 곳이
너는 우양을 **잡아**
/여호와의 주신
너의 각 성에서 **먹되**
/네가 무릇 마음에 좋아하는 것을
/내가 네게 명한 대로

22 무론하고 /정한 자나 /부정한 자를 **먹을 수 있거니와**
/노루나 사슴을 먹음 같이

23 [너는] 오직 크게 **삼가서**
/그 피는 먹지 말라

//(이유: כִּי for)

과 너의 낙헌 예물과 네 손의 거제물은 너의 각 성에서
먹지 말고 18 오직 네 하나님 여호와께서 택하실 곳에
서 네 하나님 여호와 앞에서 너는 네 자녀와 노비와 성중
에 거하는 레위인과 함께 그것을 먹고 또 네 손으로 수고
한 모든 일을 인하여 네 하나님 여호와 앞에서 즐거워하
되 19 너는 삼가서 네 땅에 거하는 동안에 레위인을 저
버리지 말지니라 20 네 하나님 여호와께서 네게 허락하
신 대로 네 지경을 넓히신 후에 네 마음에 고기를 먹고자
하여 이르기를 내가 고기를 먹으리라 하면 네가 무릇 마
음에 좋아하는 대로 고기를 먹을 수 있으리니 21 만일
네 하나님 여호와께서 자기 이름을 두시려고 택하신 곳이
네게서 멀거든 내가 네게 명한 대로 너는 여호와의 주신
우양을 잡아 너의 각 성에서 네가 무릇 마음에 좋아하는
것을 먹되 22 정한 자나 부정한 자를 무론하고 노루나
사슴을 먹음같이 먹을 수 있거니와 23 오직 크게 삼가
서 그 피는 먹지 말라 피는 그 생명인즉 네가 그 생명을

or the first-born of your herd or flock, or any of your
votive offerings which you vow, or your freewill offerings,
or the contribution of your hand. 18 "But you shall eat
them before the LORD your God in the place which the
LORD your God will choose, you and your son and daughter,
and your male and female servants, and the Levite who
is within your gates; and you shall rejoice before the
LORD your God in all your undertakings. 19 "Be careful
that you do not forsake the Levite as long as you live
in your land. 20 ¶ "When the LORD your God extends
your border as He has promised you, and you say, 'I
will eat meat,' because you desire to eat meat, then you
may eat meat, whatever you desire. 21 "If the place
which the LORD your God chooses to put His name is
too far from you, then you may slaughter of your herd
and flock which the LORD has given you, as I have
commanded you; and you may eat within your gates whatever
you desire. 22 "Just as a gazelle or a deer is eaten, so

//(이유: כִּי , for)
피는 그 생명인즉

네가 그 생명을 **먹지 못하리니**
/고기와 아울러

24 너는 그것을 **먹지 말고**
물 같이 땅에 **쏟으라**

25 너는 피를 **먹지 말라**

[만일](כִּי)
네가 이같이 행하면(조건절, if)
/여호와께서 의롭게 여기시는 일을

너와
네 후손이 **복을 누리리라**

26 [너는] 오직 **가지고**
/네 성물과 서원물을
가라
/여호와께서 택하신 곳으로

27 네가 번제를 드릴 때에는(상황절, when)
[너는] 그 고기와 피를 **〈드릴 것이요〉**
/네 하나님 여호와의 단에

[네가] 다른 제 희생을 드릴 때에는(상황절, when)
[너는] **그 피를 붓고**
/네 하나님 여호와의 단 위에
그 고기는 **먹을지니라**

28 너는 이 모든 말을 **듣고**
/내가 네게 명하는
지키라

//결과
복이 —— 영영히 있으리라
/너와 네 후손에게

//(이유: כִּי, for)
선과 의를 행하면
/네 하나님 여호와의 목전에

29 여호와께서 네 앞에서 멸절하시고
/네 하나님 /그 민족들을
/네가 들어가서 쫓아 낼
너로 그 땅을 얻어
거기 거하게 하실 때에(상황절, when)

고기와 아울러 먹지 못하리니 **24** 너는 그것을 먹지 말
고 물 같이 땅에 쏟으라 **25** 너는 피를 먹지 말라 네가
이같이 여호와께서 의롭게 여기시는 일을 행하면 너와 네
후손이 복을 누리리라 **26** 오직 네 성물과 서원물을 여
호와께서 택하신 곳으로 가지고 가라 **27** 네가 번제를
드릴 때에는 그 고기와 피를 네 하나님 여호와의 단에 드
릴 것이요 다른 제 희생(犧牲)을 드릴 때에는 그 피를 네
하나님 여호와의 단 위에 붓고 그 고기는 먹을지니라 **28**
내가 네게 명하는 이 모든 말을 너는 듣고 지키라 네 하
나님 여호와의 목전에 선과 의를 행하면 너와 네 후손에
게 영원히 복이 있으리라 **29** 네 하나님 여호와께서 네
가 들어가서 쫓아 낼 그 민족들을 네 앞에서 멸절하시고

you shall eat it; the unclean and the clean alike may eat
of it. **23** "Only be sure not to eat the blood, for the
blood is the life, and you shall not eat the life with the
flesh. **24** "You shall not eat it; you shall pour it out
on the ground like water. **25** "You shall not eat it, in
order that it may be well with you and your sons after
you, for you will be doing what is right in the sight of
the LORD. **26** "Only your holy things which you may
have and your votive offerings, you shall take and go to
the place which the LORD chooses. **27** "And you shall
offer your burnt offerings, the flesh and the blood, on
the altar of the LORD your God; and the blood of your
sacrifices shall be poured out on the altar of the LORD
your God, and you shall eat the flesh. **28** "Be careful

30 너는 스스로 **삼가서**
/올무에 들지 말라(=들지 않도록)
/네 앞에서 멸망한 그들의 자취를 밟아
/또
그들의 신을 탐구하여..하지 말라(=탐구하지 않도록)
/이르기를
/이 민족들은 그 신들을 어떻게 위하였는고
나도 그와 같이 하겠다

31 네가 그와 같이 **행하지 못할 것이라**
/네 하나님 여호와께는

//(이유: כִּי, for)
그들은 ── 그 신들에게 행하여
/가증히 여기시는 일을
/여호와의 꺼리시며(=는).
── 심지어 그 자녀를 불살라 드렸느니라
/그 신들에게

32 너희는 이 모든 말을 **지켜**
/내가 너희에게 명하는

//(목적: לְ, to)
행하고

그것에 **가감하지 말지니라**

13

1 [만일](כִּי)
선지자나
꿈꾸는 자가 ── 일어나서
/너희 중에
── 네게 보이고[24)]
/이적과 기사를
2 이적과 기사가 ── 이룰지라도(조건절, if)
/네게 그 말대로(=말한)
/네게 말하기를...하며(=말하면서)
/우리가 ── 다른 신들을 좇아 섬기자
/네가 본래 알지 못하던
── [그 신들을] 섬기자

신

24) 원문에는 2절이다.

너로 그 땅을 얻어 거기 거하게 하실 때에 **30** 너는 스스로 삼가서 네 앞에서 멸망한 그들의 자취를 밟아 올무에 들지 말라 또 그들의 신을 탐구하여 이르기를 이 민족들은 그 신들을 어떻게 위하였는고 나도 그와 같이 하겠다 하지 말라 **31** 네 하나님 여호와께는 네가 그와 같이 행하지 못할 것이라 그들은 여호와의 꺼리시며 가증히 여기시는 일을 그 신들에게 행하여 심지어 그 자녀를 불살라 그 신들에게 드렸느니라 **32** 내가 너희에게 명하는 이 모든 말을 너희는 지켜 행하고 그것에 가감하지 말지니라

13:1 너희 중에 선지자나 꿈 꾸는 자가 일어나서 이적과 기사를 네게 보이고 **2** 네게 말하기를 네가 본래 알지 못하던 다른 신들을 우리가 좇아 섬기자 하며 이적과 기사가 그 말대로 이룰지라도 **3** 너는 그 선지자나 꿈 꾸는 자의 말을 청종하지 말라 이는 너희 하나님 여호와께서 너희가 마음을 다하고 성품을 다하여

to listen to all these words which I command you, in order that it may be well with you and your sons after you forever, for you will be doing what is good and right in the sight of the LORD your God. **29** ¶ "When the LORD your God cuts off before you the nations which you are going in to dispossess, and you dispossess them and dwell in their land, **30** beware that you are not ensnared to follow them, after they are destroyed before you, and that you do not inquire after their gods, saying, 'How do these nations serve their gods, that I also may do likewise?' **31** "You shall not behave thus toward the LORD your God, for every abominable act which the LORD hates they have done for their gods; for they even burn their sons and daughters in the fire to their gods. **32** ¶ "Whatever I command you, you shall be careful to do; you shall not add to nor take away from it.

13:1 ¶ "If a prophet or a dreamer of dreams arises among you and gives you a sign or a wonder, **2** and the sign or the wonder comes true, concerning which he spoke to you, saying, 'Let us go after other gods (whom you have not known) and let us serve them,' **3**

3 너는 말을 **청종하지 말라**
/그 선지자나 꿈꾸는 자의

//이는(이유: כִּי, for)
여호와께서 —— 너희를 시험하심이니라
/너희 하나님

//(목적: לְ, to)
여부를 알려하사
/너희가 여호와를 사랑하는
/너희 하나님
/마음을 다하고
성품을 다하여

4 너희는 너희 하나님 여호와를 **순종하며**
그를 **경외하며**
그 명령을 **지키며**
그 목소리를 **청종하며**
그를 **섬기며**
그에게 **부종하고**

5 그 선지자나 꿈꾸는자는 **죽이라**

//이는(이유: כִּי, for)
그가 —— [말]하며...말하였음이라
/(너희로)너희 하나님 여호와를 배반케 하려(=배반을)
/너희를 애굽 땅에서 인도하여 내시며
종 되었던 집에서 속량하여 취하신

//(목적: לְ, to)
너를 도에서 꾀어내려고
/너희 하나님 여호와께서 네게 행하라 명하신

너는 악을 **제할지니라**
/이같이 하여
/너희 중에서

6 [만일](כִּי)
네 동복 형제나 —
네 자녀나 —
네 품의 아내나 —
함께 하는 친구가 — 가만히 너를 꾀어(조건절, if)
/너와 생명을 /이르기를...할지라도(=말함으로)
/우리가 — 가서
다른 신들[을] 섬기자
/너와 네 열조가 알지 못하던
7 /곧 네 사방에 둘러 있는 민족
혹 민족의 신들을
/네게서 가깝든지
네게서 멀든지
땅 이 끝에서 저 끝까지 있는

너희 하나님 여호와를 사랑하는 여부를 알려 하사 너희를
시험하심이니라 **4** 너희는 너희 하나님 여호와를 순종하
며 그를 경외하며 그 명령을 지키며 그 목소리를 청종하
며 그를 섬기며 그에게 부종하고 **5** 그 선지자나 꿈 꾸는
자는 죽이라 이는 그가 너희로 너희를 애굽 땅에서 인도
하여 내시며 종 되었던 집에서 속량하여 취하신 너희 하
나님 여호와를 배반케 하려 하며 너희 하나님 여호와께서
네게 행하라 명하신 도에서 너를 꾀어 내려고 말하였음이
라 너는 이같이 하여 너희 중에서 악을 제할지니라 **6** 네
동복 형제나 네 자녀나 네 품의 아내나 너와 생명을 함께
하는 친구가 가만히 너를 꾀어 이르기를 너와 네 열조가
알지 못하던 다른 신들 **7** 곧 네 사방에 둘러 있는 민족

you shall not listen to the words of that prophet or that
dreamer of dreams; for the LORD your God is testing
you to find out if you love the LORD your God with
all your heart and with all your soul. **4** "You shall follow
the LORD your God and fear Him; and you shall keep
His commandments, listen to His voice, serve Him, and cling
to Him. **5** "But that prophet or that dreamer of dreams
shall be put to death, because he has counseled rebellion
against the LORD your God who brought you from the
land of Egypt and redeemed you from the house of
slavery, to seduce you from the way in which the LORD
your God commanded you to walk. So you shall purge
the evil from among you. **6** ¶ "If your brother, your mother's
son, or your son or daughter, or the wife you cherish,

신

8 너는 그를 **좇지 말며**
듣지 말며
긍휼히 보지 말며
애석히 여기지 말며
덮어 숨기지 말고

9 너는 그를 **용서 없이 죽이되**

네가 먼저 그에게 손을 **대고**
/죽일 때에

뭇 백성이 손을 **대라**
/후에

10 너는 돌로 **쳐**
죽이라

//(이유: כִּי, for)
그는 — 너를 꾀어 떠나게 하려한 자니
/네 하나님 여호와에게서
/너를 인도하여 내신
/애굽 땅 종 되었던 집에서

11 //그리하면(결과)
이스라엘이 — 듣고
/온
— 두려워하여
— 이같은 악을 행하지 못하리라
/다시는
/너희 중에서

12 [만일](כִּי)
네게[가] 소문이 들리기를...하거든(조건절, if)
/한 성읍에 대하여
/네 하나님 여호와께서 네게 주어 거하게 하시는
13 /어떤 잡류가 — 일어나서
/너희 중
— 그 성읍 거민을 유혹하여
/이르기를...한다
/우리가 — 가서
— 섬기자
/너희가 알지 못하던 다른 신들을

14 너는 자세히 **묻고**
살펴보아서

혹 네게서 가깝든지 네게서 멀든지 땅 이 끝에서 저 끝
까지 있는 민족의 신들을 우리가 가서 섬기자 할지라도
8 너는 그를 좇지 말며 듣지 말며 긍휼히 보지 말며 애
석히 여기지 말며 덮어 숨기지 말고 9 너는 용서없이
그를 죽이되 죽일 때에 네가 먼저 그에게 손을 대고 후
에 뭇 백성이 손을 대라 10 그는 애굽 땅 종 되었던 집
에서 너를 인도하여 내신 네 하나님 여호와에게서 너를
꾀어 떠나게 하려한 자니 너는 돌로 쳐 죽이라 11 그리
하면 온 이스라엘이 듣고 두려워하여 이같은 악을 다시
는 너희 중에서 행하지 못하리라 12 네 하나님 여호와
께서 네게 주어 거하게 하시는 한 성읍에 대하여 네게
소문이 들리기를 13 너희 중 어떤 잡류가 일어나서 그
성읍 거민을 유혹하여 이르기를 너희가 알지 못하던 다
른 신들을 우리가 가서 섬기자 한다 하거든 14 너는 자

or your friend who is as your own soul, entice you
secretly, saying, Let us go and serve other gods' (whom
neither you nor your fathers have known, 7 of the gods
of the peoples who are around you, near you or far from
you, from one end of the earth to the other end), 8 you
shall not yield to him or listen to him; and your eye
shall not pity him, nor shall you spare or conceal him.
9 "But you shall surely kill him; your hand shall be
first against him to put him to death, and afterwards the
hand of all the people. 10 "So you shall stone him to
death because he has sought to seduce you from the
LORD your God who brought you out from the land of
Egypt, out of the house of slavery. 11 "Then all Israel
will hear and be afraid, and will never again do such a wicked
thing among you. 12 ¶ "If you hear in one of your
cities, which the LORD your God is giving you to live

[만일](כִּי)
이런 일이 참 사실로 너희 중에 있으면(조건절, if)
/가증한

15 너는 마땅히 칼날로 **죽이고**
/그 성읍 거민을
칼날로 **진멸하고**
/그 성읍과
그 중에 거하는 모든 것과
그 생축을

16 또
[너는] 다 거리에 **모아 놓고**
/그 속에서 빼앗아 얻은 물건을
불살라
/그 성읍과
그 탈취물 전부를
/네 하나님 여호와께 드릴지니(=드리는 것으로서)

그 성읍은 영영히 **무더기가 되어**
다시는 **건축됨이 없을 것이니라**

17 너는 조금도 네 손에 **대지 말라**
/이 진멸할 물건을

//그리하면(결과)
여호와께서 ─ 그 진노를 **그치시고**
─ 너를 긍휼히 **여기시고**
─ **자비를 더하사**
─ 네 수효를 **번성케 하실 것이라**
/너의 열조에게 맹세하심 같이

18 만일(כִּי)
네가 여호와의 말씀을 듣고(=듣는다면)(조건절, if)
/네 하나님

//(목적: ל, to)
그 모든 명령을 지켜(=지키기 위해)
/오늘날 내가 네게 명하는
정직을 행하면(=행하기 위해)
/네 하나님 여호와의 목전에

<[너는] **이같이 되리라**>

세히 묻고 살펴보아서 이런 가증한 일이 참 사실로 너희
중에 있으면 15 너는 마땅히 그 성읍 거민을 칼날로 죽
이고 그 성읍과 그 중에 거하는 모든 것과 그 생축을 칼
날로 진멸하고 16 또 그 속에서 빼앗아 얻은 물건을 다
거리에 모아 놓고 그 성읍과 그 탈취물 전부를 불살라
네 하나님 여호와께 드릴지니 그 성읍은 영영히 무더기
가 되어 다시는 건축됨이 없을 것이니라 17 너는 이 진
멸할 물건을 조금도 네 손에 대지 말라 그리하면 여호와
께서 그 진노를 그치시고 너를 긍휼히 여기시고 자비를
더하사 너의 열조에게 맹세하심 같이 네 수효를 번성케
하실 것이라 18 네가 만일 네 하나님 여호와의 말씀을
듣고 오늘날 내가 네게 명하는 그 모든 명령을 지켜 네
하나님 여호와의 목전에 정직을 행하면 이같이 되리라

in, anyone saying that 13 some worthless men have
gone out from among you and have seduced the inhabitants
of their city, saying, Let us go and serve other gods'
(whom you have not known), 14 then you shall investigate
and search out and inquire thoroughly. And if it is true
and the matter established that this abomination has been
done among you, 15 you shall surely strike the inhabitants
of that city with the edge of the sword, utterly destroying
it and all that is in it and its cattle with the edge of the
sword. 16 "Then you shall gather all its booty into the
middle of its open square and burn the city and all its
booty with fire as a whole burnt offering to the LORD
your God; and it shall be a ruin forever. It shall never
be rebuilt. 17 "And nothing from that which is put
under the ban shall cling to your hand, in order that the
LORD may turn from His burning anger and show mercy
to you, and have compassion on you and make you
increase, just as He has sworn to your fathers, 18 if
you will listen to the voice of the LORD your God,
keeping all His commandments which I am commanding
you today, and doing what is right in the sight of the
LORD your God.

14

1 너희는 여호와의 **자녀니**
/너희 하나님

자기 몸을 **베지 말며**
털을 **밀지 말라**
/눈썹 사이 이마 위의

/죽은 자를 위하여

2 //(이유: כִּי, for)
너는 —— 여호와의 성민이라
/너의 하나님

여호와께서 너를 **택하여...셨느니라**
/지상 만민 중에서

//(목적: לְ, to)
백성을 삼으[시기 위하여]
/자기의 기업의

3 너는 가증한 물건은(을) **먹지 말라**
/무엇이든지

4 짐승은 **이러하니**
/너희의 먹을만한

4b-6
6b 너희가 **먹을 것이니라**
/[이것을]
4b /곧 소와
양과
염소와
5 사슴과
노루와
사슴과
/불그스럼한
산 염소와
노루와
/볼기 흰
사슴과
/뿔 긴
산양들
6a 무릇 짐승들[을]
/쪽발도 되고
/굽이 갈라져
/새김질도 하는 것은
/짐승 중에

14:1 너희는 너희 하나님 여호와의 자녀니 죽은 자
를 위하여 자기 몸을 베지 말며 눈썹 사이 이마
위의 털을 밀지 말라 **2** 너는 너의 하나님 여호와의 성민
이라 여호와께서 지상 만민 중에서 너를 택하여 자기의
기업의 백성을 삼으셨느니라 **3** 너는 가증한 물건은 무엇
이든지 먹지 말라 **4** 너희의 먹을 만한 짐승은 이러하니
곧 소와 양과 염소와 **5** 사슴과 노루와 불그스럼한 사슴
과 산 염소와 볼기 흰 노루와 뿔 긴 사슴과 산양들 **6** 무
릇 짐승 중에 굽이 갈라져 쪽발도 되고 새김질도 하는 것
은 너희가 먹을 것이니라 **7** 다만 새김질을 하거나 굽이

14:1 ¶ "You are the sons of the LORD your God;
you shall not cut yourselves nor shave your forehead
for the sake of the dead. **2** "For you are a holy people
to the LORD your God; and the LORD has chosen you
to be a people for His own possession out of all the
peoples who are on the face of the earth. **3** "You shall
not eat any detestable thing. **4** "These are the animals
which you may eat: the ox, the sheep, the goat, **5** the
deer, the gazelle, the roebuck, the wild goat, the ibex,
the antelope and the mountain sheep. **6** "And any animal

7 너희가 **먹지 못할 것은**
/이것이니(=이것을)
/새김질은 하거나
/굽이 갈라진 짐승 중에도
/곧
약대와
토끼와
사반

그것들은 너희에게 **부정하고**

//(이유: כִּי, for)
[비록]
[그것들이] ─ 새김질은 하나(양보절, though)
└ 굽이 갈라지지 아니하였으니

8 돼지는 너희에게 **부정하니**

//(이유: כִּי, for)
[그것이] ─ 굽은 갈라졌으나
└ 새김질을 못하므로

너희는 이런 것의 고기를 **먹지 말 것이며**
사체도 **만지지 말 것이니라**

9 너희가 **먹을 것이니**
/물에 있는 어족 중에 이런 것은(을)

너희가 **먹을 것이요**
/무릇 지느러미와 비늘 있는 것은(을)

10 너희가 **먹지 말지니**
/무릇 지느러미와 비늘이 없는 것은(을)

이는 너희에게 **부정하니라**

11 너희가 **먹으려니와**
/무릇 정한 새는(를)

12 [너희가] **먹지 못할지니**
/이런 것은(을)
/곧
독수리와 솔개와 어응과
13 매와 새매와 매의 종류와
14 까마귀 종류와
15 타조와 다호마스와 갈매기와 새매 종류와

신

갈라진 짐승 중에도 너희가 먹지 못할 것은 이것이니 곧
약대와 토끼와 사반 그것들은 새김질을 하나 굽이 갈라지
지 아니하였으니 너희에게 부정하고 8 돼지는 굽은 갈라
졌으나 새김질을 못하므로 너희에게 부정하니 너희는 이
런 것의 고기를 먹지 말 것이며 그 사체도 만지지 말 것
이니라 9 물에 있는 어족 중에 이런 것은 너희가 먹을
것이니 무릇 지느러미와 비늘 있는 것은 너희가 먹을 것
이요 10 무릇 지느러미와 비늘이 없는 것은 너희가 먹
지 말지니 이는 너희에게 부정하니라 11 무릇 정한 새
는 너희가 먹으려니와 12 이런 것은 너희가 먹지 못할
지니 곧 독수리와 솔개와 어응과 13 매와 새매와 매의
종류와 14 까마귀 종류와 15 타조와 다호마스와 갈매

that divides the hoof and has the hoof split in two and
chews the cud, among the animals, that you may eat. 7
"Nevertheless, you are not to eat of these among those which
chew the cud, or among those that divide the hoof in
two: the camel and the rabbit and the rock-badger, for though
they chew the cud, they do not divide the hoof; they
are unclean for you. 8 "And the pig, because it divides
the hoof but does not chew the cud, it is unclean for
you. You shall not eat any of their flesh nor touch their
carcasses. 9 ¶ "These you may eat of all that are in
water: anything that has fins and scales you may eat,
10 but anything that does not have fins and scales you
shall not eat; it is unclean for you. 11 "You may eat
any clean bird. 12 "But these are the ones which you
shall not eat: the eagle and the vulture and the buzzard,
13 and the red kite, the falcon, and the kite in their

16 올빼미와
부엉이와
따오기와
17 당아와
올응과
노자와
18 학과
황새 종류와
대승과
박쥐며

19 또
날기도 하고
/무릇
하는 것은 — 너희에게 **부정하니**
/기어다니기도

너희는 **먹지 말 것이나**

20 너희가 **먹을지니라**
/무릇 정한 새는

21 너희는 여호와의 **성민이라**
/너희 하나님

[너희는] **먹지 말 것이니**
/무릇 스스로 죽은 것은

[네가] 그것을 **주어**
/성중에 우거하는 객에게

//(목적: that...may)
먹게 하거나

이방인에게 **팔아도 가하니라**

너는 염소 새끼를 **삶지 말지니라**
/그 어미의 젖에

22 너는 십일조를 **마땅히 드릴 것이며**
/매년에
/토지 소산의

23 [너는] 십일조를 **먹으며**
/네 하나님 여호와 앞[에서]

기와 새매 종류와 **16** 올빼미와 부엉이와 따오기와 **17**
당아(塘鵝)와 올응(兀鷹)과 노자와 **18** 학과 황새 종류와
대승과 박쥐며 **19** 또 무릇 날기도 하고 기어 다니기도
하는 것은 너희에게 부정하니 너희는 먹지 말 것이나 **20**
무릇 정한 새는 너희가 먹을지니라 **21** 너희는 너희 하
나님 여호와의 성민이라 무릇 스스로 죽은 것은 먹지 말
것이니 그것을 성 중에 우거하는 객에게 주어 먹게 하거
나 이방인에게 팔아도 가하니라 너는 염소 새끼를 그 어
미의 젖에 삶지 말지니라 **22** 너는 마땅히 매년에 토지
소산의 십일조를 드릴 것이며 **23** 네 하나님 여호와 앞

kinds, **14** and every raven in its kind, **15** and the
ostrich, the owl, the sea gull, and the hawk in their kinds,
16 the little owl, the great owl, the white owl, **17** the
pelican, the carrion vulture, the cormorant, **18** the stork,
and the heron in their kinds, and the hoopoe and the
bat. **19** "And all the teeming life with wings are unclean
to you; they shall not be eaten. **20** "You may eat any
clean bird. **21** ¶ "You shall not eat anything which dies
of itself. You may give it to the alien who is in your
town, so that he may eat it, or you may sell it to a
foreigner, for you are a holy people to the LORD your
God. You shall not boil a kid in its mother's milk. **22**
¶ "You shall surely tithe all the produce from what you
sow, which comes out of the field every year. **23** "And
you shall eat in the presence of the LORD your God, at
the place where He chooses to establish His name, the
tithe of your grain, your new wine, your oil, and the

/곧 여호와께서 — 택하신 곳에서
/그 이름을 두시려고
/네 곡식과
포도주와 기름의
또
[너는] 처음 난 것을 **먹고**
/네 우양의

//(목적: לְמַעַן, so that…may)
항상 배울 것이니라
/네 하나님 여호와 경외하기를

24 그러나
[만일]
행로가 어려워서(조건절, if)
택하신 곳이 네게서 너무 멀고(조건절, if)
/여호와께서 —그 이름을 두시려고
/네 하나님

//(결과: so that)
[네가] —가지고 갈 수 없거든
/그 풍부히 주신 것을

25 [너는] 그것을 돈으로 **바꾸어**
그 돈을 **싸서**
가지고 **가서**
/네 하나님 여호와의 택하신 곳으로
26 그 돈으로 **사되**
/무릇 네 마음에 좋아하는 것을
〈구하고〉
/우양이나 포도주나 독주등[을]
/무릇 네 마음에 원하는 것을

함께 먹고
/거기 네 하나님 여호와의 앞에서
너와 네 권속이 **즐거워할 것이며**

27 또한
[너는] 레위인은(을) **저버리지 말지니라**
/네 성읍에 거하는

//(이유: כִּי, for)
분깃이나 기업이 없는 자니
/너의 중에

신

곧 여호와께서 그 이름을 두시려고 택하신 곳에서 네 곡식과 포도주와 기름의 십일조를 먹으며 또 네 우양의 처음 난 것을 먹고 네 하나님 여호와 경외하기를 항상 배울 것이니라 **24** 그러나 네 하나님 여호와께서 그 이름을 두시려고 택하신 곳이 네게서 너무 멀고 행로가 어려워서 그 풍부히 주신 것을 가지고 갈 수 없거든 **25** 그것을 돈으로 바꾸어 그 돈을 싸서 가지고 네 하나님 여호와의 택하신 곳으로 가서 **26** 무릇 네 마음에 좋아하는 것을 그 돈으로 사되 우양이나 포도주나 독주 등 무릇 네 마음에 원하는 것을 구하고 거기 네 하나님 여호와의 앞에서 너와 네 권속이 함께 먹고 즐거워할 것이며 **27** 네 성읍에 거하는 레위인은 너희 중에 분깃이나 기업이 없는 자니 또한 저버리지 말지니라 **28** 매 삼년 끝에 그 해 소산의 십 분 일을 다 내어 네 성읍에 저축하여 **29** 너희 중에

first-born of your herd and your flock, in order that you may learn to fear the LORD your God always. **24** "And if the distance is so great for you that you are not able to bring the tithe, since the place where the LORD your God chooses to set His name is too far away from you when the LORD your God blesses you, **25** then you shall exchange it for money, and bind the money in your hand and go to the place which the LORD your God chooses. **26** "And you may spend the money for whatever your heart desires, for oxen, or sheep, or wine, or strong drink, or whatever your heart desires; and there you shall eat in the presence of the LORD your God and rejoice, you and your household. **27** "Also you shall not neglect the Levite who is in your town, for he has no portion or inheritance among you. **28** ¶ "At the end of every third year you shall bring out all the tithe of your produce in that year, and shall deposit it in your town. **29** "And the Levite, because he has no portion or inheritance

28 [너는] 십분 일을 다 **내어**
/그 해 소산의
/매 삼년 끝에

네 성읍에 **저축하여**

29 [너는] **와서(=오게하라)**
/레위인과
/너의 중에 분깃이나 기업이 없는
객과
및 고아와 과부들로
/네 성중에 우거하는

먹어(=먹게하라)
배부르게 하라

//그리하면(결과)
여호와께서 —— 네게 복을 주시리라
/네 하나님 /너의 손으로 하는 범사에

15

1 [너는] 면제를 **[행]하라**
/매 칠년 끝에

2 규례는 **이러하니라**
/면제의

채주는 그것을 **면제하고**
/무릇
/그 이웃에게 꾸어준

독촉하지 말지니
/그 이웃에게나
그 형제에게

//(이유: כִּי, because)
이 해는 — 칭함이니라
/여호와의 면제년이라

3 네가 **독촉하려니와**
/이방인에게는
네 손에서 **면제하라**
/네 형제에게 꾸인 것은(을)

분깃이나 기업이 없는 레위인과 네 성중에 우거하는 객과
및 고아와 과부들로 와서 먹어 배부르게 하라 그리하면
네 하나님 여호와께서 너의 손으로 하는 범사에 네게 축
복을 주시리라
15:1 매 칠년 끝에 면제하라 **2** 면제의 규례는 이러
하니라 무릇 그 이웃에게 꾸어준 채주는 그것을
면제하고 그 이웃에게나 그 형제에게 독촉하지 말지니 이
해는 여호와의 면제년이라 칭함이니라 **3** 이방인에게는
네가 독촉하려니와 네 형제에게 꾸인 것은 네 손에서 면
제하라 **4** 네가 만일 네 하나님 여호와의 말씀만 듣고 내
가 오늘날 네게 명하는 그 명령을 다 지켜 행하면 네 하
나님 여호와께서 네게 유업으로 주신 땅에서 네가 정녕

among you, and the alien, the orphan and the widow
who are in your town, shall come and eat and be satisfied,
in order that the LORD your God may bless you in all
the work of your hand which you do.
15:1 ¶ "At the end of every seven years you shall
grant a remission of debts. **2** "And this is the
manner of remission: every creditor shall release what
he has loaned to his neighbor; he shall not exact it of
his neighbor and his brother, because the LORD's
remission has been proclaimed. **3** "From a foreigner
you may exact it, but your hand shall release whatever
of yours is with your brother. **4** "However, there shall
be no poor among you, since the LORD will surely bless
you in the land which the LORD your God is giving

4 만일(אִם)
네가 여호와의 말씀만 듣고 (조건절, if)
/네 하나님
그 명령을 다 지켜 행하면 (조건절, if)
/내가 오늘날 네게 명하는
네가 땅에서 **정녕 복을 받으리니**
/네 하나님 여호와께서 네게 유업으로 주신

가난한 자가 너희 중에 **없으리라**

5 (4절에 포함되어 있음)

6 //(이유: כִּי, for)
여호와께서 —— 네게 복을 주시리니
/네 하나님 /네게 허락하신 대로

네가 여러 나라에 **꾸어 줄지라도**
너는 **꾸지 아니하겠고**

네가 여러 나라를 **치리할지라도**
너는 **치리함을 받지 아니하리라**

7 [만일](אִם)
가난한 형제가 너와 함께 거하거든(조건절, if)
/어느 성읍에서든지
/네 하나님 여호와께서 네게 주신 땅
[너는] 네 마음을 **강퍅히 하지 말며**
/그 가난한 형제에게
네 손을 **움켜 쥐지 말고**
8 반드시 네 손을 그에게 **펴서**
쓸 것을 넉넉히 **꾸어주라**
/그 요구하는 대로

9 너는 **삼가[라]**
/마음에 악념을 품지 말라(=말도록)
/곧 이르기를...하고(=말하는 것을)
/제 칠년 면제년이 가까왔다

/악한 눈을 들고(=눈을 드는 것을)
/네 궁핍한 형제에게
/아무 것도 주지 아니하면(=아니하는 것을)

//(그렇지 않으면: 결과)
그가 —— 너를 여호와께 호소하리니
네가 —— 죄를 얻을 것이라

신

복을 받으리니 너희 중에 가난한 자가 없으리라 5 네가
만일 네 하나님 여호와의 말씀만 듣고 내가 오늘날 네게
명하는 그 명령을 다 지켜 행하면 네 하나님 여호와께서
네게 유업으로 주신 땅에서 네가 정녕 복을 받으리니 너
희 중에 가난한 자가 없으리라 6 네 하나님 여호와께서
네게 허락하신 대로 네게 복을 주시리니 네가 여러 나라
에 꾸어 줄지라도 너는 꾸지 아니하겠고 네가 여러 나라
를 치리할 지라도 너는 치리함을 받지 아니하리라 7 네
하나님 여호와께서 네게 주신 땅 어느 성읍에서든지 가난
한 형제가 너와 함께 거하거든 그 가난한 형제에게 네 마
음을 강퍅히 하지 말며 네 손을 움켜 쥐지 말고 8 반드
시 네 손을 그에게 펴서 그 요구하는 대로 쓸 것을 넉넉

you as an inheritance to possess, 5 if only you listen
obediently to the voice of the LORD your God, to observe
carefully all this commandment which I am commanding
you today. 6 "For the LORD your God shall bless you
as He has promised you, and you will lend to many
nations, but you will not borrow; and you will rule over
many nations, but they will not rule over you. 7 ¶ "If
there is a poor man with you, one of your brothers, in
any of your towns in your land which the LORD your
God is giving you, you shall not harden your heart, nor
close your hand from your poor brother; 8 but you shall
freely open your hand to him, and shall generously lend
him sufficient for his need in whatever he lacks. 9 "Beware,
lest there is a base thought in your heart, saying, 'The seventh
year, the year of remission, is near,' and your eye is

10 너는 그에게 **반드시 구제할 것이요,**

[네가] 구제할 때에는(상황절, when)
[너는] **아끼는 마음을 품지 말 것이니라**[25)]

//(이유: כִּי, for)
여호와께서 ── 네게 복을 주시리라
/네 하나님 /이로 인하여
/네 범사와
네 손으로 하는바에

11 내가 네게 **명하여 이르노니**

너는 반드시 네 손을 **펼지니라**
/네 형제의 곤란한 자와
궁핍한 자에게
/네 경내

//(이유: כִּי, for)
가난한 자가 ── 그치지 아니하겠으므로
/땅에는
/언제든지

12 [만일](כִּי)
히브리 남자나
히브리 여자가 ── 네게 팔렸다 하자(조건절, if)

만일
[그가] 육년을 너를 섬겼거든(조건절, if)
너는 그를 **놓아...할 것이요**
/제 칠년에
/자유하게

13 [네가] 그를 놓아 자유하게 할 때에는(상황절, when)
[너는] 공수로 **가게 하지 말고**
14 그에게 후히 **줄지니**
/네 양 무리 중에서와
타작 마당에서와
포도주 틀에서

곧
[너는] 그에게 **줄지니라**
/네 하나님 여호와께서 네게 복을 주신 대로

25) 아끼는 마음을 품지 말라

히 꾸어주라 9 삼가 너는 마음에 악념을 품지 말라 곧
이르기를 제칠년 면제년이 가까왔다 하고 네 궁핍한 형제
에게 악한 눈을 들고 아무것도 주지 아니하면 그가 너를
여호와께 호소하리니 네가 죄를 얻을 것이라 10 너는
반드시 그에게 구제(救濟)할 것이요 구제할 때에는 아끼
는 마음을 품지 말 것이니라 이로 인하여 네 하나님 여호
와께서 네 범사와 네 손으로 하는바에 네게 복을 주시리
라 11 땅에는 언제든지 가난한 자가 그치지 아니하겠으
므로 내가 네게 명하여 이르노니 너는 반드시 네 경내 네
형제의 곤란한 자와 궁핍한 자에게 네 손을 펼지니라 12
네 동족 히브리 남자나 히브리 여자가 네게 팔렸다 하자
만일 육 년을 너를 섬겼거든 제칠년에 너는 그를 놓아 자
유하게 할 것이요 13 그를 놓아 자유하게 할 때에는 공
수로 가게 하지 말고 14 네 양 무리 중에서와 타작 마

hostile toward your poor brother, and you give him
nothing; then he may cry to the LORD against you, and
it will be a sin in you. 10 "You shall generously give
to him, and your heart shall not be grieved when you
give to him, because for this thing the LORD your God
will bless you in all your work and in all your undertakings.
11 "For the poor will never cease to be in the land; therefore
I command you, saying, You shall freely open your hand
to your brother, to your needy and poor in your land.
12 ¶ "If your kinsman, a Hebrew man or woman, is
sold to you, then he shall serve you six years, but in
the seventh year you shall set him free. 13 "And when
you set him free, you shall not send him away empty-handed.
14 "You shall furnish him liberally from your flock
and from your threshing floor and from your wine vat;
you shall give to him as the LORD your God has blessed

15 너는 **기억하라**
/애굽 땅에서 종 되었던 것과
네 하나님 여호와께서 너를 속하셨음을

내가 오늘날 이같이 네게 **명하노라**
/그를 인하여

16 만일
종이 네게 향하여 [말]하거든(조건절, if)
/내가 주인을 떠나지 아니하겠노라

//(이유: כִּי, for)
너와 네 집을 사랑하므로
너와 동거하기를 좋게 여겨

17 [너는] 송곳을 **취하여**
그의 귀를 **뚫으라**
/문에 대고

//그리하면(결과)
그가 영영히 네 종이 되리라

[너는] 네 여종에게도 일례로 **할지니라**

18 너는 **어렵게 여기지 말라**
/그를 놓아 자유하게 하기를

//(이유: כִּי, for)
그가 — 너를 섬겼은즉
/육 년 동안에
/품군의 삯의 배나 받을 만큼

//그리하면(결과)
여호와께서 — 네게 복을 주시리라
/네 하나님 /너의 범사에

19 [너는] 난 수컷은 **구별하여**
/너의 우양의 처음

//(목적: לְ, to)
네 하나님 여호와께 드릴 것이니

[너는] 첫 새끼는 **부리지 말고**
/네 소의

당에서와 포도주 틀에서 그에게 후히 줄지니 곧 네 하나
님 여호와께서 네게 복을 주신대로 그에게 줄지니라 15
너는 애굽 땅 종 되었던 것과 네 하나님 여호와께서 너를
속하셨음을 기억하라 그를 인하여 내가 오늘날 이같이 네
게 명하노라 16 종이 만일 너와 네 집을 사랑하므로 너
와 동거하기를 좋게 여겨 네게 향하여 내가 주인을 떠나
지 아니하겠노라 하거든 17 송곳을 취하여 그의 귀를
문에 대고 뚫으라 그리하면 그가 영영히 네 종이 되리라
네 여종에게도 일례(一例)로 할지니라 18 그가 육 년 동
안에 품군의 삯의 배나 받을 만큼 너를 섬겼은즉 너는 그
를 놓아 자유하게 하기를 어렵게 여기지 말라 그리하면
네 하나님 여호와께서 너의 범사에 네게 복을 주시리라

you. 15 "And you shall remember that you were a
slave in the land of Egypt, and the LORD your God redeemed
you; therefore I command you this today. 16 "And it
shall come about if he says to you, 'I will not go out
from you,' because he loves you and your household,
since he fares well with you; 17 then you shall take
an awl and pierce it through his ear into the door, and
he shall be your servant forever. And also you shall do
likewise to your maidservant. 18 "It shall not seem
hard to you when you set him free, for he has given
you six years with double the service of a hired man;
so the LORD your God will bless you in whatever you
do. 19 ¶ "You shall consecrate to the LORD your God
all the first-born males that are born of your herd and
of your flock; you shall not work with the first-born of
your herd, nor shear the first-born of your flock. 20

첫 새끼의 털은 **깎지 말고**
/네 양의

20 너와
네 가족이 — 여호와의 택하신 곳[에서] **먹을지니라**
/네 하나님 여호와 앞에서
/매년에

21 그러나
[만일](כִּי)
그 짐승이 — 흠이 있어서
— 절거나
— 눈이 멀었거나
— 무슨 흠이 있든지(조건절, if)
[너는] 여호와께 **잡아 드리지 못할지니**
/네 하나님

22 [너는] 네 성중에서 **먹되**

부정한 자나
정한 자가 — 다 같이 **먹기를...할 것이요**
/노루와 사슴을 먹음 같이

23 [너는] 오직 피는 **먹지 말고**
물 같이 땅에 **쏟을지니라**

신

16

1 [너는] 아빕월을 **지켜**
유월절 예식을 **행하라**
/네 하나님 여호와의

//이는(이유: כִּי, for)
여호와께서 — 너를 인도하여 내셨음이라
/네 하나님 /아빕월에
/애굽에서
/밤에

2 [너는] 유월절 **제사를 드리되**
/네 하나님 여호와께
/우양으로
/여호와께서 — 택하신 곳에서
/그 이름을 두시려고

19 너는 우양의 처음 난 수컷은 구별하여 네 하나님 여
호와께 드릴 것이니 네 소의 첫 새끼는 부리지 말고 네
양의 첫 새끼의 털은 깍지 말고 20 너와 네 가족이 매
년에 여호와의 택하신 곳 네 하나님 여호와 앞에서 먹을
지니라 21 그러나 그 짐승이 흠이 있어서 절거나 눈이
멀었거나 무슨 흠이 있든지 네 하나님 여호와께 잡아 드
리지 못할지니 22 네 성중(城中)에서 먹되 부정한 자나
정한 자가 다 같이 먹기를 노루와 사슴을 먹음같이 할 것
이요 23 오직 피는 먹지 말고 물같이 땅에 쏟을 지니라
16:1 아빕 월을 지켜 네 하나님 여호와의 유월절
예식을 행하라 이는 아빕 월에 네 하나님 여호와
께서 밤에 너를 애굽에서 인도하여 내셨음이라 2 여호와

"You and your household shall eat it every year before
the LORD your God in the place which the LORD
chooses. 21 "But if it has any defect, such as lameness
or blindness, or any serious defect, you shall not sacrifice
it to the LORD your God. 22 "You shall eat it within
your gates; the unclean and the clean alike may eat it,
as a gazelle or a deer. 23 "Only you shall not eat its
blood; you are to pour it out on the ground like water.
16:1 ¶ "Observe the month of Abib and celebrate
the Passover to the LORD your God, for in the
month of Abib the LORD your God brought you out of
Egypt by night. 2 "And you shall sacrifice the Passover
to the LORD your God from the flock and the herd, in
the place where the LORD chooses to establish His

3 [너는] 유교병을 **먹지 말고**
/그것과 아울러
무교병[을] **먹으라**
/곧 고난의 떡을
/칠일 동안은
/그것과 아울러

//이는(이유: כִּי, for)
네가 ―― 급속히 나왔음이니
/애굽 땅에서

//(목적: לְמַעַן, that...may)
[네가] ―― 기억할 것이니라
/네가 애굽 땅에서 나온 날을
/이같이 행하여
/너의 평생에 항상

4 누룩이 **보이지 않게 할 것이요**
/그 칠일 동안에는
/네 사경 내에
또
[너는] **고기를 두지 말 것이며**
/네가 첫날 해 질 때에 제사드린
/밤을 지내어 아침까지

5 [너는] 유월절 제사를 **드리지 말고**
/각 성에서
/네 하나님 여호와께서 네게 주신
6 오직 **드리고**
/여호와께서 ―― 택하신 곳에서
/네 하나님 /그 이름을 두시려고
/네가 애굽에서 나오던 시각[에]
/곧 초저녁 해 질 때에

7 [너는] 그 고기를 **구워먹고**[26)]
/네 하나님 여호와께서 택하신 곳에서
네 장막으로 **돌아갈 것이니라**
/아침에

8 너는 육일 동안은 무교병을 **먹고**
제 칠일에 성회로 **〈모이고〉**
/네 하나님 여호와 앞에
아무 노동도 **하지 말지니라**

신

26) 두 개의 동사 '굽다+먹다'를 합친 것이다.

께서 그 이름을 두시려고 택하신 곳에서 우양으로 네 하
나님 여호와께 유월절 제사를 드리되 **3** 유교병을 그것과
아울러 먹지 말고 칠 일 동안은 무교병 곧 고난의 떡을
그것과 아울러 먹으라 이는 네가 애굽 땅에서 급속히 나
왔음이니 이같이 행하여 너의 평생에 항상 네가 애굽 땅
에서 나온 날을 기억할 것이니라 **4** 그 칠 일 동안에는
네 사경 내에 누룩이 보이지 않게 할 것이요 또 네가 첫
날 해질 때에 제사드린 고기를 밤을 지내어 아침까지 두
지 말 것이며 **5** 유월절 제사를 네 하나님 여호와께서 네
게 주신 각 성에서 드리지 말고 **6** 오직 네 하나님 여호
와께서 그 이름을 두시려고 택하신 곳에서 네가 애굽에서
나오던 시각 곧 초저녁 해질 때에 드리고 **7** 네 하나님
여호와께서 택하신 곳에서 그 고기를 구워먹고 아침에 네
장막으로 돌아갈 것이니라 **8** 너는 육 일 동안은 무교병

name. **3** "You shall not eat leavened bread with it;
seven days you shall eat with it unleavened bread, the
bread of affliction (for you came out of the land of Egypt
in haste), in order that you may remember all the days
of your life the day when you came out of the land of
Egypt. **4** "For seven days no leaven shall be seen with
you in all your territory, and none of the flesh which
you sacrifice on the evening of the first day shall remain
overnight until morning. **5** "You are not allowed to sacrifice
the Passover in any of your towns which the LORD
your God is giving you; **6** but at the place where the
LORD your God chooses to establish His name, you
shall sacrifice the Passover in the evening at sunset, at
the time that you came out of Egypt. **7** "And you shall
cook and eat it in the place which the LORD your God
chooses. And in the morning you are to return to your

신

9 [너는] 칠주를 **계수할지니**
칠주를 **계수하여**
/곡식에 낫을 대는 첫날부터

10 [너는] 칠칠절을 **지키되**
/네 하나님 여호와 앞에
/자원하는 예물을 드리고[27)]
/네 하나님 여호와께서 네게 복을 주신 대로
/네 힘을 헤아려

11 [너는] 네 하나님 여호와 앞에서 **즐거워 할지니라**
/너와
네 자녀와
노비와
레위인과
/네 성중에 거하는
및 객과
/너희 중에 있는
고아와
과부가 함께
/여호와께서 —— 택하신 곳에서
/네 하나님 /그 이름을 두시려고

12 너는 애굽에서 종 되었던 것을 **기억하고**
이 규례를 **지켜**
행할지니라

13 [너는] 소출을 수장한 후에(상황절, after)
/너희 타작 마당과 포도주 틀의
[너는] 초막절을 **지킬 것이요**
/칠일 동안

14 [너는] **연락하되**
/절기를 지킬 때에는
/너와 네 자녀와
노비와
네 성중에 거하는 레위인과
객과
고아와
과부가 함께

15 너는 칠일 동안 **절기를 지키고**
/네 하나님 여호와 앞에서
/네 하나님 여호와께서 택하신 곳에서

27) 예물을 가지고, 예물과 함께

을 먹고 제칠일에 네 하나님 여호와 앞에 성회로 모이고
아무 노동도 하지 말지니라 9 칠 주를 계속할지니 곡식
에 낫을 대는 첫날부터 칠 주를 계수하여 10 네 하나님
여호와 앞에 칠칠절을 지키되 네 하나님 여호와께서 네게
복을 주신 대로 네 힘을 헤아려 자원하는 예물을 드리고
11 너와 네 자녀와 노비와 네 성중에 거하는 레위인과
및 너희 중에 있는 객과 고아와 과부가 함께 네 하나님
여호와께서 그 이름을 두시려고 택하신 곳에서 네 하나님
여호와 앞에서 즐거워할지니라 12 너는 애굽에서 종 되
었던 것을 기억하고 이 규례를 지켜 행할지니라 13 너
희 타작 마당과 포도주 틀의 소출을 수장한 후에 칠 일
동안 초막절을 지킬 것이요 14 절기를 지킬 때에는 너

tents. 8 "Six days you shall eat unleavened bread, and
on the seventh day there shall be a solemn assembly to
the LORD your God; you shall do no work on it. 9 ¶
"You shall count seven weeks for yourself; you shall
begin to count seven weeks from the time you begin to
put the sickle to the standing grain. 10 "Then you
shall celebrate the Feast of Weeks to the LORD your
God with a tribute of a freewill offering of your hand,
which you shall give just as the LORD your God blesses
you; 11 and you shall rejoice before the LORD your
God, you and your son and your daughter and your male
and female servants and the Levite who is in your town,
and the stranger and the orphan and the widow who are
in your midst, in the place where the LORD your God chooses
to establish His name. 12 "And you shall remember
that you were a slave in Egypt, and you shall be careful
to observe these statutes. 13 ¶ "You shall celebrate
the Feast of Booths seven days after you have gathered
in from your threshing floor and your wine vat; 14 and
you shall rejoice in your feast, you and your son and

너는 온전히 **즐거워할지니라**

//(이유: כִּי, for)
여호와께서 —— 복 주실 것을 인하여
/네 하나님 /네 모든 물산과
네 손을 댄 모든 일에

16 모든 남자는 여호와께 **보이되**
/너희 중 /일년 삼차[에]
/곧 무교절과
칠칠절과
초막절에
/네 하나님 여호와의 택하신 곳에서

공수로 여호와께 **보이지 말고**

17 각 사람이 물건을 **드릴지니라**
/그 힘대로
/네 하나님 여호와의 주신 복을 따라

18 [너는] 재판장과 유사를 **둘 것이요**
/네 지파를 따라
/각 성에서
/네 하나님 여호와께서 네게 주시는

그들은 백성을 **재판할 것이니라**
/공의로

19 너는 **굽게 말며**
/판단하지(=판단을)
사람을 **외모로 보지 말며**
또
[너는] 뇌물을 **받지 말라**

//(이유: כִּי, for)
뇌물은 —— 눈을 어둡게 하고
/지혜자의
말을 굽게 하느니라
/의인의

20 너는 마땅히 공의만 **좇으라**

//*그리하면(결과)*

와 네 자녀와 노비와 네 성중에 거하는 레위인과 객과 고
아와 과부가 함께 연락하되 **15** 네 하나님 여호와께서
택하신 곳에서 너는 칠 일 동안 네 하나님 여호와 앞에서
절기를 지키고 네 하나님 여호와께서 네 모든 물산과 네
손을 댄 모든 일에 복 주실 것을 인하여 너는 온전히 즐
거워할지니라 **16** 너의 중 모든 남자는 일 년 삼차 곧
무교절과 칠칠절과 초막절에 네 하나님 여호와의 택하신
곳에서 여호와께 보이되 공수로 여호와께 보이지 말고
17 각 사람이 네 하나님 여호와의 주신 복을 따라 그
힘대로 물건을 드릴지니라 **18** 네 하나님 여호와께서 네
게 주시는 각 성에서 네 지파를 따라 재판장과 유사를 둘
것이요 그들은 공의로 백성을 재판할 것이니라 **19** 너는
굽게 판단하지 말며 사람을 외모로 보지 말며 또 뇌물을
받지 말라 뇌물은 지혜자의 눈을 어둡게 하고 의인의 말

your daughter and your male and female servants and
the Levite and the stranger and the orphan and the widow
who are in your towns. **15** "Seven days you shall
celebrate a feast to the LORD your God in the place
which the LORD chooses, because the LORD your God will
bless you in all your produce and in all the work of
your hands, so that you shall be altogether joyful. **16** "Three
times in a year all your males shall appear before the
LORD your God in the place which He chooses, at the
Feast of Unleavened Bread and at the Feast of Weeks
and at the Feast of Booths, and they shall not appear
before the LORD empty-handed. **17** "Every man shall give
as he is able, according to the blessing of the LORD
your God which He has given you. **18** ¶ "You shall appoint
for yourself judges and officers in all your towns which
the LORD your God is giving you, according to your
tribes, and they shall judge the people with righteous
judgment. **19** "You shall not distort justice; you shall
not be partial, and you shall not take a bribe, for a bribe
blinds the eyes of the wise and perverts the words of

//그리하면(결과)
네가 ─ 살겠고
　　　└ 땅을 얻으리라
　　　　/여호와께서 ─ 네게 주시는
　　　　　/네 하나님

21 [너는] 아세라상을 **세우지 말며**
/아무 나무로든지
/단 곁에
/네 하나님 여호와를 위하여 쌓은

22 [너는] 주상을 **세우지 말라**
/자기를 위하여
/네 하나님 여호와께서 미워하시느니라[28]

17

1 [너는] 여호와께 **드리지 말지니**
/네 하나님
/무릇 흠이나 악질이 있는 우양은(을)

//이는(이유: כִּי, for)
[그것이] ─ 여호와께 가증한 것이 됨이니라
/네 하나님

2 혹시(만일, כִּי)
어떤 남자나 ┐
여자가 ─ 너의 가운데 [있다면](조건절, if)
/악을 행하여 /어느 성중에서든지
/여호와의 목전에 /여호와께서 네게 주시는
/네 하나님 /네 하나님
/그 언약을 어기고

3 가서
다른 신들을 섬겨
그것에게 절하며
일월성신에게 절한다 하자(조건절, if)
/내가 명하지 아니한

4 [만일]
혹이 그 일을 네게 고하므로
네가 듣거든(조건절, if)

[너는] **자세히 사실하여 볼지니**

28) 주상을 설명하는 문장이다.

을 굽게 하느니라 **20** 너는 마땅히 공의만 좇으라 그리
하면 네가 살겠고 네 하나님 여호와께서 네게 주시는 땅
을 얻으리라 **21** 네 하나님 여호와를 위하여 쌓은 단 곁
에 아무 나무로든지 아세라 상을 세우지 말며 **22** 자기
를 위하여 주상을 세우지 말라 네 하나님 여호와께서 미
워하시느니라

17:1 무릇 흠이나 악질이 있는 우양은 네 하나님
여호와께 드리지 말지니 이는 네 하나님 여호와
께 가증한 것이 됨이니라 **2** 네 하나님 여호와께서 네게
주시는 어느 성중에서든지 너의 가운데 혹시 어떤 남자나
여자가 네 하나님 여호와의 목전에 악을 행하여 그 언약
을 어기고 **3** 가서 다른 신들을 섬겨 그것에게 절하며 내

the righteous. **20** "Justice, and only justice, you shall pursue,
that you may live and possess the land which the LORD
your God is giving you. **21** ¶ "You shall not plant for
yourself an Asherah of any kind of tree beside the altar
of the LORD your God, which you shall make for
yourself. **22** "Neither shall you set up for yourself a
sacred pillar which the LORD your God hates.

17:1 ¶ "You shall not sacrifice to the LORD your
God an ox or a sheep which has a blemish or any
defect, for that is a detestable thing to the LORD your
God. **2** ¶ "If there is found in your midst, in any of
your towns, which the LORD your God is giving you,
a man or a woman who does what is evil in the sight
of the LORD your God, by transgressing His covenant,
3 and has gone and served other gods and worshiped

만일
그 일과 말이 확실하여
행함이 이스라엘 중에 있으면(조건절, if)
/이런 가중한 일을

5 너는 남자나 여자를 **끌어내고**
/그 악을 행한
/네 성문으로
돌로 쳐 **죽이되**
/그 남자나 여자를
6 죽일 자를 **죽일 것이요**
/두 사람이나 세 사람의 증거로
한 사람의 증거로는 **죽이지 말 것이며**

7 증인이 그에게 손을 **댄(=대라)**
/먼저

//(목적: לְ, to)
이런 자를 죽임에는

뭇 백성이 손을 **댈지니라**
/그 후에

이와 같이 하여(ו, so)
너는 악을 **제할지니라**
/너의 중에

8 [만일](כִּי)
판단하기(는) 일이 어려운(=어렵다면) 생기거든(조건절, if)
/네가(네게)
/서로 피를 흘렸거나
[서로] 다투었거나
[서로] 구타하였거나 하여
/다투는 일이 —— 네 성중에서 있으되
/송사로

너는 **일어나**
여호와의 택하실 곳으로 **올라가서**
/네 하나님
9 **나아가**서
/레위 사람 제사장과
당시 재판장에게로
물으라

//그리하면(결과)

신

가 명하지 아니한 일월성신에게 절한다 하자 4 혹이 그 일을 네게 고하므로 네가 듣거든 자세히 사실하여 볼지니 만일 그 일과 말이 확실하여 이스라엘 중에 이런 가증한 일을 행함이 있으면 5 너는 그 악을 행한 남자나 여자를 네 성문으로 끌어내고 돌로 그 남자나 여자를 쳐 죽이되 6 죽일 자를 두 사람이나 세 사람의 증거로 죽일 것이요 한 사람의 증거로는 죽이지 말 것이며 7 이런 자를 죽임에는 증인이 먼저 그에게 손을 댄 후에 뭇 백성이 손을 댈지니라 너는 이와 같이 하여 너의 중에 악을 제할지니라 8 네 성중에서 송사로 다투는 일이 있으되 서로 피를 흘렸거나 다투었거나 구타하였거나 하여 네가 판결하기 어려운 일이 생기거 든 너는 일어나 네 하나님 여호와의

them, or the sun or the moon or any of the heavenly host, which I have not commanded, 4 and if it is told you and you have heard of it, then you shall inquire thoroughly. And behold, if it is true and the thing certain that this detestable thing has been done in Israel, 5 then you shall bring out that man or that woman who has done this evil deed, to your gates, that is, the man or the woman, and you shall stone them to death. 6 "On the evidence of two witnesses or three witnesses, he who is to die shall be put to death; he shall not be put to death on the evidence of one witness. 7 "The hand of the witnesses shall be first against him to put him to death, and afterward the hand of all the people. So you shall purge the evil from your midst. 8 ¶ "If any case is too difficult for you to decide, between one kind of homicide or another, between one kind of lawsuit or another, and between one kind of assault or another, being cases of dispute in your courts, then you shall arise and go

신

//그리하면(결과)
그들이 —— 네게 가르치리니
/어떻게 판결할 것을

10 네가 **행하되**
/여호와께서 택하신 곳에서
/그들이 네게 보이는 판결의 뜻대로

삼가
/행할 것이니(=행하기를)
/무릇 그들이 네게 가르치는 대로

11 곧
[너는] **행할 것이요**
/그들이 네게 가르치는 법률의 뜻대로,
/그들이 네게 고하는 판결대로

치우치지 말 것이니라
/그들이 네게 보이는 판결을 어기어서
/좌로나 우로나

12 만일
사람이 천자히 하고
듣지 아니하거든(조건절, if)
/제사장이나 재판장을
/서서(=서 있는)

//(목적: לְ, to)
섬기는
/네 하나님 여호와 앞에

그 사람을(은) **죽여(=죽임을 당하고)**
[너는] **악을 제하여 버리라**
/이스라엘 중에서

13 //그리하면(결과)
온 백성이 —— 듣고
— 두려워하여
— 다시는 천자히 행치 아니하리라

14 네가 땅에 이르러서
/여호와께서-네게 주시는
/네 하나님
그 땅을 얻어
거할 때에(상황절, when)

택하실 곳으로 올라가서 9 레위 사람 제사장과 당시 재
판장에게로 나아가서 물으라 그리하면 그들이 어떻게 판
결할 것을 네게 가르치리니 10 여호와께서 택하신 곳에
서 그들이 네게 보이는 판결의 뜻대로 네가 행하되 무릇
그들이 네게 가르치는 대로 삼가 행할 것이니 11 곧 그
들이 네게 가르치는 법률의 뜻대로 그들이 네게 고하는
판결대로 행할 것이요 그들이 네게 보이는 판결을 어기
어서 좌로나 우로나 치우치지 말 것이니라 12 사람이
만일 천자(擅恣)히 하고 네 하나님 여호와 앞에 서서 섬
기는 제사장이나 재판장을 듣지 아니하거든 그 사람을
죽여 이스라엘 중에서 악을 제하여 버리라 13 그리하면
온 백성이 듣고 두려워하여 다시는 천자히 행치 아니하

up to the place which the LORD your God chooses. 9
"So you shall come to the Levitical priest or the judge
who is in office in those days, and you shall inquire of
them, and they will declare to you the verdict in the
case. 10 "And you shall do according to the terms of
the verdict which they declare to you from that place
which the LORD chooses; and you shall be careful to observe
according to all that they teach you. 11 "According to
the terms of the law which they teach you, and according
to the verdict which they tell you, you shall do; you
shall not turn aside from the word which they declare
to you, to the right or the left. 12 "And the man who
acts presumptuously by not listening to the priest who stands
there to serve the LORD your God, nor to the judge,
that man shall die; thus you shall purge the evil from
Israel. 13 "Then all the people will hear and be afraid,
and will not act presumptuously again. 14 ¶ "When
you enter the land which the LORD your God gives

만일
우리도 뜻이 나거든(조건절, if)
/[우리도] ── 우리 위에 왕을 세우리라는
/우리 주위의 열국 같이

15 [너는] 반드시 **세울 것이며**
/네 위에 왕으로
/네 하나님 여호와의 택하신 자를

네 위에 왕을 **세우(려면)…할 것이요(=세울 것이요)**
/네 형제중에서 한 사람으로

네 위에 **세우지 말 것이며**
/네 형제 아닌 타국인을

16 왕된 자는 말을 **많이 두지 말 것이요**
그 백성을 애굽으로 **돌아가게 말 것이니**

//(목적: לְמַעַן, to)
말을 많이 얻으려고

//이는(ו, for)
여호와께서 ─ 너희에게 이르시기를...하셨음이며
/너희가 ── 그 길로 다시 돌아가지 말 것이라
/이 후에는

17 [그는] 아내를 많이 **두어서(=두지 말라)**

//(목적: lest)
그 마음이 미혹되게 말 것이며

[그는] 은금을 많이 **쌓지 말 것이니라**
/자기를 위하여

18 그가 왕위에 오르거든(상황절, when)
[그는] 이 율법서를 **등사하여**
/레위 사람 제사장 앞에 보관한

19 평생에 **자기 옆에 두고**
읽어서

//(목적: לְ, to)
[그가] ── 경외하기를 배우며
/그 하나님 여호와
── 지켜 행할 것이라
/이 율법의 모든 말과 이 규례를

리라 **14** 네가 네 하나님 여호와께서 네게 주시는 땅에
이르러서 그 땅을 얻어 거할 때에 만일 우리도 우리 주
위의 열국같이 우리 위에 왕을 세우리라는 뜻이 나거든
15 반드시 네 하나님 여호와의 택하신 자를 네 위에 왕
으로 세울 것이며 네 위에 왕을 세우려면 네 형제 중에
서 한 사람으로 할 것이요 네 형제 아닌 타국인을 네
위에 세우지 말 것이며 **16** 왕 된 자는 말을 많이 두지
말 것이요 말을 많이 얻으려고 그 백성을 애굽으로 돌아
가게 말 것이니 이는 여호와께서 너희에게 이르시기를
너희가 이 후에는 그 길로 다시 돌아가지 말 것이라 하
셨음이며 **17** 아내를 많이 두어서 그 마음이 미혹되게
말것이며 은금을 자기를 위하여 많이 쌓지 말 것이니라
18 그가 왕위에 오르거든 레위 사람 제사장 앞에 보관
한 이 율법서를 등사하여 **19** 평생에 자기 옆에 두고 읽

you, and you possess it and live in it, and you say, 'I will set a king over me like all the nations who are around me,'
15 you shall surely set a king over you whom the LORD your God chooses, one from among your countrymen you shall set as king over yourselves; you may not put a foreigner over yourselves who is not your countryman.
16 "Moreover, he shall not multiply horses for himself, nor shall he cause the people to return to Egypt to multiply horses, since the LORD has said to you, 'You shall never again return that way.'
17 "Neither shall he multiply wives for himself, lest his heart turn away; nor shall he greatly increase silver and gold for himself.
18 ¶ "Now it shall come about when he sits on the throne of his kingdom, he shall write for himself a copy of this law on a scroll in the presence of the Levitical priests.
19 "And it shall be with him, and he shall

20 //그리하면(결과)
그의 마음이 — 교만하지 아니하고
/그 형제 위에
좌로나 우로나 치우치지 아니하리니
/이 명령에서 떠나(=부터)

날이 — 장구하리라
/왕위에 있는 /이스라엘 중에서
/그와
그의 자손의

18

신

1 제사장과
/레위 사람
온 지파는 — **분깃도 없고**
/레위의 /이스라엘 중에
기업도 없을지니

그들은 **먹을 것이라**
/여호와의 화제물과
그 기업을

2 그들이 **기업이 없을 것은**
/그 형제 중에

여호와께서 그들의 **기업이 되심이니라**
/그들에게 대하여 말씀하심 같이

3 응식은 **이러하니**
/제사장이 — 받을
/백성에게서

[그들은] 제사장에게 **줄 것이요**
/이것을
/곧 우양을 물론하고
/그 드리는 제물의
그 앞 넓적다리와
두 볼과 위라

4 또
네가 그에게 **줄 것이니**
/너의 처음 된 곡식과

어서 그 하나님 여호와 경외하기를 배우며 이 율법의 모
든 말과 이 규례를 지켜 행할 것이라 **20** 그리하면 그의
마음이 그 형제 위에 교만하지 아니하고 이 명령에서 떠
나 좌로나 우로나 치우치지 아니하리니 이스라엘 중에서
그와 그의 자손의 왕위에 있는 날이 장구하리라
18:1 레위 사람 제사장과 레위의 온 지파는 이스
라엘 중에 분깃도 없고 기업도 없을지니 그들은
여호와의 화제물과 그 기업을 먹을 것이라 **2** 그들이 그
형제 중에 기업이 없을 것은 그들에게 대하여 말씀하심
같이 여호와께서 그들의 기업이 되심이니라 **3** 제사장이
백성에게서 받을 응식은 이러하니 곧 그 드리는 제물의
우양을 물론하고 그 앞 넓적다리와 두 볼과 위라 이것을
제사장에게 줄 것이요 **4** 또 너의 처음 된 곡식과 포도
주와 기름과 너의 처음 깎은 양털을 네가 그에게 줄 것

read it all the days of his life, that he may learn to fear
the LORD his God, by carefully observing all the words
of this law and these statutes, **20** that his heart may
not be lifted up above his countrymen and that he may
not turn aside from the commandment, to the right or
the left; in order that he and his sons may continue long
in his kingdom in the midst of Israel.
18:1 ¶ "The Levitical priests, the whole tribe of
Levi, shall have no portion or inheritance with
Israel; they shall eat the LORD's offerings by fire and
His portion. **2** "And they shall have no inheritance
among their countrymen; the LORD is their inheritance,
as He promised them. **3** ¶ "Now this shall be the priests'
due from the people, from those who offer a sacrifice,
either an ox or a sheep, of which they shall give to the
priest the shoulder and the two cheeks and the stomach.
4 "You shall give him the first fruits of your grain,
your new wine, and your oil, and the first shearing of

/너의 처음 된 곡식과
포도주와
기름과
너의 처음 깎은 양털을

5 //이는(이유: כִּי, for)
여호와께서 —— 그를 택하여 내시고
/네 하나님 /네 모든 지파 중에서

//(목적: לְ, to)
여호와의 이름으로 서서
/그와 그의 자손으로(을)
/영영히
섬기게 하셨음이니라

6 [만일](כִּי)
레위인이 그 거한 곳을 떠나
/어느 성읍에든지 거하는
/이스라엘의 온 땅

여호와의 택하신 곳에 이르면(조건절, if)
/간절한 소원이 있어

7 [그는] **섬길 수 있나니**
/그 하나님 여호와의 이름으로
/그 형제 모든 레위인과 일반으로
/여호와 앞에 선

8 응식은 **그들과 같을 것이요**
/그 사람의

판 돈은 이 외에 **그에게 속할 것이니라**
/그 상속 산업을

9 [네가] 땅에 들어가거든(상황절, when, כִּי)
/네 하나님 여호와께서 네게 주시는

너는 **본받지 말 것이니**
/그 민족들의 가증한 행위를

10 [누구도] 너의 중에 **용납하지 말라**
/그 아들이나 딸을 불 가운데로 지나게 하는 자나
복술자나
길흉을 말하는 자나
요술하는 자나
무당이나
11 진언자나
신접자나
박수나
초혼자를

12 //*무릇(이유: for)*

이니 **5** 이는 네 하나님 여호와께서 네 모든 지파 중에서
그를 택하여 내시고 그와 그의 자손으로 영영히 여호와
의 이름으로 서서 섬기게 하셨음이니라 **6** 이스라엘 온
땅 어느 성읍에든지 거하는 레위인이 간절한 소원이 있
어 그 거한 곳을 떠나 여호와의 택하신 곳에 이르면 **7**
여호와 앞에 선 그 형제 모든 레위인과 일반으로 그 하
나님 여호와의 이름으로 섬길 수 있나니 **8** 그 사람의 응
식은 그들과 같을 것이요 그 상속 산업을 판 돈은 이외
에 그에게 속할 것이니라 **9** 네 하나님 여호와께서 네게
주시는 땅에 들어가거든 너는 그 민족들의 가증한 행위
를 본받지 말 것이니 **10** 그 아들이나 딸을 불 가운데로
지나게 하는 자나 복술자나 길흉을 말하는 자나 요술을

your sheep. **5** "For the LORD your God has chosen
him and his sons from all your tribes, to stand and serve
in the name of the LORD forever. **6** ¶ "Now if a Levite
comes from any of your towns throughout Israel where
he resides, and comes whenever he desires to the place which
the LORD chooses, **7** then he shall serve in the name
of the LORD his God, like all his fellow Levites who
stand there before the LORD. **8** "They shall eat equal
portions, except what they receive from the sale of their
fathers' estates. **9** ¶ "When you enter the land which
the LORD your God gives you, you shall not learn to
imitate the detestable things of those nations. **10** "There
shall not be found among you anyone who makes his
son or his daughter pass through the fire, one who uses
divination, one who practices witchcraft, or one who interprets
omens, or a sorcerer, **11** or one who casts a spell, or a

12 //무릇(이유: כִּי, for)
여호와께서 ─ 가증히 여기시나니
/이런 일을 행하는 자는(를)

여호와께서 그들을 네 앞에서 **쫓아내시느니라**
/네 하나님 /이런 가증한 일로 인하여

13 [너는] 여호와 앞에 **완전하라**
/너는 네 하나님

14 비록(כִּי)
이 민족들은 말을 듣거니와(양보절, although)[29]
/네가 쫓아낼 /길흉을 말하는 자나
복술자의
여호와께서 이런 일을 **용납지 아니하시느니라**
/네 하나님 /네게는

15 여호와께서 나와 같은 선지자 하나를 **일으키시리니**
/네 하나님 /너의 중 네 형제 중에서
/너를 위하여
너희는 그를 **들을지니라**

16 이것이 곧 여호와께 **구한 것이라**
/너의 하나님
/네가 총회의 날에
/호렙산에서
곧
네가 **말하기를…하매**
/나로(내가) ─ 다시는 듣지 않게 하시고
/나의 하나님 여호와의 음성을
└ 다시는 이 큰 불을 보지 않게 하소서

//(목적: lest)
두렵건대 내가 죽을까 하나이다

17 여호와께서 내게 **이르시되**
/그들의 말이 옳도다
18 /내가 ─ 너와 같은 선지자 하나를 일으키고
/그들의 형제 중에
/그들을 위하여
└ 내 말을 그 입에 두리니

신

29) NRSV, Although these nations that you are about to dispossess do give heed to soothsayers and diviners, as for you, the LORD your God does not permit you to do so.

하는 자나 무당이나 **11** 진언자나 신접자나 박수나 초혼
자를 너의 중에 용납하지 말라 **12** 무릇 이런 일을 행하
는 자는 여호와께서 가증히 여기시나니 이런 가증한 일
로 인하여 네 하나님 여호와께서 그들을 네 앞에서 쫓아
내시느니라 **13** 너는 네 하나님 여호와 앞에 완전하라
14 네가 쫓아낼 이 민족들은 길흉을 말하는 자나 복술
자의 말을 듣거니와 네게는 네 하나님 여호와께서 이런
일을 용납지 아니하시느니라 **15** 네 하나님 여호와께서
너의 중 네 형제 중에서 나와 같은 선지자 하나를 너를
위하여 일으키시리니 너희는 그를 들을지니라 **16** 이것
이 곧 네가 총회의 날에 호렙 산에서 너의 하나님 여호
와께 구한 것이라 곧 네가 말하기를 나로 다시는 나의
하나님 여호와의 음성을 듣지 않게 하시고 다시는 이 큰
불을 보지 않게 하소서 두렵건대 내가 죽을까 하나이다

medium, or a spiritist, or one who calls up the dead.
12 "For whoever does these things is detestable to the
LORD; and because of these detestable things the LORD
your God will drive them out before you. 13 "You
shall be blameless before the LORD your God. 14 ¶
"For those nations, which you shall dispossess, listen to those
who practice witchcraft and to diviners, but as for you,
the LORD your God has not allowed you to do so. 15
"The LORD your God will raise up for you a prophet
like me from among you, from your countrymen, you
shall listen to him. 16 "This is according to all that
you asked of the LORD your God in Horeb on the day
of the assembly, saying, 'Let me not hear again the
voice of the LORD my God, let me not see this great
fire anymore, lest I die.' 17 "And the LORD said to
me, 'They have spoken well. 18 'I will raise up a
prophet from among their countrymen like you, and I
will put My words in his mouth, and he shall speak to

/그가 —— 무리에게 다 고하리라
/내가 그에게 명하는 것을

19 /무릇 자는 — 내게 벌을 받을 것이요
/내 말을 듣지 아니하는
/그가 내 이름으로 고하는

20 /만일
선지자가 —— 방자히 내 이름으로 고하든지
/어떤 /내가 고하라고 명하지 아니한 말을
다른 신들의 이름으로 말하면(조건절, if)
그 선지자는 —죽임을 당하리라 (하셨느니라)

21 네가 혹시 심중에 **이르기를**…하리라
/우리가 — 어떻게 알리요
/그 말이 여호와의 이르신 말씀인지

22 선지자가 (있어서)
여호와의 이름으로 말한(일에) (=말할 때에) (상황절, when)
만일
증험도 없고
성취함도 없으면(조건절, if)

이는 여호와의 **말씀하신 것이 아니요**
그 선지자가 방자히 **한 말이니**

너는 그를 **두려워 말지니라**

19

1 여호와께서 이 열국을 멸절하시고(상황절, when)
/네 하나님 /네 하나님 여호와께서 그 땅을 네게 주시므로(=주신)[30]

네가 필경 그것을 얻고
그들의 각 성읍과 각 가옥에 거할 때에(상황절, when)
2 [너는] 세 성읍을 **구별하고**
/땅 가운데서
/여호와께서 — 네게 기업으로 주신
/네 하나님
/너를 위하여

30) 열국을 수식함

하매 17 여호와께서 이르시되 그들의 말이 옳도다 18
내가 그들의 형제 중에 너와 같은 선지자 하나를 그들을
위하여 일으키고 내 말을 그 입에 두리니 내가 그에게
명하는 것을 그가 무리에게 다 고하리라 19 무릇 그가
내 이름으로 고하는 내 말을 듣지 아니하는 자는 내게
벌을 받을 것이요 20 내가 고하라고 명하지 아니한 말
을 어떤 선지자가 만일 방자히 내 이름으로 고하든지 다
른 신들의 이름으로 말하면 그 선지자는 죽임을 당하리
라 하셨느니라 21 네가 혹시 심중에 이르기를 그 말이
여호와의 이르신 말씀인지 우리가 어떻게 알리요 하리라 22
만일 선지자가 있어서 여호와의 이름으로 말한 일에 증
험도 없고 성취함도 없으면 이는 여호와의 말씀하신 것
이 아니요 그 선지자가 방자히 한 말이니 너는 그를 두
려워 말지니라

19:1 네 하나님 여호와께서 이 열국을 멸절하시고
네 하나님 여호와께서 그 땅을 네게 주시므로 네

them all that I command him. 19 'And it shall come
about that whoever will not listen to My words which
he shall speak in My name, I Myself will require it of
him. 20 'But the prophet who shall speak a word
presumptuously in My name which I have not commanded
him to speak, or which he shall speak in the name of
other gods, that prophet shall die.' 21 "And you may
say in your heart, 'How shall we know the word which
the LORD has not spoken?' 22 "When a prophet speaks
in the name of the LORD, if the thing does not come
about or come true, that is the thing which the LORD
has not spoken. The prophet has spoken it presumptuously;
you shall not be afraid of him.

19:1¶ "When the LORD your God cuts off the
nations, whose land the LORD your God gives
you, and you dispossess them and settle in their cities

신

3 그 도로를 **닦고**
땅의 전체를 삼구로 **분하여**
/여호와께서 — 네게 주시는
/네 하나님 /유업으로
무릇 살인자를 **도피케 하라**
/그 성읍으로

4 경위는 **이러하니**
/살인자가 ┬ 그리로 도피하여
└ 살만한

곧
누구든지 그 이웃을 죽인 일(상황절, when)
/본래 혐원이 없이
/부지중에

5 가령 사람이 삼림에 들어가서
/그 이웃과 함께

//(목적: לְ, to)
벌목하러

[그가] ┬ 손에 도끼를 들고
└ 찍을 때에 (상황절, when)

//(목적: לְ, to)
벌목하려고

도끼가 ┬ 자루에서 빠져
└ 그 이웃을 맞춰(상황절, when)

//(결과)
그로 죽게 함 같은 것이라

이런 사람은 그 성읍중 하나로 **도피하여**
생명을 **보존할 것이니라**

6 //(목적: פֶּן, lest)
[그가] ─ 두렵건대 살인자를 따르는데

//(이유: כִּי, for)
보수자의 마음이 뜨거워서
├ 그를 따라 미쳐서

//(이유: כִּי, for)
그 가는 길이 멀면
└ 죽일까 하노라

[그가] 죽이기에 **합당치 아니하나**

//(이유: כִּי, for)
그 사람이 — 그에게 본래 혐원이 없으니

가 필경 그것을 얻고 그들의 각 성읍과 각 가옥에 거할
때에 2 네 하나님 여호와께서 네게 기업으로 주신 땅 가
운데서 세 성읍을 너를 위하여 구별하고 3 네 하나님 여
호와께서 네게 유업으로 주시는 땅의 전체를 삼 구로 분
하여 그 도로를 닦고 무릇 살인자를 그 성읍으로 도피케
하라 4 살인자가 그리로 도피하여 살 만한 경위는 이러
하니 곧 누구든지 본래 혐원이 없이 부지중에 그 이웃을
죽인 일, 5 가령 사람이 그 이웃과 함께 벌목하러 삼림에
들어가서 손에 도끼를 들고 벌목하려고 찍을 때에 도끼가
자루에서 빠져 그 이웃을 맞춰 그로 죽게함 같은 것이라
이런 사람은 그 성읍 중 하나로 도피하여 생명을 보존할
것이니라 6 그 사람이 그에게 본래 혐원이 없으니 죽이
기에 합당치 아니하나 두렵건대 보수자의 마음이 뜨거워
서 살인자를 따르는데 그 가는 길이 멀면 그를 따라 미쳐

and in their houses, 2 you shall set aside three cities
for yourself in the midst of your land, which the LORD
your God gives you to possess. 3 "You shall prepare
the roads for yourself, and divide into three parts the territory
of your land, which the LORD your God will give you
as a possession, so that any manslayer may flee there.
4 ¶ "Now this is the case of the manslayer who may
flee there and live: when he kills his friend unintentionally,
not hating him previously — 5 as when a man goes
into the forest with his friend to cut wood, and his hand
swings the axe to cut down the tree, and the iron head
slips off the handle and strikes his friend so that he dies
— he may flee to one of these cities and live; 6 lest
the avenger of blood pursue the manslayer in the heat
of his anger, and overtake him, because the way is long,
and take his life, though he was not deserving of death,

7 그러므로
내가 네게 **명하기를…하노라**
/[너는] ── 세 성읍을 구별하라
/너를 위하여

8 [만일](אִם)
여호와께서 네 지경을 넓혀
/네 하나님 /네 열조에게 맹세하신 대로
땅을 다 네게 주실 때(조건절, if)
/네 열조에게 주리라고 말씀하신
9 또
[만일]
네가 ── 이 모든 명령을 지켜
/나의 오늘날 네게 명하는
── 행하여(조건절, if)

//(목적: לְ, to)
여호와를 사랑하고
/네 하나님
그 길로 행할 (때에는)
/항상

[너는] 세 성읍을 **더하여**
/이 셋 외에
10 무죄한 피를 **흘림이 없게 하라**
/땅에서
/여호와께서 ── 네게 주시는
/네 하나님 /기업으로

//이같이 하면(결과)
그 피가 ──네게로 돌아가지 아니하리라

11 그러나
만일(כִּי)
사람이 그 이웃을 미워하여
그를 엎드려 기다리다가
일어나
쳐서
그 생명을 상하여 죽게 하고
이 한 성읍으로 도피하거든(조건절, if)

12 장로들이 사람을 **보내어**
/그 본 성읍
그를 거기서 **잡아다가**

서 죽일까 하노라 7 그러므로 내가 네게 명하기를 세 성
읍을 너를 위하여 구별하라 하노라 8 네 하나님 여호와
께서 네 열조에게 맹세하신 대로 네 지경을 넓혀 네 열조
에게 주리라고 말씀하신 땅을 다 네게 주실 때 9 또 네
가 나의 오늘날 네게 명하는 이 모든 명령을 지켜 행하여
네 하나님 여호와를 사랑하고 항상 그 길로 행할 때에는
이 셋 외에 세 성읍을 더하여 10 네 하나님 여호와께서
네게 기업으로 주시는 땅에서 무죄한 피를 흘림이 없게
하라 이같이 하면 그 피가 네게로 돌아가지 아니하리라
11 그러나 만일 사람이 그 이웃을 미워하여 엎드려 그
를 기다리다가 일어나 쳐서 그 생명을 상하여 죽게 하고
이 한 성읍으로 도피하거든 12 그 본 성읍 장로들이 사
람을 보내어 그를 거기서 잡아다가 보수자의 손에 넘겨
죽이게 할 것이라 13 네 눈이 그를 긍휼히 보지 말고 무

since he had not hated him previously. 7 "Therefore, I
command you, saying, 'You shall set aside three cities
for yourself.' 8 "And if the LORD your God enlarges
your territory, just as He has sworn to your fathers, and gives
you all the land which He promised to give your fathers
— 9 if you carefully observe all this commandment,
which I command you today, to love the LORD your
God, and to walk in His ways always — then you shall
add three more cities for yourself, besides these three.
10 "So innocent blood will not be shed in the midst of
your land which the LORD your God gives you as an
inheritance, and bloodguiltiness be on you. 11 ¶ "But
if there is a man who hates his neighbor and lies in wait
for him and rises up against him and strikes him so that
he dies, and he flees to one of these cities, 12 then the
elders of his city shall send and take him from there

보수자의 손에 **넘겨**
죽이게 할 것이라

13 네 눈이 그를 **긍휼히 보지 말고**
이스라엘에서 **제하라**
/무죄한 피 흘린 죄를

//그리하면(결과)
복이 ——네게 있으리라

14 [너는] 경계표를 **이동하지 말지니라**
/네 이웃의
/선인의 정한
/여호와께서 ——네게 주어 얻게 하시는 땅[에서]
/네 하나님 /곧 네 기업 된 소유의 땅에서

신

15 사람이 **정할 것이 아니요**
/아무 악이든지 무릇 범한 죄는
/한 증인으로만

그 사건을 **확정할 것이며**
/두 증인의 입으로나
세 증인의 입으로

16 만일(כִּי)
위증하는 자가 있어
말함이 있으면(조건절, if)
/아무 사람이 악을 행하였다
17 양방이 하나님 앞에 **같이 나아가**
/그 논쟁하는
당시 제사장과 재판장 앞에 **설 것이요**

18 재판장은 자세히 **사실하여**

[만일]
그 증인이 판명되거든(조건절, if)
/위증인이라
/그 형제를 거짓으로 무함한 것이

19 그가 그에게 **행하여**
/그 형제에게 행하려고 꾀한 대로
너희 중에서 악을 **제하라**

20 //*그리하면(결과)*

죄한 피 흘린 죄를 이스라엘에서 제하라 그리하면 네게
복이 있으리라 **14** 네 하나님 여호와께서 네게 주어 얻
게 하시는 땅 곧 네 기업된 소유의 땅에서 선인의 정한
네 이웃의 경계표를 이동하지 말지니라 **15** 사람이 아무
악이든지 무릇 범한 죄는 한 증인으로만 정할 것이 아니
요 두 증인의 입으로나 세 증인의 입으로 그 사건을 확정
할 것이며 **16** 만일 위증하는 자가 있어 아무 사람이 악
을 행하였다 말함이 있으면 **17** 그 논쟁하는 양방이 같
이 하나님 앞에 나아가 당시 제사장과 재판장 앞에 설 것
이요 **18** 재판장은 자세히 사실하여 그 증인이 위증인이
라 그 형제를 거짓으로 무함한 것이 판명되거든 **19** 그
가 그 형제에게 행하려고 꾀한 대로 그에게 행하여 너희
중에서 악을 제하라 **20** 그리하면 그 남은 자들이 듣고
두려워하여 이후부터는 이런 악을 너희 중에서 다시 행하

and deliver him into the hand of the avenger of blood,
that he may die. **13** "You shall not pity him, but you
shall purge the blood of the innocent from Israel, that it
may go well with you. **14** ¶ "You shall not move your
neighbor's boundary mark, which the ancestors have set,
in your inheritance which you shall inherit in the land
that the LORD your God gives you to possess. **15** ¶
"A single witness shall not rise up against a man on
account of any iniquity or any sin which he has committed;
on the evidence of two or three witnesses a matter shall
be confirmed. **16** "If a malicious witness rises up against
a man to accuse him of wrongdoing, **17** then both the
men who have the dispute shall stand before the LORD,
before the priests and the judges who will be in office
in those days. **18** "And the judges shall investigate
thoroughly; and if the witness is a false witness and he
has accused his brother falsely, **19** then you shall do
to him just as he had intended to do to his brother. Thus

20 //그리하면(결과)
그 남은 자들이 ― 듣고
└ 두려워하여

이 후부터는
[그들이] ―― 이런 악을 다시 행하지 아니하리라
/너희 중에서

21 네 눈이 **긍휼히 보지 말라**

생명은 **생명으로 이고,**
눈은 **눈으로 〈이고〉,**
이는 **이로 〈이고〉,**
손은 **손으로 〈이고〉,**
발은 **발로니라**

20

1 네가 ―― 나가...할 때에(=나갈 때에)

//(목적: לְ, to)
대적과 싸우려

―― 볼지라도(상황절, when)
/말과 병거와 민중이 너보다 많음을
└ 그들을 **두려워 말라**

//(이유: כִּי, for)
여호와께서 ― 너와 함께 하시느니라
/네 하나님
/너를 인도하여 내신
/애굽 땅에서

2 너희가 싸울 곳에 가까이 가거든(상황절, when)
제사장은 백성에게 **나아가서**
고하여
3 그들에게 **이르기를**
/이스라엘아!
[너희는] ― 들으라
/너희가 ― 오늘날 나아왔으니

//(목적: to)

지 아니하리라 **21** 네 눈이 긍휼히 보지 말라 생명은 생
명으로, 눈은 눈으로, 이는 이로, 손은 손으로, 발은 발로
니라

20:1 네가 나가 대적과 싸우려할 때에 말과 병거와
민중이 너보다 많음을 볼지라도 그들을 두려워
말라 애굽 땅에서 너를 인도하여 내신 네 하나님 여호와
께서 너와 함께 하시느니라 **2** 너희가 싸울 곳에 가까이
가거든 제사장은 백성에게 나아가서 고하여 **3** 그들에게
이르기를 이스라엘아 들으라 너희가 오늘날 너희의 대적
과 싸우려고 나아왔으니 마음에 겁내지 말며 두려워 말며
떨지말며 그들로 인하여 놀라지 말라 **4** 너희 하나님 여
호와는 너희와 함께 행하시며 너희를 위하여 너희 대적을
치고 너희를 구원하시는 자니라 할 것이며 **5** 유사들은
백성에게 고하여 이르기를 새 집을 건축하고 낙성식을 행

you shall purge the evil from among you. **20** "And the
rest will hear and be afraid, and will never again do
such an evil thing among you. **21** "Thus you shall not
show pity: life for life, eye for eye, tooth for tooth, hand
for hand, foot for foot.

20:1 ¶ "When you go out to battle against your enemies
and see horses and chariots and people more
numerous than you, do not be afraid of them; for the
LORD your God, who brought you up from the land of
Egypt, is with you. **2** "Now it shall come about that
when you are approaching the battle, the priest shall
come near and speak to the people. **3** "And he shall
say to them, 'Hear, O Israel, you are approaching the
battle against your enemies today. Do not be fainthearted.
Do not be afraid, or panic, or tremble before them, **4**
for the LORD your God is the one who goes with you,

//(목적: לְ, to)
너희의 대적과 싸우려고

— 마음에 겁내지 말며
— 두려워 말며
— 떨지 말며
— 그들로 인하여 놀라지 말라

4 //(이유: כִּי, for)
여호와는 ┬ 너희와 함께 행하시며
/너희 하나님

├ 너희 대적을 치고
/너희를 위하여
└ 너희를 구원하시는 자니라 (할 것이며)

신

5 유사들은 백성에게 **고하여 이르기를**
/새집을 건축하고 낙성식을 행치 못한 자가 있느냐?
/그는 ——집으로 돌아갈지니

//(목적: פֶּן, lest)
그가 ——전사하면(=전사하지 않게 하기 위해서)
타인이 —낙성식을 행할까 하노라

6 /포도원을 만들고 그 과실을 먹지 못한 자가 있느냐?
/그는 —— 집으로 돌아갈지니

//(목적:: פֶּן, lest)
그가 —— 전사하면(=전사하지 않게 하기 위해서)
타인이 — 그 과실을 먹을까 하노라

7 /여자와 약혼하고 그를 취하지 못한 자가 있느냐?
/그는 ——— 집으로 돌아갈지니

//(목적:: פֶּן, lest)
그가 —— 전사하면(=전사하지 않게 하기 위해서)
타인이 — 그를 취할까 하노라 하고

8 또
유사들은 오히려 백성에게 **고하여 이르기를**
/두려워서 마음에 겁내는 자가 있느냐?
/그는 —— 집으로 돌아갈지니

//(목적:: פֶּן, lest)
마음도 ——그의 마음과 같이 떨어질까 하노라 하여
/그 형제들의

치 못한 자가 있느냐 그는 집으로 돌아갈지니 전사하면
타인이 낙성식을 행할까 하노라 6 포도원을 만들고 그
과실을 먹지 못한 자가 있느냐 그는 집으로 돌아갈지니
전사하면 타인이 그 과실을 먹을까 하노라 7 여자와 약
혼하고 그를 취하지 못한 자가 있느냐 그는 집으로 돌아
갈지니 전사하면 타인이 그를 취할까 하노라 하고 8 유
사들은 오히려 또 백성에게 고하여 이르기를 두려워서 마
음에 겁내는 자가 있느냐 그는 집으로 돌아갈지니 그 형
제들의 마음도그의 마음과 같이 떨어질까 하노라 하여 9
백성에게 이르기를 필한 후에 군대의 장관들을 세워 무리
를 거느리게 할지니라 10 네가 어떤 성읍으로 나아가서
치려할 때에 그 성에 먼저 평화를 선언하라 11 그 성읍

to fight for you against your enemies, to save you.' 5
"The officers also shall speak to the people, saying,
'Who is the man that has built a new house and has not
dedicated it? Let him depart and return to his house, lest
he die in the battle and another man dedicate it. 6 'And
who is the man that has planted a vineyard and has not begun
to use its fruit? Let him depart and return to his house,
lest he die in the battle and another man begin to use
its fruit. 7 'And who is the man that is engaged to a
woman and has not married her? Let him depart and
return to his house, lest he die in the battle and another
man marry her.' 8 "Then the officers shall speak further
to the people, and they shall say, 'Who is the man that
is afraid and fainthearted? Let him depart and return to
his house, so that he might not make his brothers' hearts
melt like his heart.' 9 "And it shall come about that

9 [그들이] 백성에게 이르기를 필한 후에(상황절, when)
군대의 장관들을 **세워...할지니라(=세워야 한다)**
/무리를 거느리게

10 네가 어떤 성읍으로 나아가서 때에(상황절, when)
//(목적: לְ, to)
치려할(=치리하기 위하여)

[너는] 먼저 평화를 **선언하라**
/그 성에

11 만일(אִם)
그 성읍이 평화하기로 회답하고
너를 향하여 성문을 열거든(조건절, if)
그 거민으로 네게 공을 **바치고**
/온
너를 **섬기게 할 것이요**

12 만일(אִם)
<그들이> 너와 평화하기를 싫어하고
너를 대적하여 싸우려하거든(조건절, if)
너는 그 성읍을 **에워쌀 것이며**

13 여호와께서 그 성읍을 붙이시거든(상황절, when)
/네 하나님 /네 손에
너는 그 속의 남자를 다 **쳐 죽이고**
/칼날로

14 오직
[너는] **취하라**
/여자들과
유아들과
육축과
/모든 것은(을) (네 것이니)
/네가 탈취한
/무릇 그 성중에서(=성중에 있는)

너는 그것을 **누릴지니라**
/네가 ——— 대적에게서 탈취한 (것은)
/여호와께서 —— 네게 주신 (것인즉)
/네 하나님

15 네가 이같이 **행하려니와**
/네게서 멀리 떠난 성읍들[에게]
/곧 이 민족들에게 속하지 아니한 성읍들에게는

16 오직
[너는] **살리지 말지니**
/호흡 있는 자를 하나도
/이 민족들의 성읍에서는
/여호와께서 —— 네게 기업으로 주시는
/네 하나님

이 만일 평화하기로 회답하고 너를 향하여 성문을 열거든
그 온 거민으로 네게 공을 바치고 너를 섬기게 할 것이요
12 만일 너와 평화하기를 싫어하고 너를 대적하여 싸우
려 하거든 너는 그 성읍을 에워쌀 것이며 13 네 하나님
여호와께서 그 성읍을 네 손에 붙이시거든 너는 칼날로
그 속의 남자를 다 쳐 죽이고 14 오직 여자들과 유아들
과 육축과 무릇 그 성중에서 네가 탈취한 모든 것은 네
것이니 취하라 네가 대적에게서 탈취한 것은 네 하나님
여호와께서 네게 주신 것인즉 너는 그것을 누릴지니라
15 네가 네게서 멀리 떠난 성읍들 곧 이 민족들에게 속
하지 아니한 성읍들에게는 이같이 행하려니와 16 오직
네 하나님 여호와께서 네게 기업으로 주시는 이 민족들의

when the officers have finished speaking to the people,
they shall appoint commanders of armies at the head of
the people. 10 ¶ "When you approach a city to fight
against it, you shall offer it terms of peace. 11 "And it
shall come about, if it agrees to make peace with you
and opens to you, then it shall be that all the people
who are found in it shall become your forced labor and
shall serve you. 12 "However, if it does not make peace
with you, but makes war against you, then you shall
besiege it. 13 "When the LORD your God gives it into
your hand, you shall strike all the men in it with the
edge of the sword. 14 "Only the women and the children
and the animals and all that is in the city, all its spoil,
you shall take as booty for yourself; and you shall use

17 곧
네가 **진멸하되**
/헷 족속과
아모리 족속과
가나안 족속과
브리스 족속과
히위 족속과
여부스 족속을
/여호와께서-네게 명하신 대로(하라)
/네 하나님

18 //이는(목적: לְמַעַן, so that...may not)
그들이 ──너희에게 가르쳐 본받게 하여. . . 할까 함이니라[31]
/모든 가증한 일로
/그 신들에게 행하는
너희로 ── 여호와께 범죄케. . . 할까 함이니라[32]
/너희의 하나님

19 너희가 어느 성읍을 오래 동안 에워싸고...때에도(상황절, when)

//(목적: לְ, to)
쳐서, 취하려할(=취하려고)

[너는] 그곳의 나무를 **작벌하지 말라**
/도끼를 둘러

//이는(이유: כִּי, for)
[그것은] 너희의 먹을 것이 될 것임이니

[너는] **찍지 말라**

//(이유: כִּי, for)
밭의 수목이 사람이냐?[33]
너희가 어찌 그것을 에워싸겠느냐?

20 오직
[너희는] 수목은[을] **작벌하여**
/과목이 아닌 줄로 아는
그 성읍을 치는 기구를 **만들어**
/너희와 싸우는
쓸지니라
/그 성읍을 함락시킬 때까지

신

31) 가르쳐 본받게하지 못하게 하기 위하여
32) 범죄케하지 못하게 하기 위하여
33) 밭의 수목은 사람이 아니기 때문이다.

성읍에서는 호흡 있는 자를 하나도 살리지 말지니 17
곧 헷 족속과 아모리 족속과 가나안 족속과 브리스 족속
과 여부스 족속을 네가 진멸하되 네 하나님 여호와께서
네게 명하신 대로 하라 18 이는 그들이 그 신들에게 행
하는 모든 가증한 일로 너희에게 가르쳐 본받게 하여 너
희로 너희의 하나님 여호와께 범죄케 할까 함이니라 19
너희가 어느 성읍을 오래 동안 에워싸고 쳐서 취하려 할
때에도 도끼를 둘러 그 곳의 나무를 작벌하지 말라 이는
너희의 먹을 것이 될 것임이니 찍지 말라 밭의 수목이 사
람이냐 너희가 어찌 그것을 에워싸겠느냐 20 오직 과목
이 아닌 줄로 아는 수목은 작벌하여 너희와 싸우는 그 성
읍을 치는 기구를 만들어 그 성읍을 함락시킬 때까지 쓸
지니라

the spoil of your enemies which the LORD your God
has given you. 15 "Thus you shall do to all the cities
that are very far from you, which are not of the cities
of these nations nearby. 16 "Only in the cities of these
peoples that the LORD your God is giving you as an
inheritance, you shall not leave alive anything that
breathes. 17 "But you shall utterly destroy them, the
Hittite and the Amorite, the Canaanite and the Perizzite,
the Hivite and the Jebusite, as the LORD your God has
commanded you, 18 in order that they may not teach
you to do according to all their detestable things which
they have done for their gods, so that you would sin
against the LORD your God. 19 ¶ "When you besiege
a city a long time, to make war against it in order to
capture it, you shall not destroy its trees by swinging an
axe against them; for you may eat from them, and you
shall not cut them down. For is the tree of the field a
man, that it should be besieged by you? 20 "Only the
trees which you know are not fruit trees you shall destroy
and cut down, that you may construct siegeworks against
the city that is making war with you until it falls.

21

1 혹시(만일)
시체가 땅에서 발견하고(=발견되고)[34)]
/피살한 /여호와께서 ── 네게 주어 얻게 하시는
/네 하나님
/들에 엎드러진 것을
누구인지 알지 못하거든(=알려지지 않거든) (조건절, if)
/그 쳐 죽인 자가
2 너의 장로들과 ┐
재판장들이 ──┴ **나가서**
└ 각 성읍의 원근을 **잴 것이요**
/사면에 있는
/그 피살한 곳에서

3 성읍 장로들이 암송아지를 **취하고**
/제일 가까운 /아직 부리우지 아니하고
/그 피살한 곳에서 멍에를 메지 아니한
/곧 그 성읍의

4 장로들이 그 송아지를 **끌고 가서**
/성읍의 /골짜기로
/물이 항상 흐르고
갈지도 심지도 못하는
그 송아지의 목을 **꺾을 것이요**
/그 골짜기에서

5 제사장들도 그리로 **올지니**
/레위 자손

//(이유: כִּי, for)
그들은 ── 여호와께서 택하사
/네 하나님

//(목적: לְ, to)
자기를 섬기게 하시며
또
여호와의 이름으로 축복하게 하신 자라

모든 소송과 ┐
모든 투쟁이 ┴ 그들의 말대로 **판결될 것이니라**

6 모든 장로들은 암송아지 위에 손을 **씻으며**
/가까운 성읍의 /그 골짜기에서 목을 꺾은
/제일
/그 피살된 곳에서

34) 만일 시체가 발견되었다면,

신

21:1 네 하나님 여호와께서 네게 주어 얻게 하시는 땅에서 혹시 피살한 시체가 들에 엎드러진 것을 발견하고 그 쳐 죽인 자가 누구인지 알지 못하거든 2 너의 장로들과 재판장들이 나가서 그 피살한 곳에서 사면에 있는 각 성읍의 원근을 잴 것이요 3 그 피살한 곳에서 제일 가까운 성읍 곧 그 성읍의 장로들이 아직 부리우지 아니하고 멍에를 메지 아니한 암송아지를 취하고 4 성읍의 장로들이 물이 항상 흐르고 갈지도 심지도 못하는 골짜기로 그 송아지를 끌고 가서 그 골짜기에서 그 송아지의 목을 꺾을것이요 5 레위 자손 제사장들도 그리로 올지니 그들은 네 하나님 여호와께서 택하사 자기를 섬기게 하시며 또 여호와의 이름으로 축복하게 하신 자라 모든

21:1 ¶ "If a slain person is found lying in the open country in the land which the LORD your God gives you to possess, and it is not known who has struck him, 2 then your elders and your judges shall go out and measure the distance to the cities which are around the slain one. 3 "And it shall be that the city which is nearest to the slain man, that is, the elders of that city, shall take a heifer of the herd, which has not been worked and which has not pulled in a yoke; 4 and the elders of that city shall bring the heifer down to a valley with running water, which has not been plowed or sown, and shall break the heifer's neck there in the valley. 5 "Then the priests, the sons of Levi, shall come near, for the LORD your God has chosen them to serve Him and to bless in the name of the LORD; and every dispute and every assault shall be settled by them. 6 "And all the

신

7 **말하기를**
/우리의 손이-이 피를 흘리지 아니하였고
/우리의 눈이-이것을 보지도 못하였나이다
8 /여호와여!
주께서 ── 이스라엘을 사하시고
/주의 백성
/속량하신
└ 무죄한 피를 머물러 두지 마옵소서 (하면)
/주의 백성 이스라엘 중에

//(결과)
그 죄가 ── 사함을 받으리니
/피흘린

9 너는 너희 중에서 **제할지니라**
/이와 같이
/무죄자의 피 흘린 죄를

//(이유: כִּי, for)
[네가] ── 정직한 일을 행하여
/여호와의 보시기에

10 네가 나가서(상황절, when)

//(목적: לְ, to)
대적과 싸움함을 당하여

여호와께서 그들을 **붙이시므로**
/네 하나님 /네 손에

네가 그들을 **사로잡은 후에**

11 만일
네가 아리따운 여자를 보고
/그 포로 중의
연련하여
아내를 삼고자 하거든(조건절, if)

12 [너는] 그를 **데려갈 것이요**
/네 집으로

그는 그 머리를 **밀고**
손톱을 **베고**

소송과 모든 투쟁이 그들의 말대로 판결될 것이니라 6
그 피살된 곳에서 제일 가까운 성읍의 모든 장로들은 그
골짜기에서 목을 꺾은 암송아지 위에 손을 씻으며 7 말
하기를 우리의 손이 이 피를 흘리지 아니하였고 우리의
눈이 이것을 보지도 못하였나이다 8 여호와여 주께서 속
량하신 주의 백성 이스라엘을 사하시고 무죄한 피를 주
의 백성 이스라엘 중에 머물러 두지 마옵소서 하면 그 피
흘린 죄가 사함을 받으리니 9 너는 이와 같이 여호와의
보시기에 정직한 일을 행하여 무죄자의 피 흘린 죄를 너
희 중에서 제할지니라 10 네가 나가서 대적과 싸움함을
당하여 네 하나님 여호와께서 그들을 네 손에 붙이시므
로 네가 그들을 사로잡은 후에 11 네가 만일 그 포로
중의 아리따운 여자를 보고 연련하여 아내를 삼고자 하
거든 12 그를 네 집으로 데려갈 것이요 그는 그 머리를

elders of that city which is nearest to the slain man shall
wash their hands over the heifer whose neck was broken
in the valley; 7 and they shall answer and say, 'Our
hands have not shed this blood, nor did our eyes see it.
8 'Forgive Thy people Israel whom Thou hast redeemed,
O LORD, and do not place the guilt of innocent blood
in the midst of Thy people Israel.' And the bloodguiltiness
shall be forgiven them. 9 "So you shall remove the guilt
of innocent blood from your midst, when you do what
is right in the eyes of the LORD. 10 ¶ "When you go
out to battle against your enemies, and the LORD your
God delivers them into your hands, and you take them
away captive, 11 and see among the captives a beautiful
woman, and have a desire for her and would take her
as a wife for yourself, 12 then you shall bring her home
to your house, and she shall shave her head and trim

13 또
포로의 의복을 **벗고**
네 집에 **거하며**

일개월 동안 **애곡한(=애곡하고)**
/그 부모를 위하여

네가 그에게로 **들어가서**
/[그] 후에
그 **남편이 되고**
그는 네 **아내가 될 것이요**

14 그 후에
[만일](אִם)
네가 그를 기뻐하지 아니하거든(조건절, if)
그 마음대로 **가게 하고**
결코 돈을 받고 **팔지 말지라**

네가 그를 **욕보였은즉**
종으로 **여기지 말지니라**

15 [만일]
어떤 사람이 두 아내를 두었는데(조건절, if)
/하나는 — 사랑을 받고
하나는 — 미움을 받다가
둘 다 아들을 낳았다 하자(=낳았다면)
/그 사랑을 받는 자와
미움을 받는 자가

<만일>
소생이 ——— 장자여든(조건절, if)
/그 미움을 받는 자의

16 [그는] 참 장자[보다] **앞세우지 말고**
/곧 미움을 받는 자의 아들보다
/아들로 장자를 삼아
/그 사랑을 받는 자의
/자기의 소유를 기업으로 나누는 날에
/그 아들들에게

17 반드시 장자로 **인정하여**
/그 미움을 받는 자의 아들을
그에게는 두 몫을 **줄 것이니**
/자기의 소유에서

//(*이유: for*)

밀고 손톱을 베고 **13** 또 포로의 의복을 벗고 네 집에
거하며 그 부모를 위하여 일 개월 동안 애곡한 후에 네가
그에게로 들어가서 그 남편이 되고 그는 네 아내가 될것
이요 **14** 그 후에 네가 그를 기뻐하지 아니하거든 그 마
음대로 가게 하고 결코 돈을 받고 팔지 말지라 네가 그를
욕보였은즉 종으로 여기지 말지니라 **15** 어떤 사람이 두
아내를 두었는데 하나는 사랑을 받고 하나는 미움을 받
다가 그 사랑을 받는 자와 미움을 받는 자가 둘 다 아들
을 낳았다 하자 그 미움을 받는 자의 소생이 장자여든
16 자기의 소유를 그 아들들에게 기업으로 나누는 날에
그 사랑을 받는 자의 아들로 장자를 삼아 참 장자 곧 미
움을 받는 자의 아들보다 앞세우지 말고 **17** 반드시 그

her nails. **13** "She shall also remove the clothes of her
captivity and shall remain in your house, and mourn her
father and mother a full month; and after that you may
go in to her and be her husband and she shall be your
wife. **14** "And it shall be, if you are not pleased with
her, then you shall let her go wherever she wishes; but
you shall certainly not sell her for money, you shall not
mistreat her, because you have humbled her. **15** ¶ "If
a man has two wives, the one loved and the other unloved,
and both the loved and the unloved have borne him sons,
if the first-born son belongs to the unloved, **16** then it
shall be in the day he wills what he has to his sons, he
cannot make the son of the loved the first-born before
the son of the unloved, who is the first-born. **17** "But
he shall acknowledge the first-born, the son of the unloved,
by giving him a double portion of all that he has, for

//(이유: כִּי, for)
그는 —— 자기의 기력의 시작이라
권리가 —— 그에게 있음이니라
/장자의

18 [만일]
사람에게(이) 완악하고 패역한 아들이 있어(조건절, if)
/순종치 아니하고
/그 아비의 말이나
그 어미의 말을
/부모가 징책하여도 듣지 아니하거든
19 그 부모가 그를 **잡아가지고**
성문에 **이르러**
그 성읍 장로들에게 **나아가서**
20 그 성읍 장로들에게 **말하기를...하거든**
/이 자식은 —— 완악하고
/우리의
—— 패역하여
—— 우리 말을 순종치 아니하고
—— 방탕하며
—— 술에 잠긴 자라
21 모든 사람들이 그를 돌로 **쳐 죽일지니**
/그 성읍의
네가 너의 중에 악을 **제하라**
/이같이

//그리하면(결과)
온 이스라엘이 —— 듣고
—— 두려워하리라

22 만일(כִּי)
사람이 죽을 죄를 범하므로
네가 그를 죽여
나무 위에 달거든(조건절, if)

23 [너는] 그 시체를 밤새도록 **두지 말고**
/나무 위에
당일에 **장사하여**
땅을 **더럽히지 말라**
/여호와께서 —— 네게 기업으로 주시는
/네 하나님

//(이유: *for*)

미움을 받는 자의 아들을 장자로 인정하여 자기의 소유
에서 그에게는 두 몫을 줄 것이니 그는 자기의 기력의 시
작이라 장자의 권리가 그에게 있음이니라 **18** 사람에게
완악하고 패역한 아들이 있어 그 아비의 말이나 그 어미
의 말을 순종치 아니하고 부모가 징책하여도 듣지 아니
하거든 **19** 부모가 그를 잡아가지고 성문에 이르러 그
성읍 장로들에게 나아가서 **20** 그 성읍 장로들에게 말하
기를 우리의 이 자식은 완악하고 패역하여 우리 말을 순
종치 아니하고 방탕하며 술에 잠긴 자라 하거든 **21** 그
성읍의 모든 사람들이 그를 돌로 쳐 죽일지니 이같이 네
가 너의 중에 악을 제하라 그리하면 온 이스라엘이 듣고
두려워하리라 **22** 사람이 만일 죽을 죄를 범하므로 네가
그를 죽여 나무 위에 달거든 **23** 그 시체를 나무 위에
밤새도록 두지 말고 당일에 장사하여 네 하나님 여호와
께서 네게 기업으로 주시는 땅을 더럽히지 말라 나무에
달린 자는 하나님께 저주를 받았음이니라

he is the beginning of his strength; to him belongs the
right of the first-born. **18** ¶ "If any man has a stubborn
and rebellious son who will not obey his father or his mother,
and when they chastise him, he will not even listen to
them, **19** then his father and mother shall seize him,
and bring him out to the elders of his city at the gateway
of his home town. **20** "And they shall say to the elders
of his city, 'This son of ours is stubborn and rebellious,
he will not obey us, he is a glutton and a drunkard.'
21 "Then all the men of his city shall stone him to
death; so you shall remove the evil from your midst,
and all Israel shall hear of it and fear. **22** ¶ "And if a
man has committed a sin worthy of death, and he is put
to death, and you hang him on a tree, **23** his corpse
shall not hang all night on the tree, but you shall surely
bury him on the same day (for he who is hanged is
accursed of God), so that you do not defile your land
which the LORD your God gives you as an inheritance.

//(이유: כִּי, for)
달린 자는 ——하나님께 저주를 받았음이니라
/나무에

22

1 [네가] **보거든**
/네 형제의 우양의 길 잃은 것을
못 본 체하지 말고[35)]
너는 반드시 **끌어다가 돌릴 것이요**
/네 형제에게

35) You----shall not see your countryman's ox or his sheep straying away, and
---pay no attention to them;
you----shall certainly bring them back
/to your countryman.

2 [만일](אִם)
네 형제가 네게서 멀거나
혹
네가 그를 알지 못하거든(조건절, if)
그 짐승을 **끌고 와서**
/네 집으로
네게 **두었다가**
/네 형제가 찾기까지
그에게 **돌릴지니**

3 [너는] 나귀라도 그리 **[행]하고**
의복이라도 그리 **[행]하고**

[너는] 무릇 다 **그리[함]하고**
/형제의 잃은 아무 것이든지
/네가 얻거든
못 본 체하지 말 것이며

4 [네가] **보거든**
/네 형제의 나귀나 소가 길에 넘어진 것을
못 본 체하지 말고
너는 반드시 형제를 **도와서**
그것을 **일으킬지니라**

5 여자는 남자의 의복을 **입지 말 것이요**
남자는 여자의 의복을 **입지 말 것이라**

//(이유: כִּי, for)
하는 자는 ——여호와께 가증한 자니라
/이같이 /네 하나님

신

22:1 네 형제의 우양의 길 잃은 것을 보거든 못 본
체하지 말고 너는 반드시 끌어다가 네 형제에게
돌릴 것이요 **2** 네 형제가 네게서 멀거나 네가 혹 그를
알지 못하거든 그 짐승을 네 집으로 끌고 와서 네 형제가
찾기까지 네게 두었다가 그에게 돌릴지니 **3** 나귀라도 그
리하고 의복이라도 그리하고 무릇 형제의 잃은 아무것이
든지 네가 얻거든 다 그리하고 못 본 체하지 말 것이며
4 네 형제의 나귀나 소가 길에 넘어진 것을 보거든 못
본 체하지 말고 너는 반드시 형제를 도와서 그것을 일으
킬지니라 **5** 여자는 남자의 의복을 입지 말 것이요 남자
는 여자의 의복을 입지 말 것이라 이같이 하는 자는 네
하나님 여호와께 가증한 자니라 **6** 노중에서 나무에나 땅

22:1 ¶ "You shall not see your countryman's ox
or his sheep straying away, and pay no attention
to them; you shall certainly bring them back to your
countryman. **2** "And if your countryman is not near you,
or if you do not know him, then you shall bring it home
to your house, and it shall remain with you until your
countryman looks for it; then you shall restore it to him.
3 "And thus you shall do with his donkey, and you
shall do the same with his garment, and you shall do likewise
with anything lost by your countryman, which he has
lost and you have found. You are not allowed to neglect
them. **4** "You shall not see your countryman's donkey
or his ox fallen down on the way, and pay no attention
to them; you shall certainly help him to raise them up.
5 ¶ "A woman shall not wear man's clothing, nor shall
a man put on a woman's clothing; for whoever does
these things is an abomination to the LORD your God.
6 ¶ "If you happen to come upon a bird's nest along
the way, in any tree or on the ground, with young ones
or eggs, and the mother sitting on the young or on the

6 [만일](כִּי)
보금자리에[가] —— 만나거든(조건절, if)
/새의 /노중에서
/새 새끼나 알이 있고
/나무에나 땅에 있는
/어미새가 — 품은 것을
/그 새끼나 알을

[너는] 아울러 **취하지 말고**
/그 어미새와 새끼를
7 어미는(를) 반드시 **놓아 줄 것이요**
새끼는(를) **취하여도 가하니**

//그리하면(결과)
네가 — 복을 누리고
장수하리라

8 네가 — 새 집을 건축할 때에(כִּי, 상황절, when)
지붕에 난간을 **만들어**

//(결과: ו, so that)
[만일](כִּי)
사람으로(이) — 떨어지지(진다면) (조건절, if)
죄가 —— 네 집에 돌아갈까 하노라... 않게 하라[36)]
/그 피 흐른

9 [너는] 두 종자를 섞어 **뿌리지 말라**
/네 포도원에

//그리하면(결과; 그렇지 않으면)
씨의 열매와
/네가 뿌린
소산이 —— 다 빼앗김이 될까 하노라[37)]
/포도원의

10 너는 겨리하여 **갈지 말며**
/소와 나귀를

11 [너는] **입지 말지니라**
/양털과 베실로 섞어 짠 것을

12 [너는] 술을 **만들지니라**
/입는 겉옷 네 귀에

13 [만일]
누구든지 아내를 취하여

36) 그 피 흐른 죄가 네 집에 돌아가지 않게 하라
37) 그렇지 않으면…다 빼앗김이 될 것이다.

에 있는 새의 보금자리에 새 새끼나 알이 있고 어미 새가 그 새끼나 알을 품은 것을 만나거든 그 어미 새와 새끼를 아울러 취하지 말고 **7** 어미는 반드시 놓아 줄 것이요 새끼는 취하여도 가하니 그리하면 네가 복을 누리고 장수하리라 **8** 네가 새 집을 건축할 때에 지붕에 난간을 만들어 사람으로 떨어지지 않게 하라 그 피 흐른 죄가 네 집에 돌아갈까 하노라 **9** 네 포도원에 두 종자를 섞어 뿌리지 말라 그리하면 네가 뿌린 씨의 열매와 포도원의 소산이 빼앗김이 될까 하노라 **10** 너는 소와 나귀를 겨리하여 갈지 말며 **11** 양털과 베실로 섞어 짠 것을 입지 말지니라 **12** 입는 겉옷 네 귀에 술을 만들지니라 **13** 누구든지 아내를 취하여 그와 동침한 후에 그를 미워하여

eggs, you shall not take the mother with the young; **7** you shall certainly let the mother go, but the young you may take for yourself, in order that it may be well with you, and that you may prolong your days. **8** ¶ "When you build a new house, you shall make a parapet for your roof, that you may not bring bloodguilt on your house if anyone falls from it. **9** ¶ "You shall not sow your vineyard with two kinds of seed, lest all the produce of the seed which you have sown, and the increase of the vineyard become defiled. **10** "You shall not plow with an ox and a donkey together. **11** "You shall not wear a material mixed of wool and linen together. **12** ¶ "You shall make yourself tassels on the four corners of your garment with which you cover yourself. **13** ¶ "If any man takes a wife and goes in to her and then turns against her, **14** and charges her with shameful deeds and publicly defames her, and says, 'I took this woman, but when I came near her, I did not find her a virgin,'

그와 동침한 후에(상황절, after)[38]
그를 미워하여
14 비방거리를 만들어
그에게 누명을 씌워
가로되...하면(조건절, if)
/내가 ── 이 여자를 취하였더니
── 그와 동침할 때에(상황절, when)
── 보지 못하였노라
/그의 처녀인 표적을

38) 조건문의 상황절

15 부모가 표를 **얻어 가지고**
/그 처녀의 /처녀의 처녀인
장로들에게로 **가서**
/그 성읍문

16 아비가 장로들에게 **말하기를**
/처녀의 /[내가] ── 내 딸을 아내로 주었더니
/이 사람에게
그가 ── 미워하여
17 ── 비방거리를 만들어
── 말하기를...하나
/내가 ── 보지 못하였노라
/네 딸의 처녀인 표적을

/보라!
표적이 ── 이것이라 하고
/내 딸의 처녀인
그 부모가 그 자리옷을 **펼 것이요**
/그 성읍 장로들 앞에

18 장로들은 그 사람을 **잡아**
/그 성읍

때리고
19 그에게서 **벌금으로 받아**
/은 일백 세겔을

//(이유: כִּי, for)
이스라엘 처녀에게 누명 씌움을 인하여

여자의 아비에게 **주고**

그 여자로(는) **아내가 되게 하려니와**
/그 남자의 평생에 버리지 못할

14 비방거리를 만들어 그에게 누명을 씌워 가로되 내가
이 여자를 취하였더니 그와 동침할 때에 그의 처녀인 표
적을 보지 못하였노라 하면 15 그 처녀의 부모가 처녀
의 처녀인 표를 얻어 가지고 그 성읍문 장로들에게로 가
서 16 처녀의 아비가 장로들에게 말하기를 내 딸을 이
사람에게 아내로 주었더니 그가 미워하여 17 비방거리
를 만들어 말하기를 내가 네 딸의 처녀인 표적을 보지 못
하였노라 하나 보라 내 딸의 처녀인 표적이 이것이라 하
고 그 부모가 그 자리옷을 그 성읍 장로들 앞에 펼 것이
요 18 그 성읍 장로들은 그 사람을 잡아 때리고 19 이
스라엘 처녀에게 누명 씌움을 인하여 그에게서 은 일백
세겔을 벌금으로 받아 여자의 아비에게 주고 그 여자로
그 남자의 평생에 버리지 못할 아내가 되게 하려니와
20 그 일이 참되어 그 처녀에게 처녀인 표적이 없거든
21 처녀를 그 아비 집 문에서 끌어내고 그 성읍 사람들
이 그를 돌로 쳐죽일지니 이는 그가 그 아비 집에서 창기

15 then the girl's father and her mother shall take and
bring out the evidence of the girl's virginity to the elders
of the city at the gate. 16 "And the girl's father shall
say to the elders, I gave my daughter to this man for a
wife, but he turned against her; 17 and behold, he has
charged her with shameful deeds, saying, "I did not find
your daughter a virgin." But this is the evidence of my
daughter's virginity. And they shall spread the garment before
the elders of the city. 18 "So the elders of that city
shall take the man and chastise him, 19 and they shall
fine him a hundred shekels of silver and give it to the
girl's father, because he publicly defamed a virgin of
Israel. And she shall remain his wife; he cannot divorce
her all his days. 20 "But if this charge is true, that the
girl was not found a virgin, 21 then they shall bring
out the girl to the doorway of her father's house, and

39) 조건절의 상황절

20 [만일](אִם)
그 일이 참되어
처녀인 표적이 없거든(조건절, if)
/그 처녀에게
21 [그들은] 처녀를 **끌어내고**
/그 아비 집 문에서
사람들이 그를 돌로 **쳐 죽일지니**
/그 성읍

//이는(이유: כִּי, for)
그가 —— 악을 행하였음이라
/이스라엘 중에서
/창기의 행동을 하여
/그 아비 집에서

너는 너희 중에 악을 **제할지니라**
/이와 같이하여

22 [만일]
남자가 유부녀와 통간함을 보거든(조건절, if)
둘 다 **죽여**
/남자와 그 여자를
/그 통간한

[너는] 이스라엘 중에 악을 **제할지니라**

23 [만일]
여자가 남자와 약혼한 후에(상황절, when)39)
/처녀인
어떤 남자가 그를 성읍 중에서 만나
통간하면(조건절, if)
24 너희는 그들을 둘 다 **끌어내고**
/성읍문으로
그들을 돌로 **쳐 죽일 것이니**

//(이유: עַל, because)
그 처녀는 —— 소리지르지 아니하였음이요
/성읍 중에 있어서도
그 남자는 —— 그 이웃의 아내를 욕보였음이라

너는 너의 중에 악을 **제할지니라**
/이같이 하여

25 만일(אִם)
남자가 어떤 약혼한 처녀를 들에서 만나서
강간하였거든(조건절, if)

의 행동을 하여 이스라엘 중에서 악을 행하였음이라 너는 이와 같이 하여 너의 중에 악을 제할지니라 22 남자가 유부녀와 통간함을 보거든 그 통간한 남자와 그 여자를 둘 다 죽여 이스라엘 중에 악을 제할지니라 23 처녀인 여자가 남자와 약혼한 후에 어떤 남자가 그를 성읍중에서 만나 통간하면 24 너희는 그들을 둘 다 성읍문으로 끌어내고 그들을 돌로 쳐죽일 것이니 그 처녀는 성읍 중에 있어서도 소리 지르지 아니하였음이요 그 남자는 그 이웃의 아내를 욕보였음이라 너는 이같이 하여 너의 중에 악을 제할지니라 25 만일 남자가 어떤 약혼한 처녀를 들에서 만나서 강간하였거든 그 강간한 남자만 죽일 것이요 26 처녀에게는 아무 것도 행치 말 것은 처녀

the men of her city shall stone her to death because she has committed an act of folly in Israel, by playing the harlot in her father's house; thus you shall purge the evil from among you. 22 ¶ "If a man is found lying with a married woman, then both of them shall die, the man who lay with the woman, and the woman; thus you shall purge the evil from Israel. 23 ¶ "If there is a girl who is a virgin engaged to a man, and another man finds her in the city and lies with her, 24 then you shall bring them both out to the gate of that city and you shall stone them to death; the girl, because she did not cry out in the city, and the man, because he has violated his neighbor's wife. Thus you shall purge the evil from among you. 25 "But if in the field the man finds the girl who is engaged, and the man forces her and lies

남자만　　　　　　죽일 것이요
　/그 강간한

40) 조건문의 상황절

26 [너는]　　　　처녀에게는 아무 것도 **행치 말 것은**
죽일 죄가　　　　**처녀에게는 없음이라**

//(이유: כִּי, for)
이 일은 —— 일반이라
　　/사람이 일어나 그 이웃을 쳐 죽인 것과

27 //(이유: כִּי, for)
남자가 —— 처녀를 들에서 만난 까닭에(상황절, when)
처녀가 —— 소리질러도
　/그 약혼한
구원할 자가 —— 없었음이니라

28 만일(כִּי)
남자가　　　　처녀를 만나
　　　　　　　/어떤 약혼하지 아니한
　　　　　　　그를 붙들고 통간하는 중(상황절, while)[40]
그 두 사람이　발견되거든(조건절, if)
29 남자는　　　은 오십 세겔을 **주고**
　/그 통간한　　/그 처녀의 아비에게
　　　　　　　그 처녀로 아내를 **삼을 것이라**

//(이유: because)
그가 —— 그 처녀를 욕보였은즉

[그는]　　　　그를 **버리지 못하리라**
　　　　　　　/평생에

30 사람이　　　그 아비의 후실을 **취하여(=취하지 말라)**

//(결과, 그래서)
[그는] —— 아비의 하체를 드러내지 말지니라

23

1 상한 자나 ─┐
　/신낭이　　│
베인 자는 ──┴── 여호와의 총회에 **들어오지 못하리라**
　/신을

신

에게는 죽일 죄가 없음이라 이 일은 사람이 일어나 그 이
웃을 쳐 죽인 것과 일반이라 27 남자가 처녀를 들에서
만난 까닭에 그 약혼한 처녀가 소리질러도 구원할 자가
없었음이니라 28 만일 남자가 어떤 약혼하지 아니한 처
녀를 만나 그를 붙들고 통간하는 중 그 두 사람이 발견되
거든 29 그 통간한 남자는 그 처녀의 아비에게 은 오십
세겔을 주고 그 처녀로 아내를 삼을 것이라 그가 그 처녀
를 욕보였은즉 평생에 그를 버리지 못하리라 30 사람
이 그 아비의 후실을 취하여 아비의 하체를 드러내지 말
지니라

23:1 신낭이 상한 자나 신을 베인 자는 여호와의
총회에 들어오지 못하리라 2 사생자는 여호와의
총회에 들어오지 못하리니 십대까지라도 여호와의 총회
에 들어오지 못하리라 3 암몬 사람과 모압 사람은 여호

with her, then only the man who lies with her shall die.
26 "But you shall do nothing to the girl; there is no
sin in the girl worthy of death, for just as a man rises
against his neighbor and murders him, so is this case.
27 "When he found her in the field, the engaged girl
cried out, but there was no one to save her. 28 ¶ "If a
man finds a girl who is a virgin, who is not engaged,
and seizes her and lies with her and they are discovered,
29 then the man who lay with her shall give to the
girl's father fifty shekels of silver, and she shall become
his wife because he has violated her; he cannot divorce
her all his days. 30 ¶ "A man shall not take his father's
wife so that he shall not uncover his father's skirt.

23:1 ¶ "No one who is emasculated, or has his
male organ cut off, shall enter the assembly of
the LORD. 2 "No one of illegitimate birth shall enter
the assembly of the LORD; none of his descendants,
even to the tenth generation, shall enter the assembly of

2 사생자는 여호와의 총회에 **들어오지 못하리니**
여호와의 총회에 **들어오지 못하리라**
/십대까지라도

3 암몬 사람과
모압 사람은 — 여호와의 총회에 **들어오지 못하리니**

속한 자는 여호와의 총회에 **들어오지 못하리라**
/그들에게 /십대뿐 아니라
/영원히

4 //(이유: עַל , because)
너희가 — 애굽에서 나올 때에(상황절, when)
그들은 — 너희를 길에서 영접하지 아니하고
/떡과 물로
너희를 저주케 하려 하였으나
/발람에게 뇌물을 주어
/메소보다미아의 브돌 사람 브올의 아들

5 여호와께서 발람의 말을 **듣지 아니하시고**
/네 하나님
그 저주를 **변하여 복이 되게 하셨나니**

//(이유: כִּי, because)
[여호와께서] — 너를 사랑하시므로
/[네 하나님]

6 [너는] 그들의 평안과 형통을 **구하지 말지니라**
/너의 평생에
/영영히

7 너는 에돔 사람을 **미워하지 말라**

//(이유: כִּי, because)
그는 — 너의 형제니라

[너는] 애굽 사람을 **미워하지 말라**

//(이유: כִּי, because)
네가 — 객이 되었음이니라
/그의 땅에서

8 자손은 여호와의 총회에 **들어올 수 있느니라**
/그들의 삼대 후

신

와의 총회에 들어오지 못하리니 그들에게 속한 자는 십
대 뿐아니라 영원히 여호와의 총회에 들어오지 못하리라
4 그들은 너희가 애굽에서 나올 때에 떡과 물로 너희를
길에서 영접하지 아니하고 메소보다미아의 브돌 사람 브
올의 아들 발람에게 뇌물을 주어 너희를 저주케 하려 하
였으나 5 네 하나님 여호와께서 너를 사랑하시므로 발
람의 말을 듣지 아니하시고 그 저주를 변하여 복이 되게
하셨나니 6 너의 평생에 그들의 평안과 형통을 영영히
구하지 말지니라 7 너는 에돔 사람을 미워하지 말라 그
는 너의 형제니라 애굽 사람을 미워하지 말라 네가 그의
땅에서 객이 되었음이니라 8 그들의 삼대 후 자손은 여
호와의 총회에 들어올 수 있느니라 9 네가 대적을 치러
출진할 때에 모든 악한 일을 스스로 삼갈지니 10 너희
중에 누가 밤에 몽설함으로 부정하거든 진 밖으로 나가

the LORD. 3 "No Ammonite or Moabite shall enter the
assembly of the LORD; none of their descendants, even
to the tenth generation, shall ever enter the assembly of
the LORD, 4 because they did not meet you with food
and water on the way when you came out of Egypt, and
because they hired against you Balaam the son of Beor
from Pethor of Mesopotamia, to curse you. 5 "Nevertheless,
the LORD your God was not willing to listen to Balaam,
but the LORD your God turned the curse into a blessing
for you because the LORD your God loves you. 6 "You
shall never seek their peace or their prosperity all your
days. 7 ¶ "You shall not detest an Edomite, for he is
your brother; you shall not detest an Egyptian, because
you were an alien in his land. 8 "The sons of the third
generation who are born to them may enter the assembly
of the LORD. 9 ¶ "When you go out as an army against

9 네가 대적을 치러 출진할 때에(상황절, when)
모든 악한 일을 **삼갈지니**
/스스로

10 [만일]
누가 부정하거든(조건절, if)
/너희 중에 /밤에 몽설함으로

[그는] 진 밖으로 **나가고**
진 안에 **들어오지 아니하다가**

11 해 질 때에(상황절, when)
[그는] **목욕하고**

해 진 후에(after)
[그는] 진에 **들어올 것이요**

12 [너는] 변소를 **베풀고**
/너의 진 밖에
그리로 **나가되**

13 [너는] 작은 삽을 **더하여**
/너의 기구에

[너는] 대변을 통할 때에(상황절, when)
/밖에 나가서
그것으로 **땅을 팔 것이요**
몸을 **돌이켜**
그 배설물을 **덮을지니**

14 //이는(כִּי, for)
여호와께서 —— 네 진중에 행하심이라
/네 하나님
//(목적: לְ, to)
너를 구원하시고
적군을 네게 붙이시려고

그러므로
[너는] 네 진을 **거룩히 하라**

//그리하면(결과)
[그가] —— 네게서 불합한 것을 보시지 않으므로
—— 너를 떠나지 아니하시리라

15 너는 그 주인에게로 **돌리지 말고**
/종이(을)
/그 주인을 피하여 네게로 도망하거든(=도망한)

고 진 안에 들어오지 아니하다가 11 해질 때에 목욕하
고 해진 후에 진에 들어올것이요 12 너의 진 밖에 변소
를 베풀고 그리로 나가되 13 너의 기구에 작은 삽을 더
하여 밖에 나가서 대변을 통할 때에 그것으로 땅을 팔 것
이요 몸을 돌이켜 그 배설물을 덮을지니 14 이는 네 하
나님 여호와께서 너를 구원하시고 적군을 네게 붙이시려
고 네 진중에 행하심이라 그러므로 네 진을 거룩히 하라
그리하면 네게서 불합한 것을 보시지 않으므로 너를 떠
나지 아니하시리라 15 종이 그 주인을 피하여 네게로
도망하거든 너는 그 주인에게로 돌리지 말고 16 그가
너의 성읍 중에서 기뻐하는 곳을 택하는 대로 너와 함께
네 가운데 거하게 하고 그를 압제하지 말지니라 17 이

your enemies, then you shall keep yourself from every
evil thing. 10 "If there is among you any man who is unclean
because of a nocturnal emission, then he must go outside
the camp; he may not reenter the camp. 11 "But it shall
be when evening approaches, he shall bathe himself with
water, and at sundown he may reenter the camp. 12
"You shall also have a place outside the camp and go
out there, 13 and you shall have a spade among your
tools, and it shall be when you sit down outside, you
shall dig with it and shall turn to cover up your excrement.
14 "Since the LORD your God walks in the midst of
your camp to deliver you and to defeat your enemies
before you, therefore your camp must be holy; and He
must not see anything indecent among you lest He turn away
from you. 15 ¶ "You shall not hand over to his master
a slave who has escaped from his master to you. 16
"He shall live with you in your midst, in the place which
he shall choose in one of your towns where it pleases

16 그가 너와 함께 네 가운데 **거하게 하고**
/너의 성읍 중에서 기뻐하는 곳을 택하는 대로
그를 **압제하지 말지니라**

17 창기가 **있지 못할 것이요**
/이스라엘 여자 중에

미동이 **있지 못할지니**
/이스라엘 남자 중에

18 [너는] 네 하나님 여호와의 전에 **가져오지 말라**
/창기의 번 돈과
개 같은 자의 소득은
/아무 서원하는 일로든지

신

//이는(이유: כִּי, for)
이 둘은 다 — 네 하나님 여호와께 가증한 것임이니라

19 네가 이식을 **취하지 말지니**
/형제에게 (꾸이거든)
취하지 말 것이라
/곧 돈의 이식,
식물의 이식,
무릇 이식을 낼만한 것의 이식을

20 네가 이식을 **취하여도 가하거니와**
/타국인에게 (꾸이면)

[네가] 이식을 **취하지 말라**
/너의 형제에게 (꾸이거든)

//그리하면(결과)
여호와께서 — 네 손으로 하는 범사에 복을 내리시리라
/네 하나님 /네가 들어가서 얻을 땅에서

21 [네가] — 여호와께 서원하거든(상황절, when)[41]
/네 하나님
갚기를 **더디하지 말라**

//(이유: כִּי, for)
여호와께서 — 반드시 그것을 요구하시리니
/네 하나님 /네게

더디면(것은) — 네게 죄라

41) 한글성경은 22절

스라엘 여자 중에 창기가 있지 못할 것이요 이스라엘 남
자 중에 미동이 있지 못할지니 18 창기의 번 돈과 개
같은 자의 소득은 아무 서원하는 일로든지 네 하나님 여
호와의 전에 가져오지 말라 이 둘은 다 네 하나님 여호와
께 가증한 것임이니라 19 네가 형제에게 꾸이거든 이식
을 취하지 말지니 곧 돈의 이식, 식물의 이식, 무릇 이식
을 낼 만한 것의 이식을 취하지 말 것이라 20 타국인에
게 네가 꾸이면 이식을 취하여도 가하거니와 너의 형제
에게 꾸이거든 이식을 취하지 말라 그리하면 네 하나님
여호와께서 네가 들어가서 얻을 땅에서 네 손으로 하는
범사에 복을 내리시리라 21 네 하나님 여호와께 서원하
거든 갚기를 더디 하지 말라 네 하나님 여호와께서 반드
시 그것을 네게 요구하시리니 더디면 네게 죄라 22 네
가 서원치 아니하였으면 무죄하니라마는 23 네 입에서

him; you shall not mistreat him. 17 ¶ "None of the daughters
of Israel shall be a cult prostitute, nor shall any of the
sons of Israel be a cult prostitute. 18 "You shall not
bring the hire of a harlot or the wages of a dog into the
house of the LORD your God for any votive offering,
for both of these are an abomination to the LORD your
God. 19 "You shall not charge interest to your countrymen:
interest on money, food, or anything that may be loaned
at interest. 20 "You may charge interest to a foreigner,
but to your countryman you shall not charge interest, so
that the LORD your God may bless you in all that you
undertake in the land which you are about to enter to possess.
21 ¶ "When you make a vow to the LORD your God,
you shall not delay to pay it, for it would be sin in you,
and the LORD your God will surely require it of you.
22 "However, if you refrain from vowing, it would not

22 [만일]	
네가	서원치 아니하였으면(조건절, if)
죄[가]	[네게] **무하니라 마는**
23 [너는]	**(그대로 실행하기를) 주의하라**
	/네 입에서 낸 것은(을)
[너는]	**행할지니라**
	/무릇 자원한 예물은(을)
	/입으로 언약한
	/네가 ——서원(한)(하여) 대로
	/네 하나님 여호와께
24 [네가]	네 이웃의 포도원에 들어갈 때에(상황절, when)
	그 포도를 **먹어도 가하니라**
	/마음대로
	/배불리
그러나	
[너는]	그릇에 **담지 말 것이요**
25 [네가]	네 이웃의 곡식밭에 들어갈 때에(상황절, when)
네가	손으로 그 이삭을 **따도 가하니라**
그러나	
[너는]	낫을 **대지 말지니라**
	/네 이웃의 곡식 밭에

신

24

1 사람이	아내를 취하여
	데려온 후에(상황절, when)
[만일](אִם)	
[그가]	그를 기뻐하지 아니하거든(조건절, if)
//(이유: כִּי, for)	
[그가] ——	발견하고
	/수치되는 일이 그에게 있음을
[그는]	이혼 증서를 **써서**
	그 손에 **주고**
	그를 **내어보낼 것이요**
	/자기 집에서

낸 것은 그대로 실행하기를 주의하라 무릇 자원한 예물은 네 하나님 여호와께 네가 서원하여 입으로 언약한 대로 행할지니라 **24** 네 이웃의 포도원에 들어갈 때에 마음대로 그 포도를 배불리 먹어도 가하니라 그러나 그릇에 담지 말 것이요 **25** 네 이웃의 곡식 밭에 들어갈 때에 네가 손으로 그 이삭을 따도 가하니라 그러나 네 이웃의 곡식 밭에 낫을 대지 말지니라

24:1 사람이 아내를 취하여 데려온 후에 수치되는 일이 그에게 있음을 발견하고 그를 기뻐하지 아니하거든 이혼 증서를 써서 그 손에 주고 그를 자기 집에서 내어보낼 것이요 **2** 그 여자는 그 집에서 나가서 다른 사람의 아내가 되려니와 **3** 그 후부도 그를 미워하여

be sin in you. **23** "You shall be careful to perform what goes out from your lips, just as you have voluntarily vowed to the LORD your God, what you have promised. **24** ¶ "When you enter your neighbor's vineyard, then you may eat grapes until you are fully satisfied, but you shall not put any in your basket. **25** "When you enter your neighbor's standing grain, then you may pluck the heads with your hand, but you shall not wield a sickle in your neighbor's standing grain.

24:1 ¶ "When a man takes a wife and marries her, and it happens that she finds no favor in his eyes because he has found some indecency in her, and he writes her a certificate of divorce and puts it in her hand and sends her out from his house, **2** and she leaves his house and goes and becomes another man's wife, **3** and if the latter husband turns against her and writes her a

신

2 그 여자는 그 집에서 **나가서**
다른 사람의 **아내가 되려니와**

3 [만일](ו)
그 후부도 그를 미워하여
[그가] 이혼 증서를 써서
그 손에 주고
그를 내어보내었거나(=내어 보냈다면) (조건절, if)
/자기 집에서
혹시(만일, כִּי)
후부가 죽었다하자(조건절, if)
/그를 아내로 취한
4 전부가 그를 아내로 **취하지 말지니**
/그를 내어보낸 /다시

//(이유: אחר, since)
그 여자가 —— 이미 몸을 더럽혔은즉

//(이유: כִּי, for)
이 일은 —— 여호와 앞에 가증한 것이라

너는 땅으로(을) **범죄케 하지 말지니라**
/네 하나님 여호와께서 네게 기업으로 주시는

5 사람이 새로이 아내를 취하였거든(상황절, when)
그를(는) 군대로 **내어보내지 말 것이요**
그에게(는) **맡기지 말 것이며**
/무슨 직무든지
그는 일년 동안 집에 한가히 **거하여**
그 취한 아내를 **즐겁게 할지니라**

6 사람이 **전집하지 말지니**
/맷돌의 전부나
그 위짝만이나

//이는(이유: כִּי, for)
그 생명을 전집함이니라

7 [만일]
사람이 —— 발견되거든(조건절, if)
/자기 형제 후려다가(=후린)
/곧 이스라엘 자손 중 한 사람을
/그를 부리거나(=부린)
/판 (것이)

이혼 증서를 써서 그 손에 주고 그를 자기 집에서 내어
보내었거나 혹시 그를 아내로 취한 후부가 죽었다 하자
4 그 여자가 이미 몸을 더럽혔은즉 그를 내어 보낸 전부
가 그를 다시 아내로 취하지 말지니 이 일은 여호와 앞
에 가증한 것이라 네 하나님 여호와께서 네게 기업으로
주시는 땅으로 너는 범죄케 하지 말지니라 **5** 사람이 새
로이 아내를 취하였거든 그를 군대로 내어 보내지 말 것
이요 무슨 직무든지 그에게 맡기지 말 것이며 그는 일
년 동안 집에 한가히 거하여 그 취한 아내를 즐겁게 할
지니라 **6** 사람이 맷돌의 전부나 그 윗짝만이나 전집하
지 말지니 이는 그 생명을 전집함이니라 **7** 사람이 자기
형제 곧 이스라엘 자손 중 한 사람을 후려다가 그를 부
리거나 판 것이 발견되거든 그 후린 자를 죽일지니 이같
이 하여 너의 중에 악을 제(除)할지니라 **8** 너는 문둥병

certificate of divorce and puts it in her hand and sends her out of his house, or if the latter husband dies who took her to be his wife, **4** then her former husband who sent her away is not allowed to take her again to be his wife, since she has been defiled; for that is an abomination before the LORD, and you shall not bring sin on the land which the LORD your God gives you as an inheritance.
5 ¶ "When a man takes a new wife, he shall not go out with the army, nor be charged with any duty; he shall be free at home one year and shall give happiness to his wife whom he has taken. **6** ¶ "No one shall take a handmill or an upper millstone in pledge, for he would be taking a life in pledge. **7** ¶ "If a man is caught kidnapping any of his countrymen of the sons of Israel, and he deals with him violently, or sells him, then that thief shall die; so you shall purge the evil from among

[너는] 그 후린 자를 **죽일지니**

너의 중에 악을 **제할지니라**
/이같이 하여

8 너는 문둥병에 대하여 **삼가서**
네가 힘써 다 **행하되**
/제사장들이 —— 너희에게 가르치는 대로
/레위 사람

곧
너희는 **주의하여 행하라**
/내가——그들에게 명한 대로

9 너희가 **기억할지니라**
/여호와께서 —— 미리암에게 행하신 일을
/네 하나님 /애굽에서 나오는 길에서

신

10 [네가] 무릇 네 이웃에게 꾸어줄 때에(상황절, when)
네가 그 집에 **들어가서**
전집물을 **취하지 말고**
11 너는 밖에 **섰고**
꾸는 자가 전집물을 **가지고 나와서** (것이며)
/네게 /(네게 줄)

12 [만일](אִם)
그가 가난한 자여든(조건절, if)
너는 그의 전집물을 **가지고 자지 말고**
13 해 질 때에
[너는] 그 전집물을 그에게 **돌릴 것이라**
/반드시

//그리하면(결과)
그가 ┬ 그 옷을 입고 자며
└ 너를 위하여 축복하리니
그 일이 —— 네 의로움이 되리라
/네 하나님 여호와 앞에서

14 [너는] 그를 **학대하지 말며**
/곤궁하고 빈한한 품군은(을)
/너의 형제든지
우거하는 객이든지
/네 땅 성문 안에

에 대하여 삼가서 레위 사람 제사장들이 너희에게 가르
치는 대로 네가 힘써 다 행하되 곧 네가 그들에게 명한
대로 너희는 주의하여 행하라 **9** 너희가 애굽에서 나오는
길에서 네 하나님 여호와께서 미리암에게 행하신 일을
기억할지니라 **10** 무릇 네 이웃에게 꾸어줄 때에 네가
그 집에 들어가서 전집물을 취하지 말고 **11** 너는 밖에
섰고 네게 꾸는 자가 전집물을 가지고 나와서 네게 줄것
이며 **12** 그가 가난한 자여든 너는 그의 전집물을 가지
고 자지 말고 **13** 해질 때에 전집물을 반드시 그에게 돌
릴 것이라 그리하면 그가 그 옷을 입고 자며 너를 위하여
축복하리니 그 일이 네 하나님 여호와 앞에서 네 의로움
이 되리라 **14** 곤궁하고 빈한한 품군은 너의 형제든지
네 땅 성문안에 우거하는 객이든지 그를 학대하지 말며
15 그 품삯을 당일에 주고 해진 후까지 끌지 말라 이는

you. **8** ¶ "Be careful against an infection of leprosy,
that you diligently observe and do according to all that
the Levitical priests shall teach you; as I have commanded
them, so you shall be careful to do. **9** "Remember what
the LORD your God did to Miriam on the way as you
came out of Egypt. **10** ¶ "When you make your neighbor
a loan of any sort, you shall not enter his house to take
his pledge. **11** "You shall remain outside, and the man
to whom you make the loan shall bring the pledge out
to you. **12** "And if he is a poor man, you shall not
sleep with his pledge. **13** "When the sun goes down
you shall surely return the pledge to him, that he may
sleep in his cloak and bless you; and it will be righteousness
for you before the LORD your God. **14** ¶ "You shall
not oppress a hired servant who is poor and needy,
whether he is one of your countrymen or one of your
aliens who is in your land in your towns. **15** "You shall
give him his wages on his day before the sun sets, for

15 [너는] 그 품삯을 당일에 **주고**
해진 후까지 **끌지 말라**

//이는(이유: כִּי, for)
그가 ―― 빈궁하므로
└ 마음에 품삯을 사모함이라

//두렵건대(목적)
그가 ―― 너를 여호와께 호소하면(=호소하지않기 위하여)
죄가 ―― 네게로 돌아갈까 하노라(=돌아가지 않기 위하여)

16 아비는 **죽임을 당치 않을 것이요**
/그 자식들을 인하여
자식들은 **죽임을 당치 않을 것이라**
/그 아비를 인하여

각 사람은 자기 죄에 **죽임을 당할 것이니라**

17 너는 **억울하게 말며**
/객이나 고아의 송사를
과부의 옷을 **전집하지 말라**

18 너는 **기억하라**
/[네가] ―― 종이 되었던 일과
/애굽에서
/여호와께서 ―― 너를 속량하신 것을
/네 하나님 /거기서

이러므로
내가 네게 **명하노라**
/이 일을 행하라

19 네가 곡식을 벨 때에
/밭에서
그 한 뭇을 밭에 잊어버렸거든(상황절, when)
[너는] 다시 **가서(지) 말고**

//(목적: לְ, to)
취하지(=취하기 위하여)

버려두라
/객과 고아와 과부를 위하여

//그리하면(결과)
여호와께서 ―― 범사에 복을 내리시리라
/네 하나님 /네 손으로 하는

그가 빈궁하므로 마음에 품삯을 사모함이라 두렵건대 그
가 너를 여호와께 호소하면 죄가 네게로 돌아갈까 하노
라 16 아비는 그 자식들을 인하여 죽임을 당치 않을 것
이요 자식들은 그 아비를 인하여 죽임을 당치 않을 것이
라 각 사람은 자기 죄에 죽임을 당할 것이니라 17 너는
객이나 고아의 송사를 억울하게 말며 과부의 옷을 전집
하지말라 18 너는 애굽에서 종이 되었던 일과 네 하나
님 여호와께서 너를 거기서 속량하신 것을 기억하라 이
러므로 내가 네게 이 일을 행하라 명하노라 19 네가 밭
에서 곡식을 벨 때에 그 한 뭇을 밭에 잊어버렸거든 다시
가서 취하지 말고 객과 고아와 과부를 위하여 버려두라
그리하면 네 하나님 여호와께서 네 손으로 하는 범사에

he is poor and sets his heart on it; so that he may not
cry against you to the LORD and it become sin in you.
16 ¶ "Fathers shall not be put to death for their sons,
nor shall sons be put to death for their fathers; everyone
shall be put to death for his own sin. 17 ¶ "You shall
not pervert the justice due an alien or an orphan, nor
take a widow's garment in pledge. 18 "But you shall
remember that you were a slave in Egypt, and that the LORD
your God redeemed you from there; therefore I am
commanding you to do this thing. 19 ¶ "When you
reap your harvest in your field and have forgotten a
sheaf in the field, you shall not go back to get it; it shall
be for the alien, for the orphan, and for the widow, in
order that the LORD your God may bless you in all the

20 네가 네 감람나무를 떤 후에(상황절, when)
그 가지를 다시 **살피지 말고**
그 남은 것은 **버려두며**
/객과 고아와 과부를 위하여

21 네가 네 포도원의 포도를 딴 후에(상황절, when)
그 남은 것을 다시 **따지 말고**
버려두라
/객과 고아와 과부를 위하여

22 너는 **기억하라**
/[네가] ―― 종 되었던 것을
/애굽 땅에서

이러므로
내가 네게 **명하노라**
/이 일을 행하라

신

25

1 [만일](כִּי)
시비가 사람과 사람 사이에 생겨서
[그들이] 재판을 청하거든(조건절, if)
재판장은 그들을 **재판하여**
의인은(을) **의롭다 하고**
악인은(을) **정죄할 것이며**

2 [만일](אִם)
태형이 악인에게 합당하거든(조건절, if)
재판장은 그를 **엎드리게 하고**
여수히 자기 앞에서 **때리게 하라**
/그 죄의 경중대로

3 [그는] 사십까지는 **때리려니와**
그것을 **넘기지는 못할지니**

//(목적: פֶּן, lest)
만일
[그가] ―― 그것을 넘겨 과다히 때리면(조건절, if)
네가 ―― 네 형제로 천히 여김을 받게 할까 하노라[42]

42) 천히여김을 받지 않게 위하여

4 [너는] **망을 씌우지 말지니라**
/곡식 떠는 소의 입에

복을 내리시리라 20 네가 네 감람나무를 떤 후에 그 가
지를 다시 살피지 말고 그 남은 것은 객과 고아와 과부를
위하여 버려두며 21 네가 네 포도원의 포도를 딴 후에
그 남은 것을 다시 따지 말고 객과 고아와 과부를 위하여
버려두라 22 너는 애굽 땅에서 종 되었던 것을 기억하
라 이러므로 내가 네게 이 일을 행하라 명하노라

25:1 사람과 사람 사이에 시비가 생겨서 재판을 청
하거든 재판장은 그들을 재판하여 의인은 의롭다
하고 악인은 정죄할 것이며 2 악인에게 태형이 합당하거
든 재판장은 그를 엎드리게 하고 그 죄의 경중대로 여수
이 자기 앞에서 때리게 하라 3 사십까지는 때리려니와
그것을 넘기지는 못할지니 만일 그것을 넘겨 과다히 때리
면 네가 네 형제로 천히 여김을 받게 할까 하노라 4 곡

work of your hands. 20 "When you beat your olive
tree, you shall not go over the boughs again; it shall be
for the alien, for the orphan, and for the widow. 21
"When you gather the grapes of your vineyard, you shall
not go over it again; it shall be for the alien, for the
orphan, and for the widow. 22 "And you shall remember
that you were a slave in the land of Egypt; therefore I
am commanding you to do this thing.

25:1 ¶ "If there is a dispute between men and they
go to court, and the judges decide their case, and
they justify the righteous and condemn the wicked, 2
then it shall be if the wicked man deserves to be beaten,
the judge shall then make him lie down and be beaten
in his presence with the number of stripes according to
his guilt. 3 "He may beat him forty times but no more,
lest he beat him with many more stripes than these, and

5 형제가 동거하는데(상황절, when)
[만일]
하나가 죽고
/그 중
아들이 없거든(조건절, if)
아내는 나가서 타인에게 **시집가지 말 것이요**
/그 죽은 자의

형제가 그에게로 **들어가서**
/그 남편의
그를 **취하여**

//(목적: לְ, to)
아내를 삼아(=삼기 위하여)

신

[그는] 그에게 다 **행할 것이요**
/그의 남편의 형제된 의무를

6 [그가] 그 죽은 형제의 후사를 **잇게 하여**
/그 여인의 낳은 첫 아들로

//(결과: so that...will not)
[그는] ——— 그 이름을 끊어지지 않게 할 것이니라
/이스라엘 중에서

7 그러나
만일(אִם)
그 사람이 즐겨하지 아니 하거든(조건절, if)
/그 형제의 아내 취하기를
아내는 그 성문 장로들에게로 **나아가서**
/그 형제의
말하기를... 할 것이요(=말할 것이요)
/형제가 ─ 싫어하여
/내 남편의 /이스라엘 중에 잇기를
/그 형제의 이름을
└ 내게 행치 아니하나이다
/남편의 형제된 의무를

8 장로들은 그를 **불러다가**
/그 성읍
이를 것이며

[만일]
그가 이미 정한 뜻대로 말하기를...하거든(조건절, if)
/내가 —— 즐겨 아니하노라
/그 여자 취하기를

식 떠는 소의 입에 망을 씌우지 말지니라 5 형제가 동거
하는데 그 중 하나가 죽고 아들이 없거든 그 죽은 자의
아내는 나가서 타인에게 시집가지 말 것이요 그 남편의
형제가 그에게로 들어가서 그를 취하여 아내를 삼아 그
의 남편의 형제 된 의무를 그에게 다 행할 것이요 6 그
여인의 낳은 첫 아들로 그 죽은 형제의 후사를 잇게 하여
그 이름을 이스라엘 중에서 끊어지지 않게 할 것이니라
7 그러나 그 사람이 만일 그 형제의 아내 취하기를 즐겨
하지 아니하거든 그 형제의 아내는 그 성문 장로들에게
로 나아가서 말하기를 내 남편의 형제가 그 형제의 이름
을 이스라엘 중에 잇기를 싫어하여 남편의 형제된 의무
를 내게 행치 아니하나이다 할 것이요 8 그 성읍 장로들

your brother be degraded in your eyes. 4 "You shall
not muzzle the ox while he is threshing. 5 ¶ "When
brothers live together and one of them dies and has no
son, the wife of the deceased shall not be married outside
the family to a strange man. Her husband's brother shall
go in to her and take her to himself as wife and perform
the duty of a husband's brother to her. 6 "And it shall
be that the first-born whom she bears shall assume the
name of his dead brother, that his name may not be
blotted out from Israel. 7 "But if the man does not
desire to take his brother's wife, then his brother's wife
shall go up to the gate to the elders and say, 'My
husband's brother refuses to establish a name for his
brother in Israel; he is not willing to perform the duty

9 아내가 장로들 앞에서 그에게 **나아가서**
/그 형제의
그의 발에서 신을 **벗기고**
그 얼굴에 **침을 뱉으며**
이르기를
[선언]할 것이며
/이같이 할 것이라
/그 형제의 집 세우기를 즐겨 아니하는 자에게는

10 [그는] 그의 이름을 **칭할 것이니라**
/신 벗기운 자의 집이라
/이스라엘 중에서

11 두 사람이 —— 서로 싸울 때에(상황절, when)
[만일]
아내가 —— 가까이 가서
/한 사람의

//(목적: ל, to)
그 남편을 구하려 하여
/그 치는 자의 손에서

손을 벌려
그 사람의 음낭을 잡거든(조건절, if)

12 너는 그 여인의 손을 **찍어 버릴 것이고**
네 눈이 그를 불쌍히 **보지 말지니라**

13 너는 주머니에 **넣지 말 것이며**
/같지 않은 저울추[를]
/곧 큰 것과 작은 것을

14 네 집에 **두지 말 것이요**
/같지 않은 되[를]
/곧 큰 것과 작은 것을

15 [너는] 저울추를 오직 **두며**
/십분 공정한
되를 **둘 것이라**
/십분 공정한

↓

은 그를 불러다가 이를 것이며 그가 이미 정한 뜻대로 말
하기를 내가 그 여자 취하기를 즐겨 아니하노라 하거든
9 그 형제의 아내가 장로들 앞에서 그에게 나아가서 그
의 발에서 신을 벗기고 그 얼굴에 침을 뱉으며 이르기를
그 형제의 집 세우기를 즐겨 아니하는 자에게는 이같이
할 것이라 할 것이며 10 이스라엘 중에서 그의 이름을
신 벗기운 자의 집이라 칭할 것이니라 11 두 사람이 서
로 싸울 때에 한 사람의 아내가 그 남편을 그 치는 자의
손에서 구하려 하여 가까이 가서 손을 벌려 그 사람의 음
낭을 잡거든 12 너는 그 여인의 손을 찍어 버릴 것이고
네 눈이 그를 불쌍히 보지 말지니라 13 너는 주머니에
같지 않은 저울추 곧 큰 것과 작은 것을 넣지 말것이며
14 네 집에 같지 않은 되 곧 큰 것과 작은 것을 두지 말
것이요 15 오직 십분 공정한 저울추를 두며 십분 공정
한 되를 둘 것이라 그리하면 네 하나님 여호와께서 네게
주시는 땅에서 네 날이 장구 하리라 16 무릇 이같이 하

of a husband's brother to me.' 8 "Then the elders of
his city shall summon him and speak to him. And if he
persists and says, 'I do not desire to take her,' 9 then
his brother's wife shall come to him in the sight of the elders,
and pull his sandal off his foot and spit in his face; and
she shall declare, 'Thus it is done to the man who does
not build up his brother's house.' 10 "And in Israel
his name shall be called, 'The house of him whose sandal
is removed.' 11 ¶ "If two men, a man and his countryman,
are struggling together, and the wife of one comes near
to deliver her husband from the hand of the one who is
striking him, and puts out her hand and seizes his genitals,
12 then you shall cut off her hand; you shall not show
pity. 13 ¶ "You shall not have in your bag differing weights,
a large and a small. 14 "You shall not have in your
house differing measures, a large and a small. 15 "You
shall have a full and just weight; you shall have a full
and just measure, that your days may be prolonged in
the land which the LORD your God gives you. 16 "For
everyone who does these things, everyone who acts

//그리하면(결과)
네 날이 — 땅에서 장구하리라
/네 하나님 여호와께서 네게 주시는

16 //(이유: כִּי, for)
이같이 하는자 — 네 하나님 여호와께 가증하니라
/무릇
행하는 자는
/무릇 부정당히

17 너희가 **기억하라**
/아말렉이 네게 행한 일을
/애굽에서 나오는 길에

신

18 곧
그들이 하나님을 **두려워하지** 아니하고
너를 길에서 **만나**
약한 자들을 **쳤느니라**
/네 뒤에 떨어진
/너의 피곤함을 타서

19 그러므로
여호와께서 모든 대적을 벗어나게 하시고
/네 하나님 /너로 사면에 있는
/땅에서
/여호와께서 — 네게 주어
/네 하나님
기업으로 얻게 하시는

네게 안식을 주실 때에(상황절, when)
너는 아말렉의 이름을 **도말할지니라**
/천하에서
너는 **잊지 말지니라**

26

1 네가 땅에 들어가서
/여호와께서 — 네게 기업으로 주사
/네 하나님
얻게 하시는
거기 거할 때에(상황절, when)
2 그 토지 모든 소산의 만물을 거둔 후에(상황절, after)
/여호와께서 — 네게 주시는 땅에서
/네 하나님

는자, 무릇 부정당히 행하는 자는 네 하나님 여호와께 가증하니라 **17** 너희가 애굽에서 나오는 길에 아말렉이 네게 행한 일을 기억하라 **18** 곧 그들이 하나님을 두려워하지 아니하고 너를 길에서 만나 너의 피곤함을 타서 네 뒤에 떨어진 약한 자들을 쳤느니라 **19** 그러므로 네 하나님 여호와께서 네게 주어 기업으로 얻게 하시는 땅에서 네 하나님 여호와께서 너로 사면에 있는 모든 대적을 벗어나게 하시고 네게 안식을 주실 때에 너는 아말렉의 이름을 천하에서 도말할지니라 너는 잊지 말지니라

26:1 네 하나님 여호와께서 네게 기업으로 주사 얻게 하시는 땅에 네가 들어가서 거기 거할 때에 **2** 네 하나님 여호와께서 네게 주시는 땅에서 그 토지 모든

unjustly is an abomination to the LORD your God. **17** ¶ "Remember what Amalek did to you along the way when you came out from Egypt, **18** how he met you along the way and attacked among you all the stragglers at your rear when you were faint and weary; and he did not fear God. **19** "Therefore it shall come about when the LORD your God has given you rest from all your surrounding enemies, in the land which the LORD your God gives you as an inheritance to possess, you shall blot out the memory of Amalek from under heaven; you must not forget.

26:1 ¶ "Then it shall be, when you enter the land which the LORD your God gives you as an inheritance, and you possess it and live in it, **2** that you shall take some of the first of all the produce of the ground which you shall bring in from your land that the

그것을 **취하여**
광주리에 **담고**
그것을 **가지고 가서**
/여호와께서 —— 택하신 곳으로
/네 하나님

//(목적: ל, to)
그 이름을 두시려고

3 당시 제사장에게 **나아가서**
그에게 **이르기를**...할 것이요
/내가 —— 여호와께 고하나이다
/당신의 하나님
/오늘날
/내가 —— 땅에 이르렀나이다
/여호와께서 — 우리 열조에게 맹세하신
/우리에게 주리라고

4 제사장은 그 광주리를 **취하여다가**
/네 손에서
단 앞에 **놓을 것이며**
/네 하나님 여호와의

5 또
너는 여호와 앞에 **아뢰기를**
/네 하나님
/내 조상은 —— 아람 사람으로서
/유리하는
애굽에 내려가서
거기 우거하여
/소수의 사람을 거느리고
거기서 필경은 되었더니
/크고 강하고 번성한 민족이
6 /애굽 사람이 — 우리를 학대하며
우리를 괴롭게 하며
우리에게 중역을 시키므로
7 /우리가 —— 여호와께 부르짖었더니
/우리 조상의 하나님
/여호와께서 — 우리 음성을 들으시고
우리의 고통과 신고와 압제를 하감하시고
8 /여호와께서 —— 우리를 애굽에서 인도하여 내시고
/

소산의 맏물을 거둔 후에 그것을 취하여 광주리에 담고
네 하나님 여호와께서 그 이름을 두시려고 택하신 곳으로
그것을 가지고 가서 3 당시 제사장에게 나아가서 그에게
이르기를 내가 오늘날 당신의 하나님 여호와께 고하나이
다 내가 여호와께서 우리에게 주리라고 우리 열조에게 맹
세하신 땅에 이르렀나이다 할 것이요 4 제사장은 네 손
에서 그 광주리를 취하여다가 네 하나님 여호와의 단 앞
에 놓을 것이며 5 너는 또 네 하나님 여호와 앞에 아뢰
기를 내 조상은 유리하는 아람 사람으로서 소수의 사람을
거느리고 애굽에 내려가서 거기 우거하여 필경은 거기서
크고 강하고 번성한 민족이 되었더니 6 애굽 사람이 우
리를 학대하며 우리를 괴롭게 하며 우리에게 중역을 시키
므로 7 우리가 우리 조상의 하나님 여호와께 부르짖었더
니 여호와께서 우리 음성을 들으시고 우리의 고통과 신고
와 압제를 하감하시고 8 여호와께서 강한 손과 편 팔과
큰 위엄과 이적과 기사로 우리를 애굽에서 인도하여 내시

LORD your God gives you, and you shall put it in a
basket and go to the place where the LORD your God chooses
to establish His name.
3 "And you shall go to the priest
who is in office at that time, and say to him, 'I declare
this day to the LORD my God that I have entered the
land which the LORD swore to our fathers to give us.'
4 "Then the priest shall take the basket from your hand
and set it down before the altar of the LORD your God.
5 "And you shall answer and say before the LORD your
God, 'My father was a wandering Aramean, and he went
down to Egypt and sojourned there, few in number; but there
he became a great, mighty and populous nation.
6 'And
the Egyptians treated us harshly and afflicted us, and imposed
hard labor on us.
7 'Then we cried to the LORD, the
God of our fathers, and the LORD heard our voice and
saw our affliction and our toil and our oppression;
8
and the LORD brought us out of Egypt with a mighty
hand and an outstretched arm and with great terror and

강한 손과
편 팔과
큰 위엄과
이적과 기사로

9 이곳으로 인도하사
이 땅[을] 주셨나이다
/곧 젖과 꿀이 흐르는 땅을

10 /여호와여!
내가 — 이제 토지 소산의 만물을 가져왔나이다(하고)
/주께서 내게 주신

/너는 — 그것을 두고
/네 하나님 여호와 앞에
경배할 것이며
/네 하나님 여호와 앞에

11 /너는 — 모든 복을 인하여 즐거워할지니라
/네 하나님 여호와께서 너와 네 집에 주신
/레위인과
너의 중에 우거하는 객과 함께

12 [너는] 네 모든 소산의 십일조 다 내기를 마친 후에(상황절, when)
/제 삼년 곧 십일조를 드리는 해에
그것을 **주어서**
/레위인과 객과 고아와 과부에게
네 성문 안에서 **먹어**
배부르게 하라

13 그리 할 때에(and)
[너는] 네 하나님 여호와 앞에 **고하기를**
/내가 — 명령대로 하였사오니
/주께서 내게 명하신
/성물을 내 집에서 내어
레위인과 객과 고아와 과부에게 주기를
/내가 — 주의 명령을 범치도 아니하였고
잊지도 아니하였나이다
14 /내가 — 이 성물을 먹지 아니하였고
/애곡하는 날에
이를 떼어두지 아니하였고
/부정한 몸으로

고 9 이 곳으로 인도하사 이 땅 곧 젖과 꿀이 흐르는 땅
을 주셨나이다 10 여호와여 이제 내가 주께서 내게 주
신 토지 소산의 만물을 가져 왔나이다 하고 너는 그것을
네 하나님 여호와 앞에 두고 네 하나님 여호와 앞에 경배
할 것이며 11 네 하나님 여호와께서 너와 네 집에 주신
모든 복을 인하여 너는 레위인과 너의 중에 우거하는 객
과 함께 즐거워할지니라 12 제삼년 곧 십일조를 드리는
해에 네 모든 소산의 십일조 다 내기를 마친 후에 그것을
레위인과 객과 고아와 과부에게 주어서 네 성문 안에서
먹어 배부르게 하라 13 그리할 때에 네 하나님 여호와
앞에 고하기를 내가 성물을 내 집에서 내어 레위인과 객
과 고아와 과부에게 주기를 주께서 내게 명하신 명령대
로 하였사오니 내가 주의 명령을 범치도 아니하였고 잊
지도 아니하였나이다 14 내가 애곡하는 날에 이 성물을
먹지 아니하였고 부정한 몸으로 이를 떼어두지 아니하였
고 죽은 자를 위하여 이를 쓰지 아니하였고 내 하나님 여

with signs and wonders; 9 and He has brought us to
this place, and has given us this land, a land flowing
with milk and honey. 10 'And now behold, I have
brought the first of the produce of the ground which
Thou, O LORD hast given me.' And you shall set it
down before the LORD your God, and worship before
the LORD your God; 11 and you and the Levite and
the alien who is among you shall rejoice in all the good
which the LORD your God has given you and your
household. 12 ¶ "When you have finished paying all
the tithe of your increase in the third year, the year of
tithing, then you shall give it to the Levite, to the stranger,
to the orphan and to the widow, that they may eat in
your towns, and be satisfied. 13 "And you shall say
before the LORD your God, I have removed the sacred
portion from my house, and also have given it to the
Levite and the alien, the orphan and the widow, according
to all Thy commandments which Thou hast commanded me;
I have not transgressed or forgotten any of Thy
commandments. 14 I have not eaten of it while mourning,

이를 쓰지 아니하였고
/죽은 자를 위하여
여호와의 말씀을 청종하여
/내 하나님
다 행하였사오니
/주께서 내게 명령하신 대로
15 /[당신은] 원컨대 하감하시고
/주의 거룩한 처소 하늘에서
주의 백성 이스라엘에게 복을 주시며
복을 내리소서 (할지니라)
/젖과 꿀이 흐르는 땅에
/우리에게 주신 바
/우리 열조에게 맹세하여

16 여호와께서 네게 **명하시나니**
/네 하나님 /이 규례와 법도를 행하라고
/오늘날

그런즉
너는 **지켜**
/마음을 다하고
성품을 다하여
행하라

17 네가 **확언하였고**
/오늘날
/여호와를 네 하나님으로 인정하고(=인정하기를)
/또 그 도를 행하고(=행하기를)
/그 규례와 명령과 법도를 지키며(=지키기를)
/그 소리를 들으리라(=들을것을)

18 여호와께서도 너를 **인정하시고**
/오늘날
/자기의 보배로운 백성으로
/네게 말씀하신 대로

또
확언하셨은즉
/그 모든 명령을 지키게 하리라

19 여호와께서 모든 민족 위에 **뛰어나게 하시고**
/그 지으신
/너의 칭찬과 명예와 영광으로
네 하나님 여호와의 **성민이 되게 하시리라**
/너로
/그 말씀하신 대로

신

호와의 말씀을 청종하여 주께서 내게 명령하신 대로 다 행하였사오니 **15** 원컨대 주의 거룩한 처소 하늘에서 하감하시고 주의 백성 이스라엘에게 복을 주시며 우리 열조에게 맹세하여 우리에게 주신 바 젖과 꿀이 흐르는 땅에 복을 내리소서 할지니라 **16** 오늘날 네 하나님 여호와께서 이 규례와 법도를 행하라고 네게 명하시나니 그런즉 너는 마음을 다하고 성품을 다하여 지켜 행하라 **17** 네가 오늘날 여호와를 네 하나님으로 인정하고 또 그 도를 행하고 그 규례와 명령과 법도를 지키며 그 소리를 들으리라 확언하였고 **18** 여호와께서도 네게 말씀하신 대로 오늘날 너를 자기의 보배로운 백성으로 인정하시고 또 그 모든 명령을 지키게 하리라 확언하셨은즉 **19** 여호와께서 너의 칭찬과 명예와 영광으로 그 지으신 모든 민족 위에 뛰어나게 하시고 그 말씀하신 대로 너로

nor have I removed any of it while I was unclean, nor offered any of it to the dead. I have listened to the voice of the LORD my God; I have done according to all that Thou hast commanded me. **15** Look down from Thy holy habitation, from heaven, and bless Thy people Israel, and the ground which Thou hast given us, a land flowing with milk and honey, as Thou didst swear to our fathers. **16** ¶ "This day the LORD your God commands you to do these statutes and ordinances. You shall therefore be careful to do them with all your heart and with all your soul. **17** "You have today declared the LORD to be your God, and that you would walk in His ways and keep His statutes, His commandments and His ordinances, and listen to His voice. **18** "And the LORD has today declared you to be His people, a treasured possession, as He promised you, and that you should keep all His commandments; **19** and that He shall set you high above all nations which He has made, for praise, fame, and honor; and that you shall be a consecrated people to the LORD your God, as He has spoken."

신

27

1 모세가 백성에게 **명하여 가로되**
/이스라엘 장로들로 더불어
/너희는 —— 이 명령을 다 **지킬지니라**
/내가 오늘날 너희에게 명하는

2 너희가 요단을 건너[43]
땅에 들어가는 날에(상황절, when)
/네 하나님 여호와께서 네게 주시는

[너희는] 큰 돌들을 **세우고**
석회를 **바르라**

3 [너희가] 이미 건넌 후에(상황절, when)
모든 말씀을 그 위에 **기록하라**
/이 율법의

//그리하면(결과)
네가 —— 들어가기를. . . 하리니
/여호와께서 —— 네게 주시는 땅
/네 하나님 /곧 젖과 꿀이 흐르는 땅에
/여호와께서 —— 네게 말씀하신 대로
/네 열조의 하나님

4 너희가 요단을 건너거든(상황절, when)
이 돌들을 에발산에 **세우고**
/내가 오늘날 너희에게 명하는
그 위에 석회를 **바를 것이며**

5 또

단[을] **쌓되**
/곧 돌단을
/거기서
/네 하나님 여호와를 위하여
그것에 철기를 **대지 말지니라**

6 너는 네 하나님 여호와의 단을 **쌓고**
/다듬지 않은 돌로
번제를 **드릴 것이며**
/그 위에
/네 하나님 여호와께

7 또

화목제를 **드리고**
거기서 **먹으며**
네 하나님 여호와 앞에서 **즐거워하라**

43) 2-8은 1절의 수식부에 해당한다. 그러나 주문장 처리했다.

네 하나님 여호와의 성민이 되게 하시리라
27:1 모세가 이스라엘 장로들로 더불어 백성에게
명하여 가로되 내가 오늘날 너희에게 명하는 이
명령을 너희는 다 지킬지니라 2 너희가 요단을 건너 네
하나님 여호와께서 네게 주시는 땅에 들어가는 날에 큰
돌들을 세우고 석회를 바르라 3 이미 건넌 후에 이 율법
의 모든 말씀을 그 위에 기록하라 그리하면 네 하나님 여
호와께서 네게 주시는 땅 곧 젖과 꿀이 흐르는 땅에 네가
들어가기를 네 열조의 하나님 여호와께서 네게 말씀하신
대로 하리니 4 너희가 요단을 건너거든 내가 오늘날 너
희에게 명하는 이 돌들을 에발 산에 세우고 그 위에 석회
를 바를 것이며 5 또 거기서 네 하나님 여호와를 위하여

27:1 ¶ Then Moses and the elders of Israel charged
the people, saying, "Keep all the commandments
which I command you today. 2 "So it shall be on the
day when you shall cross the Jordan to the land which
the LORD your God gives you, that you shall set up
for yourself large stones, and coat them with lime 3
and write on them all the words of this law, when you
cross over, in order that you may enter the land which
the LORD your God gives you, a land flowing with
milk and honey, as the LORD, the God of your fathers,
promised you. 4 "So it shall be when you cross the
Jordan, you shall set up on Mount Ebal, these stones, as
I am commanding you today, and you shall coat them
with lime. 5 "Moreover, you shall build there an altar
to the LORD your God, an altar of stones; you shall not
wield an iron tool on them. 6 "You shall build the altar
of the LORD your God of uncut stones; and you shall
offer on it burnt offerings to the LORD your God; 7
and you shall sacrifice peace offerings and eat there,
and you shall rejoice before the LORD your God. 8

8 너는 그 돌들 위에 **기록할지니라**
/이 율법의 모든 말씀을
/명백히

9 모세가 온 이스라엘에게 **고하여 가로되**
/레위 제사장들로 더불어
/이스라엘아!
[너희는] —— 잠잠히 들으라
/네가 —— 여호와의 백성이 되었으니
/네 하나님
/오늘날
10 /그런즉
[너희는] —— 여호와의 말씀을 복종하여
/네 하나님
└ 그 명령과 규례를 행할지니라
/내가 오늘날 네게 명하는

11 모세가 백성에게 **명하여 가로되**
/당일에
12 /너희가 —— 요단을 건넌 후에(상황절, when)
시므온과
레위와
유다와
잇사갈과
요셉과
베냐민은 —— 그리심산에 서고
//(목적: ל, to)
백성을 축복하기 위하여
13 /르우벤과
갓과
아셀과
스불론과
단과
납달리는 —— 에발산에 서고
//(목적: ל, to)
저주하기 위하여
14 /레위 사람은 —— 큰 소리로 말하여
/이스라엘 모든 사람에게
└ 이르기를... 할 것이요
15 /우상은 —— 여호와께 가증하니
/조각하였거나
/장색의 손으로
/부어 만든

단 곧 돌단을 쌓되 그것에 철기를 대지 말지니라 6 너는
다듬지 않은 돌로 네 하나님 여호와의 단을 쌓고 그 위에
하나님 여호와께 번제를 드릴 것이며 7 또 화목제를 드
리고 거기서 먹으며 네 하나님 여호와 앞에서 즐거워하라
8 너는 이 율법의 모든 말씀을 그 돌들 위에 명백히 기
록할지니라 9 모세가 레위 제사장들로 더불어 온 이스라
엘에게 고하여 가로되 이스라엘아 잠잠히 들으라 오늘날
네가 네 하나님 여호와의 백성이 되었으니 10 그런즉
네 하나님 여호와의 말씀을 복종하여 내가 오늘날 네게
명하는 그 명령과 규례를 행할지니라 11 모세가 당일에
백성에게 명하여 가로되 12 너희가 요단을 건넌 후에
시므온과 레위와 유다와 잇사갈과 요셉과 베냐민은 백성
을 축복하기 위하여 그리심 산에 서고 13 르우벤과 갓
과 아셀과 스불론과 단과 납달리는 저주하기 위하여 에발

"And you shall write on the stones all the words of this
law very distinctly." 9 ¶ Then Moses and the Levitical priests
spoke to all Israel, saying, "Be silent and listen, O Israel!
This day you have become a people for the LORD your
God. 10 "You shall therefore obey the LORD your
God, and do His commandments and His statutes which
I command you today." 11 Moses also charged the
people on that day, saying, 12 "When you cross the
Jordan, these shall stand on Mount Gerizim to bless the
people: Simeon, Levi, Judah, Issachar, Joseph, and Benjamin.
13 "And for the curse, these shall stand on Mount Ebal:
Reuben, Gad, Asher, Zebulun, Dan, and Naphtali. 14
"The Levites shall then answer and say to all the men
of Israel with a loud voice, 15 ¶ 'Cursed is the man

신

/만들어(~자)
/그것을
세우는 자는 — 저주를 받을 것이라
/은밀히

/모든 백성은 — 응답하여
아멘 할지니라

16 /<레위인은> — [말]할 것이요
/경홀히 여기는 자는 — 저주를 받을 것이라
/그 부모를
/모든 백성은 — 아멘 할지니라

17 /<레위인은> — [말]할 것이요
/옮기는 자는 — 저주를 받을 것이라
/그 이웃의 지계표를
/모든 백성은 — 아멘 할지니라

18 /<레위인은> [말]할 것이요
/길을 잃게 하는 자는 — 저주를 받을 것이라
/소경으로
/모든 백성은 — 아멘 할지니라

19 /<레위인은> — [말]할 것이요
/억울케 하는 자는 — 저주를 받을 것이라
/객이나 고아나 과부의 송사를
/모든 백성은 — 아멘 할지니라

20 /<레위인은> — [말]할 것이요
/구합하는 자는 — 저주를 받을 것이라
/계모와

//(이유: כִּי, for)
그 아비의 하체를 드러내었으니

/모든 백성은 — 아멘 할지니라

21 /<레위인은> — [말]할 것이요
/교합하는 자는 — 저주를 받을 것이라
/무릇 짐승과
/모든 백성은 — 아멘 할지니라

22 /<레위인은> — [말]할 것이요
/구합하는 자는 — 저주를 받을 것이라
/그 자매[와]
/곧 그 아비의 딸이나
어미의 딸과
/모든 백성은 — 아멘 할지니라

산에 서고 **14** 레위 사람은 큰 소리로 이스라엘 모든 사
람에게 말하여 이르기를 **15** 장색의 손으로 조각하였거
나 부어 만든 우상은 여호와께 가증하니 그것을 만들어
은밀히 세우는 자는 저주를 받을 것이라 할 것이요 모든
백성은 응답하여 아멘 할지니라 **16** 그 부모를 경홀히
여기는 자는 저주를 받을 것이라 할 것이요 모든 백성은
아멘 할지니라 **17** 그 이웃의 지계표를 옮기는 자는 저
주를 받을 것이라 할 것이요 모든 백성은 아멘 할지니라
18 소경으로 길을 잃게 하는 자는 저주를 받을 것이라
할 것이요 모든 백성은 아멘 할지니라 **19** 객이나 고아
나 과부의 송사를 억울케 하는 자는 저주를 받을 것이라
할 것이요 모든 백성은 아멘 할지니라 **20** 계모와 구합
하는 자는 그 아비의 하체를 드러내었으니 저주를 받을
것이라 할 것이요 모든 백성은 아멘 할지니라 **21** 무릇

who makes an idol or a molten image, an abomination
to the LORD, the work of the hands of the craftsman,
and sets it up in secret.' And all the people shall answer
and say, Amen. **16** ¶ 'Cursed is he who dishonors his
father or mother.' And all the people shall say, Amen.
17 ¶ 'Cursed is he who moves his neighbor's boundary
mark.' And all the people shall say, Amen. **18** ¶ 'Cursed
is he who misleads a blind person on the road.' And all
the people shall say, Amen. **19** ¶ 'Cursed is he who
distorts the justice due an alien, orphan, and widow.'
And all the people shall say, Amen. **20** ¶ 'Cursed is
he who lies with his father's wife, because he has
uncovered his father's skirt.' And all the people shall
say, Amen. **21** ¶ 'Cursed is he who lies with any

23 /<레위인은> — [말]할 것이요
/구합하는 자는 — 저주를 받을 것이라
/장모와
/모든 백성은 — 아멘 할지니라

24 /<레위인은> — [말]할 것이요
/암살하는 자는 — 저주를 받을 것이라
/그 이웃을
/모든 백성은 — 아멘 할지니라

25 /<레위인은> — [말]할 것이요
/뇌물을 받는 자는 — 저주를 받을 것이라
//(목적: ל, to)
무죄자를 죽이려고
/모든 백성은 — 아멘 할지니라

26 /<레위인은> — [말]할 것이요
/실행치 아니하는 자는 — 저주를 받을 것이라
/이 율법의 모든 말씀을
/모든 백성은 — 아멘 할지니라

신

28

1 [만일](אִם)
네가 말씀을 삼가 듣고(조건절, if)
/네 하나님 여호와의

//(목적: ל, to)
그 모든 명령을 지켜 행하면
/내가 오늘날 네게 명하는

여호와께서 너를 뛰어나게 **하실 것이라**
/네 하나님 /세계 모든 민족 위에

2 [만일](כִּי)
네가 말씀을 순종하면(조건절, if)
/네 하나님 여호와의
이 복이 네게 **임하며**
/모든
네게 **미치리니**

짐승과 교합하는 자는 저주를 받을 것이라 할 것이요 모
든 백성은 아멘 할지니라 22 그 자매 곧 그 아비의 딸
이나 어미의 딸과 구합하는 자는 저주를 받을 것이라 할
것이요 모든 백성은 아멘 할지니라 23 장모와 구합하는
자는 저주를 받을 것이라 할 것이요 모든 백성은 아멘 할
지니라 24 그 이웃을 암살하는 자는 저주를 받을 것이
라 할 것이요 모든 백성은 아멘 할지니라 25 무죄자를
죽이려고 뇌물을 받는 자는 저주를 받을 것이라 할 것이
요 모든 백성은 아멘 할지니라 26 이 율법의 모든 말씀
을 실행치 아니하는 자는 저주를 받을 것이라 할 것이요
모든 백성은 아멘 할지니라
28:1 네가 네 하나님 여호와의 말씀을 삼가 듣고
내가 오늘날 네게 명하는 그 모든 명령을 지켜
행하면 네 하나님 여호와께서 너를 세계 모든 민족 위에

animal.' And all the people shall say, Amen. 22 ¶
'Cursed is he who lies with his sister, the daughter of
his father or of his mother.' And all the people shall
say, Amen. 23 ¶ 'Cursed is he who lies with his mother-
in-law.' And all the people shall say, Amen. 24 ¶
'Cursed is he who strikes his neighbor in secret.' And
all the people shall say, Amen. 25 ¶ 'Cursed is he who
accepts a bribe to strike down an innocent person.' And
all the people shall say,' Amen. 26 ¶ 'Cursed is he
who does not confirm the words of this law by doing
them.' And all the people shall say, Amen.
28:1 ¶ "Now it shall be, if you will diligently obey
the LORD your God, being careful to do all His
commandments which I command you today, the LORD
your God will set you high above all the nations of the
earth. 2 "And all these blessings shall come upon you

신

3 [네가] 성읍에서도 **복을 받고**
들에서도 **복을 받을 것이며**

4 소생과
/네 몸의
소산과
/네 토지의
새끼와
/네 짐승의
새끼가 — **복을 받을 것이며**
/우양의

5 네 광주리와
그릇이 — **복을 받을 것이며**
/떡반죽

6 네가 들어와도(상황절, when)
복을 받고

[네가] 나가도(상황절, when)
복을 받을 것이니라

7 여호와께서 그들을 네 앞에서 **패하게 하시리니**
/네 대적들이(을)
/일어나 너를 치려하면

그들이 한 길로 **들어왔으나**
/너를 치러
일곱 길로 **도망하리라**
/네 앞에서

8 여호와께서 **명하사**
/복을(내리시고)
/네 창고와
모든 일에
/네 손으로 하는

여호와께서 네게 **복을 주실 것이며**
/네 하나님 /네게 주시는 땅에서

9 [만일](כִּי)
네가 명령을 지켜
/네 하나님 여호와의
그 길로 행하면(조건절, if)
여호와께서 너를 **세워…되게 하시리니**
/네게 맹세하신 대로
/자기의 성민이(~으로)

뛰어나게 하실 것이라 2 네가 네 하나님 여호와의 말씀
을 순종하면 이 모든 복이 네게 임하며 네게 미치리니 3
성읍에서도 복을 받고 들에서도 복을 받을 것이며 4 네
몸의 소생과 네 토지의 소산과 네 짐승의 새끼와 우양의
새끼가 복을 받을 것이며 5 네 광주리와 떡반죽 그릇이
복을 받을 것이며 6 네가 들어와도 복을 받고 나가도 복
을 받을 것이니라 7 네 대적들이 일어나 너를 치려하면
여호와께서 그들을 네 앞에서 패하게 하시리니 그들이
한 길로 너를 치러 들어왔으나 네 앞에서 일곱 길로 도망
하리라 8 여호와께서 명하사 네 창고와 네 손으로 하는
모든 일에 복을 내리시고 네 하나님 여호와께서 네게 주
시는 땅에서 네게 복을 주실 것이며 9 네가 네 하나님

and overtake you, if you will obey the LORD your God.
3 "Blessed shall you be in the city, and blessed shall
you be in the country. 4 "Blessed shall be the offspring
of your body and the produce of your ground and the offspring
of your beasts, the increase of your herd and the young
of your flock. 5 "Blessed shall be your basket and your
kneading bowl. 6 "Blessed shall you be when you come
in, and blessed shall you be when you go out. 7 ¶ "The
LORD will cause your enemies who rise up against you
to be defeated before you; they shall come out against
you one way and shall flee before you seven ways. 8
"The LORD will command the blessing upon you in
your barns and in all that you put your hand to, and He
will bless you in the land which the LORD your God
gives you. 9 "The LORD will establish you as a holy
people to Himself, as He swore to you, if you will keep

10 세계 만민이 **보고**
/너를(가) —— 여호와의 이름으로 일컬음을
너를 **두려워 하리라**

11 여호와께서 네게 복을(주사) **많게 하시며**
/네 몸의 소생과
육축의 새끼와
토지의 소산으로
/네 열조에게 맹세하신 땅에서
/네게 주리라고

12 여호와께서 보고를 **열으사**
/하늘의 아름다운
/너를 위하여

//(결과: ל, to)
네 땅에 비를 내리시고
/때를 따라
모든 일에 복을 주시리니
/네 손으로 하는

네가 많은 민족에게 **꾸어줄지라도**
너는 **꾸지 아니할 것이요**

13 여호와께서 너로 머리가 **되고**
꼬리가 **되지 않게 하시며**
위에만 **있고**
아래에 **있지 않게 하시리니**

오직(만일, כִּי)
너는 —— 명령을 듣고
/네 하나님 여호와의
/내가 오늘날 네게 명하는
—— 지켜 행하며
14 —— 좌로나 우로나 치우치지 아니하고
/그 말씀을 떠나
/내가 오늘날 너희에게 명하는
—— 다른 신을 따라 섬기지 아니하면(조건절, if)

[너는] **이와 같으리라**

15 만일
네가 네 하나님 여호와의 말씀을 순종하지 아니하여...아니하면(조건절, if)
/그 모든 명령과 규례를 지켜 행하지(=행하기를)
/내가 오늘날 네게 명하는

여호와의 명령을 지켜 그 길로 행하면 여호와께서 네게
맹세하신 대로 너를 세워 자기의 성민이 되게 하시리니
10 너를 여호와의 이름으로 일컬음을 세계 만민이 보고
너를 두려워하리라 11 여호와께서 네게 주리라고 네 열
조에게 맹세하신 땅에서 네게 복을 주사 네 몸의 소생과
육축의 새끼와 토지의 소산으로 많게 하시며 12 여호와
께서 너를 위하여 하늘의 아름다운 보고를 열으사 네 땅
에 때를 따라 비를 내리시고 네 손으로 하는 모든 일에
복을 주시리니 네가 많은 민족에게 꾸어줄지라도 너는
꾸지 아니할 것이요 13 여호와께서 너로 머리가 되고
꼬리가 되지 않게 하시며 위에만 있고 아래에 있지 않게
하시리니 오직 너는 내가 오늘날 네게 명하는 네 하나님
여호와의 명령을 듣고 지켜 행하며 14 내가 오늘날 너
희에게 명하는 그 말씀을 떠나 좌로나 우로나 치우치지
아니하고 다른 신을 따라 섬기지 아니하면 이와 같으리
라 15 네가 만일 네 하나님 여호와의 말씀을 순종하지

the commandments of the LORD your God, and walk
in His ways. 10 "So all the peoples of the earth shall
see that you are called by the name of the LORD; and
they shall be afraid of you. 11 "And the LORD will
make you abound in prosperity, in the offspring of your body
and in the offspring of your beast and in the produce of
your ground, in the land which the LORD swore to your
fathers to give you. 12 "The LORD will open for you
His good storehouse, the heavens, to give rain to your
land in its season and to bless all the work of your hand;
and you shall lend to many nations, but you shall not borrow.
13 "And the LORD shall make you the head and not
the tail, and you only shall be above, and you shall not
be underneath, if you will listen to the commandments
of the LORD your God, which I charge you today, to observe
them carefully, 14 and do not turn aside from any of
the words which I command you today, to the right or
to the left, to go after other gods to serve them. 15 ¶

저주가 — 네게 **임하고**
/이 모든
네게 **미칠 것이니**

16 네가 — 성읍에서도 **저주를 받으며**
들에서도 **저주를 받을 것이요**

17 또
네 광주리와 ─┐
그릇이 ──────┴── **저주를 받을 것이요**
/떡반죽

18 소생과 ──┐
/네 몸의
소산과 ────┤
/네 토지의
새끼가 ────┴── **저주를 받을 것이며**
/네 우양의

19 네가 — 들어와도(상황절, when)
저주를 받고

[네가] — 나가도(상황절, when)
저주를 받으리라

20 여호와께서 — 저주와 공구와 견책을 **내리사**
/네 손으로 하는 모든 일에
/네가 악을 행하여 그를 잊으므로
/망하며(=망하기까지)
/속히 파멸케 하실 것이며(=파멸하실 때까지)

21 여호와께서 — 네 몸에 염병이 **들게 하사**
/네가 들어가 얻을 땅에서
/필경 너를 멸하실 것이며(=멸하실 때까지)

22 여호와께서 — 너를 **치시리니**
/폐병과 열병과
상한과 학질과
한재와 풍재와
썩는 재앙으로

이 재앙들이 — 너를 **따라서...것이라**
/너를 진멸케 할(=진멸하기까지)

23 하늘은 — **놋이 되고**
/네 머리 위의

신

아니하여 내가 오늘날 네게 명하는 그 모든 명령과 규례
를 지켜 행하지 아니하 면 이 모든 저주가 네게 임하고
네게 미칠 것이니 16 네가 성읍에서도 저주를 받으며
들에서도 저주를 받을 것이요 17 또 네 광주리와 떡반
죽 그릇이 저주를 받을 것이요 18 네 몸의 소생과 네
토지의 소산과 네 우양의 새끼가 저주를 받을 것이며
19 네가 들어와도 저주를 받고 나가도 저주를 받으리라
20 네가 악을 행하여 그를 잊으므로 네 손으로 하는 모
든 일에 여호와께서 저주와 공구와 견책을 내리사 망하
여 속히 파멸케 하실 것이며 21 여호와께서 네 몸에
염병이 들게 하사 네가 들어가 얻을 땅에서 필경 너를 멸
하실 것이며 22 여호와께서 폐병과 열병과 상한과 학질
과 한재와 풍재와 썩는 재앙으로 너를 치시리니 이 재앙
들이 너를 따라서 너를 진멸케 할 것이라 23 네 머리

"But it shall come about, if you will not obey the LORD
your God, to observe to do all His commandments and
His statutes with which I charge you today, that all these
curses shall come upon you and overtake you. 16
"Cursed shall you be in the city, and cursed shall you
be in the country. 17 "Cursed shall be your basket and
your kneading bowl. 18 "Cursed shall be the offspring
of your body and the produce of your ground, the increase
of your herd and the young of your flock. 19 "Cursed
shall you be when you come in, and cursed shall you
be when you go out. 20 ¶ "The LORD will send upon
you curses, confusion, and rebuke, in all you undertake
to do, until you are destroyed and until you perish quickly,
on account of the evil of your deeds, because you have
forsaken Me. 21 "The LORD will make the pestilence cling
to you until He has consumed you from the land, where
you are entering to possess it. 22 "The LORD will
smite you with consumption and with fever and with

땅은 **철이 될 것이며**
/네 아래의

24 여호와께서 티끌과 모래를 **내리시리니**
/비 대신에
/네 땅에

그것들이 하늘에서 네 위에 **내려서...리라**
/필경 너를 멸하(=멸하기까지)

25 여호와께서 너로 **패하게 하시리니**
/네 대적 앞에

네가 한 길로 **나가서는**
/그들을 치러
일곱 길로 **도망할 것이며**
/그들의 앞에서

또
네가 세계 만국 중에 **흩음을 당하고**

26 네 시체가 **밥이 될 것이나**
/공중의 모든 새와
땅 짐승들의

쫓아 줄 자가 **없을 것이며**
/그것들을

27 여호와께서 너를 **치시리니**
/애굽의 종기와
치질과 괴혈병과 개창으로
네가 **치료함을 얻지 못할 것이며**

28 또
여호와께서 너를 **치시리니**
/미침과 눈멂과 경심증으로
29 네가 백주에도 **더듬고**
/소경이 어두운데서 더듬는 것과 같이

[네가] 네 길이(에서) **형통치 못하여**
압제와 노략을 당할 뿐이니
/항상

구원할 자가 **없을 것이며**
/너를

위의 하늘은 놋이 되고 네 아래의 땅은 철이 될 것이며
24 여호와께서 비 대신에 티끌과 모래를 네 땅에 내리
시리니 그것들이 하늘에서 네 위에 내려서 필경 너를 멸
하리라 25 여호와께서 너로 네 대적 앞에 패하게 하시
리니 네가 한 길로 그들을 치러 나가서는 그들의 앞에서
일곱 길로 도망할 것이며 네가 또 세계 만국 중에 흩음을
당하고 26 네 시체가 공중의 모든 새와 땅 짐승들의 밥
이 될 것이나 그것들을 쫓아 줄 자가 없을 것이며 27
여호와께서 애굽의 종기와 치질과 괴혈병과 개창으로 너
를 치시리니 네가 치료함을 얻지 못할 것이며 28 여호
와께서 또 너를 미침과 눈멂과 경심증으로 치시리니 29
소경이 어두운데서 더듬는 것과 같이 네가 백주에도 더

inflammation and with fiery heat and with the sword
and with blight and with mildew, and they shall pursue
you until you perish. 23 "And the heaven which is over
your head shall be bronze, and the earth which is under
you, iron. 24 "The LORD will make the rain of your
land powder and dust; from heaven it shall come down
on you until you are destroyed. 25 "The LORD will
cause you to be defeated before your enemies; you shall
go out one way against them, but you shall flee seven
ways before them, and you shall be an example of terror
to all the kingdoms of the earth. 26 "And your carcasses
shall be food to all birds of the sky and to the beasts of
the earth, and there shall be no one to frighten them
away. 27 ¶ "The LORD will smite you with the boils
of Egypt and with tumors and with the scab and with
the itch, from which you cannot be healed. 28 "The
LORD will smite you with madness and with blindness
and with bewilderment of heart; 29 and you shall grope

30 네가	여자와 **약혼하였으나**
다른 사람이	그와 같이 **잘 것이요**
[네가]	집을 **건축하였으나**
	거기 **거하지 못할 것이요**
[네가]	포도원을 **심었으나**
네가	그 과실을 **쓰지 못할 것이며**
31 [네가]	네 소를 네 목전에서 **잡았으나**
네가	**먹지 못할 것이며**
[네가]	네 나귀를 네 목전에서 **빼앗아 감을 당하여도**
	도로 **찾지 못할 것이며**
[네가]	네 양을 대적에게 **빼앗길 것이나**
	너를 **도와 줄 자가 없을 것이며**
32 [네가]	네 자녀를 다른 민족에게 **빼앗기고**
눈이	**쇠하여지나**
	/종일 생각하고 알아봄으로
능[력]이	**네 손에 없을 것이며**
33 민족이	**먹겠고**
/네가 알지 못하는	/네 토지 소산과
	네 수고로 얻은 것을
너는	항상 **압제와 학대를 받을 뿐이리니**
34 이러므로	
네가	**미치리라**
	/네 눈에 보이는 일로 인하여
35 여호와께서	네 무릎과 다리를 **쳐서...발하게 하여...**하시리라[44]
	/고치지 못할 심한 종기로
	/발바닥으로 정수리까지 이르게
36 여호와께서	너와 네가 세울 네 임금을 **끌어가시리니**
	/너와 네 열조가 알지 못하던 나라로
네가	거기서 **섬길 것이며**
	/목석으로 만든 다른 신들을

44) 치실 것이다.

듬고 네 길이 형통치 못하여 항상 압제와 노략을 당할 뿐
이니 너를 구원할 자가 없을 것이며 30 네가 여자와 약
혼하였으나 다른 사람이 그와 같이 잘 것이요 집을 건축
하였으나 거기 거하지 못할 것이요 포도원을 심었으나 네
가 그 과실을 쓰지 못할 것이며 31 네 소를 네 목전에서
잡았으나 네가 먹지 못할 것이며 네 나귀를 네 목전에서
빼앗아감을 당하여도 도로 찾지 못할 것이며 네 양을 대
적에게 빼앗길 것이나 너를 도와 줄 자가 없을 것이며
32 네 자녀를 다른 민족에게 빼앗기고 종일 생각하고
알아봄으로 눈이 쇠하여지나 네 손에 능이 없을 것이며
33 네 토지 소산과 네 수고로 얻은 것을 네가 알지 못하
는 민족이 먹겠고 너는 항상 압제와 학대를 받을 뿐이리
니 34 이러므로 네 눈에 보이는 일로 인하여 네가 미치
리라 35 여호와께서 네 무릎과 다리를 쳐서 고치지 못
할 심한 종기로 발하게 하여 발바닥으로 정수리까지 이르
게 하시리라 36 여호와께서 너와 네가 세울 네 임금을

at noon, as the blind man gropes in darkness, and you
shall not prosper in your ways; but you shall only be
oppressed and robbed continually, with none to save
you. 30 "You shall betroth a wife, but another man
shall violate her; you shall build a house, but you shall
not live in it; you shall plant a vineyard, but you shall
not use its fruit. 31 "Your ox shall be slaughtered before
your eyes, but you shall not eat of it; your donkey shall
be torn away from you, and shall not be restored to you;
your sheep shall be given to your enemies, and you shall
have none to save you. 32 "Your sons and your daughters
shall be given to another people, while your eyes shall
look on and yearn for them continually; but there shall
be nothing you can do. 33 "A people whom you do
not know shall eat up the produce of your ground and
all your labors, and you shall never be anything but oppressed
and crushed continually. 34 "And you shall be driven
mad by the sight of what you see. 35 "The LORD will
strike you on the knees and legs with sore boils, from
which you cannot be healed, from the sole of your foot

37 네가 　　　　놀램과 속담과 비방거리가 될 것이라
　　　　　　　/여호와께서 너를 끌어 가시는 모든 민족 중에서

38 네가 　　　　많은 종자를 들에 심을지라도
　　　　　　　거둘 것이[[다]
　　　　　　　/적을 것이며(=적게)

//(이유: כִּי, for)
메뚜기가 —— 먹으므로

39 네가 　　　　포도원을 심고
　　　　　　　다스릴지라도

[네가] 　　　　포도를 따지 못하고
　　　　　　　포도주를 마시지 못할 것이며

//(이유: כִּי, for)
벌레가 —— 먹으므로

40 [네가] 　　　감람나무가 있을지라도[45)]
　　　　　　　/네 모든 경내에

　　　　　　　그 기름을 네 몸에 바르지 못할 것이며

//(이유: כִּי, for)
그 열매가 —— 떨어지므로

41 네가 　　　　자녀를 낳을지라도
[그들이] 　　　네게 있지 못할 것이며

//(이유: כִּי, for)
그들이 —— 포로가 되므로

42 메뚜기가 　　먹을 것이며
　　　　　　　/네 모든 나무와 토지 소산은(을)

43 이방인은 　　점점 높아져서
/너의 중에 우거하는

　　　　　　　네 위에 뛰어나고
너는 　　　　　점점 낮아질 것이며

44 그는 　　　　네게 꾸일지라도
너는 　　　　　그에게 꾸지 못하리니

45) 가지고 있을 것이다.

너와 네 열조가 알지 못하던 나라로 끌어가시리니 네가 거기서 목석으로 만든 다른 신들을 섬길 것이며 **37** 여호와께서 너를 끌어 가시는 모든 민족 중에서 네가 놀램과 속담과 비방거리가 될 것이라 **38** 네가 많은 종자를 들에 심을지라도 메뚜기가 먹으므로 거둘 것이 적을 것이며 **39** 네가 포도원을 심고 다스릴지라도 벌레가 먹으므로 포도를 따지못하고 포도주를 마시지 못할 것이며 **40** 네 모든 경내에 감람나무가 있을지라도 그 열매가 떨어지므로 그기름을 네 몸에 바르지 못할 것이며 **41** 네가 자녀를 낳을지라도 그들이 포로가 되므로 네게 있지 못할 것이며 **42** 네 모든 나무와 토지 소산은 메뚜기가 먹을 것이며 **43** 너의 중에 우거하는 이방인은 점점

to the crown of your head. **36** "The LORD will bring you and your king, whom you shall set over you, to a nation which neither you nor your fathers have known, and there you shall serve other gods, wood and stone. **37** "And you shall become a horror, a proverb, and a taunt among all the people where the LORD will drive you. **38** ¶ "You shall bring out much seed to the field but you shall gather in little, for the locust shall consume it. **39** "You shall plant and cultivate vineyards, but you shall neither drink of the wine nor gather the grapes, for the worm shall devour them. **40** "You shall have olive trees throughout your territory but you shall not anoint yourself with the oil, for your olives shall drop off. **41** "You shall have sons and daughters but they shall not be yours, for they shall go into captivity. **42** "The cricket shall possess all your trees and the produce

신

그는 **머리가 되고**
너는 **꼬리가 될 것이라**

45 저주가 네게 **임하고**
/이 모든
너를 **따르고**
네게 **미쳐서**
/필경 너를 멸하리니(=멸하기까지)

//(이유: כִּי, for)
네가 — 여호와의 말씀을 순종치 아니하고
/네 하나님
그 명령과 규례를 지키지 아니하므로
/네게 명하신

46 저주가 **표적과 감계가 되리라**
/이 모든 /너와 네 자손에게 영원히 있어서

47 //(이유: כִּי, for)
네가 여호와를 섬기지 아니함을 인하여
/네 하나님
/기쁨과 즐거운 마음으로
/모든 것이 풍족하여도

48 네가 대적을 **섬기게 될 것이니**
/여호와께서 — 보내사
/너를 치게 하실(=너를 치도록)
/주리고 목마르고 헐벗고
모든 것이 핍절한 중에서

그가 철 멍에를 네 목에 **메워서...것이라**
/필경 너를 멸할(=멸하기까지)

49 곧
여호와께서 너를 **치러 오게 하시리니**
/원방에서,
땅 끝에서
/한 민족을
/독수리의 날음 같이

이는 네가 그 언어를 알지 못하는 **민족이요**
50 그 용모가 흉악한 **민족이라**
/노인을 돌아보지 아니하며
/유치를 긍휼히 여기지 아니하며

높아져서 네 위에 뛰어나고 너는 점점 낮아질 것이며
44 그는 네게 꾸일지라도 너는 그에게 꿔지 못하리니
그는 머리가 되고 너는 꼬리가 될 것이라 45 네가 네
하나님 여호와의 말씀을 순종치 아니하고 네게 명하신
그 명령과 규례를 지키지 아니하므로 이 모든 저주가 네
게 임하고 너를 따르고 네게 미쳐서 필경 너를 멸하리니
46 이 모든 저주가 너와 네 자손에게 영원히 있어서 표
적과 감계가 되리라 47 네가 모든 것이 풍족하여도 기
쁨과 즐거운 마음으로 네 하나님 여호와를 섬기지 아니
함을 인하여 48 네가 주리고 목마르고 헐벗고 모든 것
이 핍절한 중에서 여호와께서 보내사 너를 치게 하실 대
적을 섬기게 될 것이니 그가 철 멍에를 네 목에 메워서
필경 너를 멸할 것이라 49 곧 여호와께서 원방에서 땅
끝에서 한 민족을 독수리의 날음같이 너를 치러 오게 하

of your ground. 43 "The alien who is among you shall
rise above you higher and higher, but you shall go down
lower and lower. 44 "He shall lend to you, but you
shall not lend to him; he shall be the head, and you
shall be the tail. 45 "So all these curses shall come on
you and pursue you and overtake you until you are destroyed,
because you would not obey the LORD your God by keeping
His commandments and His statutes which He commanded
you. 46 "And they shall become a sign and a wonder
on you and your descendants forever. 47 "Because you
did not serve the LORD your God with joy and a glad
heart, for the abundance of all things; 48 therefore you shall
serve your enemies whom the LORD shall send against
you, in hunger, in thirst, in nakedness, and in the lack
of all things; and He will put an iron yoke on your neck
until He has destroyed you. 49 ¶ "The LORD will bring

51 /네 육축의 새끼와 네 토지의 소산을 먹어서
/필경은 너를 멸망시키며(=멸망시키기까지)

또
[이는] 너를 위하여 **남기지 아니하고...시키리라**
/곡식이나 포도주나 기름이나
소의 새끼나 양의 새끼를
/필경은 너를 멸절(=멸절시키기까지)

52 그들이 전국에서 네 모든 성읍을 **에워싸고**
/성벽을 다 헐며(=헐기까지)
/높고 견고한
/네가 의뢰하는바
모든 성읍에서 너를 **에워싸리니**
/네 하나님 여호와께서 네게 주시는 땅의

53 네가 곧 네 몸의 소생의 고기를 **먹을 것이라**
/네 하나님 여호와께서 네게 주신 자녀
/대적에게 에워싸이고(=애워싸이는 중에)
/곤란케 함을 당하므로(=곤란함을 당하는 중에)
/맹렬히 쳐서

54 남자라도 **질시하여**
/유순하고 연약한 /그 형제와
/너희 중에 그 품의 아내와
그 남은 자녀를

55 그 자녀의 고기를 **주지 아니하리니**
/자기의 먹는
/그 중 누구에게든지

//(이는: because)
남음이 —— 아무 것도 그에게 없는 연고일 것이며
/네 대적이 네 모든 성읍을 에워싸고(=애워싸는 중에)
/곤란케 하므로(=곤란한 중에)
/맹렬히 너를 쳐서

56 또
부녀[가] —— 그 품의 남편과 그 자녀를 **질시하여**
/유순하고 연약한
/너희 중에
/곧
땅을 밟아 보지도 아니하던 자라도
/그 발바닥으로

시리니 이는 네가 그 언어를 알지 못하는 민족이요 **50**
그 용모가 흉악한 민족이라 노인을 돌아보지 아니하며
유치를 긍휼히 여기지 아니하며 **51** 네 육축의 새끼와
네 토지의 소산을 먹어서 필경은 너를 멸망시키며 또 곡
식이나 포도주나 기름이나 소의 새끼나 양의 새끼를 위
하여 남기지 아니하고 필경은 너를 멸절시키리라 **52** 그
들이 전국에서 네 모든 성읍을 에워싸고 네가 의뢰하는
바 높고 견고한 성벽을 다 헐며 네 하나님 여호와께서 네
게 주시는 땅의 모든 성읍에서 너를 에워싸리니 **53** 네
가 대적에게 에워싸이고 맹렬히 쳐서 곤란케 함을 당하
므로 네 하나님 여호와께서 네게 주신 자녀 곧 네 몸의
소생의 고기를 먹을 것이라 **54** 너희 중에 유순하고 연
약한 남자라도 그 형제와 그 품의 아내와 그 남은 자녀를
질시하여 **55** 자기의 먹는 그 자녀의 고기를 그 중 누구

a nation against you from afar, from the end of the earth,
as the eagle swoops down, a nation whose language you
shall not understand, **50** a nation of fierce countenance who
shall have no respect for the old, nor show favor to the young.
51 "Moreover, it shall eat the offspring of your herd
and the produce of your ground until you are destroyed,
who also leaves you no grain, new wine, or oil, nor the
increase of your herd or the young of your flock until
they have caused you to perish. **52** "And it shall besiege
you in all your towns until your high and fortified walls
in which you trusted come down throughout your land,
and it shall besiege you in all your towns throughout
your land which the LORD your God has given you.
53 "Then you shall eat the offspring of your own body,
the flesh of your sons and of your daughters whom the LORD
your God has given you, during the siege and the distress
by which your enemy shall oppress you. **54** "The man
who is refined and very delicate among you shall be
hostile toward his brother and toward the wife he cherishes
and toward the rest of his children who remain, **55** so

46) 땅을 밟지 못한 이유

//(이유: because of)[46]
유순하고 연약하여

57 [그녀가] 가만히 **먹으리니**
/그 다리 사이에서 나온 태와
자기의 낳은 어린 자식을

//이는(כִּי, for)
아무 것도 얻지 못함이리라
/에워싸고 곤란케 하므로
/네 대적이 — 네 생명을 맹렬히 쳐서

58 만일(אִם)
네가 모든 말씀을 지켜 행하지 아니하고
/이 책에 기록한
/이 율법의
이름을 경외하지 아니하면(조건절, if)
/네 하나님 여호와라 하는
/영화롭고 두려운
59 여호와께서 **극렬하게 하시리니**
/너의 재앙과
/네 자손의 재앙을

/그 재앙[을](이)
/크고 오래고
/그 질병[을](이)
/중하고 오랠(것이라)

60 여호와께서 네게로 **가져다가**
/애굽의 모든 질병을
/네가 두려워하던
네 몸에 **들어붓게 하실 것이며**
61 또
여호와께서 네게 **내리실 것이니**
/모든 질병과 모든 재앙을
/이 율법 책에 기록지 아니한
/너의 멸망하기까지

62 [비록]
너희가 하늘의 별 같이 많았을지라도(양보절, although)[47]
남는 자가 **얼마 되지 못할 것이라**

47) NRSV

//(이유: for)

에게든지 주지 아니하리니 이는 네 대적이 네 모든 성읍
을 에워싸고 맹렬히 너를 쳐서 곤란케 하므로 아무 것도
그에게 남음이 없는 연고일 것이며 **56** 또 너희 중에 유
순하고 연약한 부녀 곧 유순하고 연약하여 그 발바닥으
로 땅을 밟아 보지도 아니하던 자라도 그 품의 남편과 그
자녀를 질시하여 **57** 그 다리 사이에서 나온 태와 자기
의 낳은 어린 자식을 가만히 먹으리니 이는 네 대적이 네
생명을 에워싸고 맹렬히 쳐서 곤란케 하므로 아무 것도
얻지 못함이리라 **58** 네가 만일 이 책에 기록한 이 율법
의 모든 말씀을 지켜 행하지 아니하고 네 하나님 여호와
라 하는 영화롭고 두려운 이름을 경외하지 아니하면 **59**
여호와께서 너의 재앙과 네 자손의 재앙을 극렬하게 하
시리니 그 재앙이 크고 오래고 질병이 중하고 오랠 것이
라 **60** 여호와께서 네가 두려워하던 애굽의 모든 질병을

that he will not give even one of them any of the flesh
of his children which he shall eat, since he has nothing
else left, during the siege and the distress by which your
enemy shall oppress you in all your towns. **56** "The
refined and delicate woman among you, who would not
venture to set the sole of her foot on the ground for
delicateness and refinement, shall be hostile toward the
husband she cherishes and toward her son and daughter,
57 and toward her afterbirth which issues from between
her legs and toward her children whom she bears; for
she shall eat them secretly for lack of anything else,
during the siege and the distress by which your enemy
shall oppress you in your towns. **58** ¶ "If you are not careful
to observe all the words of this law which are written
in this book, to fear this honored and awesome name,
the LORD your God, **59** then the LORD will bring
extraordinary plagues on you and your descendants, even
severe and lasting plagues, and miserable and chronic
sicknesses. **60** "And He will bring back on you all the
diseases of Egypt of which you were afraid, and they

//(이유: כִּי, for)
[너희가] —— 말씀을 순종치 아니하므로
/네 하나님 여호와의

63 이제는
여호와께서 **기뻐하시리니**
/너희를 망하게 하시며
/[너희를] 멸하시기를
/여호와께서 —— 이왕에 기뻐하시던 것같이(as)
/너희에게 선을 행하시고
/너희로 번성케 하시기를

//(결과)
너희가 —— 땅에서 뽑힐 것이요
/들어가 얻는

64 여호와께서 너를 만민 중에 **흩으시리니**
/땅 이 끝에서 저 끝까지

//(결과)
네가 —— 그곳에서 섬길 것이라
/목석 우상을
/너와 네 열조의 알지 못하던

65 //(결과)
네가 —— 평안함을 얻지 못하며
/그 열국 중에서
네 발바닥을 쉴 곳도 얻지 못하고

오직
여호와께서 —— 너의 마음으로 **떨고(=떨게하시고)**
/거기서
눈으로 **쇠하고(=쇠하게 하시고)**
정신으로 **산란케 하시리니**

66 네 생명이 의심나는 곳에 달린 것 **같아서(=같을 것이다)**
[네가] 주야로 **두려워하며**
네 생명을 **확신할 수 없을 것이라**

67 [네가] 아침에는 **이르기를...할 것이요**
/네 마음의 두려움과
눈의 보는 것으로 인하여
/아하 저녁이 되었으면 좋겠다

네게로 가져다가 네 몸에 들어붙게 하실 것이며 61 또
이 율법 책에 기록지 아니한 모든 질병과 모든 재앙을 너
의 멸망하기까지 여호와께서 네게 내리실 것이니 62 너
희가 하늘의 별같이 많았을지라도 네 하나님 여호와의
말씀을 순종치 아니하므로 남는 자가 얼마되지 못할 것
이라 63 이왕에 여호와께서 너희에게 선을 행하시고 너
희로 번성케 하시기를 기뻐하시던 것 같이 이제는 여호
와께서 너희를 망하게 하시며 멸하시기를 기뻐하시리니
너희가 들어가 얻는 땅에서 뽑힐 것이요 64 여호와께서
너를 땅 이 끝에서 저 끝까지 만민 중에 흩으시리니 네가
그 곳에서 너와 네 열조의 알지 못하던 목석 우상을 섬길
것이라 65 그 열국 중에서 네가 평안함을 얻지 못하며
네 발바닥을 쉴 곳도 얻지 못하고 오직 여호와께서 거기
서 너의 마음으로 떨고 눈으로 쇠하고 정신으로 산란케

shall cling to you. 61 "Also every sickness and every plague
which, not written in the book of this law, the LORD
will bring on you until you are destroyed. 62 "Then
you shall be left few in number, whereas you were as
the stars of heaven for multitude, because you did not
obey the LORD your God. 63 "And it shall come about
that as the LORD delighted over you to prosper you,
and multiply you, so the LORD will delight over you
to make you perish and destroy you; and you shall be
torn from the land where you are entering to possess it.
64 "Moreover, the LORD will scatter you among all peoples,
from one end of the earth to the other end of the earth;
and there you shall serve other gods, wood and stone,
which you or your fathers have not known. 65 "And among
those nations you shall find no rest, and there shall be
no resting place for the sole of your foot; but there the LORD
will give you a trembling heart, failing of eyes, and
despair of soul. 66 "So your life shall hang in doubt

저녁에는 **이르기를...하리라**
/아하 아침이 되었으면 좋겠다

68 여호와께서 너를 애굽으로 **끌어가실 것이라**
/너를 배에 실으시고(=실어서)
/그 길로
/전에 네게 고하여 이르시기를...하시던
/네가 다시는 그 길을 보지 아니하리라

너희가 너희 몸을 노비로 **팔려하나**
/거기서
/대적에게

살 자가 **없으리라**
/너희를

신

29

1
언약의 말씀이 —— **이러하니라**
/여호와께서 ┬ 모세에게 명하사
└ 또 그들과 세우신
/모압 땅에서
/이스라엘 자손과 세우신 언약 외에
/호렙에서

2 모세가 온 이스라엘을 **소집하고**
그들에게 **이르되**
/너희가 —모든 일을 보았나니
/여호와께서 —— 행하신
/애굽 땅에서
/너희 목전에
/바로와
그 모든 신하와
그 온 땅에

3 /곧
네가 —— 목도하였느니라
/그 큰 시험과
이적과
큰 기사를

하시리니 66 네 생명이 의심나는 곳에 달린 것 같아서
주야로 두려워하며 네 생명을 확신할 수 없을 것이라 67
네 마음의 두려움과 눈의 보는 것으로 인하여 아침에는
이르기를 아하 저녁이 되었으면 좋겠다 할 것이요 저녁에
는 이르기를 아하 아침이 되었으면 좋겠다 하리라 68
여호와께서 너를 배에 실으시고 전에 네게 고하여 이르시
기를 네가 다시는 그 길을 보지 아니하리라 하시던 그 길
로 너를 애굽으로 끌어가실 것이라 거기서 너희가 너희
몸을 대적에게 노비로 팔려하나 너희를 살 자가 없으리라
29:1 호렙에서 이스라엘 자손과 세우신 언약 외에
여호와께서 모세에게 명하사 모압 땅에서 또 그
들과 세우신 언약의 말씀이 이러하니라 2 모세가 온 이
스라엘을 소집하고 그들에게 이르되 여호와께서 애굽 땅
에서 너희 목전에 바로와 그 모든 신하와 그 온 땅에 행

before you; and you shall be in dread night and day,
and shall have no assurance of your life. 67 "In the morning
you shall say, 'Would that it were evening!' And at
evening you shall say, 'Would that it were morning!' because
of the dread of your heart which you dread, and for the
sight of your eyes which you shall see. 68 "And the
LORD will bring you back to Egypt in ships, by the
way about which I spoke to you, 'You will never see it
again!' And there you shall offer yourselves for sale to
your enemies as male and female slaves, but there will
be no buyer."
29:1 ¶ These are the words of the covenant which
the LORD commanded Moses to make with the
sons of Israel in the land of Moab, besides the covenant
which He had made with them at Horeb. 2 ¶ And Moses
summoned all Israel and said to them, "You have seen
all that the LORD did before your eyes in the land of
Egypt to Pharaoh and all his servants and all his land;

4 /그러나
여호와께서 — 너희에게 주지 아니하셨느니라
/깨닫는 마음과
보는 눈과
듣는 귀는
/오늘날까지

5 /주께서 — 너희를 인도하여... 하셨거니와[48)]
/사십년 동안
/광야를 통행케
/옷이 — 낡지 아니하였고
/너희 몸의
/신이 — 해어지지 아니하였으며
/너희 발의

6 /너희로 — 떡도 먹지 못하며
포도주나 독주를 마시지 못하게 하셨음은

//(목적: לְמַעַן, in order that...may)
[너희가] — 알게 하려 하심이니라
/주는 너희 하나님 여호와이신 줄을

7 /너희가 이곳에 올 때에(상황절, when)
시혼과
/헤스본 왕
옥이 — 나왔으므로
/바산 왕 /우리와 싸우러

우리가 — 그들을 치고

8 /[우리가] — 그 땅을 취하여
기업으로 주었나니
/르우벤과 갓과 므낫세 반 지파에게

9 /그런즉
너희는 — 이 언약의 말씀을 지켜 행하라

//그리하면(결과)
모든 일이 — 형통하리라
/너희의 하는

10 /다 — 너희 하나님 여호와 앞에 선 것은
/오늘날
/너희
곧 너희 두령과
너희 지파와
너희 장로들과

하신 모든 일을 너희가 보았나니 3 곧 그 큰 시험과 이
적과 큰 기사를 네가 목도하였느니라 4 그러나 깨닫는
마음과 보는 눈과 듣는 귀는 오늘날까지 여호와께서 너
희에게 주지 아니하셨느니라 5 주께서 사십 년 동안 너
희를 인도하여 광야를 통행케 하셨거니와 너희 몸의 옷
이 낡지 아니하였고 너희 발의 신이 해어지지 아니하였
으며 6 너희로 떡도 먹지 못하며 포도주나 독주를 마시
지 못하게 하셨음은 주는 너희 하나님 여호와이신 줄을
알게 하려 하심이니라 7 너희가 이곳에 올 때에 헤스본
왕 시혼과 바산 왕 옥이 우리와 싸우러 나왔으므로 우리
가 그들을 치고 8 그 땅을 취하여 르우벤과 갓과 므낫세
반 지파에게 기업으로 주었나니 9 그런즉 너희는 이 언

3 the great trials which your eyes have seen, those great
signs and wonders. 4 "Yet to this day the LORD has
not given you a heart to know, nor eyes to see, nor ears
to hear. 5 "And I have led you forty years in the
wilderness; your clothes have not worn out on you, and
your sandal has not worn out on your foot. 6 "You have
not eaten bread, nor have you drunk wine or strong
drink, in order that you might know that I am the LORD
your God. 7 "When you reached this place, Sihon the
king of Heshbon and Og the king of Bashan came out
to meet us for battle, but we defeated them; 8 and we
took their land and gave it as an inheritance to the Reubenites,
the Gadites, and the half-tribe of the Manassites. 9 "So
keep the words of this covenant to do them, that you

너희 장로들과
너희 유사와
이스라엘 모든 남자와
11 너희 유아들과
너희 아내와
및 네 진중에 있는 객과
나무를 패는 자로부터 물 긷는 자까지
/무릇 너를 위하여

12 //(목적: ל, to)
여호와의 언약에 참예하며
/너의 하나님
//또(목적 계속)
맹세에 참예하여
/여호와께서 —— 오늘날 네게 향하여 하시는
/너의 하나님
13 //또(목적: ל, to)
[그가] —— 너를 세워...삼으시고
/자기 백성을(~으로)
/오늘날
자기는 —— 친히 네 하나님이 되시려 함이니라
/여호와께서 —— 이왕에 네게 말씀하신 대로
—— 맹세하신 대로
/네 열조 아브라함과
이삭과 야곱에게

14 /내가 —— 너희에게만 세우는 것이 아니라
/이 언약과 맹세를
15 —— 오늘날 <세웠다>
/우리와 함께 여기 선 자와
/우리 하나님 여호와 앞에서
—— 오늘날 <세웠다>
/우리와 함께 여기 있지 아니한 자에게까지니

16 /(너희가 —— 알며
/우리가 애굽 땅에 어떻게 거하였었는지,
/너희가 여러 나라를 어떻게 통과하여 왔었는지
17 /또
너희가 —— 보았느니라)
/가증한 것과 목석과 은금의 우상을
/그들 중에 있는

18 //(목적: *lest*)

약의 말씀을 지켜 행하라 그리하면 너희의 하는 모든 일
이 형통하리라 10 오늘날 너희 곧 너희 두령과 너희 지
파와 너희 장로들과 너희 유사와 이스라엘 모든 남자와
11 너희 유아들과 너희 아내와 및 네 진중에 있는 객과
무릇 너를 위하여 나무를 패는 자로부터 물 긷는 자까지
다 너희 하나님 여호와 앞에 선 것은 12 너의 하나님 여
호와의 언약에 참예하며 또 너의 하나님 여호와께서 오늘
날 네게 향하여 하시는 맹세에 참예하여 13 여호와께서
이왕에 네게 말씀하신 대로 또 네 열조 아브라함과 이삭
과 야곱에게 맹세하신 대로 오늘날 너를 세워 자기 백성
을 삼으시고 자기는 친히 네 하나님이 되시려 함이니라
14 내가 이 언약과 맹세를 너희에게만 세우는 것이 아
니라 15 오늘날 우리 하나님 여호와 앞에서 우리와 함
께 여기 선 자와 오늘날 우리와 함께 여기 있지 아니한

may prosper in all that you do. 10 ¶ "You stand today,
all of you, before the LORD your God: your chiefs, your
tribes, your elders and your officers, even all the men
of Israel, 11 your little ones, your wives, and the alien
who is within your camps, from the one who chops your
wood to the one who draws your water, 12 that you
may enter into the covenant with the LORD your God,
and into His oath which the LORD your God is making
with you today, 13 in order that He may establish you today
as His people and that He may be your God, just as He spoke
to you and as He swore to your fathers, to Abraham,
Isaac, and Jacob. 14 "Now not with you alone am I
making this covenant and this oath, 15 but both with
those who stand here with us today in the presence of
the LORD our God and with those who are not with us
here today 16 (for you know how we lived in the land
of Egypt, and how we came through the midst of the
nations through which you passed. 17 "Moreover, you have

18 //(목적: פֶּן, lest)
남자나
여자나
가족이나
지파나
/너희 중에
그 마음이 ── 우리 하나님 여호와를 떠나서 ...염려하며
/오늘날

//(목적: לְ, to)
그 모든 민족의 신들에게 가서 섬길까

//(목적: פֶּן,, lest)
독초와
쑥의 뿌리가 ── 너희 중에 생겨서

19 //(목적, 계속)
이 저주의 말을 듣고도(상황절, when)
[그가] ─ 심중에 스스로 위로하여...할까 염려함이라
/이르기를
/[비록]
내가 ── 내 마음을 강퍅케 하여(양보절, though)

//(목적: לְ, to)
젖은 것과 마른 것을 멸할지라도

[내가] ─ 평안하리라

20 /여호와는 ── 이런 자를 사하지 않으실 뿐 아니라
그의 위에 붓게 하시며
/여호와의 분노와
질투의 불로
/또
[그가] ── 그에게 더하실 것이라
/이 책에 기록된 모든 저주로(를)

/여호와께서 ── 필경은 도말하시되
/그의 이름을
/천하에서
21 /곧
여호와께서 ── 그를 구별하시고
/이스라엘 모든 지파 중에서
그에게 화를 더하시리라
/모든 저주대로
/이 율법 책에 기록된 언약의

자에게까지니 **16** (우리가 애굽 땅에 어떻게 거하였었는
지 너희가 여러 나라를 어떻게 통과하여 왔었는지 너희
가 알며 **17** 너희가 또 그들 중에 있는 가증한 것과 목
석과 은금의 우상을 보았느니라) **18** 너희 중에 남자나
여자나 가족이나 지파나 오늘날 그 마음이 우리 하나님
여호와를 떠나서 그 모든 민족의 신들에게 가서 섬길까
염려하며 독초와 쑥의 뿌리가 너희 중에 생겨서 **19** 이
저주의 말을 듣고도 심중에 스스로 위로하여 이르기를
내가 내 마음을 강퍅케 하여 젖은 것과 마른 것을 멸할지
라도 평안하리라 할까 염려함이라 **20** 여호와는 이런 자
를 사하지 않으실 뿐 아니라 여호와의 분노와 질투의 불
로 그의 위에 붓게 하시며 또 이 책에 기록된 모든 저주

seen their abominations and their idols of wood, stone, silver,
and gold, which they had with them); **18** lest there shall
be among you a man or woman, or family or tribe,
whose heart turns away today from the LORD our God,
to go and serve the gods of those nations; lest there shall
be among you a root bearing poisonous fruit and wormwood.
19 "And it shall be when he hears the words of this
curse, that he will boast, saying, 'I have peace though I
walk in the stubbornness of my heart in order to destroy
the watered land with the dry.' **20** "The LORD shall
never be willing to forgive him, but rather the anger of
the LORD and His jealousy will burn against that man,
and every curse which is written in this book will rest
on him, and the LORD will blot out his name from
under heaven. **21** "Then the LORD will single him out
for adversity from all the tribes of Israel, according to

22 /자손과
/너희
/너희 뒤에 일어나는
오는 객이 — 보며
/원방에서
/그 땅의 재앙과
여호와께서 그 땅에 유행시키시는 질병을

23 /[그들이] — 보고
/그 온 땅이 — 유황이 되며
소금이 되며
또
불에 타서
심지도 못하며
결실함도 없으며
거기 아무 풀도 나지 아니함이(을)
/무너짐과 같음을
/소돔과 고모라와 아드마와 스보임의
/여호와께서 옛적에 훼멸하신
/진노와 분한으로
말할 것이요

24 /사람들도 — 말하기를. . . 하면
/열방
/어찌하여(why)
여호와께서 이 땅에 이같이 행하셨느뇨?
무슨 뜻이뇨(why)
이같이 크고 열렬하게 노하심은(=노하셨는가)?

25 /그 때에(ㄱ, then)
사람이 — 대답하기를
/그 무리가 — 언약을 버리고(=버린 까닭이라)
/하나님 여호와께서 - 더불어 세우신
/자기의 조상의 /인도하여 내실 때에
/그 조상을

26 /[그들이] — 가서
다른 신들을 섬겨
/자기들이 알지도 못하고
/여호와께서 그들에게 주시지도 아니한
그에게 절한 까닭이라

27 /이러므로
여호와께서 — 이 땅을 향하여 진노하사
재앙을 내리시고
/이 책에 기록된 모든 저주대로

신

로 그에게 더하실 것이라 여호와께서 필경은 그의 이름
을 천하에서 도말하시되 **21** 여호와께서 곧 이스라엘 모
든 지파 중에서 그를 구별하시고 이 율법 책에 기록된 언
약의 모든 저주대로 그에게 화를 더하시리라 **22** 너희
뒤에 일어나는 너희 자손과 원방에서 오는 객이 그 땅의
재앙과 여호와께서 그 땅에 유행시키시는 질병을 보며
23 그 온 땅이 유황이 되며 소금이 되며 또 불에 타서
심지도 못하며 결실함도 없으며 거기 아무 풀도 나지 아
니함이 옛적에 여호와께서 진노와 분한으로 훼멸하신 소
돔과 고모라와 아드마와 스보임의 무너짐과 같음을 보고
말할 것이요 **24** 열방 사람들도 말하기를 여호와께서 어
찌하여 이 땅에 이같이 행하셨느뇨 이같이 크고 열렬하
게 노하심은 무슨 뜻이뇨 하면 **25** 그 때에 사람이 대답
하기를 그 무리가 자기의 조상의 하나님 여호와께서 그
조상을 애굽에서 인도하여 내실 때에 더불어 세우신 언
약을 버리고 **26** 가서 자기들이 알지도 못하고 여호와께

all the curses of the covenant which are written in this
book of the law. **22** ¶ "Now the generation to come,
your sons who rise up after you and the foreigner who comes
from a distant land, when they see the plagues of the
land and the diseases with which the LORD has afflicted
it, will say, **23** 'All its land is brimstone and salt, a
burning waste, unsown and unproductive, and no grass grows
in it, like the overthrow of Sodom and Gomorrah, Admah
and Zeboiim, which the LORD overthrew in His anger
and in His wrath.' **24** "And all the nations shall say,
'Why has the LORD done thus to this land? Why this
great outburst of anger?' **25** "Then men shall say,
Because they forsook the covenant of the LORD, the
God of their fathers, which He made with them when
He brought them out of the land of Egypt. **26** And they
went and served other gods and worshiped them, gods whom
they have not known and whom He had not allotted to

28 /또
여호와께서 ─ 그들을 이 땅에서 뽑아내사
/진노와 분한과 크게 통한하심으로
다른 나라에 던져보내심이
/오늘날과 같다(이) (하리라)

29 /오묘한 일은 ── 여호와께 속하였거니와
/우리 하나님
나타난 일은 ── 영구히 〈속하였나니〉
/우리와 우리 자손에게

//이는(목적:ל, to)
우리로 ── 행하게 하심이니라
/이 율법의 모든 말씀을

신

30

1 모든 복과
저주가 ── 네게 임하므로(상황절, when)
/내가 네게 진술한
네가 마음에서 기억이 나거든(상황절, when)
/이 일이
/모든 나라 가운데서
/네 하나님 여호와께 쫓겨간

2 너와
네 자손이 ── 여호와께로 **돌이와**
/네 하나님
여호와의 말씀을 **순종하면(=순종하라)**
/내가 오늘날 네게 명한 것을
/온전히 따라서
/마음을 다하고
/성품을 다하여

3 //(결과)
여호와께서 ── 마음을 돌이키시고
/네 하나님
너를 긍휼히 여기사
네 포로를 돌리시되

여호와께서 ── 너를 모으시리니
/네 하나님 /그 모든 백성 중에서
/너를 흩으신

서 그들에게 주시지도 아니한 다른 신들을 섬겨 그에게
절한 까닭이라 27 이러므로 여호와께서 이 땅을 향하여
진노하사 이 책에 기록된 모든 저주대로 재앙을 내리시
고 28 여호와께서 또 진노와 분한과 크게 통한하심으로
그들을 이 땅에서 뽑아 내사 다른 나라에 던져 보내심이
오늘날과 같다 하리라 29 오묘한 일은 우리 하나님 여
호와께 속하였거니와 나타난 일은 영구히 우리와 우리
자손에게 속하였나니 이는 우리로 이 율법의 모든 말씀
을 행하게 하심이니라

30:1 내가 네게 진술한 모든 복과 저주가 네게 임
하므로 네가 네 하나님 여호와께 쫓겨간 모든 나
라 가운데서 이 일이 마음에서 기억이 나거든 2 너와 네
자손이 네 하나님 여호와께로 돌아와 내가 오늘날 네게
명한 것을 온전히 따라서 마음을 다하고 성품을 다하여

them. 27 Therefore, the anger of the LORD burned
against that land, to bring upon it every curse which is written
in this book; 28 and the LORD uprooted them from
their land in anger and in fury and in great wrath, and
cast them into another land, as it is this day. 29 ¶ "The
secret things belong to the LORD our God, but the things
revealed belong to us and to our sons forever, that we
may observe all the words of this law.

30:1 ¶ "So it shall be when all of these things have
come upon you, the blessing and the curse which
I have set before you, and you call them to mind in all nations
where the LORD your God has banished you, 2 and
you return to the LORD your God and obey Him with
all your heart and soul according to all that I command

4 //[만일]
쫓겨간 자들이 — 하늘 가에 있을지라도(조건절, if)
/너의
여호와께서 — 너를 모으실 것이며
/네 하나님 /거기서
너를 이끄실 것이라
/거기서부터

5 여호와께서 — 너를 **돌아오게 하사**
/네 하나님 /네 열조가 얻은 땅으로
너로 다시 그것을 얻게 하실 것이며
또
여호와께서 네게 **선을 행하사**
너로 **번성케 하실 것이며**
/네 열조보다 더

6 여호와께서 **할례를 베푸사**
/네 하나님 /네 마음과
네 자손의 마음에

//(목적: ל, to)
너로 여호와를 사랑하게 하사
/네 하나님
/마음을 다하며
성품을 다하여
너로 생명을 얻게 하실 것이며

7 여호와께서 이 모든 저주로(를) **임하게 하시리니**
/네 하나님 /네 대적과
너를 미워하고 핍박하던 자에게

8 너는 **돌아와**
다시 여호와의 말씀을 **순종하고**
그 모든 명령을 **행할 것이라**
/내가 오늘날 네게 명한

9 [만일](כִּי)
네가 여호와의 말씀을 순종하여
/네 하나님
그 명령과 규례를 지키고
/이 율법 책에 기록된
여호와 네 하나님께 돌아오면(조건절, if)
/네 마음을 다하며
/성품을 다하여

여호와의 말씀을 순종하면 **3** 네 하나님 여호와께서 마음을 돌이키시고 너를 긍휼히 여기사 네 포로를 돌리시되 네 하나님 여호와께서 너를 흩으신 그 모든 백성 중에서 너를 모으시리니 **4** 너의 쫓겨간 자들이 하늘 가에 있을지라도 네 하나님 여호와께서 거기서 너를 모으실 것이며 거기서부터 너를 이끄실 것이라 **5** 네 하나님 여호와께서 너를 네 열조가 얻은 땅으로 돌아오게 하사 너로 다시 그것을 얻게 하실 것이며 여호와께서 또 네게 선을행하사 너로 네 열조보다 더 번성케 하실 것이며 **6** 네 하나님 여호와께서 네 마음과 네 자손의 마음에 할례를 베푸사 너로 마음을 다하며 성품을 다하여 네 하나님 여호와를 사랑하게 하사 너로 생명을 얻게 하실 것이며 **7** 네 하나님 여호와께서 네 대적과 너를 미워하고 핍박하던 자에게 이 모든 저주로 임하게 하시리니 **8** 너는 돌아와

you today, you and your sons, **3** then the LORD your God will restore you from captivity, and have compassion on you, and will gather you again from all the peoples where the LORD your God has scattered you. **4** "If your outcasts are at the ends of the earth, from there the LORD your God will gather you, and from there He will bring you back. **5** "And the LORD your God will bring you into the land which your fathers possessed, and you shall possess it; and He will prosper you and multiply you more than your fathers. **6** "Moreover the LORD your God will circumcise your heart and the heart of your descendants, to love the LORD your God with all your heart and with all your soul, in order that you may live. **7** "And the LORD your God will inflict all these curses on your enemies and on those who hate you, who persecuted you. **8** "And you shall again obey the LORD, and observe all His commandments which I command you today. **9** "Then the LORD your God will prosper you abundantly in all the work of your hand, in the offspring of your body and in the offspring of your cattle

여호와께서 **많게 하시고**
/네 하나님 /네 손으로 하는 모든 일과
/네 몸의 소생과
/네 육축의 새끼와
/네 토지 소산을
/네게 복을(복으로, 주시되)

//곧(이유: כִּי, for)
여호와께서 ― 너를 다시 기뻐하사
/네 열조를 기뻐하신 것과 같이
/네게 복을(복으로, 주시리라)

10 (9절에 포함되어 있음)

11 이 명령은 네게 **어려운 것도 아니요**
/내가 오늘날 네게 명한
먼것도 아니라

12 [이 명령은] **하늘에 있는 것이 아니니**
네가 **이르기를 ...할 것이 아니요**
/누가 ―우리를 위하여 하늘에 올라가서
―그 명령을 우리에게로 가지고 와서
―우리에게 들려 행하게 할꼬

13 이것이 **바다 밖에 있는 것이 아니니**
네가 **이르기를...할 것도 아니라**
/누가 ―우리를 위하여 바다를 건너가서
―그 명령을 우리에게로 가지고 와서
―우리에게 들려 행하게 할꼬

14 그 말씀이 네게 오직 심히 **가까워서**
네 입에 있으며
네 마음에 있은즉

//(결과)
네가 ―― 이를 행할 수 있느니라

15 보라!
내가 ―― 생명과 복과 사망과 화를 **두었나니**
/오늘날
/네 앞에

16 곧
내가 오늘날 너를 **명하여...하는 것이라**
/[너는] ―네 하나님 여호와를 사랑하고
―그 모든 길로 행하며
―그 명령과 규례와 법도를 지키라

다시 여호와의 말씀을 순종하고 내가 오늘날 네게 명한 그 모든 명령을 행할 것이라 **9-10** 네가 네 하나님 여호와의 말씀을 순종하여 이 율법 책에 기록된 그 명령과 규례를 지키고 네 마음을 다하며 성품을 다하여 여호와 네 하나님께 돌아오면 네 하나님 여호와께서 네 손으로 하는 모든 일과 네 몸의 소생과 네 육축의 새끼와 네 토지 소산을 많게 하시고 네게 복을 주시되 곧 여호와께서 네 열조를 기뻐하신 것과 같이 너를 다시 기뻐하사 네게 복을 주시리라 **11** 내가 오늘날 네게 명한 이 명령은 네게 어려운 것도 아니요 먼 것도 아니라 **12** 하늘에 있는 것이 아니니 네가 이르기를 누가 우리를 위하여 하늘에 올라가서 그 명령을 우리에게로 가지고 와서 우리에게 들려 행하게 할꼬 할 것이 아니요 **13** 이것이 바다 밖에 있는 것이 아니니 네가 이르기를 누가 우리를 위하여 바다를 건너가서 그 명령을 우리에게로 가지고 와서 우리에게 들려 행하게 할꼬 할 것도 아니라 **14** 오직 그 말

and in the produce of your ground, for the LORD will again rejoice over you for good, just as He rejoiced over your fathers; **10** if you obey the LORD your God to keep His commandments and His statutes which are written in this book of the law, if you turn to the LORD your God with all your heart and soul. **11** ¶ "For this commandment which I command you today is not too difficult for you, nor is it out of reach. **12** "It is not in heaven, that you should say, 'Who will go up to heaven for us to get it for us and make us hear it, that we may observe it?' **13** "Nor is it beyond the sea, that you should say, 'Who will cross the sea for us to get it for us and make us hear it, that we may observe it?' **14** "But the word is very near you, in your mouth and in your heart, that you may observe it. **15** ¶ "See, I have set before you today life and prosperity, and death and adversity; **16** in that I command you today to love the LORD your God, to walk in His ways and to keep His

//그리하면(결과)
네가 ┬ 생존하며
　　 └ 번성할 것이요
또
여호와께서 ── 네게 복을 주실 것임이니라
/네 하나님 /네가 가서 얻을 땅에서

17 /그러나
만일
네가 ┬ 마음을 돌이켜 듣지 아니하고
　　 ├ 유혹을 받아서
　　 ├ 다른 신들에게 절하고
　　 └ 그를 섬기면(조건절, if)
18 /내가 ── 오늘날 너희에게 선언하노니
/너희가 ── 반드시 망할 것이라
너희가 ── 너희의 날이 장구치 못할 것이니라
/요단을 건너가서 얻을 땅에서

19 /내가 ── 오늘날 천지를 불러서 증거를 삼노라
/너희에게
/내가 ── 네 앞에 두었은즉
/생명과 사망과 복과 저주를

/너와 ┐
네 자손이 ┴ 생명을 택하고(=택하라)

//(목적: ל, to)
살기 위하여
20 /네 하나님 여호와를 사랑하고(=사랑함으로)
/그 말씀을 순종하며(=순종함으로)
/또 그에게 부종하라(=부종함으로)

//(이유: כִּי, for)
그는 ┬ 네 생명이시오
　　 └ 네 장수시니

//(결과: ל, so that...may)
네가 ── 맹세하신 땅에 거하리라
/여호와께서 ── 주리라고
/네 열조 아브라함과
이삭과
야곱에게

씀이 네게 심히 가까와서 네 입에 있으며 네 마음에 있은
즉 네가 이를 행할 수 있느니라 15 보라 내가 오늘날
생명과 복과 사망과 화를 네 앞에 두었나니 16 곧 내가
오늘날 너를 명하여 네 하나님 여호와를 사랑하고 그 모
든 길로 행하며 그 명령과 규례와 법도를 지키라 하는 것
이라 그리하면 네가 생존하며 번성할 것이요 또 네 하나
님 여호와께서 네가 가서 얻을 땅에서 네게 복을 주실 것
임이니라 17 그러나 네가 만일 마음을 돌이켜 듣지 아
니하고 유혹을 받아서 다른 신들에게 절하고 그를 섬기
면 18 내가 오늘날 너희에게 선언하노니 너희가 반드시
망할 것이라 너희가 요단을 건너가서 얻을 땅에서 너희
의 날이 장구치 못할 것이니라 19 내가 오늘날 천지를
불러서 너희에게 증거를 삼노라 내가 생명과 사망과 복
과 저주를 네 앞에 두었은즉 너와 네 자손이 살기 위하여
생명을 택하고 20 네 하나님 여호와를 사랑하고 그 말
씀을 순종하며 또 그에게 부종하라 그는 네 생명이시요
네 장수시니 여호와께서 네 열조 아 브라함과 이삭과 야
곱에게 주리라고 맹세하신 땅에 네가 거하리라

commandments and His statutes and His judgments, that you may live and multiply, and that the LORD your God may bless you in the land where you are entering to possess it.
17 "But if your heart turns away and you will not obey, but are drawn away and worship other gods and serve them,
18 I declare to you today that you shall surely perish. You shall not prolong your days in the land where you are crossing the Jordan to enter and possess it.
19 "I call heaven and earth to witness against you today, that I have set before you life and death, the blessing and the curse. So choose life in order that you may live, you and your descendants,
20 by loving the LORD your God, by obeying His voice, and by holding fast to Him; for this is your life and the length of your days, that you may live in the land which the LORD swore to your fathers, to Abraham, Isaac, and Jacob, to give them."

신

31

1 모세가 **가서**
이 말씀을 **베푸니라**
/온 이스라엘에게

2 곧
그들에게 **이르되**
/내가 — 오늘날 일백 이십세라
/내가 — 더는 출입하기 능치 못하고
/여호와께서도 — 내게 이르시기를 . . . 하셨느니라
/너는 이 요단을 건너지 못하리라
3 /여호수아가 — 너를 거느리고 건널 것이요
/여호와께서 이미 말씀하신 것과 같이
/여호와 그가 — 네 앞서 건너가사
/네 하나님
이 민족들을 네 앞에서 멸하시고
너로 그 땅을 얻게 하실 것이며
4 /여호와께서 — 그들에게도 행하실 것이라
/[그가]—행하신 것과 같이
/아모리 왕 시혼과 옥과 및
/이미 멸하신
/그 땅에
5 /여호와께서 — 그들을 너희 앞에 붙이시리니
/너희는 — 그들에게 행할 것이라
/모든 명령대로
/내가 너희에게 명한
6 /너는 — 마음을 강하게 하고
담대히 하라
그들을 두려워 말라
그들 앞에서 떨지 말라

//이는(이유)
여호와 그가 — 너와 함께 행하실 것임이라
/네 하나님
반드시 너를 떠나지 아니하시며
버리지 아니하시리라 하고

7 모세가 여호수아를 **불러**
온 이스라엘 목전에서 그에게 **이르되**
/너는 — 마음을 강하게 하고
담대히 하라

//(*이유: for*)

신

31:1 모세가 가서 온 이스라엘에게 이 말씀을 베푸
니라 2 곧 그들에게 이르되 내가 오늘날 일백 이
십세라 내가 더는 출입하기 능치 못하고 여호와께서도
내게 이르시기를 너는 이 요단을 건너지 못하리라 하셨
느니라 3 여호와께서 이미 말씀하신 것과 같이 여호수아
가 너를 거느리고 건널 것이요 네 하나님 여호와 그가 네
앞서 건너가사 이 민족들을 네 앞에서 멸하시고 너로 그
땅을 얻게 하실 것이며 4 여호와께서 이미 멸하신 아모
리 왕 시혼과 옥과 및 그 땅에 행하신 것과 같이 그들에
게도 행하실 것이라 5 여호와께서 그들을 너희 앞에 붙
이시리니 너희는 내가 너희에게 명한 모든 명령대로 그
들에게 행할 것이라 6 너는 마음을 강하게 하고 담대히
하라 그들을 두려워 말라 그들 앞에서 떨지 말라 이는 네
하나님 여호와 그가 너와 함께 행하실 것임이라 반드시
너를 떠나지 아니하시며 버리지 아니하시리라 하고 7 모
세가 여호수아를 불러 온 이스라엘 목전에서 그에게 이

31:1¶ So Moses went and spoke these words to all Israel.
2 And he said to them, "I am a hundred and
twenty years old today; I am no longer able to come
and go, and the LORD has said to me, 'You shall not
cross this Jordan.' 3 "It is the LORD your God who
will cross ahead of you; He will destroy these nations
before you, and you shall dispossess them. Joshua is the
one who will cross ahead of you, just as the LORD has
spoken. 4 "And the LORD will do to them just as He
did to Sihon and Og, the kings of the Amorites, and to
their land, when He destroyed them. 5 "And the LORD
will deliver them up before you, and you shall do to
them according to all the commandments which I have
commanded you. 6 "Be strong and courageous, do not
be afraid or tremble at them, for the LORD your God
is the one who goes with you. He will not fail you or
forsake you." 7 Then Moses called to Joshua and said
to him in the sight of all Israel, "Be strong and courageous,

52) 이 백성과 함께

신

//(이유: כִּי, for)
너는 ── 땅에 들어가서
/여호와께서 ── 맹세하신
/그들의 열조에게
/주리라고
/이 백성을 거느리고[52)]
──그들로 그 땅을 얻게 하라

8 /여호와 그가 ── 네 앞서 행하시며
── 너와 함께 하사
── 너를 떠나지 아니 하시며
── 버리지 아니하시리니
/너는 ── 두려워 말라
── 놀라지 말라

9 모세가 이 율법을 **써서**
주고
/레위 자손 제사장들과
/여호와의 언약궤를 메는
이스라엘 모든 장로에게

10 그들에게 **명하여 이르기를**
/[너는] ── 이 율법을 낭독하여
/매 칠년 끝 해
/곧 정기 면제년의 초막절에
11 /온 이스라엘이 ── 모일 때에
/네 하나님 여호와 앞
/그 택하신 곳에
/온 이스라엘로 듣게 (할지니)

12 /곧
[너는] ── 모으고
/백성의 남녀와
유치와
타국인을
/네 성안에 우거하는

//(목적: לְמַעַן, so that...may)
그들로(이) ── 듣고
── 배우고
── 네 하나님 여호와를 경외하며
── 이 율법의 모든 말씀을 지켜

//(목적: *to*)

르되 너는 마음을 강하게 하고 담대히 하라 너는 이 백성
을 거느리고 여호와께서 그들의 열조에게 주리라고 맹세
하신 땅에 들어가서 그들로 그 땅을 얻게 하라 **8** 여호와
그가 네 앞서 행하시며 너와 함께 하사 너를 떠나지 아니
하시며 버리지 아니하시리니 너는 두려워 말라 놀라지
말라 **9** 모세가 이 율법을 써서 여호와의 언약궤를 메는
레위 자손 제사장들과 이스라엘 모든 장로에게 주고 **10**
그들에게 명하여 이르기를 매 칠년 끝 해 곧 정기 면제년
의 초막절에 **11** 온 이스라엘이 네 하나님 여호와 앞 그
택하신 곳에 모일 때에 이 율법을 낭독하여 온 이스라엘
로 듣게 할지니 **12** 곧 백성의 남녀와 유치와 네 성안에
우거하는 타국인을 모으고 그들로 듣고 배우고 네 하나

for you shall go with this people into the land which
the LORD has sworn to their fathers to give them, and
you shall give it to them as an inheritance. **8** "And the LORD
is the one who goes ahead of you; He will be with you.
He will not fail you or forsake you. Do not fear, or be
dismayed." **9** ¶ So Moses wrote this law and gave it to
the priests, the sons of Levi who carried the ark of the
covenant of the LORD, and to all the elders of Israel.
10 Then Moses commanded them, saying, "At the end
of every seven years, at the time of the year of remission
of debts, at the Feast of Booths, **11** when all Israel
comes to appear before the LORD your God at the place
which He will choose, you shall read this law in front
of all Israel in their hearing. **12** "Assemble the people,
the men and the women and children and the alien who
is in your town, in order that they may hear and learn

//(목적: ל, to)
행하게 하고

13 /또
너희가 —— 땅에 거할 동안에(상황절: during)
/요단을 건너가서 얻을
그들의 자녀로 —— 듣고
/이 말씀을 알지 못하는
배우게 할지니라
/네 하나님 여호와 경외하기를

14여호와께서 모세에게 **이르시되**
/기한이 —— 가까웠으니
/너의 죽을
/[너는] —— 여호수아를 불러서
함께 회막으로 나아오라

//(결과: ו, that...may)
내가 —— 그에게 명을 내리리라

모세와
여호수아가 —— **나아가서**
회막에 **서니**

15 여호와께서 장막에 **나타나시고**
/구름 기둥 가운데서

구름 기둥은 장막문 위에 **머물렀더라**

16 여호와께서 모세에게 **이르시되**
/너는 —— 너의 열조와 함께 자려니와
/이 백성은 —— 일어나서
이방신들을 음란히 좇아
/들어가 거할 그 땅에서
나를 버리며
언약을 어길 것이라
/내가 그들과 세운

17 /그 때에
내가 —— 그들에게 진노하여
그들을 버리며
내 얼굴을 숨겨 보이지 않게 할 것인즉
/그들에게

신

님 여호와를 경외하며 이 율법의 모든 말씀을 지켜 행하게 하고 **13** 또 너희가 요단을 건너가서 얻을 땅에 거할 동안에 이 말씀을 알지 못하는 그들의 자녀로 듣고 네 하나님 여호와 경외하기를 배우게 할지니라 **14** 여호와께서 모세에게 이르시되 너의 죽을 기한이 가까왔으니 여호수아를 불러서 함께 회막으로 나아오라 내가 그에게 명을 내리리라 모세와 여호수아가 나아가서 회막에 서니 **15** 여호와께서 구름 기둥 가운데서 장막에 나타나시고 구름 기둥은 장막 문 위에 머물렀더라 **16** 여호와께서 모세에게 이르시되 너는 너의 열조와 함께 자려니와 이 백성은 들어가 거할 그 땅에서 일어나서 이방 신들을 음란히 좇아 나를 버리며 내가 그들과 세운 언약을 어길 것이라

and fear the LORD your God, and be careful to observe all the words of this law. **13** "And their children, who have not known, will hear and learn to fear the LORD your God, as long as you live on the land which you are about to cross the Jordan to possess." **14** ¶ Then the LORD said to Moses, "Behold, the time for you to die is near; call Joshua, and present yourselves at the tent of meeting, that I may commission him." So Moses and Joshua went and presented themselves at the tent of meeting. **15** And the LORD appeared in the tent in a pillar of cloud, and the pillar of cloud stood at the doorway of the tent. **16** And the LORD said to Moses, "Behold, you are about to lie down with your fathers; and this people will arise and play the harlot with the strange gods of the land, into the midst of which they are going, and will forsake Me and break My covenant which I have made with them. **17** "Then My anger will be kindled against them in that day, and I will forsake them

/그들이 —— 삼킴을 당하여

/재앙과
/허다한
환난이 —— 그들에게 임할 그 때에(상황절, when)
그들이 —— 말하기를... 할 것이라
/이 재앙이-우리에게 임함은 아니뇨?

//(이유: כִּי, for)
우리 하나님이 —우리 중에 계시지 않은 까닭이

18 /내가 —— 그 때에 내 얼굴을 반드시 숨기리라
/모든 악행을 인하여
/그들이 돌이켜 다른 신을 좇는

19 /그러므로
이제
너희는 —— 이 노래를 써서
— 이스라엘 자손에게 가르쳐서
— 그 입으로 부르게 하여
— 이 노래로 증거가 되게 하라
/나를 위하여
/이스라엘 자손에게

20 //(이유)
내가 —그들을 인도하여 들인 후에(상황절, when)
/젖과 꿀이 흐르는 땅으로
/그들의 열조에게 맹세한바
그들이 —먹어
—배부르고
—살찌면(상황절, when)

—돌이켜
—다른 신들을 섬기며
—나를 멸시하여
—내 언약을 어기리니

21 /그들이 —— 재앙과 환난을 당할 때에(상황절, when)
이 노래가 —— 그들 앞에 증인처럼 되리라
/그들의 자손이 부르기를 잊지 아니한

//(이유: כִּי, for)

신

17 그 때에 내가 그들에게 진노하여 그들을 버리며 내
얼굴을 숨겨 그들에게 보이지 않게 할 것인즉 그들이 삼
킴을 당하여 허다한 재앙과 환난이 그들에게 임할 그 때
에 그들이 말하기를 이 재앙이 우리에게 임함은 우리 하
나님이 우리 중에 계시지 않은 까닭이 아니뇨 할 것이라
18 그들이 돌이켜 다른 신을 좇는 모든 악행을 인하여
내가 그 때에 반드시 내 얼굴을 숨기리라 19 그러므로
이제 너희는 이 노래를 써서 이스라엘 자손에게 가르쳐서
그 입으로 부르게 하여 이 노래로 나를 위하여 이스라엘
자손에게 증거가 되게 하라 20 내가 그들의 열조에게
맹세한 바 젖과 꿀이 흐르는 땅으로 그들을 인도하여 들
인 후에 그들이 먹어 배부르고 살찌면 돌이켜 다른 신들
을 섬기며 나를 멸시하여 내 언약을 어기리니 21 그들
이 재앙과 환난을 당할 때에 그들의 자손이 부르기를 잊

and hide My face from them, and they shall be consumed,
and many evils and troubles shall come upon them; so
that they will say in that day, 'Is it not because our God
is not among us that these evils have come upon us?'
18 "But I will surely hide My face in that day because
of all the evil which they will do, for they will turn to
other gods. 19 "Now therefore, write this song for
yourselves, and teach it to the sons of Israel; put it on
their lips, in order that this song may be a witness for
Me against the sons of Israel. 20 "For when I bring
them into the land flowing with milk and honey, which
I swore to their fathers, and they have eaten and are
satisfied and become prosperous, then they will turn to
other gods and serve them, and spurn Me and break My
covenant. 21 "Then it shall come about, when many
evils and troubles have come upon them, that this song
will testify before them as a witness (for it shall not be
forgotten from the lips of their descendants); for I know their

//(이유: כִּי, for)
나는 ── 그들의 상상하는 바를 아노라
/그들을 인도하여 들이기 전 오늘날에
/내가 맹세한 땅으로

22 모세가 당일에 이 노래를 **써서**
이스라엘 자손에게 **가르쳤더라**

23 또
여호와께서 여호수아에게 **명하여**
/눈의 아들
가라사대
/마음을 강하게 하고
담대히 하라
//(이유: כִּי, for)
너는 ── 이스라엘 자손을 인도하여…들어가게 하리니
/내가 그들에게 맹세한 땅으로
내가 ── 너와 함께 하리라

24 모세가 다 책에 써서 마친 후에(상황절, when)
/이 율법의 말씀을
25 레위 사람에게 **명하여 가로되**
/여호와의 언약궤를 메는
26 /[너희는] ┬ 이 율법책을 가져다가
└ 언약궤 곁에 두어
/너희 하나님 여호와의

//(목적: that...may)
너희에게 증거가 되게 하라

27 //(이유: כִּי, for)
내가 ── 아나니
/너희의 패역함과
목이 곧은 것을

//(이유 계속)
내가 ── 생존하여 너희와 함께 하여도(상황절, while)
/오늘날
너희가 ── 여호와를 거역하였거든
하물며 내가 죽은 후의 일이랴?

28 /[너희는] ── 내 앞에 모으라
/너희 지파 모든 장로와
유사들을

//(목적: *that...may*)

지 아니한 이 노래가 그들 앞에 증인처럼 되리라 나는 내
가 맹세한 땅으로 그들을 인도하여 들이기 전 오늘날에
나는 그들의 상상하는 바를 아노라 **22** 모세가 당일에
이 노래를 써서 이스라엘 자손에게 가르쳤더라 **23** 여호
와께서 또 눈의 아들 여호수아에게 명하여 가라사대 너는
이스라엘 자손을 인도하여 내가 그들에게 맹세한 땅으로
들어가게 하리니 마음을 강하게 하고 담대히 하라 내가
너와 함께 하리라 **24** 모세가 이 율법의 말씀을 다 책에
써서 마친 후에 **25** 여호와의 언약궤를 메는 레위 사람
에게 명하여 가로되 **26** 이 율법책을 가져다가 너희 하
나님 여호와의 언약궤 곁에 두어 너희에게 증거가 되게
하라 **27** 내가 너희의 패역함과 목이 곧은 것을 아나니
오늘날 내가 생존하여 너희와 함께 하여도 너희가 여호와
를 거역하였거든 하물며 내가 죽은 후의 일이랴 **28** 너

intent which they are developing today, before I have brought
them into the land which I swore." **22** So Moses wrote
this song the same day, and taught it to the sons of
Israel. **23** ¶ Then He commissioned Joshua the son of
Nun, and said, "Be strong and courageous, for you shall
bring the sons of Israel into the land which I swore to
them, and I will be with you." **24** ¶ And it came about,
when Moses finished writing the words of this law in a
book until they were complete, **25** that Moses commanded
the Levites who carried the ark of the covenant of the LORD,
saying, **26** "Take this book of the law and place it
beside the ark of the covenant of the LORD your God,
that it may remain there as a witness against you. **27**
"For I know your rebellion and your stubbornness; behold,
while I am still alive with you today, you have been rebellious
against the LORD; how much more, then, after my death?

신

신

//(목적: that...may)
내가 ── 이 말씀을 그들의 귀에 들리고
그들에게 천지로 증거를 삼으리라

29 //(이유: כִּי, for)
내가 ── 알거니와
/내가 죽은 후에(상황절, after)
/너희가 ── 스스로 부패하여
길을 떠나서
/내가 너희에게 명한
/너희가 말세에 재앙을 당하리라 (하니라)

//(이유: כִּי, for)
여호와의 목전에 악을 행하여
/그를 격노케 하므로
/너희의 손으로 하는 일로

30 모세가 이 노래의 말씀을 끝까지 **읽어**
/이스라엘 총회에게
/들리니라(=들림으로)

32

1 하늘이여!
[너는] **귀를 기울이라**

//(결과)
내가 ── 말하리라

땅은 내 입의 말을 **들을지어다**

2 나의 교훈은 내리는 **비요**
나의 말은 맺히는 **이슬이요**
연한 풀 위에 **가는 비요**
채소 위에 **단 비로다**

3 //(이유: כִּי, for)
내가 ── 여호와의 이름을 전파하리니

너희는 위엄을 **돌릴지어다**
/우리 하나님께

4 그는 **반석이시니**
그 공덕이 **완전하고**

//(이유: *for*)

희 지파 모든 장로와 유사들을 내 앞에 모으라 내가 이
말씀을 그들의 귀에 들리고 그들에게 천지로 증거를 삼
으리라 **29** 내가 알거니와 내가 죽은 후에 너희가 스스
로 부패하여 내가 너희에게 명한 길을 떠나서 여호와의
목전에 악을 행하여 너희의 손으로 하는 일로 그를 격노
케 하므로 너희가 말세에 재앙을 당하리라 하니라 **30**
모세가 이스라엘 총회에게 이 노래의 말씀을 끝까지 읽
어 들리니라
32:**1** 하늘이여 귀를 기울이라 내가 말하리라 땅은
내 입의 말을 들을지어다 **2** 나의 교훈은 내리는
비요 나의 말은 맺히는 이슬이요 연한 풀 위에 가는 비요
채소 위에 단 비로다 **3** 내가 여호와의 이름을 전파하리

28 "Assemble to me all the elders of your tribes and
your officers, that I may speak these words in their
hearing and call the heavens and the earth to witness
against them. **29** "For I know that after my death you
will act corruptly and turn from the way which I have
commanded you; and evil will befall you in the latter
days, for you will do that which is evil in the sight of
the LORD, provoking Him to anger with the work of
your hands." **30** ¶ Then Moses spoke in the hearing of
all the assembly of Israel the words of this song, until
they were complete:
32:**1** ¶ "Give ear, O heavens, and let me speak;
And let the earth hear the words of my mouth.
2 "Let my teaching drop as the rain, My speech distill

//(이유: כִּי, for)
길이 ——— 공평하며
/그 모든
하나님이 ——— [그]시니
/진실무망하신
/공의로우시고
/정직하시도다

5 그들이 **악을 행하니**
/여호와를 향하여
하나님의 자녀가 아니요
사곡한 **종류로다**
/흠이 있는

6 우매무지한 백성아!
[너희가] 이같이 **보답하느냐?**
/여호와께
그는 너의 **아버지가 아니시냐?**
/너를 얻으신
너를 **지으시고**
세우셨도다

7 [너는] 옛날을 **기억하라**
역대의 연대를 **생각하라**

[너는] 네 아비에게 **물으라**
그가 네게 **설명할 것이요**
[너는] 네 어른들에게 **물으라**
그들이 네게 **이르리로다**

8 높으신 자가 열국의 기업을 주실 때,
/지극히
인종을 분정하실 때에(상황절, when)
민족들의 경계를 **정하셨도다**
/이스라엘 자손의 수효대로

9 분깃은 자기 **백성이라**
/여호와의
야곱은 그 택하신 **기업이로다**

10 여호와께서 그를 **만나시고**
/황무지에서,
/짐승의 부르짖는 광야에서
호위하시며

신

니 너희는 위엄을 우리 하나님께 돌릴지어다 4 그는 반
석이시니 그 공덕이 완전하고 그 모든 길이 공평하며 진
실무망(眞實無妄)하신 하나님이시니 공의로우시고 정직
하시도다 5 그들이 여호와를 향하여 악을 행하니 하나님
의 자녀가 아니요 흠이 있는 사곡한 종류로다 6 우매무
지(愚昧無知)한 백성아 여호와께 이같이 보답하느냐 그
는 너를 얻으신 너의 아버지가 아니시냐 너를 지으시고
세우셨도다 7 옛날을 기억하라 역대의 연대를 생각하라
네 아비에게 물으라 그가 네게 설명할 것이요 네 어른들
에게 물으라 그들이 네게 이르리로다 8 지극히 높으신
자가 열국의 기업을 주실 때 인종을 분정하실 때에 이스
라엘 자손의 수효대로 민족들의 경계를 정하셨도다 9 여

as the dew, As the droplets on the fresh grass And as
the showers on the herb. 3 "For I proclaim the name
of the LORD; Ascribe greatness to our God! 4 "The
Rock! His work is perfect, For all His ways are just; A
God of faithfulness and without injustice, Righteous and
upright is He. 5 "They have acted corruptly toward Him,
They are not His children, because of their defect; But
are a perverse and crooked generation. 6 "Do you thus repay
the LORD, O foolish and unwise people? Is not He your
Father who has bought you? He has made you and established
you. 7 "Remember the days of old, Consider the years
of all generations. Ask your father, and he will inform
you, Your elders, and they will tell you. 8 "When the
Most High gave the nations their inheritance, When He
separated the sons of man, He set the boundaries of the
peoples According to the number of the sons of Israel.
9 "For the LORD's portion is His people; Jacob is the
allotment of His inheritance. 10 "He found him in a

보호하시며
자기 눈동자 같이 **지키셨도다**

11 마치
독수리가
그 보금자리를 어지럽게 하며
그 새끼 위에 너풀거리며
그 날개를 펴서 새끼를 받으며
그 날개 위에 그것을 업는 것같이(as/Like)

12 여호와께서
홀로 그들을 **인도하셨고**
다른 신이
/함께 한
없었도다

13 여호와께서
땅의 높은 곳을 **타고 다니게 하시며**
/그로
밭의 소산을 **먹게 하시며**
빨게 하시며
/반석에서 꿀을,
굳은 반석에서 기름을

14 **먹이시며**
/소의 젖 기름과
양의 젖과
어린양의 기름과
바산 소산의 수양과 염소와
지극히 아름다운 밀을

또
포도즙의 붉은 술을 **마시우셨도다**

15 그러한데
여수룬이
살찌매
발로 **찼도다**

네가
살찌고
부대하고
윤택하매

자기를 지으신 하나님을 **버리며**
자기를 구원하신 반석을 **경홀히 여겼도다**

16 그들이
그의 **질투를 일으키며**
/다른 신으로
그의 **진노를 격발하였도다**
/가증한 것으로

신

호와의 분깃은 자기 백성이라 야곱은 그 택하신 기업이
로다 10 여호와께서 그를 황무지에서, 짐승의 부르짖는
광야에서 만나시고 호위하시며 보호하시며 자기 눈동자
같이 지키셨도다 11 마치 독수리가 그 보금자리를 어지
럽게 하며 그 새끼 위에 너풀 거리며 그 날개를 펴서 새
끼를 받으며 그 날개 위에 그것을 업는것 같이 12 여호
와께서 홀로 그들을 인도하셨고 함께 한 다른 신이 없었
도다 13 여호와께서 그로 땅의 높은 곳을 타고 다니게
하시며 밭의 소산을 먹게 하시며 반석에서 꿀을, 굳은 반
석에서 기름을 빨게 하시며 14 소의 젖 기름과 양의 젖
과 어린 양의 기름과 바산 소산의 수양과 염소와 지극히
아름다운 밀을 먹이시며 또 포도즙의 붉은 술을 마시우
셨도다 15 그러한데 여수룬이 살찌매 발로 찼도다 네가
살찌고 부대하고 윤택하매 자기를 지으신 하나님을 버리

desert land, And in the howling waste of a wilderness;
He encircled him, He cared for him, He guarded him as
the pupil of His eye. 11 "Like an eagle that stirs up
its nest, That hovers over its young, He spread His wings
and caught them, He carried them on His pinions. 12
"The LORD alone guided him, And there was no foreign
god with him. 13 "He made him ride on the high places
of the earth, And he ate the produce of the field; And
He made him suck honey from the rock, And oil from
the flinty rock, 14 Curds of cows, and milk of the flock,
With fat of lambs, And rams, the breed of Bashan, and goats,
With the finest of the wheat — And of the blood of
grapes you drank wine. 15 ¶ "But Jeshurun grew fat
and kicked — You are grown fat, thick, and sleek —
Then he forsook God who made him, And scorned the
Rock of his salvation. 16 "They made Him jealous with

17 그들은 하나님께 **제사하지 아니하고**
마귀에게 **하였으니**
/곧 그들의 알지 못하던 신,
근래에 일어난 새 신,
너희 열조의 두려워하지 않던 것들이로다

18 네가 **상관치 아니하고**
/너를 낳은 반석은(을)
네가 **잊었도다**
/너를 내신 하나님은(을)

19 여호와께서 **보시고**
미워하셨으니

//(이유: כִּי, because)
그 자녀가 그를 격노케 한 연고로다

20 여호와의(께서) **말씀에(=말씀하셨다)**
/내가 ── 내 얼굴을 숨겨 보이지 않게 하고
/그들에게
└ 그들의 종말의 어떠함을 보리니

//(이유: כִּי, for)
그들은 ── 심히 패역한 종류요
└ 무신한 자녀임이로다

21 그들이 나의 **질투를 일으키며**
/하나님이 아닌 자로
나의 **진노를 격발하였으니**
/그들의 허무한 것으로

나도 그들의 **시기가 나게 하며**
/백성이 되지 아니한 자로
그들의 **분노를 격발하리로다**
/우준한 민족으로

22 //(이유: כִּי, for)
불이 ── 일어나서
/내 분노의
├ 음부 깊은 곳까지 사르며
├ 땅의 그 소산을 삼키며
└ 산들의 터도 붙게 하는도다

23 내가 재앙을 그들의 위에 **쌓으며**
그들을 **쏘리로다**
/나의 살을 다하여

며 자기를 구원하신 반석을 경홀히 여겼도다 16 그들이
다른 신으로 그의 질투를 일으키며 가증한 것으로 그의
진노를 격발하였도다 17 그들은 하나님께 제사하지 아
니하고 마귀에게 하였으니 곧 그들의 알지 못하던 신, 근
래에 일어난 새 신, 너희 열조의 두려워하지 않던 것들이
로다 18 너를 낳은 반석은 네가 상관치 아니하고 너를
내신 하나님은 네가 잊었도다 19 여호와께서 보시고 미
워하셨으니 그 자녀가 그를 격노케한 연고로다 20 여호
와의 말씀에 내가 내 얼굴을 숨겨 그들에게 보이지 않게
하고 그들의 종말의 어떠함을 보리니 그들은 심히 패역한
종류요 무신한 자녀임이로다 21 그들이 하나님이 아닌
자로 나의 질투를 일으키며 그들의 허무한 것으로 나의

strange gods; With abominations they provoked Him to
anger. 17 "They sacrificed to demons who were not
God, To gods whom they have not known, New gods
who came lately, Whom your fathers did not dread. 18
"You neglected the Rock who begot you, And forgot
the God who gave you birth. 19 ¶ "And the LORD
saw this, and spurned them Because of the provocation
of His sons and daughters. 20 "Then He said, I will
hide My face from them, I will see what their end shall
be; For they are a perverse generation, Sons in whom is
no faithfulness. 21 They have made Me jealous with
what is not God; They have provoked Me to anger with
their idols. So I will make them jealous with those who
are not a people; I will provoke them to anger with a

신

24 그들이 **파리하며**
/주리므로
삼키울 것이라
/불 같은 더위와
독한 파멸에게

내가 그들에게 **보내리로다**
/들짐승의 이와
티끌에 기는 것의 독을

25 칼에(이) **멸망하리니(=멸망시키고),**
/밖으로는
놀람에(이) **〈멸망하리니(=멸망시키리니)〉**
/방안에서는

/청년 남자와
처녀와
젖 먹는 아이와
백발 노인까지(리로다)

26 내가 **[말]하였다마는**
/[내가] ┬ 그들을 흩어서
└ 인간에서 그 기억이 끊어지게 하리라

27 대적을 격동할까 염려라...염려라 **하시도다**

//(이유: כִּי, for)
원수가 ┬ 오해하고
└ 말하기를...할까
/우리 수단이 높음이요
/여호와의 행함이 아니라

28 //(이유: כִּי, for)
그들은 ┬ 모략이 없는 국민이라
└ 그중에 지식이 없도다

29 [만일]
그들이 지혜가 있어서
이것을 깨닫고
자기의 종말을 생각하였으면(조건절, if)
30 반석이 그들을 **팔지 아니하였고**
/그들의

신

진노를 격발하였으니 나도 백성이 되지 아니한 자로 그
들의 시기가 나게 하며 우준한 민족으로 그들의 분노를
격발하리로다 **22** 내 분노의 불이 일어나서 음부 깊은
곳까지 사르며 땅의 그 소산을 삼키며 산들의 터도 붙게
하는도다 **23** 내가 재앙을 그들의 위에 쌓으며 나의 살
을 다하여 그들을 쏘리로다 **24** 그들이 주리므로 파리하
며 불 같은 더위와 독한 파멸에게 삼키울 것이라 내가
들짐승의 이와 티끌에 기는 것의 독을 그들에게 보내리
로다 **25** 밖으로는 칼에 방안에서는 놀람에 멸망하리니
청년 남자와 처녀와 젖 먹는 아이와 백발 노인까지리로
다 **26** 내가 그들을 흩어서 인간에서 그 기억이 끊어지
게 하리라 하였다 마는 **27** 대적을 격동할까 염려라 원
수가 오해하고 말하기를 우리 수단이 높음이요 여호와의
행함이 아니라 할까 염려라 하시도다 **28** 그들은 모략이
없는 국민이라 그 중에 지식이 없도다 **29** 그들이 지혜
가 있어서 이것을 깨닫고 자기의 종말을 생각하였으면

foolish nation, **22** For a fire is kindled in My anger,
And burns to the lowest part of Sheol, And consumes
the earth with its yield, And sets on fire the foundations
of the mountains. **23** I will heap misfortunes on them;
I will use My arrows on them. **24** They shall be wasted
by famine, and consumed by plague And bitter destruction;
And the teeth of beasts I will send upon them, With the
venom of crawling things of the dust. **25** Outside the
sword shall bereave, And inside terror — Both young
man and virgin, The nursling with the man of gray hair.
26 I would have said, "I will cut them to pieces, I will
remove the memory of them from men," **27** Had I not
feared the provocation by the enemy, Lest their adversaries
should misjudge, Lest they should say, "Our hand is
triumphant, And the LORD has not done all this." **28**
¶ "For they are a nation lacking in counsel, And there

[만일](אִם)
여호와께서 그들을 내어주지 아니하셨더면(조건절, if)
한 사람이 어찌 **천을 쫓으며?**
두 사람이 <어찌> 만을 **도망케 하였을까?**

31 반석이 우리의 **반석과 같지 못하니**
/대적의 /[참으로]

대적도 **스스로 판단하도다**

32 포도나무는 소돔의 **포도나무요**
/그들의
고모라의 밭의 **소산이라**
포도는 **쓸개포도니**
/그들의
그 송이는 **쓰며**

33 포도주는 뱀의 **독이요**
/그들의
독사의 **악독이라**

34 이것이 내게 **쌓이고?**
내 곳간에 **봉하여 있지 아니한가?**

35 보수는 **내 것이라**
갚음이(다) **〈내것이다〉**
/그들의 실족할 그때에

//(이유: כִּי, for)
그들의 실족할 그 때에(상황절, when)
그들의 환난의 날이 —— 가까우니
당할 그 일이 ———— 속히 임하리로다

36 //곧(이유: כִּי, for)
[그가] ——— 보시는 때에로다(상황절, when)
/그들의 무력함과
간힌 자나 놓인 자가 없음을
여호와께서 ┬ 자기 백성을 판단하시고
└ 후회하시리니
/그 종들을 인하여

37 여호와의(께서) **말씀에(=말씀하셨다)**
/그들의 신들이 어디 있으며?
/그들의 피하던 반석이 어디 있느냐?
38 /*희생의 고기를 먹던 것들,*
↓ /*그들의*

30 그들의 반석이 그들을 팔지 아니하였고 여호와께서
그들을 내어주지 아니하셨더면 어찌 한 사람이 천을 쫓으
며 두 사람이 만을 도망케 하였을까 **31** 대적의 반석이
우리의 반석과 같지 못하니 대적도 스스로 판단하도다
32 그들의 포도나무는 소돔의 포도나무요 고모라의 밭
의 소산이라 그들의 포도는 쓸개포도니 그 송이는 쓰며
33 그들의 포도주는 뱀의 독이요 독사의 악독이라 **34**
이것이 내게 쌓이고 내 곳간에 봉하여 있지 아니한가 **35**
보수(報讐)는 내 것이라 그들의 실족할 그 때에 갚으리로
다 그들의 환난의 날이 가까우니 당할 그 일이 속히 임하
리로다 **36** 여호와께서 자기 백성을 판단하시고 그 종들
을 인하여 후회하시리니 곧 그들의 무력함과 간힌 자나

is no understanding in them. **29** "Would that they were
wise, that they understood this, That they would discern their
future! **30** "How could one chase a thousand, And two
put ten thousand to flight, Unless their Rock had sold
them, And the LORD had given them up? **31** "Indeed
their rock is not like our Rock, Even our enemies
themselves judge this. **32** "For their vine is from the
vine of Sodom, And from the fields of Gomorrah; Their
grapes are grapes of poison, Their clusters, bitter. **33** "Their
wine is the venom of serpents, And the deadly poison
of cobras. **34** 'Is it not laid up in store with Me, Sealed
up in My treasuries? **35** 'Vengeance is Mine, and retribution,
In due time their foot will slip; For the day of their
calamity is near, And the impending things are hastening

38 /*희생의 고기를 먹던 것들,*
/*그들의*
전제의 술을 마시던 것들로 ── 일어나서
└ 너희를 돕게 하라
/[그들이] ── 너희의 보장이 되게 하라
39 /[너희는] ── 알라
/이제는
/나 곧 내가 그인 줄
/나와 함께 하는 신이 없도다
/내가 ── 죽이기도 하며
├ 살리기도 하며
├ 상하게도 하며
└ 낫게도 하나니
/내 손에서 능히 건질 자 없도다
40 /내가 ── 내 손을 들고 말하노라
/하늘을 향하여
/[내가] ── 맹세하노니[46]
/나의 영원히 삶을 두고
41 /[내가] ── 나의 번쩍이는 칼을 갈며
├ 내 손에 심판을 잡고
├ 나의 대적에게 보수하며
└ 보응할 것이라
/나를 미워하는 자에게
42 /[내가] ── 나의 화살로 피에 취하게 하고
└ 나의 칼로 그 고기를 삼키게 하리니
/곧 피살자와 포로된 자의 피요
/대적의 장관의 머리로다 하시도다

43 /열방은 ── 주의 백성과 즐거워하라
/너희

//(이유: כִּי, for)
주께서 ── 그 종들의 피를 갚으사
├ 그 대적에게 보수하시고
└ 속죄하시리로다
/자기 땅과 백성을 위하여

44 모세와 ─┐
호세아가 ─┴─ **와서**
/눈의 아들

백성에게 **말하여**
/이 노래의 모든 말씀을
/들리니라(=들림으로)

46) 43절까지 말하는 내용이 다. 지면상 앞으로 위치 시켰다.

놓인 자가 없음을 보시는 때에로다 **37** 여호와의 말씀에
그들의 신들이 어디 있으며 그들의 피하던 반석이 어디
있느냐 **38** 그들의 희생의 고기를 먹던 것들, 전제의 술
을 마시던 것들로 일어나서 너희를 돕게 하라 너희의 보
장이 되게 하라 **39** 이제는 나 곧 내가 그인 줄 알라 나
와 함께 하는 신이 없도다 내가 죽이기도 하며 살리기도
하며 상하게도 하며 낫게도 하나니 내 손에서 능히 건질
자 없도다 **40** 내가 하늘을 향하여 내 손을 들고 말하노
라 나의 영원히 삶을 두고 맹세하노니 **41** 나의 번쩍이
는 칼을 갈며 내 손에 심판을 잡고 나의 대적에게 보수하
며 나를 미워하는 자에게 보응할 것이라 **42** 나의 화살
로 피에 취하게 하고 나의 칼로 그 고기를 삼키게 하리니
곧 피살자와 포로된 자의 피요 대적의 장관의 머리로다
하시도다 **43** 너희 열방은 주의 백성과 즐거워 하라 주

upon them.' **36** "For the LORD will vindicate His
people, And will have compassion on His servants; When
He sees that their strength is gone, And there is none
remaining, bond or free. **37** "And He will say, 'Where
are their gods, The rock in which they sought refuge?
38 'Who ate the fat of their sacrifices, And drank the
wine of their libation? Let them rise up and help you,
Let them be your hiding place! **39** 'See now that I, I
am He, And there is no god besides Me; It is I who put
to death and give life. I have wounded, and it is I who
heal; And there is no one who can deliver from My
hand. **40** 'Indeed, I lift up My hand to heaven, And
say, as I live forever, **41** 'If I sharpen My flashing
sword, And My hand takes hold on justice, I will render
vengeance on My adversaries, And I will repay those
who hate Me. **42** 'I will make My arrows drunk with
blood, And My sword shall devour flesh, With the blood
of the slain and the captives, From the long-haired leaders
of the enemy.' **43** "Rejoice, O nations, with His people;
For He will avenge the blood of His servants, And will render

45 모세가 온 이스라엘에게 말하기를 **마치고**
/이 모든 말씀을
46 그들에게 **이르되**
/[너희는] ┬ 모든 말을 너희 마음에 두고
/내가 오늘날 너희에게 증거한
└ 너희 자녀에게 명하여...하라
/이 율법의 모든 말씀을 지켜 행하게

47 //이는(이유: כִּי, for)
[그것이] ┬ 너희에게 허사가 아니라
└ 너희의 생명이니

//(이유, 계속)
너희가 ── 너희의 날이 장구하리라
/요단을 건너 얻을 땅에서
/이 일로 인하여

48 여호와께서 모세에게 **일러 가라사대**
/당일에
49 /너는 ┬ 아바림산에 올라
/여리고 맞은편 모압 땅에 있는
├ 느보산에 이르러
└ 가나안 땅을 바라 보라
/내가 이스라엘 자손에게 기업으로 주는

50 /아론이 ┬ 호르산에서 죽어
/네 형
└ 그 조상에게로 돌아간 것같이(as)
너도 ┬ 올라가는 이 산에서 죽어
└ 네 조상에게로 돌아가리니

51 //이는(이유: for)
너희가 ┬ 이스라엘 자손 중 내게 범죄하여
/신 광야 가데스의 므리바 물 가에서
└ 나의 거룩함을 나타내지 아니한 연고라
/이스라엘 자손 중에서

52 /네가 ┬ 땅을 바라보기는 하려니와
/내가 이스라엘 자손에게 주는
└ 그리로 들어가지는 못하리라 (하시니라)

께서 그 종들의 피를 갚으사 그 대적에게 보수하시고 자
기 땅과 백성을 위하여 속죄하시리로다 **44** 모세와 눈의
아들 호세아가 와서 이 노래의 모든 말씀을 백성에게 말
하여 들리니라 **45** 모세가 이 모든 말씀을 온 이스라엘
에게 말하기를 마치고 **46** 그들에게 이르되 내가 오늘날
너희에게 증거한 모든 말을 너희 마음에 두고 너희 자녀
에게 명하여 이 율법의 모든 말씀을 지켜 행하게 하라
47 이는 너희에게 허사가 아니라 너희의 생명이니 이
일로 인하여 너희가 요단을 건너 얻을 땅에서 너희의 날
이 장구하리라 **48** 당일에 여호와께서 모세에게 일러 가
라사대 **49** 너는 여리고 맞은편 모압 땅에 있는 아바림
산에 올라 느보 산에 이르러 내가 이스라엘 자손에게 기
업으로 주는 가나안 땅을 바라보라 **50** 네 형 아론이 호
르 산에서 죽어 그 조상에게로 돌아간 것 같이 너도 올라
가는 이 산에서 죽어 네 조상에게로 돌아가리니 **51** 이
는 너희가 신 광야 가데스의 므리바 물가에서 이스라엘
자손 중 내게 범죄하여 나의 거룩함을 이스라엘 자손 중
에서 나타내지 아니한 연고라 **52** 내가 이스라엘 자손에

vengeance on His adversaries, And will atone for His
land and His people." **44** ¶ Then Moses came and spoke
all the words of this song in the hearing of the people,
he, with Joshua the son of Nun. **45** When Moses had finished
speaking all these words to all Israel, **46** he said to
them, "Take to your heart all the words with which I
am warning you today, which you shall command your
sons to observe carefully, even all the words of this law.
47 "For it is not an idle word for you; indeed it is your
life. And by this word you shall prolong your days in
the land, which you are about to cross the Jordan to possess."
48 And the LORD spoke to Moses that very same day,
saying, **49** "Go up to this mountain of the Abarim,
Mount Nebo, which is in the land of Moab opposite
Jericho, and look at the land of Canaan, which I am
giving to the sons of Israel for a possession. **50** "Then
die on the mountain where you ascend, and be gathered
to your people, as Aaron your brother died on Mount
Hor and was gathered to his people, **51** because you
broke faith with Me in the midst of the sons of Israel
at the waters of Meribah-kadesh, in the wilderness of
Zin, because you did not treat Me as holy in the midst

신

33

1 축복함이 이러하니라
/이스라엘 자손을 위하여
/모세가 — 죽기 전에
/하나님의 사람

2 [그가] 일렀으되
/여호와께서 — 시내에서 오시고
— 세일산에서 일어나시고
— 바란산에서 비취시고
— 일만 성도 가운데서 강림하셨고
오른손에는 — 불 같은 율법이 있도다
/그[의]

3 /여호와께서 — 백성을 사랑하시나니
/성도가 — 그 수중에 있으며
/모든
— 주의 발 아래에 앉아서
— 주의 말씀을 받는도다

4 /모세가 — 우리에게 율법을 명하였으니
/곧 야곱의 총회의 기업이로다

5 /왕이 — 여수룬에 있었으니
/곧
두령이 — 모이고
/백성의
/모든 지파가 — 함께 한 때에로다
/이스라엘

6 /르우벤은 — 살고
— 죽지 아니하고
— 그 인수가 적지 않기를 원하도다

7 /축복은 — 이러하니라
/유다에 대한
/[그가] — 일렀으되
/여호와여!
[당신은] — 유다의 음성을 들으시고
— 그 백성에게로 인도하시오며
— 그 손으로 싸우게 하시고
/자기를 위하여
/주께서 — 도우사
/그로 — 그 대적을 치게 하시기를 원하나이다

게 주는 땅을 네가 바라보기는 하려니와 그리로 들어가
지는 못하리라 하시니라
33:1 하나님의 사람 모세가 죽기 전에 이스라엘 자
손을 위하여 축복함이 이러하니라 2 일렀으되 여
호와께서 시내에서 오시고 세일 산에서 일어나시고 바란
산에서 비취시고 일만 성도 가운데서 강림하셨고 그 오
른손에는 불 같은 율법이 있도다 3 여호와께서 백성을
사랑하시나니 모든 성도가 그 수중에 있으며 주의 발 아
래에 앉아서 주의 말씀을 받는도다 4 모세가 우리에게
율법을 명하였으니 곧 야곱의 총회의 기업이로다 5 여수
룬에 왕이 있었으니 곧 백성의 두령이 모이고 이스라엘
모든 지파가 함께한 때에로다 6 르우벤은 살고 죽지 아
니하고 그 인수가 적지 않기를 원하도다 7 유다에 대한
축복은 이러하니라 일렀으되 여호와여 유다의 음성을 들

of the sons of Israel. 52 "For you shall see the land at
a distance, but you shall not go there, into the land which
I am giving the sons of Israel."
33:1 ¶ Now this is the blessing with which Moses
the man of God blessed the sons of Israel before
his death. 2 And he said, "The LORD came from Sinai,
And dawned on them from Seir; He shone forth from
Mount Paran, And He came from the midst of ten
thousand holy ones; At His right hand there was flashing
lightning for them. 3 "Indeed, He loves the people; All
Thy holy ones are in Thy hand, And they followed in
Thy steps; Everyone receives of Thy words. 4 "Moses
charged us with a law, A possession for the assembly
of Jacob. 5 "And He was king in Jeshurun, When the

8 /[그가] —— 일렀으되
/레위에 대하여는
/둠밈과 우림이 —주의 경건한 자에게 있도다
/주의
/주께서 ┬ 그를 맛사에서 시험하시고
└ 므리바 물가에서 그와 다투셨도다
9 /그는 —— 그 부모에게 대하여 이르기를
/내가 ┬ 그들을 보지 못하였다 하며
├ 그 형제들을 인정치 아니하며
└ 그 자녀를 알지 아니한 것은

//(이유: כִּי, for)
주의 말씀을 준행하고
주의 언약을 지킴을 인함이로다

10 /[그들이] ┬ 가르치며
/주의 법도를 야곱에게,
주의 율법을 이스라엘에게
├ 주앞에 분향하고
└ 온전한 번제를 드리리로다
/주의 단 위에

11 /여호와여!
[당신은] ┬ 그 재산을 풍족케 하시고
├ 그 손의 일을 받으소서
└ 허리를 꺾으사
/그를 대적하여 일어나는 재[의]와
미워하는 자의

//(결과)
[그들이] — 다시 일어 나지 못하게 하옵소서

12 /[그가] —— 베냐민에 대하여는 일렀으되
/사랑을 입은 자는 —그 곁에 안전히 거하리로다
/여호와의
/여호와께서 ┬ 그를 보호하시고
/날이 맞도록
└ 그로 처하게 하시리로다
/자기 어깨 사이에

13 /[그가] —— *요셉에 대하여는 일렀으되*
/원컨대
↓

으시고 그 백성에게로 인도하시오며 그 손으로 자기를 위
하여 싸우게 하시고 주께서 도우사 그로 그 대적을 치게
하시기를 원하나이다 **8** 레위에 대하여는 일렀으되 주의
둠밈과 우림이 주의 경건한 자에게 있도다 주께서 그를
맛사에서 시험하시고 므리바 물가에서 그와 다투셨도다
9 그는 그 부모에게 대하여 이르기를 내가 그들을 보지
못하였다 하며 그 형제들을 인정치 아니하며 그 자녀를
알지 아니한 것은 주의 말씀을 준행하고 주의 언약을 지
킴을 인함이로다 **10** 주의 법도를 야곱에게, 주의 율법을
이스라엘에게 가르치며 주 앞에 분향하고 온전한 번제를
주의 단 위에 드리리로다 **11** 여호와여 그 재산을 풍족
케 하시고 그 손의 일을 받으소서 그를 대적하여 일어나
는 자와 미워하는 자의 허리를 꺾으사 다시 일어나지 못
하게 하옵소서 **12** 베냐민에 대하여는 일렀으되 여호와

heads of the people were gathered, The tribes of Israel
together. **6** "May Reuben live and not die, Nor his men
be few." **7** ¶ And this regarding Judah; so he said,
"Hear, O LORD, the voice of Judah, And bring him to
his people. With his hands he contended for them; And
mayest Thou be a help against his adversaries." **8** ¶
And of Levi he said, "Let Thy Thummim and Thy Urim
belong to Thy godly man, Whom Thou didst prove at Massah,
With whom Thou didst contend at the waters of Meribah;
9 Who said of his father and his mother, 'I did not
consider them'; And he did not acknowledge his brothers,
Nor did he regard his own sons, For they observed Thy
word, And kept Thy covenant. **10** "They shall teach
Thine ordinances to Jacob, And Thy law to Israel. They shall
put incense before Thee, And whole burnt offerings on Thine
altar. **11** "O LORD, bless his substance, And accept
the work of his hands; Shatter the loins of those who
rise up against him, And those who hate him, so that
they may not rise again." **12** ¶ Of Benjamin he said,
"May the beloved of the LORD dwell in security by

13 /[그가] —— 요셉에 대하여는 일렀으되
/원컨대
그 땅이 —— 여호와께 복을 받아
/복이 —— 임할지로다
/요셉의 머리에,
/그 형제 중 구별한 자의 정수리에
/하늘의 보물인 이슬과
땅 아래 저장한 물과
14 태양이 결실케 하는 보물과
태음이 자라게 하는 보물과
15 옛산의 상품물과
영원한 작은 산의 보물과
16 땅의 보물과
거기 충만한 것과
은혜로 인하여
/가시떨기 나무 가운데 거하시던 자의

17 /그는 —— 위엄이 있으니
/첫 수송아지 같이
/그 뿔이 —— 들소의 뿔 같도다
/[그가] —— 이것으로 열방을 받아
땅 끝까지 이르리니
/곧
에브라임의 만만이요
므낫세의 천천이리로다

18 /[그가] —— 스불론에 대하여는 일렀으되
/스불론이여!
너는 —— 나감을 기뻐하라
/잇사갈이여!
너는 —— 장막에 있음을 즐거워하라
19 /그들이 —— 열국 백성을 불러
산에 이르게 하고
거기서 의로운 제사를 드릴 것이며
흡수하리로다
/바다의 풍부한 것,
모래에 감추인 보배를

20 /[그가] —— 갓에 대하여는 일렀으되

신

의 사랑을 입은 자는 그 곁에 안전히 거하리로다 여호와
께서 그를 날이 맞도록 보호하시고 그로 자기 어깨 사이
에 처하게 하시리로다 **13** 요셉에 대하여는 일렀으되 원
컨대 그 땅이 여호와께 복을 받아 하늘의 보물인 이슬과
땅 아래 저장한 물과 **14** 태양이 결실케 하는 보물과 태
음이 자라게 하는 보물과 **15** 옛 산의 상품물과 영원한
작은 산의 보물과 **16** 땅의 보물과 거기 충만한 것과 가
시떨기 나무 가운데 거하시던 자의 은혜로 인하여 복이
요셉의 머리에, 그 형제 중 구별한 자의 정수리에 임할지
로다 **17** 그는 첫 수송아지 같이 위엄이 있으니 그 뿔이
들소의 뿔 같도다 이것으로 열방을 받아 땅 끝까지 이르
리니 곧 에브라임의 만만이요 므낫세의 천천이리로다
18 스불론에 대하여는 일렀으되 스불론이여 너는 나감
을 기뻐하라 잇사갈이여 너는 장막에 있음을 즐거워하라

Him, Who shields him all the day, And he dwells between
His shoulders." **13** ¶ And of Joseph he said, "Blessed
of the LORD be his land, With the choice things of
heaven, with the dew, And from the deep lying beneath,
14 And with the choice yield of the sun, And with the
choice produce of the months. **15** "And with the best
things of the ancient mountains, And with the choice
things of the everlasting hills, **16** And with the choice things
of the earth and its fulness, And the favor of Him who
dwelt in the bush. Let it come to the head of Joseph,
And to the crown of the head of the one distinguished among
his brothers. **17** "As the first-born of his ox, majesty is
his, And his horns are the horns of the wild ox; With
them he shall push the peoples, All at once, to the ends
of the earth. And those are the ten thousands of Ephraim,
And those are the thousands of Manasseh." **18** ¶ And
of Zebulun he said, "Rejoice, Zebulun, in your going
forth, And, Issachar, in your tents. **19** "They shall call
peoples to the mountain; There they shall offer righteous
sacrifices; For they shall draw out the abundance of the

20 /[그가] ―― 갓에 대하여는 일렀으되
/[너는] ―― 찬송을 부를지어다
/갓을 광대케 하시는 자에게
/갓이 ┬ 암사자 같이 엎드리고
└ 팔과 정수리를 찢는도다
21 /그가 ―― 먼저 기업을 택하였으니
/자기를 위하여
/곧 예비된 것이로다
/법 세운 자의 분깃으로
/그가 ┬ 백성의 두령들과 함께 와서
└ 행하도다
/여호와의 공의와
이스라엘과 세우신 법도를

22 /[그가] ―― 단에 대하여는 일렀으되
/단은 ―― 사자의 새끼로다
/바산에서 뛰어나오는

23 /[그가] ―― 납달리에 대하여는 일렀으되
/납달리여!
/은혜가 족하고
/여호와의 복이 가득한
너는---서방과 남방을 얻을지로다

24 /[그가] ―― 아셀에 대하여는 일렀으되
/아셀은 ┬ 다자한 복을 받으며
└ 그 형제에게 기쁨이 되며
그 발이 ― 기름에 잠길지로다
25 /빗장은 ― 철과 놋이 될 것이니
/네 문
/능력이 ― 있으리로다
/네 사는 날을 따라서

26 /여수룬이여!
하나님 같은 자 없도다
/그가 ┬ 하늘을 타시고
└ 나타내시는도다

//(목적)
너를 도우시려고

27 /하나님이 ―― 너의 처소가 되시니
/영원하신
/팔이 ―― 네 아래 있도다
/그 영원하신

신

19 그들이 열국 백성을 불러 산에 이르게 하고 거기서
의로운 제사를 드릴 것이며 바다의 풍부한 것, 모래에 감
추인 보배를 흡수하리로다 **20** 갓에 대하여는 일렀으되
갓을 광대케 하시는 자에게 찬송을 부를지어다 갓이 암사
자같이 엎드리고 팔과 정수리를 찢는도다 **21** 그가 자기
를 위하여 먼저 기업을 택하였으니 곧 법 세운 자의 분깃
으로 예비된 것이로다 그가 백성의 두령들과 함께 와서
여호와의 공의와 이스라엘과 세우신 법도를 행하도다
22 단에 대하여는 일렀으되 단은 바산에서 뛰어 나오는
사자의 새끼로다 **23** 납달리에 대하여는 일렀으되 은혜
가 족하고 여호와의 복이 가득한 납달리여 너는 서방과
남방을 얻을지로다 **24** 아셀에 대하여는 일렀으되 아셀
은 다자한 복을 받으며 그 형제에게 기쁨이 되며 그 발이
기름에 잠길지로다 **25** 네 문빗장은 철과 놋이 될 것이

seas, And the hidden treasures of the sand." **20** ¶ And
of Gad he said, "Blessed is the one who enlarges Gad;
He lies down as a lion, And tears the arm, also the
crown of the head. **21** "Then he provided the first part
for himself, For there the ruler's portion was reserved;
And he came with the leaders of the people; He executed
the justice of the LORD, And His ordinances with Israel."
22 ¶ And of Dan he said, "Dan is a lion's whelp, That
leaps forth from Bashan." **23** ¶ And of Naphtali he
said, "O Naphtali, satisfied with favor, And full of the blessing
of the LORD, Take possession of the sea and the south."
24 ¶ And of Asher he said, "More blessed than sons
is Asher; May he be favored by his brothers, And may
he dip his foot in oil. **25** "Your locks shall be iron and

/그가 — 네 앞에서 대적을 쫓으시며
멸하라 하시도다

28 /이스라엘이 — 안전히 거하며
/야곱의 샘은 — 홀로 있나니
/곡식과 새 포도주의 땅에
/곧
그의 하늘이 — 이슬을 내리는 곳에로다

29 /이스라엘이여!
너는 — 행복자로다
백성이 — 누구뇨?
/여호와의 구원을 너 같이 얻은

/그는 — 너를 돕는 방패시오
너의 영광의 칼이시로다

/네 대적이 — 네게 복종하리니
/네가 — 그들의 높은 곳을 밟으리로다

34

1 모세가 느보산에 **올라**
/모압 평지에서
/비스가산 꼭대기에(이르매)
/여리고 맞은편

여호와께서 길르앗 온 땅을 **보이시고**
/단까지

2 또
[여호와께서] **보이시고**
/온 납달리와 에브라임과 므낫세의 땅과
/유다 온 땅과
/서해까지의
3 /남방과 종려의 성읍 여리고 골짜기 평지를
/소알까지

4 여호와께서 그에게 **이르시되**
/이는 — 땅이라
/내가 — 맹세하여
/아브라함과 이삭과 야곱에게
/그 후손에게 주리라 한(=말함으로)

니 네 사는 날을 따라서 능력이 있으리로다 **26** 여수룬
이여 하나님 같은 자 없도다 그가 너를 도우시려고 하늘
을 타시고 궁창에서 위엄을 나타내시는도다 **27** 영원하
신 하나님이 너의 처소가 되시니 그 영원하신 팔이 네 아
래 있도다 그가 네 앞에서 대적을 쫓으시며 멸하라 하시
도다 **28** 이스라엘이 안전히 거하며 야곱의 샘은 곡식과
새 포도주의 땅에 홀로 있나니 곧 그의 하늘이 이슬을 내
리는 곳에로다 **29** 이스라엘이여 너는 행복자로다 여호
와의 구원을 너같이 얻은 백성이 누구뇨 그는 너를 돕는
방패시요 너의 영광의 칼이시로다 네 대적이 네게 복종
하리니 네가 그들의 높은 곳을 밟으리로다

34:1 모세가 모압 평지에서 느보 산에 올라 여리고
맞은편 비스가 산 꼭대기에 이르매 여호와께서
길르앗 온 땅을 단까지 보이시고 **2** 또 온 납달리와 에브

bronze, And according to your days, so shall your leisurely
walk be. **26** ¶ "There is none like the God of Jeshurun,
Who rides the heavens to your help, And through the
skies in His majesty. **27** "The eternal God is a dwelling
place, And underneath are the everlasting arms; And He
drove out the enemy from before you, And said, 'Destroy!'
28 "So Israel dwells in security, The fountain of Jacob
secluded, In a land of grain and new wine; His heavens
also drop down dew. **29** "Blessed are you, O Israel;
Who is like you, a people saved by the LORD, Who is
the shield of your help, And the sword of your majesty!
So your enemies shall cringe before you, And you shall tread
upon their high places."

34:1 ¶ Now Moses went up from the plains of Moab
to Mount Nebo, to the top of Pisgah, which is opposite
Jericho. And the LORD showed him all the land, Gilead

/내가 —— 네 눈으로 보게 하였거니와
너는 ——그리로 건너가지 못하리라 하시매

5 이에
모세가 모압 땅에서 **죽어**
/여호와의 종 /여호와의 말씀대로

6 골짜기에 **장사되었고**
/모압 땅에 있는
/벧브올 맞은편

아는 자 오늘까지 **없으니라**
/그 묘를

7 모세의(가) 죽을 때(상황절, when)
[비록]
[그의] 나이 일백 이십세나(양보절, though)
그[의] 눈이 **흐리지 아니하였고**
[그의]기력이 **쇠하지 아니하였더라**

8 자손이 삼십일을 **애곡하니라**
/이스라엘 /모세를 위하여
/모압 평지에서
/애곡하는 기한이 ㅁ도록

9 지혜의 신이 **충만하니**
/그에게

//(이유: כִּי, for)
모세가 ——여호수아에게 안수하였으므로
/눈의 아들

자손이 여호수아의 말을 **순종하였더라**
/이스라엘 /여호와께서 모세에게 명하신 대로

10 선지자가 **일어나지 못하였나니**
/모세와 같은 /이스라엘에
/그 후에는

모세는 여호와께서 대면하여 **아시던 자요**

신

라임과 므낫세의 땅과 서해까지의 유다 온 땅과 3 남방
과 종려의 성읍 여리고 골짜기 평지를 소알까지 보이시고
4 여호와께서 그에게 이르시되 이는 내가 아브라함과 이
삭과 야곱에게 맹세하여 그 후손에게 주리라 한 땅이라
내가 네 눈으로 보게 하였거니와 너는 그리로 건너가지
못하리라 하시매 5 이에 여호와의 종 모세가 여호와의
말씀대로 모압 땅에서 죽어 6 벧브올 맞은편 모압 땅에
있는 골짜기에 장사되었고 오늘까지 그 묘를 아는 자 없
으니라 7 모세의 죽을 때 나이 일백 이십세나 그 눈이
흐리지 아니하였고 기력이 쇠하지 아니하였더라 8 이스
라엘 자손이 모압 평지에서 애곡하는 기한이 맞도록 모세
를 위하여 삼십 일을 애곡하니라 9 모세가 눈의 아들 여
호수아에게 안수하였으므로 그에게 지혜의 신이 충만하
니 이스라엘 자손이 여호와께서 모세에게 명하신 대로 여

as far as Dan, 2 and all Naphtali and the land of Ephraim
and Manasseh, and all the land of Judah as far as the
western sea, 3 and the Negev and the plain in the valley
of Jericho, the city of palm trees, as far as Zoar. 4 Then
the LORD said to him, "This is the land which I swore
to Abraham, Isaac, and Jacob, saying, 'I will give it to
your descendants'; I have let you see it with your eyes,
but you shall not go over there." 5 So Moses the servant
of the LORD died there in the land of Moab, according
to the word of the LORD. 6 And He buried him in the valley
in the land of Moab, opposite Beth-peor; but no man
knows his burial place to this day. 7 Although Moses
was one hundred and twenty years old when he died,
his eye was not dim, nor his vigor abated. 8 So the
sons of Israel wept for Moses in the plains of Moab
thirty days; then the days of weeping and mourning for
Moses came to an end. 9 ¶ Now Joshua the son of Nun
was filled with the spirit of wisdom, for Moses had laid

47) 관계대명사. 선행사는 '모든 권능과 위엄'이다.

신

11 여호와께서 그를 애굽 땅에 **보내사[=보내셨다]**

//(목적: ל, to)
행하게 하시매
/바로와 그 모든 신하와 그 온 땅에
/모든 이적과 기사와
12 모든 큰 권능과 위엄을

/그것을[47]
[모세가] ──온 이스라엘 목전에서 행한 자더라

호수아의 말을 순종하였더라 10 그 후에는 이스라엘에
모세와 같은 선지자가 일어나지 못하였나니 모세는 여호
와께서 대면하여 아시던 자요 11 여호와께서 그를 애굽
땅에 보내사 바로와 그 모든 신하와 그 온 땅에 모든 이
적과 기사와 12 모든 큰 권능과 위엄을 행하게 하시매
온 이스라엘 목전에서 그것을 행한 자더라

his hands on him; and the sons of Israel listened to him
and did as the LORD had commanded Moses. 10 Since
then no prophet has risen in Israel like Moses, whom
the LORD knew face to face, 11 for all the signs and
wonders which the LORD sent him to perform in the
land of Egypt against Pharaoh, all his servants, and all
his land, 12 and for all the mighty power and for all
the great terror which Moses performed in the sight of
all Israel.

연구시트 샘플

[야고보서 본문연구]

1 야고보는　　　　　　　　**문안하노라**
/종　　　　　　　　/열 두 지파에게
/하나님과　　　　　　　/흩어져 있는
주 예수 그리스도의

<*> 본절의 기능 : 인사를 말하는 주문장이다.

1.* 하나님과 주 예수 그리스도의 종 야고보는[1] 흩어져 있는 열 두 지파에게 문안하노라 [2]

1) 하나님과 주 예수 그리스도의 종 야고보는

야고보는? 발신자를 말한다. 그는 야고보이다. 야고보는 원래 어떤 사람이었는가?(과거) [관찰-자료]야고보는 예수님의 친동생 야고보이다. 또한 [관찰-자료]그는 지금 예루살렘 교회의 지도자이다. [이해]야고보는 본서를 지도자의 자격으로 쓰고 있음을 알 수 있다.

[관찰질문]그런데 그는 자신을 뭐라고 고백하고 있는가? [관찰-본문]종이라고 하고 있다. [관찰-자료]종이란 노예를 말한다. 노예는 자신의 권리나 의지가 오직 주인에게 달려 있는 자를 말한다. 목숨까지도 주인에게 달려 있는 자이다. [관찰질문]누구의 노예인가? [관찰-본문]하나님의 노예이다. [이해1]하나님께 속한 노예인 것을 말한다. [이해2]소속이 하나님께 있음을 말한다. 하나님께 전적으로 매인 노예임을 고백하는 말이다. [관찰-본문] 주 예수 그리스도의 노예이다. [이해1]자신의 친형인 예수님의 노예라고 고백하고 있다. [이해2]자신과 예수님의 관계를 말하는 고백이다. 비록 예수님이 자신의 형이지만 예수님을 형이기에 앞서 주인으로 섬기고 있음을 고백하는 말이다.

[관찰질문]야고보는 예수님을 뭐라고 알고 있는가? [관찰-본문]주이다. 그리스도이다. [이해1]주라는 고백은 예수님을 주인으로 알고 있는 말이고, 그리스도라는 말은 하나님과 자신 사이를 중보하는 제사장으로 인정하는 호칭이다. 이 고백은 예수님께 대한 야고보의 신앙이다. 또한 야고보서의 신학이다. [적용질문]나는 예수님을 뭐라고 고백하는가?

[문법적인 관찰]우리는 여기서 한 가지 더 고려해야 할 점이 있다. 정체성보다는 소속이 강조되어 나타난다는 점이다. 원문의 순서가 바울 서신들과는 다른 형식을 가지고 있기 때문이다. 야고보는 의도적으로 "하나님과 주 예수 그리스도"의 종임을 강조하고 있다. 즉 소속을 강조하고 있다. 그러면 왜 그렇게 강조한 것일까? 하나는 개인적인 신앙고백일 수 있다. 그는 예수님의 형제이고, 예수님 당시에는 예수님을 믿지 못했던 사람이었다. 그는 오순절 사건 이후로 예수님을 믿게 되었다. 이런 자신의 과거에 대한 분명한 인식이 그런 강조점을 낳게 된것이라 생각한다. 야고보는 자신을 공식적으로 부를 때 항상 소속을 강조하는 습관을 가지게 되었을 것이다. 다른 하나는 자신의 자격에 대한 강조일 수 있다. 지도자로서의 자격이 하나님과 예수님으로부터 주어진 것임을 강조하고 있음을 엿볼 수 있다.

*) [정리]야고보는 자신을 하나님께 속한 노예, 비록 형님이지만 주님이고 중보자되신

예수님의 노예로 자신을 소개한다.

2) 흩어져 있는 열 두 지파에게 문안하노라

"문안한다"는 문안하기 위하여 편지한다는 말을 담고 있다. 원래 편지의 구조는 "발신자가...수신자에게"이다. 그런데 야고보서는 여기에 문안하기 위하여라는 말을 덧붙여 놓았다. 이런 형식을 번역하는 과정에서 이중적으로 사용하여 "문안하노니"라고 하였다.

[관찰질문]누구에게 편지하는가? [관찰-본문]열 두 지파에게 편지한다. 그런데 그들은 흩어져 있는 사람들이다. [관찰-사전]열 두 지파는 원래 정통 유대인들에 대한 호칭이다. 출애굽 이후, 40년 동안의 광야 생활을 통해 가나안에 들어간 이스라엘 족속들을 말한다. 가나안 땅을 정복한 이후 땅을 분배받은 지파들이다. [이해]그런데 야고보는 바로 이런 말을 편지를 받을 대상을 호칭하는 말로 쓰고 있다. 그들은 지금 흩어져 있다. 소아시아 전역에 흩어져 있는 상태(diaspora) 이다. 그렇다면 이 말은 유대인들만을 대상으로 하는 말인가? 유대인을 포함한 교회의 모든 구성원을 대상으로 한 것이다. 그렇기 때문에 12 지파는 하나님의 교회에 대한 별칭으로 사용되고 있음을 알 수 있다. 교회를 12지파로 부른 유다의 의도는 무엇일까? 교회에 대한 정체성을 하나님의 기업을 이을 하나님의 백성으로 이해는 데 있을 것이다. 또한 직접적으로 유대 출신 기독교인들을 제한하는 역할도 할 것이다. 양쪽 모두에게 긍정적인 반응을 얻을 수 있는 호칭이다.

*) [정리]야고보는 예루살렘 교회의 지도자로서 여러 지역에 흩어져 있는 하늘의 기업을 유업으로받을 하나님의 교회에게 문안하는 편지를 하고 있다.

*> [절요약]야고보는 자신이 비록 예수님의 친동생이지만 하나님과 동등한 주인으로 섬기는 종의 자격으로 여러 지역에 흩어져 있는 하나님의 교회에 문안하는 편지를 한다.

IBS 연구(고전 1:4-9)

▣ 관찰본문

4. 그리스도 예수 안에서 너희에게 주신 하나님의 은혜를 인하여 내가 너희를 위하여 항상 하나님께 감사하노니 5. 이는 너희가 그의 안에서 모든 일 곧 모든 구변과 모든 지식에 풍족하므로 6. 그리스도의 증거가 너희 중에 견고케 되어 7. 너희가 모든 은사에 부족함이 없이 우리 주 예수 그리스도의 나타나심을 기다림이라 8. 주께서 너희를 우리 주 예수 그리스도의 날에 책망할 것이 없는 자로 끝까지 견고케 하시리라 9. 너희를 불러 그의 아들 예수 그리스도 우리 주로 더불어 교제케 하시는 하나님은 미쁘시도다

▣ 구문분석

4 내가 **감사하노니**
/하나님께
/너희를 위하여
/항상

↓

//(이유: ἐπὶ +소유격, because of)
하나님의 은혜를 인하여
/그리스도 예수 안에서 너희에게 주신

5 //이는(이유: ὅτι, for)
너희가 ——— 풍족하므로
/그의 안에서
/모든 일
곧 모든 구변과 모든 지식에

6 //(이유: because)
증거가 ——— 견고케 되어
/그리스도의 /너희 중에

7 //(결과: therefore)
너희가 —— 부족함이 없이(고)
/모든 은사에
기다림이라
/우리 주 예수 그리스도의 나타나심을

8 주께서 **견고케 하시리라**
/너희를
/끝까지
/책망할 것이 없는 자로
/우리 주 예수 그리스도의 날에

9 하나님은 **미쁘시도다**
/너희를 불러
/교제케 하시는(하시려고; 부정사)
/그의 아들 예수 그리스도 우리 주로 더불어

〈 * 〉 구문의 흐름

내가 하나님께 감사한다.
이유 ① : 하나님의 은혜 때문이다
이유 ② : 너희가 모든 일에 풍족하기(했기) 때문이다.
이유 ③ : 그리스도의 증거가 너희 속에서 견고케 되었기 때문이다.
결과 ① : 모든 은사에 부족함이 없고
결과 ② : 너희가 주님의 재림을 기다리고 있다.

주께서 너희를 견고케 하신다.
하나님은 미쁘시다.

〈 * 〉 설교의 흐름

감사 : 감사의 대상(하나님, 미쁘신 하나님) – 감사의 내용 – 감사의 이유 ① (풍족함), ② (견고케됨) – 그리스도가 견고케 하심 – 견고케하심의 결과(너희-부족함없다, 재림을 기다림)

▣ 절별분석

□ 4절

내가 **감사하노니**<4.1>
/하나님께
/너희를 위하여
/항상
//(이유)<4.2>
하나님의 은혜를 인하여

4.1 "내가 너희를 위하여[2] 항상 하나님께[1] 감사하노니"

주문장은 "내가 감사한다"이다. 따라서 본절은 바울의 감사를 주제로 하고 있음을 알 수 있다. '감사한다'는 "지금도 계속해서 감사하고 있다"는 말씀이다(문법적인 해석; 현재, 능동태, 직설법). 어떠한 상황에서든지 감사하는 생활을 하고 있는 바울의 모습을 다시 한 번 엿볼 수 있다.

• 1) 바울은 항상 하나님께 감사한다. 감사의 시기와 대상이 제시된다. 날마다 감사한다. 언제든지, 어떠한 상황에서든지 감사하는 모습을 담고 있다. 또한 감사의 대상은 하나님이다. 하나님이 감사의 대상이다. 이것은 우리 생활의 모든 것을 하나님이 주신 것으로 인정하는 고백이다. 좋은 일도, 어려운 일도 하나님으로부터 온 것이니 감사함으로 받아야 한다. 하나님으로부터 온 것임을 잊을 때 불평과 낙심이 온다. 또한 그 분이 바로 하나님이심을 잊을 때도 그렇다.

• 2) 너희를 위하여, 즉 고린도 교회 성도들을 위하여 감사하고 있다. 중보적인 감사이다. 다른 사람을 위해 그 사람을 대신해 감사하는 것도 가능할 수 있음을 깨닫는다. 바울은 온전한 감사를 잃은 심령을 대신해 감사한다. 물론 그들도 감사하고 있을 것이다. 그러나 그들이 미쳐 깨닫지 못한 부분까지도 감사하기에 바울의 중보적인 감사는 의미있다.

4.2 "그리스도 예수 안에서 너희에게 주신[2] 하나님의 은혜를 인하여[1]"

바울이 감사하는 이유이다. 하나님의 은혜 때문에 감사한다.

• 1) "하나님의 은혜를 인하여" 감사하고 있다. '인하여'는 헬라어 ἐπι를 번역한 것으로 '이유'의 의미를 가지고 있다. 그러므로 이 부분을 다음과 같이 번역할 수 있다. "하나님의 은혜 때문에"이다. 즉 감사의 이유이다. 바울은 고린도에 있는 하나님의 교회가 받은 은혜 때문에 감사하고 있다. 은혜는 두 가지 측면을 말한다. 먼저, 십자가 구속 사건이다. 십자가의 구속으로 값없이 주신 구원의 은혜를 말한다. 또한, 하나님께서 성도의 삶에 값없이 주신 선물들을 말한다. 삶의 유익들이 은혜이다. 바울은 고린도에 있는 하나님의 교회에 허락하신 구속의 은혜와 삶의 유익들을 감사하고 있다.

• 2) "그리스도 예수 안에서 너희에게 주신" 은혜를 말하고 싶어한다. 하나님의 은혜의 통로를 말한다. 이 부분은 두 요소로 구성되어 있다. 하나는 너희에게 주신 은혜라는 말씀이고, 다른 하나는 그리스도 예수 안에서 주신 은혜라는 말씀이다. 전자는 은혜는 하나님께서 하나님의 교회에게 주신 것이라는 점을 강조하고, 후자는 바로 그 은혜를 그리스도 예수 안에서 받는 것임을 강조하고 있다. 은혜는 하나님이 주신 것이다. 하나님의 교회에게 주신 것

이다. 그러므로 교회에는 하나님의 구속의 은혜가 있다. 그런데 이 은혜는 그리스도 예수 안에서 받는 것이다. 그리스도 예수를 믿음으로 받는 것이다. 예수만이 길이다. 그 예수는 기름부음받은 대제사장으로서 우리와 하나님 사이를 중보하는 분이다.

***〉 바울은 고린도에 있는 하나님의 교회가 하나님으로부터 받은 은혜의 내용에 대해 하나님께 항상 감사하고 있다.**

□ 5절

//이는(이유: ὅτι, for)
너희가 ——— 풍족하므로
/모든 일 곧 모든 구변과 모든 지식에
/그의 안에서

5. *〉 "이는 너희가 그의 안에서 모든 일 곧 모든 구변과 모든 지식에 풍족하므로"

바울이 감사하고 있는 이유 두번째이다. 바울은 고린도 교회 성도들이 주 안에서 모든 일에 풍족했기 때문에 감사한다. 그들은 풍족하게 되었다(수동태). 자신이 스스로 소유한 것이 아니라, 주님께서 그렇게 되게 하셨다는 말씀이다. "풍족하다"는 말은 부유하고, 넉넉함을 말한다. 그들은 부유하고, 넉넉하게 되었다. 모든 일 즉 구변과 모든 지식에서 넉넉한 자들이 되었다. "모든 구변"의 넉넉함은 모든 분야에 대한 말의 넉넉함을 말한다. 사람들을 공격하고 자고하는 궁색한 태도가 아니라, 사람들을 이해하고 평화를 주는 언어생활을 말한다. "모든 지식"의 넉넉함은 외적인 표현이 정확하고, 내적인 신념이 확고한 지식을 두루 소유하게 되었음을 말한다. 그런데 그들은 이런 넉넉함을 "주 안에서" 소유하게 되었다. 예수 안에 있는 자가 넉넉하게 되었다. 예수 안에 있다는 것은 예수를 믿는 것을 말한다. 예수를 믿는 자는 모든 부분에서 말함과 확고한 신념으로 풍성하게 된다.

***〉 바울이 하나님께 감사하는 두번째 이유는 고린도 교회 성도들이 이미 말과 믿음에 성숙했기 때문이다.**

□ 6절

//(이유: because)
증거가 ——— 견고케 되어
/그리스도의 /너희 중에

6.* "그리스도의 증거가 너희 중에 견고케 되어"

바울이 하나님께 감사하는 이유 세번째이다. 바울은 그리스도의 증거가 교회 속에서 견고케 되었기 때문에 감사한다. "그리스도의 증거(μαρτύριον, testimony, witness)"는 그리스도에 관한 확고한 내용들을 의미한다. 한 마디로 복음이다. 견고케 되었다는 것은 복음이 확고하게 자리잡고, 확고하게 전파되었음을 말한다. 그러므로 바울이 감사하는 세번째 이유는 복음이 고린도 교회 안에 이미 확고하게 자리잡고 있기 때문임을 알 수 있다(부정과거).

***〉 바울이 감사하는 세번째 이유는 고린도 교회 안에 이미 복음이 확고하게 증거되었기 때문이다.**

□ 7절

//(결과: ὥστε, therefore)
너희가 ─┬─ 부족함이 없이(고)<7.1>
　　　　│　　/모든 은사에
　　　　└─ 기다림이라<7.2>
　　　　　　　/우리 주 예수 그리스도의 나타나심을

7.1 "너희가 모든 은사에 부족함이 없이…"

그리스도의 복음이 고린도 교회 안에 확고히 증거된 결과 성도들이 자연스럽게 취하게 된 모습 두 가지 중 첫 번째이다. 복음의 신앙이 확고한 교회는 모든 은사에 부족함이 없다. "은사"라 함은 하나님으로부터 은혜로 받은 선물 즉 구원의 은혜를 말하고, 부활하신 주님으로부터 교회에게 주어진 능력을 말한다. 그런데 본절에서는 후자를 주로 말하고 있다. 즉 복음이 확고한 교회는 주님께서 은혜로 값없이 주시는 열매들이 가득하다. "부족함이 없다"는 말은 "단절되지 않는 것"과 "모자라지 않는 것"을 뜻한다. 한 마디로 충분하다는 말씀이다. 교회에 주님께서 모든 부분에 있어서 능력으로 충분히 역사하신다는 뜻이다. 모든 부분에 있어서 주님이 부어주신 능력들이 충만하게 된다. 복음이 확고하게 선포되는 교회는 주님의 능력이 부족함없이 충분히 나타난다.

7.2 "우리 주 예수 그리스도의 나타나심을 기다림이라."

복음이 확고한 교회의 성도들은 예수님을 기다리고 산다. "기다린다"는 말은 "어떤 일을 갈망하면서도 인내심을 가지고 기다리는 것"을 말한다. 따라서 복음이 확고한 교회의 성도들의 두번째 모습은 성도들이 재림하실 주님을 고난 가운데서도 인내심을 가지고 갈망하며 기다리고 사는 모습을 가진다. 예수님을 나의 주, 우리 주(Lord)로 고백하고, 그리스도로 고백하면서 주님을 붙잡고 있다.

***〉 복음이 확고하게 증거된 교회는 주님으로부터 오는 모든 능력들이 가득하게 된다. 또한 교회 공동체가 예수님을 주와 그리스도로 붙잡고 산다.**

□ 8절

주께서　　　　　　**견고케 하시리라**
　　　　　　　　　/너희를
　　　　　　　　　/끝까지
　　　　　　　　　/책망할 것이 없는 자로
　　　　　　　　　　/우리 주 예수 그리스도의 날에

8.* "주께서 너희를 우리 주 예수 그리스도의 날에 책망할 것이 없는 자로[2] 끝까지 견고케 하시리라[1]"

7절의 "주"를 받아서 확장된 본문이다. 주님에 대해 설명하고 있다.

• 1) 주님은 하나님의 교회를 앞으로도 견고케 하실 분이다. 성도를 계속해서 견고케 하실 분이다. "견고케한다"는 "확고하게 하다"를 뜻한다. 즉 교회를 요동치 않고 굳게 서게하시는 분이 바로 예수님이다. 주님은 성도를 끝까지 견고케 하신다. 전에도 그랬듯이 지금부터 주님 재림하실 그날까지 변함없이 하나님의 교회를 붙잡아주신다.

• 2) 주님은 어떤 모습으로 하나님의 교회를 붙잡아주시는가? 마지막 심판 날에 책망할 것이 없는 자로 붙잡아주신다. "책망할 것이 없는 자"란 고소(고발)를 당하지 않고, 비난받을 일이 없는 것을 말한다. 즉 삶의 내용에 있어서 온전함을 말한다. "우리 주 예수 그리스도의 날"은 마지막 주님 재림하실 날을 말한다. 마지막 심판의 날이다. 그런데 그 날은 우리 주님의 날이다. 나와는 무관한 날이 아니다. 낯설은 날이 아니다. 주님의 날이기 때문이다. 그런데 그 날은 책망도 있는 모양이다. 누가 책망을 받는가? 끝까지 견고하게 서지 못한 자들이 책망을 받는다. 왜냐하면 견고함이 책망받지 않을 조건이기 때문이다. 책망이 아니면 무엇인가? 칭찬이다. 견고함에 대해 조금 더 묵상해 보자. 견고함은 끝까지 지속되어야 할 성도의 모습이다. 중간에 변하는 것도 책망받을 사람이다. 거의 다 가서 변할수도 있는 것이 사람이지 않는가? 무엇이 흔들리지 말아야 하는가? 그리스도의 증거 곧 복음에 합당한 삶이다(6-7절). 부족한 나로서는 참으로 어려운 일이 아닌가? 그래서 그 일은 주께서 하신다고 한다. 주께서 견고함을 도우시고 인도하신다는 말씀이다. 주님께 붙들리자.

＊〉복음 안에서 주님을 기다리며 사는 성도를 주님께서 확고한 믿음을 갖게 하신다.

□ 9절

하나님은 **미쁘시도다**
/너희를 불러(낸)
/교제케 하시는(하시려고)
/그의 아들 예수 그리스도 우리 주로 더불어

9.* "너희를 불러 그의 아들 예수 그리스도 우리 주로 더불어 교제케 하시는[2] 하나님은 미쁘시도다[1]"

마지막으로 바울은 감사의 대상이며, 하나님의 교회의 온전케 됨을 주관하시는 하나님에 대해 말한다.

• 1) 하나님은 신실하시다.
하나님은 변함이 없으신 분이다. 따라서 하나님께서 그리스도 예수안에서 우리에게 주신 은혜는 변함이 없다. 뿐만 아니라 감사의 대상으로서 변함 없으신 분이다. 부르심에 신실하신 분이다. 부르심에 있어서 신실성은 두 가지를 말한다. 하나는 정확하심이고, 다른 하나는 지금도 변함없이 부르시는 분임을 뜻한다.

• 2) 하나님은 성도를 부르신 분이다. 교회는 하나님이 불러낸 사람들이다. 부르신 목적은 무엇인가? 성도를 부르신 하나님의 뜻은 무엇인가? 우리가 하나님의 아들 예수 그리스도 우리 주님과 더불어 교제하게 하려고 부르셨다. 하나님은 우리가 주님과 더불어 교제하기를 원하신다. 예수님은 먼저 하나님의 아들이시다. 또한 성도인 우리는 그리스도와 주로 받고 교제해야 할 대상이다. 여기에 주님과의 교제의 근본이 있다. 주님과 교제 한다는 것은 먼저 우리가 주님을 하나님의 아들로 믿고 인정하는 것이다. 둘째, 주님이 우리와 하나님 사이의 중보자 되심을 믿고 나오는 것이다. 마지막으로 우리가 예수님을 주로 고백하여 종의 신분과 위치를 지

키는 것이 온전한 교제 가운데 있는 것이다. 하나님께서 우리를 교회로 부르신 목적은 바로 이것이다. 이런 부르심의 뜻은 지금도 변함없이 신실하다.

＊〉우리를 예수님과 교제케 하려고 교회로 부르신 하나님의 뜻은 지금도 변함이 없다.

. 단락요약

바울은 고린도에 있는 교회를 부르셔서 예수님과 교제케하시려고 은혜를 주신 하나님께 감사한다. 왜냐하면 모든 일에 풍족했고, 그리스도의 증거가 교회 안에 굳게 섰기 때문이다. 복음이 견고한 교회는 모든 은사에 부족함이 없고, 예수님을 인내심을 가지고 갈망한다. 주님은 교회를 끝까지 책망할 것이 없는 자로 견고케 하신다.

. 신학적인 내용

1) 하나님: 항상 감사해야 할 대상(4절), 그리스도 예수 안에서 우리에게 은혜를 주신 분(4절), 우리를 부르신 분(9절), 부르심에 신실하신 분(9절)
2) 예수님: 은혜의 통로(4절), 말과 지식을 풍족하게 하신 분(5절), 증거의 주인(6절), 우리 주와 그리스도(4, 6, 7, 8, 9절), 끝까지 우리를 견고케 하실 분(8절), 하나님의 아들(9절), 우리와 교제하시는 분(9절)

▣ 설교개요

제목: 감사와 복음

감사의 내용, 은혜(4절)

1) 그리스도 안에서 주신 은혜
2) 다른 지체가 생각지 못하는 은혜도 감사.

감사하는 이유들(5-6절)

1) 교회가 주 안에서 모든 일에 풍족했기 때문에
2) 교회가 확실한 그리스도의 증거를 확실하게 소유했기 때문에

복음이 확고한 교회(7절)

1) 모든 은사에 부족함이 없다.
2) 확고하게 주님을 바라본다.

확고한 복음 안에 있는 성도가 기억해야 할 것(8-9절)

1) 성도를 견고케 하시는 주님
2) 신실하신 하나님

문맥성경(신약합본)

160*240mm / 1568면 / 합성피혁 / 양장

문맥성경(신약분권)

① 마태복음~사도행전 120*210mm/840면 / 양장

② 로마서~계시록 120*210mm/608면 / 양장

편찬책임 / 배동한 목사

• 총신대학교 졸업 • 총신대학 신학대학원 졸업
• 서울성경연구원 대표

서울성경연구원(SBI)

원　　장 : 김의원 박사
부 원 장 : 김상훈 박사
운영위원 : 김의원, 손석태, 김상훈, 배동한
대　　표 : 배동한
총　　무 : 박종원

서울특별시 서초구 방배4동 876-41호 203호
(02) 3477-6969(Fax겸) / 박종원 목사(010-4224-0691)
홈: www.sbi.or.kr　E-mail : bae@sbi.or.kr

SBI문맥성경(모세오경)

등록번호 / 제 7-258호(1998. 4. 23)

2012년　1월 20일　1판　1쇄　인쇄
2012년　1월 30일　1판　1쇄　발행

저　자 : 서울성경연구원
발행인 : 조　　경　　혜
발행처 : 도서출판 그리심

도서출판 그리심

(156-763) 서울 동작구 사당5동 196 인정 B(b-01)
Tel 02-523-7589(출판), Fax 02-523-7590(출판)
• Home : grisim.biz　• E-mail: grisimcho@hanmail.net

ISBN 978-89-5799-292-0　94230
ISBN 89-88291-56-5　94230 (세트)